Über den Verfasser

Andreas Diekmann, Prof. Dr. rer. pol., geb. 1951 in Lübeck; Studium der Soziologie, Psychologie und Methodenlehre an den Universitäten Hamburg und Wien. Wissenschaftlicher Mitarbeiter an der Universität Hamburg (bis 1980). 1980–84 Assistent am Institut für Höhere Studien in Wien, 1984–87 Akademischer Rat am Institut für Soziologie der Universität München. Habilitation 1987 an der Universität München, Wissenschaftlicher Leiter am «Zentrum für Umfragen, Methoden und Analysen» (ZUMA) in Mannheim (1987–89). Professor für Statistik und Sozialwissenschaftliche Methodenlehre an der Universität Mannheim (1989–90). Direktor des Instituts für Soziologie an der Universität Bern und Professor für Empirische Sozialforschung und Sozialstatistik (1990–2003). Seit 2003 Professor für Soziologie an der Eidgenössischen Technischen Hochschule (ETH) Zürich.

Ausgewählte Buchpublikationen: Die Befolgung von Gesetzen, Berlin 1980 (Duncker und Humblot). Dynamische Modelle sozialer Prozesse, München 1980 (Oldenbourg). Methoden zur Analyse von Zeitverläufen, Stuttgart 1984 (Teubner, mit P. Mitter). Umweltsoziologie, Reinbek 2001 (rowohlts enzyklopädie, mit P. Preisendörfer). Hrsg.: Stochastic Modelling of Social Processes, New York 1984 (Academic Press, mit P. Mitter). Hrsg.: Paradoxical Effects of Social Behavior. Essays in Honor of Anatol Rapoport, Heidelberg 1986 (Physica, mit P. Mitter). Hrsg.: Handbuch der Demographie, Bd. 1 und 2, 2000 (Springer, mit U. Müller und B. Nauck). Hrsg.: Methoden der empirischen Sozialforschung, Sonderheft 44 der Kölner Zeitschrift für Soziologie und Sozialpsychologie, Opladen 2006. Spieltheorie. Einführung, Beispiele, Experimente. 4. Auflage. Reinbek 2016 (Rowohlt).

Ausgewählte Zeitschriftenpublikationen: Reputation Formation and the Evolution of Cooperation in Anonymous Online Markets. American Soc. Rev. 79, 2014 (mit B. Jann, W. Przepiorka, S. Wehrli). Individual Heterogeneity and Costly Punishment: A Volunteer's Dilemma. Proc. of the Royal Society Biological Sciences 280, 2013 (mit W. Przepiorka). Making Use of «Benford's Law» for the Randomized Response Technique. Soc. Methods and Research 41, 2012. Not the First Digit! Using Benford's Law to Detect Fraudulent Scientific Data. J. of Applied Statistics 34, 2007. The Power of Reciprocity. J. of Conflict Resolution 48, 2004. Green and Greenback. Rationality and Society 15, 2003 (mit P. Preisendörfer). The Social Inheritance of Divorce. American Soc. Rev. 64, 1999 (mit H. Engelhardt).

Andreas Diekmann

Empirische Sozialforschung

Grundlagen, Methoden, Anwendungen

rowohlts enzyklopädie
im Rowohlt Taschenbuch Verlag

rowohlts enzyklopädie
Herausgegeben von Burghard König

Dem Angedenken
an meine Eltern

Vollständig überarbeitete und erweiterte Neuausgabe
August 2007

11. Auflage August 2017

Originalausgabe
Veröffentlicht im Rowohlt Taschenbuch Verlag,
Reinbek bei Hamburg, Oktober 1995

Umschlaggestaltung any.way, Walter Hellmann
Satz Proforma PostScript (PageOne)
Gesamtherstellung CPI books GmbH, Leck, Germany
ISBN 978 3 499 55678 4

MIX
Papier aus verantwortungsvollen Quellen
FSC® C083411
FSC www.fsc.org

Das für dieses Buch verwendete Papier ist FSC®-zertifiziert.

Inhalt

Vorwort

Seit der Erstauflage im Herbst 1995 sind 17 weitgehend unveränderte Auflagen erschienen. Diesen Erfolg der «Empirischen Sozialforschung» in Lehre, Forschung und als Nachschlagewerk habe ich mit großer Freude aufgenommen. Nach mehr als zehn Jahren wird es nun allerdings Zeit für eine Revision. Nicht nur ist eine Aktualisierung erforderlich; vor allem haben sich auch die technologischen Bedingungen empirischer Sozialforschung verändert. So stehen mit der breiten Nutzung des Internets durch Privathaushalte, öffentliche Institutionen und Unternehmen neue Kommunikationskanäle für die Erhebung empirischer Daten zur Verfügung. Entwicklungen in der Telekommunikation, insbesondere der Wegfall der Registrierungspflicht, haben massive Auswirkungen auf einst bewährte Verfahren der Stichprobenziehung. Diesen Entwicklungen wird in den Kapiteln der Neuausgabe über Stichproben, Befragung und Inhaltsanalyse Rechnung getragen. Auch generell wurden sämtliche Kapitel durchgesehen, korrigiert, ergänzt und auf den neuesten Stand gebracht. Anregungen folgend, habe ich die am experimentellen Design orientierte Vignettenanalyse und einen Abschnitt zur amtlichen Statistik aufgenommen. Neue Fachliteratur wurde so weit als möglich eingearbeitet, und auch die technische Gestaltung der Graphiken wurde verbessert. Das Druckbild ist nun leserfreundlicher; auch deshalb hat die Seitenzahl zugenommen. Um das Nachschlagen zu erleichtern, wurde das Register wesentlich überarbeitet und erweitert.

Die Neuausgabe konnte erheblich von den Vorschlägen engagierter Leserinnen und Leser profitieren. Viele Kolleginnen und Kollegen, die das Buch für Vorlesungen und Seminarveranstaltungen verwenden, haben mich auf Fehler hingewiesen und Verbesserungen vorgeschlagen. Ihnen allen gilt mein Dank für die zahlreichen Hinweise. Ein besonderer Dank geht an Matthias Näf für die Unterstützung bei den Korrekturen und die Überarbeitung von Graphiken und Register.

Zürich, im Januar 2007 *Andreas Diekmann*

Vorwort zur 1. Auflage

Fundierte empirische Informationen über gesellschaftliche Entwicklungen und Zusammenhänge sind nicht nur für die Prüfung und Weiterentwicklung sozialwissenschaftlicher Theorien unerlässlich. Parteien, Verbände, Gewerkschaften, Unternehmen und nicht zuletzt kritisch engagierte Bürgerinnen und Bürger benötigen und verwenden Ergebnisse der empirischen Sozialforschung: sowohl zur Entscheidungsfindung als auch mit dem Ziel, sich im vielstimmigen Konzert der Meinungen in demokratischen Gesellschaften Gehör zu verschaffen. Die Kenntnis der wichtigsten Methoden, der Fehlerquellen und Fallstricke ist ein ‹Muss› für die angehende Sozialforscherin oder den künftigen Sozialforscher, gleichermaßen aber auch empfehlenswert für kritische ‹Konsumenten› der Produkte des Unternehmens «empirische Sozialforschung».

Die Methoden der Sozialforschung finden praktisch in sämtlichen sozialwissenschaftlichen Disziplinen Verwendung. Hinzu kommt die kommerzielle Markt-, Meinungs-, Wahl- und Medienforschung, die vorwiegend von privatwirtschaftlichen Instituten betrieben wird. Die Umfrageaktivitäten der Meinungsforschungsinstitute decken aber bei weitem nicht das große Spektrum der Anwendungsmöglichkeiten der empirischen Sozialforschung ab. Nicht zuletzt sind die statistischen Ämter zu nennen, die mit vielfältigen regulären und Sondererhebungen (Mikrozensus, Volkszählung, Einkommens- und Verbrauchsstichprobe u. a. m.) gleichfalls von den Techniken der empirischen Sozialforschung Gebrauch machen. Ein Großteil der Zahlen und Daten – von der Arbeitslosigkeit bis zur Ehescheidung –, die wir bei der Zeitungslektüre zur Kenntnis nehmen, basieren auf Erhebungen mit den Methoden der Sozialforschung. So gesehen ist die Sozialforschung aus dem gesellschaftlichen und politischen Leben nicht mehr wegzudenken: Grund genug, sich mit den Methoden genauer auseinanderzusetzen. Mit den Anwendungsmöglichkeiten, Grenzen und Problemen der Methoden in der wissenschaftlichen Sozialforschung wird sich dieses Buch befassen.

Das Buch gliedert sich in die vier Hauptteile: Grundlegung (A), Untersuchungsplanung (B), Datenerhebung (C) und Datenauswertung (D). Die

«Grundlegung» beginnt mit einem einführenden Kapitel zu den Zielen und Anwendungen der Sozialforschung in den einzelnen sozialwissenschaftlichen Disziplinen. Das Kapitel schließt mit der Skizzierung einer Beispielstudie ab, wobei ich wegen des Praxisbezugs und der theoretischen Konsequenzen dafür den «Coleman-Report» ausgewählt habe. Mir erscheint es sinnvoll, anschließend einige zentrale Probleme der «Alltags-Sozialforschung» zu behandeln und damit gleichzeitig das Erfordernis wissenschaftlich kontrollierter Methoden zu begründen. Weiterhin sollte die Wertproblematik wissenschaftlicher Untersuchungen nicht aus dem Blickfeld geraten. Diese Probleme werden in Kapitel II diskutiert. Kapitel III ist ein Abriss der Grundlinien der historischen Entwicklung der Sozialforschung. Sich mit der Geschichte der Sozialforschung zu befassen ist schon deshalb von Wert, um eine etwas gelassenere Haltung gegenüber ‹neuen› Methoden oder bisweilen hochgespielten ‹methodischen Kontroversen› einzunehmen. Vieles, was heute vielleicht technisch perfekter gemacht wird, wurde im Ansatz schon in manchen recht kreativen ‹klassischen› Studien vorgedacht. Wer allerdings weniger Interesse und Neugier bezüglich der historischen Entwicklung einer Disziplin hat, kann dieses Kapitel überschlagen. Einige wissenschaftstheoretische Grundkenntnisse sind zum Verständnis der Forschungslogik empirischer Arbeit unumgänglich. Dabei habe ich mich in Kapitel IV bemüht, weniger Gewicht auf die abstrakten Probleme der Wissenschaftsphilosophie zu legen. Von konkreter Bedeutung für die Praxis der Sozialforschung ist hingegen die Unterscheidung verschiedener Arten von Variablen und Hypothesen, das Wissen um «Immunisierungsstrategien» und die Anforderungen an wissenschaftliche Theorien und Erklärungen.

Die Einteilung der folgenden Kapitel entspricht ungefähr dem Ablauf einer empirischen Untersuchung mit den Hauptphasen Untersuchungsplanung (B), Datenerhebung (C) und Datenauswertung (D). Das erste Kapitel in Teil B, Kapitel V, erörtert ausführlich die Planung und den Ablauf einer Studie anhand eines Beispiels aus der Forschungspraxis. In dem nachfolgenden Kapitel VI zur Messung sozialer Merkmale erscheint es mir vor allem wichtig, die Logik und die Grundbegriffe an ausgewählten Beispielen zu erläutern. Zudem wird in die gebräuchlichsten Verfahren der Messung und Skalierung schrittweise und anhand von Beispielen eingeführt. Die Vielzahl der teilweise höchst komplexen und speziellen modernen Skalierungstechniken kann dagegen besser in der Spezialliteratur nachgesehen werden, wenn eines dieser Verfahren in einer konkreten Untersuchung verwendet wird. Bei der Planung der Untersuchungsform stehen zwei Aspekte im Vordergrund: der zeitliche Aspekt der Erhebung und die Möglichkeit der expliziten Berücksichtigung von «Vergleichsgruppen». Entsprechend behandeln Kapitel VII Querschnitt- und Längsschnitterhebungen und Kapitel VIII experimentelle und quasiexperimentelle Untersuchungsdesigns. Methoden der Stichprobenziehung werden in Kapitel IX dargestellt. Die Aufmerksamkeit richtet sich dabei nicht nur auf die technischen Gesichtspunkte der «reinen Lehre» der Stichprobentheorie, sondern auch auf das in der Praxis der Sozialforschung höchst bedeutsame Problem «selektiver Stichproben».

Wie auch andere Autoren moderner Lehrbücher (Schnell, Hill und Esser 1993, 2004; bereits Kerlinger 1975, 1979) halte ich wenig davon, Untersuchungsdesigns (z. B. Panel, Experiment) und Erhebungsmethoden (z. B. Befragung, Beobachtung) quasi in einen Topf zu werfen, d. h., undifferenziert in einzelnen Methoden-Kapiteln nebeneinanderzustellen. Damit wird der Eindruck erweckt, als ob es sich um jeweils eigenständige, alternative Untersuchungsmethoden handelt. Ein Experiment z. B. ist jedoch keine Konkurrenz zu einer Erhebungsmethode, sondern ein Untersuchungsdesign, welches mit unterschiedlichen Erhebungsmethoden wie Befragung oder Beobachtung kombiniert werden kann. Eine Panelstudie ist keine Alternative zur Beobachtungstechnik oder Inhaltsanalyse. Wenn auch die meisten Panelstudien mit der Erhebungsmethode der Befragung arbeiten, so ist doch eine inhaltsanalytische Panelstudie von z. B. Zeitungstexten keineswegs ausgeschlossen. Mir erscheint es daher als zweckmäßiger und systematischer, Untersuchungsdesigns (in Teil B) und Erhebungsmethoden (Teil C) getrennt und nacheinander darzustellen. Zu den Erhebungsmethoden zähle ich vier Techniken, die in den Kapiteln X bis XIII behandelt werden, nämlich Befragung, Beobachtung, Inhaltsanalyse und die Erhebung von «Verhaltensspuren». Nicht ganz deckungsgleich mit letzterem Begriff ist es gebräuchlicher, von «nichtreaktiven Verfahren» zu sprechen. Bei der Befragung haben sich heute die Gewichte vom persönlichen «Face-to-face»-Interview hin zur telefonischen Befragung verschoben. Auch die schriftliche Befragung ist unter gewissen Bedingungen leistungsfähiger als zeitweilig vermutet. Im Gegensatz zu älteren Lehrbüchern versuche ich, diesen Entwicklungen Rechnung zu tragen.

Ein Lehrbuch der empirischen Sozialforschung kann zwar keine Einführung in die Statistik ersetzen. Einfache, grundlegende Auswertungsmethoden sollten aber Berücksichtigung finden. Den Schwerpunkt in Kapitel XIV bildet dabei, anknüpfend an das Forschungsziel der Prüfung von Hypothesen, die Analyse von Zusammenhängen zwischen zwei und mehr Variablen. Um in die Logik der Kausal- und Zusammenhangsanalyse einzuführen, ist die Analyse von Kontingenztabellen wohl immer noch der geeignete Ausgangspunkt.

Systematischen Lehrbüchern mangelt es häufig an Beispielen. Mein vorrangiges Bemühen ist es, exemplarisch vorzugehen und, soweit möglich, nicht nur ‹trockene Lehrsätze› zu präsentieren, sondern die Methoden und ihre Probleme anhand von Beispielen aus der Forschungspraxis zu illustrieren. Dabei habe ich keine Berührungsängste, Beispiele aus Zeitungsnotizen oder anderen ‹nichtwissenschaftlichen› Quellen zu verwenden und bisweilen einige Kuriosa einzuflechten. Ich denke, dass die Lektüre dadurch weniger trocken ist und gelegentlich sogar Vergnügen bereiten kann.

Dieses Buch kann als ergänzende Lektüre einer Einführungsveranstaltung in die Methoden der empirischen Sozialforschung dienen. Bei einem einsemestrigen Kurs mit ungefähr 14 Vorlesungseinheiten besteht eine Möglichkeit der Kursgestaltung darin, in der Veranstaltung Beispiele aus der Forschungspraxis zu diskutieren, wobei der Stoff jeweils durch die Lektüre des entsprechenden Kapitels vertieft wird. Darüber hinaus ist das Buch zum Selbststudium geeignet sowie zur Orientierung, zur Auffrischung von Kenntnissen und zum Nachschlagen bei der Vorbereitung einer eigenen Untersuchung oder einfach zum besseren Verständnis bei der Interpretation vorliegender empirischer Untersuchungen.

Nicht zuletzt sollte es auch denjenigen Leserinnen und Lesern eine anregende Informationsquelle bieten, die einfach nur wissen möchten, wie die Zahlen, Daten und vorgeblichen ‹Fakten› produziert werden, denen in Wirtschaft, Politik und in den Medien eine so große Rolle zugemessen wird.

Dies ist ein Buch zu den Methoden der empirischen Sozialforschung. Auch die besten Methoden können die theoretische Phantasie, das Nachdenken über soziale Zusammenhänge und Prozesse, nicht ersetzen. Das theoretische Räsonieren wird aber häufig durch Ergebnisse empirischer Forschung angeregt. Und vor allem bedarf die theoretische Phantasie einer Kontrolle durch die empirische Forschung. Denn die «Phantasie ist die schönste Tochter der Wahrheit, nur etwas lebhafter als die Mama», hat Carl Spitteler bemerkt. Dass die empirische Kontrolle der Früchte theoretischer Reflexionen leichter gesagt als getan ist und empirische Ergebnisse nicht immer so ‹objektiv› sind, wie sie auf den ersten Blick erscheinen, wird das vorliegende Buch wohl deutlich machen.

Wolf Linder hat mich nach der Lektüre meiner noch sehr unvollkommenen Vorlesungsskripten dazu angeregt, dieses Buch zu verfassen. Von den Aufzeichnungen bis zur Publikation war es aber noch ein weit längerer Weg als ursprünglich geplant. Unterstützung erhielt ich von Claudia Wüthrich und Katalin Hunyady, die die Textverarbeitung besorgten. Für die Anfertigung von Graphiken bedanke ich mich bei Thomas Gautschi, Herbert Iff, Katalin Hunyady, Stephan Kormann, Patrick Rösli und Claudia Wüthrich. Kritische Anmerkungen und Korrekturen verdanke ich Henriette Engelhardt und Götz Rohwer. Für willkommene Ablenkungen sorgte meine Familie. Ein herzliches Dankeschön an meine kleine Tochter Lisa-Barbara, die mir immer wieder zu verstehen gab, dass sich jenseits der Schreibtischkante noch eine lebendige Welt befindet. Nicht zuletzt gilt mein Dank dem Rowohlt-Verlag und seinem Lektor Burghard König für zahlreiche Verbesserungsvorschläge und die gute Zusammenarbeit bei der Herstellung dieses Buchs. Müßig zu betonen, dass verbleibende Mängel zulasten des Verfassers gehen.

Bern, im Mai 1995 *Andreas Diekmann*

A. Grundlagen

I. Einführung: Ziele und Anwendungen

1. Methodenvielfalt

Naturwissenschaftler verwenden je nach Disziplin und Fragestellung unterschiedlichste Methoden zur Erhebung empirischer Daten. Astronomen horchen mit Radioteleskopen ins All. Biologen beobachten ein Präparat unter dem Mikroskop. Physiker und Chemiker verwenden in experimentellen Anordnungen eine Vielzahl komplizierter Messgeräte, während Meteorologen klimatische Daten mit Wetterstationen und Satelliten registrieren: Ähnlich existiert auch in den Sozialwissenschaften eine größere Zahl von Techniken zur Erhebung und Auswertung von Daten: persönliche, schriftliche und telefonische Interviews, qualitative Befragung, systematische Beobachtungsverfahren, Inhaltsanalyse von Texten, Verfahren der Stichprobenziehung, Einstellungsmessung und Skalierung, Randomized-Response-Technik und nichtreaktive Verfahren, experimentelle und quasiexperimentelle Längs- und Querschnittstudien u. a. m. Die Gesamtheit dieser Methoden stellt das Inventar der ‹Werkzeugkiste› der empirischen Sozialforschung dar. Der Arbeitsort des empirischen Sozialforschers, an dem die ‹Werkzeuge› zum Einsatz kommen, ist das «soziale Feld» bei der Befragung, Beobachtung oder einem «Feldversuch», das Archiv bei der Sichtung von Texten für die Inhaltsanalyse, das Labor bei einem Experiment und der Platz vor dem Computer bei der Aufbereitung und statistischen Analyse der Daten.

Die Analogie mit der ‹Werkzeugkiste› trägt noch weiter. Genau wie mit einem Hammer oder einem anderen Werkzeug bei unsachgemäßem Umgang Schaden angerichtet werden kann, gilt dies auch für die «Werkzeuge der Sozialforschung» (Harder 1974). Die sachgemäße Handhabung aber muss erlernt und gewollt sein. ‹Montagsstudien› und Pfusch kommen auch in der empirischen Sozialforschung vor. Zudem zeigt sich häufig die Tendenz, den Gebrauch einer Technik zu überdehnen. Für Kaplans (1964) «law of instrument» ist in der Sozialforschung kein Mangel an

Beispielen. Das «Gesetz» lässt sich so illustrieren: Gibt man einem kleinen Jungen einen Hammer, dann wird er zunächst Nägel einschlagen. Gehen die Nägel aus, wird er ersatzweise versuchen, Schrauben einzuhämmern. Mit einer einmal erlernten und für begrenzte Anwendungen durchaus zweckmäßigen Methode werden alle Probleme ‹erschlagen›. Sinnvoller ist dagegen, vor dem Griff in die Werkzeugkiste genau zu prüfen, welche Methode(n) sich bei dem ins Auge gefassten Untersuchungsziel als am besten geeignet erweisen.

Sozialforschung wird häufig mit Umfragen und Demoskopie gleichgesetzt. Wenn es sich bei Fragebogenerhebungen auch um eine der am häufigsten angewandten Methoden handelt, so ist das methodische Spektrum doch viel umfassender. Je nach Fragestellung und Untersuchungsziel empfiehlt sich die Auswahl unterschiedlicher Methoden, häufig auch von Methodenkombinationen. Nicht jede Methode ist bei einer spezifischen Fragestellung gleichermaßen gut geeignet. Gelegentlich werden auch mehrere Methoden zur Beantwortung ein und derselben Forschungsfrage eingesetzt (Triangulation, «cross examination»). Das Vertrauen in ein Resultat wächst, wenn mit unterschiedlichen Methoden das gleiche Ergebnis erzielt wird. Als Musterbeispiel eines praktizierten Methodenpluralismus kann heute noch die klassische «Marienthal-Studie» (Jahoda, Lazarsfeld und Zeisel [1. Aufl., 1933] 1960) über die Folgen der Langzeitarbeitslosigkeit gelten.

In dieser, nicht nur für die damalige Zeit, einfallsreichen Studie wurde die Massenarbeitslosigkeit in den 1930er Jahren in dem kleinen Ort Marienthal in Niederösterreich untersucht. Mit einer Vielfalt von quantitativen und qualitativen Methoden (Befragung, Beobachtung, Inhaltsanalyse von Schulaufsätzen der Kinder aus arbeitslosen Familien, Sekundäranalyse statistischer Daten usw.) konnte ein prägnantes und auch heute wieder aktuelles Bild längerfristiger Arbeitslosigkeit und ihrer subjektiven Folgen gezeichnet werden. Insbesondere zeigte sich, wie mit der Dauer der Arbeitslosigkeit Resignation und Apathie um sich griffen und im Ablauf der einzelnen Phasen Langzeitarbeitslosigkeit letztendlich zu einem Verfall der Persönlichkeit führen konnte.

Wenn auch in den sechs Jahrzehnten seit Erscheinen der «Arbeitslosen von Marienthal» das methodische Instrumentarium und die Technik der statistischen Datenanalyse wesentlich verfeinert wurden, so stellt die Untersuchung von Jahoda, Lazarsfeld und Zeisel doch noch immer ein mustergültiges Beispiel für den gewinnbringenden Einsatz methodischer Kombinationen zur Beantwortung einer wichtigen Fragestellung dar (vgl. zu der Studie genauer Kapitel XI).

Ist es die Aufgabe der Sozialwissenschaften, wissenschaftliche (insbesondere in der Grundlagenforschung) oder praktische Probleme (insbesondere in der angewandten Forschung) zu lösen, dann sollte in der Regel nicht die Methode das Problem, sondern umgekehrt das Problem die Auswahl der Methode bestimmen. Diese Einstellung setzt aber voraus, dass sich Sozialforscher nicht ausschließlich auf eine Methode kaprizieren, sondern vielmehr die Kompetenz erwerben, mit den wichtigsten, heute gebräuchlichen methodischen Instrumenten umgehen zu können.

2. Anwendungen in den sozialwissenschaftlichen Disziplinen

Um eine Vorstellung von den Aufgaben der empirischen Sozialforschung zu erhalten, sehen wir uns einmal eine Reihe ausgewählter Themen an, die in den einzelnen Disziplinen mit den Methoden der Sozialforschung bearbeitet werden.

In der *Soziologie*, in der ein Großteil der Methoden entwickelt wurde, beziehen sich die Anwendungen auf sämtliche Forschungsgebiete von der Religionssoziologie bis zur Soziologie der Entwicklungsländer. Klassische Themen sind Ausmaß und Ursachen sozialer Mobilität, das Gefüge sozialer Klassen und Schichten, das Sozialprestige von Berufen, Veränderungen von Familienformen, Analysen der Bevölkerungsentwicklung (Demographie) u. a. m. Zahlreiche weitere Beispiele werden wir noch in den einzelnen Methoden-Kapiteln genauer unter die Lupe nehmen.

Zentrales Anwendungsgebiet in den *Politikwissenschaften* ist die Wahlforschung. Hierzu zählen nicht nur Wahlprognosen, sondern auch die Untersuchung der Wählerpotenziale von Parteien, die Zunahme des Rechtsextremismus, ‹Politikverdrossenheit›, die wachsende Tendenz zur Wahlenthaltung und die Schwächung von Parteibindungen. Weitere, meist mit Umfragen ermittelte Daten beziehen sich auf das Ausmaß des Vertrauens in demokratische Institutionen, auf Mitgliedschaften und Aktivitäten in Verbänden, Parteien, Gewerkschaften und ‹neuen sozialen Bewegungen› (Umwelt-, Friedensbewegung), wobei häufig auch die Perspektive des internationalen Vergleichs gewählt wird. Neben der Umfragetechnik ist die Inhaltsanalyse eine wichtige Technik in den Politikwissenschaften. Parteiprogramme können ebenso wie die Berichterstattung der Medien zu politischen Ereignissen mit inhaltsanalytischen Verfahren untersucht werden. Schließlich sind Evaluationsmethoden von Interesse, etwa um die Folgen und Nebenfolgen gesetzgeberischer Maßnahmen zu ermitteln.

In der *Ökonomie* ist, auch wenn dies den Nutzern nicht immer bewusst sein mag, zunächst einmal die gesamte Wirtschaftsstatistik ein Produkt routinemäßiger Sozialforschung der statistischen Ämter, häufig auf der Basis von Zufallsstichproben und unter Verwendung der Umfragetechnik. Wer weiß, welche Fehlerquellen und Probleme z. B. bei der Ermittlung des Preisindex der Lebenshaltungskosten, der Arbeitslosenquote oder des Sozialprodukts auftreten können, wird den amtlichen Zahlen wohl mit etwas mehr Vorsicht und Skepsis begegnen! Darüber hinaus speist sich die empirische Wirtschaftsforschung und Ökonometrie aus den Daten spezieller empirischer Erhebungen. Beispiele sind die Ermittlung des ‹Konjunkturklimas› durch Umfrage bei Unternehmen, die Untersuchung der Einkommens- und Vermögensverteilung, der Ursachen und Dauer der Arbeitslosigkeit, der Mobilität von Arbeitskräften, des Spar- und Konsumverhaltens in der Bevölkerung. Neuerdings hat sich auch das Gebiet «experimenteller Wirtschaftsforschung» etabliert, wobei z. B. das Verhalten auf Märkten oder die Verhandlungen zwischen Tarifparteien in Experimenten simuliert werden (Davis und Holt 1993). Hinzu kommen vielfältige Einsatzgebiete empirischer Sozialforschung in der *Betriebswirtschaftslehre.* Themen sind hier u. a. die Auswirkungen neuer Techniken und Produktionsverfahren, von Managementstilen und organisatorischen Änderungen auf die Beschäftigten, d. h. auf Arbeitszufriedenheit, Absenzen, Beschäftigungsfluktuation. Ein eigenes, für die Betriebswirtschaftslehre wichtiges Gebiet ist die Marktforschung.

Hierbei handelt es sich im Kern um nichts anderes als die Anwendung der Methoden der empirischen Sozialforschung auf die Untersuchung des Konsumentenverhaltens.

Dürften in Soziologie, Politikwissenschaften und Ökonomie nichtexperimentelle Umfragetechniken als Mittel der Datenbeschaffung dominieren, so führt der Pfad der Erkenntnis in *Psychologie und Sozialpsychologie* über das Experiment, meist kombiniert mit Befragungs- und Beobachtungstechniken. Eine weitere Domäne ist die Messung und Skalierung in der Testpsychologie und Einstellungsforschung (Intelligenztests, Messung von Persönlichkeitsmerkmalen wie «Extroversion», Skalierung von Einstellungen wie z. B. «Umweltbewusstsein»). Die Grundlagen der Messung und Skalierung in der empirischen Sozialforschung wurden im Wesentlichen aus der Psychologie übernommen: Insbesondere in der Sozialpsychologie sind aber auch nichtexperimentelle Verfahren und «Feldexperimente», d. h. dem Experiment ähnliche Versuchsarrangements außerhalb der kontrollierten Laborsituation, gebräuchlich.

Sozialpsychologen sind z. B. an Umfragen zur Untersuchung des Umweltbewusstseins beteiligt, verwenden nichtreaktive Erhebungsmethoden oder werten von Versuchspersonen produzierte Texte mit Methoden der Inhaltsanalyse aus.

Nicht geringer ist das Anwendungspotenzial in der *Pädagogik und Erziehungswissenschaft*, einer Disziplin, die sich ohnehin mit Teilen der Soziologie (Bildungssoziologie, Sozialisationsforschung) und der Psychologie (Entwicklungspsychologie, Diagnostik und Testpsychologie) stark überschneidet. Neben bereits erwähnten Verfahren spielen auch hier Evaluationsmethoden eine bedeutsame Rolle. Anwendungsbeispiele sind Untersuchungen über die Wirksamkeit verschiedener Unterrichtsmethoden, die Auswirkungen des Computereinsatzes und anderer Lernmittel in der Schule oder der Vergleich des Lernerfolgs in koedukativen mit nach Geschlechtern getrennten Schulklassen.

Würde man den Forschungsaufwand für die Datenerhebung mit den Methoden der Sozialforschung in den einzelnen Disziplinen in eine Rangordnung bringen, dann könnte sogar eine naturwissenschaftliche Disziplin einen oberen Rangplatz einnehmen, von der man diese Aktivität auf den ersten Blick nicht erwartet hätte. Gemeint ist die *Humanmedi-*

zin. Untersuchungen des Gesundheitsverhaltens (Arztbesuche, Ernährungsgewohnheiten, Wohlbefinden und Krankheiten), Medizinsoziologie und epidemiologische Studien zum Zusammenhang zwischen Krankheitshäufigkeiten und sozialen Charakteristika machen häufigen Gebrauch von den Techniken der Sozialforschung. Die Ausbreitung von Aids z. B. hängt entscheidend vom Sozial- und Sexualverhalten der Bevölkerung und dieses wiederum von den Lebensbedingungen ab. Bestimmte Arten von Krebs differieren stark zwischen einzelnen Kulturen, wobei hier wohl den Ernährungsgewohnheiten eine wichtige Rolle zukommt. Die Informationen zur Analyse derartiger Zusammenhänge stammen in der Regel aus Umfragen und Krankheitsregistern (in Einzelfällen sogar aus der «Inhaltsanalyse» von Grabsteinen als Informationsquelle einer überzufälligen Häufung Frühgestorbener in einem bestimmten Gebiet).

Weitere Fachrichtungen, die sich der Methoden der Sozialforschung bedienen, sind u. a.: die *Geographie* (sozialräumliche Untersuchungen, Stadtentwicklung, Raumplanung, Wanderungsbewegungen u. a. m.), die *Geschichtswissenschaften* (Inhaltsanalyse historischer Texte, qualitative Interviews mit Zeitzeugen im Rahmen der «oral history», statistische Auswertung von Daten der Wirtschafts-, Sozial- und Bevölkerungsgeschichte), die *Ethnologie* (teilnehmende Beobachtung) und die *Rechtswissenschaften* (Rechtssoziologie, Kriminologie).

In der angewandten Rechtslehre, etwa bei Gerichtsentscheidungen, spielen sozialwissenschaftliche Erkenntnisse eine wachsende Rolle. Amüsant, aber gleichwohl instruktiv sind Rechtsstreitigkeiten um die Etikettierung einer Ware als Gattungs- oder Herkunftsbezeichnung. Wer ein «Wiener Schnitzel» bestellt, wird kaum davon ausgehen, dass das Schnitzel aus der Donaustadt stammt. Wie aber verhält es sich mit Lübecker Marzipan oder einem Dresdner Stollen? In einem Prozess gegen einen Kölner Hersteller von «Lübecker» Marzipan hat das Gericht eine Umfrage in Auftrag gegeben, deren Resultate maßgeblich zur Urteilsfindung zugunsten der Lübecker Marzipanhersteller beigetragen haben. Davon scheinen auch die Dresdner Stollenbäcker Wind bekommen zu haben, die sich in zahlreichen Prozessen seit Jahren abmühen, der bayerischen Zuckerbäcker-Konkurrenz das Geschäft mit dem «echten Dresdner Stollen» zu versalzen. Um die Chancen der Patentierung beim Münchner Bundespatentamt zu erhöhen, gaben die sächsischen Hersteller eine Befragung von 1000 Bundesbürgern in Ost und West in Auftrag (Leipziger Volkszeitung vom 9. 12. 93). Danach verbindet eine deutliche Mehrheit von 61 % (im Osten sogar 80 %) mit dem Dresdner Stollen die Herkunft aus der sächsischen Landeshauptstadt. Die Leipziger Volkszeitung kommentiert mit der Titelzeile: «Dresdner Bäcker wollen Stollenkrieg mit Umfrage gewinnen».

Das «Clausthaler» Bier ist der Inbegriff alkoholfreien Gerstensafts. Gebraut wird das Bier freilich nicht in der Harzstadt Clausthal, sondern von einem hessischen Unternehmen in Frankfurt. Die westfälische Konkurrenz «Warsteiner» klagte daraufhin im Kampf um Marktanteile vor Gericht gegen «Clausthaler» auf Unterlassung der irreführenden Bezeichnung. Entscheiden muss nun das Oberlandesgericht in Hamburg. Und wie verfährt das Gericht bei der Beweisaufnahme? Richtig erraten! Das Gericht beauftragt ein Meinungsforschungsinstitut mit einem demoskopischen Gutachten (Süddeutsche Zeitung vom 16. 6. 94). «Nicht immer, aber immer öfter» ist bei Rechtsstreitigkeiten über Markennamen die Meinung einer repräsentativen Stichprobe der Konsumenten ausschlaggebend.

Bei Entscheidungen von Gerichten und Behörden, die früher auf dem Alltagswissen und der ‹Lebenserfahrung› der beteiligten Juristen basierten, ist der Rat sozialwissenschaftlicher Gutachten offenbar vermehrt gefragt (vgl. dazu bereits Noll 1973; Opp 1973). Natürlich geht es in der Regel nicht nur um Rechtsstreitigkeiten über Herkunftsbezeichnungen. Das Spektrum der Anwendungsmöglichkeiten empirischer Sozialforschung in der Rechtswissenschaft und Kriminologie bezieht sich auf gesellschaftlich und wissenschaftlich weitaus bedeutsamere Probleme.

Ein Beispiel ist die gesetzliche Regelung des Sorgerechts nach einer Ehescheidung. Ist es zweckmäßiger, nur einem Elternteil das Sorgerecht für ein Kind durch richterlichen Beschluss zuzusprechen, wie es die übliche Praxis in Deutschland, Österreich und der Schweiz war? Oder sollte – wie es heute der Fall ist – das gemeinsame Sorgerecht zur Regel werden? Eine sachgerechte Diskussion zu dieser Frage ist nur möglich, wenn Informationen über die empirischen Auswirkungen der jeweiligen Sorgerechtsalternativen vorliegen. Dazu sind aber, wie auch bei vielen anderen rechtlichen Problemen, sorgfältig geplante und durchgeführte empirische Untersuchungen erforderlich.

Die «Rechtstatsachenforschung» widmet sich den empirischen Folgen von Gesetzen und Rechtsverordnungen, Problemen der jugendlichen Delinquenz und des Strafrechts, der selektiven Verfolgung von Straftaten bestimmter Täterkategorien (etwa nach der sozialen Schichtzugehörigkeit), der Untersuchung richterlichen und polizeilichen Handelns, der Erforschung der Ursachen abweichenden Verhaltens u. a. m. Die empirische Untersuchung dieser Probleme erfolgt mit den Methoden der empirischen Sozialforschung, wobei neben speziellen Befragungstechniken (Erhebung selbstberichteter Delinquenz, viktimologische oder Opfer-Befragungen) Beobachtungsverfahren eine prominente Rolle spielen.

Nehmen wir nun an, dass eine sorgfältige empirische Studie etwa zur Resozialisierung jugendlicher Straftäter Bedingungen benennen kann (z. B. spezielle Ausbildungsprogramme oder Maßnahmen sozialer Tätigkeit anstelle der Inhaftierung), deren Realisierung auch nur zu einer geringfügigen Absenkung der Rückfallquote führen wird. Kalkuliert man die direkten und indirekten Kosten der Kriminalitätsverminderung abzüglich des Aufwands der Resozialisierungsmaßnahmen, dann kann sich herausstellen, dass sich die Resozialisierungsstudie mehrfach bezahlt macht und dabei gleichzeitig zur Humanisierung des Strafvollzugs beiträgt. Generell können anwendungsbezogene Untersuchungen mit den Methoden der empirischen Sozialforschung neue Wege zur Lösung sozialer Probleme aufzeigen und damit einen nicht zu unterschätzenden Beitrag zur Verbesserung sozialer Verhältnisse leisten.

3. Alltagswissen und Sozialforschung

Genügen aber nicht unser Alltagswissen und kluge Intuition, um Zusammenhänge zu erkennen, Probleme des sozialen Miteinanders zu lösen und die Folgen sozialer Veränderungen abzuschätzen? Gelegentlich ist zu hören, dass aufwendige Untersuchungen unser Wissen nicht wesentlich über das hinaus vermehrten, was ohnehin bekannt sei. Betrachten wir einmal die folgenden, empirisch geprüften Hypothesen über Zusammenhänge zwischen sozialen Merkmalen, die sämtlich als Forschungsergebnisse aus einer Reihe von Studien zu verschiedenen Themen in der wissenschaftlichen Literatur publiziert wurden:

1. Je höher die Beförderungsrate in einer Organisationseinheit (z. B. einer Abteilung in einer Firma), desto größer ist die Zufriedenheit der Arbeitskräfte in dieser Organisationseinheit.

2. Je liberaler die Ehescheidungsgesetze sind, desto geringer ist der Anteil der verheirateten Personen in der Bevölkerung.

3. Versuchspersonen in einem Experiment, die zunächst eine relativ langweilige, manuelle Tätigkeit (Wickeln von Spulen) ausübten und anschließend anderen Personen berichten sollten, dass die Aufgabe äußerst interessant sei, bewerteten die Tätigkeit tatsächlich dann als sehr positiv, wenn sie für die Teilnahme an dem Experiment 20 US-$ erhielten. Versuchspersonen, die nur einen Dollar bekamen, bewerteten die Tätigkeit dagegen negativer als die gut entlohnten Versuchspersonen.

4. Wenn der Anteil ausländischer Arbeitskräfte ansteigt, dann sinken die Einkommen der einheimischen Bevölkerung erheblich, und die Arbeitslosigkeit steigt stark an.

5. Personen mit hohem Umweltbewusstsein zeigen eine deutlich höhere Bereitschaft, Energie einzusparen, als weniger umweltbewusste Personen.

Hätten Sie diese Resultate nicht auch schon vorher gewusst – ohne den Einsatz von kostspieligen Fragebogenerhebungen, Experimenten und komplizierten statistischen Analysetechniken? Gemessen an unseren Alltagserfahrungen, sind die fünf Hypothesen ausgesprochen plausibel. Nur ist Plausibilität noch kein Wahrheitskriterium. Die Pointe an der – Lazarsfeld (1949) nachempfundenen – Geschichte ist, dass alle genannten Hypothesen nach bisherigem Kenntnisstand schlicht falsch sind. Mehr noch: Im Falle der Hypothesen 2 und 3 erwies sich exakt die umgekehrte Richtung des Zusammenhangs als zutreffend, d. h., liberalere Scheidungsgesetze gingen mit einer Erhöhung des Anteils von Eheleuten einher, und die gut entlohnten Versuchspersonen waren mit ihrer Tätigkeit weniger zufrieden. Bei Hypothese 1 ist der Zusammenhang u-förmig: Ausgehend von niedrigen Beförderungsraten, kann demnach ein Anstieg der Beförderungschance zur Senkung der Zufriedenheit in einer Arbeitsgruppe führen. Bei den Hypothesen 4 und 5 ergaben empirische Untersuchungen nur einen geringfügigen oder gar keinen Zusammenhang.

Eine kurze Erklärung soll hier jeweils genügen. Ein negativer Zusammenhang zwischen Beförderungsrate und Zufriedenheit (je höher die Beförderungsrate, desto geringer die Zufriedenheit) wurde in Stouffers

(1949) klassischer Studie «American Soldier» gefunden. Eine genauere theoretische Erklärung mit Hilfe eines spieltheoretischen Wettbewerbsmodells entwickelte Boudon (1979). Die Grundidee lässt sich aber einfach skizzieren. Wenn die Beförderungsrate von geringem Niveau aus wächst, gibt es natürlich nicht nur beförderte, sondern auch nichtbeförderte Angestellte: Zwar wird im Allgemeinen die Zufriedenheit der aufgestiegenen Angestellten zunehmen, aber auch die Unzufriedenheit bei den übergangenen Arbeitskräften. Bei den ‹Verlierern des Aufstiegswettbewerbs›, die sich mit ihren beförderten Kolleginnen oder Kollegen vergleichen, wächst das Ausmaß der sogenannten relativen Deprivation. Solange der Deprivationseffekt den Zufriedenheitsgewinn der beförderten Angestellten überwiegt, wird mit der Beförderungsrate insgesamt das Ausmaß der Zufriedenheit in der Arbeitsgruppe absinken.

Die Parallelität zwischen liberalen Scheidungsgesetzen und höheren Anteilen Verheirateter wurde von Freiden (1974) in einer Vergleichsanalyse der US-amerikanischen Bundesstaaten gefunden. Auch dieser positive Zusammenhang ist theoretisch erklärbar. Zwar wächst bei einer Vereinfachung der Ehescheidung die Scheidungsrate. Dies ist jedoch nur die eine Seite der Medaille. Die Erleichterung der Ehescheidung vermindert auf der anderen Seite das durchschnittliche Heiratsalter. In Staaten, in denen die Ehelösung rechtlich einfach und weniger kostspielig ist, gilt – jedenfalls der familienökonomischen Theorie zufolge – nicht mehr die alte Weisheit: «drum prüfe, wer sich ewig bindet». Wenn aber Irrtümer leichter korrigiert werden können, verringert sich die Dauer der Partnersuche und mithin das durchschnittliche Heiratsalter. Die Liberalisierung von Scheidungsgesetzen hat damit einen «Zustrom-» und einen «Abstrom-Effekt» auf den Bestand verheirateter Personen. Überwiegt Ersterer, dann resultiert hieraus ein positiver Zusammenhang zwischen der Liberalisierung der Scheidungsgesetze und der Quote der Verheirateten. («Positiv» und «negativ» sind nicht als Bewertungen gemeint, sondern bezeichnen die jeweilige Richtung eines Zusammenhangs zwischen zwei Merkmalen oder Variablen A und B. Bei einem positiven Zusammenhang geht eine Erhöhung von A mit einer Erhöhung des Werts von B, bei einem negativen Zusammenhang dagegen mit einer Verminderung des Werts von B einher.)

In dem klassischen Experiment von Festinger und Carlsmith (1959) erwies sich der Zusammenhang zwischen der Höhe der Vergütung für die Teilnahme an dem Experiment und der Zufriedenheit mit der verrichteten Tätigkeit erstaunlicherweise als negativ. Gewerkschafter können aber aufatmen. Das experimentelle Resultat kann gewiss nicht auf den Zusammenhang zwischen Entlohnung und Arbeitszufriedenheit in einem Betrieb generalisiert werden. Das zu untersuchen war auch gar nicht die Absicht. Mit dem Experiment sollte vielmehr eine Prognose der Theorie der «kognitiven Dissonanz» geprüft werden. Dieser Theorie zufolge erzeugt die Dissonanz zwischen zwei «kognitiven» Elementen (Vorstellungsinhalte wie Wahrnehmungen, normative Forderungen etc.) eine Spannung, die im Allgemeinen als unangenehm empfunden wird. (Ein Beispiel ist das ‹schlechte Gewissen›, wenn Handlung X begangen wurde, Handlung X aber nach Auffassung der Person nicht begangen werden *sollte.*) Die Theorie prognostiziert nun, dass bei dissonanten Wahrnehmungen durch Umdeutung von Kognitionen versucht wird, die Dissonanz zu reduzieren.

In dem Experiment verrichteten die Versuchspersonen zunächst die vom Versuchsleiter angeordnete monotone Tätigkeit (Wickeln von Spulen). Sodann wurden sie gebeten, anderen, angeblich für das Experiment vorgesehenen Versuchspersonen (tatsächlich Konfidenten des Versuchsleiters) zu berichten, dass die Tätigkeit äußerst interessant sei. Als Begründung für die Aufforderung zu einer ‹kleinen Lüge› wurde mitgeteilt, man untersuche (angeblich) den Einfluss positiver Vor-Einstellungen auf die Verrichtung der Tätigkeit. Anschließend wurde die Tätigkeit selbst von den Probanden bewertet. Die Versuchspersonen in der 20-$-Bedingung empfanden keine oder wenig Dissonanz. Sie mussten zwar etwas Langweiliges tun und auf Bitte des Versuchsleiters die Unwahrheit erzählen, wurden aber wenigstens ordentlich bezahlt. Dagegen war der Grad der kognitiven Dissonanz in der 1-$-Gruppe relativ höher. Die Versuchspersonen hatten eine langweilige Aufgabe zu erledigen und überdies andere Personen auch noch – im Widerspruch zur eigenen Erfahrung – glauben machen, wie interessant die Tätigkeit angeblich gewesen sei. Dafür wurden sie mit einem Trinkgeld abgespeist.

Nun lässt sich die Höhe der Entlohnung schlecht leugnen oder umdeuten. Wohl aber kann die Tätigkeit subjektiv aufgewertet werden, und genau von dieser – von der Theorie vorhergesagten – Möglichkeit der Dissonanzreduktion machten die Versuchspersonen Gebrauch: Sie glaubten schließlich an ihre eigene Lüge. (Der umgekehrte Effekt subjektiver Abwertung kann nach der Dissonanztheorie auftreten, wenn erwünschte Ziele nicht realisierbar sind. Die «Trauben sind sauer», wenn sie dem «Fuchs zu hoch hängen».)

Hypothese 4 formuliert die häufig behauptete Konkurrenzsituation zwischen in- und ausländischen Arbeitskräften. Die ‹Stammtischversion› des Zusammenhangs unterstellt allerdings implizit die statische Annahme eines konstanten Arbeitsvolumens und einer perfekten Substituierbarkeit zwischen Inländern und Ausländern. Nach dieser ökonomisch extremen Annahme würden inländische Erwerbstätige im Verhältnis 1 : 1 durch Ausländer ersetzt werden. Tatsächlich können aber unterschiedliche Grade der Substituierbarkeit zwischen Arbeitskräften bis hin zur Komplementarität bestehen. So kann es der Fall sein, dass eine Firma zusätzlich drei ausländische Arbeitskräfte einstellt, damit die Produktion ausweitet und zusätzlich eine neue Vorarbeiterstelle schafft und mit einem qualifizierten Inländer besetzt (komplementäre Beziehung). In diesem Beispiel wächst die Zahl der Arbeitsplätze von In- und Ausländern, steigen die Einkommen der Inländer, Steuern und Sozialabgaben sowie die Leistung der Volkswirtschaft insgesamt. Welcher Grad von Substituierbarkeit oder Komplementarität in einer Volkswirtschaft bezüglich welcher Gruppen von Arbeitskräften und Qualifikationsniveaus existiert, ist eine empirisch zu beantwortende Frage.

Mehrere Untersuchungen aus den USA kommen relativ übereinstimmend zu der Schlussfolgerung, dass der Grad der Substituierbarkeit alles andere als perfekt ist (Borjas 1990: 79 ff.). Den Schätzungen zufolge verringert sich das Einkommen der Inländer in den USA bei einem Zustrom von Immigranten äußerst geringfügig, und die Arbeitslosenquote der Inländer bleibt praktisch konstant. (Ein Zuwachs der Anzahl der Immigranten von 10 % vermindert das Durchschnittseinkommen der Inländer um gerade 0,1 %; Borjas 1990: 87.) Überraschenderweise zeigen einige Studien sogar, dass Frauen und farbige Arbeitskräfte einkommensmäßig von der Immigration profitieren. Hier bestehen sogar komplementäre Beziehungen. Stärkere Substitutionsbeziehungen sind dagegen zwischen Immigranten und bereits im Inland ansässigen Ausländern nachweisbar. Wenn Ausländerdiskriminierung eine Folge ‹rationaler› Konkurrenzängste wäre, dann müsste – Ironie der Geschichte – die stärkste Diskriminierung von den im Lande ansässigen Ausländern gegenüber ihren nachziehenden Landsleuten ausgehen.

Einzelne Beispiele haben zwar keine Beweiskraft, sind aber gelegentlich illustrativ. In Westeuropa haben die Schweiz und Luxemburg (den Vatikanstaat lassen wir einmal außer Betracht) die höchsten Ausländeranteile unter den Erwerbstätigen und gleichzeitig die höchsten Pro-Kopf-Einkommen. In der Schweiz besitzt jeder vierte Arbeitnehmer, der Verfasser eingeschlossen, keinen Pass mit einem weißen Kreuz auf rotem Grund. Das Pro-Kopf-Sozialprodukt (2005: 50 532 US-$, im Vergleich Deutschland 33 854 US-$) liegt aber weltweit in der Spitzengruppe!

Mit Hypothese 5 wird ein positiver Einfluss des Umweltbewusstseins auf Aktivitäten zur Energieeinsparung prognostiziert. Empirisch konnte jedoch überhaupt kein Effekt ermittelt werden. Die Prüfung der Hypothese wird uns noch genauer in Kapitel V beschäftigen.

Die angesprochenen (und zahlreiche weitere) Beispiele lassen erkennen, dass die empirische Sozialforschung durchaus mit überraschenden und tiefer gehenden Einsichten in soziale Zusammenhänge aufwarten kann. Freilich wäre es ein Missverständnis, die Moral unserer Geschichte dahingehend zu deuten, dass Alltagshypothesen und wissenschaftlich bestätigte Hypothesen jeweils im Gegensatz zueinander stehen müssten. Das kann, wie die Beispiele ausweisen, bisweilen der Fall sein – muss es aber nicht. Überdies ist das Alltagswissen über soziale Zusammenhänge im Allgemeinen weder präzise noch eindeutig. Zu den meisten Problemen werden verschiedene Personen mehr oder minder vage, häufig aber eben entgegengesetzte Ansichten äußern (dies zeigt sich auch in Spruchweisheiten wie «Gegensätze ziehen sich an» und «Gleich zu Gleich gesellt sich gern»). Weiterhin ist es vielfach so, dass Alltagshypothesen zwar ein «Körnchen Wahrheit» enthalten, der behauptete Zusammenhang aber nur unter bestimmten Bedingungen gültig ist. Auf die Frage, ob Gewaltdarstellungen in Fernsehfilmen die Aggressivität jugendlicher Zuschauer verstärken können, lautet die Antwort wie bei Radio Eriwan:

«Im Prinzip ja.» Die Hypothese wird aber nach vorliegenden Untersuchungen dann nicht zutreffen, wenn sich der Zuschauer eher mit dem Opfer als mit dem Filmtäter identifiziert und das Verhalten des beobachteten Aggressors nicht von Erfolg gekrönt ist (vgl. dazu Kapitel II).

Aber auch in dem weniger beeindruckenden Fall der Bestätigung unseres Vorwissens stellt die wissenschaftliche Prüfung einen Erkenntnisfortschritt dar. Es wäre hochmütig, eine empirische Studie einzig aus dem Grunde als «trivial» zu bewerten, weil sie nachweist, was wir schon immer *vermutet* haben. Weil das Alltagswissen unsicher ist, werden systematische Prüfverfahren benötigt, um den Grad des Vertrauens in vermutete Zusammenhänge zu erhöhen oder eventuell deren bedingte Gültigkeit oder gar Ungültigkeit nachzuweisen. Mit ähnlich lautender Tendenz wird diese These von dem ‹Theoretiker› Durkheim und dem ‹Empiriker› Lazarsfeld formuliert:

«Der gesunde Menschenverstand ist vage und unzuverlässig, die soziale Welt können wir nur durch sorgfältige Forschung kennenlernen.» (Emile Durkheim)

«Weil jede Art menschlicher Reaktion vorstellbar ist, ist es von großer Bedeutung zu wissen, welche Reaktionen tatsächlich am häufigsten vorkommen und unter welchen Bedingungen, erst dann wird sich eine reifere Sozialwissenschaft entwickeln.» (Paul F. Lazarsfeld)

Manche Skeptiker übersehen auch, dass neue Erkenntnisse der Sozialwissenschaften bisweilen rasch Eingang in das Alltagswissen gefunden haben und zum Allgemeingut mutierten. Was früher neu und interessant war, kann heute eventuell schon – meist schlagwortartig verkürzt – als Allgemeinplatz gelten. Wer denkt bei Konzepten wie «Chancengleichheit im Bildungswesen», «Humanisierung der Arbeitswelt», «Investitionen in Humankapital», «schichtspezifische Sozialisation», «informelle Gruppen», «Lebensqualität und Sozialindikatoren», «sich selbst erfüllende Prognosen», «Snob-Effekte» und «Underdog-Effekte» u. a. m. schon daran, dass erst aufwendige Forschungen zur Formulierung jener Thesen führten, die dann meist undifferenziert und ins Beliebige gewendet in den Jargon von Kommentaren und Feuilletons eingehen. Schließlich ist zu bemerken, dass Alltagshypothesen im Allgemeinen nur qualitativer Natur sind. Sie machen Aussagen über die Richtung eines Effekts, nicht aber über dessen Stärke. Der empirische Nachweis eines positiven Zusammenhangs zwischen Bildung und Einkommen z. B. wird nicht sonderlich überraschen. Von Interesse kann darüber hinaus aber die quantitative Stärke des Zusammenhangs sein. So berichten eine Reihe empirischer Studien übereinstimmend, dass der durchschnittliche, prozentuale Einkommenszuwachs pro Bildungsjahr (die Ertragsrate auf Bildung) in Deutschland rund sieben Prozent beträgt (Diekmann, Engelhardt und Hartmann 1993). Diese Schätzungen sind für eine Reihe von Zwecken (u. a. der Vergleich der Ertragsraten zu verschiedenen Zeitpunkten, zwischen Bevölkerungsgruppen und Ländern) wesentlich informativer als der bloße Nachweis eines positiven Zusammenhangs. Oder denken wir an ein aktuelles Beispiel aus der Umweltpolitik. Wird der Preis für Benzin erhöht, dann ist zwar in aller Regel ein Nachfragerückgang zu erwarten. Wie groß der Nachfragerückgang aber ausfällt, d. h., welchen Wert die Preiselastizität der Nachfrage aufweist, lässt sich nur vermuten. Empirische Untersuchungen können den Unsicherheitsspielraum verringern. So kann in einer ausgeklügelten Umfrage versucht werden, die Elastizität der Nachfrage quantitativ abzuschätzen.

Um diese Position noch an einem Beispiel zuzuspitzen: Die «qualitative Hypothese», dass ein Stein von einem Turm zu Boden fällt und dafür umso mehr Zeit benötigt, je höher der Turm ist, kannte man wohl auch schon vor Galilei. Die quantitative Fassung des Fallgesetzes von Galilei, wonach die zurückgelegte Strecke s proportional zum Quadrat der Zeit t ist ($s = g / 2 \cdot t^2$), wird hingegen in der Wissenschaftsgeschichte unbestritten als bedeutende Entdeckung gewürdigt.

Nun ist es gewiss nicht so, dass die empirische Sozialforschung nur am Alltagswissen anknüpft. Ausgangspunkt der Forschung sind oft soziale Probleme, für die eine Lösung gesucht wird (dazu der folgende Abschnitt). In der Regel liefern auch sozialwissenschaftliche Theorien die Ausgangsfragen oder Hypothesen für empirische Untersuchungen, so wie wir es am Beispiel der Dissonanztheorie und dem «20-$-Experiment» bereits gesehen haben. Weiterhin soll nicht der Gegensatz ‹unsicheres Alltagswissen› auf der einen und ‹sichere wissenschaftliche Erkenntnis› auf der anderen Seite beschworen werden. Wie weiter unten noch deutlich wird (Kapitel II und IV), stellen auch wissenschaftlich geprüfte Hypothesen keine letztgültige Erkenntnis dar. Naives Vertrauen in ungeprüftes Alltagswissen ist allerdings in einer sich rapide wandelnden Welt die am wenigsten empfehlenswerte Strategie. Insbesondere kann das Alltagswissen eine ziemlich trügerische Basis für Entscheidungen sein, deren Ergebnisse zentral vom Sozialverhalten der Menschen abhängen. Der Sammlung von Pile (1985) mit dem beziehungsreichen Titel «Im Fettnäpfchen gelandet. Menschliches Versagen in 200 vertrackten Beispielen» ist die folgende Begebenheit zu entnehmen:

«Um die hochdefizitäre Linienschifffahrt auf der Hamburger Alster in Betrieb zu erhalten, kamen Verkehrsverbund und Senat 1983 auf eine kuriose Idee: Jede Fahrt mit dem Alsterdampfer wurde um 90 Pfennig verteuert. So sollten die Bürger Gelegenheit haben, ihre Verbundenheit mit der ‹weißen Flotte› zu demonstrieren. Prompt sank das Fahrgastaufkommen um fast ein Drittel, was im April 1984 zur Abschaffung der Linien führte. Der ‹Rettungszuschlag› machte den Alsterdampfern endgültig den Garaus.»
Ökonomisch gesprochen haben Hamburger Senat und Verkehrsverbund die Preiselastizität der Nachfrage unterschätzt. Eine zuvor in Auftrag gegebene empirische Untersuchung des Nachfrageverhaltens der Bevölkerung hätte – möglicherweise – den Untergang der Linienschifffahrt verhindert.

4. Ziele sozialwissenschaftlicher Untersuchungen

Wie wir schon an Beispielen gesehen haben, können die Ziele sozialwissenschaftlicher Untersuchungen recht unterschiedlich sein. Die nachstehende Typologie von Untersuchungszielen umfasst:

1. explorative Untersuchungen,
2. deskriptive Untersuchungen,
3. Prüfung von Hypothesen und Theorien,
4. Evaluationsstudien.

1. *Explorative Studien* wird man durchführen, wenn der soziale Bereich, den es zu erforschen gilt, relativ unbekannt ist und nur recht vage oder gar keine spezifischen Vermutungen über die soziale Struktur und die Regelmäßigkeiten sozialer Handlungen vorliegen. Häufig handelt es sich bei explorativen Untersuchungen um Vorstudien oder Pretests, die

einer größeren und stärker strukturierten Hauptstudie vorgeschaltet werden. Die explorative Phase dient dann der Gewinnung von Hypothesen, die in der Hauptstudie genauer geprüft und elaboriert werden können. Freilich wird auch die Exploration nicht an einer Tabula-rasa-Situation anknüpfen. Irgendeine Art von Vorwissen, Vermutungen und vage Hypothesen werden den Beobachtungen immer vorangehen und die Aufmerksamkeit in eine bestimmte Richtung lenken. Dies wird auch z. B. für Ethnologen gelten, die eine bis dato unbekannte Kultur besuchen. Und vermutlich werden zwei Ethnologen, die unabhängig voneinander die gleiche Kultur studieren, recht unterschiedliche Beobachtungen berichten.

In explorativen Studien werden vorzugsweise qualitative Methoden zum Einsatz kommen. Man wird etwa qualitative Interviews mit ausgewählten Personen, eventuell «Experteninterviews» und unstrukturierte Beobachtungen vornehmen. Die Konstruktion eines strukturierten, quantitativen Fragebogens erfordert dagegen erhebliches Vorwissen und sollte in einem neuen sozialen Feld, falls überhaupt zweckmäßig, erst der zweite Schritt sein.

Beispiele für explorative Studien finden sich insbesondere in Bereichen sozial abweichenden und diskriminierten Verhaltens. Gruppennormen, Rituale, Formen sozialer Anerkennung u.a.m. stellen hier häufig für den Forscher einen eigenen, fremdartigen Kosmos dar, dessen Regeln erst begriffen werden müssen. Graffiti-Sprayer z. B. bilden eine Subkultur, deren Produkte Eisenbahnwaggons, Hauswände und andere Bauwerke meist zum Ärger der Eigentümer zieren. Was motiviert junge Leute, sich zu nächtlicher Stunde mehr oder minder kunstfertig als Wandmaler zu betätigen? Spielen Statusstreben und soziale Anerkennung eine Rolle? Immerhin hinterlassen Sprayer ihren «tag», eine Art individuelle Signatur, die von Gleichgesinnten mühelos entschlüsselt werden kann. Möchte man die Subkultur genauer untersuchen, wird ein Sozialforscher zunächst versuchen, sich Zugang zum Milieu zu verschaffen, Treffs zu besuchen und Gespräche mit Leuten zu führen, die sich diesem «Hobby» verschrieben haben.

Explorative Studien sind aber nicht nur im Bereich bislang wenig erforschter sozialer Subkulturen sinnvoll. Auch in Unternehmen, Behörden, Parteien, Verbänden, Vereinen und anderen sozialen Organisationsformen etablieren sich informelle Gruppen, deren Regeln dem Außenstehenden normalerweise nicht bekannt sind. Nehmen wir an, eine Untersuchung soll die sozialen Konsequenzen der Einführung eines neuen technischen Verfahrens in einer Firma, etwa eines neuen computergesteuerten Fertigungssystems, abschätzen. Einige Arbeitsplätze werden nach der geplanten Umstellung wegfallen, andere werden ab- oder aufgewertet, und eventuell werden einige Arbeitsplätze neu geschaffen. Insgesamt werden sich Arbeitsplatzhierarchie und Tätigkeitsprofile stark verändern. In diesem Fall ist es wohl angebracht, in einer ersten Phase mit einer explorativen Erhebung zu beginnen. Man wird etwa Arbeitsabläufe beobachten, qualitative Interviews mit Beschäftigten und Vorgesetzten sowie Gespräche mit Gewerkschaftsvertretern und Informatik-Experten führen u. a. m. Aufbauend auf den so gewonnenen Informationen der explorativen Phase, kommen in einem zweiten Schritt eventuell strukturierte Fragebogen oder andere Methoden zur Anwendung.

2. *Deskriptive Untersuchungen* zielen weniger auf die Erforschung sozialer Zusammenhänge und Verhaltensursachen als vielmehr auf die Schätzung von Häufigkeiten, Anteilen, Durchschnittswerten und anderen Merkmalen der Verteilung sozialer Aktivitäten, Einstellungen und sonstiger Variablen in einer Bevölkerungsgruppe. Beispiele sind: die Häufigkeiten von Einkommensbeziehern in bestimmten Einkommensklassen (Einkommensverteilung), das durchschnittliche Einkommen abhängig Beschäftigter, der Anteil von Wählern mit Präferenz für Partei X, die Einschaltquote bei einer Fernsehsendung, der Marktanteil von Produkt XY, der Anteil der Personen, die im letzten Jahr Opfer eines kriminellen Delikts wurden usw. In deskriptiven Studien interessieren in der Regel die Durchschnitts- oder Anteilswerte in der Bevölkerung oder spezifischen Bevölkerungsgruppen. Anders als in hypothesenprüfenden Untersuchungen wird man daher notwendigerweise Wert auf «repräsentative» Stichproben legen, d. h. auf Zufallsstichproben oder alternative Verfahren der Stichprobenziehung (Kapitel IX), wenn nicht gar eine Totalerhebung realisierbar ist.

Nahezu ausschließlich deskriptiv orientiert ist die amtliche Statistik. Allerdings können die Daten in *Sekundäranalysen* für wissenschaftliche und hypothesenprüfende Zwecke häufig weiterverwendet werden (dazu weiter unten). Wahrscheinlich verfolgt der Großteil aller Untersuchungen in der Sozialforschung primär deskriptive Ziele. Die mit deskriptiven Studien gewonnenen Informationen sind aber auch für wissenschaftliche Zwecke keineswegs von geringem Interesse. Eine nicht zu vernachlässigende Aufgabe der Sozialwissenschaften ist sicher die Beschreibung des «Ist-Zustandes» der Gesellschaft. Derartige «Gesellschaftsdiagnosen» können sich u. a. auf die Einkommens- und Vermögensverteilung, auf die Sozialstruktur (soziale Klassen, Schichten und Mobilität), generell auf Formen sozialer Ungleichheit (Überblick Hradil und Schiener 2001; Klein 2005) und die Lebensbedingungen der Bevölkerung (z. B. Glatzer und Zapf 1984) beziehen. Weitgehend deskriptiv orientiert ist die Sozialberichterstattung, die in gesellschaftlichen Bereichen wie Bevölkerung, Familie, Bildung, Einkommen und Beruf, Gesundheit, Kriminalität usf. die Entwicklung und den aktuellen Zustand der Gesellschaft mittels zahlreicher statistischer Kennziffern, sogenannter Sozialindikatoren, beschreibt (z. B. Flora 1975; Hoffmann-Nowotny 1976; Glatzer und Noll 1992; Datenreport 2006). Das Ziel deskriptiver Untersuchungen ist primär Beschreibung und Diagnose, nicht aber vorrangig Ursachenforschung, Erklärung und Theorienprüfung.

Allerdings: Auch deskriptive Studien erfordern theoretisches Vorwissen, und zwar sowohl bei der Beobachtung und Messung sozialer Tatbestände (Beobachtungstheorie, Messtheorie) als auch bei der Konstruktion von Begriffen und Klassifikationen. In diesem Sinn sind auch deskriptive Studien ‹theoriegeladen›. Ferner greifen theoretische Erörterungen in der Regel auf deskriptives Wissen zurück oder beziehen von dort ihre Fragestellungen. Wurde z. B. in deskriptiven Untersuchungen ermittelt, dass sich die Geburtenrate in den meisten Industriegesellschaften in einer relativ kurzen Zeitspanne nahezu halbiert hat (in Deutschland in den alten Bundesländern von etwa Mitte der 1960er bis Mitte der 1970er Jahre), so gab diese deskriptive Erkenntnis den Anstoß zu zahlreichen theoretischen Untersuchungen der beobachteten demographischen Veränderungen. Zwischen deskriptiven und theoretischen Untersuchungen können also durchaus engere Verbindungen bestehen. Schließlich ist zu bemerken, dass viele Erhebungen – insbesondere die amtlichen Statistiken – zwar primär deskriptive Ziele verfolgen, die erhobenen Daten aber in *Sekundäranalysen* zur Prüfung von Theorien und Hypothesen genutzt werden können. Mit dem Mikrozensus des deutschen Statistischen Bundesamts (eine 1%-Stichprobe der Bevölkerung) werden gelegentlich auch Angaben über Einkommen und Bildungsniveau bundesdeutscher Haushaltsmitglieder erhoben. Die Ergebnisse werden dann aufbereitet und als deskriptive Tabellen veröffentlicht. In Sekundäranalysen können die ursprünglichen Rohdaten verwendet werden, um z. B. Hypothesen der ökonomischen Theorie über den Zusammenhang zwischen Bildung und Einkommen in verschiedenen Altersklassen zu prüfen – eine Zielsetzung, die bei der deskriptiven Primärerhebung gar keine Rolle spielte.

3. Eine der vorrangigen Aufgaben wissenschaftlicher Sozialforschung ist zweifellos die empirische *Prüfung von Theorien und Hypothesen.* Beispiele für Hypothesen, d. h. für vermutete Merkmals- oder Variablenzusammenhänge, und hypothesenprüfende Untersuchungen (z. B. die Freiden-Studie zum Zusammenhang zwischen liberalen Scheidungsgesetzen und der Verheiratetenquote oder das 20-$-Experiment von Festinger und Carlsmith) haben wir bereits im vorhergehenden Abschnitt kennengelernt. In der Forschungspraxis ist die Prüfung von Hypothesen mit einer ganzen Reihe von Unsicherheiten behaftet. Aufgabe der Sozialforschung ist, diese Unsicherheiten zu reduzieren und eventuell Fehlerquellen unter Kontrolle zu bringen. Mit einigen Problemen der Hypothesenprüfung werden wir uns noch genauer in Kapitel II befassen.

4. Denkt man bei Untersuchungen mit dem Ziel der Prüfung wissenschaftlicher Theorien und Hypothesen eher an die wissenschaftliche Grundlagenforschung (obwohl die Abgrenzung zwischen ‹reiner› Grundlagenforschung und angewandter Forschung nicht immer so eindeutig ist und wechselseitige Zusammenhänge bestehen), so ist die *Evaluationsforschung* (Kapitel VIII; vgl. auch das Beispiel des Coleman-Reports im folgenden Abschnitt) zweifellos anwendungsbezogen. Ziel einer Evaluationsstudie ist die Ermittlung der Wirksamkeit oder Unwirksamkeit praktisch-politischer oder sozialplanerischer Maßnahmen bezüglich eines oder mehrerer Erfolgskriterien. Besonders wichtig ist darüber hinaus die Abschätzung der unbeabsichtigten positiven oder negativen Ne-

benwirkungen einer Maßnahme. Untersucht wird also eine Hypothese darüber, ob und inwieweit eine Maßnahme X (bzw. ein Maßnahmebündel, ein Projekt) die sozialen Merkmale U, V, W ... beeinflusst. Der direkte Anwendungsbezug auf versuchsweise durchgeführte oder bereits realisierte Maßnahmen lässt es gerechtfertigt erscheinen, für diesen bedeutsamen Sonderfall hypothesenprüfender Studien einen eigenen Untersuchungstyp zu reservieren. Beispiele für Evaluationsstudien sind: die Analyse der Auswirkungen sozialer Projekte oder neuer Gesetze, etwa die Folgen des neuen Ehescheidungsrechts, einer Geschwindigkeitsbeschränkung auf Autobahnen, der Senkung der Promillegrenze, neuer Umweltgesetze, Reformen des Rentensystems. Auch die Erfassung der Auswirkungen institutioneller Reformen, z. B. der Vergleich verschiedener Varianten des Strafvollzugs bezüglich der Rückfallquote oder der Vergleich traditioneller Gymnasien mit Gesamtschulen bezüglich Lernerfolg und Chancengleichheit, fällt unter den Begriff der Evaluationsforschung.

Die Evaluation kann sich auch schon auf die Planung eines Projekts, ferner auf die Kontrolle der Durchführung («program monitoring») und auf die Kosten-Nutzen-Bewertung der empirisch ermittelten Projektfolgen beziehen. Kern der Evaluationsforschung ist aber die empirische Analyse der Wirkungen und Nebenwirkungen einer Maßnahme oder eines sozialen Projekts. Gelegentlich ist es auch möglich, eine Maßnahme versuchsweise einzuführen, zunächst die Folgen des Versuchs zu evaluieren und erst nach einem erfolgreichen Test des Projekts dieses allgemein zu realisieren. Ein Beispiel ist der von der früheren Bundesregierung unter Helmut Kohl in Auftrag gegebene Großversuch mit der Geschwindigkeitsbegrenzung «Tempo 100» auf Autobahnen. Hier allerdings lag der Verdacht nahe, dass bereits vor Versuchsdurchführung der politische Wille fehlte, die geplante Maßnahme tatsächlich umzusetzen. Das Beispiel illustriert zudem, dass die Evaluationsforschung häufig im Spannungsfeld zwischen politischen und wissenschaftlichen Interessen operiert. Nicht selten auch werden evaluierende Gutachten in Auftrag gegeben, um eine kontroverse Entscheidung hinauszuzögern oder eine längst getroffene Entscheidung mit einem ‹Gefälligkeitsgutachten› zu legitimieren. (So formulierte ein zynischer Beobachter: «Ein Gutachten in der Politik ist vergleichbar mit der Funktion einer Laterne für einen Betrunkenen: Nicht der Erleuchtung wegen, sondern um Halt zu finden.») Die Problematik der Evaluationsforschung ist eben, dass sie mehr noch als die ‹rein› wissenschaftliche Grundlagenforschung häufig politischem Druck ausgesetzt ist oder bereits die Absichten des Auftraggebers in einer Art vorauseilendem Gehorsam berücksichtigt werden.

Dies sollte die skeptische Einstellung gegenüber Auftrags-Evaluationen nähren, nicht aber dahingehend missverstanden werden, dass jegliche Evaluationsforschung notwendigerweise einseitigen Auftraggeberinteressen dienen müsste. Zudem sind institutionelle Vorkehrungen denkbar, um die Wahrscheinlichkeit einer verzerrten Evaluation zu verringern. Und schließlich existieren auch mehr oder minder objektive methodische Kriterien, anhand deren ‹schlechte› Evaluationsforschung identifizierbar ist. Freilich setzt das voraus, dass sämtliche Teilschritte der Evaluation dokumentiert und transparent gemacht werden (vgl. auch Kapitel II.3).

Methodisch beruhen Evaluationsstudien häufig auf quasiexperimentellen Untersuchungsdesigns. Eine strikt experimentelle Zufallsaufteilung der Adressaten gesetzlicher oder sozialplanerischer Maßnahmen ist nur in seltenen Fällen möglich. Beim Vergleich von Schulsystemen beispielsweise können Schüler wohl kaum Gesamtschulen oder traditionellen Gymnasien nach dem Zufallsprinzip zugeordnet werden. Die Evaluationsforschung sieht sich daher in der Regel mit dem Problem der Verzerrung durch *Selbstselektion* konfrontiert. Darunter ist zu verstehen, dass die Personen in zwei Vergleichsgruppen systematische Unterschiede aufweisen, weil sie aufgrund einer Entscheidung, die von gewissen Merkmalen abhängt, in die eine oder andere Gruppe gelangt sind. Wenn z. B. Schüler aus sozial schwächeren Schichten mit größerer Wahrscheinlichkeit als die Kinder ‹bürgerlicher› Schichten eine Gesamtschule besuchen und diese beim Leistungsvergleich schlechter abschneidet als traditionelle Gymnasien, dann besagt das Ergebnis noch nicht, dass die Gesamtschule weniger erfolgreich ist als das Gymnasium. Es könnte ja auch der Fall sein, dass die Leistungsdifferenz durch die unterschiedliche Zusammensetzung der Schülerschaft erklärbar wäre. Beim Vergleich des Erfolgs von Institutionen oder Maßnahmen (Schulformen, Arbeitsmarktmaßnahmen, Weiterbildungskurse usw.) ist immer zu bedenken, dass neben der Institution oder Maßnahme, über deren Effekte man etwas wissen möchte, auch die Merkmale der betroffenen Personen eine Rolle spielen können. Scheinbare Effekte oder die Überlagerung tatsächlicher Effekte von Institutionen durch «Selektionsverzerrung» sind eines der Hauptprobleme der Evaluationsforschung. Quasiexperimentellen Untersuchungsdesigns und statistischen Techniken zur Kontrolle von Selektionsverzerrungen kommt daher in der Evaluationsforschung ein besonderes Gewicht zu (Kapitel VIII).

Gelegentlich wird eingewendet, dass ein eingeschränkter Begriff von Evaluationsforschung die Wirkung von Maßnahmen nur anhand vorgegebener Erfolgskriterien misst, unbeabsichtigte positive oder meist negative Nebenwirkungen aber unberücksichtigt bleiben. Die Untersuchung der gesamten Bandbreite relevanter Auswirkungen von Maßnahmen, also von beabsichtigten und unbeabsichtigten Wirkungen und Nebenwirkungen, wird im englischsprachigen Bereich auch als «social impact assessment» bezeichnet. Wenn wir von Evaluationsforschung sprechen, ist damit der weite Begriff gemeint, d. h. nicht die Verengung der Wirkungsforschung auf eine Erfolgskontrolle von Maßnahmen anhand vorgegebener Kriterien. Der mitunter wesentlich interessantere Teil der Evaluationsforschung bezieht sich gerade auf die Untersuchung ungeplanter Nebenwirkungen von Maßnahmen der Sozialplanung. Besonders in den Vereinigten Staaten ist die Evaluationsforschung eine Wachstumsbranche. So wurde z. B. mit dem «National Environmental Policy Act» 1969 die gesetzliche Auflage beschlossen, sämtliche umweltrelevanten Bundesgesetze bezüglich der direkten und indirekten Auswirkungen zu evaluieren. Eine Art experimentelle Reformpolitik, verbunden mit begleitender Evaluationsforschung, könnte auch hierzulande die Qualität der Gesetzgebung nicht unwesentlich verbessern. Die Evaluationsforschung jedenfalls ist eine der zentralen Aufgaben angewandter Sozialforschung und nicht zuletzt ein attraktives Berufsfeld für praxisorientierte Sozialforscherinnen und Sozialforscher.

5. Sozialforschung und soziale Praxis. Das Beispiel des «Coleman-Reports»

Die Wissenschaften sind nicht nur der Grundlagenforschung und ‹reinen Erkenntnis› verpflichtet. Das gilt insbesondere für die Sozialwissenschaften und die empirische Sozialforschung. Um die möglichen gesellschaftspolitischen Implikationen empirischer Studien aufzuzeigen, werden wir in diesem Kapitel abschließend eine Untersuchung über die Ungleichheit von Bildungschancen diskutieren, die in den Vereinigten Staaten vor rund 40 Jahren für erhebliches Aufsehen gesorgt hat. Die Studie ist nicht nur von historischem Interesse. Bis heute hat sie neben praktisch-politischen Auswirkungen auch die theoretische Diskussion in der Bildungsforschung beeinflusst. Gerade aus dem zeitlichen Abstand heraus lassen sich anhand des «Coleman-Reports» (Coleman et al. 1966; vgl. auch Hunt 1991) heute unbefangener die Probleme und Möglichkeiten einer praxisorientierten Sozialforschung illustrieren. Unter dem Eindruck der Bürgerrechtsbewegung verabschiedete der US-Kongress 1964 ein Gesetz zur Bekämpfung der Rassendiskriminierung, das u. a. die Verweigerung staatlicher Geldmittel an rassengetrennte («segregierte») Schulen vorsah. Gleichzeitig ordnete das Bürgerrechtsgesetz eine empirische Untersuchung über die Chancenungleichheit im Bildungswesen nach Hautfarbe, Religion oder Nationalität an. Mit der Untersuchung wurde ein Team unter Leitung des Soziologen James S. Coleman beauftragt. Als Projekt-Budget wurde die für sozialwissenschaftliche Forschungen damals unerhört hohe Summe von 1,5 Millionen US-$ bewilligt. Coleman erwartete wie die meisten liberalen Politiker und Erziehungswissenschaftler, dass die Bildungsungleichheit bezüglich des Leistungsniveaus zwischen weißen und schwarzen Schülern hauptsächlich durch die unterschiedliche Ausstattung der Schulen (mit Personal, Lernmitteln usw.) erklärbar sei. Diese These entsprach auch der Auffassung von Ökonomen, die die Schule als eine Art Fabrik betrachteten, in der mit ‹Investitionen› in Form von Lernmitteln und Lehrern Bildungsleistungen ‹produziert› werden. Die großangelegte Studie basierte auf einer Stichprobe von 4000 Schulen. Die erforderlichen Daten wurden mittels Tests und Fragebogen bei mehr als

632 000 Schülern (das entsprach etwa 5 % aller Schüler in den USA) erhoben. Die statistischen Analysen des umfangreichen Datenmaterials, bei der geringen Verarbeitungskapazität der seinerzeit gebräuchlichen Computer eine ungeheure Aufgabe, brachten nun Ergebnisse hervor, die für alle Beteiligten äußerst überraschend waren. In der spezifisch amerikanischen Situation des hoch segregierten Schulsystems (im Süden besuchten 1964 weniger als 10 % der schwarzen Schüler integrierte Schulen) konnte die Leistungsdifferenz der Schüler nach Hautfarbe nur zu einem geringen Teil durch Variationen in der Ausstattung der Schulen erklärt werden. Dazu Colemans Kommentar (Hunt 1991: 81):

«Ich hatte große Unterschiede zwischen den für weiße und schwarze Kinder verfügbaren Schulressourcen in jedem Teil des Landes erwartet. Als die Daten zeigten, dass die Unterschiede klein waren, war ich verdutzt und fasziniert. Ich musste mir die Frage stellen: ‹Was könnte die Unterschiede im Lernergebnis erklären? Wenn die Unterschiede in der Ausstattung der Schulen nicht die Antwort waren, was dann?› Dies schien mir eine sehr bedeutende Frage zu sein, die zu einem besseren Verständnis des Problems führen könnte.»

Politisch war das Ergebnis geringer Ausstattungseffekte hochbrisant. Bildungspolitiker, die die Verwirklichung der Bürgerrechte auf dem Wege einer Verbesserung der Schulausstattung erreichen wollten, versuchten die Resultate herunterzuspielen und ihre Verbreitung zu unterdrücken. Coleman aber hatte mehr herausgefunden als die unerwarteten Ergebnisse zum Ausstattungseffekt. In multivariaten Regressionsanalysen (Kapitel XIV) wurde der vermutete Einfluss zahlreicher Faktoren auf die Leistungsdifferenz zwischen weißen und schwarzen Schülern geprüft. Dazu zählten die Geschwisterzahl, die Bildung der Eltern, die wirtschaftliche Situation der Familie u. a. m. Als neben dem Elternhaus besonders erklärungskräftiger Faktor stellte sich die Zusammensetzung der Schülerschaft dar: Je höher der Anteil weißer Schüler in einer Schule war, desto höher waren die Leistungen aller Schüler, der weißen, schwarzen und der Schüler anderer ethnischer Gruppen. Coleman erklärt diesen bemerkenswerten Effekt durch die höheren Bildungsansprüche der weißen Schülerschaft, die insgesamt ein stimulierendes Lernklima schaffen. In Colemans Worten (Hunt 1991: 84):

«Die höhere Leistung aller rassischen und ethnischen Gruppen in Schulen mit einem höheren Anteil von weißen Schülern ist größtenteils, vielleicht gänzlich, auf Effekte zurückzuführen, die mit dem Bildungsniveau und den Bildungsansprüchen der Schülerschaft zusammenhängen. Die offensichtlich vorteilhafte Wirkung einer Schülerschaft mit einem hohen Anteil an weißen Schülern kann nicht per se auf die rassische Zusammensetzung der Schülerschaft zurückgeführt werden, sondern ist das Ergebnis einer solideren Bildung und höherer Bildungsansprüche, die man im Durchschnitt bei weißen Schülern findet.»

Dieser «peer effect» der Mitschüler galt allerdings nach erneuten Analysen der Coleman-Daten («Sekundäranalyse») als umstritten. Es wurden methodische Einwände geäußert, und es zeigte sich, dass der Mitschüler-Effekt teilweise auf einem Verkodungsfehler beruhte (Smith 1972; Heckman und Neal 1996). Zahlreiche Nachfolgestudien ergeben, zusammengefasst in Metaanalysen, im Wesentlichen folgendes Bild: Ein Mitschüler-Effekt ist in den methodisch kontrollierten Studien nachweisbar, jedoch ist der Effekt nicht so stark ausgeprägt wie im Coleman-Report behauptet (Crain und Mahard 1983; Wortman und Bryant 1985). Dennoch hatte gerade der später umstrittene «peer effect» die größten politischen Auswirkungen.

Die zentralen Befunde des Coleman-Reports lösten nicht nur eine hitzige Debatte in den Schulbehörden und in der amerikanischen Öffentlichkeit aus, sondern bildeten auch die Basis der «Desegregationspolitik». In zahlreichen Gerichtsverhandlungen zu Verletzungen der Bürgerrechte beriefen sich nun die «Desegregationisten» auf den Coleman-Report. Die politische Maxime lautete: Wenn die Ausstattung nicht entscheidend ist, sondern die soziale Zusammensetzung der Schulen, dann muss man eben die Schülerschaft ‹mischen›. Das Mittel ist der Schulbus, mit dem durch gerichtliche Anordnung die Schüler aus schwarzen Wohngebieten in die ‹weißen› Schulen transportiert wurden (das sogenannte busing).

Nach öffentlichen Stellungnahmen Colemans und zahlreichen Unterredungen mit führenden Politikern, u. a. mit Präsident Nixon, wird die Desegregation offizielle Regierungspolitik. Vorwiegend der widerspenstige Süden wird 1970 mit Zuschüssen von insgesamt 1,5 Milliarden US-$ für Schulen, die sich an die gerichtlich angeordnete Desegregation halten, geködert. Coleman gilt in der New York Times als «Busy Advocate of Gains for Negroes». Ironischerweise hat der Coleman-Report die Rassenintegration gefördert, obwohl doch gerade die liberalen Bürgerrechtler im «Department of Health, Education, and Welfare» (wegen der mangelnden Stützung der «Ausstattungstheorie») die Studie nach Bekanntwerden der Ergebnisse nach Kräften zu torpedieren versuchten.

Die durch den Coleman-Report inspirierten Maßnahmen zur Schaffung gemischtrassiger Schulen hatten allerdings auch unbeabsichtigte Nebenwirkungen. Coleman selbst erkannte später, dass das «busing» zu einem Rückgang des Anteils Weißer in den zwangsweise integrierten Schulen führte. Weiße Familien verlegten einfach ihren Wohnsitz. Coleman, der zunächst das «busing» unterstützt hatte (der Bericht selbst erwähnt diese Maßnahme zwar nicht, aber der Coleman-Report galt gemeinhin als Grundlage des «busing»), schlägt nun Alternativen vor und wird wiederum in einer hitzig geführten Debatte als Abtrünniger gegenüber der bürgerrechtlichen Schulpolitik kritisiert. Die Einzelheiten dieser Folgedebatte interessieren hier weniger, sie können der vorzüglichen Darstellung von Hunt (1991), die auch hier zugrunde gelegt wurde, entnommen werden.

Das Beispiel des Coleman-Reports macht mehrere Gesichtspunkte deutlich:

- Eine von vielen Fachleuten für wahr gehaltene plausible Erklärung oder Hypothese kann sich überraschend als falsch herausstellen. Hier zeigte sich, dass Unterschiede in den Schulleistungen nur zu einem geringen Teil durch Ausstattungsunterschiede erklärbar waren.[1] Der Coleman-Report ist ein weiteres Beispiel dafür, dass sich das Alltagswissen ebenso wie ungeprüfte wissenschaftliche Spekulationen als trügerisch erweisen können (Kapitel I.3).
- Die wissenschaftlich-empirische Arbeit im Spannungsfeld zwischen

1 Um Missverständnisse zu vermeiden: In anderen Zusammenhängen können Ausstattungseffekte sehr wohl eine Rolle spielen. Wenn z. B., wie Coleman betont hat, in Entwicklungsländern die schulischen Ressourcen sehr gering sind, kann eine Erhöhung durchaus zur Verbesserung der schulischen Leistungen beitragen. In der damaligen Situation der USA war der Effekt dagegen viel begrenzter als erwartet.

Wahrheitssuche und politischen Ansprüchen kann zu erheblichen ideologischen Verzerrungen führen. Der seltene Fall, dass ein Wissenschaftler gleichermaßen kreativ und unvoreingenommen war wie Coleman, hat erst dazu geführt, dass die neuen Ergebnisse ans Licht gebracht wurden. (Andere Forscher hätten vielleicht mit vielerlei statistischen Tricks und einseitigen Interpretationen der Daten den erwünschten «Ausstattungseffekt» zu ‹retten› versucht.) Der Coleman-Report verdeutlicht damit auch das Problem von Werturteilen im Prozess der wissenschaftlichen Forschung (dazu Kapitel II.3).

- Der Coleman-Report zeigt, dass in einzelnen Fällen eine empirisch-soziologische bzw. allgemein eine sozialwissenschaftliche Untersuchung die praktische Gesellschaftspolitik und Sozialplanung in erheblichem Ausmaß beeinflussen kann. Sie kann auf die Ineffizienz geplanter Maßnahmen aufmerksam machen und der Reformpolitik mit neuen Vorschlägen Perspektiven weisen. Im Erfolgsfall macht sich eine Studie auch dadurch mehrfach bezahlt, dass knappe öffentliche Mittel effizienter eingesetzt werden können.
- Zudem demonstriert der Coleman-Report, dass eine anwendungsbezogene empirische Studie auch die theoretische Grundlagenforschung in der Bildungssoziologie bereichern kann. Die Hypothese über den Einfluss der sozialen Zusammensetzung der Schülerschaft macht auf die Wirkung des sozialen Kontextes aufmerksam. Mit Kontexteffekten hat Coleman auch die guten Leistungen katholischer Privatschulen erklärt. Demnach hat sich der Kontext von Sozialbeziehungen zwischen den Eltern und in den Nachbarschaften förderlich auf die Schulleistungen ausgewirkt. Mehr noch: In späteren Arbeiten Colemans (1990; vgl. auch Schneider und Coleman 1993) wird die Hypothese der Kontexteffekte zu einer Theorie der produktiven Wirkungen von «Sozialkapital» weiterentwickelt. Die Studie hat damit generell die Theoriediskussion in den Sozialwissenschaften stimuliert.
- Schließlich hat der Coleman-Report zahlreiche empirische Nachfolgestudien angeregt. Eine Sekundäranalyse der Daten des Reports hat einen Fehler aufgedeckt und Zweifel am Befund des Mitschülereffekts aufkommen lassen. Weitere empirische Studien zur Desegregation weisen zwar auf positive Effekte der Zusammensetzung der Schülerschaft auf die

Schulleistungen hin, jedoch sind die Effekte nur relativ schwach ausgeprägt. Die Geschichte des Coleman-Reports demonstriert damit auch, wie wichtig Sekundäranalysen und weitere empirische Studien (Replikationen) für die Prüfung einer Hypothese sind. Erst kumulative Forschung durch eine größere Anzahl von Studien kann genauere Auskünfte über die Gültigkeit einer Hypothese geben.

Colemans Arbeiten haben den Grundstein für eine empirische Bildungsforschung gelegt, die darauf abzielt, Leistungsunterschiede zu messen und zu erklären. Diese Tradition wird heute mit den in Politik und Öffentlichkeit weithin beachteten PISA-Studien fortgesetzt. Sie basieren ebenfalls auf der Methodik der Sozialforschung und sind gleichzeitig weitere Beispiele für die Praxiswirkung der mit diesen Methoden erzielten Ergebnisse.[2]

2 Zu den Ergebnissen und der Methodik der PISA-Studie siehe Deutsches PISA-Konsortium (2001). Überblicke über Colemans Bildungsstudien geben Mayer (1997), Braun (2006) und Marsden (2005). Reanalysen des Coleman-Reports findet man in Mosteller und Moynihan (1972) und weitere Arbeiten zu Colemans Bildungsforschung in Clark (1996). Zum Kontexteffekt siehe auch Legewie (2012).

II. Probleme empirischer Sozialforschung

1. Probleme selektiver Wahrnehmung

So wie jeder Mensch im Alltag gewissermaßen ein Philosoph ist, sind wir alle auch ‹empirische Sozialforscher›. Wir haben unsere Weltanschauungen, Traditionen, Vorurteile und kennen eine Vielzahl von Regelmäßigkeiten des sozialen Verhaltens unserer Mitmenschen. Tagtäglich beobachten wir soziale Vorgänge und Handlungen anderer Menschen und ‹prüfen› anhand dieser Beobachtungen unsere Alltagshypothesen. Soziale Wahrnehmungen gestalten die ‹Wirklichkeit› mit, konstruieren sie in gewissem Sinn und sind Teil der sozialen Realität (Berger und Luckmann 1969, «Die gesellschaftliche Konstruktion der Wirklichkeit»). Ohne Vor-Urteile und strukturierte Wahrnehmungen wären wir gar nicht überlebensfähig. Nur, um eine chinesische Weisheit leicht abzuwandeln: «Ideologien, Traditionen, Vorurteile sind zwar ein Fels, auf dem man sicher stehen kann, aber auch eine schwere Last, wenn der Fels auf dem Rücken getragen wird.» Geht es um die Aufdeckung und Prüfung sozialer Regelmäßigkeiten oder Hypothesen, dann ist die vorurteilsgeleitete Wahrnehmung nicht selten trügerisch.

Pseudoregelmässigkeiten

Die Ergänzung von Zahlenfolgen ist eine beliebte Knobelei. Betrachten wir die Reihe:

1, 1, 2, 3, 5, 8 …

Möglicherweise erkennen Sie gleich die Regelmäßigkeit. Es handelt sich um die Fibonacci-Serie mit den beiden Anfangswerten 1, 1. Jedes weitere Glied der Folge ist die Summe der zwei vorhergehenden Zahlen. Die auf 8 folgende Zahl ist 13, dann 21 usw. (Der Grenzwert der Folge der Quotienten benachbarter Zahlen ist übrigens das Verhältnis der Seitenlängen des

«Goldenen Schnitts».) Etwas schwieriger wird es sein, eine Regelmäßigkeit in der folgenden Zahlenreihe zu entdecken (vgl. auch Watzlawick 1976):

5, 7, 9, 16, 17, 47.

Vielleicht existieren auch mehrere Lösungen. Mehr als fünf Minuten sollten Sie sich aber nicht den Kopf zermartern.

Haben Sie eine Regelmäßigkeit entdeckt? Wenn ja, sind Sie auf dem besten Wege, Millionär zu werden. Bei der Serie handelt es sich um die Ziehung der Lottozahlen vom 16. September 2006. Das Beispiel illustriert, dass wir die starke Neigung verspüren, Regelmäßigkeiten auch dort zu entdecken, wo objektiv keine Zusammenhänge existieren. Überhaupt lässt sich sagen, dass Menschen geradezu programmiert sind, Regelmäßigkeiten oder ‹Muster› aufzuspüren. Wir entdecken sie in Zufallszahlen oder allen möglichen zufälligen Anordnungen wie Tintenklecksen, Wolkenbildungen und Sternhaufen. In der Psychologie weiß man, dass die Verknüpfung zufällig auftretender Ereignisse Grundlage «erlernter Neurosen» und abergläubischen Denkens ist.

Wie hartnäckig Personen an einmal ‹entdeckten›, völlig bizarren Hypothesen festhalten, demonstrieren in überzeugender Weise die Experimente von Wright und Bavelas (vgl. dazu Watzlawick 1976). Wright bastelte für sein Experiment einen Apparat, der als «vielarmiger Bandit» bezeichnet wurde. Die Versuchspersonen wurden gebeten, jeweils einen der kreisförmig angeordneten Knöpfe zu drücken. Mit einem Kontrollknopf in der Mitte des Kreises konnte herausgefunden werden, ob der Tastendruck erfolgreich war. In diesem Fall ertönte ein Summer, und die Versuchsperson erhielt einen Punkt. Aus der Sicht der Versuchspersonen stellte sich das Problem so, dass durch Versuch und Irrtum eine Regelmäßigkeit in der Abfolge der zu betätigenden Knöpfe ermittelt werden sollte. Tatsächlich aber standen Tastendruck und Summerton in keinem Zusammenhang. Ein Versuchsdurchgang am «vielarmigen Banditen» bestand aus 325-maligem Tastendruck. Bis zum Knopfdruck 250 ertönte der Summer in zufälliger Folge, bei den nächsten 50 Versuchen überhaupt nicht, und von Versuch 301 bis 325 war der Summerton bei jedem Tastendruck zu hören. Das ebenso simple wie raffinierte Schema bewirkt, dass eine Versuchsperson in den ersten 250 Runden eine mehr oder minder komplizierte Hypothese herausarbeitet – ähnlich wie eine ‹Regelmäßigkeit› in einer Reihe von Lottozahlen. Ertönt der Zufalls-Summer oft genug, scheint das Bemühen halbwegs von Erfolg gekrönt zu sein. Nun kommt aber ab Runde 250 eine Serie herber Enttäuschungen. Hartnäckige Bemühungen zur Modifikation der Hypothese werden ab Runde 300 permanent belohnt. Die Versuchsperson weiß sich mit einer scheinbar korrekten Lösung am Ziel.

Das Experiment gibt jedoch nicht nur Aufschluss über die Entwicklung von Pseudoregeln. Mit der Wahrheit konfrontiert (und der Falschheit der Hypothese), blieb ein Großteil der Versuchspersonen zunächst bei ihrer Überzeugung. Einige glaubten, der Versuchsleiter sei einer Täuschung erlegen, andere waren der Auffassung, eine bislang verborgene Regelmäßigkeit im Mechanismus des Apparats aufgefunden zu haben. Ist «Irren menschlich», so ist es offenbar noch menschlicher, mühsam errungene Irrtümer trotz aller widerstreitenden Tatsachen zu verteidigen.

Erwartungsabhängige Beobachtung

Mehr als zehn Jahre nach Verhängung des Kriegsrechts wurde in Polen eine Umfrage durchgeführt. Erfragt wurde, was die Polen nach ihrer Erinnerung empfanden, als General Jaruzelski im Dezember 1981 die Verhängung des Kriegsrechts in einer Rede im Fernsehen ankündigte. «Drei von vier erwachsenen Polen erinnern sich (...), wie sie fröstelten, weil sie hinter den dunkelbraunen Gläsern nicht die Augen des Mannes sehen konnten, der ihnen an jenem Samstagabend zur besten Sendezeit im Fernsehen verkündete, dass es mit dem Demonstrieren, dem Streiken und dem Reisen ins Ausland erst einmal vorbei sei» (Urban 1994). Interessanterweise aber ist die ‹Kollektiverinnerung› falsch. Jaruzelski hatte bei seiner Fernsehrede keine Sonnenbrille aufgesetzt. Offenbar hat sich das Bild Jaruzelskis mit dunklen Augengläsern so stark eingeprägt, dass diese Erwartung nachträglich die Wahrnehmungsinhalte verzerrt hat. Dieses Beispiel und die weiter unten erwähnten Untersuchungen werfen nicht nur ein Licht auf die Qualität mancher Zeugenaussagen, sie machen vor allem darauf aufmerksam, in wie starkem Maß Alltagsbeobachtungen von Vorurteilen und Erwartungshaltungen überlagert sein können.

Bohnen (1972) diskutiert in einer wissenschaftstheoretischen Abhandlung eine Reihe aufschlussreicher Experimente zur Thematik «hypothesengesteuerter Beobachtung». In einem der Experimente wurde ein «Guckkasten» konstruiert, der zwei miteinander verbundene Ballons nach Art kommunizierender Röhren enthielt. Wurde der eine Ballon aufgeblasen, schrumpfte entsprechend der andere und umgekehrt. Versuchspersonen, die gebeten wurden, durch das Guckloch zu sehen, berichten, dass es sich um zwei Kugeln handele, die sich gegenläufig zueinander bewegten. Komme die eine Kugel dem Betrachter näher, so entferne sich die andere Kugel von ihm. Die der Beobachtung zugrunde gelegte Hypothese ist in unserer Alltagswelt meist zutreffend: die Größenkonstanz von Objekten. Wird ein beobachtetes Objekt «kleiner», dann geht man zunächst (wenn nicht andere Informationen vorliegen) davon aus, dass sich das Objekt vom Beobachter entfernt. Angenommen, jemand beobachtet ein Schiff auf dem Meer. Der Beobachter berichtet: «Ich habe etwas Merkwürdiges gesehen: ein Schiff, welches seine Position nicht verändert hat, aber beständig schrumpfte, bis es verschwand.» Man würde denken, unser Beobachter sei ein Spaßvogel, obwohl das Bild des Schiffs auf der Netzhaut des Auges ja tatsächlich schrumpfte. (Vielleicht handelte es sich ja auch um ein Schlauchboot. Dann freilich wäre es besser gewesen, die Küstenwache zu alarmieren.) Als im Ruhrgebiet noch mehr Schlote rauchten und der ‹Himmel weniger blau war›, unterschätzten erholungsbedürftige Westfalen auf Bergtour in den bayerischen Alpen systematisch die Entfernungen. Der Entfernungsabschätzung lag quasi eine Hypothese über die Schadstoffkonzentration der Luft zugrunde.

Auch soziale Wertschätzungen und Normen sowie Konformitätsdruck können Beobachtungsergebnisse beeinflussen. Aus der Sozialpsychologie ist der «Akzentuierungseffekt» bekannt: So wird der Durchmesser von Geldmünzen, im Vergleich zu neutralen Objekten wie Pappscheiben, eher überschätzt, und zwar umso stärker, je höher der Wert der Münzen ist und je weniger wohlhabend die Versuchspersonen sind (Überblick in Irle 1975: 92 ff.).

Mit dem klassischen Experiment von Asch (1951) konnte nachgewiesen werden, dass der Konformitätsdruck einer Majorität die Wahrscheinlichkeit von Fehlurteilen bei einer einfachen, ansonsten leicht lösbaren Aufgabe stark erhöht. Die Versuchspersonen waren angewiesen, die Länge einer Linie anhand von drei Vergleichslinien zu bestimmen. Angegeben werden sollte die passende Vergleichslinie. In den Gruppen von acht Personen befand sich aber nur jeweils eine ‹echte› Versuchsperson. Die Sitzordnung war so arrangiert, dass die echte Versuchsperson ihr Urteil zuletzt abgeben musste. Die als Versuchspersonen getarnten Mitarbeiter an dem Experiment gaben für alle hörbar übereinstimmende Fehlurteile ab. Unter dieser Bedingung lieferten nur 13 von 50 Personen fehlerfreie Schätzungen in allen (12) Versuchsdurchgängen. In der Kontrollgruppe ohne Konformitätsdruck war dagegen die Fehlerrate minimal. 35 von 37 Personen konnten die Aufgabe in sämtlichen Versuchsdurchgängen korrekt lösen. Das Experiment erinnert ein wenig an die Geschichte von «Des Kaisers neuen Kleidern». Erst ein unbefangener Beobachter (in dem Märchen ein kleines Mädchen) erkennt, dass der Kaiser nackt ist.

Ist schon ein starker Einfluss von Erwartungen, Werten und sozialer Konformität auf die Abschätzung physikalischer, objektiv messbarer Größen nachweisbar, so ist davon auszugehen, dass die Effekte hypothesengesteuerter Wahrnehmung bei der Beobachtung sozialer Aktivitäten eine ungleich größere Rolle spielen.

Selektive Wahrnehmung

Vor etlichen Jahren erlangte Uri Geller in Fernsehshows einige Berühmtheit mit dem bemerkenswerten Talent, vor einem Millionenpublikum auf geheimnisvolle Weise und dank seiner ‹psychischen Kräfte› u. a. Gabeln zu verbiegen und zu zerbrechen, ohne jegliche physische Gewaltanwendung. Mehr noch: Seine ‹psychokinetische› Kraft reichte via Fernsehen bis in die Küchenschubladen der Zuschauer: Tausende vermeldeten nach einer der Shows, dass sie in ihrem Hause tatsächlich verbogene Gabeln aufgefunden hätten. Zeigte sich hier wieder einmal ein eindrucksvolles parapsychologisches Phänomen? Der Trick Uri Gellers lässt sich viel einfacher verstehen, wenn man vom Prinzip selektiver Wahrnehmung ausgeht. Vermutlich hat jeder dritte oder vierte, meinethalben auch jeder zehnte Haushalt in einem hinteren Winkel der Küchenschublade eine oder mehrere verbogene Gabeln liegen. (Ich habe in meinem Haushalt nachgeprüft und wurde fündig.) Die verbogenen Gabeln blieben in der Vergangenheit völlig unbeachtet, bis Gellers Show die Aufmerksamkeit darauf gerichtet hat. Bei einem Millionenpublikum ist es dann keine Überraschung mehr, dass Tausende Zuschauer von verbogenen Gabeln berichten (Schadenersatz hat offenbar niemand gefordert). Der Trick zerbrochener Gabeln im Studio wurde später übrigens von der Bundesanstalt für Materialprüfung unter dem Elektronenmikroskop aufgeklärt. Vermutlich dürften ‹parapsychologische Phänomene› generell auf dem Prinzip der Selbsttäuschung durch selektive Wahrnehmung beruhen, wenn es sich nicht gar von vornherein um bewusste Täuschungsmanöver handelt: So hat jeder von uns Träume gehabt oder von Träumen gehört, in denen wichtige Ereignisse vorausgesehen wurden. Das ‹Geheimnis› präkognitiver Träume ist durch ein ähnliches Prinzip wie Gellers Suggestionstrick erklärbar: selektive Wahrnehmung und große Zahl. Werden nur ‹bestätigende› Träume wahrgenommen, dann ist die Wahrscheinlichkeit, über Jahre gerechnet, sehr hoch, dass eine zufällige (ungefähre) Übereinstimmung von Traum und späterem Vorkommnis mindestens einmal registriert wird (vgl. dazu genauer die Rechenbeispiele in Paulos 1993).

Im sozialen Alltagsleben sind unsere Wahrnehmungen notwendigerweise selektiv. Dies gilt natürlich auch für die Wahrnehmung von Wissenschaftlern – nur mit dem wichtigen Unterschied, dass Methoden zur Kontrolle selektiver Wahrnehmung existieren (dazu weiter unten). Friedrichs (1990: 271) spricht im Anschluss an Untersuchungen der Massenmedien von einem «dreifachen Selektionsprozess». Es werden bestimmte Beobachtungsobjekte ausgewählt (Stichprobenselektion), es werden nur bestimmte Aspekte wahrgenommen (Wahrnehmungsselektion) und davon wiederum nur bestimmte Teile erinnert (Erinnerungsselektion). Nehmen wir an, ein amerikanischer Tourist besucht Bayern und erzählt nach seiner Rückkehr beeindruckt: «Die Bayern tragen alle Lederhosen und trinken aus großen Maßkrügen Unmengen von Bier.» Möglicherweise war unser Tourist auf einem ‹Heimatabend› mit lederbehoster Trachtengruppe (wahrscheinlich ein Trupp arbeitsloser Schauspieler aus Emden) und im Münchner Hofbräuhaus (wo sich Touristen gegenseitig beim Maßkrug-Stemmen beobachten). Es handelt sich also um eine äußerst selektive und stark verzerrte Stichprobe. Neben anderen Beobachtungen sind die Lederhosen der Trachtengruppe und der Bierkonsum besonders aufgefallen. Diese beiden letzteren Wahrnehmungen haben sich dann eingeprägt. Wenn auch nicht so krass wie hier, so werden doch viele Reiseberichte über Verhalten, Sitten und Folklore fremder Nationen nach ähnlichem Muster verzerrt sein. Insbesondere beschränken sich die meisten Beobachtungen von Touristen auf jene ‹Einheimischen› des besuchten Landes, die von Touristen entlohnte Leistungen im Bereich der Gastronomie erbringen. Auch in der wissenschaftlichen Ethnologie können unkontrollierte Beobachtungen bezüglich der Stichprobe (Gespräche werden z. B. nur mit ‹Dorfältesten› oder anderen ausgewählten Informanten geführt), selektive Wahrnehmung und andere Fehlerquellen zu ganz erheblichen Irrtümern führen. Hierfür gibt es zahlreiche Beispiele, wie etwa der Streit um Margaret Meads ([1st ed. 1928] 2001) berühmte Studie zur Friedfertigkeit von Naturvölkern auf Samoa demonstriert (vgl. Freeman 1983; Holmes 1987).

Margaret Mead wurde vorgeworfen, dass sie nur relativ kurze Zeit auf Samoa verbrachte (sechs Monate in den Jahren 1925/26 auf ‹ihrer Forschungsinsel› Ta'u), die Sprache unzureichend beherrschte, während ihres Aufenthalts bei einer amerikanischen Familie lebte und ihre Eindrücke zur sexuellen Freizügigkeit und der Abwesenheit von Aggression insgesamt ein verzerrtes Bild der samoischen Kultur gaben. Dieser Kritik von Freeman ist aber auch widersprochen worden (zu einem kurzen Überblick und einer Bewertung der Kontroverse siehe Schweizer 1990). Die Auseinandersetzung ruft aber die Problematik ethnologischer Feldforschung ins Bewusstsein. Heute stellt man weit höhere Anforderungen an die Methodik und Datenqualität ethnologischer Studien, als dies noch in der Pionierzeit ethnologischer Feldforschung in den 20er Jahren der Fall war.

Ein weiteres prominentes Beispiel ist die von König (1973a) berichtete Auseinandersetzung über die Studien von R. Redfield und O. Lewis in der mexikanischen Gemeinde Tepotztlan. Im Kontrast zu den Konflikten und Widersprüchen der modernen Industriegesellschaft skizzierte Redfield ein harmonisches Gegenbild des Sozialverhaltens der Bewohner von Tepotztlan. Die Studie datiert aus dem Jahre 1934. 17 Jahre später, also 1951, schildert O. Lewis Tepotztlan als «eine von gegenseitigem Misstrauen zerfressene Gemeinde, bei der eine Schicht unterbäuerlicher Bevölkerung gewissermaßen total ausgeschaltet und unterprivilegiert war; Gewalttaten (bis zum Mord) waren die Symptome dieser ‹Zerfallenheit›» (König 1973a: 7). Der Grund für die krass unterschiedlichen Beobachtungen war aber nicht ein radikaler Wandel in der sozialen Integration der Gemeinde. Redfield und Lewis waren im Wesentlichen mit den gleichen Verhältnissen konfrontiert. Nur hat der erste Beobachter von vornherein die Wunschhaltung eingenommen, der konfliktträchtigen Industriegesellschaft ein Gegenbild vor Augen zu führen. Der Wunsch ist aber nicht nur der Vater des Gedankens, er steuert auch die Aufmerksamkeit und filtert die Beobachtungen. Die unkontrollierte und nicht mehr revisionsbereite Beobachtung, ausgehend von einer voreingenommenen Haltung, bezeichnet König (1973b) als «Fehler des ersten Blicks».

Besonders verzerrte Resultate liefert die intuitive Wahrnehmung der Wahrscheinlichkeit von Ereignissen. Experimente zeigen, dass kleine Risiken systematisch überschätzt und hohe Wahrscheinlichkeiten eher unterschätzt werden (Tversky und Kahnemann 1987). Die Überschätzung kleiner Wahrscheinlichkeiten ist wohl auch ein wesentlicher Grund dafür, dass viele Leute so gern Lotto spielen, obwohl es sich von der Ausschüttungsquote her gesehen um ein ausgesprochen ‹unfaires› Spiel handelt (erheblich ‹unfairer› als z. B. Roulette). Genauere Wahrscheinlichkeitsschätzungen, sofern nicht wie bei Glücksspielen aufgrund des verwendeten Zufallsmechanismus mathematisch errechenbar, sind erst mit kontrollierten Erhebungsmethoden und statistischen Auswertungstechniken erzielbar.

Das Problem selektiver Wahrnehmung ist bei der Prüfung von Zusammenhängen deshalb von besonderem Gewicht, weil bevorzugt jene Wahrnehmungen registriert werden, die liebgewonnene Vorurteile und Hypothesen bestätigen (siehe Kasten II.1). Dieses Problem können wir als *Bestätigungsbias* infolge gefilterter Wahrnehmung bezeichnen (Bias ist in der Statistik der Fachbegriff für «Verzerrung»). Die bereits weiter oben kurz skizzierte Theorie der kognitiven Dissonanz liefert eine Erklärung für die bevorzugte Aufnahme bestätigender Informationen. Widersprüche zwischen Ideologien, Vorurteilen und Hypothesen einerseits sowie den Wahrnehmungen sozialer Vorgänge andererseits werden als dissonant und unangenehm empfunden. Eine der gebräuchlichsten Methoden der Dissonanzreduktion ist die selektive Wahrnehmung bestätigender und die Ignorierung oder Uminterpretation falsifizierender Beobachtungen. Ein vielzitiertes Experiment von Ehrlich, Guttmann, Schönbach und Mills (1957) deutet darauf hin, dass *nach* einem Autokauf wesentlich häufiger Prospekte und Berichte zur Kenntnis genommen werden, die die Kaufentscheidung in einem günstigen Licht erscheinen lassen (mit allerdings nicht ganz eindeutigen Befunden, zur Darstellung und Kritik vgl. Irle 1975: 317 ff.). Eine Untersuchung der Abonnenten von Tageszeitungen in Deutschland wird vermutlich zu dem Schluss kommen, dass z. B. die «Frankfurter Rundschau» eher von nichtkonservativen Wählern abonniert wird. Genau das Gegenteil ist bei dem Abonnentenkreis der FAZ, der «Frankfurter Allgemeinen Zeitung», zu erwarten. Gemäß der Dissonanztheorie ist der Grund aber weniger, dass die politische Richtung einer Zeitung die politische Einstellung beeinflusste. Vielmehr wird die politische Einstellung des Lesers die ‹Abstimmung am Kiosk›, die Auswahl der Zeitung, bestimmen. Die Auswahl eines Informationsmediums ist eine Methode der Dissonanzreduktion. Potenziell störende Wahrnehmungen werden, zumindest partiell und soweit dies möglich ist, von vornherein ausgefiltert.

Ein Bestätigungsbias kann auch noch durch einen weiteren Mechanismus hervorgerufen werden. In einer Pionierarbeit hat Merton (1936) eine Eigentümlichkeit von Vorhersagen im sozialen Bereich, nämlich die Eigendynamik von Prognosen, systematisch untersucht. Der Effekt «sich selbst erfüllender Prognosen» (selffulfilling prophecy) spielt auch bei der scheinbaren Bestätigung von Vorurteilen und Alltagshypothesen eine wichtige Rolle. Glauben z. B. Richter, dass Täter aus der Unterschicht ein höheres Rückfallrisiko aufweisen, dann kann der vermutete Zusammenhang – selbst wenn er ‹falsch› ist – durch das richterliche Handeln erst erzeugt werden. Werden nämlich Angeklagte vor Gericht aufgrund der vermuteten ungünstigeren Rückfallprognose zu härteren Strafen verurteilt, etwa zu Gefängnis ohne Bewährung anstelle einer Bewährungsstrafe, dann ist es durchaus wahrscheinlich, dass erst der Gefängnisaufenthalt das Rückfallrisiko erhöht. Dann aber weisen Täter aus der

Unterschicht wirklich ein höheres Rückfallrisiko auf; die falsche Hypothese des Gerichts wird aufgrund der falschen Prognose bestätigt. Vorurteile und Diskriminierung erzeugen sehr häufig eine Eigendynamik nach dem Muster «sich selbst erfüllender Prognosen». Ob unabhängig von den Entscheidungen des Gerichts in unserem Beispiel ein Zusammenhang existierte, lässt sich aber mit den Methoden der Sozialforschung aufklären. Werden z. B. Täter aus der Unterschicht mit Tätern aus der Oberschicht bei gleichen Delikten und gleichem Strafmaß bezüglich des Rückfallrisikos verglichen, dann wird das Bestätigungsbias durch das gewählte Untersuchungsdesign ausgeschlossen. Zeigte sich danach kein Zusammenhang zwischen der Schichtzugehörigkeit des Angeklagten und dem Rückfallrisiko, so erwiese sich hiermit die Hypothese des Gerichts als unzutreffendes Vorurteil. Auch wenn die psychologischen Gesetzmäßigkeiten selektiver Wahrnehmung vor Wissenschaftlern keineswegs haltmachen, so können doch Fehlerquellen wie das Bestätigungsbias aufgrund selektiver Wahrnehmung oder der Dynamik «sich selbst erfüllender Prognosen» mit geeigneten Methoden kontrolliert werden. Diese Möglichkeit ist das zentrale Kriterium, das wissenschaftliche Untersuchungsmethoden von «Alltagsprüfverfahren» unterscheidet.

Kasten II.1: Kreuztabelle und Bestätigungsbias

Das einfachste Verfahren der Datenauswertung zur Prüfung einer Hypothese ist die Kreuztabelle. Ausgangspunkt ist eine Hypothese über einen bivariaten Zusammenhang zwischen zwei Variablen X und Y. Haben die Variablen jeweils nur zwei Ausprägungen (dichotome Variablen wie z. B. Geschlecht mit den Ausprägungen «Frau» oder «Mann»), dann können die Daten in Form einer Vier-Felder-Kreuztabelle angeordnet werden. Jede Person (bzw. Untersuchungseinheit), bei der die Ausprägung von X und Y ermittelt wurde, wird dem entsprechenden Feld der Tabelle zugewiesen. Treten bestimmte Ausprägungskombinationen relativ häufiger auf als andere, dann kann von einem Zusammenhang zwischen den Variablen X und Y gesprochen werden.

Betrachten wir als Beispiel das Vorurteil (die Hypothese) der Hamburger, dass sie bessere Autofahrer seien als die Pinneberger. (Pinneberg ist ein Ort im Hamburger Umland mit dem Autokennzeichen PI. Nach arrogant-salopper Hamburger Lesart: «Pennt immer».) Das Beispiel ist beliebig generalisierbar auf Großstädte und ihre Umgebung, z. B. auf Wiener und Burgenländer oder auf München und Fürstenfeldbruck. X ist in dieser Hypothese die Herkunft des Autofahrers mit den Ausprägungen «Hamburg = HH» und «Pinneberg = PI»; Y ist das Fahrvermögen mit den Ausprägungen «gut (+)» und «schlecht (–)». Damit erhalten wir die folgende Kreuztabelle:

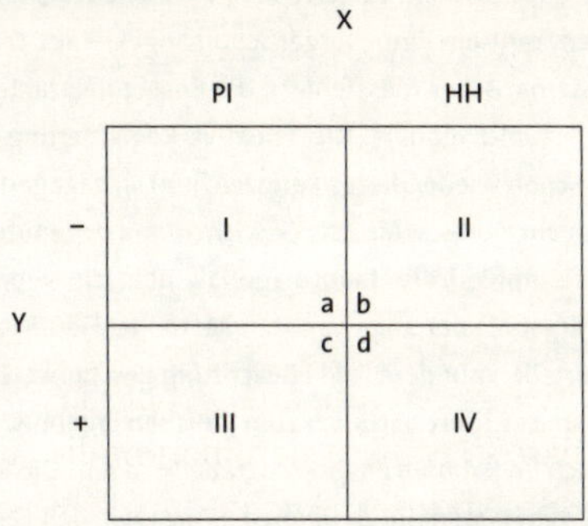

Die römischen Ziffern bezeichnen das Feld, die Buchstaben a, b, c, d die Anzahl der Personen bzw. Untersuchungseinheiten in dem entsprechenden Feld. Eine kontrollierte Prüfung der Hypothese könnte in folgendem Verfahren bestehen: Eine Stichprobe von z. B. 100 Autofahrern aus Hamburg und 50 aus Pinneberg wird zu einem Fahrtest eingeladen. Registriert wird jeweils, ob die Fahrleistung gut oder schlecht ist.

Alle Personen, die den Feldern der Hauptdiagonale I und IV zugewiesen werden können, bestätigen die Hypothese. Personen in der Nebendiagonale, d. h. den Feldern II und III, falsifizieren die Hypothese. Nun wird man nicht den extremen Fall erwarten, dass *alle* Hamburger gut und *alle* Pinneberger schlecht fahren. Bei einer nichtdeterministischen Hypothese ist die Erwartung ‹bescheidener›, dass die Hamburger mit größerer Wahrscheinlichkeit besser fahren als die Pinneberger. Die Hypothese wird dann bestätigt, wenn das Gewicht der Fälle in der Hauptdiagonale die Nebendiagonale überwiegt, genauer: wenn das Produkt $a \cdot d$ größer ist als das Produkt $b \cdot c$. (Zu den genauen Einzelheiten und Problemen der Kreuztabellierung siehe Kapitel XIV.)

Nehmen wir an, von den 50 Pinnebergern fahren 30 gut und 20 schlecht. Bei den 100 Hamburgern sind es 60 bzw. 40. Kann die Hypothese dann bestätigt werden? Sicher nicht, denn die geschätzte Wahrscheinlichkeit guter Fahrkünste bei Hamburgern (60 / 100 = 0,6) entspricht exakt der geschätzten Wahrscheinlichkeit für die Pinneberger (30 / 50 = 0,6). Bei einer wirklichen Prüfung einer Hypothese werden wegen Zufallsschwankungen die geschätzten Wahrscheinlichkeiten nicht exakt gleich sein, auch wenn die Hypothese nicht zutrifft. Es müsste also noch ein Schwellenwert definiert werden, der überschritten werden muss, um die Hypothese als bestätigt anzuerkennen. Diese Schwelle wird mit Signifikanztests festgelegt (dazu Kapitel XIV).

Der entscheidende Punkt dieses einfachsten kontrollierten Prüfverfahrens ist, dass das Untersuchungsdesign keines der vier Felder von vornherein ausschließt.

Wenn sich zeigt, dass einzelne Felder relativ häufiger oder seltener besetzt sind, dann ist dies eine Eigenschaft der Daten und nicht der Methode!

Genau umgekehrt verhält es sich bei der selektiven Alltagswahrnehmung. Zunächst einmal kann die «Messung» verzerrt sein. Was einem Hamburger noch zugestanden wird, wird dem ‹armen› Pinneberger schon angekreidet. Damit erhöhen sich schon aufgrund «systematischer Messfehler» die Besetzungszahlen a und d in den Feldern I und IV der Hauptdiagonale. Die selektive Registrierung aller gesichteten Fälle im Feld I («Aha. Schon wieder dieses Kennzeichen!»), dagegen die Vernachlässigung von II und III tun ein Übriges, um das Gewicht von a gegenüber b und c zu verstärken. Schließlich triumphiert die Hauptdiagonale über die Nebendiagonale, aber eben als artifizielles Ergebnis der angewandten Methode. Häufig auch wird bei der Bestätigung von Vorurteilen nur dem Feld I Beachtung geschenkt. Diese weitere Verengung des Gesichtskreises führt natürlich zum gleichen Ergebnis. Ein *Bestätigungsbias* stellt sich demnach im Rahmen einer Kreuztabelle so dar: Die Besetzungszahlen der Felder I und IV werden systematisch über-, die Anzahl in den Feldern II und III dagegen unterschätzt.

Die beliebte ‹rhetorische› Methode, eine Hypothese mit Beispielen zu ‹beweisen›, ist übrigens nur eine Variante der selektiven Aufmerksamkeit. Für jede nichtdeterministische Hypothese wird man Beispiele finden, die zu den Feldern I und IV passen, wenn man nur lange genug sucht. Eine Auswahl einzelner konfirmatorischer Beispiele hat im Hinblick auf die Gültigkeit einer Hypothese überhaupt keine Beweiskraft. Beispiele können aber illustrativ sein und damit didaktischen Zwecken dienen.

Äußerliche Kennzeichen wie in dem Beispiel selbst die Banalität einer Autonummer (bzw. die regionale Herkunft) sind nicht selten Anlass zu Vorurteilen und Diskriminierung, obwohl faktisch überhaupt kein Zusammenhang mit den unterstellten Eigenschaften existiert. Mal angenommen, es wäre die Blutgruppe von Menschen äußerlich erkennbar. Wahrscheinlich wären in diesem Fall schon längst Kriege geführt worden zwischen Trägern der Blutgruppe null und jenen mit den Blutgruppen A oder B. Die empirische Sozialforschung bietet auch Möglichkeiten, derartige Vorurteile zu prüfen und – wohl in den meisten Fällen – zu widerlegen.

Deduktionsfehler

Ein Aids-Test habe eine «Falsch-negativ»-Fehlerquote von null und eine «Falsch-positiv»-Fehlerquote von 1 %. Der Test wird demnach mit Sicherheit «HIV-positiv» anzeigen, wenn eine Person infiziert ist, und mit 99 % Sicherheit «HIV-negativ», wenn eine Person nicht infiziert ist. Nach einem Test einer großen Bevölkerungsgruppe, in der jeder Tausendste

(1 ‰) tatsächlich infiziert ist, erhält Herr X Post vom Gesundheitsamt mit der Nachricht, das Testergebnis sei «positiv». Herr X klammert sich an die Hoffnung, das Testergebnis könnte eventuell falsch-positiv sein. Wie hoch ist dafür die Wahrscheinlichkeit? Intuitiv werden viele Leute sagen: 1 %, zumindest aber, dass die Wahrscheinlichkeit sehr gering sei. Obwohl es sich noch um ein relativ einfaches Rechenexempel handelt, sind die intuitiven Überlegungen meist falsch. Das korrekte Ergebnis ist verblüffend: Die Wahrscheinlichkeit, dass Herr X *nicht* infiziert ist, beträgt nach Erhalt des Testergebnisses genau 90,9 %: Herr X hat also guten Grund zur Hoffnung. Die Wahrscheinlichkeit ist aus den gegebenen Annahmen nach der Bayes'schen Formel ableitbar. Aber auch ohne Kenntnis der Wahrscheinlichkeitstheorie wird das Ergebnis mit einem Rechenbeispiel verständlich. Nehmen wir an, es wurden eine Million Personen getestet. Wenn im Durchschnitt jede tausendste Person HIV-positiv ist, werden zunächst einmal tausend Tests «positiv» ausfallen. Bei den verbleibenden 999 000 Personen wird bei einer Falsch-positiv-Fehlerquote von 1 % in weiteren 9990 Fällen ein positives Testergebnis registriert. Insgesamt registriert der Test also 10 990-mal «HIV-positiv», davon in 9990 Fällen oder 90,9 % aller positiven Testresultate zu Unrecht. Bei einer Million Tests wird das Gesundheitsamt demnach 10 990 Personen alarmieren, wobei es sich bei 90,9 % der benachrichtigten Personen um einen Fehlalarm handelt. Der Grund für das überraschende Resultat ist, dass bei (relativ) geringem Infektionsgrad der Bevölkerung die Zahl der falsch-positiven Ergebnisse in der Menge aller positiven Resultate dominiert. Natürlich wird die gesuchte Wahrscheinlichkeit für Herrn X höher ausfallen, wenn das HIV-Risiko in der Bevölkerung größer ist, die Tests aus einer speziellen Gruppe mit höherem Risiko stammen oder die falsch-positive Fehlerquote (z. B. durch einen zweiten Test) noch reduziert werden kann.

Zahlreiche Beispiele zeigen, dass das intuitive Denken insbesondere bei Annahmen, die sich auf Wahrscheinlichkeiten beziehen, sehr häufig zu irrtümlichen Schlussfolgerungen führt. Gerade die Schätzung von Wahrscheinlichkeiten und die sich hieraus ergebenden Folgerungen spielen aber in der empirischen Sozialforschung, man denke an die Ziehung von Stichproben und die statistische Datenanalyse, eine recht große Rolle. Glücklicherweise existiert ein mächtiger Apparat zur Kontrolle von Deduktionsfehlern und zur Ableitung korrekter Schlüsse: Logik und Mathematik. Vor allem das mathematische Teilgebiet der Wahrscheinlichkeitstheorie und angewandten Statistik liefert für die Sozialforschung unentbehrliche Hilfsmittel, die besonders bei der Datenanalyse, aber auch schon bei der Planung von Untersuchungen (z. B. Art und Umfang von Stichproben) zum Einsatz kommen.

Empirische Forschung ist Detektivarbeit

Das in diesem Abschnitt diskutierte Problem selektiver Wahrnehmung kann wohl als Hauptgrund dafür gelten, dass eine ‹naive› Alltagssozialforschung allzu häufig zu trügerischen Schlüssen verleitet. Bei diesem Problem handelt es sich aber nur um einen von zahlreichen Fallstricken, mit denen sich Sozialwissenschaftler bei der Durchführung empirischer Untersuchungen konfrontiert sehen. Weitere Probleme (und Lösungsmöglichkeiten) kommen noch in den nachfolgenden Kapiteln zur Sprache.

Vielleicht ist das Bild nicht so falsch, einen Sozialforscher mit einem Spion in einem fremden Land zu vergleichen. Ein guter Kundschafter berichtet nicht nur offensichtliche und erwünschte, sondern auch verdeckte und unangenehme Tatsachen. «Lieben Sie Krimis?», fragt Schaffer (2002), um sodann die Methodik der Sozialforschung an der Spurensuche des Kommissars zu illustrieren. Der Soziologe William B. Sanders hat für eine Einführung in die empirische Forschungsmethodik den Titel «The Sociologist as Detective» gewählt (1976; vgl. Kern und Schumann 1983). Auf dem Einband erkennt man das Profil eines Sherlock Holmes. Die Parallelen begründet er in der Einleitung. Detektive sammeln nicht nur Fakten, sondern gehen von Theorien und Hypothesen aus, die mittels empirischer Beobachtung geprüft werden. Die Untersuchungsmethodik eines guten Detektivs richtet sich darauf, sowohl be- als auch entlastende Indizien zu prüfen. (In der deutschen Strafprozessordnung sind die Ermittlungsbehörden durch Gesetz verpflichtet, belastenden und entlastenden Hinweisen und Aussagen nachzugehen.) Ferner wird unser

Detektiv Beobachtungstechniken verwenden, die ihm erlauben, an der Oberfläche zu kratzen und aus scheinbar belanglosen Spuren wichtige Schlüsse zu ziehen. Besonders skeptisch wird er gegenüber dem Anschein des ersten Verdachts sein. Jedenfalls in der Welt der Romane von Sir Arthur Conan Doyle unterscheidet die Anwendung dieser Techniken einen Sherlock Holmes von der etwas einfältigeren, doch stets loyalen Kontrastfigur des Dr. Watson. Es ist die Methode, die Holmes' Erfolg ausmacht: sowohl die empirisch-induktive Methode der Spurensuche als auch die deduktive Methode logischer Schlussfolgerung.

Die ‹Moral der Geschichte› dieses Abschnitts ist: Wissenschaftliches und Alltagsdenken unterscheiden sich nicht darin, dass etwa Sozialwissenschaftler vorurteilslos wären, keine selektiven und erwartungsgesteuerten Beobachtungen sozialer Aktivitäten machten oder intuitiv Fehler bei Ableitungen vermeiden könnten. Das ist sicher nicht der Fall. Der Hauptunterschied zur Alltagswahrnehmung und zu ‹naiven› Verfahren der Hypothesenprüfung ist hingegen darin zu sehen, dass die empirische Sozialforschung Methoden zur Verfügung stellt, mit deren Hilfe Fehlerquellen kontrollierbar sind. Kontrollierbarkeit heißt, dass Verzerrungseffekte identifizierbar sind, ausgeblendet oder wenigstens vermindert werden können oder im Hinblick auf Richtung und Ausmaß der Verzerrung berechenbar sind.

2. Probleme der Prüfung von Hypothesen

«Die Phantasie ist die schönste Tochter der Wahrheit, nur etwas lebhafter als die Mama», so hat es Carl Spitteler formuliert. Mit etwas Phantasie gelingt es häufig, verschiedene, gleichermaßen plausible Hypothesen zu formulieren. Ob freilich die Hypothesen über soziale Vorgänge auch wahr sind oder nur Ausdruck lebhafter Phantasie, ist eine Frage, die sich an die Adresse der empirischen Sozialforschung richtet. So ist auch die Prüfung von Hypothesen eine der wichtigsten Aufgaben der Sozialforschung. Dieses Anliegen ist umso mehr von Interesse, wenn verschiedene Hypothesen zum gleichen Sachverhalt zu einander widersprechenden Prognosen führen. Die unkontrollierte Alltagswahrnehmung ist – wie wir gesehen haben – eine wenig taugliche Methode der Hypothesenprüfung. Wie aber gehen die Sozialwissenschaften vor, um Hypothesen zu prüfen, und welche Probleme ergeben sich dabei?

Betrachten wir als Beispiel die Debatte über den Einfluss von Gewaltszenen in den Medien auf die Kriminalität Jugendlicher. Nach einer Frankfurter Studie werden Kinder bis zum Alter von zwölf Jahren im Durchschnitt etwa 14 000-mal Zeuge von Tötungsdelikten auf dem Bildschirm. Diese deskriptive, inhaltsanalytische Auszählung (Kapitel XII) begründet freilich noch keinen Zusammenhang mit dem tatsächlichen Auftreten krimineller Delikte. Der Vertreter eines kommerziellen Fernsehsenders, der seine Werbeeinnahmen nicht gerade der Ausstrahlung von Kulturfilmen verdankt, könnte argumentieren, dass die Darstellung von Gewalt beim jugendlichen Zuschauer keine erhöhte Aggressionsneigung erzeugt und auch in keinem kausalen Zusammenhang mit der Auftretenswahrscheinlichkeit krimineller Delikte steht. Selbst bei jenen spektakulären Fällen, bei denen die Tat drehbuchgerecht begangen wurde, sei der Film nicht ursächlich für die Gewalt an sich, sondern allenfalls für die gewählte Form der Tatausführung. Etwa so, wie der Hersteller von Herrenkrawatten nicht für den Missbrauch durch Selbstmörder haftbar sei. Produzenten von Horrorvideos, Kriegs- und Gewaltfilmen sekundieren mit einer weiteren Hypothese: Im Anschluss an das psychoanalytische Triebmodell und (ältere) Aggressionstheorien wird mit der «Katharsishypothese» behauptet, dass Gewalt auf dem Bildschirm oder der Kinoleinwand aggressive Spannungen beim Betrachter abbaut, mithin eine Art Reinigung (griech. «Katharsis») bewirkt. (Ähnlich hat eine Tabakfirma vor dem Krieg damit geworben, der Genuss einer Zigarette würde die Lunge reinigen!) Die sozialpsychologische Lerntheorie hält dagegen, dass Gewaltdarstellungen unter bestimmten Bedingungen, die heute in vielen Filmproduktionen gegeben sind, die Aggressionshäufigkeit insbesondere jugendlicher Zuschauer kausal verstärken.

Nach der Hypothese des «Beobachtungslernens» (Bandura 1973) werden Darstellungen von Gewalt u. a. dann aggressive Handlungen begünstigen, wenn der im Film gezeigte Aggressor positiv bewertet und für die aggressive Handlung durch soziale Anerkennung oder anderweitigen Erfolg belohnt wird. Andererseits können Darstellungen von Gewalt die Aggressionstendenz verringern, z. B. wenn – wie in manchen Antikriegsfilmen (etwa «Im Westen nichts Neues» nach dem gleichnamigen Roman von Erich Maria Remarque) – die Leiden der Opfer in den Mittelpunkt gerückt werden und gewisse weitere Bedingungen vorliegen (zu einem kurzen Überblick vgl. Herkner 2001: 416 ff.). Das vorläufige Fazit der Diskussion lautet: Wir haben es insgesamt mit drei Hypothesen zu tun, die sich aus logischen Gründen wechselseitig ausschließen. Hypothese 1 besagt, dass zwischen Gewaltszenen (= unabhängige Variable) und Aggressionshäufigkeit bei Zuschauern (= abhängige Variable) überhaupt kein Zusammenhang besteht. Die Hypothese 2, die Katharsishypothese, prognostiziert einen negativen Zusammenhang, während die Hypothese 3 des Beobachtungslernens von einem positiven Zusammenhang ausgeht (zu weiteren Hypothesen siehe z. B. Vogelgesang 1991).

Der Nachweis der Gültigkeit der einen oder anderen Hypothese muss aber erst erbracht werden. Anders als bei der Streitfrage nach der Wahrheit der drei Weltreligionen in Lessings «Nathan der Weise» ist die wunderbar salomonische Lösung der «Ringparabel» keine akzeptable Empfehlung, um den Streit zwischen den Vertretern konfligierender Hypothesen zu schlichten, die sich auf *empirische* Sachverhalte beziehen. Und auch die moderne Version im Gewand der «anarchistischen Methodologie» des Wissenschaftstheoretikers Feyerabend ([1. Aufl. 1976] 2004) mit seinem Motto «anything goes» wird uns in der Diskussion der Auswirkungen von Gewaltdarstellungen nicht weiterbringen.

Während die Ringparabel das Toleranzprinzip für religiöse Glaubensinhalte formuliert, geht Feyerabend weit darüber hinaus: Die These von der Unmöglichkeit der Diskriminierung zwischen verschiedenen Theorien wird in «Wider den Methodenzwang» (Feyerabend [1. Aufl. 1976] 2004) auch auf Vergleichsversuche zwischen wissenschaftlichen Aussagen mit empirischem Gehalt bezogen. Wie können wir dennoch die ‹Spreu vom Weizen› trennen, d. h., auf welche Weise können die einzelnen Hypothesen falsifiziert oder bestätigt werden? Die naheliegende Antwort wird lauten: durch empirische Forschung, d. h. durch die systematische und kontrollierte Erhebung und Auswertung von Daten, die für die zu prüfenden Hypothesen relevant sind.

Die Diskriminierung zwischen Hypothesen aufgrund empirischer Forschung ist keine Einsicht, die für alle Zeiten und Kulturen Selbstverständlichkeit beanspruchen konnte. Anstelle von Experiment und Beobachtung war nicht selten das ‹Prüfkriterium› die Übereinstimmung einer Hypothese mit den Schriften einer akzeptierten Autorität, sei es die Bibel, der Koran oder die Werke von Aristoteles.[1] Dies galt auch für naturwissenschaftliche Hypothesen, wie die von Watzlawick, Weakland und Fisch (2000) berichtete Anekdote illustriert: «Im 13. Jahrhundert versuchte die Universität von Paris das Problem, ob Öl in einer kalten Winternacht gefriert, durch Nachschlagen in den Schriften Aristoteles' zu lösen, statt einfach festzustellen, wie sich wirkliches Öl unter diesen Umständen wirklich verhält.»

Erst mit Beginn der Renaissance haben sich die Gewichte in Richtung «Experiment» und «Beobachtung» verschoben (vgl. auch Kapitel III). So erteilte Leonardo da Vinci den Ratschlag: «Hüte dich vor den Lehren jener Spekulanten, deren Überlegungen nicht von der Erfahrung bestätigt sind.» Die Forderung nach empirischen Prüfkriterien lässt allerdings noch einige Fragen offen, die der Präzisierung bedürfen. Bei den meisten Hypothesen ist keineswegs so «einfach festzustellen», ob ein vermuteter Effekt tatsächlich eintritt. Und auch bei dem Problem der Universität von Paris wären vor dem Test der Hypothese noch manche Fragen zu klären (was heißt z. B. «kalte Winternacht», wie lässt sich «Kälte messen»?).

Aber kehren wir wieder zu unserer Diskussion über die vermuteten Effekte von Gewaltdarstellungen auf jugendliche Zuschauer zurück. Auf welche Weise könnte hier empirisch zwischen den drei Hypothesen diskriminiert werden?

Nehmen wir an, es werden zwei Gruppen von Jugendlichen verglichen. Gruppe 1 zeichnet sich durch den häufigen Konsum von «Horrorvideos» aus, während Gruppe 2 anderen Freizeitbeschäftigungen nachgeht. Für Gruppe 1 ermittelt man tatsächlich eine durchschnittlich höhere Aggressionshäufigkeit als für Gruppe 2. Der Einwand gegen diese Prüfmethode wird lauten, dass der behauptete ursächliche Einfluss von Gewaltdarstellungen (Hypothese 3) nicht nachgewiesen ist. Vielmehr könnte es der Fall sein, dass Jugendliche mit höherer Aggressionsneigung bevorzugt Horrorvideos konsumieren, also genau der umgekehrte Kausalzusammenhang besteht. Man spricht hier auch von *Selbstselektion*:

1 Das Vertrauen auf die Schriften einer akzeptierten Autorität als Quelle von Wahrheiten wird auch als «Offenbarungstheorie» der Wahrheit bezeichnet. Entsprechend wimmelt es in den Arbeiten der «Offenbarungstheoretiker» von Zitaten. Der österreichische Reformkommunist Ernst Fischer berichtet aus seinem Moskauer Exil in der Stalinzeit, dass die damals üblichen Traktate mit der spöttischen Frage kommentiert wurden: «Was ist ein Gedanke?» Antwort: «Ein Gedanke ist die kürzeste Verbindung zwischen zwei Zitaten!»

Jugendliche mit hoher Aggressionsneigung haben eine erhöhte Wahrscheinlichkeit, als Versuchspersonen in die Gruppe 1 aufgenommen zu werden. Es kann häufig passieren, dass Effekte der Selbstselektion als Kausaleffekte missdeutet werden. (Ein krasses Beispiel von Selbstselektion ist die scherzhafte Behauptung der Gefährlichkeit von Betten. Die meisten Menschen sterben schließlich im Bett!)

Dem kritischen Hinweis auf mögliche Selektionsverzerrungen kann beispielsweise durch eine strikt experimentelle Untersuchungsanordnung begegnet werden. Das zentrale Merkmal eines Experiments ist die Zufallsaufteilung von Versuchspersonen (Probanden) auf die Versuchsgruppen, in unserem Fall auf die «Experimentalgruppe» 1 und die «Kontrollgruppe» 2. Aufgrund der zufällig (z. B. durch Münzwurf) gesteuerten Zuweisung der Jugendlichen auf die Gruppen 1 und 2 sind zunächst einmal systematische Selektionsfehler ausgeschlossen. Jugendlichen der Gruppe 1 werden nun Filme mit gewalttätigen Szenen vorgespielt, in denen der Aggressor belohnt wird. In der Gruppe 2 wird dagegen eine unterhaltsame Filmkomödie gezeigt. Anschließend wird das Aggressionsverhalten registriert, z. B. in einer arrangierten Diskussion über ein politisches Thema, durch Beobachtung bei einer nachfolgenden Sportveranstaltung oder bei Kindern durch Beobachtung des Spielverhaltens. Sind in Gruppe 1 die Aggressionswerte wesentlich höher als in Gruppe 2, dann kann mit einiger Berechtigung Hypothese 3 als (vorläufig) bestätigt, Hypothese 1 und 2 hingegen als (vorläufig) falsifiziert gelten.

Doch auch hier sind eine Reihe von Gegenargumenten denkbar: Was heißt «wesentlich höhere» Aggressionswerte in Gruppe 1? Könnte die erhöhte Aggression nicht auch zufällig aufgetreten sein? Wie wurde die Aggression gemessen, und ist das Messverfahren zuverlässig und valide? (Kapitel VI) Können Erwartungen des Versuchsleiters («Versuchsleitereffekte») zu Verzerrungen geführt haben? Ist der aggressionserzeugende Effekt des Films längerfristig oder nur von kurzer Dauer? Wie wirken sich «Dosiserhöhungen», etwa der Dauerkonsum von Horrorvideos über mehrere Jahre, aus? Ist der Effekt bei allen Jugendlichen oder nur bei Personen mit speziellen Merkmalen nachweisbar? Auch im Anschluss an eine methodisch einwandfreie Untersuchung (was ziemlich selten der Fall ist) können diese und weitere Fragen gestellt werden. Antworten auf die kritischen Fragen können wiederum durch erneute – und vermutlich ebenfalls kritikwürdige – empirische Untersuchungen gefunden werden.

Ein Einwand gegen das skizzierte Experiment war eine mögliche Verzerrung der Ergebnisse aufgrund von Versuchsleitereffekten. Erwartet der Versuchsleiter ein bestimmtes Ergebnis, dann besteht sehr leicht die Möglichkeit, dass das Verhalten der Versuchspersonen durch unbewusste Reaktionen des Versuchsleiters (verbale Äußerungen, Mimik, Körpersprache) in die gewünschte Richtung – etwa in Richtung auf die Bestätigung der zu prüfenden Hypothese – gelenkt wird (dazu Kapitel XIII). Eine eventuell noch stärkere Verzerrung kann auftreten, wenn den Probanden die zu prüfende Hypothese bekannt ist, was im Allgemeinen vermieden wird. Diesen Fehlerquellen kann durch einen «Doppelblindversuch» Rechnung getragen werden. Bei einem Doppelblindversuch sind die zu prüfenden Hypothesen oder Versuchsbedingungen weder dem Versuchsleiter (bzw. dem Mitarbeiter, der das Experiment leitet) noch den Versuchspersonen bekannt. Aber auch diese methodische Verfeinerung, falls in einer konkreten Situation überhaupt realisierbar, könnte nicht alle Zweifel beseitigen und würde möglicherweise weitere, neue Einwände an der Untersuchung begründen.

Wie sich zeigt, sind die Aussagen über die Bestätigung oder Falsifikation von Hypothesen vorläufig; absolute und endgültige Sicherheit über die «Wahrheit» oder «Falschheit» einer Hypothese gibt es nicht. Gilt diese Feststellung schon für empirische Einzelhypothesen, so gilt sie umso mehr für den integrierten Verbund von Hypothesen, d. h. für *Theorien* (Kapitel IV). Die Tatsache, dass auch eine noch so sorgfältig durchgeführte empirische Studie ein Restrisiko der Ungewissheit hinterlässt, ist freilich keine Besonderheit der Sozialwissenschaften: Auch in den Naturwissenschaften kann sich herausstellen, dass eine Hypothese irrtümlich bestätigt oder auch falsifiziert wurde. Allerdings sind die Sozialwissenschaften vermehrt auf nichtexperimentelle Untersuchungen angewiesen. (Ein Beispiel ist der obenerwähnte Forschungsplan zur Prüfung der Hypothese des Beobachtungslernens ohne Zufallsaufteilung. Vgl. auch Kapitel VIII.) Ein Ökonom z. B. kann nicht die Geldmengenpolitik der Nationalbank versuchsweise für eine Experimental- und Kontrollgruppe von Unternehmern unterschiedlich variieren, um die strittigen Effekte wirtschaftspolitischer Maßnahmen zu ermitteln. Bei nichtexperimentellen Studien stellt sich aber immer das Problem möglicher Einflüsse von «Drittvariablen». Die Konsequenz kann eine stark verzerrte Interpretation der tatsächlich bestehenden kausalen Relationen sein. Ein extremer Fall ist die «Scheinkorrelation», bei der ein nichtkausaler Zusammenhang zwischen zwei Merkmalen (Variablen) X und Y durch eine dritte Variable Z kausal produziert wird.

Kasten II.2: Scheinkorrelation und Drittvariablenkontrolle

Die Kontrolle von Drittvariablen ist ein zentrales Problem hypothesenprüfender Untersuchungen. Lautet eine Zeitungsschlagzeile: «Wer auf großem Fuß lebt, verdient mehr», so wäre das nicht einmal gelogen. Tatsächlich besteht ein Zusammenhang (eine positive Korrelation) zwischen der Schuhgröße (X) und dem Einkommen (Y). Nur ist der Zusammenhang nicht kausal.

Wie bei der «Storchkorrelation» und in zahlreichen ähnlichen Fällen wird der Zusammenhang durch einen Drittfaktor, in diesem Fall durch das Geschlecht (Z), hervorgerufen. Frauen haben im Durchschnitt eine geringere Schuhgröße und ein durchschnittlich geringeres Einkommen als Männer.

Der Drittfaktor «Geschlecht» liefert eine ‹Erklärung› des Zusammenhangs. Das Diagramm zeigt die Kausalstruktur einer «Scheinkorrelation», wobei der Bogen eine Korrelation bezeichnet und die Pfeile für Einflussbeziehungen stehen:

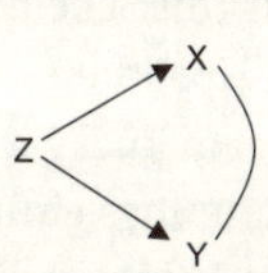

Womöglich ist auch der Zusammenhang zwischen Geschlecht und Einkommen nicht in vollem Umfang als Ursache-Wirkungs-Beziehung zu deuten. Auch hier können ‹Drittvariablen› wie Ausbildung, Berufserfahrung, Berufsunterbrechungen usw. teilweise zur Erklärung des Zusammenhangs herangezogen werden. Die Problematik einer möglichen Verzerrung durch Selektionsfehler in quasiexperimentellen Untersuchungsplänen fällt ebenfalls unter das ‹Drittvariablenproblem›. Werden z. B. höhere Aggressionswerte (Y) bei Jugendlichen mit häufigem Konsum von Gewaltvideos (X) im Vergleich zu Jugendlichen mit anderen Freizeitaktivitäten registriert, dann kann auch folgender Fall vorliegen: Mit der Selbstselektion ist eine Drittvariable «Z» verknüpft, die den Zusammenhang zwischen X und Y hervorruft. So könnten von den Eltern vernachlässigte Kinder (Z) eher zu aggressiven Handlungen (Y) neigen und auch einen höheren Videokonsum (X) aufweisen als Kinder aus intakten Familien.

Werden in nichtexperimentellen Studien die Werte vermuteter Drittvariablen miterhoben, dann können diese mit multivariaten statistischen Verfahren nachträglich (bei der Datenanalyse) «kontrolliert» werden. Aufschlüsse liefern hier die sogenannten partiellen Korrelationen bei rechnerischer «Konstanthaltung» von Drittvariablen (dazu Kapitel XIV). Experimentelle Untersuchungspläne, sofern realisierbar, erlauben dagegen eine direkte Lösung des Drittvariablenproblems. Mit der Zufallsaufteilung (Randomisierung) von Probanden auf die einzelnen Versuchsgruppen werden die störenden Einflüsse auch unbekannter Drittvariablen praktisch ausgeschaltet. Dies ist einer der Hauptvorteile experimenteller Untersuchungspläne bei der Prüfung von Hypothesen. Leider gibt es auch Nachteile, und vor allem sind in der Ökonomie und Soziologie viele Hypothesen experimentell nicht prüfbar.

Der Ausdruck Scheinkorrelation ist eigentlich ungerechtfertigt. Die Korrelation besteht ja wirklich, nur ist der Zusammenhang nicht kausal. Neben der Scheinkorrelation gibt es noch eine Reihe weiterer, typischer Fälle von Fehlinterpretationen bivariater Korrelationen (Zusammenhänge zwischen zwei Variablen X und Y). Beispiele dazu werden wir noch genauer in Kapitel XIV behandeln.

Das Schulbeispiel ist ein in bestimmten Regionen empirisch auffindbarer Zusammenhang zwischen der Zahl der Störche (X) und der Geburtenrate (Y). Aufgrund ‹gutbestätigter› Theorien über die menschliche Fortpflanzung glauben wir zu wissen, dass der Zusammenhang zwischen X und Y nicht kausal ist. Produziert wird die Scheinkorrelation, die scheinbare Bestätigung der ‹Klapperstorch-Hypothese›, durch die wachsende Urbanisierung (Z), die sowohl mit einem Rückgang der Störche (Trockenlegung von Feuchtgebieten, Hochspannungsleitungen) als auch mit sinkenden Geburtenzahlen verbunden ist. Leider ist die Kausalstruktur nicht immer so offensichtlich: Es kann dann leicht vorkommen, dass eine Scheinkorrelation als kausal fehlinterpretiert wird (siehe Kasten II.2 und II.3).

Mit dem Notbehelf komplexer (multivariater) statistischer Analysetechniken (Kapitel XIV) kann jedoch im Nachhinein versucht werden, die Wirkungsstärke der einzelnen Faktoren voneinander zu isolieren. Dies ist auch der Grund, dass die in weiten Teilen nichtexperimentellen Sozialwissenschaften komplexere statistische Analysetechniken – insbesondere in der Ökonometrie – kennen, als sie zumindest in den klassischen Untersuchungen der Naturwissenschaften gebräuchlich sind. Mit den Methoden der empirischen Sozialforschung kann es gelingen, eventuell auftretende Fehlerquellen bei der Hypothesenprüfung auszuschalten oder in ihrer Wirkung zu vermindern. Das Problem der Selbstselektion in quasiexperimentellen Studien kann z. B. durch strikt experimentelle Anordnungen vermieden werden, allerdings um den Preis eventueller Verzerrungen durch Versuchsleitereffekte. Diese können wiederum in einem «Doppelblindversuch» abgeschwächt werden. Möglicherweise – denn Erwartungen hat auch ein ‹blinder› Versuchsleiter. (Ein Psychologie-Student als Versuchsleiter wird sicher eine ‹Hypothese› über die zu prüfende Hypothese bilden.) Was lassen wir uns nun einfallen? Schon sind wir mitten in einer methodischen Diskussion. Es gibt eine Vielzahl methodischer Finessen, aber sie kosten ihren Preis und erzeugen manchmal neue Fehler, die nicht immer geringer sein mögen («Einfältige Leute machen immer die gleichen Fehler, kluge Sozialforscher machen neue!»). Leider gilt auch im mühsamen Geschäft der empirischen Sozialforschung das Prinzip: «There is no such thing like a free lunch!» Ein Großteil der Methodenforschung, z. B. zu Versuchsleitereffekten, Interviewereffekten, Stichprobentechniken usw., versucht überhaupt, mögliche Fehlerquellen zu identifizieren und Strategien zur Beseitigung oder Abschwächung eventueller Verzerrungen zu entwickeln.

Eine einzelne wissenschaftliche Untersuchung, sei sie auch noch so sorgfältig geplant, kann praktisch unmöglich sämtliche denkbaren Fehlerquellen simultan unter Kontrolle halten. Wer dies bedenkt, wird etwas skeptischer sein gegenüber neugefundenen wissenschaftlichen Resultaten oder Aussagen wie: «Es wurde in einer wissenschaftlichen Untersuchung nachgewiesen, dass …» Und wer die möglichen Fehlerquellen und ihre mehr oder minder starken Verzerrungseffekte kennt, wird wissenschaftliche Untersuchungsberichte, etwa Publikationen in Fachzeitschriften, genauer einschätzen und beurteilen können.

Eine einzelne Studie, obwohl bei methodisch sorgfältiger Durchführung glaubwürdiger als Alltagsspekulationen, mag auf einen neuen und interessanten Zusammenhang, auf einen Effekt oder auf dessen Abwesenheit hinweisen. Ein sicherer Nachweis für die Bestätigung oder Falsifikation einer Hypothese ist damit noch nicht geleistet. Erst wenn mehrere Studien mit möglichst unterschiedlichen Methoden zu den gleichen Schlüssen gelangen, wird das Vertrauen in die gefundenen Resultate bekräftigt werden, ohne dass dabei letztgültige Gewissheit erlangt werden könnte. Eine einzelne Untersuchung ist günstigstenfalls ein Mosaikstein. Erst viele Mosaiksteine formen ein Gesamtbild.

Diese Sichtweise setzt freilich voraus, dass Untersuchungen zur Prüfung von Hypothesen replizierbar sind und dass Replikationen auch tatsächlich unternommen werden. Leider aber werden in den Sozialwissenschaften Replikationen noch viel zu selten durchgeführt. Das hat verschiedene Gründe: Replikationen werden nicht als originell empfunden, obwohl eine gute Replikation mit zusätzlichen Ergänzungen sehr wohl den Rang einer kreativen wissenschaftlichen Arbeit einnimmt. Weiterhin möchte man es sich mit den Kolleginnen und Kollegen nicht verderben, die nicht selten äußerst empfindlich reagieren, wenn ihre ‹heißgeliebte› Hypothese, auf der gelegentlich auch noch gewaltige spekulative Gedankengebäude errichtet wurden, sich in einer Wiederholungsuntersuchung als äußerst mager erweist. Daher werden lieber einzelne, unzusammenhängende Mosaiksteine produziert. Das Gesamtbild eines Mosaiks im Sinne einer kumulativen Forschungstradition ist – jedenfalls in der in ‹Ansätze› unterschiedlichster Prägung zersplitterten Soziologie – noch viel zu selten zu erkennen![2] Etwas besser mag die Situation in dieser Hinsicht in der Psychologie und Sozialpsychologie aussehen. Wohl aus Gründen der experimentellen Tradition sind hier Replikationen bzw. modifizierte und erweiterte Wiederholungsstudien durchaus üblich. Die Hypothese des Beobachtungslernens aggressiver Handlungen z. B. konnte in zahlreichen Untersuchungen relativ gut bestätigt werden (vgl. Herkner 2001). Das Ziel der empirischen Sozialforschung, die Prüfung von Hypothesen, ist keineswegs so problemlos zu realisieren. Dazu bedarf es zunächst einer «Diagnose» möglicher Fehlerquellen von Prüfverfahren und einer «Therapie» in Form eines reichhaltigen Methoden-Arsenals zur Kontrolle von Verzerrungseffekten: Aber erst wenn sich eine

2 Ältere Lehrbücher der Wissenschaftsgeschichte verkünden gern die Mär vom Gang der Wissenschaft als Bau einer mächtigen Kathedrale, wobei Stein um Stein wissenschaftlicher Einzelerkenntnisse fugenlos aufeinandergetürmt wurden und werden. Dass dieses Bild in das Reich der Fabel gehört, haben kritische wissenschaftshistorische Studien seit langem enthüllt (Kuhn [1. Aufl. 1962] 2002; Lakatos 1974; Feyerabend [1. Aufl. 1976] 2004).

Tradition von Replikationen und kumulativer Forschungstätigkeit herausbildet, wird das Vertrauen in die Sicherheit sozialwissenschaftlicher Erkenntnisse anwachsen können.

Kasten II.3: Zahnbürste gegen Herzinfarkt

«Allen Ernstes: Menschen mit Parodontose haben eine um 25 Prozent höhere Neigung zu Herzkrankheiten als Personen, die ihre Zähne gut und regelmäßig pflegen. Immerhin meldet das angesehene *British Medical Journal* diese Erkenntnis aus einer Gesundheitsstudie mit rund 10 000 Patienten im US-Bundesstaat Wisconsin. Das Zahn-Herz-Risiko trifft vorwiegend Männer. Und je jünger die Männer sind, die an Zahnfleischschwund leiden, desto größer ist auch die Gefahr, später einen Infarkt zu erleiden.

Das ist nun der Segen und der Fluch moderner Gesundheitsstudien: Man findet zwar vielleicht heraus, dass Frauen, die bevorzugt rote Kleider tragen, auch häufiger an Blasenentzündung leiden als Trägerinnen grüner und blauer Kleider. Offen bleibt jedoch die Frage, warum das so ist. Zieht es rotberockte Damen eher als andere bei kühlen Temperaturen auf die grüne Wiese? Oder haben turnschuhtragende Kinder deshalb häufiger überlange Haare, weil die Turnschuhtypen lieber als andere Heavy-Metal-Idolen nacheifern? Wie ist das nun bei den Männern mit den ungepflegten Zähnen? Studienleiter De Stefano vermutet tatsächlich, dass die in einem ungeputzten Mund entstehenden Bakterien dem Herzen zusetzen könnten. Aber lebensnäher ist die andere seiner beiden Theorien, dass nämlich Männer, die sich oral schlecht pflegen, überhaupt mit ihrer Gesundheit Raubbau treiben. Dass sie gewissenlos rauchen, saufen und fressen. Und hinterher natürlich nicht einmal die Zähne putzen.»

In diesem satirischen Kommentar behandelt ein Journalist der «Süddeutschen Zeitung» (6. 5. 1994) das Problem der Scheinkorrelation. Können Sie die vermuteten Kausalstrukturen der beiden Theorien als Pfaddiagramme darstellen? Wie müsste eine Untersuchung aussehen, um zwischen den beiden Theorien empirisch diskriminieren zu können?

Neuere Studien zeigen, dass der Journalist auf dem Holzweg war. Das hat auch die «Süddeutsche» erkannt. «Schwere Fälle von Parodontose erhöhen die Gefahr eines Herzinfarkts fast auf das Dreifache. Schwangere mit schweren Zahnbetterkrankungen haben ein siebenmal größeres Risiko einer Frühgeburt» – so das Fazit über medizinische Studien in der Ausgabe vom 27./28. 2. 1999. Eine kürzlich publizierte Untersuchung mit Zufallsaufteilung bestätigt, dass der Zusammenhang zwischen Zahnerkrankungen und Risikofaktoren von Herzerkrankungen kausal ist und eben doch keine Scheinkorrelation (Tonetti et al. 2007). Also besser zur Zahnbürste greifen!

3. Werturteilsproblem und Forschungsethik

Kommen uns nicht gewisse Zweifel, wenn aus einer Studie des «Bundesverbands der Deutschen Industrie» (BDI) wieder einmal zu entnehmen ist, dass in hohen Lohnkosten die zentrale Ursache für Rezession und Arbeitslosigkeit zu sehen sei? Und wenig später hören wir von einer empirischen Untersuchung des «Wirtschafts- und sozialwissenschaftlichen Instituts» (WSI) der Gewerkschaften. Hier heißt es, rückläufige Reallöhne führten zu einer Nachfragelücke. Konjunktur, Wachstum und Beschäftigung drohten dadurch weiter abgewürgt zu werden. Der kritische Konsument von Nachrichten hat sich längst daran gewöhnt, dass Auftraggeberinteressen und Forschungsresultate selten disharmonieren. Und ist das doch einmal der Fall, reibt man sich verwundert die Augen und argwöhnt, dahinter stecke eine ganz besonders raffinierte Strategie. Der unwahrscheinliche Fall einer von BMW gesponserten Studie, die von einer gesetzlichen Geschwindigkeitsbegrenzung «Tempo 100» auf Autobahnen einen erheblichen Rückgang der Unfallzahlen, umweltschädlicher Emissionen und des Energieverbrauchs erwartet, würde wahrscheinlich dahingehend interpretiert, dass nun eine Produktionsumstellung auf Kleinwagen unmittelbar bevorsteht. Die fiktiven, aber der Realität nachempfundenen Beispiele illustrieren, dass Interessen, Ideologien und Wertvorstellungen von Auftraggebern und Sozialforschern einen erheblichen Einfluss auf die Forschungsresultate ausüben können. Wie schon in Zusammenhang mit der Evaluationsforschung angesprochen, dürfte diese Problematik umso mehr Gewicht haben, wenn die Forschung anwendungsbezogen ist und sich das Forschungsinteresse auf kontroverse Themen richtet, die zwischen Parteien und Interessengruppen stark umstritten sind. Aber auch bei ‹reiner› wissenschaftlicher Grundlagenforschung ohne Auftraggeber können sich die Interessen des Forschers in seinen Befunden bemerkbar machen, und sei es nur das Interesse an der Bestätigung seiner Theorie.

Das Beispiel der Anthropometrie

Eines von vielen lehrreichen Beispielen aus der Wissenschaftsgeschichte ist die anthropologische Theorie des 19. Jahrhunderts über den Zusammenhang zwischen Schädelformen und geistig-seelischen Eigenschaften. (Die Angaben sind der sehr lesenswerten Abhandlung von Gould 1988, «Der falsch vermessene Mensch», entnommen.) Hauptvertreter der seinerzeit äußerst populären Phrenologie und Kraniometrie (Schädelvermessung) waren in Deutschland Franz Josef Gall und in Frankreich Paul Broca, der die anthropologische Gesellschaft in Paris begründet hat.[3] Eine zentrale Hypothese Brocas und seiner Schule behauptet einen positiven Zusammenhang zwischen der Hirnmasse und der geistigen Leistungsfähigkeit von Menschen. Mit dieser Theorie ließen sich Vorurteile über Rassen und Geschlechter wissenschaftlich scheinbar exakt untermauern. Das Werturteil über die Rangordnung von Rassen, das der Theorie vorausging, platzierte die Europäer an der Spitze. Akribisch wurden Methoden ersonnen, um das Hirnvolumen anhand von Totenschädeln zu bestimmen. Ältere Messmethoden mit Senfkörnern wurden durch exaktere Messungen mit Bleischrot ersetzt. All dies war nicht die Arbeit von Außenseitern, sondern eine weithin anerkannte Lehre, die Schlagzeilen in der Presse machte. Dass das Schädelvolumen von Frauen im Durchschnitt geringer war als von Männern, war für die Kraniometriker kein Problem, vielmehr im Gegenteil eine Bestätigung der Theorie. Manche angeblichen oder tatsächlichen Größen des Geistes vermachten der Wissenschaft ihre Schädel nach dem Ableben zur Vermessung, auch ein Indiz für das Prestige der Theorie. Ironischerweise lag die Gehirnmasse von Gall, einem der Begründer der Schädelkunde, mit 1198 Gramm erheblich unter dem Durchschnitt von 1300 bis 1400 Gramm. Auch Broca

3 Friedenthal (1981) berichtet in seiner Marx-Biographie, dass sich der deutsche Arbeiterführer Wilhelm Liebknecht nach einem Besuch bei Marx in London verwundert darüber äußerte, dass Marx zunächst seinen Schädel abtastete. Wie sich herausstellte, war Marx ein Anhänger der Phrenologie von Gall, nach der anhand der Schädelform charakterliche Eigenschaften erkennbar seien.

Der französische Anatom Broca ist heute Medizinern und Psychologen durch das «Broca'sche Sprachzentrum», ein Areal des Gehirns, bekannt.

brachte gerade 1424 Gramm auf die Waage, was ihm selbst während seiner Untersuchungen natürlich nicht bekannt war. Broca fand aber eine Reihe von Erklärungen für die ärgerliche Tatsache kleiner Gehirne großer Leute (das Mathematik-Genie Gauß hatte nur eine knapp überdurchschnittliche Hirnmasse von 1492 Gramm). Besonderes Kopfzerbrechen bereitete ihm ein Einwand seines französischen Kollegen Gratiolet, der eine deutsche Studie präsentierte, nach der die durchschnittliche Hirnmasse der Deutschen diejenige der Franzosen um 100 Gramm übertraf. Broca ruhte nicht, bis er diesen Unterschied durch ‹Störfaktoren› und Datenfehler erklären konnte. Zunächst einmal schrumpfte der Unterschied nach seinen Recherchen der Daten auf 48 Gramm. Den Rest der Geschichte lassen wir Gould (1988: 91) erzählen:

«Broca stellte für seine Stichprobe ein Durchschnittsalter von 56½ Jahren fest, während die deutschen Exemplare nur 51 Jahre alt waren. Er schätzte dann, dass dieser Altersunterschied 16 Gramm des Unterschieds zwischen Franzosen und Deutschen erklären könne, womit der deutsche Vorsprung auf 32 Gramm reduziert war. Dann schied er aus der deutschen Stichprobe alle Exemplare aus, die gewaltsam oder durch Hinrichtung zu Tode gekommen waren. Das mittlere Hirngewicht von 20 Deutschen, die natürlichen Todes gestorben waren, belief sich nun auf 1320 Gramm und lag damit bereits *unter* dem französischen Durchschnitt von 1333 Gramm. Und Broca hatte noch nicht einmal die größere Statur der Deutschen berücksichtigt. *Vive la France.*» (Hervorhebungen im Original)

Ausgangspunkt der Forschungen Brocas war eine wertende Annahme über die Rangordnung von Rassen. In seiner empirischen Arbeit war Broca nicht weniger sorgfältig als andere Forscher. Man kann auch nicht einwenden, dass er sich an den Regeln und Methoden wissenschaftlicher Arbeit grob versündigt hätte. Seine Annahmen und Werturteile aber beeinflussten praktisch jede einzelne Phase des Forschungsprozesses. Anomalien, d. h. der Theorie widerstreitende Befunde wie die «deutsch-französische Differenz», wurden in wissenschaftlicher Feinarbeit wegdiskutiert. Auf Messungen, die der Theorie gelegen kamen (z. B. der Unterschied in der durchschnittlichen Hirnmasse von Frauen und Männern), wurde das «Korrekturverfahren» aber nicht angewendet. (Brocas Gegner, der Anatom Friedrich Tiedemann, erklärte die «Geschlechtsdifferenz» mit der unterschiedlichen Körpergröße von Frauen und Männern.)

Lehrt das instruktive Beispiel aus der Wissenschaftsgeschichte, dass ‹objektive› Forschung prinzipiell nicht möglich ist? Sind sämtliche Resultate auch empirischer Forschung relativ zu den Interessen des Forschers zu interpretieren? Von Marxisten wird diese Thematik unter dem Begriff «Parteilichkeit der Wissenschaft», von Sozialwissenschaftlern seit dem Grundlagenstreit im «Verein für Socialpolitik» um die Jahrhundertwende unter dem Titel «Werturteilsstreit» diskutiert. Aber auch von marxistischer Seite werden «Parteilichkeit» und «Wahrheit einer Aussage» säuberlich unterschieden (Klaus 1972).[4] Und gibt nicht das Fallbeispiel der Broca-Schule andererseits denjenigen Wissenschaftstheoretikern recht, die behaupten, dass zumindest längerfristig im Prozess replikativer empirischer Forschung, unabhängig von Zeitgeist und Werturteilen, falsche von wahren Hypothesen separierbar sind? Schließlich hat sich nach und nach herausgestellt, dass die Theorie der Broca-Schule unhaltbar ist.

Die Werturteilsproblematik ist ziemlich diffizil und kann Anlass zu zahlreichen Missverständnissen geben. Auch Vertreter des «Wertfreiheitspostulats», d.h. der Forderung nach Trennung von Werturteilen und wissenschaftlichen Aussagen im Sinne Max Webers, behaupten nicht, dass Wertentscheidungen im Forschungsprozess keinerlei Bedeutung zukommt.

Werturteilsprobleme

Im Unterschied zu empirischen Aussagen sind Werturteile *präskriptive* Sätze, die eine Handlung vorschreiben oder einen Sachverhalt bewerten. Beispiele sind: «Die Einkommens- und Vermögensverteilung in Deutschland ist ungerecht» oder: «Ein Wissenschaftler soll Daten nicht

4 «Der ausdrückliche Bezug auf Personen stellt keine Relativierung der Wahrheit von Aussagen dar; denn Aussagen sind nicht deswegen wahr bzw. falsch, weil sie von einigen Menschen behauptet und von anderen nicht behauptet werden, sondern sie sind wahr bzw. falsch unabhängig von der Person bzw. Personengruppe usw., die diese Aussage behaupten bzw. nicht behaupten» (Klaus 1972: 37).

manipulativ fälschen.» Werturteile sind offen oder mehr oder weniger versteckt auch in wissenschaftlichen Texten zu finden. Sie können praktisch immer klar und transparent als «Soll-Sätze» formuliert werden.

Vier Aspekte des Werturteilsproblems

Werturteilen kommt in den einzelnen Phasen des Forschungsprozesses eine unterschiedliche Bedeutung zu. Es ist zweckmäßig, die folgenden Aspekte zu unterscheiden (vgl. Albert 1960, 1964)[5]:

1. Werte im Objektbereich der Wissenschaften,
2. Die Wertbasis der Wissenschaften,
3. Das Relevanzproblem,
4. Werturteile in sozialwissenschaftlichen Aussagen.

Dass Werturteile *Gegenstand* sozialwissenschaftlicher Forschung sein können, wird wohl von niemandem bestritten. So interessieren sich Sozialforscher für den Wandel von Werten in der Bevölkerung, etwa für die Veränderung der Bedeutung von Arbeitswerten oder Umweltwerten. Ein Beispiel ist die Aussage: «80 % der befragten Personen sind der Auffassung, dass Politiker mehr für die Umwelt tun *sollten.*» In diesem Fall werden empirische Aussagen (auf der Metaebene) gemacht, die selbst keine Werturteile darstellen.

Die Wertbasis

Generelle Ziele wie die Verpflichtung, nach ‹wahren› Erkenntnissen zu streben, wissenschaftliche Erkenntnisse zur Verbesserung des gesellschaftlichen Miteinanders zur Verfügung zu stellen, die Forderung nach Beachtung forschungsethischer Regeln sind Werturteile, die die Wertbasis einer Wissenschaft ausmachen. Jede Wissenschaft kennt ethische Verpflichtungen, wie sie z. B. mit dem Eid des Hippokrates in der antiken

5 Von Albert werden die Gesichtspunkte (2) und (3) zusammen unter dem Begriff der «Wertbasis» diskutiert.

Humanmedizin formuliert wurden. In Bertolt Brechts Schauspiel «Das Leben des Galilei» postuliert die Titelfigur Galileo Galilei: «Ich halte dafür, dass das einzige Ziel der Wissenschaft darin besteht, die Mühsal der menschlichen Existenz zu erleichtern». Den realen Forschungsprozess interpretiert Brechts Galilei aber pessimistisch: «Wie es nun steht, ist das Höchste, was man erhoffen kann, ein Geschlecht erfinderischer Zwerge, die für alles gemietet werden können.» Das Zitat verweist auf den Anwendungsbezug der Wissenschaften, gewissermaßen auf die Problematik «gemieteter» Köpfe in der Auftragsforschung. Nur: Nicht jede Auftragsforschung ist ideologisch verzerrt, und nicht selten auch können Ergebnisse der Auftragsforschung zur Erleichterung der «Mühsal der menschlichen Existenz» beitragen. Richtet man allerdings den Blick auf die weltweit ungeheure Absorption von Wissenschaftlern im Bereich der militärischen Forschung, dann ist Galileis (bzw. Brechts) düstere Prognose eine durchaus zutreffende Beschreibung.

Forschungsethische Verpflichtungen, verankert in der Wertbasis der Wissenschaft, können als ernst genommener Bestandteil der Sozialisation von Wissenschaftlern das moralische Bewusstsein der Angehörigen der scientific community schärfen. Außerdem wird mit Sanktionen rechnen müssen, wer absichtsvoll gegen zentrale Ziele wissenschaftlicher Tätigkeit wie das Gebot wissenschaftlicher Wahrhaftigkeit verstößt. Im besonders krassen Fall der Fälschung von Daten z. B. ist die Sanktion wohl der unwiderrufliche Verlust der Reputation eines Wissenschaftlers, vorausgesetzt, der Betrug wird auch entdeckt. Ein markantes und lehrreiches Beispiel ist – im doppelten Sinne – der *Fall* des Psychologen Sir Cyril Burt (siehe Kasten II.4). Im Hinblick auf das Thema des Missbrauchs von Forschungsergebnissen existieren aber mindestens drei Probleme: Erstens ist ohne Kontrolle und Sanktionsinstanzen eine Garantie der Einhaltung der Regeln nicht gegeben. Zweitens sind die Anwendungen wissenschaftlicher Forschungsergebnisse nicht immer vorhersehbar, und drittens sind die Möglichkeiten der Nutzung von Forschungsergebnissen vielfach ambivalent. Eine Theorie der Revolution kann sowohl den Revolutionären als auch den Tyrannen nützlich sein, um ihre jeweils entgegengesetzten Ziele zu befördern.

Diese Probleme sollen keineswegs als Freibrief moralischer Abstinenz ausgelegt werden. Bei einer eindeutig zweckorientierten und auf einseitige Interessen ausgerichteten Forschung, die mit wissenschaftlichen Idealen konfligiert, können Wissenschaftler – etwa im Bereich militärischer Forschung oder bei der Vertuschung eines Umweltskandals – sehr wohl ihre Mitarbeit aufkündigen. Ein Beispiel ist das Camelot-Projekt aus den 60er Jahren. Finanziert von der US-Armee, sollten Sozialwissenschaftler Methoden ersinnen, um zur besseren Stützung und Legitimation südamerikanischer Diktaturen beizutragen (zu einer Kurzbeschreibung siehe Friedrichs 1990). Zudem sollten die Forschungsergebnisse geheim bleiben. Das Projekt scheiterte schließlich aus verschiedenen politischen Gründen, aber auch aufgrund der Proteste der Sozialwissenschaftler Galtung und Horowitz.

Kasten II.4: Betrug und Fälschung in der Wissenschaft

Betrug, Datenfälschung und Plagiate sind in den Wissenschaften nicht ganz so selten, wie man gemeinhin glaubt. Von der kleinen Mogelei und Datenkorrektur bis hin zur Erfindung ganzer Messreihen und Datensätze reicht das (aufgedeckte) Spektrum der Wissenschaftskriminalität. Auch große Geister waren von der Versuchung nicht frei, ihre Theorien in hellerem Glanz erstrahlen zu lassen, als die Messergebnisse hergaben. Reichhaltiges Material zu einer Vielzahl von Betrugsfällen kann dem Buch von Broad und Wade (1984), «Betrug und Täuschung in der Wissenschaft», entnommen werden. Angesichts der nicht wenigen Betrugsfälle, ganz zu schweigen von fahrlässigen Irrtümern, wäre es nicht abwegig, in der Kriminologie und der Soziologie abweichenden Verhaltens eine Disziplin ‹Wissenschaftskriminalität› (auch eine Art von «white-collar crime») zu etablieren.

Eine der spektakulärsten Fälschungen ist der Fall Sir Cyril Burt auf dem Gebiet der Intelligenzforschung mit Zwillingspaaren. Da eineiige Zwillinge genetische Klone sind, kann der Vergleich von getrennt mit zusammen aufgewachsenen eineiigen Zwillingen Aufschlüsse über den Einfluss von Vererbung und Milieu («nature versus nurture») auf die menschliche Intelligenz geben. In der Debatte um die relativen Anteile von Umwelt und Vererbung ist die rare Spezies getrennt aufgewachsener eineiiger Zwillinge wissenschaftlich besonders begehrt. Der später geadelte Cyril Burt, zu seiner Zeit wohl einer der renommiertesten britischen Psychologen, hat es zu einer wahren Meisterschaft im Aufspüren getrennter Zwillingspaare gebracht. Seine weltweit über Jahrzehnte hinweg zitierten Zwillingsstudien hatten nur einen Schönheitsfehler: Die Zwillinge und damit die Daten waren schlichtweg erfunden. Aufgedeckt hat den Betrug der Princetoner Psychologe Leon Kamin, der sich mit Intelligenzforschung eigentlich gar nicht befasste. Ihn hatte lediglich 1972 ein Student gebeten, einen Aufsatz von Burt zu lesen. «Nach zehn Minuten Lektüre kam ich sofort zu dem Schluss, dass Burt ein Betrüger war», schrieb später Kamin (Broad und Wade 1984: 244). Kamin machte zunächst stutzig, dass die üblichen Angaben über die erhobenen Daten fehlten.

Dann entdeckte er in drei Untersuchungen Burts mit insgesamt 53 Zwillingspaaren aus den Jahren 1955, 1958 und 1966 eine seltsame Koinzidenz. Die Korrelation der Intelligenzquotienten getrennt aufgewachsener eineiiger Zwillinge (d. h. der Grad des Zusammenhangs zwischen zwei Merkmalen mit einem Maximum von +1; dazu genauer Kapitel VI und XIV) betrug in allen drei Studien 0,771. Bei den zusammen aufgewachsenen Zwillingen lag der Wert bei 0,944, gleichfalls bei drei Stichproben verschiedener Größe. Es ist nun extrem unwahrscheinlich, dass sich aus den nach und nach mit neuen, getrennt aufgewachsenen Zwillingen ergänzten Stichproben bis auf die dritte Stelle hinter dem Komma genau der gleiche Korrelationskoeffizient errechnen lässt. Weder Burts Anhänger noch – viel erstaunlicher – seine Gegner erkannten in dem Jahrzehnte schwelenden Streit diese Merkwürdigkeiten, die dem ‹Außenseiter› Kamin auffielen (in einer Tabelle von 60 Korrelationen insgesamt 20 derartiger ‹Zufälle›). Später ging der Liverpooler Psychologe Professor Leslie Hearnshaw, ein Bewunderer Burts und von dessen Schwester mit einer Biographie des berühmten Psychologen beauftragt, den Vorwürfen nach. Sein Urteil nach einer Sichtung des Materials (u. a. Burts detailliertes persönliches Tagebuch) lautete, «dass Burt sich in drei Fällen ohne jeden Zweifel des Betrugs schuldig gemacht hat» (Broad und Wade 1984: 246; zu weiteren Einzelheiten siehe Gould 1988).

Die Erfindung der Daten widerlegt aber noch nicht die Hypothese der (weitgehenden) Erblichkeit der Intelligenz. Lediglich Burts Zwillingspaare können nicht mehr als Stütze der Theorie herangezogen werden. Erstaunlich ist eigentlich nicht die Fälschung an sich, sondern die Tatsache, dass eine ganze Generation von Wissenschaftlern, die an der «Nature-nurture-Diskussion» beteiligt waren, die Gültigkeit der «Fakten» nicht kritisch hinterfragt hat. Broad und Wade schreiben in dem Kapitel «Wo die Objektivität versagt» (1984: 228):

«Die Wissenschaft ist gedacht als Gemeinschaft von Intellektuellen, die einem gemeinsamen Ziel verbunden sind. Werden die Kollegen, wenn ein Wissenschaftler dogmatisch wird und versucht, im Namen der Wissenschaft doktrinäre Glaubensbekenntnisse zu verbreiten, den Irrtum sofort wahrnehmen und korrigierend eingreifen? Die Geschichte zeigt, dass eine Wissenschaftlergemeinde im Gegenteil häufig bereit ist, das vorgelegte Dogma mit Haut und Haaren zu schlucken, solange es genießbar ist und wissenschaftlich richtig gewürzt. Genau wie die Replikation kein sicheres Mittel gegen Fehler ist, wehrt sich die Objektivität häufig nicht gegen die Unterwanderung durch das Dogma.»

Das Relevanzproblem

Eine direkte Rolle spielen Wertentscheidungen bei der *Auswahl von Forschungsproblemen* (Relevanzproblem). Die Menge möglicher Forschungsprobleme ist unendlich, Zeit und materielle Ressourcen von Forschern sind aber endlich und begrenzt. In welche Richtung das Interesse der Forschung gelenkt wird, welche Prioritäten von Forschungsproblemen im Hinblick auf die verfügbaren Mittel aufgestellt werden, ist in höchstem Maße ein Wertproblem. Dies gilt auch für die Infrastruktur, z. B. für die Festlegung der Forschungsgebiete von Lehrstühlen an Universitäten. Soll z. B. die Umweltforschung Priorität haben, sollen Untersuchungen zur Verbesserung von Managementstilen in Unternehmen gefördert werden oder Studien zum Verarmungsrisiko kinderreicher Familien? Wie auch immer die Entscheidung getroffen wird: Es handelt sich dabei um politische Entscheidungen, bei denen Werturteile involviert sind. Programmatische Wissenschaftsrichtungen in den Sozialwissenschaften, sofern ihr Programm nicht nur spekulativ ist, sondern empirische Forschung einschließt, unterscheiden sich in der praktischen Forschung eigentlich weniger aufgrund des zulässigen Methodenkanons. Vielmehr steht das Relevanzproblem im Vordergrund, also die spezifische Auswahl von Themen, die im Brennpunkt des Forschungsinteresses stehen. Die marxistische Sozialforschung in Osteuropa hat keine anderen Methoden verwendet, als sie in der westlichen, ‹bürgerlichen› Forschung in Gebrauch waren. Man hat allerdings das Forschungsinteresse stärker auf Probleme der Arbeiterklasse gerichtet. Ähnliches lässt sich auch mit Blick auf die feministische Sozialforschung sagen. Nicht die Methoden sind alternativ, sondern die Forschungsprobleme (vgl. z. B. Brück et al. 1992): Soziologinnen, Politikwissenschaftlerinnen, Ökonominnen und Historikerinnen interessieren sich heute in weit stärkerem Maße für die Rolle der Geschlechter und die soziale Lage von Frauen. Auch wenn gelegentlich alternative Methodologien vorgeschlagen werden, so ist doch in der konkreten Forschungspraxis zu beobachten, dass auf die gleichen Methoden zurückgegriffen wird, wie sie auch zur Untersuchung anderer, ‹nichtfeministischer› Forschungsprobleme gebräuchlich sind.

Werturteile in wissenschaftlichen Aussagen

Aufgrund der Problemkreise 1–3 kann von einer wertfreien Wissenschaft nicht die Rede sein. Dies wird aber auch von den Vertretern des Wertfreiheitspostulats nicht anders gesehen. Die Kontroverse entzündet sich am Punkt 4, am «eigentlichen Werturteilsproblem» (Albert 1960, 1993a). Mit großer Vehemenz forderte Max Weber im «Verein für Socialpolitik» von Wissenschaftlern den Verzicht auf wertende Stellungnahmen im Rahmen ihrer wissenschaftlichen Arbeit. Damit wurde kurz nach der Jahrhundertwende eine Debatte, der Werturteilsstreit, ausgelöst, die bis heute andauert (Weber 1988; siehe auch Ferber 1972). Der Grund für die Forderung nach Abstinenz bezüglich wertender Urteile in wissenschaftlichen Texten bestand für Weber darin, dass Werturteile nicht objektiv begründbar sind und nur die private Überzeugung des Wissenschaftlers darstellen. Dieser sollte aber durch den Einbezug in wissenschaftlich-empirische Aussagen nicht eine besondere Dignität, eine Schein-Objektivität verliehen werden.

Es ist sicherlich zutreffend, dass für Werturteile (z. B. «die Einkommens- und Vermögensverteilung ist ungerecht») und empirische Aussagen (z. B. die reichsten 20 % der Einkommensbezieher erzielten 2005 in Deutschland 35, 9 % der Einkommen; bei den Vermögen verfügten 1998 die 20 % der reichsten Haushalte in Westdeutschland über 63 % und in Ostdeutschland über 70 % des Privatvermögens; Datenreport 2006; Klein 2002) unterschiedliche Begründungsverfahren existieren (dazu Kapitel IV). Daraus folgt aber nicht zwingend die Position, dass Wissenschaftler in wissenschaftlichen Texten tunlichst Werturteile zu vermeiden hätten. Dies ist in der Praxis, insbesondere in der angewandten Forschung, in Gutachten und Stellungnahmen auch höchst selten der Fall. Wichtig ist vielmehr, dass Werturteile nicht verschleiert werden und explizit erkennbar sind. Die Leserin bzw. der Leser eines wissenschaftlichen Textes kann dann eventuell die Gültigkeit der empirischen Aussagen akzeptieren, ohne dass sie oder er gezwungen ist, auch die Werturteile des Verfassers anzuerkennen.

Gewiss lassen häufig die Sprache, die Wortwahl, die Form der Präsentation von Statistiken und Tabellen schon wertende Akzente erkennen.

Der gleiche empirische Sachverhalt kann unterschiedlich formuliert werden. Der Pessimist bedauert, die «Flasche ist halb leer», der Optimist verkündet frohgemut: «die Flasche ist halb voll». Beträgt das durchschnittliche Einkommen weiblicher Angestellter in einem Unternehmen 2000 €, das männliche Durchschnittseinkommen hingegen 3000 €, dann bringen die folgenden beiden Aussagen den gleichen Sachverhalt zum Ausdruck: (a) Männer verdienen 50 % mehr als Frauen. (b) Frauen verdienen 33 % weniger als Männer. Wer in einer Untersuchung von Einkommensunterschieden die Differenz weniger dramatisch erscheinen lassen möchte, wird die Formulierung (b) bevorzugen.

Strikt wertneutrale Formulierungen wird man auch in wissenschaftlichen Texten selten antreffen. Schon die Begriffe lassen meist wertende Assoziationen anklingen. Die Sprache, auch die Wissenschaftssprache, bringt nicht nur *semantisch* Bedeutungen zum Ausdruck, sondern auch *pragmatische* Wertbezüge. Soweit es aber um den Gehalt empirischer Aussagen und deren Gültigkeit geht, sind die Wertbezüge empirischer Aussagen nicht das zentrale Problem. Wertbezug und empirischer Gehalt sind analytisch separierbar. Ob nun ein Sozialforscher von einem 50 %-Mehreinkommen der Männer oder einem 33 %-Mindereinkommen der Frauen spricht, ändert nichts an dem empirischen Gehalt der Aussagen, die beide identisch sind. Und auch die Frage nach der Gültigkeit der empirischen Aussage stellt sich unabhängig von den Werturteilen der Forscher und den jeweils gewählten Formulierungen. Damit soll nicht verhehlt werden, dass selbst ein empirischer Befund grob verzerrt dargestellt werden kann. Simplen Manipulationen mit Prozentzahlen und geschickt arrangierten graphischen Präsentationen begegnet man immer wieder. (Anschauliche Beispiele finden sich in Krämer [1991], «So lügt man mit Statistik».) Um derartige Täuschungsversuche zu vermeiden, existieren aber auch Regeln, an die sich ein halbwegs seriöser und verantwortungsbewusster Wissenschaftler halten sollte.[6]

Viel gewichtiger ist das Problem, dass Interessen, Ideologien und Werturteile von Forschern nicht nur Präsentation und Darstellung von

6 Wie unschwer zu erkennen ist, sind auch derartige Regeln Werturteile, die der Wertbasis der Wissenschaft zuzurechnen sind.

Ergebnissen, sondern auch die materialen Ergebnisse selbst beeinflussen können. Die eingangs erwähnten Beispiele, insbesondere die historische Fallstudie zur Anthropometrie im vorhergehenden Abschnitt, weisen genau in diese Richtung. In den einzelnen Etappen des Forschungsprozesses sind eine Reihe methodischer Entscheidungen zu treffen: zum Untersuchungsdesign, zu den Messverfahren, der Stichprobenauswahl, der Verwendung statistischer Tests u. a. m. Werturteile und Interessen können sich bei diesen Entscheidungen bemerkbar machen. Allerdings ist der Entscheidungsspielraum begrenzt durch die wissenschaftliche Akzeptanz der Methoden in der Forschergemeinschaft, der scientific community. Nicht jede gewählte Methode wird gleichermaßen als zulässig bei der Lösung eines wissenschaftlichen Problems angesehen. Außerdem ist die Methodenwahl keine rein willkürliche Prozedur, sondern wird sich am empirischen Wissen über die Leistungsfähigkeit einer Methode für eine spezifische Problemlösung orientieren. Dennoch: Es existieren immer gewisse Freiheitsgrade, die wert- und interessengerichteten Methodenentscheidungen Raum lassen.

Aus diesem Grund ist es besonders wichtig, dass in empirischen Untersuchungen die einzelnen methodischen Schritte genauestens dokumentiert werden. Das Ergebnis einer Befragung ist praktisch wertlos, wenn nicht der genaue Fragetext zugänglich gemacht wird. Das Gleiche gilt für Definitionen und Messverfahren, Art und Umfang der Stichprobe, Gewichtungsverfahren, verwendete statistische Tests usw. Im Prinzip sollte zudem mit der Veröffentlichung empirischer Befunde in Fachzeitschriften jeweils die Pflicht verbunden sein, zweifelnden Forscherkollegen auf Wunsch die Rohdaten zur Verfügung zu stellen. Irrtümern, Fehlinterpretationen oder gar Betrügereien kann auf diese Weise (relativ) wirkungsvoll vorgebeugt werden (siehe Kasten II.4). Leider machen nur die wenigsten wissenschaftlichen Fachzeitschriften diese Forderung zur Pflicht.[7]

7 Ich möchte vermuten, dass eine Reanalyse der Rohdaten empirischer Publikationen, z. B. aus den letzten zehn Jahrgängen der «Zeitschrift für Soziologie» oder der «Kölner Zeitschrift für Soziologie und Sozialpsychologie» (um nur die zwei bekanntesten allgemeinen soziologischen Fachzeitschriften im deutschen Sprachraum zu nennen), in

Gemessen an den genannten Kriterien, sind Untersuchungsberichte ohne oder mit lückenhafter methodischer Dokumentation, geheime Gutachten, aus denen nur ausgewählte Ergebnisse zitiert werden, oder Wahlprognosen auf der Basis unveröffentlichter Gewichtungsverfahren in höchstem Maße suspekt. Erst die Transparenz aller methodischen Schritte erlaubt die kritische Diskussion der ausgewiesenen Resultate.

Deren Gültigkeit, ob also die empirischen Aussagen zutreffen oder nicht, ist aber unabhängig von den Werturteilen der beteiligten Forscher. Ob sich ein Forscherteam aus feministischen, katholischen, marxistischen, liberalen oder sonst wie weltanschaulich orientierten Forscherinnen und Forschern zusammensetzt, berührt nicht das Problem der Gültigkeit der empirischen Aussagen. Sofern die Aussagen, Hypothesen und Begriffe präzise beschrieben und definiert sind, können unabhängige Prüfverfahren durchgeführt werden. Werden in einer Untersuchung methodische Mängel entdeckt oder bestehen sonst wie Zweifel an den Ergebnissen, dann kann die Skepsis mit Replikationsstudien ausgeräumt oder auch erhärtet werden. Wird ein Problem als wichtig genug eingestuft, dann ist die Chance zumindest groß, dass Irrtümer und ideologisch verzerrte Hypothesen im Zuge kumulativer Forschung nach und nach eliminiert werden.[8] Dabei kann es zugegebenermaßen vorkommen – Beispiele finden sich in der Wissenschaftsgeschichte –, dass eben ‹Lügen

vielleicht mehr als der Hälfte der Fälle zu anderen Schlussfolgerungen führen wird, als die Autoren behaupten. Leider hat sich noch niemand der Mühe einer derartigen Sekundäranalyse unterzogen. Mir ist ein ähnliches Projekt bezüglich einer prominenten Ökonomie-Fachzeitschrift in den USA bekannt («The Journal of Money, Credit and Banking»). Zwischen Primär- und Sekundäranalysen ergaben sich verheerende Divergenzen (Dewald, Thursby und Anderson 1986).

8 Ein nachträglicher Beleg für diese These ist der kürzlich aufgedeckte Wissenschaftsbetrug eines Bonner Chemikers über angebliche Effekte von Magnetfeldern auf chemische Reaktionen. «Der Spiegel» (31/1994) kommentiert: «Auch dem Bonner Nachwuchschemiker wurde zum Verhängnis, dass die Resultate seiner Versuche in der Fachwelt großes Aufsehen erregten: Erfolglos versuchten rund 20 Forscherteams, seine Experimente zu wiederholen. Erst da fiel Verdacht auf den Trickser. Guten Rat hätte der Aufschneider bei älteren Kollegen bekommen können: Betrug lohne, so die listige Anweisung des US-Chemikers Al Meyers, bei so unwichtigen Experimenten, dass niemand Lust hat, sie zu wiederholen.»

lange Beine haben›.[9] In einem spezifischen Sinn ‹objektiv› sind die mit den Methoden der Sozialforschung gewonnenen Erkenntnisse dann, wenn die *intersubjektive Nachprüfbarkeit* der empirischen Aussagen gewährleistet ist, d. h. die Möglichkeit der kritischen Nachprüfung mittels Sekundäranalysen und Replikationen besteht.

Persönlichkeitsschutz von Versuchspersonen

Neben forschungsethischen Normen, die sich auf die eigentliche wissenschaftliche Tätigkeit beziehen – von der sachgerechten Bearbeitung von Daten bis hin zur Verpflichtung, fremdes geistiges Eigentum angemessen zu zitieren –, sind auch Regeln zu beachten, die sich auf den Persönlichkeitsschutz und die Persönlichkeitsrechte von Versuchspersonen beziehen. So werden in Fragebogenerhebungen häufig intime Angaben zu ‹heiklen› Fragen erhoben, wobei den angesprochenen Personen in der Regel Anonymität zugesichert wird. Die Beachtung der Auflagen des Datenschutzes zu wissenschaftlichen Zwecken erhobener Daten ist heute in den einschlägigen Gesetzen geregelt. Für bestimmte Untersuchungsformen, so bei Panelstudien (der wiederholten Befragung der gleichen Personen zu mehreren Zeitpunkten; vgl. Kapitel VII), ist es unumgänglich, die Adressen der befragten Personen über den gesamten Zeitraum

9 Die Studie von Gould stellt das deutlich unter Beweis. Obwohl Paul Broca und Samuel G. Morton (ein Begründer der Schädelvolumen-Theorie in den USA) die Daten krass einseitig in Richtung ihrer vorgefassten Meinung interpretierten und insbesondere Mortons statistische Analysen eindeutig fehlerhaft waren, hat dies kaum einer der Zeitgenossen bemerkt. Mortons Tabellen wurden im 19. Jahrhundert immer wieder als ‹exakte› Angaben über die Leistungen der Rassen nachgedruckt: Sogar die Sklaverei wurde mit ihrer Hilfe gerechtfertigt. Gould (1988) hat sich erst die Mühe gemacht, in seiner wissenschaftshistorischen Untersuchung die Messungen Mortons zu reanalysieren. Die Sekundäranalyse der Messungen des Schädelvolumens verschiedener Rassen brachte ans Licht, dass selbst mit Mortons eigenen Daten kein signifikanter Zusammenhang ermittelt werden konnte. Und dies ist nicht der einzige Fall in der Wissenschaftsgeschichte von ‹Lügen mit ziemlich langen Beinen›. Nicht selten bewirkt wohl erst der Wandel des ideologischen Umfeldes, dass ältere, kritiklos übernommene Ergebnisse nochmals kritisch analysiert oder die Messungen repliziert werden.

der Panelerhebung zu speichern. Bei längerfristig angelegten Panelerhebungen kann dies ein Zeitraum von mehr als zehn Jahren sein. Auch nach der (deutschen) Gesetzeslage ist dafür das Einverständnis der zu befragenden Personen erforderlich.

Wir haben schon anhand einiger Beispiele gesehen, dass die Versuchspersonen in sozialpsychologischen Experimenten meistens über die tatsächlichen Ziele eines Experiments getäuscht werden. Es ist ja geradezu eine Forderung an objektive experimentelle Prüfverfahren, die Versuchspersonen über die zu testenden Hypothesen im Unklaren zu lassen («Blindversuch»). In der Regel handelt es sich um harmlose Täuschungen wie in dem 20-$-Experiment von Festinger und Carlsmith (vgl. Kapitel I.3). Aber auch hier empfiehlt es sich, die Versuchspersonen über Ziele und Hypothesen des Experiments im Nachhinein aufzuklären. Eine Informationspflicht wird in einigen Ländern – so in Kanada – nach wissenschaftlich-experimentellen Untersuchungen sogar gesetzlich verlangt.

Weitaus fragwürdiger sind Experimente, die Versuchspersonen über das übliche Maß in sozialen Alltagskontakten hinaus psychischem Stress aussetzen oder körperlich beeinträchtigen, auch wenn die Teilnahme am Experiment freiwillig ist. Das berühmte Experiment von Milgram ([1st ed. 1974] 2004; Überblick in Irle 1975: 471 ff.) über Autorität und Gehorsam, schlagwortartig auch «KZ-Experiment» genannt, ist aus forschungsethischer Perspektive keineswegs unproblematisch.

In dem Milgram-Experiment wurden die Versuchspersonen gebeten, andere Personen für fehlerhafte Aufgabenlösungen (scheinbar) mit Elektroschocks zu bestrafen. Getarnt wurde der Versuch als «Lernexperiment». Bei den zu bestrafenden Personen handelte es sich in Wirklichkeit um Mitarbeiter des Versuchsleiters, die sich (in einer Version des Experiments) in einem Nachbarraum aufhielten und nur undeutlich durch einen Einwegspiegel zu sehen, wohl aber zu hören waren. Natürlich wurden nicht – wie die Versuchspersonen glaubten – wirkliche Stromstöße ausgelöst. Auf Geheiß des Versuchsleiters waren immerhin 25 von 40 Versuchspersonen bereit, das Schockniveau graduell bis zur Höchststufe von 450 Volt zu steigern. Dabei waren, abhängig von der Schockstärke, verbale Reaktionen bis hin zu Schmerzensschreien aus dem Nachbarraum zu vernehmen.

Der wissenschaftliche Wert dieses und ähnlicher Experimente von Milgram soll gar nicht bestritten werden. Überraschend ist auch das hohe Niveau der Gehorsamsbereitschaft, das in den Versuchen zum Ausdruck kommt. (Wer sich darüber empören will, sollte bedenken, dass er oder sie vielleicht nicht anders gehandelt hätte; vielleicht auch in dem Glauben, dass in einem Experiment unter Aufsicht eines Wissenschaftlers in einem nichtdiktatorischen Staat schon ‹nichts passieren könne›.) Milgram selbst berichtet, dass die Versuchspersonen nach der Aufklärung über Analyse und Ziele des Experiments ihre Erlebnisse als heilsame Erfahrung empfanden. Es ist aber doch sehr zu vermuten, dass etliche Probanden später erheblich unter dem Bewusstsein gelitten haben, in der vorgetäuschten Situation quasi als KZ-Wärter agiert zu haben. Zumindest ist diese Beeinträchtigung der psychischen Integrität nicht auszuschließen.

Vielleicht ist das Experiment weniger bedenklich als manche sinnlose Quälerei in Tierversuchen zur Erlangung akademischer Grade oder zum Test kosmetischer Präparate. Wir wollen an dieser Stelle zunächst einmal auf die Problematik aufmerksam machen und die forschungsethischen Gesichtspunkte anhand des Beispiels zur Diskussion stellen.

Die meisten nationalen Wissenschaftsvereinigungen, etwa die American Psychological Association (APA) oder jüngst (Ende 1992) auch die Deutsche Gesellschaft für Soziologie (DGS), haben inzwischen einen Katalog forschungsethischer Regeln vorgelegt. Ein derartiger Ethik-Kodex ist an sich begrüßenswert. Die Regeln, im Detail betrachtet, sind freilich noch relativ unverbindlich (vgl. Heiland und Lüdemann 1993). Es dürfte auch ziemlich schwierig sein, eindeutige und auf jeden Einzelfall passende Vorschriften zu formulieren, die nicht gleichzeitig die wissenschaftliche Forschungsfreiheit bürokratisch strangulieren. Im Ethik-Kodex der Deutschen Gesellschaft für Soziologie heißt es:

«Personen (...) dürfen durch die Forschung keinen Nachteilen oder Gefahren ausgesetzt werden. Die Betroffenen sind über alle Risiken aufzuklären, die das Maß dessen überschreiten, was im Alltag üblich ist.»

Verletzt das Milgram-Experiment diese Regel? Oder wäre die Durchführung nur dann erlaubt, wenn in einer Art Beipackzettel zum Experiment vor den Risiken und Nebenwirkungen gewarnt wird? (... fragen Sie Ihren Versuchsleiter oder Sozialforscher!) Welchen Einfluss hätte eine eventuelle Warnung auf das Ergebnis des Versuchs? Eine weitere Regel des Ethik-Kodex ist das Prinzip der «informierten Einwilligung» (informed consent): Die Teilnahme an sozialwissenschaftlichen Untersuchungen soll freiwillig sein, und die Beteiligung soll «auf der Grundlage einer möglichst ausführlichen Information über Ziele und Methoden des entsprechenden Forschungsvorhabens» erfolgen. Berücksichtigt wird aber auch das Problem, dass eine Vorabinformation in sozialpsychologischen Experimenten die Versuchsergebnisse praktisch wertlos macht. Daher heißt es im ‹Kodex› weiter: «In solchen Fällen muss versucht werden, andere Möglichkeiten der informierten Einwilligung zu nutzen.» In Experimenten etwa sollte die Regel lauten, wenigstens nach Versuchsdurchführung über die tatsächlichen Ziele aufzuklären, wenn das im Vorhinein nicht möglich ist.

Im Prinzip ist das alles richtig und gut. Nur wie kann das Postulat der «informierten Einwilligung» bei nichtreaktiven Verfahren, Feldexperimenten oder bei verdeckten Beobachtungstechniken (vgl. Kapitel XI und XIII) erfüllt werden (zur Kritik vgl. auch Heiland und Lüdemann 1993)? So hat Wallraff (1977, 1991) in einer Serie von Sozialreportagen auf eine Vielzahl sozialer Missstände aufmerksam gemacht und damit heftige Diskussionen ausgelöst. Eine seiner vielen Rollen war die des Redakteurs bei der «Bild»-Zeitung, eine andere bezog sich auf die Tätigkeit in dem Stahlunternehmen Thyssen, um die Beschäftigungssituation ausländischer Arbeiter ‹vor Ort› zu recherchieren. Wallraffs Methode könnte man als verdeckt teilnehmende, qualitative Beobachtung charakterisieren. Natürlich hat er weder sämtliche Betroffenen informiert noch um eine Einwilligung zur freiwilligen Teilnahme an seiner ‹Beobachtungsstudie› gebeten. Zwar ist Wallraff Journalist. Aber würden seine Methoden nicht den Ethik-Kodex der Gesellschaft für Soziologie eklatant verletzen? Generell wird die Methode der verdeckten Beobachtung mit dem Prinzip der «informierten Einwilligung» nicht in Einklang zu bringen sein. Sollte die Methode daher aus dem Repertoire der Sozialforschung gestrichen werden? Oder wäre es sinnvoll, die forschungsethischen Postulate differenzierter zu fassen und eventuell methodenspezifische Regeln aufzustellen?

Es sei mit Nachdruck betont, dass die Diskussion und Beachtung forschungsethischer Normen bei wissenschaftlichen Vorhaben von großer Bedeutung ist. Auch die Intention der beiden erwähnten Postulate des Ethik-Kodex ist im Kern berechtigt und sinnvoll; ebenso wie der erstmalige Versuch der Gesellschaft für Soziologie, einen derartigen Katalog von Postulaten als Richtschnur vorzugeben. Die Diskussion über einzelne forschungsethische Normen hat hierzulande aber erst begonnen. Die bereits vorliegenden Regeln und Verfahren dürften sich im Zuge dieser Diskussion gewiss noch als verbesserungsbedürftig erweisen.

III. Von den Anfängen bis zur Gegenwart

1. Frühformen von Erhebungen

Vereinzelte Beispiele systematischer Datenerhebungen, insbesondere in Form von Volkszählungen, wurden bereits aus dem Altertum berichtet. Viele hochstehende Zivilisationen, so das Alte Ägypten und das Römische Reich, kannten Volkszählungen vor allem aus zwei Gründen: Steuern und Soldaten. Seit Servius Tullius wurden im antiken Rom solche Erfassungen in regelmäßigen Intervallen von fünf Jahren unternommen (Noelle 1963: 13). 1994 konnten wir das 2000-jährige Jubiläum eines Zensus feiern, der nach Angaben von Historikern im Jahre 7 v. Chr. in Palästina unter der Herrschaft des Herodes stattfand und uns aus dem Neuen Testament bekannt sein dürfte[1]:

> «Es begab sich aber zu der Zeit, dass ein Gebot von dem Kaiser Augustus ausging, dass alle Welt geschätzt würde. Und diese Schätzung war die allererste und geschah zur Zeit, da Quirinius Statthalter in Syrien war. Und jedermann ging, dass er sich schätzen ließe, ein jeder in seine Stadt» (Lukas 2,1–3).

Dieser von Augustus befohlene Zensus hatte den unbeabsichtigten Nebeneffekt, dass dadurch im wahren Wortsinn die Geburt einer Weltreligion befördert wurde. Ausgesprochen zählfreudig waren auch die Israeliten. Das vierte Buch Mose, treffenderweise «Numeri» betitelt, enthält eine ausführliche Beschreibung von Volkszählungen. Die Scheinexaktheit amtlicher Daten (Krämer 1991: 16) kündigt sich hier schon an:

1 Von 7 v. Chr. bis 1994 n. Chr. sind 2000 Jahre und nicht 2001 Jahre vergangen. Das Münchner Nachrichtenmagazin «Focus» gedachte des 2000-jährigen Geburtstags Jesu bereits 1993 mit einer einschlägigen Titelgeschichte (Focus 51, 1993). Allerdings hatten die «Focus»-Redakteure bei ihren Recherchen nicht beachtet, dass das Jahr «null» nicht existiert.

«Dies ist die Summe der Israeliten nach ihren Sippen, Lagern und Heerscharen: 603 550 Mann» (4. Buch Mose, 2, 32). Nicht alle Zählungen aber waren gottgefällig. Ungehorsam gegenüber einem göttlichen Gebot, befahl König David die Zählung seiner Untertanen. Schon etwas weniger exakt als bei Mose ergab die Schätzung 1,3 Millionen wehrfähige Männer. Gottes Zorn entlud sich in einer Pestepidemie, die 70 000 Mann dahinraffte (2. Buch Samuel, 24) und damit das Ergebnis der Volkszählung gleich korrigierte – ein frühes Beispiel, dass die Messung selbst das Messergebnis beeinflussen kann.

Die antiken Volkszählungen sind Beispiele für Frühformen institutionalisierter Datenerhebungen, die allerdings nur administrativen Zwecken dienten. Sie lieferten Informationen für die Besteuerung und den Militärdienst (Kennedy 1985: 35). Eine Frühform von Meinungsforschung wird von Karl dem Großen berichtet (Petersen 2004). Der Kaiser versuchte, mit einer Art Fragebogen auf einem Reichstag im Jahre 811 bei den Fürsten und Bischöfen etwas über die Meinung und Denkweise der Bevölkerung in Erfahrung zu bringen. Die Idee, die von staatlichen Stellen gesammelten, administrativen Daten für Zwecke der Sozialforschung zu nutzen oder für Forschungszwecke eigene Erhebungen vorzunehmen, ist dagegen neuzeitlichen Ursprungs.

2. Zwei Traditionen der Sozialforschung

Das neue Denken in Renaissance und Aufklärung brächte zunächst in den Naturwissenschaften eine Abwendung von alten Dogmen und eine Hinwendung zu empirisch-experimentellen Methoden, wie sie in Francis Bacons «Novum Organum» (1620) beschrieben wurden. Gleichzeitig wuchs das Interesse an bevölkerungs- und staatswissenschaftlichen Problemen, vor allem auch, um dem Informationsbedürfnis der merkantilistischen Staatsregierungen Rechnung zu tragen (Kameralistik). So entwickelten sich in Deutschland die *Universitätsstatistik* und in England die *politische Arithmetik*, zwei gegensätzliche Schulen, deren Traditionen heute als die beiden Wurzeln der empirischen Sozialforschung und Statistik gelten können.[2]

Politische Arithmetik

Als Bacons «Novum Organum» erschien (1620), wurde der Londoner Tuchhändler, Statistiker und Demograph John Graunt geboren, mit Sir William Petty (1623–1687) Begründer der politischen Arithmetik. Graunts bevölkerungspolitische Studien («Natural and Political Observations upon the Bills of Mortality», 1662) stützen sich u. a. auf die Angaben des Londoner Sterberegisters, das zu Beginn des 17. Jahrhunderts als eine Art Frühwarnsystem für die königliche Familie eingerichtet wurde. Häuften sich Todesfälle durch die Pest, dann war es für den König an der Zeit, auf seinem Landsitz Schutz vor der Epidemie zu suchen (Kennedy 1985: 39). Mit den Sterberegisterdaten berechnete Graunt die erste bekannt gewordene Sterbetafel, später von Halley anhand von Bevölkerungsdaten der Stadt Breslau verbessert (nach Halley wurde der Komet benannt, dessen Bahn er berechnete und dessen Wiederkehr von ihm exakt prognostiziert wurde). Graunts Innovationen in seinem demographischen Klassiker «Observations» waren vielfältig: Sein Interesse richtete sich auf die Messung und quantitative Untersuchung sozialer Vorgänge. Er benutzte dazu statistische Daten, die zu anderen Zwecken gesammelt wurden, unternahm also, modern ausgedrückt, *Sekundäranalysen.* Wo dies nicht möglich war, stellte er eigene *Primärerhebungen* an, um so die Größe der Bevölkerung Londons zu schätzen. Dabei wendete er wohl als erster Bevölkerungswissenschaftler eine Methode *repräsentativer Stichprobenziehung* an, deren Ergebnis zur Schätzung der Bevölkerungsgröße hochgerechnet wurde. Schließlich galt seine Aufmerksamkeit den *Regelmäßigkeiten* der Bevölkerungsdynamik, d. h. nicht nur der Beschreibung von Einzelfällen. So entdeckte Graunt, dass das Verhältnis der männlichen zu weiblichen Geburten etwas größer als eins ist, sich

2 Die These stammt von August Meitzen in einem 1886 veröffentlichten Buch über die Geschichte der Statistik. Siehe dazu Lazarsfeld 1961.

u. a. aufgrund der höheren männlichen Sterblichkeit das zahlenmäßige Verhältnis zwischen den Geschlechtern bis ins Erwachsenenalter hinein aber ausgleicht. (Das Zusammenwirken dieser beiden Gesetzmäßigkeiten, die im heiratsfähigen Alter zu einer 1:1-«Sex-Ratio» führen, wertet er übrigens als Beleg dafür, dass die Monogamie dem göttlichen Willen entspricht; vgl. Kern 1982: 30.)

Der Berliner Feldprediger Johann Peter Süßmilch kommt in einem demographischen Kompendium über die «Göttliche Ordnung» (1741) zu ähnlichen Schlüssen wie Graunt. Von Demographen wird Süßmilch Anerkennung gezollt, weil er erstmalig neben der Betrachtung roher Geburten- und Sterbeziffern die Aufmerksamkeit auf die Messung der Fruchtbarkeitsziffer (Fertilität) von Frauen lenkte (Lazarsfeld 1961: 152). Wie Lazarsfeld weiterhin bemerkt, wurde aber von den Historikern der Sozialforschung und Statistik übersehen, dass Süßmilch bereits scharfsinnige, gewissermaßen soziologisch-strukturelle Analysen sozialer Zusammenhänge diskutierte. So präsentierte er zur Erklärung der sinkenden Heiratsziffern in Preußen u. a. die folgenden Gründe: ein Anstieg der Studentenzahl an den Universitäten, die steigende Zahl militärischer Rekruten, ein Anstieg der Lebensmittelpreise und der strukturelle Wandel hin zu industriellen Arbeitsverhältnissen. Überdies konnte er den preußischen König Friedrich II. überzeugen, eine Reihe statistischer Erhebungen zu veranlassen (Lazarsfeld 1961: 164).

Elemente moderner Sozialforschung finden sich auch bei dem Freund und Gesinnungsgefährten Graunts, dem Arzt Sir William Petty. Für seine eigene Zunft schlug Petty eine *quasiexperimentelle Evaluationsstudie* vor, mit dem Ziel, festzustellen, «ob von tausend Patienten eines bestimmten Alters, die von den besten Ärzten behandelt werden, nicht genauso viele sterben wie von den Einwohnern in Ortschaften ohne niedergelassene Ärzte» (Kennedy 1985: 51). Das bekannteste Werk Pettys ist wohl die erste systematisch-empirische Soziographie, «The Political Anatomy of Ireland». Die Untersuchung diente den kolonialen Interessen Cromwells nach der Invasion Irlands. Petty leitete eine Kommission, die Informationen zur geplanten Ansiedlung englischer Militärs in Irland beschaffen sollte. Dazu schreibt Zeisel (1960: 102):

«‹Die politische Anatomie› enthält Angaben über Art und Umfang des Bodens, über den Stand der Bewirtschaftung, über Währung, Handel und Leute; ihre Kleidung, ihre Nahrung, wobei in erster Linie eine für die damalige Zeit souveräne Verwendung statistischer Methoden auffällt, die gelegentlich zu Punkten geführt wird, die erst viel später wieder Beachtung finden. So wenn berichtet wird, dass die irischen Bauern zwei Drittel ihres Nahrungsmittelbudgets für Tabak ausgeben, womit die soziographische Bedeutung der Konsumquoten früh erkannt ist.»

Die Studie ist überdies ein frühes Beispiel wissenschaftlicher Politikberatung. In der Vorrede vergleicht Petty die Praxis einer Politik, die keine Kenntnisse der sozialen Anatomie besitzt, mit den Kurpfuschereien eines alten Weibes (nach Zeisel 1960: 103).

Universitätsstatistik

War die politische Arithmetik, wie schon der Name andeutet, auf die *quantitative* Messung und Erfassung sozialer Vorgänge und Tatbestände ausgerichtet, so befasste sich die Universitätsstatistik (im Gegensatz zur modernen Bedeutung des Begriffs Statistik) vorwiegend mit der *qualitativen* Beschreibung der «Staatsmerkwürdigkeiten». Die Begründung wird Hermann Conring, Professor für Naturphilosophie im braunschweigischen Helmstedt und Zeitgenosse der politischen Arithmetiker Graunt und Petty, zugeschrieben. Gut 100 Jahre später verbreitete sich Conrings Lehre durch die «Göttinger Schule» Gottfried Achenwalls und dessen Nachfolger August Ludwig Schlözer.[3] Achenwall prägte womöglich auch den Begriff «Statistik» (abgeleitet von «Status» = der Staat oder «statista» für Staatsmann), verstand hierunter aber anders als heute eine Art «Staatskunde», deren Aufgabe es war, «Land und Leute» (Bevölkerung, Wirtschaft, Recht, Sitten, Lebensgewohnheiten, «Gemüt» des Volkes usw.) zu beschreiben (Kern 1982: 20 ff.). In Achenwalls Worten:

3 In der zweiten Hälfte des 18. Jahrhunderts war die Göttinger «Universitätsstatistik» auch in regierenden Kreisen recht populär. Von Maria Theresia wird berichtet, dass sie nach einer Entscheidung ihres Staatsrats, die nicht das Wohlgefallen der Kaiserin fand, ausrief: «Was würde Schlözer dazu sagen?» (Kern 1982: 24)

«Es bemüht sich jemand, aus dem unzählbaren Haufen derer Sachen, die man in einem Staatskörper antrifft, dasjenige sorgfältig herauszusuchen, was die Vorzüge oder Mängel eines Landes anzeigt, kurz alles, was zur gründlichen Einsicht eines Reichs, und zu vortheilhafter Anwendung im Dienste seiner Landesherrn etwas beytragen kann: was erlangt ein solcher? die Staatswissenschaft eines Reiches.» (Zitiert nach Kern 1982: 20 ff.)

War also die Universitätsstatistik beschreibend, idiographisch ausgerichtet, so interessierte sich die politische Arithmetik viel mehr für Regel- und Gesetzmäßigkeiten, verfolgte mithin auch nomothetische Ziele. Die beiden gegensätzlichen Schulen befehdeten sich nicht schlecht, insbesondere als sich mit Beginn des 19. Jahrhunderts die Universitätsstatistik auf dem Rückzug befand. Die Verwaltungsbedürfnisse der sich herausbildenden modernen Staaten erforderten genauere statistische Daten und Tabellen. So wurde 1805 in Deutschland das Preußische Statistische Büro gegründet. Damit begann eine Entwicklung zur Institutionalisierung statistischer Erhebungen in der modernen Bedeutung des Begriffs Statistik.

Gegen die Auffassung von Statistik und die politische Arithmetik wurde von den Universitätsstatistikern heftigst polemisiert. Von «Tabellenknechten» und «Zahlenmännern», von der Herabwürdigung der Statistik zu einem «hirnlosen Machwerk» war die Rede (Kern 1982: 25). Mit nicht minder harten Bandagen setzten sich die ‹modernen Statistiker› zur Wehr. Karl Gustav Adolf Knies bemerkt 1850 über die Universitätsstatistik: «Die possierlichen alles versprechenden Titel der hungerstillenden Bücher von Charlatanen der früheren Zeit wurden zur Wahrheit. Das bunteste Conglomerat von den Ammen- und Schnürleiberanecdota an bis zu den Constitutionen und Heeren der Völker, alles nahm in der neuen Wissenschaft seinen Platz» (zitiert nach Maus 1967: 24).

‹Qualitative› Universitätsstatistik und ‹quantitative› politische Arithmetik sind ein Gegensatz, der in der Geschichte der Sozialforschung wiederholt in unterschiedlichen Formen neu aufgebrochen ist. Im Hinblick auf die teilweise hitzige Debatte über quantitative und qualitative Forschungsmethoden sollte man sich bewusstmachen, dass der Kern der Kontroverse ganz und gar nicht neuen Datums ist.

3. Quetelet und die Moralstatistik

Seit Graunts «Observations» hat eine weitere Disziplin, die Wahrscheinlichkeitstheorie (Pascal, die Bernoullis, de Moivre, Fourier, Laplace, Gauß), von Frankreich ausgehend stürmische Fortschritte gemacht. Die Gründerväter der politischen Arithmetik konnten für ihre statistischen Untersuchungen davon noch keinen Gebrauch machen. Der Aufdeckung von Zusammenhängen und Trends anhand statistischen Materials stellt sich aber das Problem, dass die Regelmäßigkeiten von «Zufallsfehlern» (Messfehler und unkontrollierbare Einflüsse) überlagert sind. Der erfolgreichen Anwendung der Wahrscheinlichkeitstheorie auf astronomische Beobachtungsreihen folgten bald Anwendungen der Modelle auf die Daten der *Moralstatistik*, wie die numerische Erfassung persönlicher Eigenschaften und sozialer Verhaltensweisen damals genannt wurde. Es überrascht daher auch nicht, dass ein Astronom, der Belgier Adolphe Quetelet (1796–1874), den ersten Versuch einer Synthese von politischer Arithmetik und Wahrscheinlichkeitstheorie wagte.

Quetelet war ein äußerst umtriebiger Wissenschaftler und Organisator, der seine Laufbahn als Mathematiker und Astronom begann, sich dann der Statistik und ‹Soziologie› zuwandte, zahlreiche statistische Vereinigungen mitbegründete und auch an praktischen Fragen der Erhebung bevölkerungsstatistischer Daten interessiert war. Sein soziologisches Hauptwerk ist die «Physique Sociale» (1835, deutsche Ausgabe 1914), eine Kompilation von Arbeiten auf dem Gebiet der Moralstatistik. Wir finden darin vor allem die folgenden methodisch innovativen Aspekte:

Quetelet hatte keine Scheu, auch subjektiv-psychologische Eigenschaften zu messen. Waren die Messmethoden zwar noch naiv, so wiesen sie doch in die Richtung der heutigen psychologischen Einstellungs- und Persönlichkeitsforschung. Am Beispiel der Messung von «Mut» schreibt Quetelet in der «Sozialphysik» (1914: 141): «Auch kann man sagen, ein Mensch sei mutiger als ein anderer. Dieses Urteil gründet sich darauf, dass man die beiden Individuen in ihren Handlungen beobachtet hat und danach schätzt (...) nehmen wir (...) an, man zählte jedes Jahr bei dem einen fast regelmäßig 500 mutige Handlungen und bei dem andern nur 300 (...)» (zitiert nach Zeisel 1960: 108).

Die Hauptleistung Quetelets aber bestand in der Anwendung der «Normalverteilung» der Gauß'schen Glockenkurve (eigentlich zuerst abgeleitet von de Moivre) auf Daten der Sozialstatistik (Abbildung III.1). Damit verbunden entwickelte Quetelet die oft missverstandene Kunstfigur des *mittleren Menschen*, des «homme moyen». Dieser «mittlere Mensch» wird auf «konstante Ursachen», systematische Abweichungen («variable Ursachen») und zufällige Abweichungen zurückgeführt, sodass mit den drei Elementen eigentlich schon eine vage Form der statistischen Varianzanalyse[4] vorgedacht wurde (Stigler 1986).

Allerdings gelang es Quetelet noch nicht, seine Technik so zu verfeinern, dass er in der Lage gewesen wäre, die einzelnen «ursächlichen» Bestimmungsgründe sozialer Erscheinungen und ihre jeweiligen Einflussgewichte anhand der moralstatistischen Daten zu schätzen. Erst die spätere multivariate Statistik hat den Weg in diese Richtung geebnet (vgl. Kapitel XIV). Der Mangel an soziologisch-statistischen Kausalanalysen in Quetelets faktenreichem Werk mag auch ein Grund gewesen sein, dass Soziologen wie Auguste Comte und Emile Durkheim der «Moralstatistik» ausgesprochen kritisch gegenüberstanden.[5]

Die Anpassung der Normalverteilungskurve (und anderer Wahrscheinlichkeitsverteilungen) an moralstatistische Daten kann aber durchaus überraschende soziale Einflüsse ans Licht bringen und eventuell zu neuen Erklärungsversuchen anregen. Ein Beispiel ist die von Quetelet aufgedeckte «Anomalie» in der Verteilung der Körpergrößen von französischen Rekruten. Am «Schwanz» der Verteilung zeigte sich eine auffällige Häufung kleinwüchsiger Franzosen (kleiner als 157 cm), wohingegen in der nachfolgenden Größenklasse (157–159,7 cm) eine deut-

4 Grob gesprochen ist die Varianzanalyse ein Verfahren, um die beobachtete Streuung von Messwerten – z. B. monatliche Einkommen – in Anteile zu zerlegen, die jeweils auf systematische Effekte – z. B. die Berufsposition und Ausbildung – entfallen und auf eine Restkomponente von Zufallseinflüssen.

5 Comte wollte die neue Wissenschaft der Soziologie ursprünglich «Soziale Physik» taufen. Da Quetelet aber diesen Titel nach Comtes Verständnis ‹missbraucht› hatte, kreierte er die neue Bezeichnung «Soziologie».

liche Lücke im Vergleich zur Normalverteilung zu erkennen war (siehe Abbildung III.1). Quetelets Erklärung verwies auf das soziale Faktum, dass offenbar Betrug im Spiele war. Die überbesetzte Klasse ‹kleiner› Franzosen wurde nämlich nicht zum Militärdienst herangezogen. Aus der Abweichung zwischen der theoretisch erwarteten Normalverteilung und der beobachteten Verteilung konnte Quetelet die Schätzung von ungefähr 2200 Mann (2,2 %) errechnen, die sich aus verständlichen Gründen dem unfreiwilligen Militärdienst entzogen haben (Stigler 1986: 215).[6]

Abbildung III.1: Quetelets Schätzung der Militärdienstverweigerung anhand der Körpergrössenverteilung von Rekruten

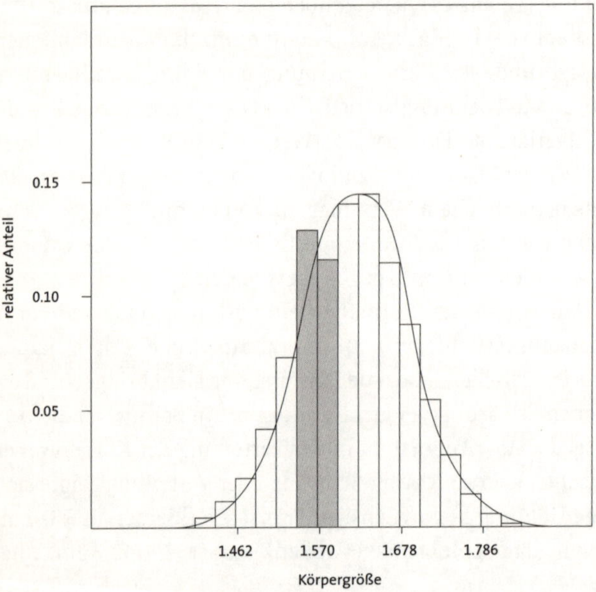

6 Stiglers (1986) äußerst gründliche historische Arbeit präsentiert auch eine (korrigierte) Tabelle der Daten und Berechnungen. Nachprüfungen Stiglers ergaben, dass der vielbeschäftigte Quetelet häufig Rechenfehler produzierte. «Quetelet's work abounds in numerical errors, (…)» (1986: 180). Andererseits ist zu bedenken, dass Quetelet für seine umfangreichen Berechnungen nicht die heute selbstverständlichen Hilfsmittel zur Verfügung standen.

Körpergröße	Anzahl Personen	Gemäß der Normalverteilung erwartete Anzahl von Personen	Differenz
kleiner als 1,570	28620	26345	2275
1,570–1,597	11580	13182	–1602
1,597–1,624	13990	14502	–512
1,624–1,651	14410	13982	428
1,651–1,678	11410	11803	–393
1,678–1,705	8780	8725	55
1,705–1,732	5530	5627	–97
1,732–1,759	3190	3189	1
größer als 1,759	2490	2645	–155
	100000	100000	

Die oben aufgeführten Daten sind Stigler (1986, Tabelle 5.7) entnommen. Gegenüber den von Quetelet berichteten Angaben hat Stigler geringfügige Fehler korrigiert. Die Graphik basiert auf den Daten in der Tabelle, wobei die Anteile unter der Mindestgröße geschätzt wurden.

4. Die «soziale Frage»: Antworten mit Hilfe der Sozialforschung

Die Entwicklung von Kapitalismus und Industrialisierung im 19. Jahrhundert brachte massive soziale Umwälzungen. Die Zuspitzung der Gegensätze zwischen Arm und Reich, die soziale Lage der Arbeiterklasse, Kinderarbeit, Probleme der Landflucht und des rapiden Wachstums der Städte zählten zu den Schattenseiten der frühen industriellen Revolution. Die «soziale Frage» gab auch den Anstoß zu einer Vielzahl soziologischer und statistisch-empirischer Forschungsaktivitäten. Liberale Reformer, Konservative, christliche Kreise und Sozialisten waren in wachsendem Maß interessiert, mit Enqueten, Sozialreports und statistischen

Erhebungen ein genaueres Bild von der sozialen Lage der arbeitenden Menschen zu zeichnen.

Befragungen zu sozialen Aspekten wurden von so unterschiedlichen Leuten vorgenommen wie Karl Marx und Florence Nightingale. Jedem britischen Schulkind als barmherzige Samariterin bekannt und in dieser Rolle abgebildet auf der britischen 10-Pfund-Note, war diese nämlich auch eine engagierte und streitbare Sozialreformerin. Um die Dringlichkeit von Gesundheitsreformen zu belegen, widmete sich Nightingale der Sozialforschung und Statistik. Sie ging dabei ganz im Sinne der hypothetisch-deduktiven Wissenschaftsauffassung vor: Aufstellung einer Hypothese, Messung der Variablen, Prüfung der Hypothesen an empirischen Daten (diese und die folgenden Angaben sind Kennedy 1985: 60ff. entnommen). So interessierte sie der Einfluss der Wohnbedingungen auf die Gesundheit. Zur Untersuchung der Hypothese schlug sie (erfolglos) vor, Fragen über die Zahl der Kranken und Wohnbedingungen im britischen Zensus 1861 aufzunehmen. Weiterhin setzte sie sich für eine moderne Krankenhausstatistik ein, aus der hervorgehen sollte, welche Rolle den Hospitälern selbst bei der Verursachung von Wundbrand und Infektionen zukam. Als Anwältin der Soldaten des Krim-Kriegs stellte sie Statistiken zusammen, mit deren Hilfe sie die schlechte Behandlung der Soldaten auch in heimatlichen Kasernen geißelte:

> «Wenn die Sterblichkeitsrate im Zivilleben nur 11 pro Tausend beträgt, ist eine Sterblichkeitsrate von 17,19 und 20 pro Tausend bei den Linientruppen, der Artillerie und den Garden genau so kriminell, als führte man 1100 Mann auf den Salesbeurry Plain und erschösse sie dort.» (Zitiert nach Kennedy 1985: 60)

Bei dem Vergleich der Sterblichkeitsraten von Soldaten und Zivilpersonen berücksichtigte sie ganz im Sinne einer Drittvariablenkontrolle die Altersstruktur; analysiert wurden die Sterblichkeitsraten für die Altersgruppe von 25 bis 35 Jahren. Die empirisch fundierte Kritik des Krankenhaussystems kommt der Evaluationsforschung nahe. Ihr Bestreben war, mittels empirisch-statistischer Daten den Erfolg bzw. Misserfolg verschiedener Hospitäler (insbesondere die enorme Sterblichkeitsrate in Armeekrankenhäusern) zu ‹evaluieren›, um auf diese Weise die Dringlichkeit von Reformen ins Bewusstsein zu rufen. Im Gegensatz zu den Schulbuchweisheiten war Florence Nightingale mithin keineswegs ‹nur› karitativ tätig, sondern recht kampflustig politisch und wissenschaftlich engagiert.

Bei Karl Marx hegen wir gar nicht erst den Verdacht karitativen Engagements – er war wohl eher Empfänger von Wohltaten seines Freundes Friedrich Engels. Marx wie auch Engels (dazu weiter unter) benutzten in ihren ökonomischen und soziologischen Schriften empirische Ergebnisse aus den Recherchen britischer Statistiker und der amtlichen Enqueten, die in England seit etwa 1830 zur Lage der arbeitenden Klasse durchgeführt wurden. Darüber hinaus plante und organisierte Marx eine eigene Fragebogenerhebung zur Lage der Arbeiter in Frankreich, wo die Enquetetechnik weit weniger entwickelt war als in England (Kasten III. 1). Ziel der Marx'schen «enquête ouvrière» war zunächst, Informationen über die Arbeitssituation (Entlohnung, Arbeitsschutz, Arbeitslosigkeit, betriebliche Verhältnisse etc.) und das «Klassenbewusstsein» der Arbeiter zu erheben. Neben der Informationsfunktion der Umfrage verfolgte Marx ein weiteres Ziel: Beim Ausfüllen der (offenen) Fragen sollten sich die Arbeiter ihrer Situation stärker bewusst werden. Diese Aufklärungsfunktion wird gern als Besonderheit marxistisch-kritischer Sozialforschung im Gegensatz zum Ziel bloßer Datenerhebung in Umfragen der ‹bürgerlichen› Sozialforschung zitiert (Kern 1982: 82f.). Marx' Umfrage selbst erwies sich aber als ziemlicher ‹Flop›. Bezüglich der Informationsfunktion war die Stichprobe in höchstem Maß selektiv verzerrt, und zwar in dreifacher Hinsicht: Der Fragebogen mit einem Katalog von hundert Fragen und Begleitschreiben wurde 1880 in der französischen Zeitschrift «Revue Socialiste» abgedruckt; die Antworten sollten dann an die Redaktion geschickt werden. Damit dürften in erster Linie Leser der sozialistischen Zeitschrift angesprochen worden sein, d. h. sozialistische und vermutlich auch stärker gebildete Arbeiter. Zweitens überschätzte Marx wohl die Schreib- und Protokollfähigkeit der Arbeiter (Kern 1982: 82). Die Rücksendungen stammten vermutlich eher von denjenigen Arbeitern, die über bessere Schreibfähigkeiten verfügten und denen das Ausfüllen der offenen Fragen weniger Mühe bereitete. Drittens war die Zahl der Rücksendungen und für eine Auswertung geeigneten Fragebogen deshalb wohl auch ziemlich gering, sodass das Material insgesamt für den angestrebten Zweck, über die Lage der französischen Arbeiter zu informieren, wenig tauglich war. Aus heutiger Sicht ist es dennoch bemerkenswert, dass der Theoretiker Marx die Initiative zu einer empirischen Fragebogenerhebung ergriffen hat.

Kasten III.1: Marx' Fragebogen zur Lage der Arbeiter in Frankreich

Der Fragebogen von Marx aus der «Revue Socialiste» wurde von Weiß (1936) kommentiert und übersetzt. Im Folgenden wiedergegeben werden die ersten 25 von 100 Fragen sowie ein Teil der Einleitung von Marx.

Die folgenden hundert Fragen sind die wichtigsten. – Die Antworten sollen jeweils die Ordnungsziffer der Fragen tragen. – Es ist nicht notwendig, alle Fragen zu beantworten; aber wir empfehlen möglichst umfassende und in die Einzelheiten gehende Antworten. Der Name des antwortenden Arbeiters oder der antwortenden Arbeiterin wird nicht veröffentlicht, es sei denn aufgrund einer besonderen Ermächtigung; aber er soll ebenso wie die Adresse angegeben werden, damit man mit ihm (ihr) in Verbindung treten kann.

Die Antworten sind an die Verwaltung der Revue Socialiste, Monsieur Lécluse, 28, rue Royale in Saint-Cloud bei Paris einzusenden.

Die Antworten werden gesichtet und sollen das Material für Spezialmonographien bilden, die in der Revue Socialiste veröffentlicht und später zu einem Buche vereinigt werden:

1. Beruf.
2. Gehört der Betrieb, in dem Sie arbeiten, einem einzelnen Kapitalisten oder einer Aktiengesellschaft? Geben Sie die Namen der kapitalistischen Unternehmer oder der Direktoren der Gesellschaft an!
3. Zahl der beschäftigten Personen.
4. Angaben über ihr Alter und Geschlecht.
5. Welches ist das Mindestalter, zu dem Kinder (Knaben oder Mädchen) zugelassen sind?
6. Zahl der Aufseher oder der andern Angestellten, die keine gewöhnlichen Lohnarbeiter sind.
7. Gibt es Lehrlinge? Wie viele?
8. Gibt es, abgesehen von den normal und regelmäßig beschäftigten Arbeitern, andere, die von außerhalb und zu bestimmten Jahreszeiten kommen?
9. Arbeitet der Betrieb Ihres Unternehmers ausschließlich oder hauptsächlich für die ortsansässigen Kunden, für den allgemeinen Binnenmarkt oder für den Export ins Ausland?
10. Liegt der Betrieb auf dem Land oder in der Stadt? Nennen Sie den Ort!

11. Falls der Betrieb auf dem Lande liegt: Genügt Ihre Arbeit in der Fabrik zur Gewinnung Ihres Lebensunterhaltes, oder verbinden Sie diese mit landwirtschaftlicher Arbeit?
12. Arbeiten Sie mit der Hand oder mit Hilfe von Maschinen?
13. Geben Sie Einzelheiten über die Arbeitsteilung in Ihrem Betrieb!
14. Verwendet man Dampf als Antriebskraft?
15. Geben Sie eine Aufzählung der Räume, in denen die verschiedenen Abteilungen des Unternehmens betrieben werden! Beschreiben Sie die besondere Arbeit in der Abteilung, in der Sie beschäftigt sind; sprechen Sie dabei nicht nur von der technischen Seite, sondern auch von der Ermüdung der Muskeln und der Nerven bei dieser Arbeit und ihren allgemeinen Auswirkungen auf den Gesundheitszustand der Arbeiter!
16. Beschreiben Sie die hygienischen Verhältnisse des Betriebs, die Ausmaße der Räume und den jedem Arbeiter zugewiesenen Platz; ferner Lüftung, Temperatur, Kalkbewurf der Mauern, Aborte, allgemeine Sauberkeit; Maschinenlärm, Metallstaub, Feuchtigkeit usw.!
17. Gibt es eine städtische oder staatliche Überwachung der hygienischen Verhältnisse im Betrieb?
18. Gibt es in Ihrer Industrie besondere lebensgefährliche Dünste («emanations»), die Berufskrankheiten unter den Arbeitern hervorrufen?
19. Ist der Betrieb mit Maschinen überfüllt?
20. Sind die motorische Kraft, die Transmissionen und die Maschinen durch Schutzvorrichtungen gegen jeden Unfall gesichert?
21. Zählen Sie die Unfälle auf, über die Sie persönliche Erfahrungen haben!
22. Falls Sie in einem Bergwerk arbeiten: Zählen Sie die Vorsichtsmaßregeln auf, die Ihr Unternehmer getroffen hat, um die Lüftung zu gewährleisten und Explosionen und andere gefährliche Unfälle zu verhüten!
23. Falls Sie in einer chemischen Fabrik, in einem Hüttenwerk, in der Metall- oder in einer anderen Industrie mit besonderen Gefahren beschäftigt sind, zählen Sie die Vorsichtsmaßregeln auf, die Ihr Unternehmer getroffen hat!
24. Wie wird Ihr Betrieb beleuchtet (Gas, Petroleum usw.)?
25. Sind im Brandfall die Vorkehrungsmittel zur Rettung ausreichend?

Wenn auch methodisch nicht so verfeinert wie heute, so kam doch in den Enqueten, Surveys und sonstigen Untersuchungen sozialer Probleme des 19. Jahrhunderts ein breites Spektrum kreativer methodischer Neu- und Weiterentwicklungen zum Einsatz. Die Spannbreite reichte von qualitativen und quantitativen Umfragen, Experteninterviews und Beobachtungsstudien bis hin zur Inhaltsanalyse und Erhebung und Auswertung von Haushaltsbudgets. Eine Auswahl der bekannteren Unternehmungen sei im Folgenden kurz skizziert (vgl. Oberschall 1972; Kern 1982; Lazarsfeld 1961; Maus 1967; Zeisel 1960).

Statistische Vereinigungen: 1834 wurden in England die Manchester Statistical Society und die Statistical Society of London gegründet (heute Royal Statistical Society); beides Organisationen, die bis in die Gegenwart überlebt haben. Ein Schwerpunkt der Aktivitäten in der Frühphase waren empirisch-statistische Erhebungen zum Bildungsstand der Schulkinder. Mit dem Material wurde die Notwendigkeit von Reformen des Bildungswesens begründet. Bei den Umfragen bediente man sich schon professioneller Interviewer. Auch wurden Prüftechniken eingesetzt, um die Zuverlässigkeit der Angaben zu kontrollieren. Diskutiert und verfeinert wurden ferner die Techniken der Datenanalyse.

Aufschlussreich ist z. B. eine Diskussion zwischen den Manchester-Statistikern Fletcher und Kay. Letzterer führte als Beleg für die These, dass Bildungsmangel Kriminalität verursache, die Beobachtung an, dass unter den Straffälligen mehr Personen ohne als mit Bildung seien. Fletcher argumentierte, dies sei für sich allein genommen noch kein Beweis. Man müsse auch zeigen, dass der Bildungsstand in einer Vergleichsgruppe nichtstraffälliger Personen (bzw. in der gesamten Gesellschaft) höher sei als unter den Straffälligen (Kern 1982: 74). Denkt man an eine Kreuztabelle zur Überprüfung der Hypothese (vgl. Kasten II.1 in Kapitel II), so zielt Fletchers Argument quasi auf die Unvollständigkeit der Tabelle. In der «Spalte» oder «Zeile» nichtstraffälliger Personen wurden von Kay keine Beobachtungen registriert. Dann aber ist es auch nicht möglich, mittels dieser Angaben einen Zusammenhang zwischen Bildung und Kriminalität nachzuweisen. James Phillip Kay ist auch der Verfasser der damals vielzitierten Untersuchung «The Moral and Physical Condition of the Working Classes» (1832), die sich mit den Auswirkungen der Fabrikarbeit, den schlechten Wohnverhältnissen der Arbeiter und anderen sozialen Problemen befasste. In seiner berühmten Schrift «Die Lage der arbeitenden Klasse in England» (1845) verwendet Friedrich Engels wiederholt Ergebnisse aus der Studie von Kay.

Sozialpolitische Enqueten: Darüber hinaus stützte sich Engels auf das Material der sozialpolitischen Enqueten des britischen Parlaments. Die seit den 30er Jahren des 19. Jahrhunderts in die Wege geleiteten Enqueten lieferten Informationen für die Gesetzgebung. Sie befassten sich mit der Fabrikarbeit, den Gesundheitsverhältnissen, der Kinderarbeit und weiteren sozialen Problemen. Die Verhältnisse sollten schonungslos und objektiv ohne Rücksicht auf Parteiinteressen aufgedeckt werden, wobei für die Öffentlichkeit von Verfahren und Bericht gesorgt wurde. Man bediente sich dabei verschiedener Techniken: U. a. wurden Zeugen befragt und ins «Kreuzverhör» genommen, schriftliche Berichte von Experten angefordert und größer angelegte Befragungen durchgeführt. Zeisel (1960: 104 f.) bemerkte dazu: «Die Technik dieser Enqueten ist vielfältig und in manchem von ungewöhnlicher Kühnheit gewesen. (...) Der Umfang dieser Erhebungen erhellt aus einer Zusammenstellung, die der Bericht der Kommission ‹On Labour› (1839–97) gibt: Die Arbeiten der Kommission dauerten 3 Jahre, sie tagte in 182 Sitzungen. Insgesamt wurden 583 Zeugen vernommen und 97 336 Fragen gestellt. Daneben wurden 5350 Fragebogen ausgeschickt, von denen 2100 zurückkamen.»

Haushaltsbudgets: Der französische Bergbauingenieur Frederic Le Play (1806–1882) widmete sich auf ausgedehnten Reisen quer durch Europa dem Studium ‹typischer› Familien und deren konkreter Lebensweise. Sein Werk «Les Ouvriers Européens» (1855) stellt eine Sammlung von Familienmonographien dar, äußerst detailreiche Beschreibungen einer Auswahl von 36 Familien. Den Mittelpunkt seiner Aufzeichnungen bildete das Haushaltsbudget oder Inventar, die getreue Registrierung aller monetären und nichtmonetären Einnahmen und Ausgaben einer Familie im Zeitraum eines Jahres. Seine ‹Liebe zum Detail› zeigt sich etwa bei der Beschreibung der Familie eines Wiener Zimmermanns, wo er die Sonntagsstimmung durch die Erfassung der «raisins pour le Kougelhoupf» einfängt (Zeisel 1960). Le Play, ein Vertreter des ländlichen Frankreichs, ist voller Skepsis gegenüber dem großstädtischen Leben und der Industrie. Er wertet seine Beobachtungen als Bestätigung seiner sozialkonservativen Überzeugungen. «Auch unter industriellen Bedingungen seien stabile Sozialverhältnisse möglich, glaubte er insbesondere seinen Beobachtungen im Harz-Bergbau in Clausthal entnehmen zu können (...)» (Kern 1982: 51). Unabhängig von der Weltanschauung hat aber Le

Plays Methode, die freilich nicht nur von ihm entwickelt wurde (bereits in Pettys Irland-Report wurden Budgets erhoben), einen festen Platz im methodischen Arsenal der Sozialwissenschaften erobert. Le Plays methodisches Credo in seinen Worten: «Das Budget ist der Schlüssel, der alle Türen (...) zum Leben der Familie öffnet (...) denn alle Vorgänge, die das Leben einer Arbeiterfamilie bilden, erscheinen mehr oder weniger direkt als Einnahme oder Ausgabe» (zitiert nach Zeisel 1960: 113).

Statistische Erhebungen nach Art der Enqueten und quantitativen Befragungen waren Le Play suspekt. Ironischerweise war es gerade ein Vertreter der Statistik, der Leiter des Preußischen Statistischen Büros, Ernst Engel, der sich für Le Plays quantitative Budgetstudien interessierte und anhand des Materials von Le Play eine allgemeine Gesetzmäßigkeit entdeckte: «den auf dem Wege echter Induction gefundenen Satz, dass, je ärmer eine Familie ist, einen desto größeren Antheil von der Gesamtausgabe muss zur Beschaffung der Nahrung aufgewendet werden» (zitiert nach Kern 1982: 61): Das «Engel'sche Gesetz» behauptet in moderner Diktion, dass die relativen Konsumausgaben mit dem Einkommen sinken, eine Gesetzmäßigkeit, die den Beginn der mikro- und makroökonomischen Konsumtheorie markiert (siehe Abbildung III.2). Wieder einmal zeigt sich, dass mit ganz anderen Absichten erhobene Daten in Sekundäranalysen zu völlig neuen und überraschenden Einsichten führen können.

Erhebungen des Vereins für Socialpolitik. Anknüpfend an die englische Tradition, wurde in Deutschland eine der ersten Erhebungen nach Art der Enqueten vom Landesökonomiekollegium Preußens 1848 zur ländlichen Arbeiterfrage durchgeführt (Zeisel 1960). Nach Gründung des Vereins für Socialpolitik 1873 folgen Gutachten und Enqueten über die Fabrikgesetzgebung, das Lehrlingswesen, die Wohnungsnot, Hausindustrie und Heimarbeit, die Verhältnisse der Landarbeiter, um nur einige zu nennen. In Bezug auf Genauigkeit und Objektivität wurde das britische Vorbild allerdings nicht erreicht (Kern 1982: 89). Hier muss man freilich auch bedenken, dass zumindest in der Anfangsphase dieser Forschungen staatliche Restriktionen und Pressezensur in Preußen eine kritische Diskussion und Öffentlichkeit nach britisch-parlamentarischen Maßstäben nicht zuließen (Maus 1967: 33). Methodisch gesehen handelte es sich bei den Studien des Vereins für Socialpolitik meist um Beschreibungen unter Verwendung einfacher statistischer Methoden.

Abbildung III.2: Die Engel-Kurve zum Zusammenhang zwischen Haushaltseinkommen und den Ausgaben für Nahrungsmittel

Einkommen	Ausgaben für Nahrung
200	72.96
300	71.48
400	70.11
500	68.85
600	67.70
700	66.65
800	65.69
900	64.81
1000	64.00
1100	63.25
1200	62.55
1300	61.90
1400	61.30
1500	60.75
1600	60.25
1700	59.79
1800	59.37
1900	58.99
2000	58.65
2100	58.35
2200	58.08
2300	57.84
2400	57.63
2500	57.45
2600	57.30
2700	57.17
2800	57.06
2900	56.97
3000	56.90

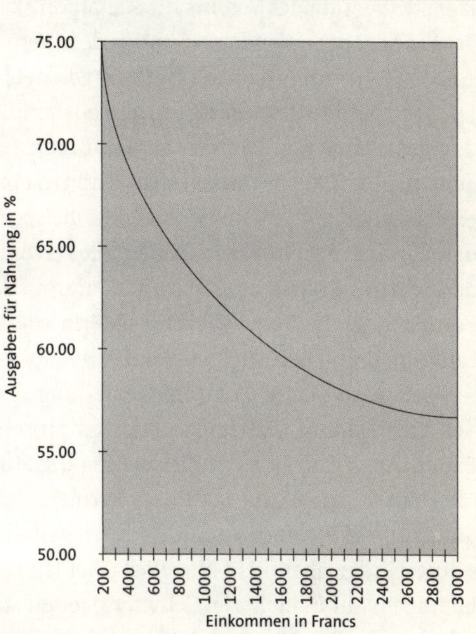

Die Graphik und die Tabelle wurden nach den von Kern (1982) im Faksimile nachgedruckten Angaben von Engel erstellt.

Gelegentlich werden Vergleiche nach ausgewählten Merkmalen unternommen. Die «Historische Schule» der Nationalökonomie, deren Vertreter den Verein für Socialpolitik im Wesentlichen getragen haben, war weniger – wie z. B. Ernst Engel in seiner berühmten Arbeit – an der Aufdeckung von Gesetzmäßigkeiten interessiert. «Fast nirgends zielt die Arbeit nach der Feststellung von Abhängigkeiten oder Gesetzen; feinere statistische Methoden werden nicht verwendet. Die entscheidende Leistung dieser Untersuchung liegt, ganz wie die Bedeutung der eigentlichen Arbeiten der historischen Schule, in der Materialbeschaffung über Teilgebiete der Gesellschaft» (Zeisel 1960: 121). Der Gegensatz zwischen beschreibenden, «idiographischen» und auf Gesetz- und Regelmäßigkeiten gerichteten, «nomothetischen» Erkenntniszielen wurde später – neben dem Werturteilsstreit – zum zentralen Streitpunkt in der Grundlagendiskussion des Vereins für Socialpolitik.

Eine der bedeutenderen Studien des «Vereins» ist die von Max Weber, Alfred Weber und Heinrich Herkner geleitete Untersuchung über «Auslese und Anpassung (Berufswahl und Berufsschicksal) der Arbeiter in den verschiedenen Zweigen der Großindustrie». Die Erhebungen wurden im Jahre 1909 begonnen, also schon in einer späteren Phase der ‹Vereinsaktivitäten›. Ausgangspunkt war die spezifische Fragestellung nach dem Einfluss der Großindustrie auf die Persönlichkeit und den Lebensstil der Arbeiter. Erfasst werden sollten, u. a. auf dem Wege der Befragung in Betrieben, nicht nur ‹objektive› Merkmale wie Lohn und Arbeitsleistung, sondern eben auch subjektiv-psychologische Aspekte. Dazu zählten Lebensziele und Zukunftsvorstellungen, die subjektive Bewertung der Arbeit u. a. m. Das reichhaltige empirische Material füllte mehrere Bände. Auch hob sich die Zielsetzung der Studie, insbesondere im Hinblick auf die subjektive Seite des «Berufsschicksals», von den älteren Enqueten des «Vereins» durch neue Fragestellungen ab. Die Ansprüche selbst wurden aber nicht eingelöst. Dies lag zum einen daran, dass die Erhebungen auf mancherlei Schwierigkeiten stießen. So waren die Belegschaften der Betriebe und die Gewerkschaften der Befragung gegenüber skeptisch eingestellt. Äußerst gering waren die Rücklaufquoten der schriftlichen Befragung (meist unter 10 %) – mit Ausnahme der Erhebung, die mit großem Einfallsreichtum von der Projektmitarbeiterin Marie Bernays organisiert wurde. (Sie war früher als Fabrikarbeiterin tätig und begann vor der Befragung in ihrem Untersuchungsbetrieb mit einer mehrmonatigen Phase teilnehmender Beobachtung. Zu den Einzelheiten siehe Kern 1982: 97 ff.) Darüber hinaus wurden die subjektiven Einstellungen nur unzureichend erfasst und die Auswertungen des Materials nicht mehr systematisch auf die Ausgangsfragen rückbezogen (zur Kritik vgl. Kern 1982; Zeisel 1960). Alles in allem ein nicht untypisches

Schicksal eines großangelegten Projekts mit hohen Ansprüchen, aber erheblichen Mängeln bei der empirischen Umsetzung und Datenauswertung.

Die erwähnten Beispiele sind nur eine kleine Auswahl der regen Forschungsaktivitäten von Statistikern, Soziologen und Nationalökonomen in der Phase der sich entwickelnden empirischen Sozialforschung im 19. Jahrhundert. Auf eine weitere Traditionslinie, die wir hier nicht genauer verfolgen können, sei nur hingewiesen: das experimentelle Studium menschlichen Verhaltens und die Messung psychischer Eigenschaften in der Psychophysik und Psychologie (G. T. Fechner, E. H. Weber u. a.; vgl. zur Geschichte der Quantifizierung in der Psychologie Boring 1961). Die mangelhafte Erfassung der subjektiven Merkmale in der «Berufsschicksalsstudie» hatte seinen Grund auch darin, dass der Forschungsgruppe des Vereins für Socialpolitik die Techniken der Messung und Skalierung subjektiv-psychologischer Einstellungen (dazu Kapitel VI) noch unbekannt waren. Mit diesen Techniken wurde der ‹Werkzeugkasten› der Sozialforschung relativ spät ergänzt. Erst zwei Jahrzehnte nach der Untersuchung des Vereins für Socialpolitik wurden in den Vereinigten Staaten von Bogardus («Skala der sozialen Distanz») und Thurstone Einstellungsskalen konstruiert, die in der praktischen Sozialforschung erprobt werden konnten.

5. Institutionalisierung der Sozialforschung

War die empirische Forschung bis zum Ersten Weltkrieg im Wesentlichen das Werk einzelner Gelehrter und im Allgemeinen wenig ‹kumulativ›, so etablierte sich die Sozialforschung mit eigens zu diesem Zweck gegründeten Instituten erst mit Beginn der Zwischenkriegszeit (Oberschall 1972; Kern 1982). In Deutschland wurde das erste Forschungsinstitut für Sozialwissenschaften unter Leitung von Leopold von Wiese 1919 an der Universität Köln auf Initiative des Kölner Oberbürgermeisters Konrad Adenauer eingerichtet. Wenige Jahre später (1924) folgte die

Gründung des Frankfurter Instituts für Sozialforschung, das zunächst allerdings eher orthodox-marxistisch und wenig empirisch ausgerichtet war. Erst unter dem Einfluss von Max Horkheimer, Institutsdirektor seit 1930, begann in Zusammenarbeit mit Erich Fromm, Theodor Adorno, Herbert Marcuse u. a. die Hinwendung zur «Kritischen Theorie», dem unorthodoxen ‹Markenprodukt› der «Frankfurter Schule». Ein Schwerpunkt der Forschung wurde jetzt auch auf die empirische Untersuchung der psychischen Struktur von Arbeitern und Angestellten gelegt. Die Ergebnisse der von Erich Fromm geplanten Befragung ergaben ein aufschlussreiches und gleichzeitig erschreckendes Bild der Autoritätsgläubigkeit deutscher Arbeiter am Vorabend der Machtübernahme durch die Nationalsozialisten. In dem klassischen, in der Emigration geschriebenen Werk über «Studien über Autorität und Familie» (1936) werden die empirischen Ergebnisse beschrieben und theoretisch verarbeitet. Adorno (1950) hat diese Forschungstradition nach dem Zweiten Weltkrieg – zumindest kurzfristig – wieder aufgegriffen. In seiner empirischen Studie über Antisemitismus und Autoritarismus im Deutschland der Nachkriegszeit wurden zur Messung der subjektiven Einstellungen psychologische Skalierungstechniken eingesetzt. Daraus resultierte eine spezielle Skala, die heute noch in modifizierter Form verwendete «Autoritarismus-Skala». Es ist ein Missverständnis, aus der späteren Methodenkontroverse zwischen «Kritischer Theorie» (Adorno, Habermas) und «kritischem Rationalismus» (Popper, Albert) – der «Positivismusstreit in den 60er Jahren» (Adorno et al. 1972) – zu schließen, dass die «Frankfurter» der Empirie und der empirischen Sozialforschung gegenüber grundsätzlich negativ eingestellt gewesen wären.

Allerdings muss man bemerken, dass die empirische Soziologie in Deutschland in der ersten Hälfte dieses Jahrhunderts nur minimale Fortschritte erzielt hat. Weit stärkere Impulse gingen von der empirischen Forschung in den Vereinigten Staaten und in Österreich aus.

Als Beispiel sei die «Chicago-Schule» (Robert Ezra Park, Ernest W. Burgess) erwähnt, die durch eine Vielzahl sozial-ökologischer Untersuchungen bekannt wurde. ‹Ökologie› bedeutete hier, anders als heute, den Einfluss der städtischen Umwelt auf das Verhalten von Individuen und sozialen Gruppen. «Die Straße, die Wohngegend, die Stätten der Arbeit und der Zerstreuung, aber auch das Katasteramt, die Polizeidienststellen, die Zeitungsredaktionen, Tanzsäle und Clubs werden zum Arbeitsfeld der Soziologie. Die ‹Feldstudien› der Ethnologie werden mit der Einzelfallstudie (case study) der Sozialarbeit verbunden, die Technik der ‹teilnehmenden Beobachtung› ausgearbeitet» (Maus 1967: 41). Verwendet und weiterentwickelt wurden quantitative Methoden. So wurde für den «Pacific Race Relations Survey» über interethnische Konflikte von Emory S. Bogardus die bereits erwähnte Skala der «sozialen Distanz» konstruiert. Eine noch heute vielzitierte qualitativ-biographische Studie ist die Arbeit von William I. Thomas und Florian Znaniecki zur Situation polnischer Einwanderer in den USA. Hier bestand das Material aus etwa 15 000 Briefen, ferner Tagebüchern, Berichten, Zeitungsartikeln und anderem dokumentarischen Material. Quantitativ-statistische Untersuchungen über soziale Trends – Vorläufer der Zeitreihen- und Sozialindikatorenforschung – wurden von William. F. Ogburn geleitet, der seit den 30er Jahren in Chicago lehrte.

Es wäre ein Missverständnis, die Chicago-Schule als ausschließlich ‹qualitativ› orientiert zu beschreiben. In der Chicago-Soziologie der 20er Jahre wurden eine ganze Reihe quantitativer Techniken eingesetzt bzw. erst entwickelt, nicht nur Messmethoden, sondern die Auswertung von Zensusdaten, Methoden quantitativer Sozialgeographie, strukturierte Befragungstechniken, selbst statistische Methoden der Partialkorrelation, die damals noch weithin unbekannt waren. Die Gegenüberstellung Chicago-Schule als ‹qualitativ› und «Columbia-Schule» (dazu weiter unten) als ‹quantitativ› ist völlig unzutreffend. 1926 schrieb Park: «Insoweit die Sozialstruktur in Begriffen von Positionen definiert wird, kann der soziale Wandel in Begriffen von Bewegung definiert werden. Die Gesellschaft zeigt dann, bezüglich eines gewissen Aspekts, Eigenschaften, die messbar sind und mathematisch beschrieben werden können» (zitiert nach Bulmer 1984: 153, übersetzt vom Verfasser. Die Monographie von Bulmer [1984] ist eine ausgezeichnete Darstellung der Chicago-Soziologie).

Im deutschsprachigen Raum ging der bedeutendste Anstoß zur Entwicklung empirischer Forschungsmethoden von der Wiener Gruppe um Paul F. Lazarsfeld, Marie Jahoda und Hans Zeisel aus, dem Autorenteam der Studie über «Die Arbeitslosen von Marienthal» (dazu Kapitel XI).[7] Im Wien der Zwischenkriegszeit herrschte ein intellektuell äußerst stimulierendes Klima, das einen günstigen Nährboden empirischer Forschung abgab: die politischen Impulse durch die Reformpolitik der Sozialdemokratie im ‹roten Wien›, die wissenschaftlichen Anregungen durch den «logischen Empirismus» des «Wiener Kreises» und die psychologischen Arbeiten von Charlotte und Karl Bühler. Paul F. Lazarsfeld, groß geworden in der sozialistischen Jugendbewegung, Mathematiker und Assistent bei Bühler, gründete 1927 die «österreichische wirtschaftspsychologische Forschungsstelle» in Wien. Aus dem Institut gingen nicht nur eine Vielzahl empirisch-sozialwissenschaftlicher Studien hervor (neben der Marienthal-Studie Arbeiten über «Jugend und Beruf», Volkshochschulen, Radio-Hörer, den Lebensstil Wiener Bettler, den Typus des proletarischen Käufers, Marktforschungsstudien u. a. m.), sondern insbesondere zahlreiche methodische Innovationen. Typisch für die Herangehensweise an ein Forschungsproblem war Lazarsfelds Idee der «theoretischen Leitformel», die Integration der empirischen Beobachtungen mit einer kleinen Zahl theoretischer Konzepte. Mit der Methode der «cross-examination» sollte ein Problem von verschiedenen Seiten her beleuchtet werden, mit qualitativen und quantitativen, Befragungs- und Beobachtungsdaten, allgemeinen Statistiken usw., mustergültig vorexerziert in der Marienthal-Studie. Einzelne methodische Neuerungen bezogen sich auf die Konstruktion eines Radio-Barometers, die Anwendung statistischer Analysetechniken, die Entwicklung von Methoden der Marktforschung, welche später wesentlich zur Finanzierung des Instituts beigetragen hat.[8] Nach

7 Zur Entwicklung der Soziologie in Deutschland und Österreich zwischen den beiden Weltkriegen siehe auch den Sammelband von Lepsius (1981).

8 Ganz ‹österreichisch› liest sich die Liste der Sponsoren der sozialistischen Institutsgründer wie ein «Who is Who» der österreichischen Wirtschaft. Im Beirat saßen neben Universitätsprofessoren der Präsident von Bally, Paul Gerngross, Manfred Mautner Markhof, Repräsentanten von Julius Meinl, Delka usw. In den Jahren unmittelbar nach der Gründung hatte das Institut aber nur äußerst bescheidene Mittel und existierte vor allem durch den Enthusiasmus der Mitarbeiter. So erinnert sich Zeisel (1970): «Das Einzige, was wir immer pünktlich bezahlten, war der Kaffee für diejenigen unserer Mitarbeiter, die in der Ecke eines Wiener Kaffeehauses an ihren Berichten arbeiteten.»

seiner Emigration in die USA hat Lazarsfeld die «Wiener Methoden» verfeinert und weiterentwickelt, zunächst im «Radio Research Project» an der Universität Princeton, später im Rahmen des «Bureau of Applied Social Research» an der Columbia-Universität in New York (Columbia-Schule). Lazarsfeld hat die Methodik der amerikanischen Sozialforschung auf einer Vielzahl von Einzelgebieten (Kommunikationsforschung, Inhaltsanalyse, Skalierung, statistische Methoden der «Drittvariablenkontrolle», mathematische Soziologie, qualitative Methoden u.a.m.) mitgestaltet und mit seinen Beiträgen die moderne empirische Sozialforschung geprägt. Überspitzt ließe sich sagen, dass mit der Rezeption der ‹amerikanischen› Sozialforschung im Deutschland der Nachkriegszeit die ‹österreichischen› Methoden via Amerika in Deutschland und dann mit einer gewissen Zeitverzögerung in Österreich reimportiert wurden.

Großen Anteil an der Rezeption und Verbreitung der modernen Methoden der Sozialforschung im Nachkriegsdeutschland hatte die «Kölner Schule» unter dem Einfluss von Rene König, der, aus dem Schweizer Exil zurückgekehrt, die Nachfolge Leopold von Wieses an der Universität Köln angetreten hatte. Eine Kompilation der Summe des methodischen Wissens findet sich in dem von König herausgegebenen «Handbuch der empirischen Sozialforschung» (1967). Zwei Wellen von Institutsgründungen in der Aufbauphase Ende der 1940er Jahre / Anfang der 1950er Jahre und im Zuge der ‹Bildungsexpansion› Ende der 1960er / Anfang der 1970er Jahre verbreitern in Deutschland das Fundament der akademischen und anwendungsorientierten empirischen Sozialforschung, parallel zum Aufschwung der Markt- und Meinungsforschung mit dem Allensbacher «Institut für Demoskopie» (unter Leitung von Elisabeth Noelle-Neumann, gegründet 1947) als der wohl bekanntesten Einrichtung in diesem Bereich. Es würde den Rahmen unserer Übersicht sprengen, sämtliche Institute und Forschungsgruppen zu benennen, die heute im deutschsprachigen Bereich mit empirischen Forschungsaufgaben in den Sozialwissenschaften befasst sind. Neben zahlreichen Forschungseinrichtungen an den Universitäten zählen hierzu als größere, öffentlich finanzierte Institutionen: die Max-Planck-Institute für Gesellschaftswissenschaft (Köln) und Bildungsforschung (Berlin), das Institut für Arbeitsmarkt- und Berufsforschung der Bundesagentur für Arbeit (IAB) in Nürnberg, das «Deutsche Jugendinstitut» (München), das Wissenschaftszentrum in Berlin und, speziell tätig auf dem Gebiet der Methodenforschung, das «Leibniz-Institut für Sozialwissenschaften» (GESIS). Diese Einrichtung mit Standorten in Köln und Mannheim befasst sich mit methodisch-statistischen Forschungen und archiviert und dokumentiert im «Datenarchiv für die Sozialwissenschaften» empirische Datensätze, die zu Zwecken wissenschaftlicher Sekundäranalysen zugänglich sind. Zudem unterstützt GESIS Forschungsprojekte durch Methodenberatung. Mit der GESIS wurde eine äußerst hilfreiche Infrastruktur zur Verbesserung des methodischen Niveaus empirisch-sozialwissenschaftlicher Forschung geschaffen.

Wenn auch in Deutschland einfach der Größeneffekt überwiegt, so sind doch eindrucksvolle Leistungen der Nachkriegs-Sozialforschung in Österreich und der Schweiz zu beobachten. (Man beachte: Österreich und die Schweiz zusammen haben weniger Einwohner als das Bundesland Nordrhein-Westfalen.) Auf Anregung und mit aktiver Beteiligung von Paul F. Lazarsfeld wurde in den 1960er Jahren in Wien das «Institut für höhere Studien» (IHS) gegründet, das mit dem Konzept «Sozialwissenschaften unter einem Dach» (Soziologie, Politikwissenschaften, Volks- und Betriebswirtschaftslehre, Statistik und EDV) wesentliche Beiträge zur Sozialforschung in Österreich geleistet hat. Von den institutionellen Ressourcen her gesehen (Zahl der Lehrstühle an den Universitäten, öffentlich finanzierte Forschungsinstitute), bestand Anfang der 1990er Jahre der größte Nachholbedarf für die Sozialwissenschaften in der Eidgenossenschaft.[9] Mittlerweile hat sich viel getan. Nach dem Vorbild des Kölner Zentralarchivs wurde, wenn auch personalmäßig in we-

9 Heute wird in wachsendem Maß erkannt, dass der Schweizer Beitrag zur empirischen Sozialforschung sich nicht darin erschöpft haben sollte, dass man Rene König Exil gewährt hatte. (Wobei König nach dem Krieg wieder – milde gesprochen – ‹hinauskomplimentiert› wurde, sodass die Kölner Schule zum richtigen Zeitpunkt begründet werden konnte.) Mitte der 1990er Jahre hat der Schweizerische Wissenschaftsrat reagiert und den Ausbau der Sozialwissenschaften als prioritär eingestuft. Zu Frühformen der Sozialforschung in der Schweiz und zur Emigration von Rene König siehe auch König (1980) und Zürcher (1995).

sentlich kleinerem Maßstab, der «Schweizerische Informations- und Daten-Archivdienst für die Sozialwissenschaften» (SIDOS) in Neuenburg eröffnet (später umbenannt in FORS, Standort heute in Lausanne). Seit 1991 werden mit der Schweizerischen Arbeitskräfteerhebung (SAKE) im jährlichen Turnus bei einer großen Stichprobe Angaben über Erwerbstätigkeit, Beruf, Einkommen u. a. m. erhoben. Die Paneldaten der SAKE werden in anonymisierter Form auch für sozialwissenschaftliche Sekundäranalysen zur Verfügung gestellt. Mit dem Forschungsprogramm «Zukunft Schweiz» wurde die Infrastruktur für die sozialwissenschaftliche Forschung kräftig ausgebaut. Lausanne ist auch der Sitz des Haushaltspanels, einer jährlich wiederholten, großangelegten Befragung für sozialwissenschaftliche Zwecke. Die Schweiz beteiligt sich zudem am «International-Social-Survey-Program» (ISSP) und an den Eurobarometer-Umfragen, sodass international vergleichbare Daten für sozialwissenschaftliche Auswertungen vorliegen. Damit erfolgte auch in der Schweiz die Weichenstellung zum Aufbau einer leistungsfähigen Infrastruktur für die empirisch-sozialwissenschaftliche Forschung. Heute ist der Engpass weniger die Dateninfrastruktur als vielmehr qualifiziertes, statistisch geschultes Personal für sachkundige Auswertungsarbeiten der vielfachen Erhebungen.

IV. Variablen, Hypothesen, Theorien

Von Variablen und Hypothesen war schon in den vorhergehenden Kapiteln häufiger die Rede. Ebenso haben wir bereits den Begriff Theorie verwendet. Auf dem Hintergrund wissenschaftstheoretischer und forschungslogischer Erkenntnisse werden wir uns diesen Begriffen jetzt genauer zuwenden. In diesem Zusammenhang stellt sich auch die Frage, welche Anforderungen an sozialwissenschaftliche Theorien zu stellen sind. Ein Kriterium ist der Informationsgehalt von Hypothesen und Theorien. Eine wichtige Rolle kommt Theorien bei der Erklärung von Sachverhalten, bei Prognosen und bei der Sozialplanung zu. Wie aber sieht eine gültige wissenschaftliche Erklärung aus? Mit diesen und weiteren Fragen werden wir uns im folgenden Kapitel befassen.

1. Typen von Variablen

Eine Variable bezeichnet ein Merkmal oder eine Eigenschaft von Personen, Gruppen, Organisationen oder anderen Merkmalsträgern. Beispiele sind das Geschlecht, der Bildungsgrad, der soziale Status, das Einkommen, die Sehschärfe oder die Haarfarbe von Personen, das Ausmaß der sozialen Integration von Gruppen, die Dauer einer Ehe, die Zahl der Hierarchieebenen von Organisationen und die Regierungsform von Staaten. Wichtig ist zunächst einmal die Unterscheidung von:

- Variablen (Merkmale, Merkmalsdimensionen),
- Ausprägungen von Variablen (Kategorien, Merkmalsausprägungen)
- und Merkmalsträgern.

Variablen und Merkmalsausprägungen. Ein «Einkommen von 3001–4000 DM» ist offenbar keine Variable, sondern eine Ausprägung der Variablen «Einkommen». Geschlecht ist eine Variable mit den beiden Ausprägungen «Frau» und «Mann». Die Variable «Schulbildung» kann beispielsweise die Kategorien: kein Schulabschluss (1), Hauptschulabschluss (2), Realschulabschluss oder gleichwertiger Abschluss (3) und Abitur (4) aufweisen. Werden die Ausprägungen wie in diesem Beispiel mit Zahlen verkodet, so spricht man auch von Variablenwerten. Eine Variable hat mindestens zwei Ausprägungen, sonst würde sie ihren Namen zu Unrecht tragen. Um Missverständnisse zu vermeiden, sei vermerkt, dass die Bezeichnung von Variablen und die Festlegung der Ausprägungen eine Frage der jeweiligen Definition ist. Es gibt keine Variablen und Ausprägungen an sich. So könnten wir im Prinzip auch die Variable «Frau» mit den beiden Kategorien «Frau» und «Nicht-Frau» oder die Variable «Abitur» mit den Ausprägungen «mit Abitur» und «ohne Abitur» bilden. Bei der Konstruktion von Variablen wird aber insbesondere zu beachten sein, dass die Kategorien

- disjunkt
- und erschöpfend

sind. Die Kategorien sollten sich also nicht überlappen (disjunkt), und jeder Merkmalsträger (siehe unten) sollte einer Kategorie zugewiesen werden können (erschöpfend). Man kann diese Forderung auch so formulieren: Jede denkbare Beobachtung bezüglich einer Variablen sollte eindeutig einer Kategorie zugewiesen werden können. Wählen wir z. B. für die Variable Einkommen die drei Kategorien: «500 €, 500 bis 1000 €, 1000 bis 2000 €», so ist weder das Kriterium «disjunkt» noch «erschöpfend» erfüllt. Eine Person mit einem Einkommen von 2500 € kann nicht zugeordnet werden, während eine Person mit einem Verdienst von genau 1000 € gleich in zwei Kategorien fällt. Weniger offensichtlich sind Verstöße gegen die Konstruktionsregeln von Variablen bei dem folgenden Beispiel der Variablen «Freizeitaktivitäten» mit den Kategorien: Fernsehen, Lesen, Sport, Reisen, Vereinsaktivitäten, Sonstiges. Mit dem ‹Trick› der Kategorie «Sonstiges» ist zwar das Kriterium «erschöpfend» formal immer erfüllt, aber disjunkt sind die Kategorien nicht. Wo etwa wäre eine Person einzuordnen, die ihre Freizeit vorwiegend in einem Segelclub verbringt? Unter «Vereinsaktivitäten» oder unter «Sport»? In der Praxis, etwa bei neuen Fragestellungen in Umfragen, ist es häufig gar nicht so einfach, den beiden Kriterien Genüge zu tun.

Variablen können ferner *diskrete* Kategorien aufweisen oder *kontinu-*

ierlich sein. Jahoda, Lazarsfeld und Zeisel (1960) ermitteln z. B. durch verdeckte Beobachtung mit der Stoppuhr die Gehgeschwindigkeit von Arbeitslosen in Marienthal (vgl. auch Kapitel XI). Handelt es sich hierbei um eine kontinuierliche Merkmalsdimension, so hat die obige Variable «Schulbildung» dagegen diskrete Ausprägungen. «Diskret» oder «kontinuierlich» ist nicht mit «qualitativ» oder «quantitativ» zu verwechseln. Variablen mit diskreten Merkmalsausprägungen können qualitativ oder auch quantitativ sein. Die Eigenschaft «quantitativ» hängt vom *Mess-* oder *Skalenniveau* ab. Als quantitativ bezeichnet man Variablen mit Intervallskalenniveau oder höherem Messniveau (Kapitel VI).

Variablen mit diskreten Ausprägungen werden wiederum nach der Anzahl der Kategorien unterteilt. Hat eine Variable wie das Geschlecht zwei Ausprägungen, so wird die Variable als *dichotom* bezeichnet. Variablen mit mehr als zwei Ausprägungen sind *polytome* Variablen.

Merkmale können *absolut* oder *relational* sein. Das Ausmaß des Umweltbewusstseins einer Person, Geschlecht, Bildung, Alter sind absolute Merkmale. Wird eine Variable jedoch durch die Beziehung zu anderen Personen (oder allgemein Merkmalsträgern) definiert, so handelt es sich um relationale Eigenschaften. Die Statusdifferenz zwischen den Personen x und y, die Intensität von Freundschaftsbeziehungen, die Macht einer Person über andere Menschen, die Existenz oder Nichtexistenz von Handelsbeziehungen zwischen zwei Staaten sind Beispiele für relationale Merkmale. Relationale Eigenschaften zwischen Merkmalsträgern wie Personen, Organisationen oder Staaten sind das Ausgangsmaterial zur Analyse der Struktur sozialer Netzwerke (Kapitel X).

Bei den vielen Bezeichnungen, die auf den ersten Blick verwirrend erscheinen mögen, handelt es sich nicht um Haarspaltereien. Der Typ der Variablen ist bei der Formulierung und Prüfung von Hypothesen, bei der Festlegung von Untersuchungsdesigns und bei der Datenanalyse von großer Bedeutung. So existieren statistische Analyseverfahren, die zwar bei dichotomen, aber nicht bei polytomen Variablen anwendbar sind, um ein Beispiel zu nennen. Wir haben bereits in Kapitel II die Vier-Felder-Tabelle als einfachste Prüfmöglichkeit für einen vermuteten Zusammenhang zwischen zwei Variablen kennengelernt. Dieses Verfahren ist allerdings nur anwendbar, wenn die beiden Variablen dichotom sind.

Merkmalsträger und Merkmalshierarchien. Es macht wenig Sinn, eine soziale Gruppe oder eine Firma nach dem Geschlecht zu klassifizieren. Auch Tochterfirmen sind allenfalls grammatikalisch «weiblich». Geschlecht, Alter, Bildung, sozialer Status, persönliches Einkommen sind Merkmale von Personen oder *individuelle* Merkmale. Was aber ist gemeint, wenn von einem «weiblichen» oder «männlichen» Beruf gesprochen wird? Ein Beruf hat kein Geschlecht. Nehmen wir den Beruf «Sekretär / Sekretärin» mit dem männlichen Berufszweig Staatssekretär(in). Bei ersterem Beruf sind männliche Stelleninhaber bekanntlich mit der Lupe zu suchen. Dagegen finden sich unter den 50 beamteten oder parlamentarischen Staatssekretären und Staatssekretärinnen in deutschen Ministerien 90 % Männer und 10 % Frauen, Letztere meist im Bereich Familie, Jugend und Gesundheit. Mit männlichem Beruf ist natürlich gemeint, dass der prozentuale Anteil männlicher Stelleninhaber in dem Beruf sehr ‹hoch› ist, z. B. höher als unter den Erwerbstätigen schlechthin. Entsprechend können Frauenberufe definiert werden. Nach dieser nicht unüblichen Definition ist «Verwaltungssekretär(in)» zweifellos ein Frauen- und «Staatssekretär(in)» ein Männerberuf. Berücksichtigen wir noch «neutrale» Berufe mit einem Frauen- bzw. Männeranteil entsprechend den jeweiligen Anteilen unter den Erwerbstätigen. Die Merkmalsträger sind jetzt aber nicht Personen, sondern Berufe. Die Variable ist auch nicht das Geschlecht, sondern das Merkmal «weiblicher / männlicher Berufstyp» mit den drei Ausprägungen «weiblich dominiert» (1), «neutral» (2), «männlich dominiert» (3). Ferner handelt es sich nicht um ein individuelles, sondern um ein *Kollektivmerkmal.* Weitere Beispiele für Kollektivmerkmale sind: der Stimmenanteil der CSU in bayerischen Wahlbezirken, das Durchschnittseinkommen in den Staaten der OECD, das Haushaltseinkommen, die Kriminalitätsrate in Großstädten u. a. m. Kollektivmerkmale sind dadurch definiert, dass der Merkmalsträger eine Personenmehrheit, ein Kollektiv, darstellt. Noch allgemeiner: Kollektivmerkmale beziehen sich auf Mengen von Elementen, wobei die Elemente selbst wiederum Mengen von Elementen einer tiefer liegenden Stufe repräsentieren können. Damit ergibt sich eine Hierarchie von Merkmalen auf unterschiedlichen Ebenen, eine Art Stufenmodell, das besonders in der Mehr-Ebenen-Analyse von zentraler Bedeutung ist (dazu weiter unten). So können die in einer Firma beschäftigten Personen die unterste Hierarchieebene bilden. Als nächsthöhere Ebene kann das Unternehmen definiert werden. Die Menge der Unternehmen eines Landes ist dann eine weitere Stufe des Mehr-Ebenen-Modells. Wie viele und welche Ebenen konkret einbezogen werden, ist eine Frage der jeweils angestrebten Forschungsziele. Eine erwerbstätige Person ist z. B. als Physikerin in einem Unternehmen zur Herstellung von Messinstrumenten beschäftigt: Das Individualmerkmal «Beruf» hat die Ausprägung «Physikerin». Die Berufsstruktur der Firma (z. B. der Anteil akademischer Berufe) ist dagegen ein Kollektivmerkmal der Unternehmensebene. Die Wirtschaftsstruktur eines Landes, definierbar z. B. durch die Anteile von Unternehmen in den einzelnen Wirtschaftsbranchen, ist wiederum ein Kollektivmerkmal auf der höheren, dritten Ebene des Modells. Diese Unterscheidungen sind wichtig, weil man sich bei der Untersuchung von Zusammenhängen zwischen Variablen Klarheit darüber verschaffen muss, welcher Ebene die einzelnen Merkmale zugeordnet sind.

Wir orientieren uns hier weitgehend an einer Terminologie, die von Lazarsfeld und Menzel (1961) eingeführt wurde. Auf der Ebene der Kollektive unterscheiden die Autoren ferner zwischen analytischen, *strukturellen* und *globalen* Kollektivmerkmalen. Ein Merkmal ist analytisch, wenn der Variablenwert durch eine Rechenoperation aus den absoluten Individualmerkmalen ermittelt werden kann. Dies ist bei unserem Beispiel des Frauen- oder Männerberufs der Fall. Der Prozentwert in einem Beruf beschäftigter Frauen errechnet sich ja aus der Häufigkeit, mit der das absolute Individualmerkmal «Geschlecht» die Ausprägung «Frau» bzw. «Mann» aufweist. Genauso sind der Prozentanteil der SPD-Stimmen in einem Wahlkreis, das Haushaltseinkommen (als Summe der Einkommen der Haushaltsmitglieder), die Kriminalitätsrate (definierbar z. B. als die Zahl angezeigter Delikte pro 1000 Einwohner) oder das Durchschnittseinkommen einer Gemeinde (der Mittelwert der individuellen Einkommen) als analytische Kollektivmerkmale aufzufassen. Analog ergeben sich die Werte struktureller Kollektivmerkmale aus einer Rechenoperation relationaler Individualmerkmale: Die soziale Integration einer Gruppe kann z. B. als Anteil gegenseitiger Sozialbeziehungen an der Zahl maximal möglicher Sozialbeziehungen unter den N Gruppenmitgliedern definiert werden (die Maximalzahl reziproker Beziehungen ist $1/2 \cdot N (N-1)$). Das Ausmaß der sozialen Integration einer Gruppe ist somit ein strukturelles Kollektivmerkmal. Sowohl analytische als auch strukturelle Kollektivmerkmale gehen durch *Aggregation* aus Individualmerkmalen (bzw. durch Aggregation der Variablenwerte von Elementen der nächsttieferen Ebene der Merkmalshierarchie) hervor. Die Aggregationsregel kann die Summierung, Prozentuierung, Durchschnittsbildung oder eine andere, bisweilen wesentlich kompliziertere Rechenoperation vorsehen. Strukturelle und analytische Kollektivmerkmale können daher auch aus gutem Grund als *Aggregatmerkmale* bezeichnet werden. Für die Kollektivebene wird häufig auch der Begriff Aggregatebene verwendet. Das Problem der Herleitung von Aggregatmerkmalen aus Individualmerkmalen wird, insbesondere in der Ökonomie, als Aggregationsproblem bezeichnet. So ist der gesamtwirtschaftliche Konsum einer Volkswirtschaft (ein analytisches Kollektivmerkmal) das Aggregat der Konsumausgaben aller einzelnen Haushalte. Wie gesagt sind die Aggregationsregeln (in der Soziologie wird auch von «Transformationsregeln» gesprochen, siehe Lindenberg 1992) aber nicht immer so einfach gestrickt wie in diesem Beispiel. Insbesondere bei gegenseitigen Abhängigkeiten unter den Mitgliedern eines Kollektivs, etwa bei der Aggregation relationaler Individual- zu strukturellen Kollektivmerkmalen, kann die Aggregations- oder Transformationsregel eine recht komplizierte und mathematisch ‹vertrackte› Form annehmen.

Im Gegensatz zu den analytischen und strukturellen Kollektivmerkmalen sollen globale Merkmale eine genuine Eigenschaft eines Kollektivs darstellen. Globale Merkmale sind also nicht durch Rechenoperationen (Lazarsfeld und Menzel 1961), Aggregationsregeln oder Transformationsregeln (Lindenberg 1992) aus Individualmerkmalen bzw. den Eigenschaften der Mitglieder eines Kollektivs ableitbar. In der Systemtheorie würde man von «emergenten» (neu hervorgebrachten) Eigenschaften von Systemen sprechen, die nicht allein durch die Elemente des Systems und ihre Relationen erklärbar sind. Lazarsfeld und Menzel (1961) erwähnen eine Reihe von Beispielen globaler Merkmale, u. a. die Siedlungsdichte einer Gemeinde oder den Anteil am nationalen Budget für Zwecke der Bildung in einem staatlichen Gemeinwesen.

Die Beispiele haben allerdings den Haken, dass bei einiger Phantasie sehr wohl Aggregationsregeln gefunden werden können, mit denen die anscheinend globalen Merkmale durch Merkmale der Mitglieder des Kollektivs erklärbar sind: Die Siedlungsdichte etwa ergibt sich aus der (sicherlich komplexen) Aggregation individueller Handlungen, aus den relationalen Merkmalsausprägungen der Distanzen zu den Nachbarn. Behauptete globale Eigenschaften sind häufig als Aggregatmerkmale rekonstruierbar. Ob überhaupt globale Eigenschaften im Sinne von Lazarsfeld und Pasanella existieren, ist eine philosophische Frage. Die beiden entgegengesetzten Extrempositionen treten unter dem Etikett «Holismus» und «Reduktionismus» auf. Holisten werden die Frage nach globalen, emergenten Eigenschaften bejahen. Reduktionisten werden dagegen ebenso entschieden darauf pochen, dass globale Merkmale stets als Aggregatmerkmale rekonstruierbar sind und dass scheinbar emergente Eigenschaften von Systemen (im Prinzip) immer durch die Elemente und die Bauweise des Systems erklärbar sind (siehe Nagel 1972; Opp und Hummell 1973).

Ohne genauer auf diese Kontroverse eingehen zu müssen, wählen wir hier einfach eine forschungspragmatische Definition globaler Merkmale. «Global» sind demnach Merkmale von Kollektiven, die nicht durch die Aggregation von Merkmalen der Kollektivmitglieder definiert werden. Die Siedlungsdichte in einer Gemeinde, definiert als Quotient aus Bevölkerungszahl und Fläche, oder der Typ der politischen Verfassung eines Landes sind demnach globale Merkmale. Möglicherweise können die globalen Variablen später einmal auf alternative Weise als Aggregatmerkmale definiert werden. Unsere Definition globaler Merkmale schließt die eventuelle Rekonstruktion globaler Merkmale als Aggregatmerkmale jedenfalls nicht aus.

Einen Überblick zu der in diesem Abschnitt erläuterten Klassifikation von Variablen vermittelt Tabelle IV.1. Wie erwähnt ist die Unterscheidung der verschiedenen Arten von Variablen für die Hypothesenformulierung, die Auswahl eines geeigneten Untersuchungsdesigns zur Prüfung von Hypothesen sowie bei der statistischen Datenanalyse von erheblicher Bedeutung.

Tabelle IV.1: Arten von Variablen

Variablen (Merkmale, Merkmalsdimensionen)	
mit Ausprägungen (Kategorien):	
• kontinuierlich	Reaktionszeiten, Geschwindigkeit
• diskret	
dichotom (mit zwei Kategorien)	Geschlecht (Frau, Mann), Raucher (Raucher, Nichtraucher)
polytom (mehr als zwei Kategorien)	Familienstand (mit den Ausprägungen ledig, verheiratet, geschieden, verwitwet)
nach Skalenniveau	Nominalskala, Ordinalskala (qualitativ); Intervallskala, Ratioskala (quantitativ) (siehe Kapitel VI)
nach Merkmalsebenen:	
• Individualmerkmale:	
absolut	Alter, Bildung, Einkommen einer Person
relational	Person A ist befreundet mit Person B
• Kollektivmerkmale:	
global	der Typ der politischen Verfassung eines Landes
analytisch	Durchschnittseinkommen einer Gemeinde, Prozentsatz SPD-Wähler in einem Stimmbezirk, Frauenanteil in einem Beruf
strukturell	Soziale Integration in einer Schulklasse (definiert z. B. durch den Anteil von Freundschaftsbeziehungen an den maximal möglichen Beziehungen)
nach der Position in einer Hypothese	Unabhängige oder abhängige Variable

2. Hypothesen

Im allgemeinen Sinn ist eine Hypothese eine Vermutung über einen bestehenden Sachverhalt. So kann man die Hypothese äußern, dass Lebensformen auch auf fremden Planeten existieren oder – eine weitere Hypothese – dass häufiger UFOs gesichtet wurden. Ersteres ist sehr wahrscheinlich, Letzteres ist mit Sicherheit der Fall. Denn UFOs sind nach üblicher Definition «unidentified flying objects», und dass nicht identifizierbare Flugobjekte beobachtet wurden, tritt nicht gerade selten auf (Paulos 1993). (Allerdings gibt es nicht den Schatten eines Beweises dafür, dass sich in den nichtidentifizierten Flugobjekten «extraterrestrische Wesen» befunden haben.) Im sozialen Bereich könnte eine Hypothese lauten, dass die Armutsquote (definiert als Anteil der Haushalte mit weniger als der Hälfte des Durchschnittseinkommens) in den USA höher ist als in der Schweiz, aber geringer als in Haiti, oder dass die soziale Aufstiegsmobilität in den USA diejenige Österreichs übersteigt.

Im Unterschied dazu machen *nomologische* Hypothesen, wie wir schon in den vorhergehenden Kapiteln gesehen haben (insbesondere Kapitel II.2), Aussagen über *Merkmalszusammenhänge.* Mit «Hypothesen» sind, wenn nicht ausdrücklich anders gesagt, «Zusammenhangshypothesen» gemeint. Auch generell ist der Sprachgebrauch in sozialwissenschaftlichen Texten so, dass unter einer Hypothese (meistens) eine Aussage über einen Zusammenhang zwischen sozialen Merkmalen, d. h. eine Beziehung zwischen zwei (oder mehr) Variablen verstanden wird.

Deterministische und probabilistische Hypothesen

Das Fallgesetz in der Physik gilt unter den spezifischen Bedingungen (freier Fall im Vakuum) ausnahmslos für alle Körper. Behauptet wird ein strikt deterministischer Zusammenhang zwischen der zurückgelegten Fallstrecke s und der Fallzeit t ($s = g \cdot t^2/2$). In den Sozialwissenschaften dagegen stellen deterministische Hypothesen die Ausnahme dar: Die Zusammenhänge sind probabilistisch, auch wenn dies nicht immer explizit kenntlich gemacht wird. Bei probabilistischen Hypothesen (nichtdeterministischen, Wahrscheinlichkeitshypothesen) wird ein ‹vorhergesagter› Merkmalswert nur mit einer gewissen Wahrscheinlichkeit auftreten. (Ist im Grenzfall die Wahrscheinlichkeit eins, so handelt es sich um eine deterministische Hypothese.) Betrachten wir das Beispiel des Zusammenhangs zwischen Frühehen und dem Ehescheidungsrisiko. Die Beispielshypothese lautet: Frühehen (z. B. definierbar als Alter der Frau bei Eheschließung unter 21 Jahren) weisen ein höheres Risiko der Ehescheidung auf als Spätehen. Sicherlich wird man nicht erwarten, dass jede Frühehe vor dem Scheidungsrichter endet und jede Spätehe von einer Scheidung verschont bleibt. Es gibt sowohl stabile Frühehen als auch instabile Spätehen. Gemäß der Hypothese wird nur erwartet, dass die Wahrscheinlichkeit einer Ehescheidung bei Frühehen höher ist als bei Spätehen. Sind z. B. von 1000 Frühehen nach zehn Ehejahren 350 Ehen geschieden, von 1000 Spätehen dagegen nur 150, so wird man die Hypothese als (vorläufig) bestätigt ansehen. Gerade weil in den Sozialwissenschaften nahezu alle Aussagen über Merkmalszusammenhänge nichtdeterministisch sind, kommt der Statistik- und Wahrscheinlichkeitsrechnung in diesem Wissenschaftsbereich eine so bedeutsame Rolle zu.

Wenn-dann-Hypothesen

Ist sowohl die unabhängige als auch die abhängige Variable dichotom, so kann der Zusammenhang als «Wenn-dann-Aussage» formuliert werden. Bezeichnen wir die Kategorien der unabhängigen Variablen («Wenn-Komponente») mit A und ~ A (Nicht-A), die Kategorien der abhängigen Variablen («Dann-Komponente») entsprechend mit B und ~ B. Es können nun zwei Arten von Wenn-dann-Hypothesen («wenn A, dann B») unterschieden werden:

(1) Wenn A auftritt, dann wird B erwartet. Bei ~ A kann B oder ~ B auftreten (Implikationsbeziehung).

(2) Wenn A auftritt, dann wird B erwartet, und wenn ~ A gilt, wird ~ B erwartet (Äquivalenzbeziehung, «Wenn-und-nur-wenn-dann-Beziehung»).

Im deterministischen Fall ist (1) eine Implikation und (2) eine Äquivalenz im Sinne der Aussagenlogik. Anders formuliert ist A in (1) eine hinreichende und in (2) eine hinreichende und notwendige Bedingung, allerdings nur im Grenzfall der strikt deterministischen Beziehung. Im nichtdeterministischen «Normalfall» sind (1) und (2) weniger streng als Aussagen über Wahrscheinlichkeiten zu interpretieren. Bevor wir dazu Beispiele diskutieren, sei noch der Zusammenhang zur Vier-Felder-Kreuztabelle hergestellt.

Bei zwei dichotomen Variablen gibt es vier Kombinationsmöglichkeiten der Ausprägungen: I. (A, B), II. (~ A, B), III. (A, ~ B) und IV. (~ A, ~ B). Bei der Wenn-dann-Hypothese oder Implikation (1) ist nur die Kombination (A, ~ B) ‹verboten›. Wenn also eine Person die Merkmalsausprägung A aufweist, sollte sie nicht auch ~ B aufweisen. Ein solcher Fall wäre ein «Falsifikator»; alle anderen Kombinationen sind mit der Hypothese vereinbar (siehe Abbildung IV.1[1]). Bei der Äquivalenzbeziehung wird zusätzlich das Feld II (~ A, B) ausgeschlossen. Es darf also nicht vorkommen, dass Nicht-A gilt und dennoch B eintritt (Abbildung IV.1 [2]).

Abbildung IV. 1: Wenn-dann-Hypothesen und Kreuztabelle

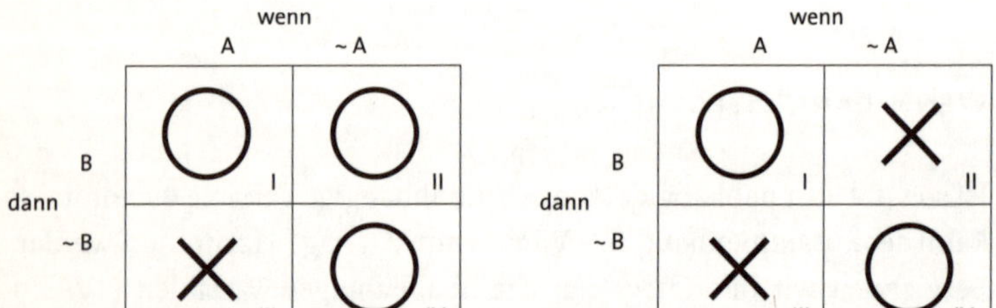

(1) Wenn-dann-Hypothese (deterministische Implikation)

(2) Wenn-und-nur-wenn-dann-Hypothese (deterministische Äquivalenz)

○ = von der Hypothese zugelassene Fälle ✕ = von der Hypothese ausgeschlossene Fälle

Bei nichtdeterministischen Hypothesen werden empirisch auch Kombinationen von Merkmalsausprägungen in den ‹verbotenen› Feldern auftreten. Allerdings sollte der relative Anteil der «Falsifikatoren» im Vergleich zu den übrigen Fällen gering sein. Auf dem Vergleich nichtfalsifikatorischer mit falsifikatorischen Fällen basieren auch die Zusammenhangsmaße der Kreuztabellenanalyse (dazu genauer Kapitel XIV). Diese Maße nehmen umso höhere Werte an, je mehr die Beobachtungen dem deterministischen Grenzfall (Anteil der falsifikatorischen Fälle gleich null) entsprechen. Mit der Prozentsatzdifferenz (vgl. Kasten II.1) haben wir ein solches Zusammenhangsmaß bereits kennengelernt.

Sofern zur Prüfung von Wenn-dann-Hypothesen Kreuztabellen herangezogen werden, sind diese (fast) immer vom Typ (2) in Abbildung IV.1. Erwartet wird also, dass die Nebendiagonale (Felder II, III) relativ schwächer besetzt ist als die Hauptdiagonale (Felder I, IV). Auch die meisten Zusammenhangsmaße, etwa die Prozentsatzdifferenz, folgen dieser Logik (eine Ausnahme ist das Zusammenhangsmaß Q von Yule, welches die Stärke eines Zusammenhangs in einer Typ-(1)-Tabelle anzeigt; siehe Kapitel XIV). Bei der in der Praxis der Sozialforschung meistgewählten Vorgehensweise wird implizit eine probabilistische Version einer Äquivalenzbeziehung zugrunde gelegt. Aus der Wenn-dann-Hypothese ist die folgende Prognose ableitbar: Tritt A auf (bzw. hat eine Person oder generell ein Merkmalsträger die Ausprägung A), dann wird B mit höherer Wahrscheinlichkeit als bei Nicht-A (~ A) zu beobachten sein. Die probabilistische Hypothese «wenn A, dann B» kann demnach transformiert werden in die Erwartung:

[Wahrscheinlichkeit B bei Auftreten von A] > [Wahrscheinlichkeit B bei Auftreten von ~ A]

oder kurz formuliert in der Notation bedingter Wahrscheinlichkeiten:

$$P(B \mid A) > P(B \mid \sim A)$$

P ist hier die Wahrscheinlichkeit des «Ereignisses» B unter der Bedingung des Auftretens von A bzw. ~ A. (Hinter dem senkrechten Strich wird die Bedingung aufgeführt.) Ob die Prognose der Wenn-dann-Hypothese zutrifft, ist empirisch anhand der Vier-Felder-Tabelle prüfbar (wobei wir die in Kapitel II.2 diskutierten Probleme, insbesondere Probleme störender Einflüsse durch Drittvariablen zunächst außer Betracht lassen, dazu Kapitel XIV). Zur Prüfung werden die bedingten Wahrscheinlichkeiten $P(B \mid A)$ und $P(B \mid \sim A)$ durch die jeweiligen Anteilswerte in der Tabelle geschätzt und mit der obigen Prognose verglichen. Für die Hypothese des «Frühehen-Effekts» auf das Scheidungsrisiko gilt zum Beispiel:

A = Frühehe ~ A = Spätehe (nicht Frühehe)

B = Ehe geschieden ~ B = Ehe nicht geschieden

Die Schätzung von P (B | A) ist dann der Anteilswert der Scheidungen unter den Frühehen, also 350 von 1000 oder 0,35. Die Schätzung von P (B | ~ A) ist entsprechend 150 von 1000 oder 0,15. Gemäß der Prognose der Wenn-dann-Hypothese ist die geschätzte Wahrscheinlichkeit einer Scheidung bei Frühehen (0,35) höher als bei Spätehen (0,15). Die Prozentsatzdifferenz als einfaches Maß für die Stärke des Zusammenhangs (vgl. Kasten II.1) hat den Wert 35 % minus 15 % = 20 %. Die Frühehen-Hypothese würde durch diese Zahlen zunächst einmal bestätigt werden.

Die Musikwissenschaftlerin und Rocksängerin Gianna Nannini befasst sich in ihrer Doktorarbeit («Der Stimmkörper. Der Körper der Frau in der Musik») u. a. mit einer Hypothese über gesellschaftliche Repression und Stimmlage. Sie schreibt: «Ich habe herausgefunden, dass in anderen Kulturen, in denen die Frauen größerer Unterdrückung ausgesetzt sind, auch deren Stimmlage höher ist. In weniger repressiven Gesellschaften ist sie tiefer» (Nannini 1993: 24).

Die Hypothese lautet also: Wenn eine Gesellschaft repressiv ist (A), dann haben die Frauen eine hohe Stimmlage (B). Als Beispiel für die Kombination «repressiv / hohe Stimmlage» führt sie die Opernsängerin Callas an, als Beispiel für «weniger repressiv / tiefe Stimmlage» dient die «Schwarze Musik». Allerdings gibt es auch Gegenbeispiele, z. B. die Autorin der Studie selbst («repressiv / tief»). Es ist daher wohl davon auszugehen, dass die Hypothese nicht deterministischen Charakter aufweist. Und natürlich müssten «repressive» und «nichtrepressive» Kulturen ebenso wie hohe und tiefe Stimmlage von Frauen (z. B. Sopran versus Altstimme und tiefer) zunächst genauer definiert werden. Handelt es sich nun bei der Wenn-dann-Hypothese Nanninis um eine Implikationsbeziehung? In diesem Fall wäre zu erwarten, dass in patriarchalischen Kulturen hohe Stimmlagen auftreten, während in weniger repressiven Kulturen sowohl hohe als auch tiefere Stimmlagen vorkommen können. Das obige Zitat deutet allerdings eher auf eine probabilistische Äquivalenzbeziehung hin, d. h. auf den «Normalfall» einer Wenn-dann-Hypothese. In patriarchalischen Kulturen werden hohe, in weniger repressiven Kulturen tiefere Stimmlagen von Sängerinnen erwartet.

Prüfbar wäre die Hypothese z. B. an einer Stichprobe von 100 Sängerinnen aus repressiven und weniger repressiven Kulturen. Für jede Sängerin wird dann die Merkmalsausprägung der Stimmlage («hoch» versus «tief») registriert. Ein alternatives Design wäre die Auswahl von zwei Kulturen, eine repressiv, die andere weniger repressiv. Aus beiden Kulturen wird eine Stichprobe von Sängerinnen gezogen und sodann die Stimmlage ermittelt. Letzteres Design – der Kulturvergleich – entspricht einem Quasi-Experiment (Kapitel VIII). Welches Forschungsdesign auch immer verwendet wird: Die Daten lassen sich zur Auswertung in einer Kreuztabelle anordnen, entsprechend Typ (2) in Abbildung IV.1. Dominiert die Hauptdiagonale (I, IV) stark gegenüber der Nebendiagonale (II, III) (d. h., gibt es relativ wenige Ausnahmen von der Regel), dann könnte dies als empirischer Beleg für die Nannini-Hypothese des Zusammenhangs von Repression und Stimmlage gewertet werden.

Je-desto-Hypothesen

Sind die Kategorien der unabhängigen und der abhängigen Variablen (mindestens) als Rangfolge interpretierbar, d. h., ist das Skalenniveau der Variablen (mindestens) ordinal (dazu genauer Kapitel VI), so kann der Zusammenhang zwischen den Variablen A und B als Je-desto-Hypothese formuliert werden. Voraussetzung dafür ist allerdings, dass mit einem Anstieg von A auch B durchgehend zunimmt (positiver Zusammenhang) oder aber bei einem Anstieg von A die Variable B durchgehend abnimmt (negativer Zusammenhang). Der Zusammenhang ist im ersten Fall *monoton steigend* (positiv; je größer A, desto größer B), im zweiten Fall *monoton fallend* (negativ; je größer A, desto kleiner B).

«Je höher der Schulabschluss, desto größer die Zahl der Zahnarztbesuche» ist eine Je-desto-Hypothese, die einen positiven Effekt der unabhängigen Variablen «Schulabschluss» auf die abhängige Variable «Zahnarztbesuche» zum Ausdruck bringt. Dagegen wird mit der Hypothese «Je höher der Zigarettenkonsum, desto geringer die Lebenserwartung» ein negativer Zusammenhang formuliert. Das altbekannte Sprichwort vom «dümmsten Bauern mit den dicksten Kartoffeln» (über den

Wahrheitsgehalt wollen wir hier nicht streiten) ist eine verkappte Je-desto-Hypothese mit negativem Effekt der unabhängigen Variablen «Intelligenzniveau»: «Je geringer das Intelligenzniveau eines Agronomen, desto größer die Quantität seiner Produkte.»

Nicht alle Zusammenhänge sind monoton steigend oder fallend. Neben Je-desto-Hypothesen können auch *nichtmonotone* Zusammenhänge auftreten, z. B. *u-förmige* oder umgekehrt u-förmige Zusammenhänge: In Kapitel I.3 haben wir das Beispiel des Effekts der Mobilitätschancen in einer Organisationseinheit auf die Arbeitszufriedenheit kennengelernt. Eine Hypothese dazu lautet, dass die Zufriedenheit bei wachsenden Mobilitätschancen zunächst absinkt, ein Minimum erreicht und sodann mit weiter steigenden Mobilitätschancen wieder zunimmt. Der Grund ist die in der ersten Phase wachsende Unzufriedenheit der Verlierer im Aufstiegswettbewerb um knappe Positionen. Ab einem bestimmten Punkt (dem Minimum der Zufriedenheit) ist das Zufriedenheitsniveau der ‹Gewinner› dominierend. Könnte diese Hypothese nicht auch eine Erklärung für die wachsende Unzufriedenheit bei gleichfalls wachsenden Chancen in osteuropäischen Ländern zu Beginn des Transformationsprozesses liefern? Wie auch immer – der so behauptete Zusammenhang kann jedenfalls nicht in Form einer Je-desto-Hypothese ausgedrückt werden, es sei denn, man grenzt die Je-desto-Hypothese ein: bis zum Minimum monoton fallend (negativer Effekt), ab dem Minimum monoton steigend (positiver Effekt). Insgesamt behauptet die Hypothese einen u-förmigen Zusammenhang.

Ein weiteres Beispiel für einen nichtmonotonen Zusammenhang ist die berühmte Laffer-Kurve aus der Finanzwissenschaft. Bei einem Steuersatz von null ist das Steueraufkommen des Staates ebenso null wie bei einem Steuersatz von 100 % (weil niemand mehr legales Einkommen erwirtschaften würde). Der optimale Steuersatz, der das Steueraufkommen des Staates maximiert, liegt irgendwo dazwischen. Wo der «optimale» Punkt liegt, ist im Prinzip eine empirische Frage, die allerdings nur äußerst schwierig zu beantworten sein dürfte. (Politisch Rechte sehen den Punkt eher weiter «links», Linke eher weiter «rechts».)[1] Aber unab-

1 Die nach dem Ökonomen Arthur Laffer benannte Kurve ist freilich ein hochideolo-

hängig von der genauen Lage des Maximums: Die Laffer-Hypothese behauptet einen umgekehrt u-förmigen Zusammenhang zwischen dem Steuersatz (= unabhängige Variable) und dem staatlichen Steueraufkommen (= abhängige Variable) (siehe Abbildung IV.2).

ABBILDUNG IV.2: U-FÖRMIGER UND UMGEKEHRT U-FÖRMIGER ZUSAMMENHANG

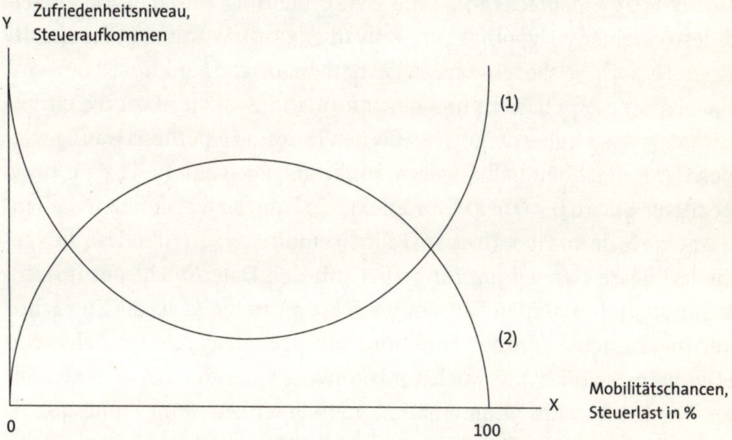

(1) U-förmiger Zusammenhang
eine spezielle Form ist die Parabel $y = c + ax + bx^2$ mit $a < 0$ und $b > 0$.

(2) Umgekehrt u-förmig
spezielle Form z. B.: $y = c + ax + bx^2$ mit $a > 0$, $b < 0$.

gisches Produkt. Unumstritten sind nur die Werte des Steueraufkommens bei einem Steuersatz von null und 100 Prozent. Wie die Kurve genau zwischen diesen beiden Punkten in einer Volkswirtschaft verläuft, ist reine Spekulation. Die Laffer-Kurve wurde insbesondere zur Begründung niedrigerer Steuersätze in den USA der Reagan-Zeit herangezogen. Die Folge war: Der Steuersatz sank, das Budgetdefizit stieg. «Die Laffer-Kurve ‹kann ein Politiker in dreißig Sekunden verdauen› und anschließend ‹monatelang darüber reden›, grantelt sogar der konservative Harvard-Professor und Steuerkritiker Martin Feldstein» (Wirtschaftswoche 31/1994). Siehe dazu auch Krugmann (1994).

Sind unabhängige und abhängige Variable *quantitativ* (d. h., die Variablen haben mindestens *Intervallskalenniveau*, dazu Kapitel VI), dann kann eventuell die genaue Form des Zusammenhangs durch eine mathematische Funktion dargestellt werden. Eine «Je-größer-x-desto-größer-y-Hypothese» ist äquivalent mit einer monoton steigenden Funktion. Bei stetigen Funktionen heißt dies, dass die erste Ableitung positiv sein sollte ($dy/dx > 0$). Entsprechend ist die erste Ableitung bei einer «Je-größer-x-desto-kleiner-y-Hypothese» negativ ($dy/dx < 0$). Wählt man für eine Je-desto-Hypothese aber eine spezielle mathematische Funktion, dann wird die Hypothese präzisiert, und der Informationsgehalt (dazu weiter unten) steigt gegenüber der unspezifischen Je-desto-Hypothese. Häufig werden der Einfachheit halber *lineare* Funktionen gewählt ($y = bx + c$, $b > 0$ positiver Effekt, $b < 0$ negativer Effekt). Es kann sich aber herausstellen, dass eine Je-desto-Hypothese im Prinzip empirisch zutreffend ist, die spezielle lineare Darstellungsform aber mit den Daten nicht gut im Einklang steht. Es könnten Sättigungseffekte auftreten (d. h., die Zuwächse verringern sich = konkave Funktion) oder aber steigende Zuwächse wie etwa beim Bevölkerungswachstum (konvexe Funktion, z. B. exponentielles Wachstum). Eine Kombination aus «Beschleunigung» und «Sättigung» ist mit einer s-förmigen Kurve darstellbar (siehe Abbildung IV.3). U-förmige und umgekehrt u-förmige Zusammenhänge sind natürlich von vornherein nicht durch lineare Funktionen darstellbar. Ist man an einer Präzisierung einer Zusammenhangshypothese durch eine mathematische Funktion interessiert, so empfiehlt es sich, in den erwähnten Fällen andere als lineare Funktionen zu wählen. Die Abbildungen IV.2 und IV.3 geben eine Übersicht zu einigen häufiger vorkommenden Typen von Zusammenhangshypothesen.[2]

Eine weitere Unterscheidung ist häufig zweckmäßig. Bei den bisher

2 Auch hier können deterministische und nichtdeterministische Zusammenhänge unterschieden werden. In der Regel nimmt man in sozialwissenschaftlichen Anwendungen an, dass der funktionale Zusammenhang von einem Zufallsfehler ε überlagert wird. Meist wird der «stochastische Term» ε der mathematischen Funktion additiv hinzugefügt. Im Standardmodell der «linearen Regression» z. B. wird die Annahme gemacht: $y = bx + c + \varepsilon$, wobei der Zufallsfehler als «normalverteilt» unterstellt wird. Siehe dazu genauer Kapitel XIV.

betrachteten Beispielen haben wir *Kausalhypothesen* betrachtet. So bezeichnet in Wenn-dann-Hypothesen die Wenn-Komponente eine «Ursache» oder «Bedingung», die Dann-Komponente eine «Wirkung». Hypothesen über Merkmalszusammenhänge müssen aber nicht notwendigerweise Ursache-Wirkungs-Beziehungen zum Ausdruck bringen. Werden Zusammenhangshypothesen nicht kausal interpretiert, so können wir allgemein von *Merkmalsassoziationen* sprechen. Eine spezielle Rolle spielen Hypothesen mit der unabhängigen Variablen «Zeit». Beispiele sind: der vermutete Trend einer zunehmenden «Individualisierung» (Beck 1994), die Hypothese wachsender Bildungs- und Mobilitätschancen in Industriegesellschaften, die umgekehrt u-förmige Abhängigkeit des Ehescheidungsrisikos von der Ehedauer. Die «Zeit» selbst als unabhängige Variable wird man kaum als «Ursache» der mit den Hypothesen behaupteten Entwicklungen interpretieren. Wir bezeichnen Hypothesen über Zusammenhänge, in denen die «Zeit» den Platz der unabhängigen Variablen einnimmt, als *Entwicklungshypothesen* oder *Trendhypothesen.*

Abbildung IV.3: Verschiedene spezielle Je-desto-Hypothesen

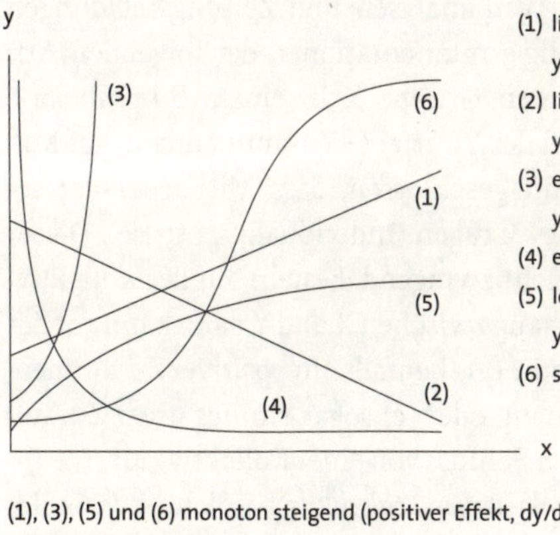

(1) linear steigend, positiver Effekt
$y = bx + c$ mit $b > 0$
(2) linear fallend, negativer Effekt
$y = bx + c$ mit $b < 0$
(3) exponentiell steigend, konvexe Funktion
$y = ae^{bx}$, $b > 0$
(4) exponentiell fallend, $y = ae^{bx}$, $b < 0$ (konvex)
(5) logarithmisch, konkave Funktion
$y = a \log (bx + c)$
(6) s-förmiger Zusammenhang

(1), (3), (5) und (6) monoton steigend (positiver Effekt, $dy/dx > 0$); (2), (4) monoton fallend (negativer Effekt, $dy/dx < 0$).

Handelt es sich bei der unabhängigen und abhängigen Variablen um Individualmerkmale, so sprechen wir von *Individualhypothesen.* «Je höher der Bildungsabschluss einer Person, desto höher ist ihr persönliches Nettoeinkommen» ist ein Beispiel für eine Individualhypothese. *Kollektivhypothesen* beziehen sich dagegen auf Zusammenhänge zwischen Kollektivmerkmalen. Der behauptete u-förmige Zusammenhang zwischen den Mobilitätschancen und dem Grad der Zufriedenheit ist eine Kollektivhypothese. Sowohl die unabhängige Variable (Anteil oder Prozentwert freier höherer Positionen in einer Gruppe oder einem «Kollektiv» von N Arbeitnehmern) als auch das Zufriedenheitsniveau (z. B. definierbar als Durchschnittswert der Zufriedenheit in dem Kollektiv) sind Kollektivmerkmale.

Aus Kollektivhypothesen folgt nicht logisch zwingend die korrespondierende Individualhypothese. So folgt aus der kollektiven Mobilitäts- und Zufriedenheitshypothese natürlich nicht, dass bei einer aufwärtsmobilen Person das Zufriedenheitsniveau absinkt. Genau das Gegenteil wird der Fall sein! In Wahlanalysen und Zeitungsmeldungen nach Wahlen findet man häufig Argumentationen der folgenden Art: Je größer der Anteil der sozialen Gruppe X in einem Stimmbezirk, desto größer der Stimmenanteil der Y-Partei (= Zusammenhang auf Kollektivebene). Daraus wird dann geschlossen, dass Mitglieder der sozialen Gruppe X die Partei Y bevorzugen (Individualhypothese). Dieser ‹Schluss› ist aber überhaupt nicht zwingend. Besteht auf der Kollektivebene ein positiver Zusammenhang zwischen X und Y, dann kann auf der Individualebene zwischen X und Y (a) ebenfalls ein positiver Zusammenhang, (b) gar kein Zusammenhang oder (c) sogar ein negativer Zusammenhang existieren. Ein falscher Schluss von einer Kollektiv- auf eine Individualhypothese wird als *ökologischer Fehlschluss* bezeichnet («ökologisch» hat hier die gleiche Bedeutung wie «kollektiv»).[3] Der Grund für

3 Der Begriff «ökologisch» stammt aus der «Stadtökologie» der Chicago-Schule der 20er Jahre (vgl. Kapitel III). «Ökologisch» ist ein Merkmal, das einem räumlich abgegrenzten Gebiet (z. B. Verwaltungsbezirk) oder allgemein einem Kollektiv zugeschrie-

den Fehlschluss ist – bezogen auf das obige Beispiel –, dass das Wahlverhalten der anderen sozialen Gruppen unberücksichtigt bleibt. Anhand eines konkreten Zahlenbeispiels wird dies unmittelbar einleuchten (siehe Kasten IV.1, S. 136).

Neben Individual- und Kollektivhypothesen existiert ein dritter Hypothesentyp, der in soziologischen Untersuchungen von besonderem Interesse ist. *Kontexthypothesen* sind quasi das Bindeglied zwischen der gesellschaftlichen und individuellen Ebene. In Kontexthypothesen ist die unabhängige Variable ein Kollektiv – und die abhängige Variable ein Individualmerkmal (Tabelle IV.2). Kontexthypothesen können damit u. a. den Einfluss der sozialen Struktur auf die Bedingungen individuellen Handelns zum Ausdruck bringen. Ein Beispiel ist die in Anlehnung an Emile Durkheim und Ferdinand Tönnies formulierte Kontexthypothese: Je höher die soziale Integration in einer sozialen Gruppe (= Kollektivmerkmal), desto geringer ist die Wahrscheinlichkeit, dass sich eine Person, die Mitglied der sozialen Gruppe ist, abweichend verhält (= Individualmerkmal).

Tabelle IV.2: Individual-, Kollektiv- und Kontexthypothesen

	unabhängige Variable	**abhängige Variable**
(1) Individualhypothese	Individualmerkmal	Individualmerkmal
(2) Kollektivhypothese	Kollektivmerkmal	Kollektivmerkmal
(3) Kontexthypothese	Kollektivmerkmal	Individualmerkmal
(4) Aggregations- oder Transformationsregel	Individualmerkmal	Aggregatmerkmal

(1), (2), (3) in Tabelle IV.2 sind empirisch prüfbare Zusammenhangs-Hypothesen. (4) ist keine empirisch prüfbare Hypothese, sondern eine Rechenvorschrift. Das Aggregatmerkmal ergibt sich aus einer mathematisch definierten Operation der individuellen Variablenwerte.

ben wird. Man könnte heute besser von «Kollektivfehlschluss» (oder genauer: Kollektiv-Individualfehlschluss) sprechen, jedoch hat sich der obige Begriff einen festen Platz erobert. Die Bezeichnung «ökologischer Fehlschluss» stammt von Robinson (1950).

Kasten IV.1: Ökologischer Fehlschluss

Der Weg von der Kollektivebene zu scheinbar gleichlautenden Zusammenhängen auf der Individualebene ist mit Stolpersteinen gepflastert. Betrachten wir ein ganz einfaches, konstruiertes Extrembeispiel. In zwei Stimmbezirken ist der Anteil von Katholiken und CDU-Wählern jeweils identisch:

	Stimmbezirk 1	**Stimmbezirk 2**
Anteil Katholiken in %	20	40
Anteil CDU-Wähler in %	20	40

Die Daten sind ein eindeutiger empirischer Beleg für den Zusammenhang auf der Kollektivebene, dass der Anteil der CDU-Stimmen mit dem Anteil katholischer Wähler anwächst. Ist somit nicht der ‹Schluss› verlockend, dass die CDU von Katholiken gewählt wird? Dies könnte so sein, muss es aber nicht! Nehmen wir an, auf der Individualebene ist das Abstimmungsverhalten wie folgt:

Stimmbezirk 1

	kathol. Wähler	nichtkath. Wähler	
CDU	0	20	20
andere Parteien	20	60	80
	20	80	100

Stimmbezirk 2

	kathol. Wähler	nichtkath. Wähler	
CDU	0	40	40
andere Parteien	40	20	60
	40	60	100

In beiden Stimmbezirken wird die CDU von keinem katholischen Wahlberechtigten gewählt. In Stimmbezirk 1 wählen dagegen 25 % der Nichtkatholiken die CDU, in Stimmbezirk 2 sogar zwei Drittel der nichtkatholischen Wahlberechtigten. Das Abstimmungsverhalten auf der individuellen Ebene erzeugt auf der Aggregatebene ein Muster, welches den Fehlschluss nahelegt, dass die katholische Bevölkerung überwiegend oder gar ausschließlich die CDU präferierte. Wahlanalysen auf der Ebene von Stimmbezirken können daher leicht in die Irre führen. Das Beispiel demonstriert zudem, dass zur Untersuchung des konkreten Wählerverhaltens Individualdaten erhoben werden müssen.

Auch der behauptete Zusammenhang zwischen dem Ausmaß der Repression von Gesellschaften (= Kollektivmerkmal) und der Stimmlage von Sängerinnen (= Individualmerkmal) ist eine Kontexthypothese. In der Untersuchung von Coleman, deren Ergebnisse bereits in Kapitel I diskutiert wurden, kommt dem Kontexteffekt der Zusammensetzung der Schülerschaft eine zentrale Rolle zu. Der Kontext ist hier das aggregierte (analytische) Kollektivmerkmal «Anteil weißer Schüler in einer Schule». Die Kontexthypothese lautet: «Je größer der Anteil weißer Schüler, desto höher der Lernerfolg eines Schülers (gleich welcher Hautfarbe)». Das Kollektivmerkmal «Anteil weißer Schüler» repräsentiert dabei eine Reihe kausal wichtiger Einflüsse (Bildungsmotivation der Eltern, Engagement der Eltern und Schüler für Belange der Schule u. a. m.), die Coleman in späteren Arbeiten (1990) unter dem Begriff «Sozialkapital» zusammenfasst. Man kann demnach auch die Kontexthypothese formulieren: Je höher «das Sozialkapital» einer Schule (der Anteil weißer Schüler ist hierfür in den 1960er Jahren in den USA ein «Indikator»), desto höher ist der Lernerfolg eines Schülers.

Mit der empirischen Prüfung von Kontexthypothesen und allgemein mit der Analyse von Zusammenhängen zwischen Kollektiv- und Individualmerkmalen beschäftigt sich die *Mehrebenenanalyse* (Hummell 1972; DiPrete und Forristal 1994; Engel 1998; Snijders und Bosker 1999). Um Kollektiv- oder Kontexthypothesen empirisch zu prüfen, reicht es nicht aus, die Merkmale von Individuen (oder generell Elementen) aus *einem* Kollektiv zu erheben. Vielmehr müssen mindestens zwei oder auch mehr Kollektive mit variierenden Ausprägungen des Kollektivmerkmals beobachtet werden. Auch wenn bei z. B. 100 Personen aus *einer* sozialen Gemeinschaft mit hoher sozialer Integration jeweils das Ausmaß abweichenden Verhaltens registriert wird, so erlauben diese Informationen nicht, die Kontexthypothese zum Zusammenhang zwischen der sozialen Integration eines Kollektivs und dem abweichenden Verhalten von Mitgliedern des Kollektivs zu prüfen. Wenigstens einige Personen müssen zur Untersuchung der Hypothese aus sozialen Gruppen mit niedrigem Grad der Integration stammen. Anders formuliert: Das Kollektivmerkmal (die unabhängige Variable) muss bei den Beobachtungen in der Stichprobe unterschiedliche Ausprägungen, d. h. *Varianz* (dazu genauer

Kapitel XIV) aufweisen. Erst ein Vergleich von Personen aus Kollektiven mit hoher und niedriger Integration bezüglich des abweichenden Verhaltens kann Aufschluss über die Gültigkeit der Kontexthypothese liefern.

In der *erklärenden Soziologie* (Coleman 1990; Esser 2003; Lindenberg 1992; Wippler und Lindenberg 1987; Raub und Voss 1981; Voss 1985) nehmen Kontexthypothesen einen wichtigen Platz ein. Mit ihnen wird der Einfluss sozialer Strukturen auf das individuelle Handeln zum Ausdruck gebracht, ein zentraler Gesichtspunkt «strukturindividualistischer» Erklärungen (siehe Abbildung IV.4).

ABBILDUNG IV.4: DIE ERKLÄRUNG KOLLEKTIVER REGELMÄSSIGKEITEN

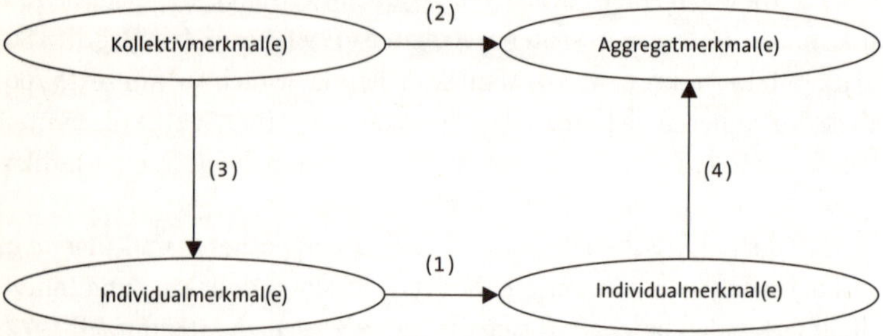

(1) = Individualhypothese (2) = Kollektivhypothese
(3) = Kontexthypothese (4) = Aggregationsregel

Ein vorrangiges Ziel der Soziologie und der Sozialwissenschaften im Allgemeinen ist nämlich die Erklärung kollektiver Tatbestände (z. B. die hohe Kriminalitätsrate in amerikanischen Großstädten, der Rückgang der Geburtenrate in Industriegesellschaften, die Investitionsquote in einer Volkswirtschaft u. a. m.). Diese Tatbestände ergeben sich jedoch «im Aggregat» aus den Handlungen von Menschen (abweichendes Verhalten von Personen, Verwirklichung von Kinderwünschen, Investitionen von Unternehmern). Erklärbar sind die individuellen Handlungen durch Individualhypothesen, welche Aussagen über die Bedingungen menschlicher Entscheidungen machen. Diese Bedingungen hängen wiederum von der sozialen Struktur oder vom sozialen Kontext ab. Kontexthypothesen, Individualhypothesen und Aggregationsregeln sind die drei ‹Zutaten›, welche zur Erklärung und Prognose kollektiver Effekte gemäß dem Grundschema «erklärender Soziologie» benötigt werden (Abbildung IV.4). Gleichzeitig können mit dieser Vorgehensweise Regelmäßigkeiten auf der kollektiven Ebene, also Kollektivhypothesen, ‹tiefer› erklärt und begründet werden. Auch das Beispiel des ökologischen Fehlschlusses (Kasten IV.1) zeigt, dass kollektive Zusammenhänge nicht nur zu Fehlschlüssen verleiten können, sondern auch, dass der Zusammenhang auf der kollektiven Ebene erst aus der Kenntnis des Abstimmungsverhaltens auf der individuellen Ebene verständlich wird.

Als Beispiel für das Erklärungsschema in Abbildung IV.4 greifen wir wieder auf die Hypothese über den Effekt sozialer Integration auf das abweichende Verhalten zurück. Eine etwas differenziertere Version der Hypothese könnte so lauten: Je höher der Grad der sozialen Integration in einer sozialen Gruppe, desto größer sind die Stärke und die Wahrscheinlichkeit sozialer Sanktionen für das abweichende Verhalten von Individuen (Kontexthypothese). Für die einzelnen Personen gilt: Je höher und wahrscheinlicher eine Sanktion im Falle abweichenden Verhaltens ist, mit desto geringerer Wahrscheinlichkeit wird sich eine Person abweichend verhalten (Individualhypothese). Aus der Aggregation des abweichenden Verhaltens der Mitglieder des Kollektivs (z. B. nach der in unserem Beispiel einfachen Regel: «Anzahl abweichender Handlungen pro 1000 Personen») ergibt sich sodann der Wert des Kollektivmerkmals «Ausmaß des abweichenden Verhaltens in einer sozialen Gruppe». Mit den drei Schritten «Kontexthypothese», «Individualhypothese» und «Aggregationsregel» wird zugleich die Kollektivhypothese über den Zusammenhang zwischen der «Integration einer sozialen Gruppe» und «der Rate abweichenden Verhaltens in einer sozialen Gruppe» (je höher die Integration, desto geringer die Rate abweichenden Verhaltens in einem Kollektiv) tiefer erklärt und genauer begründet.[4]

4 In dem Werk von Durkheim (z. B. [1re éd. 1897] 2006) finden sich zahlreiche Beispiele für derartige Kontext- und Kollektivhypothesen. Diese Hypothesen sind gemäß dem Schema in Abbildung IV.4 erklärbar. Zu einer Analyse in dieser Richtung siehe Bohnen (1975).

Bewusst wurde hier ein einfaches Beispiel zur Illustration des Erklärungsschemas gewählt. Etwas komplizierter ist die Erklärung des u-förmigen Zusammenhangs zwischen den Mobilitätschancen in einem Kollektiv und dem Ausmaß der Zufriedenheit. Eine Argumentationsskizze zur Begründung des Zusammenhangs auf der kollektiven Ebene haben wir bereits in Kapitel I.3 diskutiert. Auch hier ist es wiederum möglich, die Erklärungsschritte Kontexthypothese, Individualhypothese und Aggregationsregel zu präzisieren. Zu einem genaueren Modell der Erklärung des «Mobilitätswettbewerbs» und des unerwarteten kollektiven Effekts sinkender (aggregierter) Zufriedenheit sei auf die Arbeit von Boudon (1979) verwiesen.

Wir haben in diesem Abschnitt Hypothesen über soziale Zusammenhänge (nomologische Hypothesen) nach mehreren Kriterien klassifiziert. Ein Überblick über die verschiedenen Arten von Hypothesen ist zusammenfassend Tabelle IV.3 zu entnehmen.

Tabelle IV.3: Arten von Hypothesen

<table>
<tr><td>1. deterministisch vs. probabilistisch</td><td rowspan="2">4. Nach Kausalität
· Merkmalassoziationen
· Kausalhypothesen
· Trendhypothesen</td></tr>
<tr><td>2. Wenn-dann-Hypothesen
· als Implikation
· als Äquivalenz</td></tr>
<tr><td>3. nach Art des Zusammenhangs
· Je-desto-Hypothesen (monotoner Zusammenhang)
– allgemein (monoton steigend oder fallend)
– als spezielle mathematische Funktion
· nicht-monotone Zusammenhänge (z.B. U-förmig)</td><td>5. Nach Merkmalsebene
· Individualhypothesen
· Kollektivhypothesen
· Kontexthypothesen</td></tr>
</table>

3. Theorie und Modell

Der Gebrauch des Begriffs «Theorie» ist in den Sozialwissenschaften ziemlich uneinheitlich. Man spricht in der Soziologie von der «Systemtheorie» (Niklas Luhmann), der «Kritischen Theorie», der «Theorie kommunikativen Handelns» (Jürgen Habermas), der «Theorie der Individualisierung» (Ulrich Beck), von der «struktur-funktionalistischen Theorie» (Talcott Parsons) oder von der «Theorie rationalen Handelns». In der Ökonomie ist von der «mikroökonomischen Theorie», der «Humankapitaltheorie» usf. die Rede. Blickt man genauer hin, dann verbirgt sich – insbesondere in der Soziologie – hinter dem Begriff Theorie ein schillerndes Allerlei. Das Spektrum reicht von Zukunftsszenarien und sozialphilosophischen Entwürfen bis hin zu mathematischen Modellen und konkreten Aussagen über empirisch beobachtbare Zusammenhänge. Wir verstehen hier unter einer «Theorie» (im weiteren Sinne):

(a) eine Menge miteinander verknüpfter Aussagen, von denen sich

(b) eine nichtleere Teilmenge auf empirisch prüfbare Zusammenhänge zwischen Variablen bezieht.

Eine Menge miteinander verbundener Zusammenhangshypothesen (im Extremfall die «Mini-Theorie» mit einer einzelnen Hypothese) ist in diesem Sinn eine Theorie. Eine stärker ausgearbeitete Theorie wird folgende Bestandteile aufweisen (Theorie im engeren Sinn):

1. Grundannahmen, und zwar:

- zentrale Hypothesen über Zusammenhänge, die empirisch meist nur schwer prüfbar sind.
- Definitionen der grundlegenden Begriffe.

2. Aus den Grundannahmen abgeleitete Hypothesen sowie Regeln zur Messung der Variablen («Messhypothesen»).

Die mit (1) und (2) umschriebene Theoriekonzeption entspricht dem «strukturalistischen» Theoriebegriff in der analytischen Wissenschaftstheorie (Stegmüller 1980; Chalmers 2001). (1) wäre demzufolge der nur schwer oder gar nicht empirisch prüfbare «Kern» einer Theorie, während (2) die prüfbare «Peripherie» darstellt.

Werden die Grundannahmen (1) mathematisch formalisiert, so spricht man auch von den *Axiomen* der Theorie. Aus den Axiomen sind sodann auf mathematisch-deduktivem Weg *Theoreme* oder Hypothesen ableitbar (2), die einer empirischen Prüfung unterzogen werden können. Eine derart mathematisch formalisierte Fassung einer Theorie wird auch als *Modell* bezeichnet (siehe das Beispiel in Kasten IV.2).

KASTEN IV.2: EIN MODELL SOZIALER DIFFUSION

Die Ausbreitung von Neuerungen, Nachrichten, Einstellungsänderungen und neuen Produkten in einer Bevölkerungsgruppe ist häufig durch einen charakteristischen Diffusionsprozess erklärbar. Betrachten wir ein einfaches Standardmodell, das Modell der logistischen Diffusion. Es wird dabei angenommen, dass sich Innovationen in bestimmter Weise aufgrund von Kontakten zwischen den Mitgliedern einer Bevölkerungsgruppe bzw. durch Imitation ‹epidemisch› verbreiten. Im Wesentlichen basiert das logistische Diffusionsmodell auf zwei Grundannahmen: (a) Alle denkbaren Paare von Populationsmitgliedern haben die gleiche Chance einer Kontaktaufnahme (Annahme einer «homogenen Durchmischung»). (b) Bei jedem Kontakt zwischen einer Person, die bereits die Neuerung übernommen hat, mit einer bisher nichtinnovativen Person besteht eine konstante und für alle Personen gleiche Wahrscheinlichkeit, dass die nichtinnovative Person zum Neuerer konvertiert (Annahme eines zeithomogenen und personenhomogenen Diffusionsparameters). Bezeichnen wir den Anteil der Neuerer an der Population zum Zeitpunkt t mit P(t), die Zuwachsrate der Neuerer pro Zeiteinheit mit dem Differenzialquotienten dP(t)/dt und den Diffusionsparameter als Maß der Ausbreitungsgeschwindigkeit mit a, so lassen sich die obigen Annahmen mit der folgenden Differenzialgleichung formalisieren:

$$\frac{dP(t)}{dt} = aP(t)\,(1 - P(t))$$

Aus der Gleichung geht hervor, dass die Zuwachsrate des Neuereranteils dP(t)/dt dem Produkt aus Neuereranteil P(t) und Nichtneuereranteil (1 – P(t)) und damit der Wahrscheinlichkeit eines Kontakts zwischen den beiden Gruppen zu jedem Zeitpunkt t proportional ist. Der Parameter a kann mit statistischen Methoden anhand von Beobachtungen über den Verlauf eines Diffusionsprozesses geschätzt werden. Je nach Bevölkerungsgruppe und Art der Innovation (z. B. die Ausbreitung einer neuen Getreidesorte bei amerikanischen Farmern, die kumulative Zahl der Anschaffungen von Personalcomputern, die Verbreitung einer Nachricht in einer Schulklasse) werden die empirisch schätzbaren Werte des Parameters a variieren.

Die obige Diffusionsgleichung stellt eine Formalisierung der Homogenitätsaxiome (a) und (b) dar. Auf deduktivem Weg können nun aus der Gleichung verschiedene Folgerungen mathematisch abgeleitet werden. Durch Integration findet man die explizite Lösung der Differenzialgleichung, d. h. den Neuereranteil P(t) in Abhängigkeit von t, dem Parameter a und einem Anfangsanteil von Neuerern P(0).

Es handelt sich dabei um die s-förmige logistische Diffusionskurve (siehe Abbildung), die in der Populationsökologie bereits von Pierre F. Verhulst im Jahre 1838 beschrieben und auf den Prozess des Bevölkerungswachstums angewandt wurde (Olinick 1978: 59–65).

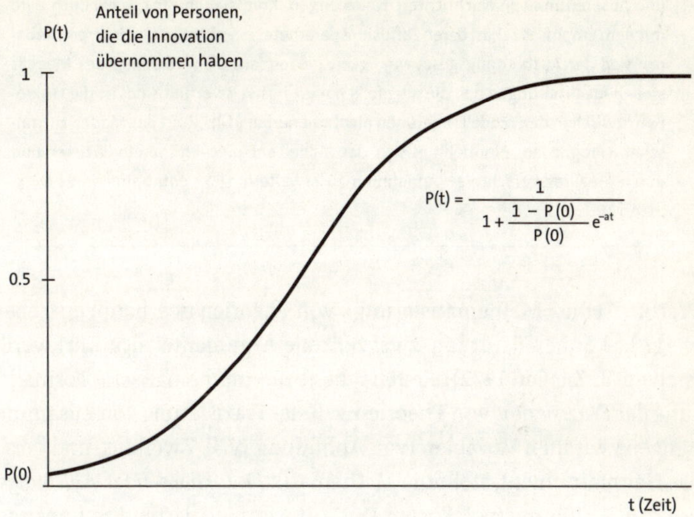

Als weitere Folgerung ergibt sich, dass die Zuwachsrate maximal ist, wenn sich die Anteile von Neuerern und Nichtneuerern die Waage halten ($P(t) = 0{,}5$); und dass nach hinreichend langer Zeit alle Personen die Neuerung übernehmen werden (Folgerung von Nichtimmunität). Diese Folgerungen sind empirisch prüfbar und geben Hinweise auf die Gültigkeit des Modells. Sofern die Annahmen (a) und (b) zumindest näherungsweise erfüllt sind, kann das Modell auch zur Prognose des Verlaufs sozialer Diffusionsprozesse herangezogen werden (zu verschiedenen empirischen Anwendungen des Modells siehe Coleman 1964 sowie Hamblin, Jacobson und Miller 1973). Abweichungen von den strengen, die Realität häufig zu vereinfachenden Homogenitätsannahmen haben die Entwicklung verschiedener alternativer und komplexerer Diffusionsmodelle angeregt. (Einen Überblick hierzu vermitteln Mahajan und Peterson 1985.)

Das Beispiel zeigt, dass die allgemeine und zunächst vage Idee einer Ausbreitung von Neuerungen durch Kontakt und Imitation in spezieller Weise mit einer Differenzialgleichung *präzisiert* werden kann. Aus der Gleichung folgt u. a. die *Deduktion* einer s-förmigen Diffusionskurve. Sofern sich das Modell als empirisch gültig erweist, erlaubt es eine informationshaltige und präzise *Prognose* über den Verlauf des Prozesses. Die häufig beobachtbare s-förmige Ausbreitung von Neuerungen ist ferner durch die zugrunde gelegten Annahmen des Modells tiefer *erklärbar,* und das Modell *vereinheitlicht* verschiedene soziale Prozesse, die auf dem gleichen Mechanismus beruhen (die Ausbreitung von Nachrichten, Neuerungen, Krankheiten etc.). Schließlich wird mit dem empirisch schätzbaren Diffusionsparameter ein genaues und interpretierbares *Maß* der Ausbreitungsgeschwindigkeit gewonnen. Die *Annahmen* des Modells stellen Idealisierungen dar, die allenfalls näherungsweise erfüllt sind. Ist die Diskrepanz zwischen den Modellannahmen nicht tolerierbar (d. h., führt das Modell zu «falschen» Prognosen), empfiehlt es sich, das Modell entsprechend zu modifizieren und durch «realitätsgerechtere» Annahmen zu erweitern. (Text entnommen aus Diekmann 1991.)

Warum ist die «Mathematisierung» von Theorien überhaupt erstrebenswert? Es können dafür u. a. zwei zentrale Argumente angeführt werden (siehe z. B. Ziegler 1972): Erstens dient die mathematische Formalisierung der *Präzisierung* von Theorien, z. B. der Präzisierung von Zusammenhängen zwischen Variablen (vgl. Abbildung IV.3). Zweitens, und dies ist das Hauptargument, stellt die Mathematik *Deduktions-* oder *Ableitungsregeln* zur Verfügung (vgl. Kasten IV.2). Aus formalisierten Fassungen von Theorien können auf mathematischem Weg Hypothesen abgeleitet und dabei häufig auch überraschende, neue Einsichten gewonnen werden. Weiterhin können die Annahmen der Theorie auf Widerspruchsfreiheit und die Ableitungen auf Korrektheit hin überprüft werden. Dabei können auch ‹verborgene› Annahmen und Konsequenzen sichtbar werden, die in rein verbalen Theoriefassungen nicht erkennbar sind. Natürlich kann auch Missbrauch betrieben werden, etwa dann, wenn triviale Einsichten in ein hochtrabendes mathematisches Gewand gekleidet werden, um mageren Ideen einen wissenschaftlich respektablen Anstrich zu verleihen.[5]

5 Dagegen ist auch die mathematische Ökonomie keineswegs immer gefeit. In eine ähnliche Stoßrichtung zielt der Vorwurf des «Modell-Platonismus» (Albert 1993b). Eine bissig-satirische Kritik an der Konstruktion bisweilen ziemlich realitätsfremder ökonomischer Modelle ist der Aufsatz von Blinder (1974) über die «Ökonomie des Zähneputzens» («The Economics of Brushing Teeth»). Ausgehend von der Annahme, dass die «Alternativkosten» des Zähneputzens mit dem Lohnsatz steigen (wer einen höheren Stundenlohn hat, verzichtet ja pro Minute Zähneputzen auf ein höheres Einkommen), kann der Autor eine Reihe von Hypothesen ableiten, z. B. dass Professoren weniger Zahnpflege betreiben als Studenten. Manchmal könnte einen das Gefühl beschlei-

Gelegentlich wird eingewendet, dass Modelle den komplexen Charakter sozialer Zusammenhänge gar nicht erfassen können. Dies ist richtig und falsch zugleich. Träfe im Übrigen der Einwand zu, dann müsste sich die Kritik noch stärker auf verbal formulierte Theorien beziehen. (Simulationsmodelle z. B. können immerhin die Zusammenhänge zwischen mehreren hundert Variablen abbilden und daraus Schlussfolgerungen errechnen.) Die Zielsetzung besteht aber nicht darin, die Wirklichkeit in ihrer vollen Komplexität darzustellen. Theorien oder Modelle sollen nicht die «Wirklichkeit verdoppeln», sondern mit Blick auf das jeweilige Erklärungsziel die Hauptmerkmale erfassen. «So einfach wie möglich, so komplex wie nötig», lautet die Devise sparsamer Modellkonstruktion. Dieses Prinzip ist unter dem Begriff «Ockhams razor» (Ockhams «Rasiermesser» nach dem spätscholastischen Philosophen William Ockham) in die Wissenschaftsgeschichte eingegangen:[6] (In den Worten von Albert Einstein: «Alles sollte so einfach wie möglich gemacht werden, aber nicht einfacher!») In gewisser Weise ist ein theoretisches Modell mit einer Landkarte vergleichbar. Die Landkarte soll die Wirklichkeit nicht fotografisch abbilden, sondern die wesentlichen Merkmale und Zusammenhänge hervorheben. Je nach Zielsetzung wird man eine mehr oder minder ‹komplexe› Karte, d. h. einen mehr oder minder feinen Maßstab wählen. Vielleicht ist der ironisch klingende Vergleich mit einer Karikatur noch anschaulicher: «Gute Theorien sind (...) wie gute Karikaturen. Sie verzerren die Realität zwar, aber in einer Weise, dass das Wesentliche umso klarer hervortritt» (Stephan 1995: 223).

In den Naturwissenschaften haben formalisierte Theorien oder Modelle ihren festen Platz. In den Sozialwissenschaften weist die Mehrzahl der Theorien nicht diesen ‹Reifegrad› auf. Dennoch zeigt sich auch hier ein wachsender Einfluss des ‹Theorieideals› formalisierter Theorien,

chen, dass auch einige andere Fachartikel in der ökonomischen Literatur nicht ganz frei von satirischen Überlegungen sind.

6 In Ecos Roman «Der Name der Rose» tritt Wilhelm von Ockham als Hauptfigur unter dem Namen «William von Baskerville» auf. Das Postulat von Ockham fordert, die «Zahl der Prinzipien nicht ohne Not zu vermehren» (Ockhams «razor»).

vorwiegend in der Ökonomie, in geringerem Ausmaß auch in der Soziologie. Beispiele sind die mikroökonomische Konsumtheorie oder Modelle sozialer Diffusion in der Soziologie (siehe Kasten IV.2; zu zahlreichen Beispielen der Modellbildung in der Soziologie, den Politikwissenschaften usw. siehe Rapoport 1980 sowie Esser und Troitzsch 1991). Bewusst wurde jedoch die Definition einer «Theorie» so weit gewählt, dass sowohl hochgradig formalisierte Theorien als auch einzelne, verbal formulierte Zusammenhangshypothesen unter den Begriff fallen. Nur eine Mindestanforderung sollte erfüllt sein: *Eine Theorie muss Aussagen über empirisch prüfbare Zusammenhänge zwischen Variablen enthalten.*

In soziologischen Publikationen, insbesondere in klassischen Texten (z. B. Weber, Durkheim, Tönnies u. a.), werden die Zusammenhänge zwischen Variablen häufig nur verbal und nicht immer ganz eindeutig formuliert. Hier ist es zunächst erforderlich, die Wenn-dann- oder Je-desto-Hypothesen herauszuarbeiten, d. h. zu explizieren (zum Verfahren der *Explikation* siehe Carnap 1960; Opp 2005): In einem weiteren Schritt können die Variablenzusammenhänge in einem *Pfaddiagramm* (oder Kausaldiagramm) übersichtlich dargestellt werden. Betrachten wir dazu als Beispiel eine (vereinfachte) Version der «Statuszuweisungstheorie» (Blau und Duncan 1967).[7] Ziel der Theorie ist die Erklärung des Berufsstatus und des Einkommens einer Person. Diese Merkmale sind in industriellen Gesellschaften sehr stark von der Ausbildung abhängig. Darüber hinaus werden direkte und indirekte Prozesse der «Statusvererbung» eine Rolle spielen. Ein hoher sozialer Status des Elternhauses wird sich positiv auf das Ausbildungsniveau der Kinder, eventuell auch auf deren Berufsstatus (z. B. durch soziale Kontakte, Beziehungen und Vermögen) auswirken. Die Hypothesen lauten im Einzelnen:

H_1: Je höher der berufliche Status des Elternhauses, desto höher der Bildungsgrad einer Person.

7 Blau und Duncan (1967) haben ihre Hypothesen bereits in Pfaddiagrammen dargestellt. In zahlreichen weiteren Arbeiten der «Duncan-Schule» wurde die Theorie weiter ausdifferenziert und mit zusätzlichen erklärenden Variablen der Statuszuweisung («status attainment») angereichert. Zu einer Untersuchung von Statuszuweisungsprozessen anhand deutscher Daten siehe Müller (1975).

H_2: Je höher der Bildungsstatus des Elternhauses, desto höher der Bildungsgrad einer Person.

H_3: Je höher der berufliche Status des Elternhauses, desto höher der berufliche Status einer Person.

H_4: Je höher der Bildungsstatus des Elternhauses, desto höher der berufliche Status einer Person.

H_5: Je höher der Bildungsgrad einer Person, desto höher der berufliche Status einer Person.

Die mit den fünf Hypothesen zum Ausdruck gebrachten Zusammenhänge können mit Hilfe eines Pfaddiagramms auf einen Blick erfasst werden (Abbildung IV.5). Zur Prüfung der Hypothesen sind allerdings noch Messhypothesen (Definition und Messung von z. B. Berufsstatus) erforderlich. Außerdem bleibt die Theorie wenig aussagekräftig, wenn die behaupteten Zusammenhänge nicht durch grundlegendere Annahmen erklärbar sind. So dürfte z. B. das Ausmaß direkter Statusvererbung (H_3 und H_4) mit dem Grad der ‹Offenheit› von Gesellschaften abnehmen. Die genaue Wirkungsweise der Variablen wird damit von der jeweiligen gesellschaftlichen Struktur abhängen. Diese Probleme sollen uns hier aber nicht weiter interessieren. Das einfache Beispiel illustriert, dass es oftmals sehr vorteilhaft ist, die kausalen Zusammenhänge zwischen Variablen in Form eines Pfaddiagramms zu präzisieren. Dies gilt umso mehr für ‹komplexe› Theorien mit einer Vielzahl von Variablen, zwischen denen zahlreiche Beziehungen existieren bzw. vermutet werden. Vor der empirischen Prüfung sollte man sich erst einmal Klarheit darüber verschaffen, welche genaue Form die zu prüfende Theorie eigentlich hat. Das Pfaddiagramm ist zu diesem Zweck ein einfaches, in der Praxis recht hilfreiches Präzisierungsinstrument. Auch an die Adresse von Theoretikern gerichtet gilt eben: Ein Bild (oder Diagramm) sagt oftmals mehr als tausend Worte. Nähere Hinweise zur Ausarbeitung, Formulierung und Darstellung von Theorien finden sich in den Arbeiten zur «Theoriekonstruktion» von Blalock (1969) und Stinchcombe (1968).

ABBILDUNG IV.5: PFADDIAGRAMM «STATUSZUWEISUNGSTHEORIE»

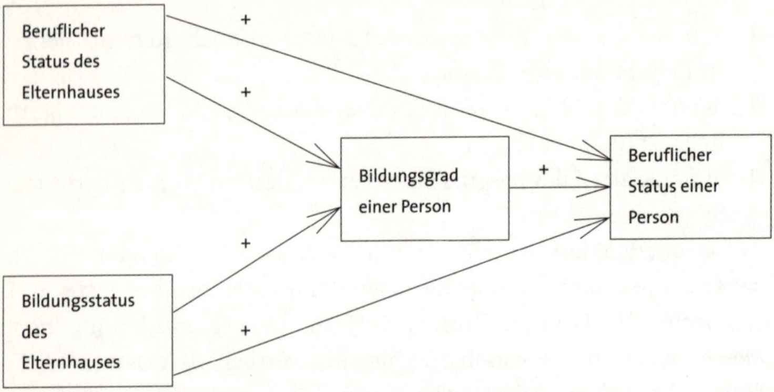

Pfeile bezeichnen Kausalbeziehungen,
+ / – positive / negative Richtung

4. Arten von Sätzen und Informationsgehalt

Mit welchen Verfahren kann die «Wahrheit» oder Gültigkeit von Aussagen nachgewiesen werden? Empirische Aussagen sind z. B. auf andere Weise prüfbar als mathematische Sätze. Allerdings gilt für alle Arten von Aussagen das Minimalkriterium der *Widerspruchsfreiheit.* Eine Theorie z. B. darf nicht gleichzeitig A und Nicht-A implizieren.[8] Die Widerspruchsfreiheit kann durch logische Analyse untersucht werden. Die logische Analyse von Sätzen ist damit auf alle Arten von Aussagen anwend-

8 Der Grund für die zentrale Forderung der Widerspruchsfreiheit ist folgender: Enthält oder impliziert eine Theorie oder ein anderes System von Sätzen die Aussagen A und ~ A (Nicht-A), so folgt aus der Theorie jeder beliebige Satz. Für Logiker: Ist in einer Implikation der Vordersatz immer falsch (d. h., ist der Vordersatz die Kontradiktion A und ~ A), so ist die Implikation: $A \wedge \sim A \Rightarrow X$ mit einem beliebigen Nachsatz X immer wahr. X kann jeder unsinnige Satz sein, z. B. «Jeder Mensch hat drei Augen» oder «Das Ungeheuer von Loch Ness hat eine Länge von exakt hundert Metern».

bar. Widerspruchsfreiheit ist allerdings nur eine notwendige, nicht aber hinreichende Bedingung der Gültigkeit von Aussagen. Insbesondere nach dem Kriterium der Prüfbarkeit werden die folgenden drei Typen von Sätzen unterschieden (Prim und Tilmann 1973; Opp 2005):

1. empirische Sätze,
2. logische Sätze,
3. präskriptive Sätze.

Empirische Sätze

In den Erfahrungswissenschaften, und zwar in den Natur- wie in den Sozialwissenschaften, werden primär (aber nicht ausschließlich) empirische Sätze formuliert und einer Prüfung unterzogen. Die Prüfung bezieht sich auf die logische Analyse (Widerspruchsfreiheit, Untersuchung von Ableitbarkeitsbeziehungen von z. B. Hypothesen aus anderen, allgemeineren Hypothesen) sowie natürlich auf die Untersuchung der empirischen Gültigkeit von Aussagen.

Werden in Aussagen Objekten (im Sinne der Logik) Merkmale (Prädikate) zugeschrieben, so sind empirische Aussagen spezielle Sätze, deren Objekte und Prädikate auf empirisch beobachtbare Sachverhalte verweisen. Der Satz «Engel haben Flügel» ist eine Aussage ebenso wie der Satz «Wenn Münchner Dienstleute in Ausübung ihrer Pflichten vom Schlag getroffen werden, dann kommen sie in den Himmel und werden mit der Aufgabe betraut, dem bayerischen Kultusminister die göttlichen Ratschlüsse zu überbringen». (In der bekannten Geschichte von Ludwig Thoma geht der wackere Dienstmann und neuberufene Botschafter freilich schnurstracks ins Hofbräuhaus, sodass die bayerische Regierung bis heute auf die göttlichen Ratschlüsse wartet.) Beide Sätze sind aber keine empirischen Aussagen. Obwohl «Flügel», «Dienstleute», «bayerischer Kultusminister» usw. auf beobachtbare Sachverhalte verweisen, ist dies z. B. bei dem Objekt «Engel» und dem Prädikat «befindet sich im Himmel» doch nicht der Fall. Der Wahrheitswert der Aussagen ist mit empirischen Methoden nicht zu ermitteln. Anders verhält es sich dagegen mit der empirischen Aussage: «Der im Jahre 2006 amtierende bayerische

Kultusminister ist Mitglied der CSU.» Das Objekt «2006 amtierender Kultusminister» und das Prädikat «Mitglied der CSU» korrespondieren mit beobachtbaren Sachverhalten; weitere Objekte und Prädikate sind in dem Satz nicht enthalten. (Der Satz «Die CSU nimmt in der Hochschulpolitik grundsätzlich keine göttlichen Ratschläge entgegen» hätte dagegen wieder nichtempirischen Charakter.)

Nach der Korrespondenztheorie der Wahrheit (Tarski 1936; siehe auch Chalmers 2001) ist eine empirische Aussage wahr, wenn die Behauptung mit einem beobachtbaren Sachverhalt übereinstimmt («korrespondiert»). Doch haben wir bereits gesehen, dass der Nachweis der empirischen Gültigkeit von Aussagen keineswegs immer so einfach ist und auch nur vorläufig gelingen kann. Neben Beobachtungsfehlern sind wir mit dem Problem konfrontiert, dass sich (nomologische) Hypothesen auf eine unendliche Menge von Objekten beziehen, eine Prüfung aber jeweils nur an einer endlichen Menge von Objekten erfolgen kann. Hat sich die Hypothese «wenn A, dann B» bei 100 Personen ohne Ausnahme als zutreffend erwiesen, so kann sie sich bei anderen Personen in der Zukunft immer noch als «falsch» herausstellen (dazu weiter unten). Bei empirischen Sätzen unterscheiden wir:

(a) singuläre Sätze und

(b) hypothetische Sätze.

Singuläre (deskriptive) Sätze machen Aussagen über einzelne Ereignisse und sind *raumzeitlich fixiert.* Beispiele sind: «Am 20. Juli 1944 hat Graf Stauffenberg ein Attentat auf Hitler unternommen.» Oder: «Die von der Bundesagentur für Arbeit angegebene Arbeitslosenquote in Ostdeutschland für das Jahr 2005 beträgt 20,6 %.» Oder: «An Unfällen unter Alkoholeinfluss waren 1993 in Deutschland ca. 30000 Autofahrer beteiligt. Fast 2000 Menschen wurden getötet (...)» (Harenberg Lexikon 1995: 369). Hauptsächlich singuläre Aussagen werden z. B. in empirischen Untersuchungen mit deskriptiver Zielsetzung berichtet.

Auch *Prognosen* haben den Charakter singulärer Sätze, z. B. die Aussage: «Das BIP (Bruttoinlandsprodukt) Österreichs wird 2008 eine Wachstumsrate von 2–3 % aufweisen» oder: «Im Jahre 2010 wird der Anteil der deutschen Wohnbevölkerung im Alter von mehr als 65 Jahren 16 % betragen.»

Dagegen ist der Gültigkeitsanspruch von hypothetischen Sätzen (z. B.: «Für alle x gilt, wenn x das Merkmal a aufweist, wird x auch das Merkmal b aufweisen») im Allgemeinen raumzeitlich unbegrenzt. Man spricht auch von *Allsätzen.* Zu hypothetischen Sätzen werden Wenn-dann-, Je-desto- und andere Arten von Zusammenhangshypothesen sowie Gesetzesaussagen gezählt. Als *Gesetze* bezeichnen wir empirische, hypothetische Sätze mit raumzeitlich unbegrenztem Gültigkeitsanspruch, die als empirisch bestätigt gelten können. Ob in den Sozialwissenschaften überhaupt Beispiele für Gesetze zu finden sind, können wir offenlassen. Am nächsten kommt dem Kriterium der Gesetzesartigkeit noch das «Nachfragegesetz» in der Ökonomie (die inverse Relation zwischen dem Preis eines Gutes und der nachgefragten Menge), doch wurden auch hier Ausnahmen beobachtet (z. B. «Snob-Effekte» und sogenannte «Giffen-Güter», siehe z. B. Hanusch und Kuhn 1998: 395 oder Blaug 1980: 169 ff.).[9]

Anstelle von «Gesetzen» können wir in den Sozialwissenschaften bescheidener von Zusammenhangshypothesen (nomologischen Hypothesen oder kurz: «Hypothesen») oder auch von «sozialen Regelmäßigkeiten» sprechen, wobei die Hypothesen normalerweise probabilistischen Charakter haben. Hauptziel theoretischer und empirischer Forschung ist die Aufdeckung, Erklärung und Prüfung von Zusammenhängen zwischen sozialen Merkmalen: Mit einem Begriff aus der «künstlichen Intelligenz» könnte man das Ziel der Forschung auch als «Mustererkennung» charakterisieren.

Albert (1964) definiert noch «Quasi-Gesetze» als abgeschwächte Form gesetzesartiger Aussagen. Quasi-Gesetze haben einen raumzeitlich

9 Mit einem Schuss Ironie könnte man sagen, dass in den Sozialwissenschaften nur drei «Gesetze» bekannt sind: «Parkinsons Gesetz» über das Wachstum der Bürokratie, «Peters Gesetz», dem zufolge jede Person in einer Hierarchie irgendwann die Stufe ihrer Unfähigkeit erreicht, sowie – das nicht nur in den Sozialwissenschaften gültige «Gesetz von Murphy» («wenn etwas schiefgehen kann, geht es schief»). Ob Murphys Gesetz als empirisch bestätigt gelten kann, ist jedoch umstritten. Bei Untersuchungen ging irgendetwas mit der experimentellen Anordnung immer schief, was wiederum im Einklang mit dem zu prüfenden Gesetz ist. Vgl. dazu die diesbezüglichen Forschungsberichte im «Journal of Irreproducable Results» der Jahrgänge 1977–1985.

begrenzten Gültigkeitsanspruch. Ein Beispiel sind Zusammenhangsaussagen, die nur für eine bestimmte historische Epoche Gültigkeit beanspruchen (z. B. nur für feudale Ständegesellschaften oder antike Hochkulturen).

Ein zentrales Merkmal empirischer Sätze ist der *Informationsgehalt*, ein Begriff, der von Karl R. Popper in seinem wissenschaftstheoretischen Hauptwerk «Logik der Forschung» ([1. Aufl. 1934] 2005) eingeführt und definiert wurde. Unter dem Informationsgehalt (empirischen Gehalt) eines Satzes verstehen wir:

Der Informationsgehalt eines Satzes ist die Menge der von diesem Satz ausgeschlossenen Sätze.

Betrachten wir zunächst singuläre Sätze. Ein Satz, der eine Aussage über das Ereignis A macht, schließt alle Sätze aus, die Nicht-A behaupten. Der Informationsgehalt ist umso höher, je größer die Menge dieser ausgeschlossenen Sätze. Die Prognose (a): «Das BIP Österreichs wird 2008 um 2–3 % wachsen» schließt den Satz aus: «Das BIP Österreichs wird 2008 um 4–7 % wachsen» ebenso wie den Satz: «Das BIP Österreichs wird 2008 um 1,9 % wachsen.» Allgemein wird die Menge aller Sätze ausgeschlossen, die eine Wachstumsrate außerhalb des Bereichs von 2–3 % prognostizieren. Betrachten wir nun den Satz (b): «Das BIP Österreichs wird 2008 um 2,5–3 % wachsen.» Offensichtlich ist die Menge der ausgeschlossenen Sätze größer als bei der Prognose von 2–3 %. Entsprechend ist der Informationsgehalt von (b) höher als der Informationsgehalt von Satz (a). Dies stimmt auch mit dem intuitiven Verständnis überein. Je spezifischer eine Prognose oder Aussage, desto höher ist ihr Informationsgehalt. Sagt der Wetterbericht für den morgigen Tag Niederschläge vorher, so ist der Informationsgehalt der Vorhersage geringer als bei der genaueren Prognose «Hagelschauer». Allerdings lassen sich nur Aussagen bezüglich des Informationsgehalts vergleichen, die im Mengen-Teilmengen-Verhältnis zueinander stehen.

Wie lässt sich nun das Konzept des Informationsgehalts auf Hypothesen bzw. Gesetze anwenden? Eine Hypothese ist ein zusammengesetzter Satz, der einen Vordersatz und einen Nachsatz umfasst. Bei einer Wenn-dann-Hypothese z. B. ist der Vordersatz die «Wenn-Komponente» und der Nachsatz die «Dann-Komponente». Der Informationsgehalt der Wenn-dann-Hypothese hängt jeweils vom Gehalt der Wenn-Komponente und dem Gehalt der Dann-Komponente ab. Und zwar gilt:

Der Gehalt einer Wenn-dann-Hypothese wächst (1) gleichsinnig mit dem Gehalt der Dann-Komponente und (2) gegensinnig zum Gehalt der Wenn-Komponente.

(1) ist unmittelbar einsehbar, denn bei höherem Informationsgehalt der Dann-Komponente macht die Hypothese eine genauere Aussage über den zu erwartenden Sachverhalt. (2) besagt, dass eine Hypothese – bei gleichem Gehalt der Dann-Komponente – umso informativer ist, je umfassender der Anwendungsbereich der Hypothese ist. Ein geringerer Informationsgehalt der Wenn-Komponente, d. h. ein weniger restriktiver Vordersatz, entspricht nämlich einem größeren Anwendungsbereich. Das eben Gesagte lässt sich am besten anhand eines Beispiels illustrieren. Vergleichen wir die folgenden drei Hypothesen:

H_1: (a) Wenn eine Person einen Liter Bier trinkt, (b) dann verlängert sich ihre Reaktionszeit.

H_2: (a) Wenn eine Person einen Liter Bier trinkt, (c) dann erhöht sich ihre Reaktionszeit um 30–50 %.

H_3: (d) Wenn eine Person einen Liter eines Getränks mit einem Alkoholgehalt von 4–7 % konsumiert, (c) dann erhöht sich ihre Reaktionszeit um 30–50 %.[10]

H_1 und H_2 haben die gleiche Wenn-Komponente. Jedoch ist die Prognose von H_2 spezifischer als von H_1. Die Dann-Komponente (c) hat einen höheren Informationsgehalt als die Dann-Komponente (b). Mithin hat auch H_2 einen höheren Informationsgehalt als H_1. H_3 unterscheidet sich gegenüber H_2 nur durch den geringeren Gehalt der Wenn-Komponente. Der Satz (d) bezieht sich auf sämtliche niedrigprozentigen alkoholischen

10 Die Zahlenangaben sind fiktiv. Die Zusammenhänge sind genauer quantifizierbar, wenn die unabhängige Variable den Blutalkohol bezeichnet. Abgesehen von der gesundheitlichen Beeinträchtigung bei Dauerkonsum von Alkohol gilt der Wirkungsrichtung nach: «Mit zunehmendem Alkoholkonsum lässt das Gefühl (...) für Geschwindigkeit, die Tiefensehschärfe, die Sehkraft und der Gehörsinn nach, während die Reaktionszeit (...) ansteigt.» Diese Aussage aus dem «Harenberg Lexikon der Gegenwart» (1995: 369) enthält Hypothese H_4 (und H_1) als Spezialfall.

Getränke (Bier ist eine Teilmenge), während der Satz (a) andere Getränke als Bier ‹ausschließt› (vgl. die Definition des Informationsgehalts von Sätzen). (d) ist weniger informativ als (a), der Anwendungsbereich von H_3 umfassender als der Anwendungsbereich von H_2. Anders formuliert: Bei gleicher Dann-Komponente bezieht sich der Gültigkeitsanspruch von H_2 nur auf den Konsum von Bier, während H_3 für sämtliche niedrigprozentigen alkoholischen Getränke Gültigkeit beansprucht. H_3 hat somit einen höheren Informationsgehalt als H_2. Bezeichnen wir den Informationsgehalt eines Satzes mit I, so gilt:

$I_c > I_b$

$I_d < I_a$

Hieraus folgt für den Gehalt der drei Hypothesen die Rangfolge:

$I_{H_3} > I_{H_2} > I_{H_1}$

Aus der Definition des Informationsgehalts folgt weiterhin, dass Äquivalenzbeziehungen (wenn-und-nur-wenn-dann) einen höheren Gehalt haben als Implikationsbeziehungen. Dies verdeutlicht Abbildung IV.1: Bei einer «wenn A, dann B»-Äquivalenzbeziehung wird im Unterschied zur Implikation zusätzlich die Kombination «Nicht-A und B» ausgeschlossen.

Die Ausführungen zum Informationsgehalt von Wenn-dann-Hypothesen sind sinngemäß auch auf Je-desto- und andere Arten von Zusammenhangshypothesen übertragbar. Wir müssen dazu nur «Wenn-Komponente» durch Vordersatz und «Dann-Komponente» durch Nachsatz der Hypothese ersetzen. Für eine Je-desto-Hypothese folgt, dass diese einen umso höheren Informationsgehalt hat, je allgemeiner anwendbar die «Je-Komponente» und je spezifischer die «Desto-Komponente» ist. Wird also eine Je-desto-Hypothese als mathematische Funktion präzisiert, so steigt ihr Informationsgehalt. Mit der präzisierten Version der Hypothese werden wir in die Lage versetzt, genauere Prognosen zu formulieren.

Der Vergleich von Hypothesen oder Gesetzen bezüglich des Informationsgehalts setzt allerdings voraus, dass die Hypothesen zueinander in einer logischen Ableitbarkeitsbeziehung stehen. Zwei Hypothesen H_1 und H_2 sind nur dann vergleichbar, wenn entweder H_1 aus H_2 oder H_2 aus H_1 folgt. Mit dem Begriff «logisch-mathematischer Ableitbarkeit»

(Deduzierbarkeit) lässt sich im Übrigen auch ein einfaches Kriterium zur Ermittlung der Rangfolge des Gehalts von Hypothesen angeben: Folgt nämlich H_1 aus H_2, aber nicht umgekehrt H_2 aus H_1, dann hat H_2 einen höheren Informationsgehalt als H_1.

In unserem Beispiel sind H_1 und H_2 aus H_3 und H_1 aus H_2 deduzierbar. Entsprechend hat H_3 den relativ höchsten, H_2 einen mittleren und H_1 den geringsten Informationsgehalt im Vergleich der drei Hypothesen.

Die folgende Hypothese H_4: «Je höher das Ausmaß des Alkoholkonsums, desto länger die Reaktionszeit» ist dagegen nur mit H_1 vergleichbar. H_1 folgt aus H_4 (aber H_4 nicht aus H_1) und weist entsprechend einen geringeren Gehalt als H_4 auf. Dagegen sind weder H_2, H_3 aus H_4, noch ist H_4 aus H_2, H_3 ableitbar. H_2, H_3 einerseits und H_4 andererseits sind im Hinblick auf den Informationsgehalt nicht vergleichbar.

Nun könnte es aber gelingen, die Je-desto-Hypothese H_4 durch eine mathematische Funktion zu präzisieren. Nehmen wir an, H_5 sei eine spezielle, monoton wachsende Funktion $y = f(x)$ mit der Alkoholmenge x und der Reaktionszeit y. Die Funktion gibt ferner darüber Auskunft, dass bei einem Zuwachs von «$x = 0$» auf «$x = 4–7$ %» die Reaktionszeit y um 30–50 % ansteigt. In diesem Fall folgt natürlich H_4 aus H_5. Darüber hinaus aber sind auch H_1, H_2 und H_3 aus H_5 ableitbar. Im Vergleich der fünf Hypothesen hat H_5 nunmehr den relativ höchsten Informationsgehalt.

Eine Hypothese mit einem höheren Informationsgehalt ist in einer größeren Zahl von Testsituationen prüfbar. So ist H_2 nur durch den Konsum von Bier, H_3 durch den Konsum von Getränken mit einem Alkoholgehalt von 4–7 % und H_5 durch die Einnahme irgendeines alkoholischen Getränks empirisch prüfbar. Das «Risiko des Scheiterns», der Grad potenzieller Falsifizierbarkeit, ist mithin für H_5 höher als für die anderen erwähnten Hypothesen. Der von Popper ([1. Aufl. 1934] 2005) eingeführte Begriff der Falsifizierbarkeit ist mit dem Informationsgehalt eng verbunden. Je höher der Informationsgehalt einer Hypothese, desto größer ist die Zahl der Testsituationen und damit die Menge potenzieller «Falsifikatoren». Das Ziel wissenschaftlicher Theoriekonstruktion ist die Formulierung möglichst informationshaltiger Theorien und Hypothesen, die ihre Bewährungsprobe in möglichst vielen unterschiedlichen Testsituationen bestehen.

Logische Sätze

Nehmen wir an, ein ‹Empiriker› bemüht sich, den Satz des Pythagoras an einer Stichprobe von 200 rechtwinkeligen Dreiecken zu überprüfen. Er misst dazu die Seitenlängen ab (Datenerhebung) und stellt nach der Datenanalyse fest, dass der Satz des Pythagoras, abgesehen von Messfehlern, hervorragend bestätigt wird. Würde man dieses Testverfahren als zweckmäßig ansehen? Sicher nicht, denn der Satz des Pythagoras ist – ebenso wie alle mathematischen Lehrsätze – ein *analytisch wahrer Satz*. Unser Empiriker kann sich seine Mühe sparen. Der Wahrheitsgehalt logischer Sätze ist unabhängig von der Beschaffenheit der empirischen Welt und kann ausschließlich durch logisch-mathematische Beweisverfahren ermittelt werden.[11] Logische Sätze sind einteilbar in:

1. analytisch wahre Sätze und
2. Kontradiktionen.

Sind analytisch wahre Sätze immer wahr, so sind Kontradiktionen (z.B. die Aussage: «Es gilt A und Nicht-A») immer falsch.[12] Wahrheit oder Falschheit sind ausschließlich durch logisch-mathematische Verfahren nachweisbar. Logische Sätze sind «wahr» oder «falsch» unabhängig von den Zuständen der empirischen Welt. Sie haben keinen empirischen Gehalt. Empirische Prüfverfahren sind zum Nachweis der Wahrheit oder Falschheit logischer Sätze ungeeignet.

Analytisch wahre Sätze werden in der Logik als *Tautologien* bezeichnet. Tautologien sind zusammengesetzte Sätze, die bei sämtlichen Kombinationen der Wahrheitswerte der Elementarsätze (in der zweiwertigen Logik «wahr» oder «falsch») immer «wahr» sind. Ein einfaches Beispiel ist die Aussage: «Es gilt A oder Nicht-A.» Unabhängig davon, ob nun A oder ob Nicht-A wahr oder falsch ist, die zusammengesetzte Aussage ist immer wahr. Gleiches gilt für die Implikation «Wenn A, dann B oder

11 Der Satz des Pythagoras ist übrigens auf 370 (!) verschiedene Arten bewiesen worden. Einer der Beweise stammt von dem US-Präsidenten James Garfield (1831–81).

12 Hier ein Beispiel aus der «Berliner Zeitung»: «Speziell in Japan und China liegen die Durchschnittstemperaturen weit über den Mittelwerten» (aufgeführt im «Hohl-Spiegel», 35/1994).

Nicht-B». Ein beliebtes Beispiel zur Illustration ist die alte Bauernregel: «Wenn der Hahn kräht auf dem Mist, ändert sich das Wetter, oder es bleibt, wie es ist!» Zweifellos wahr, aber nicht gerade informativ. Der Informationsgehalt von Tautologien ist gleich null.

Nicht nur in der Astrologie bei der Erstellung von Horoskopen sind vage Prognosen und Hypothesen mit im Extremfall tautologischem Charakter recht populär. Die Formulierung scheinbar empirischer Hypothesen oder Prognosen als verschleierte Tautologien bezeichnen wir als *Immunisierungsstrategie.* Hier einige Kostproben:

- «Für BHF-Aktien erwarten wir eine anhaltende Seitwärtsbewegung. Sie kann mit plötzlichem Ausbruch über 420 enden, doch ist auch Verschlechterung möglich» («Aktientrend» 18/91 nach Finanztest der Stiftung Warentest, 2/1993). Kräht hier nicht unüberhörbar der Hahn auf dem Mist?
- Der Trick der Tautologisierung durch Neudefinition: «Georg: Ein Schotte gibt kein Geld für Schmuck aus. Martha: Aber McGregor hat erst kürzlich vierzehn Diamantencolliers gekauft. Georg: Dann ist McGregor eben kein echter Schotte.» (Paulos 1991: 58)
- «Die Basis ist die Grundlage des Fundaments» (aus einer Rede auf einem Lübecker SPD-Parteitag).
- «Aggression ist Folge des Aggressionstriebs». («Trieberklärungen» sind nur dann nichttautologisch, wenn der «Trieb» unabhängig von seinen Folgen gemessen werden kann.) Eine ähnliche (Tauto-)Logik findet sich im Jahresgutachten 1994 der fünf «Wirtschaftsweisen». Wolfram Engels kommentiert die Ausführungen des Sachverständigenrats in der «Wirtschaftswoche» (4/1995): «Er unterscheidet zwischen konjunktureller, struktureller, friktioneller und Mismatch-Arbeitslosigkeit; er ermittelt Gründungsraten, Expansionsraten, Schließungsraten, Schrumpfungsraten. Daraus ergeben sich Folgerungen wie die, dass die Arbeitslosigkeit auf fehlende Beschäftigungsdynamik zurückzuführen sei (Ziffer 417) und dass das Wachstum beschäftigungsintensiver werden müsse (Ziffer 423). Die Armut kommt also von der Pauvreté.»
- Ein kurioses Beispiel aus der Wissenschaftsgeschichte ist der Dialog Galileis mit einem seiner Kritiker. Mit einer verbesserten Konstruktion des Fernrohrs konnte Galilei nachweisen, dass auf dem Mond Krater und Gebirge existieren. Mit dieser Beobachtung wurde die aristotelische Kosmologie von der vollkommenen Gestalt der Himmelskörper widerlegt. Ein Kritiker Galileis brachte nun den Einwand vor, dass der Mond mit einer unsichtbaren, gallertartigen Masse bedeckt sei, die sich über die Krater und Mondgebirge ausbreite und dem Erdtrabanten auf diese Weise die vollkommene Kugelgestalt verleihe. Galilei konterte ironisch: Es sei wohl wahr, dass der Mond von einer unsichtbaren Masse umgeben sei. Diese konzentriere sich aber auf den Spitzen

der Mondgebirge, sodass die Abweichung von der Kugelgestalt stärker hervortrete. Die Immunisierungsstrategie seines Kritikers schlug Galilei mit dessen eigenen Waffen! (Chalmers 2001).

- Eine häufig zitierte These von Niklas Luhmann lautet: «Systeme reduzieren Komplexität.» (Ist Komplexitätsreduktion ein Definitionsmerkmal von «Systemen», so ist die Aussage tautologisch.
- Die marxistische Ökonomie kennt das «Gesetz vom tendenziellen Fall der Profitrate». In kapitalistischen Gesellschaften wird demnach die Profitrate langfristig «tendenziell» abnehmen. Gemäß der neoklassischen Ökonomie wird sich langfristig immer ein Gleichgewichtszustand einstellen. Dazu bemerkte John Maynard Keynes: «In the long run we are all dead.»
- Nach der marxistischen Staatstheorie repräsentiert der Staat im Kapitalismus die Interessen des Kapitals: Ein Einwand lautet, dass Mitbestimmungsgesetze, Sozialmaßnahmen, Steuerprogression usw. diese Hypothese empirisch falsifizierten. Als Gegenargument wird vorgebracht, dass eben der Staat als «ideeller Gesamtkapitalist» die langfristigen Interessen des Kapitals verfolgt und selbst gegen den Widerstand einzelner «Kapitalfraktionen» durchsetzt. Ist diese These vom Staat als ideellem Gesamtkapitalisten noch (potenziell) falsifizierbar?
- Gemäß der «Nutzentheorie» sind Menschen bestrebt, diejenigen Handlungsalternativen zu wählen, durch die sie maximalen Nutzen erzielen. Aber sind nicht auch altruistische Handlungen, z. B. Hilfeleistungen gegenüber Fremden, beobachtbar? Die Antwort lautet, dass eben altruistische Handlungen auch dem Geber («Geben ist seliger als Nehmen») Nutzen stiften. (Die Theorie ist aber dann nichttautologisch, wenn der «Nutzen» direkt oder indirekt messbar ist. Hierzu liegen verschiedene Vorschläge vor, z. B. die Messmethode von Neumann und Morgenstern 1944.)
- In der Psychoanalyse werden neurotische Symptome auf negative Kindheitserfahrungen zurückgeführt. Zeigt eine Person neurotische Symptome, ohne auf negative Erfahrungen in der Kindheit verweisen zu können, so liegt eben ein Fall von «Verdrängung» vor.
- Zur Individualisierungsthese schreibt Ulrich Beck (Süddeutsche Zeitung vom 7./8. 5. 1994): «Individualisierung bedeutet Enttraditionalisierung, aber auch das Gegenteil: die Erfindung von Traditionen». (Gewiss handelt es sich hierbei um die üblichen dialektischen Sprachspiele im Feuilleton-Stil. Aber nimmt man die Ausführungen wörtlich, dann ist sowohl die Ablösung von Traditionen als auch die Neubesinnung auf Traditionen ein Beleg für die Indvidualisierungsthese. Kein Wunder, dass die These dann nur noch bestätigt werden kann!)
- In der Ökonomie äußerst beliebt ist die «Ceteris-paribus-Klausel» («unter sonst gleichen Bedingungen»). Wird unter dieser Annahme die Hypothese «je größer x, desto größer y» untersucht und zeigt sich bei einem Zuwachs von x kein Anstieg von y, dann müssen sich eben die Bedingungen geändert haben. Die unspezifische Ceteris-pa-

ribus-Klausel bietet ein tautologisches Schlupfloch. (Die Hypothese ist allerdings nichttautologisch, wenn die «gleichen Bedingungen» vor der Prüfung genau spezifiziert werden. Siehe hierzu auch Albert 1993b.) Von gleicher logischer Struktur ist der Hinweis auf unspezifizierte oder nicht gemessene «Störfaktoren» bei negativem Ausgang einer experimentellen Untersuchung. So wurde in einer Frankfurter psychologisch-medizinischen Studie geplant, die Wirkung von «Geistheilung» bei zwölf Patienten zu erforschen. Vorsichtig wurde von dem Initiator hinzugefügt: «Zeigten sich nach zwei Monaten keine objektiven Veränderungen, könne es entweder an der Einstellung der Patienten liegen oder aber daran, dass die Krankheit zu weit fortgeschritten sei (...)» (Süddeutsche Zeitung vom 30. 8. 94).

Als Wilhelm Busch schalkhaft gedichtet hat: «Meist findet eine Überraschung statt, wenn man sie nicht erwartet hat», war er sich des tautologischen Charakters dieses Reims natürlich bewusst. Gleiches kann man nicht von allen Sozialwissenschaftlern sagen, die ihre Hypothesen durch verdeckt tautologische Formulierungen unangreifbar machen. Wie die Beispiele demonstrieren, findet sich ein breites Spektrum von Immunisierungsstrategien. Dazu zählen: Prognosen gemäß dem Schema «A oder Nicht-A» (Beispiel 1 und 11), die Neudefinition von Begriffen nach empirischen «Tests» (Beispiel 2), die definitorische Verknüpfung von unabhängiger und abhängiger Variablen (Beispiel 4, 6 und 9), Hypothesen nach dem Muster «wenn A, dann B oder Nicht-B» (Beispiel 10), die Verwendung vager, unbestimmter Ausdrücke wie «langfristig», «tendenziell» etc. (Beispiel 7 und 8), die Rettung von Hypothesen durch die Einführung unbeobachtbarer Eigenschaften (Beispiel 5) sowie der Verweis auf die unspezifizierte «Ceteris-paribus-Klausel» (Beispiel 12). Mit Recht kann man sagen, dass die logische Analyse mit dem Ziel der Aufdeckung von Immunisierungsstrategien ein Stück Ideologiekritik darstellt. Lüftet man den Schleier hinter manch wohlklingenden Formulierungen, dann zeigt sich nicht selten, dass die vieldiskutierten Hypothesen keinerlei empirischen Gehalt haben.[13]

13 Siehe auch Tietzel (1988). Unter dem in pädagogischer Absicht verfassten ironischen Titel «Eine Anleitung, empirische Hypothesen unwiderlegbar zu machen» werden verschiedene Immunisierungsstrategien anhand von Beispielen diskutiert. Tietzel (1988: 16) erwähnt auch eine Strategie von Marx, die dieser in einem Brief an Engels bezüglich einer Prognose über den Ausgang des preußisch-österreichischen Krieges so

Allerdings sollte man die Kritik auch nicht dogmatisch betreiben. Manche tautologische Aussage kann auf dem Wege «konstruktiver Explikation» in eine empirisch gehaltvolle Hypothese umformuliert werden. Dies zeigt beispielsweise die Geschichte der Nutzentheorie. Aus verfeinerten Varianten der Theorie sind durchaus empirisch gehaltvolle Hypothesen ableitbar. Außerdem wurde eine Reihe von Methoden zur Messung subjektiver Nutzenwerte entwickelt (Kapitel VI). Auch die Psychoanalyse hat zur Formulierung konkreter und empirisch gehaltvoller Hypothesen angeregt. Ein Beispiel ist die «Hospitalismus-Hypothese» von Spitz ([1. Aufl. 1967] 2005). Angeregt durch psychoanalytische Ideen, hat Spitz die Auswirkungen des Entzugs mütterlicher Liebe auf die frühkindliche Entwicklung an Waisenkindern empirisch untersucht. Bei bis zu zweijährigen Kindern treten nach einer längeren Trennung von der Mutter (oder allgemein einer festen Bezugsperson) von mehr als sechs Monaten Entwicklungsstörungen und Krankheitserscheinungen auf, die Spitz als «Hospitalismus» bezeichnete. Die Hypothese «Wenn Kinder im Alter bis zu zwei Jahren für einen Zeitraum von mehr als sechs Monaten keine Zuwendung seitens ihrer Bezugsperson erhalten, dann stellt sich das Krankheitsbild des Hospitalismus ein» ist zweifellos eine informative Hypothese.

Zu den tautologischen Aussagen zählen auch Definitionen. Bei *Nominaldefinitionen* wird die Bedeutung eines zu definierenden Begriffs A (das «Definiendum») durch eine Aussage B festgelegt (das «Definiens»). A und B sind «per definitionem» gleichbedeutend und wechselseitig substituierbar. Eine Definition hat keinerlei empirischen Gehalt. Es handelt sich bei Definitionen um Vereinbarungen über den Gebrauch von Begriffen.

Um Definitionen von empirischen Aussagen zu unterscheiden, ist es zweckmäßig, Definitionen explizit kenntlich zu machen, etwa durch die Schreibweise:

beschreibt: «Es ist möglich, dass ich mich blamiere. Indes ist dann immer mit einiger Dialektik wieder zu helfen. Ich habe natürlich meine Aufstellungen so gehalten, dass ich im umgekehrten Fall auch recht habe.» Ausgesprochen schlitzohrig, aber wenigstens ehrlich.

A = (def.) B
Beispielsweise wird in Untersuchungen von Kommissionen der Europäischen Union «Armut» wie folgt definiert:

Eine Person ist «arm» = (def.), wenn diese Person über weniger als die Hälfte des in ihrem Land erzielten Durchschnittseinkommens verfügt.

Es macht wenig Sinn, darüber zu streiten, ob diese Definition richtig oder falsch sei. Wie gesagt, ist eine Definition nur eine Konvention über die Verwendung eines Begriffs. Manche erbitterte Debatte über «richtige» oder «falsche» Definitionen könnte vermieden werden, wenn man sich diese Tatsache einmal bewusstmacht.[14] Dagegen kann man sehr wohl darüber streiten, ob eine bestimmte Definition *zweckmäßig* ist.

Definitionen von Begriffen, die in Hypothesen und Theorien auftreten, sollen theoretisch «fruchtbar» sein, d. h. den Wahrheits- und Informationsgehalt von Hypothesen nach Möglichkeit erhöhen. Die Zweckmäßigkeit bestimmter Definitionen in deskriptiven oder auch präskriptiven Aussagen (dazu weiter unten) hängt jeweils von den angestrebten Zielen ab.

In der atheistisch orientierten DDR wurde der Rauschgoldengel im amtlichen Sprachgebrauch in «geflügelte Jahresendfigur» und der Schokoladenweihnachtsmann in «Schokoladenhohlkörper» umdefiniert. Der Zweck dieser Begriffsmonster war politischer Natur: Im Urteil eines fiktiven Rechtsstreits heißt es gemäß einem Juristenscherz: «Weihnachtsmann im Sinne des Gesetzes ist auch der Osterhase.» Eine real existierende Definition an Berner Bushaltestellen kommt diesem Muster nahe: «Als Sonntag gilt auch Ostermontag». Derartige, vom üblichen Sprachgebrauch abweichende Definitionen sind einfach praktisch motiviert. Die Verkehrsbetriebe ersparen sich mit dieser Definition den gesonderten Aushang eines Ostermontag-Fahrplans. Die Frage, ob es sich hierbei um die «wahre» Definition von «Sonntag» handele oder gar das «Wesen» des Sonntags erfasst werde, ist ziemlich überflüssig.[15]

Aufpassen muss man allerdings, ob der gleiche sprachliche Ausdruck auch den gleichen Sachverhalt bezeichnet. Bei zeitlichen und Ländervergleichen sind Missver-

14 Allerdings können Aussagen über Definitionen wahr oder falsch sein, z. B. der empirische Satz: «Die EU verwendet die (obenangegebene) Armutsdefinition.»
15 Sogenannte «Wesensdefinitionen» (essenzialistische Definitionen) sind häufig nur verschleierte normative Postulate. Siehe dazu Albert (1973).

ständnisse oder auch bewusste Manipulationen aufgrund definitorischer Veränderungen nicht selten. Die verschiedenen Definitionen der Arbeitslosenquote bieten dafür reichhaltiges Anschauungsmaterial. Geht z. B. die «Arbeitslosigkeit» zurück, so wäre zunächst einmal zu prüfen, ob sich nicht eventuell nur die Definition verändert hat. Wurde in der DDR das Gemüse knapp, so verschob die amtliche Statistik im Überfluss vorhandene, schwere Melonen durch eine einfache Änderung der Definition vom «Obst» zum «Gemüse» (Krämer 1991) – schon war die Versorgungslage definitorisch-statistisch gerettet.

Eine Menge von Definitionen neuer Begriffe ist nicht mit einer Theorie zu verwechseln. Manche Autoren bringen es zu einer wahren Meisterschaft in der Konstruktion aufwendiger Klassifikationssysteme mit einer Vielzahl von Definitionen neuer Begriffe. Es sollte jedoch immer beachtet werden, dass ein «Wörterbuch» noch keine Theorie darstellt und für sich allein genommen keinerlei Erklärungskraft aufweist.

Zu Recht kann man aber darüber debattieren, ob eine Definition jeweils den angestrebten Zweck erfüllt. So fragt es sich z. B., ob ein Wissenschaftler gut beraten ist, die EU-Definition relativer Armut bei einer Untersuchung zur Ermittlung der Armutsquote zugrunde zu legen. Geht es um Benachteiligungen bezüglich der Lebensverhältnisse wie Ernährung, Gesundheit usw., so dürfte eine am Einkommen orientierte Armutsdefinition insbesondere in Ländern mit einem hohen Ausmaß von ‹Schattenwirtschaft› und Subsistenzwirtschaft wenig zweckmäßig sein.

Kann man über die EU-Armutsdefinition je nach Verwendungszusammenhang noch streiten, so klingt die folgende Definition, formuliert von einer gesetzgebenden Körperschaft, ziemlich absurd: Im Jahre 1897 hat die erste Kammer des US-Bundesstaats Indiana im Gesetz Nr. 246 die Zahl π auf 4 festgesetzt (Guinness-Buch der Rekorde 1994: 102). Das ist nicht «falsch», denn es handelt sich um eine Definition, die in diesem Fall sogar im Zuge demokratischer Willensbildung beschlossen wurde. Nur sind die Konsequenzen zu bedenken. Die Berechnung der Fläche von Kreisen mit der «Indiana-Definition» von π z. B. würde jeweils zu einem um etwa 27 % nach oben verzerrten Resultat führen. Wer vor der Wahl steht, sollte in Indiana rechteckigen Grundstücken den Vorzug geben.

Allgemein wird man ferner fordern, dass Definitionen präzise zu sein haben. Für jede Beobachtung sollte eindeutig entscheidbar sein, ob diese unter die Definition fällt oder nicht. Aber auch der Präzisionsgrad hängt vom Ziel der Untersuchung ab. In einer soziologischen Studie zum Alkoholkonsum wird – anders als in einer chemischen Analyse – das umgangssprachliche Verständnis des Begriffs alkoholischer Getränke meist genügen. Es macht wohl wenig Sinn, in einem Interview die Frage zu stellen: «Wie viel Milligramm von der organischen Verbindung C_2H_5OH haben Sie heute zu sich genommen?»

Bei einer unendlichen Menge von Objekten erfordert die Definition notwendigerweise die Angabe von Eigenschaften der unter den zu definierenden Begriff fallenden Objekte. Es handelt sich dabei um *intensionale* Definitionen. Bei einer endlichen Menge von Objekten besteht auch die Möglichkeit der Definition durch Aufzählung. Man spricht in diesem Fall von *extensionalen* Definitionen. Eine intensionale Definition europäischer Monarchien könnte lauten: Alle europäischen Staaten, deren formelles Staatsoberhaupt auf Lebenszeit durch Erbfolge bestimmt wird. Die extensionale Definition: Als europäische Monarchien bezeichnen wir: (Belgien, Dänemark, Großbritannien, Liechtenstein, Luxemburg, Monaco, Niederlande, Norwegen, Schweden, Spanien). Fassen wir zusammen: Definitionen

- sind Vereinbarungen über die Verwendung von Begriffen,
- haben keinen empirischen Gehalt,
- sind nicht falsifizierbar,
- sollen im Hinblick auf das angestrebte Untersuchungsziel zweckmäßig
- und hinreichend präzise sein.

Präskriptive Sätze

Präskriptive Sätze (Werturteile, soziale Normen, Soll-Sätze) schreiben spezifische Verhaltensweisen vor. Lassen wir einmal rein persönlich-ästhetische Bewertungen außer Betracht, so handelt es sich bei präskriptiven Sätzen um Verhaltensvorschriften, die explizit immer in der Form von Soll-Sätzen darstellbar sind. Beispiele für Texte mit überwiegend präskriptiven Sätzen sind die «Zehn Gebote», das Strafgesetzbuch oder der

Ethik-Kodex einer Gemeinschaft von Wissenschaftlern. In Zusammenhang mit dem Werturteilsproblem haben wir uns mit einigen Aspekten präskriptiver Sätze bereits befasst (Kapitel II).

Wie sind präskriptive Sätze begründbar? Da Soll-Sätze keinen empirischen Gehalt haben, können sie durch empirische Forschung allein auch nicht begründet werden. Dies wird häufig mit der Formulierung «Aus einem Sein folgt kein Sollen» zum Ausdruck gebracht. Aus ausschließlich empirischen Aussagen über Tatsachen oder Zusammenhänge sind Werturteile nicht logisch deduzierbar. Der nicht gerechtfertigte Versuch der Begründung von Werturteilen («Sollen») durch (ausschließlich) empirische Aussagen («Sein») wird im Anschluss an Moore (1949) als «naturalistischer Fehlschluss» bezeichnet.[16] Beispiele hierfür sind die vorgebliche Begründung moralischer Normen aus Annahmen über «natürliches» oder «unnatürliches Verhalten». Erinnern wir uns an den Versuch der Begründung der Monogamie in dem demographischen Klassiker von Süßmilch (Kapitel III). Aus der zu seiner Zeit nachweisbaren empirischen Aussage über das zahlenmäßige 1:1-Geschlechterverhältnis im heiratsfähigen Alter folgte für Süßmilch die Monogamie als sittliche Norm. Ein typischer naturalistischer Fehlschluss, bei dem von einem «Sein» (empirische Aussage über Geschlechterverhältnisse) fälschlich auf eine Norm («Menschen sollen monogam leben») geschlossen wird. Umgekehrt wäre es genauso ein naturalistischer Fehlschluss, allein mit der Häufigkeit polygamen Verhaltens, ermittelt z. B. durch empirisch-sexualwissenschaftliche Studien, ein Werturteil über polygames Verhalten zu begründen.

Formulieren wir es positiv: Die Begründung präskriptiver Sätze erfordert die Annahme mindestens eines weiteren, allgemeineren präskriptiven Satzes, aus dem der zu begründende präskriptive Satz (eventuell unter Zuhilfenahme weiterer präskriptiver oder empirischer Sätze) logisch deduzierbar ist: Ein präskriptiver Satz kann niemals eine gültige Konklusion ausschließlich empirischer Prämissen sein. Unter den Prämissen muss sich mindestens ein präskriptiver Satz befinden. Weiterhin wird

16 Oder auch als «Humes Guillotine». Im «Treatise of Human Nature» heißt es: «one cannot deduce ought from is» (nach Blaug 1980: 30).

man fordern, dass präskriptive Aussagen logisch widerspruchsfrei sein sollen, d. h. nicht im Widerspruch zu anderen Normen stehen. Die logische Analyse präskriptiver Sätze und Begründungen stellt damit ein wichtiges Prüfungsinstrument dar.

Dies bedeutet nun keineswegs, dass empirische Sätze und damit empirische Forschung bei der Begründung von Normen keine Rolle spielten. Im Gegenteil: Fast immer wird bei der Begründung von Normen auch auf empirisches Wissen zurückgegriffen. Zunächst ist bei der Aufstellung von Normen zu fordern, dass diese im Prinzip auch erfüllbar sind. Um ein Zitat des Ökonomen Schumpeter aufzugreifen: Es macht wenig Sinn, einem Pudel vorschreiben zu wollen, eine Wurstsammlung anzulegen. In dem Film «Bananas» von Woody Allen führt der zum Diktator mutierte Revolutionär in seinem ersten Gesetzesakt als Staatssprache «Schwedisch» ein. Die Komik wird dadurch erzeugt, dass die Gesetzesnorm nicht nur sinnlos, sondern auch unerfüllbar ist. Die Minimalforderung, dass eine Norm eine eventuell auch unter größeren Anstrengungen, aber jedenfalls prinzipiell wählbare Option vorschreiben soll, wird in der Moralphilosophie mit der folgenden Formel auf den Punkt gebracht: «Ein Sollen setzt immer auch ein Können voraus!» Ob aber eine Norm erfüllbar ist, ist eine empirisch zu beantwortende Frage.

Wichtiger aber noch ist das folgende Argument zur Bedeutung empirischer Aussagen bei der Begründung präskriptiver Sätze. Fast immer werden in ethisch-moralischen Debatten, in der Diskussion über soziale Verhaltensvorschriften und Rechtsnormen sowie generell in der Diskussion präskriptiver Sätze empirische Aussagen zugrunde gelegt. Wenn auch aus einem «Sein» noch kein «Sollen» logisch folgt, so sind doch Sein und Sollen keineswegs fein säuberlich voneinander geschieden.

Zieht man Max Webers berühmte Unterscheidung zwischen «Gesinnungsethik» und «Verantwortungsethik» heran, so lässt sich sagen: Verantwortungsethik berücksichtigt im Unterschied zur Gesinnungsethik die empirischen Folgen eines Werturteils bzw. der daraus resultierenden Entscheidung.

Betrachten wir die Diskussion über Abtreibung als Beispiel. Es gibt gute Gründe für den Standpunkt, im Konfliktfall das Lebensrecht ungeborener Kinder höherrangig zu bewerten als das Selbstbestimmungsrecht von Frauen. Pränatale Medizin und Psychologie zeigen ziemlich deutlich, dass menschliches Leben nicht erst mit dem Zeitpunkt der Geburt beginnt. Natürlich ist die Parteinahme für diesen Standpunkt letztendlich eine Wertfrage (ein präskriptiver Satz), wenn auch unter Hinweis auf empirische Argumente. Reine *Gesinnungsethik* wäre es, die Konfliktlösung ausschließlich dem Strafrecht zu überantworten, ohne die empirischen Auswirkungen in. Betracht zu ziehen. *Verantwortungsethik* fragt dagegen nach den empirischen Folgen und Nebenfolgen von Maßnahmen und ob nicht eventuell andere oder ergänzende Maßnahmen zur Verfügung stehen: vom kostengünstigen Zugang zur Empfängnisverhütung über Kindergartenplätze bis hin zu einer wirklichen Unterstützung Alleinerziehender und kinderreicher Familien. Auch strafrechtliche Sanktionen können dabei verantwortungsethisch motiviert sein. Nur müssen die Folgen und Nebenfolgen gesetzgeberischer Maßnahmen berücksichtigt werden. Aussagen über Zusammenhänge zwischen strafrechtlichen und sozialpolitischen Maßnahmen mit der Abtreibungsziffer sind aber keine Werturteile, sondern empirisch prüfbare Sätze. Verantwortungsethik basiert mithin auf präskriptiven wie auf empirisch prüfbaren Sätzen.

Die Rechtswissenschaften befassen sich vorwiegend mit dem Sollen, d. h. mit der Untersuchung von Rechtsnormen. Bei der Diskussion und Untersuchung von Rechtsnormen wird aber in der Regel implizit oder explizit auf empirisches Wissen zurückgegriffen. Deshalb auch ist die «Rechtstatsachenforschung», namentlich Rechtssoziologie und Kriminologie, für die Rechtswissenschaft und deren Anwendung von erheblicher Bedeutung (siehe ausführlich Noll 1973; Opp 1973). Der Grund ist: Präskriptive Sätze werden durch den Nachweis logischer Ableitbarkeit aus anderen Sätzen, den Prämissen, begründet. Zu den Prämissen gehört mindestens ein präskriptiver Satz. Weiterhin gehören zu den Prämissen in der Regel auch empirische Aussagen. Erweisen sich Letztere als «falsch», so scheitert auch die (spezifische) Begründung des präskriptiven Satzes.

Betrachten wir nach diesen Ausführungen noch ein Beispiel. Begründet werden soll die Einführung der Rechtsnorm «Tempo 100 auf Autobahnen». Es werden folgende Prämissen zugrunde gelegt: (1) Der Schutz einer erheblichen Gefährdung von Leib und Leben Dritter und der Schutz der Umwelt sind ein höherrangiges Rechtsgut als die Freiheit des Einzelnen, sein Tempo beim Autofahren selbst bestimmen zu können (= präskriptive Aussagen). (2) «Tempo 100» führt gegenüber dem Status quo zu einem erheblichen Rückgang tödlicher und schwerer Unfälle. (3) «Tempo 100» verringert umweltschädliche Emissionen und trägt (4) zu einer Einsparung von Energie bei. (2), (3) und (4) sind empirische

Sätze, genauer empirische Hypothesen, die sich im Prinzip als wahr oder falsch herausstellen können. Ob die Hypothesen zutreffen oder nicht und in welchem quantitativen Ausmaß die zu erwartenden Effekte auftreten, kann mit den Methoden der empirischen Sozialforschung ermittelt werden. Natürlich bedarf die obenangeführte Begründungsskizze noch einer Präzisierung. An dieser Stelle ging es nur darum, zu zeigen, dass die Akzeptanz von Rechtsnormen und generell von Werturteilen oder präskriptiven Sätzen in der Regel von der Akzeptanz empirischer Aussagen abhängig ist. Und deren Gültigkeit wird im Zuge empirischer Forschung untersucht.

In der Wissenschaftstheorie hat es sich als nützlich erwiesen, zwischen dem *Entdeckungs-* und dem *Begründungszusammenhang* («Genesis» und «Geltung») zu unterscheiden. Die Entdeckung interessanter Fragestellungen, Hypothesen, Theorien und Effekte ist ein Thema, die Begründung der Vermutungen eine andere, nicht minder wichtige Thematik.[17] Interessieren sich Wissenschaftsgeschichte, Wissenschaftspsychologie und Wissenssoziologie auch und meist primär für den Entdeckungszusammenhang – z. B. bei der Frage nach den sozialen Bedingungen der Produktion von Ideen –, so konzentriert sich die analytische Wissenschaftstheorie hauptsächlich auf den Begründungszusammenhang. Die Frage nach der Geltung wissenschaftlicher Aussagen ist zwar nicht das einzige, wohl aber ein zentrales Problem wissenschaftlicher Forschung. Wir haben gesehen, dass für die einzelnen Arten von Sätzen oder Aussagen unterschiedliche Begründungsverfahren existieren. Deshalb ist es von großer Wichtigkeit, die einzelnen Arten von Sätzen zu unterscheiden. Tabelle IV.4 zeigt noch einmal in einer Übersicht die jeweiligen Satzarten und die dazu korrespondierenden Prüfverfahren (vgl. auch Prim und Tilmann 1973).

17 Sigmund Freud schreibt im Jahre 1884 in einem Brief an seine Verlobte Martha Bernays: «(…) das Temperament des Forschers braucht zwei Grundeigenschaften: Sanguinisch beim Versuch, kritisch bei der Arbeit» (Prause und Randow 1985: 153 f.). Das kann man so interpretieren, dass zur Entdeckung von Hypothesen Leidenschaft und Phantasie hilfreich sind, die Arbeit an der Begründung, d. h. die Untersuchung der Wahrheit von Hypothesen, aber eine kritische und nüchterne Vorgehensweise erfordert.

Tabelle IV.4: Arten von Sätzen

		Prüfbarkeit		
		logisch	empirisch	Informationsgehalt
Empirische Sätze	singuläre Sätze	ja	ja	ja
	hypothetische Sätze	ja	ja	ja
Logische Sätze	analytisch wahr, Tautologien, Definitionen	ja	nein	nein
	Kontradiktionen	ja	nein	nein
Präskriptive Sätze		ja	bedingt*	nein

* Sofern ein präskriptiver Satz die Gültigkeit eines empirischen Satzes voraussetzt. Z. B.: (a) Waffenbesitz durch Privatleute *soll* verboten werden (präskriptiv), weil (b) durch privaten Waffenbesitz die Zahl der Tötungsdelikte ansteigt (empirisch prüfbare Hypothese). Die meisten normativen Postulate werden mit Tatsachenbehauptungen verknüpft. Deshalb ist die empirische Forschung für die moralisch-ethische Diskussion von Normen (z. B. in der Rechtswissenschaft) von so großer Bedeutung.

In sozialwissenschaftlichen und geisteswissenschaftlichen Texten ist freilich der Typ einer Aussage keineswegs immer so eindeutig identifizierbar. Definitionen und Tautologien können im Gewand scheinbar empirischer Hypothesen erscheinen, Werturteile als «Wesensdefinitionen» verschleiert werden, um nur einige Beispiele zu nennen. In diesen Fällen ist vor der Untersuchung der Gültigkeit von Aussagen zunächst einmal Explikationsarbeit zu leisten, d. h. herauszuarbeiten, um welchen Typ von Aussagen es sich überhaupt handelt. Erst dann kann eine kritische Diskussion und Untersuchung der Gültigkeit einer Aussage beginnen.

5. Wissenschaftliche Erklärungen

Ein vorrangiges Ziel empirischer Sozialforschung ist die Untersuchung der Gültigkeit von Hypothesen. Theorien und Hypothesen nehmen deshalb einen so wichtigen Platz ein, weil mit ihrer Hilfe drei wichtige Probleme wissenschaftlicher Forschung gelöst werden können: (1) Das Problem der Erklärung von singulären Ereignissen und Zusammenhängen, (2) das Problem der Prognose und (3) das Problem der Sozialplanung («Sozialtechnologie»).

Diese Zusammenhänge lassen sich am besten anhand der Explikation der «wissenschaftlichen Erklärung» von Hempel und Oppenheim (1948) nachvollziehen. Im «deduktiv-nomologischen Erklärungsmodell» (DN-Erklärung) wird das Auftreten eines Ereignisses durch Deduktion des singulären Satzes, der das Ereignis beschreibt, aus einer nomologischen Hypothese und den «Randbedingungen» (Anfangsbedingungen, Antezedensbedingungen) «erklärt». Eine erklärende Antwort auf die Frage nach dem «Warum» erfordert immer die Kenntnis einer nomologischen Hypothese.

Warum z. B. existiert in der Schweiz seit mehreren Jahrzehnten eine stabile Allparteienkoalition? Dies ist eine zweifellos erklärungsbedürftige Rekordleistung an Regierungsstabilität, die von keinem parlamentarisch-demokratischen Staat in der Welt je erreicht wurde. Neidhart (1970) liefert dafür folgende Erklärung: In der Schweiz können praktisch alle innen- und außenpolitischen Beschlüsse von Regierung und Parlament durch Volksabstimmung (Referendum) blockiert werden. Die Referendumsdrohung hängt wie ein Damoklesschwert über der Regierungstätigkeit. Jede Regierung mit knapper Mehrheit müsste befürchten, dass eine starke Opposition von der Referendumsmöglichkeit Gebrauch macht und Gesetzesvorhaben außerparlamentarisch verhindert oder wenigstens verzögert. Die Lösung des Problems liegt in einem parteiübergreifenden Konsens. In gewisser Hinsicht kann paradoxerweise ‹mehr Demokratie› zu ‹weniger Demokratie› führen. Wo aber tritt in dieser «Erklärungsskizze» eine nomologische Hypothese auf? Implizit wird in der Erklärung die folgende Hypothese verwendet: «Wenn in einer parlamentarischen Demokratie ein umfassendes Referendumsrecht besteht (A), wird sich ein Regierungssystem mit breiter parlamentarischer Mehrheit herausbilden (B).» Zusammen mit der Randbedingung: «Die Schweiz ist eine parlamentarische Demokratie mit umfassendem Referendumsrecht (A)» kann nun aus dem Explanans (= Hypothese oder Gesetz plus Randbedingung) das zu erklärende Ereignis (das Explanandum) logisch abgeleitet werden. Gleiches gilt auch dann, wenn im Explanandum kein singuläres Ereignis beschrieben wird, sondern eine spezielle Hypothese erklärt werden soll. Die Hypothese gilt als «erklärt», wenn sie aus einer allgemeineren Hypothese plus Randbedingungen deduzierbar ist.

Die Gültigkeit der Erklärung setzt allerdings die Gültigkeit der im Explanans verwendeten Hypothese voraus. Im Falle der obenerwähnten Hypothese dürfte eine direkte Prüfung schwierig sein, da die Schweiz praktisch den einzigen Anwendungsfall der Hypothese darstellt. Stützt sich die Erklärung auf eine noch ungeprüfte Hypothese, so spricht man auch von einer *potenziellen Erklärung.* Die empirische Gültigkeit der Hypothese ist eine sogenannte Adäquatheitsbedingung der Erklärung. Weitere Adäquatheitsbedingungen sind u. a. (vgl. genauer Lenk 1972): Die Hypothese oder das Gesetz im Explanans muss empirischen Gehalt haben, und das Explanandum muss logisch korrekt aus dem Explanans ableitbar sein, wobei es nicht schon bereits aus der Randbedingung allein folgen darf. (Sonst würde man Scheinerklärungen zulassen, z. B. mit der Randbedingung: «Die Schweiz ist eine Referendumsdemokratie mit Allparteienregierung.»)

Allgemein gesehen hat eine wissenschaftliche Erklärung die folgende Form:

(1) nomologische Hypothese(n) (z. B. «wenn A, dann B») (2) Randbedingung(en) (z. B. singulärer Satz: «Es gilt A»)	Explanans
(3) Singulärer Satz, der das zu erklärende Ereignis beschreibt («Es gilt B») (bzw. auch eine spezifische, zu erklärende Hypothese)	Explanandum

Hierbei muss (3) logisch korrekt aus (1) und (2) ableitbar sein, und es müssen weitere Adäquatheitsbedingungen gelten. Im Explanans können natürlich auch unter (1) mehrere Hypothesen und unter (2) mehrere Randbedingungen aufgeführt werden. Dies ist z. B. bei «strukturindividualistischen» Erklärungen kollektiver Makrophänomene oder Regelmäßigkeiten der Fall, die wir bereits in Abschnitt 2 (vgl. Abbildung IV.2) kennengelernt haben. Eine Erklärung hat dann die folgende, etwas komplexere Form:

(1) Kontexthypothese, Individualhypothese und Aggregationsregel (2) Randbedingung(en): Ausprägung(en) der erklärenden Kollektivmerkmale	Explanans
(3) Ausprägung des zu erklärenden Kollektivmerkmals (= Makroeffekt)	Explanandum

Die DN-Erklärung erfordert im Explanans mindestens eine empirisch zutreffende nomologische Hypothese bzw. ein Gesetz. Hypothese bzw. Gesetz sind im DN-Modell *deterministisch* – eine Forderung, die in den Sozialwissenschaften äußerst selten erfüllt ist. Nun wird man aber auch Erklärungen akzeptieren, die auf probabilistischen Hypothesen beruhen. Ist mindestens eine der im Explanans auftretenden Hypothesen probabilistisch, so spricht man von «induktiv-statistischen Erklärungen» (IS-Erklärung). Allerdings sind bei IS-Erklärungen, dem Regelfall in den Sozialwissenschaften, einige zusätzliche Probleme zu lösen. Im Unterschied zur DN-Erklärung ist im Falle der IS-Erklärung das Explanandum nicht mehr logisch aus dem Explanans deduzierbar. Bei Verwendung probabilistischer Hypothesen hat auch die Erklärung nur noch Wahrscheinlichkeitscharakter (siehe zu weiteren Details Lenk 1972; Opp 2005).

Die Schemata der DN- und IS-Erklärung sind nicht nur als Explikation und Präzisierung wissenschaftlicher Erklärungen zu verstehen. Auch die Voraussetzungen wissenschaftlicher Prognosen und Sozialplanung können in diesem Rahmen präzisiert werden. Bei Prognosen ist die Randbedingung gegeben. Mit Hilfe einer Hypothese kann dann das Auftreten des Explanandums prognostiziert werden. Im Falle der Sozialplanung kommt dem Explanandum die Rolle des zu realisierenden Ziels zu. Die Hypothese informiert darüber, welche Maßnahme (Randbedingung) zu ergreifen ist, um das gewünschte Ziel zu erreichen. Weder Mittel noch Ziele sind aber wertmäßig neutral. Ob das Ziel realisiert und die Maßnahme ergriffen werden soll, ist ein Wertproblem. Die Sozialplanung erfordert neben empirischem Wissen auch eine Diskussion von Werturteilen.

Erklärung, Prognose und Planung sind im Rahmen des von Hempel und Oppenheim vorgeschlagenen «Modells» gleichermaßen rekonstruierbar. Tabelle IV.5 gibt dazu einen Überblick (vgl. auch Prim und Tilmann 1973: 105). Insbesondere zeigt sich, dass alle drei Erkenntnisziele theoretisches Wissen, d. h. die Kenntnis empirisch zutreffender Hypothesen, voraussetzen. Mit Blick auf Prognose und Sozialplanung liefert das Erklärungsmodell eine Begründung für die alte Weisheit, die da lautet: «Nichts ist praktischer als eine gute Theorie.»

Tabelle IV.5: Erklärung, Prognose und Planung im DN- und IS-Modell

	Frage	Bekannt	Gesucht
Erklärung	Warum B?	Explanandum (B)	Explanans (Randbedingung A, Hypothese)
Prognose	Welches Ereignis wird infolge A eintreten?	Explanans	Explanandum
Planung	Mit welcher Maßnahme kann das Ziel B realisiert werden?	Explanandum	Explanans

Die Probleme der Erklärung, Prognose und Planung unterscheiden sich nicht in ihrer logischen Struktur. Der Unterschied besteht vielmehr darin, welcher Teil des Erklärungsmodells jeweils als bekannt vorausgesetzt und welcher Teil gesucht wird. (Bei Prognoseproblemen kann je nach Problemstellung auch noch die Hypothese im Explanans gesucht sein. Bekannt wäre dann nur die Randbedingung A.)

6. Falsifikationismus und Konkurrenz von Forschungsprogrammen

Auf der Hochschulseite der «Welt» (7. 2. 1989) wurde der folgende Mathematikerscherz zum Besten gegeben:

«Ich kenne drei hochrangige Wissenschaftler, die im fremden Land zwei schwarze Schafe grasen sehen. Der erste von ihnen, ein Soziologe, behauptet daraufhin kühn, alle Schafe in diesem Land seien schwarz. Der zweite ist Physiker und will das nicht glauben. Er doziert: ‹Alles, was man im Augenblick sagen kann, ist, dass zumindest zwei der Schafe dieses Landes schwarz sind.› Der dritte, seines Zeichens Mathematiker, schüttelt den Kopf und bemerkt trocken: ‹Es ist lediglich richtig, dass zwei Schafe in diesem Land auf einer Seite schwarz sind!›»

Gewiss soll die Geschichte den mathematischen Scha(r)fsinn gegenüber den voreiligen Spekulationen der Sozialwissenschaften hervorheben. Sie macht aber auch ein Dilemma deutlich: sichere Deduktion ohne empirischen Gehalt versus unsichere, aber informative Induktion. Ist die Deduktion als «Schluss vom Allgemeinen auf das Besondere» ein unter allen Umständen sicheres Verfahren [18], so lässt sich Gleiches von «Induktionsschlüssen» (häufig charakterisiert als «Schluss vom Besonderen auf das Allgemeine») nicht behaupten.

Die Kritik am Induktionsprinzip ist der Ausgangspunkt des Falsifikationismus Poppers in seinem wissenschaftstheoretischen Hauptwerk «Logik der Forschung» (1934). Popper begründet zunächst, dass eine «Induktionslogik» im Sinne eines logischen Schlussverfahrens analog zur Deduktionslogik nicht existiert. Aus einer endlichen Menge von Beob-

18 Genauer ist die Deduktion ein «wahrheitskonservierendes» Verfahren. Sie garantiert den «Wahrheitstransfer von den Prämissen auf die Konklusion». Das Umgekehrte gilt nicht: Aus falschen Prämissen können durchaus wahre Konklusionen folgen. Dazu ein einfaches Beispiel: «Alle Leserinnen und Leser dieses Buches leben in Liechtenstein» (hoffentlich nicht!). «Alle Personen, die in Liechtenstein wohnen, interessieren sich für empirische Sozialforschung.» Hieraus folgt die wahre Konklusion: «Alle Leserinnen und Leser dieses Buches interessieren sich für empirische Sozialforschung.» Von wahren Konklusionen kann nicht auf die Wahrheit der Prämissen zurückgeschlossen werden!

achtungen, ausgedrückt als Konjunktion singulärer Sätze, kann nicht auf einen allgemeinen Satz, der sich auf eine unendliche Menge potenzieller Beobachtungen bezieht, geschlossen werden. Wenn man auch noch so viele weiße Schwäne beobachtet, so folgt hieraus noch nicht der allgemeine Satz oder die nomologische Hypothese «Alle Schwäne sind weiß». Mit der Induktionslogik ließen sich ansonsten alle möglichen unsinnigen Gesetze begründen, beispielsweise die «ewige Jugend»: So könnte ein 19-jähriger Teenager räsonieren: «An meinen Geburtstagen lag mein Lebensalter ausnahmslos unter 20 Jahren. Also werde ich immer jünger als 20 bleiben» (Paulos 1993). Wer aus einer Höhe von tausend Metern ohne Fallschirm springt, könnte sich nach 999 Metern ‹induktiv beruhigen›, dass bisher kein Problem aufgetreten sei. Da Hypothesen, Gesetze und Theorien Aussagen über eine unendliche Menge von Objekten machen, sind diese grundsätzlich nicht anhand einer endlichen Menge von Beobachtungen verifizierbar. Hingegen sind allgemeine Sätze falsifizierbar. Steht auch nur ein wahrer singulärer Satz im Widerspruch zu einer (deterministischen) Hypothese, so gilt die Hypothese als falsifiziert. Der singuläre Satz «In Australien wurden schwarze Schwäne beobachtet» falsifiziert die Hypothese «Alle Schwäne sind weiß». (Anstelle der biblischen schwarzen Schafe wird der Zoo der Wissenschaftstheoretiker und Logiker zumeist von schwarzen Schwänen und Raben bevölkert.) Und selbst wenn eine Hypothese von allen gegenwärtigen Beobachtungen «verifiziert» wird, so könnte in Zukunft auch noch ein falsifizierendes Ereignis eintreten. Auch wenn heute alle Raben schwarz sind, könnten wir künftig doch einem weißen Raben begegnen. Demnach besteht eine grundlegende Asymmetrie: Hypothesen und Gesetze sind nur (potenziell) falsifizierbar, aber nicht verifizierbar.

Das Interesse der Methodologie Poppers richtet sich nur auf die *Begründung* von Hypothesen und Gesetzen. Der *Entdeckungszusammenhang* ist nicht sein Thema. Ob die Badewanne des Archimedes, Newtons Apfel oder Kekulés Traum die Entdeckung von Hypothesen stimulierte, gehört nach Popper in den Bereich der Forschungspsychologie.[19]

19 Der Entdeckerlegende nach träumte Kekulé von einer sich in den Schwanz beißenden Schlange. Am Morgen nach dem Traum konnte er die lang gesuchte chemische

Vor diesem Hintergrund entwirft auch Popper ein deduktiv-empirisches Gegenmodell. Dessen Postulate lauten:

1. Wissenschaftler sollten möglichst «kühne» Hypothesen mit hohem Informationsgehalt konstruieren und diese

2. harten Bewährungsproben, d.h. einer Vielzahl empirischer Prüfungen in unterschiedlichen Situationen, unterziehen.

3. Diejenigen gehaltvollen Hypothesen, die Falsifikationsversuchen widerstanden haben, werden (vorläufig) beibehalten; falsifizierte Hypothesen werden ausgesondert.

Zwischen einer Haltung, die sich im Besitz absoluter Wahrheit wähnt (Infallibilismus), und der Position eines radikalen Relativismus versucht der «kritische Rationalismus» Poppers mit seinem moderaten Skeptizismus einen Mittelweg zu beschreiten. Wir sind danach nie sicher, ob eine Hypothese tatsächlich und endgültig wahr ist. Die Menge der potenziellen Falsifikatoren ist immer unendlich.

Alles Wissen ist unsicher und vorläufig. In sokratischer Bescheidenheit heißt es: «Ich weiß, dass ich nichts weiß.» Wir können aber unser Wissen vermehren, indem wir unsere Hypothesen harten Bewährungsproben unterziehen und diese so lange akzeptieren, wie sie allen Falsifikationsversuchen widerstehen. In einer Art evolutionärem Turnier von Hypothesen werden brauchbare Hypothesen sich als überlebensfähig herausstellen; falsifizierte Hypothesen hingegen in den Fossilienfundus der Wissenschaftsgeschichte eingehen. Damit ist gleichzeitig der *Wissenschaftsfortschritt* vorprogrammiert.

Poppers Überlegungen, die hier nur in Grundzügen skizziert werden konnten, sind keineswegs unwidersprochen geblieben. Die Spannbreite

Formel notieren: den Benzolring. Offenbar sind die meisten bedeutenden Entdeckungen nur dem Zufall zu verdanken. Man denke an Kolumbus, der eigentlich Indien suchte, an die Röntgenstrahlen oder an die Erfindung von Lord Sandwich, das nach ihm benannte Nahrungsmittel. Aber im Ernst: Meist sind es wohl soziale Bedingungen, die den Entdeckungen und neuen wissenschaftlichen Hypothesen erst zum Durchbruch verhelfen. Dies ist das Thema der Wissenssoziologie und Wissenschaftsgeschichte. Aus Untersuchungen des faktischen Ablaufs der Wissenschaftsgeschichte wird auch Poppers normative Methodologie recht kritisch beleuchtet (dazu weiter unten).

der Kritik reicht von radikaler Ablehnung (insbesondere durch den zeitweiligen «Popper-Schüler» Paul Feyerabend[20]) bis hin zu Vorschlägen der Weiterentwicklung. Hier ist vor allem die Konzeption der «Konkurrenz von Forschungsprogrammen» von Imre Lakatos (1974) – ebenfalls ein Schüler Poppers – zu nennen.

Ein wichtiger Streitpunkt ist das bereits von Popper ([1934] 2005) ausführlich erörterte *Basissatzproblem.* Basissätze sind singuläre Aussagen, die raumzeitlich fixierte Beobachtungen beschreiben («Der hier und heute beobachtete Schwan ist schwarz»). Je nach Ausgang eines Experiments oder eines anderen empirischen Prüfverfahrens stehen Hypothesen im Einklang (Bewährung) oder im Widerspruch zu Basissätzen (Falsifikation). Nun ist aber die Feststellung der Wahrheit von Basissätzen theorieabhängig. Messhypothesen, Wahrnehmungstheorien oder allgemein Beobachtungstheorien (vgl. Kapitel III) werden bei der Ermittlung eines Sachverhalts vorausgesetzt. Selbst eine scheinbar unproblematische Beobachtung wie «Vor mir auf dem Tisch steht ein Glas Wasser» – ein Beispiel von Popper – erfordert stillschweigend die Annahme einer Beobachtungstheorie. Ob es sich um «Glas» und «Wasser» handelt, entscheide ich anhand von Indikatoren (Farbe, Geruch, Geschmack, Konsistenz usf.). Ob diese Indikatoren nun tatsächlich auf das Vorhandensein von Glas oder Wasser schließen lassen, ist eine theoretische Annahme. Bei einem Glas Wasser mag man dies noch als spitzfindig empfinden, aber wie verhält es sich bei einem neuen Messinstrument, einem Intelligenztest oder einer Fragebogenskala zum Rechtsradikalismus?

Insbesondere bei historischen, nichtreproduzierbaren Ereignissen ist

20 Mit Beispielen aus der Wissenschaftsgeschichte demonstriert Feyerabend ([1. Aufl., 1976] 2004), dass (1) Theorien und die in den Theorien verwendeten Begriffe nicht vergleichbar seien («Inkommensurabilität» von Theorien). (2) Auf keinen Fall könne von «Wissenschaftsfortschritt» gesprochen werden. (3) Es können auch nicht dogmatisch feste Regeln wissenschaftlichen Arbeitens vorgeschrieben werden («anything goes»). (4) Weiterhin zeige sich, dass Wissenschaft nur ein Mythos unter vielen sei. Das wissenschaftliche Weltbild ist nach Feyerabends Kritik Religion, Schamanentum usw. nicht überlegen, und «wissenschaftliche» Wege der Erkenntnis sind von «nichtwissenschaftlichen» Erkenntnissen auch nicht eindeutig abgrenzbar.

der Nachweis der Wahrheit von Basissätzen häufig schwer zu erbringen. Dokumente, Augenzeugenberichte, Überlieferungen können sich als falsch herausstellen. Für die Echtheit eines Dokuments z. B. können Indizien sprechen, d. h., es wird von Hypothesen über den Zusammenhang zwischen gewissen Indizien und der Echtheit eines Dokuments (Beobachtungstheorie) ausgegangen. Gab es ein geheimes Zusatzprotokoll zum Hitler-Stalin-Pakt? Die Existenz wurde von östlicher Seite bis zur Ära Gorbatschow bestritten. Heute gilt der Basissatz «1939 wurde ein geheimes Zusatzprotokoll unterzeichnet» unter Historikern als unstrittig. Dagegen wird der Satz «1291 hatten sich Vertreter der Schweizer Urkantone zum Rütlischwur versammelt» von Historikern ins Reich der Legende verwiesen. Mehr noch wird behauptet, dass der Held des Unternehmens nie existiert hätte. Immerhin existiert die «Eidgenossenschaft», ein kaum bestreitbarer Basissatz. Und wie für viele Mythen gilt auch für die Gründungslegende: «Wenn nicht wahr, dann wenigstens gut erfunden.»

Wenn nun die Akzeptanz von Basissätzen theorieabhängig ist, dann können die Basissätze natürlich auch falsch sein, denn die angewandte Beobachtungstheorie könnte sich in Zukunft als falsch herausstellen. Dann aber ist auch die Falsifikation einer Hypothese keine sichere Angelegenheit, denn der der Hypothese widersprechende Basissatz könnte ja falsch sein. Mithin sind Theorien, Hypothesen und Gesetze weder mit Sicherheit verifizierbar noch falsifizierbar. Mit noch größeren Unsicherheiten verbunden ist die Falsifikation probabilistischer Hypothesen (vgl. Prim und Tilmann 1973; Opp 2005). Aber gleich, ob Hypothesen deterministischen oder probabilistischen Charakter haben: Wie bei einem Aids-Test, der falsch-negativ oder falsch-positiv ausfallen kann, kann bei der Prüfung von Theorien sowohl der Fall einer irrtümlichen Bewährung als auch der Fall einer irrtümlichen Falsifikation auftreten.

Aus diesem Grund wird man eine Hypothese nicht schon bei einer einmaligen Falsifikation verwerfen. Auch die Wissenschaftsgeschichte lehrt, dass praktisch zu jeder leistungsfähigen Theorie schon «Falsifikationen» berichtet wurden. Am berühmtesten ist das Beispiel der Entdeckung des Planeten Neptun (Rapoport 1980). Erst eine scheinbare Falsifikation der Newton'schen Theorie, eine beobachtbare Abweichung von der theoretisch erwarteten Bahn eines Nachbarplaneten, hat den Hinweis auf Ort und Masse des unbekannten Planeten geliefert. (Mit der Annahme der Existenz eines weiteren Planeten konnte die Abweichung erklärt werden.) Nur wenig später wurde der Planet entdeckt. Eine scheinbare Fehlprognose erwies sich im Nachhinein als glänzende Bestätigung der Theorie.

Die rigorose Position einer Verwerfung von Hypothesen schon nach einmaliger Falsifikation bezeichnet Lakatos als «naiven Falsifikationismus». Der «verfeinerte Falsifikationismus» richtet hingegen die Aufmerksamkeit auf die Konkurrenz zwischen «degenerativen» und «progressiven» Forschungsprogrammen. Erweist sich eine Theorie in einer Reihe von Situationen als leistungsfähig, dann wird man die Theorie bzw. das Forschungsprogramm beim Auftreten einer «Anomalie», d.h. einer falsifizierenden Beobachtung, nicht gleich aufgeben. Kritisch wird die Situation, wenn sich die Anomalien häufen. Aber auch dann wird zunächst versucht, die Anomalien durch Ad-hoc-Hypothesen ‹wegzuerklären›. Das alte, «degenerative» Forschungsprogramm wird nach Lakatos erst dann nach und nach aufgegeben, wenn ein neues, «progressives» Forschungsprogramm verfügbar ist. Dabei sollte das progressive Programm sowohl die Probleme der alten Theorie als auch neue Sachverhalte erklären können.

In einigen Darstellungen der wissenschaftstheoretischen Kontroversen wird der Eindruck erweckt, als ob Popper anfangs die Position des «naiven Falsifikationismus» vertreten hätte. Dafür finden sich aber keine Hinweise (Blaug 1980: 18f.). Auch die Modifikation von Theorien nach Falsifikation durch die Einführung von Hilfshypothesen hielt Popper für gerechtfertigt, vorausgesetzt, die Hilfshypothesen erhöhen den Informationsgehalt der Theorie. Instruktiv ist das folgende Beispiel der Einführung einer nichtgehaltserweiternden Hilfshypothese (vgl. Rapoport 1991: 17). In der aristotelischen Theorie wurde die Unmöglichkeit eines Vakuums behauptet, der sogenannte «Horror Vacui». Mit dieser Theorie ließ sich auch die Wirkung einer gewöhnlichen Wasserpumpe «gut» erklären. Wird der Pumpenschwengel betätigt, entstünde ein Vakuum, wenn das Wasser nicht im Pumpenrohr aufsteigen würde. Die Prognose der «Horror-Vacui-Hypothese» stimmt hervorragend mit den Beobachtungen bei sämtlichen Pumpen überein, deren Pumpenrohr (bei normalem Luftdruck) weniger als zehn Meter misst. Nur bei tieferen Brunnen wird die Hypothese falsifiziert. Was liegt näher, als ad hoc die Hilfshypothese einzuführen: «Der Horror Vacui ist zwar stark, seine Kraft reicht aber nur bis zu zehn Metern.» Mit dieser Ad-hoc-Modifikation wird der Informationsgehalt der Theorie nicht nur nicht erweitert, sondern im Gegenteil noch weiter eingeschränkt. Außerdem wäre erklärungsbedürftig, weshalb der Horror Vacui z. B. in Holland stärker ist als in Bayern. Denn bei höherem Luftdruck kann man auch Pumpen mit längeren Rohren bauen. Die alternative Luftdrucktheorie des Magdeburger Bürgermeisters Otto von Guericke (1602–1686) und des italienischen Physikers Torricelli konnte diese und zahlreiche weitere Phänomene erklären. Sie widerstand nicht nur verschiedenen, auch experimentellen Falsifikationsversuchen – man denke etwa an den spektakulären Versuch mit den «Magdeburger Halbkugeln» –, sondern hat auch einen weit höheren Informationsgehalt als die Horror-Vacui-Theorie.[21] In der Sprache von Lakatos handelte es sich um ein progressives Forschungsprogramm.

Die Konzeption der Konkurrenz von Forschungsprogrammen ist eng verwandt mit der These Kuhns ([1st ed. 1962] 2002) vom Wechsel wissenschaftlicher «Paradigmen». Auch hier toleriert die «normale» Wissenschaft Anomalien so lange, bis ein neues Paradigma auftaucht und die Grundannahmen der alten Theorie revidiert. «Normale» Wissenschaft ist das Lösen von «Rätseln» («puzzle solving») im Rahmen eines akzeptierten Paradigmas (siehe Kasten IV.3). Erst wenn sich die «Rätsel» häufen und sich gleichzeitig ein alternatives, leistungsfähigeres Paradigma herauszuschälen beginnt, ist ein Umbruch, ein «Paradigmenwechsel», zu erwarten.

Die Standardbeispiele der Wissenschaftsphilosophie sind nahezu ausnahmslos der Geschichte der Naturwissenschaften entnommen. So die «kopernikanische Wende», der Übergang vom ptolemäischen, geozentrischen zum heliozentrischen Weltbild, oder die Ablösung der klassischen Mechanik durch Einsteins Relativitätstheorie. Dennoch ist der Begriff «Paradigmenwechsel» gerade in den Geistes- und Sozialwissenschaften zum Modewort geworden. Einige wenn auch nicht immer so eindeutig abgrenzbare Beispiele lassen sich anführen: in der Psychologie z. B. der Wandel vom Behaviorismus hin zur Kognitionspsychologie, in

21 Otto von Guericke hat zwei große Halbkugeln aneinandergefügt, die Luft herausgepumpt und mehrere Pferde vor beide Kugelseiten gespannt. Bei der spektakulären Demonstration vor großem Publikum gelang es den Pferden nicht, die beiden Hälften auseinanderzuziehen.

der Ökonomie der Weg vom «Keynesianismus» zur heute dominierenden Neoklassik. Insbesondere in der Ökonomie waren es wohl auch soziale und politische Gründe, die die Konjunktur des neuen Paradigmas begünstigt haben. In der Soziologie ist die Lage eher unübersichtlich. Zwar kann man festhalten, dass der in den 50er Jahren vorherrschende Struktur-Funktionalismus Talcott Parsons' überwunden wurde.[22] An dessen Stelle sind jedoch eine ganze Reihe unterschiedlicher «Paradigmen» oder «Theorieansätze» getreten, die in einem mehr oder minder friedlichen Wettstreit koexistieren. Wird auch hier ein Theorieansatz zum vorherrschenden Paradigma aufsteigen, in dessen Rahmen sich eine kumulative empirische Forschungstradition entwickeln kann?

Die Positionen Poppers und Kuhns unterscheiden sich hauptsächlich in der Zielsetzung. Popper entwirft eine normative Methodologie, während Kuhn eher den faktischen Ablauf der Wissenschaftsgeschichte zu charakterisieren versucht. Allerdings: Was nutzen strikte normative Postulate, wenn sich in der Wissenschaftsgeschichte häufig gezeigt hat, dass gerade deren Verletzung die Konstruktion leistungsfähiger Theorien stimuliert hat? Auch hier gilt, was wir bereits bei der Diskussion über Normen und Werturteile notiert haben, dass es wenig Sinn macht, Normen losgelöst von ihren empirischen Konsequenzen zu diskutieren. Lakatos' Konzeption der Konkurrenz von Forschungsprogrammen trägt den wissenschaftshistorischen Bedenken wohl eher Rechnung als Poppers «Logik der Forschung».

Popper wie auch Lakatos und Kuhn betonen den Wert und die Notwendigkeit empirischer Forschung, sei es zur Prüfung und Falsifikation von Theorien oder zur Aufdeckung von Anomalien von Forschungsprogrammen und Paradigmen. Ein Ausgangspunkt der Kritik an Popper war das Basissatzproblem. Hier besteht immer das doppelte Risiko von Fehlentscheidungen: falsche Basissätze zu akzeptieren oder wahre Basissätze zu verwerfen. Mit einer fachwissenschaftlichen Methodenlehre, in unserem Fall mit den Methoden der empirischen Sozialforschung, wird auch

22 «Überwunden» heißt, dass häufig auch Elemente des alten Paradigmas im neuen enthalten sind. So gehören eine Reihe von «Lerngesetzen» des Behaviorismus auch zum heutigen «Lehrbuchwissen» der Psychologie.

Kasten IV.3: «Wissenschaft als Rätsellösen»

Kuhn argumentiert, dass «normale» Wissenschaft «puzzle solving» auf der Grundlage eines anerkannten Paradigmas betreibt. Erst wenn sich die Anomalien und Ad-hoc-Hypothesen (z. B. die ptolemäischen Epizyklen zur Beschreibung der Bahnen der Himmelskörper) häufen und sich eine alternative, meist einfachere Lösung der Widersprüche abzeichnet, kommt es zu einem Paradigmenwechsel. Zur Entspannung verstehen wir Kuhns «puzzle solving» an dieser Stelle einmal wörtlich. Die erste Aufgabe ist ziemlich verbreitet, die zweite vielleicht noch nicht ganz so bekannt. Hier die beiden Rätsel:

1. Verbinden Sie, ohne abzusetzen, alle neun Punkte mit vier geraden Linien:

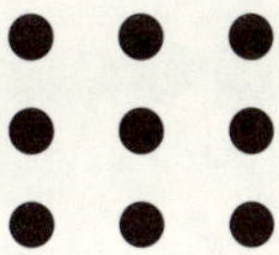

2. Der kleine Hund aus Streichhölzern blickt nach Osten. Kann man nur zwei Streichhölzer so verlegen, dass er nach Westen schaut? (Der Schwanz soll nach oben weisen!)

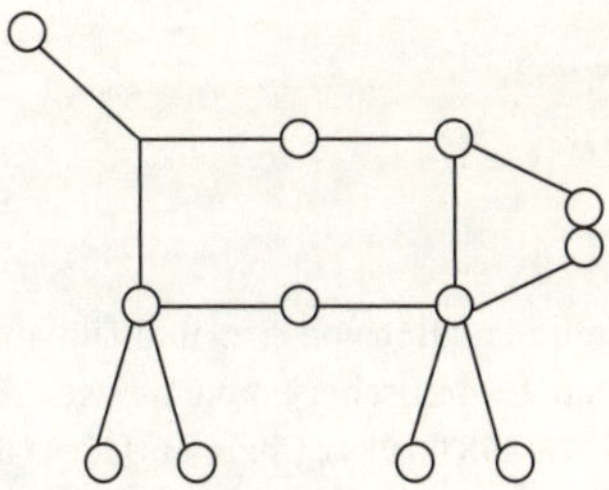

Die Lösungen finden sich auf Seite 183.

und insbesondere das Ziel verfolgt, durch die Identifizierung von Fehlerquellen und die Entwicklung geeigneter Methoden das Risiko irrtümlicher Entscheidungen über die «Wahrheitsqualität» von Basissätzen nach Möglichkeit zu vermindern.[23]

23 Siehe auch dazu die Argumentation von Prim und Tilmann (1973). Zu einer vertieften Diskussion wissenschaftstheoretischer Probleme seien die folgenden Lehrbücher empfohlen: Stegmüller (1978, 1987, 1989), Chalmers (2001) und speziell mit Blick auf die Sozialwissenschaften der Sammelband von Topitsch (1993). Einführungen in die Methodologie des «kritischen Rationalismus» mit sozialwissenschaftlichen Anwendungsbeispielen sind: Opp (1976, 2005) sowie Prim und Tilmann (1973). Wer sich in die analytische Wissenschaftstheorie vertiefen möchte, sei auf die «Enzyklopädie» von Stegmüller und Varga von Kibed, «Probleme und Resultate der Wissenschaftstheorie und analytischen Philosophie» (4 Bde., 1973–1986, Berlin: Springer) verwiesen. Zur Bedeutung des kritischen Rationalismus heute siehe Gadenne 2006.

1.

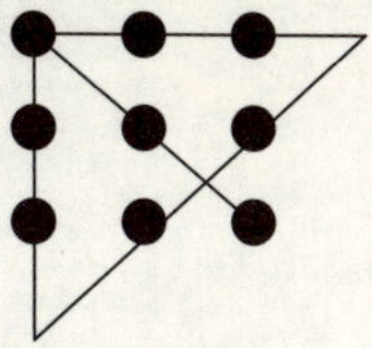

2.

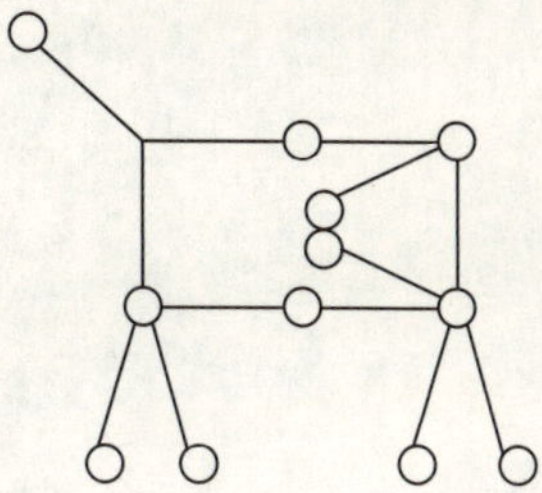

Meist sucht man die Lösung im vorgegebenen Rahmen. Das «puzzle solving» erfolgt quasi im akzeptierten Paradigma. Eine Lösung ist jedoch erst bei einem Wechsel der Perspektive möglich, bei dem die Grundannahmen der herkömmlichen Perspektive revidiert werden. Die beiden Aufgaben sind sozusagen Metapher für die erfolgreiche Lösung von Rätseln durch «Paradigmenwechsel». (Aufgabe 1 ist aus der Kognitionspsychologie bekannt, Aufgabe 2 verdanke ich Anatol Rapoport.)

B. Untersuchungsplanung

V. Planung und Ablauf empirischer Untersuchungen

Nehmen wir an, Sie haben ein bestimmtes Forschungsziel. Sie sind z. B. in einem Umweltamt einer Großstadt beschäftigt und möchten wissen, wie die Bewohner zu einem umweltschonenden Umgang mit Energieressourcen angehalten werden können. Statt knappe Mittel in blindem Aktionismus zu verpulvern (z. B. in einer Werbekampagne der Agentur «Kreativ GmbH»), möchten Sie erst einmal die Gründe extensiven Energieverbrauchs kennenlernen. Das Hempel-Oppenheim-Schema der «Logik der Erklärung» ist Ihnen bekannt; Sie wissen also, dass man empirisch zutreffende Hypothesen benötigt, um Ansatzpunkte für Maßnahmen zu finden. Im Sinne der Problemstellung ist die zu erklärende, abhängige Variable das Energiesparverhalten.

Gehen wir weiterhin davon aus, Sie fänden bei Durchsicht der Fachliteratur keine eindeutigen empirischen Ergebnisse zu dieser Frage. Sie stoßen auf einige Mutmaßungen über die Ursachen erhöhten Energiekonsums wie mangelndes Umweltbewusstsein, zu niedrige Energiepreise, die Nutzung energieintensiver Geräte u. a. m. Jedoch widersprechen sich die Mutmaßungen und Befunde, und es geht auch nicht aus den Arbeiten hervor, welches die Ansatzpunkte für geeignete Maßnahmen sein könnten. Aus diesem Grund wird eine eigene empirische Untersuchung geplant. Dabei stellt sich nun die Frage nach der Umsetzung des Forschungsziels.

Um die Diskussion etwas einzugrenzen, konzentrieren wir uns konkret auf das Sparen von Heizenergie. Anhand dieses Beispiels werden wir die einzelnen Phasen einer empirischen Untersuchung genauer behandeln. Dabei betrachten wir zunächst aber allgemein den Ablauf empirischer Untersuchungen im Überblick und sodann genauer die Prüfung einer Hypothese zum Sparen von Heizenergie. Das Beispiel soll nicht als ideales Muster angesehen werden. Die vorgestellte Untersuchung hat Haken und Ösen. Das macht sie als Beispiel zur Illustration vielleicht noch geeigneter.

1. Untersuchungsphasen: Auswahl und Umsetzung eines Forschungsproblems

Der Ablauf einer empirischen Studie lässt sich grob in fünf Hauptphasen unterteilen:

I. Formulierung und Präzisierung des Forschungsproblems,
II. Planung und Vorbereitung der Erhebung,
III. Datenerhebung,
IV. Datenauswertung,
V. Berichterstattung.

In jeder dieser Phasen ist eine Reihe von Entscheidungen zu treffen. Die erste Entscheidung betrifft die Auswahl des Forschungsproblems. Sofern es sich nicht um eine rein explorative Studie handelt, empfiehlt es sich, eine empirische Arbeit mit einem klar definierten Forschungsproblem zu beginnen. Manche Studie krankt daran, dass ‹irgendetwas› in einem sozialen Bereich untersucht werden soll, ohne dass das Forschungsziel auch nur annähernd klar umrissen wird. Auch mangelt es häufig an der sorgfältigen, auf das Forschungsziel hin abgestimmten Planung und Auswahl des Forschungsdesigns, der Variablenmessung, der Stichprobe und des Erhebungsverfahrens. Das Resultat unüberlegter und mangelhaft geplanter empirischer «Forschung» sind nicht selten ein kaum noch genießbarer Datensalat und frustrierte Forscher oder Forscherinnen.

Ein Forschungsproblem klar definieren heißt z. B. bei einer hypothesenprüfenden Untersuchung, dass die Forschungshypothese (abhängige und unabhängige Variable[n]) präzise angegeben werden kann.[1] Bei einer deskriptiven Studie sollte klar sein, bei genau welcher Population welche Merkmale geschätzt werden sollen. Am Anfang einer Untersuchung steht immer die Frage: Was genau möchte ich wissen?

1 Evaluationsstudien sind Sonderfälle der Prüfung von Hypothesen zur Wirkung von z. B. organisatorischen oder gesetzlichen Maßnahmen. Allerdings sind bei Evaluationsstudien noch eine Reihe weiterer Gesichtspunkte zu beachten. Siehe dazu Kapitel VIII. Bei der Erläuterung des Ablaufdiagramms in Abbildung V.1 gehen wir nicht speziell auf Evaluationsstudien ein. Von der Forschungslogik her gesehen, ist die Vorgehensweise nicht anders als bei der Prüfung von Hypothesen.

Mitunter stellen sich interessante (wenn nicht die interessantesten Fragen) erst im Verlauf einer empirischen Studie. Dann aber kann immer noch geklärt werden, ob diesen Fragen mit einer Revision des Forschungsplans nachgegangen werden sollte oder ob es nicht günstiger ist, diese in einer Anschlussuntersuchung zu thematisieren. Planung muss nicht unbedingt auf Kosten spontaner Kreativität gehen.

Genauso wenig wie der Erfolg einer Studie dadurch garantiert ist, dass man sich an vorgegebene Rezepte hält, lassen sich Beispiele höchst erfolgreicher Arbeiten nennen, die gerade nicht lehrbuchgerecht durchgeführt wurden. Vielleicht ist es in der empirischen Sozialforschung wie beim Schachspiel: Wer noch nicht so sicher das Terrain beherrscht, tut gut daran, gewisse Standardregeln zu befolgen. Erst mit entsprechender Meisterschaft entwickelt sich das Gespür für die erfolgversprechenden Ausnahmen und innovativen Eigenwege.

Noch eine Bemerkung zu explorativen Studien. Das Forschungsziel ist hier nicht die Prüfung von Hypothesen, sondern deren Entwicklung anhand des empirischen Materials. Präzise Fragestellungen stehen dann nicht am Anfang der Untersuchung, sondern ergeben sich möglicherweise erst als Resultat der Studie. In diesem Fall kann es auch zweckmäßig sein, eine stärker strukturierte Untersuchungsphase anzuschließen, in der die in der explorativen Phase gewonnenen oder präzisierten Hypothesen überprüft werden. (Das Ablaufdiagramm in Abbildung V.1 gilt nicht für rein explorative Studien.)

Die Auswahl eines Forschungsproblems fällt in jene Phase des Forschungsprozesses, die in der Wissenschaftstheorie als Entdeckungszusammenhang bezeichnet wird. Unbestritten spielen Werturteile bei der Bestimmung von Forschungszielen eine Rolle. Das gilt genauso, wenn es sich um Auftragsforschung handelt. Dann eben bestimmt der Auftraggeber das Forschungsproblem. Konfligieren die eigenen Ziele und Wertvorstellungen mit den Forschungsinteressen des Auftraggebers, dann gilt der Merksatz: «Man muss nicht jeden Auftrag annehmen.»[2] Allerdings

2 Nicht zu vergessen die «akademische Auftragsforschung», etwa wenn ein Professor von einem Doktoranden seine «Lieblingshypothese» prüfen lassen möchte (wehe, sie wird nicht bestätigt!) oder gar die Hypothese der Konkurrenz (wehe, sie wird nicht fal-

können verbeamtete Universitätsforscher diesbezüglich etwas leichter reden als z. B. Angestellte in einem Meinungsforschungsinstitut.

Auftragsforschung kann in vielen Fällen sehr stimulierend sein. Die Mitarbeit an einem neuen Verkehrskonzept einer Kommune, Untersuchungen zur Aids-Prävention oder die Evaluation von Weiterbildungsmaßnahmen für Arbeitslose sind Beispiele für praktische Probleme, um die es in der Auftragsforschung häufig geht. Nicht selten sind die vom Auftraggeber formulierten Forschungsziele ziemlich vage oder auch unrealistisch. Dann wird es in Kooperation mit dem Auftraggeber erforderlich sein, die Forschungsziele zu präzisieren oder in Teilaspekten zu revidieren.

Im Gegensatz zur Auftragsforschung wird man in der wissenschaftlichen Grundlagenforschung die zu untersuchende Problemstellung in der Regel selbst definieren. Eine wichtige Quelle der Inspiration sind dabei Kontroversen in der Fachliteratur. Auf wohl jedem Gebiet finden sich theoretisch interessante, mitunter auch praktisch bedeutsame Hypothesen, die zwar heftig umstritten sind, aber so gut wie nie oder nur in einem engbegrenzten Kontext geprüft wurden. Wäre da nicht zu überlegen, an diese Kontroverse anzuknüpfen, eventuell zusätzlich eigene Ideen einzubringen (vielleicht ist zu vermuten, dass die Hypothese nur unter bestimmten, angebbaren Bedingungen zutreffend ist) und die Hypothese einem empirischen Test zu unterziehen?

Eine andere, ähnlich gelagerte Vorgehensweise ist die folgende: Auf dem Fachgebiet der Forscherin oder des Forschers wird eine neue Theorie vorgeschlagen. Aus der Theorie folgen eine Reihe von Hypothesen, d. h., die Hypothesen sind aus der Theorie deduzierbar. Möglicherweise entdeckt man selbst auch Konsequenzen der Theorie (Hypothesen), die dem

sifiziert!). Zu einem Erlebnisbericht (in chemischen Labors) siehe das instruktive Buch von Bär (2002), «Forschen auf Deutsch. Der Machiavelli für Forscher – und solche, die es noch werden wollen». Allerdings halte ich die – oben überspitzt formulierte – Praxis der Themenvergabe unter der Bedingung für legitim, dass es sich erstens nicht um Aufträge, sondern um erwünschte Anregungen handelt und zweitens eventuell enttäuschte Erwartungen des akademischen Mentors, die durch die empirischen Daten begründet sind, nicht über Erfolg oder Misserfolg einer akademischen Arbeit entscheiden.

‹Schöpfer› der Theorie verborgen geblieben sind. Dann kann es natürlich von Interesse sein, diese Hypothesen empirisch zu überprüfen und damit auch die vorgeschlagene Theorie einem Test zu unterziehen. Die Gewinnung von Hypothesen aus Theorien (durch Deduktion) und die empirische Prüfung der Hypothesen (und damit der Theorie) ist der Normalfall in theoretisch-empirischen Wissenschaften. Diese Vorgehensweise entspricht auch dem deduktiv-empirischen Wissenschaftsmodell Poppers.

Verdienstvoll sind weiterhin auch Replikationen vorliegender Untersuchungen. Wie bereits in Kapitel IV erwähnt, werden Replikationsstudien noch viel zu selten durchgeführt. Der Verzicht auf Replikationen kann aber leicht zu einer Kumulation von Irrtümern führen. Eine einmal unter speziellen Umständen geprüfte Hypothese ist vielleicht nur unter bestimmten Bedingungen gültig, findet aber ohne Replikation als generelle Hypothese Eingang in die Lehrbücher. Vielleicht stellt sich bei der Replikation auch heraus, dass eine in der Fachliteratur berichtete Bestätigung der Hypothese ein methodisches Artefakt darstellt (Kriz 1981), mit alternativen Methoden oder alternativen statistischen Auswertungsverfahren jedoch nicht reproduziert werden kann. Wenn man der wissenschaftstheoretischen Maxime folgt, Hypothesen möglichst vielen, strengen Bewährungsproben zu unterziehen, dann müssten Replikationsstudien nicht die Ausnahme, sondern die Regel sein. Bei Durchsicht der Fachliteratur wird man eine Reihe interessanter Hypothesen finden, deren Überprüfung mit Replikationsstudien durchaus lohnenswert erscheinen kann.

Was auch immer der Hintergrund für die Bestimmung der Forschungsziele sein mag, wir gehen im Folgenden davon aus, dass eine Hypothese oder ein anderes, präzise angebbares Forschungsziel (z. B. eine deskriptive Fragestellung) vorliegt. Natürlich können auch, sofern vereinbar im Rahmen einer Untersuchung, mehrere Ziele gleichzeitig angestrebt werden.

In dem Ablaufdiagramm (Abbildung V.1) erfolgt die Umsetzung des Forschungsproblems in acht Schritten, die die obenangeführten «Hauptphasen» weiter ausdifferenzieren und wissenschaftstheoretisch gesehen dem Begründungszusammenhang zuzurechnen sind. Die Schritte 2, 3, 4 und 5 dienen der Vorbereitung einer Erhebung, Phasen 7 und 8 beziehen sich auf die Datenauswertung. Die einzelnen Phasen werden noch anhand eines Beispiels und ausführlich in den nachfolgenden Kapiteln erläutert. Wir beschränken uns daher an dieser Stelle auf einen Überblick.

In jeder Phase sind Probleme zu lösen und Entscheidungen zu treffen. Jeder Schritt ist mit Optionen verbunden, die allerdings nicht immer frei kombinierbar sind. Eine Untersuchung über Schönheitsideale anhand der Einstufung von Fotos oder Graphiken dürfte mit einer telefonischen Umfrage nur schwer zu realisieren sein. (Es sei denn, man verschickt das Bildmaterial vorab.) Welche Optionen gewählt werden, hängt (a) vom Forschungsziel ab, (b) von den Forschungsressourcen (Zeit, Personal, Sachmittel) und (c) von der eigenen Einschätzung der mit Blick auf das Forschungsziel bestgeeigneten Methoden. Dabei kommen je nach Forschungsziel bestimmte Methoden von vornherein nicht in Frage.

So wird wohl kaum jemand auf die Idee kommen, das Ausmaß der Obdachlosigkeit in einer telefonischen Umfrage zu erheben oder die durchschnittliche Sparquote eines deutschen Haushalts mit einer Beobachtungsstudie. Wie wir noch sehen werden, besteht jedoch mitunter erheblicher Spielraum bei der kreativen Wahl von Methoden, die auf den ersten Blick Kopfschütteln auslösen mögen, sich manchmal aber als ausgesprochen innovativ und zielführend erweisen.

Abbildung V.1: Phasen einer empirischen Untersuchung

I Formulierung und Präzisierung des Forschungsproblems

1 Formulierung des Forschungsproblems

- Deskriptive Fragestellung(en) oder Hypothesen
- Wissenschaftliche Literatur
- Ideen
- Praktisches Problem
- Auftraggeber

↓

II Planung und Vorbereitung der Erhebung

2 Konstruktion des Erhebungsinstruments

- Definition der Begriffe
- Konzeptspezifikation
- Operationalisierung
- (Messung und Skalen)

↓

3 Festlegung der Untersuchungsform

- Untersuchungsebene (Individual- oder Kollektivebene, Mehrebenenuntersuchung)
- Querschnitt-, Trend-, Panel-, Kohortendesign
- Nichtexperimentelles, quasiexperimentelles, experimentelles Design

↓

4 Stichprobenverfahren

- Definition der Population
- Art der Stichprobenziehung
- Umfang der Stichprobe

↓

5 Pretest: Test des Erhebungsinstruments

↓

III Datenerhebung

6 Anwendung des erprobten Erhebungsinstruments

- Befragung (persönlich, telefonisch, schriftlich, online)
- Beobachtung
- Inhaltsanalyse
- Nichtreaktive Methoden (Verhaltensspuren)

IV Datenauswertung

7 Aufbau eines analysefähigen Datenfiles

- Datenerfassung
- Fehlerkontrolle
- Fehlerbereinigung

8 Statistische Datenanalyse

- Bildung von Indizes, Itemanalysen, Skalenwerten
- Univariate Statistik
- Zusammenhangsanalysen

V Berichterstattung

9 Umsetzung von Forschungsergebnissen

- Forschungsbericht
- Praktische Umsetzung der Ergebnisse

Betrachten wir nun den ersten Schritt der Umsetzung des Forschungsproblems im Anschluss an dessen konkrete Formulierung. Die Aufgabe (Phase 2) besteht darin, die in den Forschungshypothesen auftretenden Begriffe – soweit bei der Problemformulierung noch nicht erfolgt – zu definieren und zu *operationalisieren*, d. h., einer Messung zugänglich zu machen. Handelt es sich um komplexe, mehrdimensionale Begriffe (wie «Umweltbewusstsein», «Anomie», «Entfremdung», «Betriebsklima» usw.), wird zunächst eine *Konzeptspezifikation* erforderlich sein, bei der die einzelnen Dimensionen des Begriffs herausgearbeitet werden (vgl. Lazarsfeld, Pasanella und Rosenberg 1972, zu einem Beispiel siehe Seeman 1972; vgl. auch Kromrey 1991; Schnell, Hill und Esser 2004). Zur Messung der Einzeldimensionen oder Variablen bieten sich verschiedene *Mess- und Skalierungsmethoden* an. Die geeignete Zusammenstellung der Messoperationen für sämtliche Variablen, die in die Datenerhebung einbezogen werden sollen, bildet das *Erhebungsinstrument.* Bei einer Befragung z. B. ist dies der Fragebogen. Natürlich muss bei der Konstruktion des Erhebungsinstruments schon bekannt sein, mit welcher Methode die Daten später erhoben werden sollen.

Weiterhin ist das *Forschungsdesign* festzulegen (Phase 3). Abhängig von der Art der Hypothese bzw. dem Typ der Variablen (Individual- oder Kollektivmerkmale) stellt sich zunächst die Frage nach der *Untersuchungsebene.* Bei Aggregat- oder Kollektivhypothesen sind die Untersuchungseinheiten Kollektive, bei Kontexthypothesen Kollektive und Individuen (Mehrebenenuntersuchung), und bei Individualhypothesen – wohl der häufigste Fall – sind die Untersuchungseinheiten Individuen. Beispiele haben wir schon in Kapitel IV kennengelernt.

Eine zweite Designentscheidung bezieht sich auf den zeitlichen Aspekt der Datenerhebung. Die wichtigsten Optionen sind hier: *Querschnitt-* und *Längsschnitterhebung,* Letztere mit den Varianten *Trendstudie* oder *Panelstudie.* Eine weitere spezielle Untersuchungsform ist die aus der Demographie bekannte und in der Soziologie zunehmend an Bedeutung gewinnende *Kohortenstudie.* Bei der Wahl des Untersuchungsdesigns ist auch zu bedenken, ob eine Vergleichs- oder Kontrollgruppe explizit berücksichtigt werden soll. Im Gegensatz zu *nichtexperimentellen Survey-Studien* (etwa einer «repräsentativen» Querschnitterhebung) zerfällt die Stichprobe bei *experimentellen* oder *quasiexperimentellen* Designs in mindestens zwei Gruppen: beim einfachsten Design in eine Experimental- und eine Vergleichsgruppe. Phase 4 bezieht sich auf die Bestimmung von *Typ und Größe der Stichprobe.* Die Haupttypen sind: *Zufallsstichprobe* (mit zahlreichen Untervarianten), *Quotensample* und *«willkürliche» Stichpro-*

ben. Es sei schon an dieser Stelle vermerkt, dass der weitverbreitete Glaube, sozialwissenschaftliche Untersuchungen sollten nach Möglichkeit auf «repräsentativen» Stichproben basieren, schlicht ein Mythos ist. Sogenannte repräsentative Stichproben wird man insbesondere wählen, wenn das Forschungsziel deskriptiv ist und mithin Merkmale einer Population geschätzt werden sollen. Für hypothesenprüfende Untersuchungen können aber durchaus auch «willkürliche» Stichproben herangezogen werden. Dies ist z. B. bei der Idealform des Designs zur Hypothesenprüfung, nämlich bei einer experimentellen Untersuchungsform, fast immer der Fall. Das ‹Markenzeichen› eines Experiments ist nicht die Zufallsstichprobe, sondern die Zufallsaufteilung auf die Experimental- und Kontrollgruppe. Bezüglich eines Hypothesentests kann ein Experiment (sofern bei dem jeweiligen Forschungsproblem anwendbar), welches auf einer willkürlichen Stichprobe relativ geringer Größe basiert, wesentlich aussagekräftiger sein als z. B. die Analyse einer «repräsentativen» Querschnittsbefragung von z. B. 2000 Personen. Welche Stichprobenart und Stichprobengröße zu wählen ist, hängt also wesentlich von den Forschungszielen und nicht unwesentlich auch von der Höhe des Forschungsetats ab.

In jedem Fall sollte ein auch nur in Teilen neu konstruiertes Erhebungsinstrument – sei es ein Fragebogen oder ein Beobachtungsschema – einem *Pretest* unterzogen werden (Phase 5). Nicht selten sind zwei oder gar mehrere Pretests erforderlich, um ein zufriedenstellendes Instrument zu entwickeln. Zeigen sich im Pretest Probleme (z. B. mehrdeutige oder schlechtverständliche Fragen), so wird man natürlich das Erhebungsinstrument entsprechend überarbeiten müssen (‹zurück› zu Phase 2).

Der Typ der *Erhebungsmethode* wurde schon vor Beginn der Arbeit am Erhebungsinstrument bestimmt. Wir unterscheiden vier Erhebungsmethoden, die wiederum in mehrere Varianten einteilbar sind: (1) *Befragung* (persönlich, telefonisch, schriftlich), (2) *Beobachtung*, (3) *Inhaltsanalyse*, (4) *Verhaltensspuren* oder *nichtreaktive Verfahren.*

Das persönliche Interview z. B. ist eine «reaktive» Methode. Der Messvorgang, d. h. die Interviewsituation und das Verhalten des Interviewers, wird die Antwortreaktionen mehr oder minder stark beeinflussen. Dagegen sind in «natürlichen» sozialen Situationen produzierte Daten oder *Verhaltensspuren* nichtreaktiv. Um ein Beispiel zu geben: Wenn man die Ernährungsgewohnheiten von Haushalten per Umfrage ermittelt, handelt es sich um eine reaktive Methode. Untersucht man dagegen mit der gleichen Zielsetzung die Haushaltsabfälle, so ist die Erhebungsmethode nichtreaktiv. Es gibt eine ganze Reihe einfallsreicher nichtreaktiver Methoden, die wir noch genauer in Kapitel XIII behandeln werden.[3]

Phase 6 umfasst die «Feldarbeit», d. h. die Erhebung der Daten mit der in einer Untersuchung jeweils gewählten Methode. Ausgesprochen sinnvoll kann es auch sein, verschiedene Erhebungsmethoden miteinander zu kombinieren.

In der Regel werden die Daten in ein maschinenlesbares Datenfile übertragen. Aber gleich, ob die Auswertung mit einem Computer erfolgt oder bei einem kleinen Datensatz und engumrissener Fragestellung per Hand: Die Daten sind zunächst zu «erfassen», d. h. in eine analysefähige Form zu übertragen, und auf Fehler hin zu kontrollieren (Phase 7). Erst nach der *Datenerfassung, Fehlerkontrolle* und – soweit möglich – *Fehlerbereinigung* kann die statistische Analyse der Daten beginnen.

Die *statistische Datenanalyse* (Phase 8) sollte man vom Umfang her nicht unterschätzen. Der Umfang hängt von der Komplexität der Fragestellungen ab, von der Art der Daten und letztlich auch vom statistischen Know-how. Einfache deskriptive Auswertungen erfordern natürlich weniger Aufwand als umfangreiche multivariate Analysen und Hypothesentests. Auch die Konstruktion von Indizes und Skalen – alles Arbeiten, die der statistischen Prüfung von Zusammenhangshypothesen vorausgehen – kann einige Zeit in Anspruch nehmen. Die ‹Werkzeugkiste› der Statistik bietet eine Fülle von Instrumenten. Welches Verfahren jeweils geeignet ist, ergibt sich u. a. aus dem Messniveau der Variablen (Kapitel VI). Dieses hängt wesentlich von der Konstruktion des Erhebungsinstruments ab. Möchte man z. B. in einer Befragung zum Thema soziale Ungleichheit – um ein ganz einfaches Beispiel anzuführen – die Durch-

3 Die Einteilung ist allerdings nicht ganz befriedigend, da (zumeist) auch die Inhaltsanalyse und unter bestimmten Bedingungen auch Beobachtungsverfahren nichtreaktiv sind. Kategorie (4) sollte mithin jene nichtreaktiven Verfahren umfassen, die nicht zu den Erhebungsmethoden (1) bis (3) zählen. Man könnte hierfür den Begriff «Erhebung von Verhaltensspuren» wählen, doch ist diese Bezeichnung weniger einschlägig als der Begriff «nichtreaktive Methoden».

schnittseinkommen verschiedener Bevölkerungsgruppen vergleichen, so wird man im Erhebungsinstrument keine Einkommensfrage verwenden dürfen, die nur wenige, grobe Kategorien vorsieht. Die in Frage kommenden statistischen Analysemethoden sollten daher schon bei der Konstruktion des Erhebungsinstruments zumindest mitbedacht werden, wenn man nicht später unliebsame Überraschungen erleben möchte.

Schließlich werden die empirischen Resultate in einem *Forschungsbericht* festgehalten (Phase 9). Der Bericht oder Teile der Arbeit, soweit von allgemeinem oder zumindest fachöffentlichem Interesse, sind zumeist zur Publikation in Fachzeitschriften vorgesehen. Der Forschungsbericht sollte aber nicht nur die Resultate zur Diskussion stellen, sondern auch die einzelnen methodischen Schritte in nachvollziehbarer Weise dokumentieren. So wird man in der Regel das Erhebungsinstrument im Anhang des Forschungsberichts aufführen: Auch die zumeist digitalisierten, computerlesbaren Daten sollten in anonymisierter und gutdokumentierter Form für eventuelle Replikationen und Sekundäranalysen archiviert werden. Nur unter diesen Bedingungen ist eigentlich eine Fehlerkontrolle und sachgerechte Auseinandersetzung über die zur Diskussion gestellten empirischen Befunde möglich.

Sind die Forschungsergebnisse auch von praktischem Interesse oder zielt die Studie von vornherein auf die Untersuchung von Vorschlägen zur Lösung praktischer Probleme, dann stellt sich weiterhin die Frage nach der Umsetzung der Forschungsresultate. Die Medien sind hier ebenso Ansprechpartner wie Bürgerinitiativen, politisch Verantwortliche oder andere Entscheidungsträger.

Abbildung V.1 informiert über den zeitlichen Ablauf einer Untersuchung. Wie schon aus der Erläuterung hervorging, werden die einzelnen Phasen nicht immer linear durchlaufen. So ist nach einem Pretest meist ein Rücksprung zur Revision des Erhebungsinstruments einzuplanen. Auch werden die Entscheidungen zu einzelnen methodischen Schritten nicht unbedingt zeitlich nacheinander, sondern häufig simultan getroffen. Die Planung sollte flexibel genug sein, um Vor- und Rücksprünge und eventuell die Revision vorher getroffener Entscheidungen zu erlauben (vgl. dazu und zu ähnlichen Ablaufdiagrammen auch Schnell, Hill und Esser 2004 sowie Kromrey 1991). Das gilt jedenfalls für die Phase der

Planung und Vorbereitung der Erhebung. Nach Eintritt in die Erhebungsphase sind dagegen Korrekturen u. U. mit erheblichen Mehraufwendungen und Kosten verbunden. Daher sollte gerade auf die Planung der Erhebung (Phase 1–5) viel Sorgfalt verwendet werden. Um die Abbildung nicht übermäßig zu komplizieren, wurde auf eine Darstellung sämtlicher «Entscheidungsknoten» verzichtet.

Es empfiehlt sich sehr, vor Beginn eines empirischen Projekts die einzelnen Schritte der Untersuchung anhand des Diagramms zu planen, die Auswahl der methodischen Alternativen zu begründen und diesen *Forschungsplan* schriftlich zu fixieren. Wenn man dann noch bei der Problemformulierung, der Erläuterung des Untersuchungsziels, in aller Kürze den Forschungsstand gemäß der wissenschaftlichen Literatur skizziert, an den mit der geplanten Untersuchung angeknüpft wird, könnte der schriftliche Untersuchungsplan die Merkmale eines guten *Forschungsantrags* erfüllen.[4] Hinzuzufügen ist noch ein Zeitplan zur mutmaßlichen Dauer der einzelnen Phasen. Hier ist es natürlich schwierig, relativ verlässliche ‹Daumenregeln› anzugeben. Insgesamt kann man bei einer wissenschaftlich-empirischen Untersuchung mit einem relativ klar definierten Untersuchungsziel und einer punktuellen Erhebung (Querschnitterhebung) mit einer Projektdauer von ein bis drei Jahren rechnen. Je nach Untersuchungsdesign können sich Längsschnitterhebungen auch über eine wesentlich größere Zeitspanne erstrecken. Dage-

4 Forschungsanträge zur Finanzierung eines Projekts können vom jeweils antragsberechtigten Personenkreis (Universitäten, Max-Planck-Institute usw.) bei einer Institution zur Forschungsförderung eingereicht werden. Die bekannteste Einrichtung dieser Art ist in Deutschland die DFG, die «Deutsche Forschungsgemeinschaft». Ein typischer sozialwissenschaftlicher Forschungsantrag, eingereicht bei der DFG zur Fachbegutachtung, dürfte um die 30 Seiten umfassen. Der «Schweizerische Nationalfonds» begnügt sich mit einer Norm von zehn Seiten. Daneben existieren mehrere private und gemeinnützige Stiftungen, die v. a. auch sozialwissenschaftliche Forschungsprojekte unterstützen. Das höchste Förderungsvolumen in dieser Kategorie vergibt die «Volkswagen-Stiftung», ebenfalls nach Fachbegutachtung von Forschungsanträgen. Erwähnenswert ist noch die «Exekutivforschung». In Deutschland, der Schweiz und insbesondere in Österreich werden zahlreiche sozialwissenschaftliche Projekte direkt von der Ministerialbürokratie gesponsert. Die Anträge sind hier etwas dünner, und es erfolgt in der Regel auch keine Fachbegutachtung.

gen ist es häufig möglich, kleinere Experimente oder Befragungsstudien bei entsprechendem Vorwissen und guter Planung in einem Zeitraum unterhalb eines Jahres abzuschließen. Selbst wenn kein Forschungsantrag plus Zeitplan bei einer Forschungsförderungsinstitution zur Fachbegutachtung eingereicht wird, ist wenigstens eine kurze schriftliche Darlegung des Untersuchungsplans von Vorteil. Dieser zwingt nämlich dazu, die einzelnen Schritte zu durchdenken, aufeinander abzustimmen und die Wahl der methodischen Alternativen nochmals im Hinblick auf Zweckmäßigkeit und Realisierbarkeit zu kontrollieren.

Ein wichtiger Punkt sei abschließend notiert: Bevor eine eigene, neue Erhebung durchgeführt wird, wäre zu prüfen, ob die Forschungsfrage nicht auch mit einer *Sekundäranalyse* beantwortbar ist. Dann nämlich entfielen die Schritte 4 bis 6. Insbesondere könnte auf die häufig äußerst aufwendige Datenerhebung verzichtet werden. Viele Datensätze abgeschlossener Projekte werden heute in Datenarchiven gespeichert und für wissenschaftliche Analysezwecke (fast) kostenlos zur Verfügung gestellt.[5] Des Öfteren sind die Primärforscher gerade an der Hypothese nicht interessiert gewesen, die nun Gegenstand eines geplanten neuen Projekts ist. Möglicherweise sind die bereits erhobenen Daten recht gut zur Untersuchung des gewählten Forschungsproblems geeignet. Die heute vielfältigen Nutzungsmöglichkeiten archivierter Datenbestände haben zudem zwei sehr günstige Nebeneffekte: Sie erhöhen die Kontrol-

5 Eine wichtige Informationsquelle ist der Datenkatalog des «Kölner Zentralarchivs für empirische Sozialforschung». Das Kölner Institut archiviert eine größere Menge von Datensätzen aus zahlreichen sozialwissenschaftlichen Projekten. Die Datensätze sind sehr gut dokumentiert und werden mit Kodebuch gegen ein geringes Entgelt für wissenschaftliche Sekundäranalysen zur Verfügung gestellt. Von diesem Angebot können z. B. auch Studierende für ihre Diplomarbeit Gebrauch machen. In der Schweiz widmet sich dieser Aufgabe das FORS-Institut in Lausanne. Eine Reihe interessanter Datensätze deutscher statistischer Ämter werden ferner von der «Mikrodatenabteilung» des «Zentrums für Umfragen, Methoden und Analysen» (ZUMA) in Mannheim verwaltet. Auch der jährliche Bericht des «Informationszentrums für Sozialwissenschaften» (IZ) in Bonn über sozialwissenschaftliche Forschungsarbeiten in Deutschland, Österreich und der Schweiz liefert zahlreiche Hinweise zu Datensätzen, die sich für Sekundäranalysen eignen können.

lierbarkeit der Primärforschung (z. B. im Hinblick auf nachlässige statistische Auswertungen, fragwürdige Operationalisierungen usw.), und sie tragen dazu bei, die empirische Forschung zu ‹demokratisieren›. Auch wer nicht in den Genuss höherer Förderungssummen für kostenintensive Erhebungen kommt, hat per Sekundäranalyse gute Chancen, hochwertige Forschungsresultate zu produzieren.[6] Erstaunlicherweise werden diese Möglichkeiten von Nachwuchswissenschaftlerinnen und -wissenschaftlern noch viel zu selten in Anspruch genommen.

2. Formulierung und Präzisierung des Forschungsproblems

Ein Beispiel: die Untersuchung einer Hypothese zum Energiesparverhalten [7]

Aus der psychologischen und soziologischen Literatur ist bekannt, dass Einstellungen nicht immer in konkretes Verhalten umgesetzt werden. Gleichwohl ist die Auffassung weit verbreitet, dass Defizite beim privaten Umweltverhalten durch eine Erhöhung des Umweltbewusstseins der Bevölkerung ausgeglichen werden könnten. Ökonomen und eine Reihe von Soziologen weisen demgegenüber darauf hin, dass das Umweltverhalten in weit stärkerem Maß durch die Kosten und den Nutzen umweltgerechten Handelns beeinflusst werden (Frey 1992). Hierzu zählen nicht nur die direkten materiellen Kosten (Preise, Abgaben usw.), sondern auch der Zeitaufwand des umweltgerechten Handelns, Unbequemlichkeiten sowie als Nutzenkomponente im weiteren Sinne das Ausmaß ‹sozialer Anerkennung› für umweltverantwortliche Aktivitäten.

6 Was nicht heißen soll, dass mit einem einfallsreichen Experiment oder anderen klug arrangierten, aber weniger aufwendigen Erhebungen nicht auch hochwertige Resultate erzielt werden können!

7 Die Darstellung in diesem Abschnitt ist eine möglichst detaillierte Schilderung des

Nun könnte man argumentieren, dass ja der Wunsch, in einer intakten Umwelt zu leben, auch ein Anreiz zu umweltgerechtem Handeln sei. Das Problem bei diesem Argument ist aber, dass eine intakte Umwelt, z. B. saubere Luft, ein *kollektives Gut* ist. Kollektivgüter weisen die Besonderheit auf, dass niemand von der Nutzung des Guts ausgeschlossen werden kann. Die Folge ist, dass auf ihr Eigeninteresse bedachte Personen die Strategie des ‹Trittbrettfahrens› wählen. Bewusst oder unbewusst lautet das Kalkül: «Wenn andere Personen Energie sparen, ihr Auto in der Garage lassen, Abfalltrennung betreiben usw., so komme ich auch dann in den Genuss einer sauberen Umwelt, wenn ich mich selbst nicht umweltgerecht verhalte.» Gemäß der Theorie kollektiven Handelns (Olson [1st ed. 1965] 2004) werden Personen nur dann einen Beitrag zur «Produktion eines Kollektivguts» leisten, d. h. in unserem Falle umweltgerecht handeln, wenn *individuelle* Anreize für umweltgerechte Aktivitäten existieren. Der Wert des Kollektivguts «intakte Umwelt» an sich als quasi kollektiver Anreiz wird der Theorie zufolge nicht automatisch zu umweltgerechten Handlungen motivieren. Die Theorie erklärt die auf den ersten Blick paradoxe Situation, dass alle Betroffenen an einer sauberen Umwelt äußerst interessiert sind, gleichwohl die Mehrzahl der Personen eine Beitragsleistung zu dem Kollektivgut «intakte Umwelt» verweigert.

Ablaufs einer empirischen Beispielstudie, wobei auch jeweils einige methodische Alternativen diskutiert werden. Es handelt sich aber schon aus Platzgründen nicht um eine originalgetreue, chronologische Rekonstruktion. Aus didaktischen Gründen beziehen wir uns nur auf einen Aspekt der Studie, die Prüfung der Energiesparhypothese, sowie im Wesentlichen nur auf die Berner Stichprobe. Mit der «Bern-Münchner Umweltbefragung» wurden darüber hinaus verschiedene weitere Umweltaktivitäten wie die Verkehrsmittelnutzung, Abfalltrennung, das Konsumverhalten und weitere Merkmale erhoben. Die Studie wurde unter Mitarbeit der Teilnehmerinnen und Teilnehmer an «empirischen Forschungspraktika» der Universität Bern und München geplant und durchgeführt. Die zentralen Ergebnisse werden in Diekmann und Preisendörfer (1991, 1992) berichtet. Die Erhebung in Bern und München fand 1991 statt. 1992 wurde in Bern eine erneute Erhebung als Panel realisiert. Aufbauend auf den Erfahrungen mit diesen Studien, wurden 1993/94 und 2006/07 landesweite Befragungen mit einer Zufallsstichprobe von ca. 3000 bzw. 3700 Personen unternommen («Schweizer Umweltsurvey»). Diese Studien werden aus Mitteln des Schweizerischen Nationalfonds finanziert.

Die einzelnen individuellen Nutzen- und Kostenkomponenten des umweltverantwortlichen Handelns (z. B. Energiesparen, Abfalltrennung, Verzicht auf das Auto usw.) im Vergleich zu den Nutzen und Kosten der umweltschädlichen Handlungsalternative werden häufig zusammenfassend als Anreizstruktur des Umwelthandelns bezeichnet. Vermutet man in der jeweiligen Ausprägung der Anreizstruktur den Schlüssel zur Erklärung des Umwelthandelns, dann wird man das Schwergewicht auf andere Maßnahmen legen als bei Gültigkeit der «Umweltbewusstseinshypothese». Sind die individuellen Anreize entscheidend, dann empfehlen sich Maßnahmen wie: Beeinflussung der Preise durch Steuern, Abgaben, Ökobonus usf., Ausbau der Infrastruktur, Emissionszertifikate und andere ökonomische Instrumente. Verhilft dagegen das Umweltbewusstsein zu einem wesentlich erhöhten Ausmaß umweltgerechten Verhaltens, dann bieten sich Werbung, Aufklärung und Appelle als Mittel zur Realisierung der Umweltziele an. Natürlich sind auch Kombinationen verschiedener Maßnahmen denkbar.

Die empirische Untersuchung mutmaßlicher Effekte des Umweltbewusstseins und der Anreizstruktur auf das Umwelthandeln dient damit einem doppelten Zweck:

- Die empirischen Befunde sind einerseits wissenschaftlich von Interesse. Sie können darüber Auskunft geben, welche Hypothese sich besser an den empirischen Daten bewährt bzw. welcher Einflussfaktor von größerem Gewicht ist.
- Andererseits kann die Untersuchung Informationen von praktischem Interesse liefern. Die Ergebnisse können Hinweise geben, mit welchen Maßnahmen das Ziel der Erhöhung umweltverantwortlicher Aktivitäten am erfolgversprechendsten erreicht werden kann.

Allein die wissenschaftliche Neugier im Hinblick auf das Ergebnis der Prüfung einer interessanten Hypothese ist Grund genug zur Motivierung einer empirischen Studie. Umso besser, wenn zusätzlich noch die Befunde von praktischem Wert sein könnten. Beide Gesichtspunkte rechtfertigen die Auswahl des Forschungsproblems.

Die Forschungsziele bzw. unsere Hypothesen bedürfen allerdings noch der Präzisierung. Die Einflussgewichte des Umweltbewusstseins und der Anreizstruktur sind nur anhand konkreter Umweltaktivitäten prüfbar. Für einen Test benötigen wir eine Umweltaktivität, bei der die individuellen Anreize zur Ausführung der Aktivität zwischen den einzelnen Untersuchungspersonen möglichst gut messbar variieren. Natürlich darf die untersuchte Personengruppe auch nicht homogen bezüglich des Umweltbewusstseins sein. Die beiden unabhängigen Variablen müssen *Varianz* aufweisen, andernfalls ist die Prüfung von vermuteten Zusammenhängen oder Effekten nicht möglich.

Eine Aktivität, die das Kriterium der Anreizsituation (und auch deren einfache Messbarkeit) erfüllt, ist das Sparen von Heizenergie in privaten Haushalten. Heizenergie macht den Löwenanteil des direkten Energieverbrauchs eines privaten Haushalts aus, weit mehr noch als das Auto als zweitgrößter Posten in einem Durchschnittshaushalt. Es handelt sich also keineswegs um eine unwesentliche Umweltaktivität.

Unterschiede in der Anreizstruktur beziehen sich auf den Abrechnungsmodus der Heizkosten. Hier gibt es im Wesentlichen zwei Varianten: die Abrechnung nach individuellem Verbrauch oder die kollektive Abrechnung nach der Umlageregel in Häusern mit mehreren Mietparteien. Bei Letzterer wird der Gesamtverbrauch eines Jahres z. B. nach der Wohnungsgröße auf die einzelnen Mieter aufgeschlüsselt. Die kollektive Abrechnung entspricht nun exakt einer Anreizstruktur, die in den Sozialwissenschaften als *Allmende-Dilemma* bezeichnet wird. Das Dilemma, ein Spezialfall des Kollektivgutproblems, entsteht dann, wenn die Mitglieder einer Gruppe freien Zugriff auf eine knappe Ressource haben. Dies kann freies Weideland – die Allmende im ursprünglichen Sinn des Worts – sein, aber auch ein gemeinsam genutztes Kopiergerät an einem Universitätsinstitut, der Fischbestand in den Weltmeeren, die tropischen Regenwälder u. a. m. Viele Umweltprobleme im Kleinen wie im Großen sind die Folge der Übernutzung von Ressourcen in einem Allmende-Dilemma. Die Anreizstruktur in einer Allmende-Situation lässt sich am besten an dem folgenden Beispiel illustrieren: Man geht in einer Gruppe von zehn Freunden und Bekannten in ein Restaurant und vereinbart vor der Bestellung, dass die gemeinsame Rechnung durch die Zahl der Köpfe geteilt wird. Wer nur den kleinen Appetit auf eine Currywurst mit Pommes frites für 6,50 € verspürte, dessen Herz schlägt plötzlich für ein Rindersteak mit Kartoffel-Kroketten und Pfifferlingen für 26,50 €. Bei gemeinsamer Abrechnung gehen 9/10 der Differenz unseres nicht in Selbstbescheidung geübten Zeitgenossen zulasten seiner Tischgenossen. Aus der individuellen Perspektive gesehen, beträgt der Mehrpreis des Rindersteaks gerade zwei Euro. Der Haken ist nur, dass diese Logik auch für alle anderen Gruppenmitglieder gilt. Nicht selten wird die gemeinsame Abrechnung wesentlich höher als bei individueller Bezahlung ausfallen.

In einem Mehr-Parteien-Mietshaus mit gemeinsamer Abrechnung ist die zum Heizen verwendete Energie eine Allmende. Konkret gesehen ist dies beispielsweise der im Keller befindliche Öltank eines Mietshauses. Dreht ein Mieter in einem Mietshaus mit z. B. zehn Parteien die Heizung auf, dann wird die Rechnung zu 90 % von den Nachbarn mitbezahlt. Nur sind eben alle Mieter auch gleichzeitig Nachbarn. Aufgrund der Anreizstruktur in einer Allmende-Situation lässt sich prognostizieren, dass der individuelle (und kollektive) Energieverbrauch höher ausfallen wird als bei verbrauchsabhängiger Abrechnung der Heizkosten. Bei der Abrechnung nach Verbrauch besteht neben dem kollektiven Interesse zusätzlich ein individueller Anreiz zur Einsparung von Heizenergie.

Exakter sind soziale Dilemmata mit spieltheoretischen Modellen formalisierbar (siehe Kasten V.1): So weist das Allmende-Dilemma starke Ähnlichkeiten mit dem in der Spieltheorie bekannten «Gefangenendilemma» auf. Aus der Allmende-Theorie sowie aus der spieltheoretischen Modellierung des Dilemmas ist unsere Hypothese höheren Energieverbrauchs in einer Allmende-Situation deduzierbar.

Wir haben damit den theoretischen Hintergrund der Energiesparhypothese etwas ausführlicher erläutert. Dies zum einen, um die Hypothese in den allgemeineren Zusammenhang der Umweltschädigung als Kollektivgutproblem zu stellen. Zum anderen sollte deutlich werden, dass die Hypothese nicht ad hoc formuliert wurde, sondern aus theoretischen Annahmen ableitbar ist. Ein Test der Hypothese ist damit gleichzeitig ein Test der theoretischen Annahmen, die die Hypothese implizieren.

Der Vorteil einer allgemeineren Theorie ist ferner, dass sie einen in die Lage versetzt, nicht nur die vorliegende Hypothese abzuleiten, sondern eine Reihe weiterer Aussagen, beispielsweise zum Verkehrsverhalten, umweltfreundlichen Konsumverhalten oder zu Recyclingbemühungen. Wir wollen uns hier jedoch auf das Beispiel der Energiesparhypothese beschränken.

Formulieren wir nun im Anschluss an die theoretische Diskussion genauer die beiden Hypothesen, die einer empirischen Prüfung unterzogen werden sollen:

H_1: Je höher der Grad des Umweltbewusstseins, desto größer sind die Bemühungen, Heizenergie zu sparen.

H_2: Wenn in einem Mehr-Parteien-Mietshaus die Heizkosten verbrauchsabhängig abgerechnet werden, dann sind die Energiesparbemühungen größer als bei kollektiver Heizkostenabrechnung.

Kasten V.1: Umweltprobleme als soziale Dilemmata

Kollektivgutproblemen, sozialen Dilemmata und der speziellen Situation eines Allmende-Dilemmas liegt eine Handlungsstruktur zugrunde, die dem in der Spieltheorie berühmten «Gefangenendilemma» entspricht oder zumindest in den Grundzügen ähnlich ist.

Dieses Spiel verdankt seinen Namen der folgenden Anekdote: Zwei isoliert voneinander inhaftierten Gefangenen legt der Staatsanwalt jeweils ein minder schweres und ein schweres Verbrechen zur Last. Ersteres kann er beweisen, für den Nachweis des Letzteren benötigt er das Geständnis mindestens eines Gefangenen. Er bietet nun jedem Gefangenen eine Kronzeugenregelung an. Gesteht Gefangener A und schweigt Gefangener B, so wird A als Kronzeuge freigelassen und B zu zehn Jahren Gefängnis verurteilt. Ein entsprechendes Angebot ergeht an B. Gestehen beide Gefangenen, so wird das Geständnis strafmildernd bewertet: Sowohl für A als auch B lautet das Urteil auf fünf Jahre. Schweigen aber beide, so können sie nur für das minder schwere Verbrechen zu einem Jahr Gefängnis verurteilt werden (siehe Abbildung).

Versetzen wir uns in dem symmetrischen Entscheidungskonflikt in die Lage des Gefangenen A. Schweigt mein Mitgefangener B – so räsoniert A –, dann ist es besser zu gestehen (Freispruch anstelle von einem Jahr Gefängnis). Gesteht dagegen B, so ist «gestehen gleichfalls günstiger (nur 5 anstelle von 10 Jahren). Ergo werde ich (A) gestehen. Was A recht ist, ist B billig. Folgen beide dieser Logik, werden sowohl A als auch B gestehen. Das Resultat sind fünf Jahre Gefängnis, obwohl wechselseitige Kooperation («schweigen») zu einem wesentlich günstigeren Ergebnis von je einem Jahr Haft verholfen hätte. Ohne vertragliche Abmachung (oder eine gehörige Portion Vertrauen) ist die Kooperationslösung jedoch nicht realisierbar.

			Gefangener B	
			Schweigen	Gestehen
Gefangener A	Schweigen = Kooperation		1,1	10,0
	Gestehen = Nichtkooperation		0,10	5,5

Zwei-Personen-Gefangenendilemma. Die erste Zahl in jeder der vier Zellen ist die Höhe der Strafe für Gefangenen A, die zweite Zahl bezeichnet das Strafmaß für Gefangenen B. Sind beide Gefangenen kooperativ, d. h., schweigen beide, dann beträgt ihre Strafe jeweils nur ein Jahr. Jeder der beiden Gefangenen hat aber einen Anreiz, zu gestehen, sei es, um als Kronzeuge zu profitieren (aggressives Motiv) oder aber um der Höchststrafe mit Sicherheit zu entgehen (defensives Motiv). Folgen beide der individuell-rationalen Strategie «gestehen», dann ist das Resultat für A und B fünf Jahre Haft. Hätten sie dagegen beide geschwiegen, wären sie mit einem Jahr wesentlich besser davongekommen. Das Dilemma besteht darin, dass die individuell-rationalen Strategien zu einem kollektiv unerwünschten (sub-optimalen) Resultat führen.

Weshalb ist das Gefangenendilemma von so großer Bedeutung in den Sozialwissenschaften und – nebenbei bemerkt – auch in einer Naturwissenschaft wie der Biologie? Das Modell, abstrahieren wir einmal von der Anekdote, illustriert den Grundkonflikt zwischen rationalen, eigeninteressierten Handlungen und den für alle Betroffenen ‹irrationalen› Konsequenzen. Anwendungsbeispiele sind das Problem sozialer Ordnung in Thomas Hobbes' «Leviathan», der Rüstungswettlauf im Kalten Krieg (Aufrüstung ist hier «gestehen», Abrüstung «schweigen»), Situationen von Konflikt und Symbiose in der Biologie, das Problem der Erzeugung kollektiver Güter in der Ökonomie, die Nutzung knapper Ressourcen in der Ökologie u. a. m. Während die Theorie von Adam Smith die Harmonie der rationalen Verfolgung von Eigeninteressen mit der allgemeinen Wohlfahrt in den Mittelpunkt rückt, bildet das Modell des Gefangenendilemmas einen Gegenpol. Es beschreibt diejenigen Konfliktsituationen, in denen keine «invisible hand» existiert, welche individuell-rationale Entscheidungen und kollektive Vernunft zur Deckung bringt.

Zahlreiche Umweltsituationen sind nun strukturähnlich mit einer *Mehr-Personen-Verallgemeinerung des Gefangenendilemmas.* So sind die Emissionen aus den Auspuffrohren der mehr als 40 Millionen Kraftfahrzeuge in Deutschland eine wesentliche Quelle der Umweltschäden. Hinzu kommen Lärm und Unfallgefahren. Würden sämtliche Autobenutzer auf überflüssige Fahrten verzichten oder gelegentlich auf öffentliche Verkehrsmittel umsteigen und damit ihre Jahreskilometerleistung – sagen wir – auf die Hälfte reduzieren, wäre das Ausmaß der Umweltschäden weit weniger ernst, als es heute der Fall ist. Auch wenn der teilweise Verzicht – von einer Radikallösung ist gar nicht die Rede – mit Unbequemlichkeiten verbunden ist, profitierte der Großteil der Autobenutzer von einer allgemeinen Einschränkung. Diese Kooperationslösung ist aber bei Millionen von ‹Mitspielern› auf freiwilliger Basis unmöglich zu realisieren. Der einzelne Autofahrer hat keinen Einfluss auf das Verhalten seiner Mitbürger. Leistet er oder sie dennoch aus eigenem Antrieb Verzicht, dann trägt er (oder sie) die vollen Kosten des umweltgerechten Verhaltens, die positiven Folgen für die Umwelt sind aber praktisch nicht bemerkbar. Im Gefangenendilemma entspricht diese Entscheidung der Kombination «schweigen» / «gestehen». Nur wenige Umwelt-Altruisten und jene Autofahrer, für die ein Verzicht eher Vorteile oder allenfalls geringe Unbequemlichkeiten mit sich bringt, werden freiwillig kooperieren.

Die Entscheidungsstruktur bei diesem und bei vielen anderen ähnlich gelagerten Umweltproblemen entspricht im Kern einem Mehr-Personen-Gefangenendilemma oder einer Variante dieses ‹Spiels›. Ein einfaches Experiment in einer Gruppe mit z. B. 40 Personen verdeutlicht das Dilemma. Die Spieler können sich für die Alternative X oder Y entscheiden (die Wahl kann z. B. auf einen Zettel geschrieben werden), wobei X-Wähler die Auszahlung $A_x = 2x$, hingegen Y-Wähler die Auszahlung $A_y = 3x + 3$ erhalten und x die Anzahl der X-Wähler bezeichnet (Rapoport 1988). In der Regel wird die Mehrheit der Teilnehmer «Y» wählen. Offensichtlich liefert die Entscheidung für «Y» immer höhere Auszahlungen, unabhängig von der Anzahl der X-Wähler (siehe Abbildung). Spieltheoretisch gesehen ist die Wahl von Y eine dominierende Gleichgewichtsstrategie. Paradoxerweise ist das Ergebnis aber letztlich auch für die Y-Wähler ungünstiger, als wenn sich alle Spieler auf die kooperative Alternative X geeinigt hätten. Bei z. B. 40 Teilnehmern, 10 X- und 30 Y-Wählern, erhalten die kooperativen X-Wähler je 20 Punkte, die Y-Wähler 33 Punkte. Hätten sich hingegen alle 40 Spieler für Kooperation entschieden, könnten sie sich über einen Gewinn von 80 Punkten freuen.

		Anzahl *anderer* X-Wähler					
		0	1	2		38	39
Entscheidung der Person i	X	2	4	6	…	78	80
	Y	3	6	9	…	117	120

Mehr-Personen-Gefangenendilemma. Eine Person kann sich zwischen den Alternativen X oder Y entscheiden (Zeilenspieler). Die hier positiven Auszahlungswerte hängen von den Entscheidungen der Mitspieler ab. Offenbar liefert die Alternative Y immer höhere Auszahlungen als die Wahl von X, unabhängig davon, wie viele Mitspieler X wählen. Folgen alle Personen dieser Entscheidungslogik, so erhalten sie im Endergebnis jeweils nicht mehr als 3 Punkte. Hätten dagegen alle Personen kooperativ gewählt, so erzielte jeder Spieler 80 Punkte.

Kooperation auf freiwilliger Basis wird in dem Mehr-Personen-Dilemma in der Regel nur von einer Minderheit ausgeübt. Nur wenn der Sondervorteil der unkooperativen Y-Wahl gering ist, die Spieler altruistische Motive haben, starke ideologische Bindungen vorliegen oder die Beteiligten aus dem umweltgerechten Verhalten per se einen moralischen Gewinn erzielen (durch Umweltbewusstsein?), wird in realistischen Alltagssituationen die X-Option nicht die Ausnahme bleiben. In der Regel aber ist kooperatives Verhalten nur dann in größerem Maßstab und dauerhaft durchsetzbar, wenn die «Spielregeln» – sprich die Anreizstrukturen – verändert werden. Ökonomen wissen, wie: Die Preise sollten die tatsächlichen Kosten inklusive der Kosten der Umweltschädigung widerspiegeln, die sogenannten Externalitäten (die Kosten durch die Umweltbeeinträchtigung) müssen in den Preisen berücksichtigt werden. Eine Möglichkeit wäre die Erhebung einer Ökosteuer. Belastete man in unserem Dilemma-Experiment die Y-Wähler mit einer Abgabe von etwas mehr als $x + 1$ Punkten, so entfiele der Anreiz für die Y-Option. Die individuell-rationalen Strategien führten im Ergebnis zu einem sozialen Optimum, bei dem jeder einzelne Spieler im Vergleich zur Ausgangssituation bessergestellt wäre (ein sogenanntes Pareto-Optimum).

Eine Möglichkeit zur Veränderung der Anreizstruktur in einer Allmende-Situation ist die Einführung einer individuellen Abgabe, die vom Ausmaß der Ressourcennutzung abhängt. Die verbrauchsabhängige Heizkostenabrechnung ist hierfür ein Beispiel.

Oder in der Darstellung als Pfaddiagramm:

Abbildung V.2: Pfaddiagramm «Energiesparverhalten»

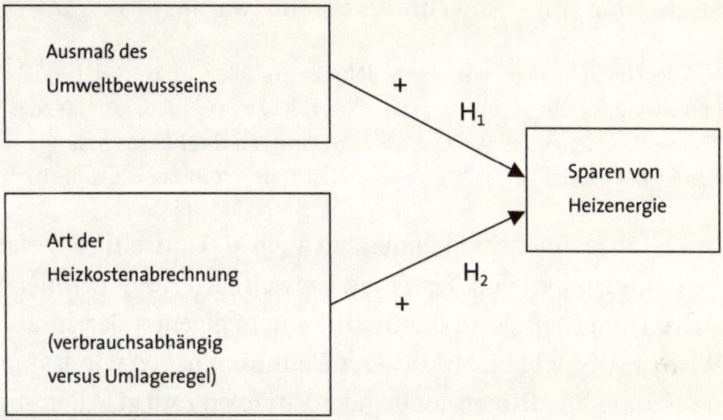

Ziel der empirischen Untersuchung sind die Prüfung der Hypothesen sowie die Ermittlung der jeweiligen Stärke der Effekte.

Planung und Vorbereitung der Erhebung

Soweit nicht in Phase 1 bereits geschehen, sind in Phase 2 die in den Hypothesen verwendeten Begriffe zu präzisieren und zu operationalisieren. Bei der Operationalisierung ist im Allgemeinen schon eine Vorentscheidung bezüglich des Erhebungsinstruments zu treffen. Sind die verwendeten Begriffe mehrdeutig und vielschichtig, d. h. mehrdimensional, so empfiehlt sich zunächst eine *Konzeptspezifikation* oder Dimensionsanalyse, deren Resultat eine genauere Definition des verwendeten «Konzepts» sein sollte (vgl. Lazarsfeld, Pasanella und Rosenberg 1972). Demonstrieren wir die Vorgehensweise am Beispiel des Umweltbewusstseins.

So wie dieser Begriff in der sozialwissenschaftlichen Literatur diskutiert wird (z. B. Urban 1986), lassen sich mehrere Dimensionen von «Umweltbewusstsein» unterscheiden. Als nützlich erweist sich dabei eine in der Einstellungsforschung gebräuchliche Unterteilung. Viele Einstellungen weisen (1) eine evaluative (Bewertungs-)Dimension, (2) eine kognitive (Wissens-)Dimension und (3) eine intentionale (Handlungsbereitschafts-)Dimension auf. Auf dieser Grundlage können wir schon eine erste Definition von «Umweltbewusstsein» wagen:

Der Grad des Umweltbewusstseins ist (= def.) umso größer, je positiver das Ziel «Schutz der Umwelt» und dafür geeignete Maßnahmen *bewertet* werden, je größer das Wissen über Umweltprobleme und geeignete Maßnahmen zu ihrer Lösung ist und je größer die *Handlungsbereitschaft* ist, selbst Maßnahmen zum Schutz der Umwelt zu ergreifen.

Die Bewertungsdimension können wir auch als Umweltbewusstsein im engeren Sinne oder noch besser als Umweltbewertung definieren. Die kognitive Dimension wird häufig mit einem eigenen Begriff als «Umweltwissen» bezeichnet. Mit unserer Definition haben wir das Umweltbewusstsein in drei Dimensionen oder Variablen zerlegt. Allerdings gibt die Definition noch keine Auskunft darüber, wie die Variablenwerte gemessen werden können (*Problem der Operationalisierung*). Weiterhin stellt sich die Frage, ob überhaupt und auf welche Weise die Variablenwerte der drei Teildimensionen zu einem Index des «Umweltbewusstseins» zusammengefügt werden sollten (*Problem der Indexbildung*).

Der Einfachheit halber illustrieren wir die Operationalisierung (bzw. eine von mehreren Möglichkeiten der Operationalisierung) am Beispiel der Bewertungsdimension des Umweltbewusstseins. Um diese zu messen, benötigen wir mindestens einen, in der Regel aber mehrere Indikatoren der Zieldimension «Umweltbewertung» *(Problem der Auswahl von Indikatoren).*

Spätestens an dieser Stelle müssen wir uns für eine Erhebungsmethode entscheiden. Der Grund ist, dass die Auswahl und Konstruktion von Indikatoren von der Erhebungsmethode abhängt. Bei der Inhaltsanalyse z. B. werden wir eine andere Vorgehensweise wählen müssen als etwa im Fall einer telefonischen Befragung.

Die gebräuchlichste, aber keinesfalls die einzige Methode zur Erhebung von Einstellungen ist die Befragung. Einstellungsmessungen können auch auf inhaltsanalytischem Wege erfolgen (Kapitel XII). Zur Prüfung unserer Hypothese benötigen wir aber neben den Daten zum Umweltbewusstsein zusätzlich Informationen über die Art der Heizkostenabrechnung und das Energiesparverhalten. Das konkrete Verhalten, also die abhängige Variable, könnte im Prinzip auch durch Beobachtung oder indirekt durch die Heizkostenabrechnung ermittelt werden. Gegenüber der Befragung bestünde der Vorteil darin, dass wir uns nicht auf die eventuell verzerrten oder beschönigten Auskünfte befragter Personen über ihr Umweltverhalten verlassen müssten. Jedoch sind die weiteren interessierenden Merkmale, insbesondere Einstellungsvariablen, mit Beobachtungsmethoden nur schwer oder gar nicht erfassbar. Das Umweltbewusstsein könnte allenfalls indirekt aus dem beobachteten Verhalten ermittelt werden. Auch ein «Methodenmix», z. B. Registrierung des Energieverbrauchs und Befragung zum Umweltbewusstsein, könnte sich als zweckmäßig erweisen. Hier zeigt sich schon, dass das Für und Wider bei der Entscheidung für eine Methode oder eine Methodenkombination jeweils sorgfältig abzuwägen ist.

In unserer Untersuchung entscheiden wir uns für eine telefonische Befragung. Mit der Befragung können die unabhängigen Variablen und die abhängige Variable (sowie weitere interessierende Merkmale) in einer einzelnen Erhebung ohne allzu großen Aufwand erfasst werden. Da die Hypothesen anhand einer Stichprobe aus der allgemeinen Bevölkerung prüfbar sind, die Telefondichte in der Population sehr hoch und bei der Einstellungserhebung auch kein Bildmaterial erforderlich ist, kann die Datenerhebung per telefonische Umfrage erfolgen. Wir sehen, dass bei der Auswahl der Erhebungsmethode auch schon Stichprobenprobleme mitbedacht werden müssen.

Kehren wir nun zur Operationalisierung und Einstellungsmessung des Umweltbewusstseins zurück. Im Telefoninterview verwenden wir als Indikatoren der Einstellung Aussagen, die jeweils zustimmend oder ablehnend beantwortet werden können. Um eine stärkere Differenzierungsmöglichkeit zu erlauben, werden Fünfer-Skalen vorgesehen (siehe Tabelle V.1). Natürlich sind auch andere Messmethoden denkbar (Kapitel VI). Die Kombination mehrerer Aussagen (auch Statements oder Items genannt) mit jeweils einem Fünfer-Antwortschema des Grads der Zustimmung wird als Likert-Methode oder Likert-Skala bezeichnet.

Die elf Items in Tabelle V.1 bilden demnach eine Likert-Skala der Umweltbewertung. Die einzelnen Aussagen beziehen sich auf umweltrelevante Maßnahmen, Ziele und Zielkonflikte. Erfasst wird jeweils der Grad der Übereinstimmung mit einer Aussage. Um Personen mit einer generellen Zustimmungstendenz – unabhängig von der Bedeutung einer Aussage – zu identifizieren, empfiehlt es sich, einen Teil der Items umgekehrt zu polen. Bei den Items A, B, E und F in der Tabelle wird angenommen, dass eine Zustimmung eher einen geringen Grad des Umweltbewusstseins signalisiert. Dabei handelt es sich aber nur um eine Vermutung, die im Zuge der Skalenkonstruktion anhand der empirischen Daten überprüfbar ist.

Jedes Item ist ein Indikator für die Zieldimension «Umweltbewertung». Warum verwendet man dann aber zur Einstellungsmessung im Allgemeinen mehrere Indikatoren? Genau wie man bei einem Wortschatztest in einer Fremdsprache nicht nur eine einzige Vokabel abfragen wird, um die Zieldimension «Sprachkenntnis» zu erfassen, kann auch hier ein einzelner messfehlerbehafteter Indikator in die Irre führen. Die Grundidee ist, dass der Durchschnittswert einer «Itembatterie» (oder ein anderer, aus den Antworten errechneter Index) eine zuverlässigere Messung der Zieldimension liefert als die Reaktion auf eine Einzelfrage (dazu genauer Kapitel VI). Ähnlich wird man bei der Erhebung weiterer Dimensionen des Umweltbewusstseins, d. h. bei der Erhebung der Handlungsbereitschaft und des Umweltwissens, vorgehen. Die letztere Dimension wurde im Fragebogen mittels einer Art «Umweltquiz» operationalisiert (vgl. Diekmann und Preisendörfer 1991, 1992).

Tabelle V.1: Operationalisierung der Variablen

a) Umweltbewertung

Im Folgenden haben wir eine Reihe von *Aussagen.* Können Sie mir bitte bei jeder Aussage sagen, ob Sie überhaupt nicht zustimmen, eher nicht zustimmen, teils / teils zustimmen, eher zustimmen oder voll und ganz zustimmen? (Interviewer: Notfalls die fünfstufige Skala genauer erläutern)

		Grad der Zustimmung überhaupt nicht				voll
A	Die Wissenschaft und die Technik werden in der Lage sein, die Umweltprobleme zu lösen.	1	2	3	4	5
B	Weiteres Wirtschaftswachstum ist die wichtigste Voraussetzung dafür, dass auch die Umweltprobleme gelöst werden.	1	2	3	4	5
C	Wenn wir so weitermachen wie bisher, steuern wir auf eine Umweltkatastrophe zu.	1	2	3	4	5
D	Umweltschutzmaßnahmen sollten auch dann durchgesetzt werden, wenn dadurch Arbeitsplätze verlorengehen.	1	2	3	4	5
E	Nach meiner Einschätzung wird das Umweltproblem in seiner Bedeutung von vielen Umweltschützern stark übertrieben.	1	2	3	4	5
F	Die Zeitungen und das Fernsehen informieren ausreichend über die aktuellen Umweltprobleme.	1	2	3	4	5
G	Es ist noch immer so, dass die Politiker viel zu wenig für den Umweltschutz tun.	1	2	3	4	5
H	Alle Atomkraftwerke in der Schweiz sollten so schnell wie möglich stillgelegt werden.	1	2	3	4	5
I	Der Autoverkehr sollte völlig aus den Stadtzentren herausgehalten werden.	1	2	3	4	5
J	Der weitere Ausbau des Straßennetzes sollte aus Umweltschutzgründen stark beschränkt werden.	1	2	3	4	5
K	Tempo 100 auf den Autobahnen sollte so schnell wie möglich eingeführt werden.	1	2	3	4	5

b) Art der Heizkostenabrechnung

Werden bei Ihnen die *Heizkosten* für das ganze Haus gemeinsam abgerechnet und dann auf die einzelnen Haushalte umgelegt, oder werden die Heizkosten nach Ihrem persönlichen Verbrauch abgerechnet?

1 Gemeinsam, dann umgelegt
2 Nach persönlichem Verbrauch
3 Weiß nicht
4 Sonstiges, und zwar ____________________

c) Indikator für «Energiesparen»
Wenn Sie im Winter Ihre Wohnung für mehr als vier Stunden verlassen, drehen Sie da normalerweise die *Heizung* ab oder herunter?
1 Ja
2 Nein

Die Art der Heizkostenabrechnung als weitere unabhängige Variable kann dagegen mit einer Einzelfrage operationalisiert werden (Tabelle V.1). Zur Messung der Heizkostenersparnis sind wiederum mehrere Alternativen denkbar. Die direkte Frage nach der Höhe der Heizkosten (und der Wohnungsgröße) – hieraus ließe sich die abhängige Variable Heizkosten pro m^2 konstruieren – erwies sich aber als wenig praktikabel. Der Grund ist, dass nicht einmal ein Drittel der Befragten die Höhe ihrer Heizkosten angeben konnte. Auch Fragen nach der Höhe der Raumtemperatur werden in telefonischen Interviews wohl kaum zuverlässig beantwortet werden können. Um in dieser Hinsicht objektive Angaben zu erhalten, wären wieder andere als telefonische Erhebungsmethoden in Erwägung zu ziehen.[8]

Ebenso wie bei der Einstellungsmessung bietet sich bei der Erhebung des Umweltverhaltens per Befragung eine Messung mit «multiplen Indikatoren» an. Geht es dagegen um eine sehr spezielle Art des Umweltverhaltens, in unserem Fall konkret um Bemühungen der Einsparung von Heizenergie, dann könnte auch eine ‹gut› gewählte Einzelfrage (eventuell) zuverlässige Informationen liefern. Ausgewählt wurde die einfache Frage, die sich auf das Herunterdrehen der Heizung im Winter bezieht, falls die Wohnung für mehr als vier Stunden verlassen wird. Entsprechend wurde die abhängige Variable mit dieser Indikatorfrage operationalisiert (Tabelle V.1).

8 Z. B. eine Kombination von Befragung und Registrierung des Energieverbrauchs in ausgewählten «Versuchshaushalten».

Zusätzlich zu sämtlichen Variablen, die in den zu prüfenden Hypothesen auftreten, wird man ferner noch sozialdemographische «Hintergrundvariablen» (Bildung, Alter, Geschlecht, Haushaltsgröße, Familienstand, Angaben zur Erwerbstätigkeit, Wohnort usf.) im Fragebogen berücksichtigen. Dies kann jedenfalls dann sinnvoll sein, wenn die Vermutung begründet ist, dass die sozialdemographischen Merkmale mit dem untersuchten Verhalten in Beziehung stehen.[9]

Wurden nun alle Variablen, denen in der Untersuchung unser Interesse gilt, durch Fragen und Antwortkategorien operationalisiert, so erhalten wir einen Fragenkatalog und bei geeigneter Anordnung der Fragen das Erhebungsinstrument: eine (vorläufige) Version des Fragebogens.

Im Zuge der Untersuchungsplanung sind nun als weitere Schritte die Untersuchungsform (Phase 3) und die Auswahl der Stichprobe (Phase 4) zu bestimmen.

Wird von der Vorannahme ausgegangen, dass das Umweltbewusstsein gemäß Hypothese H_1 vermutlich das Energiesparverhalten, nicht aber umgekehrt das Verhalten das Umweltbewusstsein beeinflusst (keine Rückwirkung), dann kann die Hypothese anhand von Querschnittdaten geprüft werden.[10] Für unsere Zwecke genügt eine punktuelle Querschnitterhebung. Interessiert man sich überdies für die Veränderung oder die Stabilität des Umweltbewusstseins im Zeitablauf, dann wären eine

9 Ein Grund für die Miterfassung sozialdemographischer Merkmale ist in nichtexperimentellen Studien die Möglichkeit von Tests auf «Scheinkorrelationen». Bleibt z. B. der vermutete Zusammenhang zwischen dem Umweltbewusstsein und Energiesparverhalten auch dann erhalten, wenn mögliche Effekte der Bildung berücksichtigt («kontrolliert») werden? Dieser zusätzliche Test ist nur dann möglich, wenn die Variable «Bildung» erhoben wird. In experimentellen Studien ist die Erhebung der «Kontrollvariablen» weniger wichtig, da mögliche Einflüsse von Drittvariablen durch die Zufallsaufteilung ausgeglichen werden.

10 Unter gewissen Bedingungen können auch kausale Wirkungen und Rückwirkungen an Querschnittdaten untersucht werden. Dafür sind aber zusätzliche, teilweise sehr restriktive Annahmen erforderlich. Die Verfahren werden in ökonometrischen Lehrbüchern beschrieben. Siehe z. B. Wonnacott und Wonnacott (1970) oder Greene (2002).

oder mehrere Wiederholungsuntersuchungen bei den gleichen Befragten (Panelstudie) einzuplanen. Neben dem zeitlichen Aspekt der Erhebung stellt sich weiterhin die Frage, ob in Anlehnung an experimentelle Untersuchungen ein «Vergleichsgruppen-Design» gewählt werden sollte. So ist es eventuell möglich, zwei vergleichbare Gruppen von Haushalten zu bilden, die sich im Wesentlichen nur nach der Art der Heizkostenabrechnung unterscheiden (quasiexperimentelles Design). Allerdings dürfte es nicht ganz einfach sein, für beide Gruppen eine genügend große Zahl vergleichbarer Haushalte zu finden. Wird versuchsweise oder auf Dauer geplant, den Abrechnungsmodus der Heizkosten zu ändern, z. B. per Gesetz die kollektive durch eine verbrauchsabhängige Abrechnung zu ersetzen, dann böte sich noch ein aussagekräftigeres quasiexperimentelles Design an: eine Vorher-nachher-Erhebung bei den von der Umstellung betroffenen Haushalten: Noch besser ist, wenn dabei zusätzlich eine Vergleichsgruppe berücksichtigt werden kann, die den alten Abrechnungsmodus beibehält. Diese Gelegenheit ergab sich für uns freilich nicht.

Die Alternative nichtexperimenteller Umfragestudien besteht darin, Vergleichsgruppen *nach* der Datenerhebung im Zuge der Datenanalyse zu bilden (Ex-post-facto-Design). Kreuztabellen oder Mittelwertvergleiche nach Gruppen sind die einfachsten Auswertungsmethoden, die dieser Logik folgen (Kapitel XIV). Bei einem Experiment oder einem Quasi-Experiment wird die Varianz der unabhängigen Variablen durch das Design im Vorhinein festgelegt. Man plant z. B., dass die Gruppe mit verbrauchsabhängiger Abrechnung 120 Haushalte und die Vergleichsgruppe mit kollektiver Abrechnung 90 Haushalte umfassen soll. Bei einer nichtexperimentellen Studie wird die Varianz hingegen durch die Beschaffenheit der Population und die Art der Stichprobenziehung bestimmt. Zieht man z. B. eine Stichprobe gleich welcher Art aus der Bevölkerung einer Stadt, in der die verbrauchsabhängige Abrechnung durch Gesetz für alle Haushalte vorgeschrieben ist, dann wird man natürlich auch in der Stichprobe für die interessierende Variable eine Varianz von null erhalten. Dann aber ist die Energiesparhypothese an dieser Stichprobe nicht überprüfbar. Wir erinnern uns an den fast trivialen, nichtsdestotrotz häufig missachteten «Hauptsatz» der empirischen Sozialforschung: «Ohne Varianz keine Hypothesenprüfung!»

Die Bevölkerung der eidgenössischen Hauptstadt Bern ist dagegen für unsere Zwecke eine gutgeeignete «Testpopulation». Beide Arten der Abrechnung existieren hier in genügend großen Proportionen nebeneinander. Mit einer Querschnitterhebung und einem nichtexperimentellen Design ist auch in einer allgemeinen Bevölkerungsstichprobe mit einer größeren Variabilität der unabhängigen Variablen zu rechnen. Damit sind wir bereits bei Schritt 4, der Bestimmung von Population und Stichprobenverfahren. Wie bereits erwähnt, ist zur Prüfung von Hypothesen keine sogenannte repräsentative Stichprobe erforderlich. Wenn jedoch zusätzlich zur Hypothesenprüfung auch deskriptive Ziele verfolgt werden, z. B. die Beschaffung von Informationen über den Anteil von Haushalten mit verbrauchsabhängiger Abrechnung, das durchschnittliche Ausmaß des Umweltbewusstseins in der Bevölkerung usw., dann empfiehlt sich die Ziehung einer Zufallsstichprobe aus der jeweils interessierenden Population. Die Population («Grundgesamtheit») ist in unserer Untersuchung die Berner Bevölkerung, genauer gesagt: «erwachsene Personen in der Region Bern, die in Haushalten mit Telefonanschluss leben.» Bei telefonischen Interviews ist die Stichprobenziehung nach dem Zufallsverfahren, sofern es sich nicht um spezielle Populationen handelt, noch relativ unkompliziert. Doch sind auch hier einige Regeln zu beachten. Eine Stichprobe der Anschlüsse kann aus dem Telefonbuch oder einer computerlesbaren Telefondatei gezogen werden. Dabei sind strikte Regeln zur Gewährleistung der Zufallswahl einzuhalten. Bei Verwendung des Telefonbuchs könnte die Regel lauten: «Wähle die ersten zehn Privatanschlüsse der mittleren Spalte jeder zehnten Seite, beginnend mit der ersten Adressseite bis zum Ende des Telefonverzeichnisses.»[11] (Wegen der vielen nicht eingetragenen Telefonnummern stößt dieses Verfahren heute allerdings an seine Grenzen. Zu besseren Alternativen siehe Kapitel IX.) Auf diese Weise erhalten wir aber zunächst nur eine Haushaltsstichprobe und noch keine Personenstichprobe. Würde jetzt jeweils diejenige Person befragt werden, die sich zuerst am Telefon meldet, so

11 Wobei man den Start der *Listenauswahl* (Kapitel IX) besser noch zufällig auslosen sollte, beispielsweise durch Auslosung einer Zahl von 1 bis 10. Die ausgeloste Zahl bezeichnet dann die Seite, aus der die erste Telefonnummer gezogen wird.

wäre die Stichprobe krass verzerrt. Insbesondere wären Männer, erwerbstätige und mobilere Haushaltsmitglieder stark unterrepräsentiert. Man wird daher in einer zweiten Stufe der Zufallsauswahl eine Person im Haushalt zufällig auswählen müssen. Eine Methode ist die – allerdings etwas umstrittene – «Geburtstagsauswahl». Befragt wird diejenige Person, die im Haushalt lebt, zur Grundgesamtheit zählt (z. B. 18 Jahre oder älter ist) und zuletzt Geburtstag hatte. Das aber muss man dem Gesprächspartner, der sich am Telefon meldet, zunächst einmal verständlich machen, was in der Praxis einiges Geschick erfordert. Ist die Zielperson selbst nicht anwesend, muss ein Termin ausgemacht werden. Außerdem kommt es natürlich häufig zu Verweigerungen. Bei der Geburtstagsmethode zeigte sich zudem, dass oftmals nicht die richtige Zielperson, die zuletzt Geburtstag hatte, ausgewählt wurde. In einer Studie von Lavrakas, Stasny und Harpuder wird berichtet, dass die Auswahl nach diesem Verfahren bei etwa 20 % der Haushalte nicht korrekt ist (zu alternativen Verfahren siehe Kapitel IX). Weiterhin ist ein Teil der Haushalte nur schwer oder gar nicht erreichbar. Bei Nichterreichbarkeit werden weitere Kontaktversuche – gut gestreut über Tageszeit und Wochentage – unternommen. Auch hier sind die Regeln genau festzulegen, wobei die Interviewer und Interviewerinnen über jeden Kontaktversuch Protokoll führen sollten. Verweigerungen und Nichterreichbarkeit beeinträchtigen natürlich stark die Qualität einer Zufallsstichprobe. Meist wird man auch bei erheblichen Anstrengungen bei nicht mehr als 60 bis 70 % der Zielpersonen (= Ausschöpfungsquote) ein Interview realisieren können.

Aus diesem Grund ist auch die Zahl der zufällig ausgewählten Adressen (Bruttostichprobe) meist wesentlich höher als die Zahl der letztlich durchgeführten Interviews, also der Stichprobengröße, auf der in der Regel die Auswertung basiert.[12] Wie groß ist nun der Umfang der Stichprobe zu planen? Allgemein gilt bei einer idealen (!) Zufallsstichprobe: je größer, desto genauer die Schätzung. Eine exakte Grenze lässt sich daher auch nicht angeben. In der Praxis kann ferner eine große Stichprobe bei

12 Sofern jede befragte Person ein Element der Stichprobe ist. Geben z. B. Lehrer Auskünfte über ihre Schüler, dann kann die Stichprobe auch größer sein als die Zahl der Interviews.

geringer Ausschöpfung ungenauere Resultate liefern als eine kleinere Stichprobe mit hoher Ausschöpfungsquote. Die Planung des Umfangs der Stichprobe hängt insbesondere von der Fragestellung und der angestrebten Genauigkeit der Schätzung ab. Bei einer deskriptiven Fragestellung ist dann ein hoher Stichprobenumfang erforderlich, wenn man relativ ‹seltene› Ereignisse genauer abschätzen möchte. Wird die FDP die 5 %-Quote erreichen? Selbst bei 1000 Befragten sind 5 % gerade 50 Personen. Die rein statistische Fehlerschwankung bei einer in der Praxis nicht realisierbaren, idealen Zufallsstichprobe führt hier schon zu einem Unsicherheitsbereich, der Prognosen ziemlich fragwürdig erscheinen lässt. Zur Prüfung einfacher Wenn-dann-Hypothesen kann auf der anderen Seite eine Stichprobengröße im Bereich von 100 bis 300 Personen durchaus genügen, wobei experimentelle Untersuchungen häufig noch auf geringeren Fallzahlen basieren. In unserer Untersuchung zum Energiesparverhalten geht es primär um die Prüfung von Hypothesen. Angestrebt wurde in Bern eine Stichprobengröße von 400 Befragten. Diese Zahl dürfte zur Hypothesenprüfung ausreichen und gleichzeitig eine zumindest grobe Schätzung deskriptiver Sachverhalte erlauben.

Schritt 5 ist der Pretest des Erhebungsinstruments. Eine Befragung von 20 bis 50 Personen mit der vorläufigen Fragebogenversion dürfte im vorliegenden Fall genügen, um Mängel des Fragebogens zu entdecken und auch die Befragungszeit abschätzen zu können: Nach dem Pretest ist eine Überarbeitung und meist wohl auch eine Kürzung des Fragebogens erforderlich. Bei einer größeren Zahl von Mängeln und umfangreicher Überarbeitung empfiehlt sich ein zweiter und eventuell sogar ein dritter Pretest. Erst wenn ein ausgetestetes Erhebungsinstrument vorliegt, sollte mit der Haupterhebung begonnen werden.

Datenerhebung

Der Haupterhebung (Phase 6) vorgeschaltet wird die Schulung des Interviewerstabs. Jedes Mitglied des Interviewteams sollte sich dabei in einigen Probeinterviews mit dem Erhebungsinstrument vertraut machen. Telefonische Interviews werden heute meist computerunterstützt durchgeführt. Fast jedes kommerzielle Umfrageinstitut verfügt über ein entsprechend ausgestaltetes Telefonlabor. Bei unserer Umweltstudie haben wir allerdings die Interviewertätigkeit nicht ausgelagert. Jede Teilnehmerin und jeder Teilnehmer an dem Forschungspraktikum hat etwa zehn Interviews übernommen. Die Gespräche konnten von unserem Universitätsinstitut oder wahlweise vom eigenen Telefon geführt werden. Zweckmäßig ist es, die zu befragenden Haushalte etwa eine Woche vor Durchführung des Interviews anzuschreiben. In dem Anschreiben kann (eventuell) die Thematik der Studie erwähnt werden; jedoch sollten den befragten Personen natürlich nicht die genauen Forschungsziele und Hypothesen bekannt sein. Auch wenn es Mehrarbeit erfordert, sollte den Befragten eine nachträgliche Information über die Forschungsergebnisse zumindest angeboten werden. (Z. B.: Ein Kurzbericht der Auswertung, der auf Anfrage hin verschickt wird.) Ziel eines gutformulierten Anschreibens ist auch, (berechtigtes) Misstrauen abzubauen und nicht zuletzt die Verweigerungsquote zu reduzieren.

Da krasse Verletzungen der Intervieweranweisungen bis hin zu Fälschungen nie auszuschließen sind, gilt auch hier das Motto: «Vertrauen ist gut, Kontrolle ist besser!» So sollte von vornherein klar sein, dass im Rahmen der sogenannten Feldkontrolle ein gewisser Anteil der Interviews (20–40 %) durch Rückruf bei den Befragten überprüft wird. Bei persönlichen Interviews oder nicht im Telefonlabor zentral durchgeführten telefonischen Interviews kennen professionelle Interviewer aber noch eine ganze Reihe von Tricks regelwidriger ‹Arbeitserleichterungen›, die durch routinemäßige Feldkontrollen praktisch nicht entdeckt werden können (siehe dazu Reuband 1990, Dorroch 1994 und Kapitel X). Vielleicht ist es der größte Vorteil der Telefonlabors, dass die Datenerhebung durch die Möglichkeit zur direkten Feldkontrolle (ein Supervisor kann sich in die Gespräche einschalten) weitgehend fälschungssicher ist.

Datenauswertung

Als Resultat der Haupterhebung in Bern erhalten wir 392 Interviews.[13] Bei geschlossenen Fragen mit vorgegebenen Antwortkategorien werden die Kodeziffern, bei offenen Fragen die Antworten (z. B. Berufsangaben) in eine Computerdatei übertragen (Phase 7). Hieran wird sich eine Fehlerkontrolle und – soweit möglich – eine Fehlerkorrektur anschließen. Routinemäßig überprüft wird zunächst einmal das Vorliegen von «wild codes». Wenn bei unseren Umweltitems in Tabelle V.1 z. B. eine Zahl außerhalb des Bereichs von 1 bis 5 auftritt, kann es sich nur um einen Fehler bei der Datenerhebung oder Datenübertragung handeln. Kontrollierbar sind ferner Inkonsistenzen wie die Existenz von ‹ledigen Geschiedenen› im Datensatz. Sind bestimmte Informationen besonders wichtig, so wird man zur Klärung von Unstimmigkeiten auch noch Rückrufe bei den Befragten vornehmen. Nicht zuletzt sind Erfordernisse des Datenschutzes zu beachten. Werden die Adressen der Befragten nach Abschluss der Fehlerkorrekturen nicht mehr benötigt, dann sollte der Datensatz nur noch in anonymisierter Form für Analysezwecke verwendet werden. Bei Panelerhebungen wird es allerdings erforderlich sein, mit Einverständnis der Befragten die Adressen bis zum Abschluss der letzten «Panelwelle» zu archivieren. Hier sind Konflikte zwischen Datenschutz und wissenschaftlichen Zielen besonders prekär.

Auch die Auswertung (Phase 8) erfordert eine Reihe mitunter recht zeitraubender Vorarbeiten. Bei Verwendung multipler Indikatoren zur Messung von Einstellungen oder anderen Variablen werden die Skalen zunächst einem Test unterzogen. Weiterhin werden die Indizes konstruiert und in der Regel noch verschiedene Umformungen der Variablen (z. B. die Zusammenfassung von Kategorien) vorgenommen. Bei einem computerlesbaren Datenfile stehen für diese Operationen sowie für die statistische Datenanalyse eine Reihe von Softwarepaketen wie SPSS oder SYSTAT (dazu Kapitel XIV) zur Verfügung.

Ein erster Test der «Umweltbewertungsskala» mit den Items in Tabelle V.1 zeigt, dass das Item A relativ wenig geeignet ist (dazu Kapitel VI).

13 Die Münchner Vergleichsstichprobe umfasst 965 befragte Personen.

Der Index des «Umweltbewusstseins» bzw. der Teildimension «Umweltbewertung» basiert daher nur auf den zehn Items B bis K. Wir konstruieren den Index auf einfache Weise als Durchschnittswert der Antwortaktionen auf diese zehn Aussagen. Zuvor ist es natürlich erforderlich, die «gegenläufigen» Items B, E und F rechnerisch «umzupolen» (d. h., eine «5» bei diesen Items wird in eine «1» transformiert, eine «4» in eine «2» usw.). 367 Personen haben alle zehn Items beantwortet. (Bei den restlichen 15 Befragten fehlt mindestens eine Antwort. Diese fehlenden Werte werden als «missing values» bezeichnet.) Der Durchschnittswert, genauer: das arithmetische Mittel für die 367 Befragten beträgt 3,6. Nicht überraschend neigen die meisten Befragten dazu, Umweltziele und Maßnahmen positiv zu bewerten. Der Aussage C z. B. («Wenn wir so weitermachen wie bisher, steuern wir auf eine Umweltkatastrophe zu!») wird von fast vier Fünfteln (79 %) der befragten Bernerinnen und Berner zugestimmt.

Andererseits zeigt die rein deskriptive Schätzung der Häufigkeiten und Prozentwerte für verschiedene Umweltaktivitäten in Bern (und auch in München), dass zwischen Umweltbewusstsein und Umweltverhalten eine erhebliche Diskrepanz besteht. Um ein anschauliches Bild zu vermitteln, betrachten wir einmal nur das Verhalten des oberen Drittels stark umweltbewusster Befragter (422 Personen aus den zusammengefassten Stichproben in Bern und München):

«74 Prozent dieser Gruppe gingen mit dem Flugzeug bzw. mit dem Auto in ihre letzten Ferien, 54 Prozent besitzen ein Auto und von den Autofahrern 54 Prozent ein Auto ohne Katalysator, 37 Prozent waren am letzten Wochenende mit dem Auto unterwegs, 30 Prozent haben im Verlauf der letzten Woche kein öffentliches Verkehrsmittel benutzt, 39 Prozent bemühen sich nicht um eine Einsparung von warmem Wasser, 38 Prozent drehen im Winter ihre Heizung nicht ab, wenn sie für längere Zeit die Wohnung verlassen, und 25 Prozent verwenden in ihrem Haushalt einen Wäschetrockner, der – auch bezüglich der angeblich stromsparenden neueren Modelle – in jedem Ratgeber zum privaten Ökoverhalten als ein äußerst stromintensives Gerät geächtet wird» (Diekmann und Preisendörfer 1992: 234).

Das biblische Wort «Wasser predigen und Wein trinken» gilt auch und gerade im Bereich des Umwelthandelns. Vor dem Hintergrund der Theorie Olsons ([1 st ed. 1965] 2004) zur «Logik des kollektiven Handelns» wird in Kollektivgutsituationen die Kluft zwischen den allgemeinen «Gruppeninteressen» und den persönlichen Handlungen aber durchaus verständlich. Was kann z. B. einem Autofahrer Besseres passieren, als wenn möglichst die anderen Verkehrsteilnehmer auf ihr Auto verzichten? Zwar ist es im Interesse jedes einzelnen Autofahrers, dass ein Verkehrschaos vermieden wird (= Kollektivgut), aber dazu sollen doch, bitte schön, die anderen Verkehrsteilnehmer einen Beitrag leisten. Nicht viel anders ist die Logik beim Energiesparen oder anderen Umweltaktivitäten.

Die deskriptiven Angaben stellen allerdings noch keinen Test der «Umweltbewusstseinshypothese» (H_1) dar. Auch wenn erhebliche Diskrepanzen zwischen Umweltbewusstsein und Handeln existieren, so heißt dies noch nicht, dass das Umweltbewusstsein keinerlei Effekte auf das Umwelthandeln ausübt. Die obigen Angaben demonstrieren nur anschaulich, dass ein eventueller Zusammenhang alles andere als perfekt wäre.

Wie könnte nun ein einfacher Test der Hypothese H_1 aussehen? Zur Prüfung der Hypothese vergleichen wir die Indexwerte der Umweltbewertung von Personen, die Heizenergie sparen, mit derjenigen Personengruppe, die keine Sparbemühungen erkennen lässt. Die Auswertung basiert nur auf der Teilstichprobe von Mietern, sodass sich die Fallzahl etwas verringert. Dieser einfache, bivariate Test (geprüft wird nur der bivariate Zusammenhang zwischen zwei Variablen) ergibt ein negatives Ergebnis. Die Durchschnittswerte der Umweltbewertung von Mietern in beiden Gruppen unterscheiden sich nur unwesentlich (Abbildung V.3). Ein statistischer Test zeigt zudem, dass der Unterschied eindeutig nicht signifikant ist (t-Test auf Mittelwertunterschiede, vgl. Kapitel XIV).

Dem Item C («Wenn wir so weitermachen wie bisher, steuern wir auf eine Umweltkatastrophe zu!») wird in Bern von nahezu 80 % der Befragten zugestimmt. Der Anschaulichkeit halber vergleichen wir einmal, ob Personen, die dieser Aussage zustimmen (Kategorie 4 und 5), umweltbewusster handeln als Befragte, die die Aussage ablehnen oder indifferent sind (Kategorie 1, 2, und 3). Auch hier zeigt sich praktisch kein Unterschied. 23,4 % der Mieter, die der Aussage zustimmen, drehen die Heizung nach Verlassen der Wohnung ab oder herunter. In der Gruppe von Personen, die dem Item nicht zustimmen, sind es 23,5 % (vgl. die Kreuztabelle und die graphische Darstellung).

Auch in multivariaten Analysen (Kapitel XIV) sowie unter Berücksichtigung der weiteren Teildimensionen «Umweltwissen» und «Handlungsbereitschaft» ist kein Effekt des Umweltbewusstseins auf das Sparen von Heizenergie nachweisbar. Die Hypothese H_1 kann daher anhand unserer empirischen Daten als falsifiziert gelten.

Abbildung V.3: Umweltbewertung und Sparen von Heizenergie

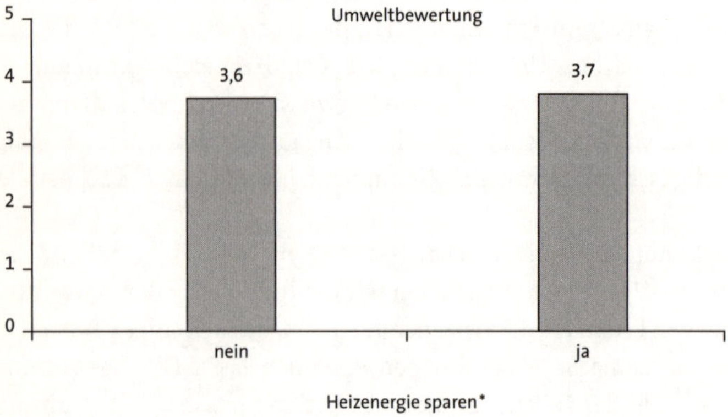

* Nur Mieter. Fallzahl N = 254. Davon «Energiesparer»: N = 61, Personen ohne Sparbemühung: N =193.

Es wäre allerdings voreilig, aus diesem Befund zu schließen, dass das Umweltbewusstsein generell keinen Einfluss auf das Umwelthandeln ausübte. Bei anderen Umweltaktivitäten (Einkaufsverhalten, Abfalltrennung) sind neben «Anreizeffekten» durchaus moderate Wirkungen des Umweltbewusstseins nachweisbar. Eine Erklärung dafür bietet die «Low-cost»-Hypothese (Diekmann und Preisendörfer 1992). Sind nämlich die «Kosten» (Preise, Zeitaufwand, Unbequemlichkeiten) des umweltgerechten Handelns relativ gering im Vergleich zur weniger umweltgerechten Handlungsalternative, so kann das Umweltbewusstsein gewissermaßen das Zünglein an der Waage spielen. Noch ein weiteres Argument spricht dafür, das Umweltbewusstsein nicht zu gering zu schätzen. Selbst wenn das Umweltbewusstsein das *persönliche* Umweltverhalten nicht oder nur in geringem Grad beeinflusst, werden andere, anreizbezogene

Maßnahmen politisch nur durchsetzbar sein, wenn das Umweltbewusstsein der Wählerinnen und Wähler relativ hoch ist.

ABBILDUNG V.4: HEIZENERGIE SPAREN NACH DER ZUSTIMMUNG ZU ITEM C

		Zustimmung zu Item C*	
		ja	nein
Heizenergie sparen	ja	51 23,4 %	12 23,5 %
	nein	167 76,6 %	39 76,5 %
		218 100 %	51 100 %

* Item C: «Wenn wir so weitermachen wie bisher, steuern wir auf eine Umweltkatastrophe zu»
Nur Mieter. Absolute Zahlen und Spaltenprozente

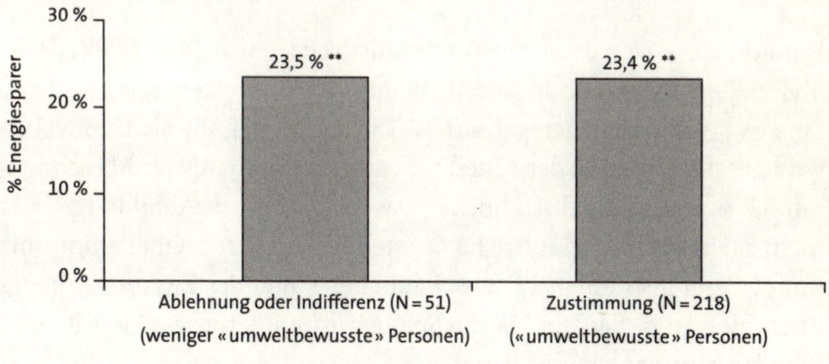

** Spaltenprozente der Tabelle

Untersuchen wir jetzt die Hypothese H_2 zum vermuteten Einfluss individueller Anreize auf das Sparen von Heizenergie. Wie schon in Abbildung V.4 ist die Kreuztabelle (Tabelle V.2) so angeordnet, dass die unabhängige

Variable «Art der Heizkostenabrechnung» am Kopf der Tabelle steht. Die Differenz der Spaltenprozente gibt dann über die Stärke des Effekts der unabhängigen Variablen auf das Energiesparverhalten Aufschluss.

Tabelle V.2: Energiesparverhalten nach dem Abrechnungsmodus der Heizkosten

		Heizkostenabrechnung*	
		Umlageregel	verbrauchsabhängig
Heizenergie sparen	ja	33 17,5 %	30 37 %
	nein	156 82,5 %	51 63 %
		189 / 100 %	81 / 100 %

*Nur Mieter. Absolute Zahlen und Spaltenprozente.

Das Resultat ist ein deutlicher und statistisch signifikanter Effekt des individuellen Anreizfaktors auf die Bemühungen, Heizenergie zu sparen. Sind es bei der Umlageregel nur 17,5 % der Mieter, die sich umweltbewusst verhalten, so ist der Anteil bei verbrauchsabhängiger Abrechnung mit 37 % etwa doppelt so hoch.[14] Das Diagramm in Abbildung V.5 ist nicht mehr als eine graphische Darstellung der Kreuztabelleninformation; es gibt aber ein etwas anschaulicheres Bild des Zusammenhangs. Auch hier zeigt die Graphik die Spaltenprozente, prozentuiert in Richtung auf die unabhängige Variable.

Ein Einwand gegen diesen Befund lautete, dass viele Mieter in Altbauwohnungen aufgrund technisch veralteter Heizanlagen gar nicht die Möglichkeit zur Heizungsregulierung haben. In der nachfolgenden Ber-

14 Werden nicht nur Mietwohnungen berücksichtigt, so betragen die Werte immer noch 18,6 % versus 33,1 %.

ner Panelerhebung wurde deshalb eine Frage gestellt, die sich nach den Gründen erkundigt, falls die Heizung beim Verlassen der Wohnung nicht heruntergedreht wird. Selbst wenn man aufgrund der Angaben auf diese Frage diejenigen Personen unberücksichtigt lässt, in deren Wohnungen sich nichtregulierbare Heizkörper befinden (sowie Haushalte, bei denen eine Person nie für mehr als vier Stunden die Wohnung verlässt), bleibt der Effekt in ungefähr gleicher Stärke erhalten. 43 % bemühen sich, bei verbrauchsabhängiger Abrechnung Heizenergie zu sparen, aber nur 21 % bei kollektiver Abrechnung (wobei hier neben Mietern auch Wohnungseigentümer berücksichtigt wurden).

Abbildung V.5: Heizenergie sparen nach Abrechnungsmodus

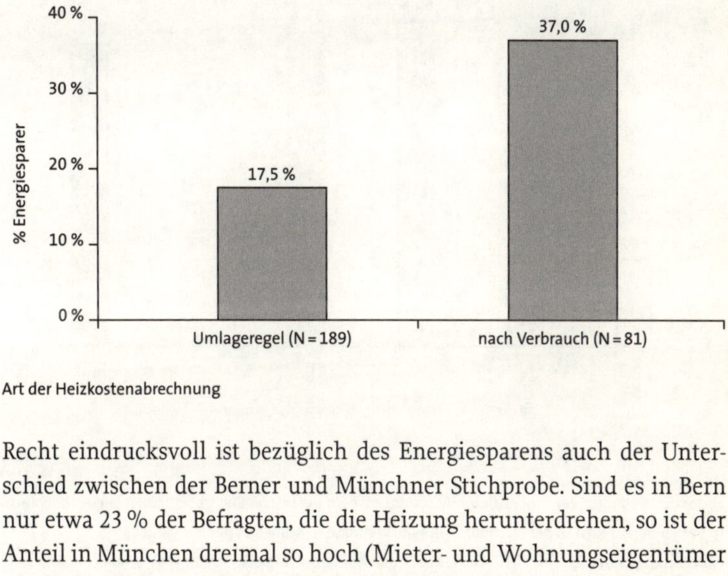

Recht eindrucksvoll ist bezüglich des Energiesparens auch der Unterschied zwischen der Berner und Münchner Stichprobe. Sind es in Bern nur etwa 23 % der Befragten, die die Heizung herunterdrehen, so ist der Anteil in München dreimal so hoch (Mieter- und Wohnungseigentümer wieder zusammengefasst). Ein derart gravierender Unterschied kann nicht zufällig sein. Zunächst könnte man auch hier wieder spekulieren, ob ein eventuell höheres Umweltbewusstsein der Münchner einen Schlüssel zur Erklärung der Differenz liefert. Tatsächlich gibt es aber nur geringfügige Unterschiede im Umweltbewusstsein der Einwohner der beiden Städte. Die Erklärung für das weit größere Ausmaß des Energiesparverhaltens in der bayerischen Metropole ist der Abrechnungsmodus der Heizkosten. Ist in Bern die Umlageregel im Vergleich zur individuellen Abrechnung dominierend, so verhält es sich in München genau umgekehrt (Abbildung V.6).

ABBILDUNG V.6: DAS ENERGIESPARDILEMMA

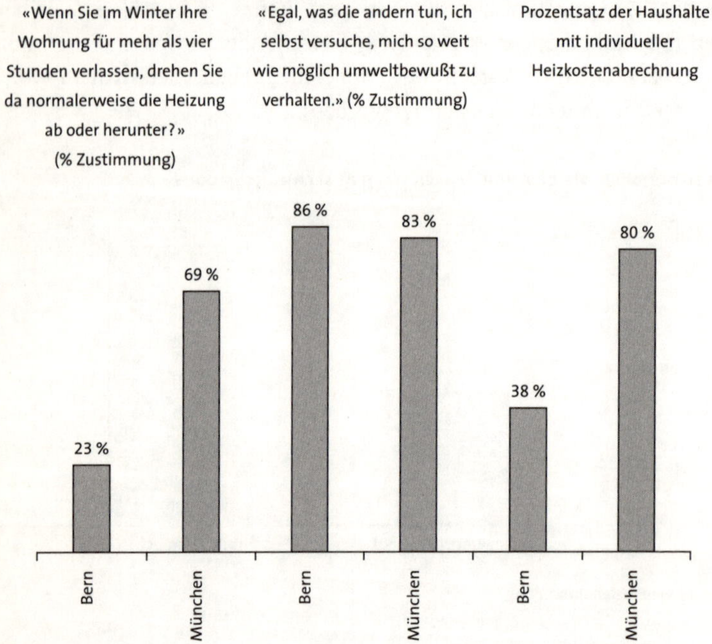

Unter den Bedingungen einer Allmende-Struktur ist ein extensiver Energieverbrauch zu beobachten. In Bern wird auf Kosten der Nachbarn geheizt, während in München der individuelle Abrechnungsmodus vorherrscht. Nicht das Umweltbewusstsein erklärt den sparsamen Umgang mit der Heizenergie; entscheidend sind vielmehr Unterschiede in der «Anreizstruktur». Bei anderen Formen umweltgerechten Verhaltens ist hingegen das Umweltbewusstsein durchaus von Bedeutung.

Bleibt noch hinzuzufügen, dass der relativ starke Effekt des Abrechnungsmodus auf die Energiesparbemühungen auch bei multivariater Datenanalyse nachweisbar ist. Die Energiesparhypothese H_2 kann damit anhand der empirischen Daten recht gut bestätigt werden.

Die Befunde sind aber auch von praktischem Wert. Nicht nur, dass durch eine Umstellung auf die verbrauchsabhängige Abrechnung erhebliche Kosten gespart werden können; die Umstellung dürfte auch zu einer Reduktion umweltschädlicher Emissionen führen, zu denen der Heizungsbedarf privater Haushalte in nicht unerheblichem Maße beiträgt.

Nicht nur die Ergebnisse und deren Interpretation werden im Forschungsbericht festgehalten (Schritt 9). Wie erwähnt, sollte der Forschungsbericht bzw. eine Fachpublikation auch die einzelnen methodischen Schritte genau und nachvollziehbar dokumentieren. Bleiben die genaue Operationalisierung der Variablen, die Art der Stichprobenziehung und die weiteren methodischen Entscheidungen völlig unklar, dann ist eine wissenschaftliche Diskussion der Befunde nicht mehr möglich.

Auch die vorliegende Beispieluntersuchung ist kritisierbar. Würde man unterschiedliche Ergebnisse erzielen, wenn das «Umweltbewusstsein» auf andere Weise operationalisiert wird? Ist der gewählte Indikator für das Sparen von Heizenergie wirklich valide (Kapitel VI)? Schneidet die Umlageregel nur deshalb schlechter ab, weil dieser Abrechnungsmodus eventuell häufiger in Altbauten Verwendung findet, die im Allgemeinen weniger wärmeisoliert sind (Drittvariableneffekt)? Diese und weitere Fragen können völlig zu Recht gestellt werden. Die Antwort lautet: Wenn man es wissen will und der Aufwand lohnenswert erscheint, muss man es empirisch untersuchen.

VI. Messung, Skalen, Indizes

1. Der Big-Mac-Index

Nicht wenige Kulturkritiker beklagen einen Prozess, den der Soziologe George Ritzer (2004) als «McDonaldisierung» der Gesellschaft bezeichnet hat. Gemeint ist damit, dass die Produktionsprinzipien und Konsummuster der «Fastfood-Restaurants» immer mehr Bereiche der Gesellschaft durchdringen – ein Trend zur Standardisierung, der der vielzitierten Individualisierung quasi zuwiderläuft. Das altehrwürdige britische Wirtschaftsmagazin «Economist» hat demgegenüber die positiven Seiten der amerikanischen Bulette entdeckt. Wohl mehr oder minder im Scherz eingeführt, aber nach und nach im Ernst betrieben, pflegt der «Economist» seit 1986 die Disziplin der «Burgernomics». Nach dem «Hamburger-Standard» des «Economist» dient der lokale Preis des «Big Mac» in einem Land als Indikator der Kaufkraft der Landeswährung. Auf der Basis der Big-Mac-Preise wird die ‹reale› Kaufkraft einer Währung sowie die Kaufkraftparität zum US-Dollar geschätzt und seit Einführung des Index 1986 jährlich publiziert. Die Berechnungen für 1994 zeigen z. B., dass die deutsche Mark um 17 %, der österreichische Schilling um 23 % und der Schweizer Franken um stolze 72 % gegenüber dem Dollar überbewertet ist, wenn die lokalen Big-Mac-Preise mit dem Devisenkurs verglichen werden (Economist, 9. – 15. April 1994) Die Relationen 2006 sind denen von 1994 sehr ähnlich. Nach der Erhebung des «Economist» ist der Franken um 68 % und der Euro um 22 % überbewertet, während z. B. der chinesische Renminbi Yuan um 58 % unterbewertet ist. Im Reich der Mitte kostet der Big Mac umgerechnet 1,31 US-$. Wenig für einen Touristen, viel für einen einheimischen Arbeiter.[1]

1 Die Preise für einen Big Mac in US-$ betragen 1994: in den USA 2,30; in Deutschland 2,69; in Österreich 2,84 und in der Schweiz 3,96. Aus den Relationen zum US-Preis errechnet sich die jeweilige Über- oder Unterbewertung der Währung. Bei der Überbewertung nimmt die Schweiz noch vor Japan den Spitzenplatz ein, bei der Unterbewer-

Ob der Index freilich eine brauchbare Messung der Kaufkraft darstellt, sollte mit einer gehörigen Portion Skepsis betrachtet werden. Zunächst aber illustriert (1) der Index das Prinzip der Messung nicht direkt beobachtbarer Eigenschaften. Ähnlich wie das Aggressionsniveau, die Intelligenz, die Einstellung gegenüber Ausländern usw. ist die Kaufkraft einer Währung ein theoretisches Konstrukt oder eine theoretische Variable, deren Werte durch Indikatoren (Indikatorvariablen, Beobachtungsvariablen) indirekt gemessen werden. So wie beim Lackmustest die Rotfärbung des Lackmuspapiers nicht die Säure selbst ist, sondern nur das Vorhandensein einer sauren Flüssigkeit indiziert, ist der «Preis eines Big Mac» auch nur ein Indikator der eigentlich zu messenden Größe «Kaufkraft». (2) Darüber hinaus wird die theoretische Variable in dem Beispiel nur durch einen einzelnen Indikator gemessen. Diese Strategie kann bisweilen – wie beim Lackmustest – zu sinnvollen Ergebnissen führen, ist aber bei der Messung komplexer sozialwissenschaftlicher Größen ziemlich riskant. Der Grund ist, dass sowohl Zufallsmessfehler als auch systematische Messfehler auftreten können. Erfolgt die Messung dagegen mit mehreren, multiplen Indikatoren, dann kann es gelingen, systematisch verzerrte Indikatoren zu identifizieren. Weiterhin wird dadurch im Allgemeinen der Zufallsmessfehler vermindert:

Für den Big-Mac-Index spricht immerhin, dass zum Kaufkraftvergleich ein weltweit ‹homogenes Gut› ausgewählt wurde, welches in nahezu gleicher Qualität in jedem Winkel unseres zunehmend ‹McDonaldisierten› Planeten erhältlich ist. Aber warum gerade der Big Mac als Indikator? Warum nicht der Preis für einen Liter Superbenzin oder eine Tafel Markenschokolade? Bei einem ‹Tobler-Schokoladenindex› wäre womöglich die Schweizer Währung gegenüber dem Dollar unterbewertet! Die jeweilige Messung der Kaufkraft dürfte damit erheblich von dem jeweils zugrunde gelegten Produkt abhängen. Damit zeigt sich genau die Problematik der Messung eines theoretischen Konstrukts mit nur einem Indikator. Zur Verringerung der Unsicherheit der Messung wird man sich bei der Konstruktion eines Kaufkraftindex nicht nur auf den Preis eines

tung China. Dort kostet der Big Mac 1,03 US-$. 2006 sind die Preise in den USA 3,10 $, in Euro-Land 3,77 $, in der Schweiz 5,21 $ und in China 1,31 $.

einzigen Guts verlassen. Vielmehr wird man die Preise für mehrere Güter erheben und daraus einen gewichteten Durchschnitt bilden. Aber welche Güter kommen in den berühmten Warenkorb, und wie erfolgt die Gewichtung? Hier sind noch einige Probleme zu lösen, die aber nicht das Prinzip berühren: die Reduktion von Messfehlern durch die Berücksichtigung multipler Indikatoren.

Das Beispiel macht ferner deutlich, unter welcher Bedingung eine Messung mit einem Indikator ausreicht. Dies wäre dann der Fall, wenn der Big-Mac-Preis mit sämtlichen anderen relevanten Güterpreisen in einem perfekten Zusammenhang stünde oder – wir wollen nicht unbescheiden sein – hoch korreliert wäre. In diesem Fall nämlich wäre der Big-Mac-Preis sozusagen ein Repräsentant für alle anderen Güterpreise eines Landes. Ob diese Bedingung zumindest näherungsweise erfüllt ist, kann auf empirischem Wege geprüft werden.[2]

Dagegen würde kaum jemand in der Sozialforschung auf die Idee kommen, die Variable «Geschlecht einer Person» durch mehrere Indikatoren zu messen. Warum eigentlich nicht? Indikatoren könnten ja beispielsweise sein: (a) der «Augenschein» (Kleidung, sekundäre Geschlechtsmerkmale) in einem persönlichen Interview, (b) die «Stimme» im telefonischen Interview oder (c) die Frage nach dem Geschlecht in einer schriftlichen Befragung. Überspitzt formuliert: Warum bildet man nicht einen «Geschlechtsindex» aus den Indikatoren (a), (b) und (c)? Die Antwort ist naheliegend: Die drei Indikatoren stehen in (nahezu) perfekter Beziehung zueinander, sodass es genügt, jeweils nur einen der drei Indikatoren zur «Messung» der Variablen «Geschlecht» heranzuziehen.

Offenbar beflügelt durch ‹Burgernomics› ging die «Schweizerische Bankgesellschaft (SBG)» in ihrer jährlichen Publikation «Preise und Löhne rund um die Welt» noch einen Schritt über den Big-Mac-Kaufkraftindex hinaus. Für 51 Großstädte in aller Welt wird jeweils auf der Basis der durchschnittlichen Löhne und des Preises für einen «Big Mac mit einer großen Portion Pommes frites» die durchschnittliche Arbeitszeit in Minuten errechnet, die erforderlich ist, um sich diese Mahlzeit zu leisten.

2 Ein einfacher Test wäre die Untersuchung des Zusammenhangs (der Korrelation) zwischen dem Kaufkraftindex der amtlichen Statistik und dem Big-Mac-Index. Dazu auch weiter unten.

Tabelle 1 zeigt eine Auswahl von zehn Städten. Chicago ist mit 14 Minuten der Spitzenreiter, gefolgt von Zürich mit 21 Minuten. Das wesentlich höhere Lohnniveau in Zürich – ein städtischer Autobusfahrer z. B. erzielt hier ein jährliches Bruttoeinkommen von umgerechnet 100 000 DM – kompensiert nicht den beträchtlich höheren Preis des Hamburgers in der Eidgenossenschaft. Wesentlich länger muss man sich in den weniger wohlhabenden Ländern ins Zeug legen. In Buenos Aires kostet der Hamburger ungefähr einen Stundenlohn, und ein Kenianer in Nairobi muss sogar drei Stunden Arbeit für eine Fastfood-Mahlzeit leisten, falls ihn je danach verlangt.

Könnte der «Arbeitszeitaufwand für einen Big Mac», nennen wir die Variable ABM, einen brauchbaren Indikator des Lebensstandards eines Landes darstellen? Das mag auf den ersten Blick absurd klingen, ist aber nicht von vornherein auszuschließen. Gemeint ist damit natürlich nicht, dass der mehr oder weniger leichte Zugang zu Hamburgern selbst mit dem Lebensstandard zu identifizieren sei. Wem vor dieser Vorstellung graust, der kann sich mit dem Beispiel einer Krankheitsdiagnose auf den Neuen Hebriden beruhigen. Dort gelten die Bewohner als gesund, wenn sich auf ihrem Schädel möglichst viele Kopfläuse tummeln. Bei Fieber nämlich wird es den Läusen zu warm, und sie meiden den Patienten (Paulos 1991). Der Indikator «Läuse» liefert Aufschluss über die Gesundheit.

Könnte also nach ähnlicher Logik ABM über den Lebensstandard informieren? Eine Möglichkeit der Prüfung des Indikators ist ein empirischer *Validierungstest.* Ist der Zusammenhang zwischen dem Indikator und einem akzeptierten Maß des Lebensstandards relativ hoch, dann erlaubt die Kenntnis von ABM allein eine Diagnose des Lebensstandards. Die Stärke des (linearen) Zusammenhangs zwischen zwei Variablen lässt sich am Wert des Korrelationskoeffizienten ablesen. Der Koeffizient liegt im Bereich zwischen +1 und –1. Bei +1 haben wir es mit einem perfekt positiven, bei –1 mit einem perfekt negativen (linearen) Zusammenhang zu tun. Ein Wert von null gibt an, dass kein (linearer) Zusammenhang existiert (zur Berechnung siehe Kasten VI.1 im folgenden Abschnitt).

Prüfen wir zunächst einmal, ob ABM mit einem bekannten Maß des

Tabelle VI.1: Die Big-Mac-Skala des «Lebensstandards»

	ABM Arbeitszeit in Minuten für einen Hamburger[1]		BSP Bruttosozialprodukt pro Einwohner in US-$[2]		HDI «Human Development Index»[3]	
Chicago	14	(1)	22240	(3)	0,961	(5,5)
Zürich	21	(2)	33610	(1)	0,986	(1)
Frankfurt	23	(3)	23650	(2)	0,967	(3)
Wien	27	(4)	20140	(4)	0,961	(5,5)
Amsterdam	28	(5)	18780	(5)	0,984	(2)
Madrid	31	(6)	12450	(6)	0,965	(4)
Buenos Aires	66	(7)	2790	(8)	0,910	(7)
Mexiko	90	(8)	3030	(7)	0,876	(8)
Bombay	92	(9)	330	(10)	0,439	(10)
Nairobi	177	(10)	340	(9)	0,481	(9)

Korrelation «Big Mac»/BSP = –0,79
«Big Mac»/HDI = –0,84
BSP/HDI = –0,71

1 Für einen Big Mac und eine große Portion Pommes frites. Auf der Basis des gewichteten Durchschnittslohns von zwölf Berufen. Rangplatz in Klammern. Aus: «Preise und Löhne rund um die Welt», Schweizerische Bankgesellschaft, 1994.

2 Angaben für das entsprechende Land (bei Frankfurt Westdeutschland) für 1991. Aus: Harenberg Lexikon der Gegenwart 1994.

3 Normierter Index von 0 bis 1, gebildet aus «Lebenserwartung bei Geburt», «Alphabetisierungsrate» und «kaufkraftbereinigtem Pro-Kopf-Sozialprodukt» für den entsprechenden Staat. Aus: Human Development Report 1990, Oxford University Press.

wirtschaftlichen Leistungsniveaus, dem Pro-Kopf-Bruttosozialprodukt (BSP) korreliert ist. Da höhere Werte von ABM nach unserer Erwartung einen niedrigeren Lebensstandard indizieren, sollte die Korrelation zwischen ABM und BSP negativ sein.

In Tabelle 1 sind für diejenigen Länder, in denen die entsprechende

Stadt liegt, die Werte des Pro-Kopf-BSP in US-$ aufgeführt. Die Korrelation zwischen der Big-Mac-Arbeitszeit und dem Pro-Kopf-BSP beträgt immerhin –0,79.[3] Nun könnte man zu Recht einwenden, dass die Größe «Pro-Kopf-BSP» den Wohlstand eines Landes nur äußerst unzureichend erfasst. Dies gilt umso mehr bei internationalen Vergleichen, wenn man bedenkt, dass in den armen Ländern der Südhalbkugel das vom BSP nicht erfasste Ausmaß an ‹Schattenwirtschaft› und ‹Subsistenzwirtschaft› besonders hoch sein dürfte. Der Zusammenhang mit dem BSP würde demnach über die Validität des Big-Mac-Indikators wenig aussagen. Was besagt schon eine Korrelation zwischen zwei wenig aussagekräftigen Variablen? Die Situation ist nicht anders, als wenn der Blinde den Lahmen führt, könnte das Argument lauten. Insofern wäre das Pro-Kopf-BSP keine geeignete Validierungsinstanz.

Wegen der unzureichenden Erfassung der Lebensverhältnisse durch das BSP hat eine Kommission der Vereinten Nationen einen Index des Entwicklungsniveaus, den «Human Development Index» (HDI), vorgeschlagen. Der Index basiert auf drei Einzelindikatoren: der Lebenserwartung bei Geburt, der Alphabetisierungsrate und dem Logarithmus des kaufkraftbereinigten Pro-Kopf-Sozialprodukts.[4] Der Index ist so normiert, dass die Werte im Bereich von 0 bis 1 liegen, wobei ein höherer Wert ein höheres Entwicklungsniveau anzeigt. In Tabelle 1 sind die HDI-Werte für die zehn betrachteten Staaten angegeben.

Berechnen wir nun die Korrelation zwischen Big-Mac-Arbeitszeit

3 Nicht zu vergessen ist aber, dass wir nur ein Beispiel betrachten mit den zehn Städten in Tabelle 1. Für einen genaueren Test sollten die Daten aller 51 Städte zugrunde gelegt werden. Weiterhin ist die Korrelation zwar höher, als dies in der Regel bei Einstellungsskalen der Fall ist (dazu der folgende Abschnitt). Auf der anderen Seite findet man häufig hohe Korrelationen zwischen internationalen sozial- oder wirtschaftsstatistischen Variablen. Auch die Urbanisierungsquote, die Kindersterblichkeit, die Alphabetisierungsrate, der Anteil des Dienstleistungssektors usw. korrelieren hoch mit dem Pro-Kopf-BSP.

4 Die logarithmische Transformation sorgt dafür, dass ein Zuwachs auf hohem Niveau weniger stark gewichtet wird. Auf der logarithmischen Skala ist der Abstand zwischen 100 und 1000 genauso groß wie zwischen 1000 und 10 000. Anders ausgedrückt: Es zählen nur die prozentualen Relationen.

und dem Human-Development-Index. Verblüffenderweise zeigt sich eine höhere Korrelation als mit dem BSP. Der Wert beträgt, absolut betrachtet, 0,84 (Abbildung VI.1). Mehr noch: Dieser Wert ist höher als die Korrelation zwischen BSP und HDI von 0,71! Der Big-Mac-Index ist damit ein besserer Indikator der Lebensverhältnisse eines Landes als das Pro-Kopf-BSP.

Abbildung VI.1: Zusammenhang zwischen dem Big-Mac-Index und dem Human-Development-Index

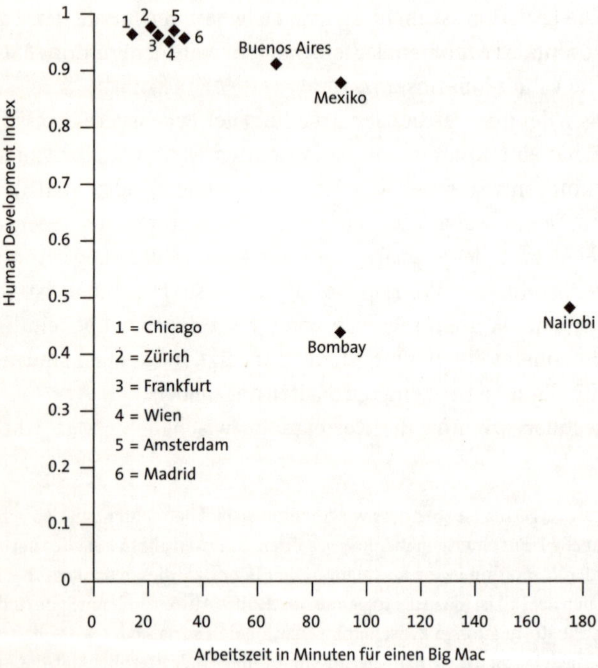

Korrelationskoeffizient | r | = 0,84

Bevor die statistischen Ämter sich nun auf den Big-Mac-Index umstellen, sei zur Warnung gesagt: Es handelt sich um ein Beispiel mit zehn willkürlich ausgewählten Städten, das nur zur Illustration verwendet wurde.

Ob der Zusammenhang bei einer detaillierten Untersuchung an einer größeren Stichprobe und im zeitlichen Verlauf in dieser Stärke erhalten bleibt, darf zunächst einmal bezweifelt werden. Weiterhin bedeutet selbst eine relativ hohe Korrelation von 0,84, dass nicht wie bei einem «Lackmustest» von der Kenntnis des ABM-Werts mit Sicherheit auf den Lebensstandard bzw. den HDI-Wert geschlossen werden kann. In Tabelle 1 z. B. liegt Holland nach dem Big-Mac-Indikator auf Platz 5, nach dem «Human Development Index» dagegen auf Platz 2. Umgekehrt wird die Qualität der Lebensverhältnisse in den USA mit dem Big-Mac-Indikator deutlich überschätzt. Auch hier dürfte gelten, dass die Genauigkeit und Güte der Messung mit multiplen Indikatoren erhöht werden kann – eine Logik, die ja auch der Konstruktion des Human-Development-Index zugrunde liegt. Das Beispiel demonstriert aber auch, dass die Messung eines theoretischen Konstrukts durch auf den ersten Blick ungewöhnlich erscheinende Indikatoren nicht von vornherein ausgeschlossen werden sollte.

Hier einige weitere Beispiele indirekter Messungen, die diese These unterstreichen:

- In der eidgenössischen Hauptstadt Bern unterhält das städtische Wasserwerk ein Aquarium mit Forellen. Das Wohlbefinden der Fische ist ein hochsensibler Bioindikator der Wasserqualität.
- Wieder ein Wasserwerk und noch erstaunlicher: Als in Westdeutschland nur die beiden bekannten öffentlich-rechtlichen Fernsehsender ohne Werbespots existierten, konnte die Sehbeteiligung relativ genau im Wasserwerk registriert werden. Der Grund ist, dass nach den Sendungen massenhaft die WC-Spülungen betätigt wurden. Die Sehbeteiligung ließ sich aus dem Wasserverbrauch in Kubikmetern errechnen (siehe Abbildung VI.2).
- Zur Prüfung der Hypothese über den Einfluss der Leistungsmotivation auf die Wirtschaftsaktivität eines Landes anhand von Daten antiker Gesellschaften hat McClelland (1961) einfallsreiche Messverfahren entwickelt. Wie z. B. lässt sich die wirtschaftliche Expansion eines antiken Staates bestimmen? McClelland und sein Team haben dafür die Angaben über die Fundorte von Scherben griechischer Amphoren (damals die ‹Container› für die wichtigsten Handelswaren) in verschiedenen Epochen des antiken Griechenlands gesammelt. In der Untersuchung ist die Fläche des durch die Scherbenfunde umrissenen Handelsgebiets der Indikator für das wirtschaftliche Leistungsniveau. Ähnlich originell wurde die Leistungsmotivation geschätzt. Die Indikatoren basieren auf einer Inhaltsanalyse der Texte griechischer Dichter und Philosophen.

Abbildung VI.2: Registrierung der Fernsehzuschauerbeteiligung im Wasserwerk von Leverkusen

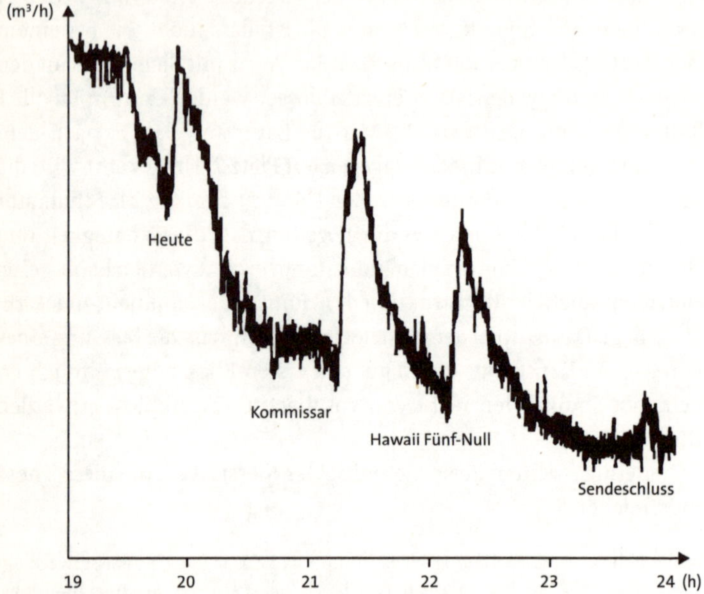

Wasserverbrauch der Stadt Leverkusen an einem Wochentag
Quelle: Bungard und Lück (1974: 99)

Fassen wir noch einmal allgemein einige Gesichtspunkte zusammen, die anhand der Beispiele illustriert wurden:

1. Häufig ist das Ziel die Messung einer nicht direkt beobachtbaren Größe, d. h. eines theoretischen Konstrukts wie Lebensstandard, Kaufkraft, Leistungsmotivation, Einstellung gegenüber Ausländern, Umweltbewusstsein u. a. m. Die Messung des Konstrukts erfordert dann die Auswahl eines oder mehrerer geeigneter Indikatoren.

2. Bei der Messung komplexer sozialwissenschaftlicher Größen werden in der Regel Messfehler auftreten. Man wird sich dann nicht nur auf einen Indikator verlassen, sondern die «Qualität» der Messung durch multiple Indikatoren zu verbessern versuchen. Zwei wichtige Qualitäts-

kriterien sind die Reliabilität und Validität einer Messung (dazu Abschnitt 3).

3. Ob die Indikatoren zur Messung eines theoretischen Konstrukts geeignet sind, d. h. die Messung als hinreichend reliabel und valide gelten kann, ist eine empirisch zu beantwortende Frage. Zur Untersuchung der Qualität von Messverfahren stellen Korrelationsanalysen ein wichtiges methodisches Hilfsmittel dar.

Der Begriff *Messung* wurde bisher recht locker und informell verwendet. Auch war schon die Rede von Operationalisierung, Skalierung und Indexbildung. Diese Begriffe werden nicht nur ziemlich uneinheitlich verwendet. Sie überschneiden sich teilweise auch in ihrem Bedeutungsgehalt und werden nicht selten als Synonyme benutzt (beispielsweise «Messung und Skalierung»). Versuchen wir dennoch, diese Begriffe etwas genauer zu fassen.

Als *Operationalisierung* einer Variablen definieren wir eine Menge hinreichend genauer Anweisungen, nach denen Untersuchungseinheiten den Kategorien einer Variablen zugewiesen werden.

Bei der Operationalisierung der Variablen «Schulbildung» könnten die Anweisungen z. B. lauten: «Einer befragten Person wird in einem Interview eine Liste mit den folgenden Schulabschlüssen vorgelegt: Volks- oder Hauptschulabschluss, Realschulabschluss oder ‹mittlere Reife›, Hochschulreife, kein Abschluss. Der oder die Befragte wird sodann gebeten, den höchsten Schulabschluss, den er oder sie erworben hat, anzukreuzen. Gemäß den angekreuzten Antwortvorgaben werden die Untersuchungseinheiten, d. h. die befragten Personen, den obigen vier Kategorien der Variablen ‹Schulbildung› zugewiesen.»

Die Operationalisierung von Variablen setzt nicht unbedingt die Verwendung von Zahlen oder numerische Operationen voraus. Dies ist erst bei der Messung, Skalierung und Indexbildung der Fall. «Operationalisierung» ist nach unseren Definitionen der Oberbegriff. Messung, Skalierung und Indexbildung sind Spezialfälle der Operationalisierung von Variablen. Nach der ‹klassischen›, aber noch recht allgemeinen Definition von Stevens (1951) ist *Messung* die «Zuordnung von Zahlen zu Objekten nach bestimmten Regeln». Werden z. B. Personen je nach angekreuztem

Bildungsabschluss die Zahlen 1 bis 4 zugewiesen, so handelt es sich nach Stevens bereits um eine Messung. Eine präzisere Definition wird im Rahmen der Messtheorie gegeben, die wir noch weiter unten behandeln.

Als *Skalierung* bezeichnen wir eine Messung auf der Basis eines Skalierungsmodells. Die Skalierung ist damit ein Spezialfall der Messung. Ein Skalierungsmodell unterstellt gewisse, teilweise empirisch prüfbare Annahmen über die Struktur der Beobachtungen. Je nach Annahmen lassen sich eine Vielzahl von Skalierungsmodellen unterscheiden. Dazu zählen die Skalogramm-Analyse (Guttman-Skala), die Rasch-Skalierung u. a. m. (siehe als Einführung Borg und Staufenbiel 1997; van der Ven 1980).

Beispiele für Indizes wurden bereits erwähnt. Allgemein definieren wir einen Index als Variable, deren Werte sich aus einer Rechenoperation mehrerer anderer Variablen ergeben.[5] Welche Rechenoperationen (Summierung, gewichtete Summe, Multiplikation usw.) und welche Variablen der Indexkonstruktion zugrunde gelegt werden, sollte natürlich «inhaltlich» begründbar sein. In der Regel fasst ein Index mehrere Teildimensionen nach einer spezifischen Rechenvorschrift zusammen. Ein Beispiel ist der «Human Development Index», der sich aus den Werten der Teildimensionen Lebenserwartung, Alphabetisierungsrate und kaufkraftbereinigtes Sozialprodukt errechnet.

2. Einstellungsmessung mit der Likert-Technik

Das von Likert (1932) vorgeschlagene Verfahren der Einstellungsmessung, die «Technik der summierten Einschätzungen», ist wegen der Einfachheit und der praktischen Brauchbarkeit in der Sozialforschung recht beliebt. Man spricht zwar von «Likert-Skala», aber streng genommen handelt es sich nach unserer Definition nicht um ein Skalierungsverfah-

5 Formal ist ein Index I eine Funktion von Variablen, die dem Index zugrunde liegen: $I = f(X_1, X_2, \ldots, X_n)$. Gelegentlich wird auch einfach nur eine Indikatorvariable oder eine statistische Kennziffer als Index bezeichnet.

ren, da die Likert-Technik kein explizit formuliertes Skalierungsmodell voraussetzt (vgl. auch Betz 1976; Heidenreich 1993). Allerdings kann eine Likert-Skala im Prinzip skalentheoretisch begründet (Gigerenzer 1981) und auch mit den Methoden der Testtheorie und Faktorenanalyse (Lienert und Raatz [1. Aufl. 1961] 1969, dazu weiter unten) genauer geprüft werden. Likert selbst hat nach einem einfachen Verfahren gesucht, welches das auf der Normalverteilung basierende Skalierungsmodell von Thorndike gut approximiert (Gigerenzer 1981). Im Übrigen lassen sich die zentralen Gesichtspunkte der Einstellungsmessung mit multiplen Indikatoren sowie die Qualitätskriterien der Testtheorie – Reliabilität und Validität – anhand des Beispiels der Likert-Skala gut demonstrieren.

Erinnern wir uns an die Messung des Umweltbewusstseins im vorangehenden Kapitel. In Tabelle V.1 (Kapitel V) sind elf Aussagen oder Items aus der telefonischen Befragung aufgeführt (siehe auch Tabelle VI.3 weiter unten). Die befragte Person soll nun zu jedem Item den Grad ihrer Zustimmung auf einer 5-Punkte-Antwortskala zum Ausdruck bringen. In einer schriftlichen Befragung oder in persönlichen «Face-to-face»-Interviews wird man das Item zusammen mit der Antwortskala präsentieren, wobei die einzelnen Kategorien in der Regel verbal bezeichnet werden. Im Fragebogen sieht das für Item C z. B. so aus:

«Wenn wir so weitermachen wie bisher, steuern wir auf eine Umweltkatastrophe zu.»				
stimme überhaupt nicht zu	stimme nicht zu	teils / teils	stimme zu	stimme voll zu
(1)	(2)	(3)	(4)	(5)

Jedes einzelne Item plus Antwortskala wird als Indikator der Einstellung «Umweltbewusstsein» aufgefasst. Ziel der Likert-Technik ist, (1) geeignete von weniger geeigneten Items zu trennen und (2) auf der Basis der letztlich für gut befundenen Items jeder Person einen Skalenwert des Umweltbewusstseins zuzuweisen.

Bei Untersuchungen speziell zur Entwicklung von Skalen kann die «Itembatterie» zunächst einmal 100 oder sogar mehr Items umfassen. Ziel der Untersuchung ist dann, 20 bis 30 geeignete Items auszuwählen. Die «ausgetestete» Skala mit z. B. 20 Items kann dann in weiteren Untersuchungen, etwa zur Prüfung der Hypothese über den vermuteten Einfluss des Umweltbewusstseins auf das Umweltverhalten, Verwendung finden.[6] Kann jedoch nicht auf eine getestete Skalenversion zurückgegriffen werden und ist der Aufwand für eine speziell zur Skalenentwicklung vorgeschaltete Untersuchung nicht zu leisten, so wird man sich im Fragebogen mit kürzeren Itembatterien begnügen müssen. Dies kann freilich auf Kosten der Qualität der Messung gehen. Auch hier ist jeweils ein «Trade-off» zwischen Forschungsmehraufwand und eventueller Qualitätsverbesserung der Einstellungsmessung vorzunehmen.

Bei der Vorlage der Items empfiehlt es sich, einige Items in umgekehrter Skalierungsrichtung zu präsentieren (Items A, B, E, F, Tabelle VI.3). Diese Items werden vor der Auswertung «umgepolt» (nach der Zuordnungsvorschrift 5 → 1, 4 → 2, 3 → 3, 2 → 4, 1 → 5 oder: «umgepolter Wert» = 6 – Rohwert). Tabelle VI.2 zeigt einen Ausschnitt aus der Datenmatrix mit den «Beobachtungen»[7] bezüglich der vier Items A bis D bei den ersten zehn Befragten. Die Antwortreaktionen auf die Items A und B wurden dabei bereits umgepolt. Alle Items sind gleichsinnig in Richtung auf ein höheres Umweltbewusstsein «gepolt». Die vollständige Datenmatrix für die Itembatterie A bis K ist natürlich wesentlich umfangreicher. Bei 392 Befragten und elf Items weist sie entsprechend 392 Zeilen und elf Spalten auf.

Noch eine Besonderheit ist zu erkennen. Für einige Personen liegen bei einzelnen Items keine Angaben vor. Der Grund für den «Item-Non-Response» kann sein, dass eine Person die Antwort verweigert hat, keine Meinung zu dem spezifischen Item äußern kann oder schlicht beim Interview vergessen wurde, die Antwort zu registrieren. Diese sogenannten «missing values» können auf unterschiedliche Weise behandelt werden. Wir gehen hier so vor, dass immer dann, wenn eine Antwortreaktion fehlt, die Person insgesamt bei der Itemanalyse unberücksichtigt bleibt.[8]

6 Skala in diesem Sinn ist «eine Sammlung von Items» (Betz 1976). Unter einer «Antwortskala» in einem Fragebogen ist ein quantitatives Beurteilungsschema zu verstehen wie das Beispiel der obigen «Stimme zu»-Antwortskala.

7 Unter «Beobachtung» ist ganz allgemein der Variablenwert einer Person oder Untersuchungseinheit in einer Datenmatrix zu verstehen.

8 In computerunterstützten statistischen Analyseprogrammen wird diese Vorgehens-

Tabelle VI.2: Reaktionen der ersten zehn Befragten auf die Items A–D

	A*	B*	C	D	Summenscore
1	3	4	5	2	14
2	3	5	5	5	18
3	5	3	1	5	14
4	3	5	5	4	17
5	3	4	5	–**	–**
6	3	–**	5	3	–**
7	2	5	5	4	16
8	4	5	5	5	19
9	5	5	5	4	19
10	1	1	5	5	12

* Diese beiden Items wurden umgepolt nach der Rechenvorschrift: «umgepolter» Wert = 6-Rohwert.

** Es liegt keine Angabe vor («missing data»).

Sofern nun die einzelnen Indikatoren oder Items eine gemeinsame Dimension aufweisen, die wir als «Umweltbewusstsein» bzw. «Umweltbewertung» bezeichnet haben, sollten die Antwortreaktionen einigermaßen konsistent sein. Da Messfehler vorliegen können, sind natürlich keine *vollständig* konsistenten Antwortmuster zu erwarten. Person Nr. 8 z. B. weist ein sehr konsistentes Antwortverhalten auf, während dies von Person 10 ganz und gar nicht behauptet werden kann. Bei Person 10 würde Item A ein niedriges, Item C dagegen ein hohes Umweltbewusstsein anzeigen. Je häufiger derartige Inkonsistenzen auftreten, desto weniger «gut» wird die Messung ausfallen.

Der Grund für Inkonsistenzen sind entweder zufällige Messfehler

weise als «listwise deletion of missing data» bezeichnet. Vorausgesetzt wird dabei, dass sich Personen mit fehlenden Angaben nicht systematisch von den anderen Personen der Stichprobe unterscheiden. Vgl. auch Kapitel IX.

oder systematische Verzerrungen durch einzelne Items. So kann es vorkommen, dass ein Item nicht nur die Zieldimension «Umweltbewusstsein», sondern auch oder sogar weitgehend eine «Fremddimension» anspricht. Stimmen z. B. umweltbewusste Technikoptimisten Item A voll zu, so wird die Antwort irrtümlich als Indiz eines geringen Umweltbewusstseins gedeutet. Eine Fremddimension könnte in diesem Fall die Einschätzung der Technik sein. «Mehrdimensionale» Fragen oder Items werden mithin ein höheres Maß an Inkonsistenzen hervorrufen. Wir brauchen nun ein Verfahren, um die intuitive Vorstellung von einem Test auf Inkonsistenzen genauer umsetzen zu können. Dazu berechnen wir zunächst den *Summenscore* durch Addition der Itemwerte jeder Person, wobei – wie gesagt – Befragte mit wenigstens einer fehlenden Antwort unberücksichtigt bleiben (Tabelle VI.2). Der Summenscore ist ein (vorläufiges) Maß des Umweltbewusstseins, das die gesamten Informationen der einzelnen Indikatoren ausschöpft. Sofern nur in geringem Ausmaß Inkonsistenzen vorliegen, werden die einzelnen Items hoch mit dem Summenscore korrelieren. Ist nun die Item-Summenscore-Korrelation, der sogenannte *Trennschärfekoeffizient*, bei der Mehrzahl der Items relativ hoch, bei einigen Items aber niedriger, so deutet der Befund darauf hin, dass letztere Items zur Messung der Zieldimension weniger geeignet sind. Ungeprüft wird bei dem Verfahren freilich vorausgesetzt, dass die Mehrzahl der Items die Zieldimension tatsächlich in hohem Maß anspricht. Der Konsistenztest in Form der Berechnung von Trennschärfekorrelationen unterstellt quasi, dass man sich in der Summe weniger irrt als bei der Formulierung von Einzelitems. Ob diese Annahme zu Recht besteht, kann mit Validitätsuntersuchungen geprüft werden (dazu weiter unten). Der Konsistenztest ist allerdings eine Minimalvoraussetzung. Sind die Antwortreaktionen ziemlich inkonsistent, dann wird auch die Validität der Skala gering sein. Auf der anderen Seite besagt eben ein hochkonsistentes Ergebnis noch keineswegs, dass die Skala auch valide ist.

KASTEN VI.1: BERECHNUNG DES KORRELATIONSKOEFFIZIENTEN

Der Produkt-Moment-Korrelationskoeffizient r_{xy} für zwei Variablen errechnet sich aus der *Kovarianz* s_{xy} dividiert durch das Produkt der *Standardabweichungen* («Streuungen») von X und Y, s_x und s_y:

$$r_{xy} = \frac{s_{xy}}{s_x \cdot s_y} \text{ (Korrelationskoeffizient)}$$

Dabei ist:

$$s_{xy} = \frac{1}{N}\sum_{i=1}^{N} (\bar{x}-x_i)\ (\bar{y}-y_i) \text{ (Kovarianz von X und Y)}$$

$$s_x = \sqrt{\frac{1}{N}\sum_{i=1}^{N} (\bar{x}-x_i)^2} \quad \text{(Standardabweichung)}$$

mit der Fallzahl N und den arithmetischen Mittelwerten $\bar{x}$ und $\bar{y}$. s_y errechnet sich analog zu s_x.

Berechnen wir übungshalber einmal die Korrelation zwischen Item A und dem Summenscore. Zur Berechnung per Hand konstruiert man am besten eine Tabelle gemäß dem unten aufgeführten Beispiel. X ist hier A, und Y entspricht dem Summenscore. Die Berechnung erfolgt für die acht Personen der Tabelle VI.2 mit gültigen Angaben (N = 8).

	x_i	y_i	$(\bar{x}-x_i)$	$(\bar{y}-y_i)$	$(\bar{x}-x_i)^2$	$(\bar{y}-y_i)^2$	$(\bar{x}-x_i)(\bar{y}-y_i)$
	3	14	0,25	2,125	0,0625	4,5156	0,5313
	3	18	0,25	−1,875	0,0625	3,5156	−0,4688
	5	14	−1,75	2,125	3,0625	4,5156	−3,7188
	3	17	0,25	−0,875	0,0625	0,7656	−0,2188
	2	16	1,25	0,125	1,5625	0,0156	0,1563
	4	19	−0,75	−2,875	0,5625	8,2656	2,1563
	5	19	−1,75	−2,875	3,0625	8,2656	9,2813
	1	12	2,25	4,125	5,0625	17,0156	5,0313
Σ	26	129	0	0	13,50	46,8748	12,7501

$$\bar{x} = \frac{26}{8} = 3{,}25; \bar{y} = \frac{129}{8} = 16{,}125$$

$$s_x = \sqrt{\frac{13{,}50}{8}} = 1{,}2990 \qquad s_y = \sqrt{\frac{46{,}8748}{8}} = 2{,}4206$$

$$s_{xy} = \frac{12{,}7501}{8} = 1{,}5938$$

$$r_{xy} = \frac{1{,}5938}{1{,}2990 \cdot 2{,}4206} = 0{,}51$$

Der Korrelationskoeffizient ist ein Maß für die Stärke des (linearen) Zusammenhangs zwischen zwei Variablen. Der Wertebereich liegt zwischen –1 und +1. Ist $r_{xy} = 0$, existiert kein (linearer) Zusammenhang. Bei $r_{xy} = -1$ ist der Zusammenhang perfekt negativ und für $r_{xy} = +1$ perfekt positiv.

Wer weiß, wie Korrelationskoeffizienten berechnet werden, kann zur Übung die Trennschärfekoeffizienten für die Items A bis D anhand der Daten in Tabelle VI.2 berechnen. Die resultierenden Werte werden die Skala als wenig brauchbar erscheinen lassen. Nun handelt es sich aber nur um acht Personen mit vollständigen Angaben bei gerade vier Items. In Tabelle VI.3 werden daher die Trennschärfekoeffizienten für alle Befragten der Berner Stichprobe bezüglich der elf Items A bis K ausgewiesen. Der Berechnung liegt also die vollständige Datenmatrix für die Itembatterie zugrunde, wobei sich der Stichprobenumfang wegen fehlender Angaben bei einigen Personen («missing values») von N = 392 auf N = 367 reduziert.[9]

Den geringsten Wert aller Trennschärfekoeffizienten weist Item A auf.[10] Die übrigen Werte liegen zumindest über 0,40; im Vergleich zu an-

9 Mit «N» wird in der Regel die Fallzahl bei einer Datenanalyse bezeichnet.

10 Das beschriebene, in der Praxis gebräuchliche Verfahren überschätzt allerdings den Zusammenhang zwischen einem Item und dem «Score», da das Item ja auch in die Berechnung des Summenscores eingeht. Ein etwas aufwendigeres, aber genaueres Verfahren ist das folgende: Zur Bestimmung der («bereinigten») Trennschärfekorrelation eines Items wird jeweils der Summenscore abzüglich des jeweiligen Items gebildet und sodann die Korrelation zwischen dem Item und dem «bereinigten» Summenscore berechnet. Eine andere, von Likert selbst angewandte Methode ist der «Extremgruppen-

deren Einstellungsskalen sind dies allerdings keine überragend hohen Werte. Die relativ geringe Korrelation von Item A mit dem Summenscore erhärtet den Verdacht, dass die Antwortreaktionen auf das Item möglicherweise durch die Fremddimension «Technikeinschätzung» verzerrt werden. Es empfiehlt sich daher, Item A auszusondern. Generell liefern die Trennschärfekoeffizienten Hinweise zur Auswahl geeigneter Items. Die Skalenwerte des «Umweltbewusstseins» werden dann nur noch anhand der als geeignet ausgewählten Items berechnet. Die einfachste Methode zur Bestimmung der Skalenwerte ist wiederum die Addition der ausgewählten Items, d. h. in unserem Fall der Summenscore der Items B, C, D, ..., K.[11]

In einem weiteren Schritt ist die Reliabilität der Skala zu schätzen. Nicht zuletzt stellt sich die Frage nach der Validität. Diese beiden Aspekte behandeln wir in den folgenden beiden Abschnitten.

3. Gütekriterien der Messung: Objektivität, Reliabilität, Validität

Messungen sollen möglichst *objektiv, zuverlässig und gültig* sein. Wir betrachten zunächst allgemein die zentralen Gütekriterien und werden sodann die Zusammenhänge zwischen Reliabilität und Validität im Rahmen der Testtheorie behandeln.[12] Als Beispiel greifen wir dabei u. a. wieder auf die Items der Likert-Skala des Umweltbewusstseins zurück.

vergleich» (siehe z. B. Heidenreich 1993). Die unterschiedlichen Testmethoden führen aber in der Praxis zu sehr ähnlichen Resultaten.

11 Eine Alternative ist die Berechnung der Skalenwerte aus der Addition der *standardisierten* Itemwerte (Kapitel XIV). Meist korreliert aber die Skala auf der Basis der unstandardisierten Werte mit der Skala auf der Basis der standardisierten Werte derart hoch, dass auf den Mehraufwand verzichtet werden kann.

12 Eine genaue Darstellung der zugrunde gelegten statistischen Modelle und der Ableitung der Schätzformeln findet sich in dem Standardwerk zur Testtheorie von Lord

Tabelle VI.3: Trennschärfekoeffizienten der Skala «Umweltbewertung»

	Item	Trennschärfe-korrelation
A*	Die Wissenschaft und die Technik werden in der Lage sein, die Umweltprobleme zu lösen	0,39
B*	Weiteres Wirtschaftswachstum ist die wichtigste Voraussetzung dafür, dass auch die Umweltprobleme gelöst werden	0,46
C	Wenn wir so weitermachen wie bisher, steuern wir auf eine Umweltkatastrophe zu	0,53
D	Umweltschutzmaßnahmen sollten auch dann durchgesetzt werden, wenn dadurch Arbeitsplätze verlorengehen	0,50
E*	Nach meiner Einschätzung wird das Umweltproblem in seiner Bedeutung von vielen Umweltschützern stark übertrieben	0,63
F*	Die Zeitungen und das Fernsehen informieren ausreichend über die aktuellen Umweltprobleme	0,43
G	Es ist noch immer so, dass die Politiker viel zu wenig für den Umweltschutz tun	0,53
H	Alle Atomkraftwerke in der Schweiz sollten so schnell wie möglich stillgelegt werden	0,65
I	Der Autoverkehr sollte völlig aus den Stadtzentren herausgehalten werden	0,56
J	Der weitere Ausbau des Straßennetzes sollte aus Umweltschutzgründen stark beschränkt werden	0,69
K	Tempo 100 auf den Autobahnen sollte so schnell wie möglich eingeführt werden	0,64

* Skalierungsrichtung «umgepolt». N = 367.

und Novick (1968). Stärker praxisorientiert ist das in deutscher Sprache vorliegende Lehrbuch von Lienert und Raatz ([1. Aufl. 1961] 1969). Zur Einführung und als Überblick zu verschiedenen Skalierungsmethoden siehe auch Borg und Staufenbiel (1997).

Objektivität

Der Grad der Objektivität eines Messinstruments bringt zum Ausdruck, in welchem Ausmaß die Ergebnisse unabhängig sind von der jeweiligen Person, die das Messinstrument anwendet. Vollständige Objektivität liegt vor, wenn zwei Anwender A und B mit dem gleichen Messinstrument jeweils übereinstimmende Resultate erzielen (vgl. Lienert und Raatz [1. Aufl. 1961] 1969). Es ist naheliegend, als Maß der Objektivität den Korrelationskoeffizienten für das Ausmaß der Übereinstimmung heranzuziehen: Bei perfekter Übereinstimmung der Messungen von A und B ist die Korrelation 1 (maximale Objektivität); kommt hingegen «Gutachter» A stets zum gegenteiligen Ergebnis als B, so ist die Korrelation –1 (minimale Objektivität). Erwartet wird bei objektiven Tests bzw. Messinstrumenten, dass der Wert des Korrelationskoeffizienten nahe eins liegt.

Etwas differenzierter gesehen, kann man die *Durchführungsobjektivität* von der *Auswertungsobjektivität* unterscheiden (Lienert und Raatz 1969).[13] Würde z. B. Interviewer A mit der Itembatterie des Umweltbewusstseins beim Befragten X ein wesentlich anderes Antwortverhalten auslösen als Interviewer B, dann wäre die Durchführungsobjektivität als niedrig einzustufen. Würden weiterhin zwei Auswerter A und B bei gleichem Antwortverhalten von X unterschiedliche Messergebnisse berichten, so wäre die Auswertungsobjektivität gering.

Nehmen wir ein Beispiel: Wird ein Schulaufsatz des Schülers X von zwei Deutschlehrern A und B unabhängig voneinander benotet, so wird das Resultat wohl selten genau gleich ausfallen. Die Auswertungsobjektivität ließe sich leicht in einem Versuch bestimmen. Zwei Deutschlehrern werden 30 Aufsätze vorgelegt. Sodann wird der Korrelationskoeffizient für die beiden Variablen «Benotung durch Lehrer A» und «Benotung durch Lehrer B» berechnet. Der Wert wird wohl erheblich geringer ausfallen als die maximal mögliche Auswertungsobjektivität von eins.

Bei quantitativen Erhebungsmethoden ist die Auswertungsobjektivität dagegen, von Kodierfehlern einmal abgesehen, maximal. Probleme können aber bezüglich der Durchführungsobjektivität auftreten.

13 Lienert (1969: 14) erwähnt noch als weiteres Merkmal die *Interpretationsobjektivität.*

Die Objektivität ist ein schwächeres Kriterium als die Reliabilität eines Messinstruments oder psychometrischen Tests. Nehmen wir ein Thermometer mit Digitalanzeige, das vollständig objektiv ist in dem Sinn, dass zwei Personen immer übereinstimmend das gleiche Messergebnis ablesen. Wir wären dennoch nicht zufrieden, wenn das Thermometer bei gleichbleibender Wärme einer Flüssigkeit einmal eine hohe und bei einer weiteren Messung eine niedrige Temperatur anzeigt. In diesem Fall wäre das Thermometer zwar objektiv, aber eben nicht reliabel. Allgemein können wir sagen: Die *Reliabilität* eines Messinstruments ist ein Maß für die Reproduzierbarkeit von Messergebnissen. Der Grad der Reproduzierbarkeit kann durch einen Korrelationskoeffizienten ausgedrückt werden.

Je nach Methode der Reliabilitätsbestimmung wird man allerdings unterschiedliche Werte erhalten. Üblicherweise werden drei Methoden unterschieden:

1. Bei der *Paralleltest-Methode* erfolgt die Messung mit zwei vergleichbaren Messinstrumenten. Die Korrelation der Messwerte des Instruments A mit den Messwerten des Instruments B informiert über die Paralleltest-Reliabilität.

2. Bei der *Test-Retest-Methode* wird das Messinstrument nach einem Zeitintervall wiederholt angewendet. Die Korrelation der Messwerte zu den beiden Zeitpunkten gibt Aufschluss über die Test-Retest-Reliabilität.

3. Bei der *Methode der Testhalbierung* («Split-half-Reliabilität») wird ein Messinstrument mit multiplen Indikatoren in zwei Hälften aufgeteilt. Aus der Korrelation zwischen beiden Testhälften kann die Split-half-Reliabilität (Testhalbierungs-Reliabilität) errechnet werden.[14] Eine Erweiterung dieses Verfahrens ist die Schätzung der Reliabilität mit der Itemkonsistenzanalyse.

Wird die Temperatur mit einem Quecksilberthermometer wie mit einem Alkoholthermometer gemessen und anschließend die Korrelation der Messwerte berechnet, so handelt es sich um eine Anwendung der Pa-

14 Anders als bei (1) und (2) ist bei (3) der Korrelationskoeffizient noch nicht identisch mit der Reliabilitätsschätzung. Dazu weiter unten.

ralleltest-Methode. Wittgensteins Zeitungsleser, der die Wahrheit einer Zeitungsmeldung überprüfen will, indem er sich eine andere Ausgabe derselben Zeitung besorgt, führt praktisch einen Paralleltest durch. Die Reliabilität dürfte bei eins liegen, aber der Witz der Geschichte ist testtheoretisch gesprochen – dass der Zeitungsleser Reliabilität und Validität verwechselt. Ein Beispiel aus der Psychologie ist die Anwendung von zwei vergleichbaren Versionen eines Intelligenztests bei den gleichen Probanden. Die Korrelation zwischen den Messwerten der beiden Tests entspricht der Paralleltest-Reliabilität. Die Test-Retest-Methode der Reliabilitätsberechnung erfordert von der Untersuchungsform her gesehen ein Paneldesign (Kapitel VII). Das Problem ist allerdings, dass zur Reliabilitätsschätzung die *Stabilität* der zu messenden Eigenschaft unterstellt werden muss. Zwar kann diese Annahme bei «mehrwelligen» Panelstudien (Test mit mehreren Retests) gelockert werden (siehe Heise 1971; Sullivan und Feldman 1979); bei einem Test-Retest-Design jedoch kann die Reliabilität und zeitliche Stabilität einer Messung nicht separiert werden. Zeigt ein Thermometer nach einer gewissen Zeitspanne eine höhere Temperatur an (Test-Retest), so kann der Grund eine geringe Reliabilität oder aber eine tatsächliche Erwärmung sein («Instabilität»). Misst man die Höhe des Eiffelturms zuerst im Januar (Test) und dann sechs Monate später (Retest), wird man trotz Verwendung eines zuverlässigen Messinstruments unterschiedliche Werte erzielen. Der Grund ist die mangelnde Stabilität – zwar nicht des Eiffelturms, sondern der zu messenden Eigenschaft «Höhe des Turms». Wegen der Ausdehnung von Eisen bei Erhitzung ist der Eiffelturm im Sommer etwa 15 cm höher als im Winter (Haefs 1989: 40).

Die Berner Umwelterhebung wurde als Panelstudie zu den zwei Erhebungszeitpunkten 1991 und 1992 durchgeführt. Für die Umweltitems, die in beiden Wellen des Panels enthalten waren, kann somit die Test-Retest-Reliabilität ermittelt werden.[15] Nur stellt sich auch hier das Problem, dass die Berechnung der Test-Retest-Korrelation zwischen den Summenscores der Itembatterie nicht die Trennung von Stabilität und Reliabilität erlaubt. Es ist ja keineswegs unwahrscheinlich, dass sich das Ausmaß des

15 Der Wert der Korrelation beträgt 0,76.

Umweltbewusstseins bei einem Teil der befragten Personen zwischenzeitlich verändert hat.

Ein weiteres Problem der Test-Retest-Methode ist insbesondere bei kürzeren Zeiträumen zwischen Test und Retest, dass die Anwendung des Messinstruments selbst möglicherweise die nachfolgende Retest-Messung beeinflusst. So können bei psychometrischen Leistungstests Übungseffekte auftreten oder bei einer telefonischen Umweltbefragung die erste Erhebung eine Reflexion über die Umweltproblematik auslösen, die eventuell zu einer Einstellungsveränderung führt, welche in der Retest-Erhebung registriert wird. In beiden Fällen ist die Stabilitätsannahme der Test-Retest-Reliabilitätsbestimmung nicht mehr erfüllt.

Die wohl gebräuchlichste Methode der Reliabilitätsschätzung orientiert sich an der Idee der Testhalbierung. Durch Aufsplitten einer Itembatterie werden quasi zwei Paralleltests erzeugt, die nun aber kürzer als der Originaltest sind. Die Korrelation zwischen den beiden «Testhälften» stellt aus diesem Grund eine *Unterschätzung* der Reliabilität dar, da diese mit der Anzahl multipler Indikatoren anwächst. Die Verkürzung des Messinstruments kann aber rechnerisch kompensiert werden. Dies leistet z. B. die Formel von Spearman und Brown zur Schätzung der Testhalbierungs-Reliabilität (dazu weiter unten). Nun kann eine Itembatterie aber auf viele verschiedene Arten in zwei Hälften zerlegt werden. Je nach Halbierungsmethode wird man eine unterschiedliche Reliabilitätsschätzung erhalten. Wünschenswert wäre daher die Berechnung einer Art «Durchschnittsreliabilität» für sämtliche Halbierungsvarianten, um zu einer eindeutigen und genaueren Reliabilitätsschätzung zu gelangen. Dieser Problematik trägt die Itemkonsistenzanalyse Rechnung. Die Halbierungsmethode und die Untersuchung der Itemkonsistenz setzt eine Messung mit multiplen Indikatoren voraus. Die Methoden (1) und (2) der Reliabilitätsbestimmung sind dagegen auch dann anwendbar, wenn die Messung jeweils nur durch einen Indikator erfolgt.

Anhand der Trennschärfekorrelationen wurden bereits die zehn Items B bis K der Likert-Skala ausgewählt (vgl. Tabelle VI.3). Der Summenscore der zehn Items ist der Skalenwert der Umweltbewertung. Diese ist minimal bei einem Wert von 10 und maximal bei einem Wert von 50. In der Stichprobe der 367 Personen ohne «missing values» liegt das Minimum bei 14, das Maximum bei 50, und der (arithmetische) Mittelwert beträgt 36. Berechnen wir nun die Testhalbierungs-Reliabilität. Für jede Testhälfte verwenden wir alternierende Items. Die Teilsummenscores werden also wie folgt gebildet:

$S_1 = B + D + F + H + J$

$S_2 = C + E + G + I + K$,

wobei natürlich alle Items gleichsinnig gepolt sein müssen. Für die Variablen S_1 und S_2 wird nun der Korrelationskoeffizient berechnet:

$r_{s_1 s_2} = 0{,}656$

Wie wir wissen, ist dies eine Unterschätzung des Reliabilitätskoeffizienten, da ja S_1 und S_2 kürzere «Tests» als die Ausgangsversion mit zehn Items darstellen. Mit der Formel von Spearman und Brown kann für die Unterschätzung korrigiert werden:

$$r_s = \frac{2 \cdot r_{s_1 s_2}}{1 + r_{s_1 s_2}}$$

0,656, eingesetzt in die Spearman-Brown-Formel, ergibt eine Reliabilitätsschätzung von $r_s = 0{,}79$.[16] Allgemein verlangt man, dass die Reliabilität eines Messinstruments möglichst nicht geringer als 0,80 sein sollte.

Anders als in der Testpsychologie mit relativ umfangreichen Itembatterien wird diese Forderung von den Kurzskalen in Surveys allerdings eher selten erfüllt. Die Problematik von Umfragen zu einer Vielzahl von

16 Die in der Einstellungsmessung gebräuchliche Spearman-Brown-Formel setzt aber voraus, dass die Streuungen (siehe Kapitel XIV) der Teilskalen identisch sind. Verbesserte und allgemeinere Formeln zur Schätzung der «Split-half-Reliabilität» erfordern diese Annahme nicht (z. B. die Formel von Kristof 1963; zu einer Übersicht siehe Lienert und Raatz [1. Aufl. 1961] 1998).

Aspekten einer Thematik ist eben auch, dass häufig Kompromisse zulasten der Zuverlässigkeit von Messungen gemacht werden.[17]

Nun hätten wir die Subskalen auch anders als im vorliegenden Fall bilden können. Berechnet man z. B. S_1 als Summe der Items B bis F und S_2 als Summe von G bis K, dann wird die Reliabilitätsschätzung leicht unterschiedlich ausfallen. Der Mangel der willkürlichen Aufteilung der Itembatterie kann mit der Methode der Itemkonsistenzanalyse auf der Basis sämtlicher Interkorrelationen der Items (Tabelle VI.4) ausgeglichen werden.

Auch hier gibt es wieder eine Reihe von Maßzahlen «interner Konsistenz», von denen Cronbachs α (1951) die gebräuchlichste Methode der Reliabilitätsschätzung darstellt. Ist n die Anzahl der Items und $\bar{r}$ der Mittelwert aus allen Interkorrelationen der Items, so lautet die Formel[18]:

$$\alpha = \frac{n\bar{r}}{1 + \bar{r}(n-1)}$$

17 So wurden in der Arbeit von Diekmann und Preisendörfer (1992) die vier Items zu spezifischen Umweltproblemen (Atomkraftwerke, Verkehr) weggelassen. Ziel war es hier, die Umweltbewertung allgemein zu erfassen, was bei der 10-Item-Skala die Reliabilität aber bedenklich reduziert. Cronbachs α (dazu weiter unten) für die Kurzskala mit den sechs Items B bis G liegt dann knapp über 0,60. Für die Berner Stichprobe kann der Wert zur Übung aus Tabelle VI.4 errechnet werden. Die «Anomie-Skala» in der «Allgemeinen Bevölkerungsumfrage» (ZUMA-Allbus) – um ein weiteres Beispiel zu nennen – erreicht mit vier Items gerade einen α-Wert von 0,58 (ZUMA-Handbuch Sozialwissenschaftlicher Skalen 1983). Dagegen ist die Test-Retest-Reliabilität für die «6-Item-Kurzskala» im Berner Umweltpanel 91/92 bei einem zeitlichen Abstand von einem Jahr zwischen den Erhebungen mit $r = 0{,}63$ noch relativ stärker angeprägt. Diese ist nämlich ansonsten meist geringer als Cronbachs α oder die Testhalbierungs-Reliabilität. Schließlich ist noch zu bedenken, dass oftmals künstlich hohe Reliabilitäten erzeugt werden auf Kosten der Validität. Dies ist dann der Fall, wenn sehr ähnliche Items ausgewählt werden, z. B. durch eine leichte Variation der Fragen. Mit den Umweltitems sollte dagegen ein breiteres Spektrum von Gesichtspunkten angesprochen werden. Bei dieser durchaus sinnvollen Strategie muss man aber eine geringere Konsistenz der Items in Kauf nehmen.

18 Alternativ kann α auch aus den Varianzen der Items berechnet werden. Siehe Carmines und Zeller (1979).

Im vorliegenden Fall ist n = 10 und $\bar{r} = 0{,}247$.[19] Daraus resultiert eine Reliabilitätsschätzung von $\alpha = 0{,}77$.

Wie könnte die Reliabilität der Skala noch verbessert werden? Mit der α-Formel lässt sich leicht zeigen, was wir uns schon denken können: Bei gleicher durchschnittlicher Interkorrelation der Items wächst die Reliabilität mit der Testlänge, d. h. der Zahl der Items. In unserem Beispiel würde eine auf 15 Items verlängerte Skala bereits einen Reliabilitätskoeffizienten von 0,83 aufweisen. Eine sehr kurze Skala mit nur fünf Items hätte dagegen einen α-Koeffizienten von nur 0,62.

Weiterhin ist die Reliabilität von den Interkorrelationen der Items und damit auch von den Trennschärfekorrelationen abhängig. Diese weisen im Allgemeinen höhere Werte bei Items mit großer Streuung auf. Man sollte daher möglichst Items *mittlerer Intensität* auswählen, die von ungefähr gleich vielen Befragten in einer Stichprobe befürwortet bzw. abgelehnt werden. Diese Strategie ist auch intuitiv verständlich. Items, die von nahezu allen Befragten befürwortet werden, leisten in unserem Beispiel nur einen geringen Beitrag zur Trennung der umweltbewussten von den weniger umweltbewussten Personen. Bei Items mit nur zwei Antwortkategorien (dichotome 0/1-Variablen) bezeichnet man den Anteil der «1»-Antworten (z. B. Befürwortung des Items, bei Leistungstests die Lösung einer Aufgabe) als *Schwierigkeitsgrad*. Eine 50:50-Verteilung der Antworten entspricht einem mittleren Schwierigkeitsgrad des Items.[20] Items mit mittlerem Schwierigkeitsgrad weisen unter sonst gleichen Bedingungen eine höhere Trennschärfe auf. Deshalb kann eine höhere Reliabilität dadurch erzielt werden, dass zur Konstruktion der Skala möglichst Items mit ungefähr mittlerem Schwierigkeitsgrad ausgewählt werden. Wenig empfehlenswert ist dagegen ein einfacher Trick zur künstlichen Aufblähung der Reliabilität. Werden die Items einer Fragebatterie nur geringfügig variiert (z. B. Item 1: «Tempo 100 auf Autobahnen sollte gesetzlich vorgeschrieben werden», Item 2: «Der Gesetzgeber sollte die Geschwindigkeit auf Autobahnen deutlich herabsetzen»), so erhält man automatisch

19 Die Summe der Interkorrelationen ist 11,12. Die Anzahl beträgt [n(n −1)1/2 = 45. Die durchschnittliche Interkorrelation ist 11,12/45 = 0,247.

20 Die Streuung einer 0/1-Variablen ist dann maximal.

eine hohe Konsistenz der Items und damit hohe Reliabilitätswerte. Der Preis dieser Strategie ist im Allgemeinen eine Verringerung der Inhaltsvalidität. Denn die sehr ähnlichen Items werden dann kaum über das gesamte Spektrum des hypothetischen Item-Universums streuen.

Tabelle VI.4: Interkorrelationsmatrix der Umweltitems

	B	C	D	E	F	G	H	I	J	K
B	–									
C	.13	–								
D	.20	.26	–							
E	.30	.28	.31	–						
F	.08	.21	.10	.23	–					
G	.09	.31	.28	.31	.17	–				
H	.26	.29	.18	.31	.22	.31	–			
I	.07	.24	.20	.20	.15	.20	.35	–		
J	.22	.28	.25	.39	.14	.28	.37	.49	–	
K	.15	.22	.21	.33	.09	.26	.37	.36	.47	–
Spalten–summe	1,5	2,09	1,53	1,77	0,77	1,05	1,09	0,85	0,47	

Summe total = 11,12

Validität

Objektive und zuverlässige Messinstrumente müssen nicht notwendigerweise valide sein. Wer wiederholt lügt, mag zwar die Reputation eines zuverlässigen Lügners erhalten, nur sagt er uns eben nicht die Wahrheit. Objektivität und Reliabilität sind nur notwendige Minimalanforderungen an ein Messinstrument. Das Hauptziel ist dagegen die Konstruktion möglichst valider Messinstrumente.

Das Problem der Validität oder Gültigkeit von Messinstrumenten ist eng verwandt mit dem Problem der Zweckmäßigkeit von Definitionen (Kapitel IV). Im Prinzip kann man theoretische Konstrukte in beliebiger Weise ‹operational› durch ein Messinstrument definieren. Nur stellt sich dann zu Recht die Frage, ob die Definition auch brauchbar ist. Es ist im Allgemeinen ohne größere Schwierigkeiten möglich, eine konsistente, höchst reliable Itembatterie zu konstruieren und mit einem Etikett zu versehen. Der meist kritisch zitierte Satz «Intelligenz ist, was Intelligenztests messen» lässt sich auch so interpretieren: Ein Test liefert zwar eine operationale Definition der «Intelligenz» mittels einer objektiven und hochreliablen Itembatterie. Die Frage aber, ob der Test ‹mehr› kann, als per definitionem «Testintelligenz» zu messen, wird damit noch nicht beantwortet.

Betrachten wir als Beispiel meinen Vorschlag eines «Büroklammer-Entwirr-Tests» (BET) zur Messung der Intelligenz. Die Test-Instruktionen sind recht einfach. 100 miteinander verknüpfte Büroklammern sollen in einer Zeitspanne von fünf Minuten entwirrt werden. Die Zahl der entwirrten Klammern ist dann der Punktwert der Intelligenz. Der BET ist auf jeden Fall ausgesprochen ökonomisch und sicher in hohem Maß objektiv. Eine empirische Prüfung steht zwar noch aus, aber nehmen wir an, der Test sei hochreliabel. Sowohl die Test-Retest- als auch die Split-half-Reliabilität weist ausgesprochen hohe Werte auf. Mehr noch: Die Verteilung der Punktwerte der Testpersonen ist vermutlich normalverteilt, d. h. entspricht der Gauß'schen Glockenkurve (Kapitel IX). Im Sinne der Aussage «Intelligenz ist, was Intelligenztests messen» steht es uns frei zu definieren: «Eine Person hat einen umso höheren Grad der Intelligenz, (def. =) je höher die Zahl der BET-Punkte.» Was gäbe es dann an diesem Test noch zu kritisieren?

Nur fraglich eben, ob derart konstruierte Tests auch valide sind. Das Problem bezieht sich natürlich nicht nur auf Leistungstests, sondern gleichermaßen auf Einstellungsmessungen. Wie aber kann die Validität eines Messinstruments ermittelt werden? Eine allgemeine Definition der Validität gibt darüber noch wenig Aufschlüsse: «Die *Validität* eines Testes gibt den Grad der Genauigkeit an, mit dem dieser Test dasjenige Persönlichkeitsmerkmal oder diejenige Verhaltensweise, das (die) er messen soll oder zu messen vorgibt, tatsächlich misst» (Lienert und Raatz [1. Aufl. 1961] 1969: 16). Um die einzelnen Aspekte der Validität präziser zu bestimmen, ist auch hier wieder eine Untergliederung in verschiedene Arten der Validität sinnvoll. In der Literatur werden im Wesentlichen drei Formen der Validität unterschieden:

1. *Inhaltsvalidität* («content validity») liegt dann vor, wenn eine Auswahl von Items die zu messende Eigenschaft in hohem Grad repräsentiert. Verbunden damit ist die Vorstellung eines «hypothetischen Universums» von Items. Ein inhaltvalides Messinstrument sollte eine möglichst «repräsentative Itemstichprobe» umfassen.

2. Die *Kriteriumsvalidität* («criterion-related validity») gibt an, in welchem Grad die mit einem Messinstrument erzielten Resultate mit anderen relevanten Merkmalen empirisch korreliert sind. Diese Außenkriterien müssen unabhängig mit anderen Messinstrumenten erhoben werden. Dabei kann noch weiter zwischen der *Übereinstimmungsvalidität* («concurrent validity») mit einem gleichzeitig erhobenen Außenkriterium und der *Vorhersagevalidität* («predictive validity») bezüglich eines prognostizierten Kriteriums unterschieden werden. Die Kriteriumsvalidität wird durch einen Korrelationskoeffizienten ausgedrückt. Da zur Validierung mehrere Außenkriterien herangezogen werden können, lassen sich für ein Messinstrument auch entsprechend viele Werte der Kriteriumsvalidität angeben.

3. Mit der *Konstruktvalidität* («construct validity») wird die Aufmerksamkeit auf die Brauchbarkeit von Messinstrumenten für die Entwicklung von Theorien gelenkt. Konstruktvalidität verlangt, dass das von einem Messinstrument erfasste Konstrukt mit möglichst vielen anderen Variablen in theoretisch begründbaren Zusammenhängen steht und hieraus Hypothesen ableitbar sind, die einer empirischen Prüfung standhalten. Nicht das einzelne Außenkriterium ist hier von Interesse, sondern die Vorhersage einer möglichst großen Zahl unabhängig gemessener Kriteriumswerte, die durch ein Netzwerk theoretischer Propositionen miteinander verbunden sind.

Das mit der Inhaltsvalidität verbundene «Stichprobenmodell» hat allerdings eher metaphorischen Charakter. Nur selten wird es gelingen, das Universum oder die Grundgesamtheit von Items eines theoretischen Konstrukts exakt anzugeben, wie es die Stichprobentheorie erfordert (Kapitel IX). Bei einem Wortschatztest in einer Fremdsprache wäre dies noch möglich. Ein Wortschatztest in englischer Sprache z. B. wäre wenig inhaltsvalide, wenn nur exotische Vokabeln abgefragt werden. Wählt man dagegen eine Zufallsstichprobe von 50 Vokabeln aus den 2000 meistgebrauchten Worten, so könnte diese Itembatterie als inhaltsvalide gelten. Wie aber wäre eine inhaltsvalide Messung des Umweltbewusstseins zu konstruieren? Möglich wäre es im Prinzip, sämtliche umweltrelevanten Aussagen und Forderungen in der öffentlichen Diskussion mittels einer Inhaltsanalyse zu sammeln und aus diesem «Universum» eine Zufallsstichprobe zu ziehen. Ein anderer Weg, der häufig zur Beurteilung der Inhaltsvalidität eingeschlagen wird, ist das «Expertenrating». Übereinstimmende Expertenurteile bezüglich der Repräsentativität der Items werden danach als Hinweis auf die Inhaltsvalidität eines Messinstruments gewertet.

Dagegen kann die Kriteriumsvalidität durch eine eindeutig definierte Kennziffer ausgedrückt werden, nämlich die Höhe des Korrelationskoeffizienten zwischen den Messergebnissen und dem jeweiligen Außenkriterium. Ein Außenkriterium der Umweltskala wäre z. B. die Mitgliedschaft in Umweltorganisationen. Zeigt sich ein starker Zusammenhang, dann wäre die «concurrent validity» bezüglich dieses Merkmals als hoch einzustufen. Vorhersagevalidität bezüglich des politischen Wahlverhaltens hätte das Messinstrument, wenn sich ein Zusammenhang zwischen den Messwerten und einer späteren Wahl von Umweltparteien nachweisen ließe. Die Vorhersagevalidität eines Intelligenztests wird häufig an der Prognosegenauigkeit von Schulnoten gemessen. Wenn mit Hilfe des BET-Tests bei Schülern mit großer Wahrscheinlichkeit prognostiziert werden kann, wer später durch ein Examen fällt oder Nobelpreisträger wird (oder beides?), dann wäre das nicht nur ein Nachweis erstaunlicher Vorhersagevalidität, sondern auch eine Empfehlung, den Test baldmöglichst patentieren zu lassen.

Die Konstruktvalidität, von Cronbach und Meehl (1955) in die Debatte um die Testvalidierung eingeführt, kann dagegen nicht durch ein einfaches Prüfverfahren ermittelt werden. Nach ihrem Konzept ist die Konstruktvalidierung ein weiter reichendes, kumulatives Forschungsprogramm. Einzelne Untersuchungen wie Hypothesentests liefern dabei partielle Erkenntnisse, die aber erst in ihrer Gesamtheit über die theoretische Ergiebigkeit eines Messinstruments Aufschluss geben (siehe auch Carmines und Zeller 1979).

Campbell und Fiske (1959) haben demgegenüber ein weniger ambitiöses und stärker formalisiertes Verfahren der Konstruktvalidierung auf der Basis von Korrelationsanalysen vorgeschlagen. Voraussetzung ist, dass mindestens zwei hypothetische Konstrukte mit mindestens je zwei verschiedenen Methoden gemessen werden. Die Methoden sollen maximal differieren (z. B. Persönlichkeitstest versus Fremdeinschätzung) und nicht lediglich verwandte Items eines Fragebogens darstellen. Die Korrelationen zwischen sämtlichen Messwertevariablen werden in einer (mindestens 4 x 4)-«Multitrait-Multimethod-Matrix» (M-M-Matrix) ausgewiesen (siehe Tabelle VI.5). Die Korrelation zwischen den Messergebnissen verschiedener Methoden zur Erfassung des gleichen Konstrukts wird als «convergent validity» bezeichnet. Dagegen ist «discriminant validity» die Korrelation zwischen den Messergebnissen verschiedener Konstrukte mit der gleichen Methode. Das zentrale Postulat der Konstruktvalidierung mit der M-M-Matrix lautet nun, dass die konvergente Validität höher sein sollte als die diskriminierende Validität. Damit wird die einfache Grundidee präzisiert, dass die Messresultate eines Konstrukts – z. B. des Umwelthandelns – möglichst methodenunabhängig sein sollten (konvergente Validität) und dass andererseits zwischen inhaltlich verschiedenen Konstrukten (z. B. Umwelthandeln und Kooperationsverhalten) hinreichend differenziert werden kann (diskriminierende Validität). Tabelle VI.5 zeigt dazu ein Beispiel.[21]

Genauer fordern Campbell und Fiske (1959) zum Nachweis der Konstruktvalidität die Erfüllung von vier Anforderungen: (1) Die Validitätskoeffizienten sollen sich signifikant von null unterscheiden und nicht zu geringe Werte aufweisen. (2) Die Validitätskoeffizienten sollen jeweils höhere Werte aufweisen als die Korrelationen für unterschiedliche Konstrukte bei unterschiedlichen Methoden in der jeweiligen Reihe und Spalte. Der Validitätskoeffizient für U in der Tabelle z. B. ist hier größer als 0,25 und größer als 0,28. (3) Ein Validitätskoeffizient sollte einen höheren Wert haben als «Gleiche-Methoden-verschiedene-Konstrukt-Korrelationen». (Der Vergleich bezieht sich dabei nur auf Korrelationen, an denen Konstrukt und Methode des Validitätskoeffizienten beteiligt sind.) Der Validitätskoeffizient für U z. B. ist größer als 0,34 und größer als 0,40.

21 Siehe auch Betz 1976; Schnell, Hill und Esser 2004; Sullivan und Feldman 1979. Letztere formulieren eine Reihe von Kritikpunkten bezüglich der Methode von Campbell und Fiske.

(4) Das «Korrelationsmuster» (d. h. die Rangfolge der Korrelationen zwischen den Konstrukten bei gleicher Methode) soll für alle Methoden gleich sein. Gefordert wird mithin, dass die Beziehungen zwischen den Konstrukten methodenunabhängig sind. Die Prüfung des vierten Kriteriums erfordert mindestens drei Konstrukte, was hier nicht der Fall ist. Zu einer ausführlichen Diskussion eines Beispiels mit drei Konstrukten und drei Methoden sowie einer empirischen Anwendung siehe Sullivan und Feldman (1979).

Die drei Gütekriterien Objektivität, Reliabilität und Validität stehen in einem hierarchischen Verhältnis. Objektivität ist eine notwendige, aber nicht hinreichende Bedingung der Reliabilität. Die Reliabilität ist wiederum eine notwendige, aber nicht hinreichende Bedingung der Validität. Ziel ist die Konstruktion valider Messinstrumente. Ein Messinstrument sollte mindestens eines der erwähnten Validitätskriterien erfüllen. Das Ausmaß der Validität wird aber begrenzt durch das Ausmaß der Reliabilität.[22] In diesem Sinn sind Reliabilität und damit zugleich Objektivität Minimalvoraussetzungen zur Konstruktion valider Messinstrumente.

4. Testtheorie

Die sogenannte klassische Testtheorie behandelt den Zusammenhang zwischen Messinstrumenten und theoretischen Konstrukten im Rahmen eines mathematisch-statistischen Modells. Der Wert des unbeobachtbaren theoretischen Konstrukts gilt als «wahrer Wert», als «true score» T, der mit einem Messinstrument X (ein einzelner Indikator oder aber in der Regel der beobachtete «score» einer Itembatterie) nur ungenau erfasst wird. Präziser ausgedrückt ist mit Messfehlern E («Error-Variable») zu rechnen. Angenommen wird, dass sich der beobachtete Messwert additiv aus dem «wahren Wert» und dem Messfehler zusammensetzt[23]:

22 Der Validitätskoeffizient bezüglich eines Außenkriteriums kann maximal so groß sein wie die Wurzel des Reliabilitätskoeffizienten. Dazu der folgende Abschnitt.

23 Es handelt sich allgemein um die Beziehung zwischen Variablen. Für eine einzelne Messung bei einer Person i (ein spezieller Wert oder eine «Realisierung» der «Zufalls-

Tabelle VI.5 : Beispiel einer Multitrait-Multimethod-Matrix

Methode	Konstrukt	Interview U	Interview K	Beobachtung U	Beobachtung K
Interview	U	(0,80)			
	K	0,40	(0,78)		
Beobachtung	U	0,59	0,25	(0,72)	
	K	0,28	0,50	0,34	(0,70)

Umwelthandeln (U) und Kooperationsverhalten (K) werden jeweils durch eine Itembatterie im Interview und durch Verhaltensbeobachtung bei der gleichen Stichprobe von Personen erfasst (fiktive Daten). In der Matrix sind die Korrelationskoeffizienten aufgeführt. Die eingeklammerten Werte in der Diagonale sind Reliabilitätskoeffizienten (z. B. «Split-half»-Korrelation für gleiche Methode, gleiches Konstrukt). Die eingekreisten Werte sind Validitätskoeffizienten (gleiches Konstrukt, verschiedene Methoden).

(1) $X = T + E$

Der Grundgedanke ist, dass die Messfehler um den wahren Wert streuen. Die Messfehler sind also mal positiv, mal negativ, mal größer, mal kleiner, wobei der Durchschnittswert einer sehr großen Zahl wiederholter Messungen (der *Erwartungswert* von X) dem wahren Wert genau entspricht.[24] Dies können wir auch so ausdrücken: Der Erwartungswert des Messfehlers μ (E) ist null. Die zentrale Annahme lautet demnach:

(2) $\mu (E) = 0$.

Weiterhin wird angenommen, dass (3) der «wahre» Wert nicht mit dem Messfehler korreliert ist, dass (4) die Messfehler von zwei wiederholten

variablen») werden kleine Buchstaben verwendet, d. h., es gilt $x_i = \tau_i + \varepsilon_i$. Ich verwende hier eine etwas vereinfachte Schreibweise der Notation von Lord und Novick (1968). T und E sind die großen griechischen Buchstaben Tau und Epsilon.

24 Genauer ist der Mittelwert einer hypothetischen, unendlichen Zahl von Messungen *(der Erwartungswert)* identisch mit dem «true score».

Messungen E_1 und E_2 nicht miteinander korreliert sind und dass (5) die Korrelation zwischen dem Messfehler einer ersten Messung und dem «true score» einer zweiten Messung des gleichen Konstrukts mit dem gleichen Messinstrument null ist. Formal[25]:

(3) $\rho_{TE} = 0$

(4) $\rho_{E_1E_2} = 0$

(5) $\rho_{E_1T_2} = 0$

Mit den fünf Annahmen wird das Basismodell der klassischen Testtheorie definiert.[26] Der Zweck dieser Formalisierung ist, dass das Modell u. a. präzise Definitionen der Gütekriterien der Messung und eine Ableitung der Beziehungen zwischen der Reliabilität und Validität erlaubt. Ferner basieren die im vorhergehenden Abschnitt verwendeten Schätzformeln der Reliabilität auf dem Modell der klassischen Testtheorie.[27]

Was bedeuten nun die Annahmen inhaltlich? Annahme (1) legt fest, dass der Messfehler bei (hypothetisch) genügend oft wiederholten Messungen im Durchschnitt null ist. Nehmen wir der Einfachheit halber das Beispiel einer genaugehenden Uhr mit einem Zifferblatt, deren Zeitanzeige aber nicht ganz exakt ist. Die tatsächliche Zeit («true score») sei 5 Uhr 25 Min. und 12 Sek. Beobachter A wird sagen, es sei 5 Uhr 26, Beobachter B misst 5 Uhr 24 und eine halbe Minute. (‹Schielt› Beobachter C und sagt «5 Uhr 35», so ist die Modellannahme durch einen systematischen Messfehler verletzt.) Der Mittelwert einer großen Zahl (hypothetischer) Zeitmessungen der Beobachter A, B, C, usw. sollte nach dem Modell die exakte Zeit anzeigen. Dies wäre dann der Fall, wenn der Mittelwert der Messfehler vieler Beobachtungen null ist, d. h. die Messfehler sich gegenseitig ausgleichen.

25 Der Korrelationskoeffizient wird hier mit «ρ» bezeichnet. Das Modell bezieht sich nicht auf eine spezielle Stichprobe, sondern auf die «Population» (Kapitel IX). Statistische Kennziffern (Parameter) der Population werden häufig mit griechischen Buchstaben, Stichprobenkennziffern mit lateinischen Buchstaben bezeichnet.

26 Lord und Novick (1968, Kapitel 2 und 3). Zu verschiedenen Erweiterungen mit weniger restriktiven Annahmen siehe Lord und Novick (1968) und die Hinweise weiter unten.

27 Eine Ableitung der Spearman-Brown-Formel sowie von «Cronbachs α» findet sich in Lord und Novick (1968, Kapitel 4).

Mit den Annahmen (1) und (2) gewinnen wir gleichzeitig eine präzise Definition eines theoretischen Konstrukts. Dessen Wert, der «true score», ist identisch mit dem Erwartungswert der Messungen mit einem Messinstrument, welches gemäß (2) nur einen Zufallsmessfehler aufweist, d. h., es gilt: $T = \mu(X)$.

Der Begriff des Zufallsmessfehlers ist eng mit der Reliabilität verknüpft. Je größer die Schwankungsbreite (Streuung) eines Zufallsmessfehlers, desto geringer ist die Reliabilität des Messinstruments. Systematische Messfehler beeinträchtigen zusätzlich die Validität des Messinstruments (Carmines und Zeller 1979). Die Annahmen (2) bis (5) schließen verschiedene Arten systematischer Messfehler aus. So wäre beim Uhrenbeispiel Annahme (2) verletzt, wenn eine Uhr systematisch vorgeht. Die Ruhla-Uhr aus DDR-Produktion wurde im Volksmund als «schnellste Uhr» der Welt bespöttelt. Sollte dies zutreffen (was ich anhand meiner Ruhla-Uhr nicht bestätigen kann), dann würden auch noch so viele Beobachtungen im Durchschnitt keine exakte Zeitmessung ergeben.

Annahme (3) schließt die systematische Verzerrung durch eine Korrelation von «true score» und Messfehler aus. Der Messfehler der Zeitmessung sollte um 1 Uhr in der Regel nicht höher sein als um 5 Uhr, d. h., der Messfehler beim Uhrenbeispiel sollte nicht mit der «wahren Zeit» systematisch anwachsen oder abnehmen. Um ein anderes Beispiel zu geben: Ist der Messfehler einer Umweltskala bei umweltbewussten Personen systematisch höher als bei weniger umweltbewussten Personen, dann ist Annahme (3) verletzt. Eine Verletzung der Annahme wird dann vorliegen, wenn Drittvariablen eine Rolle spielen, die sowohl T als auch X beeinflussen. Eine Erweiterung des Basismodells durch «multivariate Messmodelle» kann der Verletzung von Annahme (3) aber Rechnung tragen (dazu weiter unten).

Ist eine Uhr, die konstant eine Minute vorgeht, exakter als eine Uhr, die steht? Die scherzhafte Antwort lautet «nein». Eine stehengebliebene Uhr zeigt immerhin zweimal am Tag die exakte Zeit an; eine Uhr, die konstant eine Minute vorgeht, dagegen nie. (Wer die Exaktheit liebt, sollte sich eine defekte Uhr zulegen!) Bei der Uhr, die konstant vorgeht, ist Annahme (2) verletzt. Ein kleiner systematischer Messfehler ist aber, abhängig vom praktischen Zweck der Messung, durchaus tolerierbar. Die Uhr, die stehengeblieben ist, verletzt Annahme (3). Gehen wir von einer Uhr mit 24-Stunden-Anzeige aus, von der einmal am Tag die exakte Zeit ablesbar ist. Wir wissen, dass die Uhr um 1 Uhr morgens stehengeblieben ist. Dann ist der Messfehler um genau 1 Uhr null. Um 2 Uhr beträgt der Messfehler eine Stunde, um 3 Uhr zwei Stunden usw. Zwischen T (= wahre Zeit) und der Messfehlervariablen E besteht eine perfekte lineare Abhängigkeit. T und E sind systematisch miteinander verknüpft.

Annahme (4) schließt systematische Abhängigkeiten zwischen zwei Messungen aus. Ist z. B. der Messfehler einer ersten Messung hoch, dann sollte die zweite Messung davon unbeeinflusst sein. Annahme (5) schließlich verbietet, dass der Messfehler der ersten Messung systematisch mit dem «true score» einer zweiten Messung verknüpft ist.

Mit dem testtheoretischen Modell können wir zunächst einige Begriffe genauer definieren. Zwei Tests oder Einstellungsskalen X und X' sind parallel, wenn sie gemäß der Beziehung (1) (a) das gleiche Konstrukt T messen und (b) jeweils die gleiche Streuung aufweisen. Lässt man die Einschränkung (b) fallen, spricht man von τ-äquivalenten Tests. In beiden Fällen stimmen die Erwartungswerte von X und X' überein und entsprechen dem «true score».

Reliabilität wird definiert als das Quadrat der Korrelation zwischen der Messwertevariablen X und dem Konstrukt T, sodass per definitionem gilt: Reliabilitätskoeffizient = ρ^2_{XT}

Aus dem Modell lässt sich die Beziehung (das Theorem) ableiten, wonach der Reliabilitätskoeffizient der Korrelation zwischen den parallelen Skalen X und X' entspricht.[28] Es gilt demnach:

$$\rho_{XX'} = \rho^2_{XT}$$

Die Korrelation zwischen zwei parallelen Tests in einer Stichprobe stellt damit eine Schätzung des Reliabilitätskoeffizienten dar.

Die *Validität* eines Messinstruments wird definiert als Korrelation von X mit der Messung eines Außenkriteriums Y, d. h.

Validitätskoeffizient = ρ_{XY}

Gerüstet mit diesen Definitionen, können wir einige wichtige, praktisch bedeutsame Theoreme formulieren.

Sind die Werte von zwei Konstrukten T_X und T_Y fehlerfrei messbar, sind also die Reliabilitäten beider Messinstrumente eins, dann entspricht

28 Zu den formalen Ableitungen sei auf Lord und Novick (1968) verwiesen.

die «beobachtete» Korrelation zwischen X und Y der «tatsächlichen» Korrelation zwischen den Konstrukten. Im Allgemeinen sind die Konstrukte natürlich nicht fehlerfrei messbar. Betrachten wir die Messung des «Umweltbewusstseins» X und des «Umwelthandelns» Y jeweils auf der Basis einer Itembatterie. Die tatsächliche Korrelation $\rho_{T_X T_Y}$ wird unterschätzt, wenn die Reliabilität mindestens eines Messinstruments kleiner als eins ist. Dieser Sachverhalt ist anhand der folgenden, aus dem testtheoretischen Modell ableitbaren Formel erkennbar:

$$\rho_{T_X T_Y} = \frac{\rho_{XY}}{\sqrt{\rho_{XX'} \cdot \rho_{YY'}}}$$

Im Nenner steht die Wurzel aus dem Produkt der beiden Reliabilitätskoeffizienten. Da diese im Regelfall kleiner als eins sind, wird die «tatsächliche» Korrelation durch die «beobachtete» Korrelation unterschätzt.

Mit dieser sogenannten *attenuation-Formel* kann die Korrelation zwischen den Konstrukten aufgrund der Korrelation zwischen den Messwerten geschätzt werden, wenn die Reliabilitäten bekannt sind. Nehmen wir an, für den Zusammenhang zwischen dem Umweltbewusstsein und dem Umwelthandeln lässt sich anhand einer Stichprobe eine Korrelation von 0,25 errechnen. Dies ist der Schätzwert für ρ_{XY}. Wie sich im vorhergehenden Abschnitt zeigte, lag der geschätzte Reliabilitätskoeffizient der Skala des Umweltbewusstseins bei 0,77. Angenommen, für das «Umwelthandeln» läge er bei 0,75. Aus der Formel ergibt sich dann als Schätzwert der «wahren» Korrelation:[29]

$$\frac{0{,}25}{\sqrt{0{,}77 \cdot 0{,}75}} = 0{,}33$$

Niedrige Korrelationen müssen nicht unbedingt bedeuten, dass kein oder nur ein geringer Zusammenhang besteht. Es kann auch der Fall sein, dass die Messungen recht unzuverlässig sind und eine «tatsächliche» Korrelation daher unterschätzt wird (vgl. auch Carmines und Zeller 1979).

Betrachten wir ein weiteres, wichtiges Theorem, das den Zusammenhang zwischen Reliabilität und Validität formuliert:

29 Für die Korrelation in der Population (ρ) verwenden wir als Schätzung die Korrelationskoeffizienten in der Stichprobe (r).

$$\rho_{XY} \leq \sqrt{\rho_{XX'}}$$

In Worten: Der Validitätskoeffizient einer Messung X bezüglich eines beliebigen Außenkriteriums Y kann nicht größer sein als die Wurzel des Reliabilitätskoeffizienten. Die Reliabilität ist damit eine notwendige Voraussetzung der Validität bezüglich irgendeines Außenkriteriums.[30]

Es sei aber nochmals darauf hingewiesen, dass die erwähnten Zusammenhänge die Gültigkeit des linear-additiven Fehlermodells der klassischen Testtheorie voraussetzen. Auch bei routinemäßigen Anwendungen der Spearman-Brown-Formel oder der Methode der Reliabilitätsschätzung nach Cronbach (α-Koeffizient) ist zu bedenken, dass die Formeln aus den Annahmen des testtheoretischen Modells resultieren.

Das Basismodell der Testtheorie kann in verschiedenen Richtungen erweitert werden. Ist beispielsweise die Annahme (3) verletzt, so ist der Grund zumeist, dass einige oder alle Items des Messinstruments nicht nur von dem zu messenden Konstrukt T_X, sondern zusätzlich von anderen Konstrukten T_Y, T_Z usw. abhängen. Systematische Messfehler resultieren häufig daraus, dass die Items «mehrdimensional» sind. Diesem Gesichtspunkt kann mit den Modellen der Faktorenanalyse Rechnung getragen werden (z. B. Arminger 1979; Holm 1976b).[31]

Analog zu (1) im Standardmodell der Testtheorie lautet die Grundgleichung des faktorenanalytischen Modells für ein einzelnes Item:

$$X_j = \alpha_{1j}T_1 + \alpha_{2j}T_2 + \ldots + \alpha_{mj}T_m + E_j$$

X_j ist hier aber nicht der Score einer Itembatterie, sondern repräsentiert die Messwertevariable für ein einzelnes Item j. Für jedes der n Items einer Skala kann sinngemäß die obige Gleichung formuliert werden. Gemäß der Gleichung ist X_j eine gewichtete Summe der Faktorwerte $T_1, T_2, \ldots, T_m$ plus eines Fehlerterms E_j. Man sieht, dass X_j nicht nur von einem Konstrukt T_1 abhängt. Über die angestrebte Zieldimension T_1 hinaus wird zu-

30 Der Wert des Validitätskoeffizienten kann aber sehr wohl größer sein als der Reliabilitätskoeffizient. Ist Letzterer z. B. 0,49, dann kann der Validitätskoeffizient maximal $\sqrt{0{,}49} = 0{,}70$ erreichen.

31 Holms (1974) «Theorie der Frage» ist im Prinzip eine Anwendung der Faktorenanalyse auf die Untersuchung von Itembatterien (siehe Kapitel X).

gelassen, dass eventuell auch Einflüsse anderer Konstrukte vorliegen (Mehrdimensionalität). Die Gewichte oder *Faktorladungen* $\alpha_{1j}, \alpha_{2j}, \ldots, \alpha_{mj}$ für alle Items $j = 1, 2, \ldots, n$ (die Faktorladungs-Matrix) können mit den Methoden der Faktorenanalyse anhand empirischer Daten geschätzt werden (zu verschiedenen Verfahren siehe z. B. Arminger 1979). Ähnlich wie die Trennschärfekoeffizienten ein Kriterium zur Auswahl von Items liefern, geben die Faktorladungen der Items häufig noch genauere Auskünfte, um die ‹Spreu vom Weizen› zu trennen. Ein weiterer Vorteil der Faktorenanalyse ist darin zu sehen, dass der Gesamtscore einer Itembatterie mit den geschätzten Gewichten verbessert werden kann. Die einzelnen Items können dann gemäß ihrer Stärke, mit der sie die Zieldimension ansprechen, in den Summenscore eingehen. Im Allgemeinen verwendet man zur Gewichtung aber nicht die «Ladungen», sondern die sogenannten «factorscore coefficients» (vgl. z. B. Arminger 1979).[32] Es ist jedoch davor zu warnen, die Methode der Faktorenanalyse allzu mechanisch anzuwenden.

Noch einen Schritt weiter gehen die allgemeinen linearen Strukturgleichungsmodelle. Ein heute weitverbreitetes Verfahren, d. h. statistisches Modell, Schätzmethode und Computerprogramm in einem, ist das Softwarepaket LISREL des Teststatistikers Karl G. Jöreskog (1973) zur «Analyse komplexer Strukturgleichungsmodelle» (siehe Pfeifer und Schmidt 1987): Im Unterschied zur Faktorenanalyse werden hierbei auch Einflussbeziehungen zwischen den theoretischen Konstrukten zugelassen (Abbildung VI.3). Damit ist es möglich, die Messtheorie und die Zusammenhänge zwischen den theoretischen Konstrukten anhand empirischer Daten simultan zu prüfen.

Gegenüber der klassischen Testtheorie sind aber auch verschiedene Einwände formuliert worden, die teilweise auch die Erweiterungen des Standardmodells betreffen (vgl. dazu Fischer 1974; einen kurzen Überblick gibt Heidenreich 1993). Aus der Sicht der Messtheorie (dazu Ab-

32 Werden die Faktorwerte, z. B. Realisierungen von TI, aus den Items geschätzt, dann bezeichnet man die in der Schätzgleichung auftretenden Koeffizienten als «factorscore coefficients». Da man ja bei der Messung die Konstrukte anhand der Indikatoren schätzen möchte, eignen sich diese zur Gewichtung besser als die Faktorladungen.

ABBILDUNG VI.3: ERWEITERUNGEN DER KLASSISCHEN TESTTHEORIE IM PFADDIAGRAMM

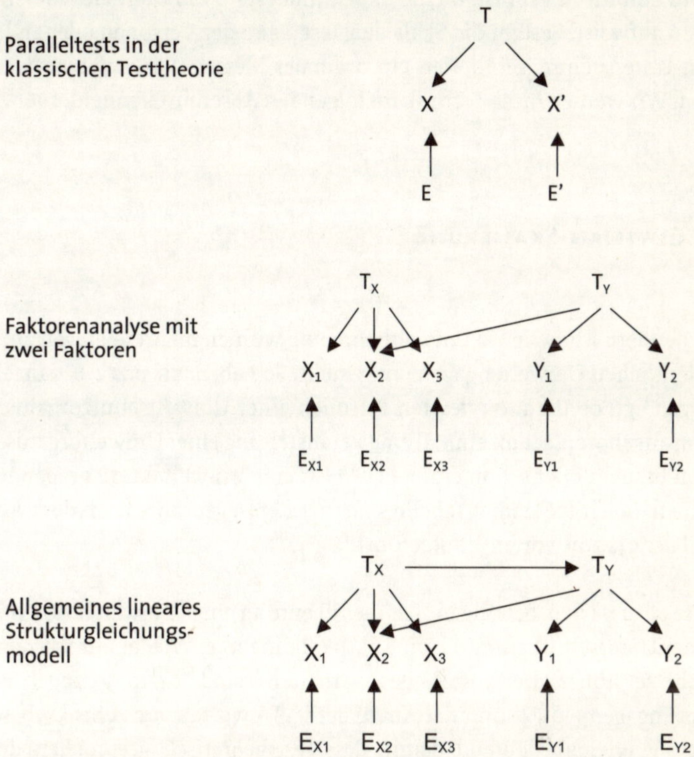

Es handelt sich jeweils um einfache Beispiele von Modellerweiterungen. In der Faktorenanalyse ist das Item X_2 auch vom Faktor T_Y abhängig. Im allgemeinen Strukturgleichungsmodell kann zusätzlich angenommen werden, dass eine Einflussbeziehung zwischen den Konstrukten besteht.

schnitt 7) wird insbesondere bemängelt, dass die Skalen das zentrale Kriterium der «Repräsentationsmessung» nicht erfüllen. So wird in der klassischen Testtheorie ungeprüft metrisches Skalenniveau (Intervallskalen, dazu weiter unten) vorausgesetzt. Messmethoden auf der Grundlage von Skalierungsmodellen prüfen dagegen auch direkt oder indirekt, ob überhaupt die Voraussetzungen zur Konstruktion einer Skala eines bestimmten Messniveaus erfüllt sind. Ein Beispiel dafür ist die sogenannte Guttman-Skala. Mit dem von Guttman entwickelten Verfahren wird empirisch geprüft, ob die Skala mindestens ein ordinales Messniveau aufweist. Besteht die Skala den Test, kann den Personen oder anderen Untersuchungseinheiten ein ordinaler Messwert zugewiesen werden. Wir werden diese Technik im folgenden Abschnitt kennenlernen.

5. Guttman-Skalierung

In der Bern-Münchener Umweltbefragung wurden mehrere Fragen zum öffentlichen Umweltengagement gestellt. So haben wir uns z. B. danach erkundigt, ob die interviewten Personen einer Umweltschutzorganisation angehören, schon einmal eine Veranstaltung einer Umweltorganisation besucht oder schon einmal Geld für eine Umweltaktion gespendet haben. In der folgenden Tabelle sind vier Items, geordnet nach dem Anteil der «Ja-Antworten», aufgeführt.[33]

Wie zu erwarten, beteiligen sich mehr Leute an einer Umweltaktion mit einer Unterschrift als durch eine aktive Teilnahme. Wieder einmal zeigt sich: Je höher die Kosten des Verhaltens sind, desto geringer ist das Engagement. Nimmt der Anteil der Ja-Antworten von A bis D ab, so ist dies gleichbedeutend damit, dass testtheoretisch gesprochen der «Schwierigkeitsindex» der Items anwächst. Es ist zu vermuten, dass die Items somit eine unterschiedliche Intensität bezüglich des «theoretischen Konstrukts» (oder der «latenten Dimension») Umweltengage-

33 Im Fragebogen wurden fünf Fragen zum Umweltengagement gestellt. Bei der Konstruktion des Fragebogens war keine Guttman-Skalierung mit diesen Items geplant. Erst in einer Sekundäranalyse hat Franzen (1995) die Möglichkeit der Guttman-Skalierung des «Umweltengagements» untersucht. Dabei wurde ein fünftes, zur Skalierung weniger geeignetes Item (Teilnahme an Demonstrationen) ausgeschlossen. Das Antwortverhalten war hier im Vergleich zu den anderen Items inkonsistenter. Ich beziehe mich im Folgenden auf die Ergebnisse der Sekundäranalyse von Franzen (1995).

TABELLE VI.5: ITEMS ZUM ÖFFENTLICHEN UMWELTENGAGEMENT

		Ja-Antworten
A	Haben Sie sich schon einmal in eine Unterschriftenliste eingetragen, bei der es um Umweltschutzprobleme ging?	58 %
B	Haben Sie schon einmal oder häufiger Geld für eine Umweltschutzaktion oder eine Umweltorganisation gespendet?	42 %
C	Sind Sie aktives oder passives Mitglied einer Umweltschutzorganisation oder einer Vereinigung, die Umweltschutzinteressen verfolgt?	17 %
D	Haben Sie schon einmal ein Treffen oder eine Veranstaltung einer Umweltschutzorganisation besucht?	16 %

Anzahl befragte Personen: N = 1343

ment zum Ausdruck bringen. Diese Vorstellung lässt sich im Rahmen des Skalierungsmodells genauer formulieren. Ein wichtiger Begriff der Skalierungstheorie ist die sogenannte *Itemcharakteristik* («trace line»), oder genauer: die «itemcharakteristische Funktion». Diese Funktion stellt die Wahrscheinlichkeit p einer positiven Reaktion auf ein Item j in Abhängigkeit von der Position einer Person auf der latenten Dimension T dar. Bei einer (schwach) *monotonen* Itemcharakteristik wie im Fall der Guttman-Skala kann mit einem höheren Wert des theoretischen Konstrukts T die Wahrscheinlichkeit der Zustimmung nur zunehmen oder gleich bleiben, aber nicht abnehmen. Speziell unterstellt die Guttman-Skalierung die deterministische Annahme einer Sprungfunktion mit den Zustimmungswahrscheinlichkeiten $p = 0$ bzw. $p = 1$ (Tabelle VI.5).

Es sei darauf hingewiesen, dass *stochastische Skalierungsmodelle* von Itemcharakteristiken ausgehen, bei denen p im Bereich von null bis eins variiert (z. B. das Modell der Rasch-Skalierung, siehe Fischer 1974). Weiterhin können Itemcharakteristiken auch *nichtmonoton* sein. Dies ist z. B. der Fall, wenn die Wahrscheinlichkeit der positiven Reaktion zunächst anwächst, am «true score» einer Person ein Maximum erreicht und dann wieder absinkt. Wie man sieht, sind unterschiedliche Itemcharakteristiken vorstellbar. Je nach Itemcharakteristik wird man ein anderes Skalierungsmodell erhalten. Das Guttman-Modell legt dabei eine äußerst einfache itemcharakteristische Funktion zugrunde.

Trifft die Vermutung von den unterschiedlichen Intensitäten der Items A bis D zu, dann werden die Itemcharakteristiken in der Rangfolge A, B, C, D in Abbildung VI.5 «rechts» verschoben erscheinen. $\tau_1, \tau_2, \tau_3, \tau_4$ sind die entsprechenden «kritischen» Werte von T, bei denen gemäß Modell eine negative Reaktion in eine positive Reaktion umschlägt.

Aus den Annahmen zur Itemcharakteristik der Guttman-Skala folgt ein eindeutig bestimmbares, «ideales» Antwortmuster. Jede Person mit T-Werten größer als τ_4 wird gemäß Modell sämtliche vier Items zustimmend beantworten. Wird Zustimmung mit «1» kodiert, Nichtzustimmung mit «0», dann wäre das Antwortmuster in der Reihenfolge der Items A bis D: 1, 1, 1, 1. Dagegen ist z. B. für Personen mit T-Werten zwischen τ_2 und τ_3 das Antwortmuster 1, 1, 0, 0 zu erwarten. Im Widerspruch zu den Modellannahmen stünden dagegen Antwortmuster wie: 1, 0, 1, 1 oder 0, 0, 1, 0. Generell erfordert das Modell, dass die Zustimmung zu einem «intensiveren» Item stets die Zustimmung zu einem «schwächeren» Item einschließt. Man erkennt nebenbei auch, dass ein Skalenmodell eine Hypothese darstellt, die empirisch falsifizierbar ist.

ABBILDUNG VI.5: ITEMCHARAKTERISTIK DER GUTTMAN-SKALA

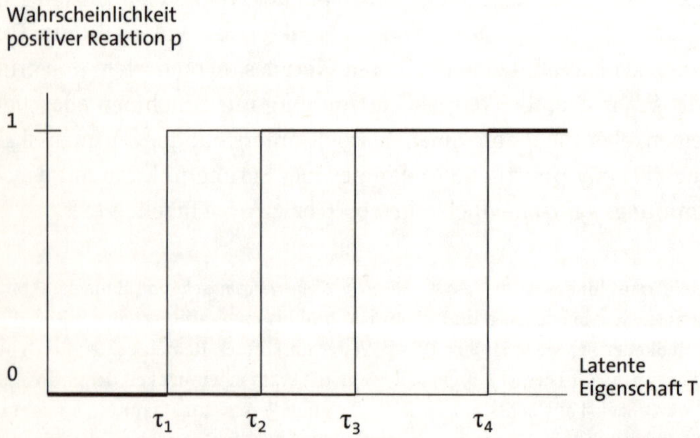

TABELLE VI.6: ERWARTETE ANTWORTMATRIX EINER GUTTMAN-SKALA

A	B	C	D	Skalenwert	Position auf dem latenten Kontinuum
0	0	0	0	0	$T < \tau_1$
1	0	0	0	1	$\tau_1 \leq T < \tau_2$
1	1	0	0	2	$\tau_2 \leq T < \tau_3$
1	1	1	0	3	$\tau_3 \leq T < \tau_4$
1	1	1	1	4	$\tau_4 \leq T$

Aus der Charakteristik folgt insgesamt die aus Tabelle VI.6 ersichtliche «ideale» Antwortmatrix.

Der Skalenwert einer Person ist einfach die Summe der positiven Reaktionen auf die vorgelegten Items. Bejaht also eine Person die Items A und B, aber nicht C und D, so wird ihr ein Skalenwert von zwei zugeschrieben. Dieser Wert korrespondiert aber nicht exakt mit einem Wert auf der latenten Skala T. Wir wissen nur bei einem beobachteten Score von z. B. eins, dass der Wert des Konstrukts im Bereich von τ_1 und τ_2 liegt. Weiterhin sind die Abstände zwischen den «Umschlagpunkten» nicht notwendigerweise gleich groß. Daher können wir auch nicht sagen, dass bei drei Personen a, b und c mit den beobachteten Skalenwerten 0,1 und 2 die Differenz auf der latenten Dimension zwischen den Personen b und a der Differenz zwischen c und b entspricht. Wir können lediglich sagen, falls die Modellannahmen erfüllt sind, dass ein höherer beobachteter Skalenwert mit einem höheren «true score» einhergeht. Bei unserem Umweltbeispiel hätte demnach Person c ein höheres Umweltengagement als b, und b wiederum einen höheren Wert als a. Die Skalenwerte informieren nur über die Rangordnung, d. h., die Guttman-Skala weist ein *ordinales Skalenniveau* auf (dazu Abschnitt 7). Im Unterschied zur klassischen Testtheorie wird aber *empirisch geprüft*, ob ein mindestens ordinales Messniveau vorliegt. Dies ist nämlich dann der Fall, wenn die erwartete mit der beobachteten Antwortmatrix übereinstimmt.

Nun macht die Skalierung, die Zuweisung von Punktwerten zu Personen aufgrund ihrer Antwortreaktionen, allerdings nur Sinn, wenn die Annahmen des Skalierungsmodells erfüllt sind. Streng genommen müsste das beobachtete Antwortmuster exakt mit dem in Tabelle VI.6 dargestellten erwarteten Antwortmuster übereinstimmen. Aufgrund von Messfehlern werden sich aber Abweichungen zwischen der erwarteten und der beobachteten Antwortmatrix ergeben, wobei eine geringfügige Fehlerquote noch als tolerabel gilt.[34]

Dem Modell zufolge dürfen bei n Items n + 1, in unserem Fall fünf Antwortkombinationen auftreten (Tabelle VI.6). Empirisch sind aber insgesamt 2^n, hier also 16 Antwortmuster, möglich. Die Skalierungshypothese schließt somit elf Antwortmuster aus, die nicht mit Tabelle VI.6 übereinstimmen. Weniger streng gesehen, sollten die «verbotenen» Antwortmuster relativ selten vorkommen.

In der Bern-Münchener Stichprobe mit 1343 Personen, die sämtliche Items beantwortet haben, treten empirisch alle möglichen 16 Antwortmuster auf. Tabelle VI.7 zeigt die beobachtete Antwortmatrix. Die Kombinationen wurden nach der Anzahl der Zustimmungen angeordnet.

Die «Muster» 1, 2, 6, 12 und 16 der Tabelle sind «fehlerfrei», d. h. stimmen perfekt mit der Modellmatrix überein. Antwortmuster 3 z. B. weist dagegen zwei Fehler auf. Bei der Zustimmung zu drei Items hätte Item C positiv und Item D negativ beantwortet werden müssen. Diese (gemäß dem Modell) inkonsistente Antwortkombination wurde von 72 Befragten gewählt. Insgesamt ergeben sich daraus 144 Fehler für die Kombination 3.

Was als «Fehler» gewertet wird, könnte aber auch anders definiert werden. Geht man z. B. bei Kombination 3 davon aus, dass die Zustimmung zu Item D ein «Messfehler» ist und Personen mit dem Muster 3 «eigentlich» nur den Skalenwert 2 aufweisen, so läge mit der Zustimmung zu Item D nur ein Fehler vor. Weiterhin könnte man als Fehlerzahl auch die minimal notwendige Anzahl von Vertauschungen definieren, um das ideale Muster zu erzielen. Je nach Fehlerdefinition erhält man unterschiedliche Werte

34 Die Möglichkeit des Auftretens von Messfehlern wird aber nicht explizit modelliert. Dies ist eine Schwäche des deterministischen Guttman-Modells. Probabilistische Messmodelle berücksichtigen dagegen Messfehler explizit in den Modellannahmen.

Tabelle VI.7: Beobachtete Antwortmatrix und Fehlerzahlen im Vergleich zur erwarteten Matrix

Reaktions-muster Nr.	A	B	C	D	Skalen-wert	Fehler im Muster	Anzahl Befragte	Fehler-zahl
1	1	1	1	1	4	0	72	0
2	1	1	1	0	3	0	94	0
3	1	1	⓪	①	3	2	72	144
4	1	⓪	1	①	3	2	6	12
5	⓪	1	1	①	3	2	5	10
6	1	1	0	0	2	0	203	0
7	1	⓪	①	0	2	2	13	26
8	⓪	1	①	0	2	2	19	38
9	1	⓪	0	①	2	2	42	84
10	⓪	1	0	①	2	2	7	14
11	⓪	⓪	①	①	2	4	1	4
12	1	0	0	0	1	0	275	0
13	⓪	①	0	0	1	2	90	180
14	⓪	0	①	0	1	2	20	40
15	⓪	0	0	①	1	2	15	30
16	0	0	0	0	0	0	409	0
Σ							1343	582

Fehler im Vergleich zur Modellmatrix sind mit einem Kreis gekennzeichnet.

für das unten erläuterte «Übereinstimmungsmaß». Zu alternativen Fehlerdefinitionen bei der Guttman-Skalierung siehe Edwards (1957a), Torgerson (1958) sowie McIver und Carmines (1990).

Das bei der Guttman-Skalierung verwendete Maß für die Güte der Übereinstimmung zwischen der erwarteten und der beobachteten Matrix ist der sogenannte Reproduzierbarkeitskoeffizient («coefficient of reproducability») CR. Dieser ist definiert als «eins minus dem Anteil der Fehler an allen Antworten». Die Gesamtfehlerzahl in unserem Beispiel ist 582. Die Gesamtzahl aller Anworten 1343 · 4 = 5372. Daraus resultiert ein Fehleranteil von 582 / 5372 = 0,11 und ein CR-Wert von 0,89. Allgemein lautet die Formel zur Berechnung des Reproduzierbarkeitskoeffizienten:

$$CR = 1 - \frac{\text{Fehlerzahl}}{\text{Anzahl Items} \cdot \text{Anzahl Befragte}}$$

Wird die Rangfolge der Items wie in unserem Beispiel anhand der empirischen Häufigkeiten (und nicht aufgrund einer Hypothese im Vorhinein) bestimmt und werden außerdem «unpassende» Items nachträglich ausgesondert, dann erhält man schon artifiziell relativ hohe CR-Werte. Zur Konstruktion einer brauchbaren Guttman-Skala sollte daher der CR-Wert recht hoch sein. Die Empfehlung lautet, dass bei einer akzeptablen Skala der Reproduzierbarkeitskoeffizient nicht unter 0,90 liegen sollte.

Gemäß der obigen Formel liegt der CR-Wert im Bereich zwischen 0 und 1. Aber auch bei einer zufälligen Verteilung der Antworten ist der Koeffizient nicht null. Wären in unserem Beispiel alle 16 Reaktionsmuster zufällig gewählt worden, d. h., verteilten sich die 1343 Befragten also in gleicher Weise über sämtliche Kombinationen, dann errechnete sich immer noch ein Koeffizient von CR = 0,63.[35]

Die Skalogramm-Analyse, wie die Guttman-Technik auch genannt wird, ist ein deterministisches, eindimensionales Skalierungsmodell. Skaliert werden Items wie auch Personen. Wie erwähnt, ist die Itemcharakteristik deterministisch. Die Antwortmuster werden ferner nur in Abhängigkeit von *einem* theoretischen Konstrukt modelliert. Ist der Reproduzierbarkeitskoeffizient gering, d. h., treten viele Abweichungen gegenüber den Modellerwartungen auf, dann könnte dies als Hinweis auf die Mehrdi-

35 Unabhängig von der Befragtenzahl ist der Fehleranteil bei vier Items und einer Gleichverteilung der Antworten 24 / (4 · 16).

mensionalität der Items aufgefasst werden. Auch für diesen Fall stehen geeignete Skalierungsmodelle zur Verfügung, die freilich aufwendiger sind als die Skalogramm-Analyse: die Modelle der multidimensionalen Skalierung (Kühn 1976; Van der Ven 1980).

Betrachten wir abschließend eine aufschlussreiche Anwendung der Prinzipien der Guttman-Skalierung auf die Erklärung eines «Kulturkonflikts». Werden einzelne Verhaltensweisen bezüglich eines Normenkontinuums (= latente Dimension) als unterschiedlich intensiv eingestuft, dann kann die Sequenz der Verhaltensweisen eine Guttman-Skala bilden. Ein Beispiel ist die Guttman-Skala «vorehelicher sexueller Freizügigkeiten» von Reiss (1964). Die «schwächste» Aussage der 7-Item-Skala lautet in der Frauen vorgelegten Version (Friedrichs 1990): «Ich finde, dass Petting für die Frau vor der Ehe erlaubt ist, wenn sie verlobt ist.» Am anderen Pol der Skala ist das Item lokalisiert: «Ich finde, dass uneingeschränkte Sexualbeziehungen für die Frau vor der Ehe erlaubt sind, auch wenn sie keine besonders starke Zuneigung für ihren Partner empfindet.» Was passiert nun, wenn zwei Personen aus unterschiedlichen Kulturkreisen zusammentreffen, die über die Stufenfolge der Intensität normierter Verhaltensweisen unterschiedliche Vorstellungen haben? In jeder Kultur existiert sozusagen eine Guttman-Skala, die sich jedoch bezüglich der Sequenz der Items unterscheidet. In diesem Fall sind Missverständnisse vorprogrammiert, die auch zu Vorurteilen und gegenseitiger Ablehnung führen können. Ein derartiger Normenkonflikt wurde während des Zweiten Weltkriegs in England beobachtet. Kasten VI.2 skizziert das von Watzlawick, Beavin und Jackson ([1. Aufl.1969] 2003) berichtete Fallbeispiel.[36]

Kasten VI.2: «Beziehungskonflikte» zwischen Amerikanern und Engländerinnen

«Unter den während des Krieges in England stationierten amerikanischen Soldaten war die Ansicht weit verbreitet, die englischen Mädchen seien sexuell überaus leicht zugänglich. Merkwürdigerweise behaupteten die Mädchen ihrerseits, die amerikani-

36 Das Beispiel wird in Gigerenzer (1981) zitiert und dort genauer «skalentheoretisch» interpretiert.

schen Soldaten seien übertrieben stürmisch. Eine Untersuchung, an der u. a. Margaret Mead teilnahm, führte zu einer interessanten Lösung dieses Widerspruchs. Es stellte sich heraus, dass das Paarungsverhalten (courtship pattern) – vom Kennenlernen der Partner bis zum Geschlechtsverkehr – in England wie in Amerika ungefähr dreißig verschiedene Verhaltensformen durchläuft, dass aber die Reihenfolge dieser Verhaltensformen in den beiden Kulturbereichen verschieden ist. Während z. B. das Küssen in Amerika relativ früh kommt, etwa auf Stufe 5, tritt es im typischen Paarungsverhalten der Engländer relativ spät auf, etwa auf Stufe 25. Praktisch bedeutet dies, dass eine Engländerin, die von ihrem Soldaten geküsst wurde, sich nicht nur um einen Großteil des für sie intuitiv ‹richtigen› Paarungsverhaltens (Stufe 5–24) betrogen fühlte, sondern zu entscheiden hatte, ob sie die Beziehung an diesem Punkt abbrechen oder sich dem Partner sexuell hingeben sollte. Entschied sie sich für die letztere Alternative, so fand sich der Amerikaner einem Verhalten gegenüber, das für ihn durchaus nicht in dieses Frühstadium der Beziehung passte und nur als schamlos zu bezeichnen war. Die Lösung eines solchen Beziehungskonflikts durch die beiden Partner selbst ist natürlich deswegen praktisch unmöglich, weil derartige kulturbedingte Verhaltensformen und -abläufe meist völlig außerbewusst sind. Ins Bewusstsein dringt nur das undeutliche Gefühl: Der *andere* benimmt sich falsch (Watzlawick, Beavin und Jackson [1. Aufl. 1969] 2003).

6. Messtheorie

Lord Kelvin, nach dem die gleichnamige Temperaturskala benannt wurde, pflegte zu sagen: «When you cannot measure your knowledge is meager and unsatisfactory.» Dieses Motto war als Inschrift am Institutsgebäude der (zu Unrecht) als «qualitativ» etikettierten «Chicago-Schule» der Soziologie (Kapitel III) zu lesen.[37] Welche Kriterien aber sollte eine Messung gemäß der Messtheorie erfüllen, um unser «mageres» Wissen zu verbessern? Nach der ziemlich allgemeinen Definition

37 Genauer handelt es sich um ein verkürztes Zitat aus einer Vorlesung von Lord Kelvin, das William F. Ogburn (unter dem Protest einiger Kollegen) am neuen «Social Science Research Building» der Chicago-Schule der Soziologie anbringen ließ (Bulmer 1984: 182f.).

von Stevens (1951) ist Messung die «Zuordnung von Zahlen zu Objekten nach bestimmten Regeln». Wie diese Regeln genau aussehen können und welche Konsequenzen sich aus der Anwendung unterschiedlicher Regeln für die Messung ergeben, ist das Gebiet der axiomatischen Messtheorie. Während die klassische Testtheorie bereits voraussetzt, dass die Zahlenwerte der Reaktionen auf vorgelegte Items in bestimmter Weise inhaltlich interpretierbar sind, wird dieser Vorgang in der Messtheorie erst einmal kritisch geprüft.[38]

Der «Output» einer Messung sind Zahlen, der «Input» sozusagen sind Objekte und die zwischen den Objekten bestehenden Beziehungen. Wir nähern uns dem Begriff der Messung, wenn wir diese als strukturkonforme Abbildung der Objekte auf eine Menge von Zahlen begreifen. Strukturkonform heißt dabei, dass die zwischen den Objekten bestehenden Relationen in der Menge der Zahlen «widergespiegelt» werden. Bevor wir den Begriff der Messung exakter und formal definieren, betrachten wir zunächst als einfaches Beispiel eine ordinale Präferenz- oder «Nutzenmessung» mit der Methode der Paarvergleiche. Logik und Grundbegriffe der Messtheorie lassen sich an diesem Beispiel gut illustrieren.

Die Methode der Paarvergleiche

Peter wünscht sich zu Weihnachten ein Buch. Er liest gern Romane von Stephen King (k), aber noch lieber hätte er ein Scheckbuch (s). King zieht er einem Buch von Diekmann (d) auf jeden Fall vor, aber der größte Horror ist für ihn eine Einführung in die Statistik (e). Schreiben wir für «vorziehen» die Präferenzrelation «$\succ$». s $\succ$ k bedeutet, dass das Objekt s dem Objekt k vorgezogen wird. (Es handelt sich um eine Relation zwischen Objekten und nicht zwischen Zahlen. Das Zeichen für «vorziehen» ist nicht das mathematische Zeichen für «größer als».) Konfrontiert mit sämtlichen «Paarvergleichen» («Möchtest du lieber k oder d?» usw.), bringt Peter seine Präferenzen wie folgt zum Ausdruck:

38 Das Fundament der Messtheorie wurde von Suppes und Zinnes (1963) gelegt. Zu einer Einführung siehe Orth (1974).

(1) $s \succ k; s \succ d; s \succ e; k \succ d; k \succ e; d \succ e$

Die vier Bücher oder «Objekte» s, k, d, e sind Elemente der Menge der Objekte A. Mit B bezeichnen wir die Menge, die als Elemente die vier Zahlen 1, 2, 3, 4 enthält. Wir wählen folgende Abbildungsvorschrift für die Abbildung der Menge A auf die Menge B, d. h. $\varphi: A \rightarrow B$.

$\varphi(s) = 4; \quad \varphi(k) = 3; \quad \varphi(d) = 2; \quad \varphi(e) = 1$

Für die Elemente der Menge B gilt dann:

(2) $\varphi(s) > \varphi(k); \varphi(s) > \varphi(d); \varphi(s) > \varphi(e); \varphi(k) > \varphi(d); \varphi(k) > \varphi(e)$
$\varphi(d) > \varphi(e)$

wobei «>» für die mathematische Relation «größer als» steht. Wie wir sehen, wird die Präferenzrelation (1) bezüglich der Objekte durch die Relation (2) zwischen den Zahlen exakt widergespiegelt. Genauer wird A durch B repräsentiert, wenn für zwei beliebige Objekte o_1 und o_2 aus der Menge A die Beziehung gilt:

(3) $o_1 \succ o_2 \Leftrightarrow \varphi(o_1) > \varphi(o_2)$

Wird o_1 dem Objekt o_2 vorgezogen, dann ist auch die o_1 zugewiesene Zahl größer als die o_2 zugewiesene Zahl. Und umgekehrt gilt hier auch: Ist $\varphi(o_1)$ größer als $\varphi(o_2)$, dann wird o_1 dem Objekt o_2 vorgezogen. Man spricht von einer isomorphen Abbildung oder einem *Isomorphismus.* (3) lässt sich leicht verifizieren, indem für alle möglichen Paarvergleiche bezüglich der vier Bücher geprüft wird, ob die Beziehung (3) erfüllt ist. Anhand des Vergleichs von (1) und (2) kann man sich überzeugen, dass dies tatsächlich der Fall ist. Die Zahlenwerte 1 bis 4 sind als Skalenwerte einer Rangskala der Präferenz oder des «subjektiven Nutzens» der vier Bücher interpretierbar. Erst dadurch, dass die Geltung der Beziehung (3) nachgewiesen wird, erhalten die ‹nackten› Zahlen eine Bedeutung. Eine höhere Zahl ist hier gleichbedeutend mit einem höheren Rang eines Objekts (Ordinalskala, dazu genauer weiter unten). Wir sehen, dass mit der *Methode des Paarvergleichs* (eventuell) eine Ordinalskala konstruiert werden kann. Damit lernen wir gleichzeitig ein weiteres Skalierungsverfahren kennen. Was passiert aber nun, wenn Peter folgende Wahlen trifft?

(4) $s \succ k; s \succ d; s \succ e; k \succ d; e \succ k; d \succ e$

Ist die Bedingung (3) jetzt auch erfüllt? Peter präferiert nun den «realen Horror» e gegenüber dem «fiktiven Horror» k. Für $e \succ k$ gilt aber nicht $\varphi(e) = 1 > \varphi(k) = 3$. Mit den Präferenzen (4) und der Abbildungsvorschrift φ ist die «Repräsentation» (3) nicht erfüllbar. Gibt es möglicherweise irgendeine andere Abbildung φ, sodass (3) wieder Gültigkeit hätte? Die Antwort ist negativ. Es existiert keine Abbildungsvorschrift, die bei den empirisch beobachteten Präferenzen (4) die Beziehung (3) erfüllen kann. Der Grund ist, dass die empirisch vorliegenden Präferenzen (4) *intransitiv* sind. Damit ist Folgendes gemeint: Eine Triade von drei Vergleichsobjekten a, b, c ist intransitiv (oder zirkulär), wenn a gegenüber b, b gegenüber c, jedoch c gegenüber a vorgezogen wird. Allgemein kann man beweisen, dass bei mindestens einer intransitiven Triade die Beziehung (3) für keine Abbildungsvorschrift φ erfüllbar ist. In diesem Fall ist (streng genommen) keine Messung auf dem Niveau einer Ordinalskala möglich.[39]

Eine genaue Definition von «Messen»

Die Menge A der empirischen Objekte $o_1, o_2, \ldots$ mit der Relation R wird als *empirisches Relativ* bezeichnet. Allgemein kann es sich auch um mehrere Relationen $R_1, R_2, \ldots, R_n$ handeln. Außerdem können die Relationen mehr als zweistellig (binär) sein. So ist die Relation «o_1 ist o_2 ähnlicher als o_3 gegenüber o_4» eine vierstellige Relation. Der Einfachheit halber gehen wir aber von Relativen mit zweistelligen Relationen aus. Die folgenden Definitionen gelten sinngemäß auch für den allgemeinen Fall. Für das empirische Relativ schreiben wir:

$\alpha = \langle A, R_1, R_2, \ldots, R_n \rangle$ (empirisches Relativ)

Ist B eine Menge von Zahlen und sind $S_1, S_2, \ldots, S_n$ Relationen auf der Menge B, dann können wir noch den Begriff des numerischen Relativs definieren:

$\beta = \langle B, S_1, S_2, \ldots, S_n \rangle$ (numerisches Relativ)

Eine Abbildung φ von A in B ist ein *Isomorphismus*, wenn für jede empirische Relation R_i eine korrespondierende numerische Relation S_1 gilt:

39 Bei praktischen Anwendungen der Methode der Paarvergleiche tritt wieder das Messfehlerproblem auf. Einen geringen Anteil intransitiver Triaden wird man im Allgemeinen tolerieren. Siehe dazu genauer Van der Ven (1980).

$o_1 R_i o_2 \Leftrightarrow \varphi(o_1) S_i \varphi(o_2)$

Bei einem Isomorphismus ist die Abbildungsvorschrift ein-eindeutig. Jedem «Objekt» in A wird eindeutig eine Zahl zugeordnet und jeder Zahl in B eindeutig ein Objekt. Diese Bedingung ist im Allgemeinen zu restriktiv. Es genügt, wenn wir eine eindeutige Abbildung fordern: In diesem Fall handelt es sich bei der Abbildung φ von A in B um einen *Homomorphismus*, sofern gilt:

$o_1 R_i o_2 \Rightarrow \varphi(o_1) S_i \varphi(o_2)$

Eine *Messung* im Sinne der Messtheorie liegt vor, wenn (= def.) ein Isomorphismus oder Homomorphismus zwischen einem empirischen und einem numerischen Relativ existiert. – Diese Definition präzisiert den Gedanken von Stevens (1951) von der Messung als «Zuordnung von Zahlen zu Objekten nach bestimmten Regeln». Um welche Regeln es sich jeweils handelt, wird genau mit einer «strukturerhaltenden» Abbildungsvorschrift festgelegt.

Repräsentation, Eindeutigkeit und Bedeutsamkeit

Besteht ein Homomorphismus, dann wird das empirische Relativ durch ein numerisches Relativ «repräsentiert». Eine zentrale Aufgabe der Messtheorie ist es nun, Bedingungen für die Existenz eines Homomorphismus zu bestimmen: Diese Bedingungen werden als Axiome bezeichnet. In unserem Beispiel einer Präferenzordnung ist die Gültigkeit des Transitivitätsaxioms eine notwendige Bedingung der Repräsentation von α durch β.

Das Auffinden der Axiome und der Beweis, dass mit diesen Axiomen ein Homomorphismus bezüglich eines spezifischen relationalen Systems (Messstruktur) existiert, ist ein rein mathematisches Problem. In der axiomatischen Messtheorie bezeichnet man diese Aufgabenstellung als *Repräsentationsproblem.* Lösungen des Repräsentationsproblems (Repräsentationstheoreme) liegen für die wichtigsten Messstrukturen vor. Die mathematischen Resultate sind für die angewandte Sozialforschung von erheblicher Bedeutung.

Kennt man nämlich die Bedingungen oder Axiome einer Repräsentation, so können diese einer empirischen Prüfung unterzogen werden. In dem Beispiel der Präferenzmessung wäre zu prüfen, ob die folgende Bedingung für je drei beliebige empirische Objekte (Triaden) der Menge A erfüllt ist:

$o_3 \succ o_2$ und $o_2 \succ o_1 \Rightarrow o_3 \succ o_1$

Die angegebene Bedingung ist das Transitivitätsaxiom. Nur wenn das Axiom erfüllt ist, kann überhaupt eine Messung auf dem Niveau einer Rangskala erfolgen. Wir sehen an dem Beispiel auch, dass die Möglichkeit einer Repräsentationsmessung eine empirische Frage ist. Die Annahme einer spezifischen Messstruktur ist empirisch prüfbar! Halten die Axiome oder Messhypothesen einer empirischen Prüfung nicht stand, dann verbietet sich auch die angestrebte Repräsentationsmessung.

Anstelle der Zahlen 4, 3, 2, 1 im Beispiel der Präferenzmessung hätten wir genauso gut die Zahlen 10, 7, 5, 1 zuweisen können. Allgemeiner gilt: Ist die Bedingung (3) für eine Abbildungsvorschrift φ erfüllt, dann ist sie auch bei allen Transformationen φ' von φ erfüllt, die die Rangordnung der Messwerte bewahren. Die Bestimmung der erlaubten Klasse von Transformationen wird als *Eindeutigkeitsproblem* bezeichnet. Eng verbunden mit der Lösung des Eindeutigkeitsproblems ist die Frage des Skalenniveaus oder Messniveaus (dazu weiter unten). Mit der Lösung des Eindeutigkeitsproblems (Eindeutigkeitstheorem) für eine bestimmte Messstruktur wird der jeweilige Skalentyp festgelegt. Ähnlich dem Motto: «Ich kenne alle Geschichtszahlen, nur nicht ihre Bedeutungen» können immer ‹nackte› Zahlen ermittelt und beliebig verrechnet werden. «Messung» heißt jedoch, dass die Zahlen und die Beziehungen zwischen den Zahlen eine Bedeutung haben. Was damit genau gemeint ist, wird in der axiomatischen Messtheorie festgelegt. Die Frage nach der *Bedeutsamkeit* von Messungen bezieht sich auf Aussagen und Schlussfolgerungen, die bei einer bestimmten Art der Messung als zulässig gelten.

Wenn am Dienstag 18 °C gemessen wurden und am Mittwoch 27 °C, dann kann die Aussage formuliert werden: Mittwoch war es wärmer als Dienstag. Ist auch die Aussage sinnvoll (bedeutsam), dass es Mittwoch 50 % wärmer als Dienstag war? Wie wir bei der Diskussion der Skalentypen sehen werden, ist diese Schlussfolgerung nicht zulässig. Generell ist eine Aussage *bedeutsam*, wenn der Wahrheitswert der

Aussage bezüglich der zulässigen Transformationen bei einem Skalentyp (der vom Eindeutigkeitstheorem «erlaubten» Transformationen) unverändert bleibt. Das Bedeutsamkeitsproblem stellt sich insbesondere bei Aussagen, die auf statistische Kennziffern (Mittelwerte, Korrelationskoeffizienten usw.) Bezug nehmen. Nur solche statistischen Kennziffern sind bezüglich eines Skalentyps bedeutsam, wenn die hiermit formulierten Aussagen bei allen zulässigen Transformationen invariant bleiben.[40]

Ist es z. B. sinnvoll, im Beispiel der Präferenzmessung zu sagen, dass s mit dem Skalenwert 4 einen viermal so hohen Nutzen hätte wie e? Sicher nicht, denn bei der erlaubten rangordnungsbewahrenden Transformation mit dem Ergebnis der Skalenwerte 10, 7, 5, 1 würde die Aussage nun lauten: «s hat einen zehnmal so hohen Nutzen wie e». Ist es aber sinnvoll, Aussagen auf der Basis arithmetischer Mittelwerte vorzunehmen? Aus den Skalenwerten 4, 3, 2, 1 ergibt sich rein rechnerisch ein arithmetisches Mittel von 2,5. k, das Buch von Stephen King, hätte demnach mit $\varphi(k) = 3$ einen überdurchschnittlichen Nutzenwert im Vergleich der vier Objekte. Aus einer erlaubten Transformation φ' von φ resultieren nun in der gleichen Rangfolge die Nutzenwerte 19, 8, 7, 6. Das arithmetische Mittel beträgt nun 10, sodass das Buch von King mit $\varphi'(k) = 8$ nunmehr einen unterdurchschnittlichen Nutzenwert aufwiese. Das Beispiel zeigt, dass die Berechnung von arithmetischen Mittelwerten bei Rangordnungsmessungen nicht zulässig ist. Allgemein kann bemerkt werden, dass die Kenntnis der Bedeutsamkeit statistischer Kennziffern bezüglich eines Messniveaus eine fundamentale Voraussetzung der statistischen Auswertung von Daten ist.

40 Die Kennziffern selbst müssen nicht notwendigerweise invariant bleiben. So werden sich die arithmetischen Mittelwerte der Einkommen deutscher Frauen und Männer, berechnet in US-$, von den Euro-Einkommen unterscheiden. Die Aussage «Die Einkommen der Männer sind 50 % höher als die Einkommen der Frauen» bleibt aber auch nach der zulässigen Transformation der Währungsumrechnung gültig.

Skalenniveaus

Die Einteilung in Nominal-, Ordinal-, Intervall- und Verhältnisskalen wurde bereits von Stevens (1946) vorgeschlagen: Mit den Arbeiten zur Messtheorie (Suppes und Zinnes 1963) können die Skalentypen aber genauer begründet werden. Vor allem gibt das Repräsentationstheorem für jeden Skalentyp Axiome an, die empirisch prüfbar sind. Die Bestimmung des Skalenniveaus wird damit – auf dem Weg der axiomatischen Messtheorie – zu einer empirisch zu beantwortenden Frage.

Ein Repräsentationstheorem für eine Messstruktur mit spezifischen Relationen informiert uns über die Bedingungen der Zuweisung von Skalenwerten. Mit dem auf diese Repräsentation bezogenen Eindeutigkeitstheorem wird die Klasse der zulässigen Transformationen der Skalenwerte eingeschränkt. Alle Skalen innerhalb der «erlaubten» Klasse sind äquivalent und durch eine zulässige Transformation ineinander überführbar, genauso wie wir Entfernungen wahlweise in Metern oder Kilometern angeben können. Die Klasse der zulässigen Transformationen wird per definitionem als Skalenniveau bezeichnet. Zu jeder spezifischen Messstruktur liegt ein Repräsentationstheorem und ein Eindeutigkeitstheorem vor, sodass damit gleichzeitig das Skalenniveau (Messniveau, Skalenqualität) festgelegt wird. Für jedes Skalenniveau lässt sich wiederum angeben, welche Aussagen mit den Skalenwerten und welche Rechenoperationen (statistische Kennziffern) zulässig sind, d. h. die Forderung der Bedeutsamkeit nicht verletzen.

Betrachten wir nun die einzelnen Messniveaus. Das unterste Messniveau ist die *Nominalskala.* Hierbei handelt es sich lediglich um eine Klassifikation von Objekten nach der Relation Gleichheit oder Verschiedenheit («Äquivalenzklassen»). Beispiele sind die Zuordnung nach Geschlecht, der Wohnort in einem Kreis der Bundesrepublik oder verschiedene Arten von Freizeitaktivitäten. Jede Äquivalenzklasse kann mit einer Zahl kodiert werden: Zulässig sind alle ein-eindeutigen Transformationen der den Klassen zugewiesenen Zahlen. Kodieren wir die Kategorien der Variablen «Geschlecht» mit Männer = 0 und Frauen = 1, so kann man diese Zahlen nach Belieben quadrieren, logarithmieren, mit 10 multiplizieren oder was immer; wichtig ist nur, dass die Kategorien unterscheidbar bleiben. Die Menge zulässiger Transformationen (Eindeutigkeit) steht im umgekehrten Verhältnis zum Umfang der Menge zulässiger Rechenoperationen zur Formulierung «bedeutsamer» Aussagen (Bedeutsamkeit). Werden Männer mit «5» und Frauen mit «10» kodiert, dann ist die Berechnung des arithmetischen Mittels von 7,5 eine offenbar sinnlose Rechenoperation. Der einzige Mittelwert, der bei Nominalskalen «bedeutsam» ist, ist der *Modalwert* (Modus). Der Modalwert gibt die Klasse mit der höchsten Besetzungszahl an. Die Variable «Hauptwohnsitz in Deutschland nach Bundesland» z. B. weist 16 Kategorien auf. In einer Totalerhebung der Wohnbevölkerung ist die Kodeziffer für Nordrhein-Westfalen der Modalwert. Jede ein-eindeutige Transformation der Kodeziffern oder Messwerte wird den Modalwert bei Nordrhein-Westfalen belassen.

Das nächsthöhere Messniveau gemäß der klassischen Unterteilung der Skalen ist das ordinale Skalenniveau. Mit einer *Ordinalskala* wird eine Rangordnung der Objekte bezüglich einer Eigenschaft vorausgesetzt (Rangskala). In unserem Beispiel ordinaler Nutzenmessung sind wir nur von strikten Präferenzen ausgegangen (strenge Ordnungsrelation). Im Allgemeinen wird man auch «Indifferenz» zwischen Objekten zulassen (Indifferenzrelation ~). Wird das Buch o_1 genauso geschätzt wie das Buch o_2, dann liegt Indifferenz zwischen den beiden Objekten vor ($o_1 \sim o_2$). Das Repräsentationstheorem einer Ordnungsstruktur erfordert dann die Gültigkeit des Transitivitätsaxioms[41]:

$$o_3 \succsim o_2 \text{ und } o_2 \succsim o_1 \Rightarrow o_3 \succsim o_1$$

Wie bereits erwähnt, ist die empirische Gültigkeit des Axioms prüfbar. Eine Prüf- und gleichzeitig Skalierungsmethode ist die *Methode der Paarvergleiche*. Liegen sämtliche Paarvergleiche für n Objekte vor, dann kann für alle Triaden von Objekten geprüft werden, ob das Axiom gültig ist. Bei einer größeren Menge von Objekten können allerdings kaum alle denkbaren Paarvergleiche erhoben werden. Für z. B. 50 Objekte wären 1225 Paarvergleiche erforderlich. Das Problem kann aber dadurch umgangen

41 Die (schwache) Ordnungsstruktur setzt neben dem Transitivitätsaxiom zwei weitere Axiome voraus. Zu den genauen Repräsentationstheoremen der geläufigen Skalentypen siehe Orth (1974).

werden, dass einer Versuchsperson jeweils nur eine geeignete Auswahl von Paaren vorgelegt wird (siehe z. B. Van der Ven 1980).

Dagegen erlaubt die häufig angewandte «Rangordnungsmethode» keinen Test des Transitivitätsaxioms. Bittet man z. B. einen Interviewpartner, zehn Berufe, die auf Kärtchen geschrieben sind, nach dem Sozialprestige zu ordnen, so erhält man zwar Skalenwerte des Sozialprestiges der Berufe, prüft aber nicht die Voraussetzungen der Skalierung. Auch hier könnte mit der Methode der Paarvergleiche eine Ordinalskala des Sozialprestiges von Berufen konstruiert und gleichzeitig bezüglich der Skalierungsvoraussetzungen geprüft werden.

Ähnlich kann mit der Paarvergleichsmethode, wie unser Beispiel schon angedeutet hat, eine ordinale Nutzenmessung vorgenommen werden. Gleichzeitig ist prüfbar, ob eine ordinale Nutzenskalierung bezüglich der ausgewählten Objekte überhaupt möglich ist. Wenn man bedenkt, dass sämtliche Aussagen der Mikroökonomie mindestens eine ordinale Nutzenmessung voraussetzen, so steht mit der Paarvergleichsmethode immerhin ein Instrument zur Verfügung, mit dem eine fundamentale Annahme ökonomischer Modellbildung untersucht werden kann.

Ordinalskalen sind eindeutig bis auf alle positiven monotonen Transformationen; d. h. Transformationen, die die Rangordnung der Skalenwerte bewahren. Man kann die Skalenwerte z. B. logarithmieren, quadrieren oder aus ihnen die Wurzel ziehen; die Rangordnung ändert sich hierdurch nicht. Wie das obige Beispiel zeigte, ist die Berechnung arithmetischer Mittelwerte auch bei ordinalskalierten Variablen nicht zulässig. Als Mittelwert dient hier der *Median*, d. h. der Skalenwert, der die unteren 50 % einer Verteilung von den oberen 50 % trennt. Für die sieben Rangwerte 7, 7, 4, 3, 2, 2, 1 z. B. ist der Median genau der Skalenwert 3.

Bei einer Ordinalskala sind die Abstände zwischen den Skalenwerten nicht sinnvoll interpretierbar. Diese können sich ja auch durch eine zulässige Transformation – z. B. durch Logarithmierung – jeweils im Verhältnis zueinander verändern. (Logarithmierung von drei Messwerten 1000, 100, 10 z. B. – das Resultat ist 3, 2, 1 – lässt die vorher ungleichen Differenzen auf «1» schrumpfen.)

Eine Ordinalskala wird auch durch die Technik der Guttman-Skalierung erzeugt. Im Gegensatz beispielsweise zur Likert-Technik handelt es sich bei der Guttman-Skalierung um eine Repräsentationsmessung. Dabei ist der Reproduzierbarkeitskoeffizient ein Gradmesser der Gültigkeit des Transitivitätsaxioms. Mit den Skalenwerten der Guttman-Skalierung ist die Berechnung arithmetischer Mittelwerte aber nicht zulässig; es sei denn, man verfügt über zusätzliche Hinweise, dass die Guttman-Skalenwerte den Kriterien einer Intervallskala genügen.

Mit *Intervallskalen* ist nicht nur eine Aussage über die Rangordnung der Messwerte möglich. Zusätzlich informieren die Skalenwerte auch über die Abstände (Intervalle) zwischen den Messwerten. Ist die Temperatur in Mailand 25 °C, in München 20 °C und in Hamburg 15 °C, dann ist die Temperaturdifferenz zwischen Mailand und München genau so groß wie zwischen München und Hamburg. Die Celsius-Skala und die Fahrenheit-Skala sind ‹klassische› Intervallskalen. Sie sind eindeutig bis auf positive lineare Transformationen ($\varphi' = a\varphi + b$ mit $a > 0$). Das kann man auch so ausdrücken: Bei einer Intervallskala können der Nullpunkt und die Skaleneinheit willkürlich festgelegt werden. Der Nullpunkt selbst hat keine inhaltliche Bedeutung.

Die Celsius-Skala wurde normiert durch den Gefrierpunkt (0 °C) und den Siedepunkt von Wasser (100 °C) bei normalem Luftdruck. Diese Normierung legt gleichzeitig die Einheit fest. 1 °C entspricht der Temperaturdifferenz zwischen Gefrierpunkt und Siedepunkt von Wasser, dividiert durch 100. Fahrenheit wählte dagegen eine andere Normierung. Den Nullpunkt setzte er, ausgedrückt in Celsius, bei 17,78 °C an. Für 100 ° «Fahrenheit» wählte er die Körpertemperatur (umgerechnet 37,8 °C; Fahrenheit hatte bei dieser Festlegung wohl etwas Fieber). Fahrenheit und Celsius sind zwei Intervallskalen, die durch lineare Transformation miteinander verbunden sind. Für die Umrechnung von Celsius in Fahrenheit gilt: $\varphi' = 1{,}8\varphi + 32$ mit $\varphi' = F$ und $\varphi = C$.

Macht es Sinn, bei Intervallskalen zu sagen, eine Eigenschaft mit dem Skalenwert 27 sei um 50 % stärker ausgeprägt als bei einem Skalenwert von 18? Wegen der willkürlichen Festlegung des Nullpunkts (oder eines anderen Anfangswerts) ist eine Aussage dieser Art bei Intervallskalen nicht zulässig. Machen wir uns das wieder am Beispiel der Temperaturskalen deutlich. 18 °C entsprechen 64,4° Fahrenheit, bei 27 °C sind es 80,6° Fahrenheit. Nach der Fahrenheit-Skala wäre mithin die Temperatur um bloß 25 % angestiegen! Die Berechnung prozentualer Zuwächse oder von Verhältnissen von Skalenwerten sind bezüglich der erlaubten Transformationen nicht invariant. Derartige Aussagen bzw. Rechenoperationen sind daher – gemäß dem Bedeutsamkeitskriterium – bei Intervallskalen unzulässig. Im Unterschied zu Ordinalskalen erlaubt die «höhere Intervallskalenqualität» aber die Berechnung arithmetischer Mittelwerte. Die Gültigkeit von Aussagen z. B. zum Vergleich von Mittelwerten ist bei den zulässigen, positiven linearen Transformationen invariant.

Diese Überlegungen gelten natürlich auch bei sozialwissenschaftlichen und psychometrischen Skalen. Berufsprestigeskalen, allgemein Likert-Skalen, Intelligenztests usf. beanspruchen Intervallskalenniveau. Ob dies gerechtfertigt ist, lassen wir zunächst einmal dahingestellt sein. Eine Aussage aber wie «Fritz hat ein Intelligenzniveau von 110, Jürgen von 100, also ist Fritz um 10 % klüger als Jürgen» ist nach dem Bedeutsamkeitskriterium völlig unsinnig. Auch hier können, wenn überhaupt, nur Abstände verglichen werden.

Berechnet man nun für irgendwelche Messwerte arithmetische Mittelwerte, dann wird implizit davon ausgegangen, dass das Messniveau (mindestens) einer Intervallskala entspricht. Zeugnisnoten oder Examensnoten sind in der Regel arithmetische Mittelwerte von Einzelnoten. Implizit wird damit die Annahme unterstellt, dass die Notenmessung auf Intervallskalenniveau erfolgt.

Bevor wir einige Bemerkungen zur Prüfbarkeit der Intervallskalenqualität machen – Stichwort «Repräsentationstheorem» –, seien noch zwei weitere bekannte Messniveaus erwähnt. Bei *Ratioskalen* oder Verhältnisskalen lässt sich ein «natürlicher Nullpunkt» festlegen. Ein Beispiel ist die thermodynamische Temperaturskala in «Grad Kelvin», wobei wir wieder bei dem am Nullpunkt dieses Abschnitts erwähnten Lord Kelvin anknüpfen: 0 ° K entspricht dem absoluten Tiefpunkt der Temperatur von –273,15 °C: Beispiele aus den Sozialwissenschaften sind Schuljahre, Einkommen und Vermögen (der Nullpunkt ist die Besitzlosigkeit), Preise, Zinsen u. a. m. Da die Variablen ökonometrischer Modelle meist das Messniveau von Ratioskalen haben, machen sich Ökonomen selten Gedanken zum Skalenniveau ‹ihrer› Variablen. Aber Vorsicht: Variablen wie der Index des Konjunkturklimas, ermittelt durch eine Unternehmensbefragung, weisen natürlich die gleiche Messproblematik auf wie Einstellungsmessungen in der Soziologie oder Psychologie, ganz zu schweigen von manchen dubiosen Messungen in der Marktforschung!

Verhältnisskalen sind eindeutig bis auf positive proportionale Transformationen $\varphi' = a\varphi$ $(a > 0)$. Es besteht also bei Verhältnisskalen nur Freiheit in der Wahl der Skaleneinheit. Wie der Name der Skala andeutet, sind Aussagen über Verhältnisse, d. h. Quotienten von Skalenwerten, zulässig. Dies ist leicht einsehbar, denn bei der Berechnung von Verhältnissen bzw. Quotienten lässt sich der Skalenparameter a kürzen. Aussagen über Verhältnisse sind daher invariant bezüglich der erlaubten positiven proportionalen Transformationen. Nur bei (mindestens) Verhältnisskalen macht es Sinn, geometrische oder harmonische Mittelwerte zu berechnen.[42]

Schließlich sei noch die *Absolutskala* erwähnt. Hier kann nicht einmal mehr die Skaleneinheit frei gewählt werden. Absolutskalen sind eindeutig festgelegt und Skalentransformationen nicht erlaubt. Beispiele sind Wahrscheinlichkeitswerte und Häufigkeiten, etwa die Anzahl von Demonstrationsteilnehmern, die Mitgliederzahl in einer Gewerkschaft oder die Anzahl kriegerischer Konflikte innerhalb eines Jahres. Tabelle VI.8 gibt noch einmal Auskunft zu den Skalentypen und ihren Eigenschaften.

Von der Nominalskala bis zur Absolutskala ist eine Hierarchie von Skalentypen erkennbar. Wird die Klasse der zulässigen Transformationen mit steigendem Messniveau eingeschränkt, so verhält es sich mit der Bedeutsamkeit genau umgekehrt. Der Umfang der Menge zulässiger Rechenoperationen und «erlaubter» Aussagen wächst mit dem Skalenniveau. Statistische Kennziffern, die auf niedrigem Niveau sinnvoll berechenbar sind, können immer auch auf höherem Niveau berechnet wer-

42 Das geometrische Mittel ist die N'te Wurzel aus dem Produkt von N Messwerten. Das geometrische Mittel von Wachstumsfaktoren z. B. entspricht dem durchschnittlichen Wachstumsfaktor. Das gilt nicht für den arithmetischen Mittelwert! Beispiel: Bei einem Wachstum von 100 % im ersten Jahr und einer Abnahme von 50 % (= – 50 %) im zweiten Jahr ist das durchschnittliche Wachstum natürlich nicht (100 – 50) / 2 = 25 %! Der geometrische Mittelwert der Wachstumsfaktoren ist hier $\sqrt{2 \cdot 0{,}5} = 1$, was einer durchschnittlichen Zuwachsrate von 0 % entspricht (siehe zu geometrischen und harmonischen Mittelwerten auch die Beispiele in Krämer 1992).

den. Der Median z. B. kann sowohl auf Ordinalskalenniveau als auch auf Intervallskalenniveau berechnet werden, der arithmetische Mittelwert jedoch nur bei (mindestens) intervallskalierten Daten.

Tabelle VI.8: Die Skalentypen und ihre Eigenschaften

Skalentyp	Eindeutigkeit	Bedeutsamkeit		Beispiele
	zulässige Transformationen	Interpretation von Skalenwerten	Mittelwert	
Nominalskala	eindeutige	gleich oder verschieden	Modalwert	Geschlecht, Arten von Freizeitaktivitäten
Ordinalskala	rangfolgebewahrende (positiv monotone)	größer, kleiner oder gleich	Median	Guttman-Skalen, ordinaler Nutzen, Schulabschlüsse
Intervallskala	positiv lineare $\varphi' = a\varphi + b$ mit $a > 0$	Vergleichbarkeit von Differenzen	Arithmetischer Mittelwert	Temperatur in °C oder °F, kardinaler Nutzen
Ratioskala	positiv proportionale $\varphi' = a\varphi$ mit $a > 0$	Aussagen über Verhältnisse, prozentuale Vergleiche	Geometrischer Mittelwert	Einkommen, Schuljahre, Ehedauer
Absolutskala	keine bzw. identitätsbewahrende $\varphi' = \varphi$	wie Ratioskala		Häufigkeiten, Wahrscheinlichkeiten

Eine Messstruktur umfasst immer auch empirische Hypothesen. Wenn sich der Spielraum zur Formulierung «bedeutsamer» Aussagen mit zunehmendem Skalenniveau verbreitet, so heißt das nichts anderes, als dass der Informationsgehalt der Messhypothesen gleichsinnig mit dem Skalenniveau wächst.

Es sei aber nicht verschwiegen, dass die klassische Einteilung der Skalen nach Stevens und die spätere Fundierung der Skalentypen mit der axiomatischen Messtheorie heute Gegenstand einer heftigen Kontroverse sind. Die Fehde wurde von Statistikern, vor allem vonseiten der «explorativen Statistik» eröffnet, was das Camp der Messtheoretiker zu nicht minder heftigen Gegenreaktionen provozierte (siehe Velleman und Wilkinson 1994). Der zentrale Einwand lautet, dass die Skaleneinteilung zu restriktiv sei und die Auswahl geeigneter statistischer Methoden der Datenanalyse nicht mechanisch vom Skalentyp abhängig gemacht werden sollte. So können in der Praxis der Datenanalyse Regressions- und Korrelationstechniken (die gemäß der Messtheorie Intervallskalen voraussetzen) auch bei Ordinalskalen zu sinnvollen und «robusten» Ergebnissen führen (Borgatta und Bohrnstedt 1980).

Zudem können die gleichen «Daten» je nach Interpretation ein unterschiedliches Skalenniveau aufweisen. Die Semesterzahl eines Studenten z. B. ist eine Messung auf dem Niveau einer Ratioskala, wenn damit die Zeitspanne seit Studienbeginn gemeint ist. Die Semesterzahlen bilden aber nicht einmal eine Intervall- und wahrscheinlich auch keine Ordinalskala, wenn die Zahlen als Ausmaß der Anhäufung von Wissen interpretiert werden. Welche Skalenqualität eine Messung hat, ergibt sich häufig erst im Nachhinein bei der Analyse der Daten und hängt jeweils von den spezifischen Interpretationen und Fragestellungen ab.

Diese Kritik anerkennt aber immer noch die Bedeutung der Skalentypologie. Das Messniveau «ergibt» sich dann eben später im Zuge der Datenanalyse und kann auch, abhängig von der Interpretation der «Zahlen», noch revidiert werden. Messtheoretiker würden aber fordern, dass das letztlich angenommene Messniveau der Struktur der Daten empirisch entsprechen muss, was (im Prinzip) durch einen Test der Axiome prüfbar wäre. Dabei wird man zugestehen, dass Skalenmodelle (wie alle Modelle) nur Approximationen darstellen, die mehr oder minder gut ‹passen›. Keine Ordinalskala wird so perfekt sein, dass das Transitivitätsaxiom bei z. B. hundert Tests auch hundertmal erfüllt wird. Damit aber besteht Spielraum, ob eine Skala z. B. noch als Intervallskala oder nur als Ordinalskala gelten kann und welches statistische Verfahren noch als zulässig erachtet wird. Wenn die Kritik von Velleman und Wilkinson (bzw. einer ihrer Kritikpunkte) so gemeint ist, dann wird man damit auch als Messtheoretiker gut leben können.

Greifen wir noch einmal die Frage nach der Prüfbarkeit der Intervallskalenqualität auf. Mit der Likert-Skalierung und der klassischen Testtheorie bis hin zu LISREL-Modellen wird einfach angenommen, dass die erhobenen Messwerte die Eigenschaften von Intervallskalen aufweisen. Die Annahmen der Messstruktur werden dabei nicht geprüft; es handelt sich nicht um Repräsentationsmessungen im Sinne der axiomatischen Messtheorie. Der Streit darüber, ob eine konkrete Skala das Messniveau einer Intervallskala hat, bleibt so lange unfruchtbar, bis genaue Tests zum Nachweis oder zur Widerlegung vermuteter Skaleneigenschaften spezifiziert werden können. Auch ein eventueller Nachweis der Normalverteilung von Messwerten gibt noch nicht über das Messniveau Auskunft.

Empirisch prüfbar ist die Intervallskalenqualität erst im Rahmen der axiomatischen Messtheorie, und zwar durch eine empirische Prüfung der im Repräsentationstheorem aufgeführten Axiome. Nun gibt es mehrere Messstrukturen, die zu Intervallskalen führen und entsprechend auch mehrere Repräsentationstheoreme (siehe Orth 1974). Das ändert aber nichts an der Grundidee, dass jeweils die Axiome einer Messstruktur empirisch untersucht werden können.

Ein nicht nur historisches Beispiel ist die Problematik kardinaler Nutzenmessung auf dem Messniveau von Intervallskalen. Neumann und Morgenstern (1944) haben hierzu bereits vor einem halben Jahrhundert eine praktische Messmethode und eine Axiomatik entwickelt, deren empirische Gültigkeit heute allerdings kontrovers ist (Kasten VI.3).

Eine häufiger anwendbare Messstruktur ist ferner das Modell der *additiv-verbundenen Messung* (Luce und Tukey 1964; Orth 1974; van der Ven 1980; Borg und Staufenbiel 1997). Diese Messstruktur führt zu einer Intervallskala. Es handelt sich um eine Repräsentationsmessung, sodass hier gleichzeitig im Zuge der Skalierung die der Skala zugrunde liegenden Annahmen untersucht werden können. Ein weiterer Vorzug des Modells ist die Mehrdimensionalität. Die Grundidee des Modells ist, dass sich eine Eigenschaft, z. B. das Sozialprestige von Berufen oder Personen, additiv aus einzelnen Teildimensionen (z. B. Einkommen und Bildungsgrad) zusammensetzt. Im allgemeinen Fall der «verbundenen Messung» («conjoint measurement») kann auch das nichtadditive Zusammenwirken mehrerer Teildimensionen modelliert werden. Denken wir einmal an die üblichen «objektiven» Indizes sozialer Schichtung. Hier wird meist unterstellt, dass die Schichtzugehörigkeit von den drei Merkmalen Beruf, Einkommen und Bildung abhängt. Es wird dann durch die Addition von Punktwerten der Einzeldimensionen ein einfacher Index der Schichtzugehörigkeit gebildet. Als «objektiv» werden derart konstruierte Indizes bezeichnet, um sie von den Indizes «subjektiver» Selbsteinstufung der Schichtzugehörigkeit abzugrenzen. Mit diesen Indizes werden sodann Mittelwerte und Korrelationen berechnet, d. h., es wird Intervallskalenniveau unterstellt.

Demgegenüber wäre es mit dem Modell der additiv-verbundenen Messung möglich, Repräsentationsmessungen vorzunehmen und die ungeprüften Annahmen der einfachen Schichtindizes oder Berufsprestigeskalen auf ihre Gültigkeit hin zu untersuchen. Die Voraussetzung dafür sind Rangdaten der Merkmalskombinationen von z. B. Bildung und Einkommen, die wiederum u. a. mit der Methode der Paarvergleiche erhoben werden können. Eine Anwendung der additiv-verbundenen Messung auf die Skalierung des Sozialprestiges zeigte, dass die Modellannahmen zumindest näherungsweise bezüglich der Teilkomponenten Einkommen und Bildung erfüllt sind (Diekmann 1982), obwohl eine einzelne Studie hierzu sicher noch kein abschließendes Urteil erlaubt. Erstaunlich ist allerdings, dass insbesondere in der Soziologie zwar eine Vielzahl von ungeprüften Indizes und Skalen verwendet werden, wenig Mühe und Sorgfalt hingegen in die Entwicklung und detaillierte Prüfung der Skalen investiert wird. Müßig zu sagen, dass ein Forschungsprogramm der Fundierung von Messungen nur im Rahmen kumulativer Forschung realisierbar wäre. Dazu aber müssten Anreize existieren, um eine Forschungstradition in dieser Richtung zu entwickeln.

Kasten VI.3: Kardinale Nutzenmessung

War die Möglichkeit kardinaler Nutzenmessung (Nutzenmessung auf Intervallskalenniveau) lange umstritten, so hat diese Zielsetzung durch die heute «klassischen» Arbeiten von Neumanns und Morgensterns (1944) neuen Auftrieb erhalten. Seit einiger Zeit werden jedoch aus empirischer Sicht eine Reihe kritischer Einwände vorgebracht, insbesondere aufgrund der experimentellen Untersuchungen von Tversky und Kahnemann (als Überblick Tversky und Kahnemann 1987). Diese Untersuchungen sind schon deshalb wichtig, weil die Annahmen kardinaler Nutzenmessung vielen Modellen der Ökonomie und Spieltheorie sowie auch der in der Soziologie häufiger verwendeten Erwartungsnutzen-Theorie zugrunde liegen.

Die Nutzenmessung gemäß von Neumann und Morgenstern ist eine Repräsentationsmessung mit empirisch prüfbaren Axiomen. Erst wenn die Axiome erfüllt sind, kann von einer Nutzenmessung auf Intervallskalenniveau gesprochen werden.

Voraussetzung ist zunächst, dass die Nutzen von n Objekten eine Rangfolge bilden. Wie in unserem Beispiel ordinaler Nutzenmessung mit der Paarvergleichsmethode muss dazu das Transitivitätsaxiom erfüllt sein. Von Neumann und Morgenstern verwenden als Beispiel die drei Objekte «Glas Tee» (A), eine «Tasse Kaffee» (B) und ein «Glas Milch (C) mit der Nutzenrangfolge $A > B > C$. Bei einer Intervallskala können nun die Nutzenwerte für zwei Objekte frei gewählt werden. Dies entspricht der Wahl eines Anfangspunkts und einer Einheit der Skala. Wir können demnach festlegen: $\varphi(A) = 1$ und $\varphi(C) = 0$. Natürlich bedeutet ein Nutzenwert von 0 nicht, dass ein Glas Milch für die Person, bei der die Nutzenmessung erfolgt, keinen Wert hätte. Der Nullpunkt wird ja, da es sich nicht um eine Verhältnisskala handelt, willkürlich bestimmt.

Wie wird nun der Nutzen von B gemessen? Dazu haben sich von Neumann und Morgenstern eine bestechend einfache Methode ausgedacht, die von ihnen aber – und das ist der zentrale Punkt – axiomatisch begründet wird. Zur Nutzenmessung wird einer Person eine Lotterie aus A und C vorgelegt, die mit B verglichen werden soll. Ist p die Wahrscheinlichkeit, dass die Versuchsperson A erhält, und 1–p die Gegenwahrscheinlichkeit für C, dann ist der Nutzen der Lotterie $\varphi(L) = p\,\varphi(A) + (1-p)\varphi(C)$. Die Person wird nun gefragt, ob sie für z. B. $p = 0{,}8$ L gegenüber B vorzieht. In einer Serie von Paarvergleichen wird mit unterschiedlichen Werten von p so lange «experimentiert», bis die Person zwischen L und B indifferent ist. In diesem Fall gilt $\varphi(L) = \varphi(B)$. Nehmen wir an, unsere Versuchsperson ist für $p = 0{,}6$ indifferent zwischen L und B. Dann folgt aus $p\,\varphi(A) + (1-p)\varphi(C) = 0{,}6 \cdot 1 + 0{,}4 \cdot 0 = \varphi(B)$ für B ein Nutzenwert von $\varphi(B) = 0{,}6$. In gleicher Weise kann der Nutzen bei mehr als drei Objekten ermittelt werden. Voraussetzung der Repräsentationsmessung ist nach der mathematischen Beweisführung durch von Neumann und Morgenstern die Gültigkeit von insgesamt acht Axiomen, die hier im Einzelnen nicht behandelt werden können. (Das Transitivitätsaxiom z. B. ist eins der acht Axiome.)

Tversky und Kahnemann konnten nun mit einer Vielzahl aufschlussreicher Experimente nachweisen, dass mehrere der unterstellten Axiome in konstruierten Entscheidungssituationen systematisch verletzt werden. Greifen wir ein Beispiel heraus, das den sogenannten «Framing-Effekt» illustriert. Präsentiert wurde in dem Experiment die folgende Entscheidungssituation:

«Stellen Sie sich vor, die USA bereiten sich auf den Ausbruch einer ungewöhnlichen asiatischen Grippeepidemie vor, an der 600 Personen sterben werden. Um die Epidemie zu bekämpfen, wurden zwei alternative Maßnahmen vorgeschlagen. Gehen Sie davon aus, dass die exakte wissenschaftliche Schätzung der Wirkung der Maßnahmen wie folgt ist:

I. Wenn Maßnahme A durchgeführt wird, werden 200 Personen gerettet. Wenn Maßnahme B durchgeführt wird, besteht eine Wahrscheinlichkeit von 1 / 3, dass 600 Personen gerettet werden, und von 2 / 3, dass keine Person gerettet wird.

Einer zweiten Gruppe befragter Personen wurden folgende Entscheidungsmöglichkeiten vorgelegt:

II. Wenn Maßnahme C durchgeführt wird, werden 400 Personen sterben. Wenn Maßnahme D durchgeführt wird, besteht eine Wahrscheinlichkeit von 1/3, dass niemand stirbt, und von 2/3, dass 600 Personen sterben.

Wie würden Sie in Situation I und wie in Situation II entscheiden? In Situation I haben 72 % der Befragten für Maßnahme A und 28 % für Maßnahme B optiert, in Situation II dagegen 22 % (einer anderen Gruppe von Personen) für Maßnahme C und 78 % für Maßnahme D. Das Erstaunliche ist, dass die Entscheidungen so unterschiedlich ausfallen, obwohl die Maßnahmen A und C bzw. B und D genau die gleichen Konsequenzen haben, nur einmal positiv und einmal negativ formuliert. Nach der Theorie der Nutzenerwartung dürften indes keine derart großen Unterschiede auftreten. Der mit den Maßnahmen A und C bzw. B und D verbundene Nutzen ist ja jeweils identisch!

Nach Tversky und Kahnemanns (1987) Theorie sind dagegen die Entscheidungen von Personen stark von der Art der Präsentation einer Entscheidung, vom «Entscheidungsrahmen» («framing»), abhängig. Gegenüber der Nutzenerwartungstheorie schlagen sie eine Alternative vor: die «Prospect-Theorie». Eine Hypothese dieser Theorie lautet, dass Personen in Verlustsituationen («Verlust-Frame») risikobereiter entscheiden als in Gewinnsituationen («Gewinn-Frame»). In Situation I wurden die Entscheidungsalternativen in einem Gewinn-Frame, in Situation II in einem Verlust-Frame dargeboten. Entsprechend entscheidet sich die Mehrheit der Versuchspersonen in Situation I für einen «sicheren Gewinn» (Maßnahme A), in Situation II dagegen für die «riskante Lotterie» (Maßnahme D).

Dieses und weitere Experimente demonstrieren, dass die Axiome der Nutzentheorie in zahlreichen Entscheidungssituationen systematisch verletzt werden. Das bedeutet zwar noch nicht, dass die Nutzentheorie generell unbrauchbar ist. Sie kann in alltäglichen Entscheidungssituationen immer noch eine gute Näherung des beobachtbaren Verhaltens darstellen. Außerdem gibt es Experimente mit anders strukturierten Entscheidungssituationen, in denen die Axiome der Nutzentheorie bestätigt wurden. Kahnemann und Tverskys Experimente deuten aber auf jeden Fall darauf hin, dass der Gültigkeitsbereich der «Standard-Nutzentheorie» zumindest eingeschränkt ist.

7. Hinweise und praktische Tipps

Messverfahren in den Sozialwissenschaften können nach verschiedenen Kriterien klassifiziert werden. (1) Handelt es sich um Repräsentationsmessungen, oder wird das Skalenniveau per Annahme (Messung «per fiat») festgelegt? (2) Weiterhin können Skalierungsmodelle deterministischen (z. B. Guttman-Skalierung) oder probabilistischen Charakter aufweisen (z. B. Rasch-Skalierung). (3) Die zu messende Eigenschaft kann als eindimensional (Likert-Skala, Guttman-Skalierung) oder als mehrdimensional (additiv-verbundene Messung, Faktorenanalyse, multidimensionale Skalierung) aufgefasst werden. (4) Schließlich ist noch eine bekannte Einteilung zu erwähnen, die auf Coombs (1964) zurückgeht. Hier werden die zwei Kriterien «Art der Relation» (Dominanz bzw. Präferenzrelation versus Ähnlichkeitsrelation) und die Zugehörigkeit der zu skalierenden Objekte zu *einer* Menge versus eine Relation zwischen Objekten aus *zwei* verschiedenen Mengen (z. B. Items und Personen) zugrunde gelegt.

Die Vielfalt von Messtechniken mag zunächst verwirrend erscheinen. Welche Kriterien sollen der Auswahl eines Verfahrens zugrunde gelegt werden? Im Allgemeinen sind mehrdimensionale Verfahren eindimensionalen Verfahren und probabilistische gegenüber deterministischen Skalierungsmodellen vorzuziehen. Messungen auf der Basis eines Repräsentationstheorems sind Messungen ohne Prüfung der Skalenvoraussetzungen überlegen. Und nicht zuletzt wird nach Möglichkeit ein hohes Skalenniveau angestrebt. Alle Qualitätskriterien gemeinsam zu erfüllen dürfte kaum möglich sein. Die Auswahl eines Messverfahrens hängt zudem von der Art der Daten ab bzw. vom Aufwand, den man zur Datenerhebung leisten kann. Auch die Untersuchungsziele spielen eine Rolle. Bei einer empirischen Studie, die speziell der Entwicklung einer Skala dient, wird man genauere Messtechniken verwenden können als in einem Survey zu zahlreichen Aspekten eines Gegenstandsbereichs. Schließlich hängt die Auswahl des Messverfahrens auch von der zu untersuchenden Eigenschaft ab. Bei weniger komplexen Merkmalen und gutgewählten Items können das eindimensional-deterministische Modell der Guttman-Skala oder auch die Likert-Technik durchaus gute Dienste leisten, vorausgesetzt, Kriterien wie Reliabilität und Validität wird Genüge getan. Auch hier gilt das Prinzip der Einfachheit. Bei annähernd gleicher Leistung sind einfache gegenüber komplexen Messverfahren zu bevorzugen.

Einen Großteil der Messungen in der praktischen Sozialforschung kann man als Zuweisung von Zahlen zu Objekten nach den Plausibilitätsregeln des Forschers charakterisieren. Geprüft wird weder die interne Konsistenz von Items oder Indikatoren, noch werden Skalenvoraussetzungen überhaupt problematisiert oder gar geprüft. Derartige auf ungeprüften Annahmen basierende Messungen werden als «measurement per fiat» bezeichnet. Auch häufiger verwendete Schicht- oder Berufsprestige-Indizes sind als Per-fiat-Messungen einzustufen, da die Annahmen einer Messung auf Intervallskalenniveau (mit den Indizes werden arithmetische Mittelwerte und Korrelationen berechnet) keiner Prüfung unterzogen werden. Für die «subjektive Schichteinstufung» z. B. wird ein einzelner Indikator verwendet, nämlich die Reaktion einer Person auf die Frage[43]:

> «In unserer Gesellschaft gibt es Bevölkerungsgruppen, die eher oben stehen, und solche, die eher unten stehen. Wir haben hier eine Skala, die von oben nach unten verläuft. Wenn Sie an sich selbst denken, wo auf dieser Skala würden Sie sich einordnen?» (Allgemeine Bevölkerungsumfrage)

Präsentiert wird dabei im persönlichen Interview eine Skala (Ratingskala, Beurteilungsskala) mit zehn aufeinandergetürmten Kästchen. Gemäß der Antwortreaktion einer Person wird eine Zahl von 1 bis 10 zugewiesen. Dies ist dann der Wert der Variablen «subjektive Schichteinstufung». Werden jetzt z. B. arithmetische Mittelwerte berechnet, so wird implizit Intervallskalenniveau unterstellt. Die «subjektive Schichtdistanz» zwischen den Skalenwerten 1 und 3 z. B. gilt damit als genau so groß wie zwischen den Skalenwerten 8 und 10. Das sind heroische Annahmen, die nicht geprüft werden und – jedenfalls anhand der erhobe-

43 Zur Operationalisierung und Messung sozialdemographischer Merkmale wie Schicht, Bildung und Beruf siehe auch genauer Pappi (1979).

nen Daten – auch gar nicht prüfbar sind. Da nur ein einzelner Indikator verwendet wird, sind natürlich auch keine Testhalbierungsreliabilitäten oder Reliabilitätsmaße auf der Basis von Itemkonsistenzanalysen berechenbar. (Mit einer Panelerhebung könnte aber die Test-Retest-Reliabilität geschätzt werden.) Derartige Ratingskalen, häufig nur mit einem Indikator pro theoretischem Konstrukt, sind in der Praxis der Umfrageforschung gang und gäbe. Die Situation ändert sich nicht grundlegend, wenn einige wenige Indikatoren zu einem Index zusammengefasst werden. Der Index objektiver Schichteinstufung z. B. basiert auf einer Addition von Punktwerten der Teildimensionen Einkommen, Bildungsgrad und Beruf. Auch hier werden bei der Datenanalyse ungeprüfte Skalenvoraussetzungen unterstellt.

Wenn man derartigen pragmatisch motivierten Messungen auch mit einer gehörigen Portion Skepsis begegnen sollte, so kann man Per-fiat-Messungen doch nicht von vornherein als unzulässig erklären. Sollte sich wiederholt zeigen, dass die so gemessenen Variablen erklärungskräftig sind, d. h. mit anderen Variablen in stabiler und reproduzierbarer Weise zusammenhängen, dann lässt sich diese Vorgehensweise rechtfertigen. Testtheoretisch gesprochen lassen sich Per-fiat-Messungen rechtfertigen, wenn der Nachweis der Kriteriumsvalidität für möglichst viele Außenkriterien erbracht werden kann. Außerdem kann bei Messungen mit einem Indikator in Panelerhebungen immer noch die Test-Retest-Reliabilität berechnet werden.

Die Test-Retest-Studie zur «Allgemeinen Bevölkerungsumfrage 1984 (ZUMA-Allbus)» ist der Frage der Reliabilität der Messungen mit einem «dreiwelligen» Panel nachgegangen. Einer Auswahl von 150 Personen von den 3000 Befragten der Haupterhebung wurden jeweils im Abstand von vier Wochen zwei weitere Male die gleichen Fragen der Haupterhebung gestellt. Zwischen der ersten und zweiten Welle stimmten die Antworten zur subjektiven Schichteinstufung immerhin zu 84 % überein. Der Korrelationskoeffizient als Reliabilitätsmaß hatte einen Wert von 0,77 (Zeifang 1987).[44] Für eine Messung mit einem Indikator ist das si-

44 Berechnet wurde ein Korrelationskoeffizient für ordinales Skalenniveau (siehe Zeifang 1987). Der hohe Grad der Übereinstimmung kann aber auch dadurch zustande ge-

cherlich ein vergleichsweise recht befriedigender Wert, sodass die Per-fiat-Messung der «subjektiven Schichteinstufung» zumindest unter Reliabilitätsaspekten gerechtfertigt sein könnte.

Dass aber insbesondere bei Einstellungsmessungen keineswegs auf hohe Reliabilitäten vertraut werden kann, macht das Beispiel einer Kurzform der «Postmaterialismus-Skala» deutlich. Der theoretische Hintergrund des Index ist die vieldiskutierte, aber auch umstrittene «Postmaterialismus-Theorie» von Inglehart (1977). Den vier Items der recht häufig verwendeten Skala zur Klassifikation von «Materialisten» und «Postmaterialisten» werden äußerst niedrige Reliabilitätswerte bescheinigt. Die Test-Retest-Korrelationen liegen bezüglich der ersten Panelwelle zwischen 0,23 (!) und 0,41 (siehe Tabelle VI.9).[45] Die Anteile übereinstimmender Antworten zwischen der Haupterhebung und der nur vier Wochen später erfolgten Nachbefragung beziffern sich auf magere 40 bis 50 %! Wenn man bedenkt, dass jeweils zwei Items benötigt werden, um eine Person als «materialistisch» oder «postmaterialistisch» zu klassifizieren, so kann das «Messinstrument» nur als äußerst unzuverlässig bezeichnet werden. Und von der Validität war noch nicht einmal die Rede!

Im Unterschied zur Per-fiat-Messung von Einstellungskonstrukten treten keine Probleme bezüglich des Skalenniveaus auf (wohl aber Probleme systematischer oder zufälliger Messfehler), wenn die Variablen oder Indizes auf Häufigkeitszählungen oder Zeitintervallen basieren. Diese Situation ist in der Soziologie bei der Untersuchung sozialdemographischer Zusammenhänge sowie häufig in der Ökonomie und in der Bevölkerungswissenschaft gegeben. Beispiele sind die Zahl der Geburten oder Ehescheidungen, die Zahl arbeitsloser Personen, die Nachfrage nach einem Gut, die Zahl von Arbeitsunfällen, das Heiratsalter u. a. m. Dabei

kommen sein, dass die befragten Personen gerade bei dieser Frage eine hohe Fähigkeit der Rückerinnerung aufweisen und um konsistente Antworten bemüht waren. In diesem Fall wäre der Reliabilitätswert künstlich überhöht.

45 Als «Korrelationsmaß» für nominale Skalenniveaus wurde im vorliegenden Fall «Cramers V» verwendet. Siehe dazu Kapitel XIV. Zu detaillierten Angaben der Ergebnisse siehe Zeifang (1987).

Tabelle VI.9: Test-Retest-Reliabilität der Postmaterialismus-Items

Rangpositionen eines Items (Wichtigkeit eines Ziels A–D)	Zusammenhangsmaß	Anteile übereinstimmender Antworten in %
1	0,41	54
2	0,32	41
3	0,23	41
4	0,40	53

Die befragten Personen werden gebeten, die folgenden vier Items nach der Wichtigkeit der Ziele zu ordnen:

A: «Aufrechterhaltung von Ruhe und Ordnung in diesem Lande»

B: «Mehr Einfluss der Bürger auf die Entscheidungen der Regierung»

C: «Kampf gegen die steigenden Preise»

D: «Schutz des Rechtes auf freie Meinungsäußerung»

Werden B und D oder D und B an erster und zweiter Stelle genannt, wird die Person als «postmaterialistisch», bei A und C als «materialistisch» eingestuft. Alle anderen Kombinationen sind «Mischtypen». Das Zusammenhangsmaß ist «Cramers V» (siehe Zeifang 1987). Die Werte beziehen sich auf die erste Welle der «Allbus»-Test-Retest-Studie.

werden Indizes häufig als *Anteilswerte* gebildet, z. B. die Zahl der Arbeitsunfälle innerhalb eines Jahres pro 1000 Arbeitnehmer. Vom Messniveau her gesehen, handelt es sich bei Anteilswerten (Quoten, Raten, Prozente) um Absolutskalen. Probleme der Prüfung des Skalenniveaus treten hier nicht auf, aber sehr wohl können systematische oder zufällige Messfehler vorliegen. Die Fragen nach der Reliabilität und der Validität stellen sich natürlich auch dann, wenn die Messungen auf dem höchsten Skalenniveau der Absolutskala erfolgen und die Voraussetzungen des angenommenen Skalenniveaus erfüllt sind.

Zum Abschluss dieses Kapitels noch zwei praktische Hinweise.

1. Vom Skalenniveau der Variablen und Indizes hängt ab, welche statistischen Analyseverfahren später bei der Datenauswertung herangezogen werden können. Möchte man z. B. den Produkt-Moment-Korrelationskoeffizienten (Kasten VI.1 und Kapitel XIV) für die Stärke des Zu-

sammenhangs zwischen der Ausbildungsdauer und dem Einkommen berechnen, dann genügt es nicht, das Einkommen im Fragebogen z. B. nur mit drei groben Kategorien zu erfassen. Auch der arithmetische Mittelwert der Einkommen wäre bei dieser Operationalisierung nicht schätzbar. Werden ferner bei Einstellungsmessungen Konstrukte nur mit einem Indikator erfasst, dann verbieten sich natürlich Reliabilitätsschätzungen nach der Testhalbierungsmethode. Bereits bei der Konstruktion des Erhebungsinstruments in der Phase der Untersuchungsplanung sollte zumindest mitbedacht werden, welche Ziele bei der Datenanalyse angestrebt werden und welche statistischen Auswertungsverfahren dabei zugrunde gelegt werden sollen.

2. Insbesondere bei der häufig doch recht aufwendigen Einstellungsmessung gilt die Devise, dass man ‹das Rad nicht jedes Mal neu erfinden muss›. Warum neue Einstellungsskalen konstruieren, wenn bewährte Skalen bereits vorliegen? Ob in einer empirischen Untersuchung auf eine ausgetestete Skala zurückgegriffen werden kann, muss natürlich im Einzelfall geprüft werden. Das seit 1983 herausgegebene und als Loseblattsammlung ständig aktualisierte Skalenhandbuch (ZUMA-Skalenhandbuch 1983) informiert über mehr als hundert in der Umfrageforschung verwendbare Einstellungsskalen. Von Skalen zur Messung von Vorurteilen gegenüber Ausländern bis hin zu Itembatterien zur Erhebung des «Machiavellismus» – besonders geeignet bei Politiker- und Managerbefragungen – findet sich dort ein breites Spektrum von Einstellungsskalen. Zu den meisten Itembatterien sind auch die Kennwerte der Reliabilität und, sofern geprüft, Validitätsmaße angegeben. Mittlerweile sind diese Angaben auch online von einer Datenbank abrufbar (siehe Krebs und Pusler 1992). Natürlich sollte man sich vor dem Rückgriff auf eine vorliegende Skala genau vergewissern, ob zumindest die testtheoretischen Gütekriterien ausreichend erfüllt sind und die Itembatterie tatsächlich das Konstrukt misst, das in einer geplanten Untersuchung erhoben werden soll.

VII. Querschnitt- und Längsschnitterhebungen

Von einem deutschen Spitzenpolitiker ist der Ausspruch überliefert: «Lieber 5 % Inflation als 5 % Arbeitslosigkeit.» Das war noch zu Zeiten relativ geringer Arbeitslosigkeit, als eine Arbeitslosenquote von 5 % als Schock empfunden wurde. In den Vereinigten Staaten wurde demgegenüber aus wahltaktischen Gründen überlegt, vordringlich die Inflation zu bekämpfen. X % Inflation beträfen schließlich 100 % der Wähler, X % Arbeitslosigkeit dagegen nur die ‹kleine› Teilgruppe der Arbeitslosen. Offenbar ging man davon aus, dass bei einer Arbeitslosenquote von z. B. 5 % auch nur ein entsprechend geringer Teil der Wählerschaft mit der Regierungspolitik unzufrieden sei.

Wir wollen hier weder über wirtschaftspolitische Prioritäten noch über Wahlkampfstrategien streiten. Der Kurzschluss dieses Betroffenheitskalküls ist aber, dass eine statische Bestandsgröße (die Arbeitslosigkeit eines Jahres) mit der dynamischen Größe des Anteils der Personen, die mindestens einmal arbeitslos wurden, verwechselt wird. Bei einem entsprechend hohen Umschlag auf dem Arbeitsmarkt wäre es denkbar, dass dieser Anteil wesentlich größer ist als 5 %; theoretisch könnte diese Größe sogar 100 % erreichen. (Das wäre der Fall, wenn jeder Erwerbstätige im Jahresdurchschnitt ca. 2 1/2 Wochen arbeitslos ist.)

Ein ähnlicher Fehlschluss liegt vor, wenn aus gleichbleibenden Resultaten bei zwei aufeinanderfolgenden Wahlen auf ein hohes Ausmaß der Loyalität der Stammwählerschaft geschlossen wird. Erreicht die Partei ABC bei einer Wahl 40 % und bei der nächsten Wahl wiederum 40 %, dann kann sich hinter den konstanten Zahlen bekanntlich eine beträchtliche Dynamik von Wählerströmen verbergen bis hin zur theoretischen Möglichkeit des Austauschs der kompletten Wählerschaft.

Mit Untersuchungen zur Einkommensverteilung wird oftmals auch die Armutsquote in der Bevölkerung geschätzt. Meist wird der 50 %-Schwellenwert zugrunde gelegt, d. h., als einkommensarm gelten (nach dieser Definition) Haushalte, die über weniger als die Hälfte des durchschnittlichen Einkommens verfügen. In den prosperierenden 80er

Jahren wurde in Umfragen ermittelt, dass in Deutschland etwa jeder zehnte Haushalt, bei Ausländern sogar jeder vierte Haushalt, als einkommensarm bezeichnet werden kann (Habich, Heady und Krause 1991). Dabei handelt es sich noch um eine Mindestschätzung, denn in Umfragen mit freiwilliger Teilnahme wird die Mittelschicht eher überrepräsentiert. Heißt das nun, dass wir in einer «Neun-Zehntel-Gesellschaft» leben? Die Armutsquoten sind zunächst einmal nur Momentaufnahmen, die noch nichts über die «Armutsdynamik» aussagen. Sind es immer die gleichen Haushalte, die, einmal auf der Abstiegsleiter, nicht mehr aus der «Armutsfalle» herauskommen? Oder ist die Armut ein transitorisches, vorübergehendes, Phänomen?

Die Beispiele illustrieren, dass Querschnittdaten zur Beantwortung von Forschungsfragen, die sich auf den sozialen Wandel beziehen, nicht hinreichend sind. Gilt es, nicht nur Bestandsgrößen, sondern auch «Ströme» («Stocks and flows») zu erfassen, so benötigen wir Längsschnittdaten. Generell sind Längsschnittdaten zur Prüfung zeitbezogener Hypothesen erforderlich, die Aussagen über soziale Prozesse machen.

1. Querschnitt-, Trend- und Paneldesign

Mit einem Erhebungsdesign wird der zeitliche Modus der Datenerhebung festgelegt. Wir unterscheiden drei Arten von Erhebungsdesigns:

1. Querschnittdesign,
2. Trenddesign,
3. Paneldesign.

Die Datenerhebung, gleich mit welcher Erhebungsmethode (Interview, Beobachtung usw.), wird entsprechend als Querschnitt-, Trend- oder Panelerhebung bezeichnet.

Die Datenerhebung bei *Querschnittdesigns* bezieht sich auf einen Zeitpunkt oder eine kurze Zeitspanne, in der eine einmalige Erhebung der Eigenschaften (Variablenwerte) bei N Untersuchungseinheiten vorgenommen wird. Trend- und Paneldesigns sehen dagegen wiederholte Erhebungen zu mehreren Zeitpunkten vor.

Bei einem *Trenddesign* werden (a) die Werte der gleichen Variablen (b) zu mehreren Zeitpunkten mit (c) jeweils unterschiedlichen Stichproben erhoben. Das Paneldesign unterscheidet sich vom Trenddesign nur durch den Aspekt (c). Mit einem *Paneldesign* werden (a) die Werte der gleichen Variablen (b) zu mehreren Zeitpunkten, jedoch auf der Grundlage einer identischen Stichprobe erhoben. Die einzelnen Erhebungen eines Panels werden als *Panelwellen* bezeichnet.

Der «kleine Unterschied» (c) ist recht bedeutsam. Ein Paneldesign erlaubt die wiederholte Messung der Variablenwerte bei den gleichen Personen bzw. allgemein bei den gleichen Untersuchungseinheiten. Damit können Veränderungen auf der individuellen Ebene nachvollzogen werden (Abbildung VII.1). Mit einem Trenddesign können dagegen nur Veränderungen auf der Aggregatebene der Stichproben registriert werden. Man kann sich eine Trenderhebung einfach als Abfolge von Querschnitterhebungen zum gleichen Thema vorstellen. Vergleichbar über die Zeit sind dann Kennziffern der Stichprobe wie Mittelwerte, Prozentwerte u.a.m. Bei der Datenauswertung tritt dabei noch das Problem auf, dass tatsächliche Veränderungen (Trends) nicht immer so einfach von Stichprobenfehlern separiert werden können.

ABBILDUNG VII.1: QUERSCHNITT-, TREND- UND PANELDESIGN

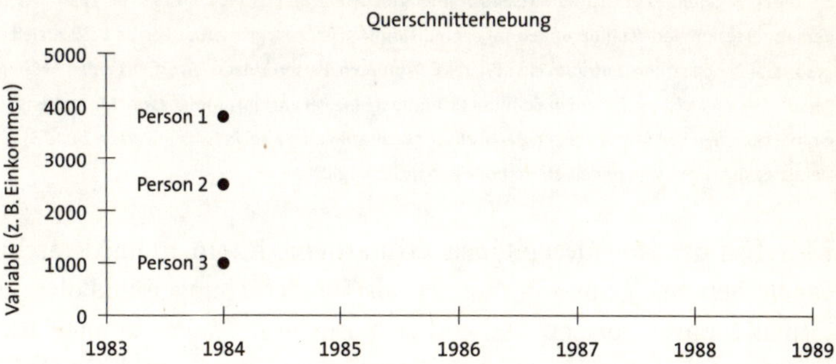

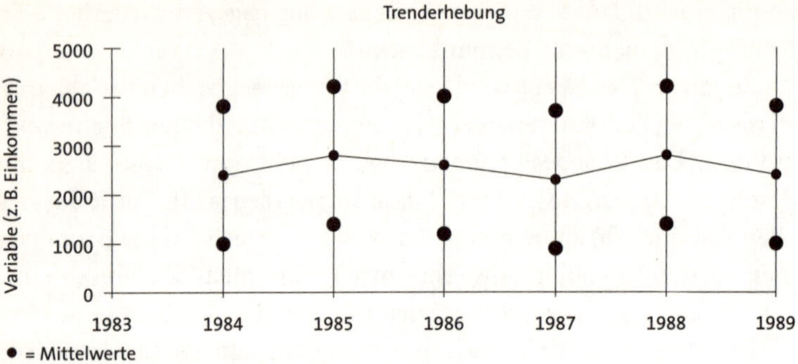

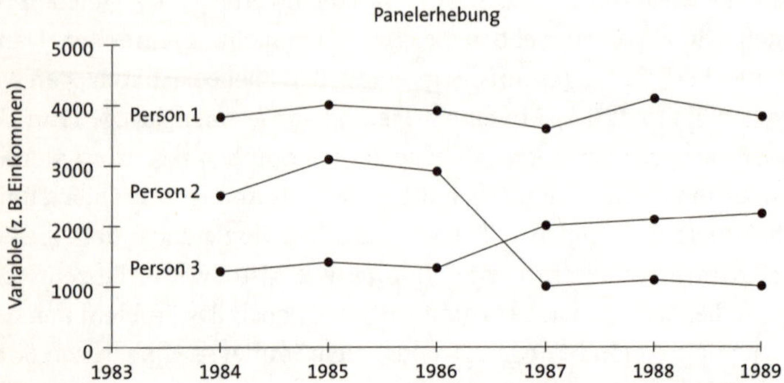

Mit der Querschnitterhebung werden die Einkommenswerte der Personen zu einem Zeitpunkt erhoben. Bei der Trenderhebung werden die Einkommen von jeweils anderen Personen zu verschiedenen Zeitpunkten erhoben. Über die Zeit verfolgen lassen sich hier nur aggregierte Werte, z. B. die Entwicklung des Durchschnittseinkommens im Beobachtungszeitraum 1984 bis 1989. Erst mit dem Paneldesign sind Veränderungen auf der individuellen Ebene registrierbar. Person 1 z. B. erzielt im gesamten Beobachtungszeitraum ein höheres Einkommen. Person 2 dagegen erfährt einen Abstieg, Person 3 einen Aufstieg. Zu jedem Zeitpunkt ist immer eine Person einkommensarm. Mindestens einmal betroffen von Armut sind im Beobachtungszeitraum aber zwei Personen (Person 2 und 3). Derartige Aussagen sind mit einem Trenddesign nicht möglich.

Zwischen den drei Designtypen existiert eine Informationshierarchie. Panelerhebungen sind informativer als Trenderhebungen und diese informativer als Querschnitterhebungen. Panelerhebungen können auch über aggregierte Trends und Trenderhebungen über Querschnitte informieren, während die umgekehrte Relation nicht gilt.

Betrachten wir als Beispiel die Schätzung der Armutsquoten in der Studie von Habich, Heady und Krause (1991). Ein Trenddesign wie in Abbildung VII.1 wäre ausreichend, um die Entwicklung der Armutsquoten auf der Aggregatebene zu untersuchen. Damit erhalten wir die in Tabelle VII.1 angegebenen Schätzwerte:

Tabelle VII.1: Armutsquoten in Westdeutschland 1984 bis 1989

Jahr	1984	1985	1986	1987	1988	1989
Alle	11,0	11,0	12,4	10,6	10,7	10,7
Deutsche	10,3	10,2	11,5	9,9	10,1	8,8
Ausländer	24,1	24,8	29,4	24,4	22,9	24,3

Prozentualer Anteil von Personen unter dem 50 %-Einkommensschwellenwert an der Gesamtbevölkerung. Befragte Personen N = ca. 12 000 je Erhebungswelle. Die Haushaltsgröße wird durch Umrechnung in sogenannte Äquivalenzeinkommen berücksichtigt.

Gemäß diesen Befunden ist die Armutsquote in dem betrachteten Zeitraum mit etwa 11 % recht stabil. Ausländer sind mit einem Anteil von 24 % aber wesentlich stärker von Armut betroffen als Deutsche.

Die Werte wurden nun tatsächlich mit einem Paneldesign erhoben. Wir haben aber bisher so getan, als ob es sich um eine Trendstudie handele. Wäre dies der Fall, dann basierten die Armutsquoten auf sechs verschiedenen Stichproben. Kann man dann sagen, dass die Armutsquote 1986 einen Gipfel von über 12 % erreicht hätte und danach wieder abgesunken sei? Wahrscheinlich nicht, denn die kleinen Differenzen könnten auch Stichprobenfehler und Messfehler reflektieren.[1] Bei Trendschätzungen mit einer Panelerhebung entfällt dagegen, jedenfalls in der Theorie, der Stichprobenfehler, da alle Werte ja bei den gleichen Untersuchungseinheiten der Ausgangsstichprobe erhoben wurden. In unserem Beispiel ist dies die 1984er-Stichprobe der ersten Welle der Panelerhebung. Allerdings können Differenzen in den Prozentwerten immer noch

1 Mit Signifikanztests ließe sich prüfen, ob die Unterschiede mit hoher Wahrscheinlichkeit dem Konto zufälliger Stichprobenfehler zuzuschreiben sind. Siehe dazu Kapitel XIV.

von Messfehlern herrühren. Dies ist das uns schon bekannte Problem der Separierung von Stabilität und Reliabilität. Auch bei der Trendschätzung mit Panelerhebungen sind relativ kleine Differenzen mit Vorsicht zu interpretieren. Zeigt sich aber z. B. ein deutlicher Aufwärts- oder Abwärtstrend über mehrere Wellen, dann ist bei Trend- und Paneldesigns eine inhaltliche Interpretation des Trends schon plausibler. Dies gilt jedenfalls dann, wenn die Messfehler und Stichprobenfehler nicht mit den Erhebungszeitpunkten systematisch variieren, also z. B. die Fehler nicht von Erhebungswelle zu Erhebungswelle anwachsen. Weiterhin ist die Abschätzung von Trends dann problematisch, wenn das Trend- oder Paneldesign nur zwei Erhebungswellen vorsieht.

Die These von der Informationshierarchie bedarf noch einer Einschränkung. Die aggregierten Trendschätzungen mit einer Panelstudie und einer Trendstudie können durchaus auseinanderfallen, auch wenn keinerlei Stichproben- oder Messfehler vorliegen. Eine Diskrepanz wird dann auftreten, wenn sich die Zusammensetzung der Population im Beobachtungszeitraum verändert. Die Panelerhebung in unserem Beispiel basiert auf einer Zufallsstichprobe von 12 000 Personen in 6000 Haushalten. Diese Stichprobe wurde 1984 gezogen und liegt allen nachfolgenden Erhebungen zugrunde. Die 1984er-Stichprobe ist aber keine Zufallsstichprobe aus der Bevölkerung 1989. Auch die Zusammensetzung der Bevölkerung hat sich ja im Beobachtungszeitraum verändert. Bei einem Trenddesign werden dagegen jeweils neue, «aktuelle» Stichproben gezogen. Handelt es sich um Zufallsstichproben (Kapitel IX), dann «repräsentiert» die 1989er-Erhebung der Trendstudie auch die Bevölkerung des Jahres 1989. Möchte man nun die Entwicklung der Armutsquoten der Bevölkerung untersuchen, dann ist eine Trendschätzung mittels Trenddesign sogar günstiger als mittels Paneldesign. Zielt die Untersuchung dagegen auf die Abschätzung des Armutstrends bei der gleichen Ausgangspopulation, so empfiehlt sich die Wahl eines Paneldesigns.

Wir sind bisher davon ausgegangen, dass sich beim Paneldesign die Erhebung jeweils auf die gleiche Stichprobe bezieht. Das ist in der Theorie richtig, aber in der Praxis selten erfüllt. Insbesondere bei längerfristig angelegten Panelstudien ist mit einer erheblichen Schwundquote aufgrund von Sterblichkeit, Wegzügen, Verweigerung oder anderen Gründen der Nichterreichbarkeit zu rechnen. Man spricht allgemein von *Panelmortalität,* wobei die Sterblichkeit im buchstäblichen Sinn nur einen von mehreren Gründen der Panelmortalität ausmacht. Beträgt die Panelmortalität von Welle zu Welle 10 %, eine durchaus realistische Annahme, dann umfasst die 2. Welle noch 90 % der Stichprobe, bei der 3. Welle sind es 81 %, bei Welle 4 sind es 73 %, dann 66 % und schließlich in der 6. Welle nur noch 59 %.[2] Nun erfolgen die Ausfälle meist nicht zufällig, sondern systematisch. So sind berufstätige Personen schwerer erreichbar, und jüngere Personen werden häufiger den Wohnort wechseln. Bei systematischen Ausfällen treten aber systematische Stichprobenfehler auf (dazu genauer Kapitel IX).

In Umfragen wie in unserem Beispiel-Panel ist gewöhnlich von einem «Mittelschichtbias» auszugehen. Einkommensschwache Personen und Personen mit geringem Bildungsgrad verweigern häufiger die Teilnahme und sind damit in der Stichprobe eher unterrepräsentiert. Deshalb dürften mit Umfragen ermittelte Armutsquoten vermutlich auch nach unten verzerrt sein. Nun könnte bei Panelerhebungen noch hinzukommen, dass die Panelmortalität systematisch und negativ mit dem Einkommen korreliert ist. Dann würde gelten: «Je geringer das Einkommen, desto höher die Panelmortalität». Für Trendabschätzungen wäre dieser Zusammenhang fatal. Bei tatsächlich konstanter Armutsquote würde sich im Panel der Abwärtstrend einer sukzessiv verringerten Armutsquote ergeben. In Tabelle VII.1 verharren die Armutsquoten auf einem stabilen Niveau. Es wäre aber durchaus denkbar, dass in den 80er Jahren die Einkommensarmut faktisch zugenommen hat, dieser Aufwärtstrend wegen einer höheren Panelmortalität der einkommensschwachen Personen aber verschleiert wird.

Ein zentrales Problem bei Paneldesigns ist daher, die Panelmortalität möglichst gering zu halten. Das erfordert eine sehr gute «Adressenpflege», die Ermittlung von Wohnortwechseln u. a. m., was den Aufwand bei einer Panelerhebung beträchtlich erhöhen kann.

2 In der Praxis werden die Ausfälle häufig durch Ersatzpersonen kompensiert. Damit wird allerdings nicht das Problem gelöst, dass Informationen über alle Wellen nur für einen Teil der Ausgangsstichprobe vorliegen.

Das Problem der Panelmortalität tritt hauptsächlich bei Panelbefragungen auf. Diese Kombination von Erhebungsdesign und Erhebungsmethode ist so geläufig, dass sie häufig mit einer Panelstudie an sich identifiziert wird. Das Paneldesign ist aber nicht an eine spezifische Erhebungsmethode gekoppelt. Einer Inhaltsanalyse der Zeitungsberichterstattung der 80er Jahre könnte z. B. ebenfalls ein Paneldesign zugrunde gelegt werden. Die Ausgangsstichprobe der ersten Erhebungswelle wäre dann eine Auswahl von Zeitungen des Jahres 1980. Das Problem der Panelmortalität träte nur dann auf, wenn eine Zeitung im Beobachtungszeitraum vom Markt verschwindet.

Wir haben bislang nur die aggregierten Armutsquoten diskutiert und damit die Informationsvorteile der Panelbefragung noch gar nicht ausgeschöpft. Die Werte in Tabelle VII.1 hätten ja ebenso gut oder vielleicht sogar noch besser mit einer Trenderhebung geschätzt werden können. Der Hauptvorteil der Panelerhebung ist hingegen die Möglichkeit zur Analyse der Veränderungsdynamik auf der individuellen Ebene. Genau diesen Vorteil einer Panelerhebung machen sich auch Habich, Heady und Krause (1991) in ihrer Analyse der Einkommensarmut zunutze. Das Ziel der Studie ist nicht primär die Trendanalyse der Armutsentwicklung, sondern eine Analyse der Armutsdynamik.

Werfen wir nochmals einen Blick auf Abbildung VII.1. Mit dem Paneldesign können die individuellen «Einkommenspfade» und damit das Ausmaß des Zustroms und Abstroms aus Armutspositionen identifiziert werden.[3] Ein einfacher Indikator der Armutsdynamik ist die Häufigkeit der Betroffenheit innerhalb des Beobachtungszeitraums von 1984 bis 1989. Die Ergebnisse zeigt Tabelle VII.2.

Drei Viertel der Deutschen, aber nur etwa die Hälfte der Ausländer unterschreiten im gesamten Zeitraum nicht die Armutsschwelle von 50 % des Durchschnittseinkommens. Auf der anderen Seite sind die Anteile dauerhafter Armut, jedenfalls nach den vorliegenden Umfragedaten, geringer als gemäß der «statischen» Armutsquote erwartet. Bei allen sechs Wellen des Panels unterhalb der Armutsgrenze befinden sich 2,5 %

3 Anhand der individuellen Verläufe können zudem kausale Effekte genauer untersucht werden als mit Querschnittsdaten (siehe S. 328).

der Deutschen und 6,4 % der Ausländer. Die Autoren der Studie identifizieren drei Kategorien: Etwa 75 % der Gesamtbevölkerung sind im betrachteten Zeitraum niemals von Armut betroffen, 15 % sind ein- oder zweimal, also kurzfristig von Armut betroffen, und 10 % sind dauerhafter (mehr als zweimal) in einer Armutsposition. Die (alt-)bundesdeutsche Gesellschaft lässt sich somit weder als «Zwei-Drittel-» noch als «Neun-Zehntel-Gesellschaft», sondern eher als «75-15-10-Gesellschaft» charakterisieren, so die Schlussfolgerung der Autoren.

Tabelle VII.2: Anteil von Personen in Prozent nach der Häufigkeit der Betroffenheit von Armut 1984 bis 1989

	0	1	2	3	4	5	6
Gesamt	74,4	10,6	4,2	3,6	2,3	1,8	2,7
Deutsche	76,2	10,3	4,0	3,5	1,9	1,6	2,5
Ausländer	49,7	15,2	8,6	6,8	8,0	5,3	6,4

Quelle: Habich, Heady und Krause (1991)

Die Ergebnisse der Beispielanalyse basieren auf der wohl aufwendigsten wissenschaftlichen Panelerhebung im deutschsprachigen Raum. Mit dem «Sozioökonomischen Panel» (SOEP) werden seit 1984 jährlich ca. 12000 Personen zu zahlreichen Merkmalen der ökonomischen und sozialen Lage, zur Erwerbstätigkeit, Familie u. a. m. befragt. Die Kosten der Studie liegen in zweistelliger Millionenhöhe. Mehrere Hunderte ökonomischer und soziologischer Arbeiten wurden bereits mit den Daten des SOEP publiziert. Die Daten stehen bei begründetem Interesse jeder Forscherin und jedem Forscher für Sekundäranalysen zur Verfügung. Wer z. B. die in den Tabellen VII.1 und VII.2 wiedergegebenen Resultate bezweifelt oder die Analysen verfeinern möchte, kann die Daten für Sekundäranalysen anfordern. Vielleicht stellt sich die Frage nach einem eventuellen Nord-Süd-Gefälle der Einkommensarmut oder nach Unterschieden zwischen Frauen und Männern? Wer diese und weitere Fragen beantworten möchte und über das nötige Know-how der statistischen Datenanalyse verfügt, kann auf die umfangreiche Datenbasis des SOEP für Sekundäranalysen zurückgreifen. Wenn man einmal bedenkt, wie viele aufschlussreiche wissenschaftliche Arbeiten mit den Daten des Kollektivunternehmens SOEP angefertigt wurden, dann erscheinen die hohen Kosten des Projekts in einem recht günstigen Licht.

Ein weiteres Kollektivunternehmen, wenn auch nicht ganz so aufwendig, ist die bereits erwähnte «Allgemeine Bevölkerungsumfrage in den Sozialwissenschaften» oder kurz: ALLBUS. Der Allbus ist ein gutes Beispiel für eine Trenderhebung. Seit 1980 werden in Deutschland alle zwei Jahre etwa 3000 Personen, zufällig aus der deutschen Wohnbevölkerung gezogen, zu verschiedenen Themen wie Familie, Umwelt, Politik usw. befragt. Ein Teil der Fragen bleibt dabei, im Sinne einer Trendstudie, bei jeder Erhebung (mit einer neuen Zufallsstichprobe) unverändert. Außerdem werden «nationale Surveys» mit teilweise gleichen Fragen in mehr als 30 Ländern regelmäßig durchgeführt. Dies ist das sogenannte «International Social Survey Program» (ISSP). Ziel ist die Registrierung und Analyse sozialen Wandels mit Trendstudien, die international vergleichbar sind. Auch diese Daten aus mehr als 30 Ländern sind, wie bereits in Kapitel V erwähnt, für wissenschaftliche Sekundäranalysen verfügbar.[4] Gegen eine geringe Gebühr und den Nachweis wissenschaftlichen Interesses kann jeder mit dem Allbus ‹mitfahren›. Das ist auch ein begrüßenswerter Trend zur Demokratisierung von Umfragen, der zudem Doppel- und Mehrfacherhebungen verschiedener Forschungsteams zu den gleichen Fragen erspart.

2. Daten und Designs

Erhebungsdesigns sind Mittel zum Zweck der Sammlung aussagekräftiger Daten. Die Daten wiederum dienen der Prüfung von Hypothesen oder in deskriptiven Studien der Beschreibung sozialer und ökonomischer Verhältnisse. Bei der Erläuterung der Querschnitt- und Längsschnittdesigns haben wir stillschweigend angenommen, dass bestimmte Designs

4 Die Allbus- und ISSP-Datensätze sind über das «Datenarchiv für die Sozialwissenschaften» des «Leibniz-Instituts für Sozialwissenschaften» (GESIS) erhältlich.

entsprechende Datentypen ‹produzieren›. Demnach könnten mit Querschnittdesigns Querschnittdaten, mit Trenddesigns Querschnitt- oder Trenddaten und mit Paneldesigns Querschnitt-, Trend- und Paneldaten erhoben werden. Diese Übereinstimmung von Design- und Datenhierarchie ist dann zutreffend, wenn der Zeitpunkt, auf den sich eine Messung bezieht, identisch ist mit dem Erhebungszeitpunkt.

Wird in Umfragen nach Einstellungen, dem gegenwärtigen Familienstand, dem gegenwärtigen Einkommen usw. gefragt, dann stimmen Erhebungszeitpunkt und der Zeitbezug der Variablenwerte überein. Ein Großteil der Fragen in Interviews zielt darüber hinaus aber auf Ereignisse in der Vergangenheit. Es handelt sich dabei um *Retrospektivfragen* (genauer Kapitel X). Die Frage z. B. «Welche Partei haben Sie bei den letzten Bundeswahlen gewählt?» bezieht sich auf eine Handlung, die mehrere Jahre zurückliegen kann. Viele Fragen zu «harten» sozialdemographischen Fakten (Bildungsabschluss, Jahr der Eheschließung, Berufsbeginn, Beruf und Bildung von Mutter und Vater als Merkmale des Elternhausstatus usw.) sind Retrospektivfragen. Ähnliches gilt für die meisten Fragen nach konkreten Handlungen, sei es die Zahl der Zahnarztbesuche im letzten Jahr oder die Teilnahme an politischen Demonstrationen. Der Zeitpunkt, auf den sich die Messung bezieht, und der Erhebungszeitpunkt fallen bei Retrospektivfragen auseinander. Dann aber müssen Datentyp und der Typ des Erhebungsdesigns nicht mehr notwendigerweise übereinstimmen. Die Verwechslung von Erhebungsdesign und Datentyp kann leicht zu Missverständnissen führen. Es ist aber beispielsweise nicht zutreffend, dass Paneldaten nur mit einem Paneldesign erhoben werden können. Im Prinzip können sämtliche Arten von Längsschnittdaten auch mit Retrospektivfragen in Querschnitterhebungen erfasst werden. Ob das funktioniert, ist in erster Linie ein Problem des Erinnerungsvermögens der befragten Personen.

Betrachten wir als Beispiel eine Studie mit dem Ziel der Untersuchung beruflicher Mobilität. Das Interesse gilt Paneldaten zum Wechsel beruflicher Positionen. Design A ist ein *prospektives Paneldesign* mit drei Wellen in den Jahren 2007, 2008 und 2009. Nach Abschluss der dritten Welle erhält man für jede untersuchte Person den Variablenwert (die Berufsposition) zu den drei Erhebungszeitpunkten. Design B dagegen sieht eine Querschnitterhebung mit Retrospektivfragen im Jahr 2009 vor. Erfragt wird die gegenwärtige Berufsposition sowie die berufliche Position vor einem Jahr und vor zwei Jahren. Beide Erhebungsdesigns liefern im Prinzip die gleichen Informationen, nämlich Paneldaten zur beruflichen Position. Der Vorteil des Paneldesigns ist aber die mutmaßlich höhere Datenqualität. Die Frage zur gegenwärtigen Berufsposition wird nämlich in der Regel zutreffender beantwortet als die Frage nach der beruflichen Stellung in der Vergangenheit. Bei einer Zeitspanne von zwei Jahren und dem einprägsamen Merkmal Berufsposition wird der Qualitätsvorteil nur gering sein. Wie aber verhält es sich bei Fragen nach dem monatlichen Einkommen oder gar «subjektiven» Merkmalen wie Einstellungen und Befindlichkeiten? Es ist schon schwierig genug, mit Umfragen das gegenwärtige Monatseinkommen zu erheben. Das Monatseinkommen vor z. B. zehn Jahren mit einer Retrospektivfrage erfassen zu wollen ist aber ein mehr als kühnes Unternehmen!

Ein typisches Beispiel der Erhebung von Paneldaten mit einem Querschnittdesign sind Wählerwanderungsstudien in der Praxis der politischen Wahlforschung. In sogenannten Exit-Polls wird eine Stichprobe von Wählerinnen und Wählern in ausgewählten Stimmbezirken nach Verlassen des Wahllokals befragt. Ermittelt wird a) die aktuelle Stimmabgabe und b) mit einer «Recallfrage» die Stimmabgabe bei der letztmaligen Wahl, die in der Regel vier Jahre zurückliegt. Kann das aktuelle Wahlverhalten noch relativ präzise erfasst werden, so sind die Antworten auf die Recallfrage mit notorischen Unsicherheiten behaftet (siehe Kapitel X). Das Resultat sind Paneldaten, die für jede Person über das vergangene und gegenwärtige Wahlverhalten informieren. Die Daten können in einer Wählerwanderungsmatrix angeordnet werden. Die Matrix entspricht formal genau einer Mobilitätstabelle, wie sie in der soziologischen Mobilitätsforschung gebräuchlich ist. (Anstelle der Parteien sind die Zeilen und Spalten einer Mobilitätstabelle entsprechend die Sozialschichten oder Berufspositionen der Elterngeneration und der Kindergeneration.) Der Wählerwanderungsmatrix kann dann jeweils der Zustrom, der Abstrom und der Stammwähleranteil für die einzelnen Parteien entnommen werden. Damit erhält man ein recht aufschlussreiches Bild der Wählerdynamik. Äußerst kritisch ist aber die Messfehlerproblematik der Recallfrage.

Wir haben bisher von Querschnitt- und Paneldaten gesprochen. Je nach Definition sind noch eine Reihe weiterer Datentypen nach dem Zeitbezug der Messwerte unterscheidbar. Die hauptsächlichen Datentypen nach dem Kriterium des Zeitbezugs sind:

1. Querschnittdaten,
2. Zeitreihendaten,
3. Paneldaten,
4. Verlaufs- oder Ereignisdaten.

Um *Querschnittdaten* handelt es sich, wenn sich die Variablenwerte der Untersuchungseinheiten auf einen Zeitpunkt beziehen. Dabei werden normalerweise die Werte einer oder in der Regel mehrerer Variablen bei einer größeren Anzahl N von Untersuchungseinheiten erhoben.

Zeitreihendaten sind eine Sequenz von Werten einer Variablen bei einer Untersuchungseinheit zu T verschiedenen Zeitpunkten. Aggregierte Trenddaten wie die Armutsquoten in Tabelle VII.1 bilden eine Zeitreihe. Die Untersuchungseinheit ist hier die (alte) Bundesrepublik Deutschland bzw. deren Bevölkerung. Die Fallzahl ist N = 1. Für diese eine Untersuchungseinheit liegen sechs Messwerte (T = 6) der Variablen Armutsquote in Jahresintervallen vor. Zeitreihendaten sind in allen sozialwissenschaftlichen Disziplinen, insbesondere in der Ökonomie, von erheblicher Bedeutung. Beispiele sind die Arbeitslosenquoten 1950 bis 2005 in Jahresintervallen (T = 46), die jährlichen Ehescheidungsziffern, die Kriminalitätsraten, die Werte des Aktienindex eines Jahres in Intervallen von Börsentagen, die Import- und Exportziffern, die Entwicklung des Bruttoinlandsprodukts usf. Insbesondere sind Trend- oder Entwicklungshypothesen (Kapitel IV) an Zeitreihendaten überprüfbar.

Um *Paneldaten* handelt es sich, wenn für jede von N Untersuchungseinheiten die Werte einer Variablen zu mindestens zwei Zeitpunkten (T > 1) vorliegen, wobei das Zeitintervall bei allen Untersuchungseinheiten identisch ist. Paneldaten können damit als Zeitreihendaten für mehrere Untersuchungseinheiten aufgefasst werden. Im Gegensatz zu Zeitreihendaten ist die Zahl der Zeitpunkte T meist gering, während die Zahl der Untersuchungseinheiten N relativ groß ist. Im Berner Umweltpanel z. B. (Kapitel VI) ist N ca. 350 und T = 2. Im Sozioökonomischen Panel für die Jahre 1984 bis 1989 ist N ca. 12 000 und T = 6.

Bezeichnet x_{it} den Wert einer Variablen X bei Untersuchungseinheit i zum Zeitpunkt t mit i =1, 2, …, N und t =1, 2, …, T, dann können wir die drei Datentypen genauer definieren:

1. *Querschnittdaten* bezüglich einer Variablen X sind N Messwerte x_{it} mit i = 1, 2, …, N und t = 1.

2. *Zeitreihendaten* sind T Messwerte x_{it} mit i = 1 und t = 1, 2, …, T.

3. *Paneldaten* sind N · T Messwerte x_{it} mit i = 1, 2, …, N und t = 1, 2, …, T, wobei in der Regel N wesentlich größer als T ist.

Wird in einer Untersuchung, wie es meist der Fall ist, nicht nur eine Variable berücksichtigt, dann können die Variablenwerte von M Variablen für die N Untersuchungseinheiten zu den T Zeitpunkten in einem Datenquader (vgl. auch Galtung 1967) angeordnet werden. Nach den Kriterien (a) Zahl der Untersuchungseinheiten, (b) Zahl der Variablen, (c) Zeitbezug ist auf dieser Grundlage eine weitere, systematische Klassifikation von Untersuchungsformen möglich (siehe Abbildung VII.2).

Ein weiterer wichtiger Datentyp sind *Verlaufsdaten* oder (synonym) *Ereignisdaten.* Beispiele sind die Dauer einer Ehe, die Lebensdauer eines Unternehmens, die Zeitspanne bis zu einem Wohnortwechsel, die «Wartezeit» bis zu einem sozialen Aufstieg oder die Dauer der Arbeitslosigkeit. Bei Ereignisdaten handelt es sich jeweils um Zeitintervalle zwischen zwei Ereignissen, z. B. zwischen dem Beginn der Arbeitslosigkeit und der Wiederbeschäftigung. Der Informationsgehalt von Ereignisdaten ist noch höher als derjenige von Paneldaten.

Nehmen wir als Beispiel die Variable Familienstand (x_{it}) mit den Ausprägungen ledig (0), verheiratet (1), geschieden (2) und verwitwet (3). Als Paneldatum mit zwei Zeitpunkten erhalten wir für die Person i z. B. das Wertepaar $x_{i1} = 1$, $x_{i2} = 1$. Die Person ist also zu beiden Zeitpunkten verheiratet: Damit kennen wir aber noch nicht das zwischenzeitliche Geschehen. Es wäre ja gut möglich, dass die Person zum Zeitpunkt 1 verheiratet ist, danach geschieden wird, wieder heiratet und zum Zeitpunkt 2 noch verheiratet ist. Das Paneldatum $\{x_{i1} = 1, x_{i2} = 1\}$ informiert nicht über die Ereignisgeschichte zwischen den beiden Zeitpunkten. Bei Ereignisdaten wird dagegen das Zeitintervall bis zur Ehescheidung und die nachfolgende Zeitspanne bis zur Wiederheirat registriert (Abbildung VII.3).

Zur Erhebung von Ereignisdaten kommen sowohl Querschnitt- als auch Paneldesigns in Frage. Dabei muss in Umfragen die Ereignisgeschichte aber retrospektiv erfasst werden.

In den Sozialwissenschaften spielen Ereignisdaten bei der Analyse

Abbildung VII.2: Datenquader

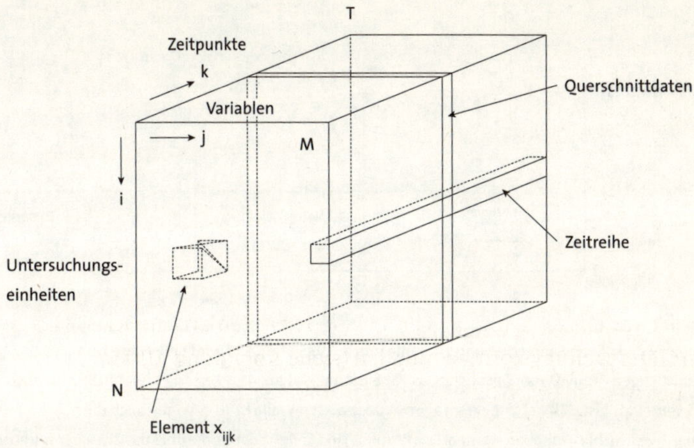

sozialer Prozesse eine wachsende Rolle. Die Dauer der Arbeitslosigkeit, etwa in empirischen Untersuchungen zur Langzeitarbeitslosigkeit, oder die Dauer der Betriebszugehörigkeit in Studien zur Beschäftigungsfluktuation sind Beispiele aus der Ökonomie. Beispiele aus den Politikwissenschaften sind Untersuchungen zur Zugehörigkeitsdauer von Abgeordneten in Parlamenten oder auf der Makroebene die Analyse der Stabilität und des Wechsels politischer Regime. In der Soziologie und der Bevölkerungswissenschaft werden insbesondere in der quantitativen Lebenslaufforschung Ereignisdaten zu zahlreichen Aspekten des Lebenslaufs (Dauer der Ausbildung, Dauer einzelner Familienphasen, Verweildauer in beruflichen Positionen usw.) in retrospektiven Befragungen erhoben.

Häufig sind die Studien als Kohortenuntersuchungen angelegt. Durch den Vergleich der Lebensläufe von z. B. verschiedenen Geburtskohorten (Jahrgängen) erschließt sich erst das Ausmaß sozialen Wandels (zu Anwendungsbeispielen und den Methoden der Ereignisanalyse siehe Mayer 1990; Diekmann und Weick 1993, siehe auch Kapitel XIV). In diesem Zusammenhang ist auch ein spezielles Design, das Kohortendesign, von Bedeutung. Es handelt sich dabei um einen wichtigen Sonderfall der Erhebung von Längsschnittdaten, den wir im folgenden Abschnitt noch kurz betrachten wollen.

Abbildung VII.3: Paneldaten und Ereignisdaten

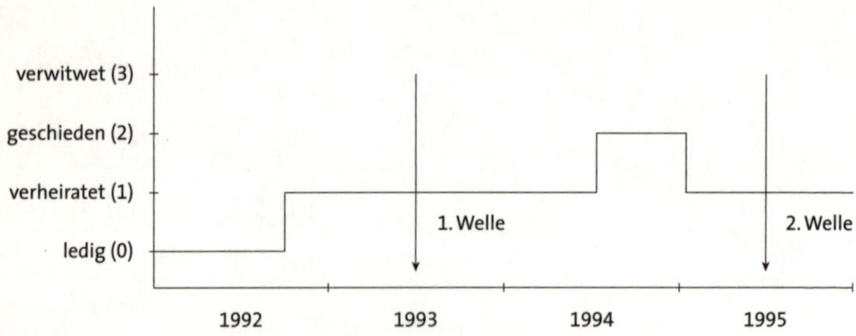

In einer zweiwelligen Panelerhebung zur Jahresmitte 1993 und 1995 wird eine Frage zum gegenwärtigen Familienstand gestellt. Das Paneldatum gibt an, dass Person i sowohl 1993 als auch 1995 verheiratet ist. Mit Retrospektivfragen in der zweiten Welle kann dagegen auch die «Ereignisgeschichte» erhoben werden. Das Resultat sind Ereignisdaten, die über das zwischenzeitliche Geschehen Aufschluss geben. In dem Beispiel wird Person i zur Jahresmitte 1994 geschieden und geht nach sechs Monaten erneut eine Ehe ein.

3. Kohortendesign

Kennern der römischen Geschichte, sei es durch das Studium der Werke von Mommsen oder von Uderzo und Goscinny, ist das Bild einer im Gleichschritt marschierenden Kohorte römischer Soldaten bekannt. Diese Vorstellung einer sich im Gleichschritt vorwärtsbewegenden Bevölkerungsgruppe liegt auch im übertragenen Sinn dem Kohortenkonzept in der Demographie und Soziologie zugrunde.

Eine Kohorte in den Sozialwissenschaften ist eine Bevölkerungsgruppe, die durch ein zeitlich gemeinsames, längerfristig prägendes Startereignis definiert wird. Je nach dem «Startereignis» kann es sich um Alters- oder Geburtskohorten, um Eheschließungskohorten oder um Berufseintrittskohorten handeln, um die geläufigsten Kohortendefinitionen zu erwähnen. Die Zugehörigkeit zu einer Geburtskohorte z. B. wird dabei durch das Geburtsjahr oder eine Zeitspanne festgelegt, in die die

Geburt fällt. Ein Beispiel wäre die Fünf-Jahres-Geburtskohorte 1950 bis 1954.

Die Idee hinter dem Kohortenkonzept ist, dass beispielsweise die Mitglieder einer Geburtskohorte gemeinsamen kulturellen und sozialökonomischen Einflüssen ausgesetzt sind, die sich auch in einem mehr oder minder starken Grad auf den Lebensverlauf auswirken. Soweit dies der Fall ist, spricht man von Kohorteneffekten.

Das Konzept ist eng verwandt mit Karl Mannheims Auffassung von der Bedeutung der Generationen als Träger sozialen Wandels (Mannheim 1928/1929). Geburtskohorten sind nur ‹feiner› definierte Generationen. Sozialer Wandel im Hinblick auf Ausbildungsmuster, Familiengründung, Arbeit und Beruf, Wertvorstellungen bis hin zum politischen Wahlverhalten ist danach an den Kohorteneffekten, an den Unterschieden in den Einstellungen und dem Verhalten verschiedener Kohorten ablesbar. Das Kohortenkonzept ist damit grundlegend auch für die Untersuchung des sozialen Wandels und von Veränderungen in der Sozialstruktur.

Zur Gewinnung von Kohortendaten bedarf es nicht der Erfindung neuer Erhebungsdesigns. Die Daten können mit Querschnitt- oder Paneldesigns erhoben werden. Dabei besteht die Möglichkeit, Kohorten ex ante oder ex post zu berücksichtigen. Ein Ex-ante-Kohortendesign liegt vor, wenn z. B. bestimmte zu vergleichende Geburtskohorten gezielt für eine Befragung ausgewählt werden. Dieses Design wurde in der «Lebensverlaufsstudie» des Berliner Max-Planck-Instituts für Bildungsforschung verwendet (Mayer und Brückner 1989). Hier wurden in einer retrospektiven Querschnittbefragung zahlreiche Angaben zum Lebensverlauf (Bildung, Familie, Beruf usw.) u. a. bei den Mitgliedern der Geburtskohorten 1929–31, 1939–41 und 1949–51 erhoben. Aber auch bei allgemeinen Bevölkerungsbefragungen sind Ex-post-Kohortendesigns bei der Auswertung der Daten konstruierbar. Man kann ja nachträglich die Befragten einzelner Geburtsjahrgänge zu Kohorten zusammenfassen und die so gebildeten Kohorten bezüglich der jeweils interessierenden Merkmale vergleichen. So wurden z. B. verschiedene Kohortenanalysen mit den Daten des Sozioökonomischen Panels durchgeführt.

Kohortenstudien basieren demnach nicht auf einem grundsätzlich neuen Typ von Erhebungsdesign. Da Kohortendaten aber einen Zeitbezug aufweisen und Kohortenstudien eine besondere Rolle in der Sozialforschung zukommt, behandeln wir diese Untersuchungsform zusammen mit der Diskussion von Querschnitt- und Längsschnitterhebungen.

In Kohortenuntersuchungen werden drei typische Effekte unterschieden (Glenn 1976, 2005), die sich sehr gut am Beispiel des Scheidungsrisikos von Eheschließungskohorten illustrieren lassen:

1. Kohorteneffekte,
2. Lebenszykluseffekte[5],
3. Periodeneffekte.

Kohorteneffekte verweisen auf systematische Unterschiede zwischen den Kohorten. So steigt das Scheidungsrisiko seit Mitte der 50er Jahre in der Abfolge der Eheschließungskohorten (Abbildung VII.4a). *Lebenszykluseffekte* sind systematische Zusammenhänge zwischen den interessierenden Merkmalen – hier das Scheidungsrisiko – und der seit dem Startereignis verstrichenen Zeit, d. h. bei Geburtskohorten das Alter, bei Eheschließungskohorten die Ehedauer und bei Berufseintrittskohorten die Berufsjahre. Beziehen sich Kohorteneffekte auf die Kalenderzeit, so handelt es sich bei Lebenszykluseffekten um Abhängigkeiten von der «Prozesszeit» – im Beispiel die Ehedauer. Bei Kohortenstudien werden quasi zwei Uhren verwendet, eine für die Kalenderzeit und eine für die Prozesszeit.

In Abbildung VII.4 b ist das für den Verlauf von Scheidungsrisiken typische sichelförmige Muster erkennbar. Das Scheidungsrisiko ist unmittelbar nach der Hochzeit und nach der silbernen Hochzeit gering. Dazwischen erreicht es ein Maximum (nach ca. 2 bis 5 Jahren, aber nicht im ‹verflixten siebten Jahr›) und fällt dann wieder ab. Dieses typische Muster, der Lebenszykluseffekt, zeigt sich in allen Kohorten, freilich auf unterschiedlichem Niveau.

Schließlich können historisch einmalige Ereignisse, sogenannte *Periodeneffekte* auftreten. Ein starker Periodeneffekt bezüglich des Scheidungsrisikos zeigte sich 1978 in Westdeutschland infolge der Reform der

5 In der Demographie werden Lebenszykluseffekte als Alterseffekte bezeichnet. Klassischer Anwendungsfall ist die Sterbetafel.

Ehescheidungsgesetze (Abbildung VII.4c). Da die Rechtsprechung die Änderung der Gesetzesreform zunächst abgewartet hatte, wurden in diesem Jahr nur wenige Ehen von Scheidungsrichtern getrennt. Der Periodeneffekt macht sich bei allen Kohorten bemerkbar, allerdings bei unterschiedlicher Ehedauer.

Abbildung VII.4: Kohorten-, Lebenszyklus- und Periodeneffekte beim Ehescheidungsrisiko

(a) Das Scheidungsrisiko nach Heiratskohorten

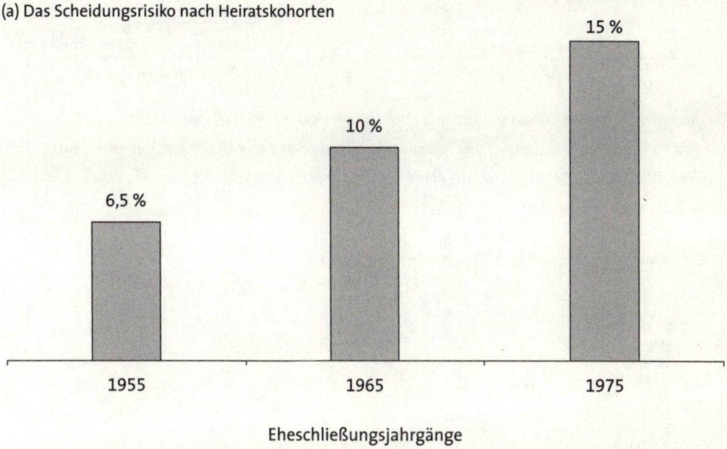

Prozentualer Anteil geschiedener Ehen bis zu einer Ehedauer von 9,5 Jahren.
Quelle: Bundesinstitut für Bevölkerungsforschung (1984)

In der Praxis werden, meist mangels besserer Daten, Lebenszykluseffekte häufig nur anhand von Querschnittdaten geschätzt. Das ist im Prinzip möglich, wenn man annimmt, dass keine Kohorteneffekte vorliegen. Diese Annahme ist aber oftmals nicht erfüllt. Den daraus resultierenden Fehlschluss, den wir gleich an Beispielen diskutieren werden, kann man als «Lebenszyklus-Fehlschluss» bezeichnen. In älteren Studien zur Altersabhängigkeit der Intelligenz hat man die Testwerte mit dem Lebensalter korreliert. Erwartungsgemäß ergab sich eine negative Korrelation. Dieser Lebenszykluseffekt eines Intelligenzabbaus im Alter zeigte sich

(b) Verlaufsmuster des Scheidungsrisikos nach der Ehedauer (Lebenszykluseffekt)

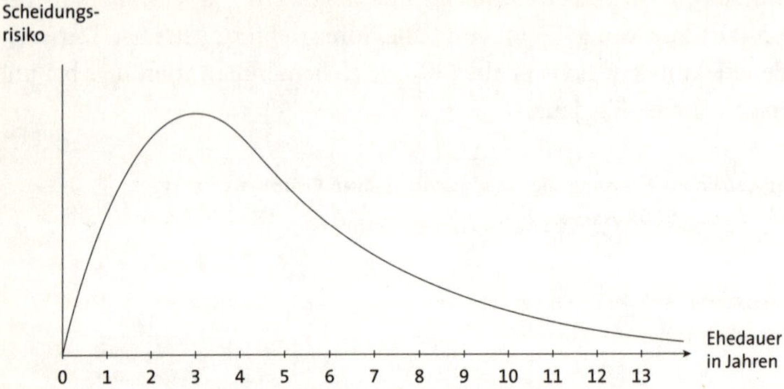

Die Identifizierung von Kohorten-, Lebenszyklus- und Periodeneffekten ist selbst mit Längsschnittdaten (beim Beispiel des Scheidungsrisikos handelt es sich um Ereignisdaten) nicht unproblematisch. Zur Separierung von Kohorten- und Lebenszykluseffekten benötigt man aber auf jeden Fall Längsschnittdaten.

(c) Entwicklung der Scheidungsziffern mit Periodeneffekt 1978-90

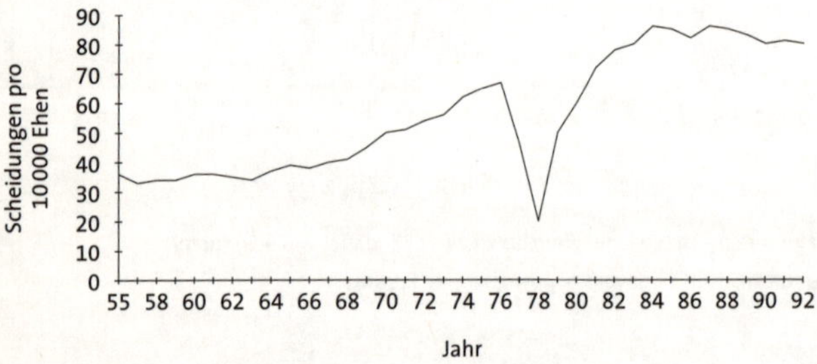

Deutschland, alte Bundesländer. *Quelle:* Statistisches Jahrbuch, div. Jahrgänge

anhand von Querschnittdaten. Ältere Personen weisen geringere Testwerte auf als jüngere Personen. Nun gehören bei einem Bevölkerungsquerschnitt die älteren Probanden logischerweise auch zu den älteren Geburtskohorten. Die Mitglieder dieser Kohorten haben im Durchschnitt eine geringere Schulbildung und damit niedrigere Testwerte. Wie sich später in Längsschnittstudien (genauer: in prospektiven Panelerhebungen) herausstellte, kann bei wesentlichen Dimensionen von einem nennenswerten Intelligenzabbau bis ins höhere Lebensalter nicht die Rede sein (zu diesen Studien siehe Hunt 1991) – ein durchaus beruhigendes Resultat psychologischer Längsschnittforschung. Wenn nun aber die Testintelligenz im Erwachsenenalter unabhängig ist vom Lebensalter, jedoch mit der Schulbildung und demzufolge mit den Geburtskohorten variiert, produzieren die Kohorteneffekte in Querschnittdaten das vermeintliche Muster eines Intelligenzabbaus im Alter (Abbildung VII.5).

Abbildung VII.5: Beispiel für einen Lebenszyklus-Fehlschluss: Der vermeintliche Altersabbau der Intelligenz

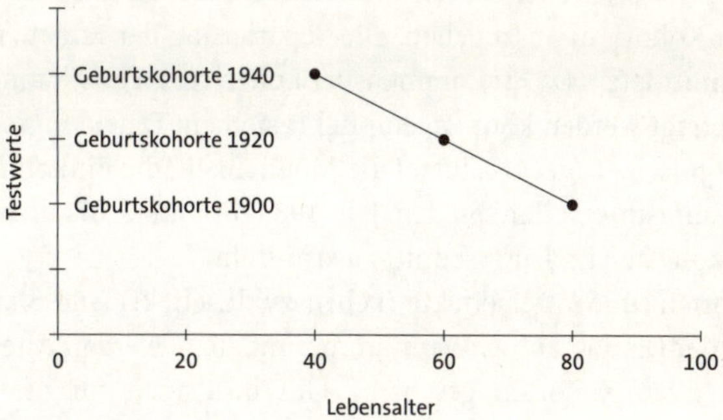

• Messwerte (fiktive Daten)

Wegen unterschiedlicher Schulbildung variieren die Testwerte zwischen den Kohorten. Vergleicht man nun 40-, 60- und 80-jährige Probanden in einer Querschnitterhebung 1980, dann erhält man die oben gekennzeichneten Messwerte. Scheinbar ist damit die Hypothese vom Altersabbau der Intelligenz belegbar. Tatsächlich handelt es sich aber um Kohorteneffekte.

Ein ähnliches Problem, wenn auch nicht in gleicher Schärfe, stellt sich bei der Schätzung von Einkommensprofilen anhand von Querschnittdaten. Als Einkommensprofil wird der Einkommensverlauf in Abhängigkeit vom Alter oder «Berufsalter» bezeichnet. Typischerweise ist das Profil konkav: Das Einkommen steigt zu Beginn der Berufskarriere stärker an, danach wird der Verlauf flacher. In der Sprache der Kohortenanalyse ist das Einkommensprofil ein Lebenszykluseffekt. Selbst wenn man die Profile separat nach Bildungsgruppen, beispielsweise getrennt für Abiturienten und Personen mit Hauptschulabschluss, schätzt, ist zusätzlich mit Kohorteneffekten zu rechnen. Die Schätzung anhand von Querschnittdaten unterstellt nun, dass ein heute 20-jähriger Berufstätiger in zehn Jahren das gleiche Einkommen wie ein heute 30-jähriger Berufstätiger erzielt. Wenn aber aufgrund ungünstiger Arbeitsmarktbedingungen die jüngeren Berufseintrittskohorten bereits zu Beginn der Berufskarriere geringere Einkommen erzielen als die älteren Kohorten, ist diese Annahme nicht erfüllt. Entsprechend verzerrt werden die Schätzungen der Einkommensprofile ausfallen, wenn zwischen den Berufskohorten Unterschiede im Einkommensniveau vorliegen. In diesem Fall ist sowohl von einem Lebenszykluseffekt (konkaves Einkommensprofil) als auch von Kohorteneffekten (Niveauunterschiede des Einkommensprofils nach Kohorten) auszugehen. Die Separierung der Effekte erfordert Längsschnittdaten. Da Einkommensverläufe retrospektiv kaum verlässlich abgefragt werden können, empfiehlt sich ein Paneldesign.[6] Das Sozioökonomische Panel z. B. bietet die Möglichkeit, die Einkommensverläufe in Jahresintervallen seit dem Jahr 1984 für unterschiedliche Berufseintrittskohorten im Längsschnitt zu ermitteln.

Kohorten- und Alterseffekte (Lebenszykluseffekt) sind Standardbegriffe in der Demographie. Wenn immer möglich, werden Alterseffekte getrennt nach Kohorten geschätzt. Gilt dies auch für die zentrale Größe der *Lebenserwartung*? Die Lebenserwartung berechnet man in der Demographie mit der Sterbetafel. Ausgangspunkt in der Theorie ist die Kohortensterbetafel mit einer Geburtskohorte von je 100 000 Frauen und Männern, die über einen Zeitraum von 100 Jahren beobachtet werden. Das würde aber bedeuten, dass die Kohortensterbetafel des Geburtsjahrgangs 2005 erst im Jahr 2105 erstellt werden könnte. Der Blick in die Zukunft nützt freilich wenig, wenn schon heute Versicherungsleistungen und Rentenberechnungen zu kalkulieren sind. Abhilfe schafft nun der ‹Trick› mit der Periodensterbetafel. Nehmen wir an, die Sterbetafel wird 2005 konstruiert. Für die Sterblichkeit der Einjährigen kann man dann die Daten der Geburtskohorte 2004, für die

6 Eine Alternative wäre der Rückgriff auf sogenannte prozessproduzierte Daten, z. B. die Lohnstatistiken von Firmen, Steuerstatistiken oder Sozialversicherungsdaten.

Sterblichkeit der Zweijährigen die Geburtskohorte 2003 und entsprechend weiter rückwärtsgehend die Daten der übrigen Kohorten bis zur Geburtskohorte 1905 heranziehen. Die Schätzung der altersabhängigen Sterblichkeit oder Mortalität (der Lebenszykluseffekt) sowie die Schätzung der Lebenserwartung basiert in der Periodensterbetafel auf den Daten einer Zeitspanne von 100 vergangenen Jahren. Gleichzeitig macht die Sterbetafel 2005 eine Prognose der Sterblichkeit und Lebenserwartung für die künftigen 100 Jahre. Gewissermaßen erstreckt sich eine Sterbetafel damit über 200 Jahre! Die Prognosen sind aber nur korrekt, wenn keine Kohorteneffekte vorliegen. Es wird also angenommen, dass die Sterblichkeit der heute Hundertjährigen mit der Sterblichkeit der Hundertjährigen im Jahre 2095 identisch ist. Nun ist aber bekanntlich die Lebenserwartung in der Kohortenabfolge gestiegen. Bei zunehmender Lebenserwartung unterschätzen Periodensterbetafeln die künftige Lebenserwartung. Das hat zur Folge, dass die Prämien von Risikoversicherungen zu hoch und die Rentenberechnungen zu optimistisch kalkuliert werden. Im Versicherungsdeutsch von Rentenversicherungen wird dieser Effekt freundlicherweise als «Sterblichkeitsverlust» deklariert. Damit ist gerade nicht gemeint, dass Klienten der Rentenversicherung leider gestorben sind, sondern dass sie genau umgekehrt länger leben als aufgrund der Sterbetafelprognose erwartet – aus der Sicht der Versicherung ein «Sterblichkeitsverlust». Insgesamt gesehen zeigt sich, dass die Unmöglichkeit der Separierung von Kohorten- und Lebenszykluseffekten in aktuellen Periodensterbetafeln zu erheblichen Prognoseproblemen führt. Statistische Kennziffern wie die Lebenserwartung sind daher auch mit einiger Vorsicht zu interpretieren, wenn man sich einmal die Berechnungsweise genauer vergegenwärtigt.[7]

Neben dem Lebenszyklus-Fehlschluss, wie er sich besonders krass beim vermeintlichen Intelligenzabbau im Alter zeigte, kann auch der umgekehrte Fall des «Kohortenfehlschlusses» auftreten. Die Schätzung mit Querschnittdaten unterstellt hier, dass die betrachteten Merkmale

7 Siehe auch Dinkel (1989) und Mueller (1993) zur Schätzung und Berechnung demographischer Statistiken.

im Lebensverlauf konstant sind und Unterschiede zwischen Altersgruppen nur Kohorteneffekten zuzuschreiben sind. Ist die Annahme verletzt, werden Lebenslaufeffekte fälschlicherweise als Kohorteneffekte interpretiert. So richtet die Postmaterialismushypothese von Inglehart (1977) die Aufmerksamkeit auf Kohorteneffekte. Vermutet wird ein Wertwandel in der Geburtskohortenfolge der Art, dass jüngere Kohorten als Träger des sozialen Wandels stärker postmaterialistischen Werten zuneigen als ältere Kohorten. Finden wir nun bei Querschnittdaten das Muster mit dem Alter abnehmender Postmaterialismuswerte, dann wäre es vorschnell, die Hypothese als bestätigt zu akzeptieren. Es könnte ja auch der Fall sein, dass es sich bei der negativen Korrelation um einen Lebenszykluseffekt handelt. Jüngere Menschen sympathisieren danach stärker mit postmaterialistischen Werten. Werden sie älter, wechseln sie nach und nach in das Lager der «Materialisten». Der Lebenszykluseffekt wird dann fälschlicherweise als Kohorteneffekt interpretiert und die Hypothese irrtümlich bestätigt. Auch dieser mögliche Irrtum ließe sich nur mit Längsschnittdaten aufklären.

In Untersuchungen des Wählerpotenzials von Parteien kann der Irrtum recht folgenreich sein. Das Wählerpotenzial der «Grünen» z. B. konzentrierte sich weit stärker als bei den anderen Parteien auf den Altersbereich von 20 bis 40 Jahren. Handelte es sich primär um einen Kohorteneffekt, dann ließe sich ein stetiger Anstieg des Durchschnittsalters der Wählerinnen und Wähler prognostizieren. Die «Grünen» wären dann gut beraten, stärker mit den «Grauen Panthern» zu kooperieren, sich vermehrt um Rentenversicherungsprobleme zu kümmern und die Errichtung ökologischer Altersheime zu fördern. Handelt es sich aber primär um einen Lebenszykluseffekt, dann würden die heutigen Wähler der Grünen, wenn sie in die Jahre kommen, zu anderen Parteien wechseln und durch Jungwähler ersetzt werden. In diesem Fall bliebe die Altersstruktur des grünen Wählerpotenzials konstant. Auch hier könnte zwischen den alternativen Hypothesen nur anhand von Längsschnittdaten diskriminiert werden.

4. Die Auswahl von Erhebungsdesigns

Die Diskussion von Kohorten- und Lebenszykluseffekten demonstriert, dass zur Prüfung von Hypothesen über Kohorteneffekte oder über Lebenszykluseffekte immer Längsschnittdaten erforderlich sind, sofern nicht von vornherein einer der beiden Effekte ausgeschlossen werden kann. Mit welchem Design die Daten zweckmäßigerweise erhoben werden sollten, ist eine zweite Frage. Einstellungen wie die Zuneigung zu Postmaterialismuswerten können unmöglich mit Retrospektivfragen erhoben werden. Auch bei Einkommensverläufen wäre diese Vorgehensweise ziemlich problematisch, wenn auch nicht ganz unmöglich. Dagegen sind Berufskarrieren oder «Familienverläufe» (Heiratsjahr, Geburt von Kindern, Jahr einer Ehescheidung usw.) retrospektiv gut erfassbar. Die Wahl des Erhebungsdesigns zur Erfassung von Panel- oder Ereignisdaten hängt mithin davon ab, ob die erforderlichen Angaben zuverlässig mit Retrospektivfragen erhoben werden können oder nicht. Im ersteren Fall kann man sich mit weniger aufwendigen Querschnitterhebungen begnügen, im letzteren Fall wird man nicht umhinkommen, sich für prospektive Paneldesigns zu entscheiden.

Bei der Auswahl eines Designs ist zunächst von der zu prüfenden Hypothese auszugehen. So ist die Hypothese, «dass Personen mit höheren Autoritarismuswerten eher Schäferhunde halten», an Querschnittdaten prüfbar. Ein Querschnittdesign wäre in diesem Fall völlig ausreichend. Bei Trendhypothesen über gesellschaftliche Entwicklungen auf der Makroebene werden dagegen Zeitreihendaten benötigt. Wenn nicht bereits veröffentlichte Statistiken zur Prüfung der Hypothese vorliegen – die Veröffentlichungen der Statistischen Ämter z. B. enthalten Zeitreihendaten zu zahlreichen sozialen und ökonomischen Merkmalen –, dann käme ein Trenddesign für eine Primärerhebung in Frage. Hypothesen dagegen, die Aussagen über zeitliche Abläufe auf der individuellen Ebene machen, erfordern die Erhebung von Paneldaten oder Verlaufsdaten. Panel- wie Querschnittdesigns kommen hier in die engere Auswahl. Wie gesagt ist die Entscheidung für das eine oder andere Design bei Umfragen davon abhängig, ob die Werte der unabhängigen und abhängigen Variablen der Hypothese zuverlässig mit Retrospektivfragen ermittelt werden können.

Paneldaten ermöglichen nicht nur Aussagen über Entwicklungen auf der individuellen Ebene. Sie erlauben unter bestimmten Voraussetzungen auch eine genauere Prüfung von Kausalhypothesen. Eine Ausbildungsmaßnahme bei arbeitslosen Jugendlichen könnte ursächlich die Arbeitslosigkeit verringern. Es könnte aber auch sein, dass sich besonders stark motivierte Jugendliche für die Maßnahme entschieden haben, die auch ohne die Ausbildung eine neue Stelle gefunden hätten. Auch der umgekehrte Fall ist denkbar, nämlich dass der tatsächliche Effekt einer Maßnahme übersehen wird. Oft ist eben nicht unterscheidbar, ob ein kausaler Effekt vorliegt oder nur ein «Selektionseffekt». Gemäß der Hypothese der «Reputationsprämie» steigt der Preis, den ein Verkäufer bei einer eBay-Auktion erzielt, mit den positiven Bewertungen (= Reputation). Ist diese nun kausal für den höheren Preis oder ist es einfach nur so, dass Verkäufer mit hoher Reputation über mehr Erfahrung verfügen und deshalb höhere Preise erzielen (Selektionseffekt)? Die Prüfung von Kausalhypothesen mit Paneldaten erfordert, dass sowohl bei der unabhängigen Variablen als auch bei der abhängigen Variablen Varianz zwischen den Panelwellen vorliegt. Bei einer Teilmenge von Personen sollte sich also der Wert der unabhängigen und abhängigen Variablen zwischen mindestens zwei Panelwellen verändert haben. Wird nun beobachtet, dass eine Erhöhung der Reputation zwischen zwei Panelwellen auch mit einer Erhöhung der Preise einhergeht, ist dies ein Beleg für einen Kausaleffekt (Diekmann et al. 2014). Statistische Methoden (z. B. Fixed-Effects-Regressionsmodelle) nutzen diese Eigenschaft von Paneldaten und erlauben die Schätzung der Stärke von Kausaleffekten.[8]

Allgemein gilt, dass zunächst der zur Prüfung einer Hypothese erforderliche Datentyp ermittelt werden muss. In einem zweiten Schritt ist ein geeignetes Erhebungsdesign zu wählen, mit dem die erforderlichen Daten zuverlässig und mit möglichst geringem Aufwand erfasst werden können.

8 Siehe zur Untersuchung von Kausalhypothesen mittels Paneldaten Brüderl 2010, Legewie 2012, Wooldridge 2013, Kapitel 14. Siehe auch Wolf und Best 2010.

VIII. Experimentelle und quasiexperimentelle Designs

Die Entscheidung für ein Querschnitt- oder Längsschnittdesign bezieht sich auf die zeitliche Dimension der Datenerhebung. Bei der Forschungsplanung ist ein weiterer Aspekt zu berücksichtigen, den man mit Kerlinger (1975) als *Varianzkontrolle* bezeichnen kann. Es handelt sich dabei um die Bestimmung von *Vergleichsgruppen* und den Modus der Aufteilung von Untersuchungspersonen auf die Vergleichsgruppen.

Die Bildung von Vergleichsgruppen ist nichts anderes als die Zuweisung von Untersuchungseinheiten zu den Kategorien der unabhängigen Variablen einer zu prüfenden Hypothese. Diese Zuweisung kann *vor* der Erhebung nach dem Prinzip der Zufallsaufteilung oder *nach* der Erhebung der Daten (Ex-post-facto-Design) erfolgen. Mit der Ex-ante-Bestimmung von Vergleichsgruppen wird die Varianz der unabhängigen Variablen als Teil des Untersuchungsplans bereits vor der Datenerhebung kontrolliert. Wenn z. B. mit einem experimentellen Design geplant wird, 50 Personen der Versuchsgruppe X_1 und 30 Personen der Kontrollgruppe X_2 zuzuweisen, dann wird die Varianz der (dichotomen) unabhängigen Variablen X mit den beiden Kategorien X_1 und X_2 explizit im Untersuchungsplan festgelegt und bereits vor der Datenerhebung kontrolliert. Bei einem experimentellen Design werden die Probanden ferner per Zufall auf die Vergleichsgruppen aufgeteilt (Randomisierung). Auf diese Weise werden zusätzlich eventuell verzerrende Einflüsse von Drittvariablen neutralisiert.

Diese Bezeichnungen sind der Sprache experimenteller Untersuchungen entlehnt. Hier erfolgt die Varianzkontrolle mit der Wahl eines spezifischen experimentellen Versuchsdesigns explizit vor der Datenerhebung. In Survey- und Umfragestudien werden dagegen die Vergleichsgruppen nachträglich bei der Datenauswertung gebildet. Ein einfaches Beispiel ist die Konstruktion einer Vier-Felder-Tabelle im Zuge der Datenauswertung. Wie bei einem Experiment werden zwei Gruppen verglichen, wobei aber die Zuweisung von Personen zu den Vergleichsgruppen nicht ex ante geplant ist und die befragten Personen natürlich auch nicht zufällig auf die Gruppen (die Kategorien der unabhängigen Variablen der zu prüfenden Hypothese) aufgeteilt werden. Der Prüfung von Hypothesen anhand von Daten aus Bevölkerungsumfragen oder Surveys, gleich ob Panel- oder Querschnitterhebung, liegt im Allgemeinen ein derartiges Ex-post-facto-Design zugrunde. Der Versuch der Neutralisierung eventuell verzerrender Effekte von Drittvariablen – Stichwort «Scheinkorrelation» – erfolgt bei Ex-post-facto-Designs erst im Nachhinein bei der Datenanalyse. Die fehlende Randomisierung kann aber auch durch statistische Kontrollverfahren der multivariaten Datenanalyse (Kapitel XIV) nur unzureichend und allenfalls näherungsweise kompensiert werden. Sofern realisierbar, ist ein experimentelles Design das ideale Versuchsarrangement zum Test von Kausalhypothesen.

Neben experimentellen und Ex-post-facto-Designs stellen quasiexperimentelle Designs eine Art Zwischentyp dar. Mit quasiexperimentellen Designs werden Vergleichsgruppen zwar explizit und in der Regel im Vorhinein im Rahmen der Untersuchungsplanung festgelegt, jedoch werden die Untersuchungseinheiten den Vergleichsgruppen nicht zufällig zugewiesen. Quasiexperimentelle Designs sind sozusagen Experimente ohne Randomisierung. Unter dem Gesichtspunkt der Varianzkontrolle sind mithin drei Klassen von Designs unterscheidbar:

1. Experimentelle Designs,
2. quasiexperimentelle Designs,
3. Ex-post-facto-Designs.

Campbell und Stanley (1963) haben die verschiedenen Arten von Versuchsplänen systematisiert und ihre Vor- und Nachteile untersucht. Gemäß ihrer Terminologie sind weiterhin noch *vorexperimentelle Designs* zu erwähnen, die wissenschaftlichen Anforderungen an die Methodik der Hypothesenprüfung nicht genügen. Da anhand dieses unzureichenden Designtyps eine Reihe von Fehlerquellen gut erkennbar ist, werden wir zunächst einige Beispiele vorexperimenteller Designs betrachten. Sodann werden in diesem Kapitel primär die Designtypen (1) und (2) erläutert. Wie gesagt, erfolgen bei Ex-post-facto-Designs (3) die Varianzkontrolle, die Auswahl von Vergleichsgruppen und die statistisch-rechnerische Ausblendung verzerrender Störfaktoren erst im Zuge der statistischen Datenanalyse nach der Datenerhebung. Mit den Prinzipien dieser

Verfahren werden wir uns daher erst später im Zusammenhang mit der Datenanalyse (Kapitel XIV) vertraut machen.

1. Vorexperimentelle Designs

Ein Mann sitzt auf einer Bank und klatscht fortwährend in die Hände. Verwundert fragt ihn ein Beobachter des seltsamen Treibens nach dem Grund seines Tuns. Der Mann antwortet: «Ich vertreibe durch das Klatschen Elefanten.» – «Aber es sind doch gar keine Elefanten hier!», äußert der Beobachter. – «Sehen Sie», sagt der Mann, «das kommt daher, weil ich in die Hände klatsche.» Diese Szene mutet absurd an, aber in anderen Zusammenhängen werden zum «Beweis» angeblicher Effekte durchaus Argumente ähnlichen Kalibers angeführt. Analysieren wir zunächst die Logik derartiger Argumentationen in der Sprache experimenteller Versuchspläne.

Üblicherweise wird der experimentelle Stimulus mit «X» und eine Beobachtung («observation»), d. h. die Messung einer abhängigen Variablen, mit «O» bezeichnet.[1] In der obigen Geschichte ist X die Handlung «klatschen» und «O» die Beobachtung der Abwesenheit von Elefanten. Die Sequenz der Symbole von links nach rechts bringt die zeitliche Reihenfolge zum Ausdruck: Unser «Elefantenvertreiber» bezieht seine Weisheit aus dem Design:

XO

ohne Kontroll- oder Vergleichsgruppe. Damit befindet er sich in ‹guter› Gesellschaft, beispielsweise des Automobilclubs ADAC. Sehen wir uns einmal die folgenden Beispiele an[2]:

1 Abweichend von der Regel: «Großbuchstaben für Variablen, Kleinbuchstaben für Ausprägungen (Realisierungen) von Variablen», verwenden wir in diesem Kapitel durchgehend Großbuchstaben. Bei der Darstellung der Designtypen halten wir uns an die von Campbell und Stanley (1963) eingeführte Design-Symbolik.

2 Die Beispiele sind Krämer (1991), «So lügt man mit Statistik», entnommen.

1. Schnelles Autofahren ist nicht gefährlich, glaubt der ADAC, denn die meisten Autounfälle ereignen sich bei moderaten Geschwindigkeiten. Der Nachsatz ist korrekt, aber nicht die Schlussfolgerung. Bei Tempo 200 passieren tatsächlich weniger Unfälle als bei Tempo 50. Wie Krämer (1991: 26) trocken bemerkt: «Bei Tempo 400 wurde meines Wissens bisher noch kein einziger Unfall auf deutschen Autobahnen registriert.» Ist deshalb Tempo 400 weniger gefährlich als Tempo 50?

2. Ein Artikel in einem Reisemagazin rät, sich bei Urlaubsreisen mit dem Auto kurz vor dem Ziel besonders zu konzentrieren. Die Empfehlung basiert auf der Statistik, dass die meisten Unfälle im Umkreis von 30 Kilometern um den Wohnort passieren. Ist dies eine Überraschung, wenn bei mehr als 90 % aller Autofahrten Kurzstrecken unter 30 Kilometern zurückgelegt werden?

3. Rasen deutsche Skifahrer auf Schweizer Pisten, wie der «Spiegel» suggeriert? «Über 50 Prozent der Verunglückten, die im Kantonsspital Chur behandelt werden, kommen aus der Bundesrepublik», heißt es in einem Artikel. Wie groß der Anteil deutscher Skiurlauber ist, wird nicht verraten. Angenommen, der Anteil läge bei 70 % und der Anteil im Spital betrüge 55 %. Dann würden die deutschen Gäste weniger rasen, die Bretter besser beherrschen oder beides. Aber vielleicht liegt der Anteil unter den Skiläufern auch nur bei 30 Prozent? Wie auch immer – aus der relativen Häufigkeit deutscher Gipsbeine allein lässt sich noch keine Schlussfolgerung über die Unfallwahrscheinlichkeit deutscher Wintersportler im Vergleich zu nichtdeutschen Urlaubern ableiten.

Dem Vertreiben von Elefanten durch Klatschen und den drei Beispielen, die nur eine Auswahl darstellen aus unzähligen anderen, ähnlich gelagerten ‹Argumentationen›, ist gemeinsam, dass keine relevante Vergleichsgruppe oder Kontrollgruppe berücksichtigt wurde bzw. die Angaben zur «Versuchs-» und Vergleichsgruppe unvollständig sind. Von einer Zufallsaufteilung wie bei experimentellen Designs ist hier noch gar nicht die Rede. Es fehlt überhaupt jegliche Vergleichsmöglichkeit!

Ob nun die prozentuale Häufigkeit in einer speziellen Merkmalskategorie (Abwesenheit von Elefanten, Unfälle in der Nähe des Zielorts, Unfälle bei Tempo 200, Knochenbrüche deutscher Skisportler) höher ist als 50 %, 90 % oder gar nur 1 % ausmacht, sagt über einen *Effekt* einer Variablen noch überhaupt nichts aus. Nach dem «Spiegel»-Bericht haben die deutschen Winterurlauber im Kantonsspital Chur die absolute Mehrheit. Nehmen wir an, die Liechtensteiner seien nur mit ca. einem Prozent vertreten. Obwohl Liechtenstein ziemlich in der Nähe von Chur liegt, wird der Anteil der Liechtensteiner Skiläufer auf den Bündner Pisten rund um Chur weit unter dem deutschen Kontingent liegen. Mit ‹nur› einem Prozent Anteil an den Spitalbehandlungen könnte theoretisch die Unfallwahrscheinlichkeit Liechtensteiner Skisportler immer noch beispielsweise doppelt so hoch sein wie diejenige der deutschen, die im Spital Chur mehr als jeden zweiten Behandlungsfall stellen. Dies macht das folgende, fiktive Zahlenbeispiel deutlich:

		Deutschland	Liechtenstein	Andere	
Skiunfälle	nein	4950	40	3960	8950
	ja	550	10	440	1000
		5500	50	4440	9950

Im Beobachtungszeitraum werden in dem Skigebiet 9950 Urlauber gezählt. Es ereignen sich 1000 Skiunfälle, davon 550 (55 %) von deutschen Touristen und zehn (1 %) von Liechtensteinern. Zur Schätzung der Unfallwahrscheinlichkeiten müssen wir die Spaltenprozente berechnen. 550 von 5500 Deutschen (10 %) erleiden einen Unfall und zehn von 50 Liechtensteinern (20 %). Die Unfallwahrscheinlichkeit der Liechtensteiner wäre bei diesem Zahlenbeispiel doppelt so hoch wie die der deutschen Touristen. Wie gesagt, handelt es sich um fiktive Zahlen; schließlich wollen wir nicht die Liechtensteiner Skiläufer diskriminieren. Und selbst bei realistischen Zahlen wäre es immer noch ein Ex-post-facto-Design, sodass gegen die Befunde der Einwand von Selektionsfehlern geltend gemacht werden könnte. Vielleicht zieht es ja die Liechtensteiner Risikosportler eher ins benachbarte Graubünden, während sich die deutschen Risiko-Skiläufer vorwiegend auf französischen Pisten tummeln?

Bei einem vorexperimentellen XO-Design werden die Beobachtungen (O) nur für eine Kategorie der unabhängigen Variablen registriert. Im Vergleich zur einfachsten Form einer Ex-post-facto-Analyse mittels Kreuztabelle, die u. a. wegen des Problems der Verzerrung durch Drittvariablen («Scheinkorrelation») auch noch keineswegs der statistischen

Weisheit letzter Schluss ist, gilt Folgendes: Mit einem XO-Design werden nur die Werte in einer *Spalte* einer Kreuztabelle registriert, bei der die unabhängige Variable gemäß üblicher Konvention am Kopf der Tabelle steht. In der Skiunfall-Tabelle wäre bei einem XO-Design z. B. nur die Spalte «Deutschland» bekannt (d. h. die Zahlenwerte 550 Unfälle unter 5500 deutschen Touristen oder die Beobachtung eines Unfallrisikos von 10 %). Das XO-Design informiert dagegen nicht über die entsprechenden Werte der Vergleichsgruppen. Die Ermittlung eines Effekts der Variablen, also die Beantwortung der Frage, ob das Unfallrisiko deutscher Skiläufer höher oder niedriger ist als bei den anderen Gruppen, ist mit einem XO-Design nicht möglich.

Bei den Beispielen (1) bis (3) ist die Situation ähnlich. Hier werden zwar scheinbar Vergleiche suggeriert, jedoch sind die Angaben unvollständig. Wieder bezogen auf eine Kreuztabelle mit der unabhängigen Variablen am Kopf der Tabelle, machen die Beispiele nur Aussagen über jeweils eine Zeile in der Tabelle. Mit der Information z. B., dass 55 % der Behandlungsfälle im Spital Chur deutsche und 45 % andere Urlauber betreffen, kann nur eine *Zeile* der Tabelle ausgefüllt werden. Vergleiche und damit Aussagen über Effekte sind mit diesen Angaben nicht möglich. Auch die Kenntnis der absoluten Zahlen für nur eine Zeile bringt keine Verbesserung.

Machen wir uns das nochmals an einem fiktiven Zahlenbeispiel zum Unfallrisiko in Abhängigkeit von der Geschwindigkeit deutlich. Gehen wir davon aus, dass innerhalb eines bestimmten Beobachtungszeitraums auf deutschen Autobahnen zehnmal mehr Unfälle bei Tempo 100 als bei Tempo 200 registriert werden. In absoluten Zahlen: 100 Unfälle bei Tempo 100, 10 Unfälle bei Tempo 200. Mit diesen Angaben kann nur ein Teil der für ein korrektes Design erforderlichen Tabelleninformation rekonstruiert werden:

		Tempo 100	Tempo 200
Anzahl Fahrten	ohne Unfall	?	?
	mit Unfall	100	10

Natürlich ist das Unfallrisiko bei Tempo 100 nicht zehnmal größer als bei Tempo 200. Das wäre nur der Fall, wenn die Anzahl der Fahrten (genauer der zurückgelegten Kilometer) bei beiden Geschwindigkeiten gleich wäre. Genau dies ist wohl auch der Grund für die ‹optische Täuschung›. Implizit wird so getan, als ob die Bezugsgruppen den gleichen Umfang haben, d. h. die unabhängige Variable gleich verteilt wäre.

Für diese Annahme spricht jedoch rein gar nichts. Im Gegenteil: Geschwindigkeiten sind ebenso wie die meisten anderen Variablen höchst ungleich verteilt. Angenommen, die Unfälle bei Tempo 100 beziehen sich auf eine Million Fahrten bei dieser Geschwindigkeit, die Unfälle bei Tempo 200 auf 10 000 Fahrten. Dann können wir die Fragezeichen der obigen Tabelle durch die entsprechenden Zahlen ersetzen oder – als äquivalente Information – die Spaltensummen eintragen. Wie die einfache Rechnung zeigt, wäre das Unfallrisiko bei Tempo 200 dann nicht zehnmal niedriger, sondern zehnmal höher als bei Tempo 100 (1 : 1000 versus 1 : 10 000), die größere Schwere der Unfälle bei Tempo 200 noch nicht einmal berücksichtigt.[3]

Sowohl das XO-Design als auch das Design falscher Vergleichswerte liefert unvollständige Tabelleninformationen. Im ersteren Fall werden nur die Werte einer Spalte, im letzteren Fall nur die Werte einer Zeile registriert. Beim XO-Design ist die Varianz der unabhängigen Variablen null, beim Design falscher Vergleichswerte ist die Varianz der abhängigen Variablen null.

Bei einer Varianz von null in der unabhängigen oder abhängigen Variablen lassen sich aber grundsätzlich keine Zusammenhangshypothesen überprüfen und keine Effekte abschätzen. Die Devise wissenschaftlicher Forschung ist immer der Vergleich. Ohne Varianz von Variablen gibt es jedoch keine Vergleichsmöglichkeiten![4] Wir haben den Fehler von

3 Rein physikalisch wird bei einer Verdoppelung der Geschwindigkeit vier Mal so viel Energie freigesetzt. Die kinetische Energie wächst mit dem Quadrat der Geschwindigkeit.

4 Was hier am Tabellenschema erläutert wurde, lässt sich auch auf Variablen mit quantitativem Messniveau verallgemeinern. Hat z. B. die abhängige Variable Intervallskalenniveau, dann wird man die *Mittelwerte* nach den Kategorien der unabhängigen Variablen vergleichen. Haben unabhängige und abhängige Variable mindestens Inter-

Null-Varianz-Designs besonders ausführlich behandelt, weil dieser eigentlich triviale Fehler in der Praxis immer wieder auftritt; und zwar nicht nur in Medienveröffentlichungen, sondern auch in sogenannten wissenschaftlichen Untersuchungen. Gar nicht so selten werden nämlich «Befunde» zur Evaluation von Maßnahmen auf der Grundlage eines vorexperimentellen XO-Designs berichtet. Der «Erfolg» von Maßnahmen wird nur für die Programm-Gruppe gemessen, nicht aber bei einer Kontroll- oder Vergleichsgruppe. Derartige Evaluationsbefunde sind praktisch wertlos. Dabei wurde das Vergleichsgruppenproblem schon Anfang des 19. Jahrhunderts in der «Manchester Statistical Society» diskutiert. Wir erinnern uns an die Kritik von Fletcher an der Studie von Kay zum Zusammenhang zwischen Bildungsniveau und Kriminalität (Kapitel III).

Noch ein vorexperimentelles Design soll kurz angesprochen werden. Bei einem Versuchsplan nach dem Muster:

O_1XO_2

ist ein Vergleich immerhin durch die Vorher-nachher-Messung gewährleistet. In der Physik z. B. sind Experimente nach dem OXO-Design durchaus üblich (Zimmermann 2006).[5] In der Medizin, Psychologie und den Sozialwissenschaften reicht dieser Versuchsplan aber in der Regel nicht aus. Der Grund ist, dass zwischen den beiden Beobachtungszeitpunkten *Reifungsprozesse* stattfinden können. So sagt der Volksmund: «Ein Schnupfen dauert eine Woche; nimmt man ein Medikament, ist er schon nach sieben Tagen weg!» O_1 ist die Beobachtung «Schnupfen», X ist das Medikament, und O_2 ist die Beobachtung, dass die Nase nicht mehr trieft.

vallskalenniveau, kann die Produkt-Moment-Korrelation berechnet werden. In allen Fällen gilt, dass Zusammenhangshypothesen nur bei Varianz der unabhängigen und abhängigen Variablen geprüft werden können.

5 Auch in Werbekampagnen wird das OXO-Design mitunter propagandistisch genutzt. In einer Anzeige im Jahre 1970 zur Illustration der Superwaschkraft eines weltweit verkauften Waschmittels ist von links nach rechts zu sehen: ein Berg völlig verschmutzter Wäsche (O_1), sodann das Waschmittel in Aktion (X) und schließlich die blütenweiße Wäsche (O_2). Zum Erstaunen der Firma war die Werbung in Saudi-Arabien ein ausgesprochener Misserfolg, wo von rechts nach links gelesen wird (Haefs 1989).

Liegt in der Sprache von Campbell und Stanley «Reifung» vor, dann kann sich der Schluss von den Beobachtungen auf den Effekt einer Maßnahme X als Fehlschluss erweisen. Mit einem experimentellen oder auch quasiexperimentellen Kontrollgruppendesign sind dagegen Reifungsprozesse identifizierbar.

Da nun bei medizinischen, psychotherapeutischen oder sozialen Maßnahmen häufig mit einer spontanen Gesundung oder generell einer Veränderung zwischen den beiden Beobachtungszeitpunkten – auch ohne Maßnahmen oder experimentellen Stimulus X – zu rechnen ist, gilt das vorexperimentelle OXO-Design als wenig zuverlässig. Denken wir z. B. an eine vorschulische Förderung (X) von Kindern aus sozial schwächeren Milieus. Innerhalb eines Jahres zeigt sich eine Leistungsverbesserung, ablesbar an der Differenz zwischen O_2 und O_1. Mit dem OXO-Design ist nicht entscheidbar, ob die Leistungssteigerung ohnehin stattgefunden hätte oder der vorschulischen Förderung zu verdanken ist.

2. Experimentelle Designs

Von einem experimentellen Versuchsdesign sprechen wir, wenn drei Bedingungen vorliegen:

1. Es werden mindestens zwei experimentelle Gruppen gebildet.
2. Die Versuchspersonen werden den experimentellen Gruppen nach einem Zufallsverfahren zugewiesen (Randomisierung).
3. Die unabhängige Variable wird vom Forscher «manipuliert».

Das Kriterium (3) besagt, dass die Forscherin oder der Forscher einen oder mehrere «experimentelle Stimuli» präsentiert. Im klassischen Fall eines medizinischen oder psychologischen Experiments mit zwei Gruppen wird die Stimulus-Gruppe als Versuchsgruppe («treatment group»), die Vergleichsgruppe als Kontrollgruppe bezeichnet. Der «Stimulus» X ist z. B. ein neues Medikament, während in der Kontrollgruppe ein Placebo verabreicht wird.

Steht X wiederum für den experimentellen Stimulus, O für eine Beobachtung[6] und R für die Randomisierung der experimentellen Gruppen, dann nimmt das klassische Versuchs- und Kontrollgruppen-Design die folgende Form an:

R	X	O	Versuchsgruppe
R		O	Kontrollgruppe

Hier hat der experimentelle Faktor zwei Ausprägungen: Anwesenheit (X) und Abwesenheit eines experimentellen Stimulus. Ist den Probanden nicht bekannt, ob sie in der Kontroll- oder Versuchsgruppe sind, bzw. ist ihnen generell die zu prüfende Hypothese nicht bekannt, so handelt es sich um einen *Blindversuch.* Gilt das Gleiche auch für den Versuchsleiter (in der Regel ein Beauftragter des Forschers), dann spricht man von einem *Doppelblindversuch.* Mit einem Blindversuch sollen Artefakte wie Selbstsuggestion oder Verhaltensänderungen aufgrund der Kenntnis einer Hypothese ausgeschlossen werden. Beim Doppelblindversuch wird zusätzlich versucht, subtile und möglicherweise unbewusste Beeinflussungsmechanismen seitens des Versuchsleiters auszublenden (bzw. über beide Gruppen gleich zu verteilen).

Die Bezeichnung Kontrollgruppe und Versuchsgruppe ist nicht bei allen Experimenten sinnvoll. Prüft man z. B. die Effekte von zwei Unterrichtsmethoden auf die Lernleistungen von Schülern, ist jede Gruppe gleichermaßen Kontroll- und Versuchsgruppe. Die beiden Unterrichtsmethoden sind dann zwei verschiedene «experimentelle Stimuli» X_1 und X_2. Generell kann es sich natürlich auch um mehr als zwei Versuchsgruppen handeln, die den «treatments» X_1, X_2, …, X_m unterzogen werden. Die Versuchsgruppen korrespondieren dann mit den Kategorien X_1, X_2, …, X_m eines experimentellen Faktors X (z. B. die Art der Unterrichtsmethodik), dessen Effekte auf eine oder mehrere abhängige Variablen (z. B. die Lernleistung) untersucht werden sollen.

R	X_1	O_1	Versuchsgruppe 1
R	X_2	O_2	Versuchsgruppe 2
	⋮	⋮	
R	X_m	O_m	Versuchsgruppe m

6 Damit ist nicht nur die Beobachtung im wörtlichen Sinn gemeint. Unter «Beobach-

Unterschiede in den gemessenen Werten der Versuchsgruppen $O_1, O_2, \ldots, O_m$, die über der Schwelle der Zufallsvarianz liegen, sind dann auf die Wirkungen der experimentellen Stimuli $X_1, X_2, \ldots, X_m$ zurückzuführen.

Der Hauptvorteil des experimentellen Designs ist die Zufallsaufteilung der Probanden auf die Versuchsgruppen. Mit dem ‹Trick› der Randomisierung wird der Einfluss sämtlicher, auch unbekannter Drittvariablen neutralisiert. Von Zufallsfehlern abgesehen, weisen die Drittvariablen in den Versuchsgruppen die gleiche Verteilung auf. Technisch gesprochen sind die Drittvariablen infolge der Randomisierung mit dem experimentellen Faktor unkorreliert. Somit kann auch nicht das Problem der Scheinkorrelation auftreten. Unterschiede zwischen den Beobachtungen $O_1, O_2, \ldots, O_m$ sind dann nur noch, von Zufallsvariationen abgesehen, auf die kausalen Einflüsse der zeitlich vorhergehenden experimentellen Stimuli zurückzuführen.

Betrachten wir als Beispiel die Untersuchung eines möglichen Effekts eines Berufsfortbildungsprogramms auf die Beschäftigungschancen von Arbeitslosen. In der Evaluationsstudie werden zunächst ohne Randomisierung die Teilnehmer des Programms mit einer Gruppe von Arbeitslosen verglichen, die keinen Qualifizierungskurs besucht haben. Bei beiden Gruppen wird sodann der Anteil der wiederbeschäftigten Arbeitnehmer erhoben (O_1 und O_2). Das Design hat also die Form:

X O_1 Versuchsgruppe (Berufsfortbildungskurs)
O_2 Kontrollgruppe

Tatsächlich zeigt sich nun eine höhere Wiederbeschäftigungschance für die Kursteilnehmer. Ist damit der Erfolg des Programms nachgewiesen? Sicher nicht, denn bei sozialen und therapeutischen Programmen treten häufig Verzerrungen durch das Problem der Selbstselektion auf. So könnte es der Fall sein, dass nur motivierte und besser qualifizierte Arbeitslose an dem Kurs teilnehmen, die auch ohne Fortbildungsmaßnahme günstige Beschäftigungsaussichten hätten. Nicht das Programm, sondern der unbekannte Drittfaktor Z produziert dann den scheinbaren Programmeffekt nach dem Muster einer Scheinkorrelation:

tung» ist hier z. B. eine Reaktion auf eine Frage, auf Testaufgaben oder allgemein die Messung der abhängigen Variablen zu verstehen.

X

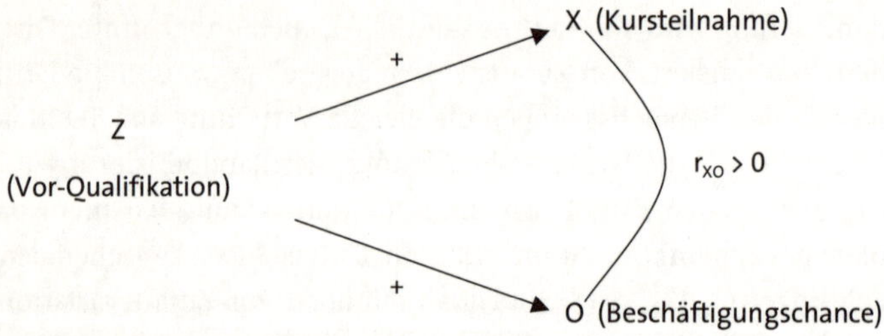

Z ist sowohl mit X als auch mit O korreliert. Die Korrelation zwischen X und O ist nicht kausal, sondern wird durch den «unbekannten» Faktor Z hervorgerufen. Auch der umgekehrte Fall kommt vor. Wenn nämlich qualifiziertere Arbeitslose auf eigene Faust einen Job suchen und die weniger qualifizierten Förderungsmaßnahmen wahrnehmen, wird bei naiver Analyse der Daten ein tatsächlicher Erfolg der Förderung übersehen oder zumindest unterschätzt. Man spricht auch von einer Verzerrung oder einem «Bias» durch Selbstselektion. Statistische Methoden zur Korrektur verzerrter Ergebnisse aufgrund der Fehlerquelle «Selbstselektion» haben für die Evaluationsforschung große Bedeutung. Immerhin wurde ein Pionier auf dem Gebiet der Entwicklung statistischer Methoden zur Korrektur von Selektionsfehlern, James Heckman, mit dem Ökonomie-Nobelpreis ausgezeichnet.

Besser noch als eine nachträgliche statistische Korrektur ist aber die vorhergehende Zufallsaufteilung – sofern diese möglich ist. Bei Randomisierung können nämlich Selektionsverzerrungen nicht auftreten. Deshalb sind, wenn praktisch und ethisch vertretbar, Designs des folgenden Typs vorzuziehen:

R | X O_1 Versuchsgruppe (Berufsfortbildungskurs)
R | O_2 Kontrollgruppe

Nehmen wir an, die Zahl der Plätze des Programms ist aus Kapazitätsgründen zunächst auf 50 begrenzt. Für den Kurs melden sich aber 80 arbeitslose Personen an. Die 50 Plätze werden ausgelost. Wir erhalten damit eine Versuchsgruppe von 50 und eine Kontrollgruppe von 30 Personen, wobei die Zuweisung zu den Gruppen per Zufall erfolgte. Die Korrelation von Z (und anderen Drittvariablen) mit X ist nunmehr durch die Randomisierung ausgeschlossen. Sowohl in der Versuchs- als auch in der Kontrollgruppe befinden sich vergleichbare Personen mit im Durchschnitt gleichen Z-Werten. Eine Verbesserung der Beschäftigungschance in der Teilnehmergruppe kann jetzt mit größerer Gewissheit dem kausalen Einfluss des Programms zugeschrieben werden. Größere Gewissheit bedeutet aber noch nicht Sicherheit. Bei dem Beispiel-Experiment könnten folgende Fehlerquellen zu falschen Schlüssen bezüglich der Wirksamkeit des Programms verleiten:

1. Mit dem Faktor X ist eine Variable Y konfundiert, die auch durch Randomisierung nicht neutralisiert werden konnte. So kann es der Fall sein, dass nicht die erhöhte Qualifikation durch die Kursteilnahme (X) kausal relevant ist, sondern die mit dem Programm verbundene Regelmäßigkeit des Tagesablaufs, die einer Entmutigung (Y) durch Arbeitslosigkeit entgegenwirkt.

2. Sofern den Teilnehmern in der Versuchsgruppe bewusst ist, dass das Programm auch Gegenstand wissenschaftlicher Forschung ist, könnte allein die Tatsache wissenschaftlicher Aufmerksamkeit zu Einstellungs- und Verhaltensänderungen führen. Dieser Effekt wurde erstmals in einer Untersuchung über die Veränderung von Arbeitsbedingungen in den Hawthorne-Werken der Western Electric Company Ende der 20er Jahre entdeckt. Man spricht daher vom *Hawthorne-Effekt* oder generell von der (eventuellen Verzerrung durch) *Reaktivität.*

3. In dem spezifischen Evaluationsexperiment könnte die Randomisierung paradoxerweise sogar einen verzerrenden Einfluss ausüben. Die Probanden in der Kontrollgruppe sind ja die Verlierer eines Wettbewerbs und könnten sich entmutigt fühlen, was wiederum die aktive Arbeitssuche und damit die Beschäftigungschancen vermindert.

4. Insbesondere bei geringen Fallzahlen kann auch einmal die Zufallsaufteilung missglücken. Es ist ja nicht ausgeschlossen, dass Personen

mit einer relevanten Merkmalsausprägung zufällig häufiger der Versuchs- als der Kontrollgruppe zugewiesen werden.

Das Problem (1) wird in sorgfältig kontrollierten Laborexperimenten weniger gravierend sein als in unserem Beispiel. Dennoch ist ein Stimulus X immer eine Stimuluskonfiguration mit mehreren Eigenschaften. Welches Einzelmerkmal kausal relevant ist, kann nur durch weitere Experimente geklärt werden; in unserem Beispiel etwa durch den Vergleich von Kursen mit Freizeitangeboten versus berufsqualifizierende Programme.

Eine Möglichkeit, dem Hawthorne-Effekt (2) zu begegnen, sind Blind- oder Doppelblindversuche. Nichtreaktiv wären auch Feldexperimente in natürlichen Situationen, bei denen den «Versuchspersonen» gar nicht bewusst ist, dass sie an einem wissenschaftlichen Experiment teilnehmen. Mit dem Problem der Reaktivität und der Möglichkeit nichtreaktiver Messungen werden wir uns noch genauer in Kapitel XIII befassen.

Eine Verzerrung durch die Randomisierung (3) ist in wissenschaftlichen Experimenten wohl eher die Ausnahme. Bei der Zufallsaufteilung auf die experimentellen Gruppen tritt normalerweise kein Verlierer-Gewinner-Problem auf. Bei der Evaluation sozialer Programme ist auch nur selten eine Randomisierung möglich. Deshalb behilft man sich in der Evaluationsforschung meist mit quasiexperimentellen Designs (dazu der folgende Abschnitt). Bei knappem Platzangebot für soziale oder therapeutische Maßnahmen wird in der Praxis häufiger die Rationierung durch Wartelisten als das Losverfahren angewendet. Dies ermöglicht ein typisches Design. Man vergleicht die Personen auf der Warteliste (= Kontrollgruppe) mit den Personen der Maßnahmegruppe (= Versuchsgruppe). Zwar handelt es sich nicht um eine strikte Zufallsaufteilung. Das gravierende Problem der Selbstselektion wird dadurch aber ausgeschlossen.

Problem (4) kann durch eine Kombination von Randomisierung und *Matching* gemildert werden. Nehmen wir an, zu einem Experiment melden sich 20 Teilnehmerinnen und Teilnehmer, zwölf Männer und acht Frauen. Das Geschlecht könnte eine relevante Drittvariable sein, die mit der abhängigen Variablen korreliert ist. Wir nummerieren alle Personen von 1 bis 20, schreiben die Zahlen auf 20 Zettel, werfen die Zettel in einen Zylinderhut und mischen gut durch. Sodann werden zehn Nummern gezogen und die Personen mit diesen Nummern der Versuchsgruppe zugeordnet. Die restlichen zehn Personen bilden die Kontrollgruppe. Es ist dann wenig wahrscheinlich, dass in beiden Gruppen jeweils exakt sechs Männer und vier Frauen vertreten sind. Wir können jedoch die weiblichen und männlichen Versuchspersonen separat randomisieren, d. h., die zwölf Männer und die acht Frauen werden sozusagen mit der Hilfe von zwei Zylinderhüten verlost. Wird dafür Sorge getragen, dass die Verteilung bekannter Drittvariablen in den Versuchsgruppen gleich ist, spricht man von *Gruppenmatching*.

Paarweises Matching liegt vor, wenn auch Kombinationen von Merkmalen (z. B. Altersklasse, Geschlecht, Bildung) berücksichtigt werden. Jede Person mit einer spezifischen Merkmalskombination (z. B. Mann, 25–30 Jahre, Abitur) in der Versuchsgruppe hat dann genau einen «Zwillingspartner» in der Kontrollgruppe. Im Allgemeinen ist Randomisierung besser als Matching ohne Randomisierung. Eine empfehlenswerte Strategie ist aber die Kombination von Randomisierung und Matching (vgl. Zimmermann 1972).

Neben dem Standarddesign werden eine Reihe weiterer experimenteller Designs vorgeschlagen, mit denen zusätzliche Fehlerquellen kontrollierbar sind (Campbell und Stanley 1963; vgl. auch Zimmermann 2006; Spector 1981). Dazu zählen die Vorher-nachher-Messung bei der Versuchs- und Kontrollgruppe und der Vier-Gruppen-Versuchsplan von Solomon:

R	O_1	X	O_2	Vorher-nachher-Messung bei Versuchsgruppe
R	O_3		O_4	und Kontrollgruppe

R	O_1	X	O_2	
R	O_3		O_4	Solomons Vier-Gruppen-Design
R		X	O_5	
R			O_6	

Mit der Vorher-nachher-Messung werden gegenüber dem Standarddesign zusätzlich noch die Ausgangsniveaus 01 und 03 kontrolliert. Allerdings könnte es der Fall sein, dass die Vorher-Messung die Nachher-Messung beeinflusst, z. B. aufgrund von Lerneffekten in Tests. Mit Solomons Vier-Gruppen-Versuchsplan ist bei entsprechend erhöhtem Aufwand die weitere Möglichkeit gegeben, Effekte des Messinstruments zu isolieren: Außerdem wird der vermutete Einfluss der experimentellen Variablen X strenger und mehrfach geprüft. Bei einem positiven kausalen Einfluss von X ist zu erwarten: $O_2 > O_1$, $O_2 > O_4$, $O_5 > O_6$ und $O_5 > O_3$ (Campbell und Stanley 1963).

Mit experimentellen Designs kann auch die simultane Wirkung von zwei und mehr Experimentalvariablen erforscht werden. Ein Beispiel wäre die Untersuchung des Effekts von zwei Unterrichtsmethoden (z. B. Frontalunterricht versus Gruppenarbeit) bei drei Größen von Schulklassen (kleine, mittlere und große Klassen). Hieraus resultiert ein 2 x 3-*faktorielles Design* mit sechs Versuchsgruppen. Faktorielle Designs, die wiederum mit dem Standarddesign oder z. B. einem Vorher-nachher-Design kombinierbar sind, ermöglichen auch die Untersuchung der Wechselwirkungen zwischen den «Faktoren». Wenn z. B. der Gruppenunterricht nur in kleinen Klassen günstige Lernergebnisse hervorbringt, läge eine Wechselwirkung oder ein *Interaktionseffekt* vor.

Eine detaillierte Diskussion der Vor- und Nachteile der verschiedenen experimentellen und quasiexperimentellen Designs findet sich in der vielzitierten Arbeit von Campbell und Stanley (1963). Die Autoren unterscheiden zwischen der *internen* und der *externen Validität* von Versuchsplänen. Die interne Validität (nicht zu verwechseln mit der Validität von Messinstrumenten in Kapitel VI) bezieht sich auf die Ausblendung von Störvariablen, während unter externer Validität die Generalisierbarkeit experimenteller Effekte verstanden wird. Campbell und Stanley diskutieren eine Art Checkliste von acht Gefahrenquellen, die die interne Validität, und vier Fehlerquellen, die die externe Validität beeinträchtigen können.

Auf einzelne Fehlerquellen der Beeinträchtigung interner Validität (z. B. Reifung, Selektionsfehler u. a. m.) kommen wir noch in Zusammenhang mit den quasiexperimentellen Designs zu sprechen. An dieser Stelle sei nur vermerkt, dass die drei erwähnten Designs mit Randomisierung (Standarddesign, Vorher-nachher-Design, Solomon-Vier-Gruppen-Design) bei sorgfältiger Anwendung sämtlichen von Campbell und Stanley erwähnten acht Fehlerquellen, die eine Bedrohung der internen Validität darstellen können, Rechnung tragen. Die Kontrolle von Störfaktoren ist eben die wesentliche Leistung experimenteller Versuchspläne mit einer *Zufallsaufteilung* (nicht Zufallsstichprobe!) der Probanden auf die Versuchsgruppen.

Die externe Validität wird mit experimentellen Designs aber nicht unbedingt garantiert. Insbesondere Laborexperimente haben zwar den Vorzug, dass Störfaktoren weitgehend kontrollierbar sind; gleichzeitig stellt sich aber die Frage, ob die gewonnenen Ergebnisse auf das soziale Leben außerhalb des Labors übertragbar sind. Hinzu kommt ein weiterer Punkt. Aus praktischen Gründen sind die Teilnehmer der meisten psychologischen und sozialpsychologischen Experimente Studenten, dazu noch vorwiegend Psychologie-Studenten. Die Studienordnungen der Psychologie an vielen Universitäten sehen sogar vor, dass die Studentinnen und Studenten eine gewisse Anzahl von Versuchspersonenstunden nachweisen müssen – außerordentlich praktisch für die experimentalpsychologische Forschung! Studenten ersetzen heute die «mus norwegicus albinus» oder das «guinea pig» (Meerschweinchen) in der Psychologie. Aber ist dies überhaupt ein Einwand? Sind Laborexperimente mit Versuchspersonen aus einer speziellen sozialen Gruppe weniger gültig? Sofern Hypothesen mit allgemeinem Gültigkeitsanspruch geprüft werden, sind die Künstlichkeit der Laborsituation und der Test an speziellen homogenen Stichproben für sich allein genommen noch keine Argumente gegen die Gültigkeit der Ergebnisse. Das Problem ist aber, dass Interaktionseffekte oder Wechselwirkungen übersehen werden können. Tests an studentischen Stichproben z. B. – für die «Künstlichkeit» der Laborsituation gilt Ähnliches – halten eventuell wichtige Einflussfaktoren durchgehend konstant. Würde sich z. B. der vermutete Effekt einer Variablen X nur in Interaktion mit dem Faktor «Bildungsgrad» zeigen, so kann dieser Zusammenhang bei einer homogenen Bildungsgruppe natürlich nicht entdeckt werden.

Auch für das Problem der externen Validität von Experimenten gibt es Lösungsmöglichkeiten. Man kann Versuchspersonen aus unterschiedlichen sozialen Gruppen auswählen, man kann *Feldexperimente* in natürlichen sozialen Situationen arrangieren (dazu Kapitel XIII), und man kann versuchen, die experimentellen Befunde mit anderen Designs und Methoden zu reproduzieren. Sind Effekte auch mit unterschiedlichen Methoden – ganz im Sinne des Prinzips der *Triangulation* – reproduzierbar, dann wächst die Gewissheit, dass es sich nicht um bloße *Artefakte* künstlicher und reaktiver Laborexperimente handelt.

Mit faktoriellen Versuchsplänen ist es ferner im Prinzip möglich, das simultane Zusammenspiel mehrerer Variablen im Experiment zu studieren: Dabei kann der Aufwand aber beträchtlich ansteigen. Bei z. B. drei Faktoren mit je fünf Ausprägungen («Stufen des Faktors») erhielten wir ein 5 x 5 x 5-faktorielles Design mit 125 Versuchsgruppen! Auch aus diesem Grund werden die simultanen Wirkungen mehrerer Variablen meist mit statistisch-ökonometrischen Methoden anhand nichtexperimenteller Daten (ex-post-facto) analysiert. Eine vielversprechende Alternative, die die experimentelle Untersuchung eines komplexen Zusammenspiels mehrerer Faktoren erlaubt, ist allerdings die «Vignettenanalyse». Wo sie einsetzbar ist, verbindet sie die Vorzüge der experimentellen Methode mit der Möglichkeit, die Effekte mehrerer unabhängiger Variablen auf die Bewertung von Situationen zu ermitteln (siehe Kasten VIII.1).

Kasten VIII.1: Vignettenanalyse

Von welchen Merkmalen hängen Gerechtigkeitsstandards ab? Werden Frauen, Ausländer, Minoritäten im Bewusstsein der Bevölkerung bei der Einschätzung einer angemessenen Bezahlung diskriminiert? Von welchen Bedingungen hängt die Gültigkeit sozialer Normen, die Höhe von Sanktionen, die Strafzumessung bei Delikten nach den Vorstellungen von Richtern, Rechtsanwälten oder der allgemeinen Bevölkerung ab? Wie wird der Status von Berufen eingeschätzt, und welche Dimensionen (Bildung, Einkommen usw.) bestimmen mit welchem Gewicht das Prestige von Berufen? Welche Merkmale einer Situation oder eines Produkts haben Einfluss auf die Nutzenbewertung? Diesen und vielen weiteren Fragen kann mit der Methode der Vignettenanalyse nachgegangen werden.

Eine Vignette ist eine Situationsbeschreibung, die einer befragten Person z. B. auf einem Kärtchen oder in einer schriftlichen Befragung vorgelegt wird. Von der befragten Person wird eine Einschätzung auf einer Bewertungsskala erbeten. Diese Einschätzung ist die abhängige, zu erklärende Variable. Die Situationsbeschreibungen oder Vignetten können in mehreren Merkmalen (unabhängigen Variablen) variieren. Die Vignetten werden zufällig auf die zu befragenden Personen verteilt, wobei jede

Person mehrere Vignetten zur Einschätzung erhält. Das Ziel des Vignettenexperiments besteht darin, Hypothesen über die Effekte der Vignettenmerkmale auf die Bewertung zu prüfen.

Beck und Opp (2001) erläutern die Methode im Detail anhand einer Untersuchung über die Gültigkeit der Nichtraucher-Norm. Sie fragen sich, unter welchen Bedingungen diese Norm als mehr oder weniger gültig eingeschätzt wird. Sechs Merkmale (Dimensionen) fließen in die Konstruktion der Vignette ein, die die Situation in einem Restaurant beschreibt. Beispielsweise steht auf einer Vignette: «Herr Müller besucht ein Restaurant. Es handelt sich um ein einfaches Restaurant, in dem Rauchen verboten ist. Es gibt niemanden im Restaurant, der raucht ...» usw. (vgl. Beck und Opp 2001: 288). Variiert werden die folgenden sechs Merkmale, wobei die Zahl in Klammern die Anzahl der Ausprägungen einer Dimension bezeichnet. 1. Das Geschlecht des Gastes (2). 2. Der Typ des Restaurants (3). 3. Hinweise, ob Rauchen verboten ist (3). 4. Die Anzahl der Raucher (4). 5. Die Aufenthaltsdauer im Restaurant (2). 6. Ob die in der Vignette beschriebene Person stark oder weniger stark raucht (3). Für den Typ des Restaurants z. B. wurden drei und für die Anzahl der Raucher vier Kategorien vorgesehen (von «Es gibt niemanden, der raucht» bis «Die meisten Anwesenden rauchen»). Insgesamt ist die logisch mögliche Anzahl der Vignetten das Produkt aus den Kategorienzahlen jeder Dimension, hier also: $2 \times 3 \times 3 \times 4 \times 2 \times 3 = 432$. Bewertet wurden die Vignetten auf einer Ratingskala mit sechs Ausprägungen und den verbal bezeichneten Polen «Man darf auf keinen Fall rauchen» bis «Man darf auf jeden Fall rauchen». Jeder Befragte wurde im schriftlichen Fragebogen darum gebeten, zehn Vignetten der Restaurantsituation zu beurteilen. Dabei wurden die Vignetten auf die Befragten per Zufallsauswahl verteilt. Weiterhin werden Merkmale der befragten Person erfasst, von denen vermutet wird, dass sie mit der Bewertung der Vignetten zusammenhängen. So ist zu vermuten, dass die Situation von Rauchern anders beurteilt wird als von Nichtrauchern.

Bei der Auswertung kann man z. B. die Mittelwerte der Bewertung für die einzelnen Kategorien einer Dimension beurteilen. Oder man führt Korrelations- und Regressionsanalysen durch (Beck und Opp 2001; siehe auch Kapitel XIV). In der Studie von Beck und Opp zeigte sich, dass neben einem Rauchverbot die Gültigkeit der Norm besonders davon abhängt, ob bereits andere Personen im Restaurant rauchen. Wieder einmal zeigt sich die «normative Kraft des Faktischen». Soziale Normen werden unterhöhlt, wenn sie sichtbar von anderen übertreten werden.

Würde man die beschriebene Untersuchung mit einem «normalen» Experiment durchführen, brauchte man theoretisch 432 Versuchsgruppen mit z. B. 20 Personen pro Versuchsgruppe. Ein solcher Aufwand ist kaum zu leisten. In der Studie von Beck und Opp wurden dagegen «nur» 366 Studierende der Universität Leipzig befragt. Die Vorteile einer Vignettenanalyse liegen auf der Hand:

1. Die zu befragenden Personen werden den «Versuchsgruppen», d. h. den Vi-

gnetten, per Zufall zugeordnet. Andere verzerrende Faktoren werden dadurch ausgeblendet.

2. Es ist möglich, die Einflussgewichte komplexer Ursachenkonstellationen zu ermitteln.

3. Die Fragen sind weniger direkt, sodass Verzerrungen durch «soziale Wünschbarkeit» (Kapitel X) möglicherweise eine geringere Rolle spielen.

4. Eine Vignettenanalyse ist mit viel geringerem Aufwand durchführbar als ein konventionelles Experiment mit einer großen Anzahl von Versuchsgruppen.

Punkt 3 bedarf noch der Erläuterung. Angenommen, man möchte untersuchen, ob geringere Einkommen von Frauen im Vergleich zu den Einkommen von Männern als angemessen empfunden werden. Wahrscheinlich wird eine direkte Frage mehr oder minder hohe Antwortverzerrungen zur Folge haben. Mit der Vignettenanalyse kann man dagegen den Geschlechtseffekt auf eine eher indirekte Weise abschätzen. Sinnvoll ist es in diesem speziellen Fall auch, die Zufallsauswahl so zu steuern, dass ein und derselbe Befragte nur Vignetten mit einer Situationsbeschreibung für ein Geschlecht erhält. Die Versuchspersonen können dann kaum erraten, dass es in der Untersuchung um den Einfluss des Geschlechts auf die Bewertung angemessener Einkommen geht.

Natürlich ist die Vignettenanalyse kein universell anwendbares Verfahren, das sämtliche Experimente ersetzen kann. Auch die Komplexität der in den Vignetten beschriebenen Situationen erreicht schnell eine Obergrenze. Beck und Opp sprechen von maximal sechs bis acht Dimensionen und ca. 10 bis 20 Vignetten pro Befragtem, wobei in einzelnen Studien auch eine weit größere Anzahl vorgelegt wurde. Über die Gültigkeit solcher methodischer Regeln kann man aber auch streiten, wie die Autoren ausführen, da hierzu keine empirischen Untersuchungen vorliegen. Weiterhin machen sie darauf aufmerksam, dass es nicht immer sinnvoll ist, alle logisch möglichen Kombinationen vorzusehen. In einer Berufprestigestudie macht es wenig Sinn, z. B. eine Vignette mit der Kombination «Studienrat» und «Hauptschule als höchster Bildungsabschluss» zu berücksichtigen. Situationen, die empirisch nicht vorkommen können, wird man in einer Befragung nicht verwenden.

Die Vignettenanalyse wurde in der Dissertation von Peter H. Rossi – einer Anregung von Paul F. Lazarsfeld folgend – bereits 1951 vorgestellt (Beck und Opp 2001: 284; Rossi 1979). Sie hat, von Ausnahmen abgesehen, als Forschungsmethode relativ wenig Beachtung gefunden. Erst seit einigen Jahren wird von der Vignettenanalyse wieder vermehrt Gebrauch gemacht (z. B. Auspurg und Hinz 2015; Jasso und Opp 1997; Raub und Buskens 2006).

Der Hauptgrund für die Dominanz nichtexperimenteller Designs in den Sozialwissenschaften wie Ökonomie, Politikwissenschaften und Soziologie ist aber natürlich der Umstand, dass zur Prüfung vieler sozialer Zusammenhänge eine Randomisierung praktisch gar nicht möglich ist. Man kann nicht Schüler per Random auf ein Gymnasium oder eine Gesamtschule schicken, um die Vor- und Nachteile einzelner Schulformen zu untersuchen. Eine Notenbank kann wohl kaum die Zinspolitik für randomisierte Versuchs- und Kontrollgruppen von Unternehmen variieren, um Hypothesen über Zinseffekte auf das Investitionsverhalten zu testen. Dennoch besteht in der Grundlagenforschung der Sozialwissenschaften ein größerer Spielraum für experimentelle Studien. Hier wurde das Potenzial experimenteller Designs, das Psychologie und Sozialpsychologie reichlich nutzen, eher unterschätzt.

Fassen wir die wichtigsten Vor- und Nachteile experimenteller Designs in Stichworten zusammen. Vorteile sind:

1. Der experimentelle Stimulus wird im Experiment «produziert» und geht der vermuteten Wirkung zeitlich voraus.

2. Durch die Randomisierung werden verzerrende Effekte durch Drittvariablen neutralisiert.

Aufgrund von (1) und (2) sind experimentelle Versuchspläne ideale Designs zum Test von Kausalhypothesen.[7] Experimentelle Designs werfen aber auch einige Probleme auf:

1. Das Problem der externen Validität der geprüften Zusammenhänge.

2. Das Problem der Reaktivität.

3. Der hohe Aufwand bei der simultanen Prüfung komplexer Zusammenhänge.

4. Bei der Untersuchung vieler sozialer Zusammenhänge ist die Randomisierung aus praktischen oder ethischen Gründen nicht möglich.

Prozesse der Evolution sozialer Ordnung, von Konflikt und Kooperation, sozialer Schichtung und Hierarchien, alles Grundfragen der Soziologie, sind durchaus auch im Experiment erforschbar. Seit einiger Zeit hat ein neuer Zweig der Ökonomie, die experimentelle Wirtschaftsfor-

7 Ein weiterer Vorteil ist die leichte Reproduzierbarkeit im Vergleich zu Surveystudien. Behauptete Effekte müssen reproduzierbar sein. Um dies zu prüfen, können und sollten Experimente unter kontrollierten Bedingungen wiederholt werden.

schung, erheblichen Auftrieb erhalten. Die Dynamik der Preisbildung auf Märkten, das Angebotsverhalten auf Auktionen, Koalitionen und Kartelle oder die Beitragsleistung zur Produktion kollektiver Güter sind nur einige Beispiele, mit denen sich die junge Disziplin befasst.[8]

3. *Ein Beispiel*: von der Verantwortungsdiffusion zur experimentellen Spieltheorie

Vor einigen Jahrzehnten hat der Mord an einer jungen Frau in New York für großes Aufsehen gesorgt. 38 Zeugen haben diesen Mord von ihrer Wohnung aus beobachtet, wie nachträgliche Rekonstruktionen ergaben. Keiner der Zeugen, von denen jeder einzelne bemerken konnte, dass weitere Beobachter zugegen waren, hat Hilfe geleistet oder auch nur zum Telefonhörer gegriffen, um die Polizei zu benachrichtigen. Ähnliche Vorkommnisse haben sich immer wieder ereignet, so in München im Olympiapark, wo zwei Kinder in Gegenwart mehrerer Zuschauer in einem See ertrunken sind. Oder in Frankreich am Mont-Saint-Michel, wo eine Mutter – ebenfalls in Gegenwart zahlreicher Zeugen – beim Versuch, ihr Kind vor dem Ertrinken zu retten, ums Leben kam. Die Anonymität städtischer Lebensformen, Persönlichkeitsmerkmale usf. wurden zur Erklärung herangezogen. Diese Faktoren dürften durchaus eine Rolle spielen. Von Interesse ist aber auch ein zusätzlich wirksamer Mechanismus, auf den Darley und Latané (1968) verweisen. Ihr Diffusion-von-Verantwortung-Prinzip besagt, dass jeder der Zeugen von einem anderen Beobachter erwartet, dass er die Mühe der Hilfeleistung auf sich nimmt. Denken alle Beobachter in dieser Weise, resultiert hieraus der paradoxe Effekt (d. h. ein Effekt, der letztlich auch den Absichten der Zuschauer zuwiderläuft), dass die Hilfeleistung unterbleibt. Das Prinzip der Verantwor-

8 Die Kollektivgutproblematik und das Kooperationsproblem bilden einen gemeinsamen Nenner zahlreicher experimenteller Studien in der Ökonomie, Sozialpsychologie und Soziologie sowie in den Politikwissenschaften.

tungsdiffusion kann folgendermaßen als Je-desto-Hypothese formuliert werden: «Je größer die Zahl der Zuschauer (n) in einer Hilfeleistungssituation, desto geringer ist die (individuelle) Wahrscheinlichkeit (p), dass eine *bestimmte* Person Hilfe leistet.» (Die Wahrscheinlichkeit, *dass irgendeine* Person Hilfe leistet, muss aber nicht notwendigerweise durch Verantwortungsdiffusion mit der Gruppengröße absinken. Der Grund ist, dass die größere Zahl potenzieller Hilfeleistender die sinkende individuelle Bereitschaft kompensieren kann.)

Wie kann die sozialpsychologisch und soziologisch interessante Hypothese, die ja explizit auf den sozialen Kontext und die gegenseitigen Handlungserwartungen verweist, überprüft werden? Die Prüfung ist wohl kaum möglich mit Umfragen zur Hilfeleistung, sei es auf der Basis eines Querschnitt- oder Längsschnittdesigns.

Darley und Latané (1968) haben sich ein Experiment einfallen lassen, in dem eine Hilfeleistungssituation simuliert wurde. Den Versuchspersonen an dem Experiment wurde vorgespiegelt, sie nähmen an einer Diskussion über das College-Leben teil. Jede Person wurde in einen Raum gebeten, in dem sie sich über ein Mikrophon mit den (vorgetäuschten) anderen Gruppenmitgliedern unterhalten konnte. Je nach Versuchsbedingung wurde eine Zwei-Personen-, Drei-Personen- oder Sechs-Personen-Gruppe suggeriert. Die Probanden wurden den drei Gruppen per Random zugewiesen. Nach einem vorgetäuschten epileptischen Anfall eines ‹Gruppenmitglieds› wurde die Reaktion der Versuchspersonen in einem Zeitraum von sechs Minuten aufgezeichnet. Als Hilfeleistung wurde gewertet, wenn die Versuchsperson den Raum verließ, um den Versuchsleiter auf die vermeintliche Notsituation des ‹Opfers› aufmerksam zu machen.

Darley und Latané wählten demnach ein Design mit drei Versuchsgruppen und Nachher-Messung:

R | X_1 O_1
R | X_2 O_2
R | X_3 O_3

Wie anhand von Tabelle VIII.1 erkennbar, wurde die Hypothese eindrucksvoll bestätigt. Ferner zeigte sich, dass Persönlichkeitsmerkmale (Apathie, Entfremdung, Anomie) kaum verhaltensrelevant waren.

Das bekannte Experiment zur Hilfeleistung ist nicht nur per se von Interesse, sondern zeigt auch, dass Hypothesen über die Effekte sozialer Interaktionen im Experiment überprüfbar sind. Das ist für Sozialpsychologen nicht neu. In der Soziologie und Ökonomie stellen dagegen experimentelle Designs eher die Ausnahme dar, obwohl zur Prüfung von Hypothesen auch hier bei einiger Phantasie experimentelle Designs in Frage kommen können.

Tabelle VIII.1: Gruppengrösse und Hilfe-Wahrscheinlichkeit im Darley-und-Latané-Experiment

Gruppengröße n	Fallzahl N	Hilfeleistungsreaktionen in %	Durchschnittliche Zeit in Sek. bis zur Reaktion
1 (Versuchsperson und «Opfer»)	13	85	52
2 (Versuchsperson, «Opfer» und andere Person)	26	62	93
5 (Versuchsperson, «Opfer» und 4 andere Personen)	13	31	166

Alle Unterschiede sind für $\alpha = .05$ signifikant.

Man kann nun noch einen Schritt weiter gehen und den theoretischen Kern der Verantwortungsdiffusion mit einem spieltheoretischen Modell «abstrakt» (d. h. nur die wesentlichen Aspekte) formalisieren (zur Modellkonstruktion siehe auch Kapitel IV). Dadurch gewinnt man weitere Einsichten in das Problem und erhält zusätzlich weitere Testmöglichkeiten der Hypothese.

Nehmen wir an, dass die Zuschauer nicht völlig gefühlskalt und an einer Hilfeleistung durchaus interessiert sind. Der Wert der Hilfeleistung ist dann für alle n beteiligten Personen ein kollektives Gut mit dem Nutzen U: Anders als beim Umwelt- und Allmende-Problem (Kapitel V) kann das kollektive Gut bereits durch eine Person vollständig hergestellt werden. Mit der Hilfeleistung sind aber Kosten K verbunden, wobei wir annehmen, dass diese geringer als U sind (U > K > 0). ‹Trittbrettfahrer› warten nun darauf, dass andere, kooperative Personen die Kosten der Hilfeleistung auf sich nehmen. Ist dies der Fall, dann erzielen sie eine Auszahlung U, während die kooperativen Personen nur U-K erhalten. Verlassen sich aber alle beteiligten Zuschauer darauf, dass mindestens eine andere Person kooperativ sein wird, dann tritt das schlechteste Ergebnis ein, dass die Hilfeleistung (allgemein die Herstellung des Kollektivguts) unterbleibt. In einer Entscheidungsmatrix der Spieltheorie dargestellt, ergibt sich folgende Situation:

		Andere Akteure wählen C: 0	1	2	…	n-1
Akteur i	C	U-K	U-K	U-K		U-K
	D	0	U	U		U

Dieses ‹Spiel› – in einer Hilfeleistungssituation tödlicher Ernst (aber es gibt auch weniger dramatische Anwendungen, dazu weiter unten) – wird als «Freiwilligendilemma» (Volunteer's Dilemma, Diekmann 1985) bezeichnet. Ein Akteur i aus einer Menge von n Akteuren kann zwischen C (Kooperation) und D («Defektion», Trittbrettfahren) wählen. Bei der Entscheidung für C erhält er immer die Auszahlung U-K (die Sicherheitsstrategie), bei der Wahl von D dagegen U, sofern mindestens ein anderer Akteur C wählt. Andernfalls gehen sämtliche Akteure leer aus (Auszahlung 0). Mit den Methoden der mathematischen Spieltheorie kann sodann die sogenannte Nash-Gleichgewichtslösung abgeleitet werden. Ist p die Wahrscheinlichkeit der Kooperation, erhält man die folgende, einfache Formel (Diekmann 1985):

$$p = 1 - \sqrt[n-1]{\frac{K}{U}}$$

Die Wahrscheinlichkeit der Kooperation steigt mit dem Wert des Kollektivguts U, sinkt mit den Kosten K und – wie von der Hypothese der Verantwortungsdiffusion behauptet – mit der Gruppengröße n. Damit kann die intuitiv formulierte Hypothese der Verantwortungsdiffusion spieltheoretisch untermauert und tiefer begründet werden. Mehr noch: In spieltheoretischen Experimenten können nun die unabhängigen Variablen n, U und K systematisch variiert werden. Damit ist es möglich, die Hypothese der Verantwortungsdiffusion (Effekt von n) sowie die Effekte von K und U auf die Kooperationswahrscheinlichkeit p zu untersuchen.

Ein einfaches Experiment kann man leicht selbst arrangieren. In Gruppen von z. B. zwei, drei oder fünf Personen kann jede Person unabhängig voneinander die Alternative A oder B wählen. Der entsprechende Buchstabe wird auf einen Zettel geschrieben. Für A erhält eine Person sicher 50 Punkte, für B 100 Punkte, sofern mindestens eine Person in der Gruppe «A» wählt. Andernfalls erhalten alle B-Wähler null Punkte (U = 100, K = 50). Man wird feststellen, dass in größeren Gruppen häufiger B gewählt wird. Kontrollierte Experimente zeigen, dass der Effekt der Diffusion von Verantwortung in spieltheoretischen Experimenten reproduzierbar ist und fast ausnahmslos bestätigt werden kann (z. B. Diekmann 1993; Murninghan, Kim und Metzger 1993).

Ein Vorzug des abstrakten Modells ist aber nicht nur, dass neue und recht einfache Experimente zur Prüfung der Hypothese arrangiert werden können. Die Hypothese ist auch verallgemeinerbar. Wir haben bereits schon allgemein von «Kollektivgut» und «Kooperation» gesprochen. Der Ausgangspunkt von Darley und Latané, nämlich Hilfeleistungssituationen, können im Rahmen des allgemeineren Modells als spezielle Anwendungen aufgefasst werden. Hier einige weitere Beispiele sozialer Situationen vom Typ Volunteer's Dilemma:

• Wenn eine Person eine Normverletzung begeht, z. B. eine Zigarette im Nichtraucherabteil anzündet, ist häufiger zu beobachten, dass eine Sanktion unterbleibt. Selbst wenn alle durch das Rauchen belästigten Personen an einer Sanktionierung interessiert sind (U), ist dies meist mit Kosten (K) verbunden. Wartet nun jeder darauf, dass eine andere am «Kollektivgut» interessierte Person die Kosten trägt, bleibt der Normverletzer unbehelligt (Sanktionsdilemma).

- Bei Wahrnehmungsaufgaben kann es vorkommen, dass Personen in einer Gruppe weniger konzentriert sind, als wenn sie eine Aufgabe allein bearbeiten. Dieses Problem ist wichtig bei Überwachungstätigkeiten zur Fehlerkontrolle. Übernehmen zwei Fluglotsen die gleiche Überwachungsaufgabe, dann ist es gut möglich, dass sie insgesamt nachlässiger sind als bei individueller Verantwortlichkeit (Erev et al. 1994).
- Mehrere Firmen stehen vor der Entscheidung, in Forschungsanstrengungen zu investieren (K) oder aber darauf zu warten, dass eine andere Firma die Innovation entwickelt. Diese kann dann von den einzelnen Unternehmen imitiert werden (U). Folgen alle Firmen dieser Logik, werden die Forschungsinvestitionen nicht getätigt (Eger, Kraft und Weise 1992).

Soziale Situationen dieser Art sind so häufig, dass sie in einigen Kulturen sprichwörtlich sind oder dafür sogar ein eigenes Wort existiert. In einer Untersuchung zum «Volunteer's Dilemma» erwähnt Rapoport (1988), dass in Yagan, einer der Sprachen der Eingeborenen von Feuerland, das Wort «mamihlapinatapai» bedeutet: «Jeder erwartet von jemand anderem, dass dieser etwas tut, was alle wünschen, aber keiner bereit ist zu tun.»

In der experimentellen Spieltheorie werden soziale «Interaktionsstrukturen» zunächst abstrakt analysiert. Das hat den Vorteil großer Allgemeinheit und der Konzentration auf die wesentlichen Aspekte einer Situation. Hypothesen zum tatsächlichen Entscheidungsverhalten können dann auf einfache Weise – sozusagen in reiner Form – im Experiment untersucht werden. Bei korrekter Durchführung garantieren die Experimente ein Höchstmaß an interner Validität. Ob dann aber die Ergebnisse auf reale soziale Situationen verallgemeinert werden können, ist in der Terminologie von Campbell und Stanley (1963) ein Problem der externen Validität. Hier werden Laborexperimente nicht weiterhelfen. Eine Möglichkeit der externen Validierung sind Feldexperimente in realen sozialen Situationen (Kapitel XIII). Auch hier gilt, dass das Vertrauen in wissenschaftliche Befunde wächst, wenn diese mit unterschiedlichen Untersuchungsmethoden repliziert werden können.

4. Quasi-Experimente und Evaluationsforschung

Quasi-Experimente kann man definieren als Versuchsanordnungen, die dem Vorbild des Experiments nahekommen und der experimentellen Logik folgen, jedoch nicht die strengen Anforderungen an experimentelle Designs erfüllen. Vor allem ist bei den meisten quasiexperimentellen Designs das zentrale Kriterium der Randomisierung verletzt. Man könnte demnach sagen: Quasi-Experimente sind in der Hauptsache Experimente ohne Randomisierung.[9] Bei der Untersuchung von Effekten rechtlicher, wirtschaftlicher oder sozialer Maßnahmen (Evaluation von Maßnahmen) ist eine Zufallsaufteilung von Untersuchungspersonen auf die einzelnen Versuchsgruppen oftmals nicht möglich. Um dennoch die Wirkungen von Maßnahmen abschätzen zu können, versucht man mit quasiexperimentellen Designs das Ideal eines Experiments möglichst gut anzunähern. Aufgrund der fehlenden Randomisierung gibt es aber keine Garantie, dass eventuelle Drittvariableneffekte neutralisiert werden. Dies kann man wohl als das zentrale Problem quasiexperimenteller sowie natürlich auch von Ex-post-factum-Designs bezeichnen. Wir diskutieren im Folgenden anhand von Beispielen zwei weithin gebräuchliche quasiexperimentelle Designs: «Versuchsanordnungen mit nicht gleichartiger Kontrollgruppe» (Schwarz 1970) und Zeitreihen-Experimente.

Ersteres Design entspricht einem Experiment mit Vorher-nachher-Messung bei der Versuchs- und Kontrollgruppe, nur eben dass keine Zufallsaufteilung erfolgt:

O_1 X O_2 Maßnahmegruppe

O_3 O_4 Kontrollgruppe

9 Diese Kennzeichnung trifft nicht ganz die Typologie von Campbell und Stanley (1963). Die Autoren diskutieren zehn Typen von Quasi-Experimenten. Zwei Typen sehen eine vollständige Randomisierung vor, wobei sich aber die Stichproben in der Vor- und Nachuntersuchung unterscheiden. Bei einem Typ ist die Randomisierung unvollständig. Bei den sieben hauptsächlich gebräuchlichen Arten quasiexperimenteller Designs erfolgt keine Randomisierung.

Im Unterschied zum korrespondierenden experimentellen Design ist hier die Vorher-Messung wesentlich. Bei einer Randomisierung dürften sich O_1 und O_3 bis auf Zufallsfehler im Mittel nicht unterscheiden. Ohne Randomisierung können aber sehr wohl Unterschiede auftreten. Durch die Vorher-nachher-Messung können zumindest die Veränderungen in beiden Gruppen verglichen werden. Mit dem Vergleich zwischen der Maßnahme- und Kontrollgruppe werden weiterhin insbesondere *Reifungseffekte* und mögliche Störeinflüsse durch das *zwischenzeitliche Geschehen* kontrolliert; beides Fehlerquellen, die die interne Validität gefährden. Diese Fehlerquellen können im Falle eines Vergleichsgruppen-Designs die Interpretation der Resultate nicht verzerren, da sich die beiden Störgrößen (normalerweise) gleichmäßig auf die Maßnahme- und die Kontrollgruppe auswirken.[10]

Betrachten wir als Beispiel den Einfluss eines schulischen Förderprogramms auf die Leistungen von Schulkindern. Es wird festgestellt, dass der Leistungszuwachs $O_2 - O_1$ in der Versuchsgruppe erheblich größer ist als der Zuwachs $O_4 - O_3$ (durch Reifung oder andere zwischenzeitliche Einflüsse) in der Kontrollgruppe. Wäre dieser Befund dann ein sicherer Nachweis für die Wirksamkeit des Förderunterrichts?

Der Befund wäre zwar zunächst ein Beleg der Hypothese, doch sicher ist der Nachweis des vermuteten Kausalzusammenhangs keineswegs. Insbesondere treten zwei Probleme auf, die beide zu Verzerrungseffekten durch Drittvariablen führen können:

1. Nichtvergleichbarkeit der Gruppen, z. B. infolge von Selbstselektion,
2. systematischer Ausfall von Probanden.

Beide Probleme treten sehr häufig in Evaluationsstudien auf. So könnte es der Fall sein, dass sich zum Förderunterricht nur besonders motivierte Schüler anmelden (Selbstselektion) und leistungsschwächere Schüler den Förderunterricht eher abbrechen (systematischer Ausfall).

10 Unterscheiden sich aber Kontroll- und Maßnahmegruppe wegen fehlender Randomisierung in relevanten Merkmalen und existieren z. B. Interaktionseffekte der Reifung mit diesen Merkmalen, dann können dennoch Verzerrungen infolge von Reifung auftreten.

Beide Faktoren zusammen verzerren O_2 nach «oben»; der Leistungszuwachs wird fälschlicherweise der Maßnahme X zugeschrieben (vgl. auch Kasten VIII.2).

Kasten VIII.2: Starb John Wayne durch Atomtests?

«Bei Schauspielern und dem Aufnahmeteam, die an dem 1955 gedrehten Film ‹Der Eroberer› (The Conquerer) mitgewirkt haben, ist eine ungewöhnliche Häufung von Krebserkrankungen aufgetreten. Dies ergaben die Recherchen der amerikanischen Zeitschrift ‹People›. Die Dreharbeiten fanden im Südwesten des US-Staates Utah statt, ein Jahr nachdem in der benachbarten Wüste von Nevada elf amerikanische Atomtests stattgefunden hatten.

Nach einem kürzlich veröffentlichten Beitrag des Blattes waren bei den Dreharbeiten 220 Personen vor und hinter der Kamera beteiligt. Von 150 Beteiligten konnte die Krankengeschichte rekonstruiert werden. Insgesamt erkrankten 91 Filmleute an Krebs. Darunter sind die beiden Hauptdarsteller John Wayne und Susan Hayward sowie der Regisseur des Streifens, Richard Powell. Wayne war an Lungen-, Magen- und Kehlkopfkrebs erkrankt und starb im Juni dieses Jahres. Susan Hayward, die wegen Haut-, Brust- und Gebärmutterkrebs behandelt wurde, starb vor fünf Jahren, Regisseur Powell 1963 an Lymphkrebs.

Angesichts dieser Zahlen schließt der von der Zeitschrift befragte Direktor der Radiologischen Abteilung der Universitätsklinik von Utah, Robert Pendleton, einen Zusammenhang zwischen den Nuklearversuchen und der Krebshäufung nicht aus. Rein statistisch hätten höchstens 30 Personen von den 150 erfassten an Krebs erkranken dürfen.» (Aus dem Wiener «Kurier», 5. 11. 1980) Ist die in dem Artikel suggerierte Schlussfolgerung korrekt? Genau genommen basieren die Befunde auf einem vorexperimentellen Design des Typs:

$$\begin{array}{ll} X & O_1 \\ & O_2 \end{array}$$

Gehen wir bei einer ‹freundlichen» Interpretation der Zahlen davon aus, dass die 220 Personen des Filmteams vor dem Atomtest X nicht häufiger an Krebs litten als in einer gleichaltrigen Stichprobe der Normalbevölkerung. Nehmen wir weiterhin an, dass die statistische Erwartung eines Krebsrisikos von 20 % (30 von 150) so ausgelegt werden kann, dass eine 1955 beobachtete, gleichaltrige Stichprobe der Normalbevölkerung im Beobachtungszeitraum der Studie 20 % Krebserkrankungen aufweist. Mit diesen hypothetischen Annahmen erhielten wir ein quasiexperimentelles Design vom Typ:

$$\begin{array}{lll} O_1 & X & O_2 \\ O_3 & & O_4 \end{array}$$

In der Gruppe der Filmleute beträgt das Krebsrisiko 61 % (91 von 150), in der

Durchschnittsbevölkerung 20 %; zweifellos ein auf den ersten Blick beachtlicher Effekt.

Nun ist aber zu berücksichtigen, wenn wir den angegebenen Zahlen trauen dürfen, dass bei 70 der 220 Filmleute keine Krankengeschichte rekonstruiert werden konnte. Damit stellt sich das Problem eines eventuell systematischen Ausfalls von Personen. Wird davon ausgegangen, dass im Extremfall alle Krebserkrankungen mit Sicherheit bekannt wurden, dann reduzierte sich das geschätzte Krebsrisiko auf 41 % (91 von 220). Das ist immer noch doppelt so hoch wie in der Durchschnittsbevölkerung. Wie steht es aber mit der Vergleichsgruppe? Möglicherweise ist die Drittvariable «Rauchen» mit der Zugehörigkeit zur Berufsgruppe der Filmleute hoch korreliert. Auch John Wayne, bürgerlich Marion Michael Morrison, war bekanntlich alles andere als ein Nichtraucher. Bei der Durchschnittsbevölkerung handelt es sich mithin um eine nichtäquivalente Kontrollgruppe. Weitaus informativer wäre ein Vergleich mit dem Krebsrisiko von Filmschaffenden, die sich nicht in der Nähe eines Atomtestgeländes aufgehalten haben. Vielleicht ist das Krebsrisiko hier ja auch mindestens doppelt so hoch wie in der Durchschnittsbevölkerung. Es soll nicht grundsätzlich ausgeschlossen werden, dass der behauptete Zusammenhang zutrifft. Die angegebenen Befunde sind dafür aber nur ein höchst unzureichender Beleg.

Zwei Therapiemöglichkeiten mit freilich begrenzter Wirkung bieten sich an:

1. Gruppenmatching oder besser paarweises Matching.
2. Nachträgliche Kontrolle von Drittvariablen mit multivariaten statistischen Verfahren.

Beim paarweisen Matching könnten z. B. die Merkmale vorherige Leistungsmessung, Geschlecht und Sozialstatus des Elternhauses berücksichtigt werden. Jedem Schulkind in der Maßnahmegruppe wird dann bezüglich der drei Kriterien ein «Zwilling» in der Kontrollgruppe zugeordnet. Die Logik ist, dass alle beim Matching explizit erfassten Merkmale in beiden Gruppen «konstant» gehalten und damit bezüglich eventueller Verzerrungseffekte neutralisiert werden. Die Logik multivariater statistischer Verfahren (dazu genauer Kapitel XIV) ist ähnlich, nur werden ausgewählte Drittvariablen («Kontrollvariablen») hierbei nachträglich bei der Datenauswertung rechnerisch «konstant» gehalten. Beide Methoden können auch kombiniert werden.

Als Problem bleibt aber, dass nicht gemessene und nicht explizit beim Matching oder bei der Datenanalyse berücksichtigte Drittvariablen, anders als beim Experiment mit Zufallsaufteilung, das Ausmaß des Effekts von X verzerren können. Erfolgt das Matching in unserem Beispiel nach Leistung, Geschlecht und Sozialstatus, so könnte immer noch in der Maßnahmegruppe die Motivation infolge von Selbstselektion höher sein als in der Kontrollgruppe. Die Motivation wird aber auch positiv mit dem Leistungszuwachs korreliert sein, d. h., die Drittvariable «Motivation» ist sowohl mit X als auch mit O korreliert. Ist die Korrelation entsprechend stark ausgeprägt, könnte sich der «Effekt» von X auf O als Scheinkorrelation erweisen. Besteht ein derartiger Verdacht, so ist zu empfehlen, die Motivation explizit zu messen und beim Matching oder bei der Datenanalyse zu kontrollieren. Wie bereits erwähnt, besteht mitunter auch die Möglichkeit, die Kontrollgruppe aus den Personen der «Wartegruppe» bezüglich einer Maßnahme zu bilden. Eine eventuelle Verzerrung durch Selbstselektion wird auf diese Weise in aller Regel vermieden. Eine weitere Fehlerquelle beim quasiexperimentellen Design mit nichtgleichartiger Kontrollgruppe ist der *Regressionseffekt.* Verzerrungen durch «Regression» sind immer dann wahrscheinlich, wenn sich die Werte der Vorher-Messung in der Versuchs- und Kontrollgruppe (O_1 und O_3) stark unterscheiden.

Der Ausdruck «Regression» rührt von einer Beobachtung Francis Galtons her. Die Kinder großer Eltern sind ebenfalls überdurchschnittlich groß, aber kleiner als die Eltern. Kinder kleiner Eltern haben zwar im Mittel eine unterdurchschnittliche Körpergröße, sind aber größer als die Eltern. Es findet also eine Regression zur Mitte statt. Andernfalls wäre eine Polarisierung der Bevölkerung in Riesen und Zwerge zu beobachten. Diese statistische Tendenz zur Mitte wird als Regressionseffekt bezeichnet.[11]

In der Evaluationsforschung sind Fehlinterpretationen aufgrund des Regressionseffekts nicht selten. Maßnahmen werden nämlich häufig für Extremgruppen oder erst in extremen Situationen realisiert. Steigt die

11 Die Bezeichnung «Regressionsanalyse» in der Statistik (Kapitel XIV) wurde aufgrund dieser Beobachtung von Galton eingeführt. Mit der Regressionsanalyse untersuchte Galton den Zusammenhang zwischen der Körpergröße der Eltern und der Körpergröße der Kinder. Heute werden mit der Regressionsanalyse Zusammenhänge jeglicher Art untersucht und nicht nur Regressionseffekte. Die Bezeichnung Regressionsanalyse ist ziemlich irreführend, ist heute aber nicht mehr wegzudenken.

Kriminalitätsrate, sind gesetzliche Maßnahmen zur Kriminalitätsbekämpfung wahrscheinlicher als bei sinkender Kriminalitätsrate. Eine Abnahme der Kriminalität im Jahr nach der Einführung der Maßnahme hätte möglicherweise ohnehin stattgefunden (Regression zur Mitte), wird aber oftmals fälschlicherweise dem Effekt der Maßnahme zugeschrieben.

Nehmen wir an, dass für eine schulische Fördermaßnahme alle Schüler mit den schlechtesten Noten ausgewählt werden. Vergleichsgruppe sind die Schüler mit den Bestnoten. Dann wird O_2-O_1 positiv sein (Leistungsverbesserung) und O_4-O_3 sogar negativ (Leistungsverschlechterung). Scheinbar hat sich die Fördermaßnahme äußerst positiv ausgewirkt.

Übersehen wird dabei, dass Schüler mit der schlechtesten Note nur gleich schlechte oder bessere Leistungen bei einem wiederholten Test erbringen können. Umgekehrt verhält es sich bei den leistungsstarken Schülern. Ist eine «Fünf» die schlechteste Note, dann werden einige der leistungsschwachen Schüler beim Wiederholungstest (O_2) erneut die Note 5 erzielen, andere Schüler mit hoher Wahrscheinlichkeit aber auch die Noten 4 oder 3. Mit ziemlicher Wahrscheinlichkeit wird der Notendurchschnitt in der Versuchsgruppe günstiger aussehen und in der Kontrollgruppe weniger günstig als bei den Vorher-Messungen O_1 und O_3. Die statistisch zu erwartende Tendenz zur Mitte, der Regressionseffekt, ist für dieses Resultat verantwortlich, nicht aber – oder in geringerem Grad als angenommen – die Fördermaßnahme.

Regressionseffekte können u. a. mit einem Zeitreihen-Design kontrolliert werden. Bei Zeitreihen-Experimenten (unterbrochene Zeitreihen, «interrupted time series») wird der Trend in einer Zeitreihe vor einer Maßnahme X mit dem Trend «nach X» verglichen. Das Design entspricht dem Muster:

$O_1 O_2 O_3 O_4 X O_5 O_6 O_7 O_8$

Im Gegensatz zum vorexperimentellen OXO-Design ermöglichen Zeitreihen längerfristige Trendvergleiche des Vorher-Trends O_1 bis O_4 mit dem Nachher-Trend O_5 bis O_8 (bzw. allgemein O_1 bis O_m mit O_{m+1} bis O_n). Damit sind Regressionseffekte und Reifung identifizierbar, nicht aber unbedingt ein zwischenzeitliches Geschehen. So könnte es der Fall sein, dass andere Faktoren als X z. B. den Nachher-Trend positiv verstärken, was dann irrtümlich als Effekt der Maßnahme ausgelegt wird. Mit multiplen Zeitreihen (dazu weiter unten) kann aber auch der Einfluss der Fehlerquelle des zwischenzeitlichen Geschehens kontrolliert werden.

Ein Musterbeispiel eines realen «Zeitreihen-Experiments» ist der Verlauf der Scheidungsrate (jährliche Ehescheidungen pro 10000 Ehen) in der Bundesrepublik. Mitte der 70er Jahre wurde mit der Reform des Ehescheidungsrechts das Schuldprinzip durch das Zerrüttungsprinzip ersetzt (X). Weil die Familiengerichte noch auf das Inkrafttreten des neuen Rechts gewartet hatten, gab es kurzfristig einen Stau von Ehescheidungen, der dann nach dem neuen Recht abgearbeitet wurde (Kapitel VII, Abbildung VII.4c). Die Gesetzesreform (X) hat den langfristigen Aufwärtstrend der Scheidungsrate aber nur kurzfristig unterbrochen. Die Maßnahmen selbst hatten keinen nennenswerten Einfluss auf die Entwicklung der Scheidungsrate.

Nicht immer ist das Ausmaß des Effekts einer Maßnahme in einem Zeitreihen-Experiment ‹mit bloßem Auge› erkennbar. Das Problem besteht in der Separierung von längerfristigem Trend und eventuellem Maßnahmeeffekt. Abbildung VIII.1 zeigt verschiedene Arten von Zeitreihen, die durch eine Maßnahme X unterbrochen wurden. Im Allgemeinen verwendet man zur Prüfung eines Effekts von X und zur Schätzung der Stärke des Effekts statistische Methoden der Zeitreihenanalyse. Mit diesen Verfahren, z. B. den Modellen der Zeitreihenanalyse von Box und Jenkins (1994; Box und Tiao 1975), können Trend- und Maßnahmeeffekte auch bei einer Überlagerung der Zeitreihe durch Zufallsfluktuationen geschätzt werden.[12] Allerdings werden dafür Zeitreihen mit wesentlich mehr als acht Beobachtungen benötigt.

Als Beispiel eines Zeitreihen-Experiments gehen wir im Folgenden der Frage nach, ob die Erhöhung der Strafandrohung gegenüber Schwarzfahrern in Hamburg mutmaßlich zu einer Abnahme der Häufigkeit des «Schwarzfahrens» in öffentlichen Verkehrsmitteln geführt hat. Wir prü-

12 Zu einer Einführung siehe McDowall et al. (1980). Als Lehrbuch zu Design und Analyse von Zeitreihen-Experimenten sei auf Glass, Willson und Gottman (1975) verwiesen.

fen bzw. evaluieren dabei die Wirksamkeit der Maßnahme «Erhöhung der Strafandrohung» (X). An diesem Beispiel lassen sich recht anschaulich und Schritt für Schritt einige Probleme illustrieren, die bei der Interpretation tatsächlicher oder scheinbarer Maßnahmeeffekte zu lösen sind.

Im März 1978 verdoppelte der Hamburger Verkehrsverbund die Geldbuße («erhöhtes Beförderungsentgelt») für Schwarzfahrer von DM 20.– auf DM 40.–. Im Herbst des gleichen Jahrs wurde der Erfolg der Maßnahme in der Presse verkündet.

Der Erfolgsbotschaft lag ein vorexperimentelles OXO-Design zugrunde. Im vierten Quartal 1977 wurde der Prozentsatz der Fahrgäste ohne Ticket auf 1,12 geschätzt (Vorher-Messung), im März 1978 erfolgte die Maßnahme (X), und im vierten Quartal lag die geschätzte Schwarzfahrerquote in Prozent bei 0,84. Der Rückgang um 0,28 Prozentpunkte entspricht bei 400 Millionen Beförderungen pro Jahr einer Verringerung der Anzahl der Schwarzfahrten um 1,12 Millionen.

Die Schwarzfahrerquote wird vom Hamburger Verkehrsverbund in sogenannten Abgangskontrollen bei einer Stichprobe von Haltepunkten jeweils im vierten Quartal eines Jahrs ermittelt. Bei diesen Abgangskontrollen wird das Kontrollnetz ziemlich engmaschig gespannt. Wie der Autor selbst erfahren durfte, wird dabei (nahezu) jeder Schwarzfahrer erfasst. Da das Verfahren in jedem Jahr nach der gleichen Methode wiederholt wird, sind die Schätzungen über die Jahre hinweg gut vergleichbar.

Wie bereits zu vermuten ist, kann das Ergebnis der Vorher-nachher-Messung nur als äußerst magerer Beleg für den behaupteten Abschreckungseffekt der Strafverschärfung gelten. Vor allem könnte das Bild durch einen Regressionseffekt getrübt worden sein, denn das Jahr vor der Maßnahme wies mit 1,12 % einen Rekordwert der Schwarzfahrerquote auf. Möglicherweise wurde auch, alarmiert durch den Anstieg, daraufhin erst die Maßnahme beschlossen. Hat es sich aber bei dem Anstieg um eine eher zufällige Fluktuation nach oben gehandelt, dann ist eine zufällige Abwärtsfluktuation im folgenden Jahr durchaus wahrscheinlich. Dieser Verdacht wird erhärtet, wenn wir die Schwarzfahrerquoten von 1975 bis 1979 inspizieren (Abbildung VIII.2).[13]

13 Die Daten dieser Zeitreihe sowie die Bremer Vergleichsdaten (dazu weiter unten) wurden mir freundlicherweise 1980 vom Hamburger Verkehrsverbund und von den

ABBILDUNG VIII.1: VERSCHIEDENE ARTEN VON UNTERBROCHENEN ZEITREIHEN

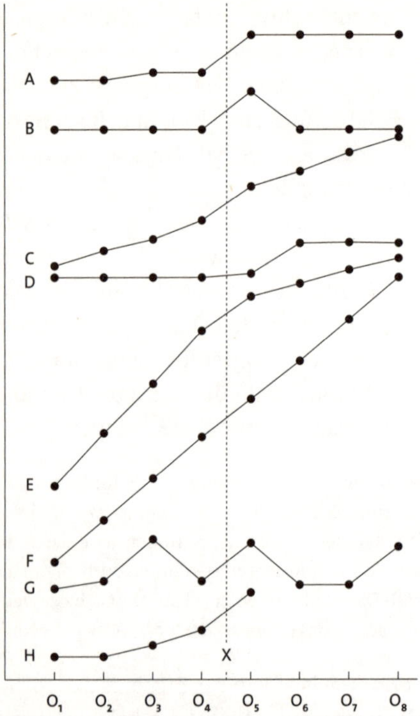

«Außer bei D ist der Anstieg von O4 nach O5 in allen Zeitreihen gleich. Die Möglichkeit, mit Recht auf einen Effekt zu schließen, ist jedoch sehr unterschiedlich. Am ehesten ist das bei A und B möglich, aber bei F, G und H ist es völlig ungerechtfertigt» (nach Campbell und Stanley, übernommen aus Schwarz 1970: 541 f.).

Bremer Verkehrsbetrieben zur Verfügung gestellt. Vom Hamburger Verkehrsverbund wurden mir darüber hinaus die detaillierten Angaben aus den Abgangskontrollen übermittelt. Leider wurden dabei die Namen der U-Bahnhöfe der jährlichen Stichprobe geschwärzt.

Abbildung VIII.2: Zeitreihe der Schwarzfahrerquoten in Hamburg vor und nach Verschärfung der Sanktionsdrohung

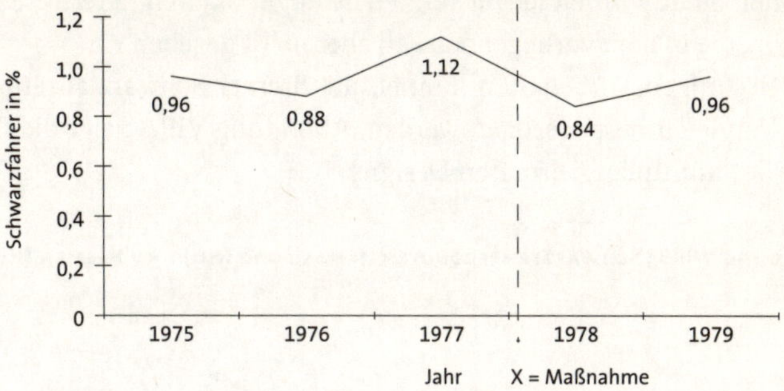

Der angebliche Erfolg der verschärften Strafandrohung sieht wesentlich weniger eindrucksvoll aus. Der Zickzackkurs der Zeitreihe legt eher die Schlussfolgerung nahe, dass die Maßnahme keinen nennenswerten Einfluss auf die Entwicklung der Schwarzfahrerquoten ausgeübt hat. Der Verlauf der Zeitreihe ähnelt dem Zeitreihentyp G in Abbildung VIII.1.[14]

Um ein genaueres Bild der Entwicklung zu erhalten, empfiehlt sich das Design mehrfacher Zeitreihen. Können Beobachtungen für eine Vergleichsgruppe ermittelt werden, so erhält man dadurch eine weitere Kontrollmöglichkeit. Sofern sich zwischenzeitliche Geschehnisse gleichermaßen auf die Versuchs- und Kontrollzeitreihe auswirken, kann dadurch auch dieser eventuellen Fehlerquelle Rechnung getragen werden.[15] In unserem Beispiel erhielten wir damit das Design:

$O_1O_2O_3$ X O_4O_5

$O_6O_7O_8$ O_9O_{10}

14 Bis 1978 war der Verlauf der Zeitreihe auch den Verkehrsbetrieben vor der Pressemitteilung bekannt. Da erscheint es doch etwas voreilig, die Maßnahme mit den Vergleichszahlen 77–78 als Erfolg darzustellen. (Die Werte vor 77 wurden in den Presseartikeln nicht erwähnt.)

15 Außerdem könnten mutmaßliche zwischenzeitliche Einflussgrößen (z. B. Veränderungen im Prozentsatz kontrollierter Fahrgäste = Sanktionswahrscheinlichkeit und Tariferhöhungen) auch direkt erfasst werden.

Nur ist es häufig schwierig, eine einigermaßen geeignete Vergleichsgruppe zu finden. Zwei unabhängig operierende Verkehrsbetriebe in der gleichen Stadt würden ideale Vergleichsmöglichkeiten liefern – eine Situation, die in dem vorliegenden Fall aber nicht gegeben ist.

Mit einigen Vorbehalten können die Bremer Schwarzfahrerquoten zum Vergleich herangezogen werden. Abbildung VIII.3 zeigt die Ergebnisse des multiplen Zeitreihen-Designs.

Abbildung VIII.3 : Schwarzfahrerquoten in Hamburg (HH) und Bremen (HB)

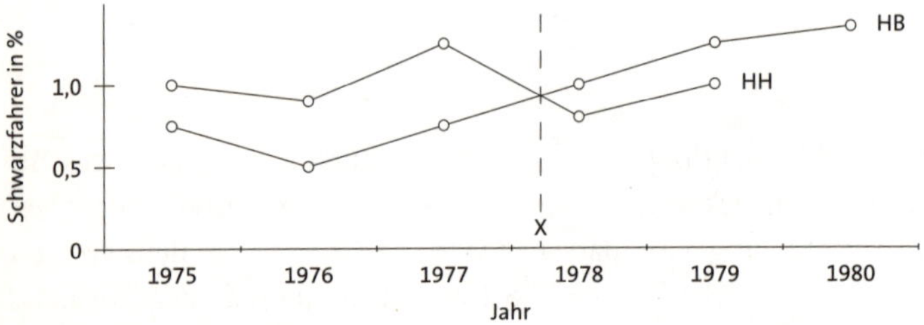

Ab 1976 signalisiert die Bremer Zeitreihe einen kontinuierlichen Aufwärtstrend. Der Vergleich lässt die Hamburger Maßnahme wieder in einem etwas günstigeren Licht erscheinen. Immerhin besteht die Möglichkeit, dass die Sanktionsverschärfung einen seit gleichfalls 1976 einsetzenden Trend nach oben zumindest kurzfristig gestoppt hat. Ob diese Vermutung zutrifft, könnte anhand der weiteren Entwicklung der Hamburger Zeitreihe in den 80er Jahren geprüft werden. Bei erheblichen, eventuell zufälligen Fluktuationen sind fünf Beobachtungen eine noch viel zu schmale Datenbasis. Immerhin lässt sich festhalten, dass die vorliegenden Daten keine konsistenten Belege für einen nachhaltigen Effekt der Sanktionserhöhung liefern.

Man stelle sich weiterhin vor, der Hamburger Verkehrsverbund hätte in der Pressemitteilung 1978 die Bremer Vergleichszahlen erwähnt und damit das Design:

O_1 X O_2 Hamburg

O_3 O_4 Bremen

gewählt. Mit einer geschickten Graphik (Abbildung VIII.4) wäre auch der letzte Zweifler vom Erfolg der Maßnahme überzeugt worden.

Abbildung VIII.4: Vergleich der Hamburger und Bremer Schwarzfahrerquoten 1977 und 1978

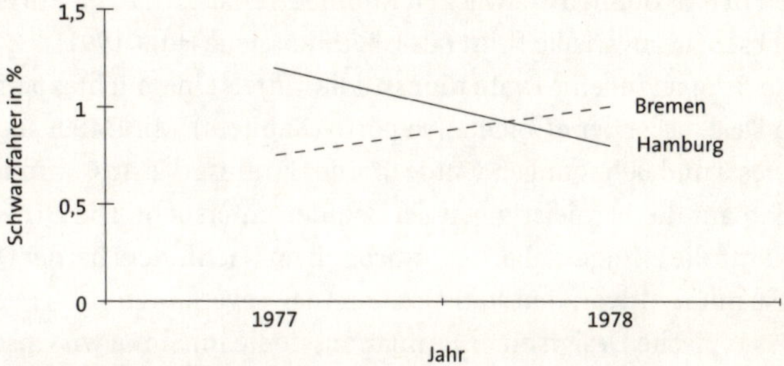

Dem Aufwärtstrend in Bremen stünde nun der Abwärtstrend in Hamburg gegenüber. Nur sieht das Bild unter Einschluss der Hamburger Zahlen für 1975, 1976 und 1979 eben ganz anders aus.

Das Schwarzfahrer-Beispiel verdeutlicht einige Probleme bei der Interpretation von Resultaten auf der Grundlage quasiexperimenteller Designs. Vor allem zeigt sich eine große Schwäche der Vorher-nachher-Messung mit nichtgleichartiger Kontrollgruppe. Sind Werte der Vorher-Messung in der Versuchs- und Kontrollgruppe stark unterschiedlich wie in Abbildung VIII.4, dann besteht ohne Randomisierung immer die Gefahr von Fehlschlüssen aufgrund eines eventuellen Regressionseffekts. Erst mit längerfristig angelegten Zeitreihenbeobachtungen kann diesem Risiko begegnet werden.

Bei der Evaluation von Maßnahmen können im Prinzip experimentelle, quasiexperimentelle oder nichtexperimentelle (Ex-post-facto-Designs) zugrunde gelegt werden. Ein Beispiel der Evaluation mit einem experimentellen Design sind die Mindesteinkommensexperimente in Denver und Seattle in den USA. Bei der Untersuchung wurden «Sozialhilfeempfänger» verschiedenen Versuchsgruppen zufällig zugewiesen. Die Höhe des Mindesteinkommens und die Art der Leistungsanreize wurden zwischen den Gruppen variiert. Ziel der Evaluation war, mittels der Feldexperimente herauszufinden, ob sich ein garantiertes Mindesteinkommen positiv auf die Beschäftigung und weitere Zielgrößen auswirkt und welche Nebenwirkungen auftreten könnten. Einer der kontrovers diskutierten Nebeneffekte bezog sich auf die Möglichkeit, dass ein garantiertes Mindesteinkommen, das insbesondere die Stellung der Frauen in einkommensschwachen Familien verbessert, zu einem erhöhten Ehescheidungsrisiko führt (als Überblick siehe Hunt 1991).

Ein Beispiel für eine Evaluationsstudie mittels eines nichtexperimentellen Designs ist der «Coleman-Report» (Kapitel I). Mit Daten aus Leistungstests und Befragungen wurde u. a. der Einfluss der Ausstattung von Schulen auf die Lernleistungen der Schüler untersucht. Die Drittvariablenkontrolle erfolgte dabei hauptsächlich im Nachhinein bei der Datenanalyse mit multivariaten statistischen Analyseverfahren.

Das typische Design einer Evaluationsstudie im Sinne wissenschaftlicher Begleitforschung von Maßnahmen ist aber die quasiexperimentelle Versuchsanordnung: Eine Maßnahme wird von einer gesetzgebenden Körperschaft, einer Behörde oder einem Unternehmen versuchsweise oder auf Dauer eingeführt. Ziel der sozialwissenschaftlichen Forschung ist die Erfolgskontrolle und – sehr wichtig – die Untersuchung eventueller Nebenwirkungen. Um zu korrekten Aussagen bezüglich der Wirksamkeit oder Unwirksamkeit von Maßnahmen bezüglich eines oder mehrerer Zielkriterien zu kommen, ist eventuellen Fehlerquellen wie Drittvariableneffekten, Regressionseffekt, Reifung und anderen Gefährdungen der internen und externen Validität besondere Aufmerksamkeit zu widmen. Neben dem Erfordernis der sorgfältigen Bestimmung einer problemangemessenen Versuchsanordnung stellen sich einige weitere Probleme:

1. die Festlegung von Erfolgskriterien und deren Messung,
2. die Berücksichtigung eventueller Nebenwirkungen,
3. die Bewertung der Wirkungen und Nebenwirkungen einer Maßnahme (Kosten-Nutzen-Analyse).

Sehen wir uns zur Illustration einige Beispiele an: In zahlreichen Schweizer Gemeinden hat man sich zum Ziel gesetzt, anstelle von Müllschluckern und Mülltonnen eine mengenabhängige Abfallgebühr einzuführen. So wurde in der Region Bern Anfang 1990 mit der ‹Tonnenideologie› Schluss gemacht. In den Supermärkten kann man je nach Abfallmenge einen Abfallsack geeigneter Größe kaufen, für den eine Gebühr entrichtet wird («Sackgebühr»). Das Erfolgskriterium der Maßnahme ist hier noch relativ einfach zu definieren: die Reduktion der Abfallmenge. Zur Evaluation der vermuteten Wirksamkeit der Maßnahme kommt ein Vorher-nachher-Vergleich bzw. ein Zeitreihen-Experiment und zusätzlich möglichst ein Vergleich mit Nachbargemeinden ohne Sackgebühr (Kontrollgruppe) in Frage. Allein der Vorher-nachher-Vergleich nach einem Jahr ergab eine Reduktion der von der städtischen Müllabfuhr eingesammelten Abfallmenge in der Größenordnung von 25 %. Nur gab es eben auch unerwünschte Nebenwirkungen. Die Haushalte haben mehr Abfall, z. B. in den Cheminees (Hauskaminen), mit denen Berner Wohnungen häufiger ausgestattet sind, verbrannt, was als eine der am wenigsten umweltgerechten Entsorgungsmethoden gelten kann. Es entstanden vermehrt ‹wilde Deponien›. Hausabfälle wurden in Abfallbehältern in Parks und an Bushaltestellen deponiert, und die Qualität getrennt gesammelter Abfälle in Recyclingbehältern hat sich merklich verschlechtert. Eine Kosten-Nutzen-Bewertung der Maßnahme wird diese Nebenwirkungen gegen das erreichte Reduktionsziel aufrechnen müssen. Wahrscheinlich wird sich unter dem Strich die Maßnahme dennoch als erfolgreich herausstellen, obwohl erst eine detaillierte Evaluation mit einer Abschätzung der Größenordnung der Wirkungen und Nebenwirkungen darüber genaueren Aufschluss geben wird.

Weiterhin können im Rahmen der Evaluation Verbesserungsvorschläge gemacht werden. Nicht selten werden mit einer Begleituntersuchung Anhaltspunkte gefunden, um beispielsweise unerwünschte Nebenwirkungen abzumildern. Von großer Bedeutung ist auch der Zeitrahmen der Evaluation. Gesetzliche Maßnahmen haben häufig einen ‹Strohfeuereffekt›. Neue Gesetze, etwa die Einführung eines Tempolimits, werden anfangs relativ genau befolgt. Mit der Zeit, insbesondere bei nachlassender Kontrolltätigkeit, verpufft die beabsichtigte Wirkung der Maßnahme. Eine Kurzzeit-Evaluation würde in diesem Fall die Wirkung der Maßnahme überschätzen. Umgekehrt ist bei der Einführung neuer Programme, z. B. der Einführung von «Park-and-Ride-Systemen» oder der Sperrung von Innenstadtzonen für den Autoverkehr, zunächst mit Anlaufschwierigkeiten zu rechnen. Die verkehrsplanerischen Wirkungen zeigen sich erst längerfristig, sodass bei einer Kurzzeit-Evaluation der eventuelle Erfolg einer Maßnahme unterschätzt wird.

Erfolge oder Misserfolge bei Entwicklungsprojekten, ein weiterer wichtiger Anwendungsbereich der Evaluationsforschung, sind häufig nur langfristig erkennbar. Langfristige Evaluationen finden aber nur selten statt, wobei derartige Forschungen zu einem wesentlich effizienteren Mitteleinsatz beitragen könnten. So schreibt Stockmann (1993) in einem Artikel zur «Nachhaltigkeit von Berufsbildungsprojekten»: «Obwohl die Bundesrepublik Deutschland seit über 30 Jahren Staaten der Dritten Welt unterstützt, mittlerweile über 26 000 bilaterale Projekte in Angriff genommen wurden (von denen mehr als zwei Drittel bereits abgeschlossen sind) und hierfür insgesamt rund 60 Milliarden DM aufgewendet wurden, ist nur für wenige Projekte bekannt, wie nachhaltig sie wirken, also ob die Hilfe langfristig wirklich hilft.» [16]

Aus erfolgreichen und natürlich auch aus gescheiterten Planungen kann man lernen. Mit der Evaluationsforschung könnte unterstützt werden, was man als *experimentelle Reformpolitik* bezeichnen kann. Gesetze, Programme und Maßnahmen werden nach Möglichkeit zunächst befristet. Erst im Erfolgsfall wird die Maßnahme dauerhaft implementiert.

Allerdings kann eine Maßnahme unter bestimmten Bedingungen erfolgreich sein, in einem anderen Kontext aber nicht. So ist insbesondere bei der interkulturellen Übertragung von Maßnahmen zu prüfen, ob eine im Kontext A erfolgreiche Planung auch im Kontext B die Erwartungen erfüllen wird. Kehren wir wieder zu dem Beispiel von Umweltmaßnahmen zur Abfallreduktion zurück. In zwei Jerusalemer Stadtteilen hat man – ganz im Sinne eines Quasi-Experiments – zwei verschiedene Recycling-Methoden ausprobiert. Im Bezirk Har Nof wurden Recycling-Container aufgestellt. In Baka dagegen hat man, ähnlich wie bei den gelben Säcken des deutschen dualen Systems, die wiederverwertbaren Stoffe wöchentlich einmal bei den Haushalten abgeholt. Letzteres ist

16 Siehe auch Stockmann (1992) zu Beispielen und Problemen der Evaluation von Entwicklungsprojekten. Siehe ferner Stockmann (2007). Das in dem Artikel (Stockmann 1993) diskutierte Beispiel beruht aber auch wieder auf einem Design ohne Kontrollgruppe, wobei zugegebenermaßen die Evaluation von Projekten in Ländern der Dritten Welt mit methodisch peniblen Designs erhebliche Schwierigkeiten bereitet. Eine Reihe von Problemen wird in den erwähnten Arbeiten behandelt.

eigentlich die bequemere Methode. Jedoch waren die Recycling-Maßnahmen in Har Nof (relativ) erfolgreicher als in Baka. Anders als in Westeuropa leben in Baka mehr Menschen auf engem Raum, sodass die ‹Zwischenlagerung› recycelbarer Stoffe in Privathaushalten größte Schwierigkeiten bereitet.[17] Ebenso wie bei Entwicklungshilfeprojekten muss bei Umweltmaßnahmen den besonderen sozialen und kulturellen Bedingungen Rechnung getragen werden.

Bei der Evaluation von Maßnahmen zur Abfallreduktion bereitete die Definition des Zielkriteriums keine besonderen Schwierigkeiten. Häufig beginnen aber gerade hier die Probleme. Ob Entwicklungsprojekte, sozialpolitische Programme oder die Evaluation der Leistungen von Behörden oder Bildungseinrichtungen: Meist sind eine Vielzahl von Leistungskriterien zu berücksichtigen. Was z. B. macht den Erfolg einer Universität aus? Neben der Qualität der Lehre sind weitere Dienstleistungen und natürlich auch der Output an Forschungsleistungen (Patente, Publikationen usw.) in Betracht zu ziehen. Aber auch wenn der Zielkatalog komplex ist, heißt dies noch lange nicht, dass eine Evaluation unmöglich wäre. Gelegentlich wird zwar bei der Auswahl eines Zielkriteriums gehörig danebengegriffen (siehe Kasten VIII.3). Im Prinzip stellen sich aber ähnliche Probleme wie bei der Messung komplexer Eigenschaften, und diese Probleme sind mit den Methoden der Sozialforschung durchaus lösbar.

Kasten VIII.3: Evaluation von Fahrradhelmen

«Manfred Richter, FDP-Bundestagsabgeordneter, will in der Koalition die Einführung einer ‹Zipfelmützenpflicht› für Radfahrer durchsetzen. Nach neuesten Untersuchungen seien diese wesentlich sicherer als Helme, erklärte er am Donnerstag in Bonn zum Auftakt der rheinischen Karnevalssaison. Laut US-amerikanischen Studien habe ein starrer Helm nach einem Fall aus 50 Metern erhebliche Beschädigungen aufgewiesen, die Zipfelmütze sei hingegen unbeschadet zu Boden geschwebt» (Süddeutsche Zeitung vom 12. 11. 1993).

17 Das Beispiel stammt aus einem Gespräch mit der Umweltschützerin Tzippi Ron («Jerusalem Post» vom 22. 4. 1994).

Hat der Abgeordnete Manfred Richter etwa einen Beratervertrag mit der Zipfelmützenindustrie? Immerhin handelt es sich um ein durchaus korrektes Evaluationsdesign mit einer Versuchs- und Vergleichsgruppe. Ist das Erfolgskriterium die Unversehrtheit von Kopfbedeckungen nach Stürzen, dann wären Einwände gegen das Evaluationsexperiment ganz und gar ungerechtfertigt. Gilt als Zielkriterium aber die Unversehrtheit der Köpfe, dann wäre von einer Implementierung der Maßnahme doch eher abzuraten. Dies hat die FDP entweder eingesehen, oder sie konnte sich bei CDU und CSU nicht durchsetzen. Im Koalitionsvertrag vom 11. 11. 1994 findet sich jedenfalls kein Hinweis auf die Einführung einer «Zipfelmützenpflicht».

Hinzuweisen ist noch auf ein weiteres Problem, das bereits in Kapitel I angesprochen wurde. Evaluationsforschung findet, anders als zumeist bei ‹reiner› Grundlagenforschung, im Spannungsfeld divergierender Interessen statt. Nicht selten wird der Auftraggeber einer Evaluationsstudie von einem Gutachten nur eine Legitimierung ohnehin beschlossener Maßnahmen erwarten oder sogar das Gegenteil, die Verzögerung einer unerwünschten Maßnahme. Spannungen zwischen dem Untersuchungsteam und dem Auftraggeber oder anderen Interessengruppen sind damit vorprogrammiert. Wünschenswert ist eine von Auftraggeberinteressen möglichst unabhängige Evaluationsforschung, wenn der Auftraggeber von vornherein nur eine Bestätigung vorgefasster Meinungen über den Erfolg oder Misserfolg einer Maßnahme erwartet. Wenn dies in der Praxis auch keineswegs immer gewährleistet ist, so liefert unsere methodische Diskussion doch Kriterien, um die ‹Spreu› schlechter Evaluationsforschung und Gefälligkeitsgutachten von methodisch korrekt durchgeführten Evaluationsstudien unterscheiden zu können.[18]

18 Ein Standardwerk zur Evaluationsforschung ist Rossi und Freeman (2003). Eine weniger ausführliche und gut lesbare Darstellung ist das Buch von Weiss (1974). Übersichten zur Evaluationsforschung finden sich z. B. in Babbie (2003), Chadwick, Bahr und Albrecht (1984), Dooley (2000) oder Roth und Holling (1999).

IX. Stichproben

1. Gallup gegen «Literary Digest»

Nach der Devise «pars pro toto» wurden seit den demographischen Untersuchungen von John Graunt und Sir William Petty (Kapitel III) in den Sozialwissenschaften mehr oder minder systematische Stichprobentechniken verwendet. Deren Siegeszug in der Wahl- und Umfrageforschung auf der Basis relativ kleiner, «repräsentativer» Stichproben ist allerdings erst einem denkwürdigen Ereignis in den Vereinigten Staaten der 1930er Jahre zu verdanken.

Die Zeitschrift «Literary Digest» hatte schon mehrfach bei amerikanischen Präsidentschaftswahlen sogenannte «polls» (Wahlumfragen) in großem Stil durchgeführt. Bei den Wahlen 1936 wurden zehn Millionen Probestimmzettel an Amerikaner verschickt, deren Adressen im Verzeichnis «Telefon und Auto» eingetragen waren. Immerhin kamen 2,4 Millionen ausgefüllte Stimmzettel zurück, deren Auswertung ein klares Ergebnis zugunsten des Kandidaten Landon versus Roosevelt erbrachte. Ein damals noch unbekannter Forscher namens George Gallup wählte dagegen eine andere Methode: Er bildete eine (relativ) kleine Stichprobe, die in wesentlichen Merkmalen einem verkleinerten Abbild der amerikanischen Wählerschaft entsprach. In moderner Diktion handelte es sich um eine Quotenstichprobe; ein Verfahren, das heute freilich recht kontrovers diskutiert wird (dazu weiter unten). Immerhin erzielte Gallup damals einen überwältigenden Erfolg. Seine Prognose lautete, dass Franklin D. Roosevelt 1936 als Präsident wiedergewählt werde. Wie wir wissen, traf Gallup ins Schwarze. Mehr noch: Der «Literary Digest» unterschätzte die Stimmenzahl Roosevelts um 18 %. Diese Fehlprognose führte zum Untergang der Zeitschrift und zum Aufstieg des Gallupinstituts. Die Galluptechnik und der Name «Gallup» wurden zum Inbegriff von Meinungsumfragen.

Die Geschichte geht aber noch weiter. Ironischerweise erlitt Gallup 1948 einen Fehlschlag, obwohl er das Ergebnis des Wahlkampfs zwischen Dewey und Truman prozentual genauer als bei der Erfolgsprognose zwölf Jahre früher vorhersagen konnte. Nicht Gallups Favorit Dewey, sondern der Roosevelt-Nachfolger Truman wurde bei knappem Wahlausgang erneut zum Präsidenten gekürt. Das Gallupinstitut hat dadurch aber nur kurzfristig Schaden genommen. Es existiert heute weltweit und verwendet immer noch hauptsächlich die Methode seines Begründers, nämlich die Quotenauswahl (Scheuch 1974; Kern 1982).

Der Erfolg Gallups 1936 lehrt uns Folgendes: Im Allgemeinen gilt das statistische Prinzip, dass größere Stichproben unter sonst gleichen Bedingungen genauer sind als kleinere Stichproben. Diese Regel trifft aber dann nicht zu, wenn eine Stichprobe krass *verzerrt* ist. Die Massenstichprobe des «Literary Digest» war gleich in doppelter Weise äußerst *selektiv* (Pötter 2006). Die Rücklaufquote, ein zentrales Problem schriftlicher Befragungen (Kapitel X), lag bei 24 %. 76 % der Adressaten des Probestimmzettels, möglicherweise mit größerer Wahrscheinlichkeit Anhänger Roosevelts, haben den Stimmzettel nicht zurückgeschickt. Viel bedeutsamer aber war wohl die zweite Fehlerquelle. Die zehn Millionen ausgewählten Personen dürften kaum die amerikanische Wählerschaft repräsentiert haben. Mit ziemlicher Sicherheit war das Durchschnittseinkommen höher als in der Wählerschaft insgesamt. Trotz Massenmotorisierung in den Vorkriegs-USA waren Telefon- und Autobesitzer eher der gutsituierten Mittelklasse zuzurechnen. Deren Sympathien galten aber weit weniger dem demokratischen «New Deal»-Präsidenten Roosevelt als vielmehr seinem Gegenkandidaten Landon. Sind große Stichproben stark selektiv, dann werden kleinere, unverzerrte Stichproben in der Regel genauere Schätzungen liefern.

Systematisch verzerrte, selektive Samples stellten wohl eines der Hauptprobleme der Stichprobenziehung dar. Dazu folgende Beispiele:

- In einer Fußgängerzone findet eine Befragung statt. Vorbeigehende Personen werden angesprochen; etwa jede zweite Person ist zu einem Interview bereit. Diese Stichprobe ist vermutlich in doppelter Weise verzerrt. Die Passanten sind keine Zufallsstichprobe aus der Bevölkerung, und ein Teil der angesprochenen Personen verweigert ein Interview («Non-Response»). Möglicherweise unterscheiden sich die Verweigerer systematisch von den auskunftsfreudigen Passanten.

• Allenfalls Unterhaltungswert haben Ergebnisse aus Stichproben, bei denen meist Zuschauer oder Leser ihrer Meinung durch die Wahl einer bestimmten Telefonnummer Ausdruck geben können (TED). Dabei stehen die Endnummern für unterschiedliche Antwortalternativen. Natürlich werden nur «aktive» oder irgendwie an der Wahl interessierte Personen anrufen.

• Vorsicht ist auch geboten bei amtlichen Kriminalitätsstatistiken. Die angezeigten Delikte in der Polizeistatistik sind keine Zufallsauswahl oder gar Totalerhebung aller Delikte. Ob z. B. ein Diebstahl angezeigt wird, hängt u. a. davon ab, ob das Opfer eines Diebstahls versichert ist. Womöglich ist ein größerer Teil des Anstiegs in der Kriminalitätsstatistik einfach eine Folge davon, dass heute mehr Personen als früher ihr Eigentum versichert haben.

• Bei internationalen Vergleichen der Patentbilanz schneiden die Japaner besonders gut ab. Dies wird häufig als Indiz für den technologischen Vorsprung und die Innovationskraft japanischer Unternehmen gewertet. Ähnlich wie bei der Kriminalitätsstatistik sind Patente aber keine Zufallsauswahl oder «Totalerhebung» aller neuen Erfindungen. In Japan ist die Patentanmeldung nun wesentlich billiger als in Europa. Neuerungen werden demnach in Japan im Vergleich zu europäischen Unternehmen mit weit höherer Wahrscheinlichkeit patentiert (Wirtschaftswoche 51/1994). Gut möglich, dass zumindest ein Teil des Unterschieds in der Patentbilanz Folge des Selektionsbias ist.

• Mehr als 2000 Persönlichkeiten wurden bislang von der katholischen Kirche heiliggesprochen. Zwei Drittel der anerkannten Heiligen sind Italiener oder Franzosen (Guinness-Buch der Rekorde 1995: 244). Sind Italiener oder Franzosen prädestinierte Heilige, oder handelt es sich um ein Selektionsbias der Heiligsprechung?

Die Liste ließe sich ohne weiteres fortsetzen. Stichproben zieht man, weil Totalerhebungen der Bevölkerung zeitaufwendig und teuer sind. Die letzte Volkszählung 1987 in Deutschland z. B. verschlang mehr als eine Milliarde DM – eine Summe, die gut der Hälfte des Jahres-Förderungsbudgets der Deutschen Forschungsgemeinschaft für sämtliche wissenschaftlichen Disziplinen entsprach. Wählt man aber den Weg der Stichprobenziehung, dann besteht immer die Gefahr eines Selektionsbias. Mit sorgfältig gewählten Stichprobenplänen wird versucht, das Ausmaß systematischer Verzerrungen nach Möglichkeit in Grenzen zu halten.

2. Grundbegriffe

Zu unterscheiden sind zunächst einmal *Stichprobe* (Sample) und *Grundgesamtheit* (Population). Bei einer Wählerbefragung z. B. bilden sämtliche wahlberechtigten Personen die Grundgesamtheit. Jede Wählerin und jeder Wähler ist ein Element der Grundgesamtheit. Eine Stichprobe ist eine Auswahl von Elementen der Grundgesamtheit, z. B. eine wie auch immer gebildete Stichprobe von Wählern. Elemente der Population, auf die sich die Auswahl bezieht und die überhaupt eine Chance haben, in die Stichprobe aufgenommen zu werden, bezeichnen wir als *Erhebungseinheiten.*

Nicht immer sind Erhebungseinheiten in der Stichprobe und Untersuchungseinheiten bei der Datenauswertung deckungsgleich. Wir können z. B. aus der Lehrerschaft Niedersachsens (= Population) eine Stichprobe ziehen, z. B. 500 Lehrer (= Stichprobe). Die Erhebungseinheiten sind mithin Lehrer. Jeder Lehrer wird nun zu seinen Schülern befragt, z. B. über das Leistungsniveau und den Sozialstatus des Elternhauses. Untersucht wird, ob der Sozialstatus der Eltern das Leistungsniveau der Schüler beeinflusst. Die Untersuchungseinheiten (genauer: die Einheiten in einer Datenmatrix, die der Datenanalyse zugrunde liegt) sind Schüler. Sind Erhebungs- und Untersuchungseinheiten nicht identisch, dann kann eine unverzerrte Stichprobe der Erhebungseinheiten bezüglich der Untersuchungseinheiten durchaus hochgradig verzerrt sein. Die Schülerstichprobe via Lehrerbefragung wird bei z. B. Zufallsauswahl der Lehrer aus der Lehrerpopulation keineswegs zwingend auch den Charakter einer Zufallsstichprobe aus der Schülerpopulation aufweisen.[1]

1 Friedrichs (1990) unterscheidet neben Erhebungs- und Untersuchungseinheiten noch Aussageeinheiten, auf die sich letztlich die Aussagen einer Untersuchung beziehen. Zu den in der Surveyforschung und in der amtlichen Statistik international üblichen Begriffen siehe Groves et al. (2004) und die Übersicht in Laiho und Hietaniemi (2002).

In der Umfrageforschung («Surveyforschung») werden noch einige weitere begriffliche Unterscheidungen getroffen, die heute Standard sind (Groves et al. 2004; Laiho und Hietaniemi 2002):

1. Die Zielpopulation («Target population»). Sie ist die angestrebte Grundgesamtheit.

2. Die Auswahlgesamtheit («Frame population»). Sie enthält alle Elemente, die eine Chance von größer als null aufweisen, um in die Stichprobe aufgenommen zu werden.

3. Die Survey-Population («Survey population»). Sie entspricht der Auswahlgesamtheit abzüglich der Menge der Elemente, die nicht zur Zielpopulation gehören.

Abbildung IX.1

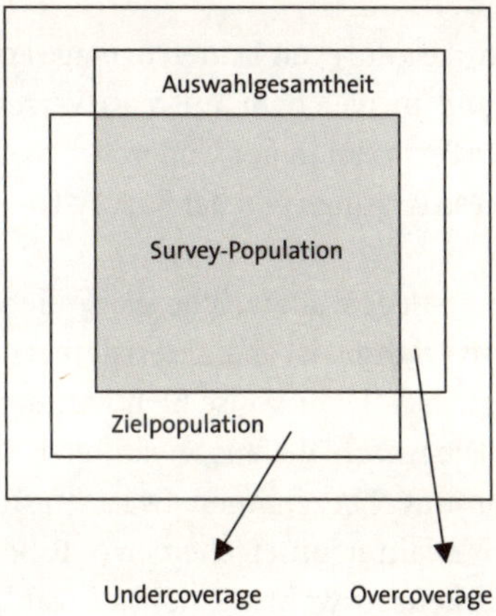

Am besten verdeutlicht man sich diese «Mengenlehre» anhand eines Diagramms (Abbildung IX.1) und eines Beispiels. Greifen wir wieder auf die Wählerbefragung zurück. Zielpopulation sind alle wahlberechtigten Personen. Während der Erhebung ist aber ein gewisser Anteil der Wähler z. B. in Heimen, Anstalten oder Krankenhäusern. Wenn sich der Stichprobenplan – wie meist üblich – aus praktischen Gründen nur auf Privathaushalte bezieht, ist die Wahrscheinlichkeit, dass ein wahlberechtigter Patient im Krankenhaus in die Stichprobe gelangt, gleich null. Eigentlich möchte man ja, dass diese Personen eine Chance haben, in die Stichprobe hineinzukommen, da sie zur Zielpopulation gehören. Nur leider sieht der Stichprobenplan diese Möglichkeit nicht vor. Damit man sich diese Differenz, die als «Undercoverage» bezeichnet wird, wenigstens explizit bewusstmacht (Kalton 1983), führt man die begriffliche Unterscheidung zwischen Zielpopulation und Auswahlgesamtheit ein.

Das Gegenstück zu «Undercoverage» heißt «Overcoverage». (Leider gibt es keine gebräuchlichen deutschen Fachbegriffe. «Unterabdeckung» und «Überabdeckung» hört sich eben nicht besonders gut an.) Mit «Overcoverage» ist die Menge der Personen gemeint, die zwar in die Stichprobe gelangen können, dort aber gar nicht hineingehören, also z. B. unter Achtzehnjährige, die noch kein Wahlrecht haben. Overcoverage ist in der Regel identifizierbar, sodass man diese Fälle bei der Datenanalyse ausschließen kann.

Leicht vorstellbar, dass dagegen Undercoverage erhebliche Probleme bereiten kann. Ob und in welchem Ausmaß Verzerrungen auftreten, hängt vom Anteil der Personen in der Undercoverage-Menge ab und davon, wie stark sich diese Personen von der Survey-Population unterscheiden.

Weiter muss man festlegen, auf welche Weise die Stichprobe gebildet wird. Ein Stichprobenverfahren ist charakterisierbar durch eine explizite Vorschrift, die festlegt, in welcher Weise Elemente der Grundgesamtheit ausgewählt werden. Die Anzahl der ausgewählten Elemente ist der *Stichprobenumfang*, den wir mit N bezeichnen. Es lassen sich drei Hauptgruppen von Stichprobenverfahren unterscheiden (z. B. Böltken 1976):

1. Wahrscheinlichkeitsauswahl (Zufallsauswahl, «Random sample», «Probability sample»),
2. bewusste Auswahl («Judgment sample»),
3. willkürliche Auswahl (Auswahl aufs «Geratewohl», «Convenience sample»).

Das Resultat einer Wahrscheinlichkeitsauswahl sind Zufallsstichproben. Die bewusste Auswahl erfolgt zwar nach Kriterien – z. B. orientiert sie sich an der Kenntnis von Merkmalsverteilungen in der Population –, ist aber keine Wahrscheinlichkeitsauswahl. Ein Beispiel für eine «bewusste Auswahl» ist das Quotenverfahren. Zufallsstichproben und Quotenstichproben werden häufig als *repräsentative* Stichproben bezeichnet, doch ist diese Redeweise ziemlich fragwürdig, wie wir noch genauer sehen werden. Bei einer «willkürlichen Auswahl» wird der Vorgang der Stichprobenziehung nicht kontrolliert. Psychologische Experimente z. B. basieren häufig auf willkürlichen Stichproben. Die Auswahl erfolgt zumeist nicht nach stichprobentechnischen Kriterien; als Versuchskaninchen nimmt teil, wer sich freiwillig meldet.

In Lehrbüchern der Stichprobentheorie ist zu lesen, dass Auswahlverfahren dem Zweck dienen, von Kennwerten der Stichprobe auf die unbekannten Kennwerte (Parameter) der Grundgesamtheit zu schließen. Ziel ist die *Schätzung* von Parametern der Population mittels der Stichprobeninformation. So beabsichtigten sowohl Gallup als auch der «Literary Digest», die unbekannten Parameter «Anteile der Wählerstimmen für die einzelnen Präsidentschaftskandidaten» in der Grundgesamtheit aller US-Wähler zum damaligen Zeitpunkt anhand der Anteilswerte in der Stichprobe zu schätzen.

Die Schätzung von Parametern der Population, aus der die Stichprobe entnommen wurde, muss allerdings nicht immer der einzige Zweck der Ziehung von Stichproben sein. Denken wir einmal an den Test von Zusammenhangshypothesen, sei es anhand von Umfragedaten oder in sozialpsychologischen Experimenten. Wir benötigen hierzu nicht unbedingt repräsentative Stichproben und sind häufig auch gar nicht daran interessiert, Parameter der Grundgesamtheit zu schätzen. Im Sinne der Popper'schen Wissenschaftsphilosophie geht es nur darum, möglichst strenge Tests zur potenziellen Falsifikation von Hypothesen zu arrangieren. Dafür können z. B. Zufallsstichproben oder Quotenstichproben herangezogen werden; sie sind aber zu diesem Zweck nicht unbedingt erforderlich. Um die Hypothese zu prüfen, «alle Raben sind schwarz», müssen wir keine repräsentative Stichprobe von Raben auswählen. Interessiert aber die durchschnittliche Länge von Raben von der Schwanz- bis zur Schnabelspitze in einem Gebiet (= Populationsparameter), dann sind Ornithologen gut beraten, zur Schätzung Zufallsstichproben heranzuziehen, wobei wir von den praktischen Schwierigkeiten der Stichprobenziehung einmal absehen wollen.

Zusammenhangshypothesen können daher durchaus an willkürlichen Stichproben geprüft werden, und genau dies ist auch die gängige Praxis z. B. in der Psychologie und Sozialpsychologie. Nur wenn wir – wie in der Meinungsforschung oder bei Wahlprognosen – Aussagen über die Grundgesamtheit machen möchten, sind kontrollierte Stichprobenverfahren unbedingt erforderlich.

3. Verschiedene Arten der Wahrscheinlichkeitsauswahl

Zufallsstichproben (random samples) erhalten wir als Ergebnis einer Wahrscheinlichkeitsauswahl: Streng genommen ist nur bei diesen die statistische Theorie, die induktive Statistik des Schließens von der Stichprobe auf die Population, überhaupt anwendbar. Sämtliche Formeln der Statistik zur Abschätzung von Fehlerintervallen setzen die Annahme einer Wahrscheinlichkeitsauswahl voraus. Nur hier befindet man sich, jedenfalls in der Theorie, auf sicherem Grund. Deshalb sind Statistiker meist auch äußerst misstrauisch gegenüber Stichprobenverfahren, die nicht auf einer Wahrscheinlichkeitsauswahl basieren (z. B. Quotenauswahl), wenn das Ziel einer Erhebung die Schätzung von Populationsparametern ist.

Eine Wahrscheinlichkeitsauswahl liegt vor, wenn folgende Bedingung gegeben ist: Jedes Element der Grundgesamtheit hat eine von null verschiedene, angebbare Wahrscheinlichkeit, in der Stichprobe berücksichtigt zu werden.

Einfache Zufallsstichproben

Bei der einfachen Zufallsstichprobe ist (a) die Auswahlwahrscheinlichkeit für alle Elemente der Grundgesamtheit identisch größer als null und (b) erfolgt die Auswahl direkt in einem einstufigen Auswahlvorgang.[2]

2 Ist Kriterium (a) erfüllt, wird von einer «equal probability selection method»

Dabei wird entweder eine Liste sämtlicher Elemente der Grundgesamtheit herangezogen (Listenauswahl, Karteiauswahl), oder die Auswahl basiert auf der Ziehung von Elementen aus einem Gebiet (Gebietsauswahl, Flächenstichprobe).

Eine einfache Zufallsziehung von Stichprobenelementen per *Listenauswahl* ist dann möglich, wenn ein Verzeichnis sämtlicher Elemente der Grundgesamtheit existiert. Wird die Grundgesamtheit z. B. definiert als Privathaushalte mit Telefonanschluss in einer Stadt oder Region, dann liegt (oder besser lag) eine solche Liste in Form eines Telefonbuchs vor. Mit Hilfe von Zufallszahlentabellen, die heute auch von jedem Computer erzeugt werden, kann eine Stichprobe von beispielsweise 1000 Adressen oder Telefonnummern aus dem Verzeichnis gezogen werden. Günstiger ist noch die Methode, das Verzeichnis digital zu erfassen und sodann die Stichprobe mit Hilfe einer Zufallszahlenfunktion per Computer zu ziehen. Das ist auch die gebräuchliche Praxis bei «Telefonstichproben», sofern relativ vollständige Telefonverzeichnisse digital auf einer CD-ROM erhältlich sind. Zur Zufallsauswahl einer Stichprobe bei telefonischen Befragungen benötigt man im Prinzip nicht einmal ein Telefonverzeichnis. Es können ja einfach Telefonnummern zufällig ausgewählt werden. Diese Variante der Stichprobenkonstruktion bei telefonischen Interviews wird als *Random Digit Dialing* oder kurz als RDD-Methode bezeichnet. Vorsicht ist allerdings geboten, wenn Telefonnummern systematisch aufgebaut sind, z. B. die Endziffern für Ortsteile stehen. Beim RDD-Verfahren muss also unbedingt die Struktur der Nummern berücksichtigt werden (zu Details siehe Lavrakas 1993; Frey, Kunz und Lüschen 1990; Gabler und Häder 2002). Das RDD-Verfahren bietet den Vorteil, dass auch Nummern in die Stichprobe eingehen können, die nicht in Telefonbüchern aufgeführt sind (z. B. neue Telefonnummern, «Geheimnummern»). In Ländern wie Deutschland, die eine Eintragungspflicht kannten, hat der Anteil der im Telefonbuch registrierten Haushalte seit dem Wegfall der Pflicht erheb-

(EPSEM) gesprochen. Kriterium (a) und (b) zusammen definieren die einfache Zufallsauswahl, das «simple random sampling» (SRS). Siehe Groves et al. (2004, Kap. 4) für einen Überblick zu den verschiedenen Arten der Wahrscheinlichkeitsauswahl in der Surveyforschung.

lich abgenommen. Allgemeine Bevölkerungsstichproben auf der Grundlage des Telefonbuchs oder einer entsprechenden CD-ROM führen daher selbst bei hoher «Telefondichte» zu Undercoverage-Problemen. (Bei speziellen Gruppen wie Ärzten oder Rechtsanwälten kann das Telefonverzeichnis aber immer noch eine gute Auswahlgrundlage darstellen.) Eine reine RDD-Auswahl ist andererseits auch nicht immer praktikabel, da z. B. bei der Struktur der deutschen Nummern ein zu großer Anteil der Anwahlen ins Leere laufen würde. Mit einem modifizierten RDD-Verfahren, bei dem Informationen über die registrierten Nummern mit dem RDD-Verfahren kombiniert werden, kann man dieses Problem aber umgehen (Gabler, Häder und Hoffmeyer-Zlotnik 1998; Häder und Glemser 2006).

Um eine *Lotterieauswahl* handelt es sich, wenn sämtliche Elemente der Population, d. h. alle Positionen der Liste, analog zum Urnenmodell der Statistik ausgelost werden. Bei einer umfangmäßig kleinen Population, z. B. alle Schüler in der Oberstufe eines Gymnasiums, kann man den Elementen in der Population Zahlen zuordnen und die symbolisch repräsentierten Elemente aus einer «Lostrommel» ziehen.

Problematischer, aber mitunter doch recht praktisch sind systematische Verfahren der Auswahl aus einer Liste («systematische Zufallsauswahl»). Nehmen wir an, die Grundgesamtheit sind sämtliche Ärzte in einem Bundesland. Die alphabetisch geordnete Liste enthält 10 000 Namen. Die gewünschte Stichprobengröße beträgt 500. Man kann dann eine Zahl von 1 bis 20 auslosen, mit dieser Position beginnen und jeweils um 20 Namen vorrücken, bis das Ende der Liste erreicht ist. Genau genommen handelt es sich dabei aber nicht mehr um ein einfaches Zufallsauswahlverfahren (vgl. Kalton 1983, zu weiteren Verfahren der Listenauswahl in der Praxis siehe Böltken 1976).[3] Existieren in einer Liste Zyklen, dann können systematische Verfahren der beschriebenen Art zu Verzerrungen führen. Die Entscheidung für ein spezielles systematisches Verfahren sollte daher wohlüberlegt sein, wobei auch vorliegende Informationen über den Aufbau einer Liste zu berücksichtigen sind.

3 Man erzielt auf diese Weise zwar eine EPSEM-, nicht aber eine SRS-Stichprobe. Die Standardschätzformeln der statistischen SRS-Theorie sind dann nicht mehr direkt anwendbar.

Zufallsstichproben aus der Wohnbevölkerung bei Umfragen mit persönlichen («Face-to-face»-)Interviews beruhen meist auf einer *Gebietsauswahl.* Jedenfalls bei landesweiten Befragungen besteht das Problem, dass keine Liste sämtlicher deutscher Bundesbürger und Bundesbürgerinnen in einem zentralen Melderegister existiert.[4] Man muss daher zunächst Gemeinden auswählen und aus den Einwohnermelderegistern die Adressen der zu befragenden Personen. Dieses Verfahren einer zweistufigen Listenauswahl (zweistufige Zufallsstichprobe, dazu weiter unten) wird zwar gelegentlich angewendet, bereitet aber mindestens zwei Probleme: Erstens sind die Melderegister bezüglich Zu- und Wegzügen sowie Haupt- und Nebenwohnsitz nicht immer auf einem aktuellen Stand. Zweitens sind nicht alle Gemeinden so kooperativ, jeweils auf eine Anfrage hin eine Zufallsstichprobe aus ihrem Melderegister zu ziehen. Weiterhin werden dafür häufig ziemlich hohe Gebühren berechnet. Die in der Meinungsforschung bei landesweiten Surveys auf der Basis von Zufallsstichproben und persönlicher (Face-to-face-)Befragung wohl am häufigsten verwendete Technik der Stichprobenziehung ist daher, zumindest auf einer Ebene einer mehrstufigen Stichprobe, die Methode der Gebietsauswahl.

Um eine einfache Zufallsstichprobe aus einem Gebiet (einer Gemeinde, einer Stadt, einem Stimmbezirk) zu erhalten, arbeitet man mit *Begehungsanweisungen.* Beim *Random-Route-Verfahren* werden zunächst einige Ausgangsadressen vorgegeben. Streng genommen müssten diese zufällig ausgewählt werden; meist werden die Adressen aber nach Gutdünken festgelegt. Von diesen Startadressen ausgehend, werden sodann nach vorgegebenen Regeln die weiteren Adressen der Flächenstichprobe ermittelt. Die Regeln lauten z. B.: «Gehen Sie von der Startadresse nach links bis zur nächsten Kreuzung. Dort biegen Sie rechts ab und bei der nächsten Querstraße wieder nach links usw. Auf dem angegebenen Weg notieren Sie jeden sechsten Haushalt.» In der Praxis sind die Anweisungen noch weitaus komplizierter, um allen Eventualitäten (Sackgassen, Kasernen, Vorder- und Hinterhäusern usw.) Rechnung zu tragen (zu

4 Was aus der Sicht der Umfrageforschung ein Problem ist, kann aus der Sicht des Datenschutzes ein Segen sein.

einem Beispiel und weiteren Details siehe Noelle 1963). Werden Adressenermittlung und Interviews von verschiedenen Personen durchgeführt, spricht man von *Adressrandom.* Auf diese kostspieligere, jedoch zweckmäßigere Vorgehensweise wird bei vielen Umfragen verzichtet. Liegen aber Adressenermittlung und Interviewertätigkeit in den Händen einer Person, dann besteht natürlich die Gefahr, dass die Regeln des «Zufallsweges» verletzt werden. Der Interviewer wird sich dann lieber dort hinbewegen, wo es kommod erscheint, auf lange Zufallswege verzichten und im Übrigen die Interviewbereitschaft eines Haushalts auch abseits des vorgeschriebenen Weges ausnutzen. Beim Random-Route-Verfahren mit Adressrandom besteht dieser Anreiz zur Regelverletzung nicht oder wenigstens in geringerem Maß. Wird das Random-Route-Verfahren korrekt in einem Gebiet durchgeführt, dann erhält man für dieses Gebiet eine einfache Zufallsstichprobe von Haushalten.

Zur Zufallsauswahl innerhalb eines Haushalts kann man sich des Schwedenschlüssels (Kish-Selection-Grid) bedienen. Es handelt sich dabei nicht etwa um ein Werkzeug skandinavischer Einbrecher, die hinter den gleichnamigen Gardinen sitzen. Der Schwedenschlüssel ist vielmehr eine auf den Fragebogen aufgedruckte Kombination von Zufallsziffern. Ein Muster könnte wie folgt aussehen:

Haushaltsgröße	1	2	3	4	5	6	7	8
Auszuwählende Person	1	1	2	4	2	3	7	4

Der Interviewer ermittelt nun bei der angegebenen Adresse zunächst die Anzahl und das Alter der zur Grundgesamtheit zählenden Haushaltsmitglieder, z. B. alle im Haushalt lebenden Personen über 18 Jahre. Nehmen wir an, es handele sich um fünf Personen. Unter der «5» im Schwedenschlüssel ist eine «2» aufgeführt. Diese Ziffer wurde zufällig aus den Zahlen von 1 bis 5 «ausgelost» und auf den Fragebogen gedruckt. Entsprechend wurden die anderen Ziffern des Schwedenschlüssels ausgewählt. Natürlich wird auf jeden Fragebogen ein neu ausgeloster Schwedenschlüssel gedruckt. Der Interviewer ist nun gehalten, die zweitälteste (oder je nach Anweisung auch die zweitjüngste) Person in dem Fünf-Personen-Haushalt zu befragen. Der Schwedenschlüssel ermöglicht bei korrekter Anwendung eine Zufallsauswahl von Personen auf der Haushaltsebene. In der Praxis geht es leider nicht immer ganz korrekt zu. Wie wir noch sehen werden (Abschnitt 7), bestehen für die Interviewer Anreize, die Zufallsauswahl im Haushalt gelegentlich zu umgehen.

Mehrstufige Zufallsauswahl

Erstreckt sich die Zufallsauswahl über mehrere Ebenen, spricht man von einer mehrstufigen Zufallsauswahl. Ein Beispiel haben wir schon kennengelernt: eine landesweite, zufällige Personenstichprobe per Gemeindeauswahl («Gemeindestichprobe»). Dabei werden zunächst auf der ersten Stufe z. B. 50 Gemeinden zufällig aus sämtlichen Gemeinden der Bundesrepublik gezogen. Auf der zweiten Stufe werden sodann z. B. durchschnittlich 40 Adressen pro Gemeinde ebenfalls per Random ermittelt. Das Resultat wäre eine zweistufige Zufallsstichprobe von 2000 Personen aus der bundesdeutschen Wohnbevölkerung. Die typische Zufallsstichprobe eines nationalen Surveys in Deutschland ist dreistufig: Auswahl von Stimmbezirken auf der ersten Stufe, Auswahl von Haushalten im Stimmbezirk per Random-Route auf der zweiten Stufe und Zufallsauswahl der zu befragenden Person im Haushalt per Schwedenschlüssel auf der dritten Ebene. Zu beachten ist dabei freilich, dass die Auswahleinheiten auf den einzelnen Stufen meist ungleich groß sind, d. h. eine unterschiedliche Anzahl von Elementen der Grundgesamtheit enthalten. Dann aber wird man in der Regel keine Stichprobe mit gleicher Auswahlwahrscheinlichkeit der Elemente (EPSEM-Stichprobe, vgl. Fußnote 2) erhalten.

Betrachten wir nur die Haushaltsebene der oben skizzierten dreistufigen Zufallsstichprobe. Eine Person in einem zuvor ausgewählten Ein-Personen-Haushalt kommt bei diesem Design mit Sicherheit in die Stichprobe, eine Person in einem Acht-Personen-Haushalt hingegen nur mit einer Wahrscheinlichkeit von 1 / 8. Sind die Auswahlwahrscheinlichkeiten (auf allen Ebenen) wie in diesem Beispiel bekannt, dann erhält man eine «personenrepräsentative» Stichprobe durch Gewichtung mit dem reziproken Wert der Auswahlwahrscheinlichkeit. Befragte in Ein-Personen-Haushalten erhalten ein Gewicht von eins, Befragte in Acht-Personen-Haushalten ein Gewicht von acht.[5] Generell wird also mit der Haushaltsgröße gewichtet. Die Gewichtung bedeutet praktisch, dass so getan wird, als ob eine Person aus einem Haushalt der Größe m im Datensatz m-mal enthalten ist.[6]

In der Praxis stellt sich aber das Problem, ob das gemäß der statistischen Theorie korrekte Gewichtungsverfahren wirklich unverzerrte Ergebnisse produziert. Der Grund ist, dass größere Haushalte besser erreichbar sind. Dadurch wächst wiederum die Auswahlwahrscheinlichkeit von Personen in größeren Haushalten. Wenn sich beide Effekte kompensieren, würde die theoretisch gerechtfertigte Gewichtung praktisch zu einer Verzerrung führen. Weiterhin wird meist bei multivariaten Analysen auf die Gewichtung mit der Haushaltsgröße verzichtet. (Siehe zu den Problemen der Gewichtung Gabler, Hoffmeyer-Zlotnik und Krebs 1994.)

PPS-Samples

Ein wichtiger Spezialfall zweistufiger Zufallsstichproben sind sogenannte PPS-Samples. Hier ist die Auswahlwahrscheinlichkeit auf der ersten Stufe proportional zur Größe der Auswahleinheiten (PPS = Probability proportional to size). Greifen wir z. B. den Fall der Gemeindestichprobe auf. Natürlich weisen die Gemeinden im Allgemeinen große Unterschiede in der Einwohnerzahl auf. Gemäß der PPS-Methode werden bei der ersten Stufe der Stichprobenziehung große Gemeinden nun mit höherer und kleinere Gemeinden mit geringerer Wahrscheinlichkeit ausgewählt, und zwar ist die Auswahlwahrscheinlichkeit jeweils propor-

5 Schätzungen auf der Basis derart gewichteter Daten sind sogenannte Horvitz-Thompson-Schätzungen, vgl. Rothe und Wiedenbeck (1994).

6 Dadurch würde sich die Fallzahl des Datensatzes aber künstlich aufblähen. Man normiert deshalb durch Multiplikation mit einem konstanten Faktor derart, dass die ursprüngliche Fallzahl erhalten bleibt. Ist m_i das Gewicht für eine Person i (i = 1, 2, …, N), dann wird mit dem Faktor $N/\Sigma m_i$ normiert. Das Gewicht für jede Person i beträgt dann: $(N \cdot m_i)/\Sigma m_i$. Im Beispiel ist m_i die Haushaltsgröße.

tional der Bevölkerungszahl. In jeder der ausgewählten Gemeinden wird sodann auf der zweiten Stufe die gleiche Anzahl von Personen (zufällig) ausgewählt. Man erhält auf diese Weise eine EPSEM-Stichprobe der Wahlbevölkerung; eine nachträgliche Gewichtung ist nicht mehr erforderlich. Die Methode des PPS-Samplings lässt sich auch auf mehrstufige Auswahlverfahren generalisieren (zu Einzelheiten siehe Kalton 1983).

Klumpenstichproben

Ziel einer Untersuchung sei es, die Einstellung zum Rechtsradikalismus in der Population von Gymnasiasten in einer Gemeinde zu erheben. Eine Liste aller Schüler steht aus praktischen oder Datenschutzgründen nicht zur Verfügung. In der Stadt gibt es fünf Gymnasien mit insgesamt 108 Schulklassen. Man kann nun zweistufig vorgehen. In der ersten Stufe werden per Listenauswahl nach dem Lotterieverfahren 15 Klassen ausgelost. Sodann werden sämtliche Schüler der 15 Klassen in die Stichprobe aufgenommen. Mit einer Inhaltsanalyse von Schulaufsätzen der Schülerinnen und Schüler in der Stichprobe sowie einer zusätzlichen Befragung werden schließlich die Schülermeinungen und Einstellungen zum Thema Rechtsradikalismus untersucht.

Das hier angewandte Verfahren der Stichprobenziehung ist die Klumpenauswahl (Cluster-Sample). Als «Klumpen» oder «Cluster» werden die auf der ersten Stufe ausgewählten Einheiten, also die Schulklassen, bezeichnet. Eine Klumpenauswahl ist eigentlich ein Spezialfall einer mehrstufigen Zufallsauswahl. Auf der zweiten Stufe der Ziehung werden dabei allerdings sämtliche Klumpenelemente berücksichtigt, d. h., die Elemente eines Klumpens werden mit Wahrscheinlichkeit eins in die Stichprobe aufgenommen. Bei einer mehrstufigen Zufallsstichprobe ist dagegen im Allgemeinen die Auswahlwahrscheinlichkeit auf jeder Ebene kleiner als eins.

Im Allgemeinen ist bei Klumpenstichproben – ebenso wie bei mehrstufigen Stichproben – das Fehlerintervall von Parameterschätzungen (z. B. die Schätzung von Mittelwerten oder Anteilswerten in der Population) größer als bei einfachen Zufallsstichproben. Wie auch intuitiv vorstellbar, ist die Fehlerbreite (a) invers zur Anzahl der Klumpen, wächst (b) mit der Größe der Klumpen relativ zur Population, (c) mit der Homogenität der Elemente innerhalb der Klumpen und (d) der Heterogenität der Elemente zwischen den Klumpen.

Gehen wir davon aus, die fünf Gymnasien unterschieden sich stark im Hinblick auf die Einstellungen der Schüler zum Thema Rechtsradikalismus. Ein alternatives Stichprobendesign sieht vor, anstelle der Klassen zwei der fünf Gymnasien als Klumpen zufällig auszuwählen. In diesem Fall wird die Stichprobe wesentlich größer ausfallen, die Schätzungen werden aber mutmaßlich ungenauer sein. Die Wahrscheinlichkeit erheblicher Verzerrungen ist offenkundig groß, da rein zufällig extreme Cluster in die Stichprobe gelangen können.

Schichtung

Ist die Heterogenität eines Merkmals (d. h. die Varianz) in der Grundgesamtheit sehr hoch, dann kann es lohnenswert sein, das Fehlerintervall der Schätzung mit einer geschichteten Stichprobe zu reduzieren. Angenommen, wir beabsichtigen, das Durchschnittseinkommen (das arithmetische Einkommensmittel) einer Population zu schätzen. In einer einfachen Zufallsstichprobe von z. B. 1000 Personen werden dann nur relativ wenige Großverdiener enthalten sein. Je nachdem, ob diese zufällig unter- oder überrepräsentiert sind, wird auch der Schätzwert des mittleren Einkommens eine entsprechend hohe Fehlerbreite aufweisen.

Einen Ausweg bietet die Schichtung der Stichprobe. Eine notwendige Voraussetzung der Schichtung ist aber, dass wir erstens über Vorwissen bezüglich der Merkmalsverteilung in der Population verfügen. Bei der Einkommensschätzung müsste der Anteil von Personen z. B. in den drei Einkommensklassen (= Schichten) «niedrig», «mittel» und «hoch» bekannt sein. Zweitens muss die Möglichkeit bestehen, Elemente der Grundgesamtheit separat nach Schichten auszuwählen. Für jede Erhebungseinheit muss mithin die Schichtzugehörigkeit bekannt sein.

Werden unter diesen Voraussetzungen Zufallsstichproben getrennt nach Schichten gezogen, so wird das Fehlerintervall der Schätzung geringer ausfallen als bei einer einfachen Zufallsstichprobe.[7] Die separaten Stichproben können *proportional* oder *disproportional* sein. Im ersteren Fall ist der Umfang jeder Schicht-Stichprobe proportional zur Größe der Schicht. Wird aus Schichten unterschiedlicher Größe jeweils absolut die gleiche Anzahl von Elementen gezogen, so handelt es sich hingegen um einen (speziellen) Fall disproportionaler Schichtung. Proportionale Schichtung liefert eine EPSEM-Stichprobe. Das Fehlerintervall der Schätzung ist höchstens gleich groß, häufig aber geringer als bei einer einfachen Zufallsauswahl (Kalton 1983). Bei EPSEM-Stichproben kann auf einfache Schätzformeln zurückgegriffen werden; eine nachträgliche Gewichtung ist nicht erforderlich. Der Vorteil disproportionaler Schichtung besteht darin, dass die Präzision der Schätzung damit noch weiter verbessert werden kann. Der Umfang der Stichproben je Schicht kann dann derart bestimmt werden, dass das Fehlerintervall der Schätzung minimiert, d. h. optimale Präzision erreicht wird. Die Schätzformeln sind allerdings etwas komplizierter als bei den EPSEM-Stichproben proportionaler Schichtung (Böltken 1976; Kalton 1983). Auch die Abgrenzung der Schichten sollte so gewählt werden, dass die Fehlerbreite der Schätzung bei gleichem Aufwand möglichst gering ist. Je homogener die Elemente innerhalb der Schichten bezüglich des untersuchten Merkmals und je größer die Heterogenität zwischen den Schichten, desto ausgeprägter ist der *Schichtungseffekt*. Entsprechend groß ist dann auch die Verbesserung der Präzision der Schätzung bei der geschichteten Stichprobenziehung.

Noch ein Wort zum Unterschied zwischen Klumpen- und geschichteten Stichproben (vgl. auch Kalton 1983). Bei ersterem Verfahren werden einige Klumpen aus vielen ausgewählt. Die Schätzung ist dann umso genauer, je *heterogener* die Elemente in den Klumpen sind. Bei letzterem Verfahren wird hingegen die Population vollständig in Schichten zerlegt. Aus jeder Schicht wird separat eine Zufallsstichprobe entnommen. Die Schätzung ist umso präziser, je *homogener* die Elemente in einer Schicht sind. Bei einer vollständig homogenen Schicht (Binnenvarianz = null;

7 Zu einer Diskussion des Beispiels, verschiedener Schichtungsmethoden und den Formeln zur Fehlerabschätzung siehe Böltken (1976) und den Überblick in Groves et al. (2004, Kap. 4).

z. B. alle Personen in der Schicht verdienen genau 2500 €) würde genau ein Element ausreichen, um die Schicht zu repräsentieren. Bei Clusterstichproben ist Homogenität innerhalb der Klumpen dagegen höchst unerwünscht. Zöge man zufällig bei homogenen Klumpen mehr «extreme» Klumpen als anteilsmäßig in der Population, dann würden alle Elemente aus diesen Klumpen extreme Merkmalsausprägungen aufweisen. Klumpenstichproben führt man aus praktischen Gründen durch, wenn eine einfache Zufallsauswahl nicht möglich oder zu aufwendig ist. Dabei nimmt man einen Verlust an Präzision in Kauf. Die Schichtung verbessert dagegen die Präzision der Schätzung gegenüber einfachen Zufallsstichproben. Voraussetzung der Schichtung sind aber Informationen über die Merkmalsverteilung in der Grundgesamtheit.

4. Quotenauswahl

Es wäre weit gefehlt anzunehmen, dass die Ergebnisse repräsentativer Befragungen, die wir den Zeitungen oder anderen Medien entnehmen, stets der Auswertung von Zufallsstichproben zu verdanken sind. Jedenfalls bei persönlichen Interviews haben die kommerziellen Meinungsforschungsinstitute eine ausgesprochene Vorliebe für das Quotenverfahren entwickelt. Der Grund ist, dass die Quotenauswahl wesentlich wirtschaftlicher ist als die kostspielige Wahrscheinlichkeitsauswahl. Nur bei Telefonbefragungen wird, weil hier einfach und billig, routinemäßig auf Zufallsstichproben zurückgegriffen. Doch wird auch dieser Vorteil häufig verschenkt, da bei eiligen Telefonumfragen nach der Methode «quick and dirty» zwar die Telefonnummer eines Haushalts zufällig ausgewählt wird, nicht aber auf der zweiten Stufe die zu befragende Person im Haushalt (dazu Abschnitt 7).

Worum handelt es sich nun bei der Quotenauswahl? Die Methode ist insofern eine «bewusste Auswahl», da die Stichprobe nach vorgegebenen Regeln gezogen wird. Die Regeln beziehen sich auf Quoten, die von den Interviewern erfüllt werden müssen. Eine Quote ist eine Merkmalsverteilung, beim Merkmal Geschlecht z. B. 54 % Frauen und 46 % Männer. Man versucht nun, eine Stichprobe derart zu konstruieren, dass die Quoten in der Stichprobe im Hinblick auf die ausgewählten Merkmale (z. B. Geschlecht, Alter, Berufsstellung und Region) den Merkmalsverteilungen in der Grundgesamtheit entsprechen. Das Ziel besteht darin, auf diese Weise eine Stichprobe zu konstruieren, die ein verkleinertes Abbild der Grundgesamtheit darstellt und somit eben die Grundgesamtheit «repräsentiert».

Die Quotenauswahl setzt dabei Vorwissen über die Grundgesamtheit voraus. Es können nur diejenigen Merkmale quotiert werden, deren Verteilungen in der Grundgesamtheit bekannt sind, z. B. aufgrund von Volkszählungs- oder Mikrozensusdaten. Bei speziellen Populationen (Ärzten, Lehrern, Opel-Fahrern) tritt hier schon ein Problem auf. Häufig wird man nicht über aktuelle statistische Informationen von selbst so grundlegenden Merkmalsverteilungen wie Alter und Geschlecht in speziellen sozialen Gruppen verfügen, denen die Aufmerksamkeit einer Untersuchung gilt.

Quoten können einfach oder auch kombiniert sein. Bei kombinierten Quoten wird die gemeinsame Merkmalsverteilung von zwei oder auch mehr Merkmalen vorgegeben. Eine solche Kombination könnte z. B. bei den Merkmalen Geschlecht und Berufsstellung lauten: 30 % Beamtinnen und 70 % Beamte, wobei der Anteil der Beamtinnen und Beamten an allen Erwerbstätigen 15 % betragen soll. Bei den Angestellten sollen es 60 % Frauen und 40 % Männer sein bei einem Anteil an den Erwerbstätigen von 50 % usw. Vorgegeben wird bei kombinierten Quoten also nicht nur wie bei einfachen Quoten die Randverteilung. Vielmehr sollen auch die Anteilswerte in den Zellen einer Kreuztabelle (bei zwei Merkmalen mit m_1 und m_2 Kategorien mithin $m_1 \cdot m_2$ Anteilswerte) den jeweiligen Anteilswerten in der Population entsprechen. Kombinierte Quoten erfordern ein noch größeres Vorwissen und stellen erhöhte Anforderungen bei der praktischen Realisierung der Quotenauswahl. Quotenstichproben können daher auch erhebliche Unterschiede aufweisen in Bezug auf (a) die zugrunde gelegten Merkmale und (b) die verwendeten Kombinationen von Merkmalen. Welcher Grad der «Verfeinerung» mit dem Ziel der Herstellung repräsentativer Stichproben jeweils gewählt wurde, sollte bei der Publikation von Ergebnissen auf der Basis von Quotenstichproben eigentlich dokumentiert werden.

Die eben erläuterte Quotierung gilt für die gesamte Stichprobe. Werden für 2000 Interviews z. B. 100 Interviewer eingesetzt, dann erhält jede Interviewerin und jeder Interviewer eine persönliche Quotenanweisung. Die Quotenanweisung legt fest, wie viele Personen mit welchen Merkmalen oder Merkmalskombinationen zu befragen sind. Kasten IX.1 zeigt dazu ein Beispiel.

Kasten IX.1: Quotenanweisung

Name des Interviewers: Paul Roscher
Wohnort: Neumarkt

Umfrage
2672

Insgesamt 7 Interviews
im Wohnort

Fragebogen
Nr.: 741–747

in: ....

Orte:															
bis 2000 Einwohner	1	2	3	4	5	6	7	8	9	10	11	12	13	14	15
2 000–20 000 Einwohner	1	2	3	4	5	6	7	8	9	10	11	12	13	14	15
20 000–100 000 Einwohner	1	2	3	4	5	6	7	8	9	10	11	12	13	14	15
über 100 000 Einwohner	1	2	3	4	5	6	7	8	9	10	11	12	13	14	15

	3 männlich	4 weiblich
Altersgruppen:		
16–17 Jahre	1 • 3 4 5 6	1 2 3 4 5 6
18–29 Jahre	1 2 3 4 5 6	1 • 3 4 5 6
30–44 Jahre	1 • 3 4 5 6	1 2 • 4 5 6
45–59 Jahre	1 • 3 4 5 6	1 2 3 4 5 6
60 Jahre und älter	1 2 3 4 5 6	1 • 3 4 5 6
Berufstätig als:		
Landwirte (auch Gartenbau)	1 2 3 4 5 6	1 2 3 4 5 6
Mithelfende Familienangehörige in der Landwirtschaft (auch Gartenbau)	1 2 3 4 5 6	1 • 3 4 5 6
Landarbeiter	1 2 3 4 5 6	1 2 3 4 5 6

Arbeiter		1 • 3 4 5 6	1 • 3 4 5 6
Angestellte		1 • 3 4 5 6	1 2 3 4 5 6
Beamte		1 2 3 4 5 6	1 2 3 4 5 6
Selbständige in Handel und Gewerbe (Kaufleute, Handwerker usw.)		1 • 3 4 5 6	1 2 3 4 5 6
Freie Berufe		1 2 3 4 5 6	1 2 3 4 5 6
Nichtberufstätige (Rentner, Hausfrauen usw.)			
Möglichst früherer Beruf oder Beruf des Ehemannes, Ernährers, Haushaltsvorstandes	Landwirte (auch Gartenbau)	1 2 3 4 5 6	1 2 3 4 5 6
	Landarbeiter (auch Gartenbau)	1 2 3 4 5 6	1 2 3 4 5 6
	Arbeiter	1 2 3 4 5 6	1 • 3 4 5 6
	Angestellte	1 2 3 4 5 6	1 2 3 4 5 6
	Beamte	1 2 3 4 5 6	1 2 3 4 5 6
	Selbständige	1 2 3 4 5 6	1 2 3 4 5 6
	Freie Berufe	1 2 3 4 5 6	1 • 3 4 5 6

Anmerkung: Gültig sind die Zahlen *vor* jedem Stempel. Ist zum Beispiel in der Zeile ‹Arbeiter, männlich› die Zahl 2 gestempelt, so ist in diesem Falle *ein* Arbeiter zu interviewen. Im übrigen streichen Sie die zutreffenden Angaben der Statistik nach jedem Interview bitte ab, damit Sie gleich übersehen können, wieviel Interviews in der betreffenden Kategorie noch weiterhin durchzuführen sind.

Aus: Noelle (1963: 133)

Zur Rechtfertigung der Quotenauswahl werden insbesondere die folgenden Argumente geltend gemacht (Böltken 1976; siehe auch Scheuch 1974; Noelle 1963):

1. Die Quotenmerkmale sind mit anderen, eigentlich interessierenden Merkmalen (Wahlverhalten, Kaufentscheidungen, Einstellungen usf.) korreliert. Die Stichprobe ist daher nicht nur (per Definition) repräsentativ für die kontrollierten Quotenmerkmale, sondern auch bezüglich der unbekannten Merkmalsverteilungen in der Population.

2. Wird der Entscheidungsspielraum der Interviewer durch präzise Quoten begrenzt, dann wird der Interviewer innerhalb der Quoten praktisch oder wenigstens näherungsweise eine Zufallsauswahl treffen. Mit einer Quotenauswahl wird mithin eine Zufallsauswahl angenähert.

3. Ein Quotenplan entspricht dem Design einer geschichteten Stichprobe mit proportionaler Schichtung. Jede Kategorie oder Kombination von Kategorien der kontrollierten Merkmale stellt eine Schicht dar. Sind die Schichten (relativ) homogen auch bezüglich der nichtkontrollierten, eigentlich interessierenden Variablen, dann wird der Schätzfehler auch dann gering und die Schätzung relativ unverzerrt sein, wenn die Interviewer innerhalb der Quoten keine Zufallsauswahl treffen.

Diese drei Argumente stehen freilich auf recht wackeligen Füßen. Die Korrelation mit anderen Variablen ist keineswegs garantiert. In der Praxis werden unabhängig von der Problemstellung einer Untersuchung ähnliche Quotenmerkmale verwendet. Bei Mehrthemenumfragen, eine übliche Praxis in der Sozialforschung, ist eine spezifische, themenadäquate Quotierung ohnehin nicht möglich. Außerdem hängt die Auswahl der Quoten notwendigerweise von der Kenntnis der Verteilungen in der Grundgesamtheit ab. Spezielle Quotierungen, z. B. nach der Krankheitshäufigkeit in einer Studie über Arztbesuche, sind damit nicht oder nur selten möglich. Warum aber sollte die Wahlentscheidung, die Einstellung zum Rechtsradikalismus oder der Grad der Vorliebe für Nescafé jeweils mit den gleichen oder zumindest ähnlichen Quotenmerkmalen korreliert sein? Mit dem Korrelationsargument wird zugleich die Hoffnung ausgedrückt, dass jede interessierende Variable irgendwie mit den üblichen Quotenmerkmalen zusammenhängt.[8] Das aber ist durch nichts bewiesen und wahrscheinlich so nicht zutreffend: Man müsste daher individuelle, auf das jeweilige Thema der Untersuchung abgestimmte Quoten festlegen, was praktisch aber kaum möglich ist.

Äußerst fraglich ist auch die These von der Zufallsauswahl von Befragten durch die Interviewer. Dies dürfte in der Regel nicht einmal näherungsweise der Fall sein. Die Interviewer müssen ja nur ihre Quoten erfüllen und werden dies verständlicherweise auf die bequemste Art tun. Ähnlich einer «Schneeballstichprobe» (dazu weiter unten) werden zu-

8 Die Individualisierungshypothese behauptet, dass sich die Korrelationen zwischen z. B. dem Wahlverhalten und sozialdemographischen Merkmalen im zeitlichen Verlauf abgeschwächt haben. Demzufolge müsste sich parallel dazu die Qualität von Quotenstichproben mit wachsender «Individualisierung» verringern.

nächst Freunde und Bekannte und möglicherweise wieder deren Bekannte interviewt, auf jeden Fall aber gut erreichbare Personen. Um diesen Effekt auszugleichen, muss bei Quotenstichproben auf einen regional weitgestreuten und sozialheterogenen Interviewerstab geachtet werden.

Kehren wir noch einmal zu dem Misserfolg des Gallupinstituts bei der US-Präsidentschaftswahl 1948 zurück. Nicht nur Gallup, sondern drei Institute haben mit Quotenstichproben seinerzeit Thomas Dewey gegenüber Harry Truman favorisiert. Truman gewann jedoch die Wahlen mit 50 % der Stimmen vor Dewey, auf den 45 % der Stimmen entfielen. Die Anteile in der Quotenauswahl entsprachen den Populationsanteilen bezüglich Ort, Alter, Rasse und ökonomischem Status. Die Interviewer haben aber offenbar innerhalb der Quoten bevorzugt republikanische (Dewey-)Wähler befragt. Die Quoten garantieren eben nicht, dass andere Merkmale, für die man sich eigentlich interessiert, in der Stichprobe unverzerrt abgebildet werden. Das 1948er-Fiasko hat die amerikanischen Umfrage-Institute dann auch angeregt, über kostenintensivere Wahrscheinlichkeitsstichproben nachzudenken (Henry 1990: 25).

Mit der Quotenanweisung soll der subjektive Entscheidungsspielraum der Interviewer eingeschränkt werden. Vor einer zu starken Einschränkung wird aber auch gewarnt, und zwar aus gutem Grund: «Durch gar zu komplizierte Vorschriften kann man die Interviewer leicht zum Fälschen erziehen, indem sie auf den Gedanken verfallen, die statistischen Daten ihrer Befragten kurzerhand der Quote ‹anzupassen›» (Noelle 1963: 135).

Die Verletzung von Quotenanweisungen ist praktisch kaum kontrollierbar und vermutlich unter Interviewern weithin verbreitet. So lässt man den 30-jährigen befreundeten Bankangestellten im Interview eben zum 56-jährigen Arbeitslosen mutieren, falls im Bekanntenkreis keine befragungsbereite arbeitslose Person dieser Alterskategorie auffindbar ist.

Beispiele dafür, aber ebenso zu Fälschungen bei Zufallsstichproben finden sich in dem äußerst lesenswerten biographischen Report des professionellen Interviewers Heiner Dorroch (1994). Hier eine Kostprobe zum Thema «Quotenfälschung» aus dem «Meinungsmacher-Report» (siehe auch Kasten IX.2):

«So war es zum Beispiel sehr schwierig, eine auskunftswillige Krankenschwester zu finden. Also nahm ich zu Hause am Schreibtisch eine 40-jährige Kassiererin, die ich vor Wochen schon kurz befragt hatte, machte sie zehn Jahre jünger und beförderte sie zur Krankenschwester. Hauptsache, die Quotenliste stimmte» (Dorroch 1994: 40).

Kasten IX.2: Aus dem Leben eines hauptberuflichen Interviewers

«Zusätzlich führt jeder Interviewer ein ‹Personalbuch›, in dem er alle diejenigen auflistet, die ihm gerne und bereitwillig antworten. Diese ‹Gefälligkeitsantworter› sind immer dann besonders hilfreich, wenn Quoteninterviews verlangt werden.

Bei Quoteninterviews muss der Interviewer keine bestimmte Straße entlanglaufen oder bestimmte Hausnummern aufsuchen. Vielmehr entwirft das Meinungsforschungsinstitut ein bestimmtes Anforderungsprofil desjenigen, der befragt werden soll, also zum Beispiel Alter, Geschlecht, Beruf usw. Die Auswahl der Personen bleibt dem Interviewer überlassen. Und der biegt das Profil der Befragten dann so lange hin, bis es passt.

Bei nichts kann man so unbekümmert mogeln wie bei Quotenverfahren. Kommt der Interviewer mit seinem ‹Personalbuch› nicht aus, so geht er in das nächstbeste Hochhaus, wo er seine Quote dann erfüllt.

Aber auch bei methodischen Verfahren, die nach dem Zufälligkeitsprinzip arbeiten (jeder dritte Haushalt oder jeder neunte Haushalt ist zu befragen), ist das ‹Personalbuch› hilfreich, lassen sich doch auch hier die ‹Gefälligkeitsantworter› in die vorgeschriebene Route einbauen.

Die Meinungsforschungsinstitute kennen diese Methoden und Strategien ihrer professionellen Interviewer. Schließlich kontrollieren sie die Interviewer. Da fällt auf, wenn statt einer kalkulierten Befragungszeit von 45 bis 60 Minuten das Interview auf wenige Kernfragen reduziert wird. Die Gesellschaften akzeptieren das, denn sie sind auf das reibungslose Funktionieren ihrer Profis angewiesen in Anbetracht der Unmenge an Fragebögen, die sie Woche für Woche produzieren. Mit ihren Teilzeitkräften könnten sie diese Papierflut niemals bewältigen. Und vielleicht bestätigen wenigstens zwei Zielpersonen längere Befragungszeiten: Da schälen sich dann zwei Stundeninterviews heraus, wo der Rest aus Drei-Minuten-Kontakten besteht.

Wer diese Branchenpraxis kennt, der verliert den Glauben an die Objektivität der Ergebnisse aus Meinungsumfragen. Vielleicht trägt dieses Buch mit dazu bei, dass eine kritische Diskussion über die Methoden und damit die Ergebnisse der Meinungsforschung einsetzt. Und hoffentlich bringt es eine kritische Reflexion über den Stellenwert der Meinungsforschung in unserer Demokratie in Gang» (aus Dorroch 1994: 25).

Dazu eine Anmerkung. Dorroch beschreibt in seinem Buch eigentlich kaum etwas, was im Prinzip nicht bekannt wäre. Das gesteht der Autor auch selbst ein. Er richtet sich nicht einmal grundsätzlich gegen die Meinungsforschung, sondern gegen die Praxis der Institute, die Fälschungen geradezu herausfordern. Insofern handelt es sich um ein kritisches, aber durchaus konstruktives Buch, das zu Verbesserungen der Praxis anregt. Wer mit Umfragen zu tun hat, dem sei dieses Buch zur Lektüre empfohlen. Und noch ein Hinweis: Der Meinungsmacher-Report bezieht sich auf persönliche Interviews. Computerunterstützte Telefoninterviews, zentral von einem Telefonlabor eines Instituts aus durchgeführt, sind dagegen ziemlich fälschungssicher (dazu genauer Kapitel X).

Sehen wir einmal von Fälschungen ab, dann bleibt noch die These von der «Schichthomogenität». Schnell (1993) hat die «Homogenität sozialer Kategorien» als Voraussetzung repräsentativer Quotenstichproben empirisch untersucht. Er kommt dabei zu einem ausgesprochen negativen Ergebnis. So erklären die drei Quotenmerkmale Geschlecht, Alter und Bundesland bei 70 Einstellungsfragen und 42 Faktfragen im Durchschnitt gerade 6 % der Varianz. Auch innerhalb der Quoten sind mithin die Antwortreaktionen äußerst heterogen.[9]

Die ‹Theorie› der Quotenauswahl steht mithin auf einem ziemlich schwachen Fundament. Eine statistische Theorie der Stichprobenziehung existiert im Übrigen nur für Zufallsstichproben. Auch die Anwendung der Formeln zur Fehlerabschätzung (dazu Abschnitt 6) sind genau genommen nur bei einer Wahrscheinlichkeitsauswahl zulässig. Dies sieht auch Noelle (1963), deren Institut (Allensbach) in der Praxis häufig Quotenstichproben zugrunde legt, nicht anders:

«Zugunsten der ‹echten› Random-Stichprobe spricht stark die hier vollständig entwickelte Theorie. Nur die Random-Auswahl erfolgt (...) nach wahrscheinlichkeitstheoretischen Modellen. Theoretisch kann man das Gesetz der großen Zahl und die davon abgeleiteten statistischen Fehlerspannen beim heutigen Stand der Wissenschaft deshalb tatsächlich nur auf Ergebnisse von Repräsentativ-Erhebungen anwenden, die auf Random-Stichproben basieren» (Noelle 1963: 139).

9 Die Untersuchung basiert auf den Daten einer Zufallsstichprobe der Allgemeinen Bevölkerungsumfrage 1980.

Allerdings: Auch Zufallsstichproben stoßen bei der praktischen Realisierung auf einige Schwierigkeiten. Und könnte es nicht der Fall sein, dass die kostengünstigeren und schneller zu bewältigenden Umfragen mit Quotenauswahl trotz fehlender Theorie und praktischer Probleme dennoch zu tauglichen Resultaten führen?

Pragmatiker fragen weniger nach dem ‹Warum› als nach dem Ergebnis. Diese pragmatische Begründung wird auch zumeist zugunsten der Quotenauswahl vorgebracht. Nur müsste man dann, wie es Noelle ansatzweise vorführt (1963: 145), die Ergebnisse von Quoten- und Zufallsstichproben zum gleichen Befragungsthema miteinander systematisch vergleichen. Weiterhin benötigt man einen objektiven Maßstab, d. h. externe Validierungskriterien wie Wahlergebnisse. Ein derartiger systematischer Test «Random versus Quote» wurde m. W. bislang nicht unternommen. Der Streit – Theorie der Statistik auf der einen, die Mehrheit der Meinungsforschungsinstitute auf der anderen Seite – wird also weiterschwelen. Möglicherweise wird aber auch die Kontroverse mit der wachsenden Bedeutung von Telefoninterviews mittels Zufallsstichproben künftig in den Hintergrund treten.

Als Minimalforderung gilt aber, dass das Verfahren der Stichprobenziehung exakt beschrieben wird. Hier wird in der kommerziellen Markt- und Meinungsforschung so manche Nebelkerze gezündet. «Random-Quota» z. B. heißt, dass Gemeinden per Zufall und innerhalb der Gemeinden die Befragten nach Quotenvorgaben ausgewählt werden. Mit der Wortschöpfung wird der Eindruck erweckt, als ob die Vorzüge beider Verfahren vereinigt werden. Gerne wird auch von «Repräsentativbefragung» gesprochen, obwohl sich dahinter nichts anderes als eine Quotenstichprobe verbirgt.

5. Stichproben aus speziellen Populationen

Sind seltene Populationen in einer Liste verzeichnet, dann ist eine Zufallsauswahl kein Problem. Die Abgeordneten des 2005 gewählten Deutschen Bundestages sind relativ zum Umfang der Wohnbevölkerung zweifelsfrei eine rare Spezies. Mit allgemeinen Bevölkerungsumfragen ist diese spezielle Gruppe natürlich nicht zu erreichen. Zieht man das Handbuch des Deutschen Bundestages heran, so kann man auf dieser Grundlage problemlos eine Listenauswahl vornehmen. Bei anderen speziellen Populationen, insbesondere wenn diese durch abweichendes Verhalten definiert werden, ist eine Listenauswahl nicht möglich. Einem Projekt zur Untersuchung von Spielern an Glücksspielautomaten in einer Stadt steht natürlich keine Liste der Grundgesamtheit zur Verfügung. In diesem Fall sind spezielle Sampling-Methoden erforderlich.

Capture-Recapture-Methode

Ein spezielles Stichprobenverfahren zur Größenschätzung von Populationen stammt ursprünglich aus der Biologie. Mit der Capture-Recapture-Methode kann unter gewissen Voraussetzungen der Umfang «verborgener» Populationen ermittelt werden. Betrachten wir als Beispiel die Schätzung der Anzahl von Spielern an «einarmigen Banditen». Für eine erste Stichprobe werden u Personen in Spielhallen zufällig ausgewählt. Beispielsweise könnte das Stichprobendesign vorsehen, jede fünfte eintretende Person in die Stichprobe aufzunehmen und zu befragen. Wie bei einer Panelbefragung muss allerdings der Name oder irgendeine Kennziffer notiert werden, die das Wiedererkennen in einer Wiederholungsstichprobe ermöglicht. Dies ist sicher eine heikle Voraussetzung, die die Anwendbarkeit des Verfahrens in den Sozialwissenschaften stärk einschränkt. Nach einem bestimmten zeitlichen Abstand wird sodann eine zweite Zufallsstichprobe von Spielern «gezogen». Die Stichprobe habe den Umfang v. Ermittelt wird, wie viele Spieler der zweiten Stichprobe bereits in der ersten Stichprobe enthalten waren. Wird diese Anzahl mit w bezeichnet, dann lautet die Schätzung aller Spieler x, die sich regelmäßig in Spielhallen aufhalten (Lee 1993):

$$x = \frac{u \cdot v}{w}$$

Voraussetzung ist allerdings, dass es sich bei beiden Stichproben um voneinander unabhängige Zufallsstichproben handelt und die Population zwischenzeitlich konstant bleibt. Auf den heiklen Punkt der Wiedererkennung wurde schon hingewiesen.

Schneeballtechnik

Dagegen können Befragungen auf der Basis von Stichproben nach dem «Schneeballprinzip» anonym durchgeführt werden. So haben Dannecker und Reiche (1974) in einer Untersuchung zur Homosexualität das Schneeballverfahren zugrunde gelegt. Die Fragebogen wurden an homosexuelle Freunde und Bekannte verteilt, die ihrerseits Fragebogen im Freundes- und Bekanntenkreis weiterreichten. Der Nachteil des Schneeball-Samplings ist aber, dass es sich nicht um eine Methode der Wahrscheinlichkeitsauswahl handelt. Allenfalls unter sehr restriktiven Annahmen wird mit diesem Verfahren eine Zufallsstichprobe erzeugt. Eng verwandt mit der Schneeballmethode ist die *Nominationstechnik*. Hier werden von den befragten Personen (anonym) weitere Personen angegeben, die eine in der Untersuchung interessierende Aktivität wie Konsum von Drogen oder andere Arten abweichenden Verhaltens ausführen. Zu beachten ist aber, dass es sich auch hierbei nicht im strengen Sinn um eine Zufallsauswahl handelt.[10]

10 Zu einem Überblick über Stichprobentechniken für spezielle Populationen sei auf Sudman und Kalton (1986) verwiesen. Siehe auch Lee (1993). Zu Anwendungen der Capture-Recapture-Methode bei Drogenkonsumenten siehe Skarabis und Patzak (1981). Einen ausgezeichneten Überblick zu Schneeballmethoden vermittelt der Artikel von Gabler (1992).

6. Theorie der Zufallsstichprobe

Wir behandeln in diesem Abschnitt die Theorie der einfachen (SRS-)Zufallsstichprobe. Das Ziel ist die Berechnung von Fehlerintervallen für die Schätzung von Anteils- bzw. Prozentwerten dichotomer Merkmale sowie die Mittelwerte metrischer Variablen.

Untersuchen wir zunächst den Fall dichotomer Variablen wie Geschlecht, Wähler/Nichtwähler, Wähler der Partei X, Brillenträger, arbeitslos/erwerbstätig usw. Mit den Informationen einer Zufallsstichprobe wollen wir die jeweiligen Anteilswerte in der Population schätzen: Dabei sei N der Umfang der Stichprobe und n die Anzahl der Personen in der interessierenden Merkmalskategorie (z. B. Frauen, Wähler der Partei X, arbeitslos) in der Stichprobe. p ist der unbekannte Populationsparameter «Anteil in der Population» und $\hat{p}$ der Stichprobenschätzwert des Parameters (zur Bezeichnung von Schätzwerten schreibt man häufig das Symbol «ˆ»). Zur Schätzung von p verwenden wir den Anteilswert in der Stichprobe[11]:

$$\hat{p} = \frac{n}{N}$$

Nehmen wir an, es wurde eine Zufallsstichprobe von N = 120 Personen aus einem Stimmbezirk gezogen. n = 48 Personen geben an, die SPD zu wählen. Der Schätzwert $\hat{p}$ für den Anteil p der SPD-Wähler in dem Stimmbezirk beträgt dann 0,40 oder 40 %.

Nur wird der Schätzwert noch relativ unsicher sein, selbst wenn man von allen anderen Fehlerquellen der Befragung einmal absieht und sich nur auf den Stichprobenfehler konzentriert. Wie groß aber wird der Stichprobenfehler ausfallen?

Um diese Frage zu beantworten, müssen wir die Stichprobenvertei-

11 Dass der Stichprobenanteilswert ein ‹guter› Schätzwert des Anteilswertes in der Population ist, kann nicht als selbstverständlich vorausgesetzt werden. Mit den Methoden der induktiven Statistik kann dafür in den hier betrachteten Fällen jedoch der Nachweis erbracht werden. Vgl. dazu z. B. Schlittgen (2003).

lung von $\hat{p}$ berechnen. Man stelle sich vor, $p = 0{,}40$ sei der wahre Wert in der Population. Es werden nun hypothetisch sehr viele Stichproben der Größe $N = 120$ gezogen – sagen wir hunderttausendmal –, und für jede Stichprobe wird $\hat{p}$ berechnet. Man wird dann in seltenen Fällen $\hat{p} < 0{,}20$ oder $\hat{p} > 0{,}60$ erhalten, wobei aber meist $\hat{p}$ in der Nähe von 0,40 liegen wird. Wie beim N-maligen Münzwurf die Anzahl n von «Wappen» (bzw. der Anteil) binomial verteilt ist (allerdings für $p = 0{,}50$), so ist auch in unserem Fall allgemein die Stichprobenverteilung von $\hat{p}$ eine Binomialverteilung.[12] Von der Binomialverteilung weiß man, dass diese sich sehr rasch der Normalverteilung annähert. Ist p nicht extrem klein oder extrem groß ($0{,}10 \leq p \leq 0{,}90$), dann stellt die Normalverteilung (die Gauß'sche Glockenkurve) schon für $N \geq 30$ eine recht gute Approximation der Binomialverteilung dar (Abbildung IX.2).

Abbildung IX.2: Annäherung der Binomialverteilung an die Normalverteilung

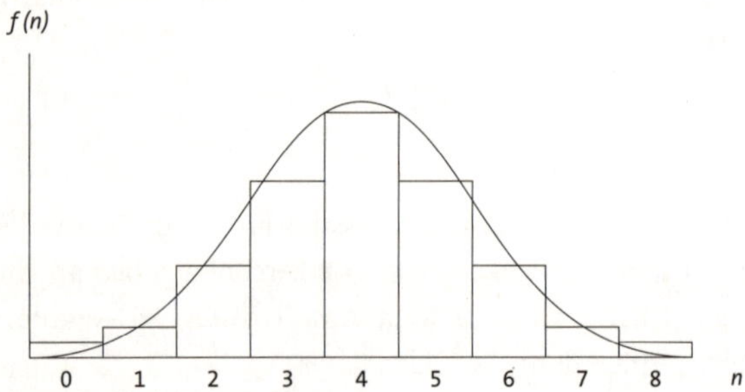

Für $p = 0{,}5$ und $N = 8$ ist die Stichprobenverteilung der Anzahl von Personen n mit der Ausprägung eines dichotomen Merkmals (z. B. n = Anzahl Frauen in der Stichprobe des Umfangs $N = 8$) der Normalverteilung ähnlich. Die Stichprobenverteilung (Binomialverteilung) nähert sich der Normalverteilung mit wachsendem N. Für $N = 30$ ist in der Praxis kein merklicher Unterschied zur Normalverteilung auszumachen.

Halten wir fest: Selbstverständlich haben wir konkret nur eine Stichprobe gezogen und nur einen Wert $\hat{p}$ berechnet. Mit einem statistischen

12 Zu den statistischen Grundlagen siehe z. B. Schlittgen (2003).

Modell können wir aber die hypothetische Frage beantworten, welche $\hat{p}$-Werte mit welcher Häufigkeit wir erhalten würden, wenn eine sehr große Anzahl von Stichproben jeweils gleichen Umfangs N aus einer Grundgesamtheit mit dem wahren Parameterwert p gezogen wird. Hierüber informiert die Stichprobenverteilung. Anhand der Streuung der Stichprobenverteilung (= Standardfehler) kann dann ein Fehlerintervall der konkreten Stichprobenschätzung bestimmt werden. Man schließt also zunächst von der Grundgesamtheit auf die Wahrscheinlichkeit von Stichprobenergebnissen. Diese Information benutzt man sodann in einem Umkehrschluss (Repräsentationsschluss) von der Stichprobe auf die Grundgesamtheit.

Die Stichprobenverteilung ist für kleine N eine Binomialverteilung. Für $N > 30$ können wir die Normalverteilung verwenden. Die Schätzformel für die Streuung oder den Standardfehler der Stichprobenverteilung vereinfacht sich erheblich, wenn der Umfang der Stichprobe größer als 100 ist. $\hat{p}$ ist normalverteilt mit:

1. Erwartungswert (Mittelwert) p und
2. Standardfehler $\sqrt{\frac{p(1-p)}{N}}$

wobei wir den Standardfehler durch Ersetzen von p mit $\hat{p}$ schätzen können. Die Stichprobenanteile p streuen demnach entsprechend einer Gauß'schen Glockenkurve um den Mittelwert p, den wahren Anteilswert in der Grundgesamtheit.[13]

Bei einer Normalverteilung befinden sich 68 % der Fläche im Bereich von plus / minus einer Standardabweichung um den Mittelwert. Der Repräsentationsschluss lautet dann, dass der wahre Wert p mit einer Wahrscheinlichkeit von 68 % im Bereich liegt von:

$$\hat{p} \pm \sqrt{\frac{\hat{p}(1-\hat{p})}{N}}$$

13 Ist allgemein der Mittelwert der Stichprobenverteilung $E(\hat{b})$ gleich dem wahren Parameter in der Grundgesamtheit b, so spricht man von einer unverzerrten oder *erwartungstreuen* Schätzung. Andernfalls ist die Schätzung verzerrt oder mit einem Bias behaftet. Die Größe des Bias beträgt $|E(\hat{b}) - b|$.

Nun möchte man aber meist das Fehlerintervall (Mutungsintervall, Vertrauensbereich, Konfidenzintervall) für 95 % oder 99 % berechnen. Mit einer Wahrscheinlichkeit von 0,95 liegt der Wert einer normalverteilten Variablen im Bereich von + / – 1,96 Standardabweichungen um den Mittelwert, bei einer Wahrscheinlichkeit von 0,99 sind es 2,58 Standardabweichungen. (Falls Sie noch eine 10-DM-Note aufgehoben haben, finden Sie dort die Abbildung einer Normalverteilung inklusive der Verteilungsformel. Andernfalls sei auf Abbildung IX.3 verwiesen.)

ABBILDUNG IX.3: STANDARDNORMALVERTEILUNG

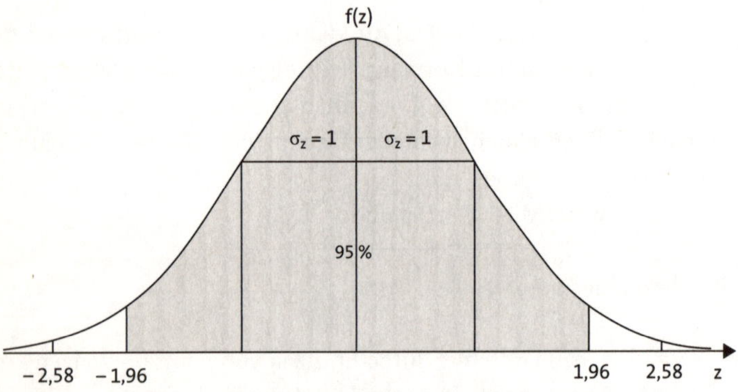

68 % der Fläche befinden sich im Bereich von + / – einer Standardabweichung. Diese hat bei der Standardnormalverteilung den Wert 1. 95 % bzw. 99 % der Fläche sind im Bereich + / – 1,96 bzw. + / – 2,58. Ist X normalverteilt, $\bar{x}$ der Stichprobenmittelwert und s die Standardabweichung, dann erhält man die standardnormalverteilten z-Werte durch die Transformation: $z = (x - \bar{x})/s$.

Die kritischen Grenzen der Normalverteilung für den 95 %-, 99 %- oder generell w %-Bereich bezeichnen wir mit z_{95}, z_{99} bzw. z_w. Die Grenzen des Vertrauensbereichs seien I_1 und I_2. Dann erhalten wir zur Berechnung des Vertrauensbereichs die folgende Formel[14]:

14 X ist normalverteilt und $Z = (X - \bar{X})/\sigma$ standardnormalverteilt. Im Bereich von $\pm z_w$ liegen dann w % der z-Werte. In unserem Fall ist $X = \hat{p}$, $\bar{X} = p$, und σ wird durch $s = \sqrt{\hat{p}(1-\hat{p})/N}$ geschätzt. Durch Auflösung von $\pm z_w = (\hat{p} - p)/s$ nach p erhält man die Intervallgrenzen I_1 und I_2.

$I_{1,2}$ = Stichprobenschätzwert $\pm z_w \cdot$ Standardfehler. Für die Schätzung der Anteilswerte gilt mithin ($N \geq 100$):

$$I_{1,2} = \hat{p} \pm z_w \cdot \sqrt{\frac{\hat{p}\,(1-\hat{p})}{N}}$$

Bei einem 95 % -Fehlerintervall, N =120 und $\hat{p} = 0{,}40$ ist:

$$I_{1,2} = 0{,}40 \pm 1{,}96 \cdot \sqrt{\frac{0{,}40\,(1-0{,}40)}{120}}$$

$$I_{1,2} = 0{,}40 \pm 0{,}088$$

Mit einer Wahrscheinlichkeit von 0,95 liegt somit der tatsächliche Anteil der SPD-Wähler in dem Stimmbezirk im Bereich von 31,2 % bis 48,8 %.

Die Schätzung von Prozentwerten oder Anteilswerten dichotomer Variablen ist der klassische Lehrbuchfall. Bei Wahlprognosen werden aber die Prozentwerte für mehrere Parteien angegeben. Man müsste dann anstelle der Binomialverteilung die Multinomialverteilung verwenden. Die Fehlerintervalle sind in diesem Fall noch größer. Zu den Fehlerintervallen bei vier Parteien und einer Kritik der Wahlprognosen der Umfrage-Institute siehe Ulmer (1990).

Anhand der Formel des Standardfehlers ist weiterhin erkennbar, dass der Vertrauensbereich umgekehrt proportional zur Wurzel aus dem Stichprobenumfang ist. Dieser Zusammenhang wird gelegentlich als « $\sqrt{N}$ -Gesetz» bezeichnet. Will man die Präzision der Schätzung verbessern, z. B. den Vertrauensbereich halbieren, dann muss man den Umfang der Stichprobe vervierfachen (Abbildung IX.4).

Bei Wählerbefragungen wird häufig ein Sample in der Größenordnung von 1000 Befragten gezogen. Nehmen wir optimistisch an, es handele sich um eine Zufallsstichprobe und der einzige Fehler sei der unsystematische Zufallsfehler der Stichprobe. Nun möchte man eine Aussage über die Chancen kleiner Parteien wie FDP oder «Grüne» formulieren. Von besonderem Interesse ist natürlich, ob kleine Parteien die 5 %-Hürde bei einer Landtags- oder Bundestagswahl überspringen. Bei 60 bekennenden FDP-Wählern unter 1000 Befragten könnte die Pressemeldung lauten: «Keine Gefahr für die FDP. Wähleranteil bei 6 %!» Aber wie steht es

Abbildung IX.4: Stichprobenverteilung bei variierendem Stichprobenumfang

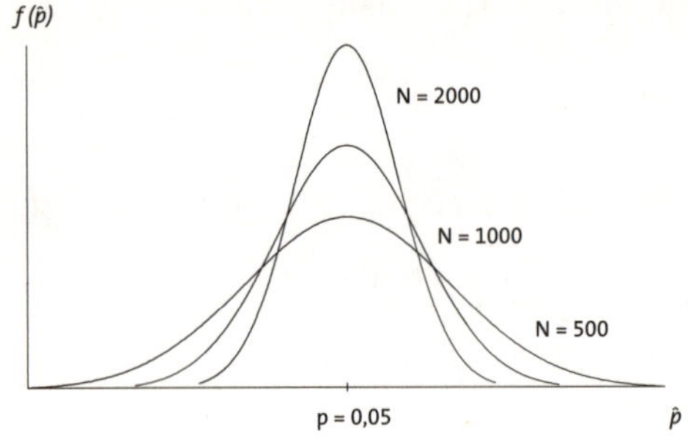

Die Standardabweichung der Stichprobenverteilung, hier dargestellt für einen Wert von p = 0,05 in der Population, verringert sich mit der Wurzel aus der Stichprobengröße N. Bei einer Vervierfachung des Stichprobenumfangs wird der Standardfehler (Standardabweichung der Stichprobenverteilung) halbiert.

mit dem Fehlerintervall? Das in der Regel zugrunde gelegte 95 %-Intervall können wir mit unserer Formel leicht berechnen:

$$I_{1,2} = 0{,}06 \pm 1{,}96 \cdot \sqrt{\frac{0{,}06 \cdot 0{,}94}{1000}}$$

$I_1 = 0{,}045$

$I_2 = 0{,}075$

Mit einer Wahrscheinlichkeit von 0,95 liegt der Anteil der FDP-Wähler in der Grundgesamtheit (z. B. der Wählerschaft eines Bundeslandes) im Bereich zwischen 4,5 % und 7,5 %. Selbst bei einem Stichprobenumfang von 1000 und einem geschätzten Anteil von 6 % wäre die (fiktive) Pressemeldung nicht gerechtfertigt. Das Vertrauensintervall erstreckt sich auch auf den Bereich unter der 5 %-Hürde. Dabei wurde nur die optimistische Annahme eines Zufallsfehlers der Wahrscheinlichkeitsauswahl unterstellt. In der Praxis ist aber noch mit ganz anderen Fehlerquellen zu rechnen.

Mit unserer Formel können wir auch den Stichprobenumfang berechnen, der erforderlich wäre, um eine gewünschte Präzision einer Schätzung zu erzielen. Voraussetzung ist allerdings, dass wir eine Vermutung über die Größenordnung von $\hat{p}$ haben. Nehmen wir das obige

Beispiel. Die Frage lautet nun: Welchen Stichprobenumfang müssen wir wählen, um auch noch bei einer 6 %-Schätzung ein 95 %-Konfidenzintervall zu erhalten, das Werte unter der 5 %-Hürde ausschließt? Offenbar darf das Fehlerintervall nicht größer sein als ± 1 %. Bezeichnen wir die (halbe) Länge des Vertrauensbereichs mit h. Gesucht ist N für einen Wert von h = 0,01. Aus der Formel für den Vertrauensbereich folgt dann:

$$z_w \cdot \sqrt{\frac{\hat{p}(1-\hat{p})}{N}} = h$$

Aufgelöst nach N erhalten wir allgemein eine Formel zur Berechnung der Stichprobengröße in Abhängigkeit von der Präzision der Schätzung von Anteilswerten:

$$N = \hat{p}(1-\hat{p})\left(\frac{z_w}{h}\right)^2$$

Für das Beispiel gilt:

$$N = 0{,}06 \cdot 0{,}94 \left(\frac{1{,}96}{0{,}01}\right)^2 = 2167$$

Um die gewünschte Präzision zu erreichen, müsste der Umfang des Samples mindestens 2167 betragen. Soll das Fehlerintervall weiter auf einen halben Prozentpunkt halbiert werden, müsste man nach dem «Wurzel-N-Gesetz» den Stichprobenumfang vervierfachen. 8668 zufällig ausgewählte Befragte wären nötig, um diese Präzision zu erreichen. Wie groß aber müsste der Stichprobenumfang sein, um die absolute Mehrheit einer Partei noch mit dieser Präzision schätzen zu können ($\hat{p}$ = 0,51, h = 0,01)?

Befassen wir uns jetzt noch mit der Schätzung der Mittelwerte metrischer Variablen. Wir gehen davon aus, dass eine metrische Variable X in der Population normalverteilt ist mit Mittelwert μ_x und Standardabweichung σ_x. Genauer gesagt soll das Modell der Normalverteilung eine gute Näherung der Verteilung in der Grundgesamtheit darstellen. Bei größeren Stichproben kann auf diese Einschränkung allerdings verzichtet werden.

μ_x in der Grundgesamtheit (z. B. das Durchschnittseinkommen) wird durch $\bar{x}$ (das arithmetische Einkommensmittel in der Stichprobe) geschätzt. Dann sind die $\bar{x}$-Werte aller hypothetischen Stichproben des Umfangs N normalverteilt mit Mittelwert μ_x und Standardabweichung (Standardfehler):

$$\text{Standardfehler} = \frac{\sigma_x}{\sqrt{N}}$$

Nun wird man in der Regel die Standardabweichung in der Population nicht kennen. Diese kann aber durch die Standardabweichung in der Stichprobe $s_x = \hat{\sigma}_x$ geschätzt werden. Zur Schätzung der Standardabweichung der Population verwendet man folgende Formel:

$$s_x = \sqrt{\frac{1}{N-1}\sum_{i=1}^{N}(\bar{x}-x_i)^2}$$

Anstelle von N steht hier im Nenner N – 1. Der Grund ist, dass die Standardabweichung der Stichprobe ein verzerrter Schätzer der Standardabweichung der Population ist.[15] Diesem Umstand wird mit der «N – 1-Korrektur» Rechnung getragen. s_x gemäß der angegebenen Formel liefert eine erwartungstreue (unverzerrte) Schätzung der Standardabweichung in der Population. Für größere Stichproben spielt die Korrektur allerdings kaum noch eine Rolle.

Weiterhin ist zu bemerken, dass bei Schätzung der Populations-Standardabweichung durch s_x nunmehr die Stichprobenmittelwerte nicht mehr normalverteilt sind. Wie sich zeigen lässt, folgt $\bar{X}$ einer t-Verteilung.[16] Die t-Verteilung konvergiert aber gegen eine Normalverteilung. Für $N > 30$ ist das 95 %-Intervall nur geringfügig breiter als bei der Normalverteilung. Anstelle von $z_{95} = 1{,}96$ verwendet man den kritischen Wert $t_{95} = 2$. Die genauen Werte können in einer Tabelle nachgeschlagen werden. Für $N > 1000$ ist bei zwei Stellen Genauigkeit $t_{95} = z_{95} = 1{,}96$. Die zusätzliche Schätzung der Standardabweichung bringt eine leichte zusätzliche Unsicherheit ins Spiel, die aber bei großen Stichproben praktisch verschwindet.

15 Wird s_x mit $1/N$ anstelle von $1/(N-1)$ berechnet, dann ist $|E(s_x) - \sigma_x| > 0$, d. h., die Schätzung ist mit einem Bias behaftet.

16 Auch Studentsche t-Verteilung nach dem Pseudonym «Student» des Statistikers Gossen. Mr Gossen war bei der Guinness-Brauerei angestellt und durfte damals nicht unter seinem Namen publizieren.

Für das Konfidenzintervall gilt wieder die Formel:
$I_{1,2}$ = Stichprobenschätzwert $\pm t_w \cdot$ Standardfehler
Durch Einsetzen von $\bar{x}$ und des geschätzten Standardfehlers folgt:

$$I_{1,2} = \bar{x} \pm t_w \cdot \frac{s_x}{\sqrt{N}}$$

oder für $N > 30$ und einen 95 %-Vertrauensbereich:

$$I_{1,2} = \bar{x} \pm 2 \cdot \frac{s_x}{\sqrt{N}}$$

Wir sehen auch, dass bei der Schätzung von Mittelwerten wiederum das «Wurzel-N-Gesetz» zutrifft. Der Vertrauensbereich ist indirekt proportional zur Wurzel des Stichprobenumfangs; d. h., die Präzision der Schätzung wächst mit $\sqrt{N}$.

Berechnen wir abschließend noch ein Beispiel. In einer Stichprobe vom Umfang 3000 beträgt der Einkommensmittelwert $\bar{x} = 2100$ €. Für die Standardabweichung der Stichprobenwerte ergibt sich ein Wert von $s_x = 700$. Der 95 %-Vertrauensbereich lautet dann:

$$I_{1,2} = 2100 \pm 2 \cdot \frac{700}{\sqrt{3000}} = 2100 \pm 2 \cdot 12{,}78$$

Mit einer Wahrscheinlichkeit von 0,95 schließt das Intervall von 2074 bis 2126 € den Mittelwert der Population ein; jedenfalls nach der Theorie der Zufallsstichprobe. Und wie groß ist der Vertrauensbereich für N=30? Nach dem Wurzel-N-Gesetz zehn Mal so groß wie bei einer Stichprobe des Umfangs 3000.

Unterstellt wurde eine einfache Zufallsstichprobe. Wenn in Berichten von Umfrage-Instituten oder auch in wissenschaftlichen Veröffentlichungen Vertrauensbereiche oder Standardfehler angegeben werden, so sind diese Angaben meist «zu optimistisch». In der Regel beruhen die Berechnungen nämlich – wie in unseren Beispielen – auf den statistischen Formeln für einfache Zufallsstichproben. In der Praxis werden dagegen häufig mehrstufige oder Klumpenstichproben gezogen. Die Fehlerintervalle für komplexe Stichprobendesigns sind aber mit Ausnahme geschichteter Stichproben größer als für einfache Zufallsstichproben. Wer es korrekt machen will, muss das Stichprobendesign bei der Berechnung der Vertrauensbereiche berücksichtigen und die Schätzung mit denjenigen statistischen Formeln durchführen, die für das jeweilige Design gültig sind (Groves et al. 2004; Gabler 2006).[17]

7. Zufallsstichproben in der Praxis

In vielen Situationen lässt sich die Theorie der Zufallsstichprobe tatsächlich relativ problemlos in die Praxis umsetzen. Beispiele sind die Ziehung einer Zufallsstichprobe von Schülern aus einer Schule, eine Auswahl von Besuchern einer Museumsausstellung u. a. m. Wesentlich komplizierter ist dagegen die Konstruktion einer Zufallsstichprobe aus der Bevölkerung eines Landes, sofern eine Umfrage mit persönlichen Interviews geplant ist. Bei *allgemeinen Bevölkerungsumfragen* verliert die Theorie der Zufallsstichprobe in der Praxis schnell ihren Glanz. Das ist auch der Haupteinwand der Befürworter der Quotenstichprobe: Zufallsstichproben mögen zwar in der Theorie gut klingen, in der Praxis ist das Ideal aber kaum zu realisieren.

Im Folgenden befassen wir uns zunächst mit dem typischen Design von Zufallsstichproben bei allgemeinen Bevölkerungsumfragen und diskutieren sodann die möglichen Fehlerquellen. In Deutschland basieren fast alle größeren, landesweiten Umfragen mit persönlichen Interviews (also nicht Telefoninterviews) und bei Wahrscheinlichkeitsauswahl der Befragten auf dem sogenannten *ADM-Design*. Das Design wurde von dem Mathematiker Friedrich Wendt entwickelt und wird heute von zwölf größeren Instituten des «Arbeitskreises deutscher Markt- und Sozialforschungsinstitute» (ADM) verwendet. Ob Wahlumfragen, kommerzielle

17 Zu den Schätzformeln für andere Arten der Wahrscheinlichkeitsauswahl als einfache Zufallsstichproben sowie generell zur Stichprobentheorie siehe einführend Böltken (1976), Kalton (1983), Henry (1990), Groves et al. (2004) sowie ausführlich die Lehrbücher von Kellerer (1963) und Stenger (1986).

Markt- und Meinungsforschung oder Umfragen zu sozialwissenschaftlichen Zwecken, ob EMNID, Infratest, GfM-Getas, GfK, Marplan oder ein anderes Institut der «Zwölfer-Gemeinschaft»: Das ADM-Design ist in der Regel die Grundlage, sofern es sich um landesweite oder auch regionale Zufallsstichproben und persönliche Interviews handelt.

ADM-Design

Wie bereits erwähnt, sind Gemeindestichproben via Melderegister der Gemeinden schwer zu realisieren, obwohl gelegentlich auch dieser Weg beschritten wird. Das ADM-Design bietet nun eine Alternative.[18] Es handelt sich hierbei um eine dreistufige Zufallsstichprobe mit Gebietsauswahl, also eine Flächenstichprobe. Als Grundgesamtheit gelten alle Privathaushalte in Deutschland und «die darin wohnenden Personen am Ort der Hauptwohnung» (Arbeitsgemeinschaft 1994). Auf der ersten Stufe werden Stimmbezirke mit einer Wahrscheinlichkeit proportional zur Größe ausgewählt (PPS-Design). Die Stimmbezirke werden als «sampling points» bezeichnet, wobei kleinere Bezirke vor der Ziehung zusammengefasst wurden (synthetische Stimmbezirke). Kein Stimmbezirk oder synthetischer Stimmbezirk soll weniger als 400 Wahlberechtigte umfassen.

Auf der zweiten Stufe wird mit der Random-Route-Methode eine Zufallsstichprobe von Adressen ermittelt. Wird unabhängig von der Größe des sampling point in jedem ausgewählten Stimmbezirk die gleiche Anzahl von Adressen gezogen, dann erhält man – wegen der PPS-Ziehung auf der ersten Stufe – eine EPSEM-Stichprobe von Haushalten auf der zweiten Stufe. Nach dem ADM-Design hat also (theoretisch) jeder Haushalt in der Bundesrepublik Deutschland die gleiche, von null verschiedene Chance, in die Stichprobe aufgenommen zu werden.

Auf der dritten Stufe wird schließlich die vom Interviewer zu befra-

18 Wir skizzieren hier nur die Grundzüge. Zu den Einzelheiten sei auf den Überblick der «Arbeitsgemeinschaft ADM-Stichproben» (1994) verwiesen. Zu einer kurzgefassten Erläuterung siehe auch Porst (2000).

gende Person per Schwedenschlüssel ausgewählt. Wie in Abschnitt 3 bereits erläutert, ist die Auswahlchance einer Person im Haushalt nach diesem Verfahren umgekehrt proportional zur Haushaltsgröße. Auf der Personenebene wird also keine EPSEM-Stichprobe erzeugt. Da man aber die Haushaltsgröße kennt – sonst könnte ja auch der Schwedenschlüssel gar nicht angewendet werden –, kann diesem Umstand Rechnung getragen werden. Nach Gewichtung mit der Haushaltsgröße erhält man also (theoretisch) ein personenrepräsentatives Zufallssample.

Genau genommen zieht nun nicht jedes Institut für jede Umfrage auf der ersten Stufe eine Stichprobe von Stimmbezirken aus der Gesamtheit aller Stimmbezirke. Vielmehr hat die ADM zunächst einmal sämtliche originären und synthetischen Stimmbezirke in einer Datei erfasst, insgesamt 64000 (50000 in Deutschland West und 14000 in Deutschland Ost). Weiterhin sind in der Datei beschreibende Merkmale der Stimmbezirke wie z. B. die Zahl der Wahlberechtigten enthalten. Aus dem Gesamtbestand wurden nun geschichtete Stichproben von sampling points gezogen, wobei die Auswahlwahrscheinlichkeit eines sampling point proportional zur Größe ist. Jede Stichprobe umfasst 210 sampling points und wird als «Netz» bezeichnet. Die einzelnen Netze (insgesamt 128 im Westen und 64 im Osten) werden auf die Institute gemäß ihrem Bedarf aufgeteilt. Beispielsweise verfügt Infratest über 16 Netze im Westen und acht im Osten, EMNID dagegen über acht (andere) Netze im Westen und vier Netze in Ostdeutschland. Für eine konkrete Umfrage greifen die Institute dann jeweils auf «ihre» Netze zurück.

So wurden z. B. für die Allgemeine Bevölkerungsumfrage 1980 (Allbus) drei Netze mit insgesamt 630 Stimmbezirken ausgewählt (Porst 2000). Für jeden Stimmbezirk verfügte das Institut bereits über einen mit Random-Route ermittelten Adressenpool. Daraus wurden dann pro sample point systematisch sieben bis acht Adressen entnommen, insgesamt eine Bruttostichprobe von 4620 Haushalten. Abzüglich der Verweigerungen und sonstiger Ausfälle konnten nach diesem Verfahren 2955 Interviews realisiert werden.

Dieses ausgeklügelte und in den Details recht komplizierte System der Auslosung und Verteilung von Netzen auf die Umfrage-Institute erlaubt eine kostengünstige und in der Praxis letztlich einfachere Konstruktion von Zufallsstichproben, als dies über die Melderegister der Gemeinden möglich wäre. Ebenso wie andere Verfahren der Stichprobenziehung aus der gesamten Bevölkerung eines Landes weist das ADM-System in der Praxis aber auch erhebliche Mängel auf.

Amtliche Statistik

Die Daten der amtlichen Statistik resultieren aus Verwaltungshandeln (prozessproduzierte Daten wie Eheschließungsregister oder Sozialversicherungsdaten, siehe Kapitel XIII) oder werden durch Befragung von Privatpersonen und Unternehmen gewonnen. Soweit es sich um Befragungsdaten handelt, werden in der Regel Zufallsstichproben aus Adressenregistern gezogen. Anders als bei ADM-Stichproben aus der Wohnbevölkerung erfolgt die Auswahl also nicht per Random-Route und Schwedenschlüssel. Betrachten wir als Beispiel eine der wichtigsten amtlichen Erhebungen, den Mikrozensus. In Deutschland handelt es sich dabei um eine regelmäßig durchgeführte Befragung von Personen in einer Stichprobe von 1 % der Wohnbevölkerung. Die Stichprobe umfasst 820 000 Personen in 370 000 Haushalten. Gezogen wird eine einstufige Klumpen-Zufallsstichprobe von Haushalten. Die Klumpen sind Flächen («Auswahlbezirke»), die auf der Grundlage der letzten Volkszählung ermittelt werden. Innerhalb eines Auswahlbezirks werden alle Haushalte befragt, wobei Auskünfte zu allen im Haushalt lebenden Personen eingeholt werden. Mit dem Mikrozensus werden wichtige Basisdaten über Erwerbstätigkeit, Einkommen, Bildung, Wohnsituation, Verkehr, Gesundheit usw. erhoben, die nicht nur für Planungszwecke nützlich sind, sondern auch für die wissenschaftliche Forschung wachsende Bedeutung haben. Studien über Bildungschancen nach sozialen Klassen und Schichten, Einkommensdiskriminierung von Frauen, die soziale Lage der ausländischen Bevölkerung oder die Entwicklung auf dem Arbeitsmarkt verwenden oftmals Mikrozensusdaten oder andere amtliche Datenquellen (Beispiele in Lüttinger 1999; Wirth und Müller 2006). Diese Daten bilden eine wichtige Grundlage für wissenschaftliche Analysen der Sozialstruktur (Klein 2005).

Noch vor etwa zwei Jahrzehnten gab es u. a. aus Gründen des Datenschutzes keinen Zugang zu den Individualdaten der amtlichen Statistik. Weitergegeben wurden nur aggregierte Statistiken, z. B. die Durchschnittseinkommen von Personengruppen. Es galt das Prinzip vollständiger Anonymität, das im Bundesstatistikgesetz 1987 durch das Prinzip «faktischer Anonymität» ersetzt wurde. Damit ist gemeint, dass der Zugang zu Daten für wissenschaftliche Auswertungen möglich ist, wenn die Anonymität nur durch unverhältnismäßig hohe Kosten aufgehoben werden kann. Mit dem Prinzip der faktischen Anonymität wurde der Weg für sogenannte «Scientific Use Files» geebnet (Müller et al. 1991). Anonymisierte Mikrozensus-Stichproben sowie andere Erhebungen der amtlichen Statistik wie die «Einkommens- und Verbrauchsstichprobe», Stichproben aus der Beschäftigtenstatistik u.a. werden in «faktisch» anonymisierter Form für wissenschaftliche Sekundäranalysen zur Verfügung gestellt. Anonymisierte Teilstichproben können sogar direkt von der Internetseite des Statistischen Bundesamts als «Campus-Files» für Analysezwecke heruntergeladen werden.

Wer mit Individualdaten der amtlichen Statistik arbeitet, wird allerdings – wie meist bei Sekundäranalysen – mit Beschränkungen der Daten konfrontiert werden. Nicht immer werden genau die Merkmale erhoben und auch noch so operationalisiert, wie es für das eigene Forschungsziel wünschenswert wäre. Man möchte z. B. Eigenschaften des deutschen dreigliedrigen Schulsystems untersuchen, findet aber im Mikrozensus nur die internationalen Bildungskategorien nach Klassenstufen. Das ist zwar gut für Ländervergleiche, aber weniger gut für Studien des deutschen Bildungssystems (Wirth und Müller 2006). Außerdem werden in amtlichen Erhebungen selten Einstellungen und subjektive Überzeugungen erfragt.

Wirth und Müller (2006) streichen aber auch die Potenziale und großen Vorteile der Sekundäranalyse amtlicher Erhebungen heraus. Dazu zählen (a) der große Stichprobenumfang und dadurch bedingt (b) die Möglichkeit der Untersuchung spezieller Gruppen und Regionen, (c) die Auskunftspflicht von Personen in der Stichprobe bei Erhebungen wie dem Mikrozensus, (d) die Periodizität und (e) die Möglichkeit des Einbezugs von sozialem Kontext. Wie wir wissen, verringert sich mit dem Stichprobenumfang der Zufallsfehler der Schätzung. Dieser Vorteil fällt aber nur ins Gewicht, wenn keine systematischen Verzerrungen vorliegen. Obwohl es auch Gegenbeispiele gibt, dürften systematische Fehler bei amtlichen Stichproben eher seltener als bei Stichproben der Meinungsforschungsinstitute auftreten. Sofern eine gesetzliche Auskunftspflicht wie beim deutschen Mikrozensus besteht, erhält man sehr hohe

Ausschöpfungsquoten. Das Non-Response-Problem der Umfrageforschung (dazu weiter unten) ist beim deutschen Mikrozensus kein Problem. Deshalb wählt man den Mikrozensus auch als Referenzstichprobe, an der die Datenqualität von Umfragen bemessen werden kann. Der große Stichprobenumfang erlaubt weiterhin die Aufgliederung der Stichprobe in Teilgruppen mit spezifischen Merkmalen, z. B. Personen mit geringem Einkommen oder ältere Arbeitslose. Der Stichprobenumfang ermöglicht ferner eine Regionalisierung der Daten, z. B. die Untersuchung der Situation von Alleinerziehenden in Baden-Württemberg. Die meisten amtlichen Erhebungen werden mit dem gleichen Fragenprogramm über lange Zeiträume hinweg regelmäßig durchgeführt. Diese Periodizität ermöglicht die Analyse langfristiger Entwicklungen und des sozialen Wandels. Auch der Kontextbezug vieler amtlicher Erhebungen ist ein Aktivposten. So enthält der Mikrozensus Informationen über sämtliche Haushaltsmitglieder. Wegen der Klumpung kennt man auch die Eigenschaften der Haushalte in der Umgebung des Auswahlbezirks. Sowohl der Haushaltskontext als auch der nachbarschaftliche Kontext können dann mit individuellen Merkmalen verknüpft werden. Möchte man z. B. wissen, ob das Bildungsniveau eines Kindes mit dem Bildungsniveau der Schulkinder in der Umgebung korreliert, kann der räumliche Kontextbezug des Mikrozensus bei dieser Frage weiterhelfen. Seit der Öffnung des Zugangs zu den anonymisierten Individualdaten der amtlichen Statistik kann die wissenschaftliche Sozialforschung von qualitativ hochwertigen und umfangreichen Stichproben profitieren. Damit ergeben sich neue Chancen für die Sozialstrukturforschung in Bereichen wie Bevölkerung, Bildung, Einkommen, Arbeitsmarkt und die Prüfung von Hypothesen anhand großer Datensätze.[19]

19 Zur faktischen Anonymität, zur Sekundäranalyse amtlicher Daten, zu wichtigen amtlichen Erhebungen und dem Potenzial dieser Daten für die Prüfung von Hypothesen und andere wissenschaftliche Untersuchungen siehe den ausgezeichneten Überblick von Wirth und Müller (2006). Einen knappen, informativen Überblick zu wichtigen Datenquellen bietet Stauder (2005) in dem Lehrbuch von Klein (2005) zur «Sozialstrukturanalyse». Siehe zudem den Kommissionsbericht KVI 2001. Für aktuelle Informationen zum Mikrozensus und zu anderen amtlichen Erhebungen sei auch auf die Web-Seiten des Statistischen Bundesamts hingewiesen.

Fehlerquellen

In der Surveyforschung unterscheidet man im Allgemeinen drei Kategorien von Fehlerquellen (Henry 1990; Fowler 2001; Lavrakas 1993). Der Gesamtfehler («total survey error») setzt sich aus den folgenden Komponenten zusammen:

1. Zufallsfehler der Stichprobe («sampling variability»),
2. systematische Fehler aufgrund des Verfahrens der Stichprobenauswahl,
3. Verzerrungen, die nicht direkt durch das Auswahlverfahren produziert wurden («nonsampling bias»).

Eine differenziertere Systematik, die sich stärker am Prozess der Herstellung eines Surveys orientiert und insbesondere den dritten Punkt der obigen Dreiteilung weiter auffächert, wurde von Groves et al. (2004) vorgeschlagen. Etwas vereinfacht lautet die Liste möglicher Fehlerquellen:

1. Coverage-Fehler,
2. Stichprobenfehler
   a) Zufallsfehler der Stichprobe («sampling variability»),
   b) systematische Fehler aufgrund des Verfahrens der Stichprobenauswahl,
3. Fehler durch Non-Response,
4. Messfehler,
5. Fehler bei der Datenedition und Gewichtung.

Mit dem Konzept des «total survey error» wird versucht, die einzelnen Fehlerquellen stärker zu systematisieren und insgesamt einen Survey so zu planen, dass am Ende der Gesamtfehler möglichst gering ausfällt. Die Fehlertypologien sind nicht ganz einheitlich (vgl. z. B. Groves et al. 2004 und Weisberg 2005), und das Konzept ist speziell auf Befragungen, d. h. die Surveyforschung, zugeschnitten.

Wir befassen uns im Folgenden mit Fehlerquellen, die zum Thema «Stichprobenprobleme» zählen. Mit den Grundlagen der Messung haben wir uns ausführlich in Kapitel VI befasst. Messfehler bei der Befragung werden uns im folgenden Kapitel X noch genauer beschäftigen, und die Kontrolle und Fehlerbereinigung (Datenedition) wird im Schlusskapitel über die Datenauswertung angesprochen.

Wie wir wissen, treten Coverage-Fehler auf, wenn die Auswahlgesamtheit Teile der Zielpopulation ausschließt. Eine telefonische Bevölkerungsumfrage auf der Grundlage des Telefonbuchs z. B. schließt alle nicht eingetragenen Rufnummern aus sowie Haushalte, die kein Telefon besitzen. Mit vermutlich noch größeren Coverage-Problemen muss rechnen, wer Bevölkerungsumfragen (die Zielpopulation ist z. B. die erwachsene Bevölkerung) mit Online-Erhebungen durchführen möchte (Auswahlgesamtheit sind Internetnutzer). Der Verbreitungsgrad des Internets ist längst noch nicht so hoch wie der des Telefons, und Internetnutzer unterscheiden sich systematisch in puncto Alter, Bildung, Einkommen und Geschlecht von der übrigen Bevölkerung (dazu Kapitel X.11).

Der Coverage-Fehler lässt sich auch quantifizieren. Nehmen wir als Beispiel das mittlere Einkommen in einer Zielpopulation von Z Personen. In der Survey-Population sei der Mittelwert μ_C. Der Mittelwert für die Personen in der Undercoverage-Menge sei μ_U und ihre Anzahl U. Der Fehler («Bias») ist dann (Groves et al. 2004: 83):

$$\mu_C - \mu = (U/Z) \cdot (\mu_C - \mu_U)$$

Oder einfacher:

Coverage-Fehler = (Anteil Undercoverage) · (Mittelwertdifferenz zwischen Survey-Population und Undercoverage-Gruppe)

Wenn also die im Internet surfende Bevölkerung im Schnitt 500 € mehr verdiente als der Rest (d. h. $(\mu_C - \mu_U) = 500$) und jeder Zweite Zugang zum Web hat ($U/N = 0{,}5$), würde der Undercoverage-Fehler 250 € betragen.

Undercoverage kann sich, wenn auch in geringerem Maß, als Problem bei Stichproben nach dem Muster des ADM-Designs herausstellen. Ziel einer ADM-Auswahl ist die Gewinnung einer Stichprobe aus der Bevölkerung. Aber «Wer ist das Volk?», fragt Schnell (1991a) in einem akribisch recherchierten und äußerst instruktiven Beitrag zum Problem des Undercoverage. Aus praktischen Gründen bezieht sich die Definition der Grundgesamtheit im ADM-Design auf die Privathaushalte in der Bundesrepublik. Meist wird auf Personenebene die Population durch die Kriterien Alter und Nationalität noch weiter eingegrenzt. Die typische Definition der Grundgesamtheit lautet bei allgemeinen Bevölkerungsumfragen in Deutschland: «Alle in Privathaushalten lebenden Personen im Alter von 18 Jahren oder älter mit deutscher Staatsangehörigkeit». Das ist die Survey-Population der erwachsenen Bevölkerung. Unberücksichtigt bleiben Wohnsitzlose, psychisch Kranke in Anstalten, Heimbewohner, Gefängnisinsassen, Polizisten und Soldaten in Kasernen, Ordensleute und eine Reihe weiterer Bevölkerungsgruppen, da zur Population ja nur Privathaushalte gezählt werden. Schnell (1991a) hat versucht, den zahlenmäßigen Umfang dieser und anderer Gruppen wie «Schwererreichbare» und «Nichtbefragbare» (ein Bundeskanzler z. B. war vermutlich noch nie in einem Sample des ADM-Designs) abzuschätzen. Allein die «Anstaltsbevölkerung» bewegt sich, je nach Zählweise, in einer Größenordnung von ein bis zwei Prozent der Wohnbevölkerung. Sicher ist bei vielen Umfragen Undercoverage nicht die entscheidende Fehlerquelle. Bei speziellen Untersuchungen zur sozialen Schichtung, zu den Lebenslagen einzelner Bevölkerungsgruppen, Einkommen, Armut und Alter kann Undercoverage als Fehlerquelle aber ins Gewicht fallen. Zumindest sollte man sich dieser Problematik bewusst sein.

Non-Response

Große Kopfschmerzen in der Umfrageforschung bereitet die erhebliche Quote von Ausfällen durch Verweigerung oder Nichterreichbarkeit. Wir hatten schon beim Allbus 1980 gesehen, dass die *Bruttostichprobe* 4620 Haushalte umfasste. Realisiert wurden 2955 auswertbare *Interviews*. Von der Bruttostichprobe werden zunächst die *stichprobenneutralen Ausfälle* abgezogen. «Stichprobenneutral» sind z. B. Ausfälle, wenn das Kriterium der Populationszugehörigkeit nicht erfüllt ist (hier z. B. kein Privathaushalt, nichtdeutsche Haushalte etc.). Beim Allbus 1980 handelte es sich um 367 Adressen (Porst 2000). Der *Ausschöpfungsquotient* (Ausschöpfungsquote) A beträgt demnach:

$$A = \frac{\text{Anzahl ausgewerteter Interviews}}{\text{Bereinigter Bruttostichprobenumfang}} \cdot 100$$

$$A = \frac{2955}{4620 - 367} \cdot 100 = 69{,}5\,\%$$

Entsprechend liegt die *Ausfallquote (Non-Response)* bei 100 – A oder rund 30 %. 70 % Ausschöpfungsquote ist noch ein recht gutes Ergebnis, das keineswegs bei allen Umfragen erreicht wird. Bei persönlichen oder telefonischen Befragungen und ‹normaler› Survey-Population liegen die Ausschöpfungsquoten in der Regel zwischen 50 und 70 %.

Der Allbus wurde im Zweijahresrhythmus seit 1980 repliziert, wobei 1991 eine zusätzliche Befragung in Deutschland West und Ostdeutschland unternommen wurde. Grundlage der Stichprobenziehung ist das ADM-Design. Seit der ersten Befragung 1980 besteht eine Tendenz zur Verringerung der Ausschöpfungsquoten. Außerdem ist die erzielte Ausschöpfungsquote stark vom Institut abhängig, das für die technische Durchführung verantwortlich zeichnete (Tabelle IX.1).

Relativ deutlich zeigt sich ein steigender Trend bei der Nichterreichbarkeit, während die Quote der nichtkooperativen Personen (Verweigerungen) mit dem Institut variiert. Was sich hinter dem «Institutsfaktor» verbirgt, ist mit den Tabelleninformationen schwer zu beantworten.

Tabelle IX.1: Ausschöpfungsquoten bei der «Allgemeinen Bevölkerungsumfrage in den Sozialwissenschaften» (Allbus)

Befragungsjahr	**80**	**82**	**84**	**86**	**88**	**90**	**91**	**92**
Institut	Getas	Getas	Getas	Infra-test	GfM-Getas	Infas	Infra-test	Infra-test
Ausschöpfung	69,5	69,7	69,9	58,6	67,7	60,4	52,7	51,9
Nichtkooperative	17,8	19,3	19,2	25,8	16,5	21,7	25,0	26,5
Nichterreichte	11,6	9,9	9,8	12,2	14,8	15,5	20,3	18,3

Aus: Koch (1993: 97)

Möglicherweise bemüht sich Getas mehr als Infratest, oder bei Infratest wird weniger geschummelt als bei Getas.

Spielraum zur Interpretation oder Umgehung der Regeln besteht zunächst bei den Interviewern. Können sie die Adressen der zu befragenden Personen per Random-Route und Schwedenschlüssel selbst auswählen, besteht – wie wir wissen – die Gefahr, dass nicht erreichbare oder nicht befragungsbereite Personen durch auskunftsbereite Personen ersetzt werden. Dieser Vorgang ist kaum kontrollierbar, und natürlich wird darüber auch nicht Buch geführt. Dabei werden aber nicht nur die Regeln der Zufallsauswahl verletzt; auch die Ausschöpfungsquote wird unzulässig aufgeblasen. Deshalb macht es eigentlich nur Sinn, Ausschöpfungsquoten bzw. Non-Response-Raten zu berechnen, wenn vorab eine Liste der zu befragenden Personen existiert (siehe auch AAPOR 2000). Ausschöpfungsquoten bei Random-Route-Stichproben sind aus diesem Grund mit Vorsicht zu betrachten. Dagegen darf man den Response-Raten bei Registerstichproben mehr Vertrauen entgegenbringen. Es zeigt sich auch, dass die Ausschöpfungsquote bei Registerstichproben offenbar systematisch geringer ist als bei dem Random-Route-Verfahren. Die größere Qualität und ehrliche Berechnung wird bestraft, wenn nur auf die Höhe der Quote geschaut wird, ohne zu beachten, wie diese zustande kommt (Kaase 1999; Koch 2002; Mohler et al. 2003). Auch auf der Institutsebene kann manches getan werden, um die Ausschöpfungsquote in besserem Licht erstrahlen zu lassen. Dreh- und Angelpunkt sind die stichprobenneutralen Ausfälle. Wer viele Ausfälle in diese Kategorie packt, wird eine höhere Ausschöpfungsquote berichten können. Denn im Einzelfall ist gar nicht so leicht entscheidbar, ob ein Ausfall stichprobenneutral ist oder nicht (vgl. Kasten IX.3).[20]

Welche Probleme bereiten aber nun niedrige Ausschöpfungsquoten bei der inhaltlichen Interpretation von Ergebnissen? Es ist leicht einseh-

20 So geben Diekmann und Preisendörfer (1992) für die Bern-Münchner Umweltbefragung eine Ausschöpfungsquote von 72,5 % an. Brüderl (persönliche Mitteilung) hat unsere Rücklaufstatistik nach strikten Kriterien neu berechnet und kommt auf eine Ausschöpfungsquote von nur mehr 54,2 %. Soweit der Balken im eigenen Auge. Über den Splitter im Auge der Institute informiert Kasten IX.3. Ein Standardschema zur Berechnung von Ausschöpfungsquoten bei telefonischen Umfragen findet sich in Frey, Kunz und Lüschen (1990: 205 ff.). Genaue Regeln und Definitionen stellt die «American Association for Public Opinion Research» (AAPOR 2000) zur Verfügung. Das höchst differenzierte Schema sieht Kategorien für zahlreiche Gründe von Non-Response vor. Beispielsweise existiert eine eigene Kategorie für Personen, die ein Interview verweigern, weil sie ein Schweigegelübde abgelegt haben.

Kasten IX.3: Die Berechnung der Ausschöpfungsquote in der Praxis

Bruttostichprobe	8218	100 %
Kein Anschluss unter der Nummer	361	
Modem / Fax / Natel im Tunnel	28	
Telefonbeantworter	218	
Andere technische Probleme	89	
Kein Privathaushalt	294	
Gehört nicht zur Grundgesamtheit	1410	
Sprachproblem	291	
Nicht verfügbar: Krankheit	265	
Nicht verfügbar: abwesend	358	
Zielperson nicht erreichbar	82	
Stichprobenneutrale Ausfälle insgesamt	3396	41,32 %
Bereinigter Stichprobenansatz	4822	100 %
kein Interesse	718	
keine Auskunft zum Thema	166	
keine Zeit	383	
keine Auskunft am Telefon	233	
Hörer aufgelegt	145	
andere Verweigerung	146	
kein Kontakt nach 99 Versuchen	12	
Systematische Ausfälle insgesamt	1803	37,39 %
Durchgeführte Interviews und Ausschöpfungsquote	3019	62,60 %

Das Beispiel zeigt die Berechnung des Meinungsforschungsinstituts zur Ausschöpfung beim «Schweizer Umweltsurvey 1994». Nach der Institutsrechnung beträgt die Ausschöpfungsquote 62,6 %. Die vier Kategorien Telefonbeantworter, Krankheit, abwesend, nicht erreichbar wird man aber kaum zu den stichprobenneutralen Ausfallgründen rechnen können. Zählt man diese Kategorien zu den systematischen Ausfällen, dann vermindert sich die Ausschöpfungsquote auf 52,6 %! Rechnet man auch noch «Sprachprobleme» hinzu, erhalten wir eine Ausschöpfungsquote von 50 %.

bar, dass die Ausfälle in der Größenordnung von 40 % nicht zufällig erfolgen. So sind z. B. Singles in Ein-Personen-Haushalten und mobile Personen schwerer erreichbar und damit im Sample unterrepräsentiert. Die ausgewerteten Interviews sind also keine Zufallsstichprobe aus der Bruttostichprobe. Die letztlich resultierende Stichprobe ist damit je nach Merkmal mehr oder minder systematisch verzerrt. So weiß man, dass die Kooperationsbereitschaft mit dem Bildungsgrad ansteigt und in der Mittelschicht größer ist als ‹ganz oben› im Schichtungsgefüge. Der Vergleich mit der amtlichen Statistik zeigt, dass in Surveys der durchschnittliche Bildungsgrad der Bevölkerung nach oben verschoben ist. Auch für diesen Effekt hat man ein Etikett: Das berühmte «Mittelschichtsbias» von Umfragen (Hartmann 1990; Hartmann und Schimpl-Neimanns 1992).

Entsprechend dem Coverage-Fehler für Mittelwerte kann auch der Fehler durch Non-Response mit einer einfachen Formel dargestellt werden. Bezeichnen wir mit r_n die Non-Response-Rate (= Anzahl Non-Response / bereinigten Stichprobenumfang = (100 – A) / 100). $\bar{x}$ ist der Mittelwert in der gesamten Stichprobe (Response und Non-Response), $\bar{x}_a$ der Mittelwert der Personen mit «Response» und $\bar{x}_b$ der Mittelwert der Personen in der Non-Response-Gruppe. Dann beträgt der Non-Response-Fehler (oder «Non-Response-Bias»):

$$\bar{x}_a - \bar{x} = r_n(\bar{x}_a - \bar{x}_b)$$

Wie beim Coverage-Fehler ist auch das Non-Response-Bias das Produkt aus der Non-Response-Rate und der Differenz der Stichprobenmittelwerte der antwortenden und nicht antwortenden Personen. Wenn die Unterschiede zwischen beiden Gruppen gering sind, wird man auch bei hoher Non-Response-Rate weitgehend unverzerrte Ergebnisse erzielen. Leider gibt es dafür aber keine Garantie! Umgekehrt kann auch bei geringer Non-Response-Rate eine starke Verzerrung der Ergebnisse resultieren, falls die Mittelwertdifferenz sehr stark ausgeprägt ist. Natürlich ist die Verzerrung null, wenn kein Non-Response vorliegt oder die Mittelwerte in beiden Gruppen gleich sind. Man erkennt auch, dass die Ausschöpfungsquote oder Non-Response-Rate – selbst bei korrekter Berechnung – allein noch nicht über die Qualität eines Surveys Auskunft geben.[21]

21 Zu der Formel und ihrer Interpretation siehe Schnell (1997) sowie Groves et al.

$\bar{x}_a$ und $\bar{x}_b$ sind bei einer einzelnen Stichprobe natürlich unbekannt; sonst hätten wir ja kein Non-Response-Problem. Die Formel erlaubt nur, die Zusammensetzung des Fehlers transparenter zu machen und die Größe des Fehlers für hypothetische Werte abzuschätzen. Außerdem kann man den Fehler mit sogenannten Non-Response-Studien empirisch schätzen. Bei diesen Studien wird mit erheblichem Aufwand versucht, auch die zunächst nicht erreichbaren Personen oder diejenigen, die die Befragung nicht kategorisch verweigert haben, dennoch für ein Interview zu gewinnen.

In speziellen Populationen können die Ausschöpfungsquoten noch wesentlich geringer sein als in allgemeinen Bevölkerungsumfragen. Mit Elitenuntersuchungen wird z. B. versucht, quasi die «oberen Zehntausend» zu befragen. Meist konzentriert man sich auf Funktionseliten, d. h. die Inhaber von Spitzenpositionen in Politik, Wirtschaft, Verwaltung, Presse, Kirche, Wissenschaft usw. Schnell berichtet dazu einige Ausschöpfungsquoten. Im Bereich Wissenschaft liegt die Ausschöpfung immerhin bei 73 %. Nicht verwunderlich hingegen ist, dass Spitzenmilitärs im Generalsrang für Interviewer schwerer erreichbar sind; die Ausschöpfung beträgt hier gerade 25 %. Unterdurchschnittlich sind weiterhin die Ausschöpfungsquoten bei älteren Menschen, Sozialhilfeempfängern und den meisten sozialen Randgruppen (vgl. Schnell 1991a zu detaillierten Angaben).

Ein besonderes Problem sind die Ausfallquoten bei replikativen Umfragen. Hier bereiten nicht nur die Ausschöpfungsquoten selbst, sondern auch *Veränderungen in der Ausschöpfung* Schwierigkeiten bei der Interpretation der Ergebnisse. So ermittelt Koch (1993) mit den Allbus-Daten, dass sich der Anteil der Befragten, die sich der Unter- oder Arbeiterschicht zurechnen, in den 80er Jahren rückläufig entwickelt hat (1982: 35 %, 1991: 24 %). «Die Einbeziehung der Ausschöpfungsquote ergibt, dass für diesen Trend die Veränderung in der Ausschöpfungsquote – und nicht tatsächlicher Wandel – verantwortlich ist. Je geringer die Aus-

(2004: 59). In dem Buch von Schnell findet man eine ausführliche Diskussion der Non-Response-Probleme. Vgl. weiterhin auch die Aufsatzsammlung von Koch und Porst (1998).

schöpfung, desto niedriger der Anteil der Befragten aus der Unter- oder Arbeiterschicht», lautet eines der Ergebnisse der Analysen von Koch (1993: 89). Da die Ausschöpfungsquoten institutsabhängig sind, wäre bei replikativen Trend-Umfragen zu empfehlen, das Institut auch dann nicht zu wechseln, wenn es relativ schlechte Arbeit leistet. Paradoxerweise ist unter der Voraussetzung gleichbleibend schlechter Leistungen eine bessere Vergleichbarkeit der Ergebnisse zu erwarten. Das gilt jedenfalls dann, wenn das Institut bzw. die Interviewer immer die gleichen Fehler machen und nicht das Risiko eingehen, alte Fehler abzustellen oder neue zu erfinden. Noch besser ist es natürlich, gleich zu Beginn eines replikativen Surveys das für diese Aufgabe bestgeeignete Institut sorgfältig auszuwählen nach der Devise: «Drum prüfe, was sich ewig bindet!»

Was kann man gegen das Ärgernis Non-Response tun? Die beste Möglichkeit ist, die Ausfallquote zu senken. Dies ist zwar nur eine tautologische Umformulierung des Problems, hat aber etwas für sich. Die Tabelle zu den Ausschöpfungsquoten beim Allbus zeigt, dass bis zu 20 % der potenziellen Interviewpartner nicht erreicht werden. Das ist gerade der mobile und wenig häusliche Teil der Bevölkerung. Mehr Kontaktversuche (üblich sind bei persönlichen Interviews drei bis sechs) und der ergänzende Einsatz der telefonischen und schriftlichen Befragung könnten die Ausfallquote reduzieren. Auch zur Erhöhung der Kooperationsbereitschaft gibt es Mittel. Wohl aus ökonomischen Erwägungen heraus ist z. B. bei Ärzten die Verweigerungsrate überdurchschnittlich hoch.[22] Bei Ärztebefragungen ist es gar nicht unüblich, die interviewten Personen zu bezahlen (Dorroch 1994). Warum auch nicht? Schließlich opfert ein Interviewpartner gut eine Stunde seiner Zeit für eine häufig kommerziell ausgerichtete Umfrage. Bei kommerziellen Umfragen bilden die Befragten die einzige und wichtigste Personengruppe, die im Allgemeinen für ihre Bemühungen zum Gelingen der Umfrage nicht entschädigt werden.

22 Abgesehen von teilweise kasernierten Gruppen wie Soldaten und Polizisten sind Ärzte und Hausmeister die am stärksten im Allbus unterrepräsentierten Berufsgruppen. Warum Hausmeister? Weil sich ihre Privathaushalte häufig in Institutionen (Schulen, Krankenhäuser) befinden, die beim ADM-Design ausgespart werden (Schnell 1991a).

Mit Entschädigungen, sei es in Form eines Geschenks oder in bar, kann die Kooperationsbereitschaft zweifellos erhöht werden. Nur: Alle diese Maßnahmen kosten. Eine Umfrage mit persönlichen Interviews ist bei Zufallsauswahl, persönlicher Befragung und einem Sample mit 2000 realisierten Interviews heute kaum unter 150000 Euro zu haben. Werden die verschiedenen Möglichkeiten zur Senkung der Ausfallquote ausgeschöpft, dann könnte sich der Preis nochmals verdoppeln. Gute Bevölkerungsumfragen sind dann eben teurer als manche «Quick-and-dirty-Studien» in der Markt- und Meinungsforschung.[23]

Will man mit Umfragen für wissenschaftliche Zwecke deskriptive Anteilswerte und Verteilungen in der Population weniger verzerrt schätzen, dann muss man dafür auch die entsprechenden Mittel einkalkulieren. Sind die Daten wie beim Allbus für wissenschaftliche Auswertungen allgemein verfügbar, dann vermindern sich auf der anderen Seite auch die realen Kosten pro Forscherteam. Auch in den Naturwissenschaften sind heute Gemeinschaftsprojekte, die von mehreren Forschergruppen genutzt werden, die Regel. In den Sozialwissenschaften sollte man in dieser Hinsicht nicht anders denken. In Deutschland wurde mit dem Allbus und dem Sozioökonomischen Panel bereits ein großer Schritt in die Richtung kollektiver Forschungsinvestitionen unternommen, deren Resultate von einzelnen Forschergruppen individuell genutzt werden können. Und zweifellos kann der Allbus, trotz sinkender Ausschöpfung und mancher Fehlerquellen, als eines der sorgfältigsten und bestdokumentierten Umfrageprojekte gelten.

Um Missverständnisse zu vermeiden, sei noch auf einen weiteren Punkt hingewiesen. Non-Response ist vor allem ein Problem bei der Schätzung von Mittelwerten und Anteilswerten vieler (aber nicht aller) Merkmale der Population. Anders formuliert ist mit Verzerrungen besonders bei der Schätzung von Randverteilungen zu rechnen. Das Hauptinteresse der Sozialwissenschaften gilt aber der Untersuchung von Zusammenhängen zwischen Variablen (Korrelationen, multivariate Statistiken usw.). Zusammenhänge werden nun durch Non-Response weniger verzerrt als Randverteilungen. Die Schätzung von Korrelationen ist gegenüber syste-

23 Bei den regelmäßigen Umfragen zur Verbreitung von Medien (Media-Analyse) ist ein hoher Präzisionsgrad äußerst wichtig. Von den Ergebnissen hängen nämlich die Werbeeinnahmen ab, bekanntlich ein Multi-Millionen-Geschäft. Hier wird mit erheblichen Anstrengungen und Kosten eine Ausschöpfungsquote von über 85 % erzielt (vgl. Rothe und Wiedenbeck 1994).

matischen Stichprobenfehlern in der Regel robuster als die Schätzung von Mittelwerten und Anteilen. Ist mithin das Ziel einer Untersuchung die Schätzung der Richtung und Stärke von Zusammenhängen, dann ist Non-Response in der Regel nicht die typische Fehlerquelle.

Ein Beispiel ist die erstaunlich robuste Schätzung des Effekts der Schulbildung und Ausbildung (Bildungsjahre) auf das Einkommen unter Berücksichtigung von Drittvariablen wie Berufserfahrung, Arbeitszeit und Geschlecht. Ob Allbus, Mikrozensus oder andere Datenquellen: Fast immer erhält man Schätzungen in der Größenordnung von ungefähr sieben bis acht Prozent Mehreinkommen pro Bildungsjahr (Ertragsrate auf Bildung). Dabei ist die Erfassung des Einkommens in Umfragen besonders kritisch. Der Mittelwert dürfte wegen Undercoverage, Non-Response und Befragungsfehlern verzerrt sein. In geringerem Maß trifft dies offenbar auf die Schätzung der Stärke von Zusammenhängen zu (vgl. auch Büchel 2000).

Die Einkommensschätzung ist auch ein gutes Beispiel für das Problem von *Item-Non-Response.* Bisher sind wir davon ausgegangen, dass geplante Interviews hauptsächlich wegen Verweigerung oder Nichterreichbarkeit vollständig ausfallen. Neben dieser *Unit-Non-Response* kommt es häufig vor, dass zwar in das Interview eingewilligt wird, die befragte Person aber die Beantwortung einzelner Fragen verweigert (Item-Non-Response). Bei der Einkommensfrage wird die Antwort in allgemeinen Bevölkerungsumfragen meist von 20 bis 30 % der Befragten verweigert.

Die Kombination von Unit-Non-Response und Item-Non-Response kann insgesamt zu einer drastischen Absenkung der Ausschöpfungsquote bezüglich einzelner Fragen führen. Liegt die Ausschöpfungsquote der Umfrage bei 70 % und antworten von den Befragten wiederum 70 auf die Einkommensfrage, dann erreicht die Ausschöpfung bei dieser Frage gerade den Wert von $0{,}7 \cdot 0{,}7 = 0{,}49$ oder rund 50 %. Die Ausschöpfungsquote der Umfrage ist somit nur eine Obergrenze der fragenspezifischen Quoten, die zur Beurteilung des Grads der Annäherung an eine Zufallsstichprobe eigentlich von Interesse sind. Auch zur Verminderung von Item-Non-Response existieren verschiedene Techniken, die aber meist mit einem entsprechenden Mehraufwand verbunden sind (Kapitel X).

Gewichtung

Zur Schätzung von Populationsparametern (Prozentanteile, Mittelwerte usw.) werden die Rohdaten der Stichprobe häufig gewichtet. Wir können drei verschiedene Arten der Gewichtung unterscheiden, wobei aber die Prozeduren (2) und (3) äußerst umstritten sind:

1. Theoretisch-statistische Gewichtung aufgrund der bekannten Auswahlwahrscheinlichkeiten gemäß Stichprobenplan (Designgewicht),
2. Nachgewichtung (Redressment),
3. Gewichtung aufgrund einer empirischen Hypothese.

Haben bei einer Zufallsstichprobe die Elemente der Population nicht die gleiche Chance, in der Stichprobe berücksichtigt zu werden, und sind die von null verschiedenen Wahrscheinlichkeiten der Auswahl bekannt, so kann die Ungleichwahrscheinlichkeit der Auswahl durch eine Gewichtung korrigiert werden. Werden andere, systematische Fehlereinflüsse außer Betracht gelassen, dann führt diese Art der Gewichtung zu unverzerrten Schätzungen von z. B. Anteilswerten und Mittelwerten in der Population. Die Gewichtung zur Korrektur ungleicher, bekannter Auswahlwahrscheinlichkeiten erfolgt auf sicherem statistisch-theoretischen Grund (Rothe und Wiedenbeck 1994). Ein Beispiel dafür haben wir schon im Zusammenhang mit dem ADM-Design kennengelernt. Wird die Zielperson der Befragung im Haushalt z. B. mit dem Schwedenschlüssel ausgewählt, dann ist die Auswahlwahrscheinlichkeit im Haushalt 1 / m, wobei m die Haushaltsgröße bezeichnet. Ohne Gewichtung wären theoretisch (bei gleicher Erreichbarkeit der Haushalte) Personen aus kleinen Haushalten in der Stichprobe überproportional vertreten. Durch die Gewichtung mit der Haushaltsgröße wird diese Verzerrung ausgeglichen.

Völlig anders als bei der beschriebenen theoretisch-statistischen Gewichtung verhält es sich bei der sogenannten *Nachgewichtung*. Mit diesem Verfahren, auch *Redressment* genannt, werden die Verteilungen der Stichprobe nachträglich an bekannte Verteilungen der Grundgesamtheit (Altersklassen, Geschlecht, Bildung usw.) angepasst. Man gewichtet die Fälle in der Stichprobe also so, dass die Verteilungen in der Stichprobe mit den Angaben z. B. der amtlichen Statistik übereinstimmen.

In einer Stichprobe aus der allgemeinen Bevölkerung mit dem Umfang N = 1000 z. B. sind 30 % Männer und 70 % Frauen. Möglicherweise handelt es sich um eine ‹schnelle› Telefonumfrage unter Verzicht auf eine Zufallsauswahl im Haushalt. Befragt wird, wer sich am Telefon meldet. Bei Anrufen tagsüber wird man dann mehr Frauen als Männer erreichen. Das sieht unschön aus und wird so vom Auftraggeber der Meinungsumfrage nicht als ‹repräsentativ› akzeptiert, denkt sich der Projektleiter des Meinungsforschungsinstituts. Also wie üblich nachgewichten.

Aus der amtlichen Statistik ist bekannt, dass die Relation von Frauen zu Männern in der Population 53:47 beträgt. Also werden die männlichen Interviews hochgewichtet und die Interviews der Frauen runtergewichtet. Bei der Berechnung von Prozentzahlen und Mittelwerten wird für ein Männer-Interview ein Gewicht von 1,57 (47 / 30) und für die Frauen ein Gewicht von 0,76 (53 / 70) eingesetzt. Die Verteilung der Geschlechter in der Stichprobe ist nun wie 53:47.

Ergibt sich z. B. für das Durchschnittseinkommen der Männer ein Mittelwert von 4500 Euro und für die Frauen von 3000 Euro, dann erhalten wir als ungewichteten Mittelwert:

$\bar{x} = 0{,}30 \cdot 4500 + 0{,}70 \cdot 3000 = 3450$

Mit dem Gewicht zur Anpassung der Geschlechtsverteilung an die Verteilung in der Population lautet die Schätzung:

$\bar{x}_{gew.} = 1{,}57 \cdot 0{,}30 \cdot 4500 + 0{,}76 \cdot 0{,}70 \cdot 3000 = 3716$

Ob die letztere Schätzung besser, d. h. weniger verzerrt ist, lässt sich allerdings statistisch überhaupt nicht rechtfertigen. Ähnlich wie das Quotenverfahren sind derartige Redressments nur pragmatisch begründbar. Häufig wird die vielgeübte Praxis der Nachgewichtung auch einfach nur deshalb angewendet, um systematische Verzerrungen in der Stichprobe zu kaschieren (siehe auch Alt und Bien 1994; Gabler, Hoffmeyer-Zlotnik und Krebs 1994).

Ein Beispiel für die Gewichtungsprozedur aufgrund einer empirischen Hypothese ist die in der Wahlforschung übliche Praxis, mit dem Resultat der «Recallfrage» zu gewichten. Erfragt wird per Rückerinnerungsfrage (Recallfrage), wie sich die interviewten Personen bei der letzten Wahl entschieden haben (Tabelle IX.2, Zeile 2). Aus dem Vergleich der Rückerinnerung mit dem tatsächlichen Wahlergebnis wird dann ein Gewicht konstruiert. Wird eine Partei bei der Rückerinnerung unterschätzt, so kann mit dieser Information die Antwort auf die «Sonntagsfrage» («Wenn am nächsten Sonntag Bundestagswahl [Landtagswahl] wäre, welcher Partei würden Sie dann Ihre Stimme geben?») entsprechend hochgewichtet werden. Ist die Rückerinnerung nach oben verzerrt, so werden die Antworten runtergewichtet. Ein einfaches Schema zur Verdeutlichung des Prinzips zeigt Tabelle IX.2.

Tabelle IX.2: Gewichtung mit der Recallfrage

	FDP	Grüne	SPD	CDU	Sonstige
(1) Wahlergebnis	6	8	38	42	6
(2) Rückerinnerung	3	8	35	45	9
(3) Gewichtungsfaktor (1) / (2)	2	1	38/35	42/45	6/9
(4) Verteilung in der Stichprobe («Sonntagsfrage»)	2,5	9	36	44	8,5
(5) Verteilung nach Gewichtung mit Recallfrage (4) · (3)*	5	9	39	41	5,7

* Das Verfahren garantiert nicht die Addition der Prozentwerte zu 100. Dazu sind noch weitere Korrekturen erforderlich. Die Wahlforschungsinstitute verwenden noch weitere Gewichtungsprozeduren und ‹Daumenregeln›. Die Gewichtungsformel wird in der Regel nicht veröffentlicht. Die meisten Institute (Ausnahme Forschungsgruppe Wahlen in Mannheim) publizieren nicht einmal die Rohwerte.

Dieser Gewichtungsprozedur liegt die empirische Hypothese zugrunde, dass die Rückerinnerungsverzerrung in Richtung und Stärke dem Bias der Sonntagsfrage entspricht. Die Wahlforschungsinstitute verwenden noch weitere, parteienspezifische Korrektur- und Daumenregeln, die als Betriebsgeheimnis gehütet werden.

Vor allem der FDP wird per Pi-mal-Daumen ein Aufschlag bis zu 100 gewährt. Aus drei Prozent in der Umfrage werden dann sechs Prozent im Ergebnis. Dass die Gewichtungen bei Wahlprognosen mittels Umfrage (nicht bei Hochrechnungen am Wahlabend) ein «erhebliches Gewicht» haben, bringt eine Passage aus einem Interview mit Noelle-Neumann im «Rheinischen Merkur» (37/1987, zitiert nach Ulmer 1990) zum Ausdruck:

«(...) nach der Theorie der Schweigespirale gewichten wir unsere Ergebnisse um nach Meinungsklimadruck. Zwischen dem, was wir an Rohergebnissen erhalten, und dem, was wir als Prognose veröffentlichen, liegt manchmal eine Differenz von zehn oder elf Prozent. Denken Sie sich, wir würden die um zehn oder elf Prozent abweichenden Ergebnisse veröffentlichen!»

Ob die Gewichtung das Ergebnis verbessert, hängt davon ab, inwieweit die jeweils unterstellten Gewichtungshypothesen empirisch zutreffend sind. Wegen der Geheimhaltung der Gewichtungsformeln können die Hypothesen kaum unabhängig und objektiv geprüft werden. Die von den Instituten gehüteten Gewichtungsformeln haben mehr mit Okkultismus als mit Wissenschaft zu tun (siehe auch Ulmer 1990).

Repräsentative Stichproben?

Markt- und Meinungsforschungsinstitute sprechen gerne vom «repräsentativen Querschnitt», von einer Stichprobe als «verkleinertem Abbild der Bevölkerung» oder von «repräsentativen Stichproben». Gemeint sind damit in der Regel Zufallsstichproben oder häufiger noch Quotenstichproben. Eine Stichprobe «repräsentiert» aber niemals sämtliche Merkmalsverteilungen der Population. Das ist bereits aus logischen Gründen für die Kombination weniger Merkmale ausgeschlossen. Die Elemente der Population sind aber durch eine Vielzahl von Merkmalen charakterisierbar. In einer endlichen Stichprobe können unmöglich alle diese Merkmalsverteilungen repräsentiert werden. Die Redeweise von der «repräsentativen Stichprobe» ist nicht mehr als eine Metapher, eine bildhafte Vergleichung. In der Statistik ist der Begriff der «repräsentativen Stichprobe» kein Fachbegriff. Man spricht von Zufallsstichproben oder einer Wahrscheinlichkeitsauswahl, aber streng genommen nicht von repräsentativen Stichproben.

Wenn man sich der Probleme bewusst ist, kann man die bildhafte Redeweise von der Repräsentativstichprobe verwenden. Wichtiger aber ist, dass man in einer Untersuchung genau die Art der Stichprobentechnik und weitere Charakteristika der Methode angibt. Dazu zählen: (1) die Angabe der Stichprobentechnik wie Zufalls- oder Quotenauswahl. Handelt es sich um ein Quotensample, sollten (2) auch die Quotenmerkmale mitgeteilt werden.

Handelt es sich um eine Zufallsstichprobe, dann sollte die Ausschöpfungsquote angegeben werden. (3) Selbstverständlich ist über die Zahl der realisierten Interviews zu berichten. (4) Bei Surveystudien sollte weiterhin die Erhebungsmethode (telefonische oder persönliche Befragung) erwähnt werden. (5) Werden Gewichtungsverfahren verwendet, so sind diese mitzuteilen. Und (6) sollte jeweils der genaue Fragetext mit Antwortkategorien angegeben werden. In einem Forschungsbericht erwartet man selbstverständlich genaue Erläuterungen zu den genannten Aspekten. Aber auch bei Pressemitteilungen sollten gewisse Mindestnormen gelten, damit zumindest ‹aufgeklärte› Leserinnen und Leser sich ein eigenes Urteil bilden können. Angesichts der zahlreichen Fehlerquellen von Umfragen ist mehr Transparenz gefordert: Selbst bei einfachen Lebensmitteln wie Joghurt oder Konfitüre findet man im Sinne des Verbraucherschutzes auf der Verpackung eine Liste der Inhaltsstoffe. Nur bei Veröffentlichungen von Meinungsumfragen muss man heute, selbst in anspruchsvollen Medien, sozusagen die Katze im Sack kaufen. Da ist eine Portion Skepsis gegenüber den Ergebnissen «repräsentativer» Umfragen, mit denen wir täglich von den Medien überschüttet werden, durchaus angebracht.

Mit repräsentativen Umfragen möchte man etwas über die Verteilungen in der Population in Erfahrung bringen. Auch für sozialwissenschaftliche Forschungen sind deskriptive Kenntnisse der Sozialstruktur, der sozialen Schichtung der Bevölkerung, der Verteilung von Bildungschancen u. a. m. von größtem Interesse. Richtet sich dagegen die Aufmerksamkeit auf die Prüfung von Zusammenhangshypothesen, wohl das primäre Ziel akademischer Forschung, sind repräsentative Stichproben häufig ohnehin entbehrlich.[24] Werden z. B. Wenn-dann-Hypothesen als Allsätze ohne raumzeitliche Begrenzung formuliert, so umfasst die Population dem Anspruch nach die gesamte Menschheit in Vergangenheit, Gegenwart

24 Es sei denn, es interessiert die Richtung und Stärke von Zusammenhängen in einer definierten Population, z. B. die Korrelation zwischen der sozialen Schicht und dem Stimmverhalten bei deutschen Wählern zu einem bestimmten Zeitpunkt.

und Zukunft. Die Ziehung einer Repräsentativstichprobe wäre hier prinzipiell nicht möglich. Testet man die Hypothese z. B. an einer Zufallsstichprobe aus der deutschen Bevölkerung, so handelte es sich immer noch in Bezug auf die Hypothese um eine spezielle soziale Gruppierung. Bei Hypothesentests denkt man daher auch weniger über «Repräsentativität» nach als vielmehr über adäquate Designs der Varianzkontrolle und die Ausschaltung von «Störfaktoren». Ist zur Schätzung von Verteilungen in der Grundgesamtheit das Ideal die Zufalls*stichprobe* nach dem Lotteriemodell, so ist das ideale Design zur Prüfung von Hypothesen das Experiment mit einer Zufalls*aufteilung* auf die Versuchs- und Kontrollgruppe. Die Personen, die an Experimenten teilnehmen, werden dagegen höchst selten repräsentativ ausgewählt. Das ist für Hypothesentests auch gar nicht erforderlich. Allerdings erfordern strenge Tests von Hypothesen, dass Versuchspersonen nicht immer der gleichen sozialen Gruppe entstammen.

«Repräsentative» Stichproben, vor allem Zufallsstichproben, sind in der Praxis der Sozialforschung wichtig für bestimmte Zwecke: zur Schätzung von Verteilungen, also z. B. Anteils- oder Mittelwerten in der Population. Für andere Zwecke, wie die Prüfung allgemeiner Hypothesen, sind Repräsentativstichproben meist entbehrlich. Wenn man dazu noch bedenkt, dass «repräsentative Querschnitte» im Wortsinn nicht existieren, kann man mit einiger Berechtigung auch von einem Mythos der repräsentativen Stichprobe sprechen.

C. Datenerhebung

X. Befragung

1. Stellenwert in der Sozialforschung

Man hat das Interview gern als ‹Königsweg› der Sozialforschung bezeichnet. Das klingt schon deshalb gut, weil die Formulierung von Rene König (1972) stammt, einem der Begründer der modernen Sozialforschung im Deutschland der Nachkriegszeit. Das Interview ist freilich eine ausgesprochen reaktive Erhebungsmethode. Wie wir noch sehen werden, sind die Interviewsituation, das Interviewerverhalten und die Art und Weise der Konstruktion des Messinstruments selbst, also der Fragebogen, nicht ohne Einfluss auf die Antwortreaktionen. Kritiker reaktiver Methoden wie Lück und Bungard (1978) sprechen gar davon, dass sich die Befragung «heute oft als Holzweg» erweise. Ob nun aber «Königsweg» oder «Holzweg», in der Sozialforschung ist die Befragung auf jeden Fall der meistbeschrittene Weg (siehe Kasten X.1).

Eine inhaltsanalytische Auswertung der drei deutschen allgemeinen soziologischen Fachzeitschriften (Kölner Zeitschrift für Soziologie und Sozialpsychologie, Zeitschrift für Soziologie, Soziale Welt) liefert dazu ein klares Bild. Die Auszählung sämtlicher Artikel der fünf Jahrgänge 1989 bis 1993 bestätigt den Spitzenplatz der Befragung mit weitem Abstand vor alternativen Erhebungsmethoden. Eine Auswertung der empirischen Arbeiten in ökonomischen Fachzeitschriften wird vermutlich nicht zu anderen Ergebnissen führen. Allenfalls in der Psychologie werden in experimentellen Untersuchungen noch häufiger Beobachtungstechniken eingesetzt, wobei aber auch hier die Befragung als Methode der Datenerhebung dominiert. Der empirische Befund zur Häufigkeit der Anwendung bestimmter Methoden heißt natürlich noch nicht, dass die am häufigsten eingesetzte Erhebungsmethode auch immer – im Hinblick auf das Forschungsziel – die geeignetste Methode darstellt.

Zur Erhebung sozial- und wirtschaftsstatistischer Daten, bei allgemeinen Bevölkerungserhebungen und zur Erforschung von Einstellungen und Meinungen ist die Methode der Befragung aber wohl – trotz aller Kritik – unverzichtbar. Unsere Kenntnisse der Sozialstruktur und sozialen Schichtung, der Mobilität und Bildungschancen und anderer sozialstruktureller Merkmale und Zusammenhänge sind hauptsächlich das Ergebnis quantitativer Bevölkerungsbefragungen.

Kasten X.1: Erhebungsmethoden nach der Häufigkeit der Anwendung in der wissenschaftlichen Sozialforschung

Eine Auswertung von Artikeln in Fachzeitschriften kann uns ein genaueres Bild liefern, welche Erhebungsmethoden in der wissenschaftlichen Sozialforschung bevorzugt eingesetzt werden. Unsere Inhaltsanalyse beschränkt sich auf die drei deutschen, allgemeinen soziologischen Fachzeitschriften. Dies sind die «Kölner Zeitschrift für Soziologie und Sozialpsychologie» (KZfSS), die «Zeitschrift für Soziologie» (ZfS) und die «Soziale Welt» (SW). Für die fünf Jahrgänge 1989 bis 1993 wurden sämtliche Artikel berücksichtigt, insgesamt 445 Aufsätze. Von diesen berichten 184 oder 41 % Ergebnisse eigener Analysen empirischer Daten. Wurden in einem Artikel mehrere Methoden erwähnt, so wurden diese auch mehrfach gezählt. In den 184 empirischen Arbeiten finden sich so 235 Methodenanwendungen. Eindeutig dominiert die Befragung, insbesondere die quantitative, strukturierte und persönliche Befragung. Die folgende Graphik zeigt die Verteilung auf die einzelnen Erhebungsmethoden:

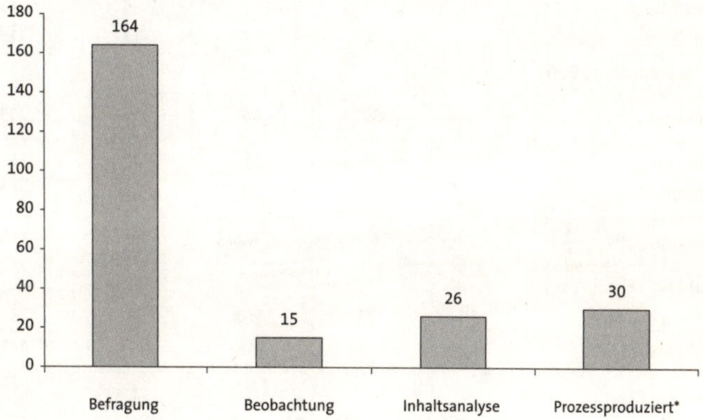

* Prozessproduziert: nichtreaktive, meist amtliche Daten (z. B. Angaben zur Arbeitslosigkeit von statistischen Ämtern, Personaldaten von Unternehmen usf.)

Unterscheiden wir nach Zeitschriften, so ist zunächst einmal der Anteil empirischer Arbeiten in der «Kölner Zeitschrift» und der ZfS erwartungsgemäß höher als in der «Sozialen Welt». Das Verhältnis quantitativer zu qualitativen Methoden ist zugunsten ersterer Methoden am deutlichsten in der «Kölner Zeitschrift» ausgeprägt. Auch in der ZfS dominieren die quantitativen Methoden. Nur in der «Sozialen Welt» ist das Verhältnis umgekehrt. Auffallend ist weiterhin, dass es sich bei den relativ wenigen Anwendungen der Beobachtung sämtlich um nichtstrukturierte, qualitative Beobachtungstechniken handelt. Auch die Methode telefonischer Befragung wird in dem Untersuchungszeitraum noch recht selten zugrunde gelegt, ganz im Gegensatz zum Trend vermehrter Anwendung telefonischer Interviews in der Markt- und Meinungsforschung (Abschnitt 9). Der Grund ist vermutlich, dass ein Großteil der Artikel, die Befragungsdaten verwenden, auf Erhebungen basieren, die Ende der 1970er oder Anfang der 1980er Jahre konzipiert wurden (z. B. das Allbus-Projekt oder das Sozioökonomische Panel). Über die Häufigkeitsverteilungen nach Methoden und Zeitschriften informiert die nachfolgende Tabelle.

	KZfSS	ZfS	SW	Alle
Befragung	66	65	33	164
Beobachtung	2	9	4	15
Inhaltsanalyse	8	7	11	26
Prozessproduzierte Daten	13	9	8	30
zusammen	89	90	56	235
quantitativ	75	55	23	153
qualitativ	14	35	33	82
Anteil qualitativ	16 %	39 %	59 %	35 %
Anzahl Artikel mit Analyse empirischer Daten	72	70	42	184
Anzahl Artikel	154	155	134	445
Anteil empirisch	47 %	45 %	31 %	41 %

Sämtliche Artikel Im Erhebungszeitraum 1989 bis 1993. Mehrere Methodenanwendungen in einer Arbeit wurden mehrfach gezählt.

Prozent qualitativ nach Methode: Beobachtung (100 %), Inhaltsanalyse (62 %; 16 von 26), Befragung (31 %; 51 von 164), prozessproduzlerte Daten (0 %).

Prozent spezielle Methoden: Sekundäranalyse von Befragungsdaten (30 %; 49 von 164), schriftliche Befragung (9 %; 15 von 164), telefonische Befragung (2 %; 3 von 164).

Die Untersuchung wurde auf Anregung des Verfassers von Vincenza Trivigno durchgeführt. Die Details werden beschrieben in Trivigno (1995).

2. Formen der Befragung

Nach der Art der Kommunikation können zunächst drei Typen von Befragungen unterschieden werden:

1. das persönliche «Face-to-face»-Interview,
2. das telefonische Interview,
3. die schriftliche Befragung («questionnaire»).

Das *persönliche Interview,* wie wir das Face-to-face-Interview kurz bezeichnen wollen, war in der Vergangenheit die am meisten verbreitete Befragungsmethode. Neuerdings hat sich aber das Gewicht zugunsten des *Telefoninterviews* verschoben. In den westlichen Ländern mit hoher Netzdichte (mehr als 90 % der Haushalte haben einen Telefonanschluss) werden persönliche Interviews in zunehmendem Maße durch telefonische Befragungen ersetzt. Zwar seltener eingesetzt als die telefonische oder persönliche Interviewmethode, ist bei der schriftlichen Befragung auch als eigenständiger Erhebungsmethode ein «Comeback» zu beobachten. Seit Untersuchungen nachgewiesen haben, dass die Rücklaufquote einer schriftlichen Befragung durch geeignete Maßnahmen auf ein Niveau erhöht werden kann, das der Ausschöpfungsquote persönlicher oder telefonischer Umfragen entspricht, wird die schriftliche Befragung nicht mehr nur als billige Notlösung angesehen.

Befragungen können ferner nach dem Grad der Strukturierung oder Standardisierung unterschieden werden. Dabei handelt es sich um ein Kontinuum mit den Polen «vollständig strukturiert» auf der einen und «unstrukturiert, offen» auf der anderen Seite. Bei einem vollständig strukturierten Interview werden (a) alle Fragen mit (b) vorgegebenen Antwortkategorien in (c) festgelegter Reihenfolge gestellt. Offene Interviews erfordern dagegen nur minimale Vorgaben, im Extremfall nur die Vorgabe eines Themas der Befragung. Alles andere wird dann dem Gesprächsverlauf überlassen.

Objektivität, Reliabilität und Validität (Kapitel VI) sind Ansprüche, denen das Messinstrument «Fragebogen» in möglichst hohem Grad gerecht werden sollte. Im Gegensatz zu unstrukturierten Interviews wird die Standardisierung des Messinstruments den Kriterien der Objektivität und Reliabilität wohl stärker Rechnung tragen. Werden in standardisierten Interviews allen befragten Personen die gleichen Fragen in der gleichen Reihenfolge und bei geschlossenen Fragen auch die jeweils gleichen Antwortkategorien vorgelegt, so sollten im Idealfall die Antwortreaktionen und letztlich die Daten unabhängig davon ausfallen, welche Person das Interview durchführt und welche Person das Interview auswertet. Dass das Ideal der «Objektivität» in der Praxis nicht immer erreicht wird, werden wir einer Reihe von Beispielen noch entnehmen. Durch die Standardisierung von Interviews wird aber angestrebt, dass der Grad der Objektivität – bekanntlich die Voraussetzung für reliable und valide Messungen (Kapitel VI) – einen möglichst hohen Wert aufweist.

Die Standardisierung fordert aber auch einen Preis. So erhält man bei geschlossenen Fragen keine Informationen jenseits des Spektrums der vorgelegten Antwortkategorien. Die Konstruktion standardisierter Interviews ist nur dann zweckmäßig, wenn ein erhebliches Vorwissen über die zu erforschende soziale Situation existiert.

Auch hier sind Kompromisse möglich. Häufig verwendet man Mischformen mit teilweise standardisierten und einigen weniger hochstrukturierten Fragen. So können in strukturierten Interviews zusätzlich offene Fragen (ohne Antwortvorgaben) berücksichtigt werden. In offenen Interviews kann zur Ergänzung ein strukturierter Fragebogen, beispielsweise zur Ermittlung sozialdemographischer Merkmale, vorgelegt werden. Bei stark strukturierten Interviews sprechen wir auch von einer *quantitativen Befragung*. Dagegen zählen weniger strukturierte Interviewtechniken – Beispiele sind das *Leitfadeninterview*, das *fokussierte* und das *narrative Interview* – zu den qualitativen Methoden der Befragung.

Normalerweise sind an einem persönlichen oder telefonischen Interview zwei Personen beteiligt: der Interviewer und die befragte Person. Spezielle Arten der Befragung sind Tandeminterviews (zwei Interviewer, ein Befragter) und Gruppendiskussionen (ein Interviewer, mehrere Befragte). In Gruppendiskussionen beschränkt sich der «Interviewer» in der Regel auf die Rolle des Moderators, der nur gelegentlich steuernd eingreift. Ziel der Gruppendiskussion ist meist die Erforschung von Meinungsbildungsprozessen (Mangold 1973).

«Unter Interview als Forschungsinstrument sei hier verstanden ein planmäßiges Vorgehen mit wissenschaftlicher Zielsetzung, bei dem die Versuchsperson durch eine Reihe gezielter Fragen oder mitgeteilter Stimuli zu verbalen Informationen veranlasst werden soll», so Scheuchs (1973: 70f.) Definition des persönlichen Interviews. Das Interview zu Forschungszwecken knüpft an die alltägliche Situation des Fragenstellens und Sichinformierens im Gespräch an, ist aber gleichwohl eine künstliche, asymmetrische Interaktion unter Fremden mit der stillschweigenden Vereinbarung, dass keine dauerhafte Beziehung eingegangen wird. Diese Distanz ist nicht unbedingt ein Nachteil. Aus der Sicht des Befragten bleiben die Auskünfte im Interview folgenlos, sofern nicht gerade vertraute Dritte beim Interview anwesend sind (dazu weiter unten). Die Maxime der neutralen Interviewtechnik ist ja gerade – im Kontrast zu gleichfalls asymmetrischen Interaktionen wie Prüfung oder Verhör –, der befragten Person das Gefühl zu vermitteln, dass die Antwortreaktionen des Befragten weder in der Interviewsituation noch später in irgendeiner Weise sanktioniert werden. Die meist angekündigte Vereinbarung über die Vertraulichkeit der Angaben und eine neutrale Gesprächsführung sollen diesen Eindruck verstärken. Bei der *neutralen* Interviewtechnik ist der Interviewer angehalten, die Antwortreaktionen auf eine Frage weder positiv noch negativ zu sanktionieren. Mit diesem Postulat ist ein weiteres Kriterium genannt, das die Interviewsituation von einem Alltagsgespräch abgrenzt. Denn normalerweise werden die Reaktionen in einem Alltagsgespräch von Zustimmung und Missbilligung begleitet.

Von dem Neutralitätspostulat erhofft man sich, dass auf diese Weise noch die Chance am größten ist, unverfälschte Antworten zu gewinnen. Gewissermaßen versucht man, die ‹Kosten› des Befragten für die Äußerung wahrer Angaben möglichst gering zu halten. Wie wäre wohl ein Interviewer zu beurteilen, der in einer Befragung über Körperpflege eine Antwort mit der Bemerkung kommentiert: «Sie sind mir aber ein schöner Saubär!»? So extrem wird die Verletzung der Maxime neutraler Gesprächsführung kaum ausfallen. In der Praxis ist die Forderung nach

Neutralität allerdings ein nicht erreichbares Ideal. Mimik, Körpersprache und verbale Reaktionen des Interviewers werden von der befragten Person immer als Signale der Zustimmung oder Missbilligung interpretiert werden. An diesem Punkt setzt auch die Kritik an der Reaktivität der Interviewtechnik ein (Kapitel XIII).

Die Forderung nach Neutralität kann mithin nur relativ sein. Unter einer neutralen Interviewtechnik ist dann zu verstehen, dass die Antwortreaktionen nach Möglichkeit weder positiv noch negativ sanktioniert werden.

Anders verhält es sich bei der «weichen» und auch bei der «harten» Interviewtechnik. Hier wird die Neutralitätsforderung bewusst aufgegeben. In «weichen», nichtdirektiven Interviews soll der Interviewer durch zustimmende Reaktionen Hemmungen abbauen, das Gespräch unterstützen und weitere Antworten ermuntern. Den entgegengesetzten Weg hat Kinsey in seinen klassischen Untersuchungen zum Sexualverhalten gewählt: Der Interviewer geriert sich bei der «harten» Interviewtechnik eher autoritär, macht auf Widersprüche aufmerksam und versucht wie bei einem Verhör, «dem Befragten das Gefühl der Zwecklosigkeit unvollkommener Angaben zu vermitteln» (Scheuch 1973: 97 f.). Das journalistische «Spiegel-Interview» mag Elemente dieses Musters enthalten. Abgesehen von speziellen Situationen wird die harte Interviewtechnik aber kaum als Richtschnur des Interviewerverhaltens in allgemeinen Umfragen gelten können. Bei standardisierten Umfragen ist die neutrale Interviewtechnik der Normalfall, gepaart mit einigen «weichen» Elementen (Scheuch 1973). So wird der Interviewer bei aller Zurückhaltung eventuell Fragen erklären und insgesamt für eine kooperative Atmosphäre sorgen. Die Antwortreaktionen sollte er aber möglichst neutral aufnehmen.

Dass mit der Befragung von Personen durch fremde Interviewer überhaupt mehr oder minder unverfälschte Antworten erzielbar sind, ist keineswegs selbstverständlich. Die Methode des Interviews ist nur anwendbar, wenn die folgenden Bedingungen gegeben sind:

1. Kooperation der Befragten als Regelfall,

2. die Existenz einer «Norm der Aufrichtigkeit» in Gesprächen mit Fremden,

3. eine «gemeinsame Sprache» zwischen Interviewer und befragter Person.

Interesse am Thema, die Bereitschaft zur Unterstützung z. B. einer wissenschaftlichen Befragung und die Anerkennung dadurch, dass die eigene Meinung von anderen als wichtig erachtet wird, sind Motive des Befragten, unentgeltlich an einem Interview teilzunehmen. Meist wird in einem vorab versandten Anschreiben auch versucht, genau diese Motive zu wecken. Darüber hinaus ist es schlicht Neugier und macht es vielen Befragten offenbar Spaß, sich der Befragungsprozedur zu unterziehen. Ein Indikator dafür ist, dass Befragte im Durchschnitt die tatsächliche Länge eines Interviews unterschätzen. Solange diese Motive in der großen Mehrheit der Bevölkerung genügend stark ausgeprägt sind, kann mit einer einigermaßen hohen Kooperationsbereitschaft auf freiwilliger Basis gerechnet werden.

Zumindest in westlichen Kulturen haben die meisten Menschen eine Norm derart verinnerlicht, dass sie versuchen, fremden Personen auf Fragen eine ‹wahre› Antwort zu geben, sofern die Kosten der Aufrichtigkeit einen gewissen (individuell variierenden) Schwellenwert nicht überschreiten. Das heißt aber auch, dass bei unangenehmen oder heiklen Fragen eher verzerrte Antworten zu erwarten sind. In anderen Kulturen nehmen demgegenüber Höflichkeitsnormen einen höheren Stellenwert ein. Nicht der Wahrheitsgehalt einer Aussage, sondern das Motiv, den fremden Fragesteller nicht zu verletzen, genießt dann Priorität. So sind Nein-Antworten auf eine entsprechende Frage in manchen Kulturkreisen ausgesprochen verpönt (dazu weiter unten). Die Methode der Erhebung und speziell bei Interviews die Art der Fragestellung sollte jeweils dem kulturellen Kontext angepasst werden. Damit ist ein Problem angesprochen, das insbesondere bei interkulturell vergleichenden Studien größere Aufmerksamkeit verdient (dazu ausführlich Harkness, van de Vijver und Mohler 2003).

Die dritte Voraussetzung der «gemeinsamen Sprache» meint, dass Interviewer und befragte Personen die Bedeutung von Fragen und Antworten in gleicher Weise interpretieren. Insbesondere in Randgruppen und speziellen Subkulturen kann diese Bedingung keineswegs immer als erfüllt gelten.

Angenommen, ein süddeutsches Institut hat den Auftrag zu einer Umfrage über Ernährungsgewohnheiten. Die bundesweite, telefonische Befragung wird zentral vom Telefonlabor des Instituts aus durchgeführt. Bei der Auswertung ist man überrascht, dass in der Kölner Region im Übermaß halbe Hähnchen verspeist werden. Des Rätsels Lösung ist eine «semantische Differenz». Die Kölner Befragten gaben an, einen «halven Hahn» verspeist zu haben, was die Interviewer in der Kategorie «Grillhähnchen» notierten. Was die Interviewer nicht wussten: Unter einem «halven Hahn» wird in Köln ein (spezielles) mit Käse belegtes Brot verstanden.

Probleme der Verständigung kann man freilich in Pretests herausfinden. Auch durch die Auswahl von Interviewern, die mit der entsprechenden Subkultur vertraut sind, lassen sich manche Verständigungsprobleme umgehen.

Mit Theorien des Interviews wird beabsichtigt, die Antwortreaktionen von Befragten systematischer zu erklären. Wir betrachten die folgenden drei Perspektiven:

1. die faktorenanalytische «Theorie der Frage» (Holm 1974, 1976a, b),

2. die Anwendung der rationalen Entscheidungstheorie auf das Befragtenverhalten (Esser 1975, 1985, 1986),

3. die Anwendung von Hypothesen zur Informationsverarbeitung aus der kognitiven Psychologie (Hippler, Schwarz und Sudman 1987; Sudman, Bradburn und Schwarz 1996; Groves et al. 2004: Kap. 7).

Diese Ansätze schließen sich nicht unbedingt gegenseitig aus. Den drei Befragungstheorien ist gemeinsam, dass ähnlich der klassischen Testtheorie (Kapitel VI) von einer wahren Antwortkategorie bzw. einem «wahren Ort» auf einer Einstellungsdimension ausgegangen wird. Die Antwort auf eine Frage wird aber nicht immer unverfälscht ausfallen. Es gibt sowohl Zufallsfehler als auch systematische Abweichungen vom «wahren Wert» einer Variablen. Diese Verzerrungen gilt es in Abhängigkeit von der Interviewsituation, den Merkmalen des Befragten und den Eigenschaften des Messinstruments zu erklären. Eventuell können dann Gegenmaßnahmen ergriffen werden, sei es z. B. durch bessere Frageformulierungen oder nachträgliche Korrekturen der Antwortreaktionen.

Holms «Theorie der Frage» (1974, siehe auch Holm 1976a, 1976b) greift im Kern auf die Erweiterung der Testtheorie durch das Modell der Faktorenanalyse zurück. Die konkrete Anwendung setzt allerdings voraus, dass eine Variable (meist eine Einstellungsdimension) im Fragebogen mit einer Fragebatterie, d. h. mit mehreren Items (Kapitel VI), operationalisiert wurde. Die Antwortreaktionen auf die einzelnen Fragen (Items) der Fragebatterie sind nun nicht nur von der eigentlich interessierenden *Zieldimension* abhängig. Die Antwortreaktionen können verzerrt werden zum einen durch eine oder mehrere *Fremddimensionen*, zum anderen durch den Faktor *soziale Erwünschtheit*. Mit sozialer Erwünschtheit (dazu auch weiter unten) wird die Tendenz umschrieben, das tatsächliche Verhalten oder die eigene Meinung in Richtung auf das sozial erwartete Verhalten oder die sozial erwünschte Meinung zu verzerren. Dies muss nicht unbedingt bewusst geschehen. Wird z. B. eine Person zu ihrem Umweltverhalten befragt, so ist damit zu rechnen, dass die eigenen Aktivitäten eher schönfärberisch «nach oben» verzerrt berichtet werden. Holm (1974) formuliert nun ein linear additives Modell für das Zusammenwirken der drei Komponenten auf die Antwortreaktionen:

Antwortreaktion = a · [Zieldimension] + b_1 · [Fremddimension 1] + b_2 ·
[Fremddimension 2] + … + b_m · [Fremddimension m]
+ c · [Soziale Wünschbarkeit] + Zufallsfehler

Liegen die Antwortreaktionen auf eine Fragebatterie von z. B. 15 Items vor, dann können die Gewichte a, b_1, b_2, …, b_m, c empirisch anhand der Fragebogendaten mittels der Faktorenanalyse bestimmt werden. Zur Messung der Zieldimension wird man möglichst nur diejenigen Items auswählen, die hoch auf dieser Dimension «laden» (hohe a-Gewichte) und in geringerem Maß auf Fremddimensionen und soziale Wünschbarkeit ansprechen (niedrige b- und c-Gewichte). Holms Theorie der Frage ist zwar nur unter recht eingeschränkten Bedingungen anwendbar. Sie bietet aber den Vorteil der konkreten Umsetzbarkeit mit Hilfe eines statistischen Verfahrens, sofern die Anwendungsvoraussetzungen erfüllt sind.

Wird einer Person eine Frage gestellt, so muss sie eine Entscheidung treffen, welche Antwortalternative sie mitteilt oder in einem schriftlichen Fragebogen ankreuzt. Es liegt daher nahe, mit allgemeinen Entscheidungstheorien auch das Antwortverhalten von Befragten in Interviews zu erklären.

Wird z. B. nach der Höhe des Nettoeinkommens gefragt, so kann ein Befragter folgende Überlegung anstellen: «Auf meiner letzten Lohnabrechnung steht ungefähr 1800 € – oder waren es 1900? Außerdem arbeite ich ab und an noch ‹schwarz› und erhalte Einnahmen aus Vermietung, netto im Monat insgesamt rund 2600 €. Soll ich das dem Interviewer mitteilen, der ja an genauen Angaben für das wichtige Untersuchungsziel interessiert ist? Andererseits ist die Untersuchung vielleicht doch nicht so vertraulich, und das Finanzamt bekommt eventuell Wind davon. Vorher hatte ich außerdem angegeben ‹ohne Berufsausbildung›; da ist mein Einkommen bei meinem Alter von 28 Jahren doch über Gebühr hoch. Der Interviewer ist wohl Student; der würde sich wundern. Ich glaube, es ist korrekt, wenn ich mein Einkommen auf der Lohnabrechnung angebe. Das ist ja das, was ich offiziell im Monat erhalte.» Entsprechend lautet die vom Interviewer notierte Antwortreaktion: € 1800. Gegenüber dem wahren Einkommenswert eine «nach unten» verzerrte Angabe.

Gewiss müssen diese Überlegungen nicht bewusst ablaufen. Gleich, ob bewusst oder unbewusst, bei der Entscheidung für eine bestimmte Antwortreaktion spielen unterschiedliche Motive eine Rolle. Bei vielen Fragen besteht auch bezüglich des subjektiv als «wahr» empfundenen Antwortbereichs Gestaltungsspielraum, sodass eine verzerrte Antwort keineswegs als Lüge empfunden werden muss. Beim Beispiel der Einkommensfrage ist die Angabe 1800 € ja in gewisser Hinsicht durchaus zutreffend, nur wurden eben andere Einkommensquellen ausgeblendet. Maßgeblich für diese Entscheidung waren Überlegungen zu den negativen oder positiven Konsequenzen unterschiedlicher Antwortreaktionen.

Mit der Anwendung von Entscheidungstheorien wird das Verhalten des Befragten aus einer Kosten-Nutzen-Perspektive analysiert (zu einem Überblick und verschiedenen Varianten der Theorie siehe Reinecke 1991). Nach Esser (1975) sind es vor allem zwei motivationale Grundbedürfnisse, die das Handeln der Befragten bestimmen: soziale Anerkennung und Vermeidung von Missbilligung. Soziale Anerkennung ist eine Nutzen- und Missbilligung eine Kostenkomponente. Befragte werden dann zu systematisch verzerrten Antwortreaktionen neigen, wenn die Angabe des tatsächlichen Verhaltens oder der tatsächlichen Meinung mit hoher subjektiver Wahrscheinlichkeit missbilligt wird und bei alternativen Antwortreaktionen eher soziale Anerkennung zu erwarten ist. Effekte der sozialen Wünschbarkeit und andere negative oder positive Konsequenzen von Antwortreaktionen können in das Modell rationalen

Befragtenhandelns (Esser 1985, 1986) problemlos eingebaut werden. Problematischer ist allerdings jeweils die Identifizierung und Operationalisierung der Nutzen- und Kostenkomponenten in konkreten Anwendungen der Theorie. Immerhin fügen sich eine Reihe von Regeln zur fachgerechten Durchführung von Interviews in den Rahmen der Theorie gut ein. Mit der neutralen Interviewtechnik z. B. wird angestrebt, Antwortreaktionen in keiner Weise zu missbilligen und «sozial erwünschte» Reaktionen nicht zu belohnen. Mithin wird versucht, im Konfliktfall die Kosten unverfälschter Angaben und den Nutzen alternativer, verzerrter Antwortreaktionen gleichermaßen zu reduzieren. Gemäß der Theorie rationalen Befragtenverhaltens wäre zu erwarten, dass auf diese Weise systematische Antwortverzerrungen vermindert werden.

An einem anderen Punkt setzen die Hypothesen zur Informationsverarbeitung an (Sudman, Bradburn und Schwarz 1996). Den theoretischen Hintergrund bildet die kognitive Psychologie mit den Zweigen der Denk- und Gedächtnispsychologie. In der kognitiven Psychologie hat man sich in jüngster Zeit vermehrt der Analyse von Urteils- und Erinnerungsvorgängen zugewandt. Beurteilung und Erinnerung sind aber gerade Leistungen, die von den befragten Personen in einem Interview erbracht werden müssen.

So richten sich in einem Interview in der Regel zahlreiche Fragen auf die Ermittlung von Ereignissen und Aktivitäten des Befragten in der Vergangenheit (Retrospektivfragen). Selbst wenn eine Person keinerlei negative Konsequenzen für die Mitteilung des tatsächlichen Verhaltensablaufs befürchten muss, ist zunächst eine Erinnerungsleistung zu vollbringen. Zurückliegende Ereignisse und Aktivitäten sind bekanntlich nur unscharf im Gedächtnis gespeichert. Die Abrufung von Informationen aus dem Gedächtnis erfolgt nun nicht nur passiv, sondern unterliegt psychologischen Gesetzmäßigkeiten aktiver Informationsverarbeitung. Dabei werden auch sekundäre Informationen herangezogen, die nicht nur den Inhalt der jeweiligen Frage betreffen. Hinweise («clues») und parallele Ereignisse («Anker») unterstützen z. B. die zeitliche Lokalisierung vergangener Ereignisse. Auf die Frage nach dem Beginn und eventuellen Ende einer ersten festen Partnerschaft, wie sie im «Deutschen Familiensurvey» gestellt wurde, werden möglicherweise viele Befragte nicht direkt antworten können. Erst die Verknüpfung mit zeitlich parallelen, anderen relevanten Ereignissen (Beginn des Studiums, Wohnortwechsel, eine berufliche Veränderung oder ein politisches Ereignis etc.) erlaubt die zeitliche Datierung des erfragten Ereignisses. Abhängig vom Fragekontext, d. h. den zuvor gestellten Fragen, der Frageformulierung und eventuellen Antwortvorgaben, kann der Prozess der Informationsverarbeitung in bestimmte Richtungen gelenkt werden (Schwarz, Hippler und Strack 1988). Das gilt nicht nur für Retrospektivfragen, sondern auch für Einstellungs- und Meinungsfragen, d. h. für Urteilsprozesse. Systematische Verzerrungen der Antwortreaktionen sind nach dieser Theorie durch die Eigentümlichkeiten des psychologischen Prozesses der Informationsverarbeitung erklärbar. Im Gegensatz zum Modell der Entscheidungstheorie sind verfälschte Antworten nicht allein auf motivationale Faktoren (u. a. Vermeidung von Missbilligung und der Wunsch nach sozialer Anerkennung) zurückzuführen.

Die Anwendung der Theorie der Informationsverarbeitung auf das Befragtenverhalten hat eine ganze Reihe von «Befragungsexperimenten» angeregt. Hierbei geht es konkret um die Klärung der Bedingungen verzerrter Antwortreaktionen im Interview. Einige der Resultate, die wir im Folgenden noch genauer betrachten werden, liefern auch praktische Hinweise für die Konstruktion von Fragebogen.

4. Fehlerquellen im Interview

Eine wichtige Aufgabe der Methodenforschung ist die Untersuchung systematischer Antwortverzerrungen im Interview. Dabei bedient man sich häufig experimenteller Methoden, insbesondere der Technik des «Fragesplits» oder generell des «Methodensplits». Werden z. B. in einer Befragung 500 Personen mit der Frageversion A und 500 weitere Personen mit der Frageversion B konfrontiert («Fragesplit») und wurde die Stichprobe per Random aufgeteilt, dann weisen signifikante Unterschiede in den Antwortreaktionen auf einen Effekt der Frageversion hin. In ähnlicher

Weise können andere «Methodenfaktoren» (Interviewsituation, Reihenfolge von Fragen u. a. m.) experimentell variiert werden, um jeweils die Einflussrichtung und Stärke von Methodenfaktoren auf das Antwortverhalten herauszufinden. Auf diese Weise konnte eine ganze Reihe von Fehlerquellen im Interview diagnostiziert werden. Kennt man die Zusammenhänge, die «sozialen Regelmäßigkeiten des Befragtenverhaltens» (Esser 1975), dann lassen sich auf der Basis dieses Wissens eventuell auch «Therapiemöglichkeiten» angeben. Dabei kann es sich um nachträgliche Korrekturverfahren handeln, die bei der Datenanalyse eingesetzt werden, oder um praktische Tipps für die Gestaltung und Formulierung von Fragebogen.

Obwohl nicht immer ganz eindeutig abgrenzbar, unterscheiden wir im Folgenden drei Kategorien von Fehlerquellen:

1. Befragtenmerkmale (soziale Erwünschtheit, Response-Set, «Meinungslose»),
2. Fragemerkmale (Frageformulierung, Frageposition, Effekt von Antwortkategorien),
3. Merkmale des Interviewers und der Interviewsituation (Interviewermerkmale, Anwesenheit Dritter, Interviewsituation).

Betrachten wir nun anhand von Beispielen eventuelle Verzerrungseffekte und Vorschläge zu Gegenmaßnahmen, um die Verzerrungen soweit möglich zu vermindern und unter Kontrolle zu bringen.

Befragtenmerkmale: soziale Erwünschtheit, Response-Set, Meinungslose

Fast alle sozialen Aktivitäten und Eigenschaften werden Bewertungen unterzogen. Je nach Schicht oder sozialer Klassenzugehörigkeit, Bildungsgrad und weiteren Merkmalen werden die Bewertungen individuell variieren. Bezeichnen wir die Lage des subjektiv wahrgenommenen Maximums einer positiven Bewertung von Handlungen, Meinungen oder anderen Eigenschaften als *Ort sozialer Erwünschtheit.* Je weiter nun der tatsächliche Variablenwert von diesem Ort abweicht, desto unangenehmer wird die Angabe der entsprechenden Antwortkategorie (= wahrer Variablenwert) empfunden. Gemäß der Theorie rationalen Befragtenverhaltens ist die Angabe des wahren Werts in diesem Fall mit Kosten verbunden. Sind die Kosten relativ hoch, dann ist mit einer Verzerrung in Richtung auf den Ort sozialer Erwünschtheit zu rechnen. Man spricht von einer systematischen Verzerrung durch den *Effekt sozialer Erwünschtheit* («social desirability effect»).

Krämer (1991: 107) berichtet von einer britischen Untersuchung zum Sexualverhalten: «Eine jüngere Studie aus Großbritannien etwa ermittelte für englische Frauen durchschnittlich 2,9 verschiedene Sexualpartner über das Leben verteilt, für englische Männer dagegen 11, und das kommt mir im Licht der alten Weisheit ‹It takes two to tango› doch sehr spanisch vor (...)»

Hatten die Engländer vielleicht französische Geliebte? Näherliegend ist wohl die Annahme, dass die Ergebnisse durch den Effekt sozialer Erwünschtheit verzerrt wurden, bei den Männern «nach oben» und bei den Frauen «nach unten». Außerdem könnte die Diskrepanz durch Stichprobenfehler (Kapitel IX) noch verstärkt worden sein.

Gemäß einem Vorschlag von Koolwijk (1969) kann man das «Ausmaß der Unangenehmheit» (Y) in Abhängigkeit von dem im Interview offenbarten «Variablenwert» (X) anschaulich als Kurve in einem Diagramm darstellen. Nehmen wir an, wir wollten den täglichen Fernsehkonsum in einer Befragung erheben. Die befragte Person hält eine Stunde pro Tag für «normal». Weniger oder mehr als eine Stunde empfindet sie als abweichend von der Norm, als sozial weniger erwünscht. Tatsächlich schaut der Befragte aber im Durchschnitt drei Stunden täglich fern (= wahrer Variablenwert). Die Koolwijk-Kurve könnte dann die in Abbildung 1 gezeigte Form annehmen.

In dem Beispiel macht die befragte Person einen Kompromiss zwischen Wahrheitsliebe und dem (nach ihrer Ansicht) sozial erwünschten Verhalten. Die Angabe von zwei Stunden täglichen Fernsehkonsums ist mithin durch den Effekt sozialer Erwünschtheit verzerrt.

Bei vielen Fragen wird der Effekt allerdings nicht oder nur in geringem Maß auftreten. So dürften die meisten Menschen ab einem bestimmten Alter «jünger sein» (leider) als sozial wünschenswerter einstufen. Dennoch ist anzunehmen, dass Personen im Interview nur äußerst selten die Angabe ihres Alters verfälschen. Je heikler eine Frage ist – die Kurve in Abbildung 1 wäre dann entsprechend nach oben verschoben –, desto stärker wird sich aber der Effekt sozialer Wünschbarkeit bemerkbar machen. Die Frage «Wie viele Porno-Hefte haben Sie im vergangenen Monat gekauft?» ist vermutlich heikler als die Frage nach dem Lebensalter oder Familienstand. Weiterhin ist der «wahre» Variablenwert der befragten Person selbst keineswegs immer genau bekannt. Bei retrospektiven Verhaltensangaben z. B. kommen noch Erinnerungsfehler hinzu. Gemäß den Hypothesen zur Informationsverarbeitung werden bei Fragen nach der Häufigkeit von Aktivitäten in der Vergangenheit mehr oder minder vage Schätzstrategien angewendet (dazu auch weiter unten). Der Bereich noch subjektiv als «wahr» empfundener Angaben kann daher relativ groß ausfallen. Unter dieser Bedingung wird der Effekt sozialer Wünschbarkeit vermutlich zur Konsequenz haben, dass eher ein Wert aus dem Schätzbereich mitgeteilt wird, der dem Ort sozialer Wünschbarkeit am nächsten kommt. Wir können aus diesen Überlegungen die folgende Hypothese ableiten: Je heikler eine Frage aus der Sicht einer Person ist und je größer der Unsicherheitsbereich bezüglich des wahren Variablenwertes, desto stärker wird sich der Effekt sozialer Erwünschtheit bemerkbar machen. Es gibt verschiedene Gegenmaßnahmen, um den Effekt sozialer Erwünschtheit zumindest zu reduzieren:

1. Möglichst neutrale Frageformulierungen helfen zu vermeiden, dass die «sozial erwünschten» Eigenschaften bereits durch wertbesetzte Begriffe im Fragetext aktualisiert werden. Das ist zwar eine nahezu selbstverständliche Empfehlung; sie ist aber meist auch nur von begrenzter Wirksamkeit.

2. Die gegenteilige Strategie suggestiver Fragen, die einleitend im Fragetext abweichendes Verhalten als normales Verhalten darstellen, wird in Ausnahmefällen angewendet, ist aber nicht immer empfehlenswert. Ein Beispiel wäre: «Viele Menschen lassen gelegentlich in einem Geschäft etwas mitgehen, ohne die Ware zu bezahlen. Ist das bei Ihnen auch schon einmal im Zeitraum der letzten zwölf Monate vorgekommen?» Versucht wird auf diese Weise, quasi den Ort sozialer Erwünschtheit auf der «subjektiven Skala» zu verschieben. Ist die Strategie erfolgreich, dann kann es allerdings passieren, dass Personen ein Delikt angeben, das sie nie begangen haben.

Abbildung X.1: Verzerrung durch soziale Erwünschtheit

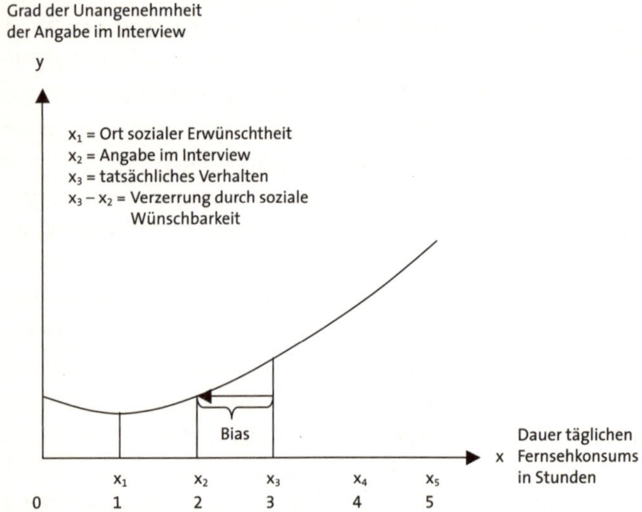

3. In persönlichen Interviews wird der Befragte gebeten, die Antwort in einem Kuvert zu verschließen und dieses dem Interviewer zu überreichen. Das Verfahren wird z. B. bei der Ermittlung des Einkommens oder der politischen Wahlabsicht angewendet.

4. Eine Methode, die bei heiklen Fragen vollständige Anonymisierbarkeit garantiert, ist die Randomized-Response-Technik.

5. Wurden z. B. Einstellungen mit Fragebatterien erhoben, dann können eventuell Items, die die Dimension sozialer Erwünschtheit in hohem Maß ansprechen, nachträglich bei der Datenanalyse identifiziert werden. Dafür stehen mit der Itemkonsistenzanalyse (Kapitel VI) oder der Faktorenanalyse (Holm 1974, siehe Abschnitt 3) statistische Diagnoseverfahren zur Verfügung. Einzelne Items einer Fragebatterie, die hoch auf der Dimension sozialer Erwünschtheit «laden», wird man dann bei der Berechnung von Skalenwerten unberücksichtigt lassen.

6. Im Anschluss an Edwards (1957b) wurden verschiedene Skalen zur Messung «Sozialer Erwünschtheit» (Social-Desirability-Skalen, SD-Skalen) entwickelt (zu einem Überblick siehe Reinecke 1991). Der Skalenkon-

struktion liegt die Idee zugrunde, dass Personen für den Effekt sozialer Erwünschtheit in unterschiedlichem Maß empfänglich sind. Befragte mit hohen SD-Werten können dann – nicht ganz unproblematisch – bei der Datenanalyse herausgefiltert werden. Eine alternative Methode besteht darin, die Antwortreaktionen der Befragten entsprechend den gemessenen SD-Werten zu korrigieren (zu einem Beispiel siehe Reinecke 1991).

Fragen nach der Kenntnis oder Bewertung von Personen, Produkten oder Sachverhalten setzen Wissen voraus. Zur Kategorie des Effekts sozialer Erwünschtheit kann auch gezählt werden, dass die meisten Personen ungern ihr Nichtwissen eingestehen, auch wenn die Kategorie «weiß nicht» unter den Antwortkategorien vorgesehen ist. Nicht selten stufen Befragte Politiker als «sympathisch» oder «unsympathisch» ein, die ihnen tatsächlich völlig unbekannt sind. Wie groß der Anteil von Personen mit dieser Tendenz in einer Stichprobe ist, kann mit Kontrollfragen, die sich auf «Phantome» beziehen, ermittelt werden. Ähnlich der Logik der SD-Skalen können die Kontrollfragen weiterhin als Filter dienen. Befragte mit positivem Testergebnis bleiben dann bei der Datenanalyse unberücksichtigt. Kasten X.2 zeigt das Beispiel einer Phantomfrage und das mit dieser Frage erzielte Umfrageergebnis.

Kasten X.2: Der Bekanntheitsgrad von Staatssekretär Köstritz

Dieter Köstritz, 44, Staatssekretär in der sächsischen Staatsregierung, hatte auf Anhieb Erfolg. Bei einer Meinungsumfrage im Auftrag der Regierung kannten ihn 8, unter denen mit höherem Bildungsabschluss gar 18 Prozent der Befragten. Nur: Den Mann gibt es gar nicht. «Wir wollten einfach mal wissen», begründete die stellvertretende Regierungssprecherin Heidrun Müller das listig lancierte Umfragephantom, «wie verlässlich Meinungsumfragen sind.» (Aus: «Der Spiegel» 36, 1993)

Als *Response-Set* werden systematische Antwortmuster von Befragten bezeichnet, die unabhängig vom Inhalt der Fragen zustande kommen. Manche Personen entwickeln eine Vorliebe für die Mittelkategorie von 5-Punkte- oder 7-Punkte-Skalen der Zustimmung zu den Aussagen einer Itembatterie. Wird die Mittelkategorie jeweils unabhängig vom Frageninhalt gewählt, handelt es sich um den speziellen Fall eines Response-Sets.

Ein weiterer typischer Spezialfall ist die «Jasage-Tendenz» oder *Akquieszenz.* Holm (1974) berichtet von einer Untersuchung von Carr (1971) mit den Items der «Anomie-Skala». Befragt wurden arme farbige Südstaatler in den USA. Dabei wurden einem Teil der Stichprobe (Gruppe A: 46 Personen) die neun Items der Fragebatterie in «positiver» Formulierung vorgelegt. Der Grad der Anomie ist demnach umso höher, je mehr Aussagen bejaht werden. Der anderen Teilstichprobe (Gruppe B: 48 Personen) wurden die gleichen Aussagen, allerdings «negativ» formuliert, zur Beantwortung vorgelegt. Hier ein Beispiel mit positiver Polung:

«Heutzutage weiß man wirklich nicht mehr, auf wen man zählen kann.» (Gruppe A)

Die inverse Formulierung lautet:

«Heutzutage weiß man, auf wen man zählen kann.» (Gruppe B)

61 % der Befragten in Gruppe A bejahen die neun Fragen. Entsprechend wäre zu erwarten, dass ungefähr 60 % der Personen in Gruppe B die neun Fragen verneinen. Das ist aber keineswegs der Fall. Nur 10 % der Personen in Gruppe B verneinen die neun inversen Fragen. Bei positiver Formulierung würde man demnach einen sehr hohen, bei negativer Formulierung hingegen einen äußerst niedrigen Grad der Anomie erhalten. Das Ergebnis ist ein methodisches Artefakt aufgrund der sehr hohen Neigung zur Akquieszenz in der speziellen untersuchten Gruppe.

Mit einer hohen Neigung zur «inhaltsunabhängigen Zustimmungstendenz» muss man auch in manchen nichtwestlichen Kulturkreisen, z. B. in arabischen Ländern, rechnen. Bei Umfragen in anderen Kulturen oder interkulturell vergleichenden Projekten reicht es häufig nicht aus, «erprobte» Skalen und Fragebatterien einfach zu übersetzen. Recht instruktiv in dieser Hinsicht ist der Bericht über eine Panelbefragung in Jordanien zur Energienutzung in privaten Haushalten. Abgesehen von der Schwierigkeit, Stichprobenpläne für nomadisierende Beduinen zu konstruieren (Faulbaum 1986: 61), ergaben sich eine Reihe weiterer Probleme bei der Formulierung des Fragebogens. Mit Bezug auf die Akquieszenz lauten die Erfahrungen (Faulbaum 1986: 62 f.):

Ein besonderes Problem ergab sich dadurch, dass arabische Befragte jeder Bitte gegenüber eine plumpe Absage vermeiden und Angenehmes sagen, ohne es ernst zu meinen.

So kann z. B. ein zaghaftes «Ja» im Prinzip «Nein» bedeuten. Ein ähnliches Problem besteht darin, dass ein Befragter, besorgt um seine äußere Würde, niemals zugeben würde, dass er etwas nicht kennt, etwas nicht weiß etc. Beide Besonderheiten führten zu intensiven Reflexionen darüber, wie Fragen so formuliert werden können, dass ein «Nein» möglich wird. Aufgrund der Gewohnheit, keine Bitte direkt abzuschlagen, gibt es in Jordanien nahezu keine Antwortverweigerungen. Bei der Durchführung der Panel-Zusatzstudie erübrigten sich daher auch Überlegungen zur Teilnahmebereitschaft und zur Panelmortalität. Aufgrund dieser Problematik stellt sich jedoch das Problem der Verlässlichkeit der Daten möglicherweise in verschärfter Form, da damit zu rechnen ist, dass eine Teilnahme zwar stattfindet, aber vielleicht nur widerwillig erfolgt.

Was lässt sich gegen Response-Set bzw. speziell Akquieszenz unternehmen? Bei Fragebatterien ist zumindest eine Diagnose möglich, sofern nicht alle Items ‹gleich gepolt› sind. Wie bei den Items zur Umweltbewertung (Kapitel VI) empfiehlt es sich, Items sowohl positiv als auch negativ in Richtung auf die Zieldimension zu polen. Ein hohes Ausmaß an Akquieszenz wird sich dann in der Itemkonsistenzanalyse mit relativ niedrigen Werten der Reliabilitätskoeffizienten bemerkbar machen. Weiterhin kann man direkt die Antwortprofile kontrollieren und auf diese Weise Befragte identifizieren, die inhaltsunabhängige Antwortstile aufweisen. Personen mit hoher Akquieszenz kann man dann bei der Datenanalyse ausschließen. Stellt sich diese Personengruppe als relativ umfangreich heraus, so kann die Ausschlussstrategie allerdings auch zu einem Sampleselektionsfehler führen. Wie in der Medizin, so gilt auch hier: Selten gibt es Rezepte für therapeutische Mittel ohne Risiken und Nebenwirkungen.

Wir haben bereits weiter oben gesehen, dass eine nicht unbeträchtliche Minderheit von Befragten Meinungen und Bewertungen auch dann äußert, wenn die zu bewertenden Sachverhalte unbekannt sind oder sogar nicht einmal existieren. Dieser Problemkreis wird als *Meinungslosigkeit*, *Pseudo-Opinions* oder, wie es im «Umfragedeutsch» auch heißt, als *Non-Attitude-Problem* bezeichnet (Converse 1964).

Die Existenz von Pseudo-Opinions hat uns schon «Staatssekretär Köstritz» (Kasten X.2) vor Augen geführt. Aschmann und Widmann (1986) haben Stuttgarter Studenten der Politikwissenschaft neben einigen Fragen zu politischen Themen auch eine Scheinfrage zu einem nichtexistenten Grundgesetzartikel gestellt («Art. 35 Abs. 4 GG sollte abgeschafft werden» versus «Art. 35 Abs. 4 GG ist Grundbestandteil unserer Demokratie»). Immerhin 20 % (von 65 Studentinnen und Studenten) sprechen sich für eine der beiden Alternativen aus. Dieser Anteil reduziert sich aber stark, wenn zusätzlich die Alternativen «ich kenne Art. 35 Abs. 4 GG nicht» sowie «weiß nicht» angeboten werden (auf 2 einer zweiten Gruppe von 65 befragten Studenten).

Eine übliche Praxis besteht darin, meinungslose Personen durch eine Filterfrage auszuschließen. Vor der Präsentation einer Frage oder eines Frageblocks wird z. B. die Filterfrage eingeschoben: «Haben Sie eine Meinung (zu Thema x)?» oder: «Haben Sie darüber schon genug nachgedacht, um eine Meinung dazu zu haben?» (Schwarz, Hippler und Strack 1988). Befragt werden zu diesem Thema dann nur diejenigen Personen, die der Filterfrage zustimmen. Eine abgeschwächte Form zur Separierung der Meinungslosen sieht bei jeder Einzelfrage die Option «keine Meinung» vor (Quasi-Filterfrage). Ist man wirklich daran interessiert, nur die Meinungen und Bewertungen von Personen einzuholen, die sich mit einem Thema auseinandergesetzt haben, dann sind Filterfragen sicher zweckmäßig. Allerdings wird je nach dem Typ und der Formulierung der Filterfrage der Anteil «Meinungsloser» unterschiedlich hoch ausfallen. Bei separaten Filterfragen ist der Anteil höher als bei Quasi-Filterfragen. Schwarz, Hippler und Strack (1988) geben zu bedenken, dass bei der üblichen Praxis separater Filterfragen der Anteil meinungsloser Personen überschätzt wird. Der Grund ist, dass Filterfragen eine Art Signalfunktion haben, die abschreckend wirken kann. Manche Befragte glauben, dass die anschließenden Fragen besonders komplex und schwierig sind. Auf diese Weise werden auch Personen ausgesondert, die durchaus etwas zum Befragungsthema zu sagen hätten. So kann es passieren, dass eine vorgeschaltete Filterfrage die eher zögerlichen und abwägenden «Meinungslosen» von den selbstbewussten Hochstaplern trennt. Dann würde man mit einer gutgemeinten Filterfrage ein selektiv verzerrtes Sample produzieren. So ist es im Regelfall wohl besser, auf globale Filterfragen zur Meinungslosigkeit zu verzichten. Stattdessen empfiehlt sich die Alternative, Personen nach ihrer Meinung und einem eventuellen Meinungsbildungsprozess oder Kenntnissen zum Thema zu befragen. Meinungslose Personen können dann immer noch bei der Datenauswertung separiert werden.

Zu bemerken ist noch, dass die in diesem Kapitel skizzierten Lösungsvorschläge sozusagen methodenimmanent bleiben. Wir betrachten also Gegenmaßnahmen und Korrekturmöglichkeiten im Rahmen der Befragung. Abhängig von der Untersuchungsthematik wäre jeweils auch zu überlegen, ob es mit der reaktiven Methode des Interviews überhaupt gelingen kann, halbwegs verzerrungsfreie Resultate zu erzielen. Nicht immer ist die Befragung der geeignetste Weg der Datenerhebung. Ist die Wahrscheinlichkeit systematischer Verzerrungen durch soziale Erwünschtheit oder andere Fehlerquellen sehr hoch, dann wäre zu fragen, ob nicht alternative Erhebungsmethoden dem Untersuchungszweck angemessener sind.

Wahlprognosen mit Wahlbörsen – Beispiel einer Alternative zur Umfrageforschung

Soziale Erwünschtheit, Meinungslosigkeit und darüber hinaus Stichprobenprobleme verzerren auch die Ergebnisse von politischen Wahlumfragen. Die mit der «Sonntagsfrage» («Wenn am nächsten Sonntag Bundestagswahl wäre, welcher Partei würden Sie dann Ihre Stimme geben?») erzielten Rohwerte werden deshalb von den Meinungsforschungsinstituten mit mehr oder minder obskuren Gewichtungsverfahren korrigiert (Kapitel IX). Bleiben die Trends relativ stabil, dann sind halbwegs zutreffende Prognosen keine große Kunst. Nur wenn sich die politische Landschaft erdrutschartig verändert oder Wahlen erstmalig stattfinden, verfügen wir über eine wirkliche Messlatte der Prognosekunst. Ein solcher Testfall waren die ersten (und letzten) freien Wahlen in der DDR im März 1990. Der Wahlausgang mit dem unerwartet hohen CDU-Sieg war allerdings alles andere als eine Erfolgsstory der Wahlprognostik.[1] Andere

1 Für die SPD wurde die relative Mehrheit mit rund 34 %, für die CDU mit Abstand der zweite Platz mit 23 % prognostiziert. Es kam genau andersherum. Die CDU gewann die Wahlen mit 42 %, fast doppelt so viel wie die Wahlprognose; die SPD verlor mit 23 %. Lothar de Maizière (CDU) wurde als Nachfolger von Hans Modrow (PDS) Ministerpräsident der DDR.

Wahlergebnisse, wie die Bundestagswahl viereinhalb Jahre später, haben die Institute besser getroffen (Tabelle X.1). Wie man auch immer über die Unsicherheiten von Wahlumfragen denken mag, es lohnt sich jedenfalls, über alternative Methoden nachzudenken. Eine interessante Alternative sind *Wahlbörsen.* Die Teilnehmer an Wahlbörsen haben ein Eigeninteresse daran, das Ergebnis möglichst exakt zu prognostizieren und entsprechend zu handeln. Prognosefehler werden nämlich vom Markt durch Gewinneinbußen bestraft. Die Probleme der Reaktivität von Umfragen, das Problem der sozialen Erwünschtheit bei der Offenbarung von Parteipräferenzen und Meinungslosigkeit spielen hierbei praktisch keine Rolle.

Kasten X.3: Wie wählt man einen Präsidenten ökonomisch-rational?

«Mit experimentellen Märkten lassen sich auch Aspekte menschlichen Verhaltens untersuchen, die nicht direkt mit Wirtschaftstheorie zu tun haben. Fünf Monate vor den amerikanischen Präsidentschaftswahlen des Jahres 1988 schuf ein Team aus Wirtschaftswissenschaftlern, Politologen und Programmierern an der Universität von Iowa in Iowa City eine Präsidentschaftsbörse; man wollte sehen, ob der dabei ermittelte Marktpreis der Kandidaten das Wahlergebnis voraussagen würde.

Die Investoren kauften Blöcke, die je eine Aktie von George Bush, Michael Dukakis, Jesse Jackson sowie Aktien für weniger chancenreiche Kandidaten enthielten; sie kauften oder verkauften die einzelnen Aktien in der Hoffnung, ihren Gewinn zu maximieren. Für die Aktie jedes Kandidaten winkte nach der Wahl eine einzige Dividende in Höhe von 2,5 Dollar mal seinem prozentuellen Stimmenanteil; die gesamten Dividendenzahlungen entsprachen dem investierten Fonds.

Als Marktmechanismus wandte man dabei eine Variante der beiderseits offenen Auktion an. Die Investoren konnten Kauf- oder Verkaufsgebote an Terminals machen, die mit einem Minicomputer an der Universität verbunden waren, oder von zu Hause per Telefon-Modem. Dieser Markt sagte das Wahlergebnis exakter voraus als die üblichen Meinungsumfragen, und die Aktienpreise der Kandidaten fluktuierten viel weniger als die demoskopisch ermittelten Prozentzahlen.

Die Forscher meinten vor allem einen Grund dafür zu erkennen: Bei Meinungsumfragen wird eine repräsentative Auswahl von Bürgern mit der Frage konfrontiert: «Für wen würden Sie sich entscheiden, wenn heute Wahl wäre?» Der Markt spiegelt hingegen gewinnorientierte Versuche wider, den tatsächlichen Sieger vorherzusagen.

Seither haben Wahl-Börsen sich gegenüber Meinungsumfragen bei einer Gouverneurswahl im US-Bundesstaat Illinois und bei Parlamentswahlen in Deutschland als genauer erwiesen. In den USA nahmen letzthin fast 1000 Menschen an einer Börse für die Präsidentschaftswahlen 1992 teil, wobei die Aktien des Siegers 1 Dollar wert sein sollten und die übrigen gar nichts. Am 16. Oktober, mitten in der heißen Phase des Wahlkampfs, wurden die Aktien von George Bush zu 14 Cent gehandelt, Bill Clinton war mit 83 Cent hoch notiert, und der Spätstarter Ross Perot lag weit abgeschlagen bei 3 Cent. Der Wahlausgang hat dieses Resultat bestätigt («Spektrum der Wissenschaft», 2/1993: 73).

Die Einrichtung von Wahlbörsen wurde zuerst an amerikanischen Universitäten erprobt (siehe Kasten X.3). Bei der Bundestagswahl im Herbst 1994 haben die drei Wahlbörsen der Universitäten Regensburg und Passau sowie die Wahlbörse der «Wirtschaftswoche» auch im Vergleich zu den Meinungsforschungsinstituten recht gut abgeschnitten (Tabelle X.1). Dabei stellt sich allerdings die Frage, wie Wahlbörsen abschneiden würden, wenn den Teilnehmern die Ergebnisse aus Meinungsumfragen nicht bekannt sind. Die bisherigen Ergebnisse der «Wahlbörsenmethode» lassen es aber gerechtfertigt erscheinen, dieses neue Instrument der Wahlprognostik in der Praxis genauer auszuloten.

Tabelle X.1: Prognosen der Meinungsforschungsinstitute und Wahlbörsen zur Bundestagswahl 1994 im Vergleich zum Wahlergebnis

	CDU/CSU	SPD	FDP	Bündnis 90/Grüne	PDS	REP
Forsa (12. 10.)	43,0	38,0	5,0	7,0	3,0	2,0
Infas (7. 10.)	41,0	37,0	6,0	8,0	4,0	2,0
Emnid (9. 10.)	42,0	37,0	6,0	7,0	4,0	2,0
Allensbach (7. 10.)	42,0	34,9	8,0	8,1	3,9	2,0
Forschungsgruppe Wahlen (8. 10.)	42,5	35,5	7,0	8,0	3,5	2,0
Börse Uni Passau	41,5	35,1	6,9	7,0	4,0	2,0
Börse Uni Regensburg	41,1	35,4	6,1	7,9	4,4	2,4
Börse Wirtschaftswoche	41,8	35,0	6,8	8,2	4,3	–
Wahlergebnis vom 16. 10. 1994	41,5	36,4	6,9	7,3	4,4	1,9

Quelle: C. Frösser, «Weit besser als Kaffeesatz», «Die Zeit», 20. 10. 1994, und «Wirtschaftswoche» 43, 21. 10. 1994.

Frageeffekte

Nicht nur Meinungsforschern ist seit langem bekannt, dass die Art der *Frageformulierung* die Antwortreaktionen erheblich beeinflussen kann. Die Effekte müssen dabei nicht immer so offensichtlich sein wie in extremen Fällen bewusster Manipulation durch Suggestivfragen (siehe Kasten X.4). Allein die Variation logisch äquivalenter Begriffe bei sonst gleichem Fragetext kann größere Unterschiede im Antwortverhalten hervorrufen. Logik und Fragelogik sind eben nicht dasselbe. Die Bedeutung von «verbieten» und «nicht erlauben» z. B. ist logisch äquivalent; «psychologisch» macht die jeweilige Wortwahl hingegen einen Unterschied.

Kasten X.4: Sind deutsche Arbeitnehmer für den freien Samstag? Oder: Umfragen als Propagandainstrument

95 % der Arbeitnehmer im Westen Deutschlands votierten nach einer Umfrage der IG Metall vor etlichen Jahren gegen Samstagsarbeit. Zur gleichen Zeit stellte das Offenbacher Marplan-Institut fest, dass 72 % der Erwerbstätigen bereit wären, auch am Samstag zu arbeiten. Der extreme Gegensatz ist leicht erklärbar, wenn man sich einmal die Frageformulierungen ansieht.

Auf den mehr als zwei Millionen (!) Fragebogen der IG Metall stand in dicken Lettern «Votum für das freie Wochenende». Fragetext und Antwortkategorien der «Samstagsfrage» lauten:

Die Arbeitgeber und manche Politiker wollen vor allem den Samstag wieder zum normalen Arbeitstag machen. Wie wäre das, wenn Du / Sie regelmäßig am Samstag arbeiten müsstest / müssten?

Würde mir nichts ausmachen ☐

Wäre Verlust an Lebensqualität ☐

Und nun die Marplan-Frage:

Inwieweit wären Sie bereit, samstags zu arbeiten, wenn es für die wirtschaftliche Situation Ihres Unternehmens gut wäre?

Gelegentlich, wenn dafür an einem anderen Tag arbeitsfrei ist ☐

Häufiger, an mehreren Samstagen (etwa 8- bis 12-mal jährlich, wenn dafür ein Zusatzurlaub von mehreren zusammenhängenden Tagen herauskommt) ☐

Abwechselnd, einmal die Woche 6 Tage lang, also einschließlich Samstag, und in der nächsten Woche 4 Tage, sodass Sie in dieser Woche ein «Drei-Tage-Wochenende» zur Verfügung haben; dies etwa an 20 Samstagen im Jahr ☐

Nein, nicht bereit ☐

Die Fragen sind – in entgegengesetzter Richtung – derart suggestiv formuliert, dass man sich eigentlich noch über die große Zahl der «Abweichler» von 5 % (IG Metall) bzw. 28 % (Marplan) wundern muss. Hinzu kommt, dass es sich bei der IG-Metall-Umfrage vermutlich um eine hochselektive Stichprobe handelt, in der Gewerkschaftsmitglieder erheblich überrepräsentiert sind.

Das Krämer (1991: 100–102) entnommene Beispiel ist lehrreich zur Abschreckung. Hier wurde in bewusster Absicht gegen so gut wie alle Kunstregeln der Frageformulierung und Fragebogenkonstruktion verstoßen. Als grobe Manipulation könnte man die Vorgehensweise beschreiben, die mit wissenschaftlicher Umfrageforschung so gut wie nichts zu tun hat. Aber auch bei sozialwissenschaftlichen Umfragen zeigt sich auf einer subtileren Ebene, dass mitunter selbst geringfügige Variationen der Frageformulierung und der gewählten Begriffe erhebliche Variationen der Antwortreaktionen zur Folge haben können.

Dazu das folgende Beispiel aus einem Fragesplit-Experiment[2]:

Glauben Sie, dass die USA öffentliche Angriffe auf die Demokratie *verbieten* sollten?

Ja	54 %
Nein	45 %

Glauben Sie, dass die USA öffentliche Angriffe auf die Demokratie *nicht erlauben* sollten?

Ja	75 %
Nein	25 %

Die Differenz zwischen der schärferen Formulierung «verbieten» und der sanfteren Begriffswahl «nicht erlauben» beträgt immerhin 20 %. Wenn schon der Austausch logisch identischer oder weitgehend äquivalenter Begriffe unterschiedliche Antwortreaktionen auslösen kann, so sind ähnliche Effekte auch für Variationen von Fragetypen zu erwarten. *Rating* oder *Ranking* beispielsweise sind zwei verschiedene Fragetechniken zur Ermittlung der Prioritäten von politischen Themen oder Werten.

Beim Rating-Verfahren wird die Bedeutung jeweils separat auf einer Skala mit den Polen «sehr wichtig» bis «überhaupt nicht wichtig» (Ratingskala) eingestuft. Das Ranking-Verfahren sieht dagegen vor, dass die Befragten die einzelnen Themen nach ihrer Wichtigkeit in eine Rang-

2 Schumann und Presser (1981), zitiert nach Krämer (1991). Zahlreiche weitere Beispiele finden sich in Schumann und Presser (1981). Siehe auch Converse und Presser (1986) zu Beispielen und Regeln der Frageformulierung.

folge bringen. So werden die Themen auf Kärtchen geschrieben, die der Befragte dann nach der Wichtigkeit sortieren soll. Alternativ kann nach den drei wichtigsten Themen oder einfach nach dem «wichtigsten» Problem gefragt werden. Eine weitere Möglichkeit ist die offene Frage «Was, glauben Sie, ist das dringendste Problem, das heute unser Land betrifft?», ohne dass dabei eine Liste von Themen vorgegeben wird.

Insbesondere der letztere Fragetyp ist allerdings nur dann sinnvoll anwendbar, wenn der Befragte das spezielle Thema einer Umfrage noch nicht kennt. Wird z. B. in einer Befragung zum Thema «Arbeitslosigkeit» die offene Frage nach dem wichtigsten Problem in der Mitte oder am Ende des Interviews gestellt, dann wird «Arbeitslosigkeit» als dringendstes Problem sicher häufiger genannt werden als in einem neutralen Fragekontext.

Es ist leicht einsehbar, dass ein Thema X beim Rating weit höhere Prozentwerte der Wichtigkeit erhält als beim Ranking, da bei Ranking-Verfahren ja jeweils auch die Alternativen mitbedacht werden müssen. Bei der Untersuchung von Rangfolgen von Werten wird behauptet, dass beide Verfahren immerhin relativ ähnliche Präferenzordnungen produzieren (Alwin und Krosnick 1989). In einer international vergleichenden Studie zur Wichtigkeit des Umweltproblems («Health of Planet Survey», Dunlap, Gallup und Gallup 1993) war das Ziel u. a. nicht die Bestimmung der Rangordnung von Werten oder politischen Problemen, sondern die Ermittlung der Rangordnung von Ländern nach der Wichtigkeit eines Themas, nämlich des Umweltproblems. Dazu wurden in jedem der untersuchten Länder die Angaben der Befragten aggregiert. Es wurden zwei Frageversionen verwendet: erstens eine Ratingfrage mit vier Kategorien von «sehr ernst (serious)» bis «überhaupt nicht ernst», zweitens eine offene Frage nach «dem wichtigsten Problem, das unser Land heute betrifft». Die Fragen wurden gestellt, bevor den Befragten das Untersuchungsthema bekannt war.[3] Beide Fragen wurden den gleichen Personen vorgelegt. Es handelt sich also nicht um einen Fragesplit. Die Rangfolge der Länder und die Prozentwerte der Wichtigkeit des Umweltproblems sind Tabelle X.2 zu entnehmen.

3 Außer in Irland. Das Ergebnis bei Frageversion 2 demonstriert den mutmaßlichen Effekt der Informiertheit über das Untersuchungsthema.

Die beiden Frageversionen produzieren höchst unterschiedliche Rangfolgen. Liegt Deutschland bei Version 1 auf dem ersten Platz, so befindet es sich bei Version 2 unter den Schlusslichtern. Genau umgekehrt verhält es sich mit den Niederlanden. Der Grund ist, dass die Niederländer bei Version 1 so ziemlich alle Probleme weniger ernst nehmen als die Deutschen. Bei Ländervergleichen ist genau dieser Punkt ein Problem der Ratingskalen. Es gibt länderspezifische Unterschiede in der generellen Einschätzung der Wichtigkeit (sämtlicher) Probleme. Ermitteln Ratingskalen eher die «absolute Wichtigkeit» oder Bewertung von Problemen und Sachverhalten, so zielen Ranking-Verfahren auf die «relative Wichtigkeit». So gesehen ist es eine Frage der Zielsetzung einer Untersuchung, welches Verfahren vorzuziehen ist.

Tabelle X.2: Rangfolge von Ländern nach der Wichtigkeit des Umweltproblems bei zwei Frageversionen

Frageversion 1 **% «sehr ernstes Problem»**		**Frageversion 2** **% der Personen, die das Umweltproblem als wichtigstes Problem nannten**	
Deutschland	67	Irland	39
Schweiz	63	Niederlande	39
Kanada	53	Finnland	28
USA	51	Portugal	25
Portugal	51	Schweiz	20
Japan	42	Dänemark	13
Norwegen	40	Japan	12
Großbritannien	36	USA	11
Irland	32	Kanada	10
Niederlande	27	Deutschland	9
Dänemark	26	Norwegen	7
Finnland	21	Großbritannien	3

Der Nachweis der bloßen Existenz von Frageeffekten ist für sich genommen weniger aufschlussreich als die Erklärung der Regelmäßigkeiten von Verzerrungen. Aus kognitionspsychologischer Sicht untersuchen Schwarz, Hippler, Deutsch und Strack (1989) den Einfluss vorgegebener *Antwortkategorien* auf die Häufigkeit bzw. Dauer selbstberichteten Verhaltens. Testinstanz des Fragesplit-Experiments ist eine Retrospektivfrage zur Dauer des Fernsehkonsums. Als Antwortkategorien wurden Zeitintervalle vorgegeben, deren Einteilung bei dem Experiment variiert wurde. Betrachten wir zunächst die Ergebnisse (Tabelle X.3).

Wie man sieht, bezieht sich die erste Kategorie in Version 1 auf eine Fernsehdauer bis 2 1/2 Stunden. In Version 2 dagegen erstreckt sich die Abfrage «bis 2 1/2 Stunden» über fünf Kategorien. Einen Fernsehkonsum bis 2 1/2 Stunden geben 62,5 % der Befragten in Version 1 an. In Version 2 sind es 84 %. Die Antwortvorgaben sind nicht neutral, sondern liefern den Befragten Informationen.

Wer zwischen 2 1/2 und 3 Stunden pro Tag vor dem TV-Gerät verbringt, müsste sich bei Version 1 im unteren Bereich der Antwortskala einordnen, bei Version 2 befände er sich dagegen im oberen Extrembereich. Nun wird kaum ein Befragter seine tägliche Fernsehzeit exakt kennen.

Tabelle X.3: Dauer täglichen Fernsehkonsums bei «hohen» und «geringen» Antwortvorgaben

Version 1: Hohe Antwortvorgaben			**Version 2: Geringe Antwortvorgaben**	
Bis 2½ Stunden		62,5 %	Bis ½ Stunde	7,4 %
2½ bis 3 Stunden	37,5 %	23,4 %	½ bis 1 Stunde	17,7 %
3 bis 3½ Stunden		7,8 %	1 bis 1½ Stunden	26,5 %
3½ bis 4 Stunden		4,7 %	1½ bis 2 Stunden	14,7 %
4 bis 4½ Stunden		1,6 %	2 bis 2½ Stunden	17,7 %
mehr als 4½ Stunden		0,0 %	mehr als 2½ Stunden	16,2 %
		N = 68		N = 64

Quelle: Schwarz, Hippler, Deutsch und Strack (1989)

Wer sitzt schon mit der Stoppuhr vor dem Bildschirm? Außerdem wird die objektive Dauer von Tag zu Tag variieren. Von der befragten Person wird also eine ungefähre Schätzung der durchschnittlichen Fernsehzeit verlangt. Bei dieser Schätzung liefern die Antwortkategorien einen Referenzpunkt. Wer glaubt, dass der eigene Fernsehkonsum ungefähr im Durchschnitt liegt, wird in Version 1 eine höhere Schätzung angeben als in Version 2.

Alltägliche Routinehandlungen von geringerer subjektiver Bedeutung werden im episodischen Gedächtnis nur unscharf gespeichert. Je mehr demnach die Befragten auf Schätzstrategien angewiesen sind, desto größer wird der Effekt der Antwortvorgaben auf die Reaktionen der Befragten ausfallen (Schwarz, Hippler und Strack 1988). Bei einer präzisen Retrospektivfrage nach der Fernsehdauer am Vortag dürfte sich demnach kein oder nur ein geringer Effekt der Antwortkategorien bemerkbar machen. Diese Hypothese ließe sich leicht in einer Replikationsstudie überprüfen.[4] Ob Gesundheitsuntersuchungen, Studien zum Umweltverhalten oder Interviews in der Marktforschung: Retrospektivfragen zu selbstberichteten Verhaltensaktivitäten kommen in Umfragen sehr häufig vor. Wird nach der Dauer und Häufigkeit des Verhaltens gefragt und sind dabei Effekte der Antwortvorgaben zu erwarten (Erinnerungsprobleme; die Befragten müssen Schätzstrategien anwenden), so empfiehlt sich eine einfache Alternative: Die Antwortkategorien werden weggelassen, und es wird eine offene Frage nach der Dauer oder Häufigkeit des Verhaltens gestellt.

Bei Retrospektivfragen nach vergangenen Ereignissen oder der Häufigkeit von Handlungen muss man im Allgemeinen eine Referenzperiode angeben. Eine «Verankerung» (Haben Sie sich zwischen Januar 2006 und Dezember 2006 mindestens einmal bei einem Zahnarzt behandeln lassen?) ist zumeist günstiger als die Frage: «Haben Sie

4 Z. B. in einem Fragesplit-Experiment mit vier Gruppen. Gruppe 1 und 2 werden die Frageversionen von Schwarz et al. vorgelegt, Gruppe 3 und 4 wird eine Frage nach dem Fernsehkonsum am Vortag gestellt, wobei Gruppe 3 die «hohen» und Gruppe 4 die «niedrigen» Antwortvorgaben erhält. Ein Schönheitsfehler in den beiden Artikeln von Schwarz et al. (1988, 1989) ist, dass an keiner Stelle der Original-Fragetext berichtet wird. Man kann nur erraten, dass irgendwie nach der durchschnittlichen Fernsehdauer gefragt wurde.

in den letzten zwölf Monaten die Aktivität x unternommen?» Bei der Angabe insbesondere unpräziser Referenzzeiträume werden emotional hochbewertete Handlungen häufig auch dann berichtet, wenn sie vor diesem Zeitraum liegen. Gut erinnerte Ereignisse erscheinen zeitlich näher zur Gegenwart, als sie tatsächlich stattgefunden haben («das kommt mir wie gestern vor!»). Die Frage «Haben Sie in den letzten drei Jahren ein neues Auto gekauft?» werden etliche Befragte auch dann bejahen, wenn der Autokauf vier oder fünf Jahre zurückliegt. Man spricht vom *Teleskopeffekt*. Das berichtete Ereignis wird quasi in die Referenzperiode «hineingeschoben». (Zu diesen und weiteren Problemen von Retrospektivfragen siehe als Überblick Bradburn, Rips und Shevell 1987; Groves et al. 2004: Kap. 7.)

Das Frageexperiment zum Fernsehkonsum illustriert die Bedeutung von Schätzproblemen bei Retrospektivfragen. Von «sozialer Erwünschtheit» war dabei nicht die Rede. Beide Verzerrungsquellen können natürlich auch zusammen vorkommen. Würde man beispielsweise nach der Sehdauer einzelner Programme fragen, dann dürften vermehrt Probleme der Erinnerung und Schätzung wie auch der sozialen Erwünschtheit auftreten. Als Bildungsbürger wird man die Fernsehzeit generell unterschätzen und dabei noch den Anteil der dritten Programme lieber nach oben und den von RTL und SAT 1 nach unten korrigieren.

Aus diesen Gründen werden die Einschaltquoten von Fernsehsendern auch nicht per Befragung ermittelt. Geht es ums ‹Eingemachte›, d. h. um viel Geld, dann ist man erfinderisch und scheut keinen Aufwand, um präzisere Angaben zu erhalten. Der Werbekuchen für Fernsehwerbung in Deutschland wird vor allem nach den Einschaltquoten aufgeteilt. Das Untersuchungsmonopol im Auftrag der Fernsehanstalten hat die Nürnberger Gesellschaft für Konsumforschung (GfK). Die Gfk hat in 5600 «repräsentativ» ausgewählten Haushalten Messgeräte («GFK-Meter») installiert, die automatisch die Einschaltzeit eines jeweils gewählten Programms registrieren und die Daten kurz darauf per Telefonleitung in die Computer der Nürnberger Konsumforscher einspeisen. Wie «repräsentativ» die ausgewählten Haushalte sind, ist umstritten. Vor allem aber heißt «Einschaltzeit» nicht unbedingt «Sehzeit». Denn vor laufenden Geräten treiben Zuschauer alles Mögliche, nur nicht unbedingt Fernsehen.

Neben Effekten der Frageformulierung und der Antwortkategorien ist die Positionierung der Fragen von Bedeutung. Fragen können gewissermaßen auf andere Fragen «ausstrahlen» (Halo-Effekt). Dieser Effekt wird auch als *Fragereiheneffekt* (Fragekontexteffekt, Positionseffekt) bezeichnet. Dass die Positionierung von Fragen gelegentlich dramatische Effekte hat, illustriert das folgende Experiment: In Frageversion A wurden 60 amerikanische Studenten zunächst nach der Lebenszufriedenheit, sodann retrospektiv nach der Häufigkeit von Rendezvous («dating») gefragt. Es ergab sich eine geringfügig negative und nichtsignifikante Korrelation (von $r = -0{,}12$). In Version B wurden ebenfalls 60 Studenten befragt, allerdings erst nach der Rendezvoushäufigkeit und anschließend nach der Lebenszufriedenheit. Die Korrelation zwischen den beiden Variablen «Rendezvoushäufigkeit» und «Lebenszufriedenheit» stieg dadurch auf den beträchtlichen positiven Wert von $r = 0{,}66$! (Strack, Martin und Schwarz 1987) Der Grund ist, dass die in Version B vorhergehende Dating-Frage Informationen aktiviert, die bei der subjektiven Einschätzung der Lebenszufriedenheit genutzt werden und offenbar die momentane Stimmung beeinflussen.

Nun sind Fragen nach der allgemeinen Lebenszufriedenheit ziemlich unzuverlässig. Die Antwortreaktionen hängen von einer Vielzahl situationaler Faktoren ab. Bei schönem Wetter oder nach dem Sieg des örtlichen Fußballclubs erhält man wahrscheinlich höhere Zufriedenheitswerte als an regnerischen Novembertagen oder nach einer Niederlage des Lieblingsvereins. Deshalb werden «Zufriedenheitsfragen» gern zum Nachweis methodischer Artefakte verwendet. Denn auch in der Methodenforschung gilt, dass Fachzeitschriften Artikel bevorzugen, die hochsignifikante Ergebnisse berichten. Bei anderen Fragen, etwa nach dem Heiratsalter, der Wohnungsgröße und dem Bildungsgrad, werden kaum derartig dramatische Positionseffekte auftreten.

Auch gegen Fragereiheneffekte können in sorgfältigen Untersuchungen Vorkehrungen getroffen werden. Bei einem Verdacht auf Positionseffekte kann z. B. die Reihenfolge der Fragen im Pretest variiert werden. Damit verfügt man zumindest über eine Möglichkeit der Diagnose. Ist der Test negativ, kann man beruhigter in die Phase der Hauptuntersuchung eintreten. Ist das Testergebnis hingegen positiv, kann man darüber diskutieren, welche Reihenfolge der Fragen im Sinne des Untersuchungsziels angemessener ist. Soll die «Lebenszufriedenheit» unbeeinflusst von der Rendezvoushäufigkeit erhoben werden, so wird man die Frage möglichst am Anfang des Fragebogens platzieren. Weiterhin wäre zu überlegen, ob Fragen nicht umformuliert und präzisiert werden sollten, wenn diese erkennbare Positionseffekte aufweisen. Ob die Modifikation von Fragen und Antwortkategorien weniger positionsabhängige Ergebnisse hervorbringt, wäre in weiteren Pretests zu klären. Natürlich erhöht sich damit auch der Aufwand für die Fragebogenkonstruktion.

Interviewer und Interviewsituation

Einflüsse äußerer *Interviewermerkmale* (Geschlecht, Kleidung, Alter) und des Verhaltens von Interviewern auf die Antwortreaktionen der Befragten hat man in der Umfrageforschung schon seit langem untersucht (Noelle 1963; Scheuch 1973; Esser 1975; Singer und Presser 1989; Reinecke 1991). Auch hier hängt die Stärke der Einflüsse von den spezifischen Fragen ab. Bei einer Meinungsfrage zur Verschärfung der Strafbestimmungen bei Vergewaltigung z. B. werden Frauen andere Ergebnisse zu hören bekommen als männliche Interviewer. Im Allgemeinen sind die Ergebnisse bei «sensiblen» Fragen umso weniger verzerrt, je geringer die soziale Distanz zwischen Interviewern und Befragten ist (Reinecke 1991). Bei telefonischen Interviews entfallen natürlich eventuelle Einflüsse sichtbarer Interviewermerkmale. Sprache, Geschlecht und verbal vermittelte Erwartungshaltungen können aber die Antworten auch in Telefoninterviews genauso verzerren wie im persönlichen Interview. Nur bei postalischen, schriftlichen Befragungen werden Interviewereinflüsse vollständig ausgeblendet: Dies ist immerhin ein Pluspunkt der schriftlichen Befragung. Allerdings muss man bedenken, dass die Anwesenheit von Interviewern nicht nur Verzerrungen produziert, sondern auch zur Vermeidung verzerrter Antwortreaktionen beitragen kann, etwa wenn bei Fragen Verständnisprobleme auftreten.

Eine spezielle Art von Interviewereffekten sind bewusste Fälschungen der Antwortreaktionen durch die Interviewer. Das Hauptgewicht haben dabei Teilfälschungen, die durch die Institute nur sehr schwer kontrollierbar sind. Persönliche Interviews dauern häufig eine bis eineinhalb Stunden. Was liegt da näher, als diese Zeitspanne abzukürzen? Ein Interviewer erhält in der Regel keinen Zeitlohn, sondern einen Akkordlohn für die Anzahl vollständiger Interviews, die dem Institut abgeliefert werden. Bei Teilfälschungen werden einige Fragen gestellt (z. B. Alter, Beruf, einige Einstellungsfragen), und der Interviewer kann sich nach fünf bis zehn Minuten auf den Weg zur nächsten Adresse machen. Der Rest wird dann abends am heimatlichen Schreibtisch ausgefüllt. Dorroch (1994: 64) kennzeichnet diese Strategie aus eigener Erfahrung mit den drei Prinzipien: «Kernfragen stellen, Kontakte sichern und die Bögen am heimischen Schreibtisch vervollständigen.»

Die Institute führen zwar Kontrollen durch (Feldkontrolle von 5–40 % der Interviews durch Rückruf bei den Befragten), aber Teilfälschungen sind dabei nur schwer aufzuklären. Außerdem können erwischte Interviewer jederzeit bei anderen Instituten wieder neu beginnen oder gar unter einem ‹Pseudonym› bei dem gleichen Institut. Denn viele Institute halten mit ihren Interviewern nur schriftlichen Kontakt und wenden kaum die Regeln zur Auswahl von Interviewern an, die etwa Noelle (1963) ausführlich beschreibt (dazu genauer Dorroch 1994). Im Meinungsforschungsbusiness[5] sieht die Praxis häufig anders aus als in den Lehrbüchern zur «Theorie» der Sozialforschung.

Nun kann man natürlich fragen, inwieweit Fälschungen überhaupt die Ergebnisse verzerren. Eine extreme Ansicht wäre, dass selbst bei der Fälschung sämtlicher Interviews das Ergebnis nicht unbedingt unzutreffend sein muss. Wenn 50 Interviewer je 20 Interviews fälschen, erhält man eine Stichprobe von 1000 Interviews, die die Meinung der «Befragten» aus der Sicht der Interviewer widerspiegeln. Vielleicht sind die Antworten ja genauer, als sie die zu befragenden Personen selbst mitteilen könnten? Ein «Fälschungsexperiment» von Reuband (1990) liefert Hinweise, dass zumindest bei einigen Merkmalen die Durchschnittswerte aus Fälschungen von den bekannten Werten der Merkmalsverteilungen nicht sonderlich abweichen. Verlassen sollte man sich aber darauf lieber nicht!

Neben der Feldkontrolle gibt es eine Reihe von Möglichkeiten zur Re-

5 Der Umsatz der Marktforschungsinstitute beträgt in Deutschland mehr als zwei Milliarden Euro im Jahr. 2005 erwirtschafteten die 61 Mitgliedsinstitute des ADM («Arbeitskreis deutscher Markt- und Sozialforschungsinstitute») 1,4 Milliarden Euro, die hauptsächlich auf die Marktforschung entfallen. Die politische Wahlforschung macht umsatzmäßig nur einen geringen Anteil aus, ist aber für die Reputation von Instituten bedeutsam (Zahlen nach Angaben des ADM).

duzierung von Fälschungen. Dazu zählt insbesondere die Höhe und Art der Bezahlung von Interviewern sowie die Dauer der Interviews. Nach dem Report von Dorroch (1994) sind Interviewer, die mit ihrer Tätigkeit einen halbwegs normalen Stundenlohn erzielen wollen, praktisch gezwungen, die Vorschriften der Institute zu umgehen. Möglicherweise wird die Praxis der Regelverletzung von den Instituten stillschweigend geduldet. Der Auftraggeber einer Studie sollte sich daher ruhig genauer mit den Regeln der Feldkontrolle, der Feldorganisation, der Zusammensetzung und Auswahl des Interviewerstabs sowie der Bezahlung der Interviewer vertraut machen, bevor ein Auftrag an ein Institut vergeben wird.

Bei kleineren oder regionalen wissenschaftlichen Umfragen wäre auch zu überlegen, ob ein Forschungsteam die Interviews nicht besser selbst durchführt oder die Organisation der Feldarbeit selbst in die Hand nimmt. Die Gefahr von Fälschungen könnte dadurch wesentlich reduziert werden. Relativ fälschungssicher sind Telefoninterviews, wenn sie zentral vom Telefonlabor eines Instituts aus geführt werden und wie üblich der Supervision ausgesetzt sind. Dies ist heute ein wesentlicher Pluspunkt telefonischer Interviews.

Neben dem Interviewer selbst kann auch die *Interviewsituation* von Belang sein. Wieder anhand von Zufriedenheitsskalen zeigte sich beispielsweise in einem Experiment, dass die Bewertung der globalen Lebenszufriedenheit in einem ungemütlichen Befragungsraum geringer ausfällt als in einer komfortablen Umgebung. Bei der Frage nach der Wohnzufriedenheit (spezifische Zufriedenheitsbewertung) sind dagegen die Effekte genau umgekehrt. Je ‹luxuriöser› der Versuchsraum, desto geringere Werte konnten für die Wohnzufriedenheit registriert werden. Offenbar werden durch die Interviewsituation Vergleichsstandards aktiviert, anhand deren die Befragten die eigene Wohnsituation bemessen.

Ein spezieller Faktor der Interviewsituation bei persönlichen Interviews ist die *Anwesenheit Dritter.* Der dadurch eventuell bewirkten Verzerrung der Antwortreaktion wurde bislang relativ wenig Aufmerksamkeit gewidmet. Dabei ist das Problem keineswegs belanglos. Mohr (1986) berichtet für den sicher nicht atypischen «Wohlfahrtssurvey 1984», dass bei 40 % der 2067 Interviews Dritte anwesend waren (bei 26 % aller Interviews der Ehepartner). Insbesondere bei Fragen zur Partnerschaft und

Familie dürfte die Anwesenheit des Ehepartners der befragten Person eine gewisse Zurückhaltung auferlegen. Denn in der Regel gilt nach dem Interview: Der Interviewer geht, der Ehepartner bleibt. (Nur in seltenen Ausnahmen verhält es sich umgekehrt.) Die Vorstellung von der Interviewer-Befragten-Dyade ist in der Praxis bei einem Großteil der Interviews nicht erfüllt. Nicht zuletzt anhand einer Frage zur Beteiligung an der Hausarbeit hat Mohr (1986) den vermuteten Effekt der Anwesenheit Dritter – genauer des Partners – auf die Antwortreaktionen des Befragten untersucht. Berücksichtigt wurden diejenigen Personen im Wohlfahrtssurvey 1984, die mit einem Partner zusammenleben. Zusätzlich wurden die Merkmale «Geschlecht des Befragten» und «Geschlecht des Interviewers» kontrolliert. Damit liefert die Studie gleichzeitig ein Beispiel für den Interviewereffekt. Zur Analyse der Einflussstärke der drei dichotomen unabhängigen Variablen (Partner beim Interview anwesend / abwesend, Geschlecht Befragter, Geschlecht Interviewer) auf die abhängige Variable «Beteiligung an der Hausarbeit» schlüsselt der Autor die Stichprobe nach den acht möglichen Kombinationen der drei unabhängigen Variablen auf. Tabelle X.4 zeigt die Ergebnisse.

Tabelle X.4: Angaben zur Hausarbeitsbeteiligung nach Anwesenheit des Partners und Geschlecht von Interviewer und Befragten

	Partner anwesend				Partner nicht anwesend			
Befragter ist: Interviewer ist:	M M (1)	M F (2)	F M (3)	F F (4)	M M (5)	M F (6)	F M (7)	F F (8)
Beteiligung an der Hausarbeit	Angaben in Prozent							
0–10%	35,5	45,3	0,7	1,6	24,6	37,3	0,5	1,5
11–25%	24,6	26,6	2,9	3,3	26,9	23,9	1,0	0,8
26–50%	37,0	25,0	17,3	21,3	42,3	34,3	14,1	8,3
51–100%	2,9	3,1	79,1	73,8	6,3	4,5	84,5	89,4
Fallzahl N	169	80	143	61	223	86	210	132

Quelle: Mohr (1986: 67)

Eventuelle Interviewereffekte sind durch den Vergleich der Spalten (1) und (2), (3) und (4), (5) und (6) sowie (7) und (8) erkennbar. So zeigt sich z. B., dass Männer gegenüber Frauen eine geringere Beteiligung an der Hausarbeit angeben als bei männlichen Interviewern (Kategorie 0–10 %, Spalten (1), (2) und (5), (6)). Die Richtung des Effekts ist unabhängig davon, ob die Partnerin anwesend ist oder nicht.

Betrachten wir nun den Einfluss der Anwesenheit des Partners. Beschränken wir uns dabei nur auf die befragten Männer. Der Vergleich der Spalten (1) und (5) sowie (2) und (6) verdeutlicht, dass die Befragten eher eine geringere Beteiligung an der Hausarbeit angeben (oder zugeben?), wenn die Partnerin beim Interview dabei ist. Die Richtung des Effekts ist unabhängig vom Geschlecht des Interviewers.

Zumindest bei Befragungen zum Thema «Partnerschaft und Familie» kann die Anwesenheit Dritter beim persönlichen Interview ein systematisches Bias produzieren. In telefonischen Interviews dürfte dagegen dieser Faktor eine geringere Rolle spielen. Auf sensible Fragen bezüglich der Anwesenheit Dritter erhält man wahrscheinlich in Telefoninterviews weniger verzerrte Antworten.

Abschließend sei noch bemerkt, dass auch die Kenntnis des Auftraggebers einer Studie systematische Antwortfehler hervorrufen kann (*Sponsorship-Effekt*). Eine Umfrage zur Arbeitszeitverkürzung im Auftrag des Arbeitgeberverbands wird im Durchschnitt andere Antwortreaktionen auslösen als eine Befragung im Auftrag der Gewerkschaften, sofern den befragten Personen der Auftraggeber bekannt ist. Sind systematische Fehler durch einen Sponsorship-Effekt zu erwarten, werden Umfrage-Institute tunlichst zu vermeiden trachten, über den Auftraggeber vor der Durchführung eines Interviews zu informieren.

In Abbildung X.2 sind die in diesem Abschnitt erwähnten (eventuellen) Fehlerquellen der Befragung nochmals zusammengestellt. Neben den Quellen systematischer Verzerrung der Antwortreaktionen (Response-Bias) ist weiterhin der Zufallsmessfehler aufgeführt.

Abbildung X.2: Antwortverzerrung im Interview

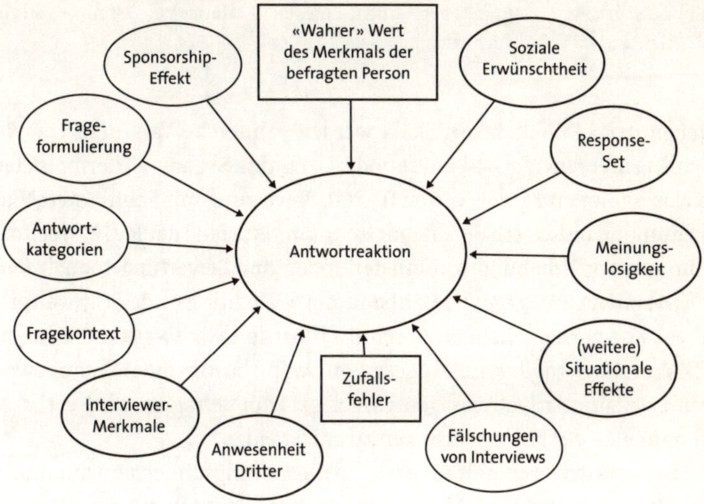

5. Fragetypen

In den vorhergehenden Abschnitten haben wir bereits verschiedene Arten der Fragestellung kennengelernt. Stellen wir hier noch einmal die einzelnen Fragetypen zusammen:

1. Einstellungen,
2. Überzeugungen,
3. Verhalten und
4. sozialstatistische Merkmale.

1. Zur Erhebung von Einstellungen oder Bewertungen werden häufig Aussagen (Statements, Items) vorgelegt, die vom Befragten auf einer Ratingskala oder auch einer Likert-Skala (Kapitel VI) eingestuft werden sollen. Ein Beispiel:

«Auf den Autobahnen sollte ‹Tempo 100› eingeführt werden»

stimme überhaupt nicht zu	stimme eher nicht zu	unentschieden	stimme zu	stimme voll zu
☐	☐	☐	☐	☐

Neben der 5-Punkte-Likert-Skala werden zahlreiche Varianten von *Ratingskalen* verwendet: 4-Punkte- oder 7-Punkte-Skalen, «Thermometerskalen» mit den Zahlenwerten 0–100, Bewertung mit Schulnoten, Skalen mit und ohne verbale Kategorien u. a. m. Anstelle der Rating-Technik kommen zur Erhebung von Einstellungen und Bewertungen auch *Ranking-Verfahren* in Frage, wie anhand der «Wichtigkeit des Umweltproblems» im vorhergehenden Abschnitt illustriert. Eine weitere Fragetechnik sind *Alternativfragen.* Bei dieser von Gallup bevorzugten Technik werden zwei alternative Aussagen vorgelegt. Vom Befragten wird verlangt, sich für eine der beiden Aussagen zu entscheiden.[6]

In der Regel empfiehlt es sich, eine Einstellungsdimension mit multiplen Items (Fragebatterie) zu messen. Nur dann sind Itemkonsistenzanalysen und mathematisch-statistische Skalierungsverfahren anwendbar (Kapitel VI).

Verwendet man Ratingskalen, so stellt sich in der Praxis das Problem nach der optimalen Zahl von Kategorien. Kontrovers ist auch, ob eine gerade Zahl von Kategorien günstiger ist als eine ungerade Zahl. Bei ungerader Zahl existiert eine mehrdeutige Mittelkategorie, die «unentschieden», «meinungslos» oder auch eine tatsächliche mittlere Einstellung signalisieren kann. Andererseits werden bei gerader Kategorienzahl auch Befragte zu einer «positiven» oder «negativen» Stellungnahme gezwungen, die auf der Einstellungsdimension eher mittlere Werte aufweisen. Weiterhin stellt sich die Frage, ob und in welchem Ausmaß Kategorien verbal bezeichnet werden sollen und ob eine «Weiß-nicht-Option» explizit vorgegeben werden sollte. Es hat wenig Sinn, über das optimale Verfahren zu spekulieren. Welche Art von Skala im Einzelfall zweckmäßig ist, kann nur aufgrund von Reliabilitäts- und Validitätstests entschieden werden. Hierzu gibt es in der Literatur einige Hinweise (zu einer Übersicht Cox 1980; siehe auch Alwin und Krosnick 1989, 1991; Alwin 1992). Eine Reihe von Autoren vertritt die

6 Siehe auch Converse und Presser (1986), die die Alternativfragentechnik («forced-choice-questions») im Gegensatz zu «Stimme-zu»/«Stimme-nicht-zu»-Fragen empfehlen.

Ansicht, dass eine Differenzierung von mehr als sieben Kategorien kaum noch einen Zugewinn an Reliabilität erbringt. Nach Alwin (1992) wächst die Reliabilität mit der Anzahl der Kategorien, jedoch mit einer abnehmenden Zuwachsrate. Eine Ausnahme stellen Skalen mit zwei versus drei Kategorien dar. Bei dichotomen Antwortkategorien ist die Reliabilität höher als bei Skalen mit drei Kategorien. Etwas stärker scheint die empirische Evidenz dafür zu sein, dass die Verbalisierung von Kategorien anstelle der ausschließlichen Verwendung von Zahlenwerten die Zuverlässigkeit der Messung erhöht. Uneinheitlich sind die Resultate bezüglich der Verwendung einer Mittelkategorie und der Einführung einer expliziten Weiß-nicht-Option. Womöglich lassen sich hier auch gar keine festen Regeln angeben, wenn die Vor- und Nachteile einer bestimmten Skalenform stark vom spezifischen Frageinhalt abhängen.

2. Mit Überzeugungen sind subjektive Aussagen über Fakten gemeint. Auch hier ein Beispiel:

«Was glauben Sie, wie viele Kernkraftwerke sind derzeit in der Bundesrepublik Deutschland in Betrieb?»
Schätzung □□□ weiß nicht □

Dabei handelt es sich formal um eine offene Frage. Werden Kategorien vorgegeben, ist zu bedenken, dass diese nicht unbedingt neutral wirken, sondern ungewollt Informationen vermitteln können (vgl. Abschnitt 4). Weitere Fragetechniken bei Fakt- oder Wissensfragen sind Multiple-Choice-Fragen, dichotome Ja-nein-Fragen oder auch Alternativfragen.

3. Verhaltensfragen sind in der Regel Retrospektivfragen. Erfragt wird die Häufigkeit, Dauer und Art von Handlungen in der Vergangenheit oder auch, ob eine bestimmte Aktivität in der Vergangenheit überhaupt stattgefunden hat. Ein Beispiel:

«Haben Sie in den letzten 14 Tagen in einem Bio- oder Ökoladen eingekauft?»
Ja □□□ Nein □

Fragen nach in die Zukunft gerichteten Verhaltensabsichten (Handlungsintentionen) sind dagegen eher Meinungsäußerungen als Verhaltensfragen. Sofern erwartet wird, mit Fragen zu Verhaltensabsichten (z. B. «Werden Sie in den nächsten vier Wochen beim Roten Kreuz Blut spenden?») das tatsächliche künftige Verhalten zu erfassen, sollte man sich darüber im Klaren sein, dass die Messung äußerst unzuverlässig ist.

4. Mit sozialstatistischen oder «sozialdemographischen» Merkmalen sind statistische Angaben im weitesten Sinne gemeint. Die Erhebung derartiger Merkmale erfordert die gleiche Sorgfalt bei der Frageformulierung wie etwa bei der Erhebung von Einstellungen. Zur Erhebung des persönlichen Einkommens z. B. existieren verschiedene Vorschläge, die jeweils entsprechende Vor- und Nachteile aufweisen (Pappi 1979). Da sozialstatistische Fragen in Umfragen aber routinemäßig wiederholt erhoben werden, gibt es in diesem Bereich Vorbilder, etwa für Deutschland die ZUMA-Standarddemographie (Kapitel VI). Mit gewissen Modifikationen sind Fragen der Standarddemographie auch in Österreich oder der Schweiz verwendbar.

Die Fragen können sich auf den Befragten oder auf andere Personen beziehen. Im ersteren Fall spricht man von *Selbstauskünften*, im letzteren Fall von *Fremdauskünften.* Eine Frage nach der Erwerbstätigkeit oder dem Einkommen des Ehepartners ist eine Fremdauskunft, die meistens (aber nicht immer) unzuverlässiger sein wird als eine Selbstauskunft.

Fragen können ferner einen *direkten* oder einen *indirekten* Bezug zu der Zieldimension aufweisen. Versucht man z. B. eine Einstellung über eine Faktfrage zu messen, so handelt es sich um eine indirekte Fragestrategie. Betrachten wir etwa die Frage:

«Eine Bank mit einer Bilanzsumme von 100 Milliarden Euro hat ein sehr großes wirtschaftliches Machtpotenzial»
stimme zu ☐ lehne ab ☐

Im Prinzip kann man der Aussage zustimmen, gleichgültig ob man misstrauisch gegenüber der Macht der Banken ist oder nicht. Wahrscheinlich wird aber die Neigung, dieser Frage zuzustimmen, mit einer kritischen Einstellung gegenüber Banken korreliert sein, sodass indirekt auch diese Einstellung gemessen wird. Die Idee indirekter Fragen ist, dass Verzerrungen durch soziale Erwünschtheit bei der indirekten Fragestrategie weniger ins Gewicht fallen und zudem eventuell auch verborgene Motive enthüllt werden. Indirekte Fragen stellen somit den Versuch dar, die

Reaktivität im Interview zu reduzieren. Man möchte den Einstellungen von Personen auf Umwegen auf die Schliche kommen, nach Möglichkeit, ohne dass die Befragten das Ziel der Messung selbst erkennen. Dieses Prinzip wird noch extremer mit einem Spezialfall der indirekten Fragen, den *projektiven Fragen*, umgesetzt. Ein hübsches Beispiel aus einem englischsprachigen projektiven Motivtest ist die Buchstabenergänzung nach dem folgenden Muster:

s u _ _ e r

Sie sollen die zwei Buchstaben ergänzen und damit ein sinnvolles (englisches) Wort bilden. Haben Sie «mm» eingesetzt, dann sind Sie sonnenhungrig, bei «pp» hingegen einfach nur hungrig. Ob diese Frage mehr als nur Unterhaltungswert hat, ist mir nicht bekannt. Man sollte andererseits projektive Fragen nicht von vornherein dogmatisch verwerfen. Vielleicht sind sie ja mitunter wirklich tauglich zur Aufdeckung von Motiven und Einstellungen, die ein Befragter direkt gar nicht angeben will oder kann. Nur müsste man das zunächst einmal nachweisen, und da gelten die gleichen strengen Kriterien der Reliabilität und Validität wie etwa im Fall von Einstellungsskalen.

Ein Klassiker projektiver Fragetechnik in der Marktforschung ist die Nescafé-Image-Studie von Haire (1950; Noelle 1963: 276). Haire legte zwei Gruppen von Frauen je einen Einkaufszettel vor. Auf dem Zettel der Gruppe A stand neben anderen Dingen «1 Dose Nescafé». Die einzige Variation beim Einkaufszettel in Gruppe B war die Ersetzung von Nescafé durch «1 Pfund Bohnenkaffee». Sodann sollten die befragten Personen die Hausfrau (von Hausmännern war 1949 nicht die Rede) beschreiben, die mit dieser Liste ihre Einkäufe erledigt. Das Ergebnis des Befragungsexperiments ist Kasten X.5 zu entnehmen.

Kasten X.5: Das Image von Nescafé – eine klassische Studie projektiver Motivforschung

«Lesen Sie bitte einmal diesen Einkaufszettel. Versuchen Sie, sich in die ganze Situation hineinzudenken, bis Sie sich ziemlich deutlich die Hausfrau vorstellen können, die diese Lebensmittel einkaufte. Dann geben Sie bitte eine kurze Beschreibung dieser Hausfrau, ihrer Wesensart, ihrer Eigenschaften (...)»

Der Einkaufszettel enthielt die folgenden Angaben:

1 1/2 Pfund Gehacktes
2 Brote
1 Bund Karotten
2 Dosen Rumfords Backpulver
1 Dose Nescafé
2 Dosen Pfirsichkompott
5 Pfund Kartoffeln

«Fast jede zweite Befragte stellte sich nach diesem Einkaufszettel die Hausfrau bequem und außerdem kopflos in der Haushaltsführung vor.

Einer zweiten Testgruppe von Frauen wurde die gleiche Aufgabe gestellt, nur gab es in dem Einkaufszettel, den man zeigte, *einen* Unterschied: Statt ‹1 Dose Nescafé› hieß es ‹1 Pfund Bohnenkaffee›.

In dieser zweiten Testgruppe kam die Beschreibung ‹bequeme Hausfrau› überhaupt nicht und ‹kopflos› nur selten (12 Prozent) vor. Man sieht: Die einzelnen Beschreibungen geben weder in der ersten noch in der zweiten Testgruppe irgendwelchen Aufschluss – in der zweiten Testgruppe war sogar von dem Objekt der Motivforschung, Nescafé, gar nicht die Rede. Aber beim Vergleich beider Testgruppen bewies dieser ‹projektive Test›, dass Nescafé von Hausfrauen mit Bequemlichkeit, Faulheit und Kopflosigkeit assoziiert wurde.»

Quelle: Haire (1950), entnommen aus Noelle (1963: 276)

So schön diese Beispiele auch klingen, im Allgemeinen ist von der Verwendung ungeprüfter indirekter und projektiver Fragen eher abzuraten. Es sei denn, das Ziel der Untersuchung wäre gerade, diese Fragen einem Test bezüglich der Reliabilität und Validität zu unterziehen. Hinter nicht erprobten indirekten und projektiven Fragen lauert die Gefahr der Produktion von Artefakten. Auch die Messung von Einstellungen indirekt über Faktfragen empfiehlt sich meist nicht, da ja die zusätzliche Dimension der Überzeugung bezüglich des Sachverhalts die indirekte Einstellungsmessung verzerren kann. Man kann der Frage nach der Macht der Banken als «Faktum» zustimmen, gleichzeitig das Machtpotenzial aber positiv bewerten. Fragen dieser Art sind nur dann zu empfehlen, wenn die Reliabilität und Validität der Messung wirklich nachgewiesen wurde.

Nach der *Form der Fragen* können die folgenden hauptsächlichen Fragetypen unterschieden werden:

1. geschlossene, offene und halboffene Fragen,
2. bei geschlossenen Fragen nach der Art der Antwortkategorien: di-

chotome Ja-nein-Fragen, Alternativfragen, «Auswahlfragen» (Scheuch 1973) wie Rating oder Ranking, Fragen mit Mehrfachantworten,

3. Filterfragen, Gabel, Fragetrichter.

Geschlossene Fragen mit vorgegebenen Antwortkategorien sind der dominierende Fragetyp in standardisierten Interviews. Die Vorteile gegenüber offenen Fragen sind im Allgemeinen: *Vergleichbarkeit* der Antworten, höhere *Durchführungs- und Auswertungsobjektivität* (Kapitel VI), *geringerer Zeitaufwand für den Befragten, leichtere Beantwortbarkeit* für Befragte mit Verbalisierungsproblemen, *geringerer Aufwand bei der Auswertung.* Insbesondere in schriftlichen Interviews sind geschlossene Fragen leichter und schneller beantwortbar als offene Fragen, die von der interviewten Person verlangen, einen Text niederzuschreiben. Wird die Antwort in persönlichen oder telefonischen Interviews vom Interviewer protokolliert, dann besteht auch ein erheblicher Interpretationsspielraum seitens des Interviewers. Professionelle Interviewer werden kaum geneigt sein, die Dauer eines Interviews durch die getreue Protokollierung umfangreicher Texte in die Länge zu ziehen. Weiterhin ist die Auswertung schwierig, da der Antworttext ja praktisch einer Inhaltsanalyse unterzogen werden muss. Diese Probleme treten allerdings nicht auf bei formal offenen Fragen, die sich z. B. nach der Dauer oder Häufigkeit einer Aktivität, nach Mengenangaben oder anderen ‹physikalischen› Größen erkundigen. Bei derartigen Fragen existiert das Kategoriensystem bereits ‹im Kopf› der Befragten. Dann aber ist es häufig sogar günstiger, auch wegen der Informations- oder ‹Signalfunktion› von Antwortkategorien, einfach auf vorgegebene Antwortmöglichkeiten zu verzichten.

Auf der anderen Seite erhält man mit geschlossenen Fragen nur Informationen im Rahmen der vorgegebenen Kategorien. So wie ein Astronom, der sein Fernrohr auf den Mond richtet, nichts über den Mars erfährt (dafür aber umso mehr Details über den Mond), werden bei einem Befragungsinstrument mit geschlossenen Fragen eventuell bedeutsame Aspekte jenseits des Kategoriensystems ausgeblendet. Um ein gutes Kategoriensystem zu entwickeln, arbeitet man in explorativen Untersuchungen auch vorwiegend mit offenen Fragen. Zudem kann die gelegentliche Einstreuung offener Fragen in standardisierten Interviews für den Befragten abwechslungsreicher und interessanter sein. Je nach Forschungsziel können offene Fragen eben auch eine Reihe von Vorteilen bieten. Halboffene Fragen («Hybridfragen») sind ein Kompromiss zwischen geschlossenen und offenen Fragen. Dabei werden geschlossene Antwortkategorien plus einer offenen Antwortmöglichkeit vorgesehen.

Für die Konstruktion der Antwortkategorien von geschlossenen Fragen gelten die üblichen Anforderungen an Kategoriensysteme. Die Kategorien sollten hinreichend *präzise*, *disjunkt* (nicht überlappend) und *erschöpfend* sein. Wer sich Fragebogen anschaut, wird bemerken, dass gegen diese simplen Grundregeln des Öfteren verstoßen wird.

Mit verschiedenen Möglichkeiten der Konstruktion von Antwortskalen (Rating, Ranking, Alternativfragen) haben wir uns schon weiter oben befasst. Betrachten wir jetzt noch einige fragetechnische Kunstgriffe bei der Konstruktion von Fragebogen.

Filterfragen werden Frageblöcken vorgeschaltet, die sinnvollerweise nur von einer Teilmenge der interviewten Personen beantwortet werden sollten. Man erkundigt sich z. B. zunächst nach dem Familienstand. Den nachfolgenden Frageblock zur «Ehezufriedenheit» passieren dann nur verheiratete Personen. Eine Erweiterung ist die *Gabel.* Im Anschluss an die Frage nach dem Familienstand werden ledige Personen mit Frageblock A, verheiratete Personen mit Frageblock B und eventuell geschiedene und verwitwete Befragte mit den Frageblöcken C und D konfrontiert.

Trichterfragen gehören zu einer Technik, bei der man sich schrittweise vom Allgemeinen zum Besonderen vortastet. Insbesondere bei heiklen Fragen, etwa zur Sexualität, zu abweichenden Verhaltensweisen u. Ä. m., werden «Fragetrichter» verwendet. Die Antwortbereitschaft ist im Allgemeinen größer und die Verweigerungsquote geringer, wenn zunächst mit eher harmlosen Fragen begonnen wird, anstatt gleich mit der Tür ins Haus zu fallen.

Auf der anderen Seite können Fragetrichter unerwünschte Fragekontexteffekte produzieren. Die Beantwortung der allgemeineren Fragen kann auf die Beantwortung der speziellen Fragen ‹ausstrahlen›. Geht es weniger um den Abbau von Hemmungen wie im Fall heikler Fragen und sind derartige Kontexteffekte zu erwarten, dann empfiehlt sich eventuell eine Anordnung der Fragen nach dem Prinzip des «umgekehrten Fragetrichters» (Sudman und Bradburn 1982).

An den Anfang des Fragebogens werden häufig sogenannte *Eisbrecherfragen* gestellt, die selbst keinen besonderen Informationswert haben, dafür aber für den Befragten von Interesse sind und dazu verhelfen, eine kooperative Interviewatmosphäre aufzubauen.

6. Einige Grundregeln der Frageformulierung und Fragebogengestaltung

Frageformulierung

Bei der Formulierung von Fragen empfiehlt es sich, einige einfache Grundregeln zu beachten: Die erste Regel bezieht sich auf die sprachliche Form:

1. Kurz, verständlich und hinreichend präzise
Fragen sollten kurz, verständlich, mit einfachen Worten und hinreichend präzise formuliert sein. Sie sollten nicht bürokratisch gestelzt klingen, und es sollten Fremdworte vermieden werden, die in der Zielgruppe nicht allgemein üblich sind:

Hier eine Kostprobe eines Fragevorschlags aus einer studentischen Arbeitsgruppe, der vielleicht doch noch etwas überarbeitet werden sollte:

Die Verminderung des Wachstums der Umweltverschmutzung ist
nur durch Aktivierung von Einzelinitiative ☐
nur durch staatlichen Zwang induzierbar ☐

2. Keine platten Anbiederungen
Im Allgemeinen sollten Fragen in einfachem Hochdeutsch ohne bürokratische Verrenkungen gestellt werden. Eine kumpelhafte Anbiederung durch Subkultur-Formulierungen oder Dialekt klingt meist lächerlich und sollte eher vermieden werden. Man wird normalerweise Fragen in

Flensburg nicht in «Plattdeutsch» und in Oberammergau nicht in «Bayerisch» stellen. In der deutschsprachigen Schweiz ist allerdings in persönlichen und telefonischen Interviews Schwyzerdeutsch gebräuchlich, da Hochdeutsch auch in persönlichen Gesprächen unter Fremden verkrampft klingt.

3. Keine doppelte Verneinung

Im Ablauf eines persönlichen oder telefonischen Interviews werden ziemlich viele Fragen in relativ kurzer Zeit gestellt. Längeres Nachdenken über eine Frage ist meist nicht möglich. Jedenfalls sollte man Fragen nicht unnötigerweise komplizieren. Bei doppelter Verneinung kommt es leicht zu Missverständnissen. Bei der Frage:

«Sind Sie gegen die Aufhebung der Verjährungsfrist für Nazi-Verbrechen?»

muss man erst einmal eine ‹Denkpause› einlegen. Es handelt sich sogar um eine dreifache Verneinung. Bedeutet ein «ja», dass Nazi-Verbrechen nicht mehr angeklagt werden sollen? Oder verhält es sich genau andersherum? Bei derartigen Fragen wird man wohl eher Zufallsantworten erhalten.

4. Antwortkategorien

Die Antwortkategorien von geschlossenen Fragen sollten disjunkt (nicht überlappend), erschöpfend und präzise sein. Je nach Zielsetzung der Untersuchung sollten sie hinreichend genau zwischen verschiedenen Sachverhalten diskriminieren können. Eine Einkommensfrage mit nur drei Kategorien z. B. wird kaum eine gute Schätzung des durchschnittlichen Einkommens erlauben. Mit der Wahl der Antwortkategorien und Antwortskalen wird auch schon eine Vorentscheidung über das Messniveau von Variablen (Kapitel VI) und damit eine Entscheidung über die anwendbaren statistischen Analyseverfahren (Kapitel XIV) getroffen.

Bei Fragen nach der Häufigkeit, Dauer und anderen Zahlenwerten kann eine offene Frage zweckmäßiger sein. Insbesondere sind Kategorien wie «häufig», «manchmal», «selten» mehrdeutig. Die Frage:

Rauchen Sie Zigaretten?

häufig	☐
manchmal	☐
selten	☐
nie	☐

liefert wesentlich ungenauere Informationen als die einfache Retrospektivfrage (Alwin und Krosnick 1991):

«Geben Sie bitte eine Schätzung an. Wie viele Zigaretten haben Sie gestern geraucht?»

5. Vorsicht bei stark wertbesetzten Begriffen

Begriffe wie «Gerechtigkeit», «Freiheit», «Verbrechen», «Selbstbestimmung» haben einen stark positiven oder negativen Beigeschmack. Unabhängig vom Frageinhalt kann allein die Verwendung eines dieser Begriffe die Antwortreaktionen in die eine oder andere Richtung lenken. Wenn man nicht gerade an der Wirkung oder Bewertung eines wertbesetzten Begriffes interessiert ist oder der Begriff Teil einer üblichen Wendung ist («Kriegsverbrechen» lässt sich wohl kaum durch die neutrale Formulierung «abweichendes Verhalten im Krieg» ersetzen), sollte man bei der Formulierung von Fragen und Antwortkategorien auf stark wertbesetzte Begriffe verzichten.

6. Keine mehrdimensionalen Fragen

Antworten auf mehrdimensionale Fragen sind nicht eindeutig einer Zieldimension zurechenbar. Eine Bejahung oder Verneinung der folgenden Aussage lässt mehrere Interpretationen zu: «Kernkraftwerke verringern die Kosten der Stromerzeugung, stellen aber ein Sicherheitsrisiko dar!» Da ist es einfacher, zwei Einzelfragen zu stellen: «Kernkraftwerke verringern die Kosten der Stromerzeugung»

«Kernkraftwerke sind ein Sicherheitsrisiko»

mit den Antwortkategorien ja, nein und (eventuell) weiß nicht oder differenzierteren Zustimmungsskalen.

In einer «Spiegel»-Umfrage wurde das historische Wissen der westdeutschen und ostdeutschen Bevölkerung verglichen. Eine Frage lautete:

Wann lebte Luther?

vor dem Dreißigjährigen Krieg	☐
während des Dreißigjährigen Kriegs	☐
nach dem Dreißigjährigen Krieg	☐
weiß nicht	☐

47 % der Westdeutschen und 44 % der Ostdeutschen antworteten: «vor dem Dreißigjährigen Krieg». Abgesehen davon, dass durch Raten die Trefferchance ein Drittel ist, wird Befragten korrektes Wissen attestiert, die sich in einem doppelten Irrtum befinden. Wer z. B. glaubt, Luther wirkte im 18. Jahrhundert und der Dreißigjährige Krieg war im 19. Jahrhundert, wird – minus mal minus ist plus – eine korrekte Antwort erzielen. Der Mangel der Frage ist, dass zugleich nach zwei historischen Ereignissen gefragt wird.

7. Normalerweise keine indirekten Fragen
Indirekte Fragen, z. B. die Messung von Einstellungen mit Faktfragen, sind problematisch. Sie sollten nur in erprobten Ausnahmefällen verwendet werden. Auch hier ist wie bei mehrdimensionalen Fragen die Antwort nicht eindeutig zurechenbar. Die Bejahung oder Verneinung einer Faktfrage kann mit unterschiedlichen Bewertungen oder Einstellungen einhergehen.

8. Normalerweise keine Suggestivfragen
Mit Suggestivfragen wird die Antwort in eine bestimmte Richtung gelenkt. Wie vor Gericht gilt auch für Fragebogen: keine Suggestivfragen.

9. In Fragebatterien, z. B. zur Einstellungsmessung mit multiplen Items, sollten die Aussagen in unterschiedliche Richtungen gepolt werden. Wie wir wissen, erhalten wir so Informationen über Personen mit einem hohen Grad der Akquieszenz.

10. Befragte sollten nicht überfordert werden
Betrachten wir die folgende Frage:

«Wie viel Prozent des Monatseinkommens geben Sie für die Miete aus?»
Die Frage klingt harmlos, hat es aber in sich. Sie verlangt vom Befragten, sich an zwei Zahlenangaben zu erinnern und dann noch eine Rechenoperation zur Ermittlung eines Prozentwerts durchzuführen. Das alles wird in eine Frage verpackt. Warum macht man es der befragten Person nicht einfacher und fragt (a) nach dem Einkommen und (b) nach der Miete? Damit werden Irrtümer verringert und Rechenfehler vermieden.

Speziell beim Einkommen bietet die obige Frage allerdings einen Vorteil. Ist man weder an der absoluten Höhe der Miete noch des Einkommens, sondern nur an den prozentualen Ausgaben für die Miete interessiert, dann bleibt bei der obigen Frage die Höhe des Einkommens anonym. Die Verweigerungsquote ist dann möglicherweise geringer. Überwiegt dieser Vorteil die skizzierten Nachteile, etwa in speziellen Gruppen mit hoher Verweigerungsquote bezüglich der Einkommensfrage, dann wäre dennoch die komplexe Frage vorzuziehen.

Damit sind wir auch beim elften Gebot angekommen, das da lautet: Keine Regel ohne Ausnahme.

Fragebogenkonstruktion

Wir gehen davon aus, dass die *Hypothesen* oder *deskriptiven Ziele* klar formuliert wurden (Kapitel V). Erst wenn man genau weiß, was man wissen möchte, sollte man mit der Fragebogenkonstruktion beginnen. In der Regel werden zunächst *thematische Blöcke (Module)* festgelegt, z. B. je ein Block mit Fragen zum Umweltbewusstsein, zum Umweltwissen, zur Sozialdemographie etc. Für jedes Modul werden sodann die Fragen formuliert. Die Fragen werden unter Beachtung einiger Regeln in einer zweckmäßigen Reihenfolge angeordnet. Im Allgemeinen haben sich die folgenden Regeln als sinnvoll erwiesen:

1. Der Fragebogen beginnt mit Eröffnungsfragen («Eisbrecherfragen», «warming up»), die häufig allgemeiner sind, auf das Thema hinführen und von den Befragten mit Interesse aufgenommen werden.

Umso besser, wenn es gelingt, dieses Ziel mit Fragen zu erreichen, die gleichzeitig informative Antworten hervorrufen.

2. Die Aufmerksamkeit steigt zunächst und sinkt dann mit zunehmender Fragedauer ab («Spannungskurve»). Die wichtigsten Fragen werden daher häufig im zweiten Drittel des Fragebogens platziert (Scheuch 1973).

3. Im Allgemeinen arbeitet man bei einem Themenblock, sofern sich die Fragen nach dem Grad der Allgemeinheit oder bei heiklen Fragen nach dem Grad der Unangenehmheit unterscheiden, mit Fragetrichtern. Abhängig von vermuteten Kontexteffekten sind aber auch andere Vorgehensweisen denkbar. Zur Diagnose von Fragekontexteffekten kann man die Reihenfolge von Fragen (und auch die Reihenfolge von Modulen) variieren. Man erhält dann unterschiedliche Fragebogenversionen und kann so den Fragebogen z. B. im Pretest einem Test auf Kontexteffekte unterziehen.

4. Filterfragen und Gabeln helfen, überflüssige Fragen zu vermeiden und die Befragungszeit zu reduzieren. Die Filter und Verzweigungen müssen für den Interviewer im Fragebogen klar gekennzeichnet sein. Sie sollten in persönlichen Interviews auch nicht übermäßig kompliziert sein, damit der Interviewer nicht eine ‹Schnitzeljagd› durch den Fragebogen vollführen muss. Der Aufbau sollte klar und logisch gegliedert sein.

Bei komplexer Filterführung und Verzweigungen mit einer Reihe spezifischer Fragenprogramme für Unter- und ‹Unter-unter-Gruppen› empfiehlt sich vorab die Aufstellung eines Flussdiagramms. Das erleichtert den Aufbau eines logisch gegliederten Fragebogens.

5. Bei den nicht unproblematischen Mehr-Themen-Umfragen (Omnibus-Befragung) wird man zwischen den einzelnen Frageblöcken «Überleitungssätze» einführen. Hat der Befragte gerade seine Einstellung zur Verkehrssicherheit geäußert und wird anschließend über Zahnpasta interviewt, so wird der abrupte Themenwechsel einiges Kopfschütteln auslösen. Mit Überleitungsformulierungen versucht man quasi, den Schock etwas abzufedern und auf das neue Thema vorzubereiten.

6. Sozialstatistische Angaben (Sozialdemographie) sind für den Be-

fragten meist weniger interessant. Die sozialstatistischen Fragen werden in der Regel am Ende des Fragebogens aufgeführt.

7. Persönliche Interviews von einer oder 1 1/2 Stunden Dauer sind keine Seltenheit. Für die meisten Befragten ist eine Befragungszeit in dieser Größenordnung noch erträglich. Eher gilt, dass der Interviewer noch vor dem Befragten ermüdet (vgl. auch Scheuch 1973). Denn für den Befragten ist dies das erste, für den Interviewer am Befragungstag eventuell schon das fünfte Interview. Wird die Befragung, wie bei größeren Umfragen üblich, von einem Institut und nicht von einem Sozialforscherteam selbst durchgeführt, dann ist die Länge von Interviews eher eine kritische Größe. Wie auch Dorroch (1994) anschaulich schildert, sind nämlich die meisten Interviews zu lang. Dadurch aber wird die Gefahr von Teilfälschungen erhöht. Weiterhin kann sich die Antwortqualität bei einer längeren Befragung vermindern.

8. Auf den Fragebogen wird ein Kontaktprotokoll geheftet, das vom Interviewer ausgefüllt wird (dazu weiter unten). Nach der Datenübertragung wird das Kontaktprotokoll aus Datenschutzgründen vom Interview gelöst und separat aufbewahrt. Ab diesem Zeitpunkt ist eine Zuordnung der Daten zu den Adressen nicht mehr möglich.

Am Schluss des Fragebogens befindet sich in der Regel ein kurzer Interviewerfragebogen: Die Fragen beziehen sich auf einige Interviewermerkmale, die vom Interviewer eingeschätzte Qualität des Interviews und eventuell weitere Beobachtungen des Interviewers.

9. Ein neuer Fragebogen sollte unbedingt einem oder mehreren Pretests unterzogen werden. Bei Umfragen mit z. B. 2000 Befragten ist eine Pretest-Stichprobengröße von 100 Personen nicht unüblich. Der Zweck von Pretests ist:

- die Ermittlung der durchschnittlichen Befragungszeit,
- die Prüfung der Verständlichkeit von Fragen,
- eventuell die Prüfung von Itembatterien mit der Itemkonsistenzanalyse, Faktorenanalyse u. a. m.,
- eventuell die Prüfung von Fragekontexteffekten und alternativen Frageformulierungen mit Fragesplits.

Sofern die Interviewer der Hauptuntersuchung am Pretest beteiligt sind, dient der Pretest gleichzeitig der Interviewerschulung.

Im Pretest sollten die Befragten ermuntert werden, weniger verständliche Fragen zu kritisieren. Weiterhin sollten die Interviewer ihre Einschätzung von Fragebogen und Interviewverlauf protokollieren.

Die Pretest-Informationen werden fast immer eine Modifikation und in der Regel auch die Kürzung des Fragebogens nahelegen. Bei umfangreichen Modifikationen, und das ist der Regelfall, ist es erforderlich, einen zweiten, eventuell noch einen dritten Pretest zu arrangieren.

Durchführung der Befragung

Vor der Phase der Hauptuntersuchung wird zunächst eine Interviewerschulung durchgeführt. Es ist ratsam, dass jeder Interviewer ein bis zwei Probeinterviews vornimmt. Bei einer landesweiten persönlichen Befragung und einer Stichprobe von 3000 Personen ist die Interviewerschulung vor Ort allerdings gar nicht möglich. Hier erfolgen die Instruktionen nur auf postalischem Weg. Erhält ein Interviewer den Auftrag, zehn Interviews durchzuführen, dann benötigt man für eine Bevölkerungsbefragung etwa 300 Interviewer. Noelle (1963) empfiehlt eine Quote von maximal zehn Interviews pro Interviewer.[7] Die meisten Institute werden jedoch höhere Quoten mit bis zu 70 Interviews ansetzen. Bei hohen Quoten sinkt aber die Interviewqualität, und die Wahrscheinlichkeit von Fälschungen steigt an (Noelle 1963).

Vor der Kontaktaufnahme empfiehlt es sich, den zur Befragung ausgewählten Haushalt oder die zu befragende Zielperson anzuschreiben. Im Anschreiben wird auf die Bedeutung der Untersuchung und auf die Wichtigkeit hingewiesen, dass gerade die ausgewählte Person an dem geplanten Interview teilnimmt. Häufig ist es nicht günstig, im Anschreiben das Befragungsthema zu nennen, da die Kenntnis der Thematik nicht nur die Antwortreaktionen, sondern auch die Teilnahmebereitschaft beeinflussen kann. Die Ankündigung «Wir machen eine Untersuchung über

7 Im deutschsprachigen Bereich informiert das mehr als drei Jahrzehnte alte Buch von Noelle (1963) noch am besten über die praktischen Einzelheiten der «Feldorganisation» bei persönlichen Interviews (siehe auch Noelle-Neumann und Petersen 2004).

Rechtsradikalismus» wird womöglich gerade rechtsorientierte Personen verprellen. Da ist es schon besser, nur mitzuteilen, dass die Meinungsumfrage politische Themen berührt oder – noch allgemeiner – «Themen, über die heute viel gesprochen wird». Weiterhin wird erwähnt, dass die Daten selbstverständlich vertraulich behandelt werden. Jedoch sollte man das Thema «Anonymität» nicht zu stark in allen Einzelheiten betonen, denn womöglich werden dadurch erst Befürchtungen geweckt. Vertrauen und Kooperation wird auch dadurch gefördert, dass man verspricht (und dann das Versprechen auch hält), auf Wunsch einen Kurzbericht der Ergebnisse zuzusenden.

Wer die Details der Durchführung einer Studie zu beurteilen hat, sollte die folgenden Punkte bedenken[8]:

- Wie werden die Interviewer geschult?
- Wie viele Interviews führt ein Interviewer durch?
- Wie ist die Höhe und Art der Honorierung? Bietet die Art der Honorierung einen Anreiz zu Fälschungen oder Teilfälschungen?
- Wie werden die Interviews kontrolliert? Üblich sind zumindest Feldkontrollen, etwa durch telefonischen Rückruf bei 20–40 % der Interviews.
- Wie viele Kontaktversuche sind vorgeschrieben, um eine Zielperson zu erreichen? Je höher die Anzahl der Kontaktversuche, desto höher ist die Ausschöpfungsquote, aber desto größer ist auch der Aufwand für den Interviewer (und bei «Akkordlohn»-Bezahlung pro realisiertem Interview die Neigung zur Umgehung der Regeln). Bei persönlichen Interviews sind 3 bis 5 Kontaktversuche üblich. Jeder Kontaktversuch wird in einem Kontaktprotokoll mit Datum, Uhrzeit, Adresse, Grund einer eventuellen Verweigerung etc. festgehalten.
- Wird die Befragung exklusiv für einen Auftraggeber durchgeführt oder in eine Omnibus-Befragung eingeschoben? Wenn ja, wie lauten die anderen Themen, wie sind die Themen platziert, und wie lang ist das Interview insgesamt?

8 Weitere kritische Fragen betreffen die Methode der Stichprobenziehung. Handelt es sich um eine Zufallsstichprobe, um eine Quotenauswahl, um Adressrandom etc.? Dazu Kapitel IX.

Die meisten Auftraggeber werden sich um diese Details gar nicht bekümmern. Dabei können die Einzelheiten der Durchführung einer Untersuchung die Qualität der Interviews erheblich beeinflussen.

Führt ein Forscherteam, eine studentische Arbeitsgruppe oder welcher Personenkreis auch immer Interviews in eigener Regie durch, dann sind ebenfalls eine Reihe von Vorbereitungsmaßnahmen zu treffen. Diese betreffen die Interviewerschulung, die Formulierung eines Anschreibens, die Festlegung der Anzahl von Kontaktversuchen, das Kontaktprotokoll und Maßnahmen zur Feldkontrolle.

Noch ein einfacher Tipp. Wer selbst eine Fragebogenuntersuchung plant oder in Auftrag geben will, sollte sich einfach vorliegende Fragebogen, Kontaktprotokolle, Interviewerfragebogen und Interviewerinstruktionen ansehen. Die «Allgemeine Bevölkerungsumfrage in den Sozialwissenschaften» ist nicht das schlechteste Beispiel (siehe dazu Porst 2000). Auch bei der Frageformulierung, der Konstruktion von Antwortskalen und der Gestaltung von Fragebogen ist es ratsam, sich einige (gute) Fragebogen zu besorgen. Damit erhält man eine Vielzahl wertvoller Anregungen, die die ersten Gehversuche auf diesem Terrain erleichtern.

7. Die Randomized-Response-Technik bei heiklen Fragen

Die Randomized-Response-Technik (RRT) ist ein Verfahren, das in Interviews vollständige Anonymität garantiert: Damit ist das Verfahren bei heiklen Fragen anwendbar, bei denen die Mitteilung der wahren Antwortreaktion dem Befragten eventuell äußerst unangenehm ist. Der Grad der Unangenehmheit wird dadurch verringert, dass dem Interviewer die persönliche Antwortreaktion unbekannt bleibt. Diese Idee liegt auch «verdeckten» Antworten im Interview zugrunde, z. B. wenn die Wahlabsicht oder das Einkommen in einem versiegelten Umschlag mitgeteilt wird. Hier allerdings ist die Anonymität nicht vollständig, denn nach dem Interview wird der Umschlag ja geöffnet, und die Antwort wird den anderen Merkmalen des Befragten zugeordnet. Dagegen ist die Anonymität bei der Randomized-Response-Technik vollständig. Auch nachträglich ist die individuelle Antwortreaktion nicht identifizierbar.

«Größten Einfallsreichtum hat die Meinungsforschung der Frage gewidmet, wie peinliche Fragen auf nicht peinliche Weise gestellt werden können», schreibt Barton (1958) in seinem berühmten Aufsatz über «Asking the Embarrassing Question». In dem Artikel wird die Zunft verspottet, indem acht Techniken für heikle Fragen am Beispiel des Gattenmords auf die Schippe genommen werden. Die RRT war in Bartons Aufstellung noch nicht dabei, aber auch diese Methode wird der Kriminalistik bei Kapitalverbrechen sicher keine Konkurrenz machen wollen. Sie kann aber hilfreich sein, um Antworthäufigkeiten auf Fragen zu ermitteln, die man ungern einem Interviewer mitteilen möchte.

Eingesetzt werden kann die Technik bei Fragen nach der Sexualität, dem Konsum von Drogen oder anderen Formen selbstberichteten abweichenden Verhaltens in sogenannten Dunkelzifferuntersuchungen. Das Verfahren wurde von Warner (1965) vorgeschlagen und ist später noch generalisiert worden (siehe den Überblick in Fox und Tracy 1986, generell zu Erhebungsmethoden bei heiklen Fragen siehe Lee 1993 und den Überblick von Lensvelt-Mulders et al. 2005).

Zur Anwendung der RRT benötigen wir zwei Zufallsmechanismen mit bekannter Wahrscheinlichkeit der Ergebnisse. Dafür geeignet sind z. B. eine Münze, ein Würfel oder eine Frage, bei der die Antwortwahrscheinlichkeit für jede Antwortreaktion im Vorhinein bekannt ist. Typische Fragen sind: Sind Sie an einem «geraden» Tag geboren? Wurde Ihre Mutter in einem Jahr mit gerader Jahreszahl geboren? usw. Die Wahrscheinlichkeit für eine Ja-Antwort ist 0,5, aber es sind auch Fragen konstruierbar, mit denen die Wahrscheinlichkeiten variiert werden können. (Z. B.: Wurde Ihre Mutter im Februar, Juni oder Oktober geboren? Die Wahrscheinlichkeit einer Ja-Antwort ist 0,25.) Wichtig ist, dass die erfragte Eigenschaft dem Interviewer (bzw. dem Auftraggeber und dem Forschungsteam) unbekannt ist. Die befragte Person muss natürlich die Antwort kennen.

Die Logik des Verfahrens ist folgendermaßen: Der Ausgang des ersten Zufallsmechanismus entscheidet darüber, ob die Person eine Frage X oder eine Frage Y beantworten soll. Frage X ist der zweite Zufallsmechanismus, Frage Y die eigentlich interessierende Frage, beispielsweise nach einem Ladendiebstahl im letzten Jahr. Eine Ja-Antwort ist dann nicht mehr individuell zurechenbar, da der Interviewer ja nicht weiß, ob auf Frage X oder Frage Y geantwortet wurde. Die Häufigkeit der Ja-Antworten auf die Frage Y in der Stichprobe kann dagegen nachträglich geschätzt werden. Auch wenn die individuelle Antwort anonym bleibt, ermöglicht die RRT eine Schätzung der Anteilswerte (z. B. der Anteil der «Ladendiebe») in der Stichprobe. Betrachten wir jetzt ein Beispiel aus einer Gruppenbefragung. Befragt wurden die Teilnehmerinnen und Teilnehmer an der Vorlesung «Empirische Sozialforschung» an der Universität Bern im Winter 1991 zu den Themen «Ladendiebstahl» und «Schwarzfahren». Dabei handelte es sich hauptsächlich um Studierende der Ökonomie. Abgegeben wurden 258 Antwortbogen folgenden Formats:

anonym, kein Name

	Ja	Nein
Frage 1	☐	☐
Frage 2	☐	☐
Frage 3	☐	☐
Geschlecht	Frau ☐	Mann ☐

Zur Erläuterung der Vorgehensweise beziehen wir uns auf Frage 1 nach einem eventuellen Ladendiebstahl in den letzten fünf Jahren.

Die Studierenden wurden zunächst gebeten, verdeckt (d. h. vom Nachbarn unbemerkt) eine Münze zu werfen (Zufallsmechanismus 1). Bei «Zahl» sollte die «Zufallsfrage» (Zufallsmechanismus 2), bei «Kopf» die Ladendiebstahlsfrage beantwortet werden. Der Fragetext, für alle sichtbar mit einer Overheadfolie projiziert, geht aus Abbildung X.3 hervor.

Abbildung X.3: RRT-Frage nach der Handlung «Ladendiebstahl»

Münzwurf

Zahl – Ist Ihre Mutter in einem <u>geraden</u> Monat geboren? (z. B. August = 8 = gerade)

Ja ☐ Nein ☐ (Antwort eintragen)

Kopf – Haben Sie <u>in den letzten fünf Jahren</u> schon einmal in einem Laden bewusst etwas mitgenommen, ohne die Ware zu bezahlen?

Ja ☐ Nein ☐ (Antwort eintragen)

Die Auswertung, separat nach Geschlecht, ergibt folgende Verteilung der Ja- und Nein-Antworten (Tabelle X.5).

Tabelle X.5: Ergebnis der RRT-Frage bezüglich Ladendiebstahl

	Frauen	Männer	
Ja	28	94	22
Nein	45	91	136
	73	185	258

Wie können wir nun, von den empirisch ermittelten Zahlen ausgehend, den Anteil der Befragten mit mindestens einem Ladendiebstahl schätzen? Nehmen wir als Beispiel die größere Teilgruppe der Männer.

Von den 185 Männern haben ungefähr 50 % die Frage X und 50 % die Frage Y beantwortet. Da es sich um Schätzungen handelt, können wir mit Bruchzahlen arbeiten. (Die Bruchzahlen sind nur Zwischenergebnisse.) «92,5 Männer» antworten demnach auf Frage X und ebenfalls 92,5 Personen auf Frage Y. Von den 92,5 Personen, die auf Frage X antworten, geben wiederum etwa 50 % eine «Ja-Antwort», also 46,25 Personen. Insgesamt wurden aber (von den Männern) 94 Ja-Antworten abgegeben. Subtrahieren wir von dieser Zahl die (geschätzten) Ja-Reaktionen auf die Zufallsfrage, so erhalten wir die (geschätzten) Ja-Antworten auf die Ladendiebstahlsfrage. Dies sind 94 – 46,25 = 47,75. Wir wissen jetzt, dass geschätzte

92,5 Personen auf die Ladendiebstahlsfrage geantwortet haben, davon 47,75 mit «ja». Setzt man die beiden Schätzungen in Beziehung, dann erhält man den gesuchten Anteilswert: 47,75 / 92,5 = 0,52. 52 % der Männer in der Stichprobe haben nach der Schätzung demnach in den letzten fünf Jahren mindestens ein Mal einen Ladendiebstahl begangen. Die Rechnung ist überblicksartig in Abbildung X.4 dargestellt.

Abbildung X.4: Berechnung der geschätzten Anzahl Ja-Antworten auf die Ladendiebstahlsfrage

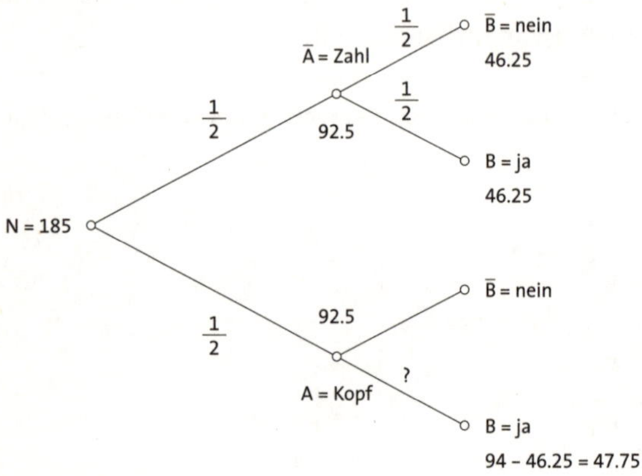

Wir führen folgende Notation ein, um eine allgemeine Formel für die Schätzung des gesuchten Anteils von Ja-Antworten ableiten zu können.

A = Ausgang des Zufallsexperiments 1, bei dem die eigentlich interessierende Frage beantwortet werden soll.

$\bar{A}$ = Ausgang des Zufallsexperiments 1, bei dem die Zufallsfrage beantwortet werden soll.

B = Antwort «ja»

$\bar{B}$ = Antwort «nein»

$P(A)$, $P(\bar{A})$, $P(B)$ und $P(\bar{B})$ sind jeweils die Wahrscheinlichkeiten der Ereignisse A, $\bar{A}$, B, $\bar{B}$.

$P(B \mid A)$ ist die (bedingte) Wahrscheinlichkeit von B unter der Bedingung A. Dies ist die Wahrscheinlichkeit, dass die eigentlich interessierende Frage mit «ja» beantwortet wird, sofern eine Person diese Frage beantwortet.

$P(B \mid \bar{A})$ ist die (bedingte) Wahrscheinlichkeit, dass auf die Zufallsfrage mit «ja» geantwortet wird, sofern eine Person diese Frage beantwortet.

Bei unserem RRT-Versuchsplan ist $P(A) = P(\bar{A}) = 0{,}5$ und ebenfalls $P(B|\bar{A}) = 0{,}5$. $P(B|A)$ ist die unbekannte Größe, die geschätzt werden soll. $P(B)$ wird empirisch ermittelt durch den Anteil der «Ja-Antworten» in der Stichprobe insgesamt.

Je nach Versuchsplan kann man auch andere Wahrscheinlichkeiten wählen als 0,5. Je kleiner $P(\bar{A})$ und $P(B|\bar{A})$ gewählt werden, desto genauer ist die Schätzung, aber auch desto weniger anonym. Wir leiten die Formel für $P(B|A)$ zunächst allgemein ab und betrachten sodann unseren Spezialfall.

Nach der aus der Wahrscheinlichkeitstheorie bekannten Formel für die «totale Wahrscheinlichkeit» gilt:

$$P(B) = P(B|A) \cdot P(A) + P(B|\bar{A}) \cdot P(\bar{A})$$

Lösen wir nach $P(B|A)$ auf, erhalten wir den gesuchten Ausdruck:

$$P(B|A) = \frac{P(B) - P(B|\bar{A}) \cdot P(\bar{A})}{P(A)}$$

$P(B|\bar{A})$, $P(A)$, $P(\bar{A})$ werden durch das RRT-Design festgelegt. $P(B)$ wird empirisch geschätzt durch die relative Häufigkeit der Ja-Antworten in der Stichprobe. (Schätzungen bezeichnen wir mit «ˆ» über dem Buchstaben.) Ist N wieder der Stichprobenumfang, so gilt:

$$\hat{P}(B) = \frac{\text{Anzahl Ja-Antworten}}{N}$$

Für das vorliegende Design mit gleicher Ausgangswahrscheinlichkeit bei beiden Zufallsmechanismen ($P(A) = P(\bar{A}) = P(B|\bar{A}) = 0{,}5$) erhalten wir die Schätzformel:

$$\hat{P}(B|A) = 2\hat{P}(B) - 0{,}5$$

Wir brauchen nur den Anteil der Ja-Antworten einsetzen:

$$\hat{P}(B|A) = 2 \cdot \frac{94}{185} - 0{,}5 = 0{,}516$$

und erhalten somit eine geschätzte «Ladendiebstahlsquote» für die Männer von 52 %. Für die Frauen lautet die Schätzung (Tabelle X.5):

$$\hat{P}(B|A) = 2 \cdot \frac{28}{73} - 0{,}5 = 0{,}267$$

Die entsprechende Ladendiebstahlsquote für die Frauen ist mit 27 % nur etwa halb so hoch wie bei den Männern mit 52 %. (Oder weisen die Frauen in größerem Ausmaß Erinnerungslücken auf?)

Hier noch die Ergebnisse für die Schwarzfahrerfrage: «Haben Sie in diesem Jahr (1991) ein öffentliches Verkehrsmittel (Bus, Tram, Bahn) bewusst ohne gültige Fahrkarte benutzt?» (Die Frage wurde kurz vor Jahresende gestellt.) Die Berechnung der «Schwarzfahrerquote» anhand eines Diagramms wie in Abbildung X.4 oder nach der angegebenen Formel sei als Übung überlassen.

Tabelle X.6: Ergebnis der RRT-Frage bezüglich «Schwarzfahren»

	Frauen	Männer	
Ja	49	122	122
Nein	24	63	136
	73	185	258

Zur Berechnung von Vertrauensintervallen (Kapitel IX) und für Signifikanztests (Kapitel XIV) können allerdings nicht die üblichen statistischen Formeln herangezogen werden. Bei gleichem Stichprobenumfang ist der Vertrauensbereich für die geschätzten Anteilswerte mit der RRT größer als im Normalfall, da ja mit den beiden Zufallsmechanismen ein weiterer Zufallsfehler hinzukommt (zur Berechnung des Stichprobenfehlers siehe Fox und Tracy 1986). Die vergrößerte Stichprobenvarianz ist der Preis der Anonymisierung. Bei kleinen Stichproben sind die RRT-Schätzungen demzufolge auch entsprechend unsicher! Der Einsatz der RRT lohnt nur dann, wenn bei heiklen Fragen mit größeren, systematischen Verzerrungen zu rechnen ist, falls die Fragen nichtanonym gestellt werden. Statistisch gesehen wird mit RRT das erwartete Bias auf Kosten der Effizienz (größerer Stichprobenfehler) reduziert.

Die RRT erfordert weiterhin einen erhöhten Aufwand und eine sehr sorgfältige Planung und Durchführung der Interviews. Der Erfolg der Methode hängt davon ab, ob die Anonymität auch wirklich geglaubt wird. Das Verfahren muss dem Befragten in klaren Worten und genau erklärt werden, was sicher nicht immer einfach ist. Manche Befragte sind eher skeptisch und halten die Angelegenheit für eine Art Zaubertrick. Zu bedenken ist auch, dass bei Fragen nach «harten Delikten» die «Geburtstagsfragen» nicht vollständig anonym sind, denn der Geburtsmonat der Mutter z. B. könnte ja nachträglich – aus welchen Quellen auch immer – ermittelt werden. In diesem Fall kann man auch auf der zweiten Stufe einen vollständig anonymen Zufallsmechanismus einsetzen (zu verschiedenen Designs siehe Fox und Tracy 1986).

Die Randomized-Response-Technik ist nicht nur bei Fragen mit dichotomen Antwortkategorien und der Schätzung von Prozentwerten anwendbar. Generalisierungen beziehen sich auf Fragen mit polytomen Antwortkategorien sowie die Schätzung von Zusammenhängen und Korrelationen. Ergebnisse aus Validitätsuntersuchungen werden u. a. von Fox und Tracy (1986) sowie Zdep, Rhodes, Schwarz und Kilkenny (1989) berichtet. Will man bei wichtigen Untersuchungsthemen (Häufigkeit von Aids, Drogenkonsum u. a. m.) valide Ergebnisse erzielen, dann kann der Mehraufwand für den Einsatz der Randomized-Response-Technik die Mühe durchaus lohnen.

8. Soziometrie und soziale Netzwerke

Der Fragebogentechnik wird zu Unrecht vorgeworfen, dass sie nur die individuellen Merkmale «atomisierter» Individuen erfassen könne. Demgegenüber basieren auch Kontextanalysen, d. h. Untersuchungen der Zusammenhänge zwischen dem sozialen Kontext und individuellen Merkmalen wie Einstellungen und Verhalten (Kapitel IV), häufig auf Umfragedaten. Mit der Soziometrie, der Analyse sozialer Beziehungen zwischen Gruppenmitgliedern, und allgemein der Analyse sozialer Netzwerke wird explizit die Einbettung von Personen oder anderen Merkmalsträgern (Firmen, Organisationen) in ein Geflecht sozialer Beziehungen zum zentralen Forschungsgegenstand gemacht. Sehr häufig sind die Primärinformationen der Netzwerkanalyse mit Umfragen ermittelte Daten.

Der Forschungsgegenstand einer soziometrischen Analyse ist ein Sozialsystem, dessen Mitglieder untereinander soziale Beziehungen eingehen. Beispiele sind eine Firma, ein Verein, die Parlamentsfraktion einer Partei oder eine Schulklasse. Typische Fragen zur Ermittlung sozialer Beziehungen lauten: «Mit welchen Kollegen oder Kolleginnen würden Sie ein wichtiges Problem besprechen?», oder bei Schulkindern die Geburtstagsfrage: «Nenne drei Klassenkameraden, die du am liebsten zu deinem Geburtstag einladen möchtest!» Auf der Basis dieser Informationen kann eine Beziehungsmatrix erstellt werden. Die Analyse der Matrix gibt Aufschluss über die Struktur der sozialen Gruppe (Cliquen, Kohäsionsgrad, sozialer Status der Gruppenmitglieder u. a. m.). In einem zweiten Schritt kann der Einfluss von Strukturmerkmalen (z. B. der Kohäsion oder sozialen Integration) auf Meinungsbildungsprozesse und das Verhalten der Gruppenmitglieder untersucht werden (soziometrische Kontextanalyse). Auch die Veränderung des sozialen Beziehungsgeflechts ist ein Thema von Studien zur Dynamik sozialer Netzwerke (Kasten X.6).

Kasten X.6: Soziale Netzwerke

Mit soziometrischen Fragen wurde das folgende Beziehungsgeflecht (Soziogramm) ermittelt:

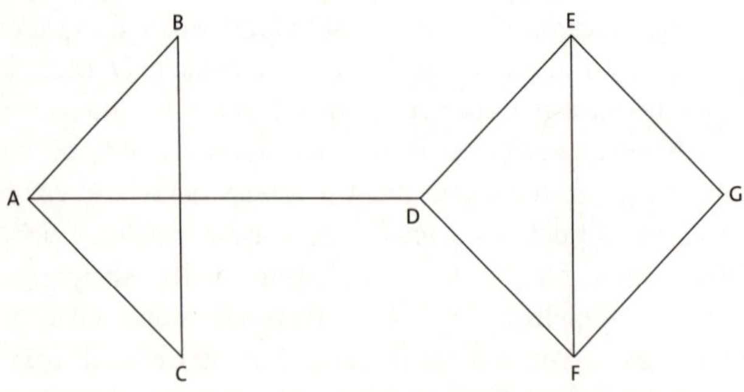

Die Buchstaben bezeichnen Personen (allgemein «Objekte») und die Linien soziale Beziehungen. In dem vorliegenden Beispiel wurden der Einfachheit halber nur symmetrische Beziehungen dargestellt. Asymmetrische Beziehungen (X wählt Y, aber Y wählt nicht X) können durch Pfeile bezeichnet werden. Bestimmte Relationen (z. B. X trifft sich mit Y) sind per Definition symmetrisch. Gehen wir bei dem Beispiel davon aus, dass es sich z. B. um eine Gruppe von Mitgliedern eines politischen Komitees handelt und eine Linie für die Beziehung «X trifft sich privat mit Y» steht. Die Abwesenheit oder Existenz einer Beziehung ist eine 0/1-Variable. Die Netzwerkstruktur wird im Allgemeinen in einer Beziehungsmatrix (Soziomatrix) dargestellt, die den Ausgangspunkt mathematisch-statistischer Analysen der sozialen Struktur bildet.

Beziehungsmatrix

	A	B	C	D	E	F	G
A	0	1	1	1	0	0	0
B	1	0	1	0	0	0	0
C	1	1	0	0	0	0	0
D	1	0	0	0	1	1	0
E	0	0	0	1	0	1	1
F	0	0	0	1	1	0	1
G	0	0	0	0	1	1	0

Im vorliegenden Beispiel symmetrischer Sozialbeziehungen erkennen wir drei 3er-Cliquen (A, B, C; D, E, F und E, F, G). D hat eine Brückenfunktion inne. Würde D aus dem Sozialsystem ausscheiden, dann zerfiele es in zwei isolierte Untergruppen. Derartigen Brückenbeziehungen («schwachen Verbindungen») wird in Granovetters (1973) Theorie eine besondere Bedeutung zugemessen (vgl. auch Burt 1992). Granovetter spricht von der «Stärke schwacher Beziehungen» («the strength of weak ties»). Die Verbindungspersonen weisen den Vorteil auf, dass sie Informationen aus unterschiedlichen sozialen Kreisen beziehen.

Zur Kennzeichnung der Struktur der Gruppe sowie von Untergruppen existieren verschiedene Indizes. Die soziale Integration oder Kohäsion einer N-Personen-Gruppe können wir z. B. wie folgt bestimmen:

$$\text{Kohäsionsindex} = \frac{\text{Anzahl der Beziehungen}}{\text{Anzahl maximal möglicher Beziehungen}} = \frac{m}{N(N-1)/2} = \frac{9}{21}$$

Eine r-Clique kann man definieren als Teilmenge von r Personen mit Kohäsionsindex 1, wobei aber auch eine Reihe alternativer Cliquendefinitionen vorgeschlagen wurden. Bei einer größeren Anzahl von Personen oder Objekten (z. B. die Geschäftsbeziehungen zwischen Firmen) untersucht man die Beziehungsmatrix mit mathematischen Algorithmen und Computerprogrammen.

Weiterhin kann man den «sozialen Status» (Zentralität) der Gruppenmitglieder bestimmen. Das einfachste Statusmaß berücksichtigt nur die (ungewichtete) Anzahl der Beziehungen einer Person. Dies sind die Zeilen- oder Spaltensummen bei einer symmetrischen Beziehungsmatrix. Die Interpretation des Statusmaßes hängt natürlich von der jeweiligen untersuchten Beziehung ab. Verfeinerte Statusmaße berücksichtigen auch den Status der Beziehungspersonen (Bonacich 1987). Zur Berechnung des «Bonacich-Index» muss man die Eigenwerte der Matrix bestimmen. Diese und andere Indizes können mit verschiedenen Computerprogrammen ermittelt werden. (Eine Darstellung einfacher soziometrischer Indizes findet sich in Nehnevajsa 1973b. Zur Netzwerkanalyse siehe z. B. Pappi 1987; Bien 1997; Jansen 2006; Trappmann, Hummell und Sodeur 2005 sowie das umfassende Lehrbuch von Wasserman und Faust 1994.)

Die Sozialpsychologie und Einstellungsforschung interessiert z. B., in welchem Grad sich die Netzwerkposition auf die Meinungen und Verhaltensweisen auswirkt. Person D etwa verkehrt in «heterogenen Kreisen» (siehe bereits Simmel 1923). Wird bezüglich des politischen Abstimmungsverhaltens gelten, dass D eher als «Wechselwähler» charakterisierbar ist? Eine Vielzahl solcher und ähnlicher Hypothesen kann mit den Methoden der Netzwerkanalyse untersucht werden. Weiterhin eignet sich die Netzwerkanalyse zur Erforschung von Beziehungs- und Machtstrukturen, z. B. in einer Gemeinde (Kappelhoff und Pappi 1982), zwischen den Mitgliedern von Eliten oder auch zwischen Organisationen wie Firmen oder Banken. Eine Erweiterung sind Netzwerkanalysen mit bewerteten Relationen, bei denen zusätzlich nach der Stärke der Beziehungen unterschieden wird. Die Stärke von Freundschafts- oder Bekanntschaftsbeziehungen in soziometrischen Studien kann beispielsweise mit Ratingskalen erhoben werden. Netzwerktechniken für bewertete, asymmetrische Relationen sind aber noch viel allgemeiner anwendbar. Import- und Exportströme zwischen Staaten können z. B. als «Soziogramm» mit numerisch bewerteten Relationen dargestellt werden. Die Untersuchung der Netzwerkdynamik informiert dann über die Herausbildung von Handelsstrukturen, etwa die Struktur der «Triade» asiatischer, amerikanischer und europäischer Raum mit den Kernen Japan, USA und EU. Weitere Anwendungen beziehen sich auf Tauschbeziehungen bei unvollständigen Märkten (Braun 1993) oder sogar auf historische Sozialstrukturen. So analysieren Padgett und Ansell (1993) die sozialen Beziehungen zwischen den herrschenden Patrizier-Familien in Florenz zu Beginn der Renaissance. Mit dem Netzwerk-Modell finden sie neue Anhaltspunkte zur Erklärung des Aufstiegs der Medici.

Die Netzwerkanalyse hat mit der Soziometrie kleiner sozialer Gruppen begonnen und ist heute eine allgemeine Technik zur Analyse von Beziehungsstrukturen. Sie ist keine Erhebungsmethode, sondern eine mathematisch-statistische Technik der Datenanalyse, die nicht an eine spezielle Erhebungsmethode gebunden ist. Die der Analyse zugrunde liegenden Daten über soziale Beziehungen werden aber sehr häufig mit Umfragen gewonnen.

Soziometrische Untersuchungen beziehen sich auf kleinere, weitgehend abgeschlossene Sozialsysteme. Ausschnitte aus den sozialen Netzwerken der befragten Personen in Bevölkerungsumfragen können dagegen mit der Methode *egozentrierter Netzwerke* erfasst werden. Dabei werden die Befragten gebeten, eine bestimmte Anzahl von Personen (meist drei bis fünf) zu nennen, zu denen sie häufiger Kontakte haben. Die spezielle Frageform bezeichnet man als *Namensgenerator*. Nach der Methode von Burt (1984) z. B. sind maximal fünf Personen anzugeben, mit denen in den vergangenen sechs Monaten wichtige Probleme besprochen wurden (zu einem Vergleich von Namensgeneratoren siehe Hill 1988 und Wolf 2006).

In der «Allgemeinen Bevölkerungsumfrage 1990» (Allbus 1990) wurde dagegen der folgende Namensgenerator verwendet:

«Wir haben jetzt einige Fragen zu den Personen, mit denen Sie häufig privat zusammen sind. Denken Sie einmal an die drei Personen, mit denen Sie am häufigsten privat zusammen sind. Es kann sich dabei sowohl um Verwandte als auch um nichtverwandte Freunde oder Bekannte handeln, nur nicht um Personen, die mit Ihnen im selben Haushalt wohnen.»

Mit dieser Frage werden speziell die außerhäuslichen, wichtigsten Kontaktpersonen ermittelt. In einem zweiten Schritt werden die sozialen Beziehungen zwischen den «Namen» erhoben. So wurde im Allbus 1990 danach gefragt, ob sich die genannten Personen A und B, B und C sowie A und C jeweils gut oder nicht gut kennen. Diese Information wird für jede potenzielle Dyade (A und B, B und C, A und C) separat abgefragt. Bei einer größeren Anzahl von Namen steigt der Aufwand aber sehr schnell an. (Bei zehn Namen gibt es 45 potenzielle Dyaden.) Drittens wird nach den interessierenden Eigenschaften der «Namen» gefragt. Im Allbus 1990 waren dies: Geschlecht, Alter, Verwandtschaftsgrad mit dem Befragten, der Erwerbsstatus, die letzte berufliche Stellung und die Parteipräferenz.

Auf diese Weise erhält man Informationen über einen wichtigen Ausschnitt aus der «sozialen Umgebung» sämtlicher befragter Personen. Das Untersuchungsinteresse richtet sich vor allem auf die folgenden Fragen: Welche Struktur haben die egozentrierten Netzwerke? Sind sie offen oder integriert, homogen oder heterogen bezüglich der Merkmale Geschlecht, Verwandtschaft, Berufsstatus, Parteipräferenz usw.? (Zu einigen Resultaten mit dem Allbus 1990 siehe Wolf 1993.) Zweitens fragt sich, ob Zusammenhänge zwischen der Struktur egozentrierter Netzwerke und anderen Merkmalen des Befragten (also von «Ego») bestehen. Drittens lässt sich untersuchen, ob die Merkmale der Kontaktpersonen (z. B. die Parteipräferenz) einen Einfluss auf die Meinungen oder Verhaltensweisen von «Ego» ausüben oder jedenfalls Zusammenhänge existieren.

So wollte unser Forschungsteam mit dem «Schweizer Umweltsurvey 1994» u. a. in Erfahrung bringen, ob Einstellungen der Kontaktperson zu Umweltproblemen einen Einfluss auf das Umweltbewusstsein und Umweltverhalten der Befragten haben. Solche Effekte lassen sich sehr gut mit der Methode egozentrierter Netzwerke untersuchen.

Mit Blick auf das Wahlverhalten erscheint die Hypothese plausibel, dass Personen, die in verschiedenen sozialen Kreisen mit unterschiedlicher Parteipräferenz verkehren, seltener einer Partei die Treue halten als Personen, deren Kontakte sich auf ein homogenes Netzwerk beziehen. Stammwähler müssten demnach eher der Parteipräferenz nach homogene, Wechselwähler dagegen heterogene Netzwerke aufweisen (Abbildung X.5). Die Struktur und der Grad der Homogenität egozentrierter Netzwerke könnten als Indikator herangezogen werden, um die unabhängige Variable der Hypothese zu operationalisieren. Auch wenn nur ein Ausschnitt aus dem Netzwerk der Befragten erfasst wird, so kann dieser Teilaspekt doch als Indiz für die Eigenschaften der Netzwerke dienen, die für den Befragten von sozialer Bedeutung sind.

Abbildung X.5: Egozentrierte Netzwerke mit drei «Namen» und dem Merkmal Parteipräferenz

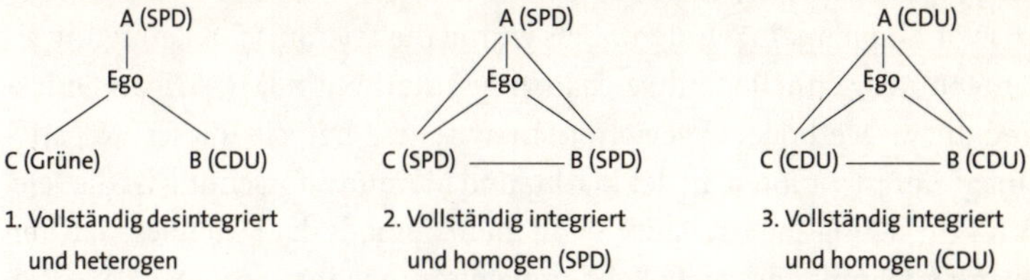

Gemäß der Wechselwähler-Hypothese wäre für das Beispiel in Abbildung X.5 zu prognostizieren, dass Personen mit egozentrierten Netzwerken des Typs 1 mit höherer Wahrscheinlichkeit Wechselwähler sind als Personen, die in den Netzwerken 2 und 3 verkehren.

Die Methode egozentrierter Netzwerke ist eine recht interessante Technik zur Untersuchung von Strukturen und Einflüssen der sozialen Umgebung auf den Befragten. Ideen und Methoden aus der Soziometrie und Netzwerkanalyse werden auf diese Weise auch für allgemeine Bevölkerungsumfragen nutzbar gemacht.

9. Telefonische Befragung

Entwicklung

Keine andere Erhebungsmethode hat sich in den vergangenen Jahrzehnten in der Markt- und Meinungsforschung so stark verbreitet wie die telefonische Befragungstechnik. Ob künftig Online-Umfragen den telefonischen Interviews den Rang ablaufen werden, bleibt noch eine offene Frage. In der Schweiz werden bereits seit Anfang der 1990er Jahre knapp zwei Drittel aller Umfragen der Meinungsforschungsinstitute am Telefon durchgeführt. Seither ist dieser Anteil stabil geblieben. Wegen der Besonderheiten der Wiedervereinigung und der anfänglich geringen Telefondichte im Osten hinkte Deutschland bei dieser Entwicklung hinterher. Heute sind es aber auch 45 % der Interviews der Institute, die telefonisch durchgeführt werden.

Vor einigen Jahrzehnten noch wurde die telefonische Befragung zu Unrecht als schnelle, billige, jedoch qualitativ minderwertige «Quick-and-dirty»-Methode abgewertet. Inzwischen hat sie dieses Negativ-Image längst verloren. In der Markt- und Meinungsforschung ist die telefonische Befragung zur hauptsächlichen Methode der Datenbeschaffung avanciert. Für landesweite Befragungen machen ihr allerdings neue Probleme zu schaffen. Der Wegfall der Registrierungspflicht im Telefonbuch und die Substitution von Festnetzanschlüssen durch Mobiltelefone erschweren die Ziehung von Zufallsstichproben.

Der Trend zum Telefoninterview in der Umfrageforschung ist hauptsächlich durch technologische Entwicklungen und deren Verbreitung bedingt.

1. In den USA und später einsetzend in Westeuropa hat die Netzdichte der Telefonanschlüsse in relativ kurzer Zeit enorm zugenommen. In Deutschland (West) hatten 1975 nur 53 % der privaten Haushalte einen Anschluss, 1988 waren es bereits 92 % (Frey, Kunz und Lüschen 1990: 15).

2. Die Stichprobenziehung hat sich vereinfacht, seitdem aktuelle Telefonverzeichnisse eines Landes auf CD-ROM vorliegen. Allerdings ist mit dem Wegfall der Registrierungspflicht ein neues Problem aufgetreten, das aber durch alternative Methoden der Stichprobenziehung gelöst werden kann (Häder und Glemser 2006).

3. Die Technik computerunterstützter Telefoninterviews («computerassistiertes Telefon-Interview» – CATI) ermöglicht eine effiziente Abwicklung von Telefonumfragen bei gleichzeitiger Qualitätssteigerung.

4. Die methodische Forschung zum Vergleich persönlicher und telefonischer Interviews bezüglich der Datenqualität und Ausschöpfungsquoten hat ältere Vorurteile zum Anwendungsbereich und zur Qualität telefonischer Befragungsdaten eindeutig widerlegt. Heute sind neben Umfragen, die sich an spezifische Gruppen richten, auch allgemeine Bevölkerungsumfragen in Ländern mit hoher Netzdichte von Anschlüssen mit der Methode telefonischer Interviews durchführbar.

Tabelle X.7: Prozentanteile der persönlichen, telefonischen, schriftlichen und Online-Befragungen in Deutschland und in der Schweiz

	Deutschland		Schweiz	
Befragungsmethode	**1995**	**2005**	**1995**	**2005**
Persönlich	60 %	24 %	17 %	17 %
Telefonisch	30 %	45 %	62 %	62 %
Schriftlich	10 %	9 %	21 %	13 %
Online	0 %	22 %	0 %	8 %

Quellen: Arbeitskreis deutscher Markt- und Sozialforschungsinstitute, Verband Schweizer Markt- und Sozialforscher, Jahrbuch 2006. Die Angaben beziehen sich auf die Mitgliedsinstitute.

Ergebnisse der Methodenforschung

In älteren Lehrbüchern der Methoden empirischer Sozialforschung findet sich eine eher kritische Bewertung der telefonischen Befragung. Diese Einschätzung kann heute nicht mehr aufrechterhalten werden.

Die Einwände bezogen sich insbesondere auf die erreichbare Ausschöpfungsquote, die Länge der Interviews, die Komplexität der Fragestellungen und die Qualität der Daten im Vergleich zu persönlichen Interviews. Die methodische Forschung in den vergangenen zwei Jahrzehnten zeigt demgegenüber (Rogers 1976; Frey, Kunz und Lüschen 1990; Lavrakas 1993):

1. Mit der telefonischen Befragung sind ähnlich hohe Ausschöpfungsquoten wie bei persönlichen Interviews erzielbar. In allgemeinen Bevölkerungsumfragen lässt sich mit entsprechenden Maßnahmen (vorheriges Anschreiben, genügend große Zahl von Kontaktversuchen in einer nicht zu geringen Zeitspanne) eine Ausschöpfung in der Größenordnung von 50 bis 70 % realisieren.

2. Telefoninterviews mit einer Dauer von einer Stunde, bisweilen sogar 1 1/2 Stunden, liegen durchaus im Bereich des Möglichen. In Bevölkerungsumfragen bereitet eine durchschnittliche Interviewlänge von 45

Minuten keine ernsthaften Probleme. (Für den gleichen Fragebogen müsste man in persönlichen Interviews eine Interviewdauer von mehr als einer Stunde kalkulieren.) Die maximal zumutbare Dauer wird man aber in der Regel gar nicht ausnutzen wollen. In der Praxis weisen die Interviews meist eine Dauer im Bereich von zehn bis 30 Minuten auf.

3. Auf komplexe Fragen wie Ranking, Rating bei Itembatterien, Listenabfragen usw. muss bei telefonischen Interviews nicht verzichtet werden. Auch ohne Qualitätsverlust der Daten können diese Fragen in geeigneter Form in telefonischen Interviews präsentiert werden. Allerdings ist es erforderlich, komplexe Fragen im Telefoninterview entsprechend anzupassen.

4. Die meisten Untersuchungen zum Vergleich des Antwortverhaltens in telefonischen und persönlichen Interviews lassen keine oder nur geringfügige Unterschiede in den Antwortreaktionen erkennen. Die Datenqualität bei der telefonischen Befragung ist in der Regel zumindest nicht geringer als bei persönlichen Interviews.[9]

Rogers (1976) hat in einer persönlichen sowie einer telefonischen Befragung u. a. die Retrospektivfrage nach der Teilnahme an der New Yorker Bürgermeisterwahl gestellt. Weiterhin konnte anhand der Wählerlisten ermittelt werden, ob die Angaben korrekt waren. Tabelle X.8 zeigt die Ergebnisse.

Die Differenz in den Antwortreaktionen zwischen persönlicher und telefonischer Befragung ist relativ gering. Der Tendenz nach erhielt Rogers bei zwei Fragen nach dem Wahlverhalten (die Bürgermeisterwahl in Tabelle X.8 und eine Retrospektivfrage nach der Teilnahme an der Präsidentschaftswahl) einen etwas höheren Prozentsatz zutreffender Antworten in der telefonischen Befragung im Vergleich zu den persönlichen Interviews.

Das Ergebnis in Tabelle X.8 demonstriert noch zwei weitere Punkte. Das selbstberichtete Verhalten in Interviews weicht häufig mehr oder minder stark von dem tatsächlich zu beobachtenden Verhalten ab. Anga-

9 Z. B. Rogers (1976). Zu Unterschieden bei «komplexen» Fragen in telefonischen und persönlichen Interviews und einer etwas skeptischeren Einschätzung der telefonischen Befragung siehe Groves (1979).

ben zum selbstberichteten Verhalten, gleich ob in persönlichen, telefonischen oder schriftlichen Interviews erhoben, sind daher immer mit einiger Skepsis zu begegnen. Zweitens weisen die Ergebnisse von Rogers auf eine deutliche systematische Verzerrung, vermutlich aufgrund des Effekts sozialer Erwünschtheit, hin. Bei fast allen unzutreffenden Verhaltensangaben wurde die Wahlteilnahme angegeben, tatsächlich hatten die befragten Personen an der Wahl aber nicht teilgenommen.

Tabelle X.8: Wahlteilnahme nach telefonischer und persönlicher Befragung und tatsächliches Verhalten

Bürgermeisterwahl New York City 1973	Telefonisch (N = 81)	Persönlich (N = 90)
Korrekte Angaben	79%	71%
Teilnahme an der Wahl	44%	37%
Nicht teilgenommen	35%	33%
Unzutreffende Angaben	21%	30%
Teilnahme angegeben, tatsächlich nicht gewählt	20%	26%
Nicht gewählt angegeben, tatsächlich an der Wahl teilgenommen	1%	4%

Quelle: Rogers (1976)

Telefonische Bevölkerungsumfragen sind natürlich nur in denjenigen Ländern durchführbar, in denen möglichst mehr als 90 % der privaten Haushalte mit einem Telefon ausgestattet sind. Ist die Netzdichte geringer, wie z. B. in Ländern der Dritten Welt, muss mit einem Stichproben-Selektionsfehler («undercoverage») gerechnet werden. Eine hohe Netzdichte weisen u. a. die Länder Westeuropas, die USA und Kanada, Australien, Neuseeland, Japan und – man höre und staune – Grönland auf. Aber auch in Ländern mit geringer Verbreitung des Telefons kann die telefonische Befragung bei speziellen Zielgruppen (z. B. Ärzte, Anwälte usw.) eingesetzt werden, sofern der Untersuchungszweck überhaupt eine Repräsentativerhebung erforderlich macht.

Bei speziellen Populationen wie Rechtsanwälten oder Vereinsmitgliedern, für die ein Verzeichnis mit Telefonnummern verfügbar ist, können Zufallsstichproben problemlos per Listenauswahl (Kapitel IX) erzeugt werden. Anders verhält es sich dagegen mit allgemeinen Bevölkerungsstichproben.

War es in der Vergangenheit noch relativ einfach, Zufallsstichproben für telefonische Bevölkerungsumfragen zu ziehen, so ist das Verfahren mit dem Wegfall der Registrierungspflicht komplexer geworden. Eine relativ einfache Prozedur ist die Ziehung der Stichprobe aus dem Telefonbuch oder einer digitalen Version des öffentlich zugänglichen Telefonverzeichnisses. Je größer aber die Gruppe der nicht eingetragenen Haushalte ist und je mehr Besonderheiten diese Gruppe aufweist, desto mehr wird die so gewonnene Stichprobe vom Ideal einer Zufallsstichprobe abweichen. In Deutschland ist mittlerweile ein erheblicher Teil der Haushalte nicht mehr im Telefonbuch zu finden.

Was kann man in dieser Situation machen, um dennoch qualitativ hochwertige Stichproben zu gewinnen? Wir haben bereits in Kapitel IX die RDD-Methode («Random Digit Dialing») der zufälligen Generierung von Telefonnummern kennengelernt. Bei der Struktur des deutschen Systems mit Telefonnummern unterschiedlicher Länge und vielen nicht vergebenen Nummern ist die RDD-Methode allerdings nicht so einfach anwendbar. Vor allem würde der überwiegende Anteil «blinder» telefonischer RDD-Anwahlen gar nicht zu einem Anschluss führen. Selbst mit Unterstützung von Telefoncomputern und CATI-Systemen, über die professionelle Umfrage-Institute in der Regel verfügen, ist das reine RDD-Verfahren ziemlich ineffizient. Deshalb hat man Verfahren ersonnen, die die Informationen der registrierten Nummern nutzen, um die Treffsicherheit von RDD zu erhöhen. Ein solches Verfahren ist das von Gabler und Häder (2002) entwickelte Design (kurzer Überblick in Häder und Glemser 2006). Das Prinzip ist einfach erklärt. In einem Ortsnetzbereich werden sämtliche theoretisch möglichen Nummern in Blöcke von gleicher Länge, z. B. je 100 Nummern, zerlegt. Hinter den Nummern können sich registrierte, nichtregistrierte oder gar keine Anschlüsse verbergen. Durch Abgleich mit dem digitalen Telefonverzeichnis weiß man, in welchen Blöcken keine einzige registrierte Nummer enthalten ist. Die Chance ist hoch, dass diese Blöcke leer sind, also auch keine nichtregistrierten Nummern enthalten. Die leeren Blöcke lässt man weg und wendet die RDD-Methode nur noch auf die restlichen Blöcke an. Mit diesem «Trick» wird die Effizienz der RDD-Methode wesentlich gesteigert.

Ob man die einfache Zufallsauswahl aus dem Telefonbuch bzw. der entsprechenden CD-ROM vornimmt oder das Gabler-Häder-Verfahren verwendet – in beiden Fällen hat man als Ergebnis eine Stichprobe von Haushalten. Für personenrepräsentative Befragungen wird im zweiten Schritt die Zielperson im Haushalt zu Beginn des Telefoninterviews zufällig ausgewählt, z. B. nach der «Geburtstagsmethode» oder mit dem «Schwedenschlüssel». Bei der Geburtstagsmethode zeigte sich allerdings in der Praxis eine hohe Fehlerquote (Lavrakas, Stasny und Harpuder), sodass man besser auf den «Schwedenschlüssel» (Kish-Methode, Kapitel IX) zurückgreifen sollte. Wird auf diesen zweiten Schritt, wie in manchen «Quick-and-dirty-Blitzumfragen», verzichtet, so erhält man in der Regel ein systematisch verzerrtes Sample. Die typische telefonische Bevölkerungsbefragung mittels Zufallsstichprobe basiert auf dem Design einer zweistufigen Stichprobenziehung von Haushalten und im Haushalt lebenden Personen. Anders verhält es sich natürlich, wenn man im Vorhinein über die Telefonliste der zu befragenden Zielpersonen verfügt wie etwa bei der Befragung der Mitglieder eines Vereins oder einer anderen speziellen Gruppe.

Der Fragebogen

Die Fragen, Antwortkategorien und eventuell Skalen müssen der spezifischen Kommunikationssituation im telefonischen Interview angepasst werden. Häufig sind nur geringfügige Modifikationen gegenüber den Fragen im persönlichen Interview erforderlich, und viele – insbesondere offene – Fragen können im telefonischen Interview in gleicher Form wie im persönlichen Interview gestellt werden. Auch differenzierte Antwortskalen wie Likert-Skalen, Ratingskalen, Thermometerskalen, Sympathienoten u.a.m. werden in telefonischen Interviews mit Erfolg verwendet (Brückner, Hormuth und Sagawe 1982). Für die Formulierung und Anordnung der Fragen gelten im Allgemeinen die gleichen Regeln, wie sie bereits in Abschnitt 6 erläutert wurden.

Bei speziellen Fragen, etwa dem Ranking von Items, muss man sich aber Alternativen einfallen lassen. In persönlichen Interviews arbeitet man oft mit Karteikarten, die vom Befragten geordnet werden sollen. Am Telefon kann dies aber Schwierigkeiten bereiten, besonders wenn die befragten Personen älter sind. Bei einer geringen Zahl von Items kann man eventuell noch direkt fragen. Die Kurzfassung der Postmaterialismus-Skala von Inglehart (Kapitel VI) z.B. umfasst die vier Ziele «Ruhe und Ordnung», «Mehr Einfluss der Bürger», «Kampf gegen Preissteigerung» und «Schutz freier Meinungsäußerung». Die Bitte des Interviewers am Telefon, diese politischen Ziele nach der Wichtigkeit zu ordnen, verlangt bereits eine konzentrierte Gedächtnisleistung. Unzumutbar ist aber die Reihung von sechs, zehn oder gar 20 Items. Wie soll man beispielsweise vorgehen, wenn man für zehn Berufe eine Rangordnung nach dem Sozialprestige erhalten möchte? Gilt das Interesse nur den Top-Positionen, kann man eine offene Frage nach den wichtigsten Zielen oder dem Beruf mit dem höchsten Prestige stellen. Weiterhin kann man auf Rating- oder Thermometerskalen jeden einzelnen Beruf nach dem Prestige bewerten lassen. So wird der Befragte gebeten, zu jedem Beruf eine Zahl zwischen 0 und 100 zu nennen. Eine weitere Alternative sind Paarvergleiche. Für jedes Paar aus den zehn Berufen wird gefragt, ob Beruf A ein höheres Prestige hat als Beruf B. Diese Methode erfordert einen höheren Aufwand (bei zehn Berufen 45 Paarvergleiche bzw. Fragen), ermöglicht aber nicht nur die Aufstellung einer Rangordnung, sondern auch einen Test des Transitivitätsaxioms (Kapitel VI).

Auch die Rangordnung für die vier Items der Postmaterialismus-Skala könnte mit (sechs) Paarvergleichen ermittelt werden. Auf diese Weise könnte gleichzeitig geklärt werden, ob die Items überhaupt eine Ordinalskala bilden (Test des Transitivitätsaxioms). Weiterhin wäre es denkbar, dass auch hier Paarvergleiche zuverlässigere Ergebnisse liefern als die direkte Frage nach dem «wichtigsten Ziel», dem «zweitwichtigsten Ziel» usf. Mit einem Methodensplit könnte dieser Frage einmal nachgegangen werden.

Filter, Gabeln und Konsistenzprüfungen können in telefonischen Interviews mit der CATI-Technik in nahezu beliebiger Komplexität programmiert werden. Bei CATI-Interviews liest der Interviewer die Fragen vom Bildschirm eines Computers ab und tippt die Antworten zu jeder Frage umgehend in das CATI-System ein. Der Fragebogen muss dafür zuvor programmiert werden. (Dafür gibt es heute spezielle CATI-Programmiersprachen.) Anders als beim persönlichen Interview bietet das CATI-System eine Vielzahl von Möglichkeiten: Verzweigungsanweisungen und Filterführungen müssen nicht mehr als Anweisungen an den Interviewer formuliert werden, vielmehr steuert das System automatisch die nächste Frage an in Abhängigkeit von den zuvor eingetippten Antworten. Dieses Verfahren erlaubt höchst komplexe Verzweigungen zu speziellen Untergruppen, die Rotation von Fragepositionen u.a.m. (Werden derartige Techniken bei persönlichen Interviews eingesetzt, spricht man von CAPI – «computerassistierten persönlichen Interviews».) Konsistenzchecks können noch während des Interviews erfolgen und Inkonsistenzen durch Nachfragen geklärt werden. Gibt z.B. ein Befragter bei Frage 53 nach dem Familienstand an «ledig» und bei Frage 68 nach dem Verwandtschaftsverhältnis zu anderen Haushaltsmitgliedern «Ehefrau», dann kann hier irgendetwas nicht stimmen. Wurde ein Konsistenztest für diese Fragenkombination programmiert, dann erhält der Interviewer auf dem Bildschirm eine Meldung und wird angewiesen, eine Nachfrage zu stellen. Schließlich ist ein weiterer Vorteil der CATI-Technik zu erwähnen. Die Dateneingabe in den Computer erfolgt im Zuge des Interviews. Damit entfällt die Phase der nachträglichen Kodierung und Datenübertragung wie beim persönlichen Interview. Die Daten stehen bei Einsatz von CATI unmittelbar nach dem Interview für Auswertungen, Zwischenauswertungen und Tests zur Verfügung.

Liegt der Fragebogen für das telefonische Interview vor und wird das Interview computerunterstützt durchgeführt, dann muss der Fragebogen zunächst programmiert werden. Dieser Schritt entfällt natürlich, wenn kein CATI-System verwendet wird. Wie bei persönlichen Interviews wird man sodann einen oder besser mehrere Pretests vornehmen. Weiterhin sollte vor der Hauptuntersuchung eine Interviewerschulung erfolgen.

Das CATI-System automatisiert die Stichprobenziehung, verwaltet die Adressen und Terminvereinbarungen, steuert die Befragung und speichert die eingetippten Daten. Die Interviews werden dabei aus dem Telefonlabor eines Instituts heraus geführt. Ein Telefonlabor verfügt über 20 bis 50 Plätze, sodass jeweils mehrere Interviews parallel geführt werden können. Kontrolle und Hilfestellung ist die Aufgabe des Supervisors, der sich von einem Gerät aus in die laufenden Interviews einschalten kann. Offensichtliche Fälschungen sind bei diesem System kaum möglich. Ein wesentlicher Vorzug des CATI-Systems oder zumindest zentral durchgeführter Telefoninterviews unter Supervision ist, dass die Interviewsituation und Durchführung in hohem Maße standardisiert wird und in jeder Phase kontrollierbar bleibt (vgl. auch Lavrakas 1993).

Ob mit oder ohne CATI werden die Interviews meist (aber nicht nur) an Abenden durchgeführt, wobei 19 bis 20 Uhr an Werktagen und 14 bis 15 Uhr an Wochenenden die ertragreichsten Perioden darstellen (Brückner, Hormuth und Sagawe 1982). Will man eine hohe Ausschöpfungsquote erzielen und nicht nur «Normalpersonen» erreichen, sollten die Kontaktversuche über Tageszeiten und Wochentage breit gestreut werden. Weiterhin sollte auch bei Telefonumfragen vorab ein Anschreiben verschickt werden. Mit diesen Maßnahmen und einer guten Einleitung können bei Bevölkerungsumfragen Ausschöpfungsquoten in einer Größenordnung von 70 % erreicht werden.

Im Normalfall personenrepräsentativer Stichproben muss in Mehrpersonenhaushalten zu Beginn des Interviews die Zielperson zufällig ausgewählt werden. Dazu müssen zunächst die Haushaltsmitglieder ermittelt werden, die zur Grundgesamtheit zählen. Mit dem Schwedenschlüssel auch per CATI steuerbar – oder der «Geburtstagsmethode» (Zielperson ist, wer zuletzt Geburtstag hatte) –, wird sodann die Zielperson ausgewählt. Diese Prozedur muss man geschickt durchführen, um keine Abbrüche zu riskieren. Hat die ausgewählte Zielperson momentan keine Zeit oder ist sie nicht anwesend, müssen Termine vereinbart werden. Bei längeren Interviews wird man ohnehin häufiger Termine vereinbaren müssen. Dies alles ist bei «Blitzumfragen» natürlich nicht möglich (Kasten X.7). Mehrere Kontaktversuche bei breiter Streuung über Uhrzeiten und Wochentage und die Zufallsauswahl im Haushalt mit Terminvereinbarungen erfordern bei seriöser Durchführung von z. B. 1000 telefonischen Interviews und einer Ausschöpfung von 60 bis 70 % in der Regel eine Zeitspanne von zwei bis vier Wochen.

Kasten X.7: Umfrage zur «persönlichen Zukunft»

Was z. B. ist von der folgenden Umfrage zu halten, die das EMNID-Institut im Auftrag des «Spiegels» unternommen hat?

Persönliche Zukunft

«Sehen Sie Ihrer eigenen Zukunft für das kommende Jahr 1995 eher pessimistisch oder optimistisch entgegen?»

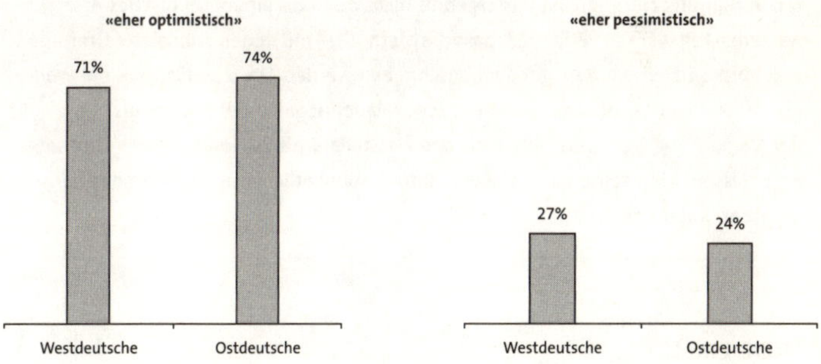

Emnid-Umfrage für den «Spiegel»; an 100 fehlende Prozent: keine Angabe; 1500 Befragte; 12.–14. Dezember 1994.

Quelle: «Der Spiegel», 1/1995: 17

Immerhin wird im Unterschied zu anderen (noch schlechter dokumentierten) Befragungen:

- der Fragetext,
- die Anzahl der Befragten
- und der Befragungszeitraum angegeben.

Nicht angegeben wird:

- die Befragungsmethode (persönlich oder telefonisch),
- das Verfahren der Stichprobenauswahl
- und die Ausschöpfungsquote.

Die Befragung wurde an drei Tagen, vom 12. bis 14. Dezember 1994, durchgeführt. 1500 persönliche Interviews auf der Basis einer Zufallsstichprobe sind kaum an drei Tagen realisierbar, sodass es sich vermutlich um telefonische Interviews handelt. Gut möglich, dass die Haushalte zufällig ausgewählt wurden. Aber was ist mit der befragten Person im Haushalt? Wurde diese zufällig ausgewählt, d. h., handelt es sich überhaupt um eine personenrepräsentative Stichprobe? Bei einer Zeitspanne von drei Tagen dürfte die zweistufige Zufallsauswahl ziemlich schwierig zu realisieren sein. Insbesondere die Ausschöpfungsquote wird dann recht gering ausfallen. Dieser Einwand gilt umso mehr bei sogenannten Blitzumfragen, bei denen häufig 500 Personen an einem Abend befragt werden. Solche Stichproben werden meist verzerrt sein.

Schließlich ist zu bemerken, dass die Netzdichte der Telefonanschlüsse in Ostdeutschland Ende 1994 noch wesentlich geringer war als im Westen. Die Ausstattung mit einem Telefonanschluss ist mit dem Einkommen korreliert und das Einkommen vermutlich mit einer «eher optimistischen» Einstellung. Der Prozentsatz der optimistischen Ostdeutschen wird damit stärker nach «oben» verzerrt sein als der entsprechende Anteil im Westen Deutschlands. Sollte die Vermutung bezüglich des gewählten Verfahrens zutreffen, ist das Ergebnis nicht mehr als ein methodisches Artefakt. Auf jeden Fall wäre zu verlangen, dass die Methoden, mit denen publizierte Umfrageergebnisse erzielt wurden, genauer beschrieben werden. Dazu bedürfte es nur weniger Zeilen in einer Fußnote. Zu jedem Schokoladenriegel findet man heutzutage auf der Verpackung genauere Angaben des Herstellers als bei publizierten Umfrageergebnissen. Man sollte auch hier eine Informationspflicht aus Gründen des Konsumentenschutzes einführen.

CATI oder PAPI?

Bei der amerikanischen Begeisterung für Akronyme verwundert es nicht, dass auch für das herkömmliche persönliche Interview ein Etikett gefunden wurde: das «Paper-and-Pencil-Interview» oder kurz PAPI. Wird nun in der Umfrageforschung für die Zukunft gelten CATI «in» und PAPI «out»? Wie wir gesehen haben, bietet das Telefoninterview gegenüber dem persönlichen Interview eine Reihe von Vorteilen. Häufig ist die Datenqualität gleich groß oder größer, die Anonymität ist größer, Interviewermerkmale spielen eine geringere Rolle, und vom Telefonlabor aus geführte Interviews sind ziemlich fälschungssicher. Und das alles bei geringeren Kosten. Hinzu kommen bei der computerassistierten Telefonbefragung die Vorzüge des CATI-Systems. Damit aber wird das persönliche Interview keineswegs überflüssig. Bei speziellen Themen und Fragestellungen, insbesondere bei besonderen Zielgruppen, ist das persönliche Interview der telefonischen Befragung immer noch überlegen. Außerdem kann auch beim persönlichen Interview auf Computerunterstützung zurückgegriffen werden. Häufig werden persönliche Interviews mit dem Laptop durchgeführt, sodass die Vorteile programmierter Interviews auch hier zum Tragen kommen. Auch dafür gibt es eine Abkürzung, nämlich CAPI-Interviews. Automatische Zeitmessungen für die einzelnen Fragen ermöglichen die Kontrolle des Ablaufs und eventueller Fälschungen. Bei CAPI-Interviews mit dem Laptop ist eine Fälschung nicht mehr ganz so einfach wie beim althergebrachten Paper-and-Pencil-Interview. Ist es erforderlich, visuelles Material zu präsentieren (Bilder, Sprechblasentests, Bewertung von Warenmustern etc.), so wird man das persönliche Interview vorziehen. (Gelegentlich ist es allerdings möglich, visuelles Material vorab zu versenden und die Bewertungen dann telefonisch einzuholen.) Weiterhin hängt die Anwendbarkeit der telefonischen Befragung von der Zielgruppe ab. Für eine Untersuchung bei Sozialhilfeempfängern über die Ursachen und Folgen der Einkommensarmut wird man wohl kaum die Methode der telefonischen Befragung wählen. Häufig ist auch ein Methodenmix einer Überlegung wert. So bevorzugen es viele Personen, persönlich interviewt zu werden, und geben am Telefon Fremden gegenüber nur ungern Auskünfte (dazu auch Groves 1979). Mit einem Methodenmix, d. h. in diesem Fall dem Einsatz von persönlichen, telefonischen und eventuell auch schriftlichen Interviews, ist es oftmals möglich, weit höhere Ausschöpfungsquoten zu erzielen als bei Verwendung nur einer der genannten Methoden. Wie in der Sozialforschung allgemein gilt auch bei der Befragung, dass die Wahl einer speziellen Methode jeweils von spezifischen Bedingungen (z. B. Thema, Fragestellungen, Zielgruppe) abhängt und sich methodische Kombinationen häufig als besonders sinnvoll erweisen: Manche Leute, sozusagen die «eindimensionalen Sozialforscher», entwickeln eine Obsession für eine einzelne Methode, die angeblich immer überlegen ist. Eine Methode, die unter allen Umständen die beste ist, muss aber erst noch erfunden werden.

10. Schriftliche Befragung

Aufwand und Kosten der schriftlichen Befragung («questionnaire») sind im Allgemeinen geringer als bei persönlichen und telefonischen Interviews. Die Methode ist aber nicht nur eine aus der Not geborene Alternative, sondern weist auch eigene Tugenden auf. Dazu zählen:

1. Befragte können die Fragen besser durchdenken.
2. Merkmale und Verhalten von Interviewern haben keinen Einfluss.
3. Geringere Kosten.

Als Probleme der schriftlichen Befragung gelten:

1. Bei Verständnisproblemen erfolgt keine Hilfe durch den Interviewer.

2. Der Fragebogen muss einfach gestaltet werden und selbsterklärend sein. Filter und Verzweigungen sind nach Möglichkeit zu vermeiden. Präsentationsverfahren wie das Ranking von Kärtchen und Ähnliches sind nicht möglich. Problematisch sind bei postalischen Befragungen Wissensfragen, etwa Fragen nach dem Umweltwissen. Hier werden womöglich Dritte einbezogen oder gar Lexika konsultiert: Offene Fragen, etwa Fragen nach Motiven und Begründungen, erfordern erhebliche Formulierungsfähigkeiten. (Bei Gruppen mit guten Formulierungsfähigkeiten und bestimmten Fragestellungen kann es andererseits sinnvoll sein, auch offen zu beantwortende Fragen oder jeweils die Option für einen ergänzenden Kommentar vorzusehen.)[10]

10 Bei bestimmten Gruppen und Fragen – z. B. Expertenbefragungen – ist es überlegenswert, nach einer Frage mit vorgegebenen Antwortkategorien die Möglichkeit zu

3. Bei postalischen Befragungen ist nicht sicher, ob der Fragebogen von der Zielperson selbst ausgefüllt wird.

4. Eine postalische Befragung erfordert natürlich, dass die Adressen der Zielpersonen vorab verfügbar sind. Für personenrepräsentative Zufallsstichproben muss man entweder auf die Melderegister der Gemeinden zurückgreifen, was mit erheblichen Schwierigkeiten verbunden ist, oder Adressen von Zielpersonen vorab durch Begehung (Random-Route) ermitteln (Adressrandom, vgl. Kapitel IX). Haushaltsadressen, z. B. aus dem Telefonbuch, sind für personenrepräsentative Stichproben nicht ausreichend. Nur wenn eine Adressenliste der Grundgesamtheit verfügbar ist, kann eine Zufallsstichprobe von Zielpersonen der postalischen Befragung ohne größeren Aufwand gezogen werden.

5. Ohne zusätzliche Maßnahmen ist bei postalischen Befragungen die Rücklaufquote (Ausschöpfungsquote) im Allgemeinen gering. Die Problemliste bezieht sich in erster Linie auf den Haupttyp einer schriftlichen Befragung, nämlich die postalische Versendung von Fragebogen. Wir können mehrere Arten schriftlicher Befragung unterscheiden:

1. Schriftliche Befragung mittels Postversand (postalische Befragung)

2. Schriftliche Befragung in Gruppen in Anwesenheit eines Versuchsleiters (Gruppenbefragung)

3. Kombination einer schriftlichen Befragung mit einer persönlichen oder telefonischen Befragung (meist schriftliche Nachbefragung)

Die erwähnten Probleme fallen nicht bei allen Formen der schriftlichen Befragung im gleichen Maße ins Gewicht. Bei einer *Gruppenbefragung* in Anwesenheit eines Versuchsleiters können bei Verständnisproblemen Hilfen gegeben werden, und es stellt sich hier auch nicht das Problem geringer Rücklaufquoten.

einem Kommentar einzuräumen. So wurde z. B. bei einer Online-Befragung über den Einsatz technischer Hilfsmittel und des Internets in der Lehre nach jeder standardisierten Frage die Option gegeben, sich zu dem Frageaspekt zu äußern. Wenn Befragten die Kategorien der standardisierten Frage nicht ausreichen, haben sie immer noch die Möglichkeit, Ergänzungen vorzubringen. Die Kommentaroption hat möglicherweise auch einen positiven Einfluss auf die Motivation der Befragten.

Werden z. B. die Teilnehmerinnen und Teilnehmer an einem Kurs oder Seminar um ihre Einschätzung gebeten, dann ist es häufig üblich, in der Veranstaltung einen Fragebogen zur Evaluation der Lehrveranstaltung zu verteilen. Die Fragebogen werden während der Veranstaltung ausgefüllt und anschließend eingesammelt. Die Rücklaufquote bei derartigen Gruppenbefragungen wird näherungsweise 100 % betragen. Allerdings kann die Teilnahme selektiv sein. Hat ein Großteil der anfänglichen Teilnehmerinnen und Teilnehmer bereits ‹mit den Füßen abgestimmt›, d. h. die Veranstaltung verlassen, weil sie als besonders schlecht empfunden wurde, dann bezieht sich die Gruppenbefragung auf eine äußerst selektive Stichprobe. Sind gegen Ende des Semesters nur noch die treuesten Anhänger der Dozentin oder des Dozenten im Seminar versammelt, dann wird die per Gruppenbefragung durchgeführte Lehrevaluation stark nach «oben» verzerrt sein.

Gruppenbefragungen lassen sich recht gut in Institutionen, z. B. in Schulen, durchführen. Anders als bei postalischen Befragungen sind in diesem Fall auch Wissensfragen kein Problem.

Mit *schriftlichen Nachbefragungen* können persönliche oder telefonische Interviews ergänzt werden. Ist die maximal zumutbare Interviewdauer ausgeschöpft, dann können eventuell weitere Informationen auf dem Wege schriftlicher Nachbefragung erhoben werden. Hier besteht im Prinzip auch eine Möglichkeit zu kontrollieren, ob die Zielperson oder eine dritte Person den Fragebogen beantwortet hat. Dazu werden einige demographische Merkmale (Geschlecht und Alter) in der telefonischen und der schriftlichen Befragung (also doppelt) erhoben. Unstimmigkeiten lassen erkennen, dass der Fragebogen von einer anderen Person, z. B. dem Ehepartner, ausgefüllt wurde. Bei persönlich-schriftlichen oder telefonisch-schriftlichen Befragungskombinationen ist die Kontrolle durch die «Verdoppelung» einiger weniger Fragen (z. B. Alter und Geschlecht) dringend anzuraten.

Ein zentrales Problem postalischer Befragungen ist ein mögliches Selektionsbias aufgrund geringer Rücklaufquoten. Wer einen Fragebogen samt freundlichem Anschreiben ohne weitere Maßnahmen verschickt, wird selten Rücklaufquoten über 20 % erzielen. Je nach Zielgruppe sind häufig nur Rücklaufquoten um die 5 % zu erwarten. Nun hängt die Rücklaufquote von einer ganzen Reihe von Merkmalen ab. Dazu zählen die Länge des Fragebogens und die Aufmachung, das Thema, die Aussicht auf eine Belohnung (z. B. eine Verlosung oder ein Geschenk), schriftliche und telefonische Mahnungen, die sozialen Merkmale der Zielgruppe u. a. m. In dieser Hinsicht ist eine ältere Untersuchung von Longworth (1953) zu einigen Bestimmungsfaktoren der Rücklaufquote heute noch aktuell und besonders anschaulich (siehe Kasten X.8). Die Zahlenwerte zeigen deutlich, dass insbesondere einer telefonischen Erinnerung ein recht großes Gewicht zukommt.

Kasten X.8: Rücklaufquoten bei einer schriftlichen Befragung zum Thema «Eheliche Beziehungen»

Thema «Eheliche Beziehungen»

Pretest Nr.	Verfahren	Rücklauf-quote
1:	Abgezogenes Anschreiben, Name und Adresse des Befragten extra eingesetzt, persönlich unterschrieben, Rückumschlag mit einer Briefmarke frankiert	14 %
2:	Wie (1), plus Bild auf Fragebogen mit einem sich streitenden Ehepaar	7 %
3:	Wie (1), plus Zeitungsausschnitt mit Bericht über das Forschungsprojekt (jedes Mal einzeln ausgeschnitten und aufgeklebt)	19 %
4:	Wie (3), plus drei verschiedene Briefmarken pro Umschlag in drei Farben	21 %
5:	Wie (4), plus Anschreiben einzeln mit Maschine geschrieben, Nachsatz mit Hand: Bitte um Ausfüllung und Rücksendung	26 %
6:	Wie (5), plus Anruf bei Adressaten jeweils eine Woche nach Erhalt des Bogens, Bitte um Kooperation (etwa 70 % erreicht)	63 %

Jede Untersuchung N = 50 Personen. In der Hauptstudie gemäß (6) wurde eine Rücklaufquote von 69 % erreicht.

Quelle: Longworth (1953), entnommen aus Friedrichs (1990: 241 f.)

In späteren Arbeiten hat vor allem Dillman (1978, 1983) untersucht, welche Faktoren zur systematischen Steigerung der Rücklaufquote beitragen. Die Kenntnis dieser Zusammenhänge wird mit der «Total-Design-Methode» (TDM) praktisch umgesetzt. Das Credo der TDM lautet, jeden

Aspekt der schriftlichen Befragung derart zu gestalten, dass die Qualität der Antworten und die Rücklaufquote maximiert werden. Mit der TDM erreichte Dillman im Durchschnitt von 48 schriftlichen Befragungen eine Rücklaufquote von 74 %. Mittlerweile hat Dillman (2000) die Methode zum «Tailored Design» verfeinert (dazu weiter unten). Untersucht wurde die «Total-Design-Methode» in Deutschland von Hippler (1985). Die Empfehlungen Dillmans (1983) in Kurzform lauten wie folgt (nach Hippler 1985: 43):

Fragebogen
Broschüren-Form / Frontseite und letzte Seite frei / verkleinert / weißes Papier

Anordnung der Fragen
mit leichten, interessanten Fragen beginnen / inhaltlich gleiche Fragen zusammen technisch einheitlich / Komplexe aufeinander aufbauen / sensible bzw. heikle Fragen am Ende / Demographie am Ende

Design der Fragen
übersichtlich / Art und Anordnung der Buchstaben / Vermeidung von Frageteilungen / Frageabfolge von oben nach unten / visuelle Hilfen

Implementation

Anschreiben:	offizielles Briefpapier / Anschrift auf Brief / Datum exakt / Nützlichkeit der Studie / Wichtigkeit des Gefragten / Vertraulichkeit / Erklärung der Identifikationsnummer / Rückfragen ermuntern / Dank / Unterschrift – «blue ball point» (Aussehen wie persönliche Unterschrift)
Verpackung:	Aufmachung des Anschreibekuverts / Rückkuvert beilegen
Versand:	jeweils Mitte der Woche (Wochenende dazwischen) 1 Woche später: Postkarte (Dank an alle / freundliche Erinnerung) 3 Wochen später: Nochmals Fragebogen beilegen / kürzerer Brief 7 Wochen später: «certified mail» (besondere Versandart – Einschreiben, Eilbrief / Fragebogen beilegen)

Bei einer Stichprobe von 1000 Mannheimer Wahlberechtigten folgt Hippler (1985) mit geringfügigen Modifikationen den Regeln der TDM. Thema der Untersuchung waren Umweltprobleme. Der Fragebogen hatte eine Länge von acht Seiten mit 118 einzelnen Fragen. Die durchschnittliche Bearbeitungszeit lag bei 15 Minuten. Erzielt wurde eine Ausschöpfungsquote von 78 %!

Bei der vorwiegend methodischen Zwecken dienenden Untersuchung wurden auch einige Methodensplits eingeführt. Die wesentlichen Ergebnisse lauten:

- Der Versand eines «Vorbriefs» (eine Ankündigung vor Verschickung des Fragebogens) ist dann anzuraten, wenn nur eine «Nachfassaktion» geplant ist. Bei mehrfacher Erinnerung bzw. Mahnung ist der Vorbrief entbehrlich.
- Bei der dritten Nachfassaktion erwies sich eine telefonische Erinnerung als mindestens ebenso wirksam wie eine schriftliche Erinnerung.

Noch eine Notiz am Rande: Eine Teilgruppe der Stichprobe erhielt den Fragebogen auf Umweltschutzpapier. Die Rücklaufquote dieser Gruppe verringerte (!) sich um 4 %. Aus der geringfügigen Differenz sollte aber nicht der voreilige Schluss gezogen werden, dass Umweltpapier auch in der heutigen Situation die Rücklaufquote verringert. Gut möglich, dass bei gestiegenem Umweltbewusstsein heute das Gegenteil zutrifft.

Die Ergebnisse der Studie von Hippler zeigen, dass die TDM mit einigen Modifikationen auch im deutschsprachigen Raum gute Leistungen hervorbringen kann. Von zentraler Bedeutung sind dabei die Nachfassaktionen, mit denen sich – wie schon in der Untersuchung von Longworth – die Rücklaufquote erheblich steigern lässt.

Ein weiteres Moment sind kleinere Belohnungen. Im «Schweizer Umweltsurvey 1994» wurde nach den Telefoninterviews eine schriftliche Befragung durchgeführt. Nun sind die Teilnehmerinnen und Teilnehmer an der telefonischen Befragung eine Gruppe, die bereits ihre Auskunftsbereitschaft unter Beweis gestellt hat. In dieser Gruppe ist ohnehin eine höhere Rücklaufquote zu erwarten. Dem schriftlichen Fragebogen wurde eine Telefonkarte mit speziellem Design im Wert von sFr. 10.– beigelegt. Weiterhin wurde, wenn nötig, eine schriftliche und eine telefonische Nachfassaktion veranlasst. Die Rücklaufquote lag mit 88 % aber außerordentlich hoch – vermutlich eben auch ein Effekt der beigelegten Telefonkarte.

Ein Methodenexperiment von Diekmann und Jann (2001) bestätigt den Effekt eines Geschenks auf die Erhöhung der Rücklaufquote. Wichtig ist, dass die befragten Personen die kleine Aufmerksamkeit vorab mit dem Fragebogen erhalten. Ein versprochenes Geschenk, das sozusagen erst nach getaner Arbeit, also nach der Rücksendung des Fragebogens, verschickt wird, erhöht die Rücklaufquote dagegen nicht. Gemäß der Reziprozitätshypothese wird eine Gefälligkeit gern erwidert. Dies zeigen auch zahlreiche weitere Studien, die in einer Metaanalyse von Engel und Schnabel (2004) ausgewertet wurden.

Die Total-Design-Methode berücksichtigt noch nicht, dass je nach Untersuchungsziel und Zielgruppe der Befragung unterschiedliche Maßnahmen geeignet sein können. Mit dem «Tailored Design» (Dillman 2000) werden diese quasi auf die Zielgruppe zugeschnitten. Bei Unternehmensumfragen z. B. ist es wichtig, zunächst telefonisch die entsprechende Auskunftsperson zu ermitteln, um dann einen personalisierten Kontakt aufzubauen (Dillman o. J.). Solche Umfragen gehen dann auch in Richtung «Mixed-Mode-Befragungen», bei denen verschiedene Kommunikationskanäle genutzt werden. Zwar kann der Aufwand erheblich ansteigen, aber es kann auf diese Weise auch gelingen, eine hohe Ausschöpfung zu erreichen.

Unter den obenerwähnten Beschränkungen ist die schriftliche, postalische Befragung eine durchaus überlegenswerte Alternative zu persönlichen und telefonischen Interviews. Voraussetzung einer sinnvollen Anwendung ist aber, dass die beschriebenen Maßnahmen zur Erhöhung der Rücklaufquote getroffen werden. Diese Vorkehrungen sind jedenfalls dann zu treffen, wenn die Untersuchungsziele eine repräsentative Stichprobe erfordern.

11. Online-Befragung

Seit einigen Jahren ist ein starkes Wachstum Internet-basierter Umfragen zu beobachten. Auch die Methodenforschung hat in diesem Bereich enorm zugenommen (Überblick bei Couper und Coutts 2006). So attraktiv die Methode der Online-Erhebung erscheint, so gibt es doch auch gravierende Nachteile, wobei die Vor- und Nachteile immer auf die Zielsetzung der Studie bezogen werden müssen (Couper 2000). Möchte man mit Online-Surveys Einstellungen in der Bevölkerung, z. B. die Wahlabsichten, erforschen, dann ist das Haupthindernis immer noch, dass sich die Population der Internetnutzer in wesentlichen Merkmalen von der allgemeinen Bevölkerung unterscheidet.

Bei «Web-Befragungen» wird oftmals mit Stolz verkündet, dass Zigtausende Personen an der Befragung teilgenommen hätten. Wie wir aber aus der Stichprobentheorie wissen (vgl. Kapitel IX), sind auch sehr große Stichproben kein Heilmittel, wenn die Stichprobenziehung systematisch verzerrt ist. Die Vergrößerung des Stichprobenumfangs führt unter dieser Voraussetzung nur dazu, dass der falsche Wert sozusagen mit größerer Genauigkeit getroffen wird. Problematisch sind vor allem selbstselektive Web-Befragungen. Ohne weitere Vorkehrungen bezüglich einer Wahrscheinlichkeitsauswahl werden Personen, die eine bestimmte Web-Seite besuchen, darum gebeten, an einer Online-Befragung teilzunehmen. Ein Beispiel gibt Couper (2000). Bei dem Millennium Survey der «National Geographic Society» hatten über 50 000 Personen den Online-Fragebogen beantwortet. Es verwundert nicht, dass diese Personen häufiger als die allgemeine Bevölkerung Museen besichtigen, Theater besuchen oder Bücher lesen. Dieser Personenkreis war weder repräsentativ für die Bevölkerung noch für die Population der Internetnutzer.

Sofern Aussagen über die allgemeine Bevölkerung angestrebt werden, kommen bei «offenen WWW-Umfragen» (Schoen 2004) zwei große Fehlerquellen zusammen: der «Coverage-Error», weil die Grundgesamtheit der Internetnutzer nicht der Zielpopulation der allgemeinen Bevölkerung entspricht, und der Fehler durch Selbstauswahl, sodass die Befragten auch keine Zufallsstichprobe aus der Population der Internetnutzer darstellen.[11]

Eine Online-Befragung kann man als Spezialfall der schriftlichen Be-

11 Allerdings muss man der National Geographic Society zugutehalten, dass sie Zusammenhängen zwischen z. B. Mobilität und den kulturellen Vorlieben nachgehen wollte. Theoretisch ist es denkbar, dass die Richtung und Stärke von Zusammenhängen mit solchen Stichproben korrekt geschätzt werden, während die Randverteilungen in der Stichprobe stark verzerrt sind. Dazu weiter unten.

fragung auffassen. Man kann auch von der Oberkategorie «selbstadministrierter» Befragungen ausgehen (Bosnjak 2002: 7). Schriftliche und Online-Befragungen sind selbstadministriert. Bei der traditionellen Methode genügen Papier(-Fragebogen) und Bleistift, bei der Online-Befragung kommen die Fragen via Internet auf den Bildschirm, werden am Computer ausgefüllt, und die Antworten werden per Knopfdruck durch das Netz zurückgeschickt. Online-Fragebogen können per E-Mail versandt oder als «Web-Befragung» (die Fragen stehen unter einer Internetadresse) durchgeführt werden.

Vorteile von Online-Befragungen

Online-Befragungen bieten eine Reihe von Vorteilen:

1. Schnelligkeit. Sie sind schnell durchführbar, und die Daten werden wie beim computergestützten Telefoninterview (CATI) sofort abgespeichert. Auswertungen oder Zwischenauswertungen sind wenige Tage nach Studienbeginn möglich.

2. Kosten. Online-Befragungen sind kostengünstig, da Ausgaben für den Druck und Versand von Fragebogen entfallen. (Aber Vorsicht: Bei hochwertigen «Access-Panels» sind die Kosten wieder beträchtlich – dazu weiter unten.)

3. Präsentation. Farben, Töne, Filme, Multimedia erweitern das Spektrum von Präsentations- und Bewertungsmöglichkeiten. (Aber Vorsicht: Multimedia kann auch verwirren, und nicht jede Präsentation erscheint auf jedem Bildschirm gleich. Vorsicht auch bei Farben – dazu weiter unten.)

4. Programmierte Befragung. Wie bei CATI-Methoden können Reihenfolgen von Fragen (z. B. per Zufall) variieren, um Fragereiheneffekte zu kontrollieren oder auszuschalten. Sprünge und Verzweigungen können in Abhängigkeit von den Antworten programmiert werden. Zudem sind vorprogrammierte Konsistenzkontrollen möglich. Das Programm akzeptiert keine schwarzen Schimmel, keine verheirateten Junggesellen und keine sechsjährigen Hochschülerinnen, und es stellt zumindest Nachfragen bei inkonsistenten Antworten.

5. Aufzeichnung von Befragtenverhalten. Reaktionen der befragten Personen beim Ausfüllen des Online-Fragebogens können registriert werden. Beispielsweise ist es möglich festzustellen, wie viele Personen den Fragebogen nur anschauen, ohne auch nur eine Frage zu beantworten (die «Lurker»), wie lange die Bearbeitungszeiten für bestimmte Fragen sind, ob Personen (falls vom Programm erlaubt) den Fragebogen vor der Beantwortung «durchblättern», ob nach Beantwortung einiger Fragen abgebrochen wird usw. Aufgrund der Aufzeichnung kann auch Non-Response-Verhalten viel differenzierter erfasst werden. (Zu einer Typologie siehe Bosnjak, Tuten und Bandilla 2001.)

6. Experimentelle Studien. Es ist auf einfache Weise möglich, Varianten von Fragetexten vorzulegen, wobei den befragten Personen die Varianten per Zufall zugewiesen werden. Experimentelle «Fragesplits» können natürlich auch bei anderen Befragungsmethoden vorgesehen werden. Online-Methoden bieten jetzt aber den Vorteil, dass Bilder, Filme und Töne präsentiert werden können. Weiterhin ist die Möglichkeit von Interaktionen zwischen Versuchspersonen programmierbar, z. B. in Experimenten über kooperatives Verhalten. Bei experimentellen Designs ist die Zufallsaufteilung (Randomisierung) zentral, nicht so sehr die Auswahl der Befragten. Es interessiert nicht die Randverteilung in der Grundgesamtheit, sondern die Prüfung von Hypothesen über kausale Effekte. Die Stärken des Mediums kommen bei experimentellen Studien mehr zur Geltung, da die Gültigkeit der Ergebnisse durch Stichprobenprobleme – sonst das Hauptproblem von Online-Befragungen – weniger beeinträchtigt wird.

Wie man sieht, hängt der Nutzen der Methode stark von der Zielsetzung ab. Für experimentelle Hypothesentests können selbstselektive Online-Erhebungen durchaus gültige Ergebnisse liefern. Ganz anders verhält es sich, wenn man die Randverteilungen (z. B. die Verteilung der Einkommen) und deskriptiven Statistiken (z. B. das durchschnittliche Einkommen) in einer wohldefinierten Population schätzen möchte.

Arten von Online-Befragungen

Mit Blick auf die Stichprobenprobleme und die Zielsetzung der Schätzung von Verteilungen und Statistiken der Grundgesamtheit unterscheiden Couper (2000) sowie Couper und Coutts (2006) acht Typen von Online-Befragungen:

A. Verfahren ohne Zufallsauswahl

1. Web-Befragungen zu Unterhaltungszwecken (z. B. eine Frage auf der Homepage eines Fernsehsenders zu einem aktuellen politischen Thema)

2. Befragungen mit uneingeschränkt selbstrekrutierter Teilnehmerschaft (wie im obigen Beispiel der «National Geographic Society»)

3. Befragungen mit selbstrekrutierten Freiwilligen-Panels[12] (Es werden Freiwillige z. B. bei Telefoninterviews oder mit Hinweisen auf Web-Seiten gewonnen. Von den Panel-Mitgliedern sind demographische Informationen bekannt, mit denen Umfrageergebnisse «gewichtet» oder statistisch korrigiert werden. Von den Panel-Mitgliedern wird erwartet, dass sie regelmäßig an verschiedenen Umfragen teilnehmen.)

B. Verfahren mit Zufallsauswahl

4. Intercept-Befragungen (Jede n-te Person, die eine Web-Seite aufsucht, wird gebeten, an einer Befragung teilzunehmen.)

5. Listenbasierte Stichproben aus Populationen mit hohem Abdeckungsgrad (z. B. eine E-Mail-Befragung der Studierenden einer Hochschule)

6. Mixed-Mode-Befragungen mit Zufallsauswahl (Die Zufallsstichprobe wird in der Regel «offline» gewonnen. Den Befragten wird freigestellt, per Online-Befragung oder per schriftliche, «Face-to-face»- oder telefonische Befragung zu antworten.)

12 «Panel» ist hier nicht im Sinne eines «Panel-Designs» zu verstehen, bei dem – wie wir wissen – die gleiche Frage der gleichen Person wiederholt gestellt wird. Mit «Panel» ist hier lediglich gemeint, dass von den einmal rekrutierten Freiwilligen erwartet wird, dass sie an mehreren, in der Regel verschiedenen Umfragen teilnehmen werden.

7. Befragungen eines vorrekrutierten Panels von Internetnutzern (Im Unterschied zu Typ 3 werden die Panelmitglieder aber mittels Zufallsauswahl gewonnen, beispielsweise mit telefonischen Interviews auf der Basis einer Zufallsstichprobe.)

8. Befragung eines vorrekrutierten Panels aus der Bevölkerung (Bei diesem – zweifellos aufwendigsten – Verfahren wird das Panel per Zufallsstichprobe aus der Bevölkerung rekrutiert und mit Geräten für die Online-Befragung ausgestattet.)

Probleme der Stichprobenziehung: «Undercoverage» und Non-Response

Die Typen 3, 7 und 8 werden als «Online-Access-Panels», Typ 2 – wie gesagt – als «offene WWW-Umfrage» (Schoen 2004) bezeichnet. Bei den nicht auf Zufallsauswahl basierenden Verfahren sind Schlüsse auf die Population oder die Berechnung von Konfidenzintervallen wenig sinnvoll.

Selektive Stichproben wie offene WWW-Umfragen sind nicht geeignet, um Mittelwerte oder Anteile in der Population zu schätzen. Es könnte aber sein, dass Zusammenhänge (Korrelationen) weniger verzerrt werden, auch wenn die Stichprobe nicht zufällig aus der Population gezogen wurde. In der Studie von Schoen (2004) wurde eine offene WWW-Befragung (Typ 2) mit einem Online-Panel (Typ 7) und einer persönlichen Befragung von Personen, die zufällig aus der erwachsenen Bevölkerung gezogen wurden, verglichen. Erfragt wurden politische Einstellungen vor der Bundestagswahl 2002. Wie erwartet sind die Randverteilungen krass verzerrt. So beträgt der Frauenanteil in der Bevölkerungsstichprobe 52 %, im Online-Panel 41 % und in der offenen WWW-Umfrage 22 %. Auch die Korrelationen etwa zwischen Bildung und politischem Interesse unterscheiden sich in der offenen WWW-Umfrage (und auch im Online-Panel) von der Bevölkerungsstichprobe. Das Fazit des Autors der Studie lautet, dass die Online-Umfragen auch kein zutreffendes Bild der Zusammenhänge zwischen Variablen im Vergleich zur Bevölkerungsstichprobe ergeben. Allerdings muss man hinzufügen, dass das Ausmaß der Verzerrung bei vielen der untersuchten Korrelationen relativ gering war.

Online-Panels vom Typ 3 werden offenbar von einigen Umfrage-Instituten, die große Datenbanken der Panel-Mitglieder anlegen, stark befürwortet. Aber sind die Stichprobenresultate wirklich verallgemeinerbar? Selbst wenn man die demographischen Merkmale wie Alter, Bildung, Geschlecht usw. so gewichtet, dass die Stichprobe an die allgemeine erwachsene Wohnbevölkerung angepasst wird, hat man noch keine Garantie, dass die Verteilungen der eigentlich interessierenden Merkmale denen der Bevölkerung entsprechen. Die Stichprobe mag durch den Kunstgriff der Gewichtung für alle ausgewählten demographischen Merkmale genau mit der Zusammensetzung der Bevölkerung übereinstimmen; dennoch können sich die Parteipräferenzen, Wahlabsichten und Einstellungen von Panel und Bevölkerung massiv unterscheiden.

Aber auch die zufallsbasierten Methoden haben mit Problemen zu kämpfen. Sie heißen «Undercoverage» und «Non-Response». Hinzu kommen durch das Instrument hervorgerufene Messfehler wie bei anderen Befragungsmethoden auch. Trotz weitverbreitetem Internetzugang unterscheiden sich die Nutzer noch erheblich von der allgemeinen Bevölkerung. Einkommen und Bildung sind positiv mit der Internetnutzung korreliert. Mehr Männer als Frauen und eher jüngere als ältere Personen greifen auf das Internet zurück. Die Unterschiede mögen sich wie bei Telefonanschlüssen mit der Zeit ausgleichen, aber davon sind wir noch eine Weile entfernt. Aus diesem Grund sind Bevölkerungsbefragungen online noch mit erheblichen Undercoverage-Problemen konfrontiert. Es verwundert deshalb auch nicht, dass Access-Panels vom Typ 7 zu anderen Resultaten führen als Bevölkerungsstichproben, wie dies z. B. Bandilla, Bosnjak und Altdorfer (2001) anhand von Befragungen zu Umwelteinstellungen demonstrieren. Access-Panels des Typs 7 sollten aber über Internetnutzer Auskunft geben können. Doch sogar hier ist ein Fragezeichen zu machen. Faas (2003) hat die Ergebnisse einer Online-Befragung eines Access-Panels des Typs 7 mit den Ergebnissen einer konventionellen Bevölkerungsbefragung verglichen. Die Fragen bezogen sich auf die deutsche Bundestagswahl 2002. Die Bevölkerungsbefragung enthielt eine Frage zur Internetnutzung, sodass die Antworten von Personen, die die Frage bejaht hatten, separat ausgewertet werden konnten. Für die Zufallsstichproben mit einem Umfang von je etwa 1000 Internetnutzern sollten die Resultate beider Befragungen ungefähr übereinstimmen. Tatsächlich stellten sich gravierende Unterschiede heraus. Während nur 24 % im Access-Panel die CDU wählen wollten, waren es 32 % der Internetnutzer in der Bevölkerungsstichprobe. Auch bei den Einstellungsfragen zur Wirtschaftslage, zum Institutionenvertrauen, politischen Interesse usw. ergaben sich überwiegend signifikante Differenzen zwischen den Stichproben. Der Grund ist laut der Studie von Faas, dass im Access-Panel bestimmte Gruppen von Internetnutzern überrepräsentiert sind. Neue und unerfahrene Nutzer gelangten seltener in das Panel hinein. Wenn der Idee nach zufallsbasierte Access-Panels des Typs 7 systematisch verzerrt sind, müssen selbst Verallgemeinerungen auf die Population der Internetnutzer mit Vorsicht behandelt werden.[13]

Um sinnvoll auf die allgemeine Bevölkerung schließen zu können, sind Methoden des Typs 6 oder 8 erforderlich. Bei Typ 6 werden eigentlich nur die bislang üblichen Erhebungstechniken durch einen weiteren Kommunikationskanal ergänzt, um es Personen, die eine Online-Befragung bevorzugen, leichter zu machen und dadurch die Response-Quote zu erhöhen. Access-Panels des Typs 8 ähneln der Untersuchung von TV-Einschaltquoten. Die zufallsbasierte Rekrutierung der Panel-Mitglieder ist aufwendig und die Ausstattung mit Geräten teuer. Bei sochen Access-Panels kann keine Rede von billigen Online-Umfragen sein. Eine Achillesferse dürfte zudem die Rekrutierung der Panel-Mitglieder darstellen. Auch bei sorgfältiger Zufallsauswahl können die Kandidaten ja nicht gezwungen werden, bei dem Panel mitzumachen. Für jeden Nichtwilligen muss Ersatz gefunden werden. Ob das Ergebnis dann wirklich einer Zufallsauswahl entspricht, bleibt eine offene Frage.

Weniger problematisch bezüglich «Undercoverage» sind «Intercept-Befragungen» (Typ 4) und listenbasierte Online-Umfragen (Typ 5). Die Ziele sind hier aber auch weniger ehrgeizig. Intercept-Befragungen können über die Besucherinnen und Besucher einer bestimmten Web-Seite

13 Bei den Vergleichen werden die zufallsbasierten (Offline-)Bevölkerungsstichproben als Referenz herangezogen. Fairerweise muss man aber auch die Möglichkeit einräumen, dass die Bevölkerungsstichproben – z. B. durch Non-Response und andere Auswahlfehler – verzerrt sein können.

Auskunft geben, wobei allerdings sehr geringe Response-Quoten zu erwarten sind (Couper und Coutts 2006).

Geeignet sind Online-Umfragen besonders für spezielle Populationen mit Internetzugang, für die eine Liste der E-Mail-Adressen existiert und die für den Versand der Fragebogen verwendet werden darf (Typ 5). Alternativ werden E-Mails mit einem Hinweis auf eine Web-Seite für die Online-Befragung versendet. Typische Anwendungen sind Online-Befragungen von Studierenden oder Mitarbeiterbefragungen in großen Firmen. Manche Listen kann man auch per Web-Recherche selbst zusammenstellen, etwa die E-Mail-Adressen sämtlicher Medizin-, Chemie- oder Soziologieprofessorinnen und -professoren deutscher Hochschulen, um ein Beispiel zu nennen.

Wie auch bei traditionellen Befragungstechniken können die Resultate von Online-Umfragen durch Non-Response verzerrt sein. Es gibt aber Unterschiede bei den Gründen und bei der Wirkung von Gegenmitteln. Non-Response bei Online-Umfragen ist teilweise durch technische Probleme bedingt. So haben unerfahrene Internetnutzer oftmals Mühe, einen E-Mail-Anhang zu öffnen oder die Web-Seite mit der Befragung aufzusuchen. Auch Motivationstechniken, wie sie bei schriftlichen Befragungen üblich sind, können nicht ohne weiteres auf Online-Umfragen übertragen werden. Um die Teilnahmebereitschaft zu erhöhen, kann per Post ein kleines Geschenk mit einem schriftlichen Fragebogen verschickt werden. Via E-Mail ist dies ja nicht möglich. Möglich ist hingegen, dass Methoden wie der Versand von Gutscheinen per E-Mail (z. B. Büchergutscheine bei einer Studierendenbefragung) oder das Versprechen zur Teilnahme an einer Verlosung die Response-Quote positiv beeinflussen. Bei schriftlichen Befragungen ist ein Erinnerungsschreiben mit beigelegtem Fragebogen ein wirksames Mittel zur Erhöhung der Teilnahmebereitschaft. Bei Online-Umfragen ist die Wirkung nicht so eindeutig, und für Vorankündigungen wurden gar keine Effekte auf die Antwortbereitschaft ermittelt (Couper und Coutts 2006). Hier ist auch noch viel Spielraum für die Methodenforschung. Wahrscheinlich wird man in einigen Jahren sehr viel genauer wissen, welche Rezeptur die Qualität von Stichproben bei der Online-Befragung zu verbessern hilft.

Ob persönlich «face-to-face», telefonisch, schriftlich oder online – wenn es nur um den Befragungsmodus geht, können alle vier Erhebungsmethoden bei korrekter Durchführung qualitativ hochwertige Daten liefern. Stichprobenprobleme und nicht der Erhebungsmodus dürften heute noch bei Online-Befragungen die meisten Kopfschmerzen bereiten. Zudem bieten Online-Umfragen, wie erwähnt, eine Reihe von Vorteilen bei der Gestaltung von Fragebogen.

Für die Formulierung von Fragen und Antwortkategorien gelten zunächst die üblichen Regeln der Frageformulierung. Wichtig dabei ist, dass auch die Besonderheiten des Mediums beachtet werden.

Wie sollten Online-Umfragen in der Praxis gestaltet werden? Einige Tipps finden wir in einem Artikel von Gräf (2004).

Die Lesegeschwindigkeit ist am Bildschirm anders als beim Lesen von Texten auf Papier. «Der Text wird oftmals nicht gelesen, sondern eher ‹gescannt›» (Gräf 2004). Vieles wird überflogen, wahrgenommen werden markante Stellen. Deshalb sparsam mit Text umgehen. Kurze Fragetexte übersichtlich präsentieren, lautet die Empfehlung. Anders als bei telefonischen und Face-to-face-Interviews darf ein Online-Fragebogen nicht zu lang sein. Andernfalls sind hohe Abbruchquoten zu erwarten. Wichtig ist die Berücksichtigung der technischen Hardware- und Software-Ausstattung. Hier sollte man sich eher am unteren Standard orientieren. Nicht alle Befragten können z. B. Java-Applikationen öffnen, und nicht alle Personen in der Stichprobe verfügen über große Flachbildschirme. Deshalb die Umfrage besser so programmieren, dass der Fragebogen überall gleich auf dem Bildschirm erscheint, auch auf kleinen Bildschirmen mit 640 mal 480 Pixel. Vorsicht bei Farben. Sie haben z. B. kulturell unterschiedliche Bedeutungen, und die Farben Rot und Grün können von einem nennenswerten Anteil der Bevölkerung nicht unterschieden werden. Couper et al. (2004) haben ein interessantes Experiment über den Einfluss von Fotos auf die Reaktionen von Befragten vorgenommen. Dabei geht es nicht um die Einschätzung der Abbildungen, sondern nur um Bilder, die Fragen zusätzlich illustrieren. So wurde nach der Häufigkeit des Einkaufens gefragt, wobei die Frage mal mit dem Bild eines Supermarkts, mal mit dem

Bild eines Kaufhauses geschmückt wurde. Supermärkte werden im Allgemeinen häufiger aufgesucht als Kaufhäuser. Entsprechend geben die Bilder Hinweisreize. In der Supermarkt-Bedingung lagen die Angaben zur verbal gleichen Frage höher als in der Kaufhaus-Bedingung. Bilder zur Illustration von Fragen können mithin das Antwortverhalten verzerren. Wenn es also nicht um die Bewertung des Bildinhalts selbst geht, sollte man die Verwendung solcher Illustrationen sehr vorsichtig handhaben.

Wie kann man nun selbst eine Online-Umfrage durchführen? Der Fragebogen muss ja programmiert und die Antworten müssen in einer Datenbank abgespeichert werden. Glücklicherweise gibt es für diese Aufgaben heute eine Reihe von Software-Angeboten, von denen Sozialforscher Gebrauch machen können.

Viele Empfehlungen sind Praxistipps. Welche Merkmale der Gestaltung von Online-Umfragen welche Wirkungen entfalten, wird in der Online-Methodenforschung untersucht. Zweifellos besteht noch Raum für zahlreiche Studien, von deren Befunden man künftig hören wird. Dabei ist die Methodenforschung gut beraten, wenn nicht nur Effekten mit Adhoc-Hypothesen nachgejagt wird. Werden die Hypothesen aus allgemeineren Theorien wie aus der Wahrnehmungs- und Kognitionspsychologie abgeleitet, erhalten wir ein besseres Verständnis der Effekte und Zusammenhänge (Sudman, Bradburn und Schwarz 1996).

Fassen wir zentrale Punkte zusammen:

- Für allgemeine Bevölkerungsumfragen mit vertretbarem Aufwand sind Online-Erhebungen (noch) nicht geeignet. Das Hauptproblem ist «Undercoverage».
- Mit Online-Umfragen kann in Mixed-Mode-Erhebungen ein zusätzlicher Kommunikationskanal angeboten werden. Bei einigen Umfragen ist diese Ergänzung sinnvoll, um Non-Response zu verringern.
- Online-Erhebungen sind ein Mittel der Wahl, wenn für die Zielpopulation eine zugängliche Liste von E-Mail-Adressen vorliegt, z. B. bei Mitarbeiterbefragungen.
- Bei experimentellen Online-Erhebungen zur Prüfung von Kausalhypothesen sind Stichprobenprobleme von geringerer Bedeutung. Wichtig ist die Randomisierung, d. h. die Zufallsaufteilung der Befragten auf die einzelnen Fragevarianten. Für experimentelle Studien kommen auch offene

WWW-Erhebungen in Frage, wobei allerdings dafür gesorgt werden sollte, dass Personen nicht mehrfach an dem gleichen Experiment teilnehmen.

12. Qualitative Methoden der Befragung

Gilt in der quantitativen Sozialforschung die maximal mögliche Standardisierung von Fragebogen, Interviewerverhalten und Interviewsituation als Tugend, so wird dieser Forschungsstrategie in der qualitativen Sozialforschung mit erheblichem Misstrauen begegnet. Die Einwände beziehen sich u. a. auf die Künstlichkeit der Interviewsituation und auf die mangelnde Offenheit der strukturierten Befragung. Kritisiert wird, dass soziale Phänomene, die außerhalb des Fragerasters und der vorgegebenen Antwortkategorien liegen, in standardisierten Interviews aus dem Blickfeld der Forschung ausgeblendet werden. Zudem können die interviewten Personen ihre Sichtweise nicht wie in Alltagsgesprächen frei formulieren. Das Interview wird quasi durch die Perspektive des Forschers dominiert. Qualitative Forschung ist an der Subjektperspektive, an den «Sinndeutungen» des Befragten interessiert. Es sind im Wesentlichen die folgenden Anforderungen an die Datenerhebung, die – neben einer Reihe weiterer Kriterien – in Textbüchern und Aufsätzen zur Methodik qualitativer Sozialforschung betont werden (z. B. Hopf und Weingarten 1993; Spöhring 1989; Lamnek 2005; Mayring 2001):

1. Subjektbezogenheit,
2. Offenheit bezüglich der Fragen, Antworten und Methoden,
3. Untersuchung in alltäglichen Situationen.

Der Wert qualitativer Methoden ist von der quantitativen Sozialforschung nicht bestritten worden. Doch hat man ihre Anwendbarkeit in der Hauptsache auf explorative Untersuchungen beschränkt. Explorative Phasen dienen der Entwicklung von Typologien, Kategoriensystemen und der Generierung von Forschungshypothesen. Die *Prüfung* von Hypothesen hingegen sei die Domäne der quantitativen Sozialforschung. Vertreter qualitativer Methoden wollen sich auf diese Nischenposition nicht einlassen. Qualitative Verfahren werden als alternative, eigenständige Methoden zur Erhebung und Auswertung von Daten angesehen, die ihre Leistungsfähigkeit auch bei der Prüfung von Hypothesen unter Beweis stellen. Angestrebt werden somit die folgenden Forschungsziele (vgl. Hopf und Weingarten 1993; Glaser und Strauss 1979 sowie die weiter oben zitierten Lehrbücher)[14]:

- Deskription empirischer Sachverhalte und sozialer Prozesse,
- Aufstellung von Klassifikationen oder Typologien,
- Gewinnung von Hypothesen am empirischen Material,
- Prüfung von Forschungshypothesen.

Typischerweise geht man in der qualitativen Forschung von Fallstudien aus oder arbeitet mit Stichproben von wesentlich kleinerem Umfang als in der quantitativen Sozialforschung. Dafür versucht man aber, stärker in die Tiefe zu gehen, die interviewten Personen ausführlich zu Wort kommen zu lassen und das gewonnene Material intensiver auszuwerten und nicht nur auf statistische Kennwerte zu verdichten. Ein gutes Beispiel aus neuerer Zeit ist die Studie von Gambetta und Hamill (2005) über die Lösung von Vertrauensproblemen im Alltag von Taxifahrern (siehe unten). Mit unstrukturierten oder halbstrukturierten Interviews wird am Alltagsgespräch angeknüpft und eine vertraute Gesprächsatmosphäre geschaffen, sodass auch Hemmschwellen eher abgebaut werden. Man erhofft sich davon, tiefere Kenntnisse sozialer Sachverhalte und auch validere Informationen zu erlangen als mit standardisierten Interviews. Ob und unter welchen Bedingungen dies der Fall ist, daran scheiden sich die Geister. Letztlich ist es eine empirische Frage, unter welchen Bedingungen (wie z. B. Forschungsfragen und Zielgruppe) eine Methode valide Ergebnisse hervorbringt.

14 Hopf und Weingarten (1993) ist eine ausgezeichnete Sammlung der älteren, klassischen Arbeiten zur qualitativen Sozialforschung. Als Lehrbücher sei verwiesen auf die kurze Darstellung von Mayring (2001), ferner Spöhring (1989), Lamnek (2005) und Flick (2002). Anwendungen qualitativer Methoden anhand von Beispielen aus der Forschungspraxis finden sich in den Aufsatzsammlungen von Garz und Kraimer (1991) sowie Crabtree und Miller (2004). Siehe auch die Beiträge in dem Handbuch von Flick, Kardorff und Steinke (2000).

Ein Großteil der Anwendungen qualitativer Methoden bezieht sich auf Subkulturen, soziale Randgruppen und soziale Probleme. Typisch sind etwa Studien über Biographien, subjektive Sinndeutungen und Lebensperspektiven jugendlicher Arbeitsloser. Gut möglich, dass bei diesen Fragestellungen und sozialen Gruppen qualitative Methoden zu neuen oder aber zumindest gegenüber standardisierten Befragungen zu zusätzlichen Einsichten führen. Aber auch die kommerzielle Marktforschung hat die qualitativen Methoden entdeckt. Heute gibt es sogar Marktforschungsinstitute, die sich vorwiegend auf qualitative Studien spezialisiert haben.

Unterschwellig, aber auch bisweilen explizit werden qualitative Methoden als «progressiv» und «emanzipatorisch», quantitative Methoden dagegen als «positivistisch» oder gar «herrschaftsstabilisierend» bewertet (siehe Lamnek 2005, der sich mit dieser These allerdings nicht identifiziert).

Abgesehen von der Problematik der Kategorien scheint mir diese schablonenhafte Gleichsetzung ziemlich abwegig zu sein. Oder ist eine Studie mit dem Ziel der Vergrößerung des Marktsegments von Schokoladenriegeln deshalb «emanzipatorisch», weil sie sich auf qualitative Methoden stützt? Im Gegenzug lässt sich sagen, dass viele gesellschaftskritische Arbeiten nicht hätten geschrieben werden können, wenn nicht umfangreiches Material aus zahlreichen «quantitativen» Einzeluntersuchungen vorgelegen hätte, das in Werken wie Friedrich Engels' «Lage der arbeitenden Klassen» bis hin zu Ulrich Becks «Risikogesellschaft» (1986) verarbeitet werden konnte. Studien über Bildungsbarrieren, soziale Ungleichheiten, die Einkommens- und Vermögensverteilung basieren großenteils auf quantitativen Umfragedaten. Sie haben die kritisch-soziologische Aufklärung sicher nicht unwesentlich befördert. Aber natürlich gibt es auch oberflächliche und – gemessen an methodischen Standards – auch äußerst mangelhafte quantitative Studien, was für die qualitative Forschung nicht minder gilt. Am besten verzichtet man aber auf diese ideologisch verkrampften Bewertungen von Methoden.

Ein Fallbeispiel: «Streetwise – wie Taxifahrer Signale für Vertrauen deuten»

Anwendungen qualitativer Methoden beschränken sich nicht nur auf die Beschreibung sozialer Randgruppen. Interessant für die Forschung wird es immer dann, wenn eine theoretisch inspirierte Fragestellung der empirischen Beobachtung vorausgeht. Ein gutes Beispiel aus neuerer Zeit ist Gambettas und Hamills (2005) Studie über Vertrauensprobleme.

Die Lösung von Vertrauensproblemen ist für Wirtschaft und Gesellschaft von eminenter Bedeutung. Zahlreiche Interaktionen stellen uns nämlich vor Vertrauensprobleme. Man denke an Tauschgeschäfte, die Beteiligung an Wirtschaftsunternehmen, das Ausleihen von Geld an einen Bekannten oder die Ersteigerung eines Artikels bei einer Internetauktion, bei der der Verkäufer Vorauszahlung verlangt. Die Lösung von Vertrauensproblemen ist insofern für wirtschaftliche Transaktionen und das Funktionieren von Märkten enorm wichtig. Wie Vertrauensprobleme gelöst werden, ist auch ein zentrales Problem der Sozialtheorie. Nicht immer ist es möglich, einklagbare Verträge zu schließen oder die Erfüllung von Verträgen durch die Androhung von Sanktionen zu erzwingen. Vertrauensprobleme stellen sich insbesondere bei einmaligen Geschäften zwischen einander fremden Personen.

Ein Paradefall dafür ist die Situation von Taxifahrern. Diego Gambetta und Heather Hamill (2005) haben in einer bemerkenswerten Studie untersucht, wie Taxifahrer in Belfast und in New York die Vertrauenswürdigkeit von Kunden ermitteln. In beiden Städten gehen Taxifahrer ein relativ hohes Risiko ein, dass sie betrogen, attackiert oder beraubt werden. In New York steht Taxifahren an der Spitze riskanter Berufe. In der US-Metropole stellen räuberische Überfälle eine womöglich tödlich endende Bedrohung dar, während im religiös hochsegregierten Belfast die Gefahr besteht, protestantischen oder katholischen Extremisten zum Opfer zu fallen. Um in ihrem Beruf im wahren Sinn des Wortes überleben zu können, müssen sie sehr genau lernen, auf Signale der Vertrauenswürdigkeit zu achten. Um welche Signale es sich dabei handelt, haben Gambetta und Hamill mit qualitativen, teilstrukturierten Interviews, teilnehmender Beobachtung und Inhaltsanalysen von Zeitungsartikeln ermittelt. Die Interviews mit Taxifahrern (45 in Belfast und 63 in New York, davon in New York wegen der Sprachprobleme mit den spanischsprechenden «livery cab drivers» 50 auswertbare Interviews) wurden aufgezeichnet und transkribiert. Weitere Interviews wurden mit Kunden durchgeführt. Sodann wurden die Interviews daraufhin analysiert, welche Signale für Entscheidungen herangezogen und welche Signale kommuniziert werden. So sind Taxifahrer in Belfast beispielsweise auf der Hut, Hinweise auf die konfessionelle Zugehörigkeit zu geben. Vermieden werden für den Außenstehenden subtile Anzeichen wie die Vorliebe für schottische Fußballclubs (Katholiken bevorzugen die «Glasgow Celtic»,

Protestanten die «Glasgow Rangers») oder die Aussprache (katholische Belfaster sprechen den Buchstaben «h» anders als Protestanten, S. 63). Besonders wichtig ist es indessen, Signale für die Vertrauenswürdigkeit von Fahrgästen zu erkennen und zu deuten. Entscheidend für die Lösung des «Vertrauensspiels» ist die Fähigkeit, «gute» von «schlechten» Kunden zu unterscheiden. Dass Taxifahrer in Belfast oder New York lieber eine wohlgekleidete Dame oder einen Geschäftsmann mitnehmen, deren Adresse über die Zentrale mitgeteilt wurde, als drei junge Männer nachts in einer riskanten Gegend auf der Straße aufzusammeln, liegt auf der Hand. Nur ist die Situation nicht immer so eindeutig. Und Fahrer, die absolut kein Risiko eingehen, werden auch geringere Einnahmen erzielen. Vor allem ist es ein Problem, Camouflage zu entdecken. Geschäftsleute mit Krawatte werden wohl kaum einen Taxifahrer wegen 100 Dollar berauben; aber wer hindert Leute mit bösen Absichten, sich eine Krawatte umzubinden und den Geschäftsmann vorzutäuschen?

So ist man im Vertrauensspiel gut beraten, nach möglichst verlässlichen Signalen Ausschau zu halten. Verlässlich sind solche, die zwischen «guten» und «schlechten» Kunden unterscheiden und von «schlechten» Kunden nicht oder nur unter hohen Kosten vorgetäuscht werden können. So steuern manche Taxifahrer Flughäfen an, und zwar nicht nur wegen der Distanz, sondern weil Fluggäste, die am Flughafen ein Taxi suchen, ein geringes Risiko darstellen. Potenzielle Räuber wiederum verfolgen selten die Mimikry-Strategie, sich zum Flughafen zu begeben und einen gerade angereisten Flugpassagier mit Gepäck und entsprechender Kleidung zu simulieren. Angesichts der relativ geringen Summen, die bei einem Raub erbeutet werden, lohnt sich die Mühe dafür nicht. Entsprechend lautet eine zentrale Hypothese der Studie, besonders solche Signale heranzuziehen, die mit hoher Wahrscheinlichkeit von «schlechten» Kunden nur unter Kosten produziert werden können, die den Gewinn ihres Vorhabens übersteigen.

Gambetta und Hamills Hypothesen, die sie explizit der Spieltheorie entnehmen, werden zwar nicht einer strikten Prüfung unterzogen. Dafür weist die Studie andere Vorzüge auf. Ihre Untersuchungsstrategie ähnelt im Grunde derjenigen eines Biologen, welcher die Gültigkeit der Evolutionstheorie unterstellt und bei einem Organismus empirisch untersucht, welche Merkmale die Fitness für das Überleben erhöhen. Vergleichsweise werden auch hier die Hypothesen aus der Theorie der Signalspiele als gültig unterstellt, empirisch wird dann aber nach den im Vorhinein nicht bekannten Signalen gesucht, die für die Akteure in der gegebenen Situation bedeutsam sind. Die Studie ist theoretisch orientiert, zugleich aber explorativ. Die Theorie ist wichtig, weil sie den Blick dafür schärft, worauf zu achten ist, nämlich auf Signale und ihre Kosten für die beteiligten Akteure. Die qualitative Methode eignet sich dafür besonders gut, da die Art der Signale und ihre Kosten, die mit dem sozialen und kulturellen Kontext variieren, nicht bekannt sind und daher mit einem standardisierten Fragebogen auch nicht erhoben werden können. Hinzu kommt, dass meist nicht einfach ein einzelnes Anzeichen, sondern komplexe Cluster von Merkmalen der Personen und der Umgebung als Signal gedeutet werden. Gambetta und Hamill diskutieren selbst die Probleme verschiedener Methoden, bevor sie sich für qualitative Interviews entscheiden (S. 19 f.).

Die Auswahl qualitativer Interviewtechnik allein genügt aber noch nicht. Man muss auch wissen, welche spezielle Methodik qualitativer Befragung für ein Forschungsproblem angemessen ist. Wird an ein «fokussiertes» oder «narratives» Interview gedacht? Mittlerweile gibt es eine Reihe verschiedener Techniken qualitativer Befragung. Eine Auswahl der Methoden wird im Folgenden vorgestellt.

Das fokussierte Interview

Merton und Kendall haben bereits 1946 eine Interviewtechnik vorgeschlagen, die damals hauptsächlich zur Untersuchung der Wirksamkeit von Massenmedien und Propaganda eingesetzt wurde (in deutscher Sprache siehe Merton und Kendall 1979). Das *fokussierte Interview* ist aber nicht nur auf diesen Anwendungsbereich begrenzt. Die Technik geht von dem Prinzip aus, dass zunächst irgendein «Stimulus» (ein Film, eine Rundfunksendung, ein Werbespot, ein Bild, eine Geschichte) vorgegeben wird oder dass die Probanden bereits vorher ein konkretes Ereignis erfahren (z. B. einen Film gesehen oder ein Buch gelesen) haben. Mit Hilfe eines Leitfadens werden sodann in einem halbstrukturierten Interview die Reaktionen der befragten Personen auf das «Reizmaterial» erforscht. Der Leitfaden («Leitfadeninterview») enthält eine Reihe thematischer Gesichtspunkte, die im Verlauf des Interviews angesprochen werden sollen; die Fragen sind aber «offen», und auch die Reihenfolge wird nicht im Vorhinein festgelegt. Ein fokussiertes Interview weist mithin folgende Besonderheiten auf (Merton und Kendall 1979: 171):

1. Die befragten Personen haben alle eine konkrete Situation erlebt.

2. Diese Situation wird vor dem Interview vom Forscher analysiert. Es werden die wesentlichen Merkmale herausgearbeitet (z. B. mit einer Inhaltsanalyse) und sodann einige Hypothesen über die Wirkung der erlebten Situation formuliert.

3. Die Situationsanalyse mündet in einen Interviewerleitfaden. Der Leitfaden enthält alle wichtigen thematischen Aspekte, die im Interview angesprochen werden sollen.

4. Mit dem Interview sollen die subjektiven Erfahrungen der Personen im Hinblick auf die erlebte Situation erhoben werden. Ziel des Interviews ist zum einen die Prüfung der vom Forscher formulierten Hypothesen. Darüber hinaus ist das Interview offen für unerwartete Antwortreaktionen und neue Gesichtspunkte, die sich aus dem Gesprächsverlauf ergeben. Diese neuen Informationen können zur Aufstellung weiterer Hypothesen führen.

Der Leitfaden dient u. a. dem Zweck, dass im Interview möglichst alle relevanten Aspekte und Themen angesprochen werden und damit eine gewisse Vergleichbarkeit der Antwortreaktionen verschiedener Befragter ermöglicht wird. Die Reihenfolge und auch die Formulierung der Fragen sollten aber dem Erzählfluss angepasst werden. Merton und Kendall sehen es als Problem an, wenn der Leitfaden wie ein Fragebogen abgespult und damit der Gesprächsverlauf zu stark kanalisiert wird. Für die Interviewphase formulieren sie vier Prinzipien:

1. Nichtbeeinflussung,
2. Spezifizität,
3. Erfassung eines breiten Spektrums,
4. Tiefgründigkeit und personaler Bezugsrahmen.

Kriterium (1) fordert einen eher «weichen», nichtdirektiven Interviewstil. Die Befragten sollen mitteilen können, was sie für wichtig halten. Davon erhofft man sich auch, dass im Gespräch neue, unerwartete Einschätzungen geäußert werden. (2) «Spezifizität» meint den Versuch, Reaktionen auf Details der erlebten Situation herauszufinden. Bei der Situation «Film gesehen» wurde z. B. gefragt: «Wenn Sie mal zurückdenken, was war Ihre Reaktion bei diesem Teil des Films?» oder: «Was war es genau, das Ihnen in den Filmszenen diesen Eindruck vermittelte?» Punkt (3) bezieht sich darauf, dass im Interview das gesamte Spektrum der thematischen Aspekte angesprochen wird. Dazu zählen zum einen die aufgrund der Situationsanalyse erwarteten Reaktionen. Treten diese auf oder bleiben sie aus, so erhält man Hinweise auf die Bestätigung oder Widerlegung einer Hypothese. Darüber hinaus sollte der Interviewer beachten, dass dem Befragten jeweils Gelegenheit zur Äußerung unerwarteter Reaktionen geboten wird. (4) Im Interview werden häufig Emotionen durch Worte wie «gut», «schön», «hässlich» usw. signalisiert. «Tiefgründigkeit» heißt, dass bei diesen Äußerungen nicht stehengeblieben wird. Affektive Reaktionen sollten vom Interviewer durch Nachfragen tiefer ausgelotet werden.

Das fokussierte Interview kann oftmals mit anderen Techniken der Datenerhebung verknüpft werden. Merton und Kendall (1979: 201) sprechen sich entschieden gegen den unfruchtbaren Streit «qualitativ» versus «quantitativ» aus. In ihren Worten: «Die Sozialwissenschaften sind davon abgekommen, die falsch gestellte Alternative, sich zwischen qualitativen und quantitativen Daten entscheiden zu müssen, zu akzeptieren. (…) Wenn das fokussierte Interview einer experimentellen oder statistischen Untersuchung vorausgeht, dient es als Quelle für Hypothesenbildungen, die später systematischen Tests unterzogen werden.»

Betrachten wir dazu zwei klassische Beispiele. Während des Zweiten Weltkriegs wurde in den USA das fokussierte Interview zur Untersuchung der Effekte von Radiopropaganda und Dokumentarfilmen auf die Zuhörer bzw. Zuschauer eingesetzt. Das Beispiel der Kate-Smith-Radiosendung demonstriert die Gewinnung einer Hypothese mit qualitativen Methoden (die Hypothese der «Propaganda der Tat»), die in einer nachfolgenden quantitativen Studie überprüft werden konnte.

«In den Vorphasen dieser Untersuchung wurden fokussierte Interviews mit 100 Personen durchgeführt, die im Radio eine ‹Marathon-Kampagne› für die Zeichnung von Kriegsanleihen gehört hatten, in der Kate Smith, eine Radio-‹Berühmtheit›, in Abständen von 15 Minuten 17 Stunden lang entsprechende Aufrufe verlas, was eine Zeichnungssumme von 39 Millionen Dollar einbrachte. Eine Analyse der Interviews ergab, dass das öffentliche Image von Kate Smith als einer ‹Patriotin ohnegleichen› eine wichtige Rolle im Prozess der Massenbeeinflussung spielte, und weiter, dass dieses Image das Ergebnis dieser ‹Propaganda der Tat› war, d. h. eher ihren publizierten *Taten* zu verdanken war als den *verbalen Kraftakten.* Wie sich in den Interviews herausstellte, war die Marathon-Sendung selbst ein Beispiel für das Image von Kate Smith als tatkräftige Frau. Zur Überprüfung dieser Interpretation wurde eine Meinungsumfrage bei einer repräsentativen Stichprobe durchgeführt. Es sollte festgestellt werden, wie das Image von Kate Smith als Patriotin bei den Hörern der Marathon-Sendung im Vergleich zu einer Kontrollgruppe, die diese Sendung nicht gehört hatte, sich durchgesetzt hatte. Wenn man bei der Auswertung der Daten den Faktor Einschätzung von Kate Smith konstant hielt – ‹Fans›, ‹gelegentliche Hörer› und ‹Nicht-Hörer› –, konnte die Hypothese bestätigt werden. Bei allen drei Gruppen führte das Hören der Marathon-Sendung zu einem Ansteigen der Einschätzung von Kate Smith als Patriotin, was sich seinerseits auf den Beeinflussungsprozess auswirkte. In diesem Fall diente das fokussierte Interview zur Entwicklung von Hypothesen, die Fragebogenaktion zu ihrer Überprüfung an einigen forschungsstrategischen Punkten» (Merton und Kendall 1979: 202).

Anhand eines zweiten Beispiels, der Wirkung eines Dokumentarfilms zur «Schlacht um England», illustrieren Merton und Kendall (1979: 202) die umgekehrte Vorgehensweise. In diesem Fall war der Zweck des fokussierten Interviews die Interpretation zuvor ermittelter experimenteller Daten. Auf diese Weise erst konnten überraschende experimentelle Befunde, die ansonsten unverständlich blieben, interpretiert und erklärt werden.

«Das ständig wiederholte Thema dieses Films war, dass England die entscheidende ‹Schlacht um England› allein ausgetragen und gewonnen hatte und die USA deshalb noch ein weiteres wertvolles Jahr für ihre Kriegsvorbereitungen gewonnen hatten. Trotzdem bewirkte der Film einen Bumerang-Effekt: Die Zahl derjenigen, die glaubten, England wäre besiegt worden, wenn es nicht unsere Militärhilfe erhalten hätte, erhöhte sich signifikant (obwohl der Kommentar feststellte, dass unsere Hilfe damals wenig mehr als ein Tropfen auf einen heißen Stein gewesen sei). Um die Ursachen dieses Bumerang-Effekts zu ermitteln, wurden fokussierte Interviews mit stichprobenartig ausgewählten Filmbesuchern durchgeführt. Dabei stellte sich heraus, dass die Zuschauer selektiv wahrnahmen; eine einzige, 10 Sekunden lange Einstellung, die die Entladung von ein paar Kisten mit dem Aufdruck ‹From the USA› in einem Londoner Hafen zeigte, wurde maßlos überbewertet. Diese Szene symbolisierte die Hilfeleistung Amerikas und damit auch einen amerikanischen Sieg. Ebenso wie Ethnozentrismus dazu führt, dass Versuchspersonen amerikanische Briefmarken als größer einschätzen als ausländische Briefmarken von genau der gleichen Größe, so bemächtigte sich auch ein Teil der Zuschauer der einzigen Szene in dem ganzen Film, die auf eine amerikanische Leistung hinwies, und übersteigerte sie ins Maßlose» (Merton und Kendall 1979: 202).

Merton und Kendall (1979) sowie Lazarsfeld (Barton und Lazarsfeld 1979) haben immer wieder auf die Vorteile der Kombination qualitativer und quantitativer Methoden aufmerksam gemacht und diese Forschungsstrategie auch selbst praktiziert. Dies ist umso bemerkenswerter, da Lazarsfeld als der Pionier der Entwicklung quantitativer Erhebungsmethoden und Auswertungsverfahren in der amerikanischen Sozialforschung gilt (vgl. auch Kapitel III). Merton, Kendall und Lazarsfeld sehen die Bedeutung qualitativer Methoden auch nicht nur einseitig in der Gewinnung von Typologien und Hypothesen in explorativen Studien. In ihren Augen sind vielmehr qualitative Methoden, möglichst kombiniert mit quantitativen Techniken, eben auch ein Mittel der Prüfung von Hypothesen.

Das narrative Interview

Mit der auf Schütze (1977) zurückgehenden Interviewtechnik wird die Erzählform gewählt, um erfahrungsnahe, subjektive Aussagen über Ereignisse und biographische Abläufe zu gewinnen. Die Anwendungen beziehen sich z. B. auf besondere Ereignisse im Lebenslauf (Arbeitslosigkeit, Ehescheidung) oder biographische Ereignisketten wie Ausbildungs- und Berufsverläufe, «Statuspassagen» u. a. m. (vgl. Spöhring 1989). Mit Blick auf die Interviewervorgaben ist das narrative Interview noch weniger strukturiert als das fokussierte Interview. Der Interviewer gibt nur einleitend eine Themenstellung vor und ermuntert in nichtdirektiver Weise zur Erzählung. Die Idee ist, dass mit der Auslösung des Erzählflusses eine Dynamik wirksam wird, die quasi automatisch gewissen Strukturprinzipien Rechnung trägt. Diese «Zugzwänge» der Erzählung sind der Zwang zur *Gestalterschließung* (die Erzählung muss «vollständig, verständlich und ausgewogen» sein), der *Kondensierungszwang* (der Befragte muss Schwerpunkte setzen) und der *Detaillierungszwang* (Motive und Zusammenhänge müssen verständlich gemacht werden). Die «Darstellungszwänge» sind dem Befragten oftmals gar nicht bewusst, werden nach Schützes Erfahrungen aber nahezu ausnahmslos befolgt:

«Getrieben durch die Zugzwänge des Erzählschemas bringt der Informant Ereignisbestände zur Darstellung, über die er im konventionellen offenen Interview niemals Aussagen treffen würde bzw. auf die er im Rahmen des standardisierten Interviews (...) kaum mit Informationsbereitwilligkeit reagieren würde» (Schütze 1977, nach Spöhring 1989: 169).

Angenommen wird also, dass die Dynamik des Erzählzwangs zu einer Senkung der Hemmschwelle führt und zur Offenlegung von Deutungen, Bewertungen und Motiven veranlasst, die auf alternative Weise so nicht erfassbar sind. Dies allerdings ist eine Hypothese, die durch den Vergleich verschiedener methodischer Instrumente (narratives, «offenes» und standardisiertes Interview) empirisch noch nachzuweisen wäre.

Während der Erzählphase ist der Interviewer angehalten, möglichst nicht durch Fragen einzugreifen. Ihm kommt in dieser Phase die Rolle des Zuhörers zu, der sich darauf beschränkt, in nichtdirektiver Weise den Erzählfluss zu unterstützen. Erst in einer weiteren Phase, nach dem Abschluss der Erzählung, darf der Interviewer Nachfragen stellen. Dabei sollte er direkte Fragen vermeiden. In der Nachfragephase wird versucht, offene Punkte abzuklären («Wie kam es dazu?», «Was geschah dann?») und eventuell den Befragten zu neuen narrativen Sequenzen zu animieren. Direkte Fragen nach Motiven sollten allenfalls am Ende des Interviews gestellt werden (Spöhring 1989; Mayring 2001).

Das narrative Interview gliedert sich in drei Phasen (Mayring 2001):

1. Stimulierung einer Erzählung zu einem bestimmten Gegenstand durch den Interviewer.

2. Die Hauptphase bildet die Erzählung des Befragten. Der Intervie-

wer soll den Erzählfluss unterstützen und möglichst nicht durch Fragen eingreifen.

3. In der Nachfragephase bemüht sich der Interviewer darum, offene Punkte zu klären und eventuell zu weiteren Erzählsträngen zu animieren.

Ein narratives Interview kann bis zu drei Stunden dauern. Das Interview wird auf Tonband aufgezeichnet und vom Band abgeschrieben. Die Transkription sollte auch Gesprächspausen, Lachen, Ausrufe usw. berücksichtigen, d. h. ein authentisches Bild des Interviews wiedergeben. In der Auswertungsphase werden sodann die transkribierten Texte nach gewissen Regeln (Spöhring 1989; Haupert 1991; Kohler Riessman 1993) analysiert. Gerade die Auswertung qualitativer Interviews kann sich aber als eine außerordentlich aufwendige Angelegenheit erweisen.

Problemzentriertes Interview

In der Praxis sind nicht alle Personen fähig oder willens, auf die Themenvorgabe des Interviewers hin frei zu erzählen. Dazu gehört nämlich «narrative Kompetenz», die nicht als selbstverständlich bei allen Interviewpartnern vorausgesetzt werden kann (vgl. Spöhring 1989). Witzel (1982) hat eine weitere qualitative Forschungsstrategie vorgeschlagen, nämlich das *problemzentrierte Interview*. Anders als beim narrativen Interview spielt hierbei der Interviewer auch während der Erzählphase eine aktive Rolle. Der Interviewer stützt sich auf einen Leitfaden. Er darf und soll Fragen auch in der Erzählphase vorbringen, aber möglichst ohne die Erzähllogik zu beeinträchtigen. Welche Fragen des Leitfadens in welcher Formulierung der Interviewer wann stellt, soll der Situation angepasst sein. Das problemzentrierte Interview weist damit einen leicht höheren Strukturierungsgrad als das narrative Interview auf. Außerdem schlägt Witzel vor, diese Form des Interviews mit anderen Methoden (u. a. Fallanalyse, Inhaltsanalyse, Gruppendiskussion) zu kombinieren. Ergänzt werden soll das problemzentrierte Interview durch einen quantitativen Kurzfragebogen zur Erhebung sozialstatistischer Daten. Zweck der separaten Abfrage sozialstatistischer Daten ist u. a., das qualitative Hauptinterview nicht durch Nachfragen nach sozialstatistischen Ereignissen und Zeitangaben zu belasten. Das problemzentrierte Interview weist in eine Richtung, die von nicht wenigen Vertretern qualitativer Methoden eingeschlagen wird: Erst durch das Zusammenspiel unterschiedlicher qualitativer und auch quantitativer Methoden wird der Forscher oder die Forscherin in die Lage versetzt, ein verlässliches Gesamtbild eines sozialen Gegenstandes zu erstellen. Diese Forschungsstrategie wird auch als *Triangulation* bezeichnet.

Probleme qualitativer Methoden

Ob fokussiertes, narratives oder problemzentriertes Interview; bei allen Formen qualitativer Interviews stellen sich insbesondere die folgenden drei Probleme:

1. Auswahl einer Stichprobe,
2. Reliabilität und Validität qualitativ gewonnener Daten,
3. Datenauswertung.

Die Stichprobe wird in der Regel «bewusst» ausgewählt. Dabei wird häufig eine Art «quasiexperimentelles Design» zugrunde gelegt. Man befragt z. B. arbeitslose Jugendliche mit niedriger und höherer Qualifikation aus Großstädten und Landgemeinden. Aus diesem 2 x 2-Design resultieren vier Gruppen, und in jeder Gruppe werden dann z. B. zehn Interviews mit arbeitslosen Jugendlichen durchgeführt. Diesen Weg wird man einschlagen, wenn das Ziel der qualitativen Studie darin besteht, die Interviews über die vorab gewählten Gruppierungen oder «Typen» zu vergleichen. Explizit oder implizit wird dabei von einer Hypothese ausgegangen. So liegt dem obigen Beispiel die Annahme zugrunde, dass die Merkmale Großstadt / Landgemeinde und Qualifikationsniveau einen relevanten Einfluss auf die subjektive Wahrnehmung und Bewältigung der Arbeitslosigkeit ausüben. In welcher Weise die Stichprobe untergliedert wird, hängt demnach von der zu untersuchenden Forschungshypothese ab.

Die Methodenforschung hat bei standardisierten Interviews, wie bereits detailliert erläutert, eine ganze Reihe systematischer Fehlerquellen identifiziert. Weiterhin haben wir Verfahren diskutiert, mit denen Verzerrungen beseitigt oder doch zumindest unter Kontrolle gebracht werden können. Fehlerquellen reaktiver Interviews wie soziale Erwünschtheit, Interviewereinflüsse, Fragereiheneffekte u. a. m. sind nun nicht nur in der standardisierten Befragung wirksam. Qualitative Methoden sind mit diesen Problemen vermutlich genauso, wenn nicht unter Umständen sogar stärker belastet. Das Verschweigen dieser Probleme in der qualitativen Forschung – jedenfalls werden hier systematische Verzerrungen äußerst selten untersucht – heißt ja nun keineswegs, dass sich derartige Fehlerquellen in qualitativen Interviews nicht bemerkbar machen könnten.

Es erscheint jedenfalls nicht gerechtfertigt, die zahlreichen Befunde zum Thema «Methodenartefakte» einfach an die Adresse der standardisierten Methoden zu verweisen, so als ob man in der qualitativen Forschung hiervon nicht betroffen sei und sich beruhigt die Hände in Unschuld waschen könnte. Das ist eine Vogel-Strauß-Haltung nach der Devise «Was ich nicht weiß, macht mich nicht heiß». Nehmen wir nur die Vielzahl von Studien aus der Sozialpsychologie zur selektiven Wahrnehmung (vgl. auch Kapitel II) und zu den Effekten von Erwartungen auf das Verhalten von Versuchspersonen. Zahlreiche dieser äußerst interessanten Experimente, Fallstudien u. a. m. zum «Selffulfilling-Prophecy»-Effekt in Experimenten und Interviewsituationen wurden bereits vor Jahren von Rosenthal (1966; Rosenthal und Jacobson 1968) publiziert (siehe auch Kapitel XIII). Bei qualitativen Studien kennt der Interviewer wohl fast immer die Hypothesen der Untersuchung. Weiterhin hat er einen weit größeren Einfluss auf den Gesprächsverlauf als bei standardisierten Befragungen. Unter diesen Bedingungen ist aber zu erwarten, dass selektive Wahrnehmungen und subtile, unbemerkte Beeinflussungen nach dem Muster «sich selbst erfüllender Prognosen» eine eventuell noch größere Rolle als in quantitativen Befragungen spielen. Diese Probleme und Fragen müssten endlich einmal zum Thema einer «qualitativen Methodenforschung» gemacht werden.

Sorgfältige methodische Studien zur Reliabilität und Validität der mit verschiedenen qualitativen Interviewtechniken erzielten Daten wären daher genauso erforderlich wie bei quantitativen Befragungsmethoden. Gut möglich, dass zu diesem Zweck neue Prüftechniken zu entwickeln wären (vgl. z. B. Kirk und Miller 1986). Aber wie auch immer die einzelnen Prüfverfahren aussehen, es ist sicher nicht ausreichend, wohlklingende Prinzipien vorzuschlagen (Mayring 2001 z. B. postuliert «13 Säulen qualitativen Denkens»), ohne für diese Ansprüche genauere empirische Nachweise der Gültigkeit zu erbringen.

Erhebliche, wenn auch wohl im Prinzip lösbare Probleme stellen sich insbesondere im Rahmen der Auswertung qualitativer Interviews. 40 Interviews z. B. mit einer durchschnittlichen Dauer von zwei bis drei Stunden, aufgezeichnet auf Tonband und sodann transkribiert, ergeben insgesamt einen Text, der sich auf gut 2000 Seiten belaufen kann. Allein die Transkription erfordert einen erheblichen Aufwand. Den Stoßseufzer von Südmersen (1983) «Hilfe, ich ersticke in Texten!» – so der Aufsatztitel – wird man gut nachvollziehen können. In der qualitativen Sozialforschung werden die Texte in der Regel mit Methoden qualitativer Inhaltsanalyse ausgewertet. Hierzu existieren eine ganze Reihe von Vorschlägen (z. B. Oevermanns «objektive Hermeneutik», Schützes Auswertungsmethode für narrative Interviews, generell Methoden qualitativer Inhaltsanalyse; vgl. zu einer Übersicht Spöhring 1989; Mayring 2001, 2002; Lamnek 2005; zu narrativen Interviews siehe z. B. Haupert 1991), die bei größeren Textmengen aber alle einen enormen zeitlichen Aufwand erfordern. Kritisch muss man auch die Frage nach der *Durchführungsobjektivität* (Kapitel VI) stellen. Die vorgeschlagenen Methoden führen nämlich nicht immer zu eindeutigen Interpretationen. Auswerter A wird möglicherweise ein ganz anderes Ergebnis erzielen als ein (unabhängig arbeitender) Auswerter B. Um rein artifizielle Auswertereinflüsse zu identifizieren, wäre zu empfehlen, dass das Textmaterial bei qualitativen Analysen mindestens von zwei Personen ausgewertet wird, die später ihre Textinterpretationen vergleichen. Damit verdoppelt sich aber der Auswertungsaufwand. Dieser bleibt auch dann immer noch beträchtlich, wenn man sich, wie in der qualitativen Sozialforschung mehr und mehr üblich, der Hilfe von Computern bedient. Gute Dienste leisten dabei einfache Textverarbeitungsprogramme bis hin zu spezieller Auswertungssoftware für qualitative Textanalysen.

Seltener wird der Weg gewählt, qualitative Erhebungsverfahren mit quantitativen Auswertungsverfahren zu verbinden. Aber warum eigentlich nicht? Schließlich besteht eine Möglichkeit darin, qualitative Interviews mit den Techniken der quantitativen Inhaltsanalyse (Kapitel XII) auszuwerten.

Ein recht einfaches Beispiel zur Illustration liefert die Studie von Jahoda, Lazarsfeld und Zeisel (1960) über «Die Arbeitslosen von Marienthal». Die Forschergruppe bat Schulkinder aus Marienthal und zum Vergleich Schulkinder aus Nachbarorten (der weniger von Arbeitslosigkeit betroffen war), Aufsätze über ihre Weihnachtswünsche zu schreiben (= qualitative Erhebungsmethode). Den Weihnachtswünschen wurden sodann Zahlen zugeordnet, nämlich die Preise der ersehnten Geschenke (= quantitative Auswertung). Tabelle X.9 zeigt das Ergebnis des Vergleichs.

Tabelle X.9: Weihnachtswünsche von Schulkindern aus der « Marienthal-Studie »

Kinder aus	Kosten der Wunscherfüllung (in Schilling)
Marienthal	12
Orten der Umgebung	36

Die Ergebnisse liefern ein Indiz für die resignative Haltung der arbeitslosen Marienthaler, die auch die Kinder aus den arbeitslosen Familien ergriffen hat.

Die Vorzüge qualitativer Erhebungs- und quantitativer Analysemethoden lassen sich mithin durchaus verbinden. Der häufigste Typ empirischer Sozialforschung ist Typ I in Tabelle X.10. In der qualitativen Sozialforschung hingegen dominiert Typ IV. Die Weihnachtswünsche der Schulkinder aus Marienthal sind ein Beispiel für den Typ II.

Tabelle X.10: Kombination von Erhebungs- und Auswertungsmethode

		Erhebungsmethode	
		quantitativ	qualitativ
Auswertungsmethode	quantitativ	I	II
	qualitativ	(III)	IV

Anhänger qualitativer Methoden vertreten häufig die Auffassung, dass die besonderen Vorzüge und Stärken der qualitativen Methoden im Prozess der Datengewinnung liegen. Dann aber wäre doch auch zu überlegen, ob nicht im Gegenzug die Vorzüge quantitativer Techniken bei der Auswertung genutzt werden sollten. Im Unterschied zur Triangulation werden die einzelnen Methoden in diesem Fall nicht nur «additiv» kombiniert, sondern aufeinander bezogen. Dieser Weg könnte sicher häufiger mit Gewinn eingeschlagen werden.

Ohnehin haben sich heute die Frontstellungen zwischen «qualitativ» und «quantitativ» gelockert. So schreibt Mayring (2001: 112) am Schluss seines Lehrbuchs unter dem Abschnitt «Triangulation»:

> «Natürlich sind dabei auch Vergleiche qualitativer und quantitativer Analysen sinnvoll möglich. Und damit schließt sich der Kreis dieses Buches. Denn es ging zwar um die Stärkung qualitativen Denkens in humanwissenschaftlicher Forschung, aber wie die Schenkel eines Triangels zusammengeschweißt sind, so sind qualitative und quantitative Analyseschritte miteinander zu verbinden, sie sind aufeinander angewiesen, um einen reinen Klang hervorbringen zu können.»

Das klingt recht prosaisch, und zudem wird man nicht bei jeder Untersuchung mit methodischen Kombinationen aufwarten wollen oder müssen, aber der Tenor klingt doch recht gut. Damit schlägt die qualitative Forschung wieder eine Richtung ein, die bereits in den klassischen Arbeiten von Merton, Kendall und Lazarsfeld mit Nachdruck propagiert und vorexerziert wurde.

XI. Beobachtung

1. Beobachtung als Methode der Sozialforschung

In einem allgemeinen Sinn sind sämtliche empirische Methoden Beobachtungsverfahren. Durch Beobachtung ermitteln wir die Position des Zeigers eines Messgeräts oder die Stelle, an der die Ratingskala in einem schriftlichen Interview angekreuzt wurde. Ist von der Erhebungsmethode der Beobachtung in der Sozialforschung die Rede, so wird darunter jedoch spezifischer die direkte Beobachtung menschlicher Handlungen, sprachlicher Äußerungen, nonverbaler Reaktionen (Mimik, Gestik, Körpersprache) und anderer sozialer Merkmale (Kleidung, Symbole, Gebräuche, Wohnformen usw.) verstanden.

In Frühformen ethnologischer Studien (Reiseberichte, Studium der Sitten und Gebräuche fremder Kulturen) und zur Recherche literarischer und journalistischer Sozialreportagen wurde schon immer mit der Methode der Beobachtung gearbeitet. Von den sozialkritischen Arbeiten der «muck rakers» oder der Literatur eines Upton Sinclair, der seine Erfahrungen mit den Arbeits- und Hygieneverhältnissen an den Chicagoer Schlachthöfen zu dem aufrüttelnden Roman «Der Dschungel» verarbeitet hat[1], den Reportagen eines Egon Erwin Kisch bis hin zu Wallraffs (1991) «Industriereportagen» reicht diese Tradition «journalistischer Feldforschung».

Um nur zwei hervorragende Beispiele von Reportagen zu erwähnen, zwischen deren Entstehung mehr als zwei Generationen liegen, seien die Arbeiten von Egon Erwin

1 Sinclairs Roman, Vorlage für Bertolt Brechts Schauspiel «Die heilige Johanna der Schlachthöfe», hatte wohl eine ungleich größere politische Wirkung als manche sozialwissenschaftliche Studie. In dem Roman werden die unglaublichen Arbeitsbedingungen und die unhygienischen Zustände bei der Fleischverarbeitung angeprangert. Die politische Wirkung auf der Gesetzesebene war, dass zwar die Lebensmittel-, aber nicht die Arbeitsgesetze reformiert wurden. Upton Sinclair kommentierte das so: «Ich zielte auf das Herz der Amerikaner, aber ich traf ihren Bauch!»

Kisch («Der rasende Reporter», 2006, Erstausgabe 1925) und von Michael Holzach (1982, 1989) kurz skizziert. Kisch recherchierte per teilnehmende Beobachtung die Lebenssituation von Obdachlosen in London («Unter den Obdachlosen von Whitechapel»), verdingte sich als Hopfenpflücker in Böhmen, berichtete über die Fischer auf Rügen und aus jüdischen Ghettos («Geschichten aus sieben Ghettos»), um einige Beispiele zu nennen. Einfühlungsvermögen und gesellschaftskritisches Engagement kennzeichnen die Sozialporträts, die gleichwohl ein bestechend scharfes Bild fremder Milieus liefern. Dabei bediente sich Kisch verschiedener Methoden der «Feldforschung»; mal als passiver Beobachter, mal als teilnehmender oder verdeckt teilnehmender Beobachter und als Interviewer. Kisch arrangierte sogar «nichtreaktive Feldexperimente» (Kap. XIII), d. h., er beobachtete die Reaktionen auf gewisse soziale Manipulationen («Experiment mit einem hohen Trinkgeld»).

Michael Holzach hat neben einer Reihe von Reportagen («Klosterleben», «Betteln ist schwerer als Arbeiten», «Deutschland umsonst» u. a.) eine bemerkenswerte Studie über die Religionsgemeinschaft der Hutterer verfasst (Holzach 1982). Die Ansiedlungen der Hutterer befinden sich vorwiegend im Nordwesten der USA und in Kanada. Die Hutterer kennen, von einigen persönlichen Sachen abgesehen, kein Privateigentum, sind aber gleichwohl im landwirtschaftlichen Bereich hochproduktiv. In ihren Kolonien leben kaum mehr als hundert Personen nach der Devise «Small is beautiful». Wenn irgendwo der «Kommunismus» wirtschaftlich äußerst erfolgreich ist, dann bei den Hutterern. Da die Kolonien rasch wachsen – die Hutterer erlauben keine Empfängnisverhütung –, haben sie recht kluge Institutionen entwickelt, um die überschaubare Größe ihrer Gemeinschaft zu erhalten. Sobald eine Kolonie die kritische Grenze von etwa 120 Personen erreicht, erfolgt nach genauen, sehr durchdachten Regeln (eine Art quotiertes Losverfahren) eine ‹Zellteilung›, d. h. die Gründung einer Tochterkolonie. Holzach hat nun ein Jahr bei den Hutterern in Kanada verbracht. Als vorübergehendes Mitglied der Gemeinschaft hat er aufgezeichnet, was er per teilnehmende Beobachtung im «sozialen Feld» erfahren hat. Seine einfühlsame Studie, obgleich journalistisch inspiriert, steht in der Tradition ethnologischer Feldforschung: Holzach zeichnet ein anschauliches Bild der Lebensgewohnheiten, der Arbeit, der religiösen Zeremonien, aber auch gewisser Arten normabweichenden Verhaltens in der Hutterer-Kolonie.

Im wissenschaftlichen Kontext begegnen wir der Methode teilnehmender Beobachtung bereits in den Arbeiten von Le Play (Kapitel III), der ethnologischen Schule der Feldforschung von Bronislaw Malinowski und der «Chicago-Schule» der Soziologie in den 1920er Jahren (König 1973; Bulmer 1984; vgl. auch Kapitel III). Bekannte Arbeiten sind Trashers (1927) «The Gang» und im gleichen Geiste der Chicago-Tradition die spätere Studie von Whyte ([1st ed. 1943] 1993).

«Street Corner Society» heißt die zum Klassiker avancierte Studie von William Foot Whyte, der mit offen teilnehmender Feldbeobachtung (dazu weiter unten) die sozialen Aktivitäten von Bandenmitgliedern in einem italienischen Einwandererviertel Bostons in der Vorkriegszeit porträtierte. Das Viertel galt als Slum mit armer Bevölkerung und hoher Kriminalitätsrate. Whyte zog selbst in diesen Distrikt und befreundete sich mit «Doc», dem Anführer einer Bande. Die stark hierarchisch geprägte Gesellschaft war alles andere als desorganisiert. Ein striktes System ungeschriebener Normen von gegenseitigen Verpflichtungen und Solidarität regelte das Gruppenleben. Die Gegenüberstellung der «corner-boys» und der «college-boys» erhellt die Gründe für versperrte Aufstiegskanäle. Herrschte bei Ersteren eine gegenwartsorientierte, aber solidarische Konsum-Ökonomie, so war die Mentalität der «college-boys» durch Sparen und individuelle Zukunftsinvestitionen charakterisierbar. Von soziologischem, über die Beschreibung hinausgehenden Interesse sind auch die Regelmäßigkeiten des Statussystems der «corner-boys». Mehr oder minder trickreich wurde darauf geachtet, dass bei Freizeitaktivitäten wie «Bowling» die Rangordnung erhalten blieb, auch wenn rangniedere Gruppenmitglieder überlegene Talente in dieser Sportart unter Beweis stellen konnten. Whytes Beobachtungsstudie liefert aufschlussreiche und grundlegende Einsichten in die Mechanismen sozialer Interaktionen, Gruppennormen, der Aufrechterhaltung von Hierarchien und der sozialen und politischen Organisation in einem Viertel von diskriminierten Einwanderern.

Obwohl die Grenzen zwischen Sozialreportagen und wissenschaftlichen Beobachtungsstudien eher fließend sind, kann man doch zwei Kriterien zur Abgrenzung von Beobachtungsmethoden in der Sozialforschung benennen:

1. der Bezug auf Forschungshypothesen,
2. die stärkere Kontrolle und Systematik der Beobachtung.

Ist in explorativen Studien das Ziel die Generierung von Forschungshypothesen (1), so wird in hypothesenprüfenden Untersuchungen die Methode der Beobachtung zum Test vorab formulierter Hypothesen eingesetzt. Dies erfordert aber ein gewisses Ausmaß der Kontrolle (2). Denn nur zu leicht besteht die Gefahr selektiver Verzerrung im Licht der Forschungshypothese. Wahrgenommen werden dann vorrangig Erscheinungen, die die Hypothese bestätigen (vgl. die Beispiele in Kapitel II). Weiterhin können beobachtete Handlungen häufig unterschiedlich interpretiert werden. Besonders in fremden Kulturen oder in für den Beobachter fremden Sozialmilieus kann eine Handlung oder ein Symbol eine andere Bedeutung haben als im Kulturkreis des Beobachters. Ist z. B. ein

Schlag auf die Schulter eine freundlich-kumpelhafte Begrüßung oder eine aggressive Geste? Der Beobachter muss die Bedeutung von Handlungen, Gesten, Symbolen und anderen sozialen Merkmalen erst erlernen. In fremden Sozialmilieus, und dazu zählen nicht nur Malinowskis Südsee-Trobriander oder Margaret Meads Samoaner, sondern auch eine Straßengang, ein Club von Industriekapitänen oder eine religiöse Sekte, müssen die gewohnten Interpretationsschemata immer wieder geprüft und eventuell korrigiert werden. Es sind also insbesondere zwei Probleme, denen systematische Beobachtungstechniken Rechnung tragen müssen:

1. das Problem der Verzerrung durch selektive Wahrnehmung,
2. das Problem der (Fehl-)Interpretation des beobachteten sozialen Geschehens.

Die Schulung von Beobachtern, der Einsatz mehrerer Beobachter, die Verwendung von Leitfäden oder eines strukturierten Beobachtungsschemas sowie Tests der Reliabilität und Validität der Beobachtungen sind Möglichkeiten, um dem Problem der Wahrnehmungsverzerrung und dem Problem selektiver Fehlinterpretationen entgegenzuwirken. Die Spannbreite der Beobachtungstechniken reicht dabei von wenig oder teilweise strukturierten Methoden der Feldforschung in natürlichen sozialen Situationen bis hin zur hochstrukturierten Beobachtung im Labor. In der qualitativen Sozialforschung wird die teilnehmende Beobachtung in natürlichen sozialen Situationen unter Verwendung allenfalls eines Beobachtungsleitfadens favorisiert. Häufig empfehlen sich aber auch Kombinationen wie die unstrukturierte Beobachtung in einer explorativen Phase der Hypothesengewinnung und stärker strukturierte Techniken in der Phase der Hypothesenüberprüfung.

Im Folgenden betrachten wir zwei klassische Studien. Die bereits mehrfach erwähnte Marienthal-Studie weist Züge des Musters «ethnologischer» Feldforschung auf. Allerdings wurden neben der offen teilnehmenden Beobachtung noch andere Methoden zur Datengewinnung eingesetzt. Die Methodenvielfalt bietet den Vorteil einer «Kreuzvalidierung» der Ergebnisse. In der zweiten Studie von Festinger, Riecken und Schachter (1964) wird eine Hypothese zur Reaktion von Sektenmitgliedern auf den Fehlschlag einer Prophezeiung überprüft. In dieser Studie wird mit der Methode verdeckt teilnehmender Beobachtung gearbeitet.

2. Die Arbeitslosen von Marienthal

In der Marienthal-Studie wurden die Daten nicht nur durch Beobachtung erhoben. Es erscheint zweckmäßig, zunächst den Hintergrund, die Forschungsfragen und das Insgesamt der angewandten Methoden zu skizzieren. Sodann konzentrieren wir uns auf den Beobachtungsteil der Studie.

Als Paul F. Lazarsfeld nach der Weltwirtschaftskrise Anfang der 1930er Jahre dem österreichischen Sozialistenführer Otto Bauer seinen Plan vortrug, das Freizeitverhalten von Arbeitern zu untersuchen, soll dieser aus allen Wolken gefallen sein. «Warum Freizeit, wenn das dringendste Problem die Arbeitslosigkeit ist?», lautete sinngemäß sein Kommentar. So inspirierte Otto Bauer eine empirische Studie über die subjektive Bewältigung der Arbeitslosigkeit, die bald zu einem «Klassiker» wurde und mehr als sechs Jahrzehnte später, wenn auch unter veränderten Rahmenbedingungen, nicht an Aktualität eingebüßt hat.

Das Forschungsteam von Marie Jahoda, Paul F. Lazarsfeld und Hans Zeisel von der Wiener «Wirtschaftspsychologischen Forschungsstelle» (Kapitel III) richtete seine Aufmerksamkeit auf den kleinen Ort Marienthal in Niederösterreich östlich von Wien, der besonders hart von Massenarbeitslosigkeit betroffen war. Fast der gesamte Ort lebte von der Beschäftigung in einer Textilfabrik, die infolge der schlechten wirtschaftlichen Lage 1930 ihre Pforten schließen musste. Zum Zeitpunkt des Beginns der Untersuchung im Dezember 1931 waren in Marienthal insgesamt 478 Familien ansässig. Von diesen hatte in 367 Familien kein Familienmitglied einen regulären Arbeitsplatz. Die meisten Familien lebten von der Arbeitslosenunterstützung oder «Notstandshilfe», die in der damaligen Zeit kaum für das Notwendigste ausreichte. So sah, kurz beschrieben, die soziale Lage in Marienthal aus, bevor das Team um Lazarsfeld die Feldforschung aufnahm.

Jahoda, Lazarsfeld und Zeisel ([1. Aufl., 1933] 1960) beschränkten sich nicht etwa nur auf eine Fragebogenstudie der Bevölkerung. Sie setzten eine Vielzahl unterschiedlicher Methoden ein, um die Folgen der Arbeitslosigkeit differenziert und durch alternative Methoden abgesichert zu erfassen. Die Forschung galt durchaus konkreten, vorab formulierten Zielen. Man ging also nicht mit vagen Vorstellungen ins Feld, ohne zu wissen, auf welche Phänomene die Beobachtung ausgerichtet werden sollte. Die Forschungsziele wurden als Fragen, als offene Hypothesen formuliert. Einige der (21) «Hauptfragen» lauteten (8 f.):

«Was war die erste Reaktion auf die Arbeitslosigkeit?
Was hat der Einzelne getan, um Arbeit zu finden?
Welche Pläne haben die Leute noch? Unterschiede zwischen Erwachsenen und Jugendlichen?
Wirkungen (der Arbeitslosigkeit) auf die Schulleistungen der Kinder? Wirkungen auf die Kriminalität?
Haben die politischen Gegensätze sich verschärft oder vermindert? Welche Veränderungen hat die Zeitbewertung durchgemacht?
Wie haben sich die Beziehungen der Einwohner zueinander geändert, Hilfsbereitschaft oder Kampf?»

Diese und die weiteren Untersuchungsthemen wurden auf dem Hintergrund einer allgemeinen Problemstellung formuliert. Umstritten, insbesondere in den politischen Debatten der Sozialdemokratie, war nämlich die zentrale Frage, ob Arbeitslosigkeit als Massenschicksal eher eine Radikalisierung oder eine größere Apathie der betroffenen Arbeitslosen zur Konsequenz hätte. Man könnte auch sagen, Jahoda et al. planten, einem «experimentum crucis» ähnlich, eine empirische Untersuchung zur Diskriminierung zwischen zwei widersprüchlichen Hypothesen: (1) Massenarbeitslosigkeit führt zu einer Radikalisierung der Arbeiter, (2) Massenarbeitslosigkeit führt zu Resignation und Apathie bei Arbeitslosen.

Die subjektive Bewältigung der Arbeitslosigkeit, dies ist ja die abhängige Variable, sollte mit dem Multi-Methoden-Mix differenziert erfasst werden. Jahoda et al. (4 ff.) geben einleitend eine Übersicht zu den Erhebungstätigkeiten:

Statistische Daten: Bevölkerungsstatistik, Geschäftsbücher des Konsumvereins, Abonnements von Zeitungen, Ausleihziffern der Bibliothek, Mitgliederzahlen der Vereine, Wahlergebnisse, Anzeigen und Beschwerden (= nichtreaktive «Verhaltensspuren», vgl. Kapitel XIII).
Lebensgeschichten: Protokolliert wurden ausführliche Lebensgeschichten von 30 Frauen und 32 Männern (= qualitative Interviews).

Zeitverwendungsbogen: 80 Personen füllten einen Fragebogen mit einem Stundenplan über ihre Tätigkeit während eines Tages aus (= quantitative Zeitbudgeterhebung).
Schulaufsätze und Preisausschreiben bei Kindern und Jugendlichen zu den Themen: «Mein Lieblingswunsch», «Was will ich werden», «Was ich mir zu Weihnachten wünsche» und «Wie stelle ich mir meine Zukunft vor?» (= Inhaltsanalyse, Kapitel XII).
Inventare der Mahlzeiten: Eine Woche lang wurde von 41 Familien eine genaue Aufzeichnung der Mahlzeiten vorgenommen. Erhoben wurden zudem die Umsätze beim Wirt, Friseur, Fleischhauer, Schuhmacher usw. (= quantitative Konsumforschung).
Protokolle über Beobachtungen in öffentlichen Lokalen, politischen Versammlungen und bei den von der Forschungsgruppe organisierten Aktionen und Kursen (= qualitative Beobachtung).
Hausbesuche bei etwa 100 Familien im Rahmen einer Kleideraktion. Beobachtung der Familien- und Wohnverhältnisse (= qualitative Beobachtung).
Gehgeschwindigkeit der Marienthaler, verdeckt ermittelt durch Zeitmessung mit der Uhr. Beobachtung der Häufigkeit des Stehenbleibens von Fußgängern (= quantitative Beobachtung).
Weiterhin wurden *historische Materialien* zur Geschichte des Orts und der Fabrik aufgearbeitet.

In der Untersuchung nahmen die Marienthaler nicht nur den Platz von «Forschungsobjekten» ein. Jeder Mitarbeiter sollte sich «durch irgendeine, auch für die Bevölkerung nützliche Funktion in das Gesamtleben» einfügen (5). So wurden eine kostenlose ärztliche Sprechstunde, eine Erziehungsberatung, ein Schnittzeichenkurs und ein Mädchenturnkurs organisiert. In Wien führte die Forschungsgruppe eine Kleidersammlung durch. Die Kleideraktion kam hundert besonders bedürftigen Marienthaler Familien zugute. Gleichzeitig dienten die für die Marienthaler durchaus nützlichen Aktionen der Sammlung von Forschungsdaten.

Im Rahmen der Kleideraktion konnten einige Merkmale der Wohn- und Familienverhältnisse beobachtet werden. Es wurden 100 Familien besucht, um nach den Wünschen für die bevorstehende Verteilung der Spenden zu fragen. Im nachträglich angefertigten Beobachtungsprotokoll wurden hauptsächlich zwei Aspekte festgehalten: der Zustand der Wohnung (Größe, Sauberkeit, Ordnung) und die Kleidung der Familienmitglieder, insbesondere der Kinder. Mit der Kleideraktion konnten die Forscher eine soziale Rolle übernehmen, die den Zugang zum Beobachtungsfeld legitimierte, ohne Argwohn zu erregen. Die Beobachtungstechnik lässt sich durch folgende Merkmale charakterisieren:

- Die Beobachtung erfolgt in einer natürlichen Situation (Feldbeobachtung).
- Der Sozialforscher nimmt an den Interaktionen in der sozialen Situation teil (teilnehmende Beobachtung).
- Die Übernahme einer in der sozialen Situation akzeptierten Rolle ermöglicht den Zugang zum sozialen Feld.
- Die Beobachtungsergebnisse werden, wie bei der teilnehmenden Beobachtung meist üblich, nachträglich protokolliert.

Die Protokollierung im Anschluss an die Beobachtung kann allerdings zu einer zusätzlichen Verzerrung durch Erinnerungsfehler führen. Im vorliegenden Fall war die Gefahr aber wohl gering, da sich die Beobachtung nur auf wenige Gesichtspunkte konzentrierte.

Die folgenden Protokolle von zwei Familien mit unterschiedlicher Haushaltsführung geben ein anschauliches Bild (47 ff.):

Familie 366: «Die Wohnung – ein kleines Zimmer, eine große Wohnküche – ist nett gehalten. Trotz dem großen Platzmangel liegt nirgends etwas herum. Die Kinder sind sauber und gepflegt, die Frau erzählt, dass sie ihnen alle Sachen selbst flickt und richtet. Trotzdem wird die Kleiderknappheit schon sehr arg. Frau wünscht sich bei der Kleideraktion einen Kindermantel für ihren vierzehnjährigen Sohn.»

Familie 363: «Die Wohnung – Zimmer, Küche, Vorraum in einer Baracke – ist in furchtbarem Zustand. Sehr schmutzig und unaufgeräumt. Die Kinder und die Erwachsenen haben nichts zum Anziehen. Frau und Kinder sehr schmutzig, die Wirtschaft macht einen verlotterten Eindruck. Es liegen sehr viele bereits unverwendbare Kleidungsstücke herum. Frau beklagt sich, dass ihr Mann nirgends hilft und ihr nur zur Last ist. Bei der Kleideraktion möchte sie nur irgendetwas Warmes, egal für wen.

Anhand der Hausbesuchsprotokolle sowie weiterer Beobachtungen und Gespräche wurde sodann eine Typologie der Familien konstruiert. Dazu wurden nach Sichtung des Materials vier Indikatoren ausgewählt (54 ff.). Die Vorgehensweise zur Bildung der Familientypen lässt sich in Form einer Tabelle rekonstruieren (Tabelle XI.1).

Tabelle XI.1: Rekonstruktion der Typologie arbeitsloser Familien in der Marienthal-Studie

	Familientypen			
Indikatoren	**ungebrochen**	**resigniert**	**verzweifelt**	**apathisch**
Keine Zukunftspläne	–	+	+	+
Verzweifelt	–	–	+	–
Apathisch	–	–	–	+
Keine ordentliche Haushaltsführung	–	–	–	+

Familien, die noch Zukunftspläne entwickeln, aktiv nach Arbeit suchen und eine geregelte Haushaltsführung aufweisen, fallen in die Kategorie *ungebrochen.* Die Bezeichnung *resigniert* wurde für Familien gewählt, die keinerlei Zukunftsorientierung mehr haben, wohl aber noch ein «Gefühl relativen Wohlbefindens» und eine ordentliche Haushaltsführung erkennen lassen. Gesellen sich zum fehlenden Bezug zur Zukunft noch Depression und Hoffnungslosigkeit, so sprechen Jahoda et al. von *verzweifelten* Familien. Als *apathisch* schließlich gelten Familien, die keinerlei Aktivitäten entwickeln, nicht einmal mehr Anzeichen der Verzweiflung aufweisen und auch die Haushaltsführung und die Kinder vernachlässigen. Bei dieser Gruppe ist auch der letzte Stützpfeiler einer geregelten Lebensführung weggebrochen.

Diese u.a. anhand des Beobachtungsmaterials erstellte Typologie erweist sich auch in Bezug auf das Außenkriterium «Einkommen» als valide. Tabelle XI.2 zeigt die Verteilung der 100 Familien auf die vier Kategorien und die monatlichen Durchschnittseinkommen pro Verbrauchseinheit (umgerechnet auf die Haushaltsgröße) in österreichischen Schillingen.

Tabelle XI.2: Einkommen nach Familientyp

Familientyp	%-Anteil	Einkommen
ungebrochen	16	34
resigniert	48	30
verzweifelt	11	25
apathisch	25	19

Jahoda et al. (1960), S. 58 und S. 83. Die Verteilung bezieht sich auf die bedürftigen 100 Familien. Bezogen auf alle untersuchten Familien ist die Verteilung: ungebrochen: 23 %, resigniert: 69 %, verzweifelt und apathisch: 8 %.

Jahoda et al. werten das qualitativ erhobene Beobachtungsmaterial in drei Schritten aus:

1. Erarbeitung von Kriterien (Indikatoren), deren Kombinationen «typisch» für Teilgruppen der untersuchten Fälle sind.
2. Konstruktion einer Typologie und Ermittlung der Verteilung der Fälle auf die Kategorien.
3. Validierung der Typologie und Prüfung der Erklärungskraft anhand von Außenkriterien.

Die Typologie weist zudem einen dynamischen Aspekt auf. Mit zunehmender Dauer der Arbeitslosigkeit werden anfangs ungebrochene Familien auf der Stufenleiter der einzelnen Phasen absteigen, um eventuell das Stadium der Apathie zu erreichen. «Immer haben wir verschiedene Haltungstypen unterschieden: Eine aktivere, zuversichtlichere als die charakteristische Gruppe der Resignierten, zwei andere darüber hinaus gebrochen und hoffnungslos. Aber jetzt zum Schluss haben wir erkannt, dass hier vermutlich nur verschiedene Stadien eines psychischen Hinabgleitens vorliegen (…).» (89)

Ein weiteres Thema war der Umgang mit der Zeit. Die Beobachter wählten einen versteckten Platz, von dem die Ortsstraße auf etwa 300 Meter gut zu überblicken war. Registriert wurde, wie häufig die Frauen und Männer auf ihrem Weg stehen bleiben. Darüber hinaus wurde die Gehgeschwindigkeit gemessen. Die Resultate sind Tabelle XI.3 zu entnehmen.

Tabelle XI.3: Häufigkeit des Stehenbleibens und Gehgeschwindigkeit in Marienthal

Häufigkeit des Stehenbleibens	Männer	Frauen
	Anzahl (N = 100)	
3	39	3
2	7	2
1	16	15
0	6	12
Gehgeschwindigkeit km / h	**Anzahl (N = 50)**	
5	7	10
4	8	3
3	18	4

Jahoda et al. (1960: 69)

In diesem Fall wurden per Beobachtung direkt quantitative Daten, die Ausprägungen der Variablen «Häufigkeit des Stehenbleibens» und «Gehgeschwindigkeit» (bzw. die Gehzeit) erhoben. Beide Merkmale sind Indikatoren der Zeitverwendung. Die Beobachtungsmethode ist durch die Merkmale nichtteilnehmend, verdeckt und nichtreaktiv (Kapitel XIII) charakterisierbar. Die Ergebnisse zeigen markante Unterschiede zwischen Frauen und Männern. Die Männer bleiben deutlich häufiger stehen und sind weitaus weniger eilig als die Frauen. Diese Beobachtung regte die Formulierung vom «doppelten Zeitverlauf» in Marienthal an. In den Worten von Jahoda et al. (69):

> «Doppelt verläuft die Zeit in Marienthal, anders den Frauen und anders den Männern. Für die Letzteren hat die Stundeneinteilung längst ihren Sinn verloren. Aufstehen – Mittagessen – Schlafengehen sind die Orientierungspunkte im Tag, die übrig geblieben sind. Zwischendurch vergeht die Zeit, ohne dass man recht weiß, was geschehen ist.»

Die Zeitstruktur ist mit der Arbeit gekoppelt, bei den Frauen mit der Hausarbeit, bei den Männern mit der Fabrikarbeit. Vom Verlust der Zeitstruktur sind daher besonders die Männer betroffen.

Andere, mit alternativen Methoden gewonnene Daten sichern die Ergebnisse ab. Resultate in der gleichen Richtung liefert die Auswertung der Zeitverwendungsbogen («Zeitbudgetstudie»). Das Bild von der «müden Gemeinschaft» wird zudem durch die statistischen Daten zum Vereinsleben bekräftigt. Zurückgegangen ist der Mitgliederbestand fast sämtlicher Vereine, ausgenommen der katholische Verein «Frohe Kindheit» und bezeichnenderweise der sozialdemokratische Feuerbestattungsverein «Die Flamme». Letzterer erzielte zwischen 1927 und 1931 einen Zuwachs von 19 % (43). Auf die Hälfte gesunken ist – im Zeitraum 1929 bis 1931 – die Zahl der Entlehnungen in der Marienthaler Arbeiterbibliothek. Auch dies ist ein Paradoxon der Zeit, stünde den Arbeitslosen theoretisch doch mehr Zeit zum Lesen als während der aktiven Beschäftigung zur Verfügung.

Mit den qualitativen und quantitativen Methoden konnten in der Marienthal-Studie getreu einer Devise der Wiener Entwicklungspsychologin Charlotte Bühler «komplexe Erlebnisweisen» empirisch erfasst werden (Lazarsfeld 1960). Im 1960 geschriebenen, sehr instruktiven Vorwort zur zweiten Auflage der Untersuchung erwähnt Lazarsfeld auch, dass man heute verfeinerte Messmethoden verwenden würde: «Heute würde man eine Einstellung wie ‹Hoffnungslosigkeit› viel genauer erfassen, als wir es getan haben, und zu verfeinerten Resultaten kommen» (Lazarsfeld 1960). Im vorliegenden Fall sind die Resultate aber so eindeutig, dass sich höchstwahrscheinlich auch mit verfeinerten Methoden keine wesentlich anderen Ergebnisse ergeben hätten.

Über die Daten hinausgehend hat die Marienthal-Studie die Formulierung einiger Hypothesen über die Auswirkungen der Arbeitslosigkeit als kollektives Schicksal angeregt. Lazarsfeld (1960) spricht von *generalisierenden Leitformeln* wie «müde Gemeinschaft», «Schrumpfung des psychologischen Lebensraums» und «Zusammenbruch der Zeitstruktur». Im Zusammenhang mit der Diskussion zwischen Soziographie und Geschichte wagt er auch eine historische Anmerkung: «Die Apathie-Wirkung der totalen Arbeitslosigkeit hilft rückblickend zu verstehen, warum die Führer-Ideologie des heraufziehenden Nationalsozialismus so erfolgreich war.» Ähnlich äußert sich Marie Jahoda in einem Interview mit dem österreichischen Fernsehen: «Das wichtigste Ergebnis der Marienthaler Untersuchung war: Arbeitslosigkeit bewirkt Resignation und Apathie und nicht den Willen, die Welt und die ökonomische und soziale Ordnung radikal umzugestalten. Diese konkrete Antwort auf die politische Frage, die in der Sozialdemokratie sehr umstritten war, war eines der wichtigsten Ergebnisse der Untersuchung» (Jahoda 1983).[2]

2 Siehe auch zum Hintergrund der Marienthal-Studie das außerordentlich lesenswerte Gespräch mit Marie Jahoda in Greffrath (1979).

Beruhten die Befunde der Untersuchung nur auf einer Fragebogenerhebung oder der Beobachtung der Haushaltsführung und des Umgangs mit der Zeit, so hätte man gewiss auch einige aufschlussreiche Resultate erzielt. Die Wirkung von «Marienthal» vervielfachte sich aber durch die gleichlautenden Ergebnisse der Auswertung unterschiedlicher und vor dem Hintergrund des damaligen Kenntnisstandes äußerst kreativer Methoden. Was als «cross validation» oder «Triangulation» bezeichnet wird, wurde mit der Marienthal-Studie mustergültig vorexerziert.

3. Wenn Prophezeiungen fehlschlagen

Was passiert, wenn gläubige Mitglieder einer Sekte ihr Leben nach einer Prophezeiung ausrichten? Wie werden sie sich verhalten, nachdem sich die Prophezeiung als falsch herausgestellt hat? Festinger, Riecken und Schachter (1964; zuerst 1956) haben zu diesem Problemkreis einige Hypothesen aus der Theorie kognitiver Dissonanz (Kapitel III) abgeleitet. Die Hypothesen wurden am Verhalten der Mitglieder einer UFO-Sekte überprüft. Mitarbeiter des Untersuchungsteams hatten sich zu diesem Zweck in die Sekte eingeschmuggelt und verdeckt teilnehmend die Aktivitäten der Sektenmitglieder beobachtet.

Wahrscheinlich wird man auf den ersten Blick vermuten, dass sich eine Sekte, die sich ausschließlich auf eine Prophezeiung konzentriert, auflösen wird, wenn die Prophezeiung nicht eintrifft. So lautete aber nicht die Prognose des Teams um Festinger. Gemäß Festingers Theorie erzeugt der Fehlschlag einer Prophezeiung kognitive Dissonanz. Die beiden kognitiven Elemente «Glaube an die Prophezeiung» und «Wahrnehmung der Realität», d. h. des Nichteintreffens der Vorhersage, stehen in einem Spannungsverhältnis. Die Dissonanz kann nun reduziert werden, indem (1) entweder der Glaube aufgegeben oder (2) der Glaube so uminterpretiert wird, dass der Fehlschlag der Prophezeiung subjektiv plausibel erscheint. Die Methode (2) der Dissonanzreduktion wird dann ergriffen, wenn andere Gläubige die Uminterpretation teilen, wenn die

Interpretationen soziale Unterstützung («social support») erhalten. In diesem Fall ist auch eine rege Missionstätigkeit zu erwarten, um das Ausmaß sozialer Unterstützung zu verstärken. Diese Hypothesen sind im Übrigen nicht nur auf Prophezeiungen von Sekten, sondern generell auf Ideologien und eventuell auch auf wissenschaftliche ‹Prophezeiungen› anwendbar. Auch hier wird ja nach dem Scheitern einer theoretisch abgeleiteten Vorhersage nicht selten der Weg der Ad-hoc-Immunisierungsstrategie eingeschlagen (vgl. Kapitel IV).

Wohlgemerkt wurden die Hypothesen ex ante, vor Beginn der Untersuchung, formuliert. Eine zentrale, keineswegs offensichtliche Folgerung aus der Dissonanztheorie lautete: Unter der Bedingung, dass die Sektenmitglieder nicht isoliert sind (d. h. die Möglichkeit sozialer Unterstützung gegeben ist), wird eine Missionstätigkeit nicht vor, sondern erst nach dem Scheitern der Prophezeiung entwickelt.

Aus einer Lokalzeitung, dem «Lake City Herald», erfuhren Festinger und Mitarbeiter von einer UFO-Sekte. Mrs Keech, eine Hausfrau mit okkulten Talenten, prophezeite in der Oktober-Ausgabe für den 21. Dezember des gleichen Jahrs den Weltuntergang durch eine große Sintflut. Sie erhielt nach ihren Aussagen Botschaften von höheren Wesen auf dem Planeten «Clarion». Mrs Keech war der spiritistische Mittelpunkt einer Sekte in Lake City, deren Mitglieder ihre Überzeugungen teilten und sich gemeinsam auf den bevorstehenden Weltuntergang vorbereiteten. Die Gläubigen nämlich sollten in der Stunde der Entscheidung von einem UFO gerettet werden.

Aufmerksam geworden auf die UFO-Sekte, gelang es nun den Mitarbeitern des Festinger-Teams, sich Zutritt zu dem Kreis um Mrs Keech zu verschaffen. Etwa 200 Meilen entfernt von Lake City operierte eine Filiale der Sekte unter Leitung eines Arztes und früheren Missionars in Ägypten. Dieser Dr. Armstrong in «Collegeville» hatte eine Gruppe von Studenten («The Seekers») um sich geschart. Während die Gruppe in Lake City einen dichten Zusammenhalt aufwies – mehrere Sektenmitglieder hatten ihre Jobs quittiert und lebten mit Mrs Keech in einem Haus –, waren die Mitglieder in Collegeville stärker voneinander isoliert. Mitarbeitern des Festinger-Teams gelang es, auch an den Meetings der Armstrong-Gruppe als verdeckte Beobachter teilzunehmen.

Die methodischen Probleme werden von Festinger et al. detailliert beschrieben. Im Wesentlichen sind es drei Probleme, die häufig bei Untersuchungen mit verdeckt teilnehmender Beobachtung auftreten:

1. der Zugang zum sozialen Feld,

2. das Problem der Beeinflussung des sozialen Geschehens durch den Beobachter,

3. die Protokollierung der Beobachtungen.

Hinzuzufügen ist nicht zuletzt das forschungsethische Problem der Ausspähung einer Gruppe gegen den Willen der beteiligten Mitglieder.

Der Zugang zur Gruppe wurde durch präparierte Geschichten über okkulte Erlebnisse erleichtert. Die Sekte war nämlich zunächst fremden Interessenten gegenüber ziemlich reserviert. Schwieriger gestaltete sich die Umsetzung der Beobachteranweisung, nach der die Beobachter sich eher passiv, nichtdirektiv und als einfühlsame Zuhörer zu verhalten hätten. Um nicht aufzufallen, mussten die Beobachter sich jedoch an den Aktivitäten beteiligen. Damit die Beobachtungen nicht in Richtung auf die zu prüfende Hypothese verzerrt wurden, sollten die Beobachter aber zumindest keinen Einfluss auf die abhängige Variable «Missionstätigkeit» ausüben («…, at no time did we exercise any influence whatsoever on proselyting activity», 243). Schließlich mussten die Beobachtungen protokolliert werden, was natürlich nicht während der stundenlangen «meetings» möglich war. Zu diesem Zweck verschwanden die Beobachter gelegentlich im Bad oder auf die Toilette, um dort Notizen anzufertigen.

Die Beobachtungen ergaben tatsächlich ein eindeutiges Bild im Sinne der Prognosen des Festinger-Teams. Vor dem 21. Dezember agierte die Sekte reserviert gegenüber der Öffentlichkeit. Das änderte sich schlagartig nach dem Ausbleiben der erwarteten Sintflut. Mrs Keech rechtfertigte nach spiritistischen Kontakten mit der Superintelligenz auf dem Planeten «Clarion» in der spannungsgeladenen Nacht zum 22. Dezember den Fehlschlag ihrer Prophezeiung. Sozusagen im Sinne einer «self-killing prophecy» hätte der feste Glaube der Sektenmitglieder die drohende Katastrophe noch einmal abgewendet. Unmittelbar danach entwickelte die Gruppe eine hektische Missionstätigkeit. Dies galt aber nicht für die isolierten Sektenangehörigen in Collegeville. Ganz im Gegensatz zur Lake-City-Gruppe kündigten die Mitglieder in Collegeville die Gefolgschaft auf oder zeigten zumindest erhebliche Skepsis gegenüber den Botschaften der Außerirdischen. Mit der Ausnahme einer Person wurde auch kein missionarischer Eifer entwickelt. Insgesamt eine glänzende Bestätigung der «dissonanztheoretischen Prophezeiungen» Festingers.

Die klassische Studie von Festinger, Riecken und Schachter ist auch deshalb bemerkenswert, weil hier ganz im Sinne des deduktiv-hypothetischen Wissenschaftsverständnisses eine präzise Hypothese vor der Erhebung formuliert und anhand des mit qualitativen Methoden gewonnenen Datenmaterials überprüft wurde. Ob allerdings das Resultat einer brillanten, wissenschaftlich aufschlussreichen Studie die Spionagetätigkeit der «Undercover-Agenten» des Festinger-Teams forschungsethisch rechtfertigt, sei hier offengelassen.

4. Verschiedene Arten der Beobachtungstechnik und ihre Probleme

In der Marienthal-Studie wurde in erster Linie die Methode offen teilnehmender, ergänzend aber auch die Methode verdeckt nichtteilnehmender Beobachtung eingesetzt. In der Sektenstudie von Festinger et al. dagegen wurden die Daten durch verdeckt teilnehmende Beobachtung gewonnen. Eine offen teilnehmende Beobachtung, bei der den untersuchten Personen die Anwesenheit eines Forschers bewusst ist, wäre in diesem Fall auch kaum möglich gewesen. Die Resultate beider Untersuchungen basieren auf Feldbeobachtungen in einer natürlichen sozialen Umgebung.

Weiterhin war in beiden Studien die teilnehmende Beobachtung «qualitativ», d. h., es wurde kein strukturiertes Beobachtungsschema eingesetzt. Und schließlich handelte es sich um die Beobachtung fremden und nicht des eigenen Verhaltens. Wir können jetzt nach diesen Kriterien die einzelnen Beobachtungsverfahren etwas genauer systematisieren:

1. Teilnehmende versus nicht teilnehmende Beobachtung.
2. Offene versus verdeckte Beobachtung.
3. Feldbeobachtung versus Beobachtung im Labor.
4. Unstrukturierte versus strukturierte Beobachtung.
5. Fremdbeobachtung versus Selbstbeobachtung.

Welche Methode eingesetzt wird, hängt wesentlich vom Untersuchungsgegenstand und von den Untersuchungszielen ab. So bietet sich die *teilnehmende Beobachtung* nur dann an, wenn der Beobachter eine definierte Rolle im sozialen Feld übernehmen kann. In fremden Kulturen mag dies auch nur die Rolle des (eventuell) willkommenen Besuchers sein. König (1973) spricht in diesem Fall von *passiver* teilnehmender Beobachtung. *Aktiv* wäre die teilnehmende Beobachtung dann, wenn der Beobachter eine Alltagsrolle im sozialen Feld übernimmt, z. B. die Rolle des Erziehers bei der Beobachtung sozialer Interaktionen in einer Jugendgruppe. Mitunter ist die Beobachterrolle selbst eine institutionalisierte Rolle im sozialen Feld, etwa die Rolle des hospitierenden Lehramtskandidaten in einer Schulklasse. In einem Ethnologen-Witz heißt es: «Wie sieht die typische Eskimo-Familie aus? Antwort: Vater Eskimo, Mutter Eskimo, ein Eskimokind und ein Anthropologe.» Der Beobachter gilt hier schon als Teil der Familie. Auf der anderen Seite kann aber auch die aktive Teilnahme in einer vertraut gewordenen Kultur und die Identifikation mit der Lebensweise der Einheimischen den Blick trüben. In der Ethnologie wird diese Gefahr als Problem des «going native» beschrieben. Denn oftmals profitiert die Feldbeobachtung von der Fremdheit des Beobachters, dem bestimmte soziale Muster und Verhaltensweisen erst aus der Distanz heraus als (merkwürdig) und erklärungsbedürftig auffallen.

Weiterhin kann die Teilnahme selbst das beobachtete soziale Geschehen beeinflussen. Vor diesem Problem standen Festinger, Riecken und Schachter in ihrer Sekten-Studie. Durch Instruktionen an die Beobachter konnte in diesem Fall aber zumindest die Gefahr gebannt werden, dass die Beobachtungen durch die aktive Teilnahme der Forscher in Richtung auf eine Bestätigung der zu prüfenden Hypothese verzerrt wurden.

Die *nichtteilnehmende Beobachtung* weist den Vorzug auf, dass der Beobachter nicht gleichzeitig zwei Dinge tun muss: im Feld interagieren und sich gleichzeitig auf die Beobachtung des sozialen Geschehens zu konzentrieren. Er kann dabei seine Beobachtungen direkt protokollieren, sei es als frei formulierte Notizen oder mittels eines strukturierten Beobachtungsschemas.

Die teilnehmende wie die nichtteilnehmende Beobachtung kann offen oder verdeckt erfolgen. *Verdeckt teilnehmende Beobachtung* heißt, dass sich der Beobachter gegenüber seinen Interaktionspartnern nicht als solcher zu erkennen gibt. Bei der *verdeckt nichtteilnehmenden Beobachtung* wird der Forscher in der Regel bestrebt sein, von den untersuchten Personen unbemerkt zu bleiben. Wenn man so will, ist Erstere die «Spionagemethode mit Undercover-Agenten», Letztere die «Schlüssellochmethode». Sofern die verdeckte Beobachtung überhaupt in Frage kommt und forschungsethisch vertretbar ist, weist sie einen bedeutenden Vorzug auf: Die verdeckte Beobachtung ist nichtreaktiv. Die untersuchten Personen werden ihr Verhalten nicht deshalb abändern, um z. B. in einem günstigeren Licht zu erscheinen. Unkontrollierte Einflüsse auf das soziale Geschehen kann aber auch ein verdeckt teilnehmender Beobachter ausüben – ein Problem, das ja auch in der Sekten-Studie von Festinger et al. auftrat. Nur bei der verdeckt nichtteilnehmenden Beobachtung ist garantiert, dass die Beobachtung in dem Sinn völlig neutral ist, dass das soziale Geschehen durch den Beobachtungsvorgang unbeeinflusst bleibt.

Einige Sozialforscher haben die verdeckte Beobachtung generell als unethisch verurteilt. Diese Verbotsgrenze scheint mir zu weit gezogen. Auch im investigativen Journalismus wird häufig von der verdeckt teilnehmenden Beobachtung Gebrauch gemacht. Wenn den beobachteten Personen nicht um der Sensation willen Schaden zugefügt wird, sondern auf diese Weise soziale und politische Affären enthüllt werden (z. B. die Korruption in einer Stadtverwaltung, totalitäre Tendenzen in einer politischen Gruppierung oder einer Psycho-Sekte usw.), kann die verdeckte Beobachtung legitim sein. Die Güterabwägung zwischen dem Schutz der Intimsphäre und dem öffentlichen Interesse muss man dabei im Einzelfall vornehmen. Um ein bekanntes Beispiel zu erwähnen: Wallraffs «Industriereportagen» (1991) oder seine verdeckt teilnehmende Beobachtung in der Redaktion der «Bild»-Zeitung («Der Mann, der bei Bild Hans Esser war», 1977) würde ich nicht als Verstoß gegen die journalistische Ethik ansehen.

Darüber hinaus muss man sehen, dass sich die Methode verdeckter Beobachtung in der Sozialforschung häufig auf recht harmlose Alltagssituationen bezieht. Um die Bedürfnisse der Psychologen zu befriedigen, wurde praktischerweise in der Kinderkrippe der Universität Bern ein Einwegspiegel eingebaut. Das Spielverhalten der Kinder kann damit verdeckt beobachtet werden. Jahoda, Lazarsfeld und Zeisel ermittelten die Gehgeschwindigkeit der Marienthaler per verdeckte Beobachtung. Ich denke nicht, dass in Fällen dieses Kalibers forschungsethische Grenzen überschritten werden. Es sind aber durchaus Forschungen vorstellbar, in denen die Güterabwägung negativ ausfällt. Dann aber sollte man, selbst wenn die Möglichkeit bestünde, auf die Methode verdeckter Beobachtung verzichten.

Die Beobachtung der Reaktionen von Versuchspersonen und sozialer Interaktionen in der *Laborsituation* erlaubt die gezielte Vorgabe experimenteller Stimuli und der Kontrolle von Störfaktoren. Häufig wird die Erhebungsmethode der Beobachtung dabei mit einem experimentellen Design kombiniert: Erinnern wir uns an die Hypothese über den Einfluss von Gewaltdarstellungen in Filmen auf die Aggressionsneigung (Kapitel II). Will man diese Hypothese z. B. bei Schulkindern prüfen, so kann man zunächst einen Film vorführen (= experimenteller Stimulus) und sodann das Spielverhalten der Schulkinder beobachten. Ein geeignetes Design könnte z. B. eine Filmvorführung mit Gewaltszenen in der Experimentalgruppe und die Vorführung einer Filmkomödie in der Kontrollgruppe vorsehen, wobei die Versuchspersonen zufällig auf die beiden Gruppen verteilt werden. Bei der verdeckten Beobachtung durch einen Einwegspiegel wird anschließend die Häufigkeit aggressiven Verhaltens in einer Spielsituation registriert. Lässt sich ein signifikant höheres Aggressionsniveau in der Versuchsgruppe im Vergleich zur Kontrollgruppe nachweisen, gilt die Hypothese als (vorläufig) bestätigt. Untersuchungen nach diesem Muster – experimentelles Design plus kontrollierter Beobachtung des Verhaltens – zeichnen sich in der Sprache von Campbell und Stanley (1963; vgl. auch Kapitel VIII) durch einen hohen Grad «interner Validität» aus. Die Prüfung von Hypothesen mittels der *Feldbeobachtung* in natürlichen sozialen Situationen trägt dagegen stärker dem Kriterium «externer Validität» Rechnung. Besonders aussagekräftig ist die «Doppelstrategie» eines Hypothesentests im Labor als auch im Feld. So hat Festinger Hypothesen der Dissonanztheorie in Laborexperimenten und in Feldstudien (z. B. der Sekten-Studie) untersucht, mithin die Hypothesen harten Bewährungsproben unterzogen, die die Kriterien interner und externer Validität erfüllen.

Nicht alle Hypothesen sind aber in Laborexperimenten prüfbar. So können im Labor nicht dauerhaft abgeschirmt die langfristigen Folgen eines experimentellen Stimulus untersucht werden. Außerdem ist es nicht immer möglich, die interessierenden Ausprägungen der unabhängigen Variablen im Labor zu produzieren. Man kann nicht Arbeitslosigkeit im Labor herstellen und sodann die psychischen Folgen im Experiment studieren. Die Feldbeobachtung ermöglicht dagegen (1) auch die langfristige Untersuchung der Auswirkungen von (2) nicht durch Forscher manipulierbaren Variablen (3) im Rahmen eines komplexen sozialen Geschehens.

Darüber hinaus besteht die Möglichkeit einer Synthese der Vorzüge eines experimentellen Designs mit den Vorteilen der Beobachtung in natürlichen sozialen Situationen. Das *Feldexperiment* ist eine Kombination aus Experiment und Feldbeobachtung. Im Gegensatz zum Laborexperiment ist die Datenerhebung im Feldexperiment meistens nichtreaktiv (Kapitel XIII). Beispiele werden wir noch ausführlich in Kapitel XIII behandeln.

So wie Interviews durch einen mehr oder minder großen Grad der Strukturierung charakterisierbar sind, können auch Beobachtungstechniken nach dem Ausmaß der Strukturierung unterschieden werden. Mit einem *strukturierten Beobachtungsschema* wird versucht, die Objektivität und Zuverlässigkeit der Beobachtung zu erhöhen. Wie wir noch im folgenden Abschnitt sehen werden, sind strukturierte Beobachtungsprotokolle eine Möglichkeit, der Gefahr einer Verzerrung durch selektive Wahrnehmung zu begegnen.

Jeder Beobachtungsvorgang ist notwendigerweise selektiv. Es wäre eine Illusion zu glauben, dass per Beobachtung die Totalität eines sozialen Geschehens erfasst werden könnte. Mit der Beobachtung wird – so wie generell mit jeder Datenerhebungsmethode – immer nur ein Ausschnitt von allen potenziell möglichen Beobachtungen erhoben. Wichtig ist, dass die Selektivität der Beobachtung nicht zu Verzerrungen in Richtung auf die Bestätigung oder die Gegenrichtung der Falsifikation einer Hypothese führt. Dies wäre etwa der Fall, wenn die Wahrnehmung durch eine vorgefasste Meinung derart gesteuert wird, dass im Extremfall nur bestätigende Ereignisse registriert werden (siehe die Beispiele in Kapitel II). Nicht Selektivität an sich ist das Problem – auch eine Zufallsstichprobe erzeugt einen selektiven Ausschnitt der Realität –, sondern die Gefahr der Selektionsverzerrung. Wird eine Hypothese überprüft, so richtet sich die Aufmerksamkeit selektiv auf die Beobachtung der Ausprägungen der abhängigen Variablen. Eine Verzerrung liegt vor, wenn die Werte der zu beobachtenden Variablen mit unterschiedlichen Wahrscheinlichkeiten registriert werden.

Betrachten wir als Beispiel die Beobachtung aggressiver Verhaltensweisen bei Kindern berufstätiger und nichtberufstätiger Mütter. Vermutet wird, dass die verminderte Kontrolle infolge der Berufstätigkeit der Mutter zu vermehrten aggressiven Handlungen der Kinder führt. Anhand einer Videoaufzeichnung des Spielverhaltens lässt sich die tatsächliche Anzahl aggressiver Handlungen in der Gruppe A (Kinder berufstätiger Mütter) und Gruppe B (Kinder nichtberufstätiger Mütter) ermitteln. Angenommen, die Häufigkeit von Aggressionen beträgt während einer Spielsequenz 60 in Gruppe A und 66 in Gruppe B. Ein Beobachter, der das Spielgeschehen direkt verfolgt, registriert nun in Gruppe A im Durchschnitt jeden zweiten und – selektiv verzerrt – in Gruppe B jeden dritten aggressiven Akt. Für Gruppe A würde er eine Zahl von 30, für Gruppe B von 22 berichten. Aufgrund verzerrter Wahrnehmung würde in diesem Fall die Hypothese fälschlicherweise als bestätigt gelten.

Mit detaillierten Instruktionen an die Beobachter, der Verwendung strukturierter Beobachtungsprotokolle, der Schulung von Beobachtern, dem Einsatz mehrerer Beobachter und eventuell der Verwendung technischer Hilfsmittel stehen aber auch einige Möglichkeiten zur Verfügung, um das Risiko einer selektiven Verzerrung von Beobachtungsdaten zu vermindern.

Wenn in der Sozialforschung von «Beobachtung» gesprochen wird, so ist damit in der Regel die Beobachtung fremder Verhaltensweisen gemeint. Die *Selbstbeobachtung* oder *Introspektion* bezieht sich dagegen auf die Beobachtung des eigenen Verhaltens, der eigenen Gefühle und Verhaltensmotive. Introspektiv gewonnene Daten erfüllen allerdings nicht das Kriterium intersubjektiver Nachprüfbarkeit. Sie können daher nicht zur Entscheidung über die Bewährung oder Falsifikation von Hypothesen herangezogen werden. Die Introspektion, die Erforschung der eigenen Gefühle und Motive, kann aber ein Weg sein, um Hypothesen zu gewinnen. Zur Prüfung der Geltung von Hypothesen ist man hingegen auf Daten angewiesen, die durch Fremdbeobachtung erhoben wurden.

5. Strukturierte Beobachtung

Ähnlich dem Interview kann der Grad der Strukturierung der Beobachtung als Kontinuum mit den Polen «unstrukturiert» und «hochstrukturiert» aufgefasst werden. Etwa in der Mitte könnte man die Beobachtung mit einem Leitfaden platzieren. *Der Beobachtungsleitfaden* ist eine Liste von Gesichtspunkten, auf die die Aufmerksamkeit des Beobachters gelenkt werden soll. Mit einem *hochstrukturierten Beobachtungsschema* wird der Spielraum des Beobachters weiter eingeschränkt. Hier werden nicht nur allgemein die zu beobachtenden Merkmale, sondern präzise und operational definiert die Kategorien der einzelnen Merkmalsdimensionen vorgegeben. Wie im Interview können auch Skalen, z. B. Ratingskalen, zur Anwendung gelangen, auf denen die Beobachter quantitativ ihre Einschätzung einer beobachteten Aktivität markieren. Ziel der Strukturierung ist die möglichst weit gehende Ausblendung subjektiver Einflüsse des Beobachters auf das Beobachtungsergebnis, d. h. die Gewährleistung einer möglichst hohen Durchführungsobjektivität (Kapitel VI). Idealerweise sollten zwei Beobachter übereinstimmende Beobachtungsresultate erzielen. Diese Forderung kann mit einem strukturierten Beobachtungsschema und präzisen Instruktionen an die Beobachter wohl eher eingelöst werden als im Fall der unstrukturierten Beobachtung.

So überprüften Schumann und Winter (1973) verschiedene Hypothesen über die Merkmale von Angeklagten vor Gericht, die Einstellung des Richters und den Zusammenhang dieser Merkmale mit der Wahrscheinlichkeit einer Verurteilung mittels systematischer Beobachtung von Gerichtsverfahren. Dabei wurden bei jeder Verhandlung jeweils zwei Beobachter eingesetzt. Die Einstellungen des Richters wie Emotionalität, Distanziertheit, Dominanz u.a.m. stuften die Beobachter auf fünfstufigen Likert-Skalen ein. Aus den Skalenwerten wurde sodann dem Richter ein Summenwert zugewiesen, der das Ausmaß des «Autoritarismus» angeben sollte. Die Reliabilität der Messung kann im Prinzip mit den Methoden der Itemkonsistenzanalyse (Kapitel VI) geprüft werden. Ferner könnte die Korrelation zwischen den Einstufungen der beiden Beobachter Hinweise zur Reliabilität der Messung liefern. Schumann und Winter (1973) geben dazu allerdings keine genauen Kennwerte an.

Bei der unstrukturierten Beobachtung wird die Beobachtungsselektion der Willkür des Beobachters überlassen. Diese Gestaltungsfreiheit gibt einerseits Raum für Spontaneität und die Möglichkeit der Registrierung unvorhergesehener Ereignisse. Andererseits besteht die Gefahr selektiver Beobachtungsverzerrungen. Die strukturierte Beobachtung löst das Selektionsproblem durch möglichst präzise Vorgaben über den zu beobachtenden Wirklichkeitsausschnitt. Dazu ist aber ein hohes Maß an Vorwissen über die Beobachtungssituation erforderlich.

Unstrukturierte und strukturierte Beobachtung sind als zwei Phasen eines Forschungsprozesses aber auch kombinierbar. Die unstrukturierte Beobachtung dient dann dem Zweck, Vorwissen über ein fremdes soziales Milieu zu erlangen, das in die Konstruktion eines strukturierten Beobachtungsinstruments einfließt.

Diese Vorgehensweise hat Laud Humphreys (1973) in seiner Untersuchung «Toiletten-Geschäfte. Teilnehmende Beobachtung homosexueller Akte» über die Rituale der Kontaktanbahnung von homosexuellen Männern gewählt. Als «watchqueen» (Aufpasser) konnte er eine Rolle im sozialen Feld übernehmen, die eine verdeckt teilnehmende Beobachtung gestattete. Im Anschluss an die unstrukturierte Beobachtung konstruierte Humphreys ein Beobachtungsschema für die systematische Beobachtung von 50 Kontakten. Das Schema erfasste sehr genau die Dynamik der Kontaktaufnahme einschließlich der Bewegungen der Personen im Raum. Immerhin konnten Humphreys' Ergebnisse mit einigen Vorurteilen aufräumen, die die seinerzeit (1967 in den USA) in der Illegalität stattfindenden sexuellen Handlungen betrafen.

Wie das Beispiel dieser Studie demonstriert, ist die Anwendung strukturierter Beobachtungsschemata keineswegs nur auf die nichtteilnehmende Beobachtung beschränkt. Allerdings ist bei der teilnehmenden

Beobachtung zumeist keine simultane Aufzeichnung der Beobachtungen möglich, sodass sich Verzerrungen durch Gedächtnisfehler einschleichen können. Natürlich wirft die Beobachtung abweichenden Verhaltens besondere Probleme auf. Neben forschungsethischen Bedenken verdeckter Beobachtung sind dies eben auch ganz konkret forschungspraktische Probleme des Zugangs zum sozialen Feld, der Aufzeichnung der Beobachtungen u. a. m. (vgl. dazu Friedrichs 1973; Haferkamp 1973).

Dagegen bereitet die nichtteilnehmende Beobachtung öffentlicher Alltagsaktivitäten mit Unterstützung strukturierter Beobachtungsschemata sicher geringere Schwierigkeiten. Betrachten wir als Beispiel die Untersuchung des Verkehrsverhaltens.

Die Neuregelung des Vortrittsrechts von Fußgängern an Zebrastreifen in der Schweiz mit Wirkung zum 1. Juni 1994 veranlasste eine Evaluation mit einem Vorher-nachher-Design (Ewert 1994). Als Erhebungsmethode wurde die nichtteilnehmende systematische Beobachtung unter Verwendung eines hochstrukturierten Beobachtungsschemas gewählt. Vor Inkrafttreten der verschärften Zebrastreifenregelung (Autofahrer müssen das Vortrittsrecht respektieren, wenn ein Fußgänger erkennbar die Straße überqueren möchte) wurden 290 Personen, nach dem 1. Juni 228 Personen beobachtet. Mit der Erhebung sollten das Geschlecht, das geschätzte Alter, das Verhalten des Fußgängers, die Anzahl vorbeifahrender Autos trotz «Signalisierung» der Überquerungsabsicht und weitere Merkmale registriert werden. Abbildung XI.1 zeigt das Beobachtungsprotokoll.

Vor Durchführung der Hauptuntersuchung ist es in jedem Fall empfehlenswert, ein neukonstruiertes Beobachtungsprotokoll einem *Pretest* zu unterziehen. Geprüft wird die Handhabbarkeit des Schemas (kann der Beobachter überhaupt die Eintragungen in der zur Verfügung stehenden Zeit sicher vornehmen?), die Eindeutigkeit der Zuordnung der Beobachtungen zu den vorgesehenen Kategorien, die Vollständigkeit der Kategorien, eventuell wichtige, vom Schema vernachlässigte Aspekte, der günstigste Standort des Beobachters u. a. m. Ratsam ist es auch, insbesondere beim Pretest mehrere Beobachter einzusetzen. Unterscheiden sich die registrierten Angaben von zwei Beobachtern bezüglich des gleichen Geschehens, dann ist dies sicher ein Hinweis auf die Revisionsbedürftigkeit des Schemas.

Weiterhin sollten die Beobachter geschult werden und sich vor Beginn der Hauptuntersuchung mit dem Instrument in der Praxis vertraut machen. Auch die *Stichprobe* muss sorgfältig geplant werden. Im vorliegenden Fall gehört dazu die Überlegung, welche «Testzebrastreifen» für die Beobachtung geeignet sind und an welchen Wochentagen und Uhrzeiten die Beobachtung erfolgen soll. Vor allem muss bei dem gewählten Design die Vorher-Stichprobe mit der Nachher-Stichprobe vergleichbar sein. Eine Vorher-Untersuchung an einem Werktag und eine Nachher-Untersuchung an einem Sonntag würden vielleicht fälschlicherweise einen Effekt des Gesetzes berichten, weil die Sonntagsfahrer weniger eilig sind.

In der Studie von Ewert wurden die Stichproben zu den beiden Messzeitpunkten nach der Erhebung auch noch bezüglich der Streuung der Beobachtungen über die Tageszeit und der Zusammensetzung nach Alter und Geschlecht verglichen. Es zeigten sich keine systematischen Differenzen. Die interessierende abhängige Variable, die Anzahl der am Fußgänger vorbeifahrenden Fahrzeuge, wies dagegen im Vergleich der beiden Messungen einen statistisch signifikanten Unterschied auf. Waren es zum ersten Messzeitpunkt durchschnittlich 2,6 vorbeifahrende Fahrzeuge, so sank die Zahl bei der Nachher-Messung auf 1,7. Die Frage allerdings, ob diese Wirkung auch anhält und nicht nur ein «Strohfeuereffekt» einer neuen gesetzlichen Maßnahme ist, kann nur eine längerfristig angelegte Evaluationsstudie beantworten (vgl. auch Kapitel VIII).

Das Diagramm in Abbildung XI.2 stellt noch einmal die einzelnen Phasen einer empirischen Untersuchung mit der Datenerhebung per strukturierte Beobachtungstechnik übersichtlich dar.

Zur Erhebung aktuellen Verhaltens liefert die Befragungstechnik oftmals Informationen von recht begrenzter Validität. Beispiele dazu haben wir schon in Kapitel X kennengelernt. Die Verhaltensbeobachtung ist in dieser Hinsicht einer Befragung meist überlegen. Auch beim Verkehrsverhalten fallen teilweise extreme Diskrepanzen zwischen den Angaben in einer Befragung und dem beobachteten Verhalten auf (siehe Tabelle XI.4). So geben 72 % der Befragten an, dass sie vor dem Überqueren der Straße dem Autofahrer immer ein Zeichen geben. Die Beobachtung zeigt indes, dass dies nur bei 10 % der Fußgänger wirklich der Fall ist. Ist die Zielsetzung einer empirischen Untersuchung die Ermittlung des tatsäch-

Abbildung XI.1: Strukturiertes Beobachtungsprotokoll zum Verkehrsverhalten

Allgemeine Angaben	
Versuchsleiternummer	
Versuchspersonennummer	
Uhrzeit (Stunde)	

Beobachtungen		
Geschlecht	männlich	
	weiblich	
ungefähres Alter	jüngeres Kind (<10)	
	älteres Kind (10–14)	
	Jugendlicher (15–18)	
	jüngerer Erwachsener (19–30)	
	jüngeres Mittelalter (31–44)	
	älteres Mittelalter (45–60)	
	Betagte (>60)	
Fußgänger hält an (Füße nebeneinander)	nein	
	ja	
Wenn ja, Anzahl vorbeifahrender Autos (Striche oder Zahl)		
Langsamer werdendes oder haltendes Auto	nein	
	ja	
Wenn ja, befand sich der Fußgänger bereits auf der Straße, wenn das Auto verzögerte?	nein	
	ja	

Quelle: Ewert (1994)

Abbildung XI.2: Ablauf einer Untersuchung mit strukturierter Beobachtungstechnik

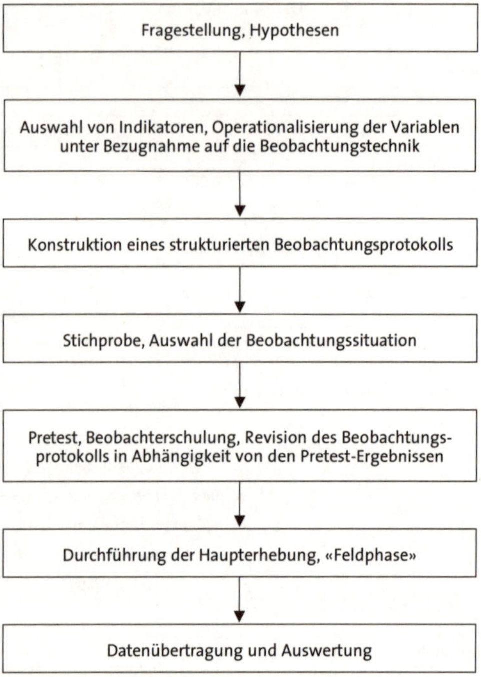

lichen Verhaltens von Personen, so kann in der Regel gelten: Wo immer möglich und vertretbar, empfiehlt es sich, das Verhalten durch Beobachtung zu erheben. Dies kann auch dadurch geschehen, dass beispielsweise eine Befragungsstudie (zur Erhebung von Einstellungen und soziodemographischen Merkmalen) durch eine Verhaltensbeobachtung ergänzt wird.

Tabelle XI.4: Diskrepanzen zwischen Befragung und Beobachtung beim Verkehrsverhalten

	Befragung		Beobachtung
99 %	Ich benutze immer den Zebrastreifen	88 %	überqueren die Straße nicht neben, sondern auf dem Fußgängerstreifen
88 %	Ich warte stets, bis kein Fahrzeug mehr da ist	78 %	warten tatsächlich Durchfahrt der Fahrzeuge ab
72 %	Ich gebe dem Fahrzeuglenker immer ein Zeichen	10 %	geben tatsächlich dem Fahrzeuglenker ein Zeichen
98 %	Ich bedanke mich stets, wenn mich ein Fahrzeuglenker über die Straße lässt	18 %	bedanken sich tatsächlich beim Kraftfahrer
20 %	Wenn das Lichtsignal am Fußgängerstreifen von Grün auf Rot wechselt, versuche ich noch schnell, auf die andere Straßenseite zu kommen	31 %	betreten auch dann noch den Streifen, wenn das Lichtsignal gerade von Grün auf Rot gewechselt hat

Aus: Hürlimann und Hebenstreit (1987). Die Angaben beziehen sich auf ältere Fußgänger.

XII. Inhaltsanalyse

1. Gegenstand und Ziele

Die Inhaltsanalyse befasst sich mit der systematischen Erhebung und Auswertung von Texten, Bildern und Filmen. Gelegentlich wird alternativ von Textanalyse, Dokumentenanalyse oder Bedeutungsanalyse gesprochen, doch haben sich diese Bezeichnungen weniger durchgesetzt. Das Verfahren zielt nicht nur auf die Erhebung von Daten, sondern schließt Aspekte der Auswertung, der Analyse von Daten ein. Zu diesem Zweck stehen spezielle Techniken wie die Kontingenz- oder Bewertungsanalyse zur Verfügung (dazu weiter unten). Allerdings greift die Bezeichnung «Inhaltsanalyse» in einem Punkt zu kurz: Die Inhaltsanalyse muss sich nicht notwendigerweise nur auf die «Inhalte» von Texten oder anderem Material beschränken, selbst wenn diese Zielsetzung meist im Vordergrund steht. Vielmehr kann die Aufmerksamkeit auch *formalen* Gesichtspunkten von Texten, Filmen oder Bildern gelten, etwa stilistischen Merkmalen, der Länge von Sätzen, dem häufigen Gebrauch von Verben u. a. m.

Bereits in der Marienthal-Studie (Kapitel XI) wurden die Schulaufsätze zum Thema «Weihnachtswünsche» auch einer formalen, auf Stilmerkmale ausgerichteten Inhaltsanalyse unterzogen. Dabei zeigte sich, dass die Kinder der arbeitslosen Marienthaler häufiger den Konjunktiv wählten als Schulkinder aus den Nachbarorten. Das Stilmerkmal «Konjunktiv» war in diesem Fall ein Indikator für die größere Resignation und Hoffnungslosigkeit der Marienthaler Schulkinder.

Formale Texteigenschaften können auch genauer mit quantitativen Indizes erfasst werden. So hat sich beispielsweise herausgestellt, dass Texte durch das zahlenmäßige Verhältnis von Verben und Adjektiven charakterisierbar sind. Der als Aktionsquotient (AQ) bezeichnete Index variiert zwischen verschiedenen Textformen (Märchen 4,11; klassische Prosa 2,50; moderne Prosa 2,35; Naturwissenschaften 1,13; Geisteswissenschaften 1,03) und sogar bei den Sprechakten der Figuren in einem Drama. Für die Hauptakteure in Goethes Faust wurden folgende AQs ermittelt: Faust 2,8; Mephisto 3,6 und Gretchen 5,2 (Lisch und Kriz 1978: 121). Die eigentliche Dynamik kommt wohl durch Gretchen ins Spiel. Weiterhin zeigte sich bei formalen Textanalysen, dass der Aktionsquotient mit dem Alter stark abnimmt.

Ein weiterer Index ist die Type-Token-Ratio (TTR), ein Maß für die Reichhaltigkeit des Vokabulars. Die TTR wird berechnet als Quotient aus der Anzahl verschiedener Wörter (types) und der Gesamtzahl der Wörter (tokens) eines Textes. Vielleicht wäre es aufschlussreich, einmal die TTR-Werte von Politikerreden zu vergleichen. Möglicherweise kann man die TTR-Werte deutscher Bundeskanzler von 1949 bis heute durch eine umgekehrt u-förmige Funktion beschreiben.

Auf dem TTR-Wert aufbauende Indizes werden z. B. in der *Lesbarkeitsforschung* verwendet (Lisch und Kriz 1978). Untersucht wird auf diese Weise die Verständlichkeit von Zeitungsartikeln, Nachrichtenmeldungen, Werbetexten u. a. m. bei einem spezifischen Zielpublikum.

Im Regelfall gilt freilich das Interesse dem Inhalt von Texten. Nehmen wir an, es soll die Hypothese geprüft werden, dass sich die Programmgestaltung öffentlich-rechtlicher Fernsehanstalten der wachsenden Konkurrenz privater TV-Sender zunehmend anpasst. Würde man nun einige Sendungen willkürlich zum Beleg der Hypothese herauspicken, so kann man sicher nicht von einem kontrollierten Prüfverfahren sprechen. Bei einer systematischen Vorgehensweise wird man dagegen zunächst eine Stichprobe nach vorgegebenen Regeln ziehen und sodann die Inhalte der Sendungen kontrolliert nach überprüfbaren Kriterien analysieren. Im Unterschied zur subjektiven Interpretation von Texten sind für die sozialwissenschaftliche Inhaltsanalyse Systematik und intersubjektive Nachvollziehbarkeit kennzeichnend. In diesem Sinn ist die Inhaltsanalyse *systematisch* und *objektiv*. Wer die gleichen, explizit aufgeführten Regeln bezüglich Stichprobe und Materialauswertung anwendet, sollte im Idealfall auch die gleichen Resultate erzielen. In welchem Grade der Idealfall angenähert wird, ist eine Frage der *Reliabilität* der Technik.

Der Hauptakzent wissenschaftlicher Inhaltsanalyse ist mithin die Systematik der Methode. In einem der ersten Lehrbücher der Inhaltsanalyse von Berelson (1952) wird das Verfahren als «objektive, systematische und quantitative Beschreibung des manifesten Inhalts von Kommunikation» charakterisiert. Sind die Objektivität (im Sinne intersubjektiver Kontrollierbarkeit) und die Systematik als Hauptmerkmale der

Methode kaum umstritten, so hat sich die Kritik an den Definitionsmerkmalen «manifester Inhalt» und «quantitative Beschreibung» entzündet (vgl. Mayring 2002). Denn je nach Zielsetzung kann sich das Interesse auch auf die Aufdeckung «latenter Strukturen» in Texten richten. Wie wir gesehen haben, ist zudem die Inhaltsanalyse auf die Untersuchung formaler Textmerkmale anwendbar. Weiterhin wurden Methoden qualitativer Inhaltsanalyse vorgeschlagen, die von Berelsons Definition ausgeschlossen werden. Weniger restriktiv ist die Definition von Früh (2001), der wir uns hier anschließen wollen: «Die Inhaltsanalyse ist eine empirische Methode zur systematischen, intersubjektiv nachvollziehbaren Beschreibung inhaltlicher und formaler Merkmale von Mitteilungen.»

In der Vergangenheit bildeten Untersuchungen der Merkmale und Wirkungsweise von Kriegspropaganda sowie bis heute der Massenkommunikation die Schwerpunkte inhaltsanalytischer Forschung. In diesem Bereich wurden auch eine Reihe spezieller inhaltsanalytischer Methoden entwickelt. Eine der ersten Untersuchungen aus dem Jahre 1927 von Harold D. Lasswell bezog sich auf Themen der Kriegspropaganda der am Ersten Weltkrieg beteiligten Staaten (vgl. auch Lasswell, Lerner und de Sola Pool 1952). Silbermann (1974) geht in seinem Überblick einen zeitlichen Schritt zurück, wenn er Sigmund Freuds Werk über «Die Traumdeutung» (1900) als erste inhaltsanalytische Untersuchung erwähnt. Nach dem Zweiten Weltkrieg sind Entwicklungen in der Methodik der Inhaltsanalyse in den USA insbesondere mit den Namen von Bernard Berelson, Harold D. Lasswell, Paul F. Lazarsfeld und Charles E. Osgood verbunden (zur Geschichte siehe Lisch und Kriz 1978; Silbermann 1974).

Die Untersuchung von Desinformation durch Kriegspropaganda ist heute ein Anliegen der Friedens- und Konfliktforschung. Mit Desinformation werden zudem tagtäglich Konsumentinnen und Konsumenten in der Werbung konfrontiert. Ein Beispiel ist eine bemerkenswerte Inhaltsanalyse der Pharmawerbung bei Ärzten von Kaiser et al. (2004). Die Autoren haben 520 medizinisch relevante Aussagen in Prospekten daraufhin untersucht, ob die Aussagen durch medizinische Studien belegbar sind. Die Kodierung erfolgte separat durch zwei Mitarbeiter. Selbst bei denjenigen 218 Aussagen, für die überhaupt Literatur angegeben wurde, ergab die Nachprüfung in vier Fünftel der Fälle eine Abweichung zwischen den Prospektaussagen und der wissenschaftlichen Literatur[1]. Text- und Bildmaterial von kommerzieller Werbung in Prospekten und Massenmedien sind eine Fundgrube für Studien kulturellen und sozialen Wandels, die Veränderung von Werten und Einstellungen. «Rauchen ist gesund, gibt Lebensfreude und erhöht Ihre Spannkraft», heißt es in einer Anzeige für die Zigarettenmarke «Lord» in den 1930er Jahren (Kriegeskorte 1995). Wer sich ein Bild von der Gesellschaft im Spiegel der Werbung machen möchte, sei auf die anregende Lektüre des Bildbands «100 Jahre Werbung im Wandel» (Kriegeskorte 1995) verwiesen.

Der Anwendungsbereich der Inhaltsanalyse geht jedoch weit über die Massenkommunikation hinaus. Die Spannbreite reicht von der Therapieforschung in der klinischen Psychologie (Inhaltsanalyse therapeutischer Gespräche), der Analyse von Anzeigen (z. B. Heiratsannoncen), der Untersuchung literarischer Texte bis hin zur Analyse von Träumen und sogar Musikstücken. Der sozialwissenschaftlichen Inhaltsanalyse steht ein ungeheuer reichhaltiges Material zur Verfügung. Um die Forschungsphantasie anzuregen, seien nur einige Quellen genannt:

- Veröffentlichte und unveröffentlichte Leserbriefe (aus Zeitungsarchiven). Wie reagieren Leser auf Zeitungsmeldungen und Kommentare? Welche Briefe werden bevorzugt veröffentlicht? Welche Merkmale weisen Leserbriefschreiber auf?
- Stellenanzeigen, Wohnungsannoncen, Heiratsannoncen, Werbung. Wird offen oder verdeckt diskriminiert? Was wird angeboten, was gesucht? Wie ändern sich Form und Inhalt im Zeitverlauf?
- Schulbücher, Schulfibeln aus unterschiedlichen Zeitepochen. Welche Werte werden vermittelt, welche Sichtweisen von Gesellschaft und Umwelt? Wie hat sich das Bild von der Arbeit, der Tätigkeit von Frauen, der

1 In einem Fall wirbt ein Pharmakonzern für ein Mittel gegen Erektionsstörungen mit der Prospektaussage: «Das Zeitfenster: Schnell und bis zu fünf Stunden». Verschwiegen wird, dass sich diese Aussage auf eine Tierversuchsstudie mit betäubten Hasen bezieht (Kaiser et al. 2004: 23).

Industrie und Technik verändert? Schulbücher sind eine informative Quelle zur Identifizierung ‹offizieller› Werte und des Wandels von Werten einer Gesellschaft.

- Ratgeber, Benimm-Bücher, Kochbücher, Tagebücher u. a. m. sind Zeugnisse kultureller Werte, von Lebensweisen und Ernährung im historischen Wandel.
- Weitere Quellen können sein: Sprechblasen und Bilder in Comics, Schlagertexte, Kinderreime, Graffiti, Schulaufsätze, Briefe, SMS und E-Mails, Groschenromane, historische Urkunden und Parteiprogramme, um nur einige Arten von Texten zu erwähnen.

Sprudelnde Materialquellen bergen andererseits die Gefahr, in einer Flut von Texten die Übersicht zu verlieren. Deshalb ist auch an dieser Stelle wie generell in der empirischen Sozialforschung die disziplinierende Wirkung expliziter Fragestellungen und Hypothesen zu betonen. Abgesehen von der vorläufigen, explorativen Sichtung von Textmaterial (und selbst hier wird man gewisse Hypothesen bereits ‹im Hinterkopf› haben) empfiehlt es sich, die Inhaltsanalyse mit einer präzisen Hypothese, mindestens aber mit einer klar formulierten Fragestellung zu beginnen.

Das Ziel der Inhaltsanalyse ist, anhand der Textmerkmale und eventuell zusätzlicher Informationen Schlussfolgerungen (in der Inhaltsanalyse als *Inferenzen* bezeichnet) über den Text, seinen Produzenten oder den «Empfänger» einer Mitteilung zu formulieren. Abbildung XII.1 zeigt ein einfaches Modell eines Kommunikationsvorgangs (vgl. auch Lisch und Kriz 1978; Herkner 1974; Früh 2001).

Allgemein gesprochen, kodiert der «Sender» eine Mitteilung, d. h., der Inhalt der Mitteilung wird in Zeichen übersetzt. Dies können Bilder oder Buchstaben sein. Der Empfänger entschlüsselt sodann die Botschaft, vorausgesetzt, er versteht die Bedeutung der Zeichen. Damit ist eines der Grundprobleme der Inhaltsanalyse angesprochen: das Verständnis der Bedeutung von Texten oder anderer inhaltsanalytischer Materialien. Das Bedeutungsproblem stellt sich immer dann, wenn man nicht nur an den formalen Eigenschaften eines Textes interessiert ist. Ein Inhaltsanalytiker, dem Spanisch spanisch vorkommt, kann z. B. die Type-Token-Ratio

Abbildung XII.1: Kommunikationsprozess

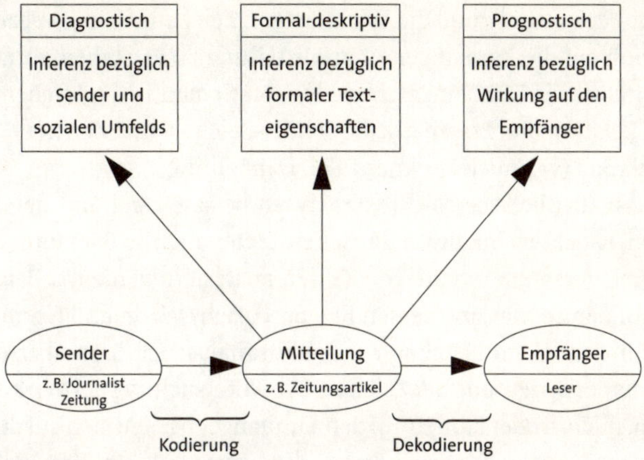

für einen spanischen Zeitungsartikel bestimmen, auch wenn ihm der Inhalt unverständlich bleibt. Er kann aber nicht aus dem Inhalt des Artikels die mutmaßliche politische Richtung der Zeitung erschließen. Nun verliert das Bedeutungsproblem dann an Schärfe, wenn die Mitteilung aus einem vertrauten Milieu des gleichen Kulturkreises stammt. Bei inhaltsanalytischen Untersuchungen der Massenkommunikation wird diese Situation zwar häufig gegeben sein. Bei Materialien aus fremden sozialen Milieus oder fremden Kulturkreisen müssen dagegen zunächst die Bedeutungsregeln der Zeichen expliziert und erlernt werden. In einer Studie über Börsenmakler z. B. hat das Wort «Bullen» eine andere Bedeutung als bei jugendlichen Straftätern oder in einem Artikel einer Landwirtschaftszeitung.

Die Probleme und Ziele der Inhaltsanalyse lassen sich genauer im Rahmen der Semiotik beschreiben (Herkner 1974). Im Anschluss an Morris (1946) werden drei Aspekte von Zeichenfolgen unterschieden: Syntaktik, Semantik und Pragmatik: Die *Syntaktik* bezieht sich auf die ausschließlich formalen Regeln der Verknüpfung von Zeichen. Die *Semantik* befasst sich mit der Bedeutung von Zeichen, d. h. der Zuordnung von Zeichen zu Objekten oder der Definition der Bedeutung von Zeichen durch die Angabe von Eigenschaften (extensionale und intensionale Definition, siehe Kapitel IV). Unter *Pragmatik* schließlich ist die Herkunft, die Art der Verwendung und die Wirkung von Zeichen in einer spezifischen Situation auf die Empfänger einer Mitteilung zu verstehen. Kurz gesagt ist Syntaktik die Zeichen-Zeichen-Relation, Semantik die Zeichen-Bedeutungs-Relation und Pragmatik die Sender-Zeichen- und Zeichen-Empfänger-Relation (vgl. auch Herkner 1974, Darstellung 2).

Ausschließlich formale Textanalysen befassen sich mit den syntaktischen Aspekten inhaltsanalytischen Materials. Die Semantik kommt ins Spiel, wenn die Inhalte von Texten analysiert werden; z. B. mit dem Ziel, auf den Sender und dessen Eigenschaften (Werte und Normen etc.) zu schließen. Voraussetzung der Inhaltsanalyse ist dann aber ein Verständnis der Bedeutung der Zeichen. Die Untersuchung der Wirkung von Texten, Bildern oder Filmen auf den Empfänger bezieht sich auf den pragmatischen Aspekt. Typische Fragen sind hier: Ruft ein Text einen Einstellungswandel bei den Lesern hervor? Wird der Text verstanden (Lesbarkeitsforschung)? Erhöht die filmische Darstellung von Gewaltszenen (das Ausmaß der Gewalt wird mit einer Inhaltsanalyse ermittelt) die Aggressionsbereitschaft der Zuschauer?

Bereits Lasswell hat den Gegenstand der Kommunikationsforschung auf die Kurzformel gebracht: *«Wer sagt was zu* wem *und mit welcher Wirkung?»* (nach Silbermann 1974). «Wer» steht hier für Sender, «was» für den Inhalt einer Mitteilung (Semantik) und «wem» für den Empfänger, wobei die Wirkung den pragmatischen Aspekt anspricht. Anhand des Sender-Empfänger-Modells (Abbildung XII.1) sind im Wesentlichen drei Zielsetzungen oder *Inferenzen* inhaltsanalytischer Forschung bestimmbar. Früh (2001) spricht von einem formal-deskriptiven, einem diagnostischen und einem prognostischen Ansatz.

1. *Formal-deskriptive* Analysen befassen sich mit den formalen Aspekten eines Textes. Ziel kann z. B. die Typologie von Texten nach formalen Kriterien oder die Berechnung von Indizes zur relativen Häufigkeit bestimmter Zeichen oder Zeichenkombinationen sein.

2. *Diagnostische* Analysen richten die Aufmerksamkeit auf die Beziehung zwischen Sender und Mitteilung. Was möchte der Produzent (Autor, Autorenkollektiv, Redaktion einer Zeitung etc.) mitteilen und be-

wirken? Welche Werte fließen in den Text ein, welche Werte repräsentiert der Sender?

3. *Prognostische* Inhaltsanalysen beziehen sich auf die Erforschung der Wirkungen von Mitteilungen bei den Rezipienten. Beeinflusst die politische Richtung einer Zeitung die Einstellung der Leser? Wie reagieren die Empfänger auf eine Mitteilung? Verändern Werbetexte das Konsumverhalten? Wird die Mitteilung verstanden? Um die Auswirkungen zu ermitteln, müssen zusätzlich externe Daten erhoben werden. Die Inhaltsanalyse selbst richtet sich ja nur auf die unabhängigen Variablen, d. h. die Merkmale der Mitteilung, deren Wirkungen untersucht werden sollen.

Das «Sender-Mitteilung-Empfänger-Modell» ist besonders den Zielen der Kommunikationsforschung verpflichtet. In anderen sozialwissenschaftlichen Untersuchungen geht es vorwiegend um diagnostische Analysen oder deren Erweiterungen. Ein Typ von Untersuchungen betont besonders die zeitliche Dimension. Das Interesse gilt z. B. der Veränderung von Werten, die in Texten zum Ausdruck kommen. Ein zweiter Typ diagnostischer Studien verknüpft Textmerkmale mit externen Daten, allerdings nicht in der Absicht (wie bei prognostischen Analysen), die Wirkung von Texten zu erforschen. Natürlich kann man auch beide Typen von Untersuchungen verbinden, etwa wenn man nach den Ursachen des Wandels von Werten fragt. Man erkennt die unterschiedlichen Zielsetzungen am besten anhand der Fragestellungen oder Hypothesen, die einer Untersuchung zugrunde liegen.

Der erste Typus geht von einer Trendhypothese aus, d. h. einer Aussage über die zeitliche Entwicklung einer Eigenschaft. Hat z. B. das Ausmaß der Individualisierung in einer bestimmten Zeitspanne zugenommen (Gerhards und Hackenbroch 1997)? Haben sich die Selbstdarstellungen der Geschlechter in Heiratsanzeigen angenähert (Buchmann und Eisner 2001)? Werden heute in der Automobilwerbung Umweltaspekte weniger betont als in den 1980er Jahren? Bei dem zweiten Typus ist der Ausgangspunkt dagegen eine Hypothese über kausale oder korrelative Zusammenhänge, die Merkmale des Textes verknüpft oder ein Textmerkmal mit einer Variablen außerhalb des Textes in Beziehung setzt. So könnte man fragen, ob das Ausmaß der in einer Autowerbung betonten

Umweltaspekte tatsächlich mit der «Öko-Effizienz» eines Automobils korreliert.

Ein Beispiel für eine «diagnostische» Zusammenhangsanalyse ist die Studie von Sherman und Billing (1999) über die Evolution kulinarischer Gepflogenheiten («Darwin'sche Gastronomie»). Die Autoren gehen davon aus, dass kulturelle Evolution zu einer Anpassung von Speisegewohnheiten an die jeweiligen Umweltbedingungen führt. In klimatisch heißen Ländern wie Indien besteht das Problem, dass sich ohne Gegenwehr Bakterien schneller in der Nahrung verbreiten als in kühlen Ländern wie etwa Norwegen. Das Gegenmittel sind Gewürze von Knoblauch bis Majoran. Labortests zeigen, dass Gewürze alle oder einen Großteil der Bakterien vernichten, wobei sich Knoblauch, Zwiebeln, Piment und Oregano als wahre Bakterienkiller erweisen. Um die Anpassungshypothese zu überprüfen, unternehmen Sherman und Billing eine diagnostische Inhaltsanalyse von 93 Kochbüchern aus 36 Ländern, wobei jedes Land mit mindestens zwei Kochbüchern vertreten ist. Für jedes Land wird sodann die Anzahl der Gewürze im Speisezettel bestimmt. Indien ist mit 9,3 Gewürzen pro Rezept Spitzenreiter, während sich Polen mit 0,3 Gewürzen am Ende der Tabelle befindet. Die Jahres-Durchschnittstemperatur in Indien beträgt 26,9 Grad Celsius, in Polen sind es 7,8 Grad. Über alle Länder gerechnet lässt sich zwischen der Temperatur und dem Gewürzindex eine hohe positive Korrelation nachweisen.

Sofern Hypothesen mit der Technik der Inhaltsanalyse untersucht werden können, bietet dieses Verfahren gegenüber alternativen Erhebungsmethoden eine Reihe von Vorteilen. Inhaltsanalysen eignen sich besonders gut zur Erforschung sozialer und kultureller Werte und des Wandels von Werten im langfristigen Zeitverlauf. Zu diesem Zweck kann z. B. auf Schulbücher aus einem Zeitraum von mehr als eineinhalb Jahrhunderten zurückgegriffen werden. Viele Traditionszeitungen erscheinen kontinuierlich seit mehr als einem Jahrhundert.

Jeder Artikel der «New York Times» ist seit der ersten Ausgabe vom 1. September 1851 über das Internet erhältlich. Die «Neue Zürcher Zeitung» erscheint seit dem 12. Januar 1780. Alle Ausgaben sind auf Mikrofilm einsehbar; seit 1993 sind die Ausgaben auch digital verfügbar. In den beiden Studien von Buchmann und Eisner (2001) und Imhof (2005) wird

u. a. auf das Material der «Neuen Zürcher» und weiterer Publikationsorgane zurückgegriffen. Buchmann und Eisner untersuchen die Selbstdarstellung von Frauen und Männern in Heiratsannoncen über die Zeitspanne eines Jahrhunderts. Bemerkenswert ist nicht nur der Wandel in der Selbstpräsentation, sondern auch die Angleichung der Präsentationen der Geschlechter. Langfristige Veränderungen in der Reaktion von Medien auf Katastrophen ist das Thema von Imhof. Vom Absturz des Zeppelins bei einer Parade vor Wilhelm II. (1910) über den Untergang der Titanic (1912) und die Grippeepidemie nach dem Ersten Weltkrieg bis zu Tschernobyl (1986) werden Ausmaß und Art der «Katastrophenkommunikation» beschrieben und gedeutet. Im Ergebnis zeigt sich eine «Säkularisierung» der Ereignisdeutung (menschengemacht statt «Fügung») und die Konzentration von Katastrophen (Kommunikation) auf politisch «aufgeladene» Phasen (insbesondere die 1980er Jahre), in denen sich soziale Bewegungen verstärkt Gehör verschaffen. Beide Studien sind Beispiele für die Nutzung der Inhaltsanalyse zum Studium langfristiger sozialer und kultureller Veränderungen. Es müssen aber nicht nur Presseerzeugnisse sein, die die Untersuchung gesellschaftlichen Wandels über längere Zeitspannen ermöglichen. Gerhards und Hackenbroch (1997, Gerhards 2003) haben sich das Namenregister des Eifelstädtchens Gerolstein zunutze gemacht, um Hypothesen über Individualisierungsprozesse zu prüfen. Als Maßzahl der Individualisierung dient die weiter oben erwähnte Type-Token-Ratio der Vornamen. Sie ist null, wenn alle Kinder auf den gleichen Namen getauft werden, und sie ist eins, wenn alle Namen im Geburtenregister verschieden sind. In den fast hundert Jahren von 1894 bis 1990 steigt der Wert des Index von etwas über 0,3 (viele Wilhelms, wenig Varianz) auf nahezu 0,8, ein deutlicher Beleg für kulturelle Individualisierung. Anders als von einigen Theoretikern erwartet, findet der wesentliche «Individualisierungsschub» aber in der ersten Hälfte des 20. Jahrhunderts und nur zum geringeren Teil nach dem Zweiten Weltkrieg statt.

Die Studien sind Beispiele, die über einen zentralen Vorteil der Inhaltsanalyse Aufschluss geben. Anders als die Techniken der Befragung oder Beobachtung erlaubt die Inhaltsanalyse die Erhebung und Auswertung von Material aus längst vergangenen Zeiten. Weiterhin sind mit der

Inhaltsanalyse soziale Trends und Entwicklungen erforschbar. Schließlich ist die Inhaltsanalyse in der Regel nichtreaktiv. Anders als bei einem Interview wird die Produktion des Rohmaterials der Inhaltsanalyse normalerweise nicht durch den Interviewer oder Forscher beeinflusst. Dies gilt jedenfalls für Inhaltsanalysen von Textmaterial, das nicht nach Aufforderung eines Forschers für wissenschaftliche Zwecke produziert wurde. (Die Inhaltsanalyse von Antworten auf offene Fragen im Interview oder die Inhaltsanalyse qualitativer Interviews wäre dagegen eine reaktive Methode.) Mithin sind die Hauptvorteile der Inhaltsanalyse im Allgemeinen:

1. *Vergangenheitsbezug.* Die Inhaltsanalyse ermöglicht auch die Untersuchung in der Vergangenheit produzierten Materials.

2. *Sozialer Wandel.* Mit der Inhaltsanalyse sind soziale Veränderungen, insbesondere der Wandel sozialer Werte, erforschbar.

3. *Nichtreaktivität.* Von Ausnahmen abgesehen, bezieht sich die Inhaltsanalyse auf nichtreaktives Datenmaterial.

2. Inhaltsanalyse in der Praxis

Das Verfahren und die Probleme der Inhaltsanalyse erlernt man wohl am besten, indem man eine manuelle, systematische Auswertung einer Stichprobe von Textmaterial Schritt für Schritt durchspielt. Wir demonstrieren die einzelnen Phasen der Inhaltsanalyse an einem einfachen Beispiel, einer Untersuchung des Wandels politischer Werte in Schweden anhand von Zeitungskommentaren (Block 1981). Die Inhaltsanalyse der Leitartikel erlaubt Rückschlüsse auf die ideologische Position des Senders, der wiederum – je nach Zeitung – bestimmte gesellschaftliche Gruppen oder Parteien repräsentiert. Insofern handelt es sich um eine diagnostische Inhaltsanalyse.

Fragestellung und Hypothesen

Mit der Studie möchte Block (1981) in Erfahrung bringen, ob und in welchem Ausmaß sich zentrale politische Werte und Themen im Spiegel der schwedischen Presse gewandelt haben. Insbesondere gilt die Aufmerksamkeit den Grundwerten «Freiheit» und «Gleichheit». Prioritäten bezüglich dieser Werte sind auch kennzeichnend für den ideologischen Standort der beiden großen politischen Lager: «Freiheit vor Gleichheit» für die bürgerliche Position, «Gleichheit vor Freiheit» oder «Gleichheit als Voraussetzung der Freiheit» für den sozialistischen Standort.

Der Untersuchung gehen keine explizit formulierten Wenn-dann- oder Je-desto-Hypothesen voraus. Wenn nach dem Wandel der beiden (und weiterer) politischer Werte gefragt wird, handelt es sich vielmehr um «offene» Hypothesen, um offene Fragestellungen. Die Fragestellungen lauten: (1) In welchem Ausmaß und in welcher Richtung zeigt sich ein Wandel zentraler politischer Werte, insbesondere der Werte Freiheit und Gleichheit? (2) Gibt es charakteristische Entwicklungen je nach politischem Standort der Zeitung?

Grundgesamtheit und Stichprobe

Die Grundgesamtheit bilden sämtliche Leitartikel (Editorials) der fünf auflagenstärksten Tageszeitungen im Erscheinungszeitraum 1945 bis 1975, den drei Jahrzehnten sozialdemokratischer Regierungspolitik von Tage Erlander (1946–1969) und Olof Palme (1969–1976). Kommentare wurden gewählt, weil sich damit direkter die Wertposition des «Senders» und des gesellschaftlichen Umfelds (Redaktion, Herausgeber, Leserschaft) erschließen lässt als durch die Analyse der laufenden Berichterstattung. Ausgewählt wurde jede achte Ausgabe innerhalb von sieben Monaten eines Jahrs im erwähnten Zeitraum, wobei die fünf Zeitungsausgaben (Arbetet, Dagens Nyheter, Göteborgs-Posten, Sydsvenska Dagbladet und Svenska Dagbladet) jeweils auf den gleichen Tag fielen. Die Stichprobe der Zeitungen ist mithin das Resultat einer Listenauswahl. In jeder der ausgewählten Zeitungsnummern wurden sämtliche Kommentare analysiert. Es handelt sich also um eine Klumpenstichprobe. Die Stichprobenelemente sind die Editorials, die Klumpen sind die per Listenauswahl gezogenen Zeitungsausgaben (vgl. Kapitel IX). Insgesamt umfasst die Stichprobe 11 717 Kommentare.

Bei einer Listenauswahl muss man allerdings sorgfältig darauf achten, dass man aufgrund von Periodizitäten keine selektiven Stichproben erhält (Kapitel IX). Beginnt man z. B. mit einer Samstagsausgabe und zieht dann jede siebte Zeitungsnummer, so enthält die Stichprobe nur Wochenendausgaben; sicher in Bezug auf viele Merkmale eine höchst verzerrte Stichprobe. Berühmt-berüchtigt wurde eine Inhaltsanalyse jüdischer Heiratsankündigungen in der «New York Times» aus den 40er Jahren. Es wurden über mehrere Jahre ausschließlich Inserate im Monat Juni ausgewählt. Cahnmann (1948) kritisierte die Studie mit den Worten, dass jüdische Eheschließungen «are not performed in the seven weeks between the Passover and the Fest of Weeks and in the three weeks preceding the day of Mourning for the destruction of the Holy Temple in Jerusalem. Almost invariably June falls in either the one or the other period» (nach Kops 1984: 89). Die Autoren der Inhaltsanalyse hatten offenbar nicht bemerkt, dass mit ihrer Stichprobe vorwiegend Heiratsankündigungen nichtreligiöser jüdischer Inserenten ausgewählt wurden (siehe auch genauer Lisch und Kriz 1978 zu Problemen der Stichprobenziehung bei Inhaltsanalysen).

Analyseeinheiten

In einem weiteren Schritt ist festzulegen, auf welche Einheiten sich die Inhaltsanalyse beziehen soll. Einheiten der Analyse können sein: Wörter, Wortkombinationen, Sätze, Absätze, Artikel, Zeitungsseiten, räumlich oder zeitlich abgegrenzte Einheiten (z. B. Zeitungsflächen, Sendeminuten bei Radiosendungen). In der vorliegenden Beispielsstudie sind die Analyseeinheiten einzelne Wörter oder auch einfache Wortverbindungen (z. B. Niederlassungsfreiheit, Freiheit der Niederlassung, freie Wahl des Wohnorts). Anhand des Auftretens bestimmter charakteristischer Wörter (die sich auf die noch unten zu erläuternden Kategorien beziehen) kann dann eingestuft werden, ob und eventuell in welchem Ausmaß ein Leitartikel z. B. den Wert «Freiheit» anspricht.

Kernstück jeder Inhaltsanalyse ist das Kategoriensystem. Wie bei Umfragedaten sind die Kategorien Ausprägungen der interessierenden Variablen. Selbstverständlich müssen sich die Kategorien auf die Fragestellung oder auf die unabhängigen und abhängigen Variablen der Forschungshypothese beziehen. Mit dem Kategoriensystem und den Kodieranweisungen werden die Variablen einer oder mehrerer Hypothesen, die der Untersuchung zugrunde gelegt werden, operationalisiert. In diesem Sinn kann man von der *theoriegeleiteten* Konstruktion eines Kategoriensystems sprechen (Früh 2001).

Die Anforderungen an das Kategoriensystem sind die gleichen wie bei der Fragekonstruktion. Kategorien, die sich auf eine Bedeutungsdimension (Variable) beziehen, sollen:

- disjunkt,
- erschöpfend und
- präzise sein.

Kategorien einer Variablen sollen sich mithin nicht «überlappen», es sollen sämtliche Analyseeinheiten eindeutig einer Kategorie zugeordnet werden können, und die Zuordnung sollte präzise festgelegt werden. Diesen Forderungen wird mit genauen Kodierregeln Rechnung getragen.

Mit der Fragestellung der Untersuchung von Block werden zwei dichotome Variablen angesprochen: die Betonung von (1) «Freiheit» und (2) «Gleichheit» in einem Zeitungskommentar. Hier liegen die Dinge wesentlich einfacher. Die Variablen «Freiheit» und «Gleichheit» haben nur je zwei Ausprägungen: Eine Analyseeinheit nimmt auf die Kategorie «Freiheit» Bezug (Kategorie 1 der Variablen «Freiheit») oder keinen Bezug (Kategorie 2 der Variablen «Freiheit»). Analoges gilt für die Variable «Gleichheit». Es müssen demnach nur Zuordnungsregeln für jeweils eine Kategorie der Variablen definiert werden. In die Untersuchung einbezogen wurden nun eine Reihe weiterer politischer Werte oder Themen, die ebenfalls als dichotome Variable formuliert wurden. Es sind dies: Demokratie, Sozialismus, Sicherheit, wirtschaftlich definierte Gruppen von Bürgern, wirtschaftliches Wachstum, Umwelt, Unterdrückung; mit Freiheit und Gleichheit also insgesamt neun Kategorien, die sich auf neun dichotome Variablen beziehen.

Könnte man aber auch äquivalent sagen, dass mit dem Kategoriensystem *eine* nominalskalierte Variable «politische Werte oder Themen» mit neun (bzw. zehn) Kategorien gebildet wurde? (Die zehnte Kategorie wäre «sonstige Themen», sodass das Kategoriensystem formal erschöpfend ist.) Diese Sichtweise wäre nur dann korrekt, wenn jede Analyseeinheit genau einer Kategorie zugewiesen werden kann. Kommt in einem Kommentar der Begriff «Umweltdiktatur» vor, so könnte die Analyseeinheit aber mit gleichem Recht den Kategorien «Umwelt» und «Unterdrückung» zugeordnet werden. Das Kriterium der Eindeutigkeit der Zuordnung zu einer Kategorie einer Variablen wäre verletzt. Dagegen ist die Forderung der Eindeutigkeit nicht verletzt, wenn es sich bei «Umwelt» und «Unterdrückung» um zwei separate, dichotome Variablen handelt. Die Analyseeinheit «Umweltdiktatur» kann dann sowohl der Kategorie 1 der Variablen «Umwelt» als auch der Kategorie 1 der Variablen «Unterdrückung» zugeordnet werden.

Allerdings sind die neun Kategorien in der Untersuchung von Block ziemlich abstrakte Begriffe. Es werden deshalb zu jeder Kategorie (oder dichotomen Variablen) Subkategorien gebildet, insgesamt 60 Unterkategorien zu den neun «Hauptkategorien». Wir betrachten im Folgenden nur die Unterkategorien von «Freiheit» und «Gleichheit». Diese sind:

Freiheit: (1) Freiheit allgemein, (2) nationale Unabhängigkeit, (3) Freiheit der Religion und Meinung, (4) Freiheit der Rede und der Presse, (5) Wirtschaftsfreiheit, (6) persönliche Wahlfreiheit, (7) liberale Ideologie.

Gleichheit: (1) Gleichheit allgemein, (2) Fairness, (3) Gleichbehandlung, (4) Ausgleich, (5) Solidarität, (6) Verteilung, (7) soziale Gleichheit.

Die 60 Subkategorien kann man als dichotome Indikatorvariablen auffassen. «Freiheit» und «Gleichheit» werden also mit je sieben Indikatorvariablen erhoben.

Die Aussagekraft einer Inhaltsanalyse steht und fällt mit der sorgfältigen Konstruktion des Kategoriensystems. Wird nicht einfach ein bewährtes Kategoriensystem übernommen, so sollte man eine Teilstichprobe zur Bildung der Kategorien reservieren, die nicht selbst Gegenstand der Haupterhebung ist. In unserem Beispiel könnte man etwa auf die Zeitungsjahrgänge 1943/44 und 1976/77 zurückgreifen oder auf eine Auswahl von Zeitungsausgaben in dem betrachteten Zeitraum, die nicht in der Stichprobe der Haupterhebung enthalten sind. Anhand dieses Materials wird zunächst das Kategoriensystem schrittweise entwickelt. Weiterhin wird man einen *Pretest* zur Prüfung der Reliabilität der Kodierung (dazu weiter unten) vornehmen. Ebenso wie bei der Einstellungsmessung in der Surveyforschung stellt sich auch bei Kategoriensystemen die Frage nach der *Reliabilität* und *Validität* der erhobenen Variablen. So kann man auch hier die Validität z. B. durch die Korrelation mit bekannten Außenkriterien überprüfen. Von einem Kategoriensystem für die Variable «Betonung von Umweltzielen» wird man wohl erwarten, dass die Variablenwerte bei einer Analyse von Artikeln der ADAC-Zeitschrift geringere Werte aufweisen werden als bei einer Untersuchung von Textmaterial aus dem «Greenpeace-Magazin». Weiterhin könnte man die verwendeten Kategorien zunächst einer empirischen *Analyse der Bedeutungsassoziationen* unterziehen. Ein hilfreiches Instrument zu diesem Zweck ist das «semantische Differenzial» oder Polaritätsprofil. So könnte man die Kategorien wie «Freiheit» oder «Gleichheit» einer Stichprobe von Journalisten vorlegen und diese bitten, die Kategorien nach verschiedenen Merkmalen in einem Polaritätsprofil einzustufen. Als Merkmale verwendet man Unterkategorien oder die Schlüsselworte der Kodieranweisungen. Auf diese Weise ließe sich der semantische Bezug der Indikatoren zu den gewählten Kategorien empirisch überprüfen.

Kodierung

Jede Analyseeinheit eines Kommentars soll von Kodierern den einzelnen Kategorien zugewiesen werden. Dazu bedarf es genauer, eindeutiger und präziser Anweisungen. Ist die Analyseeinheit wie im vorliegenden Fall ein Wort oder eine Wortverbindung, so könnte man für jede Unterkategorie eine vollständige Liste aller Begriffe angeben, die unter die jeweilige Kategorie fallen. Häufig wird diese Strategie vollständiger Auflistung (also eine extensionale Definition der Kategorie) jedoch viel zu aufwendig und praktisch nicht realisierbar sein. In diesem Fall werden sich die Anweisungen auf die Eigenschaften der Kategorie beziehen (intensionale Definition), wobei es sinnvoll ist, eine Reihe typischer Beispiele aufzulisten. Die Kodierregel für die Subkategorie «Wirtschaftsfreiheit» könnte folgendermaßen lauten: «Alle Einzelworte und Wortverbindungen, die sich auf Handels-, Unternehmens- und Wirtschaftsfreiheit beziehen wie Wegfall von Handelsschranken, freies Unternehmertum, Lockerung von Ladenschlusszeiten, freie Preisgestaltung, Tarifautonomie u. a. m.» Im Rahmen der *Kodiererschulung* werden diese Regeln genauestens eingeübt. Weiterhin wird ein *Kodierbogen* erstellt, mit dem jeder Leitartikel der Stichprobe separat erfasst wird. Abbildung XII.2 zeigt ein Beispiel für die Hauptkategorien «Freiheit» und «Gleichheit» mit je sieben Unterkategorien.[2]

Abbildung XII.2: Kodierbogen

Kodierer / in Nr. ....

Zeitung..........

Erscheinungsdatum ....

Leitartikel auf Seite ....

Bei mehreren Leitartikeln auf einer Seite Ort ....

Anzahl der Worte ....

Häufigkeit der Nennungen der Unterkategorie

	1	2	3	4	5	6	7
Freiheit							
Gleichheit							

Fiktives Beispiel für einen Kodierbogen zu Teilaspekten der Untersuchung von Block (1981)

2 In dem Beitrag von Block (1981) werden die Details der Analyse bezüglich Analyseeinheit, Kodierregeln und Kodierbogen nicht erwähnt. Wir stellen hier dar, wie man bei der Untersuchung hätte vorgehen können.

Auf jeden Fall empfiehlt es sich, das gewählte Kategoriensystem plus Kodierregeln in einem *Pretest zu* überprüfen. Dabei wird man mindestens zwei Kodierer einsetzen. Ist das Ergebnis des Pretests negativ, sollten das Kategoriensystem und die Kodierregeln vor der Haupterhebung revidiert und verbessert werden.

Wird der gleiche Text im Pretest oder auch in der Haupterhebung von mehr als einem Kodierer verkodet, so erlaubt diese Vorgehensweise eine Prüfung der *Reliabilität* der Kodierung. Die *Interkoder-Reliabilität* gibt an, wie hoch der Grad der Übereinstimmung der Zuordnungen von zwei Kodierern ist. Wird das Textmaterial von dem gleichen Kodierer zu einem zweiten Zeitpunkt wiederholt bearbeitet, spricht man von Intrakoder-Reliabilität. Bezieht sich die Kodierung auf metrische Variablen (Intensitäten, Häufigkeiten etc.; siehe Kapitel VI), kann als Reliabilitätsmaß der Produkt-Moment-Korrelationskoeffizient berechnet werden. Nun haben die Kategoriensysteme in der Inhaltsanalyse häufig nur klassifikatorischen Charakter (nominales Skalenniveau). Für diesen Fall wird die folgende, einfache Formel vorgeschlagen:

$$\text{Kodierreliabilität} = \frac{2\ddot{U}}{K_1 + K_2}$$

K_1 bezeichnet die Anzahl der Kodierungen von Kodierer 1, K_2 bezeichnet die Anzahl der Kodierungen von Kodierer 2 und Ü die Anzahl übereinstimmender Kodierungen der zwei Kodierer (zu differenzierteren Formeln siehe Lisch und Kriz 1978; Krippendorff 2003). Das Maß gibt den Anteil der Übereinstimmungen an der Zahl der Kodierungen an.

In der Studie von Block (1981), Teil eines sehr großen und aufwendigen Inhaltsanalyse-Projekts zur Untersuchung kultureller Werte, wurden insgesamt fünf Kodierer eingesetzt. Die Berechnung der Reliabilitäten ergibt für die 60 Subkategorien Prozentsätze übereinstimmender Kodierungen im Bereich von 75 bis 85 %.

Erst nach einem, eventuell sogar nach mehreren Pretests beginnt die Phase der Haupterhebung. Die Daten werden sodann von den Kodierbogen in ein Computerfile übertragen und statistisch analysiert (Kapitel XIV). Der Ablauf der Inhaltsanalyse wird zusammenfassend nochmals in Diagramm XII.3 dargestellt.

Als Einheiten der Inhaltsanalyse sind wir von Worten oder Wortverbindungen ausgegangen. Diese wurden den Kategorien nach vorgegebenen Kodierregeln zugewiesen. Die Variablenwerte werden also zunächst den Analyseeinheiten auf der untersten Ebene zugeschrieben. Ziel der Untersuchung ist aber die Charakterisierung der Kommentare, die man als Aggregat der Analyseeinheiten auffassen kann. Um nun den Kommentaren selbst Variablenwerte (z. B. Grad der Betonung des Worts «Freiheit») zuschreiben zu können, müssen Aggregationsregeln formuliert werden (Kapitel IV). So könnte man definieren: «Der Grad der Betonung von Freiheit in einem Kommentar entspricht (= def.) dem prozentualen Anteil von Analyseeinheiten des Kommentars, die einer Unterkategorie des Begriffs Freiheit zugewiesen werden.» Block (1981) verwendet eine einfachere Aggregationsregel. Nach ihrer Definition bringt ein Kommentar den Wert «Freiheit» zum Ausdruck, wenn mindestens eine Analyseeinheit des Kommentars auf eine Unterkategorie von «Freiheit» verweist. Entsprechend lautet die Aggregationsregel für Gleichheit. Damit werden auch für die höhere Ebene des Leitartikels nur dichotome Variablen definiert. Jeder der 11 717 Kommentare kann nun danach klassifiziert werden, ob in dem Kommentar der Wert «Freiheit», der Wert «Gleichheit» oder beide Werte vorkommen. Wird der Prozentsatz der Kommentare, die den Wert «Freiheit» bzw. «Gleichheit» betonen, in einem Diagramm gegen die Zeitachse aufgetragen, so erhält man ein anschauliches Bild der Frequenzveränderungen im Untersuchungszeitraum 1945 bis 1975 (Abbildung XII 4).

Es ist deutlich erkennbar, dass in der unmittelbaren Nachkriegszeit der Begriff «Freiheit» gegenüber der «Gleichheit» Priorität einnimmt. Von dieser Ausgangssituation bis Ende der 1960er Jahre bewegen sich die Kurven aufeinander zu. «Freiheit» verliert, und «Gleichheit» gewinnt im Zeitverlauf an Bedeutung. Wird die Analyse separat für die einzelnen Zeitungen durchgeführt, so zeigt sich mit leichten Variationen das gleiche Muster unabhängig vom politischen Standort der Zeitung.

Die immerhin recht aufschlussreichen Ergebnisse wurden mit der einfachen inhaltsanalytischen Methode der Häufigkeitsauszählung (Frequenzanalyse) des Vorkommens einzelner Ausdrücke gewonnen.[3] Einen

3 Siehe auch Früh (1991) zu einer ausführlichen Diskussion eines etwas komplexeren Beispiels, wie es häufig in der Praxis der Inhaltsanalyse vorkommt.

Abbildung XII.3: Phasen einer Inhaltsanalyse

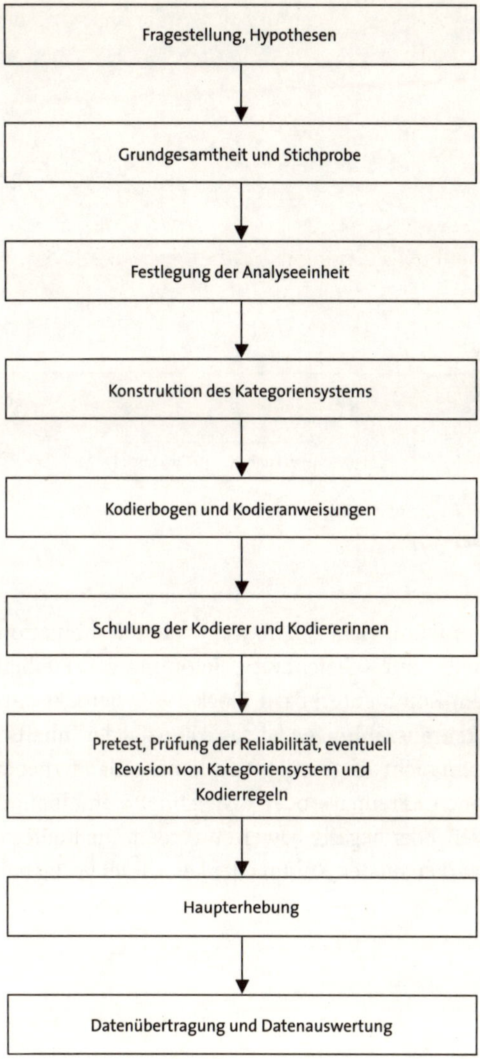

ABBILDUNG XII.4: BETONUNG DER WERTE FREIHEIT UND GLEICHHEIT IN SCHWEDISCHEN ZEITUNGSKOMMENTAREN

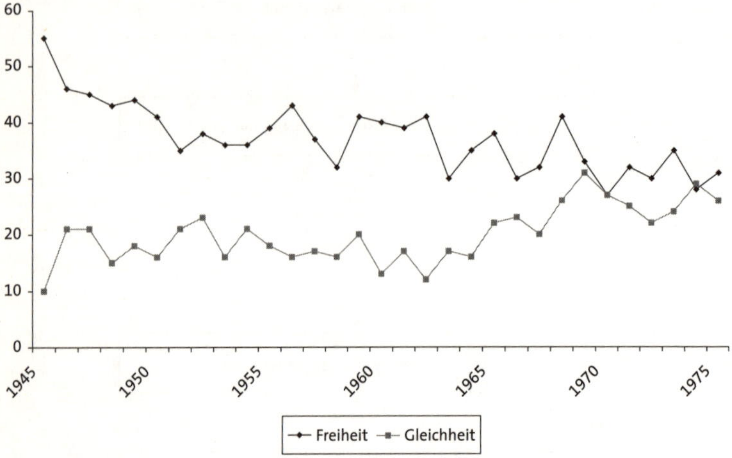

11 717 Leitartikel aus den fünf auflagenstärksten Zeitungen in Schweden
Quelle: Block (1981: 247)

Schritt weiter würde man gehen, wenn auch Kombinationen der Werte (nur «Freiheit», nur «Gleichheit», Betonung von Freiheit und Gleichheit in einem Kommentar; dazu Block 1981) Berücksichtigung finden. Mit Häufigkeitsauszählungen ist das Potenzial der Inhaltsanalyse indessen bei weitem nicht ausgeschöpft. So könnte man ferner danach fragen, ob die Themen «Freiheit» oder «Gleichheit» in einem Zeitungskommentar positiv oder negativ bewertet werden. Die Kodierregeln müssen dann aber stärker auf den Kontext der Leitartikel Bezug nehmen.

3. Spezielle Formen der Inhaltsanalyse

Frequenzanalyse

Die Frequenzanalyse von Worthäufigkeiten, Begriffen, Ausdrücken spezifischer Bedeutung, Themen u. a. m. dürfte auch heute noch die meistverfolgte Zielsetzung inhaltsanalytischer Arbeiten darstellen. Selbst in Inhaltsanalysen, die über diese Fragestellung hinausgehen, ist die Frequenzanalyse oftmals Ausgangspunkt weiter reichender Untersuchungen. Neben dem *Inhalt* von Texten – ein Beispiel ist die im vorhergehenden Abschnitt diskutierte Studie von Block – können sich Frequenzanalysen auch auf rein *formale* Texteigenschaften beziehen. Beispiele wie die Type-Token-Ratio (TTR) oder den Aktionsquotienten (AQ) haben wir bereits in Abschnitt 1 kennengelernt. Es überrascht nicht, dass die Frequenzanalyse einen Schwerpunkt computerunterstützter Inhaltsanalyse bildet. Handelt es sich aber nicht ausschließlich um die Auszählung von Worthäufigkeiten ungeachtet der Bedeutungen, dann sind auch hier eine Reihe von Problemen zu lösen, die keinesfalls als trivial gelten können. Denn auch für Frequenzanalysen von Textinhalten stellt sich das semantische Problem der Erkennung von Bedeutungen. Und die Bedeutung sprachlicher Ausdrücke erschließt sich oftmals erst aus dem Kontext inhaltsanalytischen Materials.

Frequenzanalysen müssen sich nicht notwendigerweise nur auf Textmaterial beziehen. Ihr Gegenstand können auch Filme und Bilder sein. Die Auszählung von Mordfällen im TV-Spielfilmprogramm eines Wochentages ist ein Beispiel für die Frequenzanalyse von Filmmaterial. Auf diese Weise könnte z. B. die Hypothese geprüft werden, ob sich die öffentlich-rechtlichen Sender in Bezug auf Gewaltdarstellungen den privaten Kanälen in wachsendem Maße anpassen. Ist z. B. für die beiden vergangenen Jahrzehnte eine steil ansteigende ‹Mordrate› im ZDF nachweisbar?

Bilder und Fotos in Zeitungen und Zeitschriften können Auskunft über den Wandel von Schönheitsidealen oder Modeströmungen geben. So überprüfte Robinson (1976) eine Hypothese von Kroeber über die langfristigen Modezyklen anhand des Wandels der Bartmode. Zu diesem Zweck wertete Robinson eine Stichprobe von mehreren tausend Illustrationen und Fotos aus den «Illustrated London News» aus, die im Zeitraum von 1842 bis 1972 publiziert wurden. Die akribische Arbeit differenzierte nach den Kategorien: Vollbärte, Seitenbärte, Schnurrbärte und glattrasierte männliche Gesichter. Werden die ersten drei Kategorien zusammengefasst, dann zeigt sich eine Zunahme der Bartmode bis zum Höhepunkt 1885 und danach bis etwa 1960 eine kontinuierliche Abnahme (Abbildung XII.5). Ein Halbzyklus von Maximum bis Minimum umfasst einen Zeitraum von gut zwei Generationen.

Abbildung XII.5: Inhaltsanalyse von Bildern aus den «Illustrated London News» zum Wandel der Bartmode

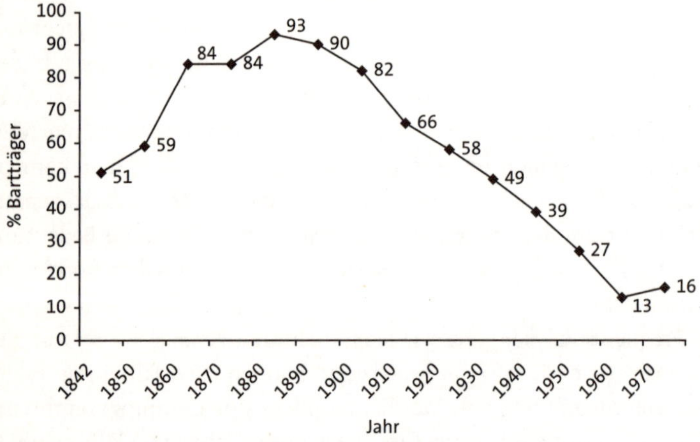

Abbildung nach den Angaben von Robinson (1976, Anhang 1)

Robinson hat für diese Regelmäßigkeit, die sich genauer noch bei den einzelnen Barttypen sowie auch in der Mode-Studie von Kroeber zeigt, eine Erklärung parat. Die heranwachsende Generation verschmäht die Mode der Eltern- wie der Großelterngeneration als ‹alten Hut›. Erst wenn quasi die letzten Träger eines Modezyklus ausgestorben sind, beginnt ein neuer Zyklus sozialer Modediffusion. Ob diese Periodizität aber auch für eine individualistische Gesellschaft unterschiedlichster Modestile gilt, wäre erst noch mit einer Inhaltsanalyse nachzuweisen, die die Zeitreihen von Kroeber und Robinson bis zur Gegenwart aktualisiert.

Kontingenzanalyse

Ausgangspunkt der Kontingenzanalyse sind zwar auch Häufigkeitsauszählungen. Darauf aufbauend ist das Ziel der von Charles E. Osgood vorgeschlagenen Technik aber die Ermittlung von *Assoziationsstrukturen* in Texten oder anderen inhaltsanalytischen Materialien:

Greifen wir wieder auf das Beispiel der schwedischen Wertewandelstudie zurück. Man könnte hier fragen, ob in Abhängigkeit von der ideologischen Position einer Zeitung typische Wertekonstellationen nachweisbar sind. So ist zu erwarten, dass die Kombination von «Freiheit und Gleichheit» in Kommentaren der sozialistischen Arbeiterzeitung besonders häufig erwähnt wird. Die Hypothese lautet also, dass «Freiheit» und «Gleichheit» positiv assoziiert sind.

Die Kontingenzanalyse bietet ein einfaches Verfahren zur Prüfung der Hypothese. Gehen wir davon aus, dass in der Arbeiterzeitung 30 % der Kommentare (gemäß der im vorhergehenden Abschnitt erläuterten Operationalisierung) auf den Wert «Freiheit» und 20 % der Kommentare auf den Wert «Gleichheit» Bezug nehmen. Unter der Annahme, dass die beiden Begriffe weder positiv noch negativ assoziiert sind, ergibt sich die Wahrscheinlichkeit für das gemeinsame Auftreten beider Begriffe in einem Leitartikel als Produkt der Einzelwahrscheinlichkeiten. Für die Wahrscheinlichkeit P der Kombination gilt mithin:

P (Freiheit *und* Gleichheit) = P (Freiheit) · P (Gleichheit) = 0,30 · 0,20 = 0,06

Sind «Freiheit und Gleichheit» positiv assoziiert, dann müsste die relative Häufigkeit des gemeinsamen Auftretens in einem Kommentar größer als 6 % (0,06) sein. Sind die Begriffe negativ assoziiert, dann wird man eine geringere prozentuale Häufigkeit als 6 % vorfinden. Die Kontingenzanalyse vergleicht also die erwartete Häufigkeit unter der Annahme, dass keine Verknüpfung existiert, mit der beobachteten Häufigkeit von Kombinationen. Positive oder negative Abweichungen liefern Hinweise auf die Verknüpfung von Begriffen.

Entsprechend geht man vor, um die Assoziationsstruktur zwischen sämtlichen interessierenden Merkmalen zu analysieren. Demonstrieren wir dies der Einfachheit halber an den folgenden fünf Kategorien der Untersuchung von Block, wobei die (fiktiven) relativen Häufigkeiten in Klammern aufgeführt sind:

(1) Freiheit (0,30)
(2) Gleichheit (0,20)
(3) Demokratie (0,20)
(4) Sozialismus (0,15)
(5) Umwelt (0,10)

Die erwarteten und die beobachteten Häufigkeiten werden nun in eine Kontingenztabelle eingetragen; die erwarteten Häufigkeiten üblicherweise in die Dreiecksmatrix rechts oben, die beobachteten, per Inhaltsanalyse ermittelten Häufigkeiten in die Dreiecksmatrix links unten (Tabelle XII.1). Die erwarteten relativen Häufigkeiten sind dabei jeweils immer das Produkt der relativen Häufigkeiten für die einzelnen Begriffe (z. B. Freiheit *und* Umwelt = 0,30 · 0,10 = 0,03).

Tabelle XII.1: Kontingenztabelle

	(1) Freiheit	(2) Gleichheit	(3) Demokratie	(4) Sozialismus	(5) Umwelt
(1) Freiheit	–	0,06	0,06	0,045	0,03
(2) Gleichheit	0,09	–	0,04	0,03	0,02
(3) Demokratie	0,12	0,05	–	0,03	0,02
(4) Sozialismus	0,05	0,07	0,04	–	0,015
(5) Umwelt	0,01	0,015	0,01	0,01	–

Hypothetische Werte. Erwartete relative Häufigkeiten rechts oben, beobachtete relative Häufigkeiten links unten.

Aus der Tabelle geht für «Freiheit und Gleichheit» der erwartete Wert von 0,06 und ein beobachteter Wert von 0,09 hervor. Die beiden Begriffe wären demnach positiv miteinander verknüpft. Sie treten in den Editorials der untersuchten Zeitung gemeinsam häufiger auf, als dies unter der Unabhängigkeitsannahme zu erwarten wäre.

Allerdings könnten die Abweichungen auch durch Zufallsschwankungen produziert worden sein. Die Differenzen müssen daher noch auf «Signifikanz» geprüft werden (Kapitel XIV). Bezeichnen wir die erwartete relative Häufigkeit mit f_e und die beobachtete Häufigkeit mit f_b, dann sollte (bei einer Irrtumswahrscheinlichkeit $\alpha = 0{,}05$ und größeren Stichproben) f_b außerhalb des Bereichs

$$f_e \pm 1{,}96 \sqrt{\frac{f_e\,(1 - f_e)}{N}}$$

liegen. Ist im vorliegenden Fall z. B. N = 2000 (die Anzahl der Kommentare der untersuchten Zeitungen), so erhalten wir für «Freiheit und Gleichheit» eine «Zufallstoleranz» von:

$$0{,}06 \pm 1{,}96 \sqrt{\frac{0{,}06 \cdot 0{,}94}{2000}} = 0{,}06 \pm 0{,}01$$

Der beobachtete Wert von 0,09 liegt außerhalb dieses Bereichs, die Verknüpfung weist einen signifikanten Wert auf. Bei einer größeren Zahl von Signifikanztests erhält man aber eine gewisse Anzahl rein artifizieller «signifikanter» Resultate, sodass die Ergebnisse mit Vorsicht interpretiert werden müssen. Eigentlich ist der Test nur zulässig, wenn vorab explizit eine Hypothese bezüglich der Verknüpfung von zwei Begriffen formuliert wurde. (Zu einigen Kritikpunkten gegenüber der mechanischen Anwendung des erwähnten Tests siehe Lisch und Kriz 1978: 169 ff.)

Berechnet man nun die Kontingenztabellen separat nach Erscheinungsjahr der Zeitungen, so informieren die Ergebnisse auch über den Wandel der Verknüpfungsstruktur von Begriffen. Es sollte aber beachtet werden, dass die Kontingenzanalyse keine Auskunft zur Bewertung der Zusammenhänge liefert. Eine positive Assoziation bedeutet nicht, dass die Verknüpfung von zwei Begriffen «positiv» bewertet wird. Die Aussage «Die Politik der Gleichmacherei steht im Widerspruch zu einer freiheitlichen Gesellschaft» trägt genauso zur statistisch-positiven Assoziation bei wie ein Kommentar mit der Äußerung «Gleichheit der Lebenschancen ist eine Vorbedingung wirklicher Freiheit» (vgl. auch Lisch und Kriz 1978).

Bewertungsanalyse

Die ebenfalls von Osgood und Mitarbeitern (Osgood, Saporta und Nunnally 1956) entwickelte *Evaluative Assertion Analysis* ist eine Methode zur Messung der Intensität von Bewertungen, die ein Sender in einem Text gegenüber Objekten oder Ereignissen zum Ausdruck bringt. Wird eine Demonstration gegen Kernkraftwerke, der deutsche Bundeskanzler, die Kirche, Gewerkschaften, die NATO, der Begriff Feminismus, die PDS u. a. m. in Zeitung X positiver oder negativer bewertet als in Zeitung Y? Hat sich die Bewertung der NATO seit dem Ende des Kalten Kriegs gewandelt? Weder allein auf der Basis von Frequenz- noch mit Kontingenzanalysen wären diese Fragen beantwortbar.

Die Bewertungsanalyse löst das Problem in mehreren Schritten (Herkner 1974; Lisch und Kriz 1978). Dabei ist zunächst zwischen Einstellungsobjekten (den attitude objects, AO), deren Bewertung gemessen werden soll, und dem allgemeinen Material (common material, cm) zu unterscheiden. Bei den AOs handelt es sich um Objekte, die von verschiedenen «Sendern» unterschiedlich bewertet werden. Für das cm wird dagegen angenommen, dass die Bewertung nicht wesentlich von Person zu Person variiert. Ein drittes Element sind Ausdrücke für Handlungen, z. B. ein Verb (verbal connector, c), welches beispielsweise ein AO mit einem cm verbindet.

In einer ersten Phase der Bewertungsanalyse werden sämtliche AOs im Text markiert und verschlüsselt. Sind z. B. die AOs Kernkraftwerke, SPD, CDU usw., so werden die Begriffe an jeder Stelle im Text durch Kodebuchstaben ersetzt. Auf diese Weise soll vermieden werden, dass persönliche Bewertungen der Kodierer in die Analyse einfließen. Natürlich darf die Person, die die AOs verschlüsselt, nicht an der nachfolgenden Kodiertätigkeit beteiligt werden.

In einer zweiten Phase werden sämtliche Sätze des Textes standardisiert, d. h. so umformuliert, dass sie nur mehr aus den drei Teilen (1) Handlungsursprung (actor), (2) Handlung (action) und (3) Handlungsobjekt (complement) bestehen. Es gibt vier Möglichkeiten von Standardaussagen (Osgood et al. 1956; Herkner 1974):

(1) AO	c	cm	z. B. Kernkraftwerke (AO) bergen (c) ein hohes Risiko (cm).
(2) AO_1	c	AO_2	Die SPD (AO_1) missbilligt (c) den Bau des Kernkraftwerks (AO_2)
(3) AO	c	cm_0	Die CDU (AO) tagt (c) in Königswinter (cm_0).
(4) cm_1	c	cm_2	Energie (cm_1) ist (c) ein kostbares Gut (cm_2).

Dabei ist cm_0 ein neutral bewertetes «common material».

Standardsätze entsprechend (3) und (4) bleiben in der Bewertungsanalyse unberücksichtigt. Die Bewertung in Phase drei bezieht sich mithin nur auf Aussagen vom Typ (1) und (2).

Sämtliche c und cm in den Aussagen des Typs (1) und (2) werden in Phase drei auf Ratingskalen mit den Zahlen – 3, – 2, – 1, + 1, + 2, + 3 bewertet. + 3 wird ein stark positives cm, – 3 für ein stark negatives cm vergeben. Auch die c werden nach ihrer Intensität abgestuft bewertet. Ein negatives Vorzeichen bedeutet in diesem Fall eine Trennung (Dissoziation), ein positives Vorzeichen eine Verbindung (Assoziation). Hier einige Beispiele (Herkner 1974):

ist ganz bestimmt, hat sicher	+ 3
ist meistens, hat sehr wahrscheinlich	+ 2
ist möglicherweise, würde gelegentlich	+ 1
ist vielleicht nicht, würde eventuell ablehnen	– 1
ist meistens nicht, lehnt höchstwahrscheinlich ab	– 2
ist nicht, ist unter allen Umständen dagegen	– 3

Der Text besteht nun aus lauter Standardaussagen mit bewerteten c und cm, z. B.:

(1) XY bergen (+ 2) ein hohes Risiko (– 3)

(2) AB missbilligt (– 3) XY

In Phase vier der Analyse werden die Bewertungen der AOs berechnet. Zunächst werden nur die Werte für die Aussagen vom Typ (1) ermittelt. Der Wert einer Aussage ist das Produkt aus c-Wert und dem cm-Wert, im obigen Beispiel also –6. Die Kombination aus einer Assoziation und einem negativ bewerteten cm trägt zu einer negativen Bewertung von XY bei. Handelt es sich dagegen um eine Dissoziation, würde die Aussage die Bewertung von XY in positiver Richtung verändern.

Der vorläufige, auf Aussagen vom Typ (1) bezogene Wert von XY ergibt sich nun als Summe aller Produkte für Typ-(1)-Aussagen, in denen XY vorkommt. Als Formel generell für Objekte AO:

$$\overline{AO} = \frac{\sum_{i=1}^{n} c_i \cdot cm_i}{3n}$$

Dabei ist n die Anzahl aller Standardsätze vom Typ (1), in denen das zu bewertende AO auftritt. Die Division durch 3 n sorgt dafür, dass die Skalenwerte immer im Bereich von – 3 bis + 3 liegen.

Nun müssen wir noch die Sätze vom Typ (2) bewerten. Man behilft sich in diesem Fall so, dass die vorläufigen $\overline{AO}$-Werte für die einzelnen Objekte einfach in die Aussagen vom Typ (2) eingesetzt werden. Ergibt sich für $\overline{XY}$ ein vorläufiger Wert von z. B. – 2, dann erhalten wir als Bewertung von Aussage (2):

AB missbilligt (– 3) XY (– 2).

Allgemein wird die Bewertung von Objekten AO_1 in Sätzen des Typs (2) (AO_1, c, AO_2) nach folgender Formel berechnet:

$$\overline{AO_1} = \frac{\sum_{i=1}^{m} c_i \cdot (AO_2)_i}{3m}$$

m bezeichnet die Anzahl aller Standardsätze vom Typ (2), in denen das zu bewertende Objekt (im obigen Beispiel AB) anstelle von AO_1 auftritt.

Schließlich müssen wir noch den Gesamtwert für ein Objekt berechnen. Dieser ist einfach der Durchschnittswert aus $\overline{AO}$ und $\overline{AO_1}$ für das jeweils interessierende Objekt.

Um die Vorgehensweise zu verdeutlichen, analysieren wir noch ein bereits umformuliertes (fiktives) Textbeispiel mit vier Standardaussagen. Fügen wir den beiden Sätzen (1) und (2) die folgenden Aussagen hinzu:

(3) Kernkraftwerksbetreiber äußern Skepsis gegenüber der neuen SPD-Landesregierung.

(4) Kernkraftwerke produzieren unter günstigen Umständen billigen Strom.

Die vier Aussagen lauten nach Verschlüsselung der Objekte und Bewertung der cm und c:

(1) XY bergen (+2) ein hohes Risiko (–3) | –6

(2) AB missbilligt (–3) XY

(3) XY äußern Skepsis gegenüber (–2) AB

(4) XY produzieren unter günstigen Umständen (+1) billigen Strom (+2) | +2

Für die Sätze vom Typ (AO, c, cm) wird die Bewertung, das Produkt aus c und cm, an den Rand geschrieben. Werden die Produkte für die spezifischen Objekte (hier XY) addiert und durch Division von 3 n normiert (im Beispiel für XY ist n = 2), erhält man die vorläufige Bewertung des Objekts:

$$\overline{AO}_{XY} = \frac{-6+2}{6} = -\frac{2}{3}$$

Die Sätze (2) und (3) sind vom Typ (AO_1, c, AO_2). Wir berechnen zunächst den Wert für AB. Die einzige Möglichkeit dazu bildet Satz (2). Eingesetzt in die Formel unter Berücksichtigung von m =1 folgt:

$$\overline{AO}_{1AB} = \frac{(-3) \cdot (-2/3)}{3} = \frac{2}{3}$$

Jetzt sind wir in der Lage, die Bewertung von XY anhand der Information von Satz (3) zu korrigieren:

$$\overline{AO}_{1XY} = \frac{(-2) \cdot (2/3)}{3} = -\frac{4}{9},$$

wobei wiederum für m = 1 eingesetzt wurde. Als Durchschnitt der Bewertungen von XY ergibt sich der Gesamtwert:

$$\frac{1}{2} \cdot (\overline{AO}_{XY} + \overline{AO}_{1XY}) = -\frac{10}{9}$$

XY wird gemäß diesem kurzen und hypothetischen Textbeispiel negativ mit –1,11 und AB positiv mit 0,67 bewertet.

In der Praxis wird zur Bewertung von Einstellungsobjekten natürlich eine größere Anzahl von Sätzen herangezogen. Allerdings ist die Bewertungsanalyse bei größeren Textmengen äußerst aufwendig. So wird man kaum die 11 717 Leitartikel aus der Studie von Block einer manuell durchgeführten Bewertungsanalyse unterziehen können. Möglich wäre es aber, die Technik auf eine kleine Stichprobe aus dem Material anzuwenden. Außerdem können einzelne Schritte der Analyse wie die Verschlüsselung der AOs mit Computerhilfe vereinfacht werden. Ein weiteres Problem stellen die Voraussetzungen des Verfahrens dar. Kann der Text wirklich in bewertungsmäßig variierende AOs und (relativ) bewertungskonstante cm und c eingeteilt werden? Ist das Ratingverfahren zur Bewertung der cm und c auf den Skalen von – 3 bis + 3 reliabel? Osgoods Erfahrungen bezüglich der Reliabilität klingen recht optimistisch, doch sollte man besser bei der Anwendung des Verfahrens die Reliabilität der Bewertungen genauer prüfen. Dies wäre wiederum möglich durch den Einsatz mehrerer Kodierer, die den Text unabhängig voneinander bearbeiten.

Die Bewertungsanalyse ist ein Beispiel für ein «komplexes» inhaltsanalytisches Verfahren, das gleichermaßen syntaktische und semantische Gesichtspunkte berücksichtigt.[4] Weitere Varianten komplexer Techniken der Inhaltsanalyse werden von Früh (2001) anhand von Fallbeispielen erläutert.

4 Die Darstellung der Bewertungsanalyse folgte dem Text von Herkner (1974). Eine ausführliche Behandlung eines Fallbeispiels und einige kritische Anmerkungen zu der Technik finden sich in Lisch und Kriz (1978).

4. Qualitative Inhaltsanalyse

Bereits im Erscheinungsjahr der ersten beiden Lehrbücher zur Inhaltsanalyse (Berelson 1952; Lasswell, Lerner und de Sola Pool 1952) hat Kracauer (1952) die quantitative Inhaltsanalyse mit einem Plädoyer für die qualitative Analyse von Texten herausgefordert. Einer der immer wieder vorgebrachten Hauptkritikpunkte richtet sich auf die Kontextabhängigkeit der Bedeutung von Zeichen und Symbolen, welcher von der quantitativen Inhaltsanalyse zu wenig Aufmerksamkeit geschenkt werde. Nun spielt aber das Bedeutungsproblem bereits bei einfachen Frequenzanalysen mit der Analyseeinheit «Wörter» eine Rolle (Stichwort Homonyme), soweit das Erkenntnisinteresse nicht rein formalen Textmerkmalen gilt. Auch in der quantitativen Inhaltsanalyse hat man das Problem kontextabhängiger Bedeutung durchaus erkannt und zwangsläufig zum Thema gemacht. In der computerunterstützten Inhaltsanalyse z. B. sind Prozeduren wie die «Keyword-in-Context-Routine» (dazu weiter unten) Hilfsmittel zur Erfassung kontextabhängiger Bedeutungen.

Weiterhin ist zu betonen, dass es nicht *die* Methode quantitativer Inhaltsanalyse gibt, sondern eine Sammlung verschiedener, mehr oder minder komplexer Verfahren, die je nach Fragestellung und Textmaterial unterschiedliche Aufgaben erfüllen. Früh (2001: 230 ff.) sieht in der Diskussion «qualitative» versus «quantitative» Inhaltsanalyse überhaupt eine Scheinkontroverse und plädiert dafür, auf diese «unzutreffend dichotomisierenden Bezeichnungen» zu verzichten.

«In der empirischen Sozialforschung geht es immer um inhaltliche Fragestellungen, um ‹Probleme› im ganz allgemeinen Sinne, die in der erwähnten Terminologie als ‹qualitative› Sachverhalte gelten müssen. Methodisch stellt sich deshalb auch stets nur die Frage, auf welchem Weg man am angemessensten zu diesen ‹qualitativen› Erkenntnissen gelangt. Dabei können qualifizierende und quantifizierende Aspekte in verschiedenen Phasen des Forschungsprozesses mit unterschiedlichem Stellenwert einfließen, fast immer wird es aber eine Kombination beider Vorgehensweisen sein. Man vergisst zu leicht, dass man z. B. auch bei der Interpretation eines einzelnen Leitfadengesprächs kaum umhinkommt, zu quantifizieren: ‹Die Zielperson X hält offenbar die ungünstige Arbeitszeitregelung für das derzeit dringlichste Problem an ihrem Arbeitsplatz, weil sie mehrfach betont hat, ihr seien sowohl privat (Betreuung ihres Kindes) als auch beruflich mit ihrem Chef dadurch schon häufig Probleme entstanden.› Hier schließt der ‹qualitative› Interpret aus der Häufigkeit und Intensität der Äußerungen, dass es sich um das dringlichste Problem der Zielperson handelt. Er misst also auf Ordinalskalenniveau (Dimension: Dringlichkeit / Wichtigkeit), wobei Quantitäten und Intensitäten als Indikatoren benutzt werden. Umgekehrt wäre es auch für Vertreter der sog. ‹quantitativen› Forschung sinnvoll, wenn sie sich immer wieder selbst vergegenwärtigen würden, dass sie es niemals – wie etwa ein Mathematiker – mit Quantitäten ‹an sich› zu tun haben, sondern immer mit der Bedeutung von Quantitäten.»

Diese Argumente sollen nun nicht suggerieren, dass keine Unterschiede in der ‹Philosophie› verschiedener inhaltsanalytischer Ansätze bestünden (vgl. Früh 1991: 230). Die Bezeichnungen sind eine Sache, die Angemessenheit konkreter Methoden, relativ zur Zielsetzung und zum Ausgangsmaterial einer Untersuchung, ist eine andere Frage. Ob nun die Etiketten «quantitativ» oder «qualitativ» irreführend sind oder nicht; es lohnt sich auf jeden Fall, die Methoden genauer zu studieren, die unter der Rubrik «qualitative Inhaltsanalyse» diskutiert werden.

Allgemein unterscheidet Mayring (2001, 2002) drei grundlegende Varianten qualitativer Inhaltsanalyse, nämlich Zusammenfassung, Explikation und Strukturierung.

Die *Zusammenfassung* reduziert das Material auf einen Textkorpus, der ein «überschaubares Abbild» des Grundmaterials darstellen soll. Wie Mayring (2002) am Beispiel von offenen Interviews mit Lehrern demonstriert, werden im Zuge der Zusammenfassung in mehreren Schritten die wesentlichen Aussagen herausgearbeitet und auf einzelne Kategorien reduziert.

Mit der *Explikation* werden problematische Textstellen (Begriffe, Sätze usw.) unter Rückgriff auf zusätzliches Material einer genaueren Bedeutungsanalyse unterzogen. Bei der Explikation im engeren Sinn wird die Umgebung der Textstelle nach Hinweisen abgesucht, die zum Verständnis des zu explizierenden Textteils verhelfen sollen. Die *enge Kontextanalyse* sucht nach Verbindungen im vorliegenden Text, die *weite Kon-*

textanalyse zieht auch zusätzliches, textexternes Material heran, z. B. andere Texte des Autors, Informationen über den Verfasser und die Entstehungsbedingungen des Textes. Wird mit der Zusammenfassung das Material reduziert, so weist die Explikation genau in die entgegengesetzte Richtung. Dabei kommt der Leitgedanke der Analyse von Bedeutungen unter Einbezug des Kontexts im Rahmen der Explikation besonders zum Tragen.

Nach Mayring (2002: 76) ist aber die *Strukturierung* die «zentralste inhaltsanalytische Technik» unter den drei qualitativen Methoden. Das Ziel des Verfahrens besteht darin, Strukturmerkmale eines Textes unter Verwendung eines Kategoriensystems «herauszufiltern». Ein Beispiel werden wir noch weiter unten betrachten.

Vielleicht wird das Verständnis der drei Methoden, die auch als «Mischformen» zum Einsatz kommen können, durch den folgenden bildhaften Vergleich gefördert (Mayring 2002: 54):

«Man stellte sich vor, auf einer Wanderung plötzlich vor einem gigantischen Felsbrocken (vielleicht ein Meteorit?) zu stehen. Ich möchte wissen, was ich da vor mir habe. Wie kann ich dabei vorgehen?

Zunächst würde ich zurücktreten, auf eine nahe Anhöhe steigen, von wo ich einen Überblick über den Felsbrocken bekomme. Aus der Entfernung sehe ich zwar nicht mehr die Details, aber ich habe das ‹Ding› als Ganzes in groben Umrissen im Blickfeld, praktisch in einer verkleinerten Form *(Zusammenfassung)*.

Dann würde ich wieder herantreten und mir bestimmte besonders interessant erscheinende Stücke genauer ansehen. Ich würde mir einzelne Teile herausbrechen und untersuchen *(Explikation)*.

Schließlich würde ich versuchen, den Felsbrocken aufzubrechen, um einen Eindruck von seiner inneren Struktur zu bekommen. Ich würde versuchen, einzelne Bestandteile zu erkennen, den Brocken zu vermessen, seine Größe, seine Härte, sein Gewicht durch verschiedene Messoperationen feststellen *(Strukturierung)*.»

Das Erkenntnisinteresse der Strukturierung kann sich auf *formale* Aspekte (Stil, Satzbau etc.), *inhaltliche* Merkmale (Untersuchung bestimmter Themen), die Konstruktion von *Typen* oder sogar auf die *Skalierung*, d. h. die Einschätzung des Materials auf einer Skala mit mehreren Ausprägungen, richten. Allen vier Varianten der Strukturierung ist aber gemeinsam, dass zunächst ein (eventuell vorläufiges) *Kategoriensystem* formuliert wird, im zweiten Schritt *Ankerbeispiele* definiert und in einem dritten Schritt *Kodierregeln* aufgestellt werden.

Betrachten wir dazu das von Mayring (2002) angeführte Beispiel aus einem Projekt zur «Lehrerarbeitslosigkeit». Im Rahmen der Untersuchung wurden 75 arbeitslose Lehrer im Zeitraum eines Jahres jeweils siebenmal interviewt.

Die offenen, qualitativen Interviews zur Situation der Arbeitslosigkeit, zur subjektiven Bewältigung, zu den ersten Berufserfahrungen u.a.m. bilden das Ausgangsmaterial der Inhaltsanalyse. Eine der Fragestellungen, die anhand des Materials beantwortet werden sollen, lautet (2002: 89): «Hat der ‹Praxisschock› das Selbstvertrauen des Einzelnen beeinflusst?» Zur Beantwortung der Frage wird die Technik *skalierender Strukturierung* gewählt.

Die Inhaltsanalyse erfolgt dabei in acht Schritten (89 ff.):

1. Bestimmung der Analyseeinheiten

Es wird die Auswertungs- und die Kodiereinheit festgelegt. Die Auswertungseinheiten sind alle Textstellen, in denen Anforderungen durch den Wechsel von der Universität in das Referendariat erwähnt werden. Die Kodiereinheit sind Textstellen innerhalb einer Auswertungseinheit, die einer Kategorie zugewiesen werden können.

2. Festlegung der Einschätzungsdimension(en)

Gemäß der Fragestellung wird die Dimension «Selbstvertrauen» durch drei Komponenten definiert (sich über die Art der Anforderung klar zu sein, in der Anforderungssituation ein positives Gefühl zu haben, die Anforderung bewältigen zu können = kognitive, emotionale und Handlungskomponente).

3. Bestimmung der Ausprägungen

Es werden drei Ausprägungen festgelegt: hohes, mittleres und niedriges Selbstvertrauen. Weiterhin wird eine vierte Kategorie «nicht erschließbar» vorgesehen.

4. Definitionen, Ankerbeispiele und Kodierregeln

Die Kategorien (3) der Dimension (2) werden durch Definitionen, Ankerbeispiele und Kodierregeln möglichst präzise festgelegt. Dieser Schritt ist das «Kernstück der strukturierenden Inhaltsanalyse». Zunächst werden die Kategorien genau definiert. Als Ankerbeispiele gelten typische Textstellen, die unter eine Kategorie fallen. Kodierregeln legen die Zuordnung von Analyseeinheiten zu den Kategorien (hohes, mittleres, niedriges Selbstvertrauen oder «nicht erschließbar») fest. Hier ein Beispiel:

Variable	Ausprägung	Definition	Ankerbeispiele	Kodierregeln
Selbstvertrauen	Kategorie 1: hohes Selbstvertrauen	Hohe subjektive Gewissheit, mit der Anforderung gut fertiggeworden zu sein, d. h. – Klarheit über die Art der Anforderung und deren Bewältigung; – positives, hoffnungsvolles Gefühl beim Umgang mit der Anforderung; – Überzeugung, die Bewältigung der Anforderung selbst in der Hand gehabt zu haben.	«Sicher hat's mal ein Problemchen gegeben, aber das wurde dann halt ausgeräumt: entweder von mir die Einsicht oder vom Schüler, je nachdem, wer den Fehler gemacht hat – Fehler macht ja ein jeder.» «Ja klar, Probleme natürlich, aber zum Schluss hatten wir ein sehr gutes Verhältnis, hatten wir uns gut zusammengerauft.»	Alle drei Aspekte der Definition müssen in Richtung ‹hoch› deuten, zumindest soll kein Aspekt auf nur mittleres Selbstvertrauen schließen lassen; sonst Kodierung ‹mittleres Selbstvertrauen›.

5. Fundstellenbezeichnung

Das Material wird nun in einem ersten Durchgang auf sämtliche Auswertungseinheiten gemäß (1) abgesucht. Die Fundstellen werden markiert. Innerhalb der Auswertungseinheiten werden die Textstellen (Kodiereinheiten) gekennzeichnet, die auf die untersuchte Dimension «Selbstvertrauen» Bezug nehmen.

6. Einschätzung
Die markierten Textstellen oder Kodiereinheiten werden auf der «Skala» Selbstvertrauen eingeschätzt, d. h. einer der vier Kategorien zugewiesen. Dabei kann die Reliabilität der Einschätzung auch durch den Einsatz mehrerer Kodierer geprüft und gesteigert werden.

7. Überarbeitung
Bei einem ersten Durchgang durch das Textmaterial wird mit vorläufigen Kategorien und Kodierregeln gearbeitet. Die Schritte (3) bis (6) werden eventuell in mehreren Durchläufen wiederholt. Das Kategoriensystem wird dann so lange revidiert, bis eine befriedigende Version vorliegt. Es werden also – hier aber am gleichen Textmaterial wie in der Hauptuntersuchung – ein oder mehrere Pretests des Kategoriensystems und der Kodierregeln vorgenommen.

8. Ergebnisaufbereitung
Die Verteilung der Interviews auf die einzelnen Kategorien der Dimension «Selbstvertrauen» wird mit anderem Material, z. B. biographischen Ereignissen, verknüpft. Es können jetzt Zusammenhänge zwischen der Variablen «Selbstvertrauen» und anderen interessierenden Merkmalen untersucht werden.

Ob die Kontextabhängigkeit von Bedeutungen zutreffend erkannt wird, hängt bei der Technik der Strukturierung entscheidend von den Kategorien, den Ankerbeispielen und Kodierregeln ab. In Zweifelsfällen könnte man einzelne Textpassagen mit dem Verfahren der Explikation näher untersuchen und sodann, je nach Ergebnis der Explikation, die Kategorien und Kodierregeln entsprechend modifizieren.

Nicht anders verhält es sich bei der quantitativen Inhaltsanalyse. Auch hier stellt sich das Problem der korrekten Erfassung kontextabhängiger Bedeutung als Problem der Formulierung und Operationalisierung des Kategoriensystems.

Bei dem in Abschnitt 2 ausführlich erläuterten Beispiel der schwedischen Wertewandelstudie wurden die Leitartikel den Kategorien «Betonung von Freiheit» bzw. «Gleichheit» zugewiesen. Die Leitartikel wurden mithin auf *Nominalskalen* eingestuft. Das Beispiel der Strukturierung von Lehrerinterviews führt demgegenüber zu einer *Ordinalskala* mit den Ausprägungen (Kategorien) «hohes», «mittleres» und «geringes» Selbstvertrauen bei ersten Unterrichtserfahrungen. Sieht man von der etwas anderen Einteilung der Bearbeitungsphasen und geringfügigen Unterschieden beim Vokabular («Ankerbeispiele») ab, so ist bei der «qualitativen» Methode der Strukturierung keine wesentliche Differenz zur «quantitativen» Inhaltsanalyse (gemäß der in Abschnitt 2 beschriebenen Vorgehensweise) erkennbar. Die Abgrenzung mit den Etiketten «qualitativ» und «quantitativ» suggeriert eine methodische Alternative, die bei Licht besehen gar keine ist. Dies gilt jedenfalls für die als Strukturierung bezeichnete Methode, gleich ob formal, inhaltlich, typenbildend oder skalierend. Explikation und Zusammenfassung können vielleicht mit größerem Recht als eigenständige Varianten qualitativer Inhaltsanalyse bezeichnet werden. Hier stellt sich aber, ebenso wie bei allen anderen Varianten der Inhaltsanalyse, das Problem des Nachweises der Reliabilität und Validität der Techniken bei konkreten Anwendungen (dazu auch Mayring 2002).

Das Beispiel der Inhaltsanalyse offener Interviews macht auf einen weiteren Gesichtspunkt aufmerksam. Anstelle der freien Interpretation qualitativer Interviews könnte sich eine kontrollierte und systematische Auswertung mit der Inhaltsanalyse empfehlen (vgl. dazu auch Mathes 1988). Wer eine qualitative Methode der Datenerhebung wählt, gleich ob offenes, narratives oder Leitfadeninterview (Kapitel X), ist gut beraten, die oftmals großen Mengen transkribierter Texte inhaltsanalytisch auszuwerten. Die systematische Inhaltsanalyse kann somit auch als Hilfsmittel zur Analyse von Daten dienen, die mit qualitativen Methoden erhoben wurden. Computerunterstützung kann dabei gute Dienste leisten. Heute existieren zahlreiche Programme, die die qualitative Analyse von Texten erleichtern (Melina und Zuell o. J.; Kuckartz 2005).

5. Computerunterstützte Inhaltsanalyse

Im Prinzip kann schon die Analyse von Texten mit herkömmlichen Textverarbeitungsprogrammen als computerunterstützte Inhaltsanalyse (CUI) gelten. Spezielle Programme für qualitative und quantitative Inhaltsanalysen – wobei die Demarkationslinie zwischen den beiden Philosophien immer mehr verschwimmt – leisten aber weit mehr als einfache Textverarbeitungsprogramme. Die Bedingung ist natürlich, dass das Material wie Zeitungsartikel, Interviews, Protokolle u. a. in digitaler Form vorliegt oder in diese Form gebracht wird.

Die computerunterstützte Inhaltsanalyse umfasst ein breites Spektrum von Funktionen, die je nach Zielsetzung und Fragestellung unterschiedlich genutzt werden können:

1. Texte werden bei der Kodierung und Auswertung mit speziellen, auf die qualitative Inhaltsanalyse von Texten zugeschnittenen Programmen bearbeitet. Solche Programme heißen AQUAD, ATLAS, HyperRESEARCH, MAXQDA, NUD*IST oder QED (Überblick Melina und Zuell o. J.; Melina und Zuell 2000). Diese Art der Computerunterstützung wird häufig bei der Auswertung qualitativer Interviews oder bei anderen Texten gewählt, die mittels qualitativer Inhaltsanalyse ausgewertet werden sollen. Mit dem Programm werden Texte herausgeschnitten, Absätze markiert, Textstellen sortiert, zu Vergleichen nebeneinandergestellt, Kategorien zugewiesen u. a. m. Der Computereinsatz kann sich auf einfache Hilfsfunktionen zur Erleichterung der Interpretation von Texten beschränken; er kann wahlweise aber auch weit darüber hinausgehen. Mittlerweile bieten Programme zur qualitativen Inhaltsanalyse zahlreiche Funktionen an, die eine Vielzahl von Aufgaben bei der Bearbeitung von Texten übernehmen. Dazu zählen ausgeklügelte Suchfunktionen ebenso wie hierarchische oder vernetzte Kategoriensysteme (Melina und Züll 2000; Kuckartz 2005, 2006).

2. Analyseeinheiten aus Texten werden von Kodierern erfasst und den Kategorien eines inhaltsanalytischen Computerprogramms zugewiesen. Die Kodierregeln können Bewertungen und Bedeutungen der Textelemente Rechnung tragen. Der Computer dient im Wesentlichen

der Verarbeitung und Auswertung der eingegebenen Daten. Dieser Weg wird z. B. von Lederer und Hudec (1992) vorgeschlagen. Die Idee ist, die Stärken menschlicher Kodiertätigkeit (Erfassung von Bedeutungen) mit den Vorteilen des Computereinsatzes (logische Verknüpfungen und Analyse von Daten) zu verbinden.

3. Könnte man das soeben beschriebene Projekt, salopp formuliert, als «halbautomatische» computerunterstützte Inhaltsanalyse bezeichnen, wird bei «vollcomputerisierten» Inhaltsanalysen auch die Kodierarbeit vom Computerprogramm erledigt. Computerunterstützte Inhaltsanalysen dieses Typs gehen auf die Forschungsarbeiten der Gruppe um Philip J. Stone zurück, die Anfang der 1960er Jahre eine erste Version des *General Inquirer* getauften Programms vorstellte. In Deutschland wurden kurz darauf verschiedene Programme entwickelt, von denen TEXTPACK, weiterentwickelt und betreut vom «Zentrum für Umfragen, Methoden und Analysen» (ZUMA) in Mannheim, größere Verbreitung gefunden hat (Klingemann 1984; Mohler und Züll 1984; Züll, Mohler und Geis 1991). Inzwischen gibt es aber auch diverse Konkurrenzprogramme wie DICTION, KEDS, TextSmart u. a. (Überblick Melina und Züll o. J.; Melina und Züll 2000).

CUI-Programme unterscheiden sich durch die Art der Kodierung, den Aufbau des Kategoriensystems, das Spektrum an Funktionen und die Form der Eingabe (Melina und Züll 2000, insbesondere Tabellen I und II). Einige Programme weisen dem eingelesenen Text automatisch Zeilennummern zu. Die Zeilen sind hier die Einheiten der Analyse. Andere Programme erwarten, dass zunächst die Einheiten des Textes (Worte, Sätze, Absätze) markiert werden. Qualitative Programme unterstützen besonders die Arbeit am Material, die Entwicklung, ständige Revision und Erweiterung von Kategoriensystemen. Die Kodierung erfolgt manuell, während die Software für die quantitative Inhaltsanalyse auch die Möglichkeit der automatischen Kodierung mittels eines Diktionärs (ein «Wörterbuch», dazu weiter unten) vorsieht. Kategorien können hierarchisch aufgebaut oder auch vernetzt sein. ATLAS sieht z. B. Relationen zwischen Kategorien vor. So können etwa Kategorien durch Ursache-Wirkungs-Beziehungen oder andere Relationen charakterisiert werden. Viele Programme, darunter auch CUI-Software für qualitative Analysen, erlauben den Export von Daten zur Weiterverarbeitung mit Statistik-Software. Mit Programmen wie MAXQDA, die für qualitative Analysen konzipiert wurden, sind ebenfalls quantitative Inhaltsanalysen durchführbar, auch wenn kein eingebautes Diktionär zur Verfügung steht. Alle Programme erlauben letztlich Analysen vom «Typ 2», die manuelle Zuordnung von Textelementen zu einem System von Kategorien.

Programme wie MAXQDA unterstützen verschiedene Arten qualitativer Inhaltsanalyse. Die einzelnen Phasen der im vorhergehenden Abschnitt vorgestellten Methode der Strukturierung von Mayring können z.B. mit Hilfe von MAXQDA bearbeitet werden (Kuckartz 2005: 151 f.). Auch für weniger strukturierte Auswertungen ist die Software geeignet. In seinem Lehrbuch erklärt Kuckartz ausführlich die Verwendung von Memos oder die Analyse von Textelementen im Kontext. Mit der «Keyword-in-Context-Routine» – kurz KWIC – wird in der Inhaltsanalyse-Software die Umgebung einer Textstelle dargestellt. Kuckartz demonstriert dies am Begriff «Öffentlichkeit» aus Interviews mit Personen, die sich für die lokale Agenda 21 Initiative engagieren (S. 123 ff.). In einem ersten Schritt werden alle Textstellen gesucht, in denen der Begriff «Öffentlichkeit» oder «öffentlich» vorkommen. Im zweiten Schritt wird der Kontext für alle gefundenen Stellen eingeblendet. Auf diese Weise gelingt es oftmals erst, die spezifische Bedeutung der Begriffe in dem zu untersuchenden Material zu erfassen.

Die Arbeitsweise, die Einsatzmöglichkeiten und die Probleme computerunterstützter quantitativer Inhaltsanalyse werden wir im Folgenden anhand von TEXTPACK erläutern. Als konkretes Anwendungsbeispiel betrachten wir eine Untersuchung von Heiratsannoncen.

Kops (1984) erhob zunächst eine Stichprobe von Heiratsanzeigen, die in den Wochenzeitschriften «Die Zeit» und «Heim und Welt» im Zeitraum von sechs Wochen im Juni und Juli 1973 erschienen sind. Die beiden Medien wurden bewusst ausgewählt, um einen Kontrast bezüglich der sozialen Schichtzugehörigkeit der Inserenten zu erzielen. Inserieren in der «Zeit» eher gebildete Mittelschichten, so rekrutiert sich der Leserkreis von «Heim und Welt» vorwiegend aus den unteren Sozialschichten. Die Stichprobe umfasst 816 Anzeigen mit 26084 Wörtern.

Ziel der Arbeit ist die Bestimmung der Eigenschaften, die schichtabhängig und abhängig vom Geschlecht «angeboten» (Selbstbeschreibung) oder vom gesuchten Partner erwünscht werden (Partnerbeschreibung). Weiterhin werden formale Stilmerkmale (Type-Token-Ratio) untersucht.

Als Analyseeinheit werden Wörter, nämlich Adjektive, zugrunde gelegt. Diese Vorgehensweise bietet sich an, geht es doch vorrangig um die Ermittlung der *Eigenschaften* von Inserenten und den gesuchten Partnern. Auch TEXTPACK geht wie die meisten anderen inhaltsanalytischen Softwarepakete von der Analyseeinheit «Wort» aus.

In einem ersten Schritt werden die Anzeigentexte dem Computer manuell oder arbeitssparender mit einem Lesegerät (Scanner) eingegeben. Mit einer TEXTPACK-Routine können sodann sämtliche Worte aufgelistet werden. Dabei tritt aber das Problem auf, dass das gleiche Eigenschaftswort in verschiedenen Formen vorkommt. «Lebensfroh» z. B. kommt in fünf Varianten vor: «lebensfroh», «lebensfrohe», «lebensfrohen», «lebensfroher», «lebensfrohes». Mit dem Computerprogramm werden die Adjektive in einem weiteren Schritt auf ihre Stammform reduziert. Die resultierende Wörterliste muss aber noch weiterbearbeitet werden. Das nächste Problem ist die Mehrdeutigkeit einer Reihe von gleichlautenden Eigenschaftswörtern (Homonyme). Das Wort «angenehm» z. B. kann einmal auf ein Persönlichkeitsmerkmal, ein andermal auf «angenehme» Umstände verweisen. Mehrdeutige Worte wurden von Kops in jedem Einzelfall untersucht. Eine Hilfestellung leistet auch hier wieder die «Keyword-in-Context-Routine», die vorgegebene Worte im Zusammenhang darstellt (zu Beispielen siehe auch Mohler und Züll 1984; Weber 1990). Die mehrdeutigen Wörter konnten nun manuell identifiziert werden; an dieser Stelle leistet das Programm nur eine unterstützende Funktion.[5]

Das Ergebnis der Bearbeitung ist eine Liste von 300 verschiedenen Eigenschaftswörtern, die sich ausschließlich auf Persönlichkeitsmerkmale von Inserenten und den gesuchten Partnern beziehen. Diese Liste

5 Allerdings existieren auch Programme, die Homonymie-Fehler erkennen, beispielsweise die Disambiguierungs-Routine im General Inquirer. Vgl. Klingemann et al. (1984).

kann nochmals verkürzt werden, wenn seltene Nennungen (kleiner als fünf) unberücksichtigt bleiben. Als Ausgangspunkt für die Datenanalyse erhält man so 116 Eigenschaftsworte, deren Häufigkeiten nach den Merkmalen (Variablen) Geschlecht, auf das sich die Eigenschaft bezieht, Geschlecht Inserent, Geschlecht gesuchter Partner, Selbstbeschreibung versus Partnerbeschreibung und Art der Zeitung («Die Zeit» versus «Heim und Welt») differenziert untersucht werden können. In der Phase der statistischen Datenanalyse kann das Material sodann, nicht anders als bei Umfragedaten, mit geeigneten statistischen Verfahren (Tabellenanalyse, Regression, Faktorenanalyse usw.; siehe Kapitel XIV) genauer ausgewertet werden. Zur Illustration sei die Hitliste der zehn häufigsten Eigenschaften angeführt (Anzahl der Nennungen in Klammern):

1.	schlank	(181)
2.	nett	(144)
3.	geschieden	(111)
4.	evangelisch	(109)
5.	gutaussehend	(85)
6.	sportlich	(75)
7.	einfach	(64)
8.	ledig	(61)
9.	blond	(60)
10.	dunkel-/braunhaarig	(58)

Ohne Probleme ist es weiterhin möglich, die Häufigkeiten nach den Merkmalskombinationen Frau/Selbstbeschreibung, Mann/Selbstbeschreibung, Frau/Partnerbeschreibung, Mann/Partnerbeschreibung oder auch nach der Sozialschicht aufzulisten. So zeigt sich beispielsweise, dass in Selbstbeschreibungen bevorzugt manifeste Eigenschaften (Religion, Familienstand usw.) angegeben werden, während in «Partnerbeschreibungen eher subjektive, der Beobachtung und Überprüfung nur schwer zugängliche Attribute» wie «liebenswert», «charaktervoll», «aufrichtig» usw. überwiegen (Kops 1984: 77).

TEXTPACK errechnet zudem die Type-Token-Ratio als Index der Reichhaltigkeit des Vokabulars. Kops verwendet diesen Index, um eine Hypothese zum Zusammenhang zwischen Sozialschicht und sprachlicher Nuancierung zu überprüfen. Erwartungsgemäß ist der Index für Heiratsanzeigen in «Heim und Welt» geringer als für «Die Zeit» (Tabelle XII.2).

Tabelle XII.2 : Type-Token-Ratio für Heiratsanzeigen in « Die Zeit » und « Heim und Welt »

	Die Zeit	Heim und Welt
Zahl der Anzeigen	405	441
Zahl der Wörter (tokens)	13 576	12 508
Zahl der Wortformen (types)	3 523	2 207
Type-Token-Ratio	0,26	0,18

In der Beispieluntersuchung wurden keine explizit formulierten Kategorien verwendet. Wenn man so will, fungierten die Stammformen der Adjektive als inhaltsanalytische Kategorien. Man könnte nun durchaus allgemeine Kategorien definieren, denen die einzelnen Adjektive zugewiesen werden. Als Kategorien bieten sich z. B. an: demographische Merkmale, physische Attraktivität, Statusmerkmale, Interessen, Charaktermerkmale.

TEXTPACK verfügt eigens über eine formale Sprache zur Konstruktion von Kategorien. In der formalen Sprache werden die Kodierregeln festgelegt, nach denen die Zuweisung der Analyseeinheiten zu den inhaltsanalytischen Kategorien erfolgt. Die Arbeit des Kodierers wird damit vom Programm übernommen. Dabei ist es auch möglich, komplexe Zuordnungsregeln zu definieren, die bei manueller Inhaltsanalyse kaum beherrschbar wären. Ein Beispiel ist die Zuordnung spezieller Wortkombinationen oder auch Wortsequenzen zu komplexen Kategoriensystemen.[6]

Häufig begnügt man sich aber mit weniger komplexen Kategorien-

6 Als Beispiel komplexer Kodierregeln siehe die Studie von Gottschalk und Grunert (1984). Die Autoren verwenden TEXTPACK zur Analyse von «Anbieterinformationen über das Automobil».

systemen. Eine Kategorie wird dann einfach definiert durch die Aufzählung einer Menge von Wörtern. Ob nun komplexe oder einfache Operationalisierung von Kategorien, in jedem Fall müssen die Kategorien in der computerunterstützten Inhaltsanalyse *extensional* (durch Listen von Elementen oder deren Kombinationen) definiert werden. Die Kategorie «physische Attraktivität» könnte durch folgende Wörterliste definiert werden: «schlank, ansehnlich, attraktiv, gepflegt, gutaussehend, hübsch, jünger, jugendlich, dunkel- / braunhaarig, mittelblond, blond usw.» Entsprechend werden die anderen Kategorien definiert, wobei bezüglich einer Bedeutungsdimension (Variable) wieder die Kriterien *vollständig, erschöpfend* und *disjunkt* zu beachten sind. In der computerunterstützten Inhaltsanalyse wird eine Wörterliste zur Definition eines Kategoriensystems als *Diktionär* bezeichnet (zu einem Anwendungsbeispiel mit TEXTPACK siehe Mohler und Züll 1992). Für eine spezielle Untersuchungsfrage wird man nicht selten gezwungen sein, ein Diktionär eigens zum Zweck der Untersuchung aufzustellen. Bei 116 Adjektiven in der Stichprobe von Heiratsanzeigen (bzw. etwa 300 Adjektiven in der vollständigen Liste) ist dies noch eine relativ leichte Übung. Je nach Kategoriensystem und Text können Diktionäre aber auch mehrere tausend Wörter umfassen. So wie Einstellungsskalen in der Umfrageforschung nicht immer neu erfunden werden müssen, empfiehlt es sich in diesem Fall, auf geeignete, vorliegende Diktionäre zurückzugreifen. Die Voraussetzung ist aber, dass ein geeignetes Diktionär für eine konkrete Anwendung überhaupt existiert. Bei speziellen Themen wird die Suche leider oft zu einem enttäuschenden Ergebnis führen. Dann ist Eigenarbeit erforderlich. Zweifellos wäre es wünschenswert, wenn im Zuge kumulativer Forschung eine größere Anzahl von Diktionären für unterschiedliche Untersuchungsthemen zur Verfügung stünde.

Einige der vorliegenden Diktionäre sind relativ allgemein gehalten. Dazu zählen z. B. das Harvard Psychosociological Dictionary oder das Lasswell Value Dictionary (siehe Züll, Weber und Mohler 1989). Eine deutsche Version des Lasswell Value Dictionary (Eisner 1991) wurde von Glöckner-Rist und Mohler (1996) zur «Analyse der Verhandlungen des Zentralen Runden Tischs der DDR» eingesetzt. Auch hier erfolgte die automatische Kodierung mit TEXTPACK. Die meisten Wörterbücher werden aber für spezielle Untersuchungszwecke konstruiert. So existieren Diktionäre für die typischen

Vornamen ethnischer Gruppen. Lavender (1992) analysiert, um nur eine Anwendung zu nennen, mit einem Diktionär spanischer Vornamen US-amerikanische Wählerlisten. Auf diese Weise kann er den Anteil der «Hispanics» unter den Wählern schätzen.

Wird ein Diktionär in mehreren Untersuchungen verwendet, so ergibt sich auch die Gelegenheit, das «Wörterbuch» schrittweise zu erweitern. In der «Allgemeinen Bevölkerungsumfrage» (Allbus) z. B. werden die offen erfragten Berufe mit TEXTPACK verkodet. Im Allgemeinen verwendet man zur Berufsklassifikation den «International Standard Code of Occupations» des Internationalen Arbeitsamtes (ILO) in Genf. Die sogenannte ISCO-Klassifikation ist ein Kategoriensystem der Berufe. Das Diktionär umfasst die einzelnen Berufsangaben inklusive der Synonyme (z. B. Metzger, Schlachter, Fleischer); eine Liste, die mehrere tausend Positionen aufweist. Mittels des Diktionärs werden die Berufsangaben aus den Interviews dem ISCO-Kategoriensystem automatisch zugewiesen. Bei einer ersten Verwendung wird das Diktionär aber nicht vollständig sein. Berufsangaben, die im Diktionär nicht enthalten sind, müssen per Hand klassifiziert werden. Um diese Berufsangaben wird das Diktionär erweitert und somit bei jeder neuen Anwendung verbessert. Sind z. B. bei einer ersten Anwendung 80 % der Berufsangaben automatisch klassifizierbar, so wird diese Quote bei mehrmaliger Anwendung auf über 95 % anwachsen. Der wiederholte Gebrauch optimiert das Diktionär mit jeder erneuten Anwendung. Wer weiß, wie arbeitsaufwendig die Kodierung offener Interviewfragen sein kann, wird diese höchst praktische Anwendung computerunterstützter Inhaltsanalyse sehr zu schätzen wissen (siehe auch Klingemann und Schönbach 1984).

Die Domäne computerunterstützter quantitativer Inhaltsanalyse ist gegenwärtig noch die Frequenzanalyse von Texten. Besonders auf diesem Feld kann die Computerunterstützung mit Programmpaketen wie TEXTPACK hilfreiche Dienste leisten. Deshalb wäre zu vermuten, dass Anwendungen dieser Technik schon aus zwei Gründen zunehmende Resonanz finden werden. Erstens stehen leistungsfähige und kostengünstige Lesegeräte zur Verfügung, die die Texteingabe wesentlich vereinfachen. Zweitens werden Texte in wachsendem Maß digital gespeichert. Kann zum Zweck der Inhaltsanalyse bereits auf digitalisierte Daten zugegriffen werden, entfällt der aufwendige Arbeitsschritt der Transkription. Die Durchführung computerunterstützter Inhaltsanalysen wird durch die skizzierten technischen Entwicklungen wesentlich erleichtert. Eigentlich erstaunlich, dass das Potenzial der Methode im Vergleich zu anderen Techniken noch viel zu selten genutzt wird.

Weniger Erfolgsmeldungen sind dagegen von der Forschung zur automatischen Erfassung des Bedeutungsgehalts von Texten zu verkünden. Hier ist zumindest die praktische Umsetzung noch weit von den Zielen entfernt, die von den Optimisten computerisierter Inhaltsanalyse vor einigen Jahrzehnten anvisiert wurden. Insbesondere die programmgesteuerte Erkennung kontextabhängiger Bedeutungen erweist sich als ein Problem, das bis heute nicht befriedigend gelöst worden ist. Die Problemlage ist hier ähnlich wie bei der automatischen Sprachübersetzung. Ein vielzitiertes Beispiel ist die Übersetzung des Bibelzitats «Der Geist ist willig, doch das Fleisch ist schwach!». Die englischsprachige Fassung des frommen Spruchs wurde zunächst ins Russische, sodann in die englische Sprache rückübersetzt. Heraus kam: «Der Wodka (‹spirit›) ist angenehm, doch das Fleisch ist zu weich.»[7]

Freilich soll diese Geschichte nicht darüber hinwegtäuschen, dass auf dem Gebiet maschineller Übersetzung in jüngster Zeit einige Fortschritte erzielt worden sind. Auch die computerunterstützte Inhaltsanalyse wird davon künftig profitieren. Bis praktikable Softwarelösungen vorliegen, wird man sich aber noch eine Weile gedulden müssen.[8]

7 «The spirit is willing, but the flesh is weak» lautete in der Rückübersetzung: «The Vodka is agreeable, but the meat is too tender» (Paulos 1991: 139).

8 Als weiterführende Literatur zur Inhaltsanalyse sei auf die Lehrbücher von Krippendorff (2003), Früh (2001), Lisch und Kriz (1978), Merten (1995) sowie die Einführung von Weber (1990) verwiesen. Spezielle Methoden wie die Bewertungsanalyse findet man in Herkner (1974) und Auskunft über die Entwicklung der Inhaltsanalyse in Silbermann (1974). Anwendungsbeispiele werden in den Sammelbänden von Rosengren (1981), Klingemann (1984), Züll und Mohler (1992) sowie Bos und Tarnai (1989, 1996) berichtet. Bei den Beiträgen in den Bänden von Klingemann und Züll/Mohler handelt es sich um computerunterstützte Inhaltsanalysen mit dem Programm TEXTPACK. Der von Bos und Tarnai (1996) herausgegebene Band enthält Beiträge über computerunterstützte Inhaltsanalysen mit unterschiedlicher Software. Über die qualitative Inhaltsanalyse informiert Mayring (2002). Als Lehrbuch der computerunterstützten Inhaltsanalyse qualitativer Daten sei das Buch von Kuckartz (2005) genannt.

XIII. Nichtreaktive Erhebungsmethoden

1. Der «kluge Hans», Pygmalion und die Erforschung methodischer Artefakte

Ein Pferd, das mathematische Aufgaben löst, ist eine nicht gerade alltägliche Erscheinung. Eine derart tierische Situation hat sich im Jahr 1904 ereignet. Der Hengst «Hans» des pensionierten Mathematiklehrers von Osten konnte addieren, subtrahieren, multiplizieren, dividieren, persönliche Fragen beantworten und andere Probleme lösen, wobei die Antwort auf numerische Aufgaben durch die Anzahl «Hufscharren» mitgeteilt wurde (Rosenthal und Jacobson 1968).[1] Denn zum Sprechen war der kluge Hans nun doch nicht in der Lage. Eine ganze Reihe hochkarätiger Wissenschaftler, u. a. eine Kommission der Preußischen Akademie der Wissenschaften, hat nach genauer Inspektion die Rechenkünste des klugen Pferdes bescheinigt. Erst dem Gelehrten Carl Stumpf und seinem Mitarbeiter Oskar Pfungst gelang es, mit einer Serie von Experimenten das Geheimnis der Kunstfertigkeit zu lüften. Stumpfs studentischem Mitarbeiter Pfungst kommt wohl die entscheidende Entdeckung zu (Watzlawick [1976: 43] 2004). Es zeigte sich nämlich, dass Hans keine korrekte Antwort geben konnte, wenn erstens der Fragesteller nicht sichtbar war oder dieser zweitens die richtige Antwort selbst nicht wusste. Auch den Mechanismus subtiler Beeinflussung fanden Pfungst und Stumpf heraus. Wenn der Fragesteller sich vorbeugte, um die Hufbewegungen zu beobachten, machte dieser so gut wie immer, sobald die korrekte Zahl erreicht wurde, eine nahezu unmerkliche Kopfbewegung. Das aber war für das sensible Pferd das Signal, weiteres Hufscharren zu unterlassen.

Von Osten war kein Betrüger und hat selbst an die Fähigkeiten seines

1 Nichtnumerische Aufgaben «löste» das Pferd durch eine Hufbewegung für a, zwei Hufbewegungen für b usw. Zu einer kurzen Darstellung der Geschichte vom «klugen Hans» und der Folgen siehe auch Watzlawick ([1. Aufl. 1976] 2004).

Pferdes geglaubt. Er traute auch nicht dem Untersuchungsbericht und zog sich nach der Bekanntgabe der Resultate verbittert zurück.

Die ganze Geschichte hatte weite Kreise gezogen. (Eine englischsprachige Fassung des Pfungst-Berichts erschien 1911.) Die Presse, das Laienpublikum und Wissenschaftler, die das Geschehen aufmerksam verfolgt und kommentiert hatten, waren von der profanen Erklärung des Falls eher enttäuscht, und so geriet der «kluge Hans» bald in Vergessenheit.

Jahre später hat Rosenthal, von ihm stammt auch die Einleitung zur Neuauflage des «Pfungst-Reports» (Pfungst 1965), die Aufmerksamkeit wieder auf den eigentlich wissenschaftlich interessanten Kern der Kluge-Hans-Affäre gelenkt.[2] Nicht die scheinbar extraordinären Fähigkeiten des Pferdes, sondern die subtilen, unmerklichen Mechanismen der Verhaltenssteuerung sind von höchstem wissenschaftlichem Interesse für die Sozialpsychologie und Methodenforschung. Denn ob bei der Beobachtung im Experiment oder im Interview, subtile Mechanismen der Beeinflussung verbaler oder nonverbaler Art (Mimik, Körpersprache) können auch hier – vom Versuchsleiter oder Interviewer unbemerkt – das Verhalten und die Antwortreaktionen der Probanden in Richtung auf die «erwünschte» Antwort (z. B. die Bestätigung der Hypothese des Forschers) lenken. Rosenthal hat, aufbauend auf diesem Grundgedanken, mit seinen Mitarbeitern eine neue Forschungsrichtung begründet: die systematische Untersuchung methodischer Artefakte. Besonders gilt das Interesse jenen spezifischen Artefakten (d. h. «künstlich geschaffenen Tatsachen» oder methodenbedingten systematischen Verzerrungen), die nach dem Prinzip der sich «selbst erfüllenden Prognose» erzeugt werden (zu einem Überblick siehe Rosenthal 1966; Rosenthal und Jacobson 1968). Produzieren (falsche) Erwartungen und Hypothesen erst die Tatsachen, die sie fälschlicherweise annehmen, so kann man mit Rosenthal von einem *Pygmalion-Effekt* sprechen (siehe Kasten XIII.1). Wie Experimente der Forschungsgruppe von Rosenthal demonstrieren, kann sich «Pygmalion» eben auch und besonders in reaktiven Interviews und bei Beobachtungen in Experimenten bemerkbar machen.

2 Ähnlich hat auch der Zoologe Hediger (1967) reagiert. Zu den Folgen der «Kluge-Hans-Affäre» siehe Watzlawick ([1. Aufl. 1976] 2004).

Kasten XIII.1: Pygmalion im Klassenzimmer

Pygmalion heißt der König in der griechischen Mythologie, der eine Gestalt nach seinem Ebenbild erschuf. «Pygmalion» heißt auch ein Theaterstück von George Bernard Shaw, das als Vorlage für das Musical «My Fair Lady» diente. So wie Professor Higgins ein Blumenmädchen in eine Lady verwandeln wollte, können Erwartungen oftmals den Gegenstand der Erwartung erst selbst erschaffen. Falsche Erwartungen (oder Hypothesen) beeinflussen die eigene Wahrnehmung und das eigene Verhalten, die Wahrnehmungen und das Verhalten anderer und können auf diese Weise die Realität produzieren, die dann letztlich mit den (anfangs falschen) Erwartungen, Hypothesen oder Vorurteilen übereinstimmt. Der Pygmalion-Effekt ist ein Spezialfall einer sich «selbst erfüllenden Prognose» (Merton 1936). In reaktiven Interviews und Experimenten kann sich «Pygmalion» bemerkbar machen, wenn Interviewer oder Versuchsleiter (unbewusst) die beobachteten Daten gemäß ihren Hypothesen «erschaffen» oder zumindest erheblich in Richtung der Vorannahmen verzerren. Die Forschungsgruppe von Rosenthal hat zu diesem Problemkreis eine Fülle von Untersuchungen durchgeführt, die allerdings auch Gegenreaktionen hervorgerufen haben (nicht alle Befunde erwiesen sich in Replikationsstudien als reproduzierbar). Die bekannteste Studie ist wohl «Pygmalion in the Classroom» (Rosenthal und Jacobson 1968).

Die Autoren erhoben zunächst mit üblichen Tests die Intelligenzwerte von 255 Schulkindern in «Oak-School». Den Lehrern wurden sodann die Namen desjenigen Fünftels von Schülern mitgeteilt, die angeblich bei einem «Harvard-Test» zur Erkennung begabter Kinder besonders gut abgeschnitten hätten. Tatsächlich aber wurden die besonders «klugen» Kinder einfach per Zufall ausgewählt. Ein Jahr später wurden die 255 Schulkinder einem erneuten Intelligenztest unterzogen. Die «begabten» Kinder erzielten dabei höhere Zugewinne als die «weniger begabten» Kinder. Die Erwartungen der Lehrer, so die Interpretation der Resultate, machten aus scheinbar klugen Schulkindern faktisch klügere Kinder. Die Erklärung lautet, dass «klügere» Kinder von Lehrern u. a. freundlicher behandelt werden, ihnen mehr Aufmerksamkeit gewidmet wird u. a. m., was wiederum die Lernleistung positiv beeinflussen mag.

Der Effekt zeigt sich aber nur in den ersten beiden Klassen mit jüngeren Schulkindern (siehe Abbildung). Zu vermuten ist, dass die neuen und jüngeren Schulkinder den Lehrern noch weitgehend unbekannt waren und sich Vorurteile und falsche Erwartungen unter dieser Voraussetzung besonders stark auswirken werden. (Zu alternativen Erklärungen des umstrittenen Experiments – vielleicht wurden Rosenthal und Jacobson Opfer ihres eigenen Pygmalion-Effekts? – siehe die Arbeit mit dem Titel «Pygmalion auf dem Prüfstand» von Elashoff und Snow, 1972.)

Rosenthal und Fode (1963) konnten den Pygmalion-Effekt sogar in Tierexperimenten nachweisen. Den Versuchsleitern wurde vorgespiegelt, dass sie ein Lernexpe-

Das Pygmalion-Experiment von Rosenthal und Jacobson

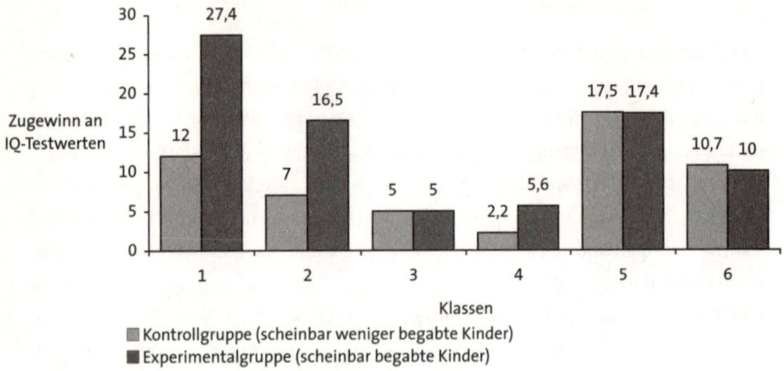

Quelle: Rosenthal und Jacobson (1968: 75)

riment mit Versuchsratten im sogenannten T-Labyrinth durchführen sollten. Zu registrieren waren die erfolgreichen Lernleistungen, d.h. die korrekten Reaktionen der Versuchstiere. Tatsächlich fand in diesem Experiment aber eine Art Rollentausch statt. Denn ohne ihr Wissen waren die Versuchsleiter selbst die Probanden – sozusagen die faktischen Versuchsratten. Den «Versuchsleitern» (zwölf Psychologie-Studenten) wurde mitgeteilt, dass sich die Ratten nach ihren Lernleistungen unterschieden. Es gab angeblich «dumme» und «kluge» Ratten. Tatsächlich wurden die gleichermaßen talentierten Ratten den Versuchsleitern per Zufall zugewiesen. Die folgende Tabelle liefert eine eindrückliche Bestätigung der Hypothese, dass die scheinbar klugen Ratten im Experiment bessere Lernleistungen zu erkennen geben als die «dummen» Versuchstiere.

Ergebnisse von Rosenthal und Fode (1963) zum Pygmalion-Effekt in einem Tierexperiment

	«Kluge» Tiere	«Dumme» Tiere
Mittlere Anzahl korrekter Reaktionen pro Versuchstier pro Tag*	2,32	1,54
Selbsteinschätzung der Versuchsleiter auf Ratingskalen**		
Freundliche Behandlung der Versuchstiere	6,5	2,7
Häufige Kontakte mit Versuchstier	5,2	0,3

* Bei zehn Versuchsdurchgängen pro Versuchstier pro Tag.
** Einschätzung auf Ratingskalen von – 10 bis +10.

Wie sind diese Unterschiede in einem der Versuchsanlage nach objektiven und standardisierten Laborexperiment erklärbar? Offenbar haben die Versuchsleiter die «klugen» Ratten freundlicher behandelt, öfter angefasst und gestreichelt als die scheinbar «dummen» Versuchstiere. Ratten sind sensible Geschöpfe, die bei liebevoller Behandlung womöglich bessere Lernleistungen aufweisen. Die falsche Erwartung größerer Klugheit hat sich via entsprechendes Verhalten in dem Experiment selbst bestätigt.

Reaktiv heißt, dass nichtkontrollierte Merkmale des Messinstruments, des Anwenders des Messinstruments (Verhalten des Versuchsleiters, des Interviewers) oder der Untersuchungssituation das Ergebnis der Messung systematisch beeinflussen können. Kurz und einfach formuliert: Erhebungsmethoden sind reaktiv, wenn die Gefahr besteht, dass der Messvorgang das Messergebnis beeinflussen und verfälschen kann.

Damit ist nicht gesagt, dass reaktive Erhebungsmethoden das Messergebnis immer verfälschen. Eine Vielzahl von Fehlerquellen reaktiver Interviews haben wir bereits in Kapitel X kennengelernt. Weiterhin wissen wir, dass Diagnose- und Therapiemöglichkeiten zur Vermeidung, Verminderung oder nachträglichen Korrektur verzerrter Messungen existieren. Derartige Probleme zu erkennen und Maßnahmen zu ihrer Vermeidung auszutüfteln ist ja gerade eine der wesentlichen Forschungsaufgaben der empirischen Methodenforschung. Auch Rosenthal zieht aus seinen methodenkritischen Untersuchungen nicht den Schluss, reaktive Methoden aus dem Repertoire sozialwissenschaftlicher Forschungsmethoden zu streichen. Die Ergebnisse zu methodischen Artefakten, die übrigens selbst wieder mit reaktiven Methoden gewonnen wurden, schärfen aber das Problembewusstsein und stimulieren die Entwicklung von Gegenmaßnahmen und alternativen Erhebungstechniken.

Zur Vermeidung von Artefakten des Pygmalion-Typs schlagen Rosenthal und Fode (1963) vor, wo immer möglich die Versuchsleiter nicht über die zu prüfende Hypothese zu informieren. Falls es sich einrichten lässt, sollten die Versuchsleiter weiterhin nicht wissen, ob sie in einer

Kontroll- oder Experimentalbedingung eingesetzt werden, also z. B. ein Placebo oder den mutmaßlichen Wirkstoff verabreichen. Da man üblicherweise auch die Versuchspersonen im Ungewissen über die Hypothese eines Experiments oder einer Surveystudie lässt und in Experimenten sogar häufig über die tatsächlichen Untersuchungsziele täuscht (die Aufklärung erfolgt dann nach Abschluss des Experiments), ist der Vorschlag von Rosenthal und Fode als Plädoyer für *Doppelblindversuche* zu verstehen.

Diese Technik hat ihre Meriten, schafft aber auch gewisse Probleme. Denn erstens sind Doppelblindversuche nicht immer durchführbar. Zweitens bilden die Versuchspersonen (oder Befragten) und ihre Versuchsleiter (oder Interviewer) auch dann Erwartungen und Hypothesen, wenn sie über die eigentlichen Untersuchungsziele nicht informiert werden. Diese ‹privaten› Hypothesen werden meist anders lauten als die Hypothesen des Forschers. Gehen sie bei mehreren Versuchsleitern, die bei einem Experiment eingesetzt werden, in unterschiedliche Richtungen, dann erhöht sich im günstigsten Fall der Zufallsmessfehler. Gefahr besteht aber dann, wenn die Erwartungen «blinder» Versuchsleiter hauptsächlich in eine Richtung weisen und Beeinflussungsmechanismen nach dem Pygmalion-Schema wirksam sind.

Demgegenüber stellen nichtreaktive Erhebungsmethoden eine grundlegende Alternative dar. Aber Vorsicht! Nichtreaktiv heißt nicht «unverzerrt» oder «unverfälscht». Wie bei allen anderen Methoden sind auch hier die Vorzüge gegenüber den eventuellen Nachteilen und Fehlerquellen abzuwägen. Weiterhin ist vorab zu klären, ob bei einer speziellen Untersuchungsfrage nichtreaktive Methoden überhaupt anwendbar sind.

Auch die bisher behandelten Erhebungsmethoden wie Beobachtung oder Inhaltsanalyse können nichtreaktiven Charakter aufweisen. So ist die Inhaltsanalyse meistens nichtreaktiv, denn die Produzenten der Texte haben diese ja in aller Regel nicht für wissenschaftliche Untersuchungszwecke geschrieben. Ebenso sind Beobachtungsverfahren häufig nichtreaktiv. Dies gilt dann, wenn die Beobachtung unaufdringlich ist. Die verdeckte Beobachtung ist natürlich in jedem Fall eine nichtreaktive Erhebungsmethode. Schließlich dienen alle möglichen Arten von *Verhaltens-*

spuren, sofern die «Spuren» nicht in einer wissenschaftlichen Untersuchung auf Aufforderung eines Versuchsleiters hin produziert wurden, als Quellen nichtreaktiver Erhebungen. Archäologen z. B. sind ausschließlich auf die nichtreaktive Methode der Untersuchung von Verhaltensspuren angewiesen. So wird wohl kaum ein Etrusker einen Tonkrug deshalb erzeugt, bemalt oder zerdeppert haben, damit sein Werk 2500 Jahre später in einer archäologischen Doktorarbeit erscheint. Wie wir sehen werden, können aber auch die gegenwartsbezogenen sozialwissenschaftlichen Disziplinen von der Methode der Analyse von Verhaltensspuren stark profitieren.

Wir sehen auch, dass nichtreaktive Methoden eigentlich keine neue Klasse von Erhebungsmethoden darstellen. «Reaktiv» oder «nichtreaktiv» ist vielmehr eine Eigenschaft unterschiedlicher Methoden. Bei einer Klassifikation von Erhebungsmethoden in systematischer Absicht wäre es sinnvoll, die folgenden drei Erhebungsmethoden zu unterscheiden: (1) Befragung, (2) Beobachtung, (3) Verhaltensspuren. Die Inhaltsanalyse wäre dann ein wichtiger Spezialfall der Erhebung von Verhaltensspuren. Andere Gesichtspunkte wie «reaktiv» oder «nichtreaktiv», «quantitativ» oder «qualitativ» sind spezielle Eigenschaften der «Trias» von Erhebungsmethoden. Da diese Einteilung bislang ungebräuchlich ist, orientieren wir uns in diesem Buch an der üblichen, nicht immer ganz logisch erscheinenden Kategorisierung. Wir beachten aber, dass Beobachtung, Inhaltsanalyse und nichtreaktive Verfahren keine disjunkten Klassen von Erhebungsmethoden darstellen.

Die systematische Diskussion nichtreaktiver oder «unaufdringlicher» Erhebungsverfahren («unobtrusive measures») geht auf eine Publikation von Webb, Campbell, Schwartz und Sechrest (1966) zurück. In Deutschland haben insbesondere Bungard und Lück (1974) einige Techniken erprobt und einer kritischen Diskussion unterzogen (vgl. auch Lück 1975; Lück und Manz 1973).[3]

Wir unterscheiden im Folgenden zwei Hauptgruppen nichtreaktiver Methoden: erstens Feldexperimente, häufig kombiniert mit der Erhebungsmethode der Beobachtung, zweitens die Erhebung von Verhaltens-

3 Zu Überblicksartikeln siehe auch Albrecht (1975) sowie Petermann und Noack (1999). Seit einigen Jahren werden Feldexperimente häufiger in der Ökonomie durchgeführt. Zu einem Überblick siehe Harrison und List (2004).

spuren. Damit unterscheiden wir quasi «aktive» und «passive» nichtreaktive Methoden. Mit Feldexperimenten greifen Sozialforscher in das soziale Geschehen ein. Hier wird die unabhängige Variable eines Versuchs vom Forscher aktiv manipuliert. Bei der Erhebung von Verhaltensspuren beschränken sich Sozialforscher dagegen auf eine eher passive Rolle. Registriert werden diejenigen «Indizien», die als Nebenprodukt sozialer Aktivitäten im Alltag ohnehin anfallen.

2. Feldexperimente

Feldexperimente sind experimentelle Untersuchungen in natürlicher Umgebung. Gelangen dabei zusätzlich nichtreaktive Erhebungsmethoden zur Anwendung, so handelt es sich um nichtreaktive Feldexperimente. Zur Erhebung der Daten wird in nichtreaktiven Feldexperimenten meist die Methode unaufdringlicher Beobachtung gewählt. Betrachten wir dazu einige Beispiele.

Feldexperimente mit unaufdringlicher Beobachtung: Beispiel Hilfeleistung

Isen und Levin (1972) untersuchen die folgende Hypothese: Personen in guter Stimmung werden anderen Menschen eher Hilfe leisten als Personen in schlechter Stimmung. Sozialpsychologen wissen, dass sich die momentane Stimmung kurzfristig leicht beeinflussen lässt. Erhält eine Person unerwartet eine kleine Belohnung (z. B. das Auffinden einer Münze), so hat das offenbar einen positiven Einfluss auf die momentane Gefühlslage. Die Autorinnen machten sich diesen Effekt zunutze.

Im Rückgabeschacht eines öffentlichen Telefons wurde in der Versuchsbedingung «gute Stimmung» eine 10-Cent-Münze deponiert. Nach einem Telefongespräch greifen nahezu alle Menschen sicherheitshalber in den Rückgabeschacht. Diese Verhaltensregelmäßigkeit kommt fast einem Naturgesetz gleich. Die Wahrscheinlichkeit ist mithin recht hoch, dass eine Versuchsperson die deponierte Münze findet. Sobald eine Person die Telefonzelle verlassen hatte, wurde sodann eine Hilfeleistungssituation simuliert. Das «Opfer», eine Konfidentin des Versuchsleiters, ließ vor der Telefonzelle einen Stapel mit Papieren und Akten fallen. Beobachtet wurde, ob die Versuchsperson, die von dem arrangierten Feldexperiment natürlich nichts ahnte, bereit war, Hilfe zu leisten. Die Experimentalgruppe bestand aus Personen, die eine Münze vorfanden, wobei der Münzfund sicherheitshalber noch beobachtet wurde. In der Kontrollgruppensituation wurde dagegen keine Münze deponiert. Die Auswertung erfolgte separat nach dem Geschlecht der Versuchspersonen.

Tabelle XIII.1: Münzfund und Hilfeleistung im Feldexperiment von Isen und Levin (1972)

	Frauen		Männer	
	Keine Münze	Münze	Keine Münze	Münze
Keine Hilfe	16	0	8	2
Hilfe	0	8	1	6

Bei den Frauen ist der Zusammenhang zwischen Münzfund und Hilfeleistung perfekt; bei den Männern zeigten sich gerade drei «Ausnahmen» bei insgesamt 17 männlichen Versuchspersonen. Die Hypothese wird so eindeutig bestätigt, dass man schon wieder Zweifel bezüglich der Reproduzierbarkeit haben könnte. (In einem Pilotexperiment einer studentischen Arbeitsgruppe wurde kein Effekt gefunden.) Ob die Skepsis berechtigt ist, ließe sich mit relativ geringem Aufwand in einem Replikationsexperiment überprüfen.

Gehen wir davon aus, dass tatsächlich ein sehr starker Zusammenhang existiert. Würde man derartige Zusammenhänge anhand reaktiver Befragungsdaten überprüfen können? Das dürfte wohl sehr schwierig sein, denn zum einen handelt es sich bei Hilfeleistungen in hohem Maße um sozial erwünschte Verhaltensweisen. Zweitens wird man Stimmungslagen kaum retrospektiv in Interviews erfassen können. Der Vorteil des Feldexperiments ist hier, dass die Testsituation vom Forscher erzeugt werden kann und zudem die nichtreaktive Beobachtung höchst valide Daten des tatsächlichen Verhaltens liefert. Sofern aber nicht nur alltägliche Hilfeleistungssituationen simuliert werden, sind Feldexperimente zum «prosozialen Verhalten» (Lück 1975) aus forschungsethischer Perspektive nicht unproblematisch.[4]

Beispiel Aggression im Strassenverkehr

Wie könnte man herausfinden, ob ein Zusammenhang zwischen dem sozialen Status und der Durchsetzungsbereitschaft oder dem Ausmaß aggressiven Verhaltens existiert? Sicher gibt es verschiedene Methoden, um dieser Frage nachzugehen. Feldexperimente sind aber zumindest eine Option. In einem nichtreaktiven Feldexperiment zur Aggression im Straßenverkehr stellte sich eine bemerkenswerte Korrelation zwischen der Aggressionsneigung und dem Autotyp heraus. Skizzieren wir kurz das Experiment, das im Rahmen eines Seminars von einer Arbeitsgruppe an der Universität München durchgeführt wurde (Diekmann, Heinritz, Jungbauer-Gans und Krassnig 1996).

Mit dem «Versuchsfahrzeug» der Arbeitsgruppe wurden nachfolgende Autos vor einer Ampel blockiert. Sobald die Ampel auf Grün geschaltet hatte, lief eine Stoppuhr. Gemessen wurde, nach welcher Zeitspanne der Fahrer des blockierten Fahrzeugs die Hupe betätigt. Weiterhin wurden u. a. das Geschlecht des Fahrers, die Autofarbe und die Automarke registriert. Die Autotypen lassen sich nach Statusklassen gruppieren. Ist nun die «Aggressionsneigung» positiv oder negativ mit dem Status verknüpft? Den ersteren Zusammenhang könnte man salopp als «BMW-Effekt» bezeichnen. Der letztere Zusammenhang würde hingegen dem sprichwörtlichen Muster entsprechen, dass «kleine Hunde lauter bellen». Abbildung XIII.1 sind die Ergebnisse unseres Feldexperiments zu entnehmen.

4 Zu weiteren Experimenten über Hilfeleistungen siehe Bungard und Lück (1974); Lück (1975).

Nahezu eindeutig zeigt sich das Muster eines monoton abnehmenden Medianwerts mit ansteigender Statusklasse. Die einzige Ausnahme bilden die Kleinwagen, wobei die Fallzahlen in dieser Gruppe aber sehr gering sind.

Doob und Gross (1968) haben ein ähnliches Experiment arrangiert, wobei sie aber den Status des Versuchsfahrzeugs variierten. Dabei stellte sich heraus, dass ein höherer Status des Versuchsfahrzeugs die Aggressionsneigung des blockierten Fahrers hemmt. Die Ergebnisse beider Experimente passen gut zusammen. Sie liefern auf recht unkonventionelle Weise Indizien dafür, dass ein höherer Status mit einer höheren Aggressionsneigung verbunden ist und gleichzeitig einen hemmenden Effekt auf die Aggressionsneigung anderer Personen ausübt.

ABBILDUNG XIII.1: MEDIANE UND «HUPZEITENKURVEN» NACH STATUSKLASSE

	Mediane in sec	
Oberklasse	1.4 (4)*	
Obere Mittelklasse	2.5 (6)	Oberklasse 2.5
Mittelklasse	3.0 (20)	Mittelklasse 3.0
Untere Mittelklasse	4.1 (21)	Unterklasse 4.1
Kleinwagen	3.6 (6)	

* Fallzahl in Klammern
Median = Zeitspanne, bis zu der 50 % der Autos ein Signal gegeben hatten

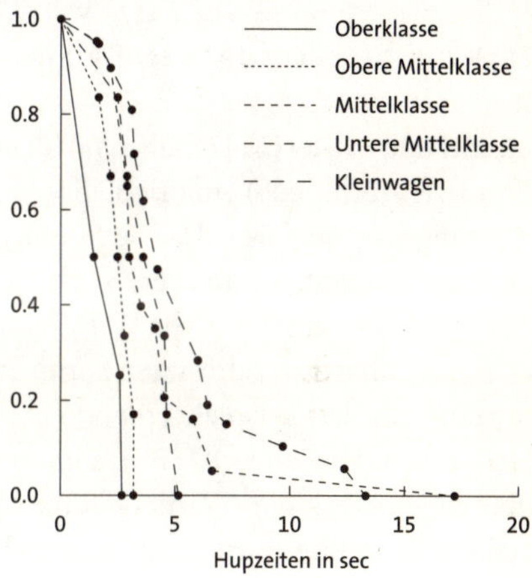

Nichtreaktive Feldexperimente bieten häufig einfache und wirkungsvolle Gelegenheiten zur Prüfung von Hypothesen. Ist im Feldexperiment eine Randomisierung zwischen Experimental- und Kontrollgruppe möglich, dann weist ein Feldexperiment alle Vorteile eines experimentellen

Designs auf.[5] Darüber hinaus werden eventuelle Verzerrungen durch Reaktivität vermieden. In der Sprache von Campbell und Stanley (1963; vgl. auch Kapitel VIII) sind Feldexperimente, sofern die Zuordnung zur Kontroll- und Experimentalgruppe zufällig erfolgt, zunächst einmal intern valide. Wegen der Natürlichkeit der Situation und der Nichtreaktivität der Erhebung erfüllen nichtreaktive Feldexperimente zusätzlich das Kriterium externer Validität. Ob allerdings auch die Messung in dem Sinn valide ist, dass sie das Konstrukt in einer Hypothese angemessen repräsentiert, ist eine andere Frage. So kann man durchaus skeptisch sein, ob die «Hupzeit» wirklich ein guter Indikator der Aggressionstendenz im Straßenverkehr ist. Ein heikler Punkt in Feldexperimenten ist eben oftmals die Mess- oder Korrespondenzhypothese, d. h. der angenommene Zusammenhang zwischen dem beobachteten Indikator und dem eigentlich interessierenden theoretischen Konstrukt.

Technik der verlorenen Briefe

Merritt und Fowler (1948) haben mit der «Technik der verlorenen Briefe» (lost-letter-technique) ein originelles Verfahren indirekter Einstellungsmessung vorgeschlagen. Das Verfahren geht von der Annahme aus, dass die Rücklaufquote «verlorener» Briefe (auf der Straße, in Telefonzellen, unter Scheibenwischern von Autos eingeklemmt) u. a. mit der Sympathie gegenüber dem Adressaten korreliert ist.

Ein einfaches Beispiel verdeutlicht das Prinzip. Milgram, Mann und Harter (1965) haben je 100 Briefe unter vier verschiedenen Versuchsbedingungen «verloren». Variiert wurde die Anschrift, wobei ein neutraler Name (Mr Walter Carnap) als Kontrollgruppe fungierte. Tabelle XIII.2 gibt über die Ergebnisse Aufschluss.

Natürlich sind die Prozentwerte nicht direkt ein Maß für die Sympathie; denn viele ehrliche Finder befördern scheinbar verlorene Briefe

5 Im oben berichteten «Telefonzellen-Experiment» von Isen und Levin (1972) ist eine Randomisierung auf einfache Weise erzielbar, z. B. durch Auslosung der Versuchsnummern, bei denen eine Münze deponiert wird.

auch dann weiter, wenn ihnen die in der Anschrift genannte Organisation höchst unsympathisch ist. Auch fallen die Unterschiede nicht immer so drastisch aus wie in dem Experiment von Milgram et al. In einer Untersuchung von Lück und Manz (1973) zur Einstellung gegenüber deutschen Parteien wurden je 40 Briefe unter die Scheibenwischer von Autos mit Kölner Nummern geklemmt. Die Rücklaufquoten betrugen: CDU 68 %, SPD 63 %, FDP 55 %, NPD 45 %, DKP 63 %. Ungefähr ein Drittel der Briefe wurde vor der Weiterleitung geöffnet! Sicher sind auf der Basis der Rücklaufquoten keine genauen Wahlprognosen möglich. Was die Technik allenfalls leistet, ist eine Information über die *Rangfolge* der durchschnittlichen Sympathie der Finder bezüglich des Adressaten. Und auch dafür ist nicht immer eine Gewähr gegeben, wie die hohe Rücklaufquote für die DKP demonstriert.

Tabelle XIII.2: Ein Feldexperiment mit der Technik der verlorenen Briefe

Anzahl verlorener Briefe	Anschrift	Rücklauf in %
100	Medical Research Association	72
100	Mr Walter Carnap	71
100	Friends of Communist Party	25
100	Friends of Nazi Party	25

Quelle: Milgram, Mann und Harter (1965)

Doch wer sind die Finder? Die Rücklaufquoten auf der Straße verlorener Briefe sind stark wetterabhängig. Außerdem werden die Briefe häufig von Gruppen gefunden. Mit der «Scheibenwischer-Methode» lässt sich dagegen die Stichprobe der Finder besser kontrollieren: Man kann dabei den Brief mit einem Hinweis versehen, der plausibel macht, weshalb ein fremder Brief hinter dem Scheibenwischer steckt (z. B. «gefunden neben Ihrem Auto»). Zu bedenken ist schließlich, dass auch der Inhalt eine Rolle spielen kann, denn nicht wenige Briefe werden geöffnet.

Die Technik der verlorenen Briefe könnte man versuchsweise auch zur Ermittlung von Vorurteilen einsetzen (z. B. gegenüber ausländisch klingenden Namen, Orten usw.). Wie weit existiert im wiedervereinigten Deutschland noch die «Mauer im Kopf»? Würden sich Ost-West-Differenzen in den Rücklaufquoten verlorener Briefe niederschlagen? Man könnte z. B. in Hannover und Leipzig je 100 Briefe mit ost- und westdeutscher Anschrift einer Stichprobe einheimischer Autofahrer zukommen lassen. Aber Vorsicht, wenn zu viele Briefe «verloren» werden und sich die Sache herumspricht. Schon mancher Brief ist mit Bemerkungen zurückgesendet worden wie: «Viel Vergnügen bei der Auswertung des Experiments». In diesen Fällen hat die Methode wohl ihren nichtreaktiven Charakter verloren!

Verwähltechnik

Ein alternatives, nichtreaktives Verfahren zur Ermittlung von Vorurteilen ist die «Verwähltechnik» (wrong-number-technique; Gaertner und Bickmann 1971). Meist geht man so vor: Es wird eine Telefonnummer aus einer telefonischen Stichprobe angewählt. Der Anrufer drückt sein Erstaunen aus, dass sich am anderen Ende nicht die Autowerkstatt XY meldet. Der Anrufer erklärt bedauernd, dass er mit einem Motorschaden an einer Ausfallstraße stünde und mit seinem letzten Groschen eine Werkstatt anrufen wollte. Er bittet sodann die Person am anderen Ende der Leitung, für ihn die «Werkstatt» anzurufen. Die Nummer, die er mitteilt, ist tatsächlich irgendein Apparat (eventuell der eigene), an dem registriert wird, ob eine Weiterleitung des Anrufs erfolgt.

Gaertner und Bickmann (1971) haben auf diese Weise Vorurteile zwischen schwarzen und weißen Amerikanern untersucht. Tatsächlich war die Hilfeleistung um zwölf Prozent höher (65 % versus 53 % Weiterleitung des Anrufs), wenn der Anrufer im ‹weißen› Tonfall sprach gegenüber Anrufern im ‹schwarzen› Tonfall (vgl. auch Bungard und Lück 1974: 122 ff.).

Mit einer Arbeitsgruppe (Gessner, Schmidt und Schmiere 1986) haben wir im Rahmen eines Seminars ein Verwählexperiment in München durchgeführt. 28 Anrufe wurden von einem deutschen und 29 Anrufe von einem türkischen Anrufer vorgenommen. Bei allen 57 Anrufen wurde wiederum eine Autopanne als Grund angegeben. Es zeigte sich tatsächlich eine Differenz in den Reaktionen von 17 Prozentpunkten weniger Hilfeleistung für den türkischen Anrufer (Tabelle XIII.3).

Tabelle XIII.3: Münchner Verwähltechnik-Experiment

		Anrufer			
		Deutscher		Türke	
Hilfeleistung		ja	nein	ja	nein
Geschlecht der angerufenen Person	Frau	14	1	13	5
	Mann	12	1	9	2
Zusammen		26	2	22	7
Weiterleitung des Anrufs in %		93		76	

Experimentelle Briefe

Breiter anwendbar und vermutlich auch aufschlussreicher als die Technik verlorener Briefe und die Verwähltechnik ist ein nichtreaktives Verfahren, das ich als Technik experimenteller Briefe bezeichne. Diese Technik bietet sich insbesondere zur Untersuchung von Vorurteilen und sozial diskriminierenden Praktiken an, etwa auf dem Wohnungs- oder Arbeitsmarkt. Die Idee ist recht einfach. An einen ausgewählten Kreis von Empfängern (z. B. Firmen, die eine Stellenanzeige aufgegeben haben) werden Briefe (z. B. fiktive Bewerbungen) versendet, deren Inhalt je nach Versuchsbedingung in einem oder mehreren Merkmalen variiert wird. Möchte man z. B. die Hypothese untersuchen, ob Beschwerden bei Behörden nach Geschlecht und Status ungleich behandelt werden, könnte man das folgende 2 x 2-Design zugrunde legen:

	Frau	Mann
neutraler Status	Frau Müller	Herr Müller
hoher Status	Frau Dr. med. Müller	Herr Dr. med. Müller

In jeder Versuchsbedingung werden z. B. 20 Briefe an verschiedene Behörden mit einer Beschwerde versendet. Der Inhalt der Briefe ist gleichlautend, nur die Absendermerkmale werden variiert. Werden die Reaktionen (Antwortquote, Inhalt des Antwortschreibens) je nach Versuchsbedingung unterschiedlich ausfallen?

Besonders zur Ermittlung diskriminierender Praktiken bei der Wohnungsvergabe, der Stellensuche u. a. m. wird man in reaktiven Befragungen von den verantwortlichen Personen (z. B. Personalchefs von Firmen, Makler, Wohnungsvermieter) nur selten valide Auskünfte erhalten.

Die Technik der experimentellen Briefe bietet eine Möglichkeit, Hinweise auf die tatsächlichen Reaktionen zu bekommen. Auch hier ist aber jeweils abzuwägen, ob die Täuschung noch als harmlos gelten kann. Scheinbewerbungen auf Heiratsanzeigen z. B. würden die Grenze des Zulässigen überschreiten. Das obige «Beschwerdeexperiment» oder das nachfolgend skizzierte «Bewerbungsexperiment» dürften aber kaum mit nennenswerten zeitlichen oder psychischen Belastungen für den Empfänger verbunden sein.

Ein instruktives Beispiel zur Untersuchung eventuell diskriminierender Praktiken bei der Job-Suche ist das «Tootsie-Experiment», das wir Anfang der 1980er Jahre in Wien unternommen hatten.[6] Im Rahmen des Experiments bewarb sich eine Person schriftlich einmal als Mann und einmal als Frau jeweils auf die gleiche Stellenanzeige. Jeder ausgewählte Empfänger erhielt mithin ein fiktives Paar von Bewerbungsbriefen. Die Lebensläufe wurden in relevanten Merkmalen (Alter, Ausbildung) nahezu «konstant» gehalten. Bei Anwendung der von Lechner (1985) vorgeschlagenen «Paarmethode» mussten die Lebensläufe eines Paars natürlich leicht variiert werden, um keinen Verdacht zu erwecken. Sie soll-

6 In dieser Zeit lief die Filmkomödie «Tootsie» mit Dustin Hoffman in der Hauptrolle. Hoffman spielte in dem Film eine Person, die mal als Mann und mal verkleidet als Frau namens Tootsie auftrat. Der Grund war eine berufliche Bewerbung für die Rolle einer Schauspielerin. Das Bewerbungsexperiment, von dem hier die Rede ist, wurde auf Anregung des Verfassers im Rahmen einer «Jahresarbeit» am Institut für Höhere Studien in Wien von Ferdinand Lechner durchgeführt. Zu den Einzelheiten siehe Lechner (1985).

ten sich nur in einem relevanten Merkmal unterscheiden, nämlich dem Geschlecht. Für das Bewerbungsexperiment wurden zwei Berufe ausgewählt: Programmieren und Buchhaltung. Es wurden insgesamt 82 Bewerbungen auf 41 Stellenangebote in Zeitungsanzeigen hin verschickt. Als positive Reaktion galt eine Einladung zu einem Bewerbungsgespräch. Über das Ergebnis informiert Tabelle XIII.4.

Tabelle XIII.4: Ergebnisse des Bewerbungsexperiments («Tootsie-Experiment»)

	Programmieren		Buchhaltung	
	Mann	Frau	Mann	Frau
positiver Bescheid	13	14	9	12
negativer Bescheid	3	2	16	13
	16	16	25	25

Für uns überraschend ließen die Firmen-Reaktionen keine Anzeichen einer Diskriminierung der Bewerbungen von Frauen erkennen. Die hohe Quote positiver Bescheide bei «Programmieren» war sowohl der damaligen Arbeitsmarktlage für Informatik-Berufe als auch den fiktiven Lebensläufen zu verdanken, die eine relativ hohe Qualifikation signalisierten. Möglich, dass wir mit anderen Lebensläufen mehr Varianz erzielt hätten (mehr Ablehnungen) und damit diskriminierende Praktiken in Informatik-Berufen leichter zu entdecken wären. Möglich aber auch, dass in den beiden gewählten Berufen, jedenfalls auf der Ebene einer Bewerbung und der Einladung zu einem Vorstellungsgespräch, Frauen nicht benachteiligt werden. Bei anderen Berufen, insbesondere Berufen mit längerer betrieblicher Anlernzeit, sieht es eventuell anders aus. Mit der Methode experimenteller Briefe wären derartige Hypothesen ohne allzu großen Aufwand überprüfbar. Der große Vorteil ist, dass auf diese Weise wirklich authentische Reaktionen und nicht irgendwelche beschönigten Aussagen erfasst werden.

Mittlerweile gibt es eine ganze Reihe von Arbeiten, die mit dieser Methodik diskriminierenden Praktiken auf die Spur zu kommen versuchen.

Die ersten Arbeiten wurden bereits Ende der sechziger Jahre publiziert. Einen Überblick zu zahlreichen Studien und diversen Spielarten der Methode findet man in dem Artikel von Riach und Rich (2002). Wie aber sind die forschungsethischen Gesichtspunkte der Scheinbewerbungen zu beurteilen? Auch wenn die Bewerbungen gleich zurückgezogen werden, können sie doch den sozialen Prozess und sogar den Ausgang eines Bewerbungsverfahrens beeinflussen. Es ist ja nicht garantiert, dass ein Unternehmen die Reihenfolge der Kandidatinnen und Kandidaten in gleicher Reihenfolge abarbeitet, wie dies ohne experimentelle Bewerbung der Fall gewesen wäre. Ist ein Experiment gerechtfertigt, das einen Einfluss darauf haben könnte, dass am Ende nicht X, sondern Y die ausgeschriebene Stelle besetzt? Möglicherweise wird dieses Problem mit experimentellen Bewerbungen bei Unternehmen für nicht ausgeschriebene Stellen entschärft. Solche «Blindbewerbungen» zielen nicht direkt auf eine inserierte Ausschreibung. Auf jeden Fall sind die Konsequenzen von Feldexperimenten für die betroffenen und dazu noch unfreiwilligen «Versuchspersonen» sehr genau abzuwägen.

Kombination reaktiver und nichtreaktiver Verfahren: das «Drogerie-Sansal-Experiment»

Die Erhebung sozial erwünschter Verhaltensweisen ist in reaktiven Interviews besonders problematisch. So wird das Ausmaß selbstberichteten Umwelthandelns wohl in der Regel nach oben verzerrt sein. Durch die Verknüpfung von Interviewdaten mit nichtreaktiv erhobenen Daten können zum einen die Vorteile beider Methoden genutzt werden. Dies wäre z. B. in einer Untersuchung über Einkommen und Armut der Fall, wenn verlässlich Einkommensdaten aus Registern (d. h. nichtreaktiv), andere Merkmale dagegen auf dem Wege einer Befragung gewonnen werden. Darüber hinaus können nichtreaktive Methoden der Validierung reaktiv erhobener Daten dienen.

Ein Beispiel für die Kombination einer reaktiven Befragung mit einem nichtreaktiven Feldexperiment bietet die «Drogerie-Sansal-Studie» (Diekmann und Preisendörfer 1991). Im Rahmen eines Forschungspraktikums hat eine studentische Arbeitsgruppe allen 392 Berner Befragten der in Kapitel VI erwähnten Umweltbefragung die Offerte einer fiktiven Drogerie «Sansal» zugeschickt.[7] Die Versendung des Werbeprospekts erfolgte etwa drei Monate nach der Befragung. In dem persönlich adressierten, professionell aufgemachten Prospekt mit Freikuvert wurde der Ausverkauf von Markenartikeln der Reinigungs- und Kosmetikbranche mit einer Preisreduktion von bis zu 80 % offeriert. In dem Anschreiben hieß es, dass wegen der zu erwartenden restriktiven Umweltgesetzgebung das Firmenlager mit FCKW-haltigen Markenartikeln geräumt werden müsse. Die angeschriebenen Personen konnten nun einen Katalog anfordern oder aber ihre Ablehnung bekunden, indem sie die entsprechende Rubrik des Antwortschreibens («Möchte in Zukunft kein Prospektmaterial erhalten») markierten. Tatsächlich erfolgten insgesamt 49 Reaktionen; immerhin eine beträchtliche Anzahl bei der Fülle der Werbesendungen in Schweizer Haushalten.

Unter den (auswertbaren) Antworten fanden sich 20 Kataloganforderungen und 22 Ablehnungen (darunter ein Protestschreiben). Von Interesse ist der Vergleich der Antworten in der telefonischen Umfrage, insbesondere der Fragen zum Umweltbewusstsein, zu den Folgen von FCKW und weiteren Einstellungen mit den Reaktionen auf die Drogerie-Offerte. Es sei vorweg bemerkt, dass eine zustimmende Reaktion (die Katalogbestellung) keineswegs bedeuten muss, dass die betreffende Person sich generell weniger umweltgerecht verhält. In der Gruppe mit zustimmender Reaktion finden sich auch Befragte, die in verschiedenen Bereichen ein hohes Maß umweltgerechten Verhaltens aufweisen. Und umgekehrt lässt eine Ablehnung des Angebots nicht eindeutig darauf schließen, dass ansonsten umweltgerechtes Verhalten praktiziert wird. Werden jedoch die Mittelwerte des Umweltbewusstseins gemäß der Befragung zwischen den Gruppen mit zustimmender und aktiv ablehnender Reaktion verglichen, so ergeben sich prägnante Resultate. Das in der Befragung ge-

7 Ein vom Verfasser angeregtes Feldexperiment wurde von Adrian Blum, Thomas Gautschi, Konrad Kormann, Stephan Kormann und Patrick Rösli geplant und durchgeführt. Die Idee mit der «Drogeriegründung» wurde in der Arbeitsgruppe ausgetüftelt.

messene Umweltbewusstsein ist unter den Katalogbestellern tatsächlich niedriger als in der «Ablehnungsgruppe». Der Wert der Korrelation zwischen Umweltbewusstsein (reaktiv gemessen) und dem Verhalten (nichtreaktiv erhoben) beträgt immerhin 0,38. Mithin wird bei einem höheren Umweltbewusstsein das Angebot mit größerer Wahrscheinlichkeit abgelehnt als von Personen mit geringerer Ausprägung des Umweltbewusstseins. Dies ist ein positiver Nachweis der Kriteriumsvalidität (Kapitel VI) des reaktiv gemessenen Umweltbewusstseins.

Die Korrelation ist aber alles andere als perfekt. So bestehen auch erhebliche Diskrepanzen zwischen Umweltbewusstsein und konkretem Verhalten. Beispielsweise stimmen 75 % der Befragten, die den Katalog mit FCKW-haltigen Produkten bestellten, der Aussage zu: «Wenn wir so weitermachen wie bisher, steuern wir auf eine Umweltkatastrophe zu» (Abbildung XIII.2).

Generell bietet die Kombination nichtreaktiver und reaktiver Methoden zwei Vorteile: erstens die Validitätsprüfung von Aussagen und Einstellungsmessungen in Interviews anhand von Außenkriterien, die sich auf das tatsächliche Verhalten beziehen; zweitens die Ergänzung von Befragungsdaten durch eventuell validere Verhaltensbeobachtungen oder «Verhaltensspuren». So konnte der genaue Energieverbrauch der Haushalte in der Bern-Münchener Umweltstudie nicht auf dem Weg der Befragung ermittelt werden, weil die meisten Befragten ihren Energiekonsum gar nicht kennen (Kapitel VI). Nichtreaktive Registerdaten (z. B. Rechnungen des Elektrizitätswerks) könnten in diesem Fall die Informationslücke überbrücken. Die Kombination verschiedener Datenquellen erlaubt dann aussagefähigere Schlüsse als bei ausschließlicher Verwendung einer einzelnen Erhebungsmethode.

Abbildung XIII.2: «Drogerie-Sansal-Experiment»: Ausgewählte Items der Umweltbefragung, aufgeschlüsselt nach der Reaktion auf die «Drogerie-Offerte»

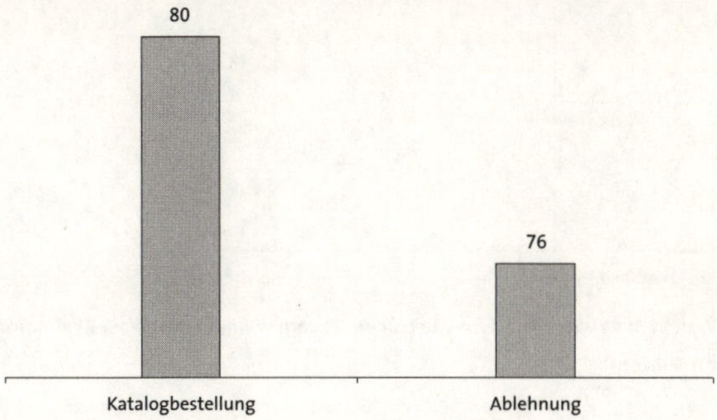

Frage 1: «FCKW wurde lange Zeit als Treibmittel in Spraydosen verwendet. Weiterhin z. B. als Kältemittel in Kühlgeräten. Wissen Sie, weshalb FCKW umweltschädlich ist bzw. was durch FCKW geschädigt wird?» (als richtig gewertet: Ozonschicht, Treibhauseffekt) (Anteil informierter Personen in der jeweiligen Gruppe in Prozent)

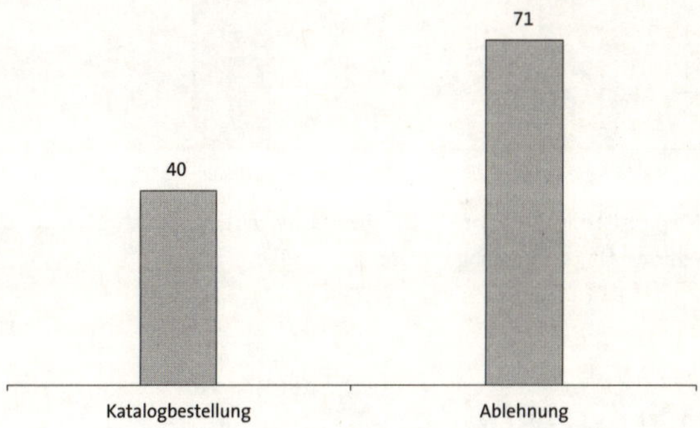

Frage 2: «Verwenden Sie im Haushalt irgendwelche Spraydosen?» (Zustimmung in Prozent)

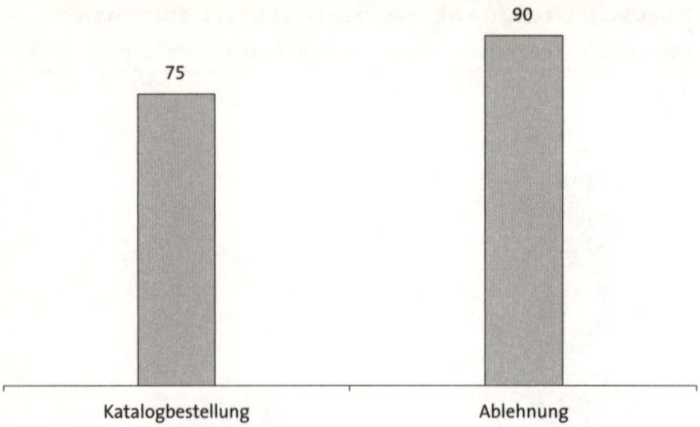

Aussage 3: «Wenn wir so weitermachen wie bisher, steuern wir auf eine Umweltkatastrophe zu!» (Zustimmung in Prozent)

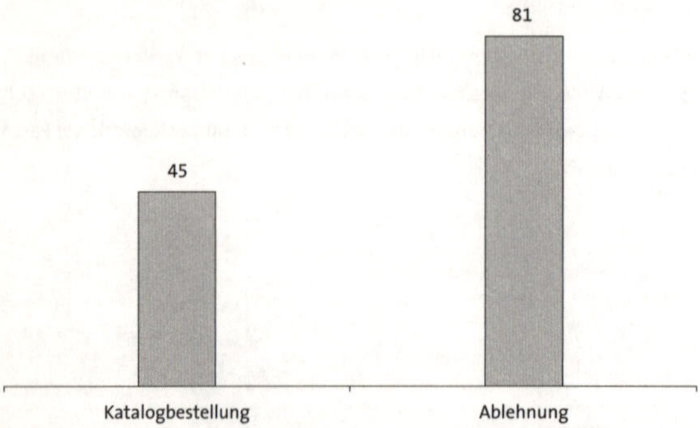

Aussage 4: «Ich verhalte mich auch dann umweltbewusst, wenn es zusätzlich erheblich höhere Kosten und Mühen verursacht!» (Zustimmung in Prozent)

3. Verhaltensspuren

Pizzakonsum im Weissen Haus

Wichtige politische Ereignisse werden nicht immer auf Pressekonferenzen angekündigt. Wer dagegen Indizien richtig zu deuten vermag, erfährt mehr über bevorstehende politische Entscheidungen als durch das

Abbildung XIII.3: Pizzalieferungen der Kette Domino's ins Weisse Haus nach «Washington Post»

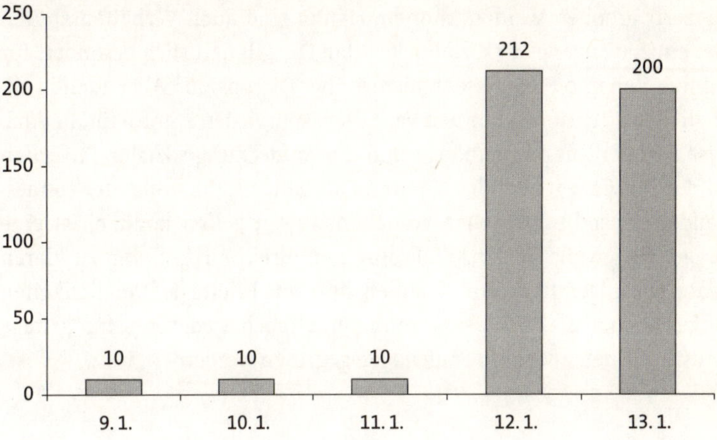

Quelle: Bericht der Süddeutschen Zeitung vom 15. 1. 1993. Bis 11. 1. Durchschnittswert der Pizzalieferungen durch Domino's

Studium offizieller Verlautbarungen. Die «Washington Post» bezifferte die durchschnittlichen Pizzalieferungen an die Mitarbeiter der Administration von Präsident Bush sen. im Weißen Haus auf etwa zehn pro Tag (nach Süddeutsche Zeitung vom 15. 1. 1993). Am 12. 1. 1993 verzwanzigfachten sich plötzlich die Lieferungen der Pizzakette Domino's. Die «Pizza-Statistik» der «Washington Post» gibt für den 12. Januar 212 und für den darauffolgenden Tag 200 Lieferungen an (Abbildung XIII.3).

Was war geschehen? Am Mittwoch, dem 13. Januar, 13.15 Uhr Ostküstenzeit begann ein militärischer Angriff auf den Süd-Irak. Als Grund wurde die Verletzung der UN-Resolution 687 angegeben, der Waffenstillstands-Resolution nach dem Golfkrieg Anfang des Jahres 1991. Bereits am Dienstag blieben die Mitarbeiter der Regierung in ihren Amtsräumen und orderten entsprechend hohe Pizzamengen bei Domino's. Der plötzliche Anstieg war ein aussagekräftiger Indikator für einen unmittelbar bevorstehenden internationalen Konflikt.

Ähnlich lassen sich eine Vielzahl sozialer Situationen benennen, in denen Verhaltensweisen indirekte Hinweise auf das Ausmaß und die Qualität sozialer Aktivitäten liefern, die auf direkte Weise kaum oder nur verzerrt erhoben werden können. Häufig sind auch Verhaltensspuren der einzige Zugang zur sozialen Realität. Das gilt natürlich besonders für Aktivitäten und Ereignisse in historischer Dimension.[8] Aber auch in alltäglichen Situationen können Verhaltensspuren den «Stoff» für die Analyse sozialer Zusammenhänge und die Aufdeckung sozialer Tatsachen bilden. Inwieweit aber die «Spuren» als valide Indikatoren der zu messenden Einstellungen oder Verhaltensweisen gelten können, ist eine Frage, die jeweils im Einzelfall durch empirische Forschung zu klären wäre. Die folgenden Beispiele sollen die bunte Palette der Möglichkeiten aufzeigen und die Phantasie stimulieren. Nicht bei jeder Forschungsfrage muss routinemäßig zum Fragebogen gegriffen werden!

Abnutzung und Abdrücke: Lese-, Seh- und Hörgewohnheiten

Ausleihziffern öffentlicher Bibliotheken – auch ein nichtreaktives Maß – informieren zumindest über die quantitative Nutzung des Büchersortiments. Aber werden die ausgeliehenen Bücher auch gelesen? Aufschlüsse dazu kann eine genaue Inspektion von Bibliotheksbüchern geben. Gemessen wird dabei die Abnutzung der Seiten an den «Blattwendestellen», die «Zahl der Eselsohren» u.a.m. (Bungard und Lück 1974). Ähnlich wurde versucht, das Publikumsinteresse in Museen und Ausstellungen zu ermitteln. Indikatoren sind die Abnutzung des Fußbodenbelags, von Teppichen, Bodenschwellen oder sogar die Anzahl von Nasenabdrücken an Glasvitrinen. Genauere Werte liefern natürlich Messverfahren wie Lichtschranken und Kontaktschwellen.

Die Auszählung von Nasenabdrücken an Schaufenstern wird von Webb et al. (1966) berichtet. Wird die Höhe ausgemessen, erhält man so-

8 Siehe dazu auch die in Kapitel VI erwähnten Beispiele aus der historischen Untersuchung von McClelland (1961).

gar Hinweise auf die Altersverteilung. Eine zweifellos originelle, vermutlich aber doch nicht allzu valide Messmethode des Alters interessierter Betrachter.

Eine recht zweckmäßige und einfache Methode zur Erhebung der Radiohörgewohnheiten hat sich ein Praktiker ausgedacht. Ein Autohändler in Chicago ließ bei den zur Reparatur gebrachten Fahrzeugen von seinen Angestellten ermitteln, auf welche Frequenz jeweils das Autoradio eingestellt war. Der Autohändler war so über die beliebtesten Sender informiert, bei denen er dann seine Werbespots platzieren konnte. (Zu diesen und weiteren Beispielen siehe Webb et al. 1966; Bungard und Lück 1974; Albrecht 1975.)

«Abfallforschung»: Was konsumiert der Mensch?

Darunter sind im vorliegenden Zusammenhang nicht Umweltuntersuchungen zum Recycling und zur Vermeidung von Abfallbergen in der «Wegwerfgesellschaft» zu verstehen. Vielmehr ist hier der Abfall ein Mittel zur nichtreaktiven Erforschung von Konsumgewohnheiten. In einer Befragung werden die interviewten Personen häufig eine gesundheitsbewusste Ernährungsweise zu erkennen geben. Der amerikanische Sozialforscher Sawyer hat dagegen einen alternativen Weg beschritten. Sawyer wühlte sich durch die Hausabfälle in Wellesly, Massachusetts, und zählte dabei die weggeworfenen Schnapsflaschen (Bungard und Lück 1974), vermutlich ein weniger verzerrter Indikator als das selbstberichtete Verhalten im Interview (siehe auch Kasten XIII.2).

Kasten XIII.2 Der Hausmüll informiert über Ernährungsgewohnheiten

William Rathje, 46, Anthropologie-Professor aus Tucson im US-Staat Arizona, hält den amerikanischen Müll, in dem er mit seinen Studenten seit Jahren wühlt, für eine reiche Quelle soziologischer Informationen. Zumindest die Essgewohnheiten der Amerikaner konnten genauer erforscht werden. So war nach einem Krebs-Bericht der Verzehr von fettem Fleisch dramatisch zurückgegangen. Doch die aus dem Abfall herausgefischten Verpackungen belegten, dass die Menschen jetzt das Fleisch in Form von Wienern oder Salamiwürsten verzehrten. Den Glauben des amerikanischen Mittelstands, gesund zu essen, nennt Rathje eine Selbsttäuschung oder «das Yuppie-Syndrom». Die Menschen kaufen zwar fettarme Waren und viel Früchte sowie frisches Gemüse, das aber dann im Kühlschrank verrottet, weil stattdessen, die Zahl der im Müll gefundenen Styroporschachteln beweist es, Fastfood verzehrt wird. Zehn Prozent des amerikanischen Hausmülls, das erforschte der Professor, bestehen aus Lebensmitteln.

Quelle: «Der Spiegel», 22/1992

Heikle Themen: Sexualität und abweichendes Verhalten

Die Validität von Interviewdaten ist bei heiklen Fragen besonders gefährdet. Indirekte Schätzungen anhand von Verhaltensspuren können Umfragedaten zumindest ergänzen. Zur Abschätzung zeitlicher Trends und zur Ermittlung von Größenordnungen sind indirekte Methoden in vielen Fällen genauer als Umfragedaten (Kasten XIII.3).

Kasten XIII.3 Schätzung des Umfangs der Drogenszene

In der eidgenössischen Hauptstadt ist das Drogenproblem heute nicht mehr übersehbar. Umgerechnet auf die Bevölkerungsgröße, liegt die Zahl der Drogentoten höher als in manchen ausländischen Metropolen. Infolge des Drogenverbots existiert ein Schwarzmarkt mit den bekannten negativen Konsequenzen: Gesundheitsgefährdung und Erhöhung des Risikos einer Überdosis durch stark schwankende Stoffqualität, Beschaffungskriminalität, Ansteckungsgefahr mit Aids durch gebrauchte Nadeln und soziale Verelendung.

Immerhin hat die Stadt Bern nicht nur mit polizeilicher Repression auf die Drogenproblematik reagiert. Es wurde ein, allerdings immer noch nicht ausreichendes, Netz von Betreuungseinrichtungen geknüpft, das u. a. Übernachtungsmöglichkeiten, Mahlzeiten, medizinische Dienste und Räume zum stressfreien Konsum harter Drogen vorsieht. Verstärkt wurden auch die Präventions- und Therapiebemühungen, und neuerdings werden umfangreiche Versuche mit der kontrollierten Heroinabgabe an Süchtige unternommen.

Vor diesem Hintergrund sollten mit einer Befragungsstudie die soziale Zusammensetzung der «Szene», die Probleme (Drogenbeschaffung, Krankheiten, Obdachlosigkeit, Verelendung usw.) und die Einstellungen von Drogenkonsumenten untersucht werden. Dazu wurden 271 Abhängige in den Betreuungseinrichtungen befragt

(Braun, Diekmann, Weber und Zahner 1995). Natürlich war die Teilnahme freiwillig und anonym.

Mit der Studie wollten wir ein «möglichst repräsentatives» Bild der «sichtbaren» Drogenszene erhalten. Doch was ist hier überhaupt die Grundgesamtheit, und welchen zahlenmäßigen Umfang hat die Szene?

Zur sichtbaren Szene wurden alle Personen gezählt, die innerhalb eines festgelegten Zeitraums zumindest ein Mal in der Szene in Erscheinung getreten sind (Konsum in Betreuungseinrichtungen oder auf der «Gasse»). Die Anzahl ließe sich im Prinzip mit der «Capture-Recapture-Methode» (Kapitel IX) ermitteln, doch wäre hierzu eine Identifizierung nötig und die Anonymität nicht mehr garantiert (zu anderen Methoden siehe Skarabis und Patzak 1981). Stattdessen haben wir ein nichtreaktives Verfahren gewählt, genauer eine Kombination von Befragungsdaten mit nichtreaktiven «Verhaltensspuren».

Um die Ansteckungsgefahren zu vermindern, sind in Bern sterile Spritzen gegen eine geringe Gebühr aus Automaten, in Apotheken und in den Anlaufstellen der Drogenhilfe erhältlich. Seit kurzem werden Spritzen auch in einer Frauenstrafanstalt (durch einen Automaten) abgegeben. Wer z. B. wegen eines Diebstahls im Wiederholungsfall zu einer Freiheitsstrafe verurteilt wurde, soll nicht mit dem Todesurteil Aids entlassen werden.

Von dem Spritzenangebot machen fast alle Drogenabhängigen, die intravenös harte Drogen wie Heroin und Kokain konsumieren, Gebrauch. Mehr als 90 % der Spritzen werden in den Anlaufstellen abgegeben. Für die Monate Juni, Juli und August 1993, den Zeitraum der Befragung, konnten wir die Zahl der Spritzen ermitteln. Sie betrug im Monatsdurchschnitt 44 566. Aus den Befragungsdaten ergab sich, dass bei intravenösem Konsum im Monat durchschnittlich 86 Spritzen verbraucht werden. Daraus errechnet sich die Zahl von 518 Konsumenten harter Drogen mit intravenösem Konsum. Aus der Befragung geht ferner hervor, dass ungefähr 85 % der Konsumenten von Heroin und Kokain diese Drogen intravenös einnehmen. Wird für den Anteil nichtintravenös Konsumierender korrigiert, erhält man als Mindestschätzung eine Zahl von etwas mehr als 600 Konsumenten der harten Drogen Heroin und Kokain in der sichtbaren Drogenszene der Stadt Bern. Dies sind allerdings nicht alle Personen, die harte Drogen konsumieren. Denn wer sich Drogen und Spritzen anderswo beschafft und unauffällig privat konsumiert, geht in die Rechnung nicht ein. Das Ziel war ja die Schätzung des Umfangs der «sichtbaren» Drogenszene.

Hat sich z. B. das Sexualverhalten infolge von Aids und Aids-Präventionskampagnen verändert? Ein naheliegender Indikator ist die Verkaufsziffer von Kondomen. Die folgenden Angaben sind nur ein Beispiel und beziehen sich auf die Situation bis Ende der 80er Jahre. In Deutschland waren die Verkäufe nach einem vorübergehenden Anstieg wieder auf das Niveau der Umsätze von 1978 zurückgegangen.[9] Ein alarmierendes Signal, das auf wachsende Sorglosigkeit hindeuten könnte. In der Schweiz zeigte sich damals ein anderes Muster, wobei hier aber auch europaweit eine der höchsten HIV-Infektionsraten registriert wurde. 1986 waren es 7,65 Millionen, 1987 bereits 11,65 Millionen, 1989 13,4 Millionen (nach einem Rückgang für 1988) und 1990 12,7 Millionen «Verhüterli», die laut Umsatzstatistik an den Mann gebracht wurden. (Die Statistik erfasste etwa 80 % der Verkäufe.) Eine weitere «Verhaltensspur» wies in die gleiche Richtung. Auch die Anzahl der Fälle von Gonorrhöe ist in der zweiten Hälfte der 80er Jahre zurückgegangen. Diese indirekten Indikatoren können eventuell genauere Rückschlüsse über Veränderungen auf der Verhaltensebene geben als Daten aus Umfragen zum Sexualverhalten. In den vergangenen Jahren ist allerdings wieder ein Anstieg von HIV-Infektionen zu beobachten. So hat sich nach Angaben des Robert-Koch-Instituts die Zahl der Neuinfektionen in Deutschland seit 2001 wieder sehr stark erhöht. Ob auch die erwähnten indirekten Indikatoren genügend valide sind und ebenfalls diesen gefährlichen Trend anzeigen, wäre noch zu prüfen.

Auch für einige Sparten abweichenden Verhaltens können indirekte Schätzmethoden aussagekräftige Ergebnisse liefern. So beruhen Schätzungen der Schattenwirtschaft und des Umfangs von «Geldwäsche» auf Analysen des Bargeldumlaufs. Statistiken des Kapitaltransfers geben Hinweise auf das Ausmaß der Steuerhinterziehung von Zinseinkünften.

Wie kommt man Öko-Eier-Betrügern auf die Schliche? In den ‹Hühnerländern› Frankreich, Holland, Belgien und Deutschland wurden acht Millionen Öko-Hühner gezählt. In den Verkaufsregalen finden sich täglich 30 Millionen Öko-Eier.[10] Auch glückliche Hühner legen im Jahr sel-

9 Diese Angaben und die Zahlen der Kondomverkäufe in der Schweiz sind der «Coop-Zeitung», 7/1992 entnommen.

10 Angaben nach einem Bericht der «Süddeutschen Zeitung» vom 28./29.1.1995 über die Aufdeckung des Eierschwindels durch die ZDF-Sendung «WiSo». Als «Öko-Eier» galten dabei, großzügig ausgelegt, sämtliche Eier, die nicht aus Legebatterien stammen. (Also nicht nur Eier von freilaufenden Hühnern.)

ten mehr als durchschnittlich 300 Eier. Wie eine simple Rechnung ergibt, klafft da eine erhebliche Lücke. Sollten die berichteten Daten zutreffen, so muss damals ein Großteil der teurer verkauften Öko-Eier falsch deklariert worden sein.

Korrupte Diplomaten

Die New Yorker Polizei sorgt für Transparenz. Parkvergehen der UN-Diplomaten werden dokumentiert und die Sündenregister zugänglich gemacht. Somit kann man auch die Häufigkeit der Parksünden verschiedener nationaler Vertretungen vergleichen. Fisman und Miguel (2006) nutzen die Datenquelle, um der folgenden Forschungsfrage nachzugehen: Wirkt sich eine «Kultur der Korruption» auf das Verhalten aus, wenn der illegalen Vorteilsnahme keine Sanktionen entgegengesetzt werden? Da die UN-Diplomaten Immunität genießen, haben sie seitens der New Yorker Polizei nichts zu befürchten (jedenfalls bis 2002, danach konnten Diplomatenautos abgeschleppt werden). Fisman und Miguel untersuchen nun den Zusammenhang zwischen dem Korruptionsindex (ein Index, der das Ausmaß der Korruption anzeigen soll und für die meisten Länder erhoben wird) und der Häufigkeit der Parkvergehen pro Kopf des Botschaftspersonals von 146 Vertretungen für den Zeitraum 1997 bis 2002. Spitzenreiter ist Kuwait mit 246 Vergehen pro Diplomat, während die skandinavischen Staaten Dänemark und Norwegen, aber auch Kanada, Japan, Australien, Israel, Griechenland, Kolumbien, Oman und einige weitere Staaten keinen einzigen Eintrag im Parksündenregister der New Yorker Polizei aufweisen. Zwar gibt es Ausnahmen, aber insgesamt zeigt sich ein Zusammenhang zwischen dem Korruptionsindex des Heimatlandes und dem Verhalten des diplomatischen Personals am East River. Auch ein interessantes Nebenergebnis: Nach dem Anschlag vom 11. September 2001 ging die Häufigkeit diplomatischer Parkvergehen drastisch – um 80 % – zurück, wobei der Rückgang besonders stark beim Personal aus muslimischen Staaten ausgeprägt war. Fisman und Miguel sprechen von einem «Feldexperiment». Nach unserer Terminologie handelt es sich zwar um eine Analyse nichtreaktiver Daten, nicht jedoch um ein Feldexperiment, da keine aktiven experimentellen Interventionen durch die Forscher vorgenommen wurden. Zunehmend wird in den Sozialwissenschaften erkannt, dass zahlreiche Register nichtreaktiver Verhaltensdokumente den Stoff zur Prüfung interessanter Hypothesen liefern. Diskriminierung im Spitzensport? Frank Kalter (1999) ist diese Frage nachgegangen, indem er die Verkaufszahlen von T-Shirts der Top-Fußballspieler herangezogen und nach Nationalitäten aufgeschlüsselt hat. Man muss nur Phantasie haben und kann dann oftmals mit einfachen Mitteln und origineller Methodik wissenschaftlich spannende Fragen beantworten.

Digitale Verhaltensspuren

Seit einigen Jahren hat das Internet die Möglichkeiten zur Gewinnung nichtreaktiver Daten über Verhaltensweisen und soziale Interaktionen potenziert. Kommunikationsmuster können in Chat-Räumen beobachtet werden, bei eBay oder anderen Auktionshäusern lässt sich das Marktgeschehen inklusive der Effekte auf die Preisbildung studieren, Daten über soziale Netzwerke sind aus virtuellen Welten wie «MySpace» abrufbar, die Verkaufsränge und Bewertungen von Büchern findet man auf einschlägigen Web-Seiten ebenso wie die Bewertungen der Lehrveranstaltungen von Professoren oder die Häufigkeit der Zitationen ihrer Veröffentlichungen. Und dies sind nur einige Beispiele für Verhaltensspuren im Internet, die auch ein Potenzial für die Forschung darstellen. Wie werden Vertrauensprobleme gelöst? Welche Rolle spielt die Reputation von Verkäufern auf Auktionsmärkten für den Verkaufserfolg und Verkaufspreis (z. B. Diekmann und Wyder 2002)? Im Internet stehen die nichtreaktiven Daten für solche und viele andere Fragestellungen frei Haus zur Verfügung. In der Ökonomie und Soziologie wurden in den vergangenen Jahren Hunderte empirischer Studien durchgeführt, die sich die Daten digitaler Verhaltensspuren zunutze machten.

«Verhaltensspuren» von Aktivitäten, die mit dem staatlichen Verwaltungshandeln in Verbindung stehen, werden mehr oder minder systematisch in amtlichen Registern erfasst. Dazu zählen Heirat und Scheidung, Wohnungswechsel, Arbeitslosigkeit, Sozialversicherungsdaten, Steuerakten, Kriminalitätsstatistiken, Unfälle und vieles andere mehr. Auch private Archive und Registraturen, etwa die Personaldaten einer Firma über Löhne, Beförderungen und Beschäftigungsdauer, stellen häufig aufschlussreiche Datenquellen für sozialwissenschaftliche Untersuchungen dar. Derartige Daten, die im Ablauf sozialer Prozesse «selbst», ohne Eingriff von Forschern, produziert wurden, werden auch als *prozessproduzierte Daten* bezeichnet.

Anders als die Sekundäranalyse reaktiver Umfragedaten (Kapitel II und V) ist das Material von Sekundäranalysen prozessproduzierter Daten nichtreaktiv.

Prozessproduzierte Daten sind das alltägliche Material in der Demographie, der Bevölkerungs-, Wirtschafts- und Sozialgeschichte. Aber auch zeitgenössische prozessproduzierte Daten sind häufig für sozialwissenschaftliche Sekundäranalysen verfügbar. (Zu einem Überblick über «historische Methoden und die Analyse von Archivbeständen» siehe Albrecht 1975.)

Öffentliche und private Datenarchive haben mit der modernen Speichertechnologie enorm an Bedeutung gewonnen und werden auch in Zukunft weiterwachsen. Aus der Sicht des persönlichen Datenschutzes sind die sich abzeichnenden Entwicklungen höchst bedenklich. Wer heute bei Versandhäusern eine Bestellung aufgibt, dessen Konsumgewohnheiten und persönliche Angaben werden mit hoher Wahrscheinlichkeit in einer Datenbank gespeichert. Mit Computerprogrammen, basierend auf der Fuzzy-Logik, kann anhand mehrerer, für sich allein genommen jeweils vager Indizien auf weitere Persönlichkeitsmerkmale geschlossen werden. Ist z. B. das Alter eines Verbrauchers unbekannt, so geben das Konsumprofil und der Vorname Hinweise. Wer z. B. Adolf heißt, zählt mit höherer Wahrscheinlichkeit zur Altersklasse von Rentenbeziehern. Die Verbreitung neuer Techniken und Zahlungsmodalitäten wie Scanner-Kassen und Kreditkarten ergeben zusammengespielt ein ungeheures Potenzial der Nutzung und des Missbrauchs nichtreaktiv gewonnener Informationen. Geben heute Scanner-Kassen in Verbindung mit Computerauswertungen ein momentan verfügbares, aber anonymes Bild der Konsummuster, so könnten durch Zusammenfügung dieser Daten mit Kreditkartenabrechnungen auch persönliche Konsumprofile erstellt werden. Damit würde eine private Organisation über eine große Menge nichtreaktiver Daten zum Konsumverhalten, zu den Einkaufsorten und den Bewegungsmustern von Millionen Kunden verfügen. Wird diesen Entwicklungen nicht ein Riegel vorgeschoben, müssen wir uns auf den «gläsernen Verbraucher» gefasst machen. Werbe- und Marketingstrategien werden sich als Folge der Analyse dieser Datenfluten gleichfalls verändern (vgl. dazu Ziegler 1992).

Gewiss kann nicht davon ausgegangen werden, dass nichtreaktive, prozessproduzierte Daten quasi automatisch zuverlässiger und valider wären als reaktiv erhobene Daten. So wird das Einkommen in Steuerakten eher nach unten verzerrt sein. Sozialversicherungsdaten wiederum informieren nur über das Einkommen von Arbeitern und Angestellten, und auch hier – jedenfalls in Deutschland – nur bis zur Bemessungsgrenze der Sozialversicherung. Die Arbeitslosenstatistik berücksichtigt nur bei den Arbeitsämtern gemeldete Personen, nicht aber alle Personen, die eine Beschäftigung suchen. Notorisch unzuverlässig und äußerst selektiv ist bekanntlich die Kriminalstatistik. Was in die Statistik an Daten eingeht, hängt wesentlich vom Anzeigeverhalten der Bevölkerung ab. Und bei Eigentumsdelikten wie Diebstahl und Einbruch wird die Wahrscheinlichkeit der Erstattung einer Anzeige davon abhängen, ob das Opfer versichert ist und die Regeln der Versicherung die Anzeigeerstattung vor der Schadensregulierung erfordern.

Wenn also der Bundesinnenminister alljährlich vor die Presse tritt, den Anstieg der Kriminalität beklagt und mehr Polizeikräfte fordert, war der Grund für die statistische Zunahme der Straftaten möglicherweise nur, dass sich die Versicherungsquote der Bevölkerung erhöht hat.[11]

11 Der Löwenanteil in der Kriminalitätsstatistik sind Eigentumsdelikte, davon ein großer Anteil Bagatelldelikte wie Fahrraddiebstahl etc. Allerdings ist zu bedenken, dass die Summe aller Straftaten vermutlich wesentlich höher ist als in der Kriminalitätsstatistik ausgewiesen. Über Schätzungen des Ausmaßes der Untererfassung informieren (a) reaktive Befragungen zur selbstberichteten Delinquenz, (b) viktimologische, reaktive Untersuchungen wie «Opferbefragungen» und (c) sonstige nichtreaktive Indikatoren wie die Statistik des Kapitaltransfers, die Anhaltspunkte zur Steuerhinterziehung liefert.

Dieser kritische Tenor soll aber keinesfalls die zahlreichen Möglichkeiten der Sekundäranalyse prozessproduzierter Daten diskreditieren. Zum einen sind bekannte Verzerrungen und Selektionsfehler möglicherweise korrigierbar. Zweitens sind umgekehrt viele Quellen von Register- und Archivdaten im Hinblick auf die Zuverlässigkeit und Gültigkeit reaktiv erhobenen Daten überlegen. Wichtig ist eben, dass jeweils im Einzelfall eine genaue Prüfung der Aussagekraft der benutzten Daten erfolgt.

4. Probleme nichtreaktiver Methoden

Wie wir gesehen haben, sind nichtreaktive Verfahren ein Konglomerat unterschiedlicher Erhebungsmethoden und Datenquellen. Dazu zählen insbesondere:

1. Feldexperimente,
2. unaufdringliche Beobachtung,
3. Verhaltensspuren,
4. Sekundäranalyse prozessproduzierter Daten,
5. Inhaltsanalyse.

(1) und (2) treten häufig in Kombination auf, und (3), (4) und (5) können wir auch unter dem Oberbegriff «Verhaltensspuren» zusammenfassen.

Ebenso wie reaktiv gewonnene Daten sind nichtreaktive Daten bezüglich der gleichen Kriterien, nämlich *Reliabilität* und *Validität*, kritisch zu bewerten. Ist z. B. die Automarke in der Untersuchung aggressiven Verkehrsverhaltens ein (näherungsweise) valider Indikator des Sozialstatus? Dazu wäre nachzuweisen, dass die Autoklasse mit dem Einkommen oder anderen Schichtmerkmalen hoch korreliert ist. McClelland (1961) hat in einer vielbeachteten Studie über den Einfluss der Leistungsmotivation auf das Wirtschaftswachstum beide Größen jeweils nichtreaktiv gemessen. Um die Hypothese auch anhand historischer Kulturen wie des klassischen Griechenlands zu überprüfen, hat er einiges an methodischer Phantasie entwickelt. So wurde ein Index der Leistungsmotivation anhand einer Inhaltsanalyse von Texten griechischer Dichtung gebildet.

Als Indikator des Wirtschaftswachstums galt die Expansion des Verbreitungsgebiets griechischer Amphoren (siehe auch Kapitel VI). Auch hier stellt sich wiederum die Frage nach der Validität der gewählten Indikatoren. Sind Verallgemeinerungen auf eine wie auch immer definierte Grundgesamtheit vorgesehen, stellt sich weiterhin das Problem der *Stichprobenauswahl.* Welche Stichprobe von Personen findet die verlorenen Briefe? Je nach der Methode der Verteilung (auf der Straße, in Telefonzellen, unter Scheibenwischern von Autos) wird man unterschiedliche Stichproben erhalten. In der Kriminalitätsstatistik sind Delikte, die seltener angezeigt werden, systematisch unterrepräsentiert. Geht es dagegen primär um die Prüfung von Zusammenhangshypothesen, etwa in Feldexperimenten, dann spielen Stichprobenprobleme eine geringere Rolle. Kopfzerbrechen kann jedoch das Problem bereiten, «im Feld» die Randomisierung zwischen Versuchs- und Kontrollgruppe zu realisieren.

Nicht zuletzt sind insbesondere bei Feldexperimenten *forschungsethische Gesichtspunkte* zu bedenken. So sollte man von Feldexperimenten wohl die Finger lassen, die die Versuchspersonen recht peinlichen, unangenehmen oder gar riskanten Situationen aussetzen.

Häufig empfiehlt sich die Ergänzung reaktiver Erhebungen durch nichtreaktive Daten. Dadurch können die Schwächen der einen oder anderen Methode kompensiert werden, etwa wenn Befragungsdaten durch nichtreaktive Erhebungen oder prozessproduzierte Daten ergänzt werden. Wir sprachen bereits davon, dass empirische Sozialforschung mit Detektivarbeit vergleichbar ist. Kriminalistisch gesprochen erhofft man sich von einem Interview ein «Geständnis»; die Analyse von Verhaltensspuren und prozessproduzierter Daten folgt dagegen dem Muster des «Indizienbeweises». Beide Methoden haben ihre spezifischen Vor- und Nachteile. Bei dem Bemühen um Wahrheitsfindung, sprich: der Aufdeckung sozialer Sachverhalte und der Prüfung von Hypothesen über soziale Regelmäßigkeiten, können sie sich gegenseitig auch ergänzen.

D. Datenauswertung

XIV. Datenanalyse

1. Einführung

Unter Statistikern und Ökonometrikern kursiert das Bonmot: «Bei zwei Dingen soll man nicht zusehen, bei der Herstellung von Würstchen und bei der statistischen Schätzung ökonometrischer Modelle.» Ersteres verdirbt den Appetit, Letzteres nährt Zweifel an der Glaubwürdigkeit der Ergebnisse. Wer die Praxis kennt und weiß, wie sensibel manche (nicht alle!) statistischen Schätzungen von den jeweils getroffenen Annahmen abhängen, wird in dieser Übertreibung zumindest ein Körnchen Wahrheit finden. Als kritische ‹Verbraucher› und Anwender ziehen wir es aber vor, ganz bewusst und genau hinzusehen, wie der Prozess der Datenanalyse im Einzelnen abläuft. Erst die Kenntnis der statistischen Methoden verhilft dazu, vorliegende empirische Untersuchungen kritisch beurteilen sowie Fragwürdigkeiten und etwaige Fehlerquellen identifizieren zu können.

Welcher sozialwissenschaftlichen Fachrichtung wie Politikwissenschaften, Psychologie, Ökonomie oder Soziologie auch immer das Interesse gilt, in Studium und Berufspraxis wird man unvermeidbar mit der Interpretation empirisch-statistischer Arbeiten konfrontiert sein. Wie aber soll man heute einen Artikel über eine empirische Untersuchung in einer beliebigen Fachzeitschrift überhaupt verstehen und kritisch würdigen können, wenn die statistischen Methoden nur oberflächlich oder gar nicht verstanden werden? Aber nicht nur als Konsument fremder Arbeiten, sondern auch in der Rolle des Produzenten empirischer Ergebnisse im Rahmen eines eigenen Projekts ist die genaue Kenntnis der Prinzipien, Anwendungsvoraussetzungen und Probleme der wichtigsten statistischen Verfahren unverzichtbar.

Natürlich kann das vorliegende Kapitel nicht einen Statistikkurs und eine Einführung in die Benutzung der entsprechenden Computerprogramme ersetzen. Wir wollen aber zumindest einige grundlegende Techniken und ihre Probleme anhand von Beispielen kennenlernen. Mit diesem Wissen sind einfache Auswertungen (z. B. Tabellenanalyse, Korrelationsrechnung) per Hand und mit Taschenrechner durchführbar. Für den Normalfall computergestützter statistischer Analysen wird man zusätzlich die Benutzerhandbücher oder Einführungen zur verwendeten Statistik-Software (wie SPSS, SYSTAT, STATA, R usw.) heranziehen müssen.[1]

Wir beschränken uns im Folgenden vorwiegend auf die *Deskriptivstatistik*, d. h. die Berechnung von Kennziffern zur Beschreibung einer Stichprobe. An einigen Beispielen werden wir darüber hinaus die Logik von Signifikanztests als Teil der schließenden Statistik *(Inferenzstatistik)* behandeln. Dabei geht es primär darum, das Prinzip zu erläutern, um die üblichen, auch in der Fachliteratur nicht selten zu beobachtenden Fehlinterpretationen der «Signifikanz» statistischer Resultate vermeiden zu helfen.

1 Mittlerweile gibt es allein in deutscher Sprache eine Vielzahl von Einführungen in die sozialwissenschaftliche Statistik. Wer keinerlei Vorkenntnisse hat und auch mathematisch keine besonderen Ambitionen, sei auf die gut lesbaren Texte von Benninghaus (2005a) zur Deskriptivstatistik (hauptsächlich Tabellenanalyse) und Sahner (2005) zur Inferenzstatistik verwiesen. Ein Klassiker für einfache deskriptive Auswertungsverfahren (Prozentwerte, Tabellen etc.) ist immer noch «Die Sprache der Zahlen» von Zeisel (1970). Benninghaus (2005b) ist eine gut verständliche Einführung in die Deskriptivstatistik unter Verwendung des Programmpakets SPSS. Wer die grundlegenden Techniken und Prinzipien der modernen Statistik fundierter kennenlernen möchte, dem sei die vorzügliche Einführung von Schlittgen (2003) empfohlen. Auch die klassische Einführung von Kreyszig ([1975] 1998) kann m. E. immer noch als Musterbeispiel für eine präzise und fundierte Einführung gelten, stellt dafür aber auch höhere Ansprüche. Für die Praxis ist Clauss, Finze und Partzsch (2004) ein gutes Lehrbuch, behandelt aber weniger genau den statistisch-mathematischen Hintergrund. Empfehlenswerte Einführungen sind Kühnel und Krebs 2004, Bortz (2004) sowie in englischer Sprache Blalock (1979). Wer es kurz, knapp und präzise liebt, sei auf Jann (2005) verwiesen. Zu einer Einführung in das Programmpaket SPSS siehe z. B. Wittenberg und Cramer (2003).

2. Die einzelnen Schritte der Datenauswertung

Größere Datenmengen werden in der Regel mit Computerunterstützung ausgewertet. Dazu ist es zunächst einmal erforderlich, die erhobenen Daten zu kodieren und in ein Datenfile zu übertragen. Weiterhin wird man eine Fehlerkontrolle vornehmen und, wenn möglich, erkannte Fehler bereinigen oder fehlerhafte Fälle von der weiteren Analyse ganz oder teilweise ausschließen. Die Daten müssen sodann vor der eigentlichen statistischen Analyse «aufbereitet» werden. Dazu zählt man die Zusammenfassung von Kategorien und Variablen, die Konstruktion von Skalen und Indizes, die Prüfung der Skalen u. a. m. (Kapitel VI). Die bereits in Kapitel VI erläuterten Verfahren der Messung und Skalierung kommen bei der Planung und der Analyse der Pretestdaten zum Einsatz, vor allem aber werden sie in der Phase der Analyse der Daten aus der Hauptuntersuchung benötigt.

Erst nach der Überprüfung, Fehlerkontrolle und Aufbereitung der Daten kann mit der statistischen Analyse von Verteilungen einer Variablen (univariate Analyse), der Untersuchung von Zusammenhängen zwischen zwei Variablen (bivariate Analyse) oder mehreren Variablen (multivariate Analyse) begonnen werden. Den Ablauf der Datenauswertung im Normalfall einer Untersuchung von Verteilungen einzelner Variablen und der Zusammenhänge zwischen Variablen zeigt das Diagramm in Abbildung XIV.1.

Schritt 1 ist die Datenübertragung, Schritt 2 und Schritt 3 dienen der Aufbereitung der Daten. Erst im Anschluss an Schritt 3 liegt ein analysefähiger Datensatz vor. In Phase 4 können sodann Hypothesen über Zusammenhänge zwischen zwei oder mehreren Variablen mit Tabellenanalysen, Korrelations- und Regressionsverfahren oder anderen statistischen Techniken untersucht und überprüft werden.

Sofern Schritt 3 sich nicht nur auf einfache Umformungen bezieht, kommen allerdings schon an dieser Stelle statistische Techniken zur Konstruktion und Prüfung von Skalen und Indizes zum Einsatz (z. B. Itemkonsistenzanalyse, Guttman-Skalierung,

ABBILDUNG XIV.1: PHASEN DER DATENAUSWERTUNG

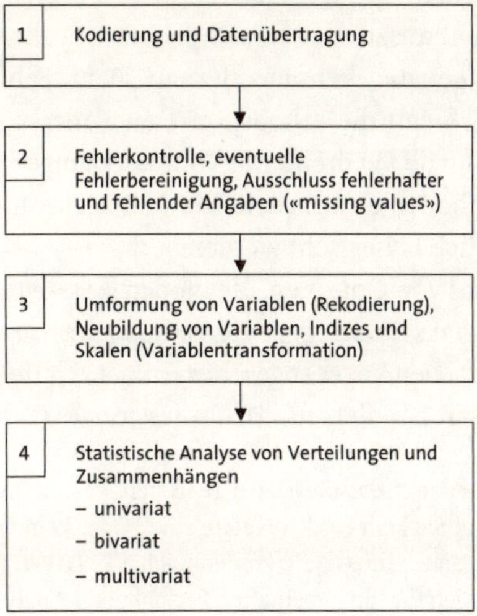

Faktorenanalyse; vgl. Kapitel VI). Untersuchungen, die speziell dem Zweck der Konstruktion und Prüfung neuer Skalen dienen, werden sogar das Hauptgewicht auf die Phase 3 legen. Weiterhin stellt das Schema auch insofern eine Vereinfachung dar, als die Phasen nicht immer linear «durchlaufen» werden. So wird man nach der Prüfung von Zusammenhängen eventuell wieder in Phase 3 zurückkehren, neue Variablen bilden und erneut in Phase 4 eintreten. Bei einigen, recht komplexen statistischen Verfahren (z. B. LISREL, Kapitel VI) werden auch Messhypothesen (Skalierung) und Zusammenhangshypothesen zwischen theoretischen Konstrukten simultan untersucht, sodass in diesem Fall die Schritte 3 und 4 zusammenfallen. Für den Regelfall der Datenauswertung wird das Schema aber eine brauchbare Orientierung darstellen.

Wenn auch heute in der Praxis die Datenanalyse fast ausschließlich per Computer erfolgt und dabei – von Ausnahmen wie der chinesischen Volkszählung einmal abgesehen – meist PCs zum Einsatz kommen, so ist doch nicht zu vernachlässigen, dass kleine Datenmengen gelegentlich auch per Hand ausgewertet werden können. Die statistische Analyse des Zusammenhangs zwischen zwei dichotomen Variablen (Vier-Felder-Tabelle) aus einem Experiment mit z. B. 40 Versuchspersonen wird per Hand und mit Taschenrechner keinen wesentlich höheren Arbeitsaufwand erfordern als mit Computerhilfe. Der Punkt, auf den es ankommt, ist aber folgender: Rein übungshalber empfiehlt es sich, einmal kleinere Datensätze manuell auszuwerten, um die statistischen Methoden und Rechentechniken genauer kennenzulernen. Denn Fehler und Irrtümer treten häufig auf, wenn die erhobenen Daten mechanisch durch den ‹Computer-Fleischwolf› gedreht, die Voraussetzungen der Anwendbarkeit einzelner Methoden und die detaillierte Berechnungsweise aber nur äußerst oberflächlich beherrscht werden.

Mit der Vielzahl von Optionen, die moderne statistische Softwarepakete heute bieten, hat sich demgegenüber die Gefahr des Missbrauchs der Statistik potenziert. Den Vogel abgeschossen hat zweifellos die Werbeannonce eines Softwarehändlers in «PC-Professional» (Februar 1995):

> «Es wird von Ihnen verlangt, dass Sie Daten analysieren und Zahlen auswerten. Aber was machen Sie, wenn Sie kein Zahlenexperte sind? Oder keinen blassen Schimmer von Statistik haben? Ganz einfach. Sie greifen nach STATGRAPHICS Plus für Windows (…) und lassen sich für Ihre fabelhaften Berichte und Analysen in höchsten Tönen loben.»

Es ist sehr zu hoffen, dass STATGRAPHICS Plus nicht z. B. einem Mediziner in die Hände fällt, der damit ohne «blassen Schimmer von Statistik» die Nebenwirkungen von Medikamenten analysiert und sodann die Ergebnisse therapeutisch verwertet. Auch wenn die Fehler von Ärzten begraben werden, sollte man es so weit nicht kommenlassen.

Aber im Ernst gesprochen: Die Statistik ist bei voraussetzungsbewusster und sachgemäßer Anwendung ein äußerst hilfreiches und unentbehrliches Instrument zur Beschreibung von Daten und zur Prüfung von Hypothesen. Wenn man so will, ist die Statistik auch eine Methode der Ideologiekritik, da mit ihrer Hilfe verzerrte und fehlerhafte Argumentationen aufgedeckt werden können. Wie die meisten Instrumente kann auch die Statistik sinnvoll gebraucht, aber auch missbraucht werden. Computer erleichtern beides: den Gebrauch und den Missbrauch der Statistik. Wenn man einmal vom bewussten Einsatz der Statistik für manipulative Zwecke absieht, dann ist im Wesentlichen nur ein Kraut gegen die missbräuchliche und fehlerhafte Anwendung statistischer Methoden gewachsen, und das heißt: Man mache sich mit den in einer Untersuchung verwendeten statistischen Methoden genau vertraut, erlerne die Voraussetzungen der Anwendbarkeit einer Methode und die Grenzen der Interpretation der errechneten Resultate.[2]

3. Datenübertragung und Datenaufbereitung

Die Informationen aus den Fragebogen, Beobachtungsprotokollen oder Kodierbogen der Inhaltsanalyse werden bei der Auswertung per Computer in ein Datenfile, bei manueller Auswertung in einen Auswertungsbogen übertragen. Im Falle einer computerunterstützten Erhebung mit der CATI- oder CAPI-Technik kann man sich diesen Schritt natürlich ersparen. Bei computerunterstützten Telefoninterviews z. B. werden die Daten ja unmittelbar im Verlauf des Interviews in ein Datenfile abgespeichert.

Gehen wir von der typischen Situation der Übertragung der Daten von einem Fragebogen aus. Ein leerer Fragebogen sollte als *Kodeplan* reserviert werden. Sämtliche Fragen und Unterfragen werden durchnummeriert. Für eine Fragebatterie mit z. B. 20 Likert-Items werden entsprechend auch 20 Nummern vergeben. Eine Frage mit Mehrfachantworten entspricht so vielen Teilfragen wie die maximale Zahl der Nennungen von Antwortalternativen. (Wenn es z. B. in einer Frage heißt: «Sie können bis zu drei Freizeitaktivitäten angeben», so handelt es sich im Prinzip um drei Teilfragen oder «Variablen».) Jede Frage oder Teilfrage wird zu einer Variablen; die Nummer im Kodeplan ist die Variablennummer.

Weiterhin werden die Antwortkategorien sämtlicher Fragen mit Kodeziffern versehen, falls diese nicht bereits vorher auf die Fragebogen gedruckt wurden. Betrachten wir ein Beispiel für eine geschlossene, eine

2 Ein Stück Aufklärung über den Missbrauch und Gebrauch der Statistik sind die sehr instruktiven und dazu noch unterhaltsam geschriebenen Bücher von Krämer «So lügt man mit Statistik» (1991), «Statistik verstehen» (1992) und «So überzeugt man mit Statistik» (1994). Vgl. dazu auch das klassische Vorbild von Huff ([1st ed. 1954] 1991), «How to Lie With Statistics». Als neuere Literatur zum Thema sei auf die Arbeiten von Beck-Bornholdt und Dubben (2003, 2006) verwiesen.

offene nichtnumerische und eine offene numerische Frage aus einem persönlichen Interview.

V2 Welchen Schulabschluss haben Sie? Geben Sie bitte nur den höchsten Abschluss an.

kein Abschluss	(1)
Volks-, Hauptschulabschluss	(2)
mittlere Reife, Realschulabschluss	(3)
Abitur, Hochschulreife	(4)
verweigert	(9)

V3 Welchen Beruf üben Sie derzeit aus oder haben Sie zuletzt ausgeübt?
(Interviewer: genaue Berufsangabe erfragen, also z. B. nicht Lehrer, sondern Hauptschullehrer, Oberstudienrat etc.)

____

trifft nicht zu	8
verweigert	9

V4 Könnten Sie mir angeben, wie hoch Ihr persönliches Nettoeinkommen im Monat ist?
Ich meine das Einkommen, das Sie nach Abzug von Steuern und Sozialversicherungsbeiträgen auf Ihr Konto erhalten.

____

weiß nicht	99997
trifft nicht zu	99998
verweigert	99999

Für die Frage nach dem Schulabschluss (Variable V2) wird für jeden Befragten die Kodeziffer des angegebenen Abschlusses in das Datenfile (oder den Auswertungsbogen) übertragen. Um Fehler beim Eintippen möglichst zu vermeiden, kann man auch in zwei Schritten vorgehen. Zunächst werden die Kodeziffern gemäß Kodeplan für sämtliche Antworten an den Rand der Fragebogen geschrieben. In einem zweiten Arbeitsgang werden die Kodeziffern sodann in den Computer eingegeben.

Zur Kodierung fehlender Angaben (missing values) ist folgende Konvention sinnvoll: Man reserviert hierfür die höchsten drei Kodeziffern, also bei einspaltigen Variablen 7, 8, 9, bei zweispaltigen Variablen 97, 98, 99 usw. Auf diese Weise können missing values separat nach den drei Gründen «weiß nicht», «trifft nicht zu» und «Antwort verweigert» erfasst werden. Ist der Grund für eine fehlende Angabe nicht von Interesse, kann man sich auch mit *einer* Kodezahl für missing values (meist 9, 99 usw.) begnügen. Natürlich sollte diese Konvention nur dann gewählt werden, wenn die Missing-value-Kodes nicht durch ‹legitime› Angaben belegt sind. Wird z. B. eine Frage nach der Zahl der Kinobesuche in den letzten vier Wochen einspaltig kodiert, dann kann «9» als Antwort vorkommen. Es empfiehlt sich dann, missing values z. B. mit – 1 zu kodieren oder systematischer und besser eine zweispaltige Kodierung zu wählen.

Bei V2 genügt eine einspaltige Kodierung mit einem Typ fehlender Werte (9 = verweigert). Für die Berufsangabe V3 müssen im Datenfile natürlich mehrere Spalten reserviert werden. Mit 25 Spalten lässt man auch für den «Rechtsanwaltsgehilfen» noch genügend Platz. Bei der Berufsangabe werden nicht Ziffern, sondern alphanumerische Zeichen übertragen. V3 im Datenfile ist eine *alphanumerische Variable.* Abweichend von der Systematik wählen wir für missing values die Kodes 8 und 9, um überflüssige Tipparbeit zu ersparen. Werden die Berufe später nach einem Kodesystem klassifiziert (z. B. der «Internationalen Standardklassifikation der Berufe, ISCO), dann können die Missing-Kodes immer noch automatisch per Computerprogramm umkodiert werden.

Wenn die Stichprobe der Umfrage nicht gerade aus Millionären oder aus Beschäftigten besteht, die in ecuadorianischen Sucre entlohnt werden (1 € = 33 000 Sucre), kann das Monatseinkommen fünfspaltig kodiert werden. Beim Einkommen aus Erwerbstätigkeit macht es auch Sinn, drei Arten von missing values zu unterscheiden. Der Kategorie «trifft nicht zu» werden Befragte zugewiesen, die sich z. B. in der Ausbildung befinden und derzeit kein Erwerbseinkommen beziehen. Nach der Kodierung und Datenübertragung hat das resultierende Datenfile im Allgemeinen die Form einer *rechteckigen Datenmatrix.* Fügen wir zu unseren drei Variablen noch die Fallnummer (V1) hinzu, dann erhalten wir für z. B. 15 Befragte (N =15) die Datenmatrix in Tabelle XIV.1 (fiktive Daten).

TABELLE XIV.1: DATENMATRIX

Fall-Nr. 1 V1	Schulbildung V2	Beruf V3	Einkommen V4
01	2	Werkzeugmacher	2400
02	1	Verkäufer	1700
03	4	Studienrätin	3600
04	2	Kraftfahrer	2200
05	2	Friseur	1600
06	3	Programmiererin	3100
07	4	Allgemeinmediziner	8400
08	3	Journalistin	4500
09	2	Sachbearbeiter	99999
10	2	Installateur	99999
11	2	Krankenpfleger	1600
12	3	Steuerberaterin	99999
13	4	Bankkaufmann	3200
14	3	Verkäuferin	1100
15	2	Krankengymnastin	2000

Wird die Zahl der Fälle mit N und die Zahl der Variablen mit M bezeichnet, dann ist der Typ der Datenmatrix N x M, im Beispiel also 15 x 4. Im Allgemeinen wird die Datenmatrix wesentlich größer ausfallen als in unserem Beispiel. Bei z. B. 1200 Befragten und 140 Variablen erhält man eine Matrix vom Typ 1200 x 140.

Im Anschluss an die Datenübertragung sollte eine sorgfältige Fehlerkontrolle vorgenommen werden. Drei Typen von Fehlern können relativ leicht identifiziert werden:

1. Werte außerhalb der vorgesehenen Kodeziffern («wild codes»),
2. unplausible Werte («outlier», Ausreißer),
3. inkonsistente Werte.

(1) Bei der Schulbildung z. B. dürfen nur Werte von 1 bis 4 sowie der Missing-value-Kode 9 auftreten. Alle anderen Werte sind fehlerhafte «wild codes», z. B. Tippfehler. (2) Eine Einkommensangabe von 99 995 ist zwar theoretisch denkbar, aber höchst unplausibel. Wahrscheinlich handelt es sich um einen Tippfehler für einen missing value. Im Schweizer

Umweltsurvey 1994 (N = 3019) wurden die Personen u.a. telefonisch nach der in einem Jahr mit dem Auto zurückgelegten Kilometerzahl gefragt. Einige wenige Werte lagen über 500 000 km. Bei dieser Fahrleistung müssten die Autofahrer täglich rund um die Uhr hinter dem Lenkrad sitzen. Vermutlich handelt es sich hier auch um Übertragungs- oder Tippfehler. (3) In der Allbus-Erhebung wurde das Geburtsjahr und das Jahr der Eheschließung erhoben. Bei 3000 Befragten findet man einige Personen, bei denen die Differenz zwischen Heiratsjahr und Geburtsjahr auf ein Alter von drei oder fünf Jahren schließen lässt. Für den Beispiel-Datensatz von Tabelle XIV.1 könnte geprüft werden, ob bei Berufen, die einen Hochschulabschluss voraussetzen (Studienrätin, Arzt), auch die entsprechende Schulbildung kodiert wurde.

Wild codes, unplausible und inkonsistente Werte können per Computerprogramm leicht herausgefiltert werden. Eventuell werden die Fehler dann noch korrigiert. Der Vergleich mit den Originalfragebogen z. B. erlaubt in vielen Fällen eine Korrektur von Übertragungsfehlern: Sind bestimmte Angaben von zentraler Bedeutung für eine Studie, dann wäre auch eine telefonische Nachbefragung und Abklärung vermutlich fehlerhafter Angaben in Erwägung zu ziehen. Bei nichtbehebbaren Fehlern schließlich wird man in der Regel den Missing-value-Kode zuweisen.[3]

Die Missing-value-Kodes für sämtliche Variablen müssen im Auswertungsprogramm definiert werden. Bei der statistischen Datenanalyse hat man dann die Option, die missing values jeweils von den Berechnungen auszuschließen.[4]

Der Verzicht auf eine sorgfältige Prüfung und Fehlerkorrektur des Datenfiles kann peinliche Folgen haben. Kahn und Udry (1986) kritisie-

3 Oder es werden statistische Techniken zur Schätzung fehlender Werte eingesetzt, z. B. die Schätzung (fehlender) Einkommensangaben durch die Merkmale Beruf, Bildungsgrad, Alter und andere Variablen.

4 Diese übliche Vorgehensweise ist aber nicht unproblematisch. Sie setzt voraus, dass die fehlenden Angaben nicht systematisch sind, d. h. die Weglassung der missing values die Schätzwerte nicht verzerrt. Wenn nun aber z. B. bei der Einkommensfrage insbesondere Personen mit hohem Einkommen die Antwort verweigern, wird die Schätzung des Durchschnittseinkommens anhand der um die missing values verkleinerten Stichprobe nach unten verzerrt sein.

ren eine in der renommierten «American Sociological Review» publizierte Studie über die Koitusfrequenz in der Ehe u. a. deswegen, weil die Daten nicht auf Ausreißer hin überprüft wurden. Bezogen auf einen Vier-Wochen-Zeitraum betrugen die höchsten Koitusfrequenzen in der Stichprobe 88; ein Wert, der mehrfach vorkam. Weitere Recherchen ergaben, dass es sich mit ziemlicher Sicherheit um fehlkodierte missing values handelte (der Kode für missing values war 99). Neuberechnungen ohne die mutmaßlich fehlkodierten Werte lieferten Resultate, die zum Teil erheblich von den Ergebnissen der Originalstudie abwichen.[5]

Im Anschluss an die Fehlerkontrolle und Fehlerüberprüfung wird es in der Regel erforderlich sein, (1) Variablen zu rekodieren und (2) neue Variablen (z. B. Indizes) aus den Variablen des Datenfiles zu bilden.

1. Mit der RECODE-Prozedur (dies ist auch der Name der Programmanweisung in SPSS) können Kategorien von Variablen neu definiert werden. So wird man z. B. häufiger Kategorien zusammenfassen, die im Fragebogen differenzierter erfasst wurden als für die Datenanalyse nötig. Will man die Einkommensangaben der Variablen V4 nach Einkommensklassen auswerten (z. B. für eine graphische Darstellung), so müssen die Werte zunächst zusammengefasst werden. Ein Beispiel wäre die rekodierte Variable mit den sechs Ausprägungen: bis 700, 701 bis 1400, 1401 bis 2100, 2101 bis 2800, 2801 bis 3500, über 3500 €. Die klassifizierte Einkommensvariable kann mit der RECODE-Prozedur aus der ursprünglichen Variablen V4 gebildet werden.

2. Die COMPUTE-Prozedur (auch dies ist der Name der Programmanweisung in SPSS) erlaubt die Konstruktion einer neuen Variablen durch eine Rechenoperation mit einer oder mehreren ursprünglichen Variablen. Ein typisches Anwendungsbeispiel ist die Indexkonstruktion. In

5 Der Gerechtigkeit halber sei erwähnt, dass es sich um vier Werte mit dem Kode 88 bei insgesamt 2063 Ehen handelte. Der Einfluss der eventuell fehlerhaften Werte auf die Resultate ist umstritten. Siehe dazu die Antwort von Jasso (1986) auf die Kritik von Kahn und Udry (1986). Den Resultaten der Datenanalyse würde ich allerdings wenig vertrauen, wenn bei über 2000 Fällen nur vier Fehlkodierungen mit gar nicht so extremen Ausprägungen (der nächstniedrige legitime Wert beträgt 63) genügen, um die Schätzwerte stark zu verzerren. Die statistische Schätzung wäre dann alles andere als robust.

Kapitel VI wurde das Umweltbewusstsein durch mehrere Items einer Likert-Skala gemessen: Der Skalenwert einer Person ergibt sich hier aus der Summe der einzelnen Itemwerte. Mit der COMPUTE-Anweisung werden die einzelnen Itemwerte addiert. Das Resultat ist die neugebildete Variable «Summenscore»[6]. Bei größeren Stichproben ist die Datenaufbereitung mit vertretbarem Arbeitsaufwand nur noch mit Computerunterstützung möglich. Die meisten Statistik-Softwarepakete verfügen heute über Routinen, die Aufgaben wie die Rekodierung und Transformation von Variablen, die Konstruktion von Indizes, die Auswahl spezieller Teilstichproben (z. B. nur männliche Angestellte in der Stichprobe) u. a. m. programmgesteuert erledigen. Der Computer übernimmt aber nur die mechanische Ausführung der Rechenoperationen. Die Anweisungen müssen zuvor überlegt und geschrieben werden. Der Arbeitsaufwand dafür ist nicht gering zu veranschlagen. Häufig erfordert die Datenaufbereitung wesentlich mehr Arbeitsaufwand als die nachfolgende statistische Datenanalyse.

4. Univariate Analyse: Verteilungen, Mittelwerte, Streuungen

Tabellarische und graphische Darstellung von Verteilungen

Das *Histogramm* oder Stabdiagramm ist die Standardform zur graphischen Darstellung der empirischen Häufigkeitsverteilung einer Variablen.[7] Bei kontinuierlichen bzw. näherungsweise kontinuierlichen Va-

6 Die Details sind Einführungen in die Datenanalyse mit dem Programmpaket SPSS zu entnehmen. Siehe z. B. Benninghaus (2005a) oder Bentz (1991). Andere Softwarepakete (SYSTAT, BMDP usw.) ermöglichen die gleichen Umformungen.

7 Im Gegensatz dazu ist z. B. die Normalverteilung (Kapitel IX) eine *theoretische* Verteilung einer kontinuierlichen Variablen.

riablen (Einkommen in €, Skalenwerte des Umweltbewusstseins, Körpergröße) müssen die Variablenwerte dafür aber zunächst in Klassen (z. B. Einkommensklassen) zusammengefasst werden, d. h., die Variable muss zuvor rekodiert werden.

Die Variable «Schulbildung» (Tabelle XIV.1) hat vier diskrete Ausprägungen. Eine Rekodierung ist hier zunächst nicht erforderlich, es sei denn, man möchte selten auftretende Fälle («kein Abschluss») der inhaltlich benachbarten Kategorie «Volks- / Hauptschulabschluss» zuschlagen.

Im Histogramm werden die *relativen Häufigkeiten* oder auch die Prozentanteile je Kategorie der Variablen graphisch dargestellt. Ist h_i die absolute Häufigkeit, d. h. die Zahl der Fälle in Kategorie i, und N die Stichprobengröße, dann ist die relative Häufigkeit:

$$f_i = \frac{h_i}{N}$$

und die prozentuale Häufigkeit

$$f\%_i = \frac{h_i}{N} \cdot 100$$

Die f_i-Werte bilden zusammen die empirische Häufigkeitsverteilung einer Variablen.

Beim Histogramm werden die Kategorien der Variablen an die horizontale Achse (Abszisse) und die relativen Häufigkeiten an die senkrechte Achse (Ordinate) geschrieben. Für die Schulbildung errechnen sich mit den Daten aus Tabelle XIV.1 die folgenden Werte für die relativen Häufigkeiten:

Tabelle XIV.2: Häufigkeitsverteilung der Variablen Schulbildung

	Kategorie i	h_i	f_i	$f\%_i$	h_{ci}	f_{ci}	$f\%_{ci}$
kein Abschluss	1	1	0,07	7	1	0,07	7
Volks-, Hauptschule	2	7	0,47	47	8	0,53	53
Realschule, mittlere Reife	3	4	0,27	27	12	0,8	80
Abitur, Hochschulreife	4	3	0,20	20	15	1,0	100
		15	1,01	101			

Wegen Rundungsfehlern weicht in der Tabelle die Summe der relativen Häufigkeiten geringfügig von 1 bzw. 100 ab. Bei den geringen Fallzahlen wäre es weiterhin irreführend, nur die Prozentwerte anzugeben. 7 % für «keinen Abschluss» beruhen nur auf einer Beobachtung. In solchen Fällen sollte man zumindest die absoluten Zahlen je Kategorie anmerken. Oder aber die Kategorie bei sehr geringen Fallzahlen gar nicht ausweisen:

In der Tabelle sind schließlich noch die kumulierten absoluten (h_{ci}), kumulierten relativen (f_{ci}) und kumulierten prozentualen Häufigkeiten ($f\%_{ci}$) aufgeführt. Der «aufaddierte» Wert $f\%_{c3} = 80$ z. B. gibt an, dass 80 % in der Stichprobe einen Realschulabschluss oder niedrigeren Schulabschluss erworben haben.

Stellen wir nun die f_i-Spalte in der Tabelle graphisch dar, erhalten wir das Histogramm der Variablen Schulbildung (Abbildung XIV.2).

Insbesondere bei nichtmetrischen Daten mit nicht allzu vielen Variablenausprägungen kann die Verteilung auch anschaulich in Form eines *Kreis-* oder *Tortendiagramms* präsentiert werden. Meist verwendet man dabei die Prozentwerte anstelle der relativen Häufigkeiten. Abbildung XIV.3 zeigt das Kreisdiagramm für die Schulbildung.[8]

Die Auszählung und Berechnung der absoluten, relativen und prozentualen Häufigkeiten nach den Kategorien von Variablen wird auch als *Randauszählung* bezeichnet. Die empirischen Häufigkeitsverteilungen der Stichprobe entsprechen nämlich den *Randverteilungen* zwei- und mehrdimensionaler Tabellen (dazu weiter unten).

Verteilungen können verschiedene Formen aufweisen. Abbildung XIV.4 zeigt die wichtigsten Verteilungstypen.

8 Zu weiteren Möglichkeiten graphischer Darstellung und einer kritischen Diskussion der Manipulation mit Graphiken siehe Krämer (1991, insbesondere 1994). Zur Auswertung von Daten mit graphischen Verfahren siehe Schnell (1994). Weitere Präsentationsformen werden noch in den folgenden Abschnitten erwähnt.

ABBILDUNG XIV.2: HISTOGRAMM DER VARIABLEN SCHULBILDUNG

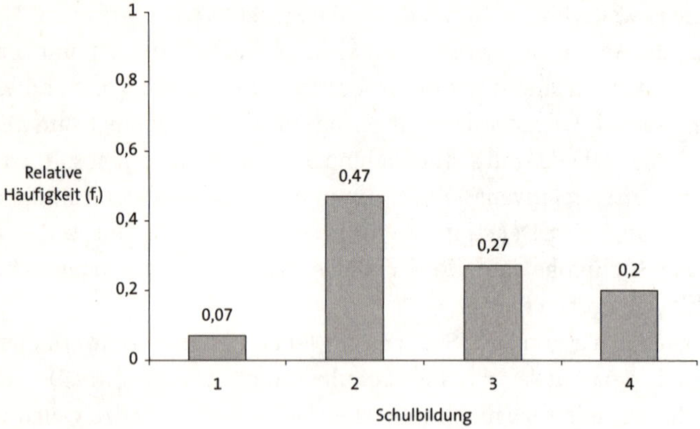

1 = keinen Abschluss
2 = Volks-, Hauptschule
3 = Realschule, mittlere Reife
4 = Abitur

MASSZAHLEN DER ZENTRALEN TENDENZ

Verteilungen sind vorwiegend durch zwei Maßzahlen charakterisierbar:

1. Maßzahlen der zentralen Tendenz (Mittelwerte),
2. Maßzahlen der Dispersion (Streuung).

Die bekannteste Maßzahl zentraler Tendenz ist der arithmetische Mittelwert. Wie wir wissen, errechnet sich das arithmetische Mittel aus der Summe der Beobachtungswerte dividiert durch die Fallzahl:

$$\overline{x} = \frac{1}{N}\sum_{i=1}^{N} x_i$$

ABBILDUNG XIV.3: KREISDIAGRAMM DER HÄUFIGKEITSVERTEILUNG FÜR DIE SCHULBILDUNG

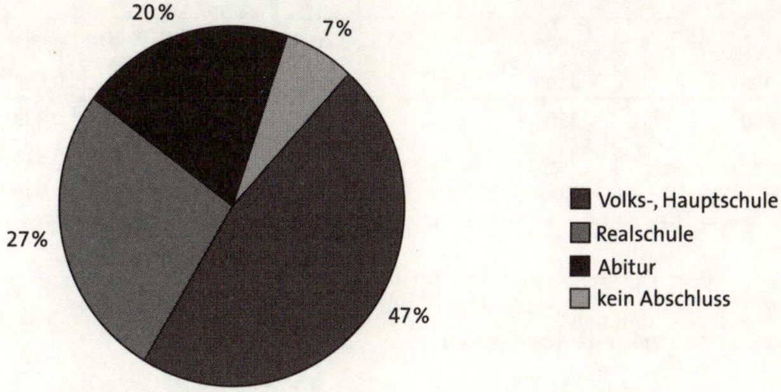

Sind die Daten *gruppiert,* so können wir die folgende Formel verwenden[9]:

$$\overline{x} = \sum_{i=1}^{N} f_i x_i$$

wobei x_i die *Klassenmitte* des Intervalls i und f_i wieder die relative Häufigkeit bezeichnet.

Nehmen wir an, die Einkommensdaten aus Tabelle XIV.1 liegen nur in gruppierter Form vor (Tabelle XIV.3).

Für den arithmetischen Mittelwert erhalten wir dann:

$$\overline{x} = 0{,}083 \cdot 700 + 0{,}5 \cdot 2100 + 0{,}25 \cdot 3500 + 0{,}083 \cdot 4900 + 0{,}083 \cdot 6300 = 2912{,}70$$

Genau genommen handelt es sich nur um eine Näherung. Es wurden dabei zwei Annahmen zugrunde gelegt:

1. Die Werte sind in jedem Einkommensintervall *gleich verteilt.*
2. Für die nach oben offene Kategorie haben wir willkürlich die Intervallbreite der nächsttieferen Kategorie zugrunde gelegt.

9 Wenn nicht anders angegeben, bezieht sich das Summenzeichen Σ immer auf die Summierung von i = 1 bis N.

Tabelle XIV.3: Einkommensverteilung (gruppierte Daten)

Einkommensklasse	Klassenmitte	h_i	f_i	f_{ci}
0–1400	700	1	0,083	0,083
1401–2800	2100	6	0,500	0,583
2801–4200	3500	3	0,250	0,833
4201–5600	4900	1	0,083	0,916
> 5600	(6300)	1	0,083	0,999
$\sum$		12	0,999	

Abbildung XIV.4: Verteilungsformen

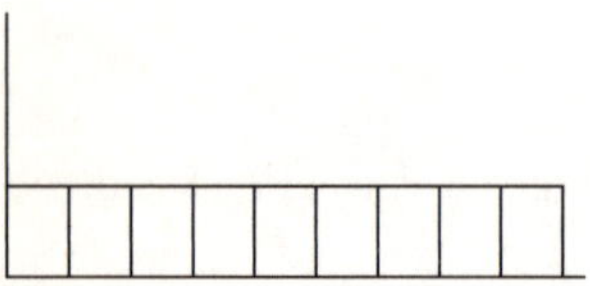

a) Gleichverteilung

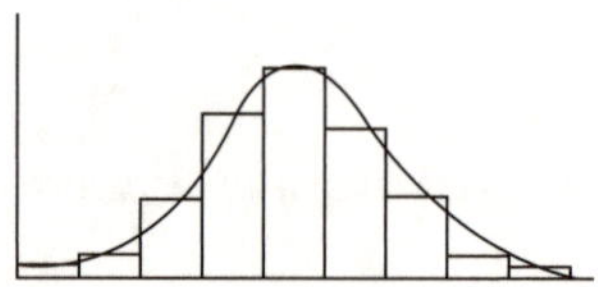

b) unimodal, symmetrisch

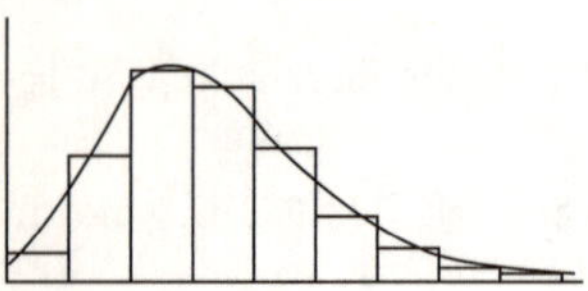

c) unimodal, rechtsschief (linkssteil)

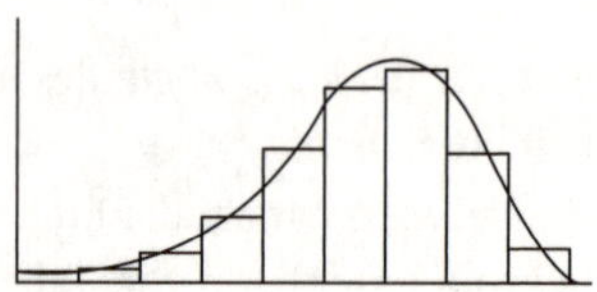

d) unimodal, linksschief (rechtssteil)

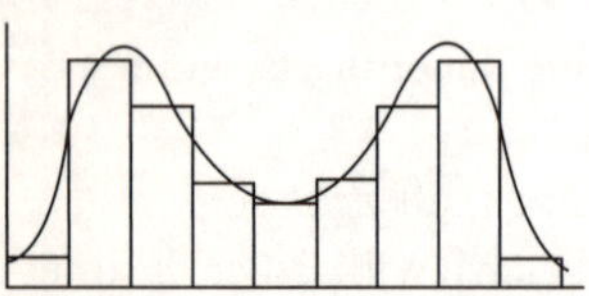

e) bimodal

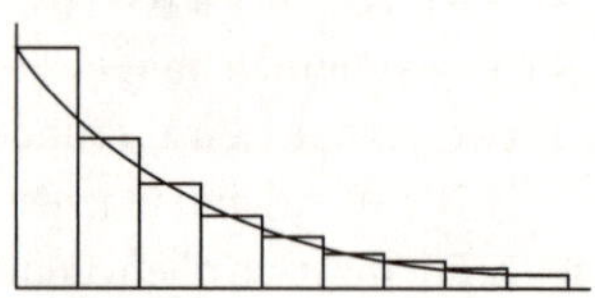

f) L-förmig

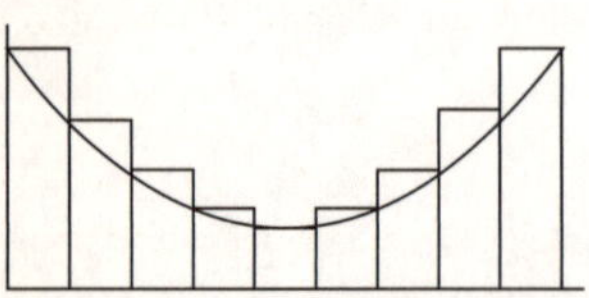

g) U-förmig

Je feiner die Kategorien, desto unproblematischer ist Annahme (1). Annahme (2) kann zu einer erheblichen Verzerrung führen.[10] In unserem Beispiel beträgt das tatsächliche Nettoeinkommen in der obersten Kategorie 8400 € (Tabelle XIV.1), bei der Berechnung wurde aber mit Annahme (2) von 6300 € ausgegangen. Berechnen wir den exakten Stichproben-Mittelwert mit den Angaben aus Tabelle XIV.1, so ergibt sich:

$$\bar{x} = \frac{1}{12}(2400 + 1700 + \ldots + 2000) = 2950$$

Unsere Näherung anhand der gruppierten Daten ist demnach leicht nach unten verzerrt.

Die Berechnung des arithmetischen Mittelwerts erfordert, dass die Daten (mindestens) *Intervallskalenniveau* aufweisen (Kapitel VI). Der Median x* ist eine weitere Maßzahl der zentralen Tendenz, die nur *ordinales* Skalenniveau voraussetzt. Schließlich ist der *Modalwert* (Modus) die einzige Kennziffer der zentralen Tendenz für klassifikatorische, *nominalskalierte* Beobachtungen.

Der Modalwert ist diejenige Ausprägung einer Variablen, die die maximale Häufigkeit aufweist: Der Modalwert der Variablen «Beruf» z. B. mit den Daten in Tabelle XIV.1 ist die Kategorie «Verkäufer/in». Der Modalwert der Schulbildung ist «Hauptschulabschluss», und für die gruppierte Einkommensverteilung (Tabelle XIV.3) ist der Modalwert die Kategorie «1401–2800 €».

Als Median wird der Variablenwert bezeichnet, bei dem die relative kumulierte Häufigkeit 0,50 erreicht. Der Median separiert also die Verteilung derart, dass 50 % der Beobachtungen «vor» und 50 % «nach» dem Median auftreten. «Vor» und «nach» haben nur eine sinnvolle Bedeutung, wenn mindestens Rangdaten (Ordinalskala) vorliegen.

Werden die Beobachtungen in aufsteigender Rangfolge geordnet, lässt sich der Median leicht bestimmen. Betrachten wir die folgenden beiden Beispiele mit Einkommensdaten:

10 Anstelle der recht groben, in der Praxis aber einfach zu handhabenden Annahme (2) kann man den Mittelwert bei nach oben offenen Kategorien auch genauer auf der Basis theoretischer Verteilungen schätzen.

1. Ungerade Zahl von Beobachtungen 800, 1300, 1400, 1800, 4200.

2. Gerade Zahl von Beobachtungen 800, 1300, 1400, 1600, 1800, 4200.

Im ersten Fall ist der Median 1400; im zweiten Beispiel 1500 (das arithmetische Mittel aus den Werten 1400 und 1600).[11]

Etwas aufwendiger ist die Berechnung bei gruppierten Daten, da es hier meist erforderlich ist zu interpolieren. In Tabelle XIV.3 beträgt die kumulierte relative Häufigkeit der Einkommen bis einschließlich 1400 € 0,083; bei 2800 sind es 0,583. Der Median liegt also zwischen 1400 und 2800 (genauer zwischen 1400,5 und 2800,5), und zwar näher an 2800,5 als an 1400,5 €. Den interpolierten Median erhalten wir nach der Formel[12]:

$$x^* = I_u + \left(\frac{0{,}50 - f_{cu}}{f_m}\right)(I_o - I_u)$$

Dabei ist I_u die untere Grenze des «Median-Intervalls», f_{cu} die kumulierte relative Häufigkeit unterhalb dieses Intervalls, f_m die relative Häufigkeit im Median-Intervall und $(I_o - I_u)$ die Intervallbreite. Mit den Werten in Tabelle XIV.3 ergibt sich:

$$x^* = 1400{,}5 + \frac{0{,}50 - 0{,}083}{0{,}50}(2800{,}5 - 1400{,}5)$$

$$x^* = 1400{,}5 + 1167{,}6 = 2568{,}1$$

Sofern die nichtgruppierten Werte bekannt sind, erhält man mit diesen Daten natürlich eine genauere Schätzung des Medians. Wie sich leicht nachprüfen lässt, liefert die Berechnung mit den Rohdaten in Tabelle XIV. 1 einen Median von € 2300.

Für $\bar{x}$ erzielten wir einen Wert von 2950 €. Hätten wir nun in der Stichprobe als zusätzlichen 13. Fall den extremen Ausreißer eines Einkommensmillionärs (Nettomonatseinkommen 1 000 000 €), dann würde

11 Bei Ordinaldaten müsste man sich aber genau genommen darauf beschränken, einen Medianbereich anzugeben, da die Mittelung Intervallskalen voraussetzt.

12 Bei der Interpolation wird die Annahme der Gleichverteilung der Beobachtungen im Median-Intervall unterstellt. Weiterhin wird man nur interpolieren, wenn der Median für (mindestens) intervallskalierte Daten berechnet wird. Bei Rangdaten kann man sich darauf beschränken, die Kategorie anzugeben, in die der Median fällt. Bei der Schulbildung z. B. ist die Mediankategorie «Hauptschulabschluss». Eine Interpolation macht hier keinen Sinn.

der arithmetische Mittelwert auf der Basis der Rohdaten auf $\bar{x} = 79646$ ansteigen. Der Median dagegen hätte gerade einen Wert von 2400 €; trotz des extremen Ausreißers ist der Zuwachs geringfügig. Insbesondere bei kleinen Stichproben ist dies ein wesentlicher Vorzug des Medians gegenüber dem arithmetischen Mittelwert. Der Median reagiert unempfindlicher auf Ausreißer, d. h., der Median ist eine *robustere* Schätzung der zentralen Tendenz als der arithmetische Mittelwert. Gegenüber dem arithmetischen Mittelwert zeichnet sich der Median durch drei Vorzüge aus:

1. Der Median ist auch schon bei Rangdaten sinnvoll berechenbar.
2. Der Median reagiert unempfindlicher auf Ausreißer.
3. Der Median ist für gruppierte Daten problemloser als der arithmetische Mittelwert berechenbar, wenn die höchste Kategorie nach oben offen ist (sofern die offene Kategorie nicht mehr als 50 % der Fälle enthält).

Auf der anderen Seite schöpft der arithmetische Mittelwert die Informationen der Daten in vollem Umfang aus und ist für manche Fragestellungen informativer als der Median.

Scheidet ein Wert «links» vom arithmetischen Mittelwert oder vom Median aus dem Sample aus, dann erhöht sich der Mittelwert bzw. Median. Umgekehrt verringert sich der Mittelwert bzw. Median, wenn ein Wert «rechts» dieser Maßzahlen ausscheidet. Zieht der kleinste Riese ins Land der Zwerge, dann steigen Median und arithmetischer Mittelwert der Körpergröße in beiden Ländern. Wird nun aber ein Wert «links» vom arithmetischen Mittel bzw. Median durch einen noch niedrigeren Wert ersetzt, dann vermindert sich wohl das arithmetische Mittel, nicht aber der Median. Der Median schöpft die Information der Daten nicht in vollem Umfang aus, wie dies beim arithmetischen Mittelwert der Fall ist. Diesem Umstand verdankt der Median seine größere Robustheit. Er ist aber auf der anderen Seite weniger informativ als der arithmetische Mittelwert.

In unserem Rechenbeispiel war $\bar{x}$ größer als x^*. Diese Situation ist typisch für rechtsschiefe Einkommensverteilungen. Allgemein gilt für die drei Maßzahlen zentraler Tendenz in Abhängigkeit von der Form unimodaler Verteilungen (vgl. Abbildung XIV.4):

1. Modalwert $< x^* < \bar{x}$ für rechtsschiefe Verteilungen.
2. Modalwert $= x^* = \bar{x}$ für unimodal symmetrische Verteilungen.
3. Modalwert $> x^* > \bar{x}$ für linksschiefe Verteilungen.

Wie Krämer (1991) berichtet, geben Ärztefunktionäre in der Diskussion um die Verdienste der Mediziner den Medianeinkommen gern den Vorzug vor dem (arithmetischen) Durchschnittseinkommen. Der Grund ist nach dem bisher Gesagten offensichtlich. Die Einkommensverteilung von Ärzten ist rechtsschief, und der Median fällt geringer aus als der arithmetische Mittelwert. Durch die Angabe des geringeren Medians als durchschnittliches Ärzteeinkommen glaubte man, die politische Kritik an den Medizinereinkommen niedergelassener Ärzte wenigstens abmildern zu können. Gegen die Angabe des Medians wäre an sich wenig einzuwenden, wenn auch bei Vergleichen, z. B. mit dem durchschnittlichen Arbeitereinkommen, der Median zugrunde gelegt wird und weiterhin ersichtlich ist, dass es sich bei den angegebenen Durchschnittseinkommen um den Median handelt. Am besten aber gibt man bei Einkommensverteilungen beide Maßzahlen an: sowohl das arithmetische Mittel als auch den Median.

Schließlich sei noch der *geometrische Mittelwert* erwähnt, der allerdings Daten auf dem Messniveau von *Ratioskalen* voraussetzt. Berechnet wird das geometrische Mittel als n-te Wurzel aus dem Produkt von N Beobachtungswerten. Eine wichtige Anwendung ist die Berechnung des durchschnittlichen Wachstums aus den einzelnen Wachstumsfaktoren in N Zeitperioden (vgl. das Beispiel in Kapitel VI, S. 290).

Masszahlen der Dispersion

Mit der linken Hand auf der heißen Herdplatte, mit der rechten Hand im Eisfach, und der Statistiker kommentiert: «Im Mittel eine angenehme Temperatur!» Ziel des Spotts ist die Verabsolutierung von Mittelwerten, die natürlich nur über einen Aspekt von Verteilungen informieren. Ebenso wichtig ist ein zweiter Aspekt, die Dispersion oder Streuung von Messwerten. Betrachten wir die Jahreseinkommen von drei Haushalten in den Ländern Egalistan (E) und Bananistan (B):

E 50 000, 50 000, 50 000

B 1000, 1000, 148 000

Der arithmetische Mittelwert ist in beiden Ländern identisch, die Verteilungen sind aber offensichtlich höchst unterschiedlich. In Egalistan erzielt jeder Haushalt das gleiche Einkommen, in Bananistan dagegen bekommt einer (fast) alles, die anderen bekommen (fast) nichts.

Das einfachste Streuungsmaß ist der *Range* (Spannweite), die Differenz zwischen dem maximalen und minimalen Wert einer Verteilung. Der Range für E ist null, für B 147 000. Besonders für größere Stichproben ist der Range aber ein wenig sinnvolles Streuungsmaß. Der Range berücksichtigt nur die Information von zwei Messwerten und reagiert damit auch äußerst sensibel auf Ausreißer.

Das übliche Streuungsmaß für (mindestens) intervallskalierte Messwerte, die *Standardabweichung*, schöpft dagegen die Informationen sämtlicher Messwerte aus. Die Standardabweichung s_x ist die Wurzel aus der durchschnittlichen quadratischen Abweichung vom Mittelwert. Formal:

$$s_x = \sqrt{\frac{1}{N}\sum_{i=1}^{N}(\bar{x}-x_i)^2}$$

Für Egalistan ist s_x offensichtlich null, während für Bananistan gilt:

$$s_B = \sqrt{\frac{1}{3}\left[(50000 - 1000)^2 + (50000 - 1000)^2 + (50000 - 148000)^2\right]} = 69\,296$$

Soll die Standardabweichung in der Grundgesamtheit geschätzt werden, dann empfiehlt sich eine Korrektur der Rechenformel. Anstelle der Division durch N wird durch N –1 dividiert. Auf diese Weise erhält man eine *erwartungstreue* (unverzerrte) Schätzung der Standardabweichung in der Population (siehe auch Kapitel IX). Bei größerer Fallzahl fällt diese Korrektur allerdings kaum noch ins Gewicht. Die Formel für die erwartungstreue Schätzung der Standardabweichung ist demnach:

$$s_x = \sqrt{\frac{1}{N-1}\sum_{i=1}^{N}(\bar{x}-x_i)^2}$$

Die *Varianz* einer Variablen ist das Quadrat der Standardabweichung, d. h.

$Var(X) = s_x^2$

Standardabweichung und Varianz erfordern Messungen auf Intervallskalenniveau. Bei Ratioskalen, z. B. bei Einkommenswerten, kann man ferner als *Ungleichheitsmaß* die Standardabweichung dividiert durch den arithmetischen Mittelwert angeben. Dieser Quotient ist der Variationskoeffizient:

$$V = \frac{s_x}{\overline{x}}$$

Die Standardabweichung bezieht sich auf die Dimension der Messwerte, z. B. auf Einkommen in €. Der Variationskoeffizient ist demgegenüber eine dimensionslose Größe und unempfindlich gegenüber proportionalen Transformationen. Für Egalistan ist V wieder null, für Bananistan:

$$V_B = \frac{69\,296}{50\,000} = 1{,}39$$

Nehmen wir an, in Bananistan beträgt die jährliche Inflationsrate 100 Prozent und für die Einkommen gelte ein Teuerungsausgleich. Die Realeinkommen sind dann im folgenden Jahr gleich, die Nominaleinkommen aber doppelt so hoch. Die Einkommen betragen nunmehr:
2000, 2000, 296 000
Für die Standardabweichung erhalten wir jetzt:
$s_B = 138\,592$
und für den Variationskoeffizienten:

$$V_B = \frac{138\,592}{1\,000\,000} = 1{,}39$$

Die Standardabweichung hat sich also ebenfalls verdoppelt, während der Variationskoeffizient gleich geblieben ist.

Würden wir die Einkommenswerte statt in € in US-$ oder bananischen Peseten angeben (Wechselkurs 1 € = 1000 bananische Peseten), dann änderte sich wiederum nur die Standardabweichung, nicht aber der Variationskoeffizient. Gegenüber proportionalen Transformationen (also auch Wechselkursumrechnungen oder prozentualen Veränderungen der Einkommen) ist der Variationskoeffizient unempfindlich.

Zur Messung der Einkommensungleichheit wird diese Eigenschaft von V als Vorzug empfunden. Die Einkommensverteilung in Bananistan im folgenden Jahr ist ja real, also kaufkraftbezogen, identisch mit der Vorjahresverteilung. Also sollte auch das Ungleichheitsmaß unverändert bleiben.[13]

13 Allerdings ist zu beachten, dass z. B. die Erhöhung aller Einkommen um einen fixen Sockelbetrag den Wert von V vermindert, obwohl die Einkommensabstände gleich geblieben sind. Oder anders betrachtet: Wird das Einkommen eines Geringverdieners

Speziell zur Messung von Einkommensungleichheit weist aber auch der Variationskoeffizient noch Mängel auf. Schenkt ein Milliardär einem Multimillionär eine Million, dann verringert sich V im gleichen Maß, als wenn der Milliardär seine Million einem Sozialhilfeempfänger spendet. Ein Maß, das diesen Mangel ausgleicht, ist der Konzentrationsindex von Gini (siehe Kasten XIV.1).

Wohlgemerkt wird bei der Berechnung des Variationskoeffizienten oder des Gini-Koeffizienten Ratioskalenniveau vorausgesetzt. Die gemessene Größe muss also einen natürlichen Nullpunkt aufweisen. Die üblichen Anwendungen beziehen sich auf die Messung von Einkommensungleichheiten, aber auch Bildungsungleichheiten (Verteilung der Schulbildungsjahre) oder gar Veränderungen in der Ungleichheit der Lebensalter können z. B. mit dem Gini-Index erfasst werden.[14]

real von 1500 auf 1650 € erhöht und das Einkommen des «Besserverdieners» von 6000 auf 6600 € (10 % Lohnerhöhung für beide), so bleibt V unverändert. Man könnte aber auch argumentieren, dass die Verteilung nach der Lohnerhöhung ungleicher ist, denn der Geringverdiener hat einen Zuwachs von nur 150 €, der besserverdienende Haushalt aber einen Zuwachs von 600 € erhalten. Wird Ungleichheit auf der Basis der *absoluten Differenz* definiert, dann wäre V kein geeignetes Maß. Man muss wissen, dass sämtliche in der Ökonomie verwendeten Maße der Einkommensungleichheit nur auf die Veränderung der relativen Unterschiede ansprechen. Dies folgt aus der geforderten Eigenschaft der Unempfindlichkeit gegenüber proportionalen Transformationen (Bresciani-Turroni-Bedingung). Wird diese Voraussetzung nicht akzeptiert, dann wäre (die inflationsbereinigte, in gleicher Währung berechnete) Standardabweichung ein besser geeigneter Indikator zur Messung von Veränderungen der Einkommensungleichheit.

14 So hat sich in den vergangenen 200 Jahren nicht nur die Lebenserwartung erhöht, sondern auch die Varianz bzw. Ungleichheit in der Lebensdauer von Menschen stark verringert. Bevölkerungswissenschaftler sprechen von der «Rektangularisierung» von Überlebenskurven. Die Verminderung der Ungleichheit der Lebensalter hat vielfältige Auswirkungen auf unsere Lebensweise, Lebensplanung und soziale Institutionen. Siehe dazu Imhof (1988).

Kasten XIV.1: Gini-Koeffizient und Lorenzdiagramm

Im Lorenzdiagramm werden die prozentualen kumulierten Häufigkeiten der Einkommensbezieher an der Abszisse, die prozentualen Anteile am Gesamteinkommen (Summe aller Einkommen) an der Ordinate aufgetragen.

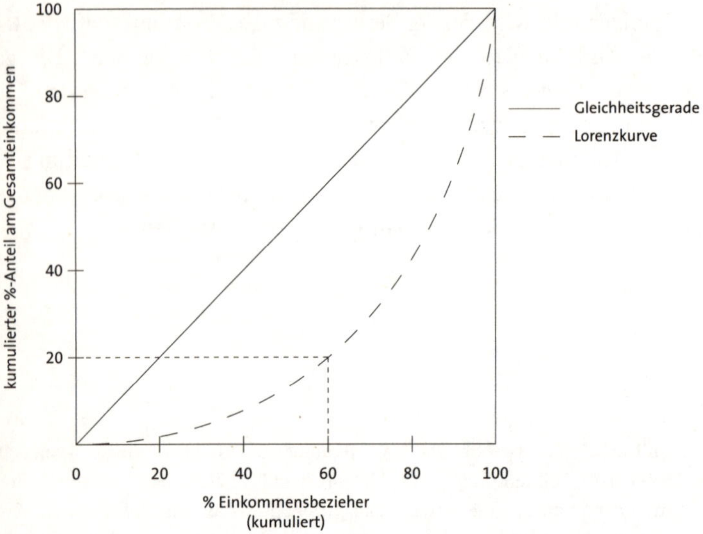

Die Einkommensbezieher sind der Höhe des Einkommens nach geordnet. Ein Punkt auf der Lorenzkurve gibt an, wie viel Prozent der Einkommensbezieher jeweils über welchen Prozentanteil am Gesamteinkommen verfügen.

Bei völliger Einkommensgleichheit verfügen offenbar 10 % der Einkommensbezieher über 10 % des Gesamteinkommens, 20 % über 20 % des Einkommens, 30 % über 30 % usw. Die Lorenzkurve der Einkommensverteilung entspricht in diesem Fall der Gleichheitsgeraden. Je stärker nun die Lorenzkurve ausgebuchtet ist, desto ungleicher sind die Einkommen verteilt.

Der Gini-Koeffizient entspricht der Fläche zwischen der Lorenzkurve und Gleichheitsgeraden dividiert durch die Fläche bei maximaler Ungleichheit (bei großer Fallzahl die untere Dreiecksfläche). In einer völlig egalitären Gesellschaft ist der Koeffizient null, bei völliger Ungleichheit (einer erhält alles, die anderen nichts) erreicht der Koeffizient einen Wert von eins. In Egalistan ist der Gini-Koeffizient demnach null. Für

Bananistan ist die Lorenzkurve dagegen extrem stark nach unten gekrümmt. Wie aus der Tabelle hervorgeht, erzielen zwei Drittel der Einkommensbezieher gerade 1,33 % des Gesamteinkommens.

Einkommen	Anzahl Einkommens-bezieher	Prozent Einkommens-bezieher, kumuliert	Kumulierter Anteil am Gesamteinkommen in Prozent
1000	2	67	1,33
148000	1	100	100

Anstelle der «Flächenformel» für den Gini-Koeffizienten können wir auch eine andere Formel verwenden. Man kann nämlich zeigen, dass der Koeffizient mit dem folgenden Ausdruck übereinstimmt (Sen 1975; Polasek 1994):

$$G = \frac{\sum_{i=1}^{N}\sum_{j=1}^{N}|y_i - y_j|}{2N^2\overline{y}}$$

Dabei ist G der Gini-Koeffizient, N die Anzahl der Einkommensbezieher und $\overline{y}$ der arithmetische Mittelwert aus den Einkommen y. Diese alternative Formel macht deutlich, dass der Gini-Koeffizient auf den paarweisen absoluten Differenzen sämtlicher Einkommen basiert. Tragen wir zunächst die paarweisen Differenzen der drei Einkommensbezieher Bananistans in eine Matrix ein:

	1000	1000	148000
1000	0	0	147000
1000	0	0	147000
148000	147000	147000	0

Die Summe aller paarweisen Differenzen (in beiden Richtungen):

$$\sum_{i=1}^{N}\sum_{j=1}^{N}|y_i - y_j|$$

ist die Summe der Werte in der Matrix (=588000). Damit erhalten wir für G:

$$G = \frac{588000}{2 \cdot 3^2 \cdot 50000}$$

wobei bei kleinem N wie hier allerdings noch eine Korrektur mit dem Faktor N / (N – 1) erforderlich ist, im Beispiel also die Multiplikation mit 1,5.

Der Gini-Koeffizient hat folgende Eigenschaften (Blümle 1975):

1. Der Koeffizient schöpft die Informationen aller Daten aus.
2. G ist unempfindlich gegenüber proportionalen Transformationen (Bresciani-Turroni-Bedingung).
3. Einkommenstransfers von «oben» nach «unten» vermindern den Wert von G (Pigou-Dalton-Bedingung).
4. G ist normiert zwischen 0 (egalitär) und 1 (maximale Ungleichheit).
5. G ist anschaulich anhand des Lorenzdiagramms interpretierbar.

Es gibt weitere, verfeinerte Maße, die nutzentheoretisch besser interpretierbar sind als der Gini-Koeffizient (Blümle 1975; Sen 1975; Polasek 1994), doch ist der Gini-Koeffizient auch heute noch das gebräuchlichste Maß der Einkommensungleichheit. Man sei sich aber über die Bedeutung und Problematik der Bedingung (2) im Klaren. Wenn die *absoluten* Einkommensunterschiede zur Beurteilung der Ungleichheit entscheidend sind, dann sind weder der Gini- noch der Variationskoeffizient geeignete Maße zum Vergleich von Einkommensverteilungen.

Wir haben bisher Maßzahlen der Dispersion für Intervallskalen (Standardabweichung und Varianz) und spezielle Ungleichheitsmaße für Ratioskalen (Variationskoeffizient und Gini-Koeffizient) kennengelernt. Welche Kennzahl bietet sich nun an, wenn wir nur über Rangdaten (Ordinalskala) oder gar nur über Daten mit nominalem Skalenniveau verfügen?

Ein gebräuchliches Maß für Rangdaten ist der *Quartilabstand.* Man ermittelt zunächst den Variablenwert für die untersten 25 % einer Verteilung (das erste Quartil = Q_1) und sodann den Wert für die «unteren» 75 % (das dritte Quartil = Q_3). Der Quartilabstand (QA) wird definiert als: $QA = Q_3 - Q_1$

Bei den Einkommensdaten in Tabelle XIV.1 ist $Q_1 = 1600$, $Q_3 = 3200$, der Quartilabstand mithin 1600 €.[15]

15 Für geordnete Daten $x_1, x_2, \dots x_k, \dots x_N$ mit der Rangnummer k wird das Quartil so bestimmt, dass $p \cdot (k-1) / N \leq k / N$ mit $p = 0{,}25$ bzw. $p = 0{,}75$ (siehe Schlittgen 2003). Für die Einkommensdaten ($N = 12$) folgt für $p = 0{,}25$ $k = 3$, für $p = 0{,}75$ folgt $k = 9$. Q_1 ist die

Die Einkommensdaten haben aber ein höheres Messniveau als ordinale Daten: Natürlich kann auch in diesem Fall der Quartilabstand eine sinnvolle Maßzahl darstellen. Gegenüber der Standardabweichung und den anderen zuvor diskutierten Maßen weist der Quartilabstand sogar einen Vorteil auf: QA kann auch dann berechnet werden, wenn die oberste Einkommensklasse (bzw. generell die oberste Klasse einer Verteilung) offen ist, sofern nicht mehr als 25 % der Beobachtungen in die oberste Kategorie fallen. Bei gruppierten Daten wird man dann aber wieder, wie beim Median, die Quartile durch Interpolation ermitteln müssen.

Berechnen wir QA noch für ordinale Daten. Die Schulabschlüsse in Tabelle XIV.1 können als Beispiel dienen. Q_1 ist hier der Hauptschulabschluss ($Q_1 = 2$), Q_3 der Realschulabschluss ($Q_3 = 3$). Der Quartilabstand entspricht demnach gerade einer Rangposition.

Sind bei einer nominalskalierten Variablen die Beobachtungen gleich verteilt (Abbildung XIV.4), so ist die Streuung maximal.[16] Konzentrieren sich dagegen alle Beobachtungen in einer von k Kategorien, dann weist die Streuung ein Minimum auf. Wenn k Berufe existieren, aber alle Personen ein und denselben Beruf wählen, hat die Berufsverteilung eine minimale Streuung. Verteilen sie sich dagegen genau gleich über alle k Berufe, so erreicht die Streuung ein Maximum.

Ein Streuungsmaß, das bei Gleichverteilung den Wert 1 annimmt, bei Konzentration aller Beobachtungen in einer Kategorie dagegen den Wert 0, ist die normierte Version von Simpsons D.[17] Bezeichnen wir den normierten Simpson-Index mit D*:

dritte und Q_3 die neunte Beobachtung der in aufsteigender Folge geordneten Einkommenswerte. Für die Schulbildungsabschlüsse (N = 15) ist k = 4 bzw. k = 12. Q_1 ist «Hauptschulabschluss» ($Q_1 = 2$), und Q_3 ist «Realschulabschluss» ($Q_3 = 3$).

16 «Gleichverteilung» bedeutet nicht maximale Gleichheit, sondern im Gegenteil maximale Ungleichheit. «Gleich» sind nur die Häufigkeiten in den einzelnen Kategorien.

17 Die Streuungsmaße für nominale Daten stammen aus der Biologie. Sie spielen dort insbesondere eine Rolle zur Quantifizierung der Biodiversität (siehe Magurran 2004). Das normierte Simpson-Maß wurde von Mueller und Schuessler vorgeschlagen (Agresti und Agresti 1978). Sie bezeichnen das Maß als «Index of qualitative variation». Einen Überblick zu verschiedenen Streuungsmaßen für nominale Daten geben Agresti und Agresti (1978) sowie Allison (1981). Siehe auch Diekmann (1981).

$$D^* = \frac{k}{k-1}\left[1 - \sum_{i=1}^{k} f_i^2\right]$$

k ist die Anzahl der Kategorien und f_i die relative Häufigkeit in Kategorie i.

Fallen alle Beobachtungen in eine bestimmte Kategorie j, so ist $f_i = 1$ und $D^* = 0$. Im Falle der Gleichverteilung andererseits ist die relative Häufigkeit in sämtlichen Kategorien 1 / k. Eingesetzt in die obige Formel erhält man einen Wert von $D^* = 1$.

Die Berufsverteilung gemäß der Datenmatrix in Tabelle XIV.1 weist eine recht hohe Streuung auf; die 15 Personen verteilen sich auf k =14 Berufe (Kategorien). Für 13 Berufe beträgt die relative Häufigkeit je 1 / 15, bei einem Beruf (Verkäufer / in) sind es 2 / 15. Damit erhalten wir den folgenden D*-Wert:

$$D^* = \frac{14}{14-1}\left[1 - \frac{17}{225}\right] = 0{,}996$$

Möchte man z. B. die Hypothese prüfen, ob sich Frauen bei der Berufswahl auf eine geringere Zahl von Berufen konzentrieren als Männer, so kann man einfach D* separat für die Berufsverteilungen von Frauen und Männern berechnen: Trifft die Vermutung zu, dann müsste D* für die Berufsverteilung der Frauen geringer ausfallen als der entsprechende Wert für die Berufsverteilung der Männer.

Die wichtigsten Kenngrößen einer Verteilung können nach einem Vorschlag von Tukey (1977) in sogenannten *Box-Plots* oder «Box-und-Whisker-Plots» graphisch anschaulich präsentiert werden. Man verwendet dafür die fünf Kennziffern Median, erstes und drittes Quartil, unterer und oberer Extremwert. Abbildung XIV.5 zeigt einen Box-Plot für die Einkommensverteilung der Daten in Tabelle XIV.1.

Abbildung XIV.5 : Box-Plot

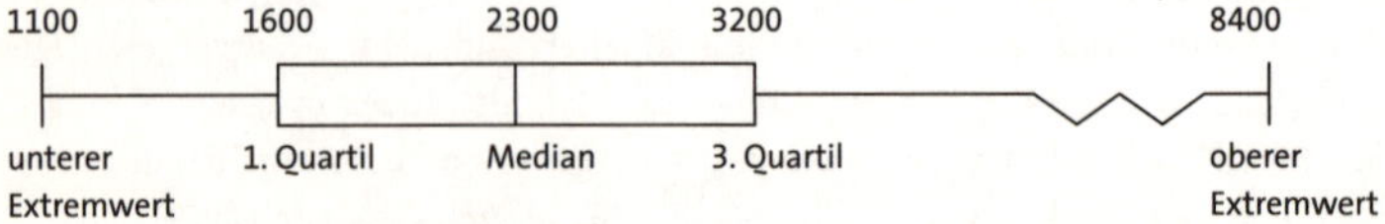

Besonders beim Vergleich von Verteilungen (verschiedener Länder, Einkommensverteilungen nach Bildung, Geschlecht usw.) sind Box-Plots hilfreiche und anschauliche Darstellungsmittel. Ein Beispiel betrachten wir noch im folgenden Abschnitt. Dabei kann anstelle des Medians auch der arithmetische Mittelwert und anstelle der Quartile die Standardabweichung herangezogen werden, sofern diese Angaben bei metrischen Daten informativer sind. Bei größeren Stichproben sind die Extremwerte meist weniger informativ. Ein möglicher Ersatz wäre die Angabe des ersten und neunten Dezils (die Werte, unter denen 10 % bzw. 90 % der Beobachtungen liegen).

Welches Maß der zentralen Tendenz und Dispersion im Einzelfall sinnvoll berechnet werden kann, hängt u. a. vom Skalenniveau ab. Auch hier gilt die Hierarchie, dass alle Maße für ein niedriges Skalenniveau ebenfalls bei höheren Skalenniveaus angegeben werden können. Je höher das Skalenniveau, desto größer die Anzahl der Optionen. Die gebräuchlichsten Maße bei metrischen Skalen sind arithmetischer Mittelwert und Standardabweichung. Wegen der größeren Robustheit sollte man aber insbesondere bei schiefen, nichtsymmetrischen Verteilungen auch den Median in Betracht ziehen. Tabelle XIV.4 gibt zusammenfassend einen Überblick zu den Maßzahlen in Abhängigkeit vom Skalenniveau.

Tabelle XIV.4: Maßzahlen zentraler Tendenz und der Dispersion in Abhängigkeit vom Skalenniveau

Skalenniveau	**Maßzahlen**	
	zentrale Tendenz	**Dispersion**
Nominalskala	Modalwert	Simpsons D
Ordinalskala	Median	Quartilabstand
Intervallskala	arithmetischer Mittelwert	Standardabweichung, Varianz
Ratioskala, Verhältnisskala	geometrischer Mittelwert	Variationskoeffizient, Gini-Koeffizient

5. Bivariate Zusammenhänge: Tabellen, Korrelation, Regression

Tabellenanalyse

Zusammenhangshypothesen zwischen zwei dichotomen Variablen können bivariat mittels Vier-Felder-Tabellen überprüft werden. Bei Surveydaten auf der Basis nichtexperimenteller Designs ist aber zu beachten, dass die bivariate Analyse möglicherweise verzerrenden Einflüssen durch Drittvariablen keine Rechnung trägt. Dies geschieht erst in multivariaten Untersuchungen (Abschnitt 7).

Die Vier-Felder-Tabelle und die Prozentsatzdifferenz haben wir bereits in Kapitel II, IV und V behandelt. Betrachten wir jetzt die Tabellenanalyse und einige weitere Maßzahlen noch etwas genauer.

Als Beispiel untersuchen wir den Zusammenhang zwischen Schulbildung und Einkommen anhand der Daten in Tabelle XIV.1. Es stellt sich dann aber sofort die Frage, wie denn der mutmaßliche Zusammenhang mittels einer Vier-Felder-Tabelle untersucht werden kann, da sowohl die Schulbildung als auch das Einkommen keine dichotomen Variablen sind. Im Prinzip ist es aber immer möglich, wenn auch unter Informationsverlust, Variablen mit mehr als zwei Ausprägungen auf dichotome Variablen zu reduzieren. Wir fassen dazu einfach die Kategorien in geeigneter Weise zusammen. So können wir Bildungsabschlüsse über dem Median zu der Kategorie «höhere Bildung», Abschlüsse unter dem Median zu der Kategorie «niedrige Bildung» zusammenfassen. Genauso gehen wir beim Einkommen vor. Die Trennung am Median ist nur eine Möglichkeit der Zusammenfassung von Kategorien. Programmtechnisch erfolgt die Zusammenfassung mit einer RECODE-Prozedur.

Wir untersuchen die Hypothese: «Je höher die Schulbildung, desto höher das Einkommen». Die unabhängige Variable «Schulbildung» ist gemäß der üblichen Konvention die Spaltenvariable, das Einkommen als abhängige Variable die Zeilenvariable.

Mit den Daten der Stichprobe erhält man die folgende Tabelle, wobei im Falle eines missing value für mindestens einen Variablenwert die jeweilige Beobachtung ausgeschlossen wurde.

Tabelle XIV.5: Vier-Felder-Tabelle «Schulbildung und Einkommen»

		Schulbildung (X)		
		niedrig	hoch	
Einkommen (Y)	niedrig	5 a	1 b	6
	hoch	1 c	5 d	6
		6	6	12

Schulbildung «niedrig»: kein Abschluss oder Hauptschulabschluss
Schulbildung «hoch»: Realschule oder Hochschulreife
Einkommen «niedrig»: Einkommen geringer oder gleich Median von € 2300
Einkommen «hoch»: Einkommen über dem Medianeinkommen

Die Häufigkeiten der gemeinsamen, bivariaten Verteilung sind in den Zellen der Tabelle eingetragen. Die Summierung über die Zeilen bzw. über die Spalten liefert die *Randverteilung*, d. h. die univariate Verteilung der Variablen «Schulbildung» bzw. «Einkommen».
Die Prozentsatzdifferenz beträgt:

$$\left(\frac{5}{6} - \frac{1}{6}\right) \cdot 100 = 67$$

Die geschätzte Wahrscheinlichkeit, bei höherer Bildung auch ein höheres Einkommen zu erzielen, ist um 0,67 höher als bei niedriger Bildung, wobei der Zusammenhang aber noch auf Signifikanz geprüft werden müsste (dazu der folgende Abschnitt).

Allgemein können wir für die Prozentsatzdifferenz schreiben:

$$d\,\% = \left[\frac{a}{a+c} - \frac{b}{b+d}\right] \cdot 100$$

Nach einer einfachen Umformung erhalten wir:

$$d\,\% = \frac{ad - bc}{(a + c)\,(b + d)} \cdot 100$$

Im Zähler steht das sogenannte *Kreuzprodukt* (die Differenz der Diagonalprodukte ad und bc, man spricht auch von *konkordanten* (ad) und *diskordanten* Paaren (bc)), im Nenner das Produkt aus den Häufigkeiten der beiden Kategorien der Randverteilung. Konzentrieren sich alle Beobachtungen in *einer* Diagonale, erhält man für d % die Extremwerte + 100 % bzw. – 100 %; der Zusammenhang wäre dann perfekt. Stimmen auf der anderen Seite die Diagonalprodukte im Wert überein (ad = bc), so ist d % null. Ein Zusammenhang wäre dann nicht nachweisbar.

Der Φ-Koeffizient (Phi-Koeffizient) und Yules Q sind zwei weitere Maßzahlen zur Messung der Stärke von Zusammenhängen in Vier-Felder-Tabellen. Die Formel für Φ resultiert als Spezialfall aus der Formel des Produkt-Moment-Korrelationskoeffizienten, wenn wie hier beide Variablen dichotom sind. Sie lautet:

$$\Phi = \frac{ad - bc}{\sqrt{(a + b)\,(c + d)\,(a + c)\,(b + d)}}$$

Mit den Werten in Tabelle XIV.5:

$$\Phi = \frac{5 \cdot 5 - 1 \cdot 1}{\sqrt{6 \cdot 6 \cdot 6 \cdot 6}} = 0{,}67$$

Für Yules Q lautet die Formel:

$$Q = \frac{ad - bc}{ad + bc}$$

Für unser Beispiel erhalten wir:

$$Q = \frac{5 \cdot 5 - 1 \cdot 1}{5 \cdot 5 + 1 \cdot 1} = 0{,}92$$

d % ist auf den Bereich – 100 bis + 100, Φ und Q sind auf den Bereich – 1 bis + 1 normiert. Im Zähler von d %, Φ und Q steht der gleiche Ausdruck: Die Differenz der Diagonalprodukte (Kreuzprodukt). Die drei Maßzahlen unterscheiden sich nur durch den Nenner.

Abgesehen von der unterschiedlichen Normierung stimmen in unserem Beispiel d % und Φ überein. Das gilt aber nicht allgemein. d % / 100 und Φ haben nur dann den gleichen Wert, wenn die Randverteilungen von X und Y identisch sind. Im Nenner von d % finden wir nur die Randverteilung der unabhängigen Variablen; der Nenner von Φ dagegen bezieht sich auf das Produkt der Randhäufigkeiten beider Variablen. Der Unterschied zwischen d % und Φ ist damit folgender: d % ist ein *asymmetrisches* Maß, Φ dagegen ein *symmetrisches* Zusammenhangsmaß.

Der Wert von d % ändert sich, wenn wir die unabhängige und die abhängige Variable vertauschen würden. Bei Φ spielt es dagegen keine Rolle, welche Variable als abhängig oder unabhängig betrachtet wird. Im Vergleich mit der Regressions- und Korrelationsanalyse kann man sagen: d % verhält sich zu Φ wie der Regressions- zum Korrelationskoeffizienten (dazu weiter unten). Inhaltlich heißt dies: d % ist eher prognostisch von Bedeutung. Das Maß informiert über (hypothetische) Wahrscheinlichkeits- bzw. Prozentveränderungen in der abhängigen Variablen, wenn die Kategorie der unabhängigen Variablen gewechselt wird. Mit Φ wird dagegen nur das Ausmaß eines Zusammenhangs zwischen zwei Variablen gemessen.

Ebenso wie Φ ist auch Q ein symmetrisches Korrelationsmaß für Vier-Felder-Tabellen. Φ und Q unterscheiden sich aber in der *Definition* eines *perfekten Zusammenhangs.* Φ (und auch d %) erreichen die extremen Werte ±1 (bzw. ±100), wenn außer einer Diagonalen keine weiteren Zellen besetzt sind. Der perfekte Zusammenhang entspricht einer Äquivalenzbeziehung, einer deterministischen «Wenn-und-nur-wenn-dann-Beziehung» (Kapitel IV). Q nimmt dagegen bereits dann den Extremwert +1 bzw. –1 an, wenn mindestens eine der vier Zellen unbesetzt ist. Dies lässt sich anhand der Formel für Q leicht überprüfen. Ist z. B. $b = 0$, so folgt unmittelbar: $Q = 1$. Der Zusammenhang ist perfekt im Sinne einer Implikationsbeziehung, einer Wenn-dann-Hypothese (Kapitel IV). Φ misst demnach das Ausmaß der Abweichung von einer Äquivalenzbeziehung, Q dagegen misst die Abweichung von einer Implikationsbeziehung.

Das Vorzeichen von d % und Q ist nur dann sinnvoll interpretierbar, wenn die Ausprägungen der Variablen wie in unserem Beispiel in einer Größer / kleiner-Relation zueinander stehen. Andernfalls genügt es, den Absolutwert der Maßzahlen zu berichten.

Bedeutet nun ein sehr kleiner Wert von d % oder Φ, dass kein nennenswerter Zusammenhang existiert? Wenn z. B. jemand aus seinen Daten einen Wert von Φ = 0,01 errechnet, kann man dann sagen, der Zusammenhang sei extrem schwach? Die uneingeschränkte Bejahung dieser

Frage ist ein weitverbreitetes Missverständnis. Bei extrem schiefen Verteilungen erhalten wir nämlich auch für einen substanziell bedeutenden Zusammenhang nur einen sehr geringen Wert von Φ. Diese Situation ist z. B. beim Vergleich von Risiken gegeben, die zwar relativ selten sind, sich aber dennoch in erheblichem Maß unterscheiden. Sehen wir uns dazu ein Beispiel an.

Zwei Fallschirmtypen A und B unterscheiden sich in dem Risiko, dass sich der Schirm bei einem Sprung nicht öffnet. Bei Modell A passiert das mit einer Wahrscheinlichkeit von 1:100000, bei Modell B mit einer Wahrscheinlichkeit von 1:10000. Es liegen die Daten von je einer Million Sprüngen mit beiden Modellen vor, die in einer Kreuztabelle angeordnet werden (Tabelle XIV.6).

Tabelle XIV.6: Vergleich kleiner Risiken mit einer Kreuztabelle

		Fallschirmtyp		
		Modell A	Modell B	
Schirm	öffnet sich	999990	999900	1999890
	öffnet sich nicht	10	100	110
		1000000	1000000	2000000

Berechnen wir zunächst d % und Φ:

$$d\,\% = \left[\frac{999\,990}{1\,000\,000} - \frac{999\,900}{1\,000\,000}\right] \cdot 100 = 0{,}009$$

$$\Phi = \frac{9 \cdot 10^7}{\sqrt{1\,999\,890 \cdot 110 \cdot 10^6 \cdot 10^6}} = 0{,}006$$

Beide Werte sind sehr gering, obwohl ein bedeutender Unterschied zwischen den Modellen A und B existiert. Das Unfallrisiko bei Modell B ist zehn Mal so hoch wie das Risiko bei Modell A! Der Grund, dass sowohl Φ als auch d % nur geringe Werte aufweisen, ist die extrem schiefe Randverteilung der abhängigen Variablen, die für seltene Ereignisse typisch ist. Bei der Beurteilung der Stärke und Bedeutsamkeit von Zusammenhängen sollte man sich nicht mechanisch auf die Berechnung ausgewählter Maßzahlen verlassen.[18]

Wie hoch ist nun der Wert von Q für die Daten der Tabelle XIV.6?

$$Q = \frac{9 \cdot 10^7}{109\,998\,000} = 0{,}82$$

Interessanterweise registriert Q mit dem relativ hohen Wert von 0,82 einen starken Zusammenhang. Bei dem vorliegenden, sicher nicht alltäglichen Beispiel fallen die Werte von d % und Φ einerseits und Q andererseits stark auseinander. Der Grund für den hohen Q-Wert ist, dass die linke untere Zelle in der Tabelle nur eine relativ geringe Besetzungszahl aufweist und Q bereits auf den niedrigen Wert in einer Zelle reagiert.[19]

Mit dem ‹Trick› der Dichotomisierung können Zusammenhangshypothesen, unabhängig vom Skalenniveau der Variablen und der Zahl der ursprünglichen Ausprägungen, im Prinzip immer mittels Vier-Felder-Tabellen überprüft werden. Um einen Vergleich zu wagen: Die Vier-Felder-Tabelle ist wie der Schneepflug beim Skilaufen. Man kommt damit auch auf holperigem Gelände den Berg hinunter, allerdings langsamer und weniger elegant. Sofern eine Dichotomisierung vorab erforderlich ist, muss man bei dieser Strategie allerdings einen Informationsverlust in Kauf nehmen.[20]

Verfügt man nun wie üblich über eine größere Zahl von Beobachtungen als in unserem Bildungs-Einkommens-Beispiel, dann empfiehlt es sich, den Zusammenhang mittels einer $m \times n$-Tabelle (m = Zahl der Zeilen, n = Zahl der Spalten) zu untersuchen.

18 Ähnliches gilt für das häufig verwendete Kriterium der «erklärten Varianz» (dazu weiter unten). Die erklärte Varianz ist in dem Beispiel äußerst gering, obwohl ein starker Effekt existiert.

19 Ein aufschlussreiches Beispiel aus der Forschungspraxis, bei dem ebenfalls Ø und Q stark diskrepante Werte aufweisen, wird von Weede (1979) berichtet.

20 Sind die Variablen aber von vornherein dichotom (z. B. Geschlecht), dann kann die Analyse von Vier-Felder-Tabellen ein durchaus geeignetes Verfahren sein. Weshalb kompliziert, wenn es auch einfach geht?

Hat die unabhängige Variable n Ausprägungen (z. B. die vier Bildungsgruppen) und ist die abhängige Variable dichotom, dann kann man für die resultierende 2 x n-Tabelle immer noch die Spaltenprozente separat für die Kategorien der unabhängigen Variablen berechnen. In unserem Beispiel würde man also den Prozentsatz der Personen über dem Medianeinkommen für jeden der vier Bildungsabschlüsse bestimmen und die resultierenden Prozentwerte miteinander vergleichen. Noch ein genaueres Bild erhielte man, wenn auch bei der Variablen «Einkommen» auf die Dichotomisierung verzichtet wird. In Tabelle XIV.3 wurde das Einkommen in fünf Klassen unterteilt. Mit vier Bildungs- und fünf Einkommensklassen erhielte man eine 5 x 4-Tabelle. Ein Zusammenhangsmaß für den allgemeinen Fall von m x n-Tabellen ist Cramers V oder auch der Kontingenzkoeffizient C (Benninghaus 2005a). Ob es zweckmäßig ist, Kategorien von Variablen vor der Tabellenanalyse zusammenzufassen, ist eine inhaltliche Frage und eine Frage der Fallzahl. So macht es in der Regel wenig Sinn, bei einer Stichprobe von unter 100 Beobachtungen Tabellen der Größe 5 x 4 (also eine Tabelle mit 20 Zellen) zu analysieren. Bei kleineren Stichproben wird man schon aus Datengründen gezwungen sein, Variablenkategorien zusammenzufassen. Ist die abhängige Variable metrisch, dann stehen aber auch weitere, zweckmäßigere Auswertungsverfahren zur Verfügung.

Vergleich von Mittelwerten

Hat die unabhängige Variable mehrere diskrete Ausprägungen (polytom) und ist die abhängige Variable mindestens intervallskaliert, dann können anstelle einer Kreuztabellenanalyse die Mittelwerte der abhängigen Variablen separat nach den Kategorien der unabhängigen Variablen berechnet und verglichen werden. Differenzen zwischen den Mittelwerten weisen in diesem Fall auf einen Einfluss der unabhängigen Variablen hin.

Der einfachste Anwendungsfall ist der Vergleich von zwei Mittelwerten aus zwei Gruppen. Die unabhängige Variable ist also dichotom. Beispiele sind das durchschnittliche Umweltbewusstsein nach Geschlecht, das Aggressionsniveau von Kindern in einer Experimental- und einer

Kontrollgruppe oder das mittlere Einkommen bei niedrigen und höheren Bildungsabschlüssen, um wieder an unser Beispiel anzuknüpfen.

Nehmen wir wieder die Datenmatrix der Tabelle XIV.3. Bei niedriger versus höhere Bildung verteilen sich die Einkommen wie folgt:

Bildung niedrig: 2400, 1700, 2200, 1600, 1600, 2000
Bildung hoch: 3600, 3100, 8400, 4500, 3200, 1100
mit den arithmetischen Mittelwerten:
$\bar{x} = 1917$ (niedrige Bildung) und
$\bar{x} = 3983$ (hohe Bildung)

Ganz offensichtlich ist bei den (fiktiven) Einkommensdaten eine erhebliche Diskrepanz im Durchschnittsverdienst nach dem Bildungsabschluss zu erkennen. Ob diese Differenz eventuell ein Zufallsprodukt der Stichprobe mit nur zwölf Beobachtungen ist oder aber als signifikant gelten kann, müsste noch mit dem T-Test auf Mittelwertsunterschiede bei zwei Gruppen geprüft werden (dazu Kapitel 6).

Handelt es sich bei der abhängigen Variablen nur um Rangdaten, dann können anstelle der gruppenspezifischen arithmetischen Mittelwerte die Mediane verglichen werden. Die Differenz der Stichproben-Mediane wird dann nicht mit dem T-Test auf Signifikanz geprüft, sondern mit einem sogenannten nichtparametrischen Test für ordinalskalierte Daten (Lienert und Raatz 1998; Renn 1975).

Werden die Mittelwerte für mehr als zwei Gruppen berechnet (unabhängige Variable polytom), in unserem Beispiel die Einkommensmittel für die vier Schulabschlüsse, dann verwendet man als Testverfahren die *Varianzanalyse.* Die (einfache) Varianzanalyse ist eine Verallgemeinerung des T-Tests zur Signifikanzprüfung der Unterschiede zwischen Mittelwerten aus mehr als zwei Gruppen (Schlittgen 2003; Sahner 2005).

Ein gutgeeignetes graphisches Darstellungsmittel sind gruppenspezifische Box-Plots. Hierbei werden nicht nur die Mittelwerte bzw. Mediane, sondern die wichtigsten Kennziffern von Verteilungen separat nach Gruppen, also den n Kategorien der unabhängigen Variablen, anschaulich präsentiert.

Abbildung XIV.6 zeigt die Box-Plots für die Einkommensangaben nach der dichotomisierten Schulbildung. Alternativ kann man anstelle des arithmetischen Mittels, der Standardabweichungen und der Extremwerte auch wieder den Median, das erste und dritte Quartil sowie das erste und neunte Dezil angeben.[21]

Man sieht, dass in der oberen Bildungsgruppe nicht nur das durchschnittliche Einkommen höher ist als in der unteren Bildungsgruppe. Wesentlich größer ist bei hoher Bildung auch die Streuung (Standardabweichung) der Einkommenswerte.

Korrelations- und Regressionsanalyse

Ist sowohl die abhängige Variable Y als auch die unabhängige Variable X mindestens intervallskaliert, dann kann der Zusammenhang zwischen den beiden Variablen mit der Korrelations- und Regressionsanalyse untersucht werden.

Bei den Bildungsabschlüssen handelt es sich allerdings nur um Rangdaten. Wir können den Bildungsabschlüssen aber (näherungsweise) Bildungsjahre zuweisen. Programmtechnisch greift man in SPSS dazu wieder auf die RECODE-Prozedur zurück. Wir wählen folgende Operationalisierung:

ohne Abschluss	=	8
Volks-, Hauptschulabschluss	=	9
Realschule, mittlere Reife	=	10
Abitur, Hochschulreife	=	13
Universitätsabschluss	=	18

Mit der Schulbildungsfrage (Abschnitt 3) wurde zwar nicht nach einem Hochschulabschluss gefragt. Für die beiden Berufe Studienrätin und Arzt kann aber davon ausgegangen werden, dass ein Universitätsstudium absolviert wurde. Für ein Hochschulstudium rechnen wir fünf Jahre, sodass Abitur und Hochschulabschluss zusammen mit 18 Bildungsjahren kodiert werden. Natürlich stellt die Skala nur eine Näherung der

21 s_x wird hier und im Folgenden nach der Formel für die erwartungstreue Schätzung (Division durch N – 1) berechnet.

Abbildung XIV.6: Box-Plots von Kennziffern der Einkommensverteilung nach der Schulbildung

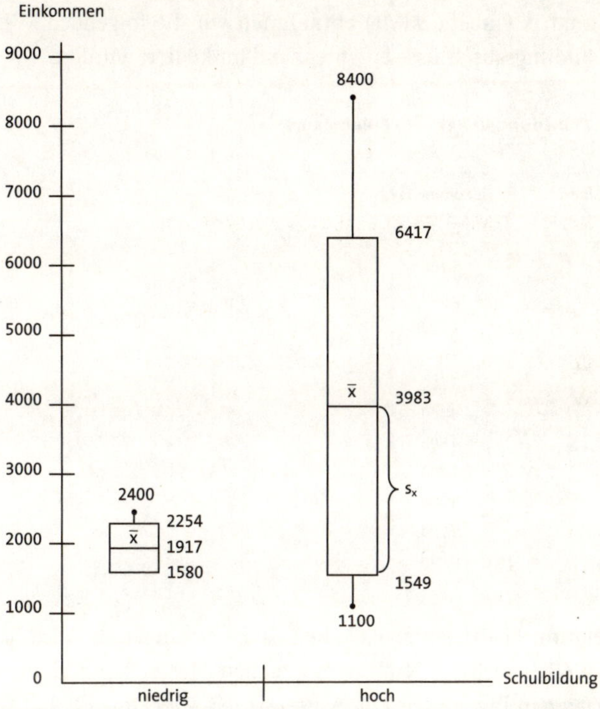

«institutionellen Bildungsjahre» dar. Untersuchungen auf der Grundlage der Humankapitaltheorie verwenden häufig derartige, meist noch etwas differenziertere Kodierungen der «Bildungsjahre».[22]

22 Dabei werden in der Regel noch eine Berufsausbildung (Lehre), Fachhochschulabschlüsse und weitere Ausbildungsgänge berücksichtigt. Die Kodierung «ohne Abschluss» = 8 ist ein Kompromiss. Die Überlegung ist, dass das erworbene «Humankapital» geringer ist als im Falle eines Hauptschulabschlusses. Die Bildungsskala wurde nach dem Prinzip «Messung per fiat» (Kapitel VI) konstruiert. Die Validität kann aber anhand externer Kriterien geprüft werden.

Interpretieren wir die Bildungsjahre als metrische Variable, dann können wir den Zusammenhang zwischen den Bildungsjahren X und dem Einkommen Y mit der Korrelations- und Regressionsanalyse untersuchen. Der Datenmatrix (Tabelle XIV.1) entnehmen wir die folgenden Werte, wobei die Bildungsabschlüsse entsprechend umkodiert wurden:

Tabelle XIV.7: Bildungsjahre und Einkommen

Bildungsjahre (x_i)	Einkommen (y_i)
9	2400
8	1700
18	3600
9	2200
9	1600
10	3100
18	8400
10	4500
9	1600
13	3200
10	1100
9	2000

Den Korrelationskoeffizienten r_{xy} haben wir bereits in Kapitel VI anhand eines Beispiels berechnet. Nach dem gleichen Muster können wir anhand der Daten in Tabelle XIV. 7 die Mittelwerte $\bar{x}$, $\bar{y}$, sodann die Standardabweichung s_x und s_y sowie die Kovarianz s_{xy} ermitteln:

$\bar{x} = 11$

$\bar{y} = 2950$

$s_x = 3{,}49$

$s_y = 1977$

$$s_{xy} = \frac{1}{N-1}\sum_{i=1}^{N}(\bar{x} - x_i)(\bar{y} - y_i) = 5182$$

Der Produkt-Moment-Korrelationskoeffizient (Pearson-Bravais-Korrelationskoeffizient) beträgt dann:

$$r_{xy} = \frac{s_{xy}}{s_x \cdot s_y} = 0{,}75$$

Der Höhe des Korrelationskoeffizienten nach zu urteilen, besteht ein relativ enger, linearer und positiver Zusammenhang zwischen den Bildungsjahren und dem Einkommen.[23]

Anders als der Korrelationskoeffizient gibt der Regressionskoeffizient b_{yx} für die Regression des Einkommens Y auf die Bildungsjahre X an, um welchen Betrag das Einkommen höher liegt, wenn eine Person eine um ein Jahr höhere Ausbildung absolviert hat. b_{yx} ist die Steigung einer Geraden, die durch die Einkommens- / Bildungsmesswerte in einem Koordinatensystem gelegt wird (Abbildung XIV.7).

Die Punkte auf der Geraden sind die geschätzten Einkommen $\hat{y}_i$, in Abhängigkeit der Bildungsjahre x_i, wobei ein linearer Zusammenhang unterstellt wird:

$$\hat{y}_i = b_{yx}x_i + c$$

b_{yx} ist der Regressionskoeffizient und c die Konstante der Regressionsgleichung. Die Differenz zwischen dem geschätzten Einkommen $\hat{y}_i$ und dem beobachteten Einkommen y_i ist der «Fehler» e_i. Es gilt also:

$$\hat{y}_i - y_i = e_i$$

b_{yx} und c werden nun anhand der beobachteten Werte so bestimmt, dass die folgende Bedingung erfüllt ist:

$$\sum_{i=1}^{N} e_i^2 = \text{Minimum}$$

Diese Bedingung ist das Kriterium der «kleinsten Quadrate». Es besagt, dass die Gerade so durch den Punkteschwarm der Messwerte (Abbildung XIV.7) gelegt werden soll, dass die Summe der Fehlerquadrate minimal ist.

Die Formeln für b_{yx} und c sind die Lösungen eines Minimierungsproblems. $e_i = \hat{y}_i - y_i$ ist eine Funktion der beiden Parameter b_{yx} und c. Setzen wir für $\hat{y}_i$ die Modellannahme (die lineare Funktion) ein, dann erhalten wir für die Summe der Fehlerquadrate folgenden Ausdruck:

23 Empirisch ist der Korrelationskoeffizient bei «echten» Daten allerdings geringer. Außerdem wird der Zusammenhang besser durch nichtlineare Modelle beschrieben. Dazu genauer Diekmann, Engelhardt und Hartmann (1993).

Abbildung XIV.7: Regressionsanalyse Einkommen nach Bildungsjahren

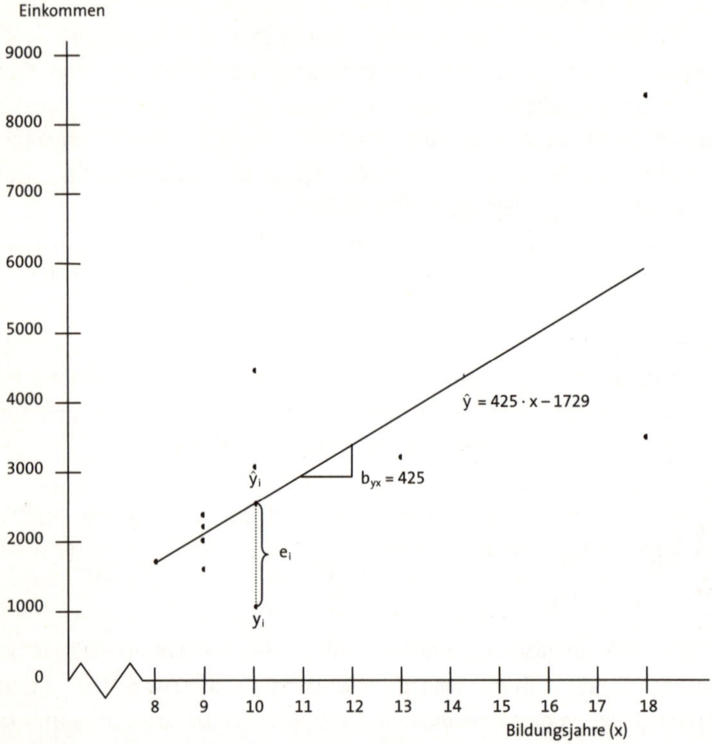

$$f(b_{yx},c) = \sum_{i=1}^{N} (b_{yx}x_i + c - y_i)^2$$

f(.) soll nun bezüglich b_{yx} und c minimiert werden. Die Lösung dieses mathematischen Problems (erste Ableitung, Bestimmung des Minimums) liefert uns zwei einfach anwendbare Formeln für b_{yx} und c.

Die gemäß dem Minimierungskriterium abgeleiteten Formeln für den Regressionskoeffizienten und die Konstante lauten[24]:

24 Aus der Formel für die Konstante folgt, dass die Mittelwerte der unabhängigen und abhängigen Variablen immer auf der Regressionsgeraden liegen.

$$b_{yx} = \frac{s_{xy}}{s_x^2} = \frac{5182}{(3{,}49)^2} = 425$$

$$c = \bar{y} - b_{yx}\bar{x} = 2950 - 425 \cdot 11 = -1729$$

Die in Abbildung XIV.7 eingezeichnete Regressionsgerade wird damit durch die Gleichung bestimmt:

$\hat{y} = 425 \cdot x - 1729$

Unter gewissen Vorbehalten können mit Hilfe der Gleichung Prognosen erstellt werden. 15 absolvierte Bildungsjahre z. B. würden im Durchschnitt das folgende Einkommen ergeben:

$\hat{y} = 425 \cdot 15 - 1729 = 4646$

Natürlich wären Prognosen unsinnig, die weit über den Beobachtungsbereich hinausgehen. Eine «Prognose» für $x = 4$ oder $x = 30$ würde keine sinnvolle Einkommensschätzung liefern. Die Prognosegüte wiederum hängt von der Enge des Zusammenhangs ab. Ein Maß dafür ist der Korrelationskoeffizient r_{xy}.

r_{xy} hängt davon ab, wie stark die Messwerte um die Regressionsgerade streuen. Liegen im Extremfall alle Beobachtungen auf der Regressionsgeraden, ist $r_{xy} = 1$ (perfekter positiver Zusammenhang) oder $r_{xy} = -1$(perfekter negativer Zusammenhang). Das Quadrat des Korrelationskoeffizienten gibt an, welcher Anteil der Varianz der abhängigen Variablen durch die unabhängige Variable erklärt wird.

In unserem Beispiel ist $r_{xy} = 0{,}751$ und $r_{xy}^2 = 0{,}56$. Mithin werden 56 % der Einkommensvarianz durch die Bildungsjahre «erklärt».[25]

Der Korrelationskoeffizient ist (genau wie Φ in der Tabellenanalyse) ein symmetrisches Maß. Der Regressionskoeffizient ist hingegen (ähnlich d % in der Tabellenanalyse) ein asymmetrisches Maß. Berechnen wir die Regressionsgerade für X als abhängige und Y als unabhängige Variable, dann ist im Allgemeinen:

25 Zu einer genaueren Interpretation von r^2 als «erklärter Varianz» siehe z. B. Benninghaus (2005a). Anschaulich kann man diesen Begriff im Rahmen des Modells «proportionaler Fehlerreduktion» (PRE-Modell) interpretieren. Dazu sei auf die angegebene Literatur verwiesen.

$$b_{xy} = \frac{s_{xy}}{s_y^2} \neq b_{yx}$$

In unserem Beispiel ist $b_{xy} = 0{,}00133$. Da das Einkommen in € erhoben wurde und die Bildung in Jahren, ergibt sich ein numerisch geringer Wert (der Bruchteil an Bildungsjahren, den eine Person mit einem um 1 € höheren Einkommen aufweist). Das Beispiel zeigt auch, dass die b-Koeffizienten nur sinnvoll in Bezug auf die gewählten Skaleneinheiten interpretierbar sind.[26] r ist dagegen eine dimensionslose Größe.

Zwischen dem Korrelationskoeffizienten und den Regressionskoeffizienten gibt es folgenden Zusammenhang[27]:

$$r_{xy} = \sqrt{b_{yx} \cdot b_{xy}}$$

Der Korrelationskoeffizient ist demnach der geometrische Mittelwert aus den beiden Regressionskoeffizienten.

Der gleiche Zusammenhang zeigt sich auch bei den Maßen für Vier-Felder-Tabellen. Ist d_{yx} die Prozentsatzdifferenz dividiert durch 100 und d_{xy} die entsprechende Maßzahl nach Vertauschung der unabhängigen und abhängigen Variablen, so gilt:

$$\Phi = \sqrt{d_{yx} \cdot d_{xy}}$$

Man erkennt die enge Verwandtschaft zwischen Regressionskoeffizient und Prozentsatzdifferenz sowie zwischen Korrelationskoeffizient und Φ-Koeffizient. Tatsächlich sind letztere Spezialfälle für dichotome Variablen.

Die Regressionsanalyse wurde in diesem Abschnitt nur deskriptiv als Modell zur Beschreibung der Stichprobe eingeführt. Wird das Regressionsmodell für die Population formuliert, dann können der Regressionskoeffizient und die Konstante des Populationsmodells mit den hier angegebenen Formeln anhand der Stichprobenwerte geschätzt werden. Dabei

26 Werden aber die Daten, d. h. die unabhängige und die abhängige Variable, zuvor standardisiert, dann erhält man die standardisierten Regressionskoeffizienten, die sich nicht mehr auf die ursprünglichen Dimensionen beziehen. Die standardisierten Werte werden durch die z-Transformation erzeugt: $z_i = (x_i - \bar{x})/s_x$. Von jeder Beobachtung wird der Mittelwert subtrahiert, und die Differenz wird sodann durch die Standardabweichung dividiert. Die standardisierten Regressionskoeffizienten sind auch bei unterschiedlichen Skalen vergleichbar. Sie informieren darüber, in welchem Ausmaß der standardisierte Wert der abhängigen Variablen zunimmt (bzw. abnimmt), wenn die unabhängige Variable um eine Standardabweichung erhöht wird.

27 Der Zusammenhang folgt unmittelbar aus den Formeln für r_{xy}, b_{yx} und b_{xy}.

legt man für den Fehler eine Verteilungsannahme zugrunde; in der Regel wählt man die Normalverteilung. Auf dieser Basis ist die Inferenzstatistik des Regressionsmodells herleitbar. Damit können Vertrauensintervalle angegeben und die Regressionskoeffizienten auf Signifikanz geprüft werden. Über die Details informiert Schlittgen (2003); zu einer ausführlichen, anwendungsorientierten Einführung sei auf Urban (1982) verwiesen.

Welches Verfahren der bivariaten Zusammenhangsanalyse jeweils zugrunde gelegt wird, hängt vor allem vom Skalentyp der unabhängigen und abhängigen Variablen ab. Tabelle XIV.8 präsentiert noch einmal die deskriptiven Methoden und Maßzahlen der bivariaten Zusammenhangsanalyse im Überblick.

Tabelle XIV.8: Deskriptiv-statistische Untersuchung bivariater Zusammenhänge in Abhängigkeit vom Typ der Variablen. Überblick zu den Verfahren

unabhängige Variable	abhängige Variable	Methode	Maß für die Stärke des Zusammenhangs
dichotom	dichotom	Vier-Felder-Tabelle	d %, Φ, Q
polytom	polytom	m × n-Tabelle	Cramers V*, Kontingenzkoeffizient C*
dichotom (zwei Gruppen	intervallskaliert	Mittelwertvergleich	Mittelwertdifferenzen, erklärte Varianz
polytom (mehrere Gruppen)	intervallskaliert	Varianzanalyse	Mittelwertdifferenzen, erklärte Varianz
ordinalskaliert	ordinalskaliert	Rangkorrelationsanalyse	τ-Maße*, Spearmans Rangkorrelationskoeffizient*
intervallskaliert	intervallskaliert	Korrelations- und Regressionsanalyse	Produkt-Moment-Korrelationskoeffizient r_{xy}, Regressionskoeffizient b_{yx}, erklärte Varianz r^2_{xy}

*Im Text nicht erläutert. Siehe z.B. Benninghaus (2005a, 2005b).

6. Prüfung von Hypothesen: Was besagen Signifikanztests?

Die Deskriptivstatistik beschränkt sich auf die Beschreibung der Stichprobendaten u. a. durch Kennziffern von Verteilungen und Zusammenhangsmaße. Die Inferenz- oder schließende Statistik richtet dagegen die Aufmerksamkeit auf die Schätzung der Parameter der Grundgesamtheit, die Angabe von Fehlerbereichen (Konfidenzintervalle, Kapitel IX) und die Prüfung der Signifikanz von Zusammenhängen.

Wohl in kaum einem Bereich der Datenanalyse finden sich mehr Missverständnisse, Fehlinterpretationen und Halbwahrheiten als bei der Anwendung und Interpretation von Signifikanztests, und zwar nicht nur bei Laien, sondern häufig auch bei gestandenen Fachleuten. Wir wollen uns daher zumindest mit den Grundzügen von Signifikanztests befassen und anschließend versuchen, einige der häufigsten Missverständnisse zu klären.

Im vorhergehenden Abschnitt hatten wir die Einkommensmittelwerte $\bar{x} = 1917$ € und $\bar{x} = 3983$ € für die beiden Personengruppen mit niedriger und hoher Schulbildung berechnet. Die Stichprobe umfasste zwölf Beobachtungen. Ist nun auf der Basis dieser Informationen der Schluss gerechtfertigt, dass Personen mit höherer Schulbildung höhere Einkommen erzielen als Personen mit geringerer Schulbildung? Bezogen auf die Stichprobe lautet die Antwort natürlich «ja», denn der Unterschied wurde, von Messfehlern einmal abgesehen, anhand der Stichprobendaten ermittelt. Bezogen auf die Population, aus der die Stichprobe zufällig gezogen wurde, kann aber keineswegs mit *Sicherheit* gesagt werden, dass sich die Einkommensmittelwerte nach der Bildung unterscheiden. Das ist zwar möglich und ziemlich wahrscheinlich, aber sicher ist es nicht.

Gehen wir z. B. davon aus, dass in der Population Personen mit hoher Schulbildung genauso wie Personen mit niedriger Schulbildung im Mittel 2800 € verdienen. In diesem Fall ist es durchaus möglich, dass wir in einer Stichprobe von $N = 12$ zufällig und unabhängig voneinander «gezogenen» Personen eine Einkommensdifferenz zwischen den Bildungsgruppen von € 2066 ($\bar{x}_2 - \bar{x}_1 = 2066$) oder sogar eine noch größere Differenz beobachten werden. Wie wahrscheinlich dies ist, darüber informiert die Stichprobenverteilung der Mittelwertdifferenzen.

Ist nun die Wahrscheinlichkeit der Beobachtung eines Unterschieds von 2066 € und mehr in der Stichprobe unter der Annahme einer Differenz von null in der Grundgesamtheit sehr gering, dann wird man diese *Nullhypothese* als (vermutlich) falsch zurückweisen. In diesem Fall wird die alternative Hypothese akzeptiert, dass sich die Einkommensmittelwerte in der Population (mutmaßlich) nach den Bildungsgruppen unterscheiden. Der Zusammenhang zwischen Bildung und Einkommen ist *signifikant.*

Diese Skizze der Testlogik bedarf noch der Präzisierung. Für die unbekannten Mittelwerte der Einkommen in der Population bei niedriger und hoher Bildung schreiben wir μ_1 bzw. μ_2. Die Nullhypothese (H_0) lautet dann:

$H_0: \mu_1 = \mu_2$

Die zu prüfende Alternativhypothese H_A besagt dagegen, dass ein Zusammenhang zwischen Bildung und Einkommen besteht. Demnach würde gelten[28]:

$H_A: \mu_1 \neq \mu_2$

Unsere Stichprobe gibt uns Auskunft über $\bar{x}_1$ und $\bar{x}_2$ sowie über die Standardabweichungen der Einkommenswerte in der Stichprobe bei niedriger (s_1) und bei hoher Bildung (s_2). Wir wollen diese Informationen der Stichprobe nutzen, um eine Entscheidung zwischen H_0 und H_A zu treffen.

Es lässt sich nun nachweisen, dass die Differenzen der Stichprobenmittelwerte näherungsweise normalverteilt sind, wenn die Populationsvarianz der Einkommen durch die Stichprobenvarianz geschätzt wird. Bezeichnen wir den Stichprobenumfang in den beiden zu vergleichenden Gruppen mit N_1 und N_2. Die folgende Teststatistik ist dann unter der Annahme der Nullhypothese für größere Stichproben ($N_1 + N_2 > 30$) standardnormalverteilt:

28 Bei gerichteten Hypothesen lautet die Alternativhypothese z. B. $\mu_2 > \mu_1$. Der Test ist dann «einseitig». Wir betrachten zur Diskussion der Grundideen im Folgenden nur zweiseitige Tests. Zu einseitigen Tests und generell zu unterschiedlichen Signifikanztests siehe z. B. Schlittgen (2003).

$$z = \frac{\bar{x}_2 - \bar{x}_1}{\sqrt{\frac{s_1^2}{N_1} + \frac{s_2^2}{N_2}}}$$

Anhand des Werts von z und einer Tabelle der Normalverteilung lässt sich ermitteln, mit welcher Wahrscheinlichkeit die von uns in der Stichprobe gefundene oder eine noch größere Differenz zu erwarten ist, wenn tatsächlich kein Zusammenhang zwischen der Bildung und dem Einkommen existiert.

Um eine Wahl zwischen H_0 und H_A treffen zu können, müssen wir jetzt noch eine Wahrscheinlichkeit α festlegen, die als Entscheidungskriterium dient. Tritt der Wert der Teststatistik z oder ein größerer Wert mit einer Wahrscheinlichkeit geringer als α auf, weisen wir H_0 zurück und akzeptieren H_A. Andernfalls wird H_0 beibehalten. Üblicherweise wählt man für α eine geringe Wahrscheinlichkeit, z. B. 0,05 oder 0,01. Erst wenn es relativ unwahrscheinlich ist, dass die in der Stichprobe gefundene Differenz zufällig auftritt trotz Nichtexistenz eines Unterschieds in der Population, wird man H_0 verwerfen und die Alternativhypothese akzeptieren. Man nimmt also bewusst den Irrtum in Kauf, dass H_0 fälschlicherweise abgelehnt wird. Diese Irrtumswahrscheinlichkeit ist α.

Liegt nun der Wert von z, den wir anhand der Stichprobendaten berechnen, außerhalb des Bereichs $\pm z_\alpha$, dann verwerfen wir die Nullhypothese und akzeptieren die Alternativhypothese. Wir sagen, der Unterschied zwischen $\bar{x}_1$ und $\bar{x}_2$ ist bei der gewählten Irrtumswahrscheinlichkeit α signifikant. Ist dagegen der empirisch bestimmte z-Wert im Intervall $\pm z_\alpha$ ($-z_\alpha \leq z \leq z_\alpha$), so wird die Nullhypothese beibehalten (Abbildung XIV.8).

In unserem Beispiel ist N = 12. Bei kleinem Stichprobenumfang $N_1 + N_2 <$ 30 verwendet man anstelle des z-Tests besser den t-Test, da die Normalverteilung eine noch zu ungenaue Näherung darstellt (siehe Sahner 2005, zu den Einzelheiten genauer Schlittgen 2003). Um die Dinge nicht zu komplizieren, gehen wir davon aus, dass in jeder Bildungsgruppe 18 Beobachtungen vorliegen. (Nehmen wir einfach an, jeder einzelne Einkommenswert wurde bei jeweils drei verschiedenen Personen erhoben.)

ABBILDUNG XIV.8: STANDARDNORMALVERTEILUNG MIT ANNAHME- UND ABLEHNUNGSBEREICH VON H_0 FÜR $\alpha = 0,05$

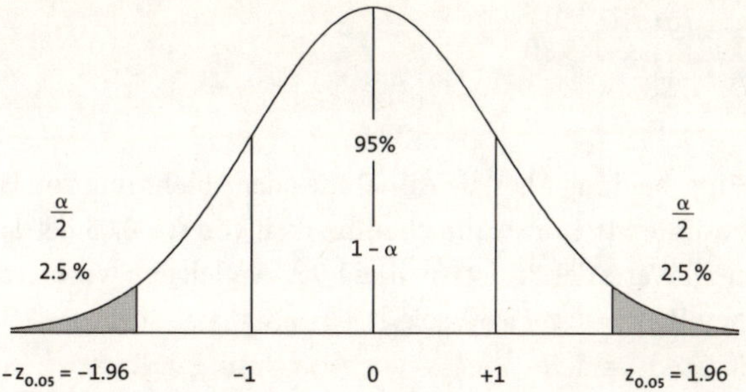

Mit einer Wahrscheinlichkeit von 0,95 liegt ein standardisierter z-Wert im Bereich zwischen ± 1,96. Die schraffierten Enden der Verteilung entsprechen einer Fläche von je 2,5 %. Mit einer Wahrscheinlichkeit $\alpha = 0,05$ ist ein z-Wert größer als 1,96 oder kleiner als – 1,96. Der schraffierte Bereich ist der *Ablehnbereich* der Nullhypothese, der nichtschraffierte Bereich der *Annahmebereich* von H_0.

Der Signifikanztest kann dann in folgenden Schritten durchgeführt werden (vgl. auch Sahner 2005):

Schritt 1: Auswahl des Tests
Wir wollen die Mittelwertdifferenzen bei einer Zufallsstichprobe mit einem Stichprobenumfang von N = 36 auf Signifikanz prüfen. Das in diesem Fall geeignete Prüfverfahren ist der z-Test.

Schritt 2: Formulierung der Nullhypothese
Geprüft werden soll die Hypothese $H_0: \mu_1 - \mu_2 = 0$, d. h., es besteht in der Population kein Unterschied im mittleren Einkommensniveau zwischen den Bildungsgruppen. H_A lautet bei zweiseitigem Test: $\mu_1 - \mu_2 \neq 0$.

Schritt 3: Festlegung von α
Wir wählen ein Signifikanzniveau (Irrtumswahrscheinlichkeit) von $\alpha = 0,05$.

Schritt 4: Berechnung der Teststatistik in unserem Beispiel ist:
$N_1 = 18; N_2 = 18$
$\bar{x}_1 = 1917; \bar{x}_2 = 3983$

$s_1 = 317; s_2 = 2287$

Diese Werte eingesetzt in die Formel ergeben[29]

$$z = \frac{3983 - 1917}{\sqrt{\frac{317^2}{18} + \frac{2287^2}{18}}} = 3{,}80$$

Schritt 5: Entscheidung über die Annahme oder Ablehnung von H_0

Bei der gewählten Irrtumswahrscheinlichkeit von $\alpha = 0{,}05$ betragen die kritischen z_α-Werte der Prüfstatistik ± 1,96. Vergleichen wir hiermit den empirischen Wert von $z = 3{,}80$, so gilt:

$|z| = 3{,}80 > z_{0{,}05} = 1{,}96$

Der ermittelte z-Wert liegt also im Ablehnbereich der Prüfverteilung (schraffierter Bereich in Abbildung XIV.8). Wir verwerfen die Nullhypothese der Gleichheit der Einkommensmittelwerte und entscheiden uns für die Alternativhypothese. Bei einem α-Niveau von 0,05 ist der Unterschied zwischen den Einkommensmittelwerten in den beiden Bildungsgruppen signifikant.

In ähnlicher Weise wird vorgegangen, um den Zusammenhang in einer Vier-Felder-Tabelle oder einer m×n-Tabelle, eine Prozentsatzdifferenz, einen Korrelations- oder Regressionskoeffizienten auf Signifikanz zu prüfen. Nur wird man hierbei jeweils einen anderen Test anwenden müssen.[30] Zusammenhänge in m×n-Tabellen z. B. können mit dem Chi^2-Unabhängigkeitstest auf Signifikanz geprüft werden.

Speziell bei Vier-Felder-Tabellen können wir alternativ auch die Signifikanz der Prozentsatzdifferenz bzw. der Differenz der relativen Häufigkeiten in der Stichprobe (= d % / 100) ermitteln. Da dieser Test relativ häufig vorkommt, wollen wir dazu noch ein Beispiel betrachten. Anschließend befassen wir uns mit der Interpretation von Signifikanztests.

29 Die Standardabweichung wird nach der Formel für die erwartungstreue Schätzung berechnet, d. h., die Summe der quadrierten Abweichungen vom Mittelwert wird durch N – 1 dividiert.

30 Siehe zu den häufiger angewandten Tests z. B. Schlittgen (2003) oder ein anderes Lehrbuch der Statistik. Einen Überblick zu zahlreichen, auch weniger gebräuchlichen Tests vermittelt Kanji (2006) in seinem Nachschlagewerk «100 Statistical Tests».

Bei kleinen Stichproben, z. B. der Tabelle XIV.5, ist die Prüfgröße binominalverteilt. Für größere Stichproben verwendet man als Näherung wieder die Normalverteilung. Für eine Prozentsatzdifferenz bzw. die Differenz von zwei relativen Häufigkeiten oder Anteilswerten $\hat{p}_1$ und $\hat{p}_2$ in der Stichprobe ist die folgende Teststatistik für H_0: $p_1 = p_2$ (näherungsweise) normalverteilt:

$$z = \frac{\hat{p}_1 - \hat{p}_2}{\sqrt{\hat{p}\,(1-\hat{p})\left(\frac{1}{N_1}+\frac{1}{N_2}\right)}}$$

$$\text{mit } \hat{p} = \frac{N_1\hat{p}_1 + N_2\hat{p}_2}{N_1 + N_2}$$

In Kapitel V hatten wir als Beispiel die Hypothese diskutiert, dass eine kollektive Heizkostenabrechnung den Energieverbrauch erhöht. Die Prüfung des Zusammenhangs erfolgte mit der folgenden Kreuztabelle (Tabelle V.2):

		Heizkostenabrechnung		
		durch Umlage	nach Verbrauch	
Heizenergie sparen	ja	33	30	63
	nein	156	51	207
		189	81	270

Genau wie beim Test der Mittelwertdifferenz können wir auch hier die Prüfung der Signifikanz in Bezug auf die Differenz der relativen Häufigkeiten in fünf Schritten durchführen. Im Unterschied zu vorher wählen wir jetzt aber eine kleinere Irrtumswahrscheinlichkeit von $\alpha = 0{,}01$. Wir wollen bei dem Test die Sicherheit noch erhöhen, dass wir uns nicht fälschlicherweise für die Ablehnung von H_0 entscheiden.

Schritt I: Auswahl des Tests für die Differenz von Anteilswerten bei größeren Stichproben. Prüfung der Anwendungsvoraussetzungen.

Schritt 2: $H_0: p_1 = p_2, H_A: p_1 \neq p_2$

Schritt 3: $\alpha = 0{,}01$

Schritt 4: Aus der Tabelle errechnen sich die folgenden Größen:

$$\hat{p}_1 = \frac{33}{189} = 0{,}175$$

$$\hat{p}_2 = \frac{30}{81} = 0{,}370$$

$$\hat{p} = \frac{189 \cdot 0{,}175 + 81 \cdot 0{,}370}{270} = 0{,}234$$

Eingesetzt in die Formel für die z- Statistik erhalten wir:

$$z = \frac{0{,}175 - 0{,}370}{\sqrt{0{,}234 \cdot 0{,}766 \cdot \left(\frac{1}{189} + \frac{1}{81}\right)}} = -3{,}47$$

Schritt 5: Für $\alpha = 0{,}01$ sind (bei einem zweiseitigen Test) die kritischen Werte der Standardnormalverteilung $\pm 2{,}576$. Es gilt also:
$|z| = 3{,}47 > z_{0{,}01} = 2{,}576$
Die Nullhypothese gleicher Wahrscheinlichkeiten in den beiden Stichproben «Heizkostenabrechnung per Umlage» und «Abrechnung nach Verbrauch» wird zurückgewiesen. Die Differenz der Anteilswerte bzw. die Prozentsatzdifferenz ist auf dem $\alpha = 0{,}01$-Niveau statistisch signifikant.

Kasten XIV.2 diskutiert ein weiteres Beispiel aus einer Umfrage eines Meinungsforschungsinstituts.

Kasten XIV.2: Auto fahren, selbst mit Opfern!

Unter dieser Überschrift berichtet ein Meinungsforschungsinstitut in seinem Monatsbulletin über die Ergebnisse einer Befragung zu den Reaktionen von Autofahrern auf einen «extrem hohen» Benzinpreis. Die folgende Frage wurde einer «repräsentativen»» Stichprobe (Zufallsauswahl? Quotenauswahl?) von 318 Autofahrern in der deutschen und französischen Schweiz gestellt: «Angenommen, der Benzinpreis wäre ab morgen Fr. 5.– pro Liter. Wie, glauben Sie, würden Sie am ehesten darauf reagieren?» Eine der Antwortkategorien lautet: «Autofahren praktisch einstellen». 14 % entschieden sich für diese Kategorie. Immerhin 85 % gaben an, etwas weniger, viel weniger, nur in Ausnahmefällen oder gar nicht mehr mit dem Auto zu fahren. Weshalb es dann in der Überschrift heißt «Bescheidene Wirkung eines extrem hohen Benzinpreises», ist schon eine rätselhafte Interpretation der Antwortverteilung. Im Übrigen gilt wohl auch hier, was schon Noelle (1963) ausführlich an einem Beispiel beschreibt: Antworten auf hypothetische «Was-machen-Sie-wenn-Fragen» sind notorisch unzuverlässig.

Aber darum soll es uns hier nicht gehen. Im Text wird auf das folgende Resultat aufmerksam gemacht (Demoscope-Bulletin, Juli 1994: 12):

«Interessant ist auch folgendes Ergebnis: Ein Abschreckungspreis würde die Frauen eher weniger von der Straße vertreiben als die Männer (13 Prozent gegenüber 15 Prozent). Das zeigt, dass die automobile Mobilität mit zum neu entwickelten Lebensgefühl der Frau gehört.»

Die Rohwerte werden in dem Artikel zwar nicht angegeben. Mit den genannten Zahlenangaben (N = 318, 13 versus 15 % «Autofahren praktisch einstellen» nach Geschlecht, 14 % ungeachtet des Geschlechts) ist aber die Verteilung in der Stichprobe (bis auf Rundungsfehler) als Kreuztabelle rekonstruierbar:

		Männer	Frauen	
«Autofahren praktisch einstellen»	ja	27 (15 %)	18 (13 %)	45
	nein	153 (85 %)	120 (87 %)	273
		180	138	318

(Spaltenprozente in Klammern)

Hätten statt 18 nun 21 Frauen der Kategorie «Autofahren einstellen» zugestimmt, so wäre die geschlechtsspezifische Differenz auf null geschrumpft. Das «interessante Ergebnis» hängt kritisch von den Antworten von 3 (!) Personen ab. Angesichts von Messfehlern und Stichprobenfehlern ein recht dünnes Eis, um auf dieser Basis Schlussfolgerungen zur größeren «Auto-Mobilität» von Frauen abzuleiten.

Mit welcher Wahrscheinlichkeit ist nun die Differenz der Anteilswerte in der Stichprobe (bzw. eine größere Differenz) unter der Annahme von H_0 ($p_1 = p_2$) zu erwarten? Die Berechnung der Teststatistik nach der Formel für die Signifikanzprüfung der Differenz relativer Häufigkeiten für $\alpha = 0{,}05$ sei der Leserin oder dem Leser zur

Übung überlassen. (Zur Berechnung der Wahrscheinlichkeit müsste noch eine Tabelle der Standardnormalverteilung konsultiert werden. Zur Signifikanzprüfung genügt es festzustellen, ob $| z |$ unter der kritischen Grenze – hier 1,96 – bleibt.) Es wird freilich kein Geheimnis verraten, wenn schon jetzt gesagt wird, dass die Daten nicht erlauben, H_0 zurückzuweisen. Die These vom «neu entwickelten Lebensgefühl der Frau» basiert auf einer mageren, nichtsignifikanten Differenz von zwei Prozentpunkten.

Bisher war vom α-Fehler, aber noch nicht von seinem Gegenstück, dem β-Fehler, die Rede. Befassen wir uns jetzt etwas genauer mit der Logik und Interpretation von Signifikanztests.

Wie bei medizinischen Untersuchungen könnte man die Beibehaltung von H_0 als «negativen» und die Ablehnung von H_0 als «positiven» Ausgang eines Tests bezeichnen. Ein Aids-Test z. B. ist «negativ», wenn im Blut der Testperson keine Antikörper nachgewiesen werden können. (Für die Testperson ist das natürlich «positiv»!) Nun ist kaum ein Test völlig sicher. Ist eine Person nicht HIV-infiziert, das Testergebnis aber gleichwohl positiv, spricht man von einem *falsch-positiven* Resultat. Bei Signifikanztests ist α die Wahrscheinlichkeit eines falsch-positiven Testergebnisses. Denn α ist die Wahrscheinlichkeit, dass H_0 abgelehnt wird, obwohl die Nullhypothese tatsächlich zutreffend ist. Nun kann ein Testergebnis aber auch *falsch-negativ* ausfallen. Ein Aids-Test wäre falsch-negativ, wenn eine Person HIV-infiziert und das Testergebnis dennoch negativ ist. In der Signifikanzstatistik entspricht die Wahrscheinlichkeit eines falsch-negativen Resultats β, der Wahrscheinlichkeit eines β-Fehlers. β ist die Wahrscheinlichkeit, dass H_0 irrtümlich beibehalten wird, obwohl die Nullhypothese unzutreffend ist. Der β-Fehler besteht also darin, dass ein tatsächlich existierender Zusammenhang oder eine Differenz zwischen zwei Mittelwerten bzw. Prozentanteilen in der Population übersehen wird. Den α-Fehler bezeichnet man auch als *Fehler erster Art*, den β-Fehler als *Fehler zweiter Art*. Der Entscheidungskonflikt mit den beiden Fehlermöglichkeiten erster und zweiter Art geht aus der folgenden Tabelle hervor:

Tabelle XIV.9: Fehlermöglichkeiten bei Signifikanztests

		Tatsächlich gilt: H_0 trifft zu	Tatsächlich gilt: H_0 trifft nicht zu
Entscheidung für:	Annahme von H_0	Entscheidung richtig	Fehler 2. Art, β-Fehler Wahrscheinlichkeit β
	Ablehnung von H_0	Fehler 1. Art, α-Fehler Wahrscheinlichkeit α	Entscheidung richtig

Vom Forscher direkt kontrolliert wird nur α. Der β-Fehler ist aber komplementär zu α. Je kleiner α gewählt wird, umso größer ist (unter sonst gleichen Bedingungen) der Wert von β. Eine Verminderung des Risikos erster Art wird durch eine Vergrößerung des Risikos zweiter Art erkauft.

«Komplementär» heißt natürlich nicht, dass sich α und β zu eins ergänzen. β kann aber bei einem α-Niveau von z. B. 0,05 einen relativ großen Wert annehmen. Wie groß β ist, hängt von mehreren Bedingungen ab:

1. vom Signifikanzniveau α,
2. vom Stichprobenumfang N,
3. von der Qualität des Signifikanztests (Macht, Gütefunktion eines Tests) und
4. von der Größe der Differenz der Parameter (z. B. Mittelwerte, Anteilswerte) in der Population.

Je kleiner α, je geringer der Stichprobenumfang und je geringer ein tatsächlich bestehender Unterschied, desto größer ist das Risiko, einen tatsächlich existierenden Zusammenhang zu übersehen. (1), (2) und in gewissem Ausmaß (3) sind vom Forscher wählbar. Wurde aber eine Stichprobe vom Umfang N bereits erhoben und zwingen die Anwendungsvoraussetzungen zur Wahl eines bestimmten Tests, dann ist praktisch nur noch α kontrollierbar.

Bei der üblichen Konvention $\alpha = 0{,}05$ kann das Risiko eines β-Fehlers ganz beträchtlich ausfallen. Viele Anwender machen sich diese Tatsache nicht bewusst. Arbeitet man z. B. in Experimenten mit kleinen Stichproben, dann wird der β-Fehler nicht selten in einer Größenordnung von

0,80 liegen (zu Rechenbeispielen und einer detaillierten Diskussion siehe Stelzl 2005). Mit anderen Worten: Man hält zwar das Risiko eines falsch-positiven Ergebnisses gering, nimmt dabei aber ein unter Umständen hohes Risiko in Kauf, dass das Testresultat falsch-negativ sein kann. Formulierungen wie «damit ist bei einer Irrtumswahrscheinlichkeit von 0,05 nachgewiesen, dass kein Zusammenhang existiert» sind völlig irreführend. Korrekt müsste es heißen: «Bei einer Irrtumswahrscheinlichkeit von $\alpha = 0{,}05$ konnte die H_0-Hypothese, dass kein Zusammenhang existiert, anhand der vorliegenden Daten der Stichprobe nicht zurückgewiesen werden.» Möchte man es genauer wissen, muss man die Untersuchung wiederholen, wobei eventuell der Stichprobenumfang zu erhöhen ist, um den β-Fehler zu verringern. Die Annahme einer H_0-Hypothese ist noch lange kein Beweis, dass ein Zusammenhang nicht existiert.

Die Strategie, den α-Fehler möglichst gering zu wählen (bei eventuell großem β-Fehler), bezeichnet man als *konservatives Hypothesentesten* (zu einer Kritik siehe Levine 1993 sowie Dubben und Beck-Bornholdt 2006). Man testet immer unter der Annahme einer Nullhypothese. H_0 ist der Ausgangspunkt eines Signifikanztests, und für H_0 gilt sozusagen zunächst die «Unschuldsvermutung». Nur wenn die Beweislast, die Evidenz der Daten sehr groß ist, entscheidet man sich für die Zurückweisung der Nullhypothese. Die Analogie zu einem Gerichtsverfahren drängt sich geradezu auf. Auch hier gibt es zwei Fehlerarten: die irrtümliche Verurteilung eines Täters (= α-Fehler) und der irrtümliche Freispruch (= β-Fehler). «Im Zweifel für den Angeklagten» heißt, den α-Fehler gering anzusetzen, auch wenn sich dadurch die Wahrscheinlichkeit eines irrtümlichen Freispruchs erhöht.

Im Extremfall kann es sogar passieren, dass ein Forschungsdesign von vornherein gar keine Chance bietet, eine Nullhypothese abzulehnen. In diesem Fall wäre die Wahrscheinlichkeit des β-Fehlers eins. Natürlich ist ein Design z. B. eines Experiments völlig ungeeignet zur Prüfung einer Hypothese, wenn diese unabhängig vom Ausgang des Experiments gar nicht abgelehnt werden kann.

Betrachten wir das folgende Beispiel: In einem seiner Filme spielt Jean-Paul Belmondo einen trickreichen Gauner, der in seinen Westentaschen zwei Münzen verbirgt. Die Münze in der einen Tasche hat auf beiden Seiten «Wappen», die andere Münze auf beiden Seiten «Zahl». Verständlicherweise gewinnt Belmondo in dem Film jede Wette, die durch Münzwurf entschieden wird.

Gehen wir nun davon aus, dass wir eine verdächtige Münze nicht selbst in Augenschein nehmen können. Beobachtbar ist nur das Ergebnis von Münzwürfen. Mit einem Test wollen wir über die H_0-Hypothese entscheiden, dass die Münze nicht gefälscht ist (H_0: P[Wappen] = P[Zahl] =0,5). Wir wählen ein α-Niveau von 0,05. Das experimentelle Design sieht einen fünfmaligen Münzwurf vor (N = 5). Das Ergebnis sei nun fünfmal «Wappen». Können wir mit diesem extremen Resultat H_0 zurückweisen? Die Wahrscheinlichkeit, dass unter der Annahme von H_0 ein extremes Ergebnis auftritt (fünfmal Wappen oder fünfmal Zahl), beträgt $2 \cdot (1/2)^5 = 1/16 = 0{,}063$. Bei einem α-Niveau von 0,05 ist das Resultat nicht signifikant. Wir entscheiden uns demnach für die Beibehaltung von H_0. Bei sämtlichen anderen Ergebnissen wäre H_0 ebenfalls zu akzeptieren. Der gewählte Stichprobenumfang gibt einer eventuellen Ablehnung von H_0 überhaupt keine Chance! Wenn auch nicht so extrem, so stellt sich doch das Problem eines hohen β-Fehlers besonders bei Untersuchungen auf der Basis kleiner Stichproben. Als Auswege bieten sich an: die Inkaufnahme eines größeren α-Fehlers oder die Vergrößerung der Stichprobe. Letzteres ist natürlich der bessere Weg.

Diskutieren wir noch eine Reihe von Gesichtspunkten, die bei der Anwendung von Signifikanztests zu beachten sind:

1. Wie erwähnt ist immer zu berücksichtigen, dass sowohl ein α- als auch ein β-Fehler auftreten kann. Insbesondere ist die Annahme von H_0, die «Nichtsignifikanz eines Zusammenhangs», kein *sicherer* Nachweis, dass tatsächlich kein Zusammenhang existiert. Bei kleinen Stichproben kann der β-Fehler beträchtliche Ausmaße annehmen.

2. Bei großen Stichproben sehen wir uns dagegen mit dem entgegengesetzten Problem konfrontiert. Wie aus den angegebenen Formeln der Teststatistik für Mittelwertunterschiede und Prozentsatzdifferenzen ersichtlich ist, nimmt der (absolute) Wert der Teststatistik bei gleicher Differenz in der Stichprobe zu, sobald der Umfang N erhöht wird. Bei sehr großen Stichproben werden auch sehr kleine Differenzen signifikante Resultate liefern. Das folgt aus der Testlogik und ist im Prinzip auch sinn-

voll. Denn der Stichprobenfehler bei konsistenten Tests vermindert sich ja mit wachsendem N. Der Nachteil ist nur, dass bei großem N auch praktisch bedeutungslose Differenzen bzw. Zusammenhänge «signifikant» werden. Eine Differenz in der Wahrscheinlichkeit von Energiesparbemühungen in der Größenordnung von einem Zehntel Prozentpunkt beim Vergleich der verbrauchsabhängigen Abrechnung mit der Umlageregel ist womöglich praktisch bedeutungslos, wird aber bei genügend großem N signifikant. Man muss daher zwischen *Signifikanz* und *Relevanz* unterscheiden (vgl. auch Kriz 1981). Ein signifikantes Resultat zu erzielen heißt noch nicht, dass der Zusammenhang auch bedeutsam ist. Man sollte daher neben dem Ergebnis eines Signifikanztests immer auch die geschätzte Größenordnung eines Effekts (bzw. einer Differenz, eines Zusammenhangs, einer Korrelation) angeben.

Welche Konsequenzen die N-Abhängigkeit der Teststatistik und die Vernachlässigung des Relevanzproblems haben können, zeigt das folgende Beispiel: In Kalifornien wurden als Beweismittel in Gerichtsprozessen gegen Diskriminierung Signifikanztests zugelassen. Beträgt z. B. die Beförderungsquote von Frauen in einer Firma 10 % (0,10) und von Männern 11 % (0,11), dann ist die Differenz in einem Kleinbetrieb sicher nicht signifikant. In einem sehr kleinen Betrieb wird selbst eine Differenz der Beförderungsquoten von 20 Prozentpunkten für $\alpha = 0{,}05$ nicht signifikant sein. In einem Großbetrieb dagegen reicht eventuell schon eine Differenz von einem Prozentpunkt oder sogar noch weniger für ein signifikantes Resultat aus. Die Folge von Gerichtsentscheidungen bei ausschließlicher Orientierung am Signifikanzkriterium wäre, dass praktisch nur Klagen gegen Diskriminierung in Großbetrieben Aussicht auf Erfolg hätten.

3. Die Festlegung des α-Fehlers muss vor Anwendung des Tests erfolgen. Andernfalls besteht die Möglichkeit, je nach Wunsch die Annahme oder Ablehnung von H_0 durch die nachträgliche Wahl von α zu manipulieren.

Nehmen wir an, ein Forscher erhält von einer pharmazeutischen Firma den Auftrag, die möglichen Nebenwirkungen eines Medikaments zu untersuchen. Die Firma ist an der Annahme von H_0 (keine Nebenwirkungen) interessiert und der Gutachter ebenso, da er sich weitere lukrative Aufträge von der Firma erhofft. Er wählt ein α-Niveau von 0,05. Ärgerlicherweise ist das Testresultat signifikant. Was also tun? Unser ‹Gutachter› reduziert nachträglich das α-Niveau auf 0,01. Und siehe da, im

Testbericht ist zu lesen: «Die Hypothese einer schädlichen Nebenwirkung erwies sich bei einer Irrtumswahrscheinlichkeit von $\alpha = 0{,}01$ als nicht signifikant.»

An diesem Beispiel zeigt sich auch die Problematik konservativen Hypothesentestens. Eventuell kann es im Vergleich zum α-Irrtum gefährlicher sein, einen Effekt (im Beispiel die Nebenwirkungen eines Medikaments) zu übersehen. Ist ein Fehler zweiter Art mit größeren Kosten verbunden als ein Fehler erster Art, wäre anzuraten, α höher anzusetzen, um β zu reduzieren.

Nehmen wir nun ganz im Gegenteil an, dass auch die Herabsetzung von α nicht zum erwünschten Resultat der Annahme von H_0 führt. In manipulativer Absicht könnte unser Pharma-Forscher alternative Signifikanztests heranziehen, eventuelle ‹Ausreißerwerte› als Messfehler deklarieren oder andere Tricks aus seinem Arsenal hervorholen, die sich nachträglich im Forschungsbericht scheinbar rechtfertigen lassen. Wer auch immer den folgenden Ausspruch geprägt hat, wusste, wovon er redet: «Wenn man die Daten nur lange genug foltert, gestehen sie alles!» Dass die skizzierte Vorgehensweise eine betrügerische Manipulation ist, steht außer Frage. Signifikanztests können wichtige Anhaltspunkte für Entscheidungen liefern; gegen Missbrauch sind sie aber nicht immun.

Allein die nachträgliche Festlegung des Signifikanzniveaus in Abhängigkeit vom Ausgang eines Tests zum Beweis oder zur Widerlegung einer Hypothese bewegt sich in der Grauzone der Manipulation. Diese Vorgehensweise gleicht der Praxis eines ‹treffsicheren› Bogenschützen, der erst schießt und dann die Zielscheibe dort aufhängt, wo sich der Pfeil befindet.

4. Statt die Zielscheibe nachher aufzuhängen, könnte unser Schütze auch tausend Pfeile abschießen und anschließend diejenigen Pfeile entfernen, die nicht ins Schwarze trafen. Von diesem Kaliber ist die gar nicht so seltene Praxis, ‹alles mit allem zu korrelieren› und nur die signifikanten Resultate herauszupicken.

Paulos (1993) berichtet von einem gewitzten Investmentberater, der sein eigenes Vermögen durch folgende Strategie vermehrt. Er verschickt 32 000 Börsenbriefe an gutbetuchte Kunden. In dem Schreiben erläutert er, dass er mit einem ausgetüftelten Computerprogramm mit sehr großer Wahrscheinlichkeit vorhersagen könne, ob eine bestimmte Aktie am Freitag der folgenden Woche gestiegen ist oder nicht. Die Empfänger müssen für die Prognose zunächst nicht bezahlen; sie sollen nur prüfen, wie gut seine Prognosen zutreffen. 16 000 Kunden erhalten nun in der ersten Woche die Prognose «Aktie steigt» (+), die anderen 16 000 die Prognose «Aktienkurs fällt bzw. gleichbleibend» (–). Nehmen wir an, der Kurs ist gestiegen. In der zweiten Woche verschickt unser Anlageberater diesmal nur 16 000 Briefe an diejenigen Kunden, die die korrekte Prognose in der Vorwoche erhielten. Wieder teilt er die Kundschaft auf: 8000 Kunden erhalten die Vorhersage «+», die anderen 8000 die Prognose «–». Und so geht die Geschichte weiter. In der dritten Woche beliefert er 8000, in der vierten Woche 4000 und in der fünften Woche 2000 Kunden. Zu Beginn der sechsten Woche verbleiben ihm 1000 Kunden, die fünfmal korrekte Prognosen erhielten. Diese sind von der ‹Vorhersagekunst› natürlich begeistert, denn von den 31 000 missglückten Prognosen wissen sie ja nichts. Unser Investmentberater verkauft nun nach diesem überzeugenden Test die sechste Prognose für je 1000 €. Auch eine Möglichkeit, Millionär zu werden, zur Nachahmung aus strafrechtlichen Gründen aber nicht unbedingt empfohlen.

In dieser Geschichte wurden die Zufallstreffer systematisch ausgewählt. Was ein Anlageberater kann, ist auch durch den Missbrauch von Signifikanztests möglich.

Nehmen wir an, in einer Befragungsstudie werden 50 Fragen gestellt. Jede einzelne Frage entspricht einer Variablen im Datensatz. Mit der entsprechenden Computersoftware (z. B. SPSS) kann man mühelos sämtliche Zusammenhänge zwischen 50 Variablen auf Signifikanz prüfen. Die Anzahl der Signifikanztests beträgt dann $(50 \cdot 49/2) = 1225$. Das Signifikanzniveau wird korrekt vorher mit $\alpha = 0{,}05$ festgelegt. Alle signifikanten Ergebnisse im Computerausdruck werden rot angestrichen und in den Forschungsbericht aufgenommen. Bei dieser Praxis wird man etwa 60 signifikante Ergebnisse (12 250,05) erhalten, selbst wenn tatsächlich für alle 1225 Tests H_0 zutreffend ist. Man pickt auf diese Weise systematisch die falsch-positiven Resultate heraus. Es folgt ja aus der Definition des α-Fehlers, dass bei faktischer Gültigkeit von H_0 K Tests im Mittel zu $\alpha \cdot K$ Fehlentscheidungen bezüglich der Ablehnung von H_0 führen. Fair ist ein Signifikanztest nur, wenn im Vorhinein nicht nur α festgelegt wird, sondern auch die Hypothese, die geprüft werden soll.

Ähnlich verhält es sich im Übrigen, wenn eine Stichprobe irgendwelcher Personen (z. B. Lotto-Gewinner, amerikanische Präsidenten, Zwillingspaare, Käufer einer bestimmten Automarke) auf auffallende Regelmäßigkeiten hin untersucht wird. Da die Zahl der potenziell erhebbaren Merkmale unendlich ist, wird man, wenn man nur lange genug sucht, immer irgendwelche Gemeinsamkeiten finden. Woinowitsch (1988) machte auf eine bemerkenswerte Gesetzmäßigkeit in der Abfolge der Kreml-Führer für den Zeitraum der Geschichte der UdSSR aufmerksam. «Die Kahlen lösen die Behaarten ab und die Behaarten die Kahlen. (...) Lenin hatte eine Glatze, Stalin volles Haar, Chruschtschow hatte eine Glatze, Breschnew volles Haar, Andropow hatte eine Glatze, Tschernenko volles Haar, und was Gorbatschow hat, braucht nicht erklärt zu werden, sein Bild kennt jeder.» Aber noch merkwürdiger: Die Kahlen sind Reformer, die Behaarten Konservative. Bleiben wir nur bei der Behaarung und kodieren diese mit «1», für «kahl» schreiben wir 0. Die Sequenz lautet dann: 0 (Lenin), 1 (Stalin), 0 (Chruschtschow), 1 (Breschnew), 0 (Andropow), 1 (Tschernenko), 0 (Gorbatschow). Die Wahrscheinlichkeit, exakt diese extreme Gesetzmäßigkeit in einer Stichprobe zu finden, beträgt $(1/2)^7 = 0{,}0078$. Das Resultat ist auch für $\alpha = 0{,}01$ hochsignifikant! Berücksichtigen wir jetzt noch, dass die Kahlen zu den Reformern und die Behaarten zu den Konservativen zählen. Die Sequenz ist dann so selten wie ein vierzehnmaliger Münzwurf, der beginnend mit «Zahl» abwechselnd Wappen und Zahl aufweist. Unter H_0 beträgt die Wahrscheinlichkeit, dass in einem Zufallsexperiment genau dieses Ergebnis erzeugt wird, gerade 0,00006. Ein eindeutiger Beweis für die behauptete Gesetzmäßigkeit? Es sei noch hinzugefügt, dass Woinowitschs Artikel satirisch auf die Zunft der ‹Kreml-Astrologen› gemünzt war.

Vielleicht verhilft eine alltägliche Situation zum besseren Verständnis des Unterschieds zwischen ‹seltenen› Ereignissen ex post und ex ante. Jemand hat einmal gesagt, «jede Autonummer ist ein Wunder». Dass ich am Auto vor mir an der Ampel die Nummer «M-AZ-438» sehe, ist demnach ein Wunder, denn die Wahrscheinlichkeit dafür wäre bei rund 33 Mio. deutschen Autos 1:33 Mio. Nur habe ich speziell diese Nummer gar nicht erwartet. Die Wahrscheinlichkeit aber, dass das Auto vor mir *irgendein* Kennzeichen hat, ist (nahe) eins. Um ein ‹Wunder› hätte es sich gehandelt, wenn ich ex ante behauptet hätte: «Ich fahre jetzt mit dem Auto in die Stadt. Das Auto vor mir an der Ampel XY-Straße wird das folgende Kennzeichen haben: M-AZ-438.» Genauso verhält es sich mit Hypothesen und Signifikanztests. Nicht, dass es um wundersame Dinge geht. Wohl aber macht ein Signifikanztest nur Sinn, wenn eine Hypothese ex ante formuliert und sodann mit Hilfe des Tests und vorher festgelegten Spielregeln überprüft wird.

5. Das ‹Herauspicken› signifikanter Resultate muss nicht nur auf das Schuldkonto individueller Forscher gehen. Es wurde oft vermutet, dass der kollektive Wissenschaftsprozess ein Selektionsbias in Richtung auf die bevorzugte Publikation signifikanter Ergebnisse erzeugt. Wenn Herausgeber von Fachzeitschriften die Diskussion signifikanter Hypothesen als interessanter einstufen und Manuskripte mit nichtsignifikanten Befunden eher zurückweisen, werden sich in der Fachliteratur überzufällig häufig α-Irrtümer finden. Betrachten wir zur Illustration ein extremes Beispiel. Angenommen, eine Hypothese wird von 100 Forschern unabhängig voneinander überprüft. Tatsächlich sei aber H_0 gültig. Im Durchschnitt werden dann fünf Forscher signifikante und 95 Forscher nichtsignifikante Ergebnisse erzielen. Werden nur die signifikanten Resultate publiziert und bleiben die übrigen Untersuchungsberichte in der Schublade, so würde in der Fachliteratur fälschlicherweise der Eindruck einer einhelligen Zurückweisung der Nullhypothese hervorgerufen. (Sollte man als Gegenmittel eine Zeitschrift gründen, die nur Aufsätze mit akzeptierten Nullhypothesen publiziert?) Sicherlich ist der ‹Schubladeneffekt› in der Praxis weniger extrem ausgeprägt. Eine Tendenz zur bevorzugten Publikation signifikanter Befunde, sei es durch Vorauswahl von Wissenschaftlern oder durch die Manuskriptauswahl der Herausgeber von Fachzeitschriften, scheint sich auch empirisch zu bestätigen (Tabelle XIV.10).

6. Weitere Gesichtspunkte bei der Diskussion von Signifikanztests sind die Anwendungsvoraussetzungen. Eine klassische Voraussetzung ist die Zufallsauswahl der Stichprobe. Um diesen Punkt geht es u. a. in der «Signifikanztest-Kontroverse» (Morrison und Henkel 1970). Persönlich bin ich aber der Auffassung, dass Signifikanztests auch Entscheidungshilfen bei Nichtzufallsstichproben und sogar bei Totalerhebungen bieten können.[31] Beispielsweise werden in der psychologischen Forschungspraxis Signifikanztests zu Recht in Experimenten angewandt, obwohl die Auswahl der Versuchspersonen zumeist keine Zufallsstichprobe dar-

31 Z. B. wegen Messfehlern kann man Beobachtungen aus Totalerhebungen als Realisationen von Zufallsvariablen betrachten.

Tabelle XIV.10: Prozentanteil als signifikant berichteter Ergebnisse in Fachzeitschriften

	Prozent signifikanter Ergebnisse (Zurückweisung von H_0)
Sterling (1959) (Psychologie)	97
Galtung (1967) (Soziologie)	100
WIlson, Smoke, Martin (1973) (Soziologie)	80
Sahner (1979) (Soziologie)	60

Nach Sahner (1979)

stellt. Zufällig ist hier in der Regel nur die Aufteilung auf die Versuchsgruppen. Natürlich ist die Praxis noch keine Rechtfertigung für die Zweckmäßigkeit eines Verfahrens. Man kann bei Nichtzufallsstichproben aber argumentieren, dass die Teststatistik eines Signifikanztests zumindest einen *Referenzpunkt* darstellt. Die Überlegung lautet: Wie plausibel ist mein Resultat, das ich in einer wie auch immer erzeugten Stichprobe gefunden habe, wenn ich von der Nullhypothese ausgehe und mein Resultat (hypothetisch) als Ergebnis eines Zufallsexperiments betrachte? In einer Stichprobe vom Umfang N finde ich z. B. eine Prozentsatzdifferenz von zwei Prozentpunkten (siehe auch Kasten XIV.2). Soll ich diesen Zusammenhang inhaltlich als Befund interpretieren? Da liefert mir das Gedankenexperiment, mit welcher Wahrscheinlichkeit diese Differenz unter H_0 «rein zufällig» auftreten würde, wenigstens einen Anhaltspunkt. Ist nämlich der Befund in der Stichprobe auch unter H_0 recht plausibel, würde ich den vermuteten Zusammenhang zurückhaltender kommentieren.

Wie auch immer eine Stichprobe ermittelt wird, zunächst stellt sich die Frage, ob ein angeblicher Effekt unter der Annahme der Nullhypothese wirklich äußerst unwahrscheinlich ist. Hierüber informiert die Verteilung der Teststatistik. Die seltsame Häufung männlicher Geburten im Frauenministerium (Kasten XIV.3) ist weniger überraschend, wenn ausgehend von H_0 die Wahrscheinlichkeit von sechs oder mehr Knabengeburten bei insgesamt sieben Geburten berechnet wird. Ist die Wahrscheinlichkeit nicht extrem gering, dann wird man eine angebliche Merkwürdigkeit wohl eher als zufällige Laune der Natur interpretieren.

Seit langem ist schon zu beobachten, dass die Neyman-Pearson-Signifikanzstatistik (nach dem polnischen Statistiker Jerzy Neyman und dem britischen Statistiker Egon Pearson) aus den 30er Jahren in der Forschungspraxis Formen eines Rituals angenommen hat. Zum unreflektierten Gebrauch ist diese polnisch-britische Gemeinschaftsleistung aber viel zu bedeutend. Die kritischen Anmerkungen fördern hoffentlich ein besseres Verständnis bei der Interpretation von Signifikanztests. Denn korrekt angewandt stellen Signifikanztests eine wichtige Entscheidungshilfe bei der Prüfung von Hypothesen zur Verfügung.

Kasten XIV.3: Knabengeburten im Frauenministerium

Unter der Überschrift «Frauenquote» berichtet die «Frankfurter Rundschau» (23.7.1992):

«Die Sache ein ‹Wunder› zu nennen wäre übertrieben. Aber ein Rätsel, das schier unauflösbar scheint, ist es schon, über das die nordrhein-westfälische Frauenministerin Ilse Ridder-Melchers in ihrem gerade begonnenen Urlaub nachsinnt. Hat sich doch anlässlich einer kleinen Betriebsfeier in dem erst 1990 gegründeten Ministerium herausgestellt, dass ausgerechnet in diesem Ministerium, das – so seine offizielle Aufgabe – für die ‹Gleichstellung von Frau und Mann› streiten soll, das weibliche Element krass benachteiligt wird. Zumindest sozusagen nachwuchsmäßig.

Zwar dominieren rein zahlenmäßig bei den Beschäftigten die 42 Frauen ganz eindeutig die zwölf Männer im Ministerium. Sieben dieser 42 Frauen haben seit der Gründung des Ministeriums ein Kind geboren. Sechs von ihnen einen Sohn. In Prozentzahlen umgerechnet ist dies ein Jungenanteil von 85,7 Prozent und liegt damit geradezu dramatisch über der Landesquote, bei der die Jungen nur mit 51,3 Prozent knapp die Nase vorn haben. So habe sich Frau Ministerin die Überwindung der Frauendiskriminierung nun doch nicht vorgestellt, hieß es am Mittwoch im Frauenministerium.»

Handelt es sich um ein Wunder? Testen wir einmal die Hypothese, dass in Frauenministerien mehr Knaben als Mädchen geboren werden, auf Signifikanz ($\alpha = 0{,}05$). Der Einfachheit halber gehen wir von der Nullhypothese der Gleichwahrscheinlichkeit von Mädchen- und Knabengeburten aus. Demnach lautet H_0: $p_{Jungen} = 0,5$ und H_A: $p_{Jungen} > 0,5$ (einseitiger Test). Die Wahrscheinlichkeit, dass in einer Stichprobe von sieben Geburten sechs oder mehr Jungen vorkommen, beträgt nach der Binomialverteilung 0,0625. Für $\alpha = 0,05$ kann die Nullhypothese nicht zurückgewiesen werden. Signifikanztests leisten zwar keine Wunder. In diesem Fall zeigt der Test aber, dass die vermeintliche Merkwürdigkeit unter H_0 doch noch relativ wahrscheinlich ist.

7. Zusammenhänge zwischen mehr als zwei Variablen: multivariate Analyse

Ein wesentlicher Vorzug experimenteller Designs ist die Neutralisierung der Einflüsse von Drittvariablen. Mit der Zufallsaufteilung von Versuchspersonen auf die Kontroll- und Experimentalgruppen wird angestrebt, dass die unabhängige Variable einer im Experiment zu prüfenden Hypothese mit sämtlichen, auch unbekannten «Drittvariablen» unkorreliert bleibt. Damit wird eine Prüfung des «reinen» Kausaleffekts einer unabhängigen Variablen X auf eine abhängige Variable Y ermöglicht. Allein die bivariate Analyse des Zusammenhangs zwischen X und Y kann in diesem Fall bereits aussagekräftige Resultate liefern.[32]

Anders verhält es sich bei nichtexperimentellen Surveydaten. Bei einer ausschließlich bivariaten Analyse besteht immer die Gefahr, dass ein eventuell aufgefundener Zusammenhang durch Drittvariablen verzerrt wurde. Ein extremer Fall ist die *Scheinkorrelation*, bei der ein Zusam-

32 Zu einer Einschätzung dieser These und verschiedenen Problemen experimenteller Designs vgl. Kapitel VIII. Die Nichtkorrelation der unabhängigen Variablen mit Drittvariablen gilt nur für den Erwartungswert. Insbesondere bei kleinen Stichproben können «zufällig» durchaus verzerrende Einflüsse von Drittvariablen auftreten. Aus diesem und weiteren Gründen (Prüfung simultaner Effekte mehrerer unabhängiger Variablen, Untersuchung von Interaktionseffekten etc.) werden auch bei experimentellen Daten je nach Untersuchungsdesign multivariate Analyseverfahren verwendet. Im einfachsten Fall eines einfaktoriellen Versuchsplans kann aber die bivariate Analyse experimenteller Daten durchaus genügen.

menhang zwischen zwei Variablen vollständig durch eine Drittvariable erklärbar ist. Das bekannteste Beispiel ist die Storch-Geburten-Korrelation mit der erklärenden Drittvariablen «Industrialisierung». In weniger extremen Fällen kann die Stärke eines tatsächlich existierenden kausalen Zusammenhangs aufgrund verzerrender Effekte von Drittvariablen überschätzt werden. Auch das Gegenteil ist möglich: die Unterschätzung der Stärke eines kausalen Zusammenhangs. Hier drei extreme Beispiele zur Illustration der Problematik bivariater Analysen nichtexperimenteller Daten:

1. Je geringer der Kalziumgehalt in den Knochen eines Menschen (X), desto höher ist die Ledigenquote unter seinen Tanten (Y) (Krämer 1991: 127). Erklärende Drittvariable ist das Alter (Z). Die Knochen junger Menschen haben einen geringeren Kalziumgehalt im Vergleich zu älteren Menschen, und im Allgemeinen sind die Tanten jüngerer Menschen seltener verheiratet als bei älteren Menschen.

2. Je größer die Schuhe (X), desto höher das Einkommen (Y). Drittvariable ist das Geschlecht (Z). Männer erzielen höhere Einkommen als Frauen und tragen im Durchschnitt größere Schuhe.

3. Von Paul F. Lazarsfeld stammt das Beispiel einer positiven Korrelation zwischen der Anzahl der bei einem Brand eingesetzten Feuerwehrleute (X) und der Höhe des Brandschadens (Y). Soll man deshalb bei einem Brand besser von einem Notruf bei der Feuerwehr absehen? Wohl kaum, denn die erklärende Drittvariable ist die Größe eines Feuers (Z). Bei Großfeuern werden mehr Feuerwehrleute eingesetzt als bei kleineren Bränden, wobei die Schadenssumme trotz Brandbekämpfung im Allgemeinen mit der Größe des Feuers anwächst.

Die Beispiele (1) und (2) sind Fälle von Scheinkorrelationen. Im Beispiel (3) ist die Korrelation zwischen X und Y positiv, der kausale Einfluss von X auf Y ist dagegen sogar negativ. Eine Drittvariablenkontrolle in der multivariaten Analyse würde einen Vorzeichenwechsel für die Beziehung zwischen X und Y ergeben.

Was heißt nun «Drittvariablenkontrolle» in der multivariaten Analyse von Variablenzusammenhängen? Werden bei experimentellen Designs Drittvariablen durch Randomisierung zwischen den Versuchsgruppen kontrolliert, so versucht man in der multivariaten Analyse, Drittvariablen nachträglich durch statistische Techniken unter Kontrolle zu bringen. Anders als bei experimentellen Designs ist es dazu aber erforderlich, dass wir:

1. eine theoretische Vermutung, also eine Hypothese über den potenziellen Effekt einer Drittvariablen formulieren können. Zumindest müssen wir wissen, welche Merkmale eventuell verzerrende Einflüsse ausüben. Nur bekannte Merkmale können nachträglich bei der statistischen Analyse kontrolliert werden.

2. Für die Kontrollvariablen müssen Messungen vorliegen. Kontrolliert werden können nur diejenigen Drittvariablen, die im Rahmen einer Surveystudie auch erhoben wurden.

Dagegen erfolgt die Drittvariablenkontrolle in experimentellen Designs implizit durch die Randomisierung. Die störenden Einflüsse müssen im Prinzip weder gemessen werden, noch müssen sie überhaupt bekannt sein.

Die statistische Technik der Drittvariablenkontrolle kann man sich am besten am Spezialfall von drei dichotomen Variablen X, Y und Z veranschaulichen. Berechnet werden Stärke und Richtung der Zusammenhänge zwischen X und Y jeweils separat für die beiden Ausprägungen der Dritt- oder Kontrollvariablen Z. Die Vier-Felder-Tabelle für die Beziehung zwischen X und Y wird also nach den Kategorien von Z aufgespalten. Man erhält somit zwei *Partialtabellen,* bei denen die Variable Z jeweils einen konstanten Wert aufweist. Man sagt auch, Z wird «konstant gehalten», ähnlich wie bei einer Randomisierung im Experiment. Wenn Z aber für eine Partialtabelle konstant ist, kann von dieser Variablen auch kein verzerrender Einfluss mehr auf die (potenzielle) Beziehung zwischen X und Y ausgeübt werden.

Würde man nun in den Beispielen (1) und (2) die Drittvariable «Alter» bzw. «Geschlecht» konstant halten, also beispielsweise die Stärke des Zusammenhangs zwischen der Schuhgröße (X) und dem Einkommen (Y) separat für beide Geschlechter berechnen, dann wird die Korrelation zwischen X und Y in der Stichprobe (näherungsweise) null betragen. In der Terminologie von Lazarsfeld (1955) spricht man in diesem Fall von einer *Erklärung* des Zusammenhangs zwischen X und Y (bzw. der Korrelation oder statistischen Assoziation) durch eine Drittvariable Z.

Genauer gesagt handelt es sich um eine Erklärung einer Scheinkorrelation, wenn Z den Variablen X und Y zeitlich vorausgeht und die Zusammenhänge zwischen X und Y in den nach Z aufgespaltenen Partialtabellen verschwinden. Sind die Zusammenhangsmaße in den Partialtabellen (die partiellen Zusammenhangsmaße oder partiellen Korrelationen) nicht null, aber reduziert gegenüber der Ausgangstabelle, könnte man von einer Teilerklärung durch Z sprechen.

Mit der Aufspaltung einer Tabelle nach den Kategorien einer Drittvariablen kann also die folgende Kausalstruktur geprüft werden:

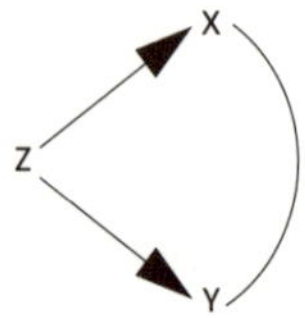

Dabei bezeichnen die Pfeile Kausalbeziehungen, während die gebogene Linie für eine (nichtkausale) Korrelation steht. Die Drittvariablenanalyse und generell multivariate Analyseverfahren kann man auch als statistische Techniken auffassen, die dem Zweck dienen, Kausalstrukturen anhand nichtexperimenteller Daten zu überprüfen.

Geht nun Z zwar Y zeitlich voraus, nicht aber X, und sind die Partialkorrelationen wiederum null, so nimmt Z die Position einer *intervenierenden* Variablen ein. Die Kausalstruktur hat dann die Form:

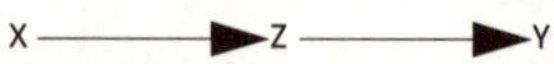

Sehen wir uns dazu als Beispiel eine Tabelle zur Verkehrsmittelwahl nach Geschlecht aus dem Berner Umweltpanel an. In der Wiederholungsbefragung 1992 wurden diejenigen Personen, die regelmäßig eine Arbeits- oder Ausbildungsstätte aufsuchen, zusätzlich danach gefragt, mit welchem Verkehrsmittel der Weg zur Arbeitsstätte zurückgelegt wird. Berücksichtigen wir nur «privates Auto» versus «öffentliches Verkehrsmittel» (ÖV), dann umfasst die (um missing values reduzierte) Teilgruppe Erwerbstätiger oder in Ausbildung befindlicher Personen 120 Befragte.

Aus Tabelle XIV.11 geht hervor, dass Frauen mit geringerer Wahrscheinlichkeit als Männer den Weg zum Arbeitsplatz mit dem Auto zurücklegen (48,5 % versus 63,5 %): Der Absolutwert der Prozentsatzdifferenz beträgt immerhin 15 Prozentpunkte. Sind demnach Frauen bei der Wahl des Verkehrsmittels umweltbewusster als die autophilen Männer?

Diese Frage wäre dann (vorläufig) zu bejahen, wenn der bivariate Zusammenhang zwischen dem Geschlecht (X) und der Verkehrsmittelwahl (Y) auch unter Kontrolle der Drittvariablen «Autobesitz» (Z) erhalten bliebe.

Von den 120 Befragten besitzen oder verfügen 101 Personen über ein privates Auto; 19 Personen haben die diesbezügliche Frage verneint. Berechnen wir nun den Zusammenhang zwischen X (Geschlecht) und Y (Verkehrsmittelwahl) getrennt nach den beiden Kategorien von Z (Autobesitz). Es zeigt sich, dass die Geschlechterdifferenz in der Verkehrsmittelwahl in beiden Partialtabellen nahezu verschwindet (Tabelle XIV.11). Theoretisch könnten die Nichtautobesitzer noch von Mitfahrgelegenheiten Gebrauch machen, doch kommt diese Alternative in keinem der 19 Fälle in Betracht. Von größerem Interesse ist natürlich das Verhalten in der Teilgruppe der Personen, die über ein Auto verfügen. Hier stellt sich ja jeweils konkret die Entscheidung, das Auto zu nutzen oder aber in der heimatlichen Garage zu belassen. Etwa ein Drittel der Befragten gibt auch trotz Autobesitz dem ÖV den Vorzug, doch spielt jetzt das Geschlecht praktisch keine Rolle mehr. Die Prozentsatzdifferenz schrumpft auf magere vier Prozentpunkte (die Signifikanzprüfung sei der Leserin oder dem Leser überlassen).

Bemerkenswert ist, dass die Drittvariablenanalyse von X, Y und Z anhand von Querschnittdaten nicht ohne weitere Annahmen zwischen einer Erklärung und Interpretation diskriminieren kann. Beide Fälle sind mit dem gleichen empirischen Korrelationsmuster, d. h. dem Verschwinden der Partialkorrelationen zwischen X und Y unter Konstanthaltung von Z, vereinbar. Kennen wir aber zusätzlich die zeitliche Reihenfolge des Auftretens von Variablenausprägungen aufgrund von Längsschnittinformationen oder unseres Vorwissens (z. B. kann Autobesitz nicht das Geschlecht beeinflussen), so ist eine Entscheidung zwischen den beiden Typen kausaler Beziehungen doch möglich.

Der Zusammenhang zwischen dem Geschlecht (X) und dem Verkehrsmittel (Y) wird nach unserer Analyse durch die intervenierende Variable Autobesitz (Z) vermittelt. Die Drittvariablenanalyse liefert ein Ergebnis, das dem Schema der Interpretation entspricht.

Eine Korrelation zwischen zwei Variablen ist natürlich noch kein Beweis der Kausalität. Dies ist ja gerade die Botschaft der zahlreichen Beispiele von Scheinkorrelationen, wobei es präziser «scheinkausale Korrelation» heißen müsste. Die Drittvariablenanalyse bietet eine Möglichkeit, Scheinkorrelationen auch mittels nichtexperimenteller Daten auf die Spur zu kommen. Bleibt die Korrelation zwischen X und Y auch nach Einführung einer Drittvariablen als *Testfaktor* in den Partialtabellen erhalten, dann wird, bescheiden formuliert, eine Kausalitätshypothese zumindest nicht widerlegt.

Entsprechend diesem Konzept und in Übereinstimmung mit Lazarsfeld (1955) nennt Herbert H. Hyman drei Anforderungen an die Gültigkeit von Kausalhypothesen (nach Hirschi und Selvin 1972):

1. Zwischen zwei Variablen X und Y besteht ein statistischer Zusammenhang.
2. X geht Y zeitlich voraus.
3. Der Zusammenhang zwischen X und Y verschwindet nicht, wenn Drittvariablen, die X und Y zeitlich vorausgehen, kontrolliert werden.

Dieser Vorschlag ist zwar nicht ganz unproblematisch, bietet aber für praktische Zwecke eine recht brauchbare Arbeitsgrundlage.[33] Über eine Konsequenz der Kausalitätsdefinition mittels des Kriteriums der Drittvariablenkontrolle sollte man sich aber im Klaren sein. Besteht eine mutmaßliche Kausalhypothese den «Hyman-Test» nach Einführung eines Testfaktors Z_1, dann kann sich die Hypothese in künftigen Drittvaria-

33 Ein Problem des Vorschlags ist z. B., dass eine Kausalbeziehung zwischen X und Y bestehen kann, obwohl die Korrelation zwischen X und Y null ist. Dies ist der Fall der «unterdrückten Korrelation» (suppressed correlation), sozusagen das Gegenstück zur Scheinkorrelation. Eine tatsächlich existierende Kausalbeziehung wird dabei durch eine Drittvariable verdeckt. Sie tritt erst in der Partialanalyse zum Vorschein. Kriterium (1) würde diesen Fall ausschließen.

Tabelle XIV.11: Aufspaltung der Tabelle Verkehrsmittelwahl in zwei Partialtabellen nach der Drittvariablen «Autobesitz»

		Geschlecht (X)		
		Frauen	Männer	
Verkehrsmittelwahl (Y)	Auto	33 (48,5 %)	33 (63,5 %)	66
	ÖV	35	19	54
		68	52	120

[d %] = 15

Autobesitz (z_1)

		Geschlecht (X)		
		Frauen	Männer	
Verkehrsmittelwahl (Y)	Auto	33 (63,5 %)	33 (67,4 %)	66
	ÖV	19	16	35
		52	49	101

[d %] = 3,9

Autobesitz (z_2)

		Geschlecht (X)		
		Frauen	Männer	
Verkehrsmittelwahl (Y)	Auto	0 (0 %)	0 (0 %)	0
	ÖV	16	3	19
		16	3	19

[d %] = 0

blenanalysen mit weiteren Kontrollvariablen Z_2, Z_3 usw. immer noch als Scheinkorrelation herausstellen. Analog zur Idee Poppers von der Asymmetrie der Verifikation und Falsifikation ist das Bestehen des Drittvariablentests noch kein endgültiger Beweis für die Existenz einer Kausalbeziehung. Denn die Menge der Drittvariablen, die zur Kontrolle herangezogen werden können, ist im Prinzip unendlich.

Zwei weitere Muster kausaler Strukturen bedürfen noch der Erwähnung: *Multikausalität* und – in der Sprache von Lazarsfeld (1955) – *Spezifizierung*. Im Fall der Multikausalität wird Y von den zwei unabhängigen Variablen X und Z kausal beeinflusst. Auch diese Struktur ist mittels Partialtabellen empirisch prüfbar. Dabei wird zum Test des Effekts von X auf Y wiederum Z konstant gehalten. Analog kann der mutmaßliche Einfluss von Z auf Y durch Aufspaltung der Tabelle nach den beiden Kategorien der Kontrollvariablen X geprüft werden. Zeigt sich, dass die vier Partialkorrelationen (die Zusammenhänge zwischen X und Y sowie Z und Y für je zwei Partialtabellen) nicht verschwinden, so hat die Annahme der Multikausalität zunächst die Prüfung bestanden.

Spezifizierung schließlich heißt, dass die Stärke oder sogar das Vorzeichen eines Zusammenhangs in Abhängigkeit von der Kategorie der Drittvariablen variiert. Die Zusammenhänge zwischen X und Y unterscheiden sich dann in den beiden nach Z aufgespaltenen Partialtabellen. In diesem Fall üben X und Z einen *Interaktionseffekt* auf Y aus. Die Stärke und eventuelle Richtung des Effekts von X auf Y ist abhängig von der Drittvariablen Z. So lautet eine Hypothese der Familienökonomie, dass Männer mit geringer beruflicher Qualifikation eher hohe, Frauen mit geringer Qualifikation dagegen niedrige Ledigenquoten aufweisen. Bei hoher Qualifikation ist es dagegen genau umgekehrt. Frauen mit hoher Qualifikation haben hohe («Unabhängigkeitseffekt») und Männer niedrige Ledigenquoten. Der Zusammenhang zwischen dem Geschlecht (X) und dem Familienstand (Y) wird durch die Drittvariable «Qualifikationsniveau» (Z) bedingt. Der Hypothese gemäß sollte sich hier sogar das Vorzeichen des Zusammenhangs zwischen X und Y in den beiden Partialtabellen für die Kategorien von Z (niedriges bzw. hohes Qualifikationsniveau) unterscheiden. Die Drittvariablenanalyse kann darüber Aufschlüsse liefern, ob die Hypothese des Interaktionseffekts von Geschlecht und Qualifikationsniveau auf die Heiratsneigung tatsächlich zutrifft.[34]

Schematisch sind die vier Typen von Kausalstrukturen zwischen X, Y und Z nochmals in Abbildung XIV.9 aufgeführt. Wird eine bestimmte Kausalstruktur vermutet, so stellt die Drittvariablenanalyse ein hilfreiches Verfahren zur empirischen Prüfung der theoretischen Überlegungen zur Verfügung.

Bei Stichprobendaten gilt auch hier wieder, dass Signifikanztests zur

34 Zu weiteren Analysebeispielen siehe die sehr verständliche Darstellung von Zeisel (1970).

Entscheidung herangezogen werden können. So werden bei einer Scheinkorrelation die partiellen Zusammenhangsmaße natürlich nicht exakt den Wert null aufweisen. Handelt es sich um eine Erklärung durch eine Drittvariable Z, so sollten aber die partiellen Zusammenhangsmaße nicht signifikant von null verschieden sein. Bei einem Interaktionseffekt dagegen wäre zu erwarten, dass sich die *Differenz* der Zusammenhangsmaße signifikant von null unterscheidet.

Kasten XIV.4: ...Der Untergang der Titanic

Aus den Passagierlisten der Titanic und der Statistik der Geretteten geht hervor, dass die Überlebenswahrscheinlichkeit beim Untergang des Schiffes in der Nacht vom 14. auf den 15. April 1912 stark von der sozialen Klasse (Indikator ist die gebuchte Klasse) abhängig war. Betrug die Überlebenswahrscheinlichkeit in der ersten Klasse 62 %, so lag sie in der unteren Klasse nur noch bei 25 % (siehe unten, alle Daten nach Dawson 1995, aus dessen Artikel das Beispiel stammt.). «Untere» Klasse ist hier wörtlich zu nehmen, denn die Passagiere der dritten Klasse befanden sich unter Deck und wurden in vielen Fällen im Schlaf von der Katastrophe überrascht. Dies war ein Grund für die hohe Korrelation zwischen der sozialen Klasse und der Rettungschance. Gibt es noch weitere Gründe?

		X soziale Klasse			
		I (hoch)	**II**	**III (niedrig)**	
Y	überlebt	203	118	178	
	gestorben	122 (0,38)	167 (0,59)	528 (0,75)	
		325	285	706	1316

Gliedert man die Daten nach dem Status und dem Geschlecht auf, dann ist erkennbar, dass in allen sozialen Klassen die Frauen weit bessere Aussichten hatten als die Männer, in einem der Rettungsboote Platz zu finden. Insgesamt wurden 72 % der Frauen, aber nur ein Fünftel der Männer gerettet. Selbst in der ersten Klasse hat nur ein Drittel der Männer überlebt. Dass die soziale Norm «Frauen und Kinder zuerst» selbst im Angesicht des Todes (der aber vielen nicht bewusst gewesen sein mag) respektiert wurde, ist schon bemerkenswert. Diese Tatsache und der relativ geringe Frauenanteil in der dritten Klasse sind ein weiterer Grund für die hohe Sterblichkeit der schlechter-

Anteil Gestorbener nach Klasse

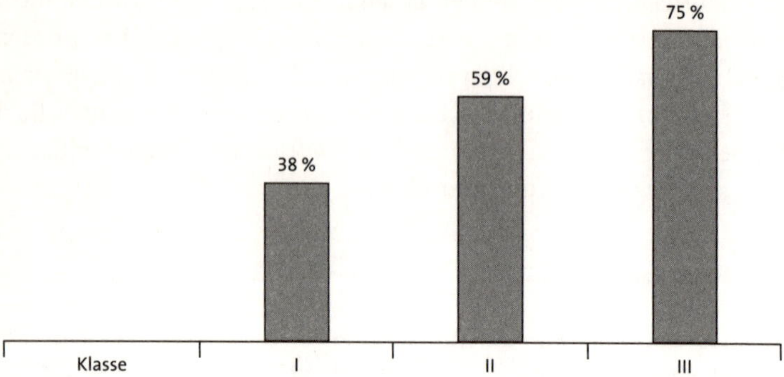

Aufgliederung nach Geschlecht

Z

		Männer	**Frauen**	
Y	überlebt	175	324	
	gestorben	694 (0,80)	123 (0,28)	
		869	447	1316 + Crew

Männer

I	II	III	Crew
62	25	88	192
118 (0,66)	154 (0,86)	422 (0,83)	670 (0,78)
180	179	510	862

Frauen

I	II	III	Crew
141	93	90	20
4 (0,03)	13 (0,12)	106 (0,54)	3 (0,13)
145	106	196	23

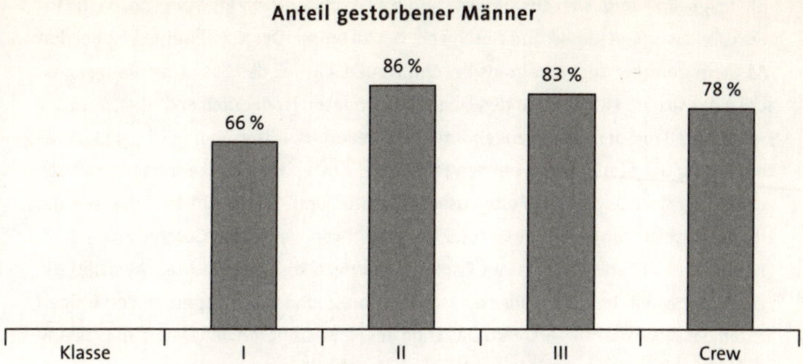

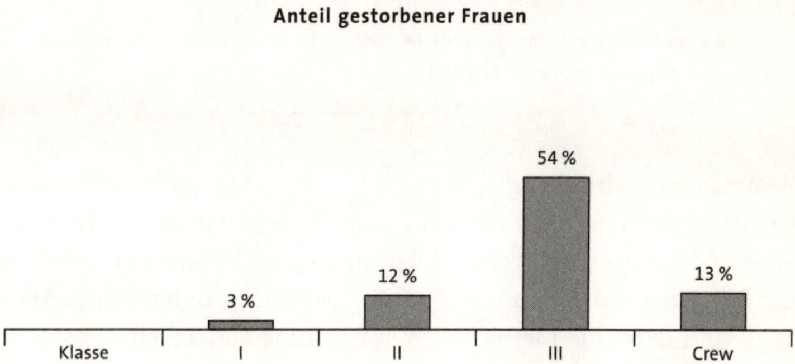

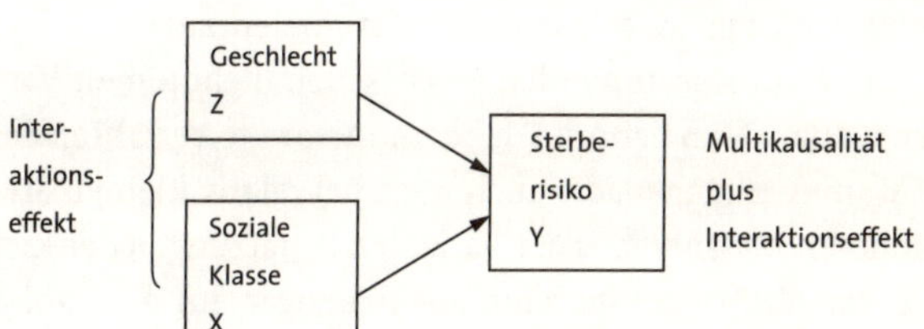

gestellten Passagiere. Ein Teil des Zusammenhangs zwischen sozialer Klasse und Rettungschancen wird also durch die Drittvariable «Geschlecht» erklärt. Ob darüber hinaus noch gegenüber Passagieren der dritten Klasse bei Rettungsversuchen diskriminiert wurde, ist eine Frage, die hier nicht beantwortet werden kann.

Auch die Frauen der dritten Klasse hatten immer noch bessere Überlebenschancen als Männer mit einem Erste-Klasse-Ticket. Verglichen mit ihren Geschlechtsgenossinnen der ersten Klasse, waren ihre Aussichten allerdings wesentlich schlechter.

Insgesamt zeigt sich ein Klassen- und ein Geschlechtseffekt, wobei noch eine Interaktion zwischen Klasse und Geschlecht hinzukommt. Der Klasseneffekt ist bei den Männern geringer ausgeprägt als bei den Frauen. Ein Teil des Zusammenhangs zwischen der sozialen Klasse und den Überlebenschancen ist dadurch erklärbar, dass der Frauenanteil mit der Klassenzugehörigkeit korreliert ist. Insbesondere ist ein markanter Anstieg der Sterblichkeit bei den Frauen der dritten Klasse erkennbar. In statistischen Begriffen zeigt sich Multikausalität (Status und Geschlecht beeinflussen die Überlebenschancen) sowie ein Interaktionseffekt von Klasse und Geschlecht.

Im Film «Titanic» von James Cameron überlebt Rose DeWitt (Kate Winslet) die Katastrophe, während ihr Geliebter Jack Dawson (Leonardo Di Caprio) in den eisigen Fluten des Nordatlantiks ertrinkt. Das Ende des Films steht mit den Daten im Einklang und lässt sich aus ihnen mit hoher Wahrscheinlichkeit prognostizieren.

Daten einer Katastrophe von N = 2201 betroffenen Personen, für die Informationen vorliegen. Angaben nach Dawson (1995).

Die Analyse von drei dichotomen Variablen kann in zwei Richtungen generalisiert werden. Zum einen kann man die Beschränkung auf drei Variablen fallenlassen und generell die simultanen Effekte von mehreren unabhängigen Variablen auf eine abhängige Variable untersuchen. Allerdings wird dabei die Methode der Aufspaltung von Tabellen rasch an Grenzen stoßen, da die Fallzahlen in der Stichprobe selten eine Aufschlüsselung nach vier oder gar mehr Merkmalen zulassen. Zweitens wird man nicht nur Zusammenhänge zwischen dichotomen Variablen analysieren wollen. Man benötigt daher multivariate Verfahren der Analyse von Zusammenhängen, die auch noch bei relativ kleinen Stichproben und höheren Messniveaus der Variablen Schätzungen der Richtung und Stärke von Effekten mehrerer unabhängiger auf eine abhängige Variable erlauben. Häufig tritt die Situation auf, dass abhängige und unabhängige Variablen metrisches, also Intervallskalen- oder höheres Messniveau aufweisen. In diesem Fall können die mutmaßlichen Einflüsse unabhängiger Variablen mit der multivariaten Regressionsanalyse, einer Erweiterung der bivariaten Regression (Abschnitt 5), geschätzt werden. Möchte man z. B. wissen, welche quantitativen Effekte die Betriebsgröße, die Dauer der beruflichen Tätigkeit und die Bildungsjahre auf das Einkommen ausüben, und wurden diese Merkmale bei einer Stichprobe von

z. B. 1000 Arbeitnehmern erhoben, dann empfiehlt sich eine Auswertung der Daten mit der Methode der multivariaten Regression (Wonnacott und Wonnacott 1970, Urban 1982, Backhaus et al. 2006). Weiterhin ist es unter gewissen Annahmen möglich, mit der multivariaten Regressionsanalyse kausale Strukturen zu überprüfen. Gelegentlich wird deshalb bei diesem Verfahren auch von Kausal- oder Pfadanalyse gesprochen (zu Einführungen und Überblicken siehe Blalock 1972; Opp und Schmidt 1976; Hummell und Ziegler 1976).

Wir betrachten im Folgenden der Einfachheit halber wiederum den Drei-Variablen-Fall. X und Z sind zwei metrische unabhängige Variablen (z. B. Bildungsjahre und Dauer der Berufstätigkeit), Y ist die abhängige Variable (z. B. monatliches Einkommen). Wie bei der bivariaten Regression in Abschnitt 5 können wir dann für jede Person i = 1, 2, …, N eine lineare Gleichung schreiben:

$y_i = c + b_{yx.z}x_i + b_{yz.x}z_i + e_i$,

wobei e_i der Zufallsfehler bei Person i ist und $b_{yx.z}$ sowie $b_{yz.x}$ die partiellen Regressionskoeffizienten für die vermuteten Effekte von X auf Y unter Kontrolle von Z bzw. von Z auf Y unter Kontrolle von X bezeichnen. Wird jetzt genau wie bei der bivariaten Regression die Summe der Fehlerquadrate minimiert, so erhält man als Lösung die Schätzformeln der partiellen Regressionskoeffizienten:

$$b_{yx.z} = \frac{r_{xy} - r_{xz} \cdot r_{yz}}{1 - r_{xz}^2} \cdot \left(\frac{s_y}{s_x}\right)$$

$$b_{yz.x} = \frac{r_{yz} - r_{xz} \cdot r_{xy}}{1 - r_{xz}^2} \cdot \left(\frac{s_y}{s_z}\right)$$

Dabei sind r_{xy}, r_{xz} und r_{yz} die (bivariaten) Produkt-Moment-Korrelationskoeffizienten und s_x, s_y und s_z die Standardabweichungen der drei Variablen. Die partiellen Regressionskoeffizienten geben analog zur bivariaten Regression Auskunft über die Stärke von Effekten. Ist z. B. Y das Monatseinkommen und sind X die Bildungsjahre, dann lässt sich $b_{yx.z}$ anschaulich als Stärke des Effekts von X auf Y unter Konstanz von Z (z. B. die Dauer der Berufstätigkeit) interpretieren. Nehmen wir an, es gelte $b_{yx.z}$ =

ABBILDUNG XIV.9: KAUSALSTRUKTUREN IM DREI-VARIABLEN-FALL

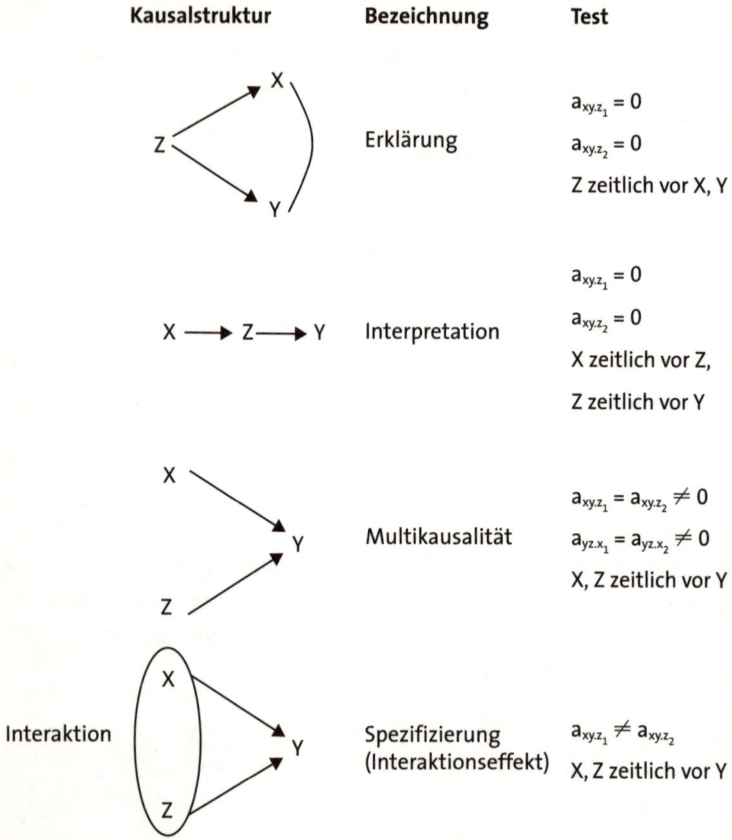

$a_{xy.z}$ ist ein Zusammenhangs- oder Assoziationsmaß, z. B. die Prozentsatzdifferenz oder der Φ-Koeffizient x_1, x_2, z_1, z_2 sind Ausprägungen von X bzw. Z.

150 €, so erhält eine Person A, die eine um ein Jahr längere Ausbildung hat als eine Person B, bei gleicher Dauer der Berufstätigkeit im Durchschnitt 150 € mehr pro Monat als B.

Weiterhin können die Formeln zum Test von Kausalstrukturen herangezogen werden. Im Fall der Erklärung oder Interpretation (vgl. Abbildung XIV.9) wird die bivariate Korrelation zwischen X und Y, d. h. r_{xy} durch eine Drittvariable Z erklärt bzw. interpretiert. Es gilt dann:

$|r_{xy}| > 0$

$b_{yx.z} = 0$

Es besteht also eine positive oder negative Korrelation, aber kein Effekt von X auf Y. Aus der Formel des partiellen Regressionskoeffizienten folgt dann unmittelbar:

$r_{xy} - r_{xz} \cdot r_{yz} = 0$

$r_{xy} = r_{xz} \cdot r_{yz}$

Geht Z den Variablen X und Y zeitlich voraus, können wir mittels dieser Beziehung einen einfachen Test auf Scheinkorrelation konstruieren. Ist das Produkt aus den Korrelationen zwischen X und dem Testfaktor Z sowie Y und Z genauso groß wie die Korrelation zwischen X und Y selbst, so handelt es sich um eine Scheinkorrelation.

Die Formeln informieren zudem über die Bedingungen, unter denen der partielle Regressionskoeffizient für einen Effekt von X auf Y mit dem einfachen bivariaten Regressionskoeffizienten b_{yx} übereinstimmt. Dies ist nämlich der Fall, wenn die Korrelation zwischen den beiden Variablen X und Z null beträgt. Für $r_{xz} = 0$ folgt nämlich:

$$b_{yx.z} = r_{xy} \cdot \frac{s_y}{s_x} = b_{yx}$$

Auch allgemein gilt für mehr als drei Variablen: Sind sämtliche unabhängigen Variablen einer multiplen Regression untereinander unkorreliert, so sind die partiellen Regressionskoeffizienten mit den jeweiligen bivariaten Regressionskoeffizienten identisch. Das genau ist die Situation in einem Experiment. Denn aufgrund der Randomisierung ist die unabhängige Variable X mit sämtlichen anderen möglichen Einflussfaktoren unkorreliert. Nur unter dieser Bedingung liefert bereits die bivariate Analyse eine unverzerrte Schätzung eines Effekts von X auf Y. Da bei nichtexperimentellen Surveydaten diese Bedingung im Allgemeinen aber nicht erfüllt ist, stellt sich das Problem der nachträglichen statistischen Kontrolle korrelierter Drittvariablen. Die Anwendung multivariater statistischer Verfahren ist bei nichtexperimentellen Daten in der Regel dann erforderlich, wenn man an der möglichst unverzerrten Schätzung von Kausaleffekten und der Prüfung von Kausalhypothesen interessiert ist.

Wie andere, an Stichproben geschätzte Parameter können auch die partiellen Regressionskoeffizienten auf Signifikanz geprüft werden. Weiterhin erfordert die Regressionsschätzung gewisse Annahmen (Linearität, Annahmen zur Fehlerverteilung), die hier in den Einzelheiten nicht erläutert werden können. Auch existieren verschiedene Erweiterungen, z. B. die Möglichkeit der Berücksichtigung kausaler Wechselwirkungen. Zu den Einzelheiten sei auf die statistische Literatur verwiesen (Wooldridge 2013; Greene 2002; zur Pfad- und Kausalanalyse Opp und Schmidt 1976; Weede 1977).

Multivariate Regressionsanalysen erfordern, dass die abhängige Variable metrisch ist, also mindestens Intervallskalenniveau aufweist.[35] Neuerdings gewinnen Untersuchungen wachsende Bedeutung, in denen sich die abhängige, zu erklärende Variable auf die Zeitspanne zwischen zwei Ereignissen bezieht. Anwendungen finden sich besonders in der soziologischen Lebensverlaufsforschung (Voges 1987; Mayer 1990), in der Demographie, in der Ökonomie, aber auch in anderen Sozialwissenschaften. Beispiele sind die Ehedauer, die Verweildauer in einer Berufsposition oder in einem Betrieb, die zeitlichen Abstände zwischen Geburten, die Lebensdauern von Betrieben, die Dauer der Arbeitslosigkeit u. a. m. Zweifellos ist die zu erklärende Variable metrisch, doch tritt bei der Analyse von Zeitintervallen ein typisches Problem auf, das die routinemäßige Anwendung der einfachen multivariaten Regression verbietet.

Betrachten wir z. B. eine Untersuchung über die Gründe der Dauer von Arbeitslosigkeitsphasen. Nehmen wir an, eine Stichprobe von 1000 Personen, die zu Beginn eines Jahres arbeitslos wurden, wird nach zwölf Monaten befragt. Erhoben werden die Dauer der Arbeitslosigkeit, die Berufsposition, das Qualifikationsniveau, Geschlecht, Alter, Indikatoren des regionalen Arbeitsmarktes u. a. m. Man möchte mit der Untersu-

35 Die unabhängigen Variablen müssen entweder metrisch oder dichotom sein. Nominalskalierte Variablen mit k Kategorien können als unabhängige Variablen ebenfalls berücksichtigt werden. Sie müssen jedoch vor der Analyse in k-1 dichotome, sogenannte Dummy-Variablen umgeformt werden. Siehe dazu z. B. Opp und Schmidt (1976). Die Regressionsanalyse plus Inferenzstatistik schließt die Varianz- und Kovarianzanalyse, die häufig zur Analyse experimenteller Daten verwendet wird, als Spezialfälle ein (vgl. Gaensslen und Schubö 1973).

chung in Erfahrung bringen, welche der Merkmale in welchem Ausmaß die Chance auf eine Wiederbeschäftigung erhöhen oder vermindern. Auf den ersten Blick könnte man versucht sein, die multivariate Regressionsanalyse mit der Arbeitslosigkeitsdauer als abhängige Variable einzusetzen. Nun wird am Ende des Beobachtungszeitraums, also nach zwölf Monaten, nur ein Teil der arbeitslosen Personen wieder eine Stelle gefunden haben. Nehmen wir an, 70 % sind wiederbeschäftigt, 30 % aber noch arbeitslos. Für die letztere Gruppe kennen wir die Mindestdauer der Arbeitslosigkeit (zwölf Monate), nicht aber den genauen Wert der abhängigen Variablen. Diese «abgeschnittenen» Zeiten werden als *zensierte* Daten bezeichnet. Da wegen der Zensierungsproblematik die Werte der abhängigen Variablen nicht bei allen Personen gemessen werden können, ist es nicht mehr möglich, auf gewohnte Weise Regressionsschätzungen vorzunehmen. Nun könnte man auf die Idee kommen, die zensierten Fälle als missing values zu kodieren. Je nach dem Anteil der zensierten Daten würde diese Strategie freilich zu mehr oder minder verzerrten Schätzungen führen. Denn verzichtete man einfach auf die zensierten Daten, so würde man systematisch nur die Kurzzeitarbeitslosen auswählen. Die Regressionsschätzungen basierten dann auf einem systematisch verzerrten Sample. Hier haben wir auch ein Beispiel dafür, dass fehlende Werte nicht immer einfach ohne weitere Überlegung als missing values kodiert und aus den weiteren statistischen Analysen ausgeschlossen werden können. Denn in unserem Beispiel bezögen sich dann die missing values ausschließlich auf die Langzeitarbeitslosen. Nicht anders verhielte es sich bei einer Studie zur Ehedauer. Die (noch-)verheirateten Personen bilden in diesem Fall die Menge der zensierten Beobachtungen.

Es existiert nun eine Gruppe statistischer Verfahren, die die Informationen der zensierten und nichtzensierten Daten optimal ausschöpfen. Die Methoden der Ereignis- oder Verlaufsdatenanalyse bieten die Möglichkeit unverzerrter Schätzungen der Stärke von Einflussfaktoren in der multivariaten Analyse auch bei Präsenz zensierter Daten. (Zur Einführung in diese Methode sei auf die Lehrbücher von Diekmann und Mitter 1984; Andress 1985 und Blossfeld, Hamerle und Mayer 1986 verwiesen.)

Mindestens gleichrangige Bedeutung kommt multivariaten Methoden zu, die bei dichotomen abhängigen (mit metrischen sowie dichotomen unabhängigen) Variablen anwendbar sind. Ist die zu erklärende Variable dichotom, dann ist das Standardmodell der multivariaten Regression ebenfalls in der Regel nicht mehr einsetzbar. Dichotomen (und als Erweiterung polytomen nichtmetrischen) Variablen gilt aber sehr häufig die Aufmerksamkeit in der praktischen Sozialforschung. Beispiele sind Untersuchungen zur Erwerbstätigkeit von Frauen, zur Verkehrsmittelwahl oder zum Wahlverhalten. In allen drei Beispielen kann das Interesse der Erklärung einer dichotomen Variablen gelten: erwerbstätig oder nichterwerbstätig, die Wahl eines öffentlichen Verkehrsmittels oder des privaten Autos, die Entscheidung, an einer politischen Wahl teilzunehmen oder nicht. So untersucht Armingeon (1994) mittels einer multivariaten Analyse die «Gründe und Folgen geringer Wahlbeteiligung». Die multivariate Regression verbietet sich in diesem Fall; stattdessen wird die Einflussstärke verschiedener Bestimmungsgründe auf die Entscheidung, an einer Wahl teilzunehmen, mit dem Verfahren der logistischen Regression geschätzt: Die sogenannte logistische und die Probitregression sind geeignete multivariate Techniken, wenn bei einem Forschungsproblem die abhängige Variable dichotom ist (zu einer Einführung siehe Aldrich und Nelson 1984). Es sei noch vermerkt, dass zumindest die grundlegenden Varianten sämtlicher hier erwähnter multivariater Verfahren softwaremäßig in dem Programmpaket SPSS realisiert sind.[36]

Unser Schlussabschnitt sollte auf die Notwendigkeit und die Möglichkeiten multivariater Analysen bei der Auswertung nichtexperimenteller Daten aufmerksam machen. Um ein tieferes Verständnis zu erlangen, ist es allerdings unumgänglich, die statistische Literatur zu konsultieren. Wie wir gesehen haben, richtet sich die Auswahl eines Verfahrens insbesondere nach dem Typ (dichotom versus polytom) und Messniveau der abhängigen Variablen. Zusammenfassend sind es vor allem die folgenden vier Kategorien von Verfahren, die bei der Prüfung von Kausalhypothesen anhand nichtexperimenteller Surveydaten hilfreiche Dienste leisten:

1. Die *Tabellenanalyse mit der Aufgliederung nach Drittvariablen.* Diese Methode ist unabhängig vom Messniveau der unabhängigen und abhän-

36 Gleiches gilt für andere Programmpakete wie BMDP oder SAS.

gigen Variablen anwendbar, stößt aber selbst bei größeren Fallzahlen rasch an Grenzen.

2. *Die multivariate Regression.* Minimalvoraussetzung ist aber, dass die abhängige Variable metrisch ist.

3. *Die logistische Regression und die Probitregression.* Diese Verfahren kommen in Frage, wenn die abhängige Variable dichotom ist.

4. *Die Ereignisanalyse.* Es handelt sich um eine Kategorie von Techniken, die sich auf die Analyse von Zeitintervallen beziehen. Der Hauptvorteil dieser Methode ist, dass sie unverzerrte Schätzungen auch dann ermöglicht, wenn ein Teil der Daten zensiert ist.

Eine solide Kenntnis insbesondere der Methoden (1) und (2) dürfte heute wohl zum Rüstzeug einer professionellen empirischen Sozialforschung zählen. Je nach Forschungsproblem ist es weiterhin empfehlenswert, sich mit den Methoden (3) und (4) vertraut zu machen. Ein sinnvoller Umgang mit diesen wie mit jeder anderen Methode auch erfordert aber, dass man sich ihrer Voraussetzungen und Begrenzungen bewusst ist.

AAPOR. The American Association for Public Opinion Research, 2000: Standard Definitions. Final Dispositions of Case Codes and Outcome Rates for Surveys. Lenexa, Kansas.

Achatz, Th. (1984), Spiel- und entscheidungstheoretische Aspekte der Sozialpartnerschaft, in: H. Wimmer (Hrsg.), Wirtschafts- und Sozialpartnerschaft in Österreich, Wien: VWGÖ

Adorno, Th. A. (1950), The Authoritarian Personality New York: Harper & Rau (deutsch: Studien zum autoritären Charakter, Frankfurt a. M., Suhrkamp 2004)

Adorno, Th. W., Albert, H., Dahrendorf, R., Habermas, J., Pilot, H., und Popper, K. R. (1972), Der Positivismusstreit in der deutschen Soziologie, 2. Aufl., Neuwied: Luchterhand

Agresti, A., und Agresti, B. F. (1978), Statistical Analysis of Qualitative Variation, in: Schuessler, K. (Hrsg.), Sociological Methodology, San Francisco

Albert, H. (1960), Wissenschaft und Politik. Zum Problem der Anwendbarkeit einer wertfreien Wissenschaft, in: E. Topitsch (Hrsg.), Probleme der Wissenschaftstheorie. Festschrift für Viktor Kraft, Wien: Springer: 201–232

Albert, H. (1964), Probleme der Theoriebildung, in: H. Albert (Hrsg.), Theorie und Realität, Tübingen: Mohr

Albert, H. (1993a), Wertfreiheit als methodisches Prinzip. Zur Frage der Notwendigkeit einer normativen Sozialwissenschaft, in: E. Topitsch (Hrsg.), Logik der Sozial-Wissenschaften, 12. Aufl., Köln: Kiepenheuer: 196–225

Albert, H. (1993b), Modell-Platonismus. Der neoklassische Stil des ökonomischen Denkens in kritischer Beleuchtung, in: E. Topitsch (Hrsg.), Logik der Sozialwissenschaften, 12. Aufl., Köln: Kiepenheuer: 352–380

Albert, H. (1973), Probleme der Wissenschaftslehre in der Sozialforschung, in: R. König (Hrsg.), Handbuch der empirischen Sozialforschung, Bd. 1, 3. Aufl., Stuttgart: Enke

Albrecht, G. (1975), Nichtreaktive Messung und Anwendung historischer Methoden, in: J. van Koolwijk und M. Wieken-Mayser (Hrsg.), Techniken der empirischen Sozialforschung, Bd. 2, München: Oldenbourg: 9–81

Aldrich, J. H., und Nelson, F. D. (1984), Linear Probability, Logic, and Probit Models, London: Sage

Allison, P. D. (1981), Inequality Measures for Nominal Data, American Sociological Review, 46: 371–373

Alt, C., und Bien, W. (1994), Gewichtung, ein sinnvolles Verfahren in der Sozialwissenschaft?, in: S. Gabler, J. H. P. Hoffmeyer-Zlotnik und D. Krebs (Hrsg.), Gewichtung in der Umfragepraxis, Opladen: Westdeutscher Verlag: 124–140

Alwin, D. F. (1992), Information Transmission in the Survey Interview: Number of Re-

sponse Categories and the Reliability of Attitude Measurement, in: P. V. Marsden (Hrsg.), Sociological Methodology 1992, San Francisco: 83–118
Alwin, D. F., und Krosnick, J. A. (1989), The Measurement of Values in Surveys: A Comparison of Ratings and Rankings, in: E. Singer und S. Presser (Hrsg.), Survey Research Methods, Chicago: University of Chicago Press: 124–141
Alwin, D. F., und Krosnick, J. A. (1991), The Reliability of Survey Attitude Measurement. The Influence of Question and Respondent Attributes, Sociological Methods and Research, 20: 139–181
Andress, H.-J. (1985), Multivariate Analyse von Verlaufsdaten, Mannheim: ZUMA
Arbeitsgemeinschaft ADM-Stichproben, Bureau Wendt (1994), Das ADM-Stichprobensystem. Stand 1993, in: S. Gabler, J. H. P. Hoffmeyer-Zlotnik und D. Krebs (Hrsg.), Gewichtung in der Umfragepraxis, Opladen: Westdeutscher Verlag: 188–202
Armingeon, K. (1994), Gründe und Folgen geringer Wahlbeteiligung, Kölner Zeitschrift für Soziologie und Sozialpsychologie, 46: 43–64
Arminger, G. (1979), Faktorenanalyse, Stuttgart: Teubner
Arminger, G., und Müller, F. (1990), Lineare Modelle zur Analyse von Paneldaten, Opladen: Westdeutscher Verlag
Asch, S. (1951), Effects of Group Pressure and the Modification and Distortion of Judgements, in: H. Guetzkow (Hrsg.), Groups, Leadership and Men, Pittsburgh: Carnegie
Aschmann, M., und Widmann, J. (1986), Meinungen, die keine sein können. Ein Befragungsexperiment zu «Pseudo-Opinions», ZA-Information, 19, Köln, Zentralarchiv für empirische Sozialforschung: 80–83
Atteslander, P. (2006), Methoden der empirischen Sozialforschung, 11. Aufl., Berlin: Erich Schmidt Verlag
Auspurg, K., und Hinz, T. (2015), Factorial Survey Experiments. Thousand Oaks, CA: Sage
Babbie, E. (2003), The Practice of Social Research, 10th ed., Belmont, Cal.: Wadsworth
Backhaus, K., Erichson, B., Plinke, W., und Weiber, R. (2006), Multivariate Analysemethoden. Eine anwendungsorientierte Einführung. Berlin: Springer
Bandilla, W., Bosnjak, M., und Altdorfer, P. (2001), Effekte des Erhebungsverfahrens? Ein Vergleich zwischen einer Web-basierten und einer schriftlichen Befragung zum ISSP-Modul Umwelt, ZUMA-Nachrichten 49, 25: 7–28.
Bandura, A. (1973), Aggression. A Social Learning Analysis, Englewood Cliffs, N. J.: Prentice Hall
Bär, S. (2002), Forschen auf Deutsch: Der Machiavelli für Forscher – und solche, die es noch werden wollen, 4. Aufl., Frankfurt a. M.: Harri Deutsch
Barton, A. (1958), Asking the Embarrassing Question, The Public Opinion Quarterly 22: 67–68
Barton, A. H., und Lazarsfeld, P. F. (1979), Einige Funktionen von qualitativer Analyse in

der Sozialforschung, in: C. Hopf und E. Weingarten (Hrsg.), Qualitative Sozialforschung, Stuttgart: Klett: 41–89

Beck, M., und Opp, K. D. (2001), Der faktorielle Survey und die Messung von Normen, Kölner Zeitschrift für Soziologie und Sozialpsychologie 53: 283–306.

Beck, U. (1986), Risikogesellschaft. Auf dem Weg in eine andere Moderne, Frankfurt a. M.: Suhrkamp

Beck, U. (1994), The Debate on the «Individualization Theory» in Today's Sociology in Germany, in: B. Schäfers (Hrsg.), Sociology in Germany, Journal of the Deutsche Gesellschaft für Soziologie, 3/1994: 191–200

Beck-Bornholdt, H.-P., und Dubben, H.-H. (2003), Der Schein der Weisen: Irrtümer und Fehlurteile im täglichen Denken, Hamburg: Hoffmann und Campe

Beck-Bornholdt, H.-P., und Dubben, H.-H. (2006), Der Hund, der Eier legt: Erkennen von Fehlinformation durch Querdenken, Reinbek bei Hamburg: Rowohlt

Benninghaus, H. (2005a), Deskriptive Statistik, 10. Aufl., Wiesbaden: Verlag für Sozialwissenschaften

Benninghaus, H. (2005b), Einführung in die sozialwissenschaftliche Datenanalyse, 7. Auflage, München: Oldenbourg

Bentz, J. (1991), SPSS/PC+, München: Oldenbourg

Berelson, B. (1952), Content Analysis in Communication Research, Glencoe, Ill.: The Free Press

Berger, P. L., und Luckmann, Th. (1969), Die gesellschaftliche Konstruktion der Wirklichkeit, Frankfurt a. M.: Fischer

Betz, D. (1976), Skalierungsverfahren, in: J. van Koolwijk und M. Wieken-Mayser (Hrsg.), Techniken der empirischen Sozialforschung, Bd. 5, München: Oldenbourg: 131–183

Bien, W. (1997), Methoden der Netzwerkanalyse, München, Deutsches Jugendinstitut: Mimeo, in: U. Müller (Hrsg.), Handbuch der Sozialstrukturanalyse, Berlin: de Gruyter

Blalock, H. M. (1969), Theory Construction. From Verbal to Mathematical Formulations, Englewood Cliffs, N. J.: Prentice Hall

Blalock, H. M. (1972), Causal Inferences in Non-experimental Research, New York: Norton

Blalock, H. M. (1979), Social Statistics, 2. Aufl., New York: McGraw-Hill

Blau, P., und Duncan, O. D. (1967), The American Occupational Structure, New York: Wiley

Blaug, M. (1980), The Methodology of Economics – or how Economists Explain, Cambridge: Cambridge University Press

Blinder, A. S. (1974), The Economics of Brushing Teeth, Journal of Political Economy, 82: 887–891

Block, E. (1981), Freedom and Equality: Indicators of Political Change in Sweden, 1945–1975, in: K. E. Rosengren (Hrsg.), Advances in Content Analysis, London: Sage: 241–250

Blossfeld, A.-P., Hamerle, A., und Mayer, K. U. (1986), Ereignisanalyse. Statistische Theorie und Anwendungen in den Wirtschafts- und Sozialwissenschaften, Frankfurt a. M.: Campus

Blümle, G. (1975), Theorie der Einkommensverteilung. Eine Einführung, Berlin: Springer

Böltken, F. (1976), Auswahlverfahren. Eine Einführung für Sozialwissenschaftler, Stuttgart: Teubner

Bohnen, A. (1972), Zur Kritik des modernen Empirismus, in: H. Albert (Hrsg.), Theorie und Realität, 2. Aufl., Tübingen: Mohr: 171–190

Bohnen, A. (1975), Individualismus und Gesellschaftstheorie, Tübingen: Mohr

Bonacich, P. (1987), Power and Centrality: A Family of Measures, American Journal of Sociology, 92: 1170–1182

Borg, I., und Staufenbiel, Th. (1997), Theorien und Methoden der Skalierung. Eine Einführung, 3. Aufl., Bern: Huber

Borgatta, E. F., und Bohrnstedt, G. W. (1980), Level of Measurement. Once Over Again, Sociological Methods and Research, 9: 147–160

Boring, E. G. (1961), The Beginning and Growth of Measurement in Psychology, in: H. Woolf (Hrsg.), Quantification, Indianapolis: Bobbs-Merrill: 108–127

Borjas, G. J. (1990), Friends or Strangers. The Impact of Immigrants on the US Economy, London: Basic Books

Bortz, J. (1984), Lehrbuch der empirischen Sozialforschung, Berlin: Springer

Bortz, J. (2004), Statistik für Human- und Sozialwissenschaftler, 6. Aufl., Berlin: Springer

Bortz, J., Lienert, G. A. und Boehnke, K. (1973), Verteilungsfreie Methoden in der Biostatistik, 2. Aufl., Berlin: Springer

Bos, W., und Tarnai, C. (Hrsg.) (1989), Angewandte Inhaltsanalyse in empirischer Pädagogik und Psychologie, Münster u. a.: Waxmann

Bos, W. und Tarnai, C. (Hrsg.) (1996), Computerunterstützte Inhaltsanalyse in den empirischen Sozialwissenschaften, Münster u. a.: Waxmann

Bosnjak, M. (2002), (Non) Response bei Web-Befragungen, Diss. Univ. Mannheim, Aachen: Shaker Verlag

Bosnjak, M., Tuten, T. L., und Bandilla, W. (2001), Participation in Web-Surveys. A Typology, ZUMA-Nachrichten 48, 25: 7–17

Boudon, R. (1979), Widersprüche sozialen Handelns, Darmstadt und Neuwied: Luchterhand

Box, G. E. P., und Jenkins, G. M. (1994), Time Series Analysis. Forecasting and Control, 3rd enlarged edition, San Francisco: Holden-Day

Box, G. E. P., und Tiao, G. C. (1975), Intervention Analysis with Applications to Economic and Environmental Problems, Journal of the American Statistical Association, 70: 70–92

Bradburn, N. M., Rips, L. J., und Shevell, S. K. (1987), Answering Autobiographical Questions: The Impact of Memory and Inference and Surveys, Science, 236: 151–161

Bradburn, N. M., Sudman, S., und Wansink, B. (2004), Asking questions: The Definite Guide to Questionnaire Design, San Francisco, CA: Jossey-Bass

Braun, N. (1993), Socially Embedded Exchange, Bern: Lang

Braun, N., Diekmann, A., Weber, P., und Zahner, C. (1995), Die Berner Drogenszene, Bern: Haupt

Braun, N. (2006), James S. Coleman, in: D. Käsler (Hrsg.), Klassiker der Soziologie, Bd. II, 5. Aufl., München: Beck

Broad, W., und Wade, N. (1984), Betrug und Täuschung in der Wissenschaft, Basel: Birkhäuser

Brown, S. R., und Melamed, L. E. (1990), Experimental Design and Analysis, Sage: London

Brück, B., Kahlert, H., Krüll, M., Milz, H., Osterland, A., und Wegehaupt-Schneider, I. (1992), Feministische Soziologie, Frankfurt a. M.: Campus

Brückner, E., Hormuth, S., und Sagawe, H. (1982), Telefoninterviews. Ein alternatives Erhebungsverfahren? Ergebnisse einer Pilotstudie, ZUMA-Nachrichten 11: 9–36

Brüderl, J. (1991), Mobilitätsprozesse in Betrieben. Dynamische Modelle und empirische Befunde, Frankfurt a. M.: Campus

Brüderl, J. (2010), Kausalanalyse mit Paneldaten, in: C. Wolf und H. Best (Hrsg.), Handbuch der sozialwissenschaftlichen Datenanalyse, Wiesbaden: VS: 931–961

Buchmann, M., und Eisner, M. (2001), Geschlechterdifferenzen in der gesellschaftlichen Präsentation des Selbst. Heiratsinserate von 1900 bis 2000, in: B. Heintz (Hrsg.), Geschlechtersoziologie, Sonderheft 41 der Kölner Zeitschrift für Soziologie und Sozialpsychologie, Opladen: Westdeutscher Verlag: 75–107

Büchel, F. (2000), Institutseffekte bei Befragungen. Auswirkungen auf Datenqualität und Analyseergebnisse, Allgemeines Statistisches Archiv 84: 417–446

Büschges, G. (1961), Die Gebietsauswahl als Auswahlmethode in der empirischen Sozialforschung, Diss. Universität Köln

Bulmer, M. (1984), The Chicago School of Sociology, Chicago: University of Chicago Press

Bundesinstitut für Bevölkerungsforschung (1984), Demographische Fakten und Trends in der Bundesrepublik Deutschland, Zeitschrift für Bevölkerungswissenschaft, 10: 295–397

Bungard, W., und Lück, H. E. (1974), Forschungsartefakte und nicht-reaktive Meßverfahren, Stuttgart: Teubner

Burt, R. S. (1984), Network Items Should be Included in the General Social Survey, Social Networks, 6: 293–339

Burt, R. S. (1992), Structural Holes. The Social Structure of Competition, Cambridge: Harvard University Press

Cahnmann, W. J. (1948), A Note on Marriage Announcement in the New York Times, American Sociological Review, 13: 96–97
Campbell, D. T., und Fiske, D. W. (1959), Convergent and Discriminant Validation by the Multitrait-Multimethod-Matrix, Psychological Bulletin, 56: 81–105
Campbell, D. T., und Stanley, J. C. (1963), Experimental and Quasi-experimental Designs for Research and Teaching, in: N. L. Gage (Hrsg.), Handbook of Research and Teaching, Chicago: Rand McNally
Campbell, D. T., und Stanley J. C. (1966), Experimental and Quasi-Experimental Design for Research, Skokie, Ill.: Rand McNally
Campbell, D. T., und Ross, H. L. (1968), The Connecticut Crackdown on Speeding: Time Series Data in Quasi-Experimental Analysis, Law and Society Review, 3: 33–53
Carmines, E. G., und Zeller, R. A. (1979), Reliability and Validity Assessment, London: Sage
Carnap, R. (1960), Einführung in die symbolische Logik, 2. Aufl., Wien: Springer
Carr, L. G. (1971), The Srole Items and Acquiescence, American Sociological Review, 36: 287–293
Chadwick, B. A., Bahr, H. M., und Albrecht, S. L. (1984), Social Science Research Methods, Englewood Cliffs, N. J.: Prentice Hall
Chalmers, A. F. (2001), Wege der Wissenschaft. Einführung in die Wissenschaftstheorie, herausgegeben und übersetzt von N. Bergemann und C. Altstötter-Gleich, 5. Auflage, Berlin: Springer
Clark, J. (Hrsg.) (1996), James S. Coleman, London: Falmer Press
Clauss, G., Finze, F., und Partzsch, L. (2004), Grundlagen der Statistik für Psychologen, Pädagogen und Soziologen, 5. Aufl., Frankfurt a. M.: Deutsch
Coleman, J. S. (1964), Introduction to Mathematical Sociology, New York: The Free Press
Coleman, J. S. (1990), Foundations of Social Theory, Cambridge, MA: Belknap Press
Coleman J. S., et al. (1966), Equality of Educational Opportunity, U. S. Department of Health, Education, and Welfare, Office of Education, OE-38 001, Washington, D. C.: US Government Printing Office
Converse, P. E. (1964), The Nature of Belief Systems in the Mass Public, in: D. E. Apter (Hrsg.), Ideology and Discontent, New York: Free Press: 206–261
Converse, J. M., und Presser, S. (1986), Survey Questions. Handcrafting the Standardized Questionnaire, London: Sage
Coombs, C. H. (1964), A Theory of Data, New York: Wiley
Couper, M. (2000), Web Surveys. A Review of Issues and Approaches, Public Opinion Quarterly, 64: 464–494
Couper, M., und Coutts, E. (2006), Online-Befragung. Probleme und Chancen verschiedener Arten von Online-Erhebungen, in: A. Diekmann (Hrsg.), Methoden der empirischen Sozialforschung. Sonderheft 44 der Kölner Zeitschrift für Soziologie und Sozialpsychologie, Wiesbaden: Verlag für Sozialwissenschaften: 217–242

Couper, M., Tourangeau, R., und Kenyon, K. (2004), Picture This. Exploring visual Effects in Web Surveys, Public Opinion Quarterly, 68: 255–266

Cox, E. P. (1980), The Optimal Number of Response Alternatives for a Scale: A Review, Journal of Marketing Research, 27: 407–422

Crabtree, B., und Miller, W. L. (Hrsg.) (2004), Doing Qualitative Research, 2nd edition, London: Sage

Crain, R. L., und Mahard, R. E. (1983), The American Journal of Sociology 88: 839–854

Cronbach, L. J. (1951), Coefficient alpha and the Internal Structure of Tests, Psychometrika, 16: 297–334

Cronbach, L. J., und Meehl, P. E. (1955), Construct Validity in Psychological Tests, Psychological Bulletin, 52: 281–302

Dannecker, M., und Reiche, R. (1974), Der gewöhnliche Homosexuelle. Eine soziologische Untersuchung männlicher Homosexueller in der Bundesrepublik, Frankfurt a. M.: Fischer

Darley J. M., und Latané, B. (1968), Bystander Intervention in Emergencies. Diffusion of Responsibility, Journal of Personality and Social Psychology, 8: 377–383

Datenreport (1994), Zahlen und Fakten über die Bundesrepublik Deutschland, Statistisches Bundesamt (Hrsg.), Bonn: Bundeszentrale für politische Bildung

Datenreport (2006), Zahlen und Fakten über die Bundesrepublik Deutschland, Statistisches Bundesamt (Hrsg.), Bonn: Bundeszentrale für politische Bildung

Davis, D., und Holt, C. (1993), Experimental Economics, Princeton: Princeton University Press

Dawson, R. M. J. (1995), The «Unusual Episode» Data Revisited, Journal of Statistics Education Vol. 3 (3)

Deutsches PISA-Konsortium (Hrsg.) (2001), PISA 2000. Basiskompetenzen von Schülerinnen und Schülern im internationalen Vergleich, Opladen: Leske und Budrich

Dewald, D. G., Thursby J. G., und Anderson, R. G. (1986), Replication in Empirical Economics: The Journal of Money, Credit and Banking Project, American Economic Review, 76: 587–603

Diekmann, A. (1980), Dynamische Modelle sozialer Prozesse, München: Oldenbourg

Diekmann, A. (1981), Sozialindikatoren der Ungleichheit, Chancenungleichheit und Diskriminierung, Forschungsbericht N° 166 des Instituts für Höhere Studien in Wien, Wissenschaft und Technik: Wien

Diekmann, A. (1982), Eine additiv-verbundene Messung des Sozialprestiges, Zeitschrift für Sozialpsychologie, 13: 22–31

Diekmann, A. (1985), Volunteer's Dilemma, Journal of Conflict Resolution, 29: 605–610

Diekmann, A. (1991), Mathematische Soziologie, in: G. Reinhold (Hrsg.), Soziologielexikon, München: Oldenbourg

Diekmann, A. (1993), Cooperation in an Asymmetric Volunteer's Dilemma Game, International Journal of Game-Theory, 22: 75–85

Diekmann, A., Heinritz, S., Jungbauer-Gans, M., und Krassnig, H. (1996), Social Status and Aggression: A Field Study Analyzed by Survival Analysis, Journal of Social Psychology, 136(6): 761–768

Diekmann, A. (Hrsg.) (2006), Methoden der empirischen Sozialforschung. Sonderheft 44 der Kölner Zeitschrift für Soziologie und Sozialpsychologie, Wiesbaden: Verlag für Sozialwissenschaften

Diekmann, A., und Jann, B. (2001), Anreizformen und Ausschöpfungsquoten bei postalischen Befragungen. Ein Prüfung der Reziprozitätshypothese, ZUMA-Nachrichten 25 (Heft 48): 18–27

Diekmann, A., Jann, B., Przepiorka, W., and Wehrli, S. (2014), Reputation Formation and the Evolution of Cooperation in Anonymous Online Markets, American sociological review 79 (1): 65–85.

Diekmann, A., und Mitter, P. (1984a), A Comparison of the Sickle Function with Alternative Stochastic Models of Divorce Rates, in: A. Diekmann und P. Mitter (Hrsg.), Stochastic Modelling of Social Processes, Orlando: Academic Press: 123–153

Diekmann, A., und Mitter, P. (1984b), Methoden zur Analyse von Zeitverläufen, Stuttgart: Teubner

Diekmann, A., und Preisendörfer, P. (1991), Umweltbewußtsein, ökonomische Anreize und Umweltverhalten, Schweizerische Zeitschrift für Soziologie 17: 207–231

Diekmann, A., und Preisendörfer, P. (1992), Persönliches Umweltverhalten. Diskrepanzen zwischen Anspruch und Wirklichkeit, Kölner Zeitschrift für Soziologie und Sozialpsychologie, 44: 226–251

Diekmann, A., Engelhardt, H., und Hartmann, P. (1993), Einkommensungleichheit in der Bundesrepublik Deutschland: Diskriminierung von Frauen und Ausländern, Mitteilungen aus der Arbeitsmarkt- und Berufsforschung, 26: 386–398

Diekmann, A., und Weick, S. (Hrsg.) (1993), Der Familienzyklus als sozialer Prozeß – Bevölkerungssoziologische Analysen mit den Methoden der Ereignisanalyse, Berlin: Duncker und Humblot

Diekmann, A., und Wyder, D. (2002), Vertrauen und Reputation bei Internet-Auktionen, Kölner Zeitschrift für Soziologie und Sozialpsychologie 54: 674–693

Dillman, D. A. (1978), Mail and Telephone Surveys. The Total Design Method, New York: Wiley

Dillman, D. A. (1983), Mail and Other Self-Administered Questionnaires, in: P. H. Rossi, J. D. Wright und A. Anderson (Hrsg.), Handbook of Survey Research, New York, Academic Press: 359–378

Dillman, D. A. (2000), Mail and Internet Surveys. The Tailored Design Method, New York: Wiley

Dillman, D. A. (o. J.), Procedures for Conducting Government-Sponsored Establishment Surveys. Comparisons of the Total Design Method (TDM), A Traditional Cost-

Compensation Model, and Tailored Design, unveröff. Manuskript: Washington State University
Dinkel, R. (1989), Demographie, Bd. 1, Bevölkerungsdynamik, München: Vahlen
DiPrete, T. A., und Forristal, J. D. (1994), Multilevel Models: Methods and Substance, Annual Review of Sociology, 20: 331–357
Doob, A. N., und Gross, A. E. (1968), Status of Frustrator as an Inhibitor of Horn-Honking Responses, Journal of Social Psychology, 76: 213–218
Dooley D. (2000), Social Research Methods, 4th edition, Englewood Cliffs, N. J.: Prentice Hall
Dorroch, H. (1994), Meinungsmacher-Report. Wie Umfrageergebnisse entstehen, Göttingen: Steidl
Douglas, J. D. (1976), Investigative Social Research: Individual and Team Field Research, Beverley Hills: Sage
Dubben, H.-H., und Beck-Bornholdt, H.-P. (2004), Die Bedeutung der statistischen Signifikanz, in: A. Diekmann (Hrsg.), Methoden der Sozialforschung. Sonderheft 44 der Kölner Zeitschrift für Soziologie und Sozialpsychologie, Wiesbaden: Verlag für Sozialwissenschaften: 61–74
Dunlap, R. E., Gallup, G. H., und Gallup, A. M. (1993), Of Global Concern. Results of the Health of Planet Survey Environment, 35: 7–35
Durkheim, E. ([1re éd. 1897] 2006), Der Selbstmord, Frankfurt a. M.: Suhrkamp (Original: Le suicide, Paris, 1897)
Edwards, A. L. (1957a), Techniques of Attitude Scale Construction, New York: Appleton
Edwards, A. L. (1957b), The Social Desirability Variable in Personality Assessment and Research, New York: Dryden Press
Eger, Th., Kraft, M., und Weise, P. (1992), On the Equilibrium Proportion of Innovation and Imitation. A Game-theoretic Approach, Economics Letters, 38: 93–97
Ehrlich, D., Guttmann, I., Schönbach, P., und Mills, J. (1957), Postdecision Exposure to Relevant Information, Journal Abnorm. Social Psychology, 54: 98–102
Eisner, M. (1991), Politische Sprache und sozialer Wandel, Zürich: Seismo
Elashoff, J. D., und Snow, R. E. (1972), Pygmalion auf dem Prüfstand, München: Kösel
Engel, A., Möhring, M., und Troitzsch, K. G. (1995), Sozialwissenschaftliche Datenanalyse, Mannheim, BI-Wissenschaftsverlag
Engel, U. (1998), Einführung in die Mehrebenenanalyse. Grundlagen, Auswertungsverfahren und praktische Beispiele, Wiesbaden: VS-Verlag
Engel, U., und Schnabel, C. (2004), Markt- und Sozialforschung. Metaanalyse zum Ausschöpfungsgrad, ADM Arbeitsgemeinschaft Deutscher Markt- und Sozialforschungsinstitute
Erev, I., Gopher, D., Itkin, R., und Greenshpan, Y. (1994), Toward a Generalization of Signal Detection Theory to N-person Games: The Example of Two Person Safety Problem, Technion. Israel Institute of Technology Haifa: Mimeo

Esser, H. (1975), Soziale Regelmäßigkeiten des Befragtenverhaltens, Meisenheim am Glan: Hain

Esser, H. (1985), Befragtenverhalten als «Rationales Handeln», in: G. Büschges und W. Raub (Hrsg.), Soziale Bedingungen, individuelles Handeln, soziale Konsequenzen, Frankfurt a. M.: 279–304

Esser, H. (1986), Können Befragte lügen? Zum Konzept des «wahren Wertes» im Rahmen der handlungstheoretischen Erklärung von Situationseinflüssen bei der Befragung, Kölner Zeitschrift für Soziologie und Sozialpsychologie, 38: 314–336

Esser, H. (2003), Soziologie. Allgemeine Grundlagen, 3. Auflage, Frankfurt a. M.: Campus

Esser, H. (1994), Explanatory Sociology, in: B. Schäfers (Hrsg.), Sociology in Germany. Journal of the Deutsche Gesellschaft für Soziologie, 3 / 1994: 177–190

Esser, H., und Troitzsch, K. G. (Hrsg.) (1991), Modellierung sozialer Prozesse, Bonn: Informationszentrum Sozialwissenschaften

Ewert, U. (1994), Neue Regelung am Fußgängerstreifen: Verhaltensänderungen bei Fußgängern und Autofahrern. Eine Beobachtungsstudie, Schweizerische Beratungsstelle für Unfallverhütung, Bern

Faas, T. (2003), Offline-rekrutierte Access-Panels: Königsweg der Online-Forschung?, ZUMA-Nachrichten 53, Jg. 27: 58–76

Faulbaum, F. (1986), Projektberatung in Jordanien. Ein Erfahrungsbericht, ZUMA-Nachrichten, 19: 58–63

Ferber, Ch. von (1972), Der Werturteilsstreit 1909 / 1959. Versuch einer wissenschaftsgeschichtlichen Interpretation, in: E. Topitsch (Hrsg.), Logik der Sozialwissenschaften, 8. Aufl., Köln: Kiepenheuer: 165–180

Festinger, L. (1957), A Theory of Cognitive Dissonance, Stanford: Stanford University Press

Festinger, L., und Carlsmith, J. M. (1959), Cognitive Consequences of Forced Compliances, Journal of Abnorm. Social Psychology, 58: 203–211

Festinger, L., Riecken, H. W., und Schachter, S. (1964), When Prophecy Fails, New York: Harper (1. Aufl., 1956)

Feyerabend, P. ([1. Aufl. 1976] 2004), Wider den Methodenzwang. Skizze einer anarchistischen Erkenntnistheorie, 9. Aufl., Frankfurt a. M.: Suhrkamp

Fischer, G. (1974), Einführung in die Theorie psychologischer Tests, Bern: Huber

Fisman, R., und Miguel, E. (2006), Cultures of Corruption. Evidence From Diplomatic Parking Tickets, National Bureau of Economics, Working Paper 12 312, Cambridge, Mass.

Flick, U. (2002), Qualitative Sozialforschung. Eine Einführung, 3. Aufl., Reinbek bei Hamburg: Rowohlt

Flick, U., Kardorff, E., und Steinke, I. (Hrsg.) (2000), Qualitative Forschung. Ein Handbuch, Reinbek bei Hamburg: Rowohlt

Flora, P. (1975), Indikatoren der Modernisierung. Ein historisches Datenhandbuch, Opladen: Westdeutscher Verlag

Fowler, F. J. (2001), Survey Research Methods, 3rd edition, London: Sage

Fowler, F. J., und Mangione, T. W. (1990), Standardized Survey Interviewing. Minimizing Interviewer-Related Error, London: Sage

Fox, J. A., und Tracy, P. E. (1986), Randomized Response: A Method for Sensitive Surveys, London: Sage

Franzen, A. (1995), Trittbrettfahren oder Engagement. Überlegungen zum Zusammenhang zwischen Umweltbewußtsein und Umweltverhalten, in: A. Diekmann und A. Franzen (Hrsg.), Kooperatives Umwelthandeln, Zürich: Rüegger

Freeman, D. (1983), Liebe ohne Aggression: Margaret Meads Legende von der Friedfertigkeit der Naturvölker, München: Kindler

Freiden, A. (1974), The U. S. Marriage Market, in: T. W. Schultz (Hrsg.), Economics of the Family. Marriage, Children, and Human Capital, Chicago: University of Chicago Press: 352–371

Freud, S. (1900), Traumdeutung, Leipzig und Wien: Franz Deuticke

Frey, B. S. (1992), Umweltökonomie, 3. erw. Aufl., Göttingen: Vandenhoeck und Ruprecht

Frey J. H., Kunz, G., und Lüschen, G. (1990), Telefonumfragen in der Sozialforschung, Opladen: Westdeutscher Verlag

Friedenthal, R. (1981), Karl Marx. Sein Leben und seine Zeit, München: Piper

Friedrichs, J. (Hrsg.) (1973), Teilnehmende Beobachtung abweichenden Verhaltens, Stuttgart: Enke

Friedrichs, J. (1990), Methoden empirischer Sozialforschung, 14. Aufl., Opladen: Westdeutscher Verlag

Früh, W. (2001), Inhaltsanalyse. Theorie und Praxis, 5. Aufl., Stuttgart: UTB

Gabler, S. (1992), Schneeballverfahren und verwandte Stichprobendesigns, ZUMA-Nachrichten 31: 47–69

Gabler, S. (2006), Gewichtungsprobleme in der Datenanalyse, in: A. Diekmann (Hrsg.), Methoden der empirischen Sozialforschung. Sonderheft 44 der Kölner Zeitschrift für Soziologie und Sozialpsychologie, Wiesbaden: Verlag für Sozialwissenschaften: 128–147

Gabler, S., Hoffmeyer-Zlotnik, J. H. P., und Krebs, D. (Hrsg.) (1994), Gewichtung in der Umfragepraxis, Opladen: Westdeutscher Verlag

Gabler, S., Häder, S., und Hoffmeyer-Zlotnik, J. H. (Hrsg.) (1998), Telefonstichproben in Deutschland, Opladen: Westdeutscher Verlag

Gabler, S., und Häder, S. (Hrsg.) (2002), Telefonstichproben. Methodische Innovationen und Anwendungen in Deutschland, Münster: Waxmann

Gadenne, V. (2006), Empirische Forschung und normative Wissenschaftstheorie. Was bleibt von der Methodologie des kritischen Rationalismus?, in: A. Diekmann (Hrsg.),

Methoden der empirischen Sozialforschung. Sonderheft 44 der Kölner Zeitschrift für Soziologie und Sozialpsychologie, Wiesbaden: Verlag für Sozialwissenschaften: 33–50

Gaensslen, H., und Schubö, W. (1973), Einfache und komplexe statistische Analyse, München und Basel: Reinhardt

Gaertner, S., und Bickmann, L. (1971), Effects of Race on Elicitation of Helping Behavior: The Wrong Number Technique, Journal of Personality and Social Psychology, 20: 218–222

Galtung, J. (1967), Theory and Methods of Social Research, London: George Allen

Gambetta, D., und Hamill, H. (2005), Streetwise. How Taxi Drivers Establish Their Customers' Trustworthiness, New York: Russell Sage Foundation

Garz, D., und Kraimer, K. (Hrsg.) (1991), Qualitativ-empirische Sozialforschung. Konzepte, Methoden, Analysen, Opladen: Westdeutscher Verlag

Gaßmann, E. (1999), Fleißige, fürsorgliche Mädchen und starke, intelligente Jungen? Traditionelle Rollenbilder in Schulbüchern, Traditio et Innovatio, Jg. 4, Universität Rostock: 13–16

Gerhards, J. (2003), Die Moderne und ihre Vornamen. Eine Einladung in die Kultursoziologie, Wiesbaden: Westdeutscher Verlag

Gerhards, J., und Hackenbroch, R. (1997), Kulturelle Modernisierung und die Entwicklung der Semantik von Vornamen, Kölner Zeitschrift für Soziologie und Sozialpsychologie 49: 410–439

Giegler, H. (1987), Zur computergestützten Analyse sozialwissenschaftlicher Textdaten, Arbeitsmaterialien zum Workshop «Qualitative Datenanalyse» bei ZUMA, Mannheim

Gigerenzer, G. (1981), Messung und Modellbildung in der Psychologie, Basel: Reinhardt

Glaser, B. G., und Strauss, A. L. (1979), Die Entdeckung gegenstandsbezogener Theorie: Eine Grundstrategie qualitativer Sozialforschung, in: C. Hopf und E. Weingarten (Hrsg.), Qualitative Sozialforschung, 3. Aufl., Stuttgart: Klett: 91–111

Glass, G. V. (1968), Analysis of Data an the Connecticut Speeding Crackdown as a Time Series Quasi-Experiment, Law and Society Review 3: 55–76

Glass, G. V., Willson, V. L., und Gottman, J. M. (1975), Design and Analysis of Time Series Experiments, Boulder: Colorado University Press

Glatzer, W., und Noll, H.-H. (Hrsg.) (1992), Lebensverhältnisse in Deutschland. Ungleichheit und Angleichung, Frankfurt a. M.: Campus

Glatzer, W., und Zapf, W. (Hrsg.) (1984), Lebensqualität in der Bundesrepublik, Frankfurt a. M.: Campus

Glenn, N. D. (1976), Cohort Analysts' futile Quest: Statistical Attempts to Separate Age, Period and Cohort Effects, American Sociological Review, 41: 900–904

Glenn, N. D. (2005), Cohort Analysis, 2nd ed., London: Sage

Glöckner-Rist, A., und Mohler, P. Ph. (1996), Thematische und interaktive Organisation politischer Debatten: eine Analyse der Verhandlungen des Zentralen Runden Tischs der DDR, in: W. Bos und C. Tarnai (Hrsg.), Computerunterstützte Inhaltsanalyse in den empirischen Sozialwissenschaften, Münster u. a.: Waxmann: 85–104.

Gottschalk, I., und Grunert, K. G. (1984), Anbieterinformationen über das Automobil: Eine Analyse unter verbraucherpolitischer Perspektive, in: H.-D. Klingemann (Hrsg.), Computerunterstützte Inhaltsanalyse in der empirischen Sozialforschung, Frankfurt a. M.: Campus: 196–226

Gould, S. J. (1988), Der falsch vermessene Mensch, Frankfurt a. M.: Suhrkamp (Original: The Mismeasure of man, New York 1981)

Gräf, L. (2004), Optimierung von WWW-Umfragen. Das Online Pretest-Studio. Globalpark, Köln: Mimeo

Granovetter, M. S. (1973), The Strength of Weak Ties, American Journal of Sociology, 78: 1360–1380

Greene, W. H. (2002), Econometric Analysis, 5 th ed., New York: Macmillan

Greffrath, M. (1979), Die Zerstörung einer Zukunft. Gespräche mit emigrierten Sozialwissenschaftlern, Reinbek bei Hamburg: Rowohlt

Groves, R. M. (1979), Actors and Questions in Telephone and Personal Interview Surveys, Public Opinion Quarterly, 43: 190–205 (abgedruckt in Singer und Presser 1989)

Groves, R. M., Fowler, F. J., Couper, M. P., Lepkowski, J. M., Singer, E., und Tourangeau, R. (2004), Survey Methodology, Hoboken, NJ: Wiley

Guinness (1993), Das neue Guinness-Buch der Rekorde 94, Frankfurt a. M. und Berlin: Ullstein

Guinness (1994), Das neue Guinness-Buch der Rekorde 95, Frankfurt a. M. und Berlin: Ullstein

Habich, R., Heady, B., und Krause, P. (1991), Armut in der Bundesrepublik mehrheitlich kurzfristiger Natur, Informationsdienst Soziale Indikatoren, 5, Zentrum für Umfragen, Methoden und Analysen, Mannheim: 5–7

Häder, S., und Glemser, A. (2006), Stichprobenziehung für Telefonumfragen in Deutschland, in: A. Diekmann (Hrsg.), Methoden der empirischen Sozialforschung. Sonderheft 44 der Kölner Zeitschrift für Soziologie und Sozialpsychologie, Wiesbaden: Verlag für Sozialwissenschaften: 148–171

Haefs, H. (1989), Handbuch des nutzlosen Wissens, München: dtv

Haferkamp, H. (1973), Theorie und Praxis kriminal-soziologischer Forschung, in: J. Friedrichs (Hrsg.), Teilnehmende Beobachtung abweichenden Verhaltens, Stuttgart: Enke: 9–50

Haire, M. (1950), Projective Techniques in Marketing Research, Journal of Marketing, 14: 649 pp.

Hamblin, R. L., Jacobson, R. B., und Miller, J. L. L. (1973), A Mathematical Theory of Social Change, New York: Wiley

Hanusch, H., und Kuhn, Th. (1998), Einführung in die Volkswirtschaftslehre, 4. Aufl., Berlin: Springer

Harder, T. (1974), Werkzeug der Sozialforschung, München: Fink (UTB)

Harkness, J. A., van de Vijver, F. J. R., und Mohler, P. Ph. (Hrsg.) (2003), Cross-Cultural Survey Methods, New Jersey: Wiley

Harrison, G. W., und List, J. A. (2004), Field Experiments, Journal of Economic Literature 42: 1009 – 1055

Hartmann, P. (1990), Wie repräsentativ sind Bevölkerungsumfragen? Ein Vergleich des Allbus und des Mikrozensus, ZUMA-Nachrichten, 26: 7 – 30

Hartmann, P., und Schimpl-Neimanns, B. (1992), Sind Sozialstrukturanalysen mit Umfragedaten möglich? Analysen zur Repräsentativität einer Sozialforschungsumfrage, Kölner Zeitschrift für Soziologie und Sozialpsychologie, 44: 315 – 340

Haupert, B. (1991), Vom narrativen Interview zur biographischen Typenbildung, in: D. Garz und K. Kraimer (Hrsg.), Qualitativ-empirische Sozialforschung, Opladen: Westdeutscher Verlag: 213 – 254

Hauptmanns, P., und Schnell, R. (1992), Erleichterung computergestützter Inhaltsanalysen durch verbesserte automatische Texterkennung, ZA-Information, 30, Köln, Zentralarchiv für empirische Sozialforschung: 135 – 139

Heckman, J., und Neal, D. (1996), in: J. Clark (Hrsg.), James S. Coleman, London: Falmer Press: 81 – 102

Hediger, H. (1967), Verstehen und Verständigungsmöglichkeiten zwischen Mensch und Tier, Schweizerische Zeitschrift für Psychologie und ihre Anwendungen, 26: 234 – 255

Heidenreich, K. (1993), Grundbegriffe der Meß- und Testtheorie, in: E. Roth und H. Holling (Hrsg.), Sozialwissenschaftliche Methoden, 5. Aufl., München: Oldenbourg: 342 – 374

Heiland, H. G., und Lüdemann, Ch. (1993), Ein untauglicher Versuch soziologischer Moralbildung, Soziologie 2/93, Mitteilungsblatt der Deutschen Gesellschaft für Soziologie: 97 – 108

Heise, D. R. (1969), Separating Reliability in Test-Retest-Correlation, American Sociological Review, 34: 93 – 101

Heise, D. R. (1971), Separating Reliability and Stability in Test-Retest-Correlation, in: H. M. Blalock (Hrsg.), Causal Models in the Social Sciences, Chicago: Aldine: 348 – 363

Hempel, C. G., und Oppenheim, P. (1948), Studies in the Logic of Explanation, Philosophy of Science, 15: 135 – 175

Henry, G. T. (1990), Practical Sampling, London: Sage

Herkner, W. (1974), Inhaltsanalyse, in: J. van Koolwijk und M. Wieken-Mayser (Hrsg.), Techniken der empirischen Sozialforschung, Bd. 3, München: Oldenbourg: 158 – 191

Herkner, W. (2001), Lehrbuch Sozialpsychologie, 2. Aufl., Bern: Huber
Hill, P. B. (1988), Unterschiedliche Operationalisierungen von egozentrierten Netzwerken und ihr Erklärungsbeitrag in Kausalmodellen, ZUMA-Nachrichten, 22: 45–57
Hippler, H.-J., unter Mitarbeit von K. Seidel (1985), Schriftliche Befragung bei allgemeinen Bevölkerungsstichproben – Untersuchungen zur Dillmanschen «Total Design Method», ZUMA-Nachrichten, 16: 39–56
Hippler, H.-J., Schwarz, N., und Sudman, S. (Hrsg.) (1987), Social Information Processing and Survey Methodology, New York: Springer
Hirschi, T., und Selvin, H. C. (1972), Principles of Causal Analysis, in: P. F. Lazarsfeld, A. K. Pasanella und M. Rosenberg (Hrsg.), Continuities in the Language of Social Research, New York: The Free Press: 126–147
Hoffmann-Nowotny, H. J. (Hrsg.) (1976), Soziale Indikatoren. Internationale Beiträge zu einer neuen praxisorientierten Forschungsrichtung, Frauenfeld und Stuttgart: Huber
Holm, K. (1974), Theorie der Frage, Kölner Zeitschrift für Soziologie und Sozialpsychologie, 26: 91–114
Holm, K. (1976a), Die Zuverlässigkeit sozialwissenschaftlichen Messens, in: K. Holm (Hrsg.), Die Befragung 4, München: Francke (UTB): 109–122
Holm, K. (1976b), Die Gültigkeit sozialwissenschaftlichen Messens, in: K. Holm (Hrsg.), Die Befragung 4, München: Francke (UTB): 123–133
Holmes, L. D. (1987), The Quest for the Real Samoa: The Mead-Freeman Controversy and Beyond, South Hadley, Mass.: Bergin and Garvey
Holzach, M. (1982), Das vergessene Volk. Ein Jahr bei den deutschen Hutterern in Kanada, München: dtv
Holzach, M. (1989), Zeitberichte, München: dtv
Hopf, C. (1993), Soziologie und qualitative Sozialforschung, in: C. Hopf und E. Weingarten (Hrsg.), Qualitative Sozialforschung, 3. Aufl., Stuttgart: Klett
Hopf, C., und Müller, W. (1994), On the Development of Empirical Social Research in the Federal Republic of Germany, in: B. Schäfers (Hrsg.), Sociology in Germany Journal of the Deutsche Gesellschaft für Soziologie, 3 / 1994: 52–80
Hopf, C., und Weingarten, E. (Hrsg.) (1993), Qualitative Sozialforschung, 3. Aufl., Stuttgart: Klett
Horkheimer, M. (1936), Studien über Autorität und Familie, Paris. Librairie Felix Alcan
Hradil, S. (2001), Soziale Ungleichheit in Deutschland, 8. Aufl. Wiesbaden: VS-Verlag
Hradil, S., und Schiener, J. (2001), Soziale Ungleichheit in Deutschland, 8. Aufl., Wiesbaden: Verlag für Sozialwissenschaften
Huff, D. ([1st ed. 1954] 1991), How to Lie With Statistics, London: Penguin
Hürlimann, F. W., und von Hebenstreit, B. (1987), Verkehrssicherheit in der Praxis, Bern: Huber

Hummell, H. J. (1972), Probleme der Mehrebenenanalyse, Stuttgart: Teubner

Hummell, H. J., und Ziegler, R. (Hrsg.) (1976), Korrelation und Kausalität, 3 Bde., Stuttgart: Enke

Humphreys, L. (1973), Toiletten-Geschäfte. Teilnehmende Beobachtung homosexueller Akte, in: J. Friedrichs (Hrsg.), Teilnehmende Beobachtung abweichenden Verhaltens, Stuttgart: Enke: 254–287

Hunt, M. (1991), Die Praxis der Sozialforschung, Frankfurt a. M.: Campus

Imhof, A. E. (1988), Die Lebenszeit: Vom aufgeschobenen Tod und von der Kunst des Lebens, München: Beck

Imhof, K. (2005), Katastrophenkommunikation in der Moderne, in: C. Pfister und S. Summermatter (Hrsg.), Katastrophen und ihre Bewältigung, Bern: Haupt: 145–165

Inglehart, R. (1977), The Silent Revolution. Changing Values and Political Styles Among Western Publics, Princeton: Princeton University Press

Irle, M. (1975), Lehrbuch der Sozialpsychologie, Göttingen: Hogrefe

Isen, A. M., und Levin, P. F. (1972), The Effect of Feeling Good on Helping: Cookies and Kindness, Journal of Personality and Social Psychology, 21: 384–388

Jahoda, M. (1983), Interview mit Marie Jahoda, in: F. Kreuzer (Hrsg.), Des Menschen hohe Braut. Arbeit, Freizeit, Arbeitslosigkeit, Wien: Deuticke

Jahoda, M., Lazarsfeld, P., und Zeisel, H. ([1. Aufl., 1933] 1960), Die Arbeitslosen von Marienthal, 2. Aufl., Allensbach und Bonn: Verlag für Demoskopie

Jann, Ben (2005), Einführung in die Statistik, 2. Aufl., München: Oldenbourg

Jansen, D. (2006), Einführung in die Netzwerkanalyse. Grundlagen, Methoden, Forschungsbeispiele, 3. Aufl., Wiesbaden: Verlag für Sozialwissenschaften

Jasso, G. (1986), Is it the Outlier Deletion or is it Sample Truncation? Notes on Science and Sexuality, American Sociological Review, 51: 738–742

Jasso, G., und Opp, K. D. (1997), Probing the Character of Norms. A Factorial Survey Analysis of the Norms of Political Action, American Sociological Review 62: 947–964

Jöreskog, K. G. (1973), A General Method for Estimating a Linear Structural Equation System, in: A. S. Goldberger und O. D. Duncan (Hrsg.), Struttural Equation Models in the Social Sciences, New York: Seminar Press: 85–112

Kaase, M. (Hrsg.) (1999), Qualitätskriterien der Umfrageforschung. Memorandum der Deutschen Forschungsgemeinschaft, Berlin: Akademie Verlag

Kahn, J. R., und Udry, J. R. (1986), Marital Coital Frequency: Unnoticed Outliers and Unspecified Interactions Lead to Erroneous Conclusions, American Sociological Review, 51: 734–737

Kaiser, T., Ewers H., Waltering, A., Beckwermert, D., Jennen, C., und Sawicki, P. T. (2004), Sind die Aussagen medizinischer Werbeprospekte korrekt? Arznei-Telegramm, Jg. 35: 21–23

Kalter, F. (1999), Ethnische Kundenpräferenzen im professionellen Sport? Der Fall der Fußballbundesliga, Zeitschrift für Soziologie 28(3): 219–234

Kalton, G. (1983), Introduction to Survey Sampling, London: Sage
Kanji, G. K. (2006), 100 Statistical Tests, 3rd ed., London: Sage
Kaplan, A. (1964), The Conduct of Inquiry San Francisco: Chandler
Kappelhoff, P., und Pappi, F. U. (1982), Restricted Exchange in Altneustadt, in: Analyse sozialer Netzwerke, Universität Kiel: Mimeo
Kellerer, H. (1963), Theorie und Technik des Stichprobenverfahrens, 3. Aufl., Göttingen: Vandenhock & Ruprecht
Kennedy G. (1985), Einladung zur Statistik, Frankfurt a. M.: Campus
Kerlinger, F. N. (1975, 1979), Grundlagen der Sozialwissenschaften, 2 Bde., Weinheim: Beltz
Kerlinger, F. N. (2002), Foundations of Behavioral Research, 4th ed., Orlando, FL: Harcourt
Kern, H. (1982), Empirische Sozialforschung. Ursprünge, Ansätze, Entwicklungslinien, München: Beck
Kern, H., und Schumann, M. (1983), In der Fremde – als Industriesoziologe «im Feld», in: M. Baethge und W. Eßbach (Hrsg.), Soziologie. Entdeckungen im Alltäglichen. Festschrift für Hans Paul Bahrdt, Frankfurt a. M.: Campus
Kirk, J., und Miller, M. L. (1986), Reliability and Validity in Qualitative Research, London: Sage
Kisch, E. E. (2006), Der rasende Reporter, 4. Aufl., Berlin: Aufbau
Kissinger, H. A. (1994), Die Vernunft der Nationen. Über das Wesen der Außenpolitik, Berlin: Siedler
Klaus, G. (1972), Die Macht des Wortes, 6. Aufl., Berlin: VEB-Deutscher Verlag der Wissenschaften
Klein, H. (2002), Die Entwicklung des aggregierten Privatvermögens und seine Verteilung in Deutschland seit 1970, Arbeitspapier Nr. 30, Johann-Wolfgang Goethe Universität, Frankfurt a. M.
Klein, T. (2005), Sozialstrukturanalyse. Eine Einführung, Reinbek bei Hamburg: Rowohlt
Klingemann, H.-D. (Hrsg.) (1984), Computerunterstützte Inhaltsanalyse in der empirischen Sozialforschung, Frankfurt a. M.: Campus
Klingemann, H.-D., Höhe, J., Mohler, P. Ph., Radermacher, K., und Züll, C. (1984), Textpack: Ein Programmsystem für sozialwissenschaftliche Inhaltsanalyse, in: H.-D. Klingemann (Hrsg.), Computerunterstützte Inhaltsanalyse in der empirischen Sozialforschung, Frankfurt a. M.: Campus: 15–34
Klingemann, H.-D., und Schönbach, K. (1984), Computerunterstützte Inhaltsanalyse als Instrument zur Vercodung offener Fragen in der Umfrageforschung, in: H.-D. Klingemann (Hrsg.), Computerunterstützte Inhaltsanalyse in der empirischen Sozialforschung, Frankfurt a. M.: Campus: 227–278
Koch, A. (1993), Sozialer Wandel als Artefakt unterschiedlicher Ausschöpfung. Zum

Einfluß von Veränderungen der Ausschöpfungsquote auf die Zeitreihen des Allbus, ZUMA-Nachrichten, 17: 83–113
Koch, A. (2002), 20 Jahre Feldarbeit im Allbus. Ein Blick in die Blackbox. ZUMA-Nachrichten 26/51: 9–37
Koch, A., und Porst, R. (Hrsg.) (1998), Nonresponse in Survey Research, ZUMA-Spezial, Bd. 4, Mannheim
König, R. (Hrsg.) (1967), Handbuch der empirischen Sozialforschung, Bd. I und II, Stuttgart: Enke (1. Aufl. 1962)
König, R. (Hrsg.) (1972), Das Interview, 7. Aufl., Köln: Kiepenheuer
König, R. (Hrsg.) (1973a), Handbuch der empirischen Sozialforschung 1, 3. Aufl. in 4 Bänden, Stuttgart: Enke
König, R. (1973b), Die Beobachtung, in: R. König (Hrsg.), Handbuch der empirischen Sozialforschung, Bd. 2, Teil 1, 3. Aufl., Stuttgart: Enke: 1–65
König, R. (1980), Leben im Widerspruch, München: Hanser
Kohler Riessman, C. (1993), Narrative Analysis, London: Sage
Koolwijk, J. van (1969), Unangenehme Fragen, Kölner Zeitschrift für Soziologie und Sozialpsychologie, 21: 864–875
Koolwijk, J. van, und Wieken-Mayser, M. (Hrsg.), Techniken der empirischen Sozialforschung. Ein Lehrbuch in 8 Bänden, München: Oldenbourg
Kops, M. (1984), Eine inhaltsanalytische Bestimmung von Persönlichkeitsbildern in Heiratsanzeigen, in: H.-D. Klingemann (Hrsg.), Computerunterstützte Inhaltsanalyse in der empirischen Sozialforschung, Frankfurt a. M.: Campus: 54–97
Kracauer, S. (1952), The Challenge of Qualitative Content Analysis, Public Opinion Quarterly, 16: 631–642 (in deutscher Sprache 1972, Für eine qualitative Inhaltsanalyse, Ästhetik und Kommunikation, 7: 53–58)
Krämer, W. (1991), So lügt man mit Statistik, 8. Aufl., München: Piper
Krämer, W. (1992), Statistik verstehen. Eine Gebrauchsanweisung, Frankfurt a. M.: Campus
Krämer, W. (1994), So überzeugt man mit Statistik, Frankfurt a. M.: Campus
Krebs, D., und Pusler, M. (1992), ZUMADOC. Das ZUMA-Handbuch sozialwissenschaftlicher Skalen online, ZUMA-Nachrichten, 31: 121–131
Kreyszig, E. ([1975] 1998), Statistische Methoden und ihre Anwendungen, 7. Aufl., Göttingen: Vandenhoeck und Ruprecht
Kriegeskorte, M. (1995), 100 Jahre Werbung im Wandel. Köln: Du Mont
Krippendorff, K. (2003), Content Analysis. An Introduction to its Methodology, 2nd ed., London: Sage
Krishman, P. (1981), Measures of Inequality for Qualitative Variables and Concentration Curves, American Sociological Review, 46: 368–371
Kristof, W. (1963), Die Verteilung aufgewerteter Zuverlässigkeitskoeffizienten auf der Grundlage von Testhälften, Archiv für die gesamte Psychologie, 115: 230–240

Kriz, J. (1981), Methodenkritik empirischer Sozialforschung, Stuttgart: Teubner
Kromrey, H. (1991), Empirische Sozialforschung, 11. Aufl., Stuttgart: UTB
Krugmann, P. (1994), Peddling Prosperity. Economic Sense and Nonsense in the Age of Diminished Expectations, New York: Norton
Kuckartz, U. (2005), Einführung in die computergestützte Analyse qualitativer Daten, Wiesbaden: Verlag für Sozialwissenschaften
Kuckartz, U. (2006), Computerunterstützte Analyse qualitativer Daten, in: A. Diekmann (Hrsg.), Methoden der empirischen Sozialforschung. Sonderheft 44 der Kölner Zeitschrift für Soziologie und Sozialpsychologie, Wiesbaden: Verlag für Sozialwissenschaften: 453–478
Küchler, M. (1979), Multivariate Analyseverfahren, Stuttgart: Teubner
Kühn, W. (1976), Einführung in die multidimensionale Skalierung, München: Reinhardt
Kuhn, Th. S. ([1st ed. 1962] 2002), Die Struktur wissenschaftlicher Revolutionen, 2. rev. Aufl., Frankfurt a. M.: Suhrkamp (Original: The Structure of Scientific Revolutions)
Kühnel, S. M., und Krebs, D. (2004), Statistik für die Sozialwissenschaften, 2. Aufl., Reinbek bei Hamburg: Rowohlt
Kunz, K.-L. (1994), Kriminologie. Eine Grundlegung, 4. Aufl., Stuttgart: UTB
KVI – Kommission zur Verbesserung der informationellen Infrastruktur zwischen Wissenschaft und Statistik (2001), Wege zu einer besseren informationellen Infrastruktur, Baden-Baden: Nomos
Laatz, W. (1993), Empirische Methoden. Ein Lehrbuch für Sozialwissenschaftler, Thun: Harri Deutsch
Laiho, J., und Hietaniemi, L. (Hrsg.) (2002), Quality Guidelines for Official Statistics. Handbooks 43b, Statistics Finland: Helsinki (zum Download auf der Web-Seite von «Statistics Finland»)
Lakatos, I. (1974), Falsifikation und die Methodologie wissenschaftlicher Forschungsprogramme, in: I. Lakatos und A. Musgrave (Hrsg.), Kritik und Erkenntnisfortschritt, Braunschweig: Vieweg: 89–189
Lamnek, S. (2005), Qualitative Sozialforschung, 4. Aufl., Weinheim: Beltz
Lasswell, H. D., Lerner, D., und de Sola Pool, J. (1952), The Comparative Study of Symbols. An Introduction, Stanford: Stanford University Press
Lavender, A. H. (1992), The Distinctive Hispanic Names (DHN) Technique: A Method for Selecting a Sample or Estimating Population Size, Names, 40: 1–16
Lavrakas, P. J. (1993), Telephone Survey Methods. Sampling, Selection and Supervision, 2nd ed., London: Sage
Lazarsfeld, P. F. (1949), The American Soldier. An Expository Review, Public Opinion Quarterly, 13: 377–404
Lazarsfeld, P. F. (1955), Interpretation of Statistical Relations as Research Operation, in:

P. F. Lazarsfeld und M. Rosenberg (Hrsg.), The Language of Social Research, New York: 115–125
Lazarsfeld, P. F. (1960), Vorspruch zur neuen Auflage, in: M. Jahoda, P. F. Lazarsfeld und H. Zeisel, Die Arbeitslosen von Marienthal, S. XI–XXVII, Allensbach und Bonn: Verlag für Demoskopie
Lazarsfeld, P. F. (1961), Notes on the History of Quantification in Sociology. Trends, Sources and Problems, in: H. Woolf (Hrsg.), Quantification, Indianapolis: Bobbs-Merrill: 147–203
Lazarsfeld, P. F., und Menzel, H. (1972), On the Relation Between Individual and Collective Properties, in: A. Etzioni (Hrsg.), A Sociological Reader on Complex Organizations, New York: 449–516
Lazarsfeld, P. F., Pasanella, A. K., und Rosenberg, M. (Hrsg.) (1972), Continuities in the Language of Social Research, New York: The Free Press
Lechner, F. (1985), Geschlechtsspezifische Diskriminierung am Anzeigenmarkt. Inhaltsanalyse von Stellenanzeigen und Bewerbungsexperiment. Forschungsbericht des Instituts für Höhere Studien Nr. 217, Wien: Wissenschaft und Technik
Lederer, B., und Hudec, M. (1992), Computergestützte Inhaltsanalyse, Frankfurt a. M.: Campus
Lee, R. M. (1993), Doing Research on Sensitive Topics, London: Sage
Legewie, J. (2012), Die Schätzung von kausalen Effekten: Überlegungen zu Methoden der Kausalanalyse anhand von Kontexteffekten in der Schule. Kölner Zeitschrift für Soziologie und Sozialpsychologie, 64: 123–153
Leinhardt, S. (1977), Social Networks, New York: Academic Press
Lenk, H. (1972), Erklärung, Prognose, Planung. Skizzen zu Brennpunktproblemen der Wissenschaftstheorie, Freiburg i. Br.: Rombach
Lensvelt-Mulders, G., Hox, J. J., van der Heuden, P. G. M., und Mass, C. J. M. (2005), Meta-Analysis of Randomized Response Research Thirty-Five Years of Validation, sociological Methods and Research 33: 319–348
Lepsius, M. R. (Hrsg.) (1981), Soziologie in Deutschland und Österreich 1918–1945, Sonderheft 23 der Kölner Zeitschrift für Soziologie und Sozialpsychologie, Opladen: Westdeutscher Verlag
Levine, J. H. (1993), Exceptions are the Rule. An Inquiry into Methods in the Social Sciences, Boulder: Westview Press
Lienert, G. A., und Raatz, U. (1969), Testaufbau und Testanalyse, 2. Aufl., Weinheim: Beltz
Likert, R. (1932), A Technique for the Measurement of Attitudes, Archives of Psychology, 140: 1–55
Lindenberg, S. (1992), The Method of Decreasing Abstraction, in: J. S. Coleman und Th. J. Fararo (Hrsg.), Rational Choice Theory. Advocacy and Critique, Newburg Park: Sage
Linder, W. (1998), Swiss Democracy. Possible Solutions to Conflict in Multicultural Societies, 2nd ed., Basingstoke: MacMillan

Lisch, R., und Kriz, J. (1978), Grundlagen und Modelle der Inhaltsanalyse, Reinbek bei Hamburg: Rowohlt

Longworth, D. S. (1953), Use of a Mail Questionnaire, American Sociological Review, 18: 310–313

Lord, F. M., und Novick, M. R. (1968), Statistical Theories of Mental Test Scores, Keading, Mass.: Addison-Wesley

Lück, H. E. (1975), Prosoziales Verhalten. Empirische Untersuchungen zur Hilfeleistung, Köln: Kiepenheuer

Lück, H. E. (1976), Testen und Messen von Eigenschaften und Einstellungen, in: J. van Koolwijk und M, Wieken-Mayser (Hrsg.), Techniken der empirischen Sozialforschung, Bd. 5, München: Oldenbourg: 77–102

Lück, H. E., und Manz, W. (1973), Die Technik der verlorenen Briefe: Ein neues Instrument verhaltensbezogener Einstellungsmessungen?, Zeitschrift für Soziologie, 2: 352–365

Lück, H. E., und Bungard, W. (1978), Artefakte und die Höflichkeit im sozialwissenschaftlichen Forschungsbetrieb, Gruppendynamik, 9: 2–10

Luce, R. D., und Tukey J. W. (1964), Simultaneous Conjoint Measurement: A New Type of Fundamental Measurement, Journal of Mathematical Psychology, 1: 1–27

Lüttinger, P. (Hrsg.) (1999), Sozialstrukturanalysen mit dem Mikrozensus, ZUMA-Nachrichten Spezial, Bd. 6, Mannheim

Magurran, A. E. (2004), Measuring Biological Diversity, Malden, MA: Blackwell Science

Mahajan, V., und Peterson, R. A. (1985), Models for Innovation Diffusion, London: Sage

Mangold, W. (1973), Gruppendiskussionen, in: R. König (Hrsg.), Handbuch der empirischen Sozialforschung, Bd. 2, 3. Aufl., Stuttgart: Enke

Mannheim, K. (1928 / 1929), Das Problem der Generationen, Kölner Vierteljahreshefte für Soziologie, 7: 157–185, 309–330

Marsden, P. V. (2005), The Sociology of James S. Coleman, Annual Review of Sociology 31: 1–24

Mathes, R. (1988), Quantitative Analyse qualitativ erhobener Daten? Die hermeneutisch-klassifikatorische Inhaltsanalyse von Leitfadengesprächen, ZUMA-Nachrichten, 23: 60–78

Maus, H. (1967), Zur Vorgeschichte der empirischen Sozialforschung, in: R. König (Hrsg.), Handbuch der empirischen Sozialforschung, Bd. 1, 2. Aufl., Stuttgart: Enke

Mayer, K. U. (Hrsg.) (1990), Lebensverläufe und sozialer Wandel, Kölner Zeitschrift für Soziologie und Sozialpsychologie, Sonderheft 31, Opladen: Westdeutscher Verlag

Mayer, K. U. (1997), James Colemans Untersuchungen zum amerikanischen Bildungswesen und ihr Verhältnis zu seiner Handlungs- und Gesellschaftstheorie, Berliner Journal für Soziologie 7: 347–356

Mayer, K. U., und Brückner, E. (Hrsg.) (1989), Lebensverläufe und Wohlfahrtsentwicklung. Konzeption, Design und Methodik der Erhebung von Lebensverläufen der Geburtsjahrgänge 1929–31, 1939–41 und 1949–51, Materialien aus der Bildungsforschung 35, Max-Planck-Institut für Bildungsforschung, Berlin

Mayer, K. U., und Tuma, N. B. (Hrsg.) (1990), Event History Analysis in Life Course Research, Madison: University of Wisconsin Press

Mayntz, R., Holm, K., und Hübner, P. (1969), Einführung in die Methoden der empirischen Soziologie, Opladen: Westdeutscher Verlag

Mayring, P. (2001), Einführung in die qualitative Sozialforschung, 5. Aufl., Weinheim: Beltz

Mayring, P. (2002), Qualitative Inhaltsanalyse. Grundlagen und Techniken, 8. Aufl., Weinheim: Beltz

McClelland, D. C. (1961), The Achieving Society, Princeton: van Nostrand Company Inc.

McDowall, D., McCleary R., Meidinger, E. E., und Hay, R. A. (1980), Interrupted Time Series Analysis, London: Sage

McIver, J. P., und Carmines, E. G. (1990), Unidimensional Scaling, 7. Aufl., London: Sage

Mead, M. ([1 st ed. 1928] 2001), Coming of Age in Samoa, London: Harpercollins

Melina, A., und Zuell, C. (o. J.), A Review of Software for Text Analysis, ZUMA-Nachrichten Spezial, Bd. 5, Mannheim

Melina, A., und Zuell, C. (2000), Text Analysis Software: Commonalities, Differences and Limitations: The Results of a Review, Quality and Quantity, 34: 299–321

Merritt, C. B., und Fowler, R. G. (1948), The Pecuniary Honesty of the Public at Large, Journal of Abnormal and Social Psychology, 43: 90–93

Merten, K. (1995), Inhaltsanalyse. Einführung in Theorie, Methode und Praxis, 2. Aufl., Opladen: Westdeutscher Verlag

Merton, R. K. (1936), The unanticipated consequences of purposive social action, American Sociological Review, 1: 894–904

Merton, R. K., und Kendall, P. L. (1979), Das fokussierte Interview, in: C. Hopf und E. Weingarten (Hrsg.), Qualitative Sozialforschung, Stuttgart: Klett: 171–204

Milgram, S. ([1 st ed. 1974] 2004), Obedience to Authority. London: HarperCollins

Milgram, S., Mann, L., und Harter, S. (1965), The Lost-Letter-Technique: A Tool of Social Research, Public Opinion Quarterly, 29: 437–438

Mohler, P. Ph., und Züll, C. (1984), Einige Anwendungsmöglichkeiten von TEXTPACK, ZUMA-Nachrichten, 14: 5–26

Mohler, P. Ph., und Züll, C. (1992), Textvercodung mit TEXTPACK PC, in: F. Faulbaum (Hrsg.), Softstat 91. Advances in Statistical Software 3, Stuttgart: G. Fischer: 505–511

Mohler, P. Ph., Koch, A., und Gabler, S. (2003), Alles Zufall oder? Ein Diskussionsbeitrag zur Qualität von face to face-Umfragen, ZUMA-Nachrichten 27/53: 10–15

Mohr, H.-M. (1986), Dritte beim Interview. Ergebnisse zu Indikatoren aus dem Bereich Ehe und Partnerschaft mit Daten des «Wohlfahrtssurvey 1984», ZA-Information, 19: 52–71, Köln: Zentralarchiv für empirische Sozialforschung

Moore, G. E. (1949), Ethics, New York: Oxford University Press

Morris, Ch. W. (1946), Signs, Language and Behavior, Englewood Cliffs, N. J.: Prentice Hall

Morrison, D. E., und Henkel, R. (Hrsg.) (1970), The Significance Test Controversy, London: Butterworths

Mosteller, F., und Moynihan, D. P. (Hrsg.) (1972), On Equality of Educational Opportunity. Papers Deriving From the Harvard University Faculty Seminar on the Coleman Report, New York: Random House

Mueller, U. (1993), Bevölkerungsstatistik und Bevölkerungsdynamik, Berlin: de Gruyter

Müller, W. (1975), Familie, Schule, Beruf, Opladen: Westdeutscher Verlag

Müller, W., Blien, U., Knoche, P., und Wirth, H. (1991): Die faktische Anonymität von Mikrodaten. Bd. 19 der Schriftenreihe Forum der Bundesstatistik, Stuttgart: Metzler-Poeschel

Murninghan, J. K., Kim, J. W., und Metzger, A. R. (1993), The Volunteer Dilemma, Administrative Science Quarterly, 38: 515–538

Nagel, E. (1972), Über die Aussage: «Das Ganze ist mehr als die Summe seiner Teile», in: E. Topitsch (Hrsg.), Logik der Sozialwissenschaften, 12. Aufl., Köln: Kiepenheuer: 241–251

Nannini, G. (1993), Wenn Frauen zu hoch singen, SZ Magazin 21, 28. 5. 1993: 22–26

Nehnevajsa, J. (1973), Soziometrie, in: R. König (Hrsg.), Handbuch der empirischen Sozialforschung, 3. Aufl., Bd. 2, Teil 1, Stuttgart: Enke: 260–299

Neidhart, L. (1970), Plebiszit und pluralitäre Demokratie, Bern: Francke

Neumann, J. F. von, und Morgenstern, O. (1944), Theory of Games and Economic Behavior, Princeton: Princeton University Press

Noelle, E. (1963), Umfragen in der Massengesellschaft. Einführung in die Methoden der Demoskopie, Reinbek bei Hamburg: Rowohlt

Noelle-Neumann, E., und Petersen, T. (2004). Alle, nicht jeder. Einführung in die Methoden der Demoskopie, 4. Aufl., Berlin: Springer

Noll, P. (1973), Gesetzgebungslehre, Reinbek bei Hamburg: Rowohlt

Oberschall, A. (Hrsg.) (1972), The Establishment of Empirical Sociology, New York: Harper & Row

Olinick, M. (1978), An Introduction to Mathematical Models, in the Social and Life Sciences, Reading, Mass.: Addison-Wesley

Olson, M. ([1 st ed. 1965] 2004), Die Logik des kollektiven Handelns, 5. Aufl., Tübingen: Mohr (Original: The logic of collective action)

Opp, K.-D. (1973), Soziologie im Recht, Reinbek bei Hamburg: Rowohlt

Opp K.-D. (1976), Methodologie der Sozialwissenschaften. Einführung in Probleme ihrer Theorienbildung, Reinbek bei Hamburg: Rowohlt

Opp, K.-D. (2005), Methodologie der Sozialwissenschaften, wesentlich revidierte Neuauflage, Opladen: Westdeutscher Verlag

Opp, K.-D., und Hummell, H. J. (1973), Soziales Verhalten und soziale Systeme. Probleme der Erklärung sozialer Prozesse 2, Frankfurt a. M.: Athenäum

Opp, K.-D., und Schmidt, P. (1976), Einführung in die Mehrvariablenanalyse, Reinbek bei Hamburg: Rowohlt

Orth, B. (1974), Einführung in die Theorie des Messens, Stuttgart: Kohlhammer

Osgood, Ch. E., Saporta, S., und Nunnally, J. C. (1956), Evaluative Assertion Analysis, Litera, 3: 47–102

Padgett, J. F., und Ansell, C. K. (1993), Robust Action and the Rise, of the Medici, 1400–1434, American Journal of Sociology, 98: 1259–1319

Pappi, F. U. (Hrsg.) (1979), Sozialstrukturanalyse mit Umfragedaten. Probleme der standardisierten Erfassung von Hintergrundsmerkmalen in allgemeinen Bevölkerungsumfragen, ZUMA-Monographien Sozialwissenschaftliche Methoden, Bd. 2, Königstein, Ts.

Pappi, F. U. (Hrsg.) (1987), Methoden der Netzwerkanalyse, München: Oldenbourg

Paulos, J. A. (1991), Ich lache, also bin ich. Einladung zur Philosophie, 2. Aufl., Frankfurt a. M.: Campus

Paulos, J. A. (1993), Zahlenblind. Mathematisches Analphabetentum und seine Konsequenzen. Mit einem Vorwort von Douglas R. Hofstadter, München: Heyne

Petermann, F., und Noack, H. (1999), Nichtreaktive Meßverfahren, in: E. Roth und K. Heidenreich (Hrsg.), Sozialwissenschaftliche Methoden, 5. Aufl., München: Oldenbourg: 440–460

Petersen, T. (2004), Der Fragebogen Karls des Großen. Ein Dokument aus der Vorgeschichte der Umfrageforschung, Kölner Zeitschrift für Soziologie und Sozialpsychologie, 56: 736–745

Pfeifer, A., und Schmidt, P. (1987), LISREL. Die Analyse komplexer Strukturgleichungsmodelle, Stuttgart: G. Fischer

Pfungst, O. (1965), Clever Hans (the Horse of Mr Von Osten): a Contribution to Experimental, Animal and Human Psychology (mit einer Einleitung von J. Rosenthal), New York: Holt (1. Ausgabe 1911)

Pile, S. (1985), Im Fettnäpfchen gelandet, Wien: Ullstein

Popper, K. R. ([1. Aufl. 1934] 2005), Logik der Forschung, 11. Aufl., Tübingen: Mohr

Porst, R. (2000), Praxis der Umfrageforschung, 2. Aufl., Stuttgart: Teubner

Pötter, U. (2006), Probabilistische Selektionsmodelle, in: A. Diekmann (Hrsg.), Methoden der empirischen Sozialforschung. Sonderheft 44 der Kölner Zeitschrift für Soziologie und Sozialpsychologie, Wiesbaden: Verlag für Sozialwissenschaften: 173–203

Polasek, W. (1994), EDA Explorative Datenanalyse, Einführung in die deskriptive Statistik, Berlin: Springer

Prause, G., und Randow, Th. von (1985), Der Teufel in der Wissenschaft, Hamburg: Rasch und Röhring

Prim, R., und Tilmann, H. (1973), Grundlagen einer kritisch-rationalen Sozialwissenschaft, Heidelberg: Quelle & Meyer (UTB)

Quetelet, A. (1914), Soziale Physik. Abhandlung über die Entwicklung der Fähigkeiten des Menschen (nach der franz. Ausgabe von 1869 übersetzt von Valentine Dorn), Bd. 1, Jena: Gustav Fischer

Rapoport, A. (1980), Mathematische Methoden in den Sozialwissenschaften, Würzburg und Wien: Physica

Rapoport, A. (1988), Experiments with N-person Social Traps I, Journal of Conflict Resolution, 32: 457–472

Rapoport, A. (1991), Frieden: Eine Idee, deren Zeit gekommen ist, Darmstadt: Verlag Darmstädter Blätter

Raub, W., und Voss, T. (1981), Individuelles Handeln und gesellschaftliche Folgen, Neuwied: Luchterhand

Raub, W., und Buskens, V. (2006), Spieltheoretische Modellierungen und empirische Anwendungen in der Soziologie, in: A. Diekmann (Hrsg.), Methoden der empirischen Sozialforschung. Sonderheft 44 der Kölner Zeitschrift für Soziologie und Sozialpsychologie, Wiesbaden: Verlag für Sozialwissenschaften: 560–598

Rebmann, K. (1996), Inhaltsanalyse in der Schulbuchforschung. Eine Untersuchung von Lehrbüchern für den Wirtschaftsunterricht, in: W. Bos und C. Tarnai (Hrsg.), Computerunterstützte Inhaltsanalyse in den empirischen Sozialwissenschaften, Münster u. a.: Waxmann: 121–134

Reinecke, J. (1991), Interviewer- und Befragtenverhalten. Theoretische Ansätze und methodische Konzepte, Opladen: Westdeutscher Verlag

Reiss, I. L. (1964), The Scaling of Premarital Sexual Permissiveness, Journal of Marriage and the Family, 26: 188–198

Renn, H. (1975), Nichtparametrische Statistik, Stuttgart: Teubner

Reuband, K.-H. (1990), Interviews, die keine sind. «Erfolge» und «Mißerfolge» beim Fälschen von Interviews, Kölner Zeitschrift für Soziologie und Sozialpsychologie, 42: 706–733

Riach, P. A., and Rich, J. (2002), Field Experiments of Discrimination in the Market Place, The Economic Journal 112: 480–518

Ritzer, G. (2004), The McDonaldization of Society, 4th ed., London: Sage

Robinson, D. E. (1976), Fashions in Shaving and Trimming of the Beard: The Men of the Illustrated London News, 1842–1972, American Journal of Sociology, 81: 1133–1141

Robinson, W. S. (1950), Ecological Correlations and Behavior of Individuals, American Sociological Review, 15: 351–357

Rogers, T. F. (1976), Interview by Telephone and in Person: Quality of Responses and Field Performance, Public Opinion Quarterly, 40 (abgedruckt in Singer und Presser 1989)

Rosengren, K. E. (Hrsg.) (1981), Advances in Content Analysis, London: Sage
Rosenthal, R. (1966), Experimenter Effects in Behavioral Research, New York: Appleton
Rosenthal, R. (1991), Meta-Analytic Procedures for Social Research, 2. Aufl. London: Sage
Rosenthal, R., und Fode, K. L. (1963), The Effect of Experimenter Bias on the Performance of the Albino Rat, Behavioral Science, 8: 183–189
Rosenthal, R., und Jacobson, L. (1968), Pygmalion in the Classroom, Camarthen: Crown House Publishing
Rossi, P. H. (1979), Vignette Analysis. Uncovering the Normative Structure of Complex Judgments, in: R. K. Merton, J. S. Coleman und P. H. Rossi (Hrsg.), Qualitative and Quantitative Social Research. Papers in Honor of Paul F. Lazarsfeld, New York: Free Press: 176–185
Rossi, P. H., und Freeman, H. E. (2003), Evaluation. A Systematic Approach, 7th ed., London: Sage
Roth, E., und Holling, H. (Hrsg.) (1999), Sozialwissenschaftliche Methoden. Lehr- und Handbuch für Forschung und Praxis, 5. Aufl., München: Oldenbourg
Rothe, G., und Wiedenbeck, M. (1994), Stichprobengewichtung. Ist Repräsentativität machbar?, in: S. Gabler, J. H. P. Hoffmeyer-Zlotnik und D. Krebs (Hrsg.), Gewichtung in der Umfragepraxis, Opladen: Westdeutscher Verlag: 46–61
Sahner, H. (1979), Veröffentlichte empirische Sozialforschung: Eine Kumulation von Artefakten? Eine Analyse von Periodika, Zeitschrift für Soziologie, 8: 267–278
Sahner, H. (2005), Schließende Statistik, 6. Aufl., Wiesbaden: Verlag für Sozialwissenschaften
Sanders, W. B. (1976), The Sociologist as Detective. An Introduction to Research Methods, New York: Praeger
Schäfers, B. (Hrsg.) (1994), Sociology in Germany, Journal of the Deutsche Gesellschaft für Soziologie, Sonderheft 3 / 1994, Opladen: Leske und Budrich
Schaffer, H. (2002), Empirische Sozialforschung für die Soziale Arbeit, Eine Einführung, Freiburg i. Br.: Lambertus
Scheuch, E. K. (1973), Das Interview in der Sozialforschung, in: R. König (Hrsg.), Handbuch der empirischen Sozialforschung, Bd. 2, 1. Teil, 3. Aufl., Stuttgart: Enke: 66–190
Scheuch, E. K. (1974), Auswahlverfahren in der Sozialforschung, in: R. König (Hrsg.), Handbuch der empirischen Sozialforschung, Bd. 3a, 3. Aufl., Stuttgart: Enke: 1–96
Schlittgen, R. (2003), Einführung in die Statistik. Analyse und Modellierung von Daten, 10. Aufl., München: Oldenbourg
Schneider, B., und Coleman, J. S. (Hrsg.) (1993), Parents, Their Children, and Schools, Boulder: Westview Press
Schnell, R. (1991a), Wer ist das Volk? Zur faktischen Grundgesamtheit bei «allgemeinen Bevölkerungsumfragen»: Undercoverage, Schwererreichbare und Nichtbefragbare, Kölner Zeitschrift für Soziologie und Sozialpsychologie, 43: 106–137

Schnell, R. (1991b), Der Einfluß gefälschter Interviews auf Survey-Ergebnisse, Zeitschrift für Soziologie, 20: 25–35

Schnell, R. (1993), Die Homogenität sozialer Kategorien als Voraussetzung für «Repräsentativität» und Gewichtungsverfahren, Zeitschrift für Soziologie, 22: 16–32

Schnell, R. (1994), Graphisch gestützte Datenanalyse, München: Oldenbourg

Schnell, R. (1997), Nonresponse in Bevölkerungsumfragen, Opladen: Leske und Budrich

Schnell, R., Hill, P. B., und Esser, E. (2004), Methoden der empirischen Sozialforschung, 7. Aufl., München: Oldenbourg

Schoen, H. (2004), Online-Umfragen – schnell, billig, aber auch valide? Ein Vergleich zweier Internetbefragungen mit persönlichen Interviews zur Bundestagswahl 2002, ZA-Information 54: 27–52

Schütze, F. (1977), Die Technik des narrativen Interviews in Interaktionsfeldstudien dargestellt an einem Projekt zur Erforschung von kommunalen Machtstrukturen, Universität Bielefeld: Mimeo

Schumann, H., und Presser, S. (1981), Questions and Answers in Attitude Surveys: Experiments and Question Form, Wording, and Context, New York: Academic Press

Schumann, K. F., und Winter, G. (1973), Zur Analyse der Hauptverhandlung im Strafprozeß, in: J. Friedrichs (Hrsg.), Teilnehmende Beobachtung abweichenden Verhaltens, Stuttgart, Enke: 174–212

Schwarz, E. (1970), Experimentelle und quasi-experimentelle Anordnungen in der Unterrichtsforschung, in: K. Ingenkamp, Handbuch der Unterrichtsforschung Teil I, Weinheim: Beltz: 445–632 (deutsche Bearbeitung von Campbell und Stanley 1963)

Schwarz, N., Hippler, H.-J., und Strack, F. (1988), Kognition und Umfrageforschung: Themen, Ergebnisse und Perspektiven, ZUMA-Nachrichten 22: 15–28

Schwarz, N., Hippler, H.-J., Deutsch, B., und Strack, F. (1989), Response Scales: Effects of Category Range on Reported Behavior and Comparative Judgements, in: E. Singer und S. Presser (Hrsg.), Survey Research Methods: A Reader, Chicago: University of Chicago Press

Schweizer, T. (1990), Margaret Mead und Samoa. Zur Qualität und Interpretation ethnologischer Feldforschungsdaten, in: B. Illius und M. Laubscher (Hrsg.), Circumpacifica. Festschrift für Thomas S. Barthel, Bern: Lang

Seeman, M. (1972), On the Meaning of Alienation, in: P. F. Lazarsfeld, A. K. Pasanella und M. Rosenberg (Hrsg.), Continuities in the Language of Social Research, New York: The Free Press: 25–34

Sen, A. (1975), Ökonomische Ungleichheit, Frankfurt a. M.: Campus [On economic inequality, enlarged ed. 1997, Oxford: Clarendon]

Sherman, P. W., und Billing, J. (1999), Darwinian Gastronomy. Why We Use Spices, BioScience 49: 453–463

Silbermann, A. (1974), Systematische Inhaltsanalyse, in: R. König (Hrsg.), Handbuch der empirischen Sozialforschung, Bd. 4, 3. Aufl., Stuttgart: Enke: 253–293

Simmel, G. (1923), Soziologie, Leipzig

Singer, E., und Presser, S. (Hrsg.) (1989), Survey Research Methods. A Reader, Chicago: University of Chicago Press

Skarabis, H., und Patzak, M. (1981), Die Berliner Heroinszene. Eine epidemiologische Untersuchung, Weinheim: Beltz

Smith, M. S. (1972), Equality of Educational Opportunity. The Basic Findings Reconsidered, in: F. Mosteller und D. P. Moynihan (Hrsg.), On Equality of Educational Opportunity. Papers Deriving From the Harvard University Faculty Seminar on the Coleman Report, New York, Random House: 230–342

Snijders, T. A. B., und Bosker, R. (1999), Multilevel Analysis. An Introduction to Basic and Advanced Multilevel Modeling, London: Sage

Sodeur, W. (1974), Empirische Verfahren zur Klassifikation, Stuttgart: Teubner

Spector, P. E. (1981), Research Designs, London: Sage

Spitz, R. A. ([1. Aufl. 1967] 2005), Vom Säugling zum Kleinkind, 12. Aufl., Stuttgart: Klett

Spöhring, W. (1989), Qualitative Sozialforschung, Stuttgart: Teubner

Stauder, S. (2005), Informationelle Grundlagen der Sozialstrukturanalyse, in: T. Klein, Sozialstrukturanalyse, Reinbek bei Hamburg: Rowohlt: 388–406

Stegmüller, W. (1978), Hauptströmungen der Gegenwartsphilosophie, 2. Bd., Stuttgart: Kröner (erweiterte Ausgabe in vier Bänden, Bd. 1, 7. Aufl. 1989, Bde. 2 und 3, 8. Aufl. 1987, Bd. 4 1989)

Stegmüller, W. (1980), Neue Wege der Wissenschaftsphilosophie, Berlin, Heidelberg und New York: Springer

Stelzl, I. (2005), Fehler und Fallen der Statistik, Münster: Waxmann

Stenger, H. (1986), Stichprobentheorie, Würzburg und Wien: Physica

Stephan, G. (1995), Das 1950er-Syndrom: Handlungsspielräume, in: Ch. Pfister (Hrsg.), Das 1950er-Syndrom, Bern: Haupt: 219–232

Sterling, T. D. (1959), Publications Decisions and their Possible Effects on Inferences Drawn from Tests of Significance – or vice versa, Journal of the American Statistical Association, 54: 30–34

Stevens, S. S. (1946), Ort the Theory of Scales of Measurements, Science, 103: 677–680

Stevens, S. S. (1951), Mathematics, Measurement, and Psychophysics, in: S. S. Stevens (Hrsg.), Handbook of Experimental Psychology, New York: Wiley

Stigler, S. M. (1986), The History of Statistics. The Measurement of Uncertainty Before 1900, Cambridge, Mass.: Harvard University Press

Stinchcombe, A. L. (1968), Constructing Social Theories, New York: Harcourt

Stockmann, R. (1992), Die Nachhaltigkeit von Entwicklungsprojekten, Opladen: Westdeutscher Verlag

Stockmann, R. (1993), Die Nachhaltigkeit von Berufsbildungsprojekten, in: R. Stockmann und W. Gaebe (Hrsg.), Hilft die Entwicklungshilfe langfristig?, Opladen: Westdeutscher Verlag: 75–96

Stockmann, R. (Hrsg.) (2007), Handbuch zur Evaluation. Eine praktische Handlungsanleitung, Münster: Waxmann

Stouffer, S. A. (1949), The American Soldier, Princeton

Strack, F., Martin, L. L., und Schwarz, N. (1987), The Context Paradox in Attitude Surveys: Assimilation or Contrast? ZUMA-Arbeitsbericht 87/07, Mannheim

Sudman, S., und Bradburn, N. M. (1982), Asking Questions. A Practical Guide to Questionnaire Design, London: Jossey-Bass

Sudman, S., Bradburn, N. M., und Schwarz, N. (1996), Thinking About Answers. The Application of Cognitive Processes to Survey Methodology. San Francisco: Jossey Bass

Sudman, S., und Kalton, G. (1986), New Developments in the Sampling of Special Populations, Annual Review of Sociology, 12: 401–429

Südmersen, I. (1983), Hilfe, ich ersticke in Texten! – Eine Anleitung zur Aufarbeitung qualitativer Interviews, in: Neue Praxis, 13: 294–306

Sullivan, J. L., und Feldman, S. (1979), Multiple Indicators, London: Sage

Suppes, P., und Zinnes, L. (1963), Basic Measurement Theory in: R. D. Luce, R. R. Bush und E. Galanter, Handbook of Mathematical Psychology, vol. 1, New York: Wiley: 3–76

Tarski, A. (1936), Der Wahrheitsbegriff in den formalisierten Sprachen, Studio philosophica 1

Tietzel, M. (1988), Eine Anleitung, empirische Hypothesen unwiderlegbar zu machen, in: K.-D. Freimann und A. E. Ott (Hrsg.), Theorie und Empirie in der Wissenschaftsforschung, Tübingen: Mohr: 3–23

Tonetti, M. S. et al. (2007), Treatment of Peridontitis and Endothelial Function, New England Journal of Medicine, 356(9): 911–920

Topitsch, E. (Hrsg.) (1993), Logik der Sozialwissenschaften, 12. Aufl., Frankfurt a. M.: Hain

Torgerson, W. S. (1958), Theory and Methods of Scaling, New York: Wiley

Trappmann, M., Hummell, H. J., und Sodeur, W. (2005), Strukturanalyse sozialer Netzwerke. Konzepte, Modelle, Methoden, Wiesbaden: Verlag für Sozialwissenschaften

Thrasher, F. M. (1927), The Gang, Chicago: The University of Chicago Press

Trivigno, V. (1995), Die Häufigkeit der Anwendung spezifischer Erhebungsmethoden in der Sozialforschung. Eine Inhaltsanalyse von Fachzeitschriften, Bern: Mimeo

Tukey, J. W. (1977), Exploratory Data Analysis, Reading, Mass.: Addison Wesley

Tversky A., und Kahnemann, D. (1987), Rational Choice and the Framing of Decisions, in: R. M. Hogarth und M. W. Reder (Hrsg.), Rational Choice. The Contrast between Economics and Psychology, Chicago: The University of Chicago Press: 67–94

Ulmer, F. (1990), Wahlprognosen und Meinungsumfragen und der Ablaßhandel mit Prozentzahlen, Zeitschrift für Markt-, Meinungs- und Zukunftsforschung, 30/31, Wicken-Institute Tübingen

Urban, D. (1982), Regressionstheorie und Regressionstechnik, Stuttgart: Teubner

Urban, D. (1986), Was ist Umweltbewußtsein? Exploration eines mehrdimensionalen Einstellungskonstruktes, Zeitschrift für Soziologie, 15: 363–377

Urban, Th. (1994), Ein widerwilliger Diktator. Wojciech Jaruzelski – eine tragische Figur, vielleicht der Retter Polens, Feuilleton-Beilage der Süddeutschen Zeitung, Nr. 29, 5./6. 2. 1994

Van de Geer (1971), Introduction to Multivariate Analysis for the Social Sciences, San Francisco: Freeman

Van der Ven, A. (1980), Einführung in die Skalierung, Bern: Huber

Velleman, P., und Wilkinson, L. (1994), Nominal, Ordinal, Interval, and Ratio Typologies are Misleading, in: I. Borg und P. Mohler (Hrsg.), Trends and Perspectives in Empirical Social Research, Berlin: de Gruyter: 161–177

Vogelgesang, W. (1991), Jugendliche Video-Cliquen, Opladen: Westdeutscher Verlag

Voges, W. (Hrsg.) (1987), Methoden der Biographie- und Lebenslaufforschung, Opladen: Leske und Budrich

Voss, T. (1985), Rationale Akteure und soziale Institutionen, München: Oldenbourg

Wallraff, G. (1977), Der Aufmacher. Der Mann, der bei Bild Hans Esser war, Köln: Kiepenheuer

Wallraff, G. (1991), Industriereportagen, Köln: Kiepenheuer

Warner, S. L. (1965), Randomised Response: A Survey Technique for Eliminating Evasive Answer Bias, Journal of the American Statistical Association, 60: 63–69

Wasserman, S., und Faust, K. (1994), Social Network Analysis: Methods and Applications, Cambridge: Cambridge University Press

Watzlawick, P. ([1. Aufl. 1976] 2004), Wie wirklich ist die Wirklichkeit?, 30. Aufl., München: Piper

Watzlawick, P., Beavin, J. H., und Jackson, D. D. ([1. Aufl.1969] 2003), Menschliche Kommunikation, 10. Aufl. Bern: Huber

Watzlawick, P., Weakland, J. H., und Fisch, R. (2000), Lösungen. Zur Theorie und Praxis menschlichen Wandels, 6. Aufl., Bern: Huber

Webb, E. J., Campbell, D. T., Schwartz, R. D., und Sechrest, R. (1966), Unobtrusive Measures. Nonreactive Research in the Social Sciences, London: Sage
(in deutscher Sprache: Nichtreaktive Meßverfahren,1975, Weinheim: Beltz)

Weber, M. (1988), Gesammelte Aufsätze zur Wissenschaftslehre, J. Winckelmann (Hrsg.), 7. Aufl., Tübingen: Mohr

Weber, R. P. (1990), Basic Content Analysis, 2. Aufl., London: Sage

Weede, E. (1977), Hypothesen, Gleichungen und Daten, Kronberg: Athenäum
Weede, E. (1979), Ein quantitativ-empirischer Beitrag zur Kriegsursachenforschung, in: H. Albert und K. H. Stapf (Hrsg.), Theorie und Erfahrung, Stuttgart: Klett: 351–370
Weisberg, H. F. (2005), The Total Survey Error Approach. A Guide to the New Science of Survey Research, Chicago: University of Chicago Press
Weiß, H. (1936), Die «Enquete Ouvriere» von Karl Marx, Zeitschrift für Sozialforschung, 1, 76–85, 88–97 (wiederabgedruckt in: F. Fürstenberg (Hrsg.), Industriesoziologie, Neuwied 1959: Luchterhand)
Weiss, Ch. (1972), Evaluation Research. Methods for Assessing Program Effectiveness, Englewood Cliffs, N. J.: Prentice Hall (deutsche Ausgabe Evaluationsforschung, Opladen 1974: Westdeutscher Verlag)
Whyte, W. F. ([1st ed. 1943] 1993), Street Corner Society, 4th ed., Chicago: University of Chicago Press
Wilson, F. D., Smoke, G. L., und Martin, J. D. (1973), The Replication Problem in Sociology: A Report and a Suggestion, Sociological Inquiry, 43: 141–149
Wippler, R., und Lindenberg, S. (1987), Collective Phenomena and Rational Choice, in: J. Alexander, B. Giesen, R. Münch und N. J. Smelser (Hrsg.), The Micro-Macro-Link, Berkeley University of California Press: 135–152
Wirth, H., und Müller, W. (2006), Mikrodaten der amtlichen Statistik. Ihr Potential in der empirischen Sozialforschung, in: A. Diekmann (Hrsg.), Methoden der empirischen Sozialforschung. Sonderheft 44 der Kölner Zeitschrift für Soziologie und Sozialpsychologie, Wiesbaden: Verlag für Sozialwissenschaften: 93–127
Wittenberg, R., und Cramer H. (2003), Datenanalyse mit SPSS für Windows, 3. Aufl., Stuttgart: Lucius & Lucius
Witzel, A. (1982), Verfahren der qualitativen Sozialforschung. Überblick und Alternativen, Frankfurt a. M.: Campus
Woinowitsch, W. (1988), Die Glatze als Signal, Süddeutsche Zeitung, 9./10. 1. 1988
Wolf, C. (1993), Egozentrierte Netzwerke: Datenorganisation und Datenanalyse, ZA-Information, 32, Köln, Zentralarchiv für empirische Sozialforschung: 72–94
Wolf, C. (2006), Egozentrierte Netzwerke. Erhebungsverfahren und Datenqualität, in: A. Diekmann (Hrsg.), Methoden der empirischen Sozialforschung. Sonderheft 44 der Kölner Zeitschrift für Soziologie und Sozialpsychologie, Wiesbaden: Verlag für Sozialwissenschaften: 244–273
Wolf, C., und Best, H. (2010), Handbuch der sozialwissenschaftlichen Datenanalyse. Wiesbaden: VS
Wooldridge, J. M. (2013), Introductory Econometrics, 5th ed., Andover: South-Western, Cengage Learning
Wortman, P. M., und Bryant, F. B. (1985), School Desegregation and Black Achievement. An Integrative Review, Sociological Methods and Research 13: 289–324

Wyss, W. (1991), Marktforschung von A–Z, Adligenswil: Demoscope

Zdep, S. M., Rhodes, I. N., Schwarz, R. M., und Kilkenny, M. J. (1989), The Validity of the Randomised Response Technique, in: E. Singer und S. Presser (Hrsg.), Survey Research Methods, Chicago: University of Chicago Press: 385–390

Zeifang, K. (1987), Test-Retest-Studie. Methodenstudie der Allgemeinen Bevölkerungsumfrage in den Sozialwissenschaften (ALLBUS) und Tabellenband, ZUMA-Arbeitsberichte 87/01 und 87/02, Zentrum für Umfragen, Methoden und Analysen, Mannheim

Zeisel, H. (1960), Zur Geschichte der Soziographie, in: M. Jahoda, P. F. Lazarsfeld und H. Zeisel, Die Arbeitslosen von Marienthal, 2. Aufl., Allensbach: Verlag für Demoskopie: 101–138

Zeisel, H. (1970), Die Sprache der Zahlen, Köln: Kiepenheuer

Ziegler, A. (1992), Deutschland 2000. Die Zukunft von Wirtschaft, Management, Marketing, Technik und Gesellschaft, Düsseldorf: Econ

Ziegler, R. (1972), Theorie und Modell. Der Beitrag der Formalisierung zur soziologischen Theorienbildung, München: Oldenbourg

Zimmermann, E. (2006), Das Experiment in den Sozialwissenschaften, 2. überarb. Aufl., Wiesbaden: Verlag für Sozialwissenschaften

Züll, C., und Mohler, P. Ph. (Hrsg.) (1992), Textanalyse. Anwendungen der computerunterstützten Inhaltsanalyse, Opladen: Westdeutscher Verlag

Züll, C., Mohler, P. Ph., und Geis, A. (1991), Computerunterstützte Inhaltsanalyse mit TEXTPACK PC, Stuttgart: G. Fischer

Züll, C., Weber, R. P., und Mohler, P Ph. (1989), Computer-assisted Text Analysis for the Social Sciences: The General Inquirer III, Zentrum für Umfragen, Methoden und Analysen (ZUMA), Mannheim

Zürcher, M. (1995), Der Mythos der Gemeinschaft: Rene König als Emigrant in der Schweiz, Kölner Zeitschrift für Soziologie und Sozialpsychologie, 47: 157–165

ZUMA-Handbuch sozialwissenschaftlicher Skalen (1983), wissenschaftlich bearbeitet von J. Allmendinger, D. Krebs, P. Schmidt und B. Wegener, Zentrum für Umfragen, Methoden und Analysen und Informationszentrum Sozialwissenschaften, 3 Bde., Bonn

Sachregister